福建年鉴

2015

福建省人民政府主办
福建年鉴编纂委员会 编纂
海峡出版发行集团 | 福建人民出版社
THE STRAITS PUBLISHING & DISTRIBUTING GROUP | FUJIAN PEOPLE'S PUBLISHING HOUSE

图书在版编目（CIP）数据

福建年鉴 2015/福建年鉴编纂委员会编纂. —福州：福建人民出版社，2016.1
ISBN 978-7-211-07258-3

Ⅰ.①福… Ⅱ.①福… Ⅲ.①福建省—2015—年鉴
Ⅳ.①Z525.7

中国版本图书馆 CIP 数据核字（2015）第 293380 号

福建年鉴·2015

FUJIAN NIANJIAN·2015

福建省人民政府 主办

福建年鉴编纂委员会 编纂

海峡出版发行集团｜福建人民出版社 出版

责任编辑：林丽萍

网址 http://www.fjnj.cn

电子信箱：njs@fjnj.cn

印刷：福建新华印刷有限责任公司

开本 890×1194 1/16 40.5 印张 1300 千字

2016 年 1 月第 1 版 2016 年 1 月第 1 次印刷

印数：1—4,000

广告经营许可证：闽工商 0083 号

ISBN 978-7-211-07258-3

国内定价：380.00 元

福建省地图
1:2 600 000
台山列岛 1:2 000 000
浙江省
江西省
广东省
台湾省
福州市
南平市
三明市
宁德市
莆田市
泉州市
厦门市
漳州市
龙岩市
平潭综合实验区
东海
台湾海峡
南海
图例
省级行政中心
设区市行政中心
平潭综合实验区
县级行政中心
镇、乡、街道驻地
村庄
省级行政区域界
设区市行政区域界
县级行政区域界
铁路
高速公路
国道
省道
审图号：闽S(2015)96号
福建省制图院 编制
资料截至2015年11月

福建年鉴编纂委员会

主　　　任：于伟国　省长
常务副主任：李　红　副省长
副　主　任：刘道崎　省政府秘书长、《福建年鉴》主编（兼）
卢厚实　省委副秘书长
赖碧涛　省政府副秘书长
冯志农　省方志委主任、《福建年鉴》常务副主编（兼）
委　　　员：林钟乐　省人大常委会副秘书长、办公厅主任
刘宏伟　省政协副秘书长、办公厅主任
袁　毅　省委组织部常务副部长
林　辉　省委宣传部常务副部长
臧杰斌　省委统战部副部长
李晋闽　省委政法委常务副书记、省综治办常务副主任
吴国盛　省委台湾工作办公室主任（省政府台湾事务办公室主任）
陈元邦　省委机构编制委员会办公室主任
（省政府机构编制办公室主任）
逄立左　中共福建省委党史研究室主任
丁志隆　省档案局局长
林能秋　省军区副参谋长
魏克良　省发展和改革委员会主任
黄红武　省教育厅厅长（省委教育工委书记）
陈秋立　省科学技术厅厅长
林国耀　省经济和信息化委员会主任
朱淑芳　省卫生和计划生育委员会主任
黄进发　省民族与宗教事务厅厅长
赖　军　省民政厅厅长
陈小平　省财政厅厅长
钟维平　省人力资源和社会保障厅厅长
叶　敏　省国土资源厅厅长
朱　华　省环境保护厅厅长
龚友群　省住房和城乡建设厅厅长
张立先　省农业厅厅长（省委农村工作领导小组办公室主任）
陈则生　省林业厅厅长

吴南翔　省海洋与渔业厅厅长
黄新銮　省商务厅厅长（省政府口岸工作办公室主任）
陈秋平　省文化厅厅长
宋克宁　省政府外事办公室主任（省政府港澳事务办公室主任）
刘捷明　省政府国有资产监督管理委员会党委书记、副主任
林京华　省国家税务局局长
陈青文　省地方税务局局长
陈必滔　省新闻出版广电局（版权局）局长
孙希有　省统计局局长
吴晓丁　省物价局局长
杨　辉　省政府侨务办公室主任
李　强　省政府发展研究中心主任
陈祥健　省社会科学院党组书记、副院长
冯潮华　省社会科学界联合会主席
吴国培　中国人民银行福州中心支行行长
张丽娟　省通信管理局局长
赵　杰　中国银行业监督管理委员会福建监管局局长
陈小澎　中国证券监督管理委员会福建监管局局长
葛　翎　中国保险监督管理委员会福建监管局局长
杨益民　福州市人民政府市长
裴金佳　厦门市人民政府市长
檀云坤　漳州市人民政府市长
康　涛　泉州市人民政府市长
杜源生　三明市人民政府市长
翁玉耀　莆田市人民政府市长
林宝金　南平市人民政府市长
池秋娜　龙岩市人民政府市长
隋　军　宁德市人民政府市长
许维泽　平潭综合实验区管委会主任
王兆飞　省交通运输厅副厅长

福建年鉴编纂委员会办公室

主　　任：冯志农（兼）　省方志委主任
副 主 任：俞　杰　省方志委副主任
林　浩　省方志委副主任

《福建年鉴》2015卷编审人员

主　　　编：刘道崎

常务副主编：冯志农

副　主　编：林　浩

副主编(社长)：欧长生

责任编辑：卓亦明　林丹英　郑　菉　王文灿　林忠玉　孙洁斐

特约审稿：宋小佳　林　密　唐国华　郭华国　李北斗

审　　　稿：冯志农　俞　杰　林　浩　李升荣　吕秋心　潘　畅　张国珍　欧长生

彩版策划：张　强

《福建年鉴》设区市、平潭综合实验区编辑室

福州市：朱汉民　林　炽

厦门市：廖华生　廖兆平　王　玫　王艺辉

漳州市：沈诏坤　郑美华　吴国亮

泉州市：吴友才　廖国文　胡毅雄　林清伏　龚建伟　陈杰显

三明市：程鹏鹰　吴建勇　李华勇　吴大优　陈长武

莆田市：吴宗兴　谢劲兵　陈加亮　朱武雄　郭　威　叶世凯　林曦宁

南平市：谢腾辉　叶智华　林　立　陈永辉

龙岩市：陈明生　黄行敬　廖银武　章丹丹

宁德市：刘信华　袁华军　毛连平　冯宏达　龚君君

平潭综合实验区：谢秀桐　罗增桂　陈　粟

编 辑 说 明

一、《福建年鉴》是福建省人民政府主办、福建年鉴编纂委员会编纂、福建年鉴社具体承编、福建人民出版社出版、国内外公开发行的综合性年刊，是对外集中展示福建省年度发展概况的权威性资料文献，具有政府公报性质。

二、《福建年鉴》以宣传福建、记实存真、服务社会为办刊宗旨，汇集全省年度经济、政治、文化、社会、生态等领域发展状况，1985 年创办，每年出版一卷。2015 卷为第 31 卷。

三、《福建年鉴》的框架结构由篇目、栏目、条目组成。全书条目标题统一用黑体加**【 】**表示，下一层次标题用楷体区别。

四、《福建年鉴》2015 卷共设八闽关注、大事记、省情概况、机关团体、法治、军事、外事侨务港澳事务、闽台交流合作、农业、工业、建设环保、服务业、对外及港澳台经济贸易、旅游业、交通邮政、信息业、金融、财政税务、经济管理与监督、科学技术、社会科学、教育、文化、卫生体育、社会生活、市县概况、人物、地方文献法规选登、统计资料等 29 个篇目，约 130 万字。

五、《福建年鉴》2015 卷所用稿件，由省直各部门，各市、县（区）政府及有关单位提供。引用的统计数字，凡国家有统一规定范围、口径和计算方法的，均按国家统一规定统计，并经省统计局审核。地区生产总值和各产业增加值、工业总产值、农林牧副渔业总产值等指标的绝对值、比重按现价计算，增长速度按可比价格计算；其他价值量指标的绝对值及增长率，一般按当年价格计算。

六、为便于读者查阅，本卷在卷首设有目录，英文目录编至栏目；卷后配有索引，采用内容分析法，内容按汉语拼音字母顺序排列。

七、《福建年鉴》2015 卷坚持创新发展理念，首设八闽关注篇目，集中反映全省重点、热点；八闽关注、地方文献法规选登和相关重要资料的部分内容首次制成二维码，扫描即可延伸阅读。每个篇目的起始位置，均配有浓郁地方特色的手绘图。

八、全书配有光盘，免费赠阅，并在福建年鉴网站（www.fjnj.cn）全文发布。

九、《福建年鉴》2015 卷在编辑、出版过程中，得到全省各级党委政府、各有关部门和社会各界的大力支持，参与文稿编撰、审定的人员付出了辛勤劳动和艰苦努力，在此，我们致以诚挚的谢意。《福建年鉴》内容广泛，编辑时间短促，工作中的疏漏和错误之处在所难免，敬请广大读者批评指正。

福建年鉴社

2015 年 12 月

福建要闻 FUJIAN NEWS

10月31日，中共中央总书记、中央军委主席习近平在上杭古田全军政治工作会议上讲话

10月31日，中共中央总书记、中央军委主席习近平参观古田会议会址

2014年10月30日—11月2日，中共中央总书记、国家主席、中央军委主席习近平在福建调研，并出席在上杭县古田镇召开的全
化改革、全面推进依法治国进程，培育发展动力，激发社会活力，凝聚社会合力，把优势和潜力充分发挥出来，保持经济社会发
经济社会发展、推进依法治国、推进作风建设进行深入调研。

11月1日，中共中央总书记习近平在平潭海峡高速客运码头登上“海峡号”客轮看望赴台的两岸旅客，离开时向客轮上的旅客挥手告别

11月1日，中共中央总书记习近平在新大陆科技集团听取科研人员介绍企业自主创新情况

作会议。习近平在福建调研时强调，要全面贯彻党的十八大和十八届三中、四中全会精神，协调推进全面建成小康社会、全面深
，不断取得新成效、实现新突破。调研期间，习近平到平潭综合实验区和福州市，深入口岸、码头、企业、社区考察，就推动

（本版照片摄影　张永定）

福建要闻 FUJIAN NEWS

1. 2014年3月24—26日，中共中央政治局常委、全国人大常委会委员长张德江（前排左一）在龙岩市上杭县调研指导党的群众路线教育实践活动。图为张德江在上杭县古田镇吴地村看望群众（李学仁　摄）

2. 2014年6月14—16日，中共中央政治局常委、全国政协主席俞正声（前排中）在福建调研并出席第六届海峡论坛。图为俞正声在厦门市海沧区兴旺社区看望社区居民（张永定　摄）

3. 2014年7月17—19日，中共中央政治局常委、国务院副总理张高丽（前排右二）在福建调研。图为张高丽在福州青口汽车城与福建奔驰公司车间员工交谈（张永定　摄）

4. 2014年2月19—20日，中共中央政治局委员、国务院副总理刘延东（前排右二）在福建调研。图为刘延东在三明市第一医院与正在预约挂号的市民交谈（张永定　摄）

5. 2014年9月8日，中共中央政治局委员、国务院副总理汪洋在厦门为第十八届中国国际投资贸易洽谈会开幕启动金钥匙（张永定　摄）

1 4
2 5
3

2014年3月29日，省委书记尤权（前排右一）在厦门钨业公司察看生产车间

（张永定 摄）

2014年2月11日，省委副书记于伟国（左二）在云霄县火田镇互惠光电企业调研

（云霄县政府办 供稿）

图为福建自贸区福州片区揭牌仪式

图为福建自贸区厦门片区办公大楼

图为平潭海关二线卡口

2014年12月12日，国务院决定设立由福州片区、厦门片区和平潭片区组成的中国（福建）自由贸易试验区。中国（福建）自由贸易试验区总面积118.04平方千米，其中福州片区31.26平方千米 、厦门片区43.78平方千米、 平潭片区43平方千米

（福建自贸区各片区管委会 供稿）

福建要闻 FUJIAN NEWS

福建省汀江源自然保护区

治理后的长汀三洲万亩杨梅林

游客在汀江游览

汀江秋色

2014年3月，国务院正式印发《关于支持福建省深入实施生态省战略加快生态文明先行示范区建设的若干意见》，福建省成为十八大以来国务院确定的全国第一个生态文明先行示范区。2014年12月25日，福建省汀江源自然保护区被列入全国21处新建国家级自然保护区名单。

（龙岩市方志委 供稿）

2014年，全省重点项目建设铁路方面完成投资213亿元。重点项目赣龙铁路新双线是国家铁路网的重要组成部分，全长272.83千米，其中福建省境内136.16千米，是福建对外通道主干线之一，于2010年9月开工建设。图为该项目龙岩市长汀县境内特大桥　（林忠玉　摄）

2014年6月16日，平潭海峡大桥复桥正式通车。平潭海峡大桥复桥也称渔平高速公路延伸线，大桥全长3504米，宽17米，双向六车道，自2010年动工建设，总投资为14.32亿元。图为平潭海峡大桥复桥全景　（念望舒　摄）

2014年7月15日，平潭综合实验区封关运作仪式在平潭"二线"卡口举行，标志着国家赋予平潭的各项优惠政策已经全面落地，平潭正式成为全国最大的海关特殊监管区域。图为首批报关货物通过平潭海关申报通道　（蔡起辉　摄）

2014年10月25日—11月2日，福建省第十五届运动会在漳州市举行。本届省运动会共有2人次破2项省纪录，18人次破14项省少年纪录。图为开幕式现场

（林忠 摄）

2014年6月10—12日，首届国际龙舟联合会世界杯赛在福州举行，来自世界各地的16支国际龙舟队同场竞技。中国队以3金1银1铜，积67分排名总成绩第一，获得首届龙舟世界杯冠军。图为龙舟赛现场 （陈俊华 摄）

2014年12月30日，“美丽中国”研究所发布生态建设排名报告，福建位居全国各省区第一，福州位居省会及副省级城市第一。图为鸟瞰下的福州左海和西湖

(林忠玉 摄)

2014年3月17日，兴业银行香港分行正式开业。兴业银行香港分行设立后以存贷款、贸易融资、国际结算等商业银行业务为主体，逐步开展金融市场业务，探索发展投资银行业务。图为开业现场　（兴业银行总行 供稿）

2014年12月30日，台湾合作金库商业银行福州分行在福州市举行揭牌仪式,这是福建省首家获准开业的台资银行全资大陆一级分行。图为开业现场
（台湾合作金库商业银行福州分行 供稿）

2014年10月30日，福州航空实现首飞。福州航空成立于2014年2月12日，以福州长乐国际机场为主运营基地，是福州市的第一家地方航空公司。图为福航宣传照　（福州航空 供稿）

福州
FU ZHOU

1. 三坊七巷
2. 福州鼓岭度假区
3. 沙滩公园
4. 贵安新天地休闲旅游度假区

福州
FU ZHOU

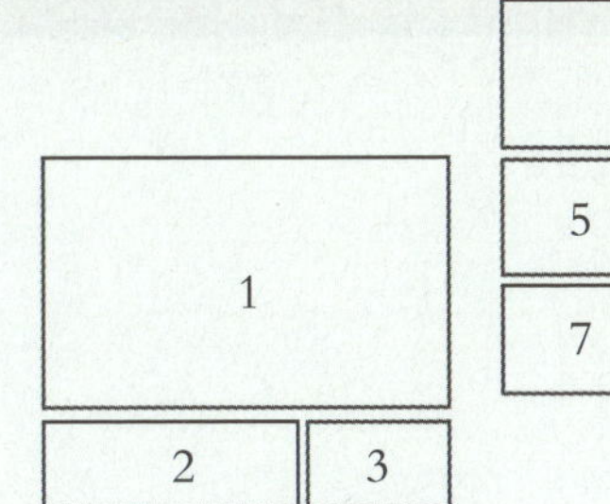

1. 城市中心区公园
2. 左海—金牛山森林步道（效果图）
3. 晋安河步道
4. 福州市闽清县精品示范村——溪头村
5. 24小时自助图书馆
6. 2014年8月9日，第二届海峡青年节在福州举行
7. 2014年海峡青年（福州）峰会
8. 2014年5月18日，21世纪海上丝绸之路市长（高峰）论坛在福州召开

福州
FU ZHOU

福州航空

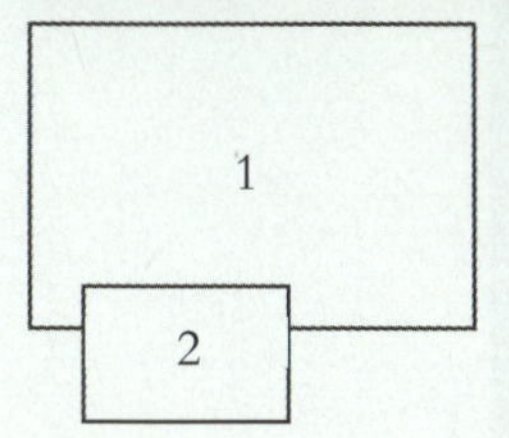

3

4　5

1. 海峡奥体中心正式亮灯
2. 奥体中心场馆
3. 保税港区
4. 福州城市规划展示馆
5. 福州市市民服务中心

厦门
XI MAN

1. 厦漳跨海大桥
2. 厦门软件园
3. 杏林湾商务营运中心
4. 2014年9月，第十八届中国国际投资贸易洽谈会在厦门举行。图为开馆式现场
5. 翔安区新城一角
6. 同安区双溪风光
7. 厦门中山路步行街

厦门 XI MAN

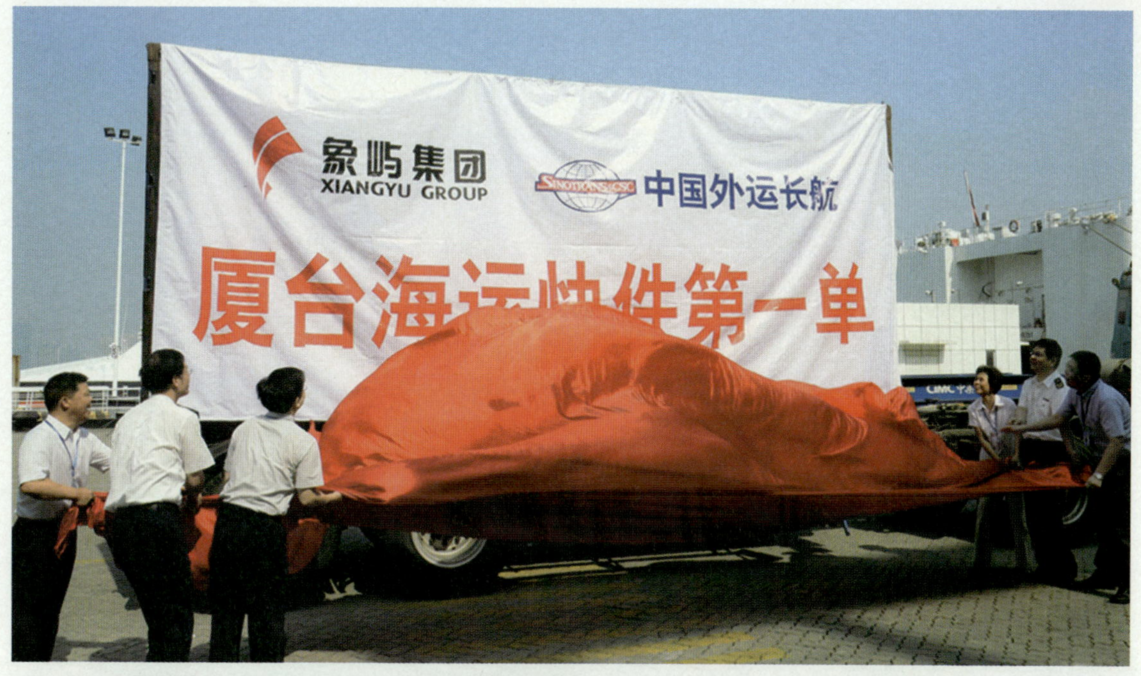

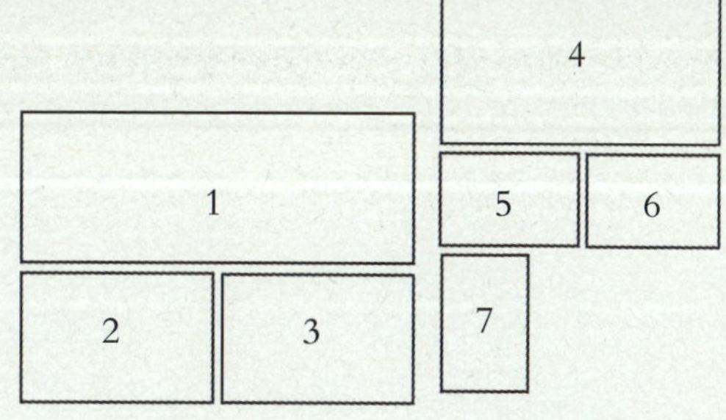

1. 2014年12月28日，厦门高崎国际机场T4航站楼启用
2. 厦门北站
3. 亚洲最大邮轮、13万吨级的“海洋航行者号”靠泊厦门港
4. 2014年7月31日，厦台海运快件第一单顺利完成
5. 海峡电子商务创业园竣工
6. 海峡两岸第一条直通光缆——厦金海底光缆正式建成。图为工作人员对上岸的海底光缆进行登陆紧固操作
7. 2014年12月29日，厦门轨道交通一号线一期莲花至莲坂区间右线首台盾构机始发成功

厦门
XI MAN

ASHION
纪梵希
C&L

1. 2014年1月2日，厦门国际马拉松鸣枪开跑
2. 厦门五缘湾游艇码头
3. 厦门如意情集团股份有限公司金针菇工厂化生产车间
4. 闽南大戏院宽阔可升降的舞台
5. 精品剧《蝴蝶之恋》由厦门歌仔戏剧团创作。图为演出现场
6. 厦门大学

漳州
ZHANG ZHOU

1	3
2	

1. 2014年1月1日，省委书记尤权（右三）在漳州市正兴车轮有限公司考察
2. 2014年2月11日，省委副书记于伟国（右二）赴云霄火田镇水头村调研青枣专业合作社
3. 2014年11月，第六届海峡两岸现代农业博览会、第十六届海峡两岸花卉博览会在漳州开幕。图为开幕式现场

漳州 ZHANG ZHOU

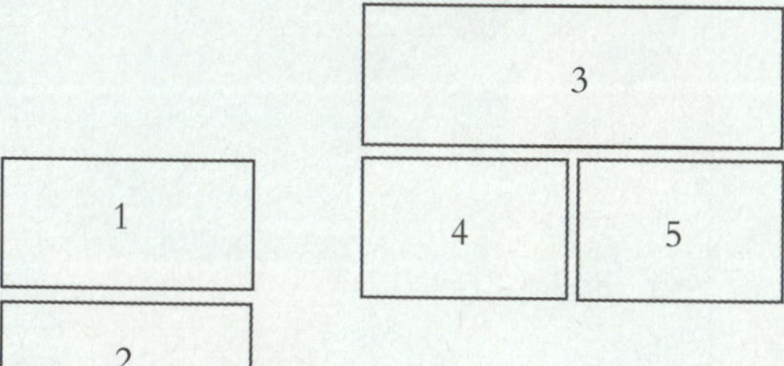

1. 2014年3月，漳州市产业项目(深圳)推介会在深圳举行。图为推介会现场
2. 2014年4月，第三届国际百合属研讨会在漳州举行。图为研讨会现场
3. 2014年11月，福建省第九届老年人体育健身大会在漳州开幕。图为开幕式现场
4. 国家半导体照明工程产业化基地骨干企业——立达信集团，图为LED生产车间
5. 正兴车轮集团有限公司引进具有世界先进水平第一条全自动化铝合金锻造卡车轮圈生产线

漳州
ZHANG ZHOU

| 2 |
| 3 | 4 |
| 5 |
| 1 |

1. 2014年9月15日，福建省第十五届运动会圣火采集仪式在漳州市芝山红楼前举行
2. 2014年9月15日，漳州籍运动员黄颖祺手持福建省第十五届运动会首棒传递火炬从漳州市芝山大院出发
3. 漳州市云霄县佳洲岛
4. 漳州市长泰县十里蓝山度假区
5. 漳州市碧湖生态公园

泉州 QUAN ZHOU

改革开放

首届中国（泉州）海上丝绸之路国际品牌博览会开幕式现场

全国首个县级金融公共服务平台——石狮市金融服务中心

泉州晋江国际陆地港

QUAN ZHOU
产业发展

1	2
3	4

1. 批量生产中的数控机床
2. 中国·海峡项目成果交易会上的泉州“数控一代”展馆
3. 自动化水肥一体化立体种植设施蔬菜大棚
4. 石狮星期YI服饰创意博览园

中国国际信息技术(福建)产业园

1. 泉州湾跨海大桥
2. 全国美丽乡村建设试点——晋江大埔
3. 美丽社区——龙岭社区
4. 被誉为“油画村”的泉港区涂岭镇樟脚村
5. 德化大城关全景

QUAN ZHOU
生态文明

6	
7	8
9	10

6. 南安山美水库
7. 生态修复与水环境整治示范点——黄塘溪
8. 紫帽山公园
9. 清洁能源利用示范点——晋江风电开发
10. 泉州湾河口湿地省级自然保护区

泉州五中城东校区

泉州 QUAN ZHOU

民生改善

1. 芳草嘉园公租房
2. 埔西安置房
3. 泉州市中医联合医院
4. 北峰垃圾转运站
5. 新能源公交车

| 1 | 2 |
| 3 | 4 | 5 |

QUAN ZHOU

文化交流

6		
7	8	9

6. 海丝艺术节“蓝蓝泉州湾”专场演出
7. 东亚文化之都开幕式活动之一——鲤城元宵灯会
8. 首届中国阿拉伯城市论坛在“海丝起点”泉州开幕
9. 泉州木偶剧院

三明
SAN MING

念好发展经 画好山水画

2	
3	4
5	6
7	8

1

1. 2014年12月，三明中心城市快速通道建成通车
2. 中国利农现代农业(蔬菜)示范基地
3. 清流海西花卉交易中心
4. 三明华灿酶制剂产业基地建设项目
5. 明溪海斯福化工全氟环氧丙烷及下游系列产品项目
6. 台明铸管公司年产20万吨球墨铸铁管生产线
7. 中国机械科学研究总院海西分院高端装备制造产业园
8. 福建省首个环保经济型电动汽车项目落户永安

三明
SAN MING

念好发展经 画好山水画

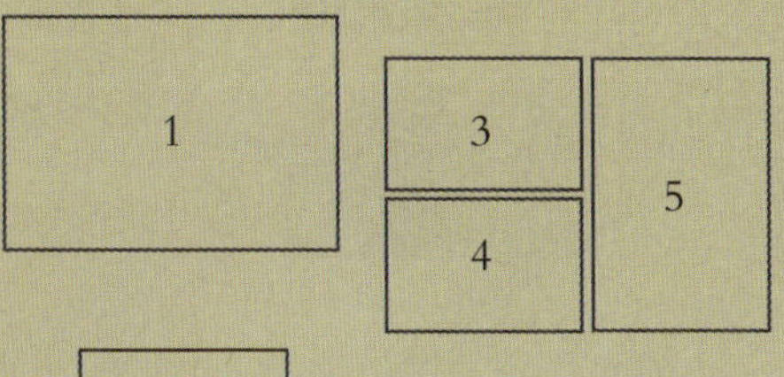

1. 2014年11月6日，第十届海峡两岸林业博览会暨投资贸易洽谈会在三明开幕
2. 2014年10月15日，第二十届世界客属石壁祖地祭祖大典在宁化举行
3. 建宁县金铙山户外滑雪运动基地
4. 2014年10月，第三届国际（永安）竹具设计大赛在永安举行。图为大赛T台秀现场
5. 2015年1月1日，三明市举行城市绿道万人行活动

·三明 SAN MING

念好发展经 画好山水画

1. 三明市区夜景
2. 万寿岩遗址博物馆
3. 泰宁明清园古建筑“司马府第”
4. 三明市北部新城——文体中心
5. 三明市梅列碧桂园生态城
6. 三明市徐碧中央商务区

莆田
PU TIAN

1	3	
2	4	
	5	

1. 城涵大道
2. 荔园路
3. 仙游菜溪岩景区
4. 绶溪公园
5. 宁海桥夜景

莆田 PU TIAN

三清殿

妈祖祭典仪式现场

1. 东吴港区
2. 金马沟水系绿化
3. 仙游木兰溪防洪工程及绿化景观带
4. 仙游县榜头镇坝下街道
5. 玉湖新城

莆田 PU TIAN

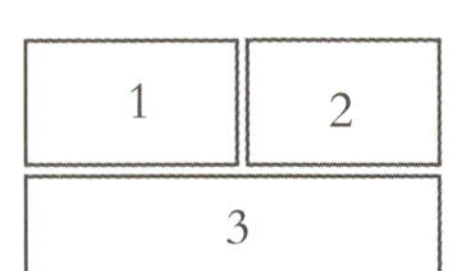

1. 莆田市行政服务中心
2. “党风政风人民评”节目现场
3. 中原港务
4. 亿发纸业
5. 雪津啤酒
6. 新万鑫硅钢
7. 农业产业化龙头闽中食品
8. 幸福家园城厢区华亭镇涧口村试点
9. 罗屿铁路公路大桥
10. 湄洲湾北岸妈祖城

VPO是百威英博生产领域唯一的工作方式

延平夜景

松溪县城俯瞰

南平北站

武夷山东站

顺昌新城

浦城城区鸟瞰

第八届海峡两岸茶业博览会

忘不了的乡愁——闽北古建筑、古村落摄影展开幕式现场

一元门票游武夷——启动仪式

“万里茶道”中蒙俄各沿线城市代表在下梅村主题雕塑广场前手牵手相约共同发展

顺昌县元坑镇文昌公园夜景

建阳区建盏文化街

邵武市旅游集散服务中心

2014武夷山国际马拉松赛

2014第二届武夷山国际骑游大会

荣华山产业组团产品展示厅

龙泰竹业

太阳电缆

1. 南平市第一所九年一贯制学校——建瓯市竹海学校
2. 邵光高速最长大桥——铺前大桥
3. 樟湖大桥
4. 武夷农机大市场
5. 全省最大户外公共安全教育基地——邵武“平安文化”主题公园
6. 神农菇业包装车间

龙岩 LONG YAN

1. 2014年8月20日，福建省委书记尤权（前排右二）在长汀县宣成乡下畲村调研村民生产生活
2. 2015年9月7日，省委副书记于伟国（第二排右三）陪同海南党政代表团到龙岩考察
3. 市行政服务中心通过国家级综合标准化单位验收。图为市长池秋娜（左五）深入市行政服务中心调研简政放权工作
4. 2014年11月8日,第五届海峡两岸机械产业博览会开馆
5. 福建双兴不锈钢生产车间
6. 精品“古田1929”香烟生产车间
7. 军民融合产业之枭龙越野车
8. 全球最大的大气环保设备制造企业、中国环保产业领军企业——龙净环保公司
9. 连城海峡光电产业园

光电产业园
铸造一流企业形象
本公司通过ISO9001质量体系认证

龙岩 LONG YAN

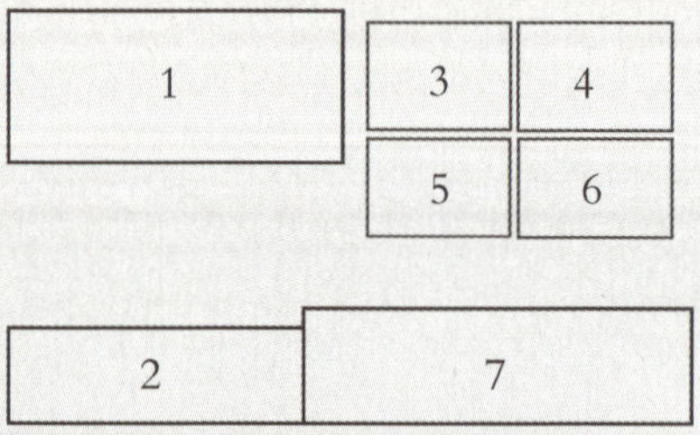

1	3	4
	5	6
2	7	

1. 紫金矿业上杭紫金山露天采矿厂
2. 紫金铜业20万吨铜冶炼厂
3. 厦蓉高速龙岩段
4. 动车通过龙厦铁路下东山特大桥
5. 龙岩大道
6. 莲花山木栈道
7. 龙岩市中心城市一角

CROWNE PLAZA

1. 中国十大最美古村落——培田古民居
2. 龙岩石锣鼓湿地公园
3. 漳平永福樱花园
4. 汀江国家湿地公园
5. 永定初溪土楼群
6. 国家自然遗产、国家最美地质公园——连城冠豸山

1	
2	3
4	5
6	

宁德市委书记廖小军（前排左一）察看周宁高速公路互通口

宁德市委书记廖小军（前排右二）察看福安溪柄镇柏柱洋千亩高优农业示范园

宁德 NING DE

美丽东湖

宁德市长隋军（前排中）察看福安廉村美丽乡村建设

宁德市长隋军（前排右一）在霞浦海产品养殖基地调研

宁德
NING DE

1. 青拓科技的不锈钢冷轧车间
2. 青拓科技的不锈钢热轧车间
3. 建设中的高速路
4. 漳湾码头
5. 蕉城区赤溪镇千亩农业示范园大棚，图为村民在种植铁皮石斛
6. 宁德新能源集团研究院
7. 宁德新能源科技有限公司

3

4 5

1

6

2

7

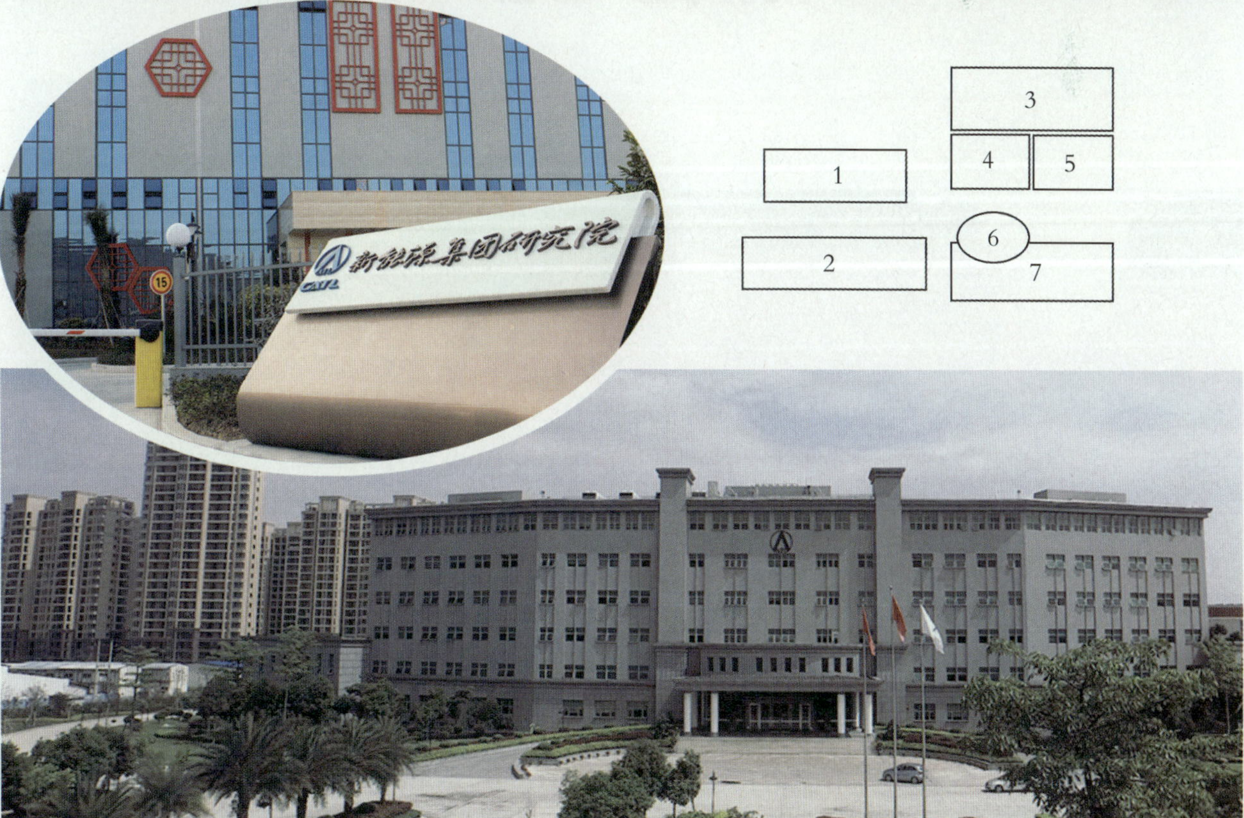

宁德 NING DE

1	3
2	4

1. 金溪防洪配套景观工程
2. 2014年9月28日，第四届宁德世界地质公园文化旅游节暨第九届太姥山文化旅游节开幕
3. 霍童溪风光
4. 福鼎嵛山岛

赤溪村

上金贝畲村

平潭综合实验区
PING TAN

1	2	3
4		5

6	
7	8

台湾免税商品市场

1. 2014年11月5日，平潭跨境电子商务首票货物顺利通关
2. 台湾水果受市民分外青睐
3. 澳前口岸通关
4. 平潭海关二线卡口
5. 澳前口岸旅检大楼
6. 坛南湾
7. 风之舞
8. 明镜摩崖石刻

平潭综合实验区
PING TAN

1. 海岛研究中心大楼主体
2. 岚城安置房公租房外景
3. 渔平互通
4. 金井湾片区新城
5. 环岛路鸟瞰

1	2
3	
4	5

竹屿湖雕塑园

西航路夜景

平潭综合实验区
PING TAN

1	2
3	4
5	

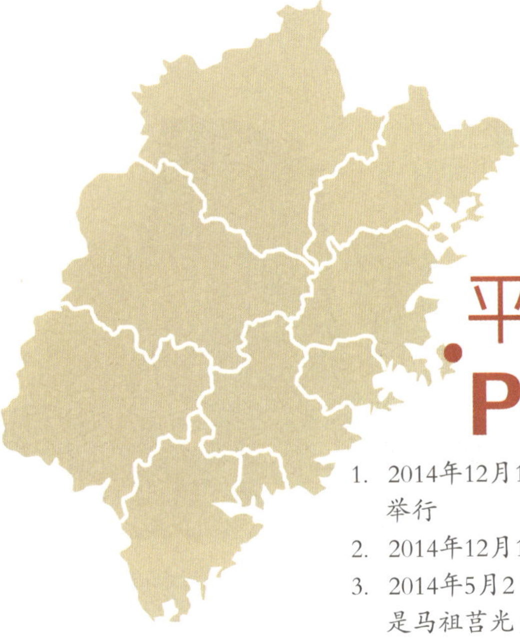

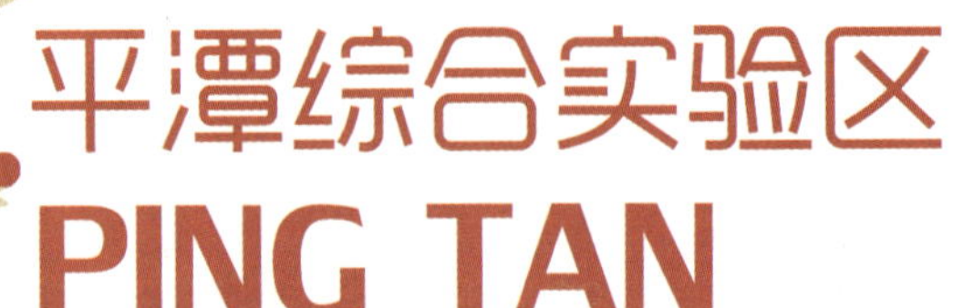

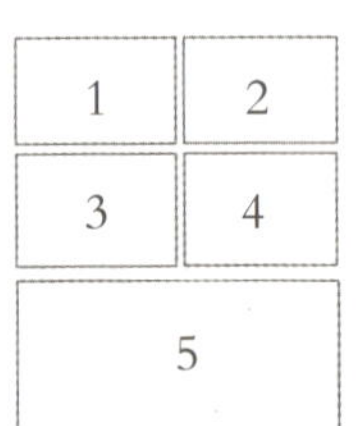

1. 2014年12月16日，中国平潭企业家科学家创新论坛在福建平潭综合实验区举行
2. 2014年12月19日，2014平潭国际旅游岛高峰会议在平潭举行
3. 2014年5月2日，台湾“合富快轮”高速客滚船到达平潭澳前客滚码头，这是马祖莒光乡同胞以包船形式首航平潭入闽开展寻根之旅
4. 2014年3月3日，平潭综合实验区颁发首张二维码营业执照
5. 2014年8月18日，“中国横渡第一人”张健，率海峡两岸14名游泳健儿接力横渡台湾海峡，经过5天4夜的行程，于8月22日中午1时许在福建平潭龙凤头海滩成功上岸

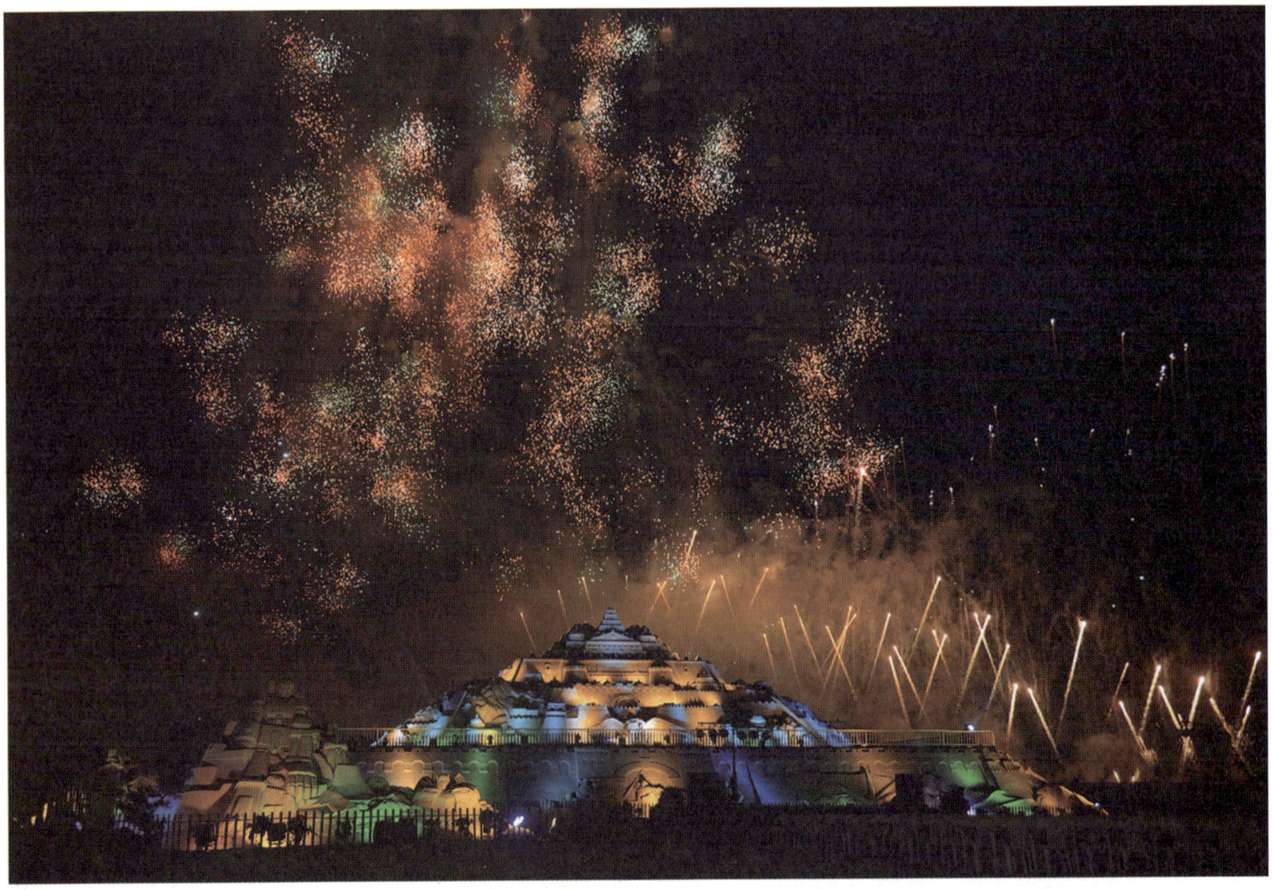

在烟火与彩灯照耀下的沙雕园

2014-12-16
中国平潭
企业家科学家创新论坛
Pingtan Innovation Forum For Entrepreneurs & Scientists
2014-12-16

2014平潭
国际旅游岛高峰会议

台灣馬祖觀光首航大陸平潭

营业执照
台商直通车

中国(福建)自贸试验区福州片区

2014年12月12日,国务院确定在广东、天津和福建新增设立3个自贸试验区，至此3个自贸试验区建设全面启动。2015年4月20日，国务院正式印发福建、广东、天津及上海（扩区）的自由贸易试验区总体方案。4月21日，中国（福建）自由贸易试验区挂牌仪式在福州举行，标志着福建自贸试验区正式启动建设。

中国（福建）自由贸易试验区福州片区实施范围31.26平方公里，涵盖两个区域——福州经济技术开发区和福州保税港区，具体细分为7个片区，简称“两区七片”。

其中，福州经济技术开发区规划面积22平方公里，分为5个区块。马江区块（含福州保税区0.6平方公里）：重点发展21世纪海上丝绸之路重要经贸平台、文化创意、商品展示交易。快安区块：重点发展高新技术产业、产业金融、服务贸易（跨境电商）。长安区块（含福州出口加工区1.14平方公里）：重点发展加工贸易、保税仓储、冷链物流。琅岐区块：重点发展旅游、教育培训、医疗养生。南台岛区块：重点发展两岸金融服务创新、会展专业化服务、商品展示交易。

福州保税港区规划面积9.26平方公里，分为2个区块。新厝区块：重点发展先进制造业（侧重发展汽车保税改装及维修，飞机研发、制造、运营及维修等）、融资租赁。江阴区块：重点发展国际航运物流、整车及零配件进出口贸易、保税仓储及保税展示交易。

1. 福建自贸试验区揭牌仪式
2. 省委书记尤权（前排右二）、省委副书记于伟国（前排左二）调研江阴汽车整车进口口岸
3. 省领导陈桦（前排右）、郑晓松（前排左）在海丝商城调研
4. 省委常委、市委书记杨岳（前排左一）在福州片区综合服务大厅调研
5. 海丝商城
6. 市民在海丝商城购买进口商品
7. 自贸区跨境电商O2O体验店
8. 海峡国际智贸城
9. 利嘉自贸区保税商品直销中心

福州片区管委会大楼和综合服务大厅

福建自贸试验区福州片区将充分发挥侨台和海洋优势，依托海西金融中心，携手两岸参与国际高端竞争，围绕建设先进制造业基地、21世纪海上丝绸之路沿线国家和地区交流合作的重要平台、两岸服务贸易与金融创新合作示范区等三大战略定位,重点推进建设先进制造业基地、海丝重要平台、两岸服务贸易合作示范区、两岸电子商务试验区、两岸金融创新示范区、两岸人文融合示范区等六大试验任务，力争经过3-5年发展，将福州片区建设成为具有国际水平的贸易投资自由便利、产业体系先进发达、政策监管安全有效、司法体系公正合规的自由贸易试验区。

跨境电子商务园区

中国(福建)自贸试验区福州片区

江阴保税港国际物流码头

1. 东盟海产品交易所
2. 东盟海产品交易所内部
3. 江阴汽车进口口岸整车堆场

海峡国际会展中心

目　　录

机 关 团 体

建设 环保

服　务　业

对外及港澳台经济贸易

旅 游 业

交通　邮政

社会科学

教育

文化

市县概况

人　物

地方文献、法规选登

统 计 资 料

Catalogue

FOREIGN AFFAIRS, OVERSEAS CHINESE AFFAIRS, HONGKONG AND MACAU AFFAIRS

COOPERATION AND EXCHANGE PROGRAMS BETWEEN FUJIAN AND TAIWAN

AGRICULTURE

INDUSTRY

CONSTRUCTION AND ENVIRONMENTAL PROTECTION

SERVICE

FOREIGN TRADE AND HONGKONG, MACAO AND TAIWAN TRADE

TOURISM

TRANSPORTATION POSTAL SERVICE

INFORMATION INDUSTRY

FINANCE INDUSTRY

FINANCE AND TAX

ECONOMIC MANAGEMENT AND SUPERVISION

SCIENCE AND TECHNOLOGY

SOCIAL SCIENCE

EDUCATION

CULTURE

HEALTH AND SPORTS

SOCIAL LIFE

GENERAL REVIEW OF CITIES AND DISTRICTS

PERSONALITIES

EXTRACTS OF LOCAL LEGISLATIONS, RULES

DOCUMENTS OF STATISTICS

INDEX

福建建设成就图片专辑

八闽关注

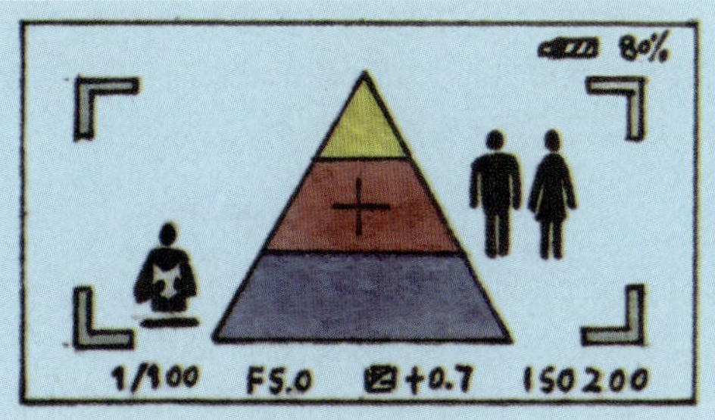

碧水蓝天　清新福建

—全国首个生态文明先行示范区

2014 年 3 月 10 日，国务院印发《关于支持福建省深入实施生态省战略加快生态文明先行示范区建设的若干意见》（以下简称《若干意见》）。由此，福建省成为全国第一个生态文明先行示范区。

《若干意见》赋予福建生态文明先行示范区建设“国土空间科学开发先导区、绿色循环低碳发展先行区、城乡人居环境建设示范区、生态文明制度创新实验区”四大战略定位，明确了福建省在全国生态文明建设战略格局中的重要地位和作用。

《若干意见》的出台，标志着福建生态省建设由地方决策上升为国家战略。这是福建生态文明建设的新起点，也是福建加快科学发展跨越发展的新机遇。

为什么是福建

《若干意见》出台引起了境内外媒体的广泛关注，各方目光纷纷聚焦拥有“清新福建”金字招牌的绿色八闽。

全国首个生态文明先行示范区落户福建，不仅在于福建得天独厚的良好自然生态系统，更因为福建在生态文明建设方面取得的一系列宝贵成就和经验。

福建生态文明建设有良好的基础。早在 2000 年，习近平同志任福建省省长时，就前瞻性地提出建设生态省的战略构想。2001 年省政府成立生态省建设领导小组，习近平亲任组长。同时，福建开始了有史以来最大规模的生态保护调查。2002 年，习近平在调研生态省战略时指出：“任何形式的开发利用都要在保护生态的前提下进行，使八闽大地更加山清水秀，使经济社会在资源的永续利用中良性发展。”

2002 年，习近平在省政府工作报告中提出建设生态省战略目标。同年 8 月，经国家环保总局批准，福建成为全国首批（第 4 个）生态省建设试点省份。

此后，建设生态省的接力棒一任传一任。2004 年 11 月出台《福建省生态省建设总体规划纲要》，生态省建设正式启动。十多年来，福建在建设生态省的道路上，一张蓝图绘到底，出台了一系列生态省建设实施意见，制定了十几部环境保护地方性法规，探索积累了许多宝贵经验。

2006 年 4 月，省政府下发《关于生态省建设总体规划纲要的实施意见》，全面推进生态省建设。

2010 年 5 月，省人大常委会作出《关于加快生态文明建设的决定》。

2011 年 9 月，省政府下发《福建生态省建设“十二五”规划》。

党的十八大以来，省委作出了加快推进科学发展跨越发展、努力实现“百姓富”与“生态美”有机统一的决策部署。

“三分天注定，七分靠打拼”。福建历届省委省政府锲而不舍地推进生态省建设，取得积极成效。

——2014 年全省植树造林 163.9 万亩，其中“四绿”工程完成 68.8 万亩。全国第八次森林资源清查结果表明，福建森林覆盖率提高到 65.95%，森林面积达 801.27 万公顷，保持全国首位。

——2014 年完成水土流失综合治理 256 万亩。至 2014 年 9 月底，福建省就提前超额完成“十二五”900 万亩水土流失治理任务。

——2014 年，福建水环境质量总体保持优良，全省 12 条主要河流水质保持为优，水域功能达标率为 98.1%。

——2014 年，全省 23 个城市空气质量均达到或优于国家环境空气质量二级标准，平均达标天数比例为 99.3%。

从实施生态省战略到建设生态文明先行示范区，“清新福建”之路，一步一个脚印。

森林覆盖率连续 37 年居全国第一，全国唯一保持地表水、大气、生态环境质量全优的省份，率先在全国实行集体林权制度改革，率先启动流域生态补偿试点，创造长汀水土流失治理经验……起步早、力度大、成效好，福建生态省建设硕果累累，交出的“绿色”成绩单门门功课优秀，为建设生态文明先行示范区奠定了坚实基础。

2014 年 12 月 19 日，福建在全国首创的生态旅游景区“清新指数”显示，绝大部分景区 PM2.5 低于 50、负氧离子高于 1500。

山海画廊，人间福地，吸引来更旺的人气。2014年福建全省接待游客2.34亿人次，同比增长16.8%；实现旅游总收入2707.62亿元，同比增长18.4%。

频出创新举措

国务院印发《若干意见》，在八闽大地引起热烈反响，各地干部群众纷纷表示要谋划更实，干劲更大。

“生态资源是福建最宝贵的资源，生态优势是福建最具竞争力的优势，生态文明建设也应当是福建最花力气的建设。”习近平总书记的重要指示，成为全省上下的共识。

举全社会之力打造一个山清水秀、碧海蓝天的美丽家园，同享绿色福利，更成为政府和民众的自觉追求。生态建设与保护方面动作频频，催生出一系列生态文明制度创新举措。

2014年4月10日，福建出台大气重污染应急预案，建立大气重污染应急响应机制，标准高于全国大多省份。

2014年4月16日，福建省高级人民法院生态环境审判庭成立。

2014年5月，《福建省环境监管能力建设实施方案》开始施行。

2014年5月22日，省人大常委会通过《福建省水土保持条例》，将水土保持纳入生态文明建设考核体系。

2014年6月，省政府下发《关于推进排污权有偿使用和交易工作的意见（试行）》，提出先行在造纸、水泥、合成革与人造革、建筑陶瓷、火电、合成氨、平板玻璃等8个行业试点推行排污权有偿使用和交易，交易的污染物为化学需氧量、氨氮、二氧化硫、氮氧化物四项主要污染物。

2014年10月中旬，省委省政府正式出台《贯彻落实〈国务院关于支持福建省深入实施生态省战略加快生态文明先行示范区建设的若干意见〉的实施意见》，分解任务，明晰目标，推出33条贯彻落实意见，部署134项近期重点工作。

更多创新举措扎实推进。启动实施河道岸线和河岸生态保护、饮用水水源地保护、地下水警戒保护“三条蓝线”管理制度，水生态保护制度日益健全；稳步推进重要流域生态补偿制度建设，探索多方面筹集补偿资金，按水质指标、用水总量控制指标、森林生态指标等因素统筹分配资金；创新水利事业管护制度，在全省范围内推行分级管理、责任到人的“河长制”……这些不断打出的“组合拳”，为百姓守住一江碧水、一片蓝天，使生态文明制度建设呈现出新的气象。

树立绿色导向

观念决定导向，导向决定路径。

建设生态省以来，福建逐步淡化GDP增长指标，探索建立起与生态文明相适应的干部考核评价机制，把环境保护列入各级政府绩效考核，不断完善环境保护目标责任、实绩考核、违纪处分等机制，将考核结果作为评先选优和干部提拔的重要依据。

2014年8月，福建率先对部分县（市）取消GDP考核，对列入主体功能区规划中农产品主产区的34个县（市），包括22个县（市）和重点生态功能区的12个县（市），实行农业优先和生态保护优先的绩效考评方式。

“指挥棒”的方向变了，不用再疲于应付GDP考核，就可以更安心、更专心地根据区域实际情况，推动“百姓富、生态美”有机统一。

34县之一的安溪县，很早就对落后的GDP说不。2011年，全县取消630多家石材企业，整个行业退出，损失20多亿元，减少1.5亿元财政收入。但此举让全县水土流失最严重、生态环境最脆弱的区域得以停止破坏和治理恢复，也让安溪茶“安全”、“生态”的品牌擦得更亮。如今取消GDP考核，列为福建省重点生态功能区，安溪底气更足了，对新项目严格执法，加强现有污染源整治。腾出环境、生态容量，反而为安溪招来了光电产业、T4级数据灾备中心等大项目和大资本。这个地处山区的昔日国家级贫困县，已跃居全国百强县。

福州市下辖的永泰县生态良好，有着福州后花园之誉，但经济社会发展相对滞后。从2010年开始，永泰县摒弃唯GDP论，建立差异化考核评价体系，将全县21个乡镇分门别类考核，对农业、旅游业为主的乡镇减少甚至免除工业考核，同时增加了环境质量的考核比重。由于考核不搞一刀切，从实际出发，推动绿色发展，极大提升了乡镇干部干事创业的积极性。“不考工业规模考大气、不考企业税收考水质、不考工业总量考新型产业科技含量”，考核标准改变后，永泰以22项指标全优的成绩成为福州第一个获命名的省级生态县，在2011和2012两年的考核中，从倒数变前列。

政绩考核“指挥棒”越来越绿，地方发展后劲越来越足。宜农则农，宜工则工，把优势做出特色，把特色做出规模，福建走出了绿色发展、循环发展、低碳发展之路。

形成绿色布局

12万平方千米的八闽大地上，山清水秀的好生态如何传承保持？加快生态文明建设，福建怎样先行示范？

在福建各地，从青山绿水的山区到碧海蓝天的海滨，从仍欠发达的乡村到繁华热闹的特区，扑面而来的，是转型发展后发赶超的勃发干劲，是生态环境红线不可逾越的清醒认知，是生态文明先行示范的奋力探索。

为优化国土空间开发格局，福建积极发挥规划引领和约束作用。2013年1月公布的《福建省主体功能区规划》，首次将全省国土明晰规划为优化、重点、限制和禁止4类开发区域，其中占全省2/5的县（市）和197处区域被列入限制或禁止开发区域。规划为全省重点生态功能区的面积超过3.6万平方千米，接近全省陆域面积1/3。

规划先行，严格按照主体功能定位开发和保护国土空间，形成“绿色布局”。厦门集美区海滨一个规划占地4.9平方千米的科技创新园，因阻隔美人山至海边的生态廊道而被叫停。

在一条条生态红线的限制下，山区、林地、水源地靠山不吃山，靠水不吃水，拒绝污染项目和产业。

龙岩市新罗区龙津河流域，养猪场曾经遍地开花，猪粪污染导致水质恶化。市、区展开专项整治，仅2013年就拆除养猪场3000多家。猪圈拆迁每平方米补偿180元至250元，重点流域两岸1千米范围内设立禁养区，引进优良种植品种引导农户转产……多措并举，龙津河水质明显改善。

海峡西岸崛起对台“新特区”

2014 年 7 月 15 日，平潭综合实验区封关运作。

驱车驶过海峡大桥，平潭出入区服务大楼银白色的外墙在阳光下熠熠生辉。在二线卡口出入区，按照“人货分离”的要求，21 条通道一字排开，其中 3 个申报通道、18 个无申报通道，进出车辆快速通过。

从 2009 年 8 月福建省设立平潭综合实验区，到 2011 年 11 月 18 日国务院批复《平潭综合实验区总体发展规划》，平潭开放开发上升为国家战略，再到如今实现全岛开放，短短几年，平潭发生了惊人的蜕变。从一个偏远的海岛小县，逐步发展成为令人瞩目的投资热土，逐步向两岸深度融合的共同家园迈进，这个中国第五大岛展现出独特的潜力、活力与魅力，成为冉冉升起的“海峡明珠”。

补齐基础设施短板

平潭简称“岚”，位于福建省东部，四面临海，由 126 个大小岛屿组成，为全国第五大岛、福建第一大岛。实验区开放开发初期，外界质疑：平潭是一个离岛，风大沙多生态环境差，基础设施薄弱，不适合建设宜居宜业城市。

实验区成立以来，平潭奋力补齐短板，加大基础设施建设，举全省之力、超常规推进，高起点规划、高标准建设。“一天一个亿、一天一个样”的“平潭速度”应运而生，迄今基础设施建设已完成投资 1500 亿元。

经过 5 年多的大规模建设，一个焕然一新的新平潭呈现在世人眼前：

5 年来平潭植树造林 5000 万株，森林覆盖率从 29%提高到 35.9%，昔日“光长石头不长草”的萧瑟让位于“四季常绿、四季有花”的葱茏。

“双桥飞架西东，天堑变通途”。继海峡大桥于 2010 年建成通车后，2014 年 6 月 16 日，海峡大桥复桥通车，进出平潭岛双向六车通道形成，平潭至福州的车程从 3 小时缩短至 80 分钟。

福平高铁全线动建。作为中国首座公铁两用跨海大桥，福州至平潭公铁大桥建设进度加快，它的建成将把平潭带入高铁时代，未来平潭至福州仅需 30 分钟，平潭将纳入省会“半小时生活圈”。

两岸海上主通道形成。平潭先后开通至台中、台北两条海上高速客滚航线。2014 年 4 月 11 日，运载着妈祖銮轿金身的台湾车辆搭乘“海峡号”抵达平潭后直接换牌在福建通行，为两岸车辆互通开启新页。2014 年 5 月 27 日，“丽娜轮”直航台北—平潭航线，标志着首艘台籍客轮开始执行两岸定期客运航线。如今，“海峡号”、“丽娜轮”直航对开，往来穿梭台湾海峡，到台中 2.5 小时，到台北 3 小时，两岸生活一日圈成为现实。

如今再走进平潭岛，随处可见绿树成林、花团锦簇的景象。告别“孤岛”时代的平潭，“一环两纵两横”等城市主干道基本形成，水、电、港口等基础设施日趋完善，一座宜居宜业的新兴城市逐步呈现在人们的眼前，平潭变了。

改革创新永无止境

变化的不仅仅是硬环境，软环境的建设更是让人眼前一亮。

平潭人先行先试、大胆探索，5 年来，实验区体制机制改革创新亮点频现：

2013 年 12 月在全省率先实施商事登记制度改革试点。2014 年 5 月初，对内资企业实施“三证一章合一”登记制度。2014 年 6 月初，对外资企业实施“四证一章合一”登记制度，同时公布外商投资准入简化审批目录，参照“负面清单”形式，简化审批环节。在全国率先实施政府投资项目“集中申请、统一受理、综合审批”模式，审批权时限由 247 天压缩到 100 天左右，成为全省最快捷的审批管理模式。

实施“区县合一”机构改革。把原来的县划分金井湾、岚城、澳前等三个片区开发管理局，组建“一个中心三集团”，最大限度减少了行政层级，提高行政效率。

一系列大刀阔斧的改革创新，让平潭实现了政府高效运行和组织结构优化，营造与国际接轨的体制机制。同时，最大限度地降低准入门槛和创业成本，激活了市场主体投资活力。

随着软硬环境的变化，平潭正从一个离岛逐步发展成为最具吸引力的“新特区”。

两岸融合纵深拓展

平潭是大陆距台湾本岛最近的地区，距台湾新竹仅 68 海里。平潭综合实验区因台而设、因台而兴，承担着建设两岸同胞“共同家园”的历史使命。平潭不仅要探索两岸产业合作，更重要的是探索建设两岸社会高度融合的样本。

而作为两岸深度融合的新样板，最显著的特征便是，各种台湾元素不断融于平潭。

2014 年 6 月 14 日，康德台湾夜市开街，在平潭就能品尝到台湾夜市知名小吃。康德夜市属于康德台胞社区一部分，由台胞自行招商、自主管理，这是平潭探索成立台湾社区的一次试水。

2014 年 6 月 17 日，平潭・台湾商品免税市场 1 号楼开业，吸引 150 多家商家入驻，各种琳琅满目的台湾商品汇集于此，平潭成为继厦门大嶝岛后国家批准建设的大陆第二个对台小商品免税市场。

作为全国唯一的对台综合实验区，平潭的发展始终得到台湾民众的关心支持。连续举办三届共同家园论坛,台湾台中、新竹等县市与平潭探讨区域合作,台湾重要团组 700 多批次、超过 1 万人次到平潭考察洽谈。

两岸经贸文体交流越来越频繁。两岸金融合作论坛、第六届海峡媒体峰会、海洋杯国际自行车公开赛、两岸职工自行车赛、首届(平潭—台中)跨海峡马拉松交流大赛、两岸星光马拉松、两岸情侣马拉松邀请赛、两岸(平潭)跆拳道交流赛等活动在平潭举办,两岸民众参与的人数越来越多。

从最初的质疑、观望到如今的认可,台湾民众参与平潭开发建设的积极性不断提高。在平潭就业生活的台胞从创立实验区之初的几十人增加到现在的 1000 多人,台商企业落地近 260 家,在平潭购房的台商超过 200 个,在平潭上学的台胞子女也有几百人。

随着岚台交流合作的不断融合,闽台共同家园正由蓝图一步步变成现实。

探索便捷通关模式

在过去的 2014 年,人们更见证了平潭加速发展的奇迹。

2014 年 2 月,福州海关、福建出入境检验检疫局、省发改委等相关部门组成联合预验收组,对二线卡口和监管查验设施进行了省级预验收。

2014 年 5 月 16 日,平潭综合实验区二线卡口和监管查验设施通过国家六部委联合验收。

2014 年 7 月 15 日,平潭综合实验区正式封关运作。根据《平潭综合实验区总体发展规划》,平潭按照"一线放宽、二线管住、人货分离、分类管理"的管理模式,实行全岛开放。

平潭"分线管理"通关模式,突破了传统意义上的海关区域监管办法,创造了高效、便捷的通关环境,为国家赋予平潭"实施比经济特区更加特殊的优惠政策"提供了基础保障。

平潭"分线管理"通关模式当天,一批货值 7 万美元、重 2 吨的活鲍鱼经检验检疫合格,顺利通过二线卡口报检通关,搭上高速客滚轮"游"向台湾,成为首批享受到封关运作后的检验检疫优惠政策措施的货物。

两岸海上直航通道,再加上封关运作后的各项优惠政策落地,极大便利了两岸鲜活产品贸易,越来越多的鲜活水生动物通过平潭口岸销往至台湾再出口世界各地。

全岛封关运作,建立全国最大的特殊监管区域。在风险可控范围内,早上在台湾采摘的水果,下午就在平潭上架销售。

两岸电商产业发展新局面也由此开启。2014 年 11 月 5 日,电商企业大龙网和全麦网向平潭跨境电子商务通关平台申报出口的第一批国际邮件顺利通关,并通过"丽娜轮"运抵台北,分流向世界各地,标志着平潭跨境电子商务试点工作正式启动。这是福建省首批正式放行的跨境电子商务出口货物,也是目前唯一的两岸共同打造的跨境电商平台。据平潭海关统计,截至 2014 年 11 月底,共登记备案进出口企业 410 家,减免税款 1.82 亿元,接受货物申报 634 票,货值近 2 亿美元。

政策红利全面释放

平潭全岛封关运作释放出巨大的改革红利。

国家战略催生了平潭综合实验区。根据《平潭综合实验区总体发展规划》,国家赋予平潭 7 方面 28 条优惠政策,让平潭享受"比经济特区还优惠的政策"。

2013 年 9 月,财政部、海关总署、国家税务总局联合下发关于平潭综合实验区进口税收政策通知,规定:对从境外进入平潭与生产有关的部分货物实行备案管理,给予免税或保税。

2014 年 3 月底,财政部、国家税务总局公布《平潭综合实验区企业所得税优惠目录》和相关优惠政策,对设在平潭的鼓励类产业企业减按 15%的税率征收企业所得税。

2014 年 7 月 15 日平潭综合实验区正式封关运作后,国家赋予平潭的有关免税、保税、退税及"选择性征税"通关管理和其他税收优惠政策全面落地,平潭迎来政策红利全面释放的新时期。

对台小额贸易免税政策、跨境贸易电子商务试点、一类口岸对外开放、15%的企业所得税优惠目录顺利实施……这么多重大优惠政策叠加在一起,释放出的巨大能量就像核磁效应一样,将吸引更多人流、物流、信息流、资金流向平潭聚集。

创新驱动产业发展

过去几年,以政府投资为主的平潭基础设施建设大规模推进。不过,与基础设施的巨大改善对比,产业落地相对逊色。

封关运作之后,平潭的特殊优惠政策和特殊监管模式叠加,极大地激发市场主体的活力,越来越多台胞前来投资兴业。

但产业发展的选择很关键。面对经济发展的新常态,平潭人认识到,必须把握全球科技进步的脉搏,让创新成为驱动发展的引擎。

为此,围绕培育电子信息、现代服务业、文化创意、旅游休闲、海洋等五大产业集群,引进落地了包括宸鸿科技、冠捷电子等一批知名企业,4 年新增台资企业 146 家。

2014 年 11 月 28 日,由知名台企台达集团投资设立的台达电子(平潭)有限公司暨华南地区运营总部进驻平潭台湾创业园,成为首家入园企业。台达'环保节能爱地球'的经营使命与平潭以生态、创新、绿色与科技为规划主轴的发展建设理念相一致。

位于金井湾片区的的台湾创业园,毗邻如意湖,有着最美的风景和最优的对台政策,将成为台湾文创、高新技术等产业的"孵化器",得到了台胞的积极响应,将吸引更多台湾人才来平潭创业,推动科技成果对接转化,打造独具特色、充满活力的两岸创新创业示范基地。

除此,大唐风电、中广核能源等低碳、智慧、高附加值的项目纷至沓来。

全面开放更高起点

平潭从一张白纸，一座荒岛起步，5年来开疆拓土，在创新中探索，在探索中前进。如今基础设施显著改善，新兴城市框架初步形成，生态环境质量及基本公共服务水平明显提高，开放开发的体制机制基本建立，全方位开放的格局初步形成，提前一年完成了国务院批复的《总规》确定2015年的第一阶段目标任务。

2014年7月15日全岛封关是一个关键节点，意味着平潭吹响了转型发展的号角，从原先以基础设施建设为主，转向建设、招商、产业发展并重。

在平潭开发建设转型发展的关头，7月底，省委省政府出台《关于深化对台交流合作推动平潭科学发展跨越发展的意见》，对新阶段平潭开放开发作出全面部署，提出今后一个时期，平潭开放开发要进一步突出对台特色，进一步开拓创新，积极探索自由港建设，为全面深化改革扩大开放探索新途径。

2014年11月1日，在闽考察的习近平总书记来到平潭综合实验区，视察台资企业，看望台商台胞，与台商代表座谈。习近平提出，平潭是闽台合作的窗口，也是国家对外开放的窗口。

“两个窗口”的战略定位，寄托着总书记对平潭“新特区、新家园”的殷切期望，赋予了平潭在祖国和平统一大业和对外开放全局中的重大使命。

2014年12月26日，福建自由贸易试验区获批，平潭片区是核心片区之一。这意味着，在全国唯一对台综合实验区建设之后，平潭又将迎来自贸试验区建设。

策马扬鞭 闽台关系谱新篇

——2014闽台关系回眸

2014年，作为对台交流合作先行区的福建，继续加快重点区域先行先试步伐，深化产业对接合作，台湾地区银行在闽设立分行实现零的突破，平潭综合实验区封关运作，基层交流和人员往来热络，闽台融合发展再上新台阶。

一、重点区域先行先试步伐加快

积极推动与台湾资金、人才、技术等要素自由流动和优势互补，致力打造两岸共同参与国际竞争的平台。

1.推进平潭综合实验区开放开发。国务院赋予的28项优惠政策全面实施，平潭正式实现封关运作。省委省政府制定出台了推动平潭科学发展跨越发展的意见，从9个方面给予政策倾斜。企业总部基地、商务运营中心、对台小额商品交易市场、台湾创业园、台湾高新技术产业园等创业平台加快建设，宸鸿科技、冠捷科技等项目落地投产，台达集团等台湾百大企业入驻平潭，首只两岸合作人民币私募股权基金正式运营，新增台资企业数超过百家。平潭开放开发进入新阶段。

2.推进厦门综合配套改革试验。两岸新兴产业和现代服务业合作示范区、区域性金融服务中心、东南国际航运中心、两岸贸易中心等“一区三中心”重大平台建设加快推进。金融领域对台合作初具规模，一批台湾金融机构入驻两岸金融中心，正式启动跨海峡人民币现钞调运业务，厦门新台币兑换业务居大陆各城市首位。

3.积极推动中国（福建）自由贸易试验区获批。研究提出在自贸区内率先实施台资企业与大陆企业享受同等待遇，以及争取服务贸易部分在福建有优势的项目在自贸区先行先试政策思路，获得国家有关部门支持。加强平潭自由港和厦门自贸片区政策研究，积极与台湾自由经济示范区对接联动，推动实现两岸投资贸易自由和资金、人员往来自由。

二、对台经贸合作更加紧密

围绕实施产业转型升级行动计划，强化龙头带动、创新驱动、产业互动，推动对台经济合作取得新进展。

1.推动闽台重点产业深度对接。省委书记尤权访台达成的闽台经贸合作项目持续落实。多位省领导赴台参访、走访台湾企业，促进联华电子12寸晶圆、中华映管4－6代面板、台达电子等10多个台湾百大企业项目签约落地。2014年，全省新批台资项目587项（含第三地转投），合同台资14.92亿美元，实际到资11.9亿美元；商务部核准福建省赴台投资项目12个，核准对台投资额5624.69万美元。

2.积极促进闽台贸易往来。对接两岸服贸协议，在银行、养老、证券、医疗等领域生成14个台资项目。推动台湾合作金库、华南银行、彰化银行、第一商业银行福建分行项目获批，福州市扬运养老关怀项目、泉州市老年康复医院项目，以及厦门安宝医院、福州严复医院签约落地。2014年，闽台往来贸易总额124.4亿美元。其中销往台湾38.21亿美元，同比增长18.56％；台湾进入大陆贸易额86.2亿美元；对台小额贸易总额4.17亿美元，同比增长3.8％。

3.持续深化闽台农业合作。加大对台湾农民创业园政策、技术、资金支持力度，重点推进漳浦兰花大世界、漳平永福花都等10个重点项目建设。推进闽台农业合作推广示范县建设，加强闽台农业合作示范推广，建立良种及技术示范基地5万多亩。2014年，全省新批台资农业项目35个，合同利用台资1.1亿美元，实际到资5250万美元。利用台资的数量、规模和成效均居大陆各省市首位。

4.推动对台民生工程建设。推进向金门供水工作，按照“优先供水、优质供水、优价供水”的原则，授权部门和业主单位先后7次与台湾方面商谈，在海底管线投资建设及营运管理方式、原水水质检测项目和检测频率、水量计量点和计量方式及购水合同年限等方面达成共识。台湾星崴股份有限公司与福建新能源公司签订合作框架协议，共同推动供应LNG(液化天然气)至金门，成为两岸能源合作的新里程。

三、基层交流交往持续扩大

发挥福建对台“四个纽带”作用，加强基层民间交流，增进民生福祉。

1.持续深化祖地文化交流。湄洲妈祖文化旅游节、闽台对渡文化节等对台交流项目在闽顺利举办，赴台举办“妈祖之光”电视晚会、闽南语歌曲创作演唱大赛、“福建文化宝岛校园行”、“土楼神韵”等祖地文化对接交流活动，受到岛内基层民众的欢迎和好评。继续推进中国闽台缘博物馆、湄洲妈祖祖庙等海峡两岸交流基地，闽南、客家、湄洲妈祖文化生态保护试验区以及漳台族谱对接馆、客家宗祠等文化交流基地建设和服务功能完善。推进两岸文化题材创作，创作歌曲《海峡月光曲》，传统戏曲《牵草坊—闽剧折子戏欣赏》、图书《海峡两岸民间谱牒文化研究》等一批精品力作。

2.大力推进基层民间交流。成功举办第二届海峡两岸青年节、首届两岸学生起点营、海峡两岸舞蹈嘉年华等10多项活动，搭建两岸青年交流学习平台。推动闽台百对乡镇深度对接，组织66对闽台对口乡镇交流对接，53对闽台特色乡镇签订产业合作协议。举办闽台同名同宗村交流大会、闽台同名村镇续缘之旅等活动。

3.加强教育科技卫生等领域交流。联合台湾高等院校举办第三届海峡两岸应用技术类大学校长论坛，在闽举办职业精英大赛、实体建构大赛、设计展、辩论赛、戏剧节、帆船赛等交流活动。首个两岸青年新闻讲习所在福州成立。首个海峡两岸乡村教育交流基地落户连城。成功申报成为大陆第五个获批建设国家级人力资源服务产业园的省份，4名台湾工研院专家入驻“6·18”虚拟研究院。首次向台湾赠送3只“福州籍”小熊猫。首次举办两岸接力横渡台湾海峡活动。推动海沧区成立大陆首个两岸义工联盟，举办首届两岸“乐活节”系列活动。

4.不断拓展“三通”合作领域。漳州获批成为福建省第4个赴台个人游试点城市。台湾复兴航空公司首次开通台北直飞泉州的定期航班。首次实现台湾车辆通过客滚航线入闽行驶。首次开通以台湾为主航线的邮轮航线。厦门率先开展对台海运快件业务。2014年，闽台空中直航、“小三通”、客滚运输客运量分别达到89.55万人次、156.52万人次、15.03万人次，同比分别增长16.74%、12.21%、14.82%；空中直航货运吞吐量27238.1吨、同比增长15.64%，海上直航货运吞吐量2377.86万吨、同比增长4.53%，集装箱吞吐量82.2万标箱、同比增长5.32%；台胞来闽225.39万人次、同比增长5.5%，经福建口岸赴金马澎和台湾本岛旅游人数32.13万人次、同比增长53%。

精神文明创建工作持续推进成效显著

2014年，全省社会主义精神文明创建工作认真贯彻落实党的十八大和十八届三中、四中全会精神以及习近平总书记系列重要讲话精神，认真贯彻落实中央文明委、中央文明办和省文明委一系列部署安排，围绕培育和践行社会主义核心价值观这条主线，抓住精神文明创建总评年这个契机，按照贴近实际、贴近生活、贴近群众的总要求，着力在“落细落小落实”上下功夫，努力在“常态化”、“长效性”上出实招，公民道德素质和社会文明程度明显提高，精神文明创建工作水平不断提升，为推动福建科学发展、跨越发展，实现百姓富生态美有机统一提供有力的精神动力、道德支撑和文化保障。

道德建设内涵丰富，正能量不断凝聚

1.“我们的节日”主题活动内涵提升。一是节庆活动化民乐民。按照“搞旺我们的节日”总要求，广泛开展民俗展演、经典诵读、文体活动、艺术下乡、激情广场大家唱、社区文化艺术节、新农村百镇行等文化活动，为城乡居民提供雅俗共赏、喜闻乐见的节庆文化大餐。福州市、厦门市、泉州市、三明市、晋江市等地精心拍摄和制作中华长歌行《我们的节日》专题节目，在中国文明网、地方新闻网站和电视台展播，传播节庆习俗和传统文化。二是节日新风利民惠民。开展“红红火火过大年”快乐返乡、“绿丝带”助学、关爱特殊群体未成年人“牵手行动”、“中国梦·社区美”好人故事汇、“我和空巢老人有个约定”等系列活动，推动形成崇德向善、互助进步的社会风尚。开展文明短信传递、文明餐桌、文明旅游、文明交通、志愿服务和清洁家园、绿色殡葬等行动，引导城乡居民移风易俗，过文明节俭、健康向上的节日。

2. 传承“家训家风”活动影响广泛。举办“厅堂悬挂家训，培育文明家风”征集传播活动，共征集家训稿件80多篇，家训原文100多篇。联合省方志委编辑出版《福建家训》，倍受各界关注好评。依托《海峡教育报》，组织开展“家训家风伴我成长”主题活动，引导未成年人传承家教文化。开展优秀家训书法作品评选活动，征集参赛作品240幅，评出获奖作品43幅。编印《福建优秀家训书画作品集》。依托场馆载体传承良好家风。永定县建成全国首家“客家家训馆”并对外开放，以族谱、图片、书法三种形式展出，每天吸引近2000名游客参观。

推进志愿服务制度化，“三关爱”引领社会风尚

一是确立首批试点。出台《福建省推进志愿服务制度化实施意见及任务分工方案》、《福建省志愿服务记录办法实施细则(试行)》，在志愿服务招募注册、培训管理、时间储蓄、嘉许回馈、星级认证等制度建立上先行先试，目前全省已确定235个志愿服务记录单位开展试点工作。建立全省统一的志愿服务信息记录平台，实现志愿服务信息的网上录入、查询、转移和共享，建立志愿服务记录查询和证明机制。二是打造社区样板。制定《福建省社区志愿服务实施方案》，编写《福建省(社区)志愿服务指导手册》，着力发挥社区在志愿服务常态化建设中的主阵地作用。总结推广厦门金安社区探索建立的“八项制度”、“八步流程”的经验做法。福州台江区推出全省首个“微时刻”智能数字化志愿者综合管理平台，试点社区志愿服务储蓄制度。厦门、三明、莆田等地制发志愿者服务卡，探索建立志愿服务回馈激励制度。三是加强保障支撑。省委文明办与太平洋保险公司合作，制定“志愿者人身意外险”和“志愿服务组织团队险”，积极保障和维护志愿者的权益。牵头制定《福建省志愿服务条例》，并列入省人大常委会2013—2017年的五年立法规划，目前正在广泛征求意见。团省委修订颁布了《福建省注册青年志愿者管理办法》，福州市于12月1日正式实施《志愿服务条例》，厦门市颁布《尊崇礼遇志愿者办法》，为志愿服务事业发展提供法律保障和政策支持。四是“三关爱”志愿服务引领社会风尚。“邻里守望”汇聚爱心。共组织各类志愿服务活动6.8万多场，经常性开展的志愿服务项目达1.55万个，近百万人次群众从中受益。围绕空巢老人、农民工、困难职工、留守儿童和残疾人等重点人群，常年开展“邻里守望·情暖八闽”志愿服务主题活动。开展“心手相牵·阳光助残”行动、“迎接青运会、争当志愿者”、“阳光操场，体育明星面对面”、“榕城守望为爱同行”等大型志愿服务活动。网络文明传播持续发力。共有骨干网络文明传播志愿者611人，普通网络文明传播志愿者10634人，全国道德模范刘丽、曹阳飞宇等93位先进典型先后在网上开设好人微博，累计发布、转发博客9万余篇，积极传播网络正能量。培育志愿服务品牌。加大民间志愿服务组织扶持力度，着力培育厦门市思明区城市义工协会等10支品牌队伍，深入挖掘志愿服务品牌的内涵，发挥品牌项目的导向作用。

改进完善文明创建工作，全省创建活动成果显著

一是科学修订体系指标。通过组织调研、座谈、研讨、暗访求证等形式，收集、整合各方面意见建议，结合新形势新任务新要求，修订印发了《2012－2014年度福建省文明城市(城区、县城)和未成年人思想道德建设工作测评指标》以及2014版省文明乡镇、文明村、文明单位、文明学校、文明风景旅游区测评体系，新制定《福建省文明行业测评体系(2014年版)》、《福建省文明社区测评体系》，着重引导基层克服形式主义，增强实效性，科学引导各级各类文明创建。二是全力简化测评内容。修订后的文明城市(城区、县城)和未成年人思想道德建设工作测评指标与2011版全国“两个体系”相比，压缩了38.64%，力求把抽象、笼统的要求转化为可感可评的实在标准，化大为小，化虚为实，变软为硬，把创建的重心引向更加务实有效的轨道。比如，将中央文明办今年部署的文明旅游、诚信制度建设等重点工作，凸显比重融入各类测评体系，实现以体系为杠杆，推动重点工作落实。三是切实转变测评方式。总体上适当加大实地考察份量，压缩材料审核比重。实地考察重在增强随机性，扩大覆盖面，如文明城市创建测评采取运用网络申报、电脑抽样，减少人为因素干扰；文明行业强化窗口日常暗访和问卷调查的数量质量，合成总分；所有测评工作一律减少汇报人数，不搞“大阵容”，检查不搞“大呼隆”。首次将“改进迎检作风”纳入测评范畴，确保测评工作不扰民扰序增负，推动各地创建保持常态。四是抓严抓紧测评要求。考评一律不得入住景区和三星级以上酒店，不搞突击应对，不影响正常秩序，不得安排陪餐、宴请、娱乐、馈赠和领导见面，每个考评组成员都与省文明委签订《测评员承诺书》，营造风清气正的测评环境。五是组织测评工作善抓善成。7月下旬至8月初，组织开展了省级文明城市(城区、县城)和未成年人思想道德建设工作测评。8月下旬，组织开展了全国文明单位(含村镇、社区、学校)的总评工作。9月下旬，组织开展了全省文明行业及文明风景旅游区总评工作。在此基础上，认真做好对福州市、厦门市两个全国文明城市的复查工作以及新一轮提名城市(地市级、县级市)和第四届文明单位、文明村镇的申报推荐工作。组织模拟检查团赴漳州市、泉州市、三明市开展文明城市创建专项督查和参评的城市两次对接材料，开展明察暗访，指导做好全国文明城市迎检工作，及时发现问题推动整改。严格落实《福建省精神文明创建活动管理办法》，取消全国文明村镇1个、全国文明单位2个，并对创建工作滑坡的19家全国文明单位进行通报。文明创建成绩喜人。福州市、厦门市继续保持全国文明城市荣誉称号，三明市、泉州市、漳州市成功摘得第四届全国文明城市荣誉称号。莆田市、龙岩市、平潭综合实验区推荐为新一轮全国文明城市地级提名城市；福清市、晋江市、石狮市、长泰县、惠安县、沙县、泰宁县、武平县8个县级市推荐为新一轮全国文明城市县级提名城市。保留全国文明村镇荣誉称号的35个；保留全国文明单位荣誉称号的82个；新推荐的全国文明村镇28个，递补全国文明单位1个；新推荐的全国文明单位54个，递补全国文明单位2个。

未成年人公共文化服务扩面提质，服务能力明显增强

1.“公共文化服务校园行”试点先行。组织图书馆、纪念馆、博物院等部分文化服务单位整合服务未成年人活动项目，依托东南网建立专门平台，发布面向校园的文化服务清单，学校自主选择，供需网上对接，促进有限资源更加合理。2014年首次在福州市部分学校开展试点，共有16家省和福州市文化服务机构与70所学校成功对接，提供了文化、艺术、民俗、技能、科学、体育共六类项目，举办了122场集中活

动，取得了初步经验，受到了学校欢迎。

2. 数字德育建设覆盖全省。目前，数字青少年宫、文明小博客等平台均实现全省全覆盖，惠及城乡广大未成年人。一是数字青少年宫改版升级。深入落实省委关于“推进福州数字青少年宫优化拓展为全省德育数字化平台”的要求，协调省、市有关部门加强项目论证策划，推动福州市筹资400多万元进行改版升级。大力推进“班班通多媒体教室”、“校园绿色网室”、“数字青少年宫学校活动室”、“校园数字图书馆”等实体建设。依托乡村和城市学校少年宫开办电脑兴趣班，推动数字少年宫的校园平台课外定时免费开放，广泛组织线上线下、课内课外紧密结合的网络德育活动。二是文明小博客优化服务。指导督促“福建文明小博客”建设，做好各设区市和校园博客圈的日常维护管理，发展学校用户2100所、学生博客130万个，全年组织传统节日纪念日、学习美德少年等线上专题征文和星座派对、校园文化之旅、夏令营、博客圈才艺比拼等线下主题实践活动100多场次。

3. 乡村学校少年宫建设全面推进。一是重点城市全覆盖目标顺利实现。贯彻全国乡村学校少年宫建设推进会精神，做好本年度89所中央项目校的指标分配、项目选址、审核申报等工作。各地采取财政扶持、文明单位共建、企业联建等形式，加大自建力度。全国文明城市福州和厦门，提名资格城市漳州、泉州、三明均实现了全覆盖目标，全省乡村学校少年宫覆盖率达到85%。同时，各地积极推进城市学校少年宫试点建设，龙岩市新建4所、南平市新建17所、宁德市新建1所。二是保障措施不断增强。根据各设区市年度评估结果，实行差别化下拨年度运转经费，兑现以奖代补政策。对20所自建校分别给予5万元补助，有效调动了基层积极性。拨出200万元与海峡出版发行集团联合在89所中央项目承建校中配套建设未成年人课外阅读基地。联合教育厅在漳州市举办了2期业务培训班，着重选派农村校美术、音乐教师集中研训，近400名来自各地基层的骨干人员参加了培训。

4. 校外心理健康辅导站建设有序推进。全年新建县级未成年人心理健康辅导站22个，全省累计建成90个辅导站。推动各校按“1000∶1”标准配备专职教师，健全“设区市辅导站——县区辅导中心——学校(社区)辅导室”三级工作网络，不断提升各级辅导站心理健康辅导常态化水平。福州市举办了首届“中小学校园心理情景剧大赛”，厦、漳、泉三地联合举办了中学生心理体悟夏令营，三明市定期下基层开展团队心理辅导。选派福州、厦门、三明3个市级辅导站骨干教师参加全国培训。举办两期全省心理健康辅导专题培训班，邀请台湾专家授课，200多名心育专职教师受训。

福建省二十一项为民办实事

一、提高城乡居民社会养老保险基础养老金。从2014年起，将城乡居民社会养老保险基础养老金最低标准从每人每月55元提高到70元。

二、提高农村居民最低生活保障标准。从2014年起，将农村低保标准由现行的家庭年人均收入1900元提高到2100元，财政补差水平由1320元提高到1520元。

三、实施中小学扩容工程。为进一步解决中小学大班额和进城务工人员随迁子女就学问题，2014年继续实施中小学扩容改造，对全省中小学(不含厦门市)进行扩容建设，新增中小学学位7万个。

四、实施新一轮公办幼儿园建设。组织实施新一轮学前教育三年行动计划(2014年—2016年)，计划三年内省级重点补助建设300所公办幼儿园。2014年在城市新区、旧城改造和城乡接合部新建或通过“回购”小区配套幼儿园，新增100所公办幼儿园，增加3万个学位，加快解决城区和城乡接合部学前教育资源不足问题。

五、提高城乡居民基本医疗补助标准。(一)提高城乡居民基本医疗保险政府补助标准。从2014年起，将新型农村合作医疗和城镇居民基本医疗保险政府补助标准从每人每年280元提高到320元以上。(二)提高城乡医疗救助政府筹资标准。从2014年起，将城乡医疗救助基金政府筹集标准从每人每年130元提高到200元。

六、提升基本公共卫生服务能力。(一)提高基本公共卫生服务政府补助标准。从2014年起，将基本公共卫生服务政府补助标准从每人每年30元提高到每人每年35元。(二)扩大精神病专科床位建设。根据福建省“十二五”卫生事业发展规划，2014－2015年在全省改扩建标准化精神病专科床位1600张。(三)提升村卫生所服务能力。将全省基层医疗卫生机构管理信息系统延伸至村卫生所，开发安装乡村卫生一体化管理软件，方便农村居民在村卫生所使用社保卡，实现就诊一卡通。(四)全省危重症孕产妇监护网络建设。根据全省危重症孕产妇转诊救治网络布局，在全省医疗网络单位建设93所危重症孕产妇监护室。网络单位承担危重症孕产妇的会诊、转诊、急救工作和业务指导，接受基层妇产科专业人员进修培训，开展危重症孕产妇救治个案监测及危重症孕产妇抢救的临床和基础研究。

七、实施助残工程。(一)提高重度残疾人生活困难救助范围及标准。从2014年起，将听力言语和多重重度残疾人纳入生活困难救助金补助范围，统一城乡重度残疾人生活困难救助金标准，将农村重度残疾人生活困难救助金从每人每月30元提高到每人每月50元。(二)扶助贫困残疾人就业创业。2014年，扶持全省6000名城乡贫困残疾人开展就业、创业、生产经营等，辐射带动家庭人口近2万人。(三)残疾儿童康复行动。对3000名在机构接受专业康复训练的贫困学龄前残疾儿童给予补助。(四)残疾人托养服务。全省新建10所公办“福乐家园”；扶持“福乐家园”托养残疾人

1000 名；资助 1.5 万名居家养护的重度残疾人。

八、完善计划生育奖励扶持政策。(一)建立城镇独生子女家庭奖励扶助制度，对城镇年满 60 周岁的非国家机关、国有企事业单位的独生子女父母，每人每月发给 100 元奖励金。(二)对符合独生子女和农村二女计划生育家庭奖励扶助条件并纳入低保的父母，每人每月增加 100 元奖励金。

九、完善公共文化体育服务工程：(一)扶持 30 个非物质文化遗产地方剧种剧团公益性演出。按照政府购买服务的方式，每个剧团每年面向当地群众提供 50 场免费或低票价的文艺演出。(二)开展"一起动起来"全民健身活动。40 个全民健身运动项目，组织活动场次不少于 3000 场，平均每场活动参与人数不少于 500 人。(三)全省新建 150 个城市社区笼形多功能塑胶地面综合运动场和 50 个城市社区室内健身房。每个运动场用地面积不低于 740 平方米，具有篮球、气排球、羽毛球等活动功能，并配建 1 套 13 件室外全民建设路径器材，建设资金为 28 万元。每个健身房场地面积不低于 80 平方米，配备电动跑步机等 20 件室内健身活动器材，建设资金为 15 万元。(四)全省新建 500 个乡镇综合文化站文化信息共享服务点。每个点补助 5 万元。

十、加快保障性安居工程建设。2014 年，重点发展公共租赁住房，加快推进各类棚户区(含石头房)改造，继续推进公共租赁住房和限价商品住房建设。2014 年，计划开工各类保障性安居工程建设任务 9.4 万套，基本建成 8 万套。

十一、实施造福工程。组织实施造福工程，全省全年完成 5 万户 20 万人搬迁改造任务。

十二、治理"餐桌污染"，实施食品放心工程。加强种植养殖、生产加工、市场流通、餐饮服务各环节监管，组织开展农业投入品、非法添加和滥用食品添加剂、水产品质量安全、食品市场、校园食品安全、制售病死猪肉、"瘦肉精"等专项整治，推进法规制度、风险防控、应急能力、宣传培训、质量安全可追溯体系等长效机制建设，消除食品安全风险隐患，严查重处食品安全违法犯罪活动，完成全年治理工作目标任务，确保省食品安全形势总体稳定，不发生较大以上食品安全事故。

十三、推进水利基础设施建设。(一)实施农村饮水安全工程，解决 260 万人的饮水安全问题。(二)完成 100 座小型水库除险加固工程。(三)完成 25 个重点地区中小河流治理项目。

十四、实施水土流失治理工程。全年实施水土流失治理工程任务 200 万亩，继续推进全省 22 个水土流失重点县和 100 个重点乡镇水土流失治理，全面加强水土保持工作，加大资金投入力度，强化综合治理。

十五、实施交通便民及安全保障工程。(一)实施海岛交通便民工程。2014 年，全省计划新开工建设陆岛码头 10 座、码头管理房 10 座、港湾式客运站 1 座、新增更新岛上农村客车 20 辆、更新客运渡船 21 艘、改造岛内公路网络 45 千米，完善海岛交通运输体系，改善海岛居民出行条件。(二)推进全省道路交通安全隐患整治和公路安保工程建设。2014 年，重点抓好全省 1118 处事故多发及危险路段隐患的整治工作，计划完成国省道公路安保工程 500 千米、农村公路安保工程 4500 千米、完成危桥改造 200 座。(三)游客公共交通服务工程。建设全省高铁车站、高速公路、国道通往 3A 级以上旅游景区、国家级森林公园、国家级风景名胜区、国家级地质公园路段的游客公共交通服务标识牌。在高铁沿线的中心城市及旅游品牌县、旅游强县，建设 14 个旅游集散中心。

十六、实施公交服务便民工程。2014 年，全省计划新增更新公交车辆 1000 辆(其中，清洁能源、新能源 500 辆)；新增公交线路 50 条，延伸、优化公交线路 100 条，建设公交站场 15 个，为广大人民群众提供便捷安全的公交服务。

十七、实施"村村通客车"工程。2014 年，继续推进"村村通客车"工程建设，进一步改善农村出行条件，建成农村公路 1600 千米，实施撤渡建桥 10 座、完成 4 座，新增、更新农村客车 500 辆，实现通村公路符合安全通客条件的建制村全部开通农村客车。

十八、加快渔港建设，提高防灾减灾能力。2014 年，推进规划内全省二级渔港项目(含避风锚地)立项 30 个，其中 20 个项目年内开工建设，确保 5 个完成主体工程建设。

十九、实施城乡菜市场建设改造工程。为改善城乡居民日常购物环境，新建一批标准化菜市场，升级改造现有菜市场，2014 年完成新建和改造城乡菜市场 100 个，每个集贸市场(菜市场)平均补助 30 万元。

二十、加强社会治安防控体系建设。完善省、市、县三级视频信息综合平台建设，2014 年全省完成 1.1 万个治安视频监控探头建设任务。10 个省级社会管理创新综合试点单位率先实现城区视频监控全覆盖，80%以上的县(市、区)城区社会治安视频监控网建设完成率达到 80%以上，同时加大农村地区视频监控网建设。

二十一、支持驻闽部队改善生产生活。"双拥"工作持续深入，军政军民团结进一步巩固。(一)实施科技、文化(教育)拥军工程，支持部队科研和信息化建设项目 20 个，文化拥军工程项目 30 个，进一步提升福建省双拥工作层次和水平。(二)支持驻闽军师级部队建设"两个中心、一基地"项目 10 个，支持驻闽基层部队建设"四个一好"项目 105 个。

(福　记)

编辑：林丹英

大 事 记

1月

1日 省政府以1号文下发《关于进一步推动工业稳增长促转型十一条措施的通知》。

3日 质检总局公布国家级出口食品农产品质量安全示范区名单，福建省有12个示范区上榜。

柘荣县、将乐县获批开展福建省可持续发展实验区建设。全省可持续发展实验区有17个。

4日 全国第二批18家国家级文化和科技融合示范基地名单公布，福州、厦门入选。

5日 山东南下干部纪念碑在福州森林公园落成揭幕。

厦门市被列为全国下一代互联网首批16个示范城市之一。

8日 福建省纪念严复诞辰160周年大会在福州举行。

福建省发放首张海洋专属银行卡。

10日 中共中央、国务院在北京举行国家科学技术奖励大会，福建省荣获12个奖项。

11日 省政协十一届二次会议在福州福建会堂开幕。

12日 省十二届人大二次会议在福州福建会堂开幕。

13日 省委书记尤权在福州会见塔吉克斯坦驻华大使拉希德·阿利莫夫、哈萨克斯坦驻华大使努尔兰·叶尔梅克巴耶夫、乌兹别克斯坦驻华大使达尼亚尔·库尔班诺夫以及吉尔吉斯斯坦驻华使馆参赞奥鲁斯巴耶夫一行。

15日 省委书记尤权等省领导在福州会见中国联通集团公司总经理陆益民一行。

省委书记尤权在福州会见香港文汇报董事长、社长王树成一行。

17日 省委书记尤权等省领导在福州会见中核集团董事长、党组书记孙勤。

漳州高新技术产业园区升级为国家高新技术产业开发区，定名为漳州高新技术产业开发区。至此，福建省有福州、厦门、漳州、泉州、莆田等5个国家高新技术产业开发区。

福建永定土楼景区入选2013“美丽中国”十佳旅游景区。

18日 工信部公布68个城市为首批国家信息消费试点市名单，福建省福州、厦门、石狮入选。

首届海峡两岸大学生记者挑战赛在泉州中国闽台缘博物馆正式启动。

20日 福清市、晋江市、南安市、沙县、石狮市、武夷山市和仙游县等市（县）荣登“中国县域网络形象排行榜（2013）暨县（市、区）级政府网络履职绩效排行榜”百强榜单。

21日 福建省工商系统市场主体信用信息公示平台正式开通。

24日 闽港经贸交流会在福州举行。省委书记尤权、香港特别行政区行政长官梁振英出席会议并致辞。

26日 省政府教育督导办发出通知，确认诏安、松溪、政和3个县为省高水平高质量普及九年义务教育县。至此，全省县（市、区）全面实现“双高普九”目标，比原定规划提前2年。

历时四年多建设，位于泉州动车站对面的泉州软件园正式开园，首批10家企业入驻。

27日 省委书记尤权等省领导在福州会见中国移动集团公司董事长奚国华一行。

29日 国家质检总局发文，批准福州成为第二批“全国质量强市示范城市”创建城市，这是继厦门之后福建省第二个获批的城市。

2月

1日 《福建省实施〈地方志工作条例〉办法》施行，这是福建省第一部关于地方志工作的政府规章。

9日 国家菌草工程技术研究中心与台湾金马台澎两岸交流协会在福州签署《海峡两岸共建黄河菌草生态治理示范基地》协议。

10日 全省科学技术奖励大会在福州举行。省委书记尤权向获得省科学技术重大贡献奖的农业部亚热带农业生物灾害与治理重点开放实验室主任、福建农林大学尤民生教授，厦门大学国家传染病诊断试剂与疫苗工程技术研究中心主任、厦门大学公共卫生学院院长夏宁邵教授颁发证书。

省文明委印发《福建省帮扶和礼遇道德模范实施办法》。福建省成为全国第一个出台兼有帮扶和礼遇道德模范实施办法的省份。

13日 由文化部、省政府、泉州市政府联合主办的东亚文化之都·2014泉州活动年在泉州开幕。

国家能源局下达全国第一批创建新能源示范城市（产业园区）名单，福建省莆田、建瓯、南安3个城市入选。

14日 连城县被中国民间文艺家协会授予“中国客家民俗文化之乡”称号。

15日 福建省新一轮(2014—2016年)种业创新与产业化工程启动。

16日 厦门软件园入选全国首批智慧园区试点软件园。

18日 国家质检总局授予厦门“全国质量强市示范城市”称号。

中国书法家协会授予漳浦县“中国书法之乡”授牌仪式在漳浦举行,漳浦成为福建省首个“中国书法之乡”。

18—20日 中共中央政治局委员、国务院副总理刘延东在福建考察。

19日 科技部火炬中心公布2013年国家火炬计划软件产业基地评价排序前10名名单。福州软件园位列国家火炬计划软件产业基地“创新能力”排名全国第七,厦门软件园位列“成长性”排名全国第七。

20日 商务部发布第三批国家级外贸转型升级专业型示范基地名单,福建省东山县水产品、南安市水暖卫浴、晋江市男装、晋江市鞋类、晋江市伞具、厦门湖里区有色金属材料等6个基地入选。福建省三批国家级外贸转型升级专业型示范基地数量已达16个,总数列全国第二位。

23日 由中国新闻社主办的“新世纪丝绸之路经济论坛暨丝绸之路华媒万里行”启动仪式在泉州举行。

全省高校大学生“走下网络、走出宿舍、走向操场”主题群众性课外体育锻炼活动在福建师范大学启动。

24日 海西首家两岸合资证券投资基金公司——圆信永丰基金公司正式运行。

第七届(闽台)陈靖姑民俗文化旅游节在福州举行。

26日 省委书记尤权主持召开常委会议,传达学习省部级主要领导干部学习贯彻十八届三中全会精神全面深化改革专题研讨班精神,决定成立福建省全面深化改革领导小组。

27日 中国民用航空福建安全监督管理局向福建省新美通用航空有限公司颁发《商业非运输航空运营人运行合格证》,福建省首家通用航空企业新美通航正式进入商业运营阶段。

28日 省政府与中国人民大学在福州签订共同推进新型城镇化战略合作协议。

3月

3日 福建省文化产业园区名单公布,福州动漫游戏产业基地等81个园区入选。

6日 全国经济综合竞争力研究中心在京发布的《“十二五”中期中国省域经济综合竞争力发展报告》蓝皮书显示,本评价期内,福建省域经济综合竞争力排名继续位居全国第九,其中,可持续发展竞争力排名全国第一。

第十四届中国厦门国际石材展在厦门国际会展中心举行。

9日 团省委、省绿化委、省林业厅、省广电集团、省环保志愿者协会在闽侯联合启动“建设青春家园共筑生态文明”——2014年全省青少年植树护绿行动。

10日 国务院正式印发《关于支持福建省深入实施生态省战略加快生态文明先行示范区建设的若干意见》。福建省成为党的十八大以来,国务院确定的全国第一个生态文明先行示范区。

15日 住建部、国家文物局公布第六批中国历史文化名镇(村)名单,福建省有永定县湖坑镇、武平县中山镇、安溪县湖头镇等6个镇和龙岩市新罗区万安镇竹贯村、长汀县南山镇中复村、泉州市泉港区后龙镇土坑村等13个村入选。至此,福建省拥有13个中国历史文化名镇、29个名村。

16日 福建省开展旅游标准化试点工作。首批纳入福建省旅游标准化试点单位是永泰县、厦门集美区等9个县(市、区),福州三坊七巷历史文化街区、南靖土楼景区等12个景区,福建省中国旅行社有限公司、厦门旅游集团国际旅行社有限公司等12个旅行社,福州大饭店、厦门日月谷温泉度假村等10个饭店。

17日 经中国银监会批复同意,兴业银行香港分行正式开业。

18日 中国邮政集团批复同意设立平潭国际邮件互换局兼交换站。

19日 福建省首个国家科技惠民项目《九龙江北溪流域农村生活污水处理技术应用示范》项目在龙岩启动实施。

20日 福建省第27届优秀文学作品奖暨第9届陈明玉文学奖在福州颁发。评出一等奖3名,分别为:叶玉琳的诗集《海边书》、冯敏飞的长篇小说《京城之恋》、鸿琳的中篇小说《犁城叛徒》。评选出二等奖、三等奖各3名,佳作奖10名。

21日 以“创新·体验·成长”为主题的第二十九届福建省青少年科技创新大赛在沙县开幕。

由中国工艺美术协会与福州市政府共同主办的第49届全国工艺品交易会在福州海峡国际会展中心开幕。

24—26日 中共中央政治局常委、全国人大常委会委员长张德江深入党的群众路线教育实践活动联系点——福建上杭县调研指导。

26日 福建省海洋与渔业执法总队所属的中国海警2115船在福州正式交接入列。这是全国吨位最大的省级海洋专业执法船,同时也是福建省首艘具有直升机起降平台的政府公务执法船。

27日 财政部、国家税务总局正式公布《平潭综合实验区企业所得税优惠目录》和相关优惠政策,对设在平潭的鼓励类产业企业减按15%的税率征收企业所得税。

27—28日 中共中央政治局委员、国务院副总理汪洋在福建调研。

28日 省十二届人大常委会第八次会议在福州举行第一次全体会议。省人大常委会主任尤权主持会议。会议传达学习十二届全国人大二次会议和省委常委(扩大)会议精神,并提出贯彻意见。

28—29日 国家防总副总指挥、水利部部长陈雷率工作组来闽检查防汛备汛工作。

29日 国家农业部发布2014年超级稻品种,福建省农业科学院水稻所培育的“两优616”品种入选。至此,农业部冠名的超级稻示范推广品种有111个，其中福建省农业科学院培育的超级稻品种占6个。

31日 全省各级食品药品监管部门统一启动12331公益服务热线电话。

省委省政府出台《法治福建建设纲要（2014—2020年）》。

4月

1日 省政府第18次常务会议通过的《福建省行政区域界线管理办法》正式施行。

2日 省委召开常委（扩大）会议和省委教育实践活动领导小组第六次会议，学习贯彻习近平总书记在兰考县调研指导教育实践活动时的重要讲话精神，传达贯彻张德江委员长在上杭县调研指导教育实践活动时的重要讲话精神，传达贯彻汪洋副总理在福建考察重要讲话精神，进一步研究部署全省第二批教育实践活动。

国防大学古田教学基地揭牌暨国防大学训练部与龙岩市委合作交流协议签订仪式在革命圣地古田举行。

“2013感动福建年度十大人物”评选在福州揭晓。当选“2013感动福建”十大人物的分别是：挑战南极A点的“技神”盖军衔、寒江中救人的消防“女侠”林橦、高墙内的“最美警花”陈黎华、“百岁老义工”黄以雍、绿了荒山白了头发的长汀“三杰”、7岁当家照顾生病父亲的刘宝燕、用生命捍卫忠诚的福州边防刑事侦查队、坚守海岛26年的莆田乡村教师魏亚建、不离不弃的90后情侣卢樟彪和易焕、怒海中勇救五人的崇武渔民兄弟。

福建公安英烈纪念园在福州正式落成，纪念园地处晋安区鼓山镇园中村的福建圣泉陵园内，主体由纪念碑、纪念墙、纪念广场和事迹陈列馆四大建筑构成。

4日 国家发改委批复同意将泉州市和莆田市列为国家发改委民营经济综合改革试点地区，并原则同意《福建省泉州莆田民营经济综合改革试点总体方案》。

8日 星云大师一笔字书法展——2014中国大陆巡回展在泉州中国闽台缘博物馆开幕。

10日 福建省第八届青年演员比赛在福州举行，来自音乐、舞蹈、戏剧等界别的304名青年演员参加比赛。

11日 省委书记尤权等省领导在福州会见美国前财政部长亨利·保尔森。

12日 省委书记尤权等省领导在福州会见东帝汶总理夏纳纳·古斯芒。

第十八届海峡两岸机械电子商品交易会暨厦门对台进出口商品交易会在厦门开幕。

海峡两岸经贸论坛在厦门国际会议中心举办。

13日 全国第一届青年运动会倒计时牌启动仪式在福州五一广场举行。

16日 全省首家农机专业市场武夷农机大市场在建阳开业。

17日 省委书记尤权等省领导在福州会见中国华融资产管理股份有限公司董事长赖小民。

20日 2014年“世界读书日”阅读推广活动在福州启动。

21日 福建省知识产权宣传周拉开序幕。省政府新闻办发布《2013年福建省知识产权发展与保护状况》白皮书。

23日 省政府办公厅印发《全省旅游产业发展2014年行动计划》，计划形成以“清新福建”为龙头、以区域旅游形象品牌为支撑的旅游品牌体系，创新“清新福建”品牌推广机制。

24日 由国家文物局、福建省政府、北京市政府联合主办，福建省文化厅、北京市文物局共同承办的“直挂云帆济沧海——海上丝绸之路特展”在首都博物馆开幕。

28日 由海峡两岸经贸交易会组委会、北京大学国家发展研究院、福建省工商联联合主办的中非产业经济合作峰会在福州海峡国际会展中心举办。

29日 国务院批准设立的第14个保税港区——福州保税港区（一期）在福州港江阴港区举行封关运作仪式。

中国—德国（福州）心脏协作中心在福建省立医院成立。

5月

5日 省委书记尤权等省领导在福州会见由全国政协副主席、农工党中央常务副主席刘晓峰率领的全国政协无党派人士界委员考察团一行。

6日 厦门市政集团有限公司挂牌运营，这是福建省第一家国有资本运营公司。

中非渔业合作项目说明会暨中非渔业总部基地项目在福州马尾启动。

首届福建省大学生戏剧节暨海峡两岸校园戏剧交流展演在福建农林大学开幕。

8日 中国工程院和福建省联合开展福建省现代农业发展战略咨询暨第十四届“院士专家八闽行”活动。

12日 中蒙俄万里茶道起点纪念碑奠基仪式在武夷山市下梅村举行。

13日 纪念叶飞同志诞辰100周年座谈会在福州召开。

第十七届海峡西岸武夷国际投资洽谈会在武夷山举行。

福建省公布第一批9个省级历史文化街区，福州市三坊七巷历史文化街区、福州市上下杭历史文化街区、福州市朱紫坊历史文化街区等上榜。

16日 首届海峡两岸（建瓯）根雕艺术品博览会在“中国根雕之都”建瓯市开幕。

在北京举行的第五次全国自强模范暨助残先进集体和个人表彰大会上，福建省郭劲旺、杨丽婉、江华、吴秀凤、柯金伟5名残疾人获“全国自强模范”称号。

17日 《典藏黄乃裳》大型文献集首发式暨黄乃裳诞辰165周年纪念会在福州举行。

18日 第十六届海峡两岸经贸交易会在福州海峡国际会展中心开幕。

21世纪海上丝绸之路市长（高峰）论坛在福州举行。

20日 全国生态文明建设现场会在浙江召开，环保部授予37个县（市、区)"国家生态文明建设示范区"称号,福建省长泰、南靖、德化、永春、泰宁等5个县入选。

20—22日 中共中央政治局常委、全国人大常委会委员长张德江深入党的群众路线教育实践活动联系点——福建上杭县,出席指导县委常委班子专题民主生活会。

23日 2014年度省文化产业十大重点项目和2013年度省文化企业十强名单公布。

25—28日 全国政协副主席卢展工率全国政协教科文卫体委员会调研组来闽,就城镇化进程中的传统文化保护与传承情况进行专题调研。

29日 2014国际冷链物流峰会暨第六届中美冷链物流会议在厦门举行。

31日 第三届两岸文化遗产资源保护论坛在厦门理工学院举办。

2014年中国中西结合急救医学学术交流年会暨海峡两岸中西结合急救医学论坛在福州举行。

6月

2日 第八届闽台对渡文化节暨蚶江海上泼水节在石狮后垵澳古渡开幕。

7日 国家海洋局发布《进一步支持福建海洋经济发展和生态省建设的若干意见》。

世界海洋日暨国家海洋宣传日启动仪式在福州举行。

10日 第27届"庄采芳·庄重文奖学金"颁奖典礼在福州举行。

以"中华九仙,福佑两岸"为主题的第四届中华梦乡福清石竹山梦文化节在福清市举行。

第23届海峡两岸(福建东山)关帝文化旅游节在东山岛开幕。

10—12日 "2014年海外侨领两岸(福州)论坛"在福州举行。论坛由世界越棉寮华人中国和平统一促进会主办,福建省海外交流协会协办。

11日 以"河洛文化与闽南文化"为主题的第十二届河洛文化研讨会在厦门开幕。

12日 第六届海峡论坛·妈祖文化活动周在"妈祖故乡"莆田湄洲岛开幕。国台办主任张志军出席并致辞。

国家旅游局公布"第二批全国旅游标准化示范单位"名单,确定26个城市为全国旅游标准化示范城市(区、县),武夷山市入选。

13日 2014"闽台同名村镇续缘之旅"在厦门启动。

第五届海峡两岸船政文化研讨会在福建会堂召开。

14日 海峡两岸关爱下一代成长论坛在厦门开幕。中国关心下一代工作委员会主任顾秀莲到会讲话,并为海峡两岸家庭教育协作联盟第一批成员单位授牌。

第十二届海峡青年论坛在厦门大学举办。

第六届海峡论坛·海峡两岸民生气象论坛在厦门举行。

省委书记尤权在厦门会见前来参加第六届海峡论坛的中国国民党副主席洪秀柱一行。

省政协文史和学习委员会、福建人民出版社在厦门联合举行《邮票上的福建》首发式暨主题讲座。

15日 第六届海峡论坛在厦门海峡会议中心举行。中共中央政治局常委、全国政协主席俞正声出席论坛开幕式并致辞。

由全国妇联主办,福建省妇联、台湾中华妇女会总会承办的第六届海峡论坛·海峡妇女论坛在厦门开幕。

由中国科协主办、福建省科协承办、两岸30个单位共同协办的"第六届海峡论坛·2014年海峡科技专家论坛"在厦门举行。

由国家中医药管理局、厦门市人民政府共同主办的第九届"海峡两岸中医药发展与合作研讨会"在厦门开幕。

由中国红十字会总会主办,福建省和厦门市红十字会承办的第四届海峡两岸红十字博爱论坛在厦门举行。

以"推进职工文化交流共建中华美好家园"为主题的"2014'海峡职工论坛"在厦门举行。

16日 省委书记尤权等省领导在福州会见南航集团公司总经理、南航股份公司董事长司献民一行。

第三届共同家园论坛在平潭举行。国台办负责人、台湾新党主席郁慕明、省委常委陈桦,以及两岸各界人士共300多人出席论坛。

17日 省委书记尤权在福州会见来闽访问的美国俄勒冈州议会代表团一行。

首届中国阿拉伯城市论坛在"海丝起点"泉州举行。

建阳市宋慈研究会正式成立;同时举行《大宋提刑——宋慈生平事迹画册》首发式。

18日 第十二届中国·海峡项目成果交易会在福州海峡国际会展中心隆重开幕。

海峡品牌农业发展论坛暨海峡品牌农产品展示交易中心启动仪式在福州举行。

第三届中国·福州海峡版权(创意)产业精品博览交易会在福州海峡国际会展中心举行。

20日 《福建省县级公立医院综合改革实施方案》正式实施。

25日 第二届"世界计量经济学会中国年会"在厦门大学举行。

28日 由省委宣传部、省文化厅、省文联主办的"八闽神韵·福建当代书画名家作品海内外巡回展"福州展在南后街展览馆与宗陶斋艺术馆开幕。

7月

1日 《福建省水土保持条例》正式实施。

3日 省委书记尤权在福州会见中国华电集团公司董事长、党组书记李庆奎一行。

中国第一艘载人潜水器"蛟龙"号及其母船"向阳红09号"在福州马尾港举行公众开放日活动。

7日 海关总署正式批准设立平潭海关。15日,平潭综合实验区正式封关运作,标志着国家赋予平潭的各项优惠政策全面落地，平潭成为全国区域最大、政策最优的特殊监管区域。

8日 中共中央总书记、国家主席、中央军委主席习近平给福建30位企业家回信。

8—11日 应中国国民党中央委员会邀请，中共福建省委书记尤权率团访问台湾。参访团先后走访了高雄、台南、南投、台中、桃园、台北、金门等县市，看望乡亲、拜会乡贤，与台湾基层群体、中小企业、中南部民众面对面交流，与台湾政界、工商界知名人士座谈，开展了近30项重要经贸和文化活动。访问期间省委书记尤权先后会见台中市市长胡志强、中国国民党荣誉主席连战、海峡交流基金会董事长林中森、中国国民党荣誉主席吴伯雄、辜严倬云女士。

11日 国内少有的茶文化主题园——中华武夷茶博园4A级景区正式挂牌。同日，韩国创意旅游项目——爱秀趣像视界项目正式落户茶博园，武夷山市茶文化产业园再添重要项目。

16日 第十届福建、山东、江西、吉林、安徽、河南、黑龙江、湖南、江苏九省粮食产销协作福建洽谈会在厦门举行。

17—19日 中共中央政治局常委、国务院副总理张高丽在福建调研。

18日 2014年海峡两岸司法实务研讨会在福州召开。

《福建华侨史》编修工作启动会议在福州召开。

21日 省委召开常委(扩大)会议，部署中央第九巡视组对福建省巡视情况反馈意见的整改落实工作。

省委网络安全和信息化领导小组召开第一次全体会议。省委书记、省委网络安全和信息化领导小组组长尤权主持会议并讲话。

省互联协会对外发布《2013年度福建省互联网发展报告》。报告显示，至2013年底，福建省网民达2402万人，网民普及率达64.1%，在全国排第4位，全省网站数量在全国的排名也上升至第4位。

24日 省委书记尤权等省领导在福州会见来闽调研的最高人民法院院长周强一行。

25日 全省工商登记制度改革第一次联席会议在福州召开。

27日 海峡两岸大学生职业精英大赛暨创业就业海西行大型公益活动在福州启动。

28日 全省城乡社区网格化服务管理工作电视电话会议召开。

31日 “投资福建旅游”项目推介会在北京举行，这是福建省首次组织设区市和平潭综合实验区赴省外集中推介旅游项目。

首批从台湾出发的海运快件由“中远之星”客滚轮运抵厦门东渡码头，标志着两岸海运快件业务正式进入试点运营阶段。

8月

1日 经省政府第21次常务会议通过的《福建省非机动车管理办法》正式施行。

国家12个部委发布首批80个信息惠民国家试点城市名单，厦门、莆田、福州、泉州名列其中。

省效能办经省委组织部、省发改委、省环保厅同意后下发通知，取消34个县(市)的地区生产总值考核，实行农业优先和生态保护优先的绩效考评方式。

2日 第三届海峡两岸(围头)七夕返亲节在晋江举行，来自台湾地区的姻亲277人参加活动。

省旅游局公布福建省首批全省智慧旅游工作试点县(市、区)名单。福州市马尾区、厦门市海沧区、漳浦县、东山县、南靖县、德化县、泰宁县、将乐县、永定县、连城县等10个县(市、区)入选。

4日 省长在福州会见2010年诺贝尔物理学奖得主之一，曼彻斯特大学教授康斯坦汀·诺沃肖洛夫一行。

6日 纪念林白水烈士诞辰140周年、就义88周年座谈会在福州召开。

8日 2014年“全民健身日”福建省·福州市全民健身运动会开幕式暨海峡两岸全民健身交流展示活动在福州举行。

9日 省委书记尤权在福州会见来闽参加第九届两岸青年联欢节暨第二届海峡青年节的中国国民党荣誉副主席蒋孝严。

第九届两岸青年联欢节暨第二届海峡青年节在福州开幕。

10日 海峡青年(福州)峰会在福州海峡国际会展中心召开。峰会由国台办、全国青联、民革中央、台盟中央、全国台联、中国高等教育学会、福建省政府等单位联合主办。

11日 省委书记尤权在福州会见来闽参加第九届两岸青年联欢节暨第二届海峡青年节的中华全国台湾同胞联谊会会长汪毅夫。

16日 省委书记尤权、省政协主席张昌平在福州会见全国政协副主席何厚铧。

中民慈善捐助信息中心在北京发布第三届“中国城市公益慈善指数”。福建省5个城市获评星级慈善城市，分别是：晋江、厦门获评“七星级慈善城市”；福州获评“六星级慈善城市”；三明、南安获评“五星级慈善城市”。另外，在“中国城市公益慈善社会捐赠指数”单项中，晋江居第7名。

18日 习近平重要著作《摆脱贫困》重印发行新闻发布会在福州举行。省委和《求是》杂志社在福州联合举办深入学习习近平总书记系列重要讲话暨《摆脱贫困》理论研讨会。省委书记尤权出席会议并讲话。

第十二届海峡法学论坛在平潭举行，论坛以“生态文明与法治保障”为主题，来自大陆和台港澳170多位专家学者参会。

23日 海峡两岸各界公祭甲申马江海战英烈、甲午海战英烈活动在福州马尾举行。

24日 由文化部、国家海洋局、福建省人民政府主办，福建省文化厅、文化部艺术司、国家海洋局宣传教育中心承办，福建省歌舞剧院创排的大型舞剧《丝海梦寻》在国家大剧院演出。

25日 福建省第七届残疾人运动会开

幕式在福州举行。

国家卫生计生委、商务部印发通知，允许境外投资者通过新设或并购的方式在北京、天津、上海、江苏、福建、广东、海南设立外资独资医院。

28日 亚太经合组织（APEC）第四届海洋部长会议在厦门举行。会议通过《厦门宣言》，呼吁构建亚太海洋合作新型伙伴关系。

29日 省委书记、省全面深化改革领导小组组长尤权主持召开省全面深化改革领导小组第二次会议，学习贯彻中央全面深化改革领导小组会议精神，回顾总结前一阶段全面深化改革工作进展情况，研究部署下一阶段全面深化改革工作。

2014希望工程圆梦行动大型公益助学活动福建省助学金发放仪式在福州举行。活动由团省委、省青少年发展基金会、茅台集团联合主办。

30日 省长在福州会见菲华商联总会永远名誉理事长陈永栽率领的菲律宾华社代表访华团一行。

9月

1日 实事助学基金会福建援助项目在长汀启动。实事助学基金会是由朱镕基同志捐赠其全部著书版税设立的公益性基金会。

由省委政研室、省发改委、住建厅和泉州市委、市政府联合举行的晋江新型城镇化发展研讨会在晋江市召开。

3日 省委书记尤权等省领导在福州会见宝钢集团有限公司总经理陈德荣一行。

5日 2014全国艺术体操锦标赛在大田县开赛，这是全国艺术体操锦标赛首次在县级城市举办。

6日 以“海峡旅游、合作共赢”为主题的第十届海峡旅游博览会在厦门开幕。同日，由第十届海峡旅游博览会组委会主办，大陆9个省旅游协会和台湾9个协会（学会）共同联办的两岸乡村旅游圆桌会议在厦门举行。

7日 省委书记尤权等省领导在厦门会见率团参加第十八届中国国际投资贸易洽谈会的新疆维吾尔自治区主席努尔·白克力。

由商务部、国台办主办，台湾商业总会协办的第九届两岸经贸合作与发展论坛在厦门国际会议中心举行。

第七届海峡两岸（泉州）农产品采购订货会在南安石井镇闽台农产品交易市场举行。

8日 第十八届中国国际投资贸易洽谈会在厦门国际会展中心隆重开幕。中共中央政治局委员、国务院副总理汪洋启动“9·8”金钥匙为本届投洽会开馆。

9日 首届中国·鼓岭（Kuliang）中秋国际诗乐会在福州市鼓岭举办。

13日 第十三届精神文明建设“五个一工程”表彰座谈会在北京召开，本届“五个一工程”评选中，福建省委宣传部获“组织工作奖”；福建省参评的电影《衔香》、电视剧《原乡》、芗剧《保婴记》、电视纪录片《船政学堂》、广播剧《跨越海峡的追寻》、歌曲《海峡月光曲》获“优秀作品奖”。此外，由福建省作者创作、兄弟省区推荐参评的电视剧《先遣连》、长篇小说《援疆干部》也获“优秀作品奖”。

纪念沈葆桢保台建台140周年大会及学术研讨会在福建会堂召开。该活动由省文化经济交流中心、省文史研究馆、福州市政府、福建师范大学、省社科院联合主办。

15日 中共福建省委九届十一次全会在福州召开。会议讨论了《关于进一步加快福建科学发展跨越发展的行动计划》《贯彻落实〈国务院关于支持福建省深入实施生态省战略加快生态文明先行示范区建设的若干意见〉的实施意见》，审议通过了《中国共产党福建省第九届委员会第十一次全体会议决议》。

16日 由文化部、福建省政府主办的“庆祝新中国65华诞·同圆中国梦——福建戏剧优秀剧目晋京展演”在京举办。

由省文化厅、国家大剧院主办，省艺术馆、省非遗保护中心承办的“庆祝建国65周年·同圆中国梦——福建非物质文化遗产精品展”在国家大剧院举行。

17日 在成都市召开的全国版权社会服务工作交流会上，厦门市被国家版权局授予“全国版权示范城市”称号。厦门成为福建省首个、全国第7个创建成功的全国版权示范城市。

18日 省长在福州会见新加坡总理公署部长兼外交部第二部长和环境及水源部第二部长傅海燕。

19日 由福建人民出版社出版的大型历史文献集成《闽南涉台族谱汇编》新书发布会暨赠书入台仪式在福州举行。本次整理出版的100部闽南涉台族谱都是首次披露，具有较高的学术价值。

21日 以我国著名中医骨伤专家林如高命名的福建省林如高纪念馆在福州成立。林如高出生骨伤世家，行医80余年，形成了一套独特的“林如高正骨手法”以及中草药疗伤医学体系。2011年林如高“林氏骨伤疗法”被列入国家级非物质文化遗产名录。

24日 第四次全国中药资源普查福建省试点工作启动会在福建中医药大学举行。

25日 平潭边防检查站挂牌成立。

26日 省人大常委会会议表决通过关于设立省人大常委会平潭综合实验区工作委员会的决定，同时通过该工作委员会的若干规定。

省人大常委会会议通过《福建省社会科学普及条例》，确定将每年10月第3周定为福建省社会科学普及宣传周。

27日 2014闽派文艺理论家批评家高峰论坛在福州举行。

29日 全省新型城镇化工作晋江现场会召开。省委书记尤权在会上强调，要认真学习贯彻习近平总书记关于城镇化工作的重要批示精神，落实省委九届十一次全会部署，总结推广晋江等地新型城镇化工作经验，推动全省中小城市和城镇改革发展取得更大进展。

由全国台联、闽南师范大学主

办的《台海文献汇刊》新书全国首发式在北京台湾会馆举办。《闽南涉台族谱汇编》也在首发式上推介。

30日 2014年中国海峡两岸(闽侯)第一届根艺美术博览会在位于闽侯县上街镇马保村的闽侯根雕产业创意园开幕。

10月

8日 省委书记尤权主持召开省委常委会暨省委教育实践活动领导小组第十一次会议,专题学习习近平总书记在总结大会上的重要讲话精神,研究部署福建省教育实践活动总结收尾工作。

9日 中国地震局联合武警部队在武警福州指挥学院成立华东地震应急救援培训基地。

10日 省政府与中国保险监督管理委员会在福州签署《关于促进现代保险服务业与福建经济社会良好互动发展的合作备忘录》。

"海上丝绸之路"中国(莆田)—阿联酋(迪拜)油画艺术周活动在福州三坊七巷南后街展览馆开幕。

由省人民政府、中国茶叶流通协会、海峡两岸茶业交流协会主办,以"中国茶·中国梦"为主题的第五届中国茶都安溪国际茶业博览会在安溪举行。

12日 全国首个两岸义工联盟在厦门海沧正式成立并举行授旗仪式。

13日 第28届"劲松杯"全国老同志围棋赛在福州开幕。

15日 福建省关检合作"三个一"(一次申报、一次查验、一次放行)全覆盖启动仪式在福州举行。

17日 第一届全国青年运动会组织委员会成立暨动员大会在福州举行。省委书记尤权,国家体育总局局长、第一届全国青运会组委会主任刘鹏出席大会并共同为会徽、吉祥物、主题口号揭幕。

福建省公共信用信息平台(一期)开通试运行。

18日 由省委宣传部、省社科联共同主办的福建省2014年社会科学普及宣传周活动在福州大学启动。

20日 首届"丝绸之路国际电影节"福州分会场启动仪式在福建大剧院举行。

21日 纪念陈嘉庚先生诞辰140周年座谈会在厦门举行。会前,中共中央总书记、国家主席、中央军委主席习近平给集美校友总会回信,高度评价嘉庚先生的毕生贡献,并对弘扬"嘉庚精神"提出殷切希望。全国政协副主席李海峰出席会议并致辞。

22日 湘闽赣主流媒体"老区行"联合采访启动,福建日报、湖南日报、江西日报记者组成联合采访组,分别走进福建、湖南、江西三省老区,进行同步交叉采访。

由中国工程院和福建省政府共同主办的中国工程院化工、冶金与材料工程第十届学术会议在福州召开。

24日 第七届海峡两岸(厦门)文化产业博览交易会在厦门国际会展中心开馆。

25日 为期8天的福建省第十五届运动会在漳州体育场开幕。有近万名运动员参加青少年部、行业部和大学生部的42个大项目、713个小项目比赛,共有2人次破2项省纪录,18人次破14项省少年纪录,福州、厦门、泉州分别获得奖牌榜第一、二、三名。

28日 第八届中美省州(31+50)旅游局长合作发展对话会议在厦门开幕。国家旅游局局长邵琪伟,福建省副省长陈冬,美国旅游推广局主席汤炳坤,美国旅游协会主席罗杰·道出席会议并致辞,来自中美各省州旅游部门和业界的150多人参会。双方共同发布了《第八届中美省州(31+50)旅游局长合作发展对话会议联合宣言》。

29日 以"中华心·闽南情"为主题的2014世界闽南文化节在澳门举行开幕式。全国政协副主席何厚铧,澳门中联办主任李刚,全国侨联主席林军,省委常委、宣传部长李书磊以及来自全球20多个国家和地区130多个社团的1000多位嘉宾出席。

31日 中共中央总书记、国家主席、中央军委主席习近平专程来到福建省上杭县古田镇,出席在这里召开的全军政治工作会议。

福建省与韩国江原道建立友好省道关系意向书签字仪式在榕举行。

由国务院扶贫办实施的福建、甘肃、宁夏三省(区)"雨露计划"贫困村创业致富带头人培训试点工作在南安梅山镇蓉中村启动

2014年海峡技术转移专场——中国科学院百项新材料科技成果推介对接会在泉州召开。

11月

1日 第十六届中国·湄洲妈祖文化旅游节开幕式暨秋祭妈祖典礼在莆田湄洲岛举行。

福建省民族宗教厅和省体育局主办、厦门市政府承办的福建省第八届少数民族传统体育运动会在厦门市集美大学光前体育馆隆重开幕。

1—2日 中共中央总书记、国家主席、中央军委主席习近平在省委书记尤权等省领导陪同下,到平潭综合实验区和福州市,深入口岸、码头、企业、社区考察,就推动经济社会发展、推进依法治国、推进作风建设进行深入调研。

2日 省委书记尤权等省领导在福州会见国家人力资源和社会保障部部长尹蔚民一行。

中国—东盟海产品交易所在福州马尾开业,并上线运营。

3日 全省首次国企和民企产销对接合作会在福州召开。

4日 省委书记尤权等省领导在福州会见海基会董事长林中森。

省委书记尤权在福州会见中华全国台湾同胞联谊会会长汪毅夫一行。

省委书记尤权在福州会见国务院妇女儿童工作委员会副主任,全国妇联党组书记、副主席、书记处第一书记宋秀岩。

中国铁塔股份有限公司福建省分公司在福州正式成立，标志着全省电信基础设施建设进入新的发展阶段。今后，福建的中国移动、中国联通和中国电信三大运营商将不再新建铁塔，转而以租赁的方式使用通信铁塔。

5日 由中国食品药品检定研究院与福建省药品检验所联合主办的第三届海峡两岸医药品检验技术交流研讨会在福州开幕。

6日 由福建省区域和企业评价中心开展的“2014年度福建省县域经济实力十强、县域经济发展十佳”评选结果揭晓。县域经济实力十强依次为晋江市、石狮市、福清市、闽侯县、南安市、惠安县、长乐市、永安市、连江县、沙县。县域经济发展十佳依次为福鼎市、闽侯县、连江县、长泰县、政和县、福安市、柘荣县、邵武市、松溪县、古田县。

第十届海峡两岸林业博览会暨投资贸易洽谈会在三明开馆。

6日 福建省博物院、泉州市博物馆及永春博物馆、德化博物馆等4家单位完成对永春县介福乡一处古窑址的一期考古发掘，发掘出大量硬陶及原始青瓷碎片，省考古研究所专家及陶瓷考古专家栗建安等初步认定该窑址为商周古龙窑窑址，该发现将把福建龙窑史往前推近2000年。

7日 中国林业产业联合会国际投资贸易促进会成立大会在漳州开发区举行。

8日 省委书记尤权在福州会见老挝琅勃拉邦省委书记兼省长坎平·赛宋平一行。

第十一届海峡两岸中医药学术交流大会暨福建省中西医结合研究学术年会在福州举行。

第十五届中国（南安）水头国际石材博览会在“中国建材之乡”——南安市水头镇举行。

由省老龄事业发展基金会与中国闽商地产联盟联合主办的首届福建省养老产业发展高峰论坛在福州举行。

9日 福建省第九届老年人体育健身大会在漳州市华阳体育馆开幕。

10日 纪念杨成武同志诞辰100周年座谈会在福州召开。省委书记尤权出席座谈会并讲话。

福建省新闻界表彰大会在榕举行。会议表彰了第十三届长江韬奋奖、第二十四届中国新闻奖福建省获奖作品和获得者以及2013年度福建新闻奖、宣传福建新闻奖获奖作品和获奖者。

12—13日 国务院食品安全委员会在厦门召开治理“餐桌污染”现场会。受中共中央政治局常委、国务院副总理、国务院食品安全委员会主任张高丽委托，中共中央政治局委员、国务院副总理汪洋出席会议并讲话。

15日 第三届“万里茶道”与城市发展中蒙俄市长峰会在“万里茶道”起点——武夷山市下梅村举行。

16日 冯梦龙文化高峰论坛在寿宁县举行。

16—20日 省委书记尤权率团访问澳大利亚。

18日 由中国民间文艺家协会、省文联和宁德市人民政府联合主办的中国传统村落文化遗产保护高峰论坛在屏南县举行。

19日 在中国社科院发布的《“十二五”中期中国省域环境竞争力发展报告》绿皮书显示，2010年至2012年福建省域环境竞争力排名在全国一直保持在第六位，处于优势地位。

福建省海运集团有限责任公司挂牌成立。这是福建省致力于优化整合内部海运资源的新举措，涉及福建省轮船有限公司、厦门轮船有限公司等境内外40多家企业，总资产达50亿元，职工6300多人，拥有各类船舶45艘，运力139万吨，是福建省内注册的运力规模最大的海运企业，船舶运力规模居全国第九位。

20日 第十届海峡两岸通道桥隧工程学术研讨会在福州举行。

22日 华侨大学第七届董事会第一次会议在泉州举行。中共中央政治局原委员、第十一届全国政协副主席王刚出任董事长，第十二届全国政协副主席何厚铧连任名誉董事长。

23日 中国博物馆协会第六届会员代表大会暨2014博物馆及相关产品与技术博览会在厦门开幕。

纪念南下服务团入闽65周年纪念大会在福州闽江公园南园南下纪念碑前举行。

24日 厦门市政府与故宫博物院在厦门举行共建故宫鼓浪屿外国文物馆合作框架协议签约仪式。

25日 第三批“中国传统村落”名录出炉，全国共有994个村落榜上有名，其中福建有52个村落入选。

中国社会科学院学部委员厦门工作站和中国社会科学院国情调研厦门基地揭牌成立。

26日 由文化部、福建省政府主办，省文化厅、泉州市政府承办的海上丝绸之路国际艺术节在泉州开幕。

28日 首届中国（泉州）海上丝绸之路国际品牌博览会暨中国国际品牌发展论坛在南安举行。

29日 由中国艺术研究院、中国美术家协会、中国美术馆、福建省文化厅联合主办的“大漆艺术——2014海峡漆艺术大展”开幕式在北京中国美术馆举行。

12月

1日 宁夏回族自治区党委书记李建华、自治区主席刘慧率领的宁夏回族自治区党政代表团一行在福建考察。

2日 平潭综合实验区关检合作“三个一”（一次申报、一次查验、一次放行）通关模式正式启动。

3日 华创（福建）股权投资基金正式运营，首期募集资金规模为10亿元人民币。这是首只台湾金融机构与大陆企业合作设立的人民币私募股权基金。

2014年海峡技术转移专场——中英新能源领域海上风力发电科技成果推介对接会在福州举办。

4日 福建省各类注册志愿者已超过200万人。

5日 福建·西藏林芝合作项目签约仪式在厦门举行，福建省代表向林芝捐赠3770万元对口援助资金，来自厦门、龙岩、浙江、上海等地的企业代表与林芝党政代表团现场签约,签约项目投资总额达5.97亿元。

7—8日 第九届全球孔子学院大会在厦门举行。这是孔子学院大会第一次在北京以外的城市举行。中共中央政治局委员、国务院副总理、孔子学院总部理事会主席刘延东出席开幕式并作主旨演讲。

10日 由福建日报报业集团与台湾旺旺中时媒体集团、联合报系联合主办的第六届海峡媒体峰会在平潭举行。

12日 第二届"美丽福建"图片展暨中国(福建)图书展销会在土耳其伊斯坦布尔道格斯大学开幕。

13日 "福建最具创意文化产品"评选结果揭晓,闽南文化使者"惠女阿芳"形象设计等10件作品被评为"最具创意文化奖"。

14日 第九届中国(福建)图书展销会暨"美丽福建"大型图片展在南非约翰内斯堡"闽侨文化中心"开幕。

16日 由中国常驻联合国代表团和福建省政府主办的中国·海上丝绸之路文物精品图片展在美国联合国总部开展。

省科协、福建吴孟超科技教育发展基金会联合设立"吴孟超青年医学科技奖"。

17日 国家茶叶质量工程技术研究中心启动仪式在安溪县举行。这是福建省首个由农业企业承建的国家级工程技术研究中心。

18日 全省经济工作会议在福州召开。会议的主要任务是:学习贯彻习近平总书记来闽考察重要讲话精神和中央经济工作会议精神,总结2014年经济工作,部署2015年经济工作。

省政府与国家开发银行在福州签署《进一步加快福建经济社会发展开发性金融合作备忘录》。

19日 中共福建省委九届十二次全会在福州召开。全会的主要任务是,深入贯彻落实习近平总书记来闽考察重要讲话精神和党的十八届四中全会精神,进一步动员全省广大党员和干部群众抓住机遇、振奋精神、锐意进取,努力开创福建科学发展跨越发展新局面。会议讨论了省委常委会的工作报告,讨论了《中共福建省委、福建省人民政府关于深入贯彻落实习近平总书记来闽考察重要讲话精神的意见》稿和《中共福建省委关于贯彻党的十八届四中全会精神全面推进依法治省的实施意见》稿,审议通过了《中共福建省第九届委员会第十二次全体会议决议》。

2014年国际海洋旅游经济论坛暨平潭国际旅游岛高峰会议在平潭举行。

23日 福建省汽车工业集团有限公司与宝山钢铁股份有限公司在福州签订战略合作框架协议。

闽东北经济协作区市委(工委)书记、市长(主任)联席会议在三明召开。

福建省国防教育宣讲团在福州成立。

24日 省中华职教社成立30周年庆祝大会暨第二届"清海杯黄炎培职业教育奖"颁奖大会在福州举行。

25日 福建省汀江源自然保护区被列入全国21处新建国家级自然保护区名单。

26日 首届福建"十大醉美县城"颁奖仪式在福州举行,10个县(市)获得"醉美县城"荣誉称号,分别是:安溪县、长泰县、永春县、南靖县、长乐市、永定县、建阳市、德化县、泰宁县、福鼎市。

全国北京、天津、福建等14个省份高速公路电子不停车收费(ETC)正式联网运行。

28日 第十二届全国人民代表大会常务委员会第十二次会议决定:授权国务院在中国(广东)自由贸易试验区、中国(天津)自由贸易试验区、中国(福建)自由贸易试验区以及中国(上海)自由贸易试验区扩展区域内,暂时调整《中华人民共和国外资企业法》、《中华人民共和国中外合资经营企业法》、《中华人民共和国中外合作经营企业法》和《中华人民共和国台湾同胞投资保护法》规定的有关行政审批。

由省文化厅、南平市政府主办的"忘不了的乡愁——闽北古村落、古建筑摄影作品展"在福建博物院开幕。

29日 福建省网上办事大厅开通试运行。首批进驻大厅的事项共21665项,其中行政审批12911项,公共服务8754项。

福建信息职业技术学院新校区开工仪式在平潭举行,实现平潭高等院校"零"的突破。

30日 省政府常务会议审议通过省级政府部门行政权力清单和省级公共服务事项清单,共保留省级政府部门行政权力4049项和省级公共服务事项688项。

台湾合作金库商业银行福州分行揭牌成立。这是福建省首家成立的台资银行全资大陆一级分行。

31日 福建省自贸试验区推进工作领导小组第一次会议召开,标志着中国(福建)自由贸易试验区建设全面启动。

编辑:王文灿

省情概况

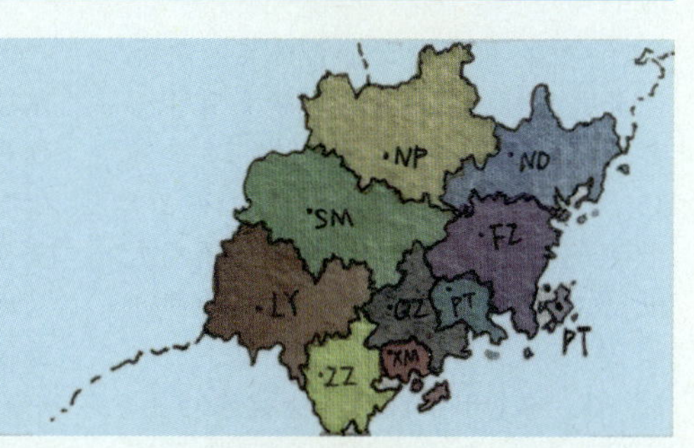

自然概貌

【位置面积】 福建位于中国东南沿海，东隔台湾海峡与台湾省相望。陆地平面形状似一斜长方形，东西最大间距约480千米，南北最大间距约530千米。全省大部分属中亚热带，闽东南部分地区属南亚热带。全省土地总面积12.4万平方千米，海域面积13.6万平方千米。

【地势地貌】 境内峰岭耸峙，丘陵连绵，河谷、盆地穿插其间，山地、丘陵占全省总面积80%以上。地势总体上西北高东南低，横断面略呈马鞍形。受新华夏构造的控制，在西部和中部形成北(北)东向斜贯全省的闽西大山带和闽中大山带。两大山带之间为互不贯通的河谷、盆地，东部沿海为丘陵、台地和滨海平原。

闽西大山带以武夷山脉为主体，长约530千米，宽度不一，最宽处达百余千米。北段以中低山为主，海拔大都在1200米以上；南段以低山丘陵为主，海拔一般为600—1000米。位于闽赣边界的主峰黄岗山海拔2158米，是我国大陆东南部的最高峰。整个山带，尤其是北段，山体两坡明显不对称：西坡陡，多断崖；东坡缓，层状地貌发育。山间盆地和河谷盆地中有红色砂岩和石灰岩分布，构成瑰丽的丹霞地貌和独特的喀斯特地貌景观。

闽中大山带由鹫峰山、戴云山、博平岭等山脉构成，长约550千米，以中低山为主。北段鹫峰山长百余千米，宽60—100千米，平均海拔1000米以上；中段戴云山为山带的主体，长约300千米，宽60—180千米，海拔1200米以上的山峰连绵不绝，主峰戴云山海拔1856米；南段博平岭长约150千米，宽40—80千米，以低山丘陵为主，一般海拔700—900米。整个山带两坡不对称：西坡较陡，多断崖；东坡较缓，层状地貌较发育。山地中有许多山间盆地。

东部沿海海拔一般在500米以下。闽江口以北以花岗岩高丘陵为主，多直逼海岸。戴云山、博平岭东延余脉遍布花岗岩丘陵。福清至诏安沿海广泛分布红土台地。滨海平原多为河口冲积海积平原，这些平原面积不大，且为丘陵所分割，呈不连续状。闽东南沿海和海坛岛等岛屿风积地貌发育。

陆地海岸线长达3751.5千米，以侵蚀海岸为主，堆积海岸为次，岸线十分曲折。潮间带滩涂面积约20万公顷，底质以泥、泥沙或沙泥为主。港湾众多，自北向南有沙埕港、三都澳、罗源湾、湄洲湾、厦门港和东山湾等6大深水港湾。岛屿星罗棋布，共有岛屿2214个，平潭岛现为全省第一大岛，原厦门岛、东山岛等岛屿筑有海堤与陆地相连而形成半岛。（黄继富）

【气候】 2014年，全省气温偏高，尤其夏季气温显著偏高；降水量接近常年，其中雨季降水偏多，秋季偏少；大部地区日照时数正常到偏多；气候年景属正常。冬季气温较常年偏低0.6℃，出现本世纪第3个冷冬；雨季(4月22日—6月25日)起止时间均偏早，历时偏长，降水偏多，降水强度位居1961年以来第6位；8月无台风登陆或影响，出现非台风引起的持续性强降水，属历史少见；夏季气温两头高中间低，9月气温较常年同期偏高2.0℃，达历史极值；秋季气温异常偏高，温高雨少，中南部沿海夏秋连旱较重。气象灾害种类多，局部地区灾情重，年内出现6次寒潮、5次强对流、22场暴雨、6个台风登陆或影响，较常年略偏少，气象灾害总体偏轻。

气温。全省年平均气温20.0℃，分别比常年和2013年偏高0.5℃和0.1℃。冬季(12—2月)平均气温为10.5℃，偏低0.6℃，属冷冬；春季(3—4月)平均气温为17.1℃，偏高0.6℃；雨季(5—6月)平均气温为24.4℃，偏高0.3℃；夏季(7—9月)平均气温为28.0℃，偏高1.1℃，高居1961年以来历史同期第二位；秋季(10—11月)平均气温为20.1℃，偏高1.1℃，高居1961年以来历史同期第四位。

降水。全省年平均降水量1672.7毫米，分别比常年和2013年偏少18.5毫米和112.6毫米。冬季平均降水量为202.6毫米，偏少6.6毫米；春季降水量为301.1毫米，偏少52.9毫米；雨季降水量656.0毫米，偏多153.0毫米；夏季降水量为530.9毫米，偏多29.4毫米；秋季降水量为51.4毫米，偏少48.9毫米，位居2000年以来历史同期第三少。（高学群　文明章）

【环境】 水环境。全省12条主要水系设置135个省控水质监测断面，其中行政区间交界断面49个。按《地表水环境质量标准》(GB 3838－2002)评价，水质状况为优。水域功能达标率98.1%，较上年下降0.3个百分点；Ⅰ—Ⅲ类水质比例94.7%，下降0.5个百分点。闽江水质为优，水域功能达标率和Ⅰ—Ⅲ类水质比例分别为99.7%和98.8%，前者与上年持平，后者较上年提高0.6个百分点；闽江各河段中，建溪、富屯溪、干流南平段、干流福州段的水域功能达标率均为100%，沙溪为98.9%；与上年水域功能达标率相比，建溪、富屯溪、干流南平段持平，干流福州段提高1.4个百分点,沙溪下降 1.1 个百分点。九龙江水质良好,水域功能达标率和Ⅰ—Ⅲ类水质比例分别为 90.8% 和 86.7%,分别较上年下降 0.9 和 2.5 个百分点;九龙江各河段中,北溪龙岩段、北溪漳州段和西溪的水域功能达标率分别为 88.9%、85.7% 和 97.6%;与上年水域功能达标率相比,北溪龙岩段、北溪漳州段持平,西溪下降 2.4 个百分点。木兰溪、萩芦溪、交溪、霍童溪、敖江、晋江、漳江和东溪水域功能达标率均为 100%,汀江为 96.3%、龙江为 95.8%;与上年水域功能达标率相比,龙江提高 4.1 个百分点,汀江下降 3.7 个百分点,木兰溪、萩芦溪、交溪、霍童溪、敖江、晋江、漳江和东溪持平。

全省城市内河水域功能达标率 87.9%,较上年提高 8.0 个百分点。长乐、泉州、龙海、龙岩和福安等 5 个城市内河水域功能达标率均为 100%。9 个设区市的 30 个集中式生活饮用水源地水质达标率 84.5%,较上年下降 14.9 个百分点。平潭综合实验区的 1 个集中式生活饮用水源地水质达标率 100%,与上年持平。14 个县级市的 25 个集中式生活饮用水源地水质达标率为 99.8%,较上年提高 0.1 个百分点。44 个县城的 61 个集中式生活饮用水源地水质达标率为 100%,与上年持平。

全省 11 个主要湖泊水库水域功能达标率 56.5%,较上年下降 2.8 个百分点。福州西湖水质为Ⅴ类,达到相应的水域功能要求;厦门筼筜湖水质为海水劣四类,未能达到相应的水域功能要求。莆田东圳水库、三明泰宁金湖、三明安砂水库和宁德古田水库水质均达到相应的水域功能要求,泉州惠女水库和龙岩棉花滩水库部分水质未能达到相应的水域功能要求,福州东张水库、福州山仔水库和泉州山美水库水质未能达到相应的水域功能要求。以湖泊水库综合营养状态指数评价,福州西湖为轻度富营养状态,其余湖泊水库均为中营养状态。

根据《海水水质标准》(GB 3097—1997),按站位比例评价,全省近岸海域一类、二类水质占 57.6%,较上年下降 3.0 个百分点;三类水质占 12.1%;四类和劣四类水质占 30.3%。按面积比例评价,符合第一类及第二类海水水质标准的海域面积占全省近岸海域面积的比例为 65.1%,较上年提高 1.2 个百分点;第三类、第四类和劣四类比例分别占 9.6%、9.3% 和 16.0%。根据 2011 年省政府批准实施的《福建省近岸海域环境功能区划(修编)》,按近期(2011 年—2015 年)水质保护目标评价,全省按功能区类别评价,环境功能达标率为 64.5%,较上年提高 3.2 个百分点。6 个沿海设区市中,按水质保护目标评价,漳州海域功能达标率最高,为 90.9%;宁德和厦门海域最低,为 16.7%。按功能区类别评价,漳州海域功能达标率最高,为 100%;厦门海域达标率最低,为 16.7%。近岸海域环境功能达标率为 46.8%,与上年持平。10 个主要港湾中,按水质保护目标评价,围头湾、东山湾和诏安湾功能达标率为 100%,其他港湾不同程度低于水质保护目标要求;按功能区类别评价,湄洲湾、围头湾、东山湾和诏安湾功能达标率为 100%,其他港湾不同程度低于功能区划要求。

大气环境。全省城市环境空气质量保持优良水平。酸雨污染仍较普遍。

按照《环境空气质量标准》(GB 3095—1996)评价,全省城市环境空气质量保持优良水平,23 个城市空气质量均达到或优于国家环境空气质量二级标准,其中武夷山、福鼎 2 个城市环境空气质量达到一级标准。根据全省 9 个设区市发布的环境空气质量日报结果统计,全省设区市优、良天数比例为 99.0%,较上年下降 0.4 个百分点。各设区市优、良天数比例均大于 96.0%。福州、厦门和泉州作为实施空气质量新标准的城市,按照《环境空气质量标准》(GB 3095－2012)评价,达标天数比例分别为 92.0%、95.3% 和 95.3%,在全国 74 个城市中,福州、厦门空气质量排名分别为第七位、第八位。泉州环境空气质量达到二级标准,但福州和厦门环境空气质量均超过二级标准,主要原因是厦门细颗粒物年均浓度超标,福州、厦门二氧化氮日均值的第 98 百分位数超标。全省降水 pH 年均值为 5.11,较上年上升 0.08 个 pH 单位;酸雨出现频率为 46.7%,较上年下降 1.3 个百分点。全年降水 pH 最低值为 3.37,出现在长乐市。

声环境。全省 23 个城市道路交通噪声平均等效 A 声级为 68.0 分贝,其中:9 个城市道路交通声环境质量属于"好",13 个城市道路交通声环境质量属于"较好",1 个城市道路交通声环境质量属于"一般"。全省 23 个城市区域环境噪声平均等效 A 声级为 56.2 分贝,其中:13 个城市区域声环境质量

2014 年福建省 12 条主要水系水质状况

水 系	水域功能达标率(%)	Ⅰ—Ⅲ类水质比例(%)
闽 江	99.7	98.8
九龙江	90.8	86.7
木兰溪	100	83.3
萩芦溪	100	100
交 溪	100	100
霍童溪	100	100
龙 江	95.8	45.8
敖 江	100	100
晋 江	100	100
汀 江	96.3	92.6
漳 江	100	100
东 溪	100	100
合 计	98.1	94.7

属于“较好”，10个城市区域声环境质量属于“一般”。

固体废物。全省工业固体废物年产生量4843.90万吨，综合利用率88.31%。全省危险废物产生量28.23万吨，危险废物综合利用量10.47万吨，处置量14.11万吨，贮存量5.00万吨。全省危险废物经营单位35家，其中：危险废物综合利用单位24家，医疗废物处置单位5家，同时处置危险废物及医疗废物的单位2家，工业危险废物处置单位3家，工业危险废物收集单位1家。

辐射环境。福州晋安、连江、厦门和三明4个辐射环境自动监测站实时连续γ辐射空气吸收剂量率（未扣除宇宙射线响应值）测值范围为79.7—184.0纳戈瑞/小时，均保持在天然本底水平涨落范围内。全省陆地瞬时γ辐射空气吸收剂量率、福州市气溶胶和沉降物的总α、总β活度浓度与历年相比未见明显变化，均为正常环境水平。全省地表水和地下水的天然放射性核素浓度与1983—1990年全国环境天然放射性水平调查结果处于同一水平。6个饮用水源地的天然放射性核素活度浓度与历年相比未见明显变化，总α、总β活度浓度均低于《生活饮用水卫生标准》(GB5749—2006)规定的限值。近岸海域海水人工放射性核素锶—90和铯—137活度浓度均远低于《海水水质标准》(GB3097—1997)规定的限值。土壤中人工放射性核素活度浓度与历年相比未见明显变化，天然放射性核素活度浓度与1983—1990年全国环境天然放射性水平调查结果处于同一水平。省放射性废物库和4家辐照中心均运行良好。

城市环境电磁辐射综合场强与历年相比未见异常，远低于《电磁辐射防护规定》(GB 8702—1988)中公众照射导出限值。开展监测的广播电视设施天线周围敏感点的电磁辐射水平低于《电磁辐射防护规定》(GB 8702—1988)中的公众照射导出限值。开展监测的高压输变电设施周围敏感点的工频电场强度和工频磁感应强度均低于《500kV超高压送变电工程电磁辐射环境影响评价技术规范》(HJ/T 24—1998)中的居民区工频电场评价标准和全天候辐射时的工频磁场限值。

（曾咏发）

【水文】 2014年，全省汛情特点是：降雨量正常，分布不均。全省平均降雨量1648毫米，较常年偏多1%；在地区分布上，北多南少，宁德市平均降雨量最多，达2061毫米；厦门市最少，仅1181毫米。洪水场次较多，量级小。各江河水文(位)站发生超警戒水位以上洪水98站次，其中超保证水位以上洪水1站次；各场次洪水的重现期均在8年一遇以下；闽江支流富屯溪洋口水文站年实测最大流量9100立方米/秒，为5月份历史同期实测最大流量；闽江干流水口水库最大入库流量20600立方米/秒。台风数量少，影响严重。全年共有1个台风登陆、5个台风对福建产生影响，数量较常年偏少，特别是8月份无台风登陆或影响，为1989年以来未见。第10号台风“麦德姆”正面登陆福建，给全省中北部沿海带来较严重损失；第19号台风“黄蜂”恰逢天文大潮，风暴潮影响严重，历时长，沿海多个潮位站超警戒，其中龙海石码站出现建站以来的第2大高潮位。

雨情。全省年平均降雨量1648毫米，较常年偏多1%，较上年偏多5%。其中，厦门、宁德、南平较常年偏多2成，福州、三明与常年持平，泉州、龙岩、莆田、漳州较常年偏少1—2成。

水情。闽江建溪干支流发生超警戒洪水24站次，富屯溪干支流发生超警戒洪水27站次、超保证1站次，沙溪、尤溪、梅溪各发生超警戒洪水1站次；大樟溪干支流发生超警戒洪水3站次；闽江干流发生超警戒洪水1站次；晋江干流未发生超警戒洪水，支流发生超警戒洪水2站次；九龙江北溪发生超警戒洪水8站次、西溪发生1站次；交溪共发生超警戒洪水3站次，汀溪发生超警戒洪水14站次，鳌江干支流发生超警戒洪水10站次，木兰溪未发生超警戒洪水。

主要江河来水量。全年闽江来水量较往年略偏多，竹岐站全年来水量583.96亿立方米，较常年偏多11%；晋江来水量较往年偏少，石砻站全年来水量32.61亿立方米，较常年偏少36%；九龙江来水量较往年偏少，全年来水量97.61亿立方米，较常年偏少20%；汀江来水量较往年偏少，上杭站全年来水量47.79亿立方米，较常年偏少15%；交溪来水量较往年偏多，白塔站全年来水量52.20亿立方米，较常年偏多25%；木兰溪来水量较往年略偏少，濑溪站全年来水量10.08亿立方米，较常年偏少2%。

水库蓄水状况。汛初水库蓄水。汛初21座大型水库蓄水总量63.94亿立方米，占正常高蓄水量60%，比年初减少蓄水15.80亿立方米，比上年增加蓄水0.98亿立方米；22座重要中型水库蓄水总量2.62亿立方米，占正常高蓄水量45%，比年初减少蓄水0.72亿立方米，比上年减少蓄水0.79亿立方米。汛末水库蓄水。汛末21座大型水库蓄水总量82.65亿立方米，占正常高蓄水量78%，比汛初增加蓄水18.71亿立方米，比上年减少蓄水0.84亿立方米；22座重要中型水库蓄水总量3.75亿立方米，占正常高蓄水量64%，比汛初增加蓄水1.13亿立方米，比上年减少蓄水0.45亿立方米。

（刘平）

【地震】 2014年度，福建及其近海地区发生ML2.0级以上地震69次，其中：2.0—2.9级62次，3.0—3.9级7次，最大地震为3月14日仙游ML3.8级。地震活动水平较上年度明显减弱，但地震活动仍以仙游震群为主。

全年台湾海峡地区发生ML3.0级以上地震8次，其中3.0—3.9级地震8次，最大地震为1月14日海峡中部ML3.8级。地震活动水平较上年度有所减弱。

全年台湾地区发生ML4.0级以上地震41次，其中：ML4.0—4.9级36次，MS5.0—5.9级4次，MS6.0—6.9级1次，最大地震为12月11日新北市海域MS 6.2级。地震活动水平较上年度有所减弱。（郑小菁　王林）

资　源

【土地资源】 根据福建省2014年度土地变更调查成果，截至2014年底，全省土地总面积12.40万平方千米，占全国土地总面积的1.3%，其中：耕地133.77万公顷，园地77.79万公顷，林地834.16万公顷，草地23.53万公顷，城镇村及工矿用地61.63万公顷，交通运输用地20.23万公顷，水域及水利设施用地55.04万公顷，其他土地33.36万公顷。

【矿产资源】 截至2014年底，列入福建省矿产资源储量表的固体矿产有118种，其中：能源矿产1种(煤)，金属矿产28种，非金属矿产89种。上表矿区总数1585个，矿山总数1596个，其中：大型矿区56个，中型矿区128个，小型矿区1401个。全省探矿权总数942个，面积3383.82平方千米，其中国有单位持有探矿权244个。按勘查矿种分类，能源矿产87本(其中煤炭矿产74本)，金属矿产755本，非金属矿产100本。全省采矿许可证2263本，其中：煤炭286本，铁矿85本，铅锌矿66本，金矿21本，银矿6本，铜矿12本，锰矿17本，钨矿5本，锡矿1本，钼矿10本。 (方燕娜)

【海洋资源】 福建省海域面积13.6万平方千米，比陆域面积大12.4%，是中国的海洋大省。大陆海岸线漫长曲折，北起福鼎沙埕港，南至诏安宫口港，总长3752千米，居全国第二位；直线长度535千米，海岸线曲折率1∶7.01，为全国之最。由于海岸曲折，岛屿众多，因而形成许多港湾，全省有大小港湾125个，深水港湾22处，自北而南较大的港湾有沙埕港、三沙湾、罗源湾、福清湾、兴化湾、湄洲湾、泉州湾、深沪湾、厦门湾、旧镇湾、东山湾、诏安湾等。其中能直接满足5万吨级以上船舶自由进出港的天然深水良港有厦门湾、沙埕港、湄洲湾、兴化湾、罗源湾、三沙湾、东山湾等7处，占全国1/6多。纳入港口规划的岸线467.1千米，其中，深水岸线210.9千米，可开发建设20万吨级以上的大型深水港岸线总长47千米，共23处，可建设20万吨级以上深水港口泊位80个。

沿海岛屿星罗棋布。全省有海岛2214个，其中面积500平方米以上的1321个，位居全国第二；沿海岛屿总面积1155.8平方千米，总岸线长度2503.8千米，有人居住岛屿100个(含台湾地区管辖的10个)。沿海滩涂广布，浅海滩涂可利用养殖面积1500平方千米。近海生物种类3000多种，贝、藻、鱼、虾种类数量居全国前列。可作业渔场面积12.5万平方千米，有闽东、闽中、闽南、闽外和台湾浅滩5大渔场。

海洋矿产资源种类多。海岸带和近海发现60多种矿产，其中有工业利用价值的20余种。全省山多海阔，山海兼容，优越的亚热带海洋性气候，多种多样的海岸类型，景色秀丽的岛屿，千姿百态的海蚀景观，加之沿海众多富有宗教、文化、军事、历史内涵的名胜古迹和新兴的港口城市，构成理想的观光度假胜地，其中有被列为国家重点风景名胜区的鼓浪屿、清源山、太姥山、海坛岛和国家旅游度假区湄洲岛以及“海上绿洲”东山岛等。

海洋能源资源。沿海地热梯度较大，地热资源丰富，具有开采价值的热水区域较多。沿海风能资源丰富，可利用时数7000—8000小时。沿海可利用潮汐发电的海水面积3000平方千米，潮汐能理论装机容量3425万千瓦，可开发装机容量1033万千瓦，占全国的49.2%，居首位。 (汤兴福)

【水资源】 2014年，全省水资源总量1219.62亿立方米，其中：地表水1218.42亿立方米，地下水330.48亿立方米，地下水和地表水不重复量1.2亿立方米；人均拥有水资源量3027立方米。行政分区中，地表水资源量最多的是南平市，为341.69亿立方米，最少的是平潭综合实验区，为1.52亿立方米，分别占全省地表水资源量的28%、0.1%；地下水资源量最多的是南平市，为81.02亿立方米，最少的是平潭综合实验区，为0.39亿立方米，分别占全省地下水资源总量的24.5%、0.1%。地表水资源量中，闽江为644.16亿立方米、九龙江120.86亿立方米、汀江82.57亿立方米、晋江36.67亿立方米、交溪63.91亿立方米、木兰溪15.61亿立方米，其中闽江地表水资源量最多，占全省主要江河水资源量的66.8%。全年外省入境水量31.65亿立方米，本省出境水量123.38亿立方米。全省入海水量1103.11亿立方米(不含过境水量)。

全省主要江河总体水质状况比上年有所下降。通过对全省7个水系376个断面的水质监测，采用国家《地表水环境质量标准》(GB3838—2002)对8198.2千米河长进行评价，其中，水质符合和优于Ⅲ类水的河长6220.9千米，占评价河长的75.9%；污染(Ⅳ、Ⅴ类和劣Ⅴ类)河长1977.3千米，占24.1%；水体主要超标项目为氨氮和总磷。评价大型水库21座，全年期水质符合Ⅰ—Ⅱ类标准的16座、符合Ⅲ类标准的5座，分别占总数的76.2%、23.8%。评价9个设区市15个主要集中式生活饮用水水源地，水质较好的有三明东牙溪、宁德金涵水库，年测次合格率均为100%；水质较差的是闽江北港的鳌峰洲、闽江南港的城门浚边和九龙江西溪的洋老洲3个供水水源地，主要超标项目为铁、锰和氨氮。

(张智杰)

【野生动植物资源】 根据动物地理区划，福建属于东洋界华中区丘陵平原亚区和华南区闽广沿海亚区交错地带，脊椎动物记录到1600多种(包括亚种)，约占全国种类的1/3，其中：哺乳类147种，鸟类557种，爬行类123种，两栖类46种，鱼类820种。无脊椎动物中记录到原生动物约600种、腔肠动物200多种、栉水母7种、吸虫约200种、绦虫约150种、线虫约400种、轮虫150多种、棘头虫约65种、环节动物约500种、星虫类11种、枝角类约80种、桡足类约400种、软体动物约500种、蟹类170多种、昆虫1万多种、棘皮动物约81种、毛颚动物27种。全省分布国家重点保护野生动物164种，其中：陆生国家一级保护野生动物18种、国家二级保护野生动物103种；水生国家一级保护野生动物4种、国家二级保护野生动物39种。

植物种类以亚热带成分为主，区系成分较复杂，种类繁多。有高等植物4707种，占全国高等植物种类的15.7%。有国家重点保护野生植物50种，其中，国家一级保护植物6种、国家二级保护植物44种；蕨类植物9种、

裸子植物12种、被子植物29种。福建特有植物39科113种。 （刘建波）

【旅游资源】 全省有世界自然和文化遗产1处(武夷山)，世界文化遗产1处(福建土楼)，世界自然遗产1处(泰宁丹霞地貌)；国家旅游度假区2个(武夷山、湄洲岛)，省级旅游度假区1个(鼓岭)；国家级风景名胜区18个，省级风景名胜区33个；国家级自然保护区16个，省级自然保护区23个；国家森林公园30个，省级森林公园127个；世界地质公园2个，国家地质公园10个，国家矿山公园2个，国家水利风景区21个；全国重点文物保护单位137个，省级文物保护单位674个；国家级历史文化名城4个，中国历史文化名镇(村)42个。全国农业旅游示范点16个、工业旅游示范点8个，省级农业旅游示范点22个、工业旅游示范点30个；全国休闲农业与乡村旅游示范县8个、示范点22个；全国特色景观旅游名镇名村7个；4星级乡村旅游经营单位45家，3星级乡村旅游经营单位71家；省级"水乡渔村"休闲渔业示范基地120个。全省有国家A级景区171个，其中：5A级7个，4A级78个，3A级66个，2A级20个。 （薛从霖）

建制沿革

【1911年前建制】 "闽"最早出现在周朝，西周时福建称闽越，《周礼·夏官》称七闽。秦始皇二十六年(公元前221年)设置闽中郡，治东冶(今福州)，福建为闽中郡辖区的一部分。汉高祖五年(公元前202年)立无诸为闽越王，都东冶。西汉昭帝始元二年(公元前85年)立为冶县(后复名东冶)，东汉改为东侯官。汉建安八年(公元203年)，析东侯官置建安县，此时福建有侯官、建安、南平、汉兴和东冶5个县。三国吴永安三年(公元260年)设置建安郡，治建安(今南安市丰州镇)，辖建安、南平、将乐、建平、东平、昭武、吴兴7个县。西晋太康三年(公元282年)设置晋安郡，治原丰，属扬州。南朝梁天监年间析晋安郡置南安郡，治南安；陈永定年间析晋安郡置闽州，改晋安郡为丰州。隋代开皇元年(公元581年)废郡，改丰州为泉州，大业初年(公元605年)更名为闽州，大业三年(公元607年)废州改设为建安郡。唐武德元年(公元618年)改建安郡为建州，治闽县(今福州)；武德五年(公元622年)设置丰州，治南安，武德六年(公元623年)分置泉州，治闽县；贞观初年丰州并入泉州；垂拱二年(公元686年)析出泉州南部设置漳州，治漳浦(今云霄)；圣历二年(公元699年)泉州析地设置武荣州，治南安；景云二年(公元711年)武荣州更名为泉州，治晋江，后改泉州为闽州，治闽县(今福州)；开元十三年(公元725年)闽州更名为福州；开元二十一年(公元733年)设置福建经略使，"福建"之称由此始；天宝元年(公元742年)改属江南东道，改福建经略使为长乐经略使；乾元元年(公元758年)以长乐郡为福州都督府，经略使改为都防御使；上元元年(公元760年)升格为节度使；大历六年(公元771年)置都团练观察处置使；乾宁三年(公元896年)置威武军节度使，治福州。五代时梁开平三年(公元909年)封王审知为闽王，贞明六年(公元920年)在福州设立大都督府；长兴四年(公元933年)福州升为长乐府；开运二年(公元945年)改长乐府为东都。宋代雍熙二年(公元985年)设立福建路，下辖福、泉、建、汀、漳、南剑六州和邵武、兴化两军，时全省有42个县。元代至元十四年(公元1277年)在泉州设立行宣慰司，第二年改为行中书省，后行省迁回福州。明代改设福建布政使司，治福州，辖8府1州60县。清代继承明制，省辖府、县两级，省府之间设道；康熙二十三年(公元1684年)福建省增设台湾府；光绪十三年(公元1887年)台湾从福建析出，设立台湾省；清末，全省行政区划为宁福、兴泉永、汀漳龙、延建邵4道，福州、福宁、兴化、泉州、汀州、漳州、延平、建宁、邵武9府，永春、龙岩2州，58县、6厅。

【1912—1948年建制】 民国元年(1912年)全省划分为东路、南路、西路、北路4道。民国三年(1914年)以原辖区改为闽海道(闽东)、厦门道(闽南)、汀漳道(闽西)、建安道(闽北)4道。合并闽县、侯官为闽侯县；建安、瓯宁为建瓯县；改永春、龙岩2州为永春、龙岩2县；同安县析厦门岛设置思明县，析浯州岛(金门岛)和大、小嶝岛置金门县；改永福县为永泰县；全省4道、61县。民国四年(1915年)，诏安县析桐山岛和漳浦县的古雷岛设置东山县。民国十四年(1925年)，废除道制，实行省、县两级制。民国十七年(1928年)，设置华安县。民国二十二年(1933年)，十九路军在福州发动"福建事变"，成立中华共和国人民革命政府，定福州为首都，将福建划为闽海、延平、兴泉、龙汀4个省和福州、厦门两个特别市，辖64个县。民国二十三年(1934年)人民革命政府解散，成立福建省政府，7月实行行政督察专员公署制度，将全省划分为10个行政督察区公署，辖64个县，8月光泽县由江西省划归福建省管辖。民国二十四年(1935年)设立厦门市，撤销思明县。民国二十七年(1938年)福建省政府迁往永安，全省行政区划为7个行政督察区、1个市、62个县、7个特区。民国二十九年(1940年)，建瓯析出部分行政区域设置水吉县，沙县、永安和明溪析出部分行政区域设置三元县。民国三十年(1941年)福州沦陷，第一区专署迁往福安。民国三十二年(1943年)全省行政区划调整为8个行政督察区、2个市、64县、2个特区。民国三十三年(1944年)闽侯县更名为林森县。民国三十四年(1945年)9月设置周宁县，10月设置柘荣县，11月省政府迁回福州。民国三十五年(1946年)福州市正式成立，全省行政区划调整为9个行政督察区、2个市、66个县。民国三十六年(1947年)全省行政区划调整为7个行政督察区，福州、厦门2个市，67个县，10个区，899个乡(镇)。

【1949—2014年建制】 1949年8月24日，福建省人民政府成立，9月，省人民政府公布福建省行政区划通令，将全省行政区域分为福州、厦门2个市，8个行政督察专区和67个县。1950年3月，8个专区依次更名为建瓯、南平、福安、闽侯、泉州、漳州、永安、龙岩专区；9月，泉州专区更名为晋

江专区,漳州专区更名为龙溪专区,建瓯专区更名为建阳专区;德化县由永安专区划归晋江专区,林森县复名为闽侯县;11月,设立泉州市、漳州市(县级)。县以下的行政区划,仍维持旧政权的区划。1951年,福州市设立鼓楼、大根、小桥、台江、仓山、水上、盖山、鼓山、洪山9个区;废除旧政权的901个乡(镇)、10265个保和131978个甲。1952年,福州市设立新店区,厦门市设立开元、思明、鼓浪屿3个区。1954年,厦门市设立禾山区。1955年,撤销福州市盖山、鼓山、洪山、新店4个区。1956年,撤销建阳专区,所辖各县划归南平地区;撤销闽侯专区,所辖闽侯县划归省直辖,长乐、连江、罗源3县划归福安专区,永泰、福清、平潭3县划归晋江专区;撤销永安专区,所辖三元、明溪2县划归南平专区,大田划归晋江专区,永安、清流、宁化、宁洋4县划归龙岩专区;撤销水吉县,其行政区域分别并入建阳、建瓯和浦城县;撤销宁洋县,其行政区域分别并入漳平、永安和龙岩县;撤销柘荣县,其行政区域并入福鼎县;福州市撤销大根、小桥、水上3个区,其行政区域分别并入鼓楼区、台江区和仓山区;三元、明溪2个县合并为三明县;析南平县城区,设立南平市(县级)。1957年,全省辖2个地级市、5个专区、3个县级市、7个市辖区、63个县、337个区、4223个乡。

1958年,全省基层政权改制为政社合一的人民公社,共建656个人民公社;撤销厦门市禾山区,闽侯县划归福州市,同安县由晋江专区划归厦门市。1959年,恢复闽侯专区,辖原福州市的闽侯县,原南平市的闽清县,原福安专区的长乐、连江2县和原晋江专区的永泰、福清、平潭3个县,专署驻闽侯县;原南平专区的松溪、政和2县划归福安专区。1960年,设立三明市(地级),以三明县城区为三明市行政区域,南平专区的三明县归三明市管辖;清流、宁化2县合并设立清宁县,清宁县驻原宁化县政府驻地,原清流县部分行政区域分别并入永安、连城2县;松溪、政和2县合并设立松政县,松政县驻原松溪县政府驻地;龙溪、海澄2县合并设立龙海县,龙海县驻石码镇;撤销南平县并入南平市(县级);福州市设立马尾区。1961年,恢复柘荣县;撤销清宁县,恢复清流县、宁化县。1962年,撤销松政县,恢复松溪县和政和县;连江县、罗源县分别从闽侯专区和福安专区划归福州市;龙岩专区的永安、清流、宁化3县划归三明市。1963年,设立三明专区,三明市改为县级市,三明专区辖三明市和三明、永安、清流、宁化4个县;福州市撤销马尾区;福州市的连江、罗源2县和南平专区的古田、屏南2县划归闽侯专区;晋江专区的大田县划归三明专区。1964年,以南平市、建瓯县、顺昌县的部分行政区域析出建西县;三明县更名为明溪县。1965年全省共辖2个地级市、7个专区、6个市辖区、4个县级市、63个县、1258个人民公社。

1966年,厦门市开元区更名为东风区,思明区更名为向阳区。1968年,福州市鼓楼区更名为红卫区,台江区更名为赤卫区,仓山区更名为朝阳区;福州市、厦门市均设立郊区。1970年,撤销建西县,其行政区域并入顺昌县;撤销柘荣县,其行政区域分别并入福安、福鼎2县;撤销松溪、政和2县,合并设立松政县;福州市撤销郊区,设立马江区和北峰区;福安专区的松政县划归南平专区;闽侯专区的古田、屏南、连江、罗源4个县划归福安专区;晋江专区的莆田、仙游2个县划归闽侯专区;厦门市的同安县划归晋江专区;南平专区的尤溪、沙县、将乐、泰宁、建宁5个县划归三明专区;南平专区驻地由南平市迁驻建阳县;福安专区驻地由福安县迁驻宁德县;闽侯专区驻地由闽侯县迁驻莆田县。1971年,各专区更名为地区;南平地区更名为建阳地区;福安地区更名为宁德地区;闽侯地区更名为莆田地区。1973年,莆田地区的闽侯县划归福州市;晋江地区的同安县划归厦门市。1974年,恢复柘荣县;撤销松政县,恢复松溪县和政和县。1975年,福州市撤销北峰区设立郊区。1976年全省共辖2个地级市、7个专区、9个市辖区、4个县级市、62个县、835个人民公社、129个镇(街、人民公社)。

1978年厦门市设立杏林区;福州市设立环城区,撤销马江区;福州市红卫、赤卫、朝阳3个区分别更名为鼓楼区、台江区、仓山区。1979年,厦门市东风、向阳2区分别更名为开元区和思明区。1981年,撤销龙岩县,设立龙岩市(县级)。1982年,福州市设立马尾区,撤销环城区。1983年,撤销三明地区,设立三明市(地级),三明市设立梅列区和三元区;撤销莆田地区,所属闽清、永泰、长乐、福清、平潭5个县划归福州市管辖,莆田、仙游2个县划归晋江地区;撤销邵武县,设立邵武市(县级);设立莆田市(地级),莆田市设立城厢区和涵江区,辖原晋江地区的莆田、仙游2个县;宁德地区的连江、罗源2个县划归福州市。1984年,撤销人民公社,设立乡镇建制;撤销永安县,设立永安市(县级);全省共辖4个地级市、5个专区、14个市辖区、6个县级市、59个县、189个镇、1076个乡、18个民族乡。

1985年,撤销晋江地区,设立泉州市(地级),泉州市设立鲤城区;撤销龙溪地区,设立漳州市(地级),漳州市设立芗城区。1987年,厦门市设立湖里区,郊区更名为集美区;晋江县析出石狮市。1988年,建阳地区驻地从建阳县迁驻南平市,更名为南平地区;撤销宁德县,设立宁德市(县级)。1989年,撤销崇安县,设立武夷山市(县级);撤销福安县,设立福安市(县级)。1990年,撤销福清县,设立福清市(县级);撤销漳平县,设立漳平市(县级)。1992年,撤销晋江县,设立晋江市(县级);撤销建瓯县,设立建瓯市(县级)。1993年,撤销南安县,设立南安市(县级);撤销龙海县,设立龙海市(县级)。1994年,撤销南平地区,设立南平市(地级),原县级南平市改设延平区;撤销长乐县,设立长乐市(县级);撤销建阳县,设立建阳市(县级)。1995年福州市调整五个市辖区行政区域,同时将郊区更名为晋安区;撤销福鼎县,设立福鼎市(县级)。1996年,撤销同安县,设立厦门市同安区;漳州市析出芗城区和龙海市部分行政区域,设立龙文区;撤销龙岩地区,设立龙岩市(地级),原县级龙岩市改设新罗区。1997年,泉州市析出鲤城区部分行政区域,设立丰泽区和洛江区。1999年,撤销宁德地区,设立宁德市(地级),原宁德市改设蕉城区。2000年,泉州市析出惠安县部分行政区域，设立泉港区。2002年，莆田市撤销莆田县，设立荔城区和秀屿区，同时调整城厢区和涵江区行政区域。2003年，厦门市撤销开元区、鼓浪屿区，其行政区域并入思明区，同安区析出东部5镇设立翔安区，杏林区划出1街道办事处和1镇归集美区管辖，杏林区政府驻地迁驻海沧镇，更名为海沧区。2014年底全省共辖9个设区市、28个市辖区、13个县级市、44个县、176个街道办事处、628个镇、282个乡、19个民族乡。

（黄小谷　邱瑞武）

行政区划

【县区变更】 福建省人民政府撤销建阳市建制，设立建阳区（国务院2014年5月2日批准）。福建省人民政府撤销永定县建制，设立永定区（国务院2014年12月13日批准）。

【街道变更】 厦门市人民政府将海沧区海沧街道办事处分设为海沧、嵩屿两个街道办事处（厦门市政府2014年12月31日批准）。

【乡镇变更】 龙岩市人民政府撤销上杭县太拔乡和通贤乡建制，设立太拔镇和通贤镇（省政府2014年2月14日批准）。龙岩市人民政府撤销武平县东留乡和武东乡建制，设立东留镇和武东镇（省政府2014年3月14日批准）。泉州市人民政府撤销德化县美湖乡建制，设立美湖镇（省政府2014年6月23日批准）。龙岩市人民政府撤销武平县永平乡和万安乡建制，设立永平镇和万安镇（省政府2014年7月8日批准）。南平市人民政府撤销顺昌县郑坊乡建制，设立郑坊镇（省政府2014年7月14日批准）。龙岩市人民政府撤销漳平市芦芝乡建制，设立芦芝镇（省政府2014年9月19日批准）。龙岩市人民政府撤销永定县城郊乡、仙师乡建制，设立城郊镇和仙师镇（省政府2014年10月8日批准）。三明市人民政府撤销宁化县淮土乡建制，设立淮土镇和仙师镇（省政府2014年12月12日批准）。

2014年福建省县级以上行政区划表

全省合计	9个设区市　28个市辖区　13个县级市　44个县
福州市	鼓楼区　台江区　仓山区　马尾区　晋安区　闽侯县　连江县　罗源县　闽清县　永泰县　平潭县　福清市　长乐市
厦门市	思明区　海沧区　湖里区　集美区　同安区　翔安区
莆田市	城厢区　涵江区　荔城区　秀屿区　仙游县
三明市	梅列区　三元区　明溪县　清流县　宁化县　大田县　尤溪县　沙　县　将乐县　泰宁县　建宁县　永安市
泉州市	鲤城区　丰泽区　洛江区　泉港区　惠安县　安溪县　永春县　德化县　金门县　石狮市　晋江市　南安市
漳州市	芗城区　龙文区　云霄县　漳浦县　诏安县　长泰县　东山县　南靖县　平和县　平和县　华安县　龙海市
南平市	延平区　顺昌县　浦城县　光泽县　松溪县　政和县　邵武市　武夷山市　建瓯市　建阳区
龙岩市	新罗区　长汀县　永定区　上杭县　武平县　连城县　漳平市
宁德市	蕉城区　霞浦县　古田县　屏南县　寿宁县　周宁县　柘荣县　福安市　福鼎市

2014年福建省行政区划统计表

级别/数量/设区市	县级				乡级					说明
	区	市	县	小计	街道	镇	乡	民族乡	小计	
福州市	5	2	6	13	43	99	45	2	189	含马祖乡
厦门市	6	6	25	13	38					
莆田市	41	5	8	39	754					
三明市	2	1	9	12	13	63	64	2	142	
泉州市	4	3	5	12	30	108	24	1	163	含金门县
漳州市	2	1	8	11	8	89	21	3	121	
南平市	2	3	5	10	24	72	43		139	
龙岩市	2	1	4	7	12	80	40	2	134	
宁德市	1	2	6	9	13	65	38	9	125	
合计	28	13	44	85	176	628	282	19	1105	

【政府驻地变更】 省政府批准南平市人民政府驻地从延平区迁至建阳区。（国务院2014年5月2日批准）。

（黄小谷　邱瑞武）

人　口

【常住人口】 截至2014年底，福建省常住人口3806万人，其中，男性人口1936万人，占50.87%；女性人口1870万人，占49.13%；男女性别比为103.5∶100。全年净增人口32万人，比上年增长0.9%，增幅比上年高0.16个百分点，人口总量继续保持低速平稳增长的态势。

【人口自然增长】 2014年，全省人口仍延续低出生、低死亡、低自然增长的特征。全省妇女总和生育率1.46，比上年略高0.07个点，生育水平仍处在极低的不可更替的水平上运行。全年出生人口51.92万人，出生率13.7‰，提高1.5个千分点；死亡人口

23.50万人,死亡率6.2‰,提高0.19个千分点;自然增长人口28.42万人,自然增长率7.5‰,提高1.31个千分点。

【人口城镇化水平】 2014年,全省城镇人口2352万人,比上年增加59万人,增长2.6%,增速与上年持平。全省常住人口城镇化率61.8%,比上年提高1.03个百分点,提高幅度比上年低0.14个百分点。

【人口年龄结构】 2014年,全省人口总抚养比32.4%(通常将总抚养比在50%以下划定为低抚养比),比上年提高0.8个百分点,人口负担仍处于轻量化时期。全省总人口中,0—14岁、15—64岁、65岁3个年龄组人口所占比重分别为16.1%、75.52%和8.38%。与上年比,0—14岁、65岁以上及以上人口所占比重分别提高0.21个和0.13个百分点,15—64岁人口比重下降0.34个百分点。人口年龄结构中,青年人口比重大、老年和少儿人口比重小,仍呈典型"中间大、两头小"橄榄状。

【流动人口】 2014年,全省流动人口1160万人,其中:本省户籍流动人口696万人,外省户籍流入人口464万人。全省流动人口在住地居住时间分布显示,半年至1年占26.7%,2—4年占39.2%,5年以上占34.1%。与上年相比,半年至1年的占比提高3个百分点,提高幅度比上年回落2.3个百分点,短期居住的流动性有所缩小;居住5年以上的占比提高4.2个百分点,提高幅度小幅回落0.7个百分点,流动人口长期居住的趋势明显。 (廖 瑛)

华侨 台胞

【华侨】 福建是全国著名侨乡。根据2014年省侨办开展的海外侨情抽样调查分析,截至2014年6月,闽籍华侨华人1580万人,约占全球华侨华人总数的1/4,分布在世界188个国家和地区,以亚洲、北美洲、欧洲为主,东南亚地区占78%,前五位国家是:印尼(420万)、马来西亚(360万)、菲律宾(190万)、新加坡(163万)、泰国(140万)。在省内分布前三位的地市是:泉州(920万,约占58%)、福州(300万,约占19%)、莆田(108万,约占7%)。改革开放以后出国定居的新华侨华人有250万人。联系掌握的海外社团及港澳社团1916个。 (林晓英)

【台胞】 截至2014年底,全省有台籍同胞17734人(含高山族同胞584人);在闽台胞中有全国人大代表3名、全国政协委员3名,福建省人大代表4名、省政协委员15名,厅级干部14名。 (邓建光)

民族 宗教

【民族】 福建是少数民族散居省份。56个民族成份齐全,少数民族人口79.69万人,占全省总人口的2.2%;其中,外省户籍在闽少数民族人口比例大,有24.19万人,占全省少数民族总人口的30.4%。全省有19个民族乡(其中畲族乡18个、回族乡1个)、1个省级民族经济开发区(福安畲族经济开发区)和567个民族村。世居的少数民族有畲族、回族、满族、蒙古族等。其中,畲族人口为全国最多,有36.55万人,占全国畲族人口的51.6%,占全省少数民族人口的45.9%;回族人口11.6万人,占全省少数民族人口的14.6%,是全国回族发祥地之一;高山族人口423人,占大陆高山族人口的10.6%,是大陆高山族人口较多的省份之一。

【宗教】 福建有佛教、道教、伊斯兰教、天主教、基督教五大宗教。经依法登记的宗教活动场所6763座,其中:佛教3496座,道教1046座,伊斯兰教4座,基督教2058座,天主教159座。有福建佛学院、福建神学院、闽南佛学院3所宗教院校,在校师生831人。福建民间信仰活动场所多,具有一定规模的民间信仰活动场所26130座。 (黄淑萍)

语 言

【概况】 福建是汉语方言最复杂的省份之一,全国各大方言区中,福建占有5种。闽方言和客家方言也都有在区外相互穿插分布的。闽南话在闽中、闽北、闽东都有方言岛。客家话在闽北、闽东有不少小方言岛。在武平县中山镇通行的"军家话"是比较接近赣方言的方言岛。

【闽方言】 福建分布最广的是闽方

2014年11月1—3日,福建省第八届少数民族传统体育运动会在厦门举办。图为开幕式现场 (福建省民族与宗教事务厅供稿)

言，境内的闽方言分为5个区。闽东方言区，分布在闽江下游的福州、闽侯、长乐、福清、平潭、永泰、闽清、连江、罗源、古田、屏南等11个县市的是南片，以福州话为代表；分布在福安、宁德、周宁、寿宁、柘荣、霞浦、福鼎等7个县市的是北片，以福安话为代表。莆仙方言区，分布在莆田、仙游、涵江3个县市（区），以莆田话为代表。闽南方言区，分布在泉州、厦门、漳州3个市，包括厦门、金门、泉州、晋江、南安、惠安、永春、德化、安溪、同安、大田、漳州、龙海、长泰、华安、南靖、平和、漳浦、云霄、东山、诏安以及龙岩、漳平等地，以厦门话为代表；泉州、漳州、龙岩3种口音都有些差异。闽中方言区，分布在永安、沙县、梅列、三元等4个县市（区），以永安话为代表。闽北方言区，分布在建瓯、松溪、政和、南平、顺昌（东南部）、建阳、武夷山、浦城（南部），以建瓯话为代表。

【客家方言】 分布在闽西的宁化、清流、长汀、连城、上杭、永定、武平以及闽南的平和、南靖、诏安的西沿，以长汀话为代表。在闽、客、赣3种方言之间，明溪、将乐、顺昌一带是过渡区，那里的方言兼有3种方言的特点。

【吴方言】 浦城县的中北部和浙江省连界，那里说的是和浙江方言相近的吴方言。

【官话方言岛】 南平市区和西芹一带以及长乐县的琴江村，浦城的临江镇有3个官话方言岛。

【畲语】 居住在闽东的福安、罗源、宁德等地，闽北的建瓯、建阳、顺昌等地，闽中的永安、漳平等地的畲族同胞所说的话是一种还保留着一些本族语言的、和客家话比较相近、又吸收一些当地闽方言成分的带有混合性质的语言，通常称为畲语。 （李如龙）

经济社会发展

【概况】 2014年，福建全省实现地区生产总值24055.76亿元，比上年增长9.9%，其中：第一产业增加值2014.80亿元，增长4.4%；第二产业增加值12515.36亿元，增长11.9%；第三产业增加值9525.60亿元，增长8.1%。人均地区生产总值63472元，比上年增长9.1%。

【农业】 2014年，全省农林牧渔业完成总产值3522.31亿元，比上年增长4.5%。粮食种植面积119.77万公顷。全年粮食产量667.03万吨，增加2.68万吨，增长0.4%。全年肉蛋奶总产量254.50万吨，增长1.2%。全年水产品产量695.98万吨，增长5.7%。全年新增有效灌溉面积0.45万公顷、节水灌溉面积5.23万公顷。农业产业化持续推进，428家省级以上重点龙头企业销售收入2131.68亿元，带动386.71万户农户致富。

【工业和建筑业】 2014年，全省全部工业增加值10426.71亿元，比上年增长12.1%，其中规模以上工业增加值10051.67亿元，增长11.9%。规模以上工业企业产品销售率97.31%，下降0.16个百分点。规模以上工业的38个行业大类中有23个增加值增速在两位数。规模以上工业中三大主导产业实现增加值3402.41亿元，增长14.3%。高技术产业实现增加值917.71亿元，增长10.2%。全年规模以上工业企业实现利润2344.27亿元，增长5.3%。全年全部工业产品（采掘业和制造业）销售收入中，销往省内的比重为40.4%，销往省外的比重为38.4%，销往境外的比重为21.2%。全年全社会建筑业实现增加值2331.32亿元，增长14%。全省具有资质等级的总承包和专业承包建筑业企业完成建筑业总产值7056.89亿元，增长21.4%；实现利润235.38亿元，增长25.8%。

【固定资产投资】 2014年，全省全社会固定资产投资18449.48亿元，比上年增长18.8%，其中：固定资产投资（不含农户）18141.37亿元，增长19.0%；农户投资308.11亿元，增长9.4%。在固定资产投资（不含农户）中，第一产业投资增长57.6%；第二产业投资增长13.4%，其中，工业投资增长11.0%；第三产业投资增长21.4%。全年房地产开发投资4567.40亿元，增长23.3%。全年新开工建设城镇保障性安居工程12.86万套（户），基本建成城镇保障性安居工程12.13万套。357个在建重点项目完成投资3985亿元。全年建成或部分建成项目173个，新开工159个。

【国内贸易】 2014年，全省社会消费品零售总额9346.74亿元，比上年增长12.9%。电子商务交易总额4989.26亿元，增长40.1%。限额以上企业实现网上零售额191.79亿元，增长102.3%。居民消费价格比上年上涨2.0%，其中食品价格上涨3.3%。商品零售价格上涨1.1%。固定资产投资价格上涨0.4%。工业生产者出厂价格下降1.4%；工业生产者购进价格下降1.7%。农产品生产者价格上涨0.3%。农业生产资料价格下降0.5%。

【对外经济】 2014年，全省进出口总额1774.08亿美元，比上年增长4.8%。其中，出口1134.52亿美元，增长6.6%；进口639.56亿美元，增长1.8%。批准设立外商直接投资项目1044个，比上年增长24.3%。实际利用外商直接投资71.15亿美元，增长6.5%。核准备案对外直接投资项目230个，对外投资额27.72亿美元，分别比上年增长62.0%和296.2%。对外直接投资实际投资额13.77亿美元，增长116.5%。全年对外承包工程完成营业额7.16亿美元，增长10.3%；对外劳务合作劳务人员实际收入总额6.52亿美元，增长52.5%。

【交通邮电和旅游】 2014年，全省交通运输、仓储和邮政业实现增加值1320.35亿元，比上年增长11.4%。公路通车里程101190千米，其中高速公路4053千米。铁路营业里程2755千米。全年沿海港口完成货物吞吐量4.92亿吨，增长8.1%；集装箱吞吐量1270.71万标箱，增长8.7%。年末全省汽车保有量388.49万辆（含三轮汽车和低速货车），增长16.0%。全年完成邮电业务总量857.49亿元，增长16.0%。年末全省电话用户总数5210万户，累计减少77万户，电话普及率137.7%；全省互联网用户3859万户，净增287万户，互联网普及率102.3%。全年接待入境游客544.98万人次，比上年增长6.4%，其中：接待外国人195.06万人次，增长9.4%；台湾同胞225.39万人次，增长5.5%；港澳同胞124.53万人次，增长3.6%。全年接待国内旅游人数22887.70万人次，增长17.1%。旅游总收入2707.67亿元，增长18.4%。

【财税金融】 2014年，全省公共财政总收入3828.40亿元，比上年增长11.6%，其中地方公共财政收入2362.21亿元，增长11.5%；公共财政支出3306.70亿元，增长7.8%。全省国税总收入（含海关代征）2299.67亿元，增长9.2%；全省地税系统组织各项收入2409.27亿元，增长10.1%。年末全省金融机构本外币各项存款余额31858.43亿元，增长10.1%；金融机构本外币各项贷款余额30051.27亿元，增长15.7%；全年农村合作金融机构人民币各项贷款余额2465.68亿元，增长20.0%；中资金融机构人民币个人消费贷款余额7489.61亿元，增长23.7%。年末有境内A股上市公司93家，增加4家；市价总值10690.61亿元，增长61.6%。全年内外资保险公司保费收入685.82亿元，增长19.3%，其中：寿险保费收入363.93亿元，健康险和意外伤害险保费收入70.18亿元，财产险保费收入251.71亿元；支付各类赔款及给付215亿元，其中：寿险业务给付66.36亿元，健康险和意外伤害险赔款及给付18.49亿元，财产险赔款130.14亿元。

【人民生活和社会保障】 2014年末，全省常住人口3806万人，比上年末增加32万人，其中城镇常住人口2352万人，占总人口比重61.8%，提高1.03个百分点。全省居民人均可支配收入23331元，增长10%，扣除价格因素实际增长7.8%，其中：农村居民人均可支配收入12650元，增长10.9%，扣除价格因素实际增长8.8%；城镇居民人均可支配收入30722元，增长9.0%，扣除价格因素实际增长6.8%。城镇和农村居民食品消费支出占消费总支出的比重分别为33.2%、38.2%。城镇新增就业66.13万人、农村劳动力转移就业42.4万人，12.8万下岗人员实现再就业，城镇登记失业率3.47%。参加城镇基本养老保险848.27万人，增加35.45万人。全省企业参加企业基本养老保险离退休人员118.28万人，全部实现养老金按时足额发放。全省参加城镇基本医疗保险1292.97万人，其中：参保职工737.25万人，参保的城镇居民555.72万人。全省参加新型农村合作医疗保险2531.42万人，增加39万人。全省参加失业保险524.08万人，增加27.42万人。全省领取失业保险金4.46万人，增加0.26万人；全省纳入城市最低生活保障的居民14.66万人，减少1.11万人；纳入农村最低生活保障的居民73.79万人，增加0.14万人；"五保"供养对象8.46万人。全省养老机构床位数增至13.66万张，每千名老人拥有养老床位28.6张。全省建立各类社区服务机构5178个，其中社区服务中心（站）3032个。全年销售社会福利彩票50.01亿元，筹集福利彩票公益金14.03亿元。

【社会事业】 2014年，全省全日制研究生教育招生1.25万人，在学全日制研究生3.93万人。普通高等教育招生21.91万人，在校生74.85万人，高校毕业生就业率94.1%。中等职业教育（不含技工校）招生14.09万人，在校生43.76万人。普通高中招生20.86万人，在校生62.91万人。普通初中招生37.17万人，在校生112.57万人。普通小学招生52.95万人，在校生274.63万人。幼儿园在园幼儿145.63万人。全年研究与试验发展（R&D）经费内部支出357.21亿元，占全省生产总值的1.48%。全省有国家级、省级创新型（试点）企业904家、高新技术企业1779家、重点实验室147个（其中国家重点实验室8个）、工程技术研究中心410个（其中国家级7个）、科技企业孵化器76家（其中国家级10家）。新认定省级企业技术中心43家，新认定国家级企业技术中心2家。全省拥有有效发明专利13057件，比上年增长25.2%。全省有产品检测实验室758个，国家产品质量监督检验中心20个。全省有国家级地面气象观测站70个，高空气象探测站4个，天气雷达观测站6个。全省有各级各类医疗卫生机构27913个，其中：医院557个，基层医疗卫生机构25877个，专业公共卫生机构1405个，其他卫生机构74个。有卫生技术人员20.65万人，其中：医生7.54万人，注册护士8.57万人；有医疗机构床位16.48万张；乡村医生和卫生员2.27万人。全省文化系统有艺术表演团体72个，有公共图书馆88个、博物馆98个。文化系统各类艺术表演团体演出1.02万场，观众858.21万人次。有线电视用户724.03万户，有线数字电视用户594.66万户。广播节目综合覆盖率98.3%；电视节目综合覆盖率98.7%。全省有各级各类档案馆114个。全年福建省运动员在世界三大赛中获得12金5银5铜；在仁川亚运会上，18人次获得金牌、17人次获得银牌、5人次获得铜牌；在第二届南京青奥会上，获得4金2银1铜。全年销售体育彩票64.75亿元。

【资源环境】 2014年，全省能源消费总量12109.72万吨标准煤，比上年增长8.2%。其中，全社会用电量1855.78亿千瓦小时，增长9.1%。万元地区生产总值能耗下降1.53%。全年植树造林总面积10.93万公顷，全省森林覆盖率65.95%。全省城市新增建成区绿地面积2750公顷，新增公园绿地面积629公顷。全省有国家级生态县（市、区）5个，国家级生态乡镇（街道）519个、生态村3个。建立各级自然保护区90个，有风景名胜区51处。全省12条主要河流整体水质为优，Ⅰ类～Ⅲ类水质比例为94.7%；9个设区市的30个集中式生活饮用水源地水质达标率为84.5%。23个城市空气质量均达到国家环境空气质量标准（GB3095—1996）二级标准。城市生活垃圾无害化处理率97.9%，城市污水处理率88.7%。

【存在问题】 2014年,全省经济社会发展还面临不少困难和问题,主要有:龙头企业不多、带动力不强,企业创新能力不足;部分企业生产经营困难,融资难、融资贵、用工短缺等问题突出;水、大气、土壤等环境保护和节能减排压力较大;优质教育、医疗等资源总量不足、分布不均;食品药品安全、安全生产、社会治安等领域还存在不少隐患;政府职能转变还不到位,法治政府建设有待加快,一些工作人员存在精神懈怠、不作为、慢作为、乱作为现象。

（王金凤）

体制改革

【政府职能转变和机构改革】 2014年,福建政府职能转变加快。开展新一轮省级行政审批事项清理,由原来的379项精简至329项;全面梳理市、县行政审批事项。简化企业投资审批程序,修订印发《福建省企业投资项目核准目录》,省级核准的企业投资项目由49项减少为19项。修订实施《福建省企业投资项目核准管理办法》,明确项目核准机关应依法审查内容和不得干预事项。分期分类减少企业投资项目前置审批,提出关于减少企业投资项目前置条件的试行方案。

建设省网上办事大厅,出台省网上办事大厅建设工作方案。理顺部门职责,形成省级不动产登记职责整合初步意见,印发省级行政机关与所办(属)企业脱钩工作实施意见,出台省级非教育行政单位与所办院校脱钩工作的实施意见,印发省直50个干部培训机构整合意见,组建省级公共资源交易中心。规范权力运行,发布首个省直部门权力清单。

政府机构改革稳步推进。基本完成省级政府机构改革,总体完成食品药品监管体制改革。推进事业单位分类改革,对全省3.7万个事业单位进行分类,省属行政类事业单位名单经中央编办备案同意。出台非营利性民办高校、非营利性非公立医疗机构事业单位登记管理的有关规定。

财税体制改革进一步深化。完善县级基本财力保障机制,出台省对市县下移财力及加强绩效管理奖励办法。推进营业税改增值税改革,实施铁路运输、邮政和电信服务业营改增扩大试点。开展17项业务政府购买服务试点。出台地方政府性债务管理办法,对融资平台公司实行名录管理,建立债务风险预警机制。

稳步推进工商登记制度改革。公布企业登记前置许可项目目录,保留金融、限制类外商投资等7类17项前置许可项目,其余一律实行后置审批许可。出台查处无证无照经营行为办法、市场主体住所(经营场所)登记管理办法和工商登记制度改革后续市场监管工作方案。开通运行市场主体信用信息公示平台,实现16个部门的信息互通共享,全省170多万户市场主体基本信息可供查询。

"数字福建"建设推进机制进一步创新。建立健全政务信息的共享机制,研究拟定省直部门信息中心和数据中心整合方案。建立政务信息社会化增值开发利用机制,制定福建省电子政务资源统建共享管理办法。加快电子文件证照应用,印发加强电子证照共享应用创新审批监管模式的实施意见,在省级和七个设区市建成电子证照共享服务系统。开展证照电子化转换工作,完成企业经营三大基础性证照的电子化转换。建设政务通系统,提供公众和部门间电子文件网上双向交互的渠道。完成省级网上行政审批系统的改造对接,34个省级部门完成业务系统、OA系统的对接改造。

【促进开放开发体制改革】 2014年,福建开放平台建设取得新成效。推动中国(福建)自由贸易园区获批。外商投资及境外投资环境进一步优化。印发福建省境外投资项目备案管理办法,中方投资额3亿美元以下,由核准改为备案;境外中资企业在境外实施再投资项目,不需要境内投资主体提供融资或担保的,不必办理核准或备案,备案全部实现在线申报和受理。印发福建省外商投资项目核准和备案管理办法,外商投资项目由全面核准改为有限核准和普遍备案相结合,管理内容和程序进一步简化。

通关和贸易更加便利。全面启动跨区关检合作,进一步简化退税服务流程,跨境电子商务正式实施,下放联网监管企业加工贸易审批业务。重点区域先行先试取得新成效。修订厦门市两岸新兴产业和现代服务业合作示范区改革发展规划,出台示范区条例,厦门两岸股权交易中心开业。平潭15%的企业所得税、分线管理等重大政策落地实施。全省港口管理建设经营一体化。

闽台交流交往进一步深化。福建乡镇与台湾云林、台中、金马澎五个县市31个乡镇对接全面覆盖。举办第六届海峡论坛品牌·首届海峡两岸社区治理论坛。漳州成为福建省第五个开放赴台个人旅游的城市。编制古雷(两岸)石化产业深度合作研究报告。

【促进产业发展体制机制改革】 2014年,福建促进民营经济发展体制不断完善。进一步放开民间投资准入条件,筛选122个项目向社会公开推介。鼓励和引导民间资本、各类产业投资基金投资福建省战略性新兴产业、基础产业。制定福建省基础设施和公用事业特许经营管理办法。向国家上报总规模3亿元的生物医药产业创业投资基金,申请2014年国家财政参股资金0.5亿元,引导地方政府及社会资金投入2.5亿元。安排省级预算内资金2000万元,支持在平潭设立创业园孵化基金。

民营企业转型升级加快。发布福建省重点产业投资导向,重点支持科技成果转化、战略性新兴产业等技术改造项目。推进华兴创投等基金加快对福建省初创型和成长型战略性新兴产业企业进行股权投资。民企对接加快推进,新对接民企合同项目1305项,总投资7545亿元,开工880项,开工项目总投资4530亿元。

省属企业整合重组稳步推进。推动福厦汽车联合重组,完成厦门金龙股权划转,形成以福汽集团为核心的福州、厦门和龙岩三大汽车产业集群。组建厦钨稀土集团,实现全省稀土资源统一规划,统一开发利用。推进企业收购兼并,三钢集团收购兼并三金钢铁,船舶集团重组平潭利亚和收购冠海资产,福日电子收购深圳迈锐光电和中诺通讯。企业间资产重组加快，能源集团的电力板块成功借壳南纺上市。混合所有制经济改革稳步推进，省国资委所出资企业各选择2家权属企业开展股权多元化改革试点。

推动交通领域改革。推进铁路建设投融资体制改革，制定实施福建省铁路沿线土地综合开发利用管理办法。创新城际轨道交通投融资及运营管理模式，制定《福建省城际轨道交通投资建设及运营管理暂行办法》（代拟稿）。引进中航集团、正阳集团等社会资本参与通用航空建设。引入社会资本投资建设高速公路，协调福州市与中交集团合作建设福州东南绕城和长乐塘前至福清庄前两高速公路项目，协调顺昌至邵武高速公路建设引入社会资本。

市政领域改革取得新进展。开展福建省城镇化建设投融资体制研究，编制《福建省城镇化建设投融资体制研究》，起草福建省市政领域建设投融资体制改革指导意见。出台市政公用设施领域市场化配置改革及政府购买服务方面的相关指导意见，探索建立社会资本参与公共停车场、市政道路桥梁管养、环卫保洁等公共项目的建设和运营机制。

水利领域改革有效推进。出台《2014年水利工程建设领域突出问题专项治理工作实施方案》、《福建省水利工程质量监督分级管理指导意见（试行）》等各项建设管理制度。选取9个县开展深化小型水利工程管理体制改革试点。推进农业水价综合改革，完成3个改革试点县项目区内农民用水户协会规范化建设。启动小型水利工程产权制度改革，在3个县开展农田水利设施产权制度改革和创新运行管护机制试点。

科技体制改革进一步创新。完善财政科研项目和资金管理机制，出台关于推进科技计划项目管理改革的意见以及改进加强省级财政科研项目和资金管理意见。推进技术转移转化平台建设，完成海峡技术转移中心建设方案编制。启动提升建设一批产业技术重大研发平台和公共服务平台，形成17个产业技术重大研发平台并申报立项。福建省专利奖项目管理信息系统上线试运行。“6·18”虚拟研究院加快建设，印发《关于推进“6·18”虚拟研究院产业技术分院建设的通知》，挂牌设立“6·18”虚拟研究院海洋、机械装备、建筑建材、现代农业等产业技术分院。

【生态文明体制改革】 2014年，福建生态文明补偿和资源有偿使用机制不断完善。建立生态红线管控制度，拟定福建省重点流域生态补偿办法和福建省推进碳排放权交易工作方案，出台《关于推进排污权有偿使用和交易工作的意见（试行）》，促进排污权交易常态化。林权制度改革不断深化。完善全省223个林权流转服务平台功能，建立林权流转交易平台和信息发布机制，70家林业企业在海峡股权交易市场挂牌交易或展示。开展林权抵押贷款，在11个县市开展林权担保抵押收储试点，森林综合保险保额由每亩500元提高到600元；全省综合保险在保面积突破760万公顷、参保率超过90%。建立森林分类经营管理新机制，开展生态公益林管护模式改革试点。与生态文明相适应的评价考核体系初步建立，印发关于取消限制开发区域地区生产总值考核的通知，对农产品主产区、重点生态功能区等限制开发区域共34个县，取消地区生产总值的考核。

【城乡一体化发展体制改革】 2014年，福建城镇化改革有序推进。出台《福建省新型城镇化规划（2014—2020年）》，印发福建省新型城镇化规划任务分工方案。开展光泽建设“中国生态食品城”、晋江农业转移人口市民化和邵武产城融合3个新型城镇化试点。召开晋江新型城镇化发展研讨会和全省新型城镇化工作晋江现场会，总结各地新型城镇化发展经验。推进强镇扩权改革，出台推进中小城市和城镇健康发展若干意见，开展“小城市”培育试点。组织泰宁县、武夷山市、永泰县、永春县申报国家发改委和环保部联合开展的国家主体功能区建设试点。

城镇投融资体制改革进一步深化。规范企业债券预审，建立存续期企业债券风险排查机制。升级改造省级企业证券信息管理平台，将企业债券纳入社会信用体系管理。建立社会资本参与公共项目的建设和运营机制，出台《福建省人民政府关于推广政府和社会资本合作（PPP）试点的指导意见》，首批向社会发布28个项目推荐开展PPP试点，总投资1487.6亿元。

创新农业生产经营体系。推进农业适度规模经营，全省流转耕地27.29万公顷，占家庭承包经营耕地面积26.8%。创新土地流转模式，培育118家农村土地合作社，成立9家土地流转服务信托公司。培育新型农业经营主体，125家合作社成为国家级示范社，确定113家省级家庭农场示范场。利用工商资本发展现代种养业，新型支农助企贷款超过1亿元，新增上市企业2家融资13.5亿元。创新新型职业农民培育模式，新增新型职业农民培育试点县25个。提升农业社会化服务水平，启动实施第四轮整村推进扶贫开发工作，省市县选派2349名党员干部到2000多个扶贫开发重点村驻村任职，出台关于进一步加强农村“六大员”队伍建设的意见。

【金融体制改革】 2014年，福建金融领域改革深入推进。台湾6家银行来闽设立分行进入筹建阶段，实现台资银行零突破。扩大信贷规模服务实体经济，增加信贷资金规模1071亿元。全省有15家企业在境内外资本市场上市或再融资，募集资金101亿元；261家企业在新三板挂牌，11家企业在海峡股权交易中心挂牌交易。全省小额贷款公司增加31家，达132家。政策性农业保险险种由5个增加至13个，农房保险全省覆盖，森林保险覆盖面超过60%，水稻保险覆盖所有县市。建立应急保障资金28.82亿元，帮助企业“过桥”转贷金额139亿元。政府主导融资性担保公司新增4家，达32家。省再担保公司增资10亿元，总注册资本达17亿元。融资租赁公司增加18家，达74家。

地方金融改革不断创新。平潭设立创投基金及配套担保公司，争取国家外管局对平潭企业借用外债实行比例自律管理等多项试点政策。厦门市打造两岸货币合作平台，有53对厦门和境外银行机构签订人民币代理清算协议。泉州市建立民间融资登记备案中心，出台民间融资管理暂行规定，规范民间融资行为。沙县创新农村金融抵押方式，开发土地流转信托贷款。6个设区市和平潭综合实验区实现村镇银行县域全覆盖。新批准设立中国—东盟海产品交易所等3交易场所，海交中心挂牌企业848家，其中交易企业30家、台资企业5家，助企业融资超11亿元。

【农村资源配置改革】 经营性集体建设用地流转和农村宅基地制度改革有序推进。推进农村土地确权登记发证工作，制定加快推进宅基地和集体建设用地使用权确权登记发证工作实施方案。海洋资源综合管理体制进一步创新。建立海岸带综合协调机制，正式启动《福建省海岸带综合利用规划》编制工作。制定《福建省海岸带开发与保护管理条例》（送审稿）。制定《福建省人民政府关于进一步深化海域使用管理改革的若干意见》。研究修订《福建省海域使用补偿办法》。

【社会事业领域改革】 2014年，福建文化体制改革进一步深化。推进省广播影视集团管理体制改革，拟定初步方案。推动省属文艺院团改革发展，建立专业艺术院校与文艺院团合作机制。推动省广电网络整合资产权属变更工作，5个设区市和16个县完成变更手续。加强省级文化企业国有资产的监管，制定省级文化企业国有资产产权转让和产权登记管理办法。

健全公共文化服务体系。确定第一批145个乡镇综合文化站文化信息资源共享服务建设点。完善文化产业相关政策，研究制定鼓励社会资本进入文化领域的有关措施。

优化教育资源配置。推进城区“小片区管理”全覆盖，农村薄弱校“委托管理”试点扩大到50个县（市、区）。统筹农村寄宿制学校、城区扩容工程、薄弱学校改造等三大类建设项目，重点向23个省级扶贫开发工作重点县和5个财力相对困难县倾斜。

改革完善高校管理模式，开展地方“高水平大学”建设，实施“一校一策”。试行以绩效为导向的高校拨款体制改革，进一步提高工学、医学和农林等专业系数。稳妥推进考试招生制度改革，全面实施“异地高考”政策，6200名外省务工人员随迁子女报名。首次组织实施面向农村专项招生工作，率先开展艺术类本科招生“一档多投”试点，初步建立本专科分类考试制度。本一批招生高校、省属高校涉外合作办学、闽台合作办学项目不降分录取等政策平稳实施。建立更加开放的引才聚才机制，吸引优秀人才来闽实习实训，在全国率先实行《台港澳专家证》制度。推进职称制度改革，全省普通中小学幼儿园教师全面实行职称评聘结合。

推进社会保障体制改革。健全促进就业创业工作机制，援助重点群体就业，出台《福建省大学生创业引领计划实施意见》，简化工商注册手续降低创业门槛；出台《关于加强小额担保贷款财政贴息资金管理的通知》，首次将就业改革项目补助经费列入就业专项资金支出范畴。

健全社会保障制度，出台完善全省城乡居民养老保险一体化实施意见，在全国率先实现省内城乡居民可凭居住证（或暂住证）在居住地参加居民养老保险。出台全省城乡养老保险制度衔接办法，解决参保人员在企业职工与城乡居民养老保险两种不同制度之间、城乡之间的统筹衔接。

深化医药卫生体制改革。分类推进公立医院综合改革，出台福建省县级公立医院综合改革实施方案，33个改革试点县全部取消药品加成，实施药品零差率销售。推进厦门、三明城市公立医院综合改革。探索慢病规范化管理机制，逐步建立区域网格化分级诊疗制度。发展社会资本办医，社会资本床位数15954张，占全省总床位的10.21%。鼓励社会资本参与公立医院改制，7所医院进行股份制改造。完善计划生育政策，启动实施一方是独生子女的夫妇可生育两个孩子的政策，全省累计接受单独夫妻再生育申请23873份，审批发证23441本。

【社会信用体系改革】 出台全省公共信用信息系统建设总体方案，省公共信用信息平台开通试运行；省平台与第一批省直25个成员单位的行业信用信息系统互联互通，汇集117类法人信用信息，涵盖588123个企业、1825个社会组织，共有基本信息187万条；推进设区市公共信用信息平台建设，与省级平台互联互通。研究制定福建省公共信用信息征集发布和使用管理暂行办法、守信激励和失信惩戒暂行规定等规章制度和标准规范。印发《福建省贯彻落实“构建诚信惩戒失信”合作备忘录实施意见》，在航空、铁路等机构对各级人民法院公布的失信被执行人进行限制乘坐飞机、软卧等高消费和其他信用惩戒。（黄丽玲）

精神文明建设

【公民道德建设】 2014年，全省各地以“中国梦”宣传教育、培育和践行社会主义核心价值观为主题，开展“讲文明树新风”公益广告宣传活动，刊发报纸类作品1736.25版，期刊类作品198版，广播类作品165136.7分钟，电视类作品197284.8分钟。开展公益广告创作征集活动，实行“以奖代补”鼓励创作，评出各类原创获奖作品47件，汇编成册，在省级媒体刊播推广。颁布《金融服务道德模范实施细则》《福建省帮扶和礼遇道德模范实施办法》，确保9种帮扶和7类礼遇在省内落地生效。全年慰问20名道德模范，发放帮扶资金84万元。“我推荐、我评议身边好人”活动持续深入，全年入选“中国好人榜”42名、“福建好人榜”119名，总数居全国前列。召开道德模范事迹学习座谈会，举办道德模范与身边好人现场交流会，配合中央文明办举办6场道德模范故事会基层巡演活动，编辑出版《福建道德模范宣传挂图》下发基层，营造学习宣传道德模范浓厚氛围。开展“厅堂悬挂家训”“家训家风伴我成长”等活动，建成“客家家训馆”，筹建“福建家训文化展示馆”，编辑出版《福建家训》、《福建优秀家训书画作品集》。

【精神文明创建】 2014年，省委文

2014年9月4日,全国道德模范与身边好人现场交流活动在福州举行

(省委文明办供稿)

办采取多种形式推动、指导文明城市创建工作,福州、厦门两市继续保留全国文明城市荣誉称号,三明、泉州、漳州3个地级市跨入第四届全国文明城市行列;莆田市、龙岩市、平潭综合实验区获得全国文明城市地级提名城市称号,福清市、晋江市、石狮市、长泰县、惠安县、沙县、泰宁县、武平县获得全国文明城市县级提名城市称号。在全国率先开展骑车徒步察看文明创建活动,先后到20多个市县区实地检查、走访群众、掌握实情。出台《福建省文明办系统骑车徒步检查推动精神文明创建工作制度》,形成"走基层、查问题、促整改"的良好作风。三明市纳入全国创建典型宣传序列,中央媒体专门组织采访、集中报道;召开全国"五讲四美三热爱"活动工作会议30周年研讨会,总结三明在持久持续创建中发展的经验。福州市突出"文明福州持续文明",率先对文明城市创建和志愿服务工作进行立法。厦门市推出"美丽厦门共同缔造"、"爱心厦门"系列、校园道德讲堂、城市义工微志愿等品牌,影响持续扩大。省委文明办会同法院等部门建立诚信"红黑榜"发布制度,研究制定"构建诚信、惩戒失信"合作备忘录《实施意见》。制定下发《福建省提升出境游文明素质实施方案》《"清新福建"文明旅游行动方案》《关于加强出国(境)人员行前文明素质教育的通知》,督促各地抓好护照关、组团关、出境关、交通关、落地关、行程关6个关键环节。

【未成年人思想道德建设】 2014年,省委文明办抓好乡村学校少年宫建设,在泉州市举办全省推进会暨骨干培训,中央文明办到会指导;在漳州市举办音乐、美术骨干辅导员培训班,提升辅导员业务素质。全年承建中央项目89所,推动各地自建156所,有39县(市、区)配套财政专项资金。继福州、厦门、漳州、泉州、三明5个设区市之后,荔城、邵武、武平等11个县(市、区)实现乡镇中心校全覆盖。推动龙岩市、南平市、宁德市新建16所城市学校少年宫。推进未成年人心理健康辅导站建设,全年新建22个县级校外辅导站。首次邀请台湾专家授课交流,举办两期专题培训班,200多名基层骨干参训。推动校馆衔接,在福州市试点开展"公共文化服务校园行"活动,建立网络平台,组织16家省、市文化服务机构与福州市70多所学校对接,举办122场集中活动。深化"我的中国梦"主题教育,集中开展清明祭英烈、"六一"学雷锋争做美德少年、"七一"童心向党歌咏和"十一"向国旗敬礼四项活动。参与第四届全国优秀童谣征集活动,有6篇作品获奖,总数居全国首位。

【社会志愿服务】 2014年,全省各地广泛开展"邻里守望·情暖八闽"志愿服务主题活动。省委文明办联合省民政厅、团省委等部门举办"迎接青运会·争当志愿者""阳光操场·体育明星面对面""榕城守望·为爱同行"等大型志愿服务活动。重点扶持10支志愿者品牌队伍的发展。全年开展志愿服务项目1.55万个,各项活动6.8万多场,上百万群众受益。组建由611名骨干志愿者和10634名普通志愿者组成的网络文明传播志愿者队伍,全年发布、转发博客89984篇,微博751783篇。举办全省网络文明传播志愿者骨干培训班,表彰一批年度优秀组织、优秀项目和先进个人。牵头制定志愿服务制度化实施意见及任务分工方案、志愿服务记录办法实施细则,出台《福建省社区志愿服务实施方案》,编写《福建省(社区)志愿服务指导手册》。完善志愿服务信息记录平台,确定235个志愿服务记录试点单位,召开现场观摩会推广厦门"金安模式"。推行"志愿者人身意外险"和"志愿服务组织团队险",资助福州市鼓楼区军门社区等22家单位和35个志愿服务项目。推动志愿服务工作立法,福州、厦门分别颁布《志愿服务条例》《尊崇礼遇志愿者办法》。福州台江区推出全省首个"微时刻"智能数字化志愿服务综合平台,试点实施社区志愿服务储蓄制度。厦门、三明、莆田等地通过发放志愿服务卡,对志愿服务回馈激励制度进行探索。 (李忻杰)

编辑:王文灿

领导机构党派团体及领导人

【中共福建省委书记、副书记、常委、正副秘书长名单】（以2014年12月底在职者为准）

书　　记:尤　权
副 书 记:苏树林　于伟国
常　　委:杨　岳　陈　桦*
姜信治　叶双瑜
苏增添　张志南
李书磊　王蒙徽
曹德信　倪岳峰
秘 书 长:叶双瑜
副秘书长:潘　征　陆开锦
卢厚实　卢子玲*

【中共福建省委所属机构负责人名单】（以2014年12月底在职者为准）

省委办公厅
主　　任:潘　征
副 主 任:王　佗　许守尧
李　斌　薛　侃
李　勇
厅务会议成员:陈巧玲*　卓兆水

省委组织部
部　　长:姜信治
副 部 长:袁　毅　李福生
杨国豪　林承通
部务委员:何国辉　张晓华

省委宣传部
部　　长:李书磊
副 部 长:林　辉　蔡小伟
石建平　卢承圣
张　萍*
部务会议成员:肖贵新　叶向平

省委统战部
部　　长:雷春美*
副 部 长:翁　卡　王　玲*
陈　飞　李家荣
部务会议成员:李　韧　黄子曦
姚佑波

省委政法委
书　　记:苏增添
副 书 记:李晋闽　王　鑫
委务会议成员:杨丽卿*　陈　志
詹昌建　陈　勇
黄　勇　傅建飞
张　琦

省委政策研究室
主　任:陆开锦
副主任:赵　彬　黄　誌　王耀明

省委(政府)台办
主　任:吴国盛
副主任:蔡尔申　刘嘉水
郑一贤　宋志强

省委编办
主　任:林　武
副主任:廖世铢　杨　俊
江忠欣

省委省直机关工委
书　记:叶双瑜
副书记:朱　清　邱　荣　黄　青
刘用通
委　员:林　倩*　黄汉基　方月兴
王　旋*

省委非公企业工委
书　记:袁　毅

省委教育工委
书　记:陈　桦*
副书记:鞠维强　杨江帆　刘剑津
委　员:黄红武　巫文通

省委党校
校　长:姜信治
副校长:陈　雄　姜　华*　叶锦文
刘大可　徐小佶　魏良文
杜丕谦

省委老干部局
局　　长:李福生
副 局 长:谢宜萍　刘立成
沈再生
局务会议成员:郑明容*　赵宏兴

省委党史研究室
主　任:逄立左
副主任:郑　龙　汪一朝　黄　玲*

省档案局
局　长:丁志隆
副局长:林　真　黄建峰　马俊凡*

福建日报社
社　　长:蔡小伟
总　　编:梁建平
副 社 长:薛中文
副 总 编:饶新冬　潘贤强
纪检组长:杨本胜

省社会主义学院
院　长:雷春美*
副院长:李　韧　陈宜安*　许　通

省委机要局★
局　长:陈巧玲*
副局长:舒汉粦　吴鼎春

省国家保密局★
局　长:王　佗
副局长:吴飞鹏　陈立强

省委文明办★
主　任:石建平
副主任:叶向平　赵　健

省委外宣办(网络办)★
主　任:卢承圣
副主任:刘志坚

省委讲师团★
团　长:肖贵新
副团长:章锦德　许祖贤

省委(政府)信访局★
局　长:林凤祥
副局长:赵荣生

【福建省人大常委会正副主任、正副秘书长名单】（以2014年12月底在职者为准）

主　　任:尤　权
副 主 任:徐　谦　苏增添
张广敏　张　健
邓力平　刘群英*
黄琪玉
秘 书 长:牛纪刚
副秘书长:林钟乐　方　群
林蔚芬*

（王　蕾）

【福建省人大法制委员会、财政经济委员会正副主任委员名单】（以2014年12月底在职者为准）

法制委主任委员:郁　成
副 主 任 委 员:张绳华　丛　林
财经委主任委员:刘修德
副 主 任 委 员:李德仁　刘群心*

（王　蕾）

【福建省人大常委会各委、办、室正副主任名单】（以2014年12月底在职者为准）

办公厅
主　任:林钟乐
副主任:林建丰　郑国华　李　鸣
苏永革

研究室
主　任:徐　平
副主任:陈书侨

人事代表工作室

主　任:李元兴

副主任:苏金祥

法制工作委员会

主　任:张大共

副主任:徐　平

内务司法工作委员会

主　任:陈乙熙

副主任:陈鼎林(兼)　黄发模

农业与农村工作委员会

主　任:李建国

副主任:刘　鑫　陶陆军(兼)　杨稚平

财政经济工作委员会

主　任:陈　建

副主任:刘朝阳　张炯佳

教育科学文化卫生工作委员会

主　任:宋闽旺

副主任:方彦富　陈　星　林　尧

华侨工作委员会(台胞工作委员会)

主　任:路　平*

环境与城乡建设工作委员会

主　任:林坚飞

副主任:阮学智

信访局

局　长:林建丰

(王　蕾)

【福建省人民政府省长、副省长、正副秘书长名单】(以2014年12月底在职者为准)

省　长:苏树林

副省长:张志南　洪捷序　陈荣凯　李　红*　徐　钢　陈　冬　郑晓松

秘书长:刘道崎

副秘书长:孔繁圣　李　强　蒋少云　王永礼　詹志洁　陈昭瑜

【福建省人民政府所属机构及特设机构负责人名单】(以2014年12月底在职者为准)

省政府办公厅

副主任:陈子舟　林卫宠　刘　琳　方寿中

党组成员:林凤祥　曹建平

省发展和改革委员会

主　任:郑栅洁

副主任:张福寿　余　军　俞开洋　赖诗卿　吴亮碧　林文斌　叶飞文

纪检组长:兰祥凤

省经济和信息化委员会

主　任:林国耀

副主任:卢增荣　郭恒明　谢超雄　邵玉龙　郑李亭

纪检组长:李长根

总工程师:唐亚非*

省卫生和计划生育委员会

主　任:朱淑芳*

副主任:阮诗玮　陈晓春　林圣魁　陈　辉　陈厚銮

纪检组长:陈兆文

省教育厅

厅　长:鞠维强

副厅长:黄红武　薛卫民　张程远　曾能建

纪检组长:巫文通

党组成员:杨江帆　刘剑津

省科学技术厅

厅　长:陈秋立

副厅长:张天明　杜　民*　周世举

纪检组长:马士敏*

党组成员:林伯德

省民族与宗教事务厅

厅　长:杨志英

副厅长:林致知　戴志兴　蓝秀珍*

纪检组长:黄建生

省公安厅

厅　长:王惠敏

副厅长:张东鸣　张洪德　徐凡新　蔡小林　郭韶翔　许耀鹏　薛祺安

纪委书记:夏　钢

党委委员:章丽婕*　杜清森

省国家安全厅

厅　长:蒋少云

省民政厅

厅　长:黄序和

副厅长:周　瑛*　邱　玮　罗万荷　饶添发

纪检组长:皮华林

党组成员:方少雄

省司法厅

厅　长:陈义兴

副厅长:李陵军　王敏夫　俞建春　周　枫

纪委书记:黄绍銮

党委委员:张　琦*　陈　强

省财政厅

厅　长:陈小平

副厅长:孙婷婷*　修兴高　韩　健　陈　强　黄剑青

纪检组长:林贻武

总会计师:万崇伟

党组成员:季翔峰

省人力资源和社会保障厅

厅　长:钟维平

副厅长:杨怀榕　汤昭平　吴小颖　黄正风　黄小梅*

纪检组长:黄明园*

省国土资源厅

党组书记:林依标

厅　长:叶　敏

副厅长:何南飞　陈志忠　江敦岚

纪检组长:李　庆

总规划师:周锦来

党组成员:邵　旭　蔡　伟　黄玉荣　陈跃进

省环境保护厅

厅　长:庄稼汉

副厅长:杨荣郎　陈　宁　付朝阳　虞和平

纪检组长:葛秋移

总工程师:许碧瑞

省住房和城乡建设厅

厅　长:龚友群

副厅长:王　海　林瑞良　王胜熙　吴建迅

纪检组长:林容华

总规划师:王建萍*

总工程师:林增忠

省交通运输厅

厅　长:张兆民

副厅长:王兆飞　陈培健　陈岳峰　梁金焰

纪检组长:陈灿寿

总工程师:许永西

省农业厅(省委农办)

厅　长:张立先

副 厅 长:黄华康 姜绍丰
陈永共 王智桢
倪政云
纪检组长:兰斯琦
党组成员:梁全顺

省林业厅

厅 长:陈则生
副 厅 长:严金静 林少霖
谢再钟 王宜美
纪检组长:张利生
党组成员:谭 论 欧阳德

省水利厅

厅 长:魏克良
副 厅 长:刘子维 丘汀萌
黄建波 赖继秋
纪检组长:张宝华

省海洋与渔业厅

厅 长:吴南翔
副 厅 长:林月玲* 李钢生
纪检组长:陈秀琴*
总工程师:李 涛

省商务厅

厅 长:黄新銮
党组副书记:张 秋
副 厅 长:陈少和 陈安生
吴秉成 黄德智
钟木达 刘德培
纪检组长:肖惠亮

省文化厅

厅 长:陈秋平
副 厅 长:陈 吉
纪检组长:张佩煌

省审计厅

厅 长:姜榕兴
副 厅 长:杨 红* 王成章
纪检组长:谢 宝
总审计师:林建苍

省政府外事办公室

主 任:宋克宁
副 主 任:王天明 李 宏
林学锋
纪检组长:陈金城
党组成员:楚燕丽*

省国有资产监督管理委员会

党组书记:刘捷明
主 任:郭锡文
副 主 任:傅贤光 郑默人
邱志向
纪委书记:黄共和
党委委员:孔繁军

省地方税务局

局 长:陈青文*
副 局 长:杨 隽* 汪茂昌
郑孝真
纪检组长:赖土发
总审计师:张祖康
总会计师:刘尚逊
总经济师:罗恩平
党组成员:吴振坤

省工商行政管理局

局 长:叶木凯
副 局 长:黄培惠 吴添富
许瑞察
纪检组长:陈章栋

省质量技术监督局

局 长:黄维礼
党组书记:施 文
副 局 长:吴 赳 赵雪萍*
纪检组长:郭 延
总工程师:刘绍文

省新闻出版广电局

局 长:陈必滔
党组书记:李闽榕
副 局 长:蒋达德 胡永新
庄志松

省体育局

局 长:徐正国
副 局 长:王维川 陈忠和
李 静*
纪检组长:许发荣

省安全生产监督管理局

局 长:陈炎生
副 局 长:裘松樵 吴文盛
周惠珍*
纪检组长:王志明

省食品药品监督管理局

局 长:贾 科
副 局 长:俞开海 黄 玲*
江振长
纪 检 组 长:严效东
食品安全总监:林国闪
药品安全总监:张剑平

省统计局

局 长:孙希有
副 局 长:林文芳 陈志强
雷志亮
纪检组长:吴建国
总统计师:翁福官

省旅游局

局 长:朱 华*
副 局 长:吴立官 郑维荣
陈奕辉
纪检组长:林叶萍

省粮食局

局 长:林锡能
副 局 长:冯利辉 赖应辉
黄敬和
纪检组长:郑小蕊*

省物价局

局 长:吴晓丁
副 局 长:林作明 赖碧涛
赖文达
纪检组长:林义铭
总经济师:李跃年

省政府侨务办公室

主 任:杨 辉
副 主 任:刘良辉 林泽春
郑惠文
纪检组长:闵蕙君*

省人民防空办公室

主 任:黄伟生
副 主 任:胡启泰 李小路
刘革生
纪检组长:陈善凤

【省政协主席、副主席、正副秘书长名单】(以 2014 年 12 月底在职者为准)

主 席:张昌平
副 主 席:张燮飞 张 帆
郑兰荪 郭振家
雷春美* 杨根生
陈向先 陈绍军
薛卫民
秘 书 长:刘 明
副秘书长:刘宏伟 林崀然
陈 巧* 李 韧
柳 红* 刘 泓
郭学军 赖应辉
刘 珂* 李子林
江荣全

(陈师杭)

【省政协办公厅、专委会负责人名单】(以 2014 年 12 月底在职者为准)

主 任:刘宏伟
副 主 任:林 晓
董 奕
研 究 室 主 任:黄树清
委员工作室主任:林彩英*

提案委员会主任:林文杰
专职副主任:陈培昭*
经济委员会主任:叶顺煌
专职副主任:张贵明
人口资源环境委员会主任:马承佳
专职副主任:陈榕军*
教科文卫体委员会主任:杨平
专职副主任:王敏
社会和法制委员会主任:郑传芳
专职副主任:陈锐
民族和宗教委员会主任:丛远东
专职副主任:邹瑞金
港澳台侨和外事委员会主任:翁星
专职副主任:卢德昌
文史和学习委员会主任:陈维山
专职副主任:凌冰*

(陈师杭)

【中共福建省纪委书记、副书记、常委、秘书长名单】(以2014年12月底在职者为准)

书记:倪岳峰
副书记:彭锦清 陈善光 黄德安
常委:倪岳峰 彭锦清 陈善光 黄德安 江玉平 惠学京 游美萍* 孙明忠 陈国建 张淑萍*
秘书长:江玉平(兼)

(侯文阳 吴明华)

【福建省高级人民法院院长、副院长名单】(以2014年12月底在职者为准)

院长:马新岚*
副院长:何鸣 林卫里 周瑞春 林贻华 王成全 夏先鹏 谢开红
纪检组长:姚卫国
党组成员:罗志沙 王穗丰* 段思明

【福建省人民检察院检察长、副检察长名单】(以2014年12月底在职者为准)

检察长:何泽中
副检察长:何小敏 顾卫兵 林贻影 李明蓉* 傅再明 吴超英 邬勇雷
纪检组长:朱隽
党组成员:王小青* 方齐苗

【福建省人民政府直属事业单位、政府部门管理的局、办及其他单位负责人名单】(以2014年12月底在职者为准)

省政府驻北京办事处
主任:孔繁圣
副主任:林光 林先鑫 潘弘图

省地质矿产勘查开发局
局长:邵旭
副局长:郭立新 倪超 郑荣富
总工程师:周珍琦

中国海峡人才市场
总经理:董建洲
董事:李福生
副总经理:游诚志 杨石 叶金山

省供销社
主任:林少雄
副主任:王剑华 占飞豹
纪检组长:郑恢先

省地方志编纂委员会
主任:冯志农
副主任:方清 俞杰

省政府发展研究中心
主任:林文生
副主任:黄端 陈明旺 胡建荣

省农业科学院
党委书记:吕月良
院长:刘波
副院长:张伟光 翁伯琦 翁启勇 余文权
纪委书记:陈世奎

省政府项目投资评审中心
主任:张福寿
副主任:周跃华 詹晨辉
总经济师:郑灵

福建社会科学院
院长:张帆
党组书记:陈祥健
副院长:黎昕 李鸿阶 陈文章
纪检组长:张永生

省广播影视集团
董事长:张宗云
副董事长:王展 陈若凡 刘宜民 叶雄彪

省政府驻上海办事处★
主任:萨支申
副主任:赵闽阳 吴翔 陈广蛟

省政府驻广州办事处★
主任:陈起东
副主任:许建设

省政府驻深圳办事处★
主任:李香灿
副主任:王建富 魏建武

省政府法制办公室★
主任:黄岩生

省政府机关事务管理局★
局长:曹建平
副局长:武新生

省公务员局★
局长:杨怀榕
副局长:于仲佳 洪长春

省公安厅交通警察总队★
总队长:杜清森
政委:郑雷声
副总队长:刘建敏 傅仰余 张天景 蔡义德
纪委书记:赵凤

省监狱管理局★
第一政委:陈义兴
局长:李陵军
政委:柯南木
副局长:吴安通 陈峰 陈由顺
纪委书记:钟火阵
党委委员:张家智 王子钦

省海洋渔业执法总队★
总队长:叶建平
政委:钟声
副总队长:王友喜 张思荣 陈俊 徐清风
副政委:陈福茂

省交战办★
主任:程建国
副主任:郑书天 庄宫明

省重点项目办★
主任:俞开洋
副主任:潘乙凡

省政府移民开发局★
局长:蔡伟
副局长:雷雄 杨昌健 谢尔国

省测绘地理信息局★
局长:陈跃进
党组书记:林辉
副局长:陈智仁 林孝文

总工程师:简灿良

省知识产权局★

局　　长:林伯德

副 局 长:李冬根　黄　平*

　　　　郑敏姜

省铁路建设办公室★

主　　任:史原增

副 主 任:章锦贵　刘焕尧

　　　　余乃武

省煤田地质局★

局　　长:黄玉荣

党委书记:张钦文

副 局 长:罗杰东　陈泉霖

　　　　伍青云

省水利水电勘测设计院★

院　　长:陈敏岩

党委书记:厉　云

副 院 长:何文兴　林　琳*

　　　　何光同

纪委书记:洪鹏飞

总工程师:吴树延

省疾病预防控制中心★

副 主 任:郑奎城　王灵岚

　　　　张山鹰

省经济信息中心★

主　　任:陈荣辉

副 主 任:马亨冰　李建和

　　　　陈　仁

总工程师:陈绍林

中国闽台缘博物馆★

党委书记:黄籴问

馆　　长:林建春

副 馆 长:陈健鹰　粘秋生

省教育考试院★

副 院 长:林健民　余剑锋

　　　　陈　峰*

省节能监察(监测)中心★

主　　任:林培勋

副 主 任:孟少明　吴晓凡

　　　　郑申萍*

省公共资源交易中心★

主　　任:闵小权

【各群众团体负责人名单】(以2014年12月底在职者为准)

省总工会

主　　　　　　席:张广敏

党组书记、副主席:陈　震

党组成员、副主席:江孝善

　　　　　　　　　高　榕

　　　　　　　　　高　明

党组成员、经审会主任:丁文清

党组成员、纪律组长:祝荣亮

团省委

书　记:何明华

副书记:宿利南　兰明尚　陈　涛

省妇联

党组书记、主席:吴洪芹*

党组副书记、副主席:王秋梅*

党组成员、副主席:包　方*

　　　　　　　　　陆　菁*

党组成员、副主席:李凤鸣*

党组成员、纪检组长:李东河*

省文联

党组书记:张作兴

党组成员:罗训涌　林瑞发

　　　　　陈毅达　王来文

主　　席:张　帆

副 主 席:张作兴　林瑞发　陈毅达

　　　　　王来文　杨少衡　陈秋平

　　　　　范碧云*　罗训涌　柯云瀚

　　　　　唐晓燕*　舒　婷*　曾静萍*

省科协

主　　　　席:郑兰荪

党组书记、副主席:梁晋阳

党组成员、副主席:吴瑞建　游建胜

　　　　　　　　　林学理

副　　主　　席:洪茂椿　谢华安

　　　　　　　　付贤智　田中群

　　　　　　　　焦念志　陈元仲

　　　　　　　　孙世刚　郑金贵

　　　　　　　　刘　波　徐西鹏

　　　　　　　　黄汉升　尤民生

　　　　　　　　陈立典　苏文金

省社科联

党组书记、副主席:冯潮华

党组成员、副主席:缪建萍

党组成员、秘书长:林兵武

省侨联

党组书记、主席:王亚君

党组成员、副主席:谢小建

党组成员、副主席:陈式海

党组成员、副主席:翁小杰

党组成员、秘书长:吴武煌

省台联

党组书记:蔡尔申

会　　长:江尔雄

副 会 长:梁志强

　　　　　陈小凡(兼)

　　　　　叶劲光(兼)

　　　　　陈永东(兼)

　　　　　陈严辉(兼)

秘 书 长:张　岩

省残联

党组书记、理事长:柯少愚

党组成员、副理事长:杨小波

　　　　　　　　　　王秀丽*

　　　　　　　　　　陈　强

省贸促会

党组书记、会长:张　秋

党组成员、副会长:陈力达

党组成员、副会长:傅　健

巡　　视　　员:吴开文

秘　　书　　长:彭华民

省中华职业教育社

主　　任:郭振家

党组书记:黄子曦

副 主 任:黄子曦　彭钦华

　　　　　刘　平*　高诚辉

　　　　　欧宗金　王建民

　　　　　王清海

(名单由各群众团体提供)

【民主党派和工商联负责人名单】

(以2014年12月底在职者为准)

民革福建省委

主　委:邓力平

副主委:方　群　柳　红*　夏先鹏

　　　　国桂荣*　赖钟雄　黄绳跃

　　　　余文森　樊美清

秘书长:董良瀚

民盟福建省委会

主　委:郑兰荪

副主委:高诚辉　吴小南　李明蓉*

　　　　林治良　蒋方斌　陈昌生

　　　　焦念志　刘　泓　陈礼辉

秘书长:刘丹艳*

民建福建省委

主　委:郭振家

副主委:吴志明　黄克安　程思怡*

　　　　黄世忠　郭学军　王宗华

　　　　戴仲川

秘书长:翁青萍*

民进福建省委

主　委:张　帆

副主委:魏　刚　郑家建

　　　　严可仕　何　强

　　　　张　兰*　翁国星

秘书长:林全金

农工党福建省委

主　委：陈绍军
副主委：姚元根　刘献祥
施作霖　赖应辉(专职)
陈兴生　郑新清*
王　焱　李笃妙
秘书长：陈　巧*

致公党福建省委

主　委：薛卫民
专职副主委：刘　珂*
副　主　委：黄如论　陈铭福
鄢　萍*　徐平东
兰万安　叶　敏
秘　书　长：吴棉国

九三学社福建省委

主　委：洪捷序
副主委：黄培强　林绍彬
李子林　吴小颖
赵　静*　陈美琼*
马祥庆
秘书长：李子林(兼)

台盟福建省委

主　委：郑建闽
副主委：江尔雄*　骆沙鸣　陈紫萱*
廖明宏　陈　椿　李珊珊*
柯连妹*

省工商业联合会

主　席：王光远
党组书记：王　玲*
副　主　席：陈　峰
党组成员、副主席：江荣全
李建南
党组成员、秘书长：陈　飚

(名单由各民主党派福建省委和省工商联提供)

【中央有关部委驻闽直属机构负责人名单】(以2014年12月底在职者为准)

新华社福建分社

社　长：朱海黎
党组成员：林国良　梅永存

中科院福建物构所

党委书记：洪茂椿
所　长：曹　荣
副　所　长：兰国政　黄艺东
林文雄　卢灿忠

中科院厦门城市环境研究所

所　长：朱永官
副　所　长：蔡　澎　陈少华

国家林业局驻闽专员办事处

专　员：尹刚强

财政部驻闽办事处

监察专员：温怀荣
副监察专员：肖　翔

国家统计局福建调查总队

总　队　长：张福坤
副总队长：陈志良　林鹰潭
林昭利
纪检组长：徐学金
党组成员：康　君

省国家税务局

局　长：臧耀民
副　局　长：邱大南　雷致青
陈慕斌
纪检组长：曾光辉
总经济师：林茂椿
总会计师：林国镜

厦门市国家税务局

局　长：朱俊福
副　局　长：李华泽　戴黎明*
陈佑强　陈海燕*
陈　健
纪检组长：林　祥

省气象局

局　长：董　熔
党组副书记：周京星*
副　局　长：魏应植　葛小清
邓　志
纪检组长：陈　彪
总工程师：林新彬
党组成员：潘敖大

省地震局

局　长：金　星
副　局　长：朱金芳　黄向荣
朱海燕　林　树
纪检组长：龙清风

福建海事局

局　长：何易培
党组书记：申亚平*
副　局　长：黄丹华*　陈传全
李恩东
纪检组长：陈建安

厦门海事局★

局　长：黄军根
副　局　长：林文璋　宋剑华
纪检组长：王高耀

福建煤矿安全监察局

局　长：陈炎生
副　局　长：戴文鹏　朱石福
纪检组长：杨树民

福州海关

关　长：吴幼毅
副　关　长：李保平　何小平*
谢剑峰　于正中
纪检组长：陈文智

厦门海关

关　长：柏华冰
副　关　长：王天舒　李云龙
刘松武　李　全
叶超俊
纪检组长：高继科

福建出入境检验检疫局

局　长：支毅隆
副　局　长：詹开瑞　井　伟
陈佳木　朱晓南
郭忠鹏
纪检组长：方宇健
党组成员：林光龙

厦门出入境检验检疫局

局　长：马元林
副　局　长：陈华忠　方元炜
林世峰　张冬冬
纪检组长：王　平

国网福建省电力有限公司

总　经　理：陈修言
党组书记：吕华忠
副总经理：吕华忠　陈卫中
丛　阳　郑家松
徐建忠　李功新
纪检组长：顾　诚
总会计师：程章磊
总工程师：周　刚
党组成员：蔡咸宜　郑佩祥

国电福建电力有限公司

总　经　理：李达彪
党组书记：陈冬青
副总经理：陈冬青　涂朝阳
纪检组长：王改现
总会计师：孙明清

华电集团福建分公司

总　经　理：李立新
党组书记：舒福平
副总经理：舒福平　陈瑞兴
赵跃平　邓平强
纪检组长：王卫红*
总会计师：林茂绩

华能福建分公司

总　经　理：刘玉杰
党组书记：颜世刚
副总经理：郭国明　陈传发
邵志成　陈　辉

万　骥

福建福清核电有限公司

董 事 长:陈　桦
总 经 理:蒋国元
党委书记:杨河涛
副总经理:杨河涛　顾　健
　　　　商幼明　王银虎
　　　　陈国才　杨为城
纪委书记:朱书学
总会计师:张柏山

中核集团福建联络部

主　　任:何　辉
副 主 任:许钧才　陈　光

中核华辰建设有限公司

总 经 理:董德建
党委书记:张国华
副总经理:张国华　王国庆
　　　　李兰川
总会计师:肖太春

中国水利水电第十六工程局有限公司

总 经 理:林文进
党委书记:吕孟静
副总经理:吕孟静　金建国
　　　　杨伟明　吴广忠
　　　　王文飞　蓝荣和
　　　　谢亚章
纪委书记:徐炳春
总会计师:曾继亮
总工程师:吴秀荣
党委委员:潘金仁

省邮政管理局★

局　　长:王　丰
副 局 长:揭光武
党组成员:王文胜

省通信管理局

局　　长:杨锦炎
副 局 长:张丽娟*
纪检组长:林法祥
党组成员:陈建华*

省邮政公司

总 经 理:潘　杰
副总经理:黄志斌　吴建华
　　　　王全江
党组成员:马占红

中国电信福建公司

总 经 理:高金兴
副总经理:黄　衍　陈锦华
　　　　乐朝平　杨岭才

中国移动福建公司

董事长、总经理:黄立伟
副 总 经 理:林柏江　张　莉*
　　　　　　沈文海　葛松海
　　　　　　首建国

中国联合网络通信福建分公司

总 经 理:欧阳恩山
副总经理:戴　斌　胡行正
　　　　陈海波　王为民

中国铁通福建分公司

总 经 理:李昭晖
副总经理:吴恺平　王恒祥
　　　　王　洋
总会计师:叶志刚

民航福建安全监督管理局★

局　　长:李志峰
副 局 长:叶嘉斌　邓　歼
　　　　夏国明

中国石化福建石油分公司

总 经 理:郝国强
党委书记:方启来
副总经理:方启来　刘成勇
　　　　陈必文　王　琴*
　　　　刘玉涛
总会计师:谢竣荒

中国石油福建销售分公司

总 经 理:王广生
党委书记:王明富
副总经理:王明富　韩　非
　　　　孙培锦　王申国
总会计师:齐　峰

中化泉州石化有限公司

总 经 理:杜国盛
副总经理:张　强　王宗尚
　　　　王宗国
纪委书记:杜晓健*
总工程师:孟　华
财务总监:宋吉峰

中航技福建公司

总 经 理:方　艾*

省烟草专卖局(公司)★

局长、总经理:张永军
副 总 经 理:揭柏林　林则森
纪 检 组 长:黄星光

福建中烟工业公司

总 经 理:李跃民
副总经理:王建勇　王道宽
　　　　邱全胜　林荣欣
　　　　伍达明
纪检组长:郭香灼

中储粮福建分公司

总 经 理:李祝春
纪检组长:杨　波

中国冶金地质勘查工程总局二局★

局　　长:孙修文
副 局 长:张庆鹏　黄树峰
纪委书记:陈建民

大唐国际发电福建分公司

总 经 理:卜保生
党组书记:张树元
副总经理:张树元　马占兵
　　　　李海鹏
纪检组长:高泽山

福建宁德核电有限公司

总　　经　　理:李一农
副　总　经　理:魏利锋
　　　　　　　黄小桁
　　　　　　　王日丹
　　　　　　　赵　昔
　　　　　　　孟晓雄
纪委书记、总审计师:赵建雄
总　　会　计　师:肖文芳

中铝瑞闽股份有限公司

董 事 长:丁海燕
总 经 理:谢金辉
党委书记:李　铁
副总经理:李谢华　蔡　峰
　　　　黄旭东
财务总监:吴　清

银监会福建监管局

局　　长:赵　杰
副 局 长:黄邦锋　徐金玲*
　　　　张新潭

保监会福建监管局

局　　长:葛　翎
副 局 长:吴朝生　文德旺

证监会福建监管局

局　　长:陈小澎
副 局 长:张　庆

人行福州中心支行

行　　长:吴国培
副 行 长:宋建荣　晏露蓉*
　　　　陶　诚　杨长岩
　　　　陈　耕
纪委书记:翁新辉

中国工商银行福建省分行

行　　长:朱春华
副 行 长:刘　丹　谢少波
　　　　范国德　李良茂
　　　　王升烽　郑志伟
　　　　田　哲

中国农业银行福建省分行

党委副书记：张建良
副 行 长：石闽江 施武龙
潘佐标
党委委员：黄秋华

中国建设银行福建省分行
行　　长：刘丽华*
副 行 长：陈万铭 刘 峰
丁保平 王东标
纪委书记：胡敏华

中国银行福建省分行
行　　长：陶以平
副 行 长：翁文森 袁 龙
林传伟 王 晓
陈 敏*
纪委书记：王小明
总 稽 核：刘 钝

中国农业发展银行福建省分行
行　　长：王铁民
副 行 长：蔡来法 陈志猛
黄本文 王志光

国家开发银行福建省分行
行　　长：袁建良
副 行 长：曾丽卿* 陈 节
刘喜荣 郑书月

中国进出口银行福建省分行
行　　长：龚 俊
副 行 长：耿志忠 吴劲涓*
刘正汉

长城资产管理公司福州办事处
总 经 理：陈良生
副总经理：江明康 陈昌龙
党委委员：杨 辉

中国信达资产管理公司福建分公司
总 经 理：蓝晓寒
副总经理：林 锋 王晓洁*

华融资产管理公司福建分公司
党委副书记：杨宝春
副 总 经 理：应安华 于红梅*

东方资产管理公司福州办事处
总　经　理：丁 宁
助理总经理：何庆东 宋木江
张皑清*

中国人民财产保险公司福建分公司
总 经 理：骆少鸣
副总经理：林美琼* 纪 翔
陈 珍* 袁 辉
施培德

中国人寿保险公司福建分公司
总 经 理：江龙海
副总经理：江 波* 刘国钦
何幼平 阮 健*
叶寿华
营销总监：林向阳

中国人民人寿保险公司福建分公司
总 经 理：何 民
副总经理：邱庆芳 侯景辉

中国人寿财产保险公司福建分公司
总 经 理：刘美英*
副总经理：王心涤 胡庆游
党委委员：张明海

中信银行福州分行
行　　长：董志炎
副 行 长：林小青* 林大业
沈明忠 章英芬*
林师禹

交通银行福建省分行
行　　长：江 涛
副 行 长：林小晶* 官惠宜*
党委委员：李晓冬

中国出口信用保险公司福建分公司
总 经 理：连逸群
副总经理：徐敦鹏
党委委员：官文峰

中国人民健康保险公司福建分公司
总 经 理：方 翔
副总经理：黄伟纲

【福建省人民政府所属企业单位负责人名单】（以 2014 年 12 月底在职者为准）

省投资开发集团公司
总 经 理：彭锦光
副总经理：王 比 李 松*
王 非
纪委书记：陈国发
总会计师：李 春*
党委委员：赖少英*

省冶金（控股）公司
董 事 长：陈军伟
总 经 理：林作鉴
副总经理：赖兆奕 陈建业
许继松
纪检组长：张 玲*

省能源集团公司
董 事 长：林金本
总 经 理：郑 震
副总经理：周必信 林 群
陈 晞 吴维加
纪委书记：江国河
总会计师：卢范经

省交通运输集团公司
董事长、总经理：李兴湖
副　总　经　理：陈 乐 陈可香
黄循铀 肖祖建
陈乐章

省高速公路公司
董 事 长：黄祥谈
副总经理：涂慕溪 张 明
潘向阳
纪委书记：吴毅荣
总会计师：黄 晞*

中国（福建）外贸中心集团公司
董 事 长：张 忠
总 经 理：陈军华
副总经理：黄荣文 赖建国
蔡浩革 宋福鋆
总会计师：许文章

厦门航空公司
董事长、总经理：车尚轮
党　委　书　记：张群治
副　董　事　长：牟建勇
副　总　经　理：张群治 赵 东
黄火灶 林朝阳
王景民 蔡城堡
周卫东 于志强
纪　委　书　记：蔡顺驰
党　委　委　员：黄国辉

省船舶工业集团公司
董　　　事　　　长：赵金杰
总　　　经　　　理：谢荣兴
副总经理、总会计师：董飞龙
纪　　委　　书　　记：李寿发

福建炼油化工公司
董 事 长：顾越峰
党委书记：陈晓波
副董事长：林 立
副总经理：杨洪斌 刘彦昌
胡红页 陈飞山
刘向东
总会计师：李思阳*
董　　事：徐建平 吴 宏
刘 强

省轻纺（控股）公司
董 事 长：吴冰文
总 经 理：黄文定
副总经理：陈国梁 郑书雄
黄金镖
纪检组长：潘士颖
总会计师：林兵霞*

华闽（集团）公司

总 经 理:陈扬标
副总经理:汪小武 丁炳华
肖小东
纪检组长:洪 平
总会计师:游克安
福建建工集团总公司
董 事 长:黄建民
总 经 理:林秋美
副总经理:丘亮新 张仲平
刘晓群 黄国煌
纪检组长:徐 凯
总工程师:阮锦发
省电子信息集团公司
董 事 长:刘捷明
总 经 理:钟 军
党委副书记:高 峰
副总经理:林 升 黄 舒
陈施清 卢文盛
纪委书记:黄典昌
总会计师:黄旭晖*
省汽车工业集团公司
董 事 长:廉小强
副总经理:王志勇 李岩峰
陈文豪
纪检组长:魏香金
总会计师:吴宗明
福建石化集团公司
董 事 长:林 立
总 经 理:徐建平
副董事长:周文成
副总经理:吴 宏 刘 强
朱玉武
纪委书记:柯南进
省机电(控股)公司
董 事 长:王会锦
总 经 理:黄 莼
副总经理:陈伯炜 陈 斌
纪委书记:黄 和
总会计师:张 琪*
福建中旅集团公司
总 经 理:衷梅英*
副总经理:刘洪建 刘学忠
纪委书记:陈占隆
总会计师:余运庄
省招标采购集团公司
董事长:陈 武
海峡出版发行集团公司
董事长、总经理:刘瑞州
副 总 经 理:林义良 林 彬*
吴志明

纪 委 书 记:刘玉坤
福建广电网络集团公司
董 事 长:张 远
总 经 理:谢晶思
副总经理:梁章林
总会计师:周 萍*
兴业银行
董 事 长:高建平
行 长:李仁杰
副 行 长:蒋云明 林章毅
陈锦光 薛鹤峰
李卫民 陈信健
党委委员:黄金琳
省农村信用社联合社
理 事 长:鄢一忠
主 任:严 正
监 事 长:张镇雄
副 主 任:张永良 刘爱晖*

【中共福建省各设区市委正副职、县(市、区)委正职领导名单】(以2014年12月底在职者为准)

中共福州市委
书 记:杨 岳
副书记:杨益民 周 宏
常 委:骆安生 陈元邦 徐启源
陈为民 何静彦* 吴贤德
洪 波 黄忠勇 姜 波
中共鼓楼区委
书 记:杭 东
中共台江区委
书 记:张 忠
中共仓山区委
书 记:
中共晋安区委
书 记:林 峰
中共马尾区委
书 记:许毅青
中共福清市委
书 记:陈春光
中共长乐市委
书 记:王绍知
中共闽侯县委
书 记:赵学峰
中共连江县委
书 记:关瑞祺
中共闽清县委
书 记:陈铁晗*
中共罗源县委
书 记:吴兰铮

中共永泰县委
书 记:林 强
中共厦门市委
书 记:王蒙徽
副书记:刘可清 钟兴国
常 委:洪碧玲* 詹沧洲 黄 菱*
叶重耕 臧杰斌 陈秋雄
郑云峰 康 涛 蔡建新
陈小军
中共思明区委
书 记:游文昌
中共湖里区委
书 记:刘育生
中共集美区委
书 记:李辉跃
中共海沧区委
书 记:郑云峰
中共同安区委
书 记:陈 琛*
中共翔安区委
书 记:陈永裕
中共漳州市委
书 记:陈家东
副书记:檀云坤 陈汉夫
常 委:许荣勇 刘茂青 刘文标
林文耀 刘 远 张祯锦
梁伟新 洪仕建
中共芗城区委
书 记:吴文团
中共龙文区委
书 记:欧龙光
中共龙海市委
书 记:张祯锦
中共漳浦县委
书 记:沈志平
中共东山县委
书 记:黄水木
中共长泰县委
书 记:张慧德
中共华安县委
书 记:柯志宏
中共平和县委
书 记:沈金水
中共南靖县委
书 记:张琳光
中共诏安县委
书 记:张镇城
中共云霄县委
书 记:陈水树
中共泉州市委

书　记：黄少萍*
副书记：郑新聪　周银芳
常　委：陈沈阳　许昆贞　翁祖根
陈庆宗　林伯前　林俊其

中共鲤城区委
书　记：苏庆赐

中共丰泽区委
书　记：许文贵

中共洛江区委
书　记：洪飞跃

中共泉港区委
书　记：洪自强

中共石狮市委
书　记：张永宁

中共晋江市委
书　记：陈荣法

中共南安市委
书　记：黄南康

中共惠安县委
书　记：肖汉辉

中共永春县委
书　记：林锦明

中共安溪县委
书　记：朱团能

中共德化县委
书　记：吴深生

中共莆田市委
书　记：周联清
副书记：翁玉耀　赖　军
常　委：陈立华　林素钦*　李飞亭
李辉龙　程　强　郑春洪
祁永信　王　强

中共荔城区委
书　记：胡国防

中共城厢区委
书　记：林　桦*

中共涵江区委
书　记：沈伯麟

中共秀屿区委
书　记：陈再新

中共仙游县委
书　记：郑瑞锦

中共三明市委
书　记：邓本元
副书记：杜源生　余红胜
常　委：江兴禄　朱昌贤　冯新婷*
林能秋　詹积富　王　刚
黄建平　陈炎标

中共梅列区委
书　记：蔡光信

中共三元区委
书　记：

中共永安市委
书　记：黄建平

中共将乐县委
书　记：蒋先东

中共沙县县委
书　记：袁超洪

中共尤溪县委
书　记：伍　斌

中共大田县委
书　记：汤俊生

中共明溪县委
书　记：林　斌*

中共宁化县委
书　记：肖长根

中共建宁县委
书　记：郑剑波

中共泰宁县委
书　记：张元明

中共清流县委
书　记：梁奕章

中共南平市委
书　记：裴金佳
副书记：林宝金　黄福清
常　委：袁忠浩　邱天华　兰斯文
黄健平　马必钢　许维泽
胡忠昭　张国旺　范朝晖

中共延平区委
书　记：黄　雄

中共邵武市委
书　记：武　勇

中共武夷山市委
书　记：马必钢

中共建瓯市委
书　记：余建坤

中共建阳市委
书　记：袁仁旺

中共顺昌县委
书　记：韩康平

中共光泽县委
书　记：符水俊

中共浦城县委
书　记：黄书荣

中共政和县委
书　记：廖俊波

中共松溪县委
书　记：朱仁秀*

中共龙岩市委
书　记：梁建勇
副书记：池秋娜*　黄进发
常　委：李成荣　王金福　张天洲
王乃谦　林晓英*　阮开森
严志铭　林兴禄

中共新罗区委
书　记：王　龙

中共漳平市委
书　记：赖招源

中共永定县委
书　记：刘先裘

中共武平县委
书　记：王建生

中共上杭县委
书　记：邓菊芳*

中共长汀县委
书　记：魏　东

中共连城县委
书　记：林英健

中共宁德市委
书　记：廖小军
副书记：隋　军*　李转生
常　委：黄伟庆　徐姗娜*　金　敏
翁祖强　林　鸿　李海波
林文芳　陈其春　林志坤

中共蕉城区委
书　记：王世雄

中共福安市委
书　记：金　敏

中共福鼎市委
书　记：刘振辉

中共霞浦县委
书　记：王　斌

中共寿宁县委
书　记：卓晓銮*

中共周宁县委
书　记：陈鸿飞

中共柘荣县委
书　记：薛理朝

中共古田县委
书　记：谢再春

中共屏南县委
书　记：程树平

中共平潭综合实验区工委
书　记：李德金
副书记：尤猛军
委　员：周青松　陈东荣　林江玲*
谢秀桐　陈昌明　林共妙
王进足　毛朝银　谭运涛

中共平潭县委
书　记：林　杰

【各设区市人大常委会正副职、县（市、区）人大常委会正职领导名单】 （以2014年12月底在职者为准）

福州市人大常委会
主　任：周振华
副主任：陈　奇　鄢　萍* 柯有民
徐诗文　陈建平* 林厚新
鼓楼区人大常委会
主　任：李　力
台江区人大常委会
主　任：林培清
仓山区人大常委会
主　任：张为民
晋安区人大常委会
主　任：林圣婉*
马尾区人大常委会
主　任：沈　甦*
福清市人大常委会
主　任：王德玉
长乐市人大常委会
主　任：张礼强
闽侯县人大常委会
主　任：胡光礼
连江县人大常委会
主　任：邱德光
闽清县人大常委会
主　任：郑子升
罗源县人大常委会
主　任：雷光秀
永泰县人大常委会
主　任：吴秋惠*
平潭县人大常委会（省人大常委会平潭综合实验区工委）
主　任：成苏明
厦门市人大常委会
主　任：郑道溪
副主任：杜明聪　何清秋　陈昭扬
杨金兴　黄诗福　陈紫萱*
思明区人大常委会
主　任：许跃生
湖里区人大常委会
主　任：梁美丽*
集美区人大常委会
主　任：陈锦标
海沧区人大常委会
主　任：李大辉
同安区人大常委会
主　任：毛立臻
翔安区人大常委会
主　任：黄奋强

漳州市人大常委会
主　任：吴玉辉
副主任：杨建平　李珊珊* 黄双庆
吴景辉　黄舜斌　黄春曙
芗城区人大常委会
主　任：魏方旭
龙文区人大常委会
主　任：邹三分
龙海市人大常委会
主　任：沈应生
漳浦县人大常委会
主　任：陈少华
云霄县人大常委会
主　任：郑俊生
诏安县人大常委会
主　任：杨镇发
东山县人大常委会
主　任：施仲达
平和县人大常委会
主　任：林群明
南靖县人大常委会
主　任：余水旺
长泰县人大常委会
主　任：戴和兴
华安县人大常委会
主　任：沈荣藩
泉州市人大常委会
主　任：陈海基
副主任：陈万里　洪泽生　陈全顺
吕　竞* 王远东　张建生
鲤城区人大常委会
主　任：林建扬
丰泽区人大常委会
主　任：郑进发
洛江区人大常委会
主　任：朱清辉
泉港区人大常委会
主　任：吴建民
晋江市人大常委会
主　任：陈健倩*
南安市人大常委会
主　任：黄永俊
石狮市人大常委会
主　任：陈贻萍
惠安县人大常委会
主　任：曾玉山
安溪县人大常委会
主　任：谢保家
德化县人大常委会
主　任：涂健圻

永春县人大常委会
主　任：林金星
三明市人大常委会
主　任：徐　铮
副主任：涂振锟　张知通　陈有极
洪明德　王　庆　廖小华*
三元区人大常委会
主　任：邓秀忠
梅列区人大常委会
主　任：范纯文
永安市人大常委会
主　任：董乐夫
清流县人大常委会
主　任：李增祥
宁化县人大常委会
主　任：巫福生
建宁县人大常委会
主　任：陈海涛
泰宁县人大常委会
主　任：高惠斌
明溪县人大常委会
主　任：廖善朋
将乐县人大常委会
主　任：李荣根
沙县人大常委会
主　任：赖忠厚
尤溪县人大常委会
主　任：林思文
大田县人大常委会
主　任：陈汉良
莆田市人大常委会
主　任：林光大
副主任：王国模　林国庆　王玉芳*
陈国林　林国清　姚景华
仙游县人大常委会
主　任：李新贤
荔城区人大常委会
主　任：谢珍裕
城厢区人大常委会
主　任：王国太
涵江区人大常委会
主　任：肖云敏
秀屿区人大常委会
主　任：朱瑞章
南平市人大常委会
主　任：周秀光
副主任：张淑云* 王宁新* 陈建荣
曹　聪　张培栋　武　勇
延平区人大常委会
主　任：杨　敏*

邵武市人大常委会
主　任:陈心坦
武夷山市人大常委会
主　任:陈先珍
建瓯市人大常委会
主　任:陈祥平
建阳市人大常委会
主　任:马建东
顺昌县人大常委会
主　任:张上进
浦城县人大常委会
主　任:(空缺)
光泽县人大常委会
主　任:熊　庆
松溪县人大常委会
主　任:严建和
政和县人大常委会
主　任:詹树强
龙岩市人大常委会
主　任:饶作勋
副主任:郭舒帆　吕庆昌　杨　闽*
谢细忠　赵汀生　张树溪
廖德槐
新罗区人大常委会
主　任:林韶立
永定县人大常委会
主　任:(空缺)
上杭县人大常委会
主　任:陈思忠
武平县人大常委会
主　任:王民发
长汀县人大常委会
主　任:陈日源
连城县人大常委会
主　任:林庆祯
漳平市人大常委会
主　任:原所征
宁德市人大常委会
主　任:谢仰俊
副主任:陈兴生　李过渡　许青云
杨培钦　吴达金　雷维善
蕉城区人大常委会
主　任:汤万泽
福安市人大常委会
主　任:何世明
福鼎市人大常委会
主　任:陈兴华
霞浦县人大常委会
主　任:池丽玉*
寿宁县人大常委会
主　任:兰清元
周宁县人大常委会
主　任:叶贻顺
柘荣县人大常委会
主　任:沈绍芳*
古田县人大常委会
主　任:江宋堂
屏南县人大常委会
主　任:陈道珍

(王　蕾)

【福建省各设区市人民政府正副职、县(市、区)人民政府正职领导名单】

(以2014年12月底在职者为准)

福州市政府
市　长:杨益民
副市长:吴贤德　姜　波　徐凡新
严可仕　陈　晔*　林　飞
鼓楼区政府
区　长:陈　斌
台江区政府
区　长:陈曾勇
仓山区政府
区　长:杨新坚
晋安区政府
代区长:朱训志
马尾区政府
区　长:许毅青
福清市政府
代市长:许南吉
长乐市政府
市　长:王　松
闽侯县政府
县　长:严金官
连江县政府
县　长:周应忠
闽清县政府
县　长:肖　华
罗源县政府
县　长:邓达木
永泰县政府
县　长:李新贤
厦门市政府
市　长:刘可清
副市长:康　涛　黄　强　李栋梁
张灿民　国桂荣*　倪　超*
思明区政府
区　长:黄乔生
湖里区政府
区　长:张毅恭
集美区政府
区　长:黄晓舟
海沧区政府
区　长:李伟华
同安区政府
代区长:黄国彬
翔安区政府
区　长:陈飞铭
漳州市政府
市　长:檀云坤
副市长:梁伟新　黄浦江　谢毅泰
赵　静*　林明良　王毅群
张翼腾　黄庆辉　杨文彬
芗城区政府
区　长:方木荣
龙文区政府
区　长:侯为东
龙海市政府
市　长:曾建成
漳浦县政府
县　长:苏孝道
东山县政府
县　长:陈云水
长泰县政府
县　长:吴卫红*
华安县政府
县　长:沈建平
平和县政府
县　长:黄劲武
南靖县政府
县　长:郭德志
诏安县政府
县　长:何德发
云霄县政府
县　长:王金狮
泉州市政府
市　长:郑新聪
副市长:林伯前　陈荣洲　周真平*
李建辉　陈灿辉　林万明
卢炳椿　刘　忠
鲤城区政府
区　长:黄阳春*
丰泽区政府
区　长:朱启平
洛江区政府
代区长:苏汉庭
泉港区政府
区　长:吴礼源
石狮市政府
市　长:张贻山

晋江市政府
市　长:刘文儒
南安市政府
市　长:王春金
惠安县政府
县　长:洪于权
永春县政府
县　长:蔡萌芽*
安溪县政府
县　长:高向荣
德化县政府
县　长:欧阳秋虹*
莆田市政府
市　长:翁玉耀
副市长:李辉龙　阮　军　张丽冰*
傅冬阳　吴桂芳　陈志强
蒋志雄　李伙金　高　政
荔城区政府
区　长:杨朝东
城厢区政府
区　长:许建平
涵江区政府
区　长:陈万东
秀屿区政府
代区长:郑加清
仙游县政府
县　长:郑亚木
三明市政府
市　长:杜源生
副市长:朱昌贤　林俊德　纪熙全
肖明光　张丽娟*潘东升
罗　蔺　林守钦
梅列区政府
代区长:杨　胜
三元区政府
区　长:张文珍*
永安市政府
市　长:郑清华
将乐县政府
县　长:池芝发
沙县县政府
县　长:林昭闹
尤溪县政府
县　长:杨永生
大田县政府
县　长:熊旭明
明溪县政府
县　长:颜虎城
宁化县政府
代县长:余建地
建宁县政府
县　长:潘闽生
泰宁县政府
代县长:罗金水
清流县政府
县　长:冯明生
南平市政府
市　长:林宝金
副市长:许维泽　吴荣才　陈美琼*
刘亚圣　刘山鹰　杨建平
葛晓华　范朝晖
延平区政府
区　长:翁明亮
邵武市政府
市　长:陈敏辉
武夷山市政府
市　长:徐春晖
建瓯市政府
市　长:陈宗荣
建阳市政府
市　长:杨新强
顺昌县政府
县　长:丁贵生
光泽县政府
县　长:赵明正
浦城县政府
县　长:朱金生
政和县政府
县　长:黄爱华*
松溪县政府
县　长:丘　毅
龙岩市政府
市　长:池秋娜*
副市长:张天洲　张斯良　郭丽珍*
陈盛仪　游　晔　毛高良
赖永龙　李俊伟　蔡蔚荻
新罗区政府
区　长:钟勇强
漳平市政府
市　长:蓝福元
永定县政府
县　长:陈厦生
武平县政府
县　长:廖卓文
上杭县政府
县　长:谢海波
长汀县政府
县　长:李善昌
连城县政府
县　长:蓝凯英*
宁德市政府
市　长:隋　军*
副市长:林志坤　周秋琦*黄建龙
缪绍炜　陈宜国　崔国辉
曾智勇
蕉城区政府
区　长:毛祚松
福安市政府
市　长:林小楠
福鼎市政府
市　长:包江苏
霞浦县政府
县　长:颜谋元
寿宁县政府
县　长:黄国璋
周宁县政府
县　长:雷维善
柘荣县政府
县　长:雷祖铃
古田县政府
县　长:冯　静*
屏南县政府
县　长:吴允明
平潭综合实验区管委会
主　任:李德金
副主任:尤猛军　周青松　陈东荣
林江玲*王进足　梁秦龙
毛朝银　丁吉柱　谭运涛
平潭县政府
县　长:林　杰

【各设区市政协正副职、县(市、区)政协正职领导名单】(以2014年12月底在职者为准)

福州市政协
主　席:方清海
副主席:雷成才　范美先　郑建闽
林治良　张献勇　林　雄
王长鹰　郑新清*林绍彬
鼓楼区政协
主　席:林碧芬*
台江区政协
主　席:林品光
仓山区政协
主　席:余凤玉*
晋安区政协
主　席:刘昌棋
马尾区政协
主　席:施敏华
福清市政协

主　席:游美兴
长乐市政协
主　席:延建霖
闽侯县政协
主　席:王彦强
连江县政协
主　席:林伦健
闽清县政协
主　席:毛行青
罗源县政协
主　席:何宗乐
永泰县政协
主　席:王德冠
平潭县政协
主　席:刘建宁
厦门市政协
主　席:陈修茂
副主席:钟兴国　欧阳建　卢士钢　江曙霞*　潘世建　魏　刚　陈昌生　黄世忠　高玉顺　黄培强
思明区政协
主　席:陈炳良
湖里区政协
主　席:林　凡
集美区政协
主　席:洪　成
海沧区政协
主　席:许成福
同安区政协
主　席:郭永辉(2014年4月29日不再担任)
翔安区政协
主　席:林进胜
漳州市政协
主　席:谭培根
副主席:许少钦　林俊山　李惜真*　罗春生　杨银玉*　庄振生　陈少青　兰万安　柳建聪
芗城区政协
主　席:沈龙顺
龙文区政协
主　席:许鹃君*
龙海市政协
主　席:高伟强
漳浦县政协
主　席:林培兴
云霄县政协
主　席:王彩云*
诏安县政协
主　席:李南泽
东山县政协
主　席:邱永顺
平和县政协
主　席:张茂杞
南靖县政协
主　席:曾连端
长泰县政协
主　席:郑远成
华安县政协
主　席:曾果生
泉州市政协
主　席:杨俊峰
副主席:许连捷　吴共湖　苏小青*　骆沙鸣　陈铭福　王祖耀　李冀平　王瑞强　陈　益*
鲤城区政协
主　席:吴金球
丰泽区政协
主　席:叶　恒
洛江区政协
主　席:江贻万
泉港区政协
主　席:连启明
石狮市政协
主　席:李丽月*
晋江市政协
主　席:周伯恭
南安市政协
主　席:戴景胜
惠安县政协
主　席:蔡荣清
安溪县政协
主　席:廖皆明
德化县政协
主　席:苏兴羽
永春县政协
主　席:康思坚
三明市政协
主　席:程立双
副主席:张来水　李茂胜　林传衔　许清华　曾明生　李宝兰*　朱一勤
三元区政协
主　席:陈　澄
梅列区政协
主　席:张益平
永安市政协
主　席:郑纪成
清流县政协
主　席:李增祥
宁化县政协
主　席:刘日太
建宁县政协
主　席:廖鲁言
泰宁县政协
主　席:邓纯霖
明溪县政协
主　席:吴焰生
将乐县政协
主　席:俞德光
沙县政协
主　席:潘　峰
尤溪县政协
主　席:周培春
大田县政协
主　席:郑建勋
莆田市政协
主　席:林庆生
副主席:陈　元　李力利　王玉宝　林惠中　彭丽靖*　梁国章　王少华　赵爱红*　吴健明
仙游县政协
主　席:何锦驰
荔城区政协
主　席:赵黎明
城厢区政协
主　席:黄志强
涵江区政协
主　席:戴培树
秀屿区政协
主　席:康乃良
南平市政协
主　席:张建光
副主席:陈增丰　黄健儿　郭翠莲*　卓立筑　林文志　柳贵清　张　皓*　项小玲*　潘丽贞*
延平区政协
主　席:吴水兴
邵武市政协
主　席:邓荣堃
武夷山市政协
主　席:杨永华
建瓯市政协
主　席:吴剑琴*
建阳市政协
主　席:李　飞
顺昌县政协
主　席:杨理庆
浦城县政协

主　席:吴　斌

光泽县政协

主　席:陈钟珏*

松溪县政协

主　席:魏炳发

政和县政协

主　席:郑满生

龙岩市政协

主　席:温锡浩

副主席:郑立明　李占开　李新春　张琼珊*　张菊兰*　郑玉琳*　张子平

新罗区政协

主　席:罗发信

永定县政协

主　席:阙焕林

上杭县政协

主　席:刘清祥

武平县政协

主　席:邓穗明

长汀县政协

主　席:丘桂萍*

连城县政协

主　席:林家龙

漳平市政协

主　席:陈家鸿

宁德市政协

主　席:郑民生

副主席:林　寿　林峰雪*　陶敏辉　王代忠　陈　忠　章瑞进　雷仕庆　刘登健　黄家盛

蕉城区政协

主　席:孙焕春

福安市政协

主　席:陈昌东

福鼎市政协

主　席:叶梅生

霞浦县政协

主　席:刘冰华*

寿宁县政协

主　席:刘美森

周宁县政协

主　席:周孔寿

柘荣县政协

主　席:王鼎秦

古田县政协

主　席:郑安思

屏南县政协

主　席:周芬芳*

（陈师杭）

【各设区市纪委正副职、县（市、区）纪委正职领导名单】（以2014年12月底在职者为准）

福州市纪委

书　记:骆安生

副书记:陈　旭　连世潮　张秀榕*

鼓楼区纪委

书　记:俞章华

台江区纪委

书　记:郑万铣

仓山区纪委

书　记:苏　畅*

晋安区纪委

书　记:林存武

马尾区纪委

书　记:陈秋伸

福清市纪委

书　记:刘　迟

长乐市纪委

书　记:池至清

闽侯县纪委

书　记:李　充

连江县纪委

书　记:苏　建

闽清县纪委

书　记:郭有旭

罗源县纪委

书　记:郑　勇

永泰县纪委

书　记:赖颂辉

厦门市纪委

书　记:洪碧玲*

副书记:黄聪敏　周　进　燕苏闽*

思明区纪委

书　记:陈建南

湖里区纪委

书　记:胡亚才

集美区纪委

书　记:黄炳文

海沧区纪委

书　记:江根云

同安区纪委

书　记:洪朝墙

翔安区纪委

书　记:莫建鹰

漳州市纪委

书　记:刘　远

副书记:庄洲全　洪亚勇

芗城区纪委

书　记:李禧权

龙文区纪委

书　记:林东风

龙海市纪委

书　记:吴丁顺

漳浦县纪委

书　记:刘　军

云霄县纪委

书　记:余永平

诏安县纪委

书　记:钟　科

东山县纪委

书　记:阮授智

平和县纪委

书　记:张建兴

南靖县纪委

书　记:曾勇平

长泰县纪委

书　记:曾剑平

华安县纪委

书　记:周伟辉

泉州市纪委

书　记:沈耀钦

副书记:郑建清　李占新　林志建

鲤城区纪委

书　记:康景彪

丰泽区纪委

书　记:黄黎波

洛江区纪委

书　记:许仰东

泉港区纪委

书　记:陈守川

石狮市纪委

书　记:许锦聪

晋江市纪委

书　记:曾清金

南安市纪委

书　记:许勤荣

惠安县纪委

书　记:林振海

安溪县纪委

书　记:吕春香*

德化县纪委

书　记:叶长青

永春县纪委

书　记:颜丽明*

三明市纪委

书　记:冯新婷*

副书记:邓观宝　张　健　黄金伙

三元区纪委

书　记:郑碧云*

梅列区纪委
书 记:张淑华*
永安市纪委
书 记:范与红
清流县纪委
书 记:郑龙华
宁化县纪委
书 记:刘小彦
建宁县纪委
书 记:吴江潮
泰宁县纪委
书 记:邹长福
明溪县纪委
书 记:卢叶文
将乐县纪委
书 记:陈显卿
沙县纪委
书 记:柯德忠
尤溪县纪委
书 记:施剑锋
大田县纪委
书 记:张勇民
莆田市纪委
书 记:陈立华
副书记:宋建新 邱文高 林清忠
仙游县纪委
书 记:吴国顺
荔城区纪委
书 记:郑占林
城厢区纪委
书 记:蔡国辉
涵江区纪委
书 记:邱玉良
秀屿区纪委
书 记:陈奋强
南平市纪委
书 记:邱天华
副书记:林亚贵 夏 伟 刘鲁众
延平区纪委
书 记:吴建明
邵武市纪委
书 记:李香甫
武夷山市纪委
书 记:吴禹松
建瓯市纪委
书 记:陈 军
建阳市纪委
书 记:江贵华*
顺昌县纪委
书 记:陈清才
浦城县纪委
书 记:吴建松
光泽县纪委
书 记:郭绯红*
松溪县纪委
书 记:谢启龙
政和县纪委
书 记:孙德胜
龙岩市纪委
书 记:李成荣
副书记:温国能 杨主民 沈觉新
新罗区纪委
书 记:王永忠
永定县纪委
书 记:张金滨
上杭县纪委
书 记:钟爱华
武平县纪委
书 记:胡长松
长汀县纪委
书 记:王汝彬
连城县纪委
书 记:谢松华
漳平市纪委
书 记:张丽华*
宁德市纪委
书 记:黄伟庆
副书记:林浩云 田志勇 卢明光
蕉城区纪委
书 记:陈常见
福安市纪委
书 记:黄清亮
福鼎市纪委
书 记:曹清福
霞浦县纪委
书 记:张 彪
寿宁县纪委
书 记:陈作春
周宁县纪委
书 记:林立炎
柘荣县纪委
书 记:朱玉宝
古田县纪委
书 记:罗义春
屏南县纪委
书 记:凌庆贤
平潭综合实验区纪工委
书 记:林共妙
副书记:郑晓东
平潭县纪委
书 记:林共妙

(侯文阳 吴明华)

注:*为女同志,★为二级机构。
(本栏目名单除署名外,均由省委组织部信息管理办公室提供)

机关团体

中共福建省委员会

【省委主要工作】 2014年，中共福建省委深入贯彻中共十八大和十八届三中、四中全会精神，认真学习贯彻习近平总书记系列重要讲话和来闽考察重要讲话精神，以中央“四个全面”战略布局为指导，团结带领全省干部群众，扎实推动科学发展跨越发展，各项工作取得新的成绩。全年全省生产总值24055.76亿元，增长9.9%，规模以上工业增加值10051.67亿元，增长11.9%，固定资产投资18449.48亿元，增长18.8%，社会消费品零售总额9346.74亿元，增长12.9%，地方公共财政收入3828.40亿元，增长11.6%，城乡居民人均可支配收入分别为23331元、12650元，增长9.0%和10.9%；就业情况稳定，物价保持平稳，居民消费价格指数上涨2.0%。全省政治、社会、文化、生态文明建设和党的建设也取得新成效。

*坚决贯彻落实中央支持福建加快发展的重大决策部署。*坚持把学习贯彻习近平总书记对福建工作的重要指示作为一项重大政治任务，全力以赴推动中央支持福建加快发展各项政策措施的落实。多次召开会议进行动员和部署，统一党员干部的思想认识，研究具体的贯彻措施。积极向中央领导和国家有关部门、央企和部队汇报沟通，配合国家发改委等有关部委论证起草支持福建省加快发展的政策措施。召开九届十一次全会，对贯彻落实习近平总书记重要指示进行再动员再部署，讨论通过《关于进一步加快福建科学发展跨越发展的行动计划》，提出要围绕“做大总量、优化结构、改善民生、融合发展”的要求，加快基础设施建设，大力推进创新驱动发展，强化龙头带动，促进结构调整，深入实施生态省战略，推动闽台深度融合，深化改革扩大开放，统筹城乡区域协调发展，提高民生保障水平，加强党的领导和干部队伍作风建设。省委、省政府领导分别到9个设区市、平潭综合实验区和省直部门调研，帮助厘清思路，解决问题。强化责任落实和考核，建立每月一协调、每季一调度的工作机制，确保任务分解到位，责任落实到位，项目和工作落实到位。认真组织学习习近平总书记来闽考察重要讲话精神和中共十八届四中全会精神，召开九届十二次全会研究讨论《关于深入贯彻落实习近平总书记来闽考察重要讲话精神的意见》和《关于贯彻党的十八届四中全会精神全面推进依法治省的实施意见》。

*扎实开展党的群众路线教育实践活动。*按照中央部署，全省教育实践活动从2013年7月开始，分两批有序进行，到2014年9月底基本结束。在中央第五督导组和中央第三巡回督导组的指导下，坚持高标准、严要求，聚焦“四风”、反对“四风”，教育实践活动达到预期目的。加强组织领导，落实一把手责任。把教育实践活动作为一把手工程，制订活动单位一把手履行第一责任人职责的意见，建立分级约谈、专项述职、测评问责等工作机制。开展一把手约谈，省、市、县三级一把手逐级向下约谈。加强一把手培训，重点抓好县委书记和基层党组织书记的培训。强化一把手督导，在专题民主生活会和整改落实等关键节点，给每位设区市委书记和县(市、区)委书记写信，要求带好头，抓好落实。抽调近年离任的副省级老同志担任省委督导组第一组长，推动活动深入开展。坚持以点带面，发挥联系点示范引领作用。把张德江委员长指导的上杭联系点作为全省教育实践活动的标杆，各级党委领导班子成员层层建立联系点，努力把“责任田”建成“高产田”“示范田”，建立联系点4800个，以点带面、以上率下，有效带动全省教育实践活动扎实深入开展。重视抓好学习，夯实践行党的群众路线的思想根基。全省上下把学习贯穿教育实践活动全过程。除组织广大党员干部学习中央规定的书目和文件，学习习近平总书记的系列重要讲话精神，还把习近平总书记在福建工作时提出的一系列富有前瞻性的思想观点，以及十八大以来对福建工作的重要指示作为学习的重要内容。充分运用古田会议和才溪乡调查等革命红色资源，到老区苏区重温革命传统和优良作风。深入开展学习弘扬谷文昌精神活动，组织学习先进典型，增强改进作风的内在思想动力。突出问题导向，大力清除“四风”积弊。以贯彻落实中央八项规定精神为重点，坚持边查边改、集中整改，深排查、大扫除，出重拳、下猛药，着力解决“四风”突出问题、关系群众切身利益问题和联系服务群众“最后一千米”问题。压缩会议，精简文件，减少评比表彰活动，降低“三公”经费支出，加大执纪监督、公开曝光力度，切实查纠公款吃喝送礼、公车私用、门难进脸难看事难办、滥建楼堂馆所、侵害群众利益和信访突出问题，在联系服务群众、反对铺张浪费、规范行使权力等方面建立一批有效制度。通过教育实践活动，广大党员干部受到深刻的思想政治洗礼，进一步增强贯彻党的群众路线的思想自觉和行动自觉。党内政治生活趋于严格，党的批评和自我批评的优良传统得到进一步弘扬，事关群众切身利益的一些实际问题得到较好解决，进一步密切党群干

群关系。各参加单位结合实际，形成一批务实管用、利于长远的制度成果，巩固改进作风建设的成果。

全面落实从严治党主体责任。认真贯彻落实习近平总书记关于党要管党、从严治党的一系列重要思想，切实担负起从严管党治党的政治责任。第一次开展市委书记抓基层党建工作述职评议，开展软弱涣散基层组织整顿，加强基层服务型党组织建设，不断提高党的建设科学化水平。加强领导班子和干部队伍建设。学习贯彻中央新修订的《党政领导干部选拔任用工作条例》，深化干部人事制度改革，制订出台省管领导班子和领导干部平时考核、省委组织部领导干部谈心谈话、省直机关处级以上干部蹲点调研、省直单位主要领导定期考核评价办法、省管干部选拔任用"两个提前"办法、组织工作重要事项请示报告等 11 项制度。坚持正确用人导向，着力培养选拔好干部，全年省委研究调整 10 批、355 名省管领导干部，省管后备干部集中调整工作完成。加大年轻干部培养选拔力度，加快推进"年轻干部成长工程"，选派"3 个 100 名"优秀年轻干部到省内基层、省直单位和外省挂职。注重党外干部的培养，建立党外干部实践锻炼基地。完成新一轮援宁、援三峡库区干部选派工作。深入实施"海纳百川"高端人才聚集计划，引进和培养各类优秀人才。突出抓好严禁超职数配备干部、规范党政机关干部在企业兼职（任职）或领取报酬，开展领导干部个人有关事项报告抽查核实，对退（离）休领导干部在社会团体兼职进行清理规范。抓好巡视整改和巡视工作。省委高度重视、积极配合中央第九巡视组在福建省开展巡视工作，对巡视组发现查找出的问题、提出的整改意见建议，先后召开 7 次省委常委会和专题会进行研究部署，跟踪推进，认真整改。针对中央巡视组反馈的 4 方面 12 条问题，逐一细化分解为 33 项具体整改任务，同时把土地出让、违反中央八项规定精神、工程建设领域违纪违法、"裸官"、领导干部持有因私出国（境）证件等 5 个方面问题，作为整改工作的重中之重，一件一件抓落实，一项一项推进。做好中央巡视组移交的领导干部问题线索的查核工作，对一些领导干部违纪违法问题进行立案查处。整改落实取得成效，10 月 10 日有关情况向党内和全社会公布。认真贯彻中央关于巡视工作的新要求，统筹开展常规巡视，完成对 10 个省直单位、5 个设区市和 10 个县（市、区）的常规巡视；率先探索开展专项巡视，完成对 14 个县（市、区）和泉州法院系统的专项巡视，巡视工作"利剑"和"尖兵"作用得到发挥。深入推进党风廉政建设和反腐败工作。认真贯彻中央纪委十八届三次、四次全会精神，落实党风廉政建设党委主体责任和纪委监督责任，开展全省落实党风廉政建设责任制情况专项检查，出台落实两个责任意见和责任追究实施细则，加大问责力度，促进责任担当和职责履行。重视廉政提醒、制度预防，加强对权力运行的制约和监督，突出抓好土地出让等领域廉政风险防控。坚持以零容忍的态度惩治腐败，进一步加大查办案件力度，持续保持反腐败高压态势。全年全省纪检监察机关立案 5779 件，其中：厅级干部案件 17 件，县处级干部案件 191 件；结案 5737 件，给予党纪政纪处分 5665 人，移送司法机关 810 人。

保持经济持续健康发展。面对"三期叠加"和经济下行压力的形势，积极适应经济发展新常态，牢牢把握稳中求进的工作总基调，坚持好字当头，注重经济发展的结构、质量和效益，全力保持平稳较快发展势头。采取有力措施稳增长。认真落实中央有关稳增长的一系列政策措施，保持适当投资强度，积极扩大消费规模，努力扭转外贸出口下滑势头。及时跟踪分析经济形势，针对经济运行中存在的困难和问题，适时出台工业稳定增长、金融扶持实体经济发展、促进信息消费等具体举措，包括推动工业稳增长促转型 11 条、扶持小微企业 9 条、支持龙头企业加快发展 7 条、促进内贸稳定发展 9 条、促进外贸稳定增长 9 条等，有效稳住经济发展基本盘。召开金融工作座谈会，推动缓解企业融资难融资贵的问题，未雨绸缪防范金融风险。加快推动产业结构优化。针对福建省产业结构现状，提出通过龙头带动做大增量从而实现结构优化的思路，坚持抓龙头、铸链条、建集群、筑平台、促融合，着力实施产业龙头促进计划和加快转型升级的六大专项行动，支持龙头企业通过兼并重组提质增效。采取多种举措，支持民企逆势而上创新发展。加快现代服务业发展步伐，现代物流、电子商务、服务外包、金融保险、文化创意、信息等生产性服务业和旅游、健康、养老等生活性服务业较快增长。大力发展现代农业，以"一区两园"为重要平台，扶持设施农业、现代种业工程，加快培育新型经营主体，持续提升农业农村信息化水平。大力统筹城乡区域发展。推进科学扶贫和精准扶贫，把 23 个发展相对滞后县列为省级扶贫开发工作重点，在政策、项目、资金、人才等方面给予倾斜扶持。完善对口帮扶工作机制，沿海县市与挂钩帮扶山区县共建 17 个山海协作产业园区。2014 年"造福工程"搬迁安置 5 万户、20 万人，新建 100 个 100 户以上省级造福工程集中安置区。认真贯彻落实习近平总书记关于新型城镇化工作的重要批示精神，在晋江召开新型城镇化工作现场会，出台《关于促进中小城市和城镇改革发展的若干意见》。厦漳泉和福莆宁同城化迈出新步伐，国家和省级新型城镇化试点扎实推进，46 个小城镇综合改革试点取得新进展，选择 15 个不同类型的中心镇开展"小城市"培育试点，提高福建省城镇化质量。

落实十八届三中全会关于全面深化改革的部署。认真贯彻十八届三中全会和习近平总书记给福建省 30 位企业家的重要回信精神，准确把握全面深化改革的总体要求，注重以深化经济体制改革为重点，发挥经济体制改革的牵引作用；注重通过全面深化改革，把福建的潜力和优势充分发挥出来；注重坚持先行先试、大胆创新，努力打造公平高效、充满活力的市场环境，山清水秀、宜居宜业的生态环境，互利共赢、和平发展的开放环境，风清气正、和谐稳定的社会环境。省委成立全面深化改革领导小组，加强对改革工作的领导，下设 8 个专项工作小组，建立专项工作小组联络员会议机制。注重加强总体设计，通过召开省委常委会、省全面深化改革领导小组会议等，研究部署重大改革举措和阶段性工作，下发《福建省全面深化改革领导小组2014年工作要点》《福建省党的纪律检查体制改革实施方案》《福建省深化文化体制改革实施方案》等50多份文件。建立指导基层试点的工作机制，实行省委常委挂钩联系改革试点制度，每个省委常委挂钩1—2个地方改革试点，积极探索可复制、可推广的改革路径和成功经验。紧紧抓住经济体制改革这一重点，进一步激发市场活力。政府职能转变和机构改革力度加大，行政审批制度改革向纵深推进，省级审批事项由原来的379项精简至329项，进一步优化审批流程和提高审批效率，推行省级行政权力清单制度；工商登记制度改革全面铺开，组织实施"先照后证"登记制、放宽经营范围登记、延伸"直接登记制"等5项创新举措；外商投资全面实行"审批目录"加"简化审批"管理模式。省级政府机构改革全面完成，省属事业单位分类基本完成。省级行政机关与所办(属)企业脱钩、省级非教育行政单位与所属院校脱钩、省直部门所属干部教育培训机构整合全面启动；投资体制改革步伐加快，取消和下放60.0%的省级核准事项，省级核准的企业投资项目减少到19项。出台省级事业单位科技成果使用处置和收益管理改革，推进"6·18"虚拟研究院、海峡技术转移中心建设，加快科技成果向现实生产力转化。财税体制改革有序推进，在实施预算全口径编制、扩大营改增等税制改革试点、规范政府债务管理、引导政府购买服务以及政府与社会资本合作等方面取得积极成效。研究制订深化省属国有企业改革促进发展的意见和省属企业进一步重组方案，开展股权多元化改革试点。举办首届国企和民企产销会，向社会资本推出28个PPP(公私合作)试点项目，推进混合所有制经济发展。清理规范专项转移支付制度，建立政府性债务绩效评估机制。同步推进政治、文化、社会、生态文明和党的建设等领域改革，使各项改革相互促进、良性互动。民主与法制领域改革方面，重点在科学民主立法、协商民主制度化、司法权力运行机制、人权司法保障制度等方面探索创新。文化体制改革方面，推进县(市、区)文化、广电、新闻出版"三局合一"，推进国有文化事业单位和经营性文化单位改革，推动传统媒体和新兴媒体融合发展。社会治理体制改革方面，研究出台深化安全生产、完善食品药品监管、建立健全立体化治安防控体系、健全完善调解和信访工作机制、创新基层社会治理等领域改革意见。农村改革方面，加快推进农村土地承包经营权确权登记颁证工作，稳妥开展农村土地承包经营权和农民住房财产权抵押担保试点。纪律检查体制改革方面，开展查办腐败案件体制机制改革试点和权力运行网上公开试点，在全国率先推行绩效管理标准化建设。在全国率先出台《关于大力推进福建军民融合深度发展的决定》，得到中央军委、南京军区首长的批示肯定。加大对外开放步伐。积极融入"一带一路"建设，制订贯彻落实"一带一路"战略的实施意见。充分发挥福建优势，进一步加强与"海丝"沿线国家及中东、非洲等地区的交流合作，努力把福建建设成为21世纪海上丝绸之路的交通枢纽、经贸合作的前沿平台、人文交流的重要纽带。出台一系列政策措施，不断优化福建对外开放的环境。主动学习借鉴上海自贸试验区建设经验，进一步整合优化各类海关特殊监管区，研究制订《中国(福建)自由贸易园区总体方案》，被国务院批准成为第2批自贸园区试点3个省份之一。积极探索实施外商投资项目备案制度，推进跨境电子商务和外汇制度改革试点，加快电子口岸和"单一窗口"建设。启动实施"三个一"通关模式，促进通关便利和贸易便利。

保障改善民生和加强社会治理。按照守住底线、突出重点、完善制度的工作思路，在财政收支压力较大的情况下，量力而行、尽力而为，扎实做好改善民生各项工作，大力加强社会治安治理，让人民群众安居乐业。抓好为民办实事项目。全年21项为民办实事项目按时按计划完成。全年全省财政涉及相关民生的支出1588.5亿元，占公共财政支出的71.7%。推广职工岗位培训和农民工技能提升培训，实施"大学生就业促进计划"，全年城镇新增就业60万人，城镇登记失业率3.6%。促进职业教育产教融合，推进基础教育"补短""强优"，全省37个县(市、区)通过"全国义务教育发展基本均衡县"国家认定。开展"全民参保登记计划"试点，上调城乡居民基础养老金最低标准和基本医保政府补助标准。加强宣传引导，积极稳妥实施"单独二孩"政策。福建列人国家医改试点省份，县级公立医院综合改革全省基本覆盖，城乡居民医保筹资标准和保障水平进一步提高。保障性安居工程连续5年超额完成国家下达的年度目标任务。深入实施文化惠民工程。农村饮水安全、餐桌污染治理等有力推进，启动开展农产品质量安全示范省创建活动。维护社会和谐稳定。以"平安福建"、"法治福建"建设为抓手，着力维护社会稳定、创新社会治理方式、深化司法体制机制改革，有效确保全省社会大局总体稳定，群众的安全感、平安建设知晓率、执法工作满意度明显上升，连续10年位居全国综治工作优秀省行列。省委专题研究部署预防和处置群体性事件工作，要求各地对可能诱发群体性事件的隐患问题进行全面排查和处置，全年群体性事件起数、人数比上年分别下降40.5%、22.2%。深入实施依法处理信访事项"路线图"和信访工作七项机制，全省受理信访总量下降3.5%，初信初访事项办结化解率提高9.1个百分点，息诉息访率提高4.2个百分点。

扎实做好宣传思想文化工作。深刻认识新形势下意识形态工作的极端重要性，深入学习全国宣传思想工作会议和习近平总书记在文艺工作座谈会上的重要讲话精神，牢牢把握政治方向，采取有力措施推动宣传思想工作再上新水平。加强思想理论武装。深入学习宣传习近平总书记系列重要讲话精神，与学习贯彻习近平总书记在福建工作时的重要思想观点和对福建工作的重要指示精神结合起来，重点抓好党委中心组学习，各级领导班子和党员领导干部带头深入宣讲、带头撰写文章，引导党员干部深刻理解和把握习近平总书记重要讲话的精神实质。做好《摆脱贫困》一书重印发行工作，并与《求是》杂志社共同举办“深入学习习近平总书记系列重要讲话暨《摆脱贫困》理论研讨会”。深化中国特色社会主义和中国梦宣传教育。组织开展以“八闽共筑中国梦”为主题的宣传和文艺创作活动，推动中国特色社会主义理论体系进教材、进课堂、进头脑。提高舆论引导水平。大力宣传党的十八大和十八届三中、四中全会精神，精心策划“百姓富、生态美”“一带一路”、生态文明先行示范区建设等一批重大主题宣传活动，开展基层“最美人物”等先进典型评选和宣传活动，大力弘扬社会主义核心价值观。加强主流媒体传播力公信力建设，成立省新闻道德委员会，推进省委宣传部与高等学校共建新闻学院，推动福建主流传统媒体和新兴媒体融合发展，推动“网上福建日报”、省网络广播电视台等新兴媒体建设，推动全省新闻网站“一县一网”建设。加强重要舆情管控，依法清理网上政治类有害信息，做好对错误思潮和观点的辨析和批驳，引导干部群众划清是非界限。加强突发事件和社会热点舆论引导，壮大网上主流舆论。高度重视网上舆论工作，省委成立网络安全和信息化领导小组，完善互联网管理体制和工作机制，加快建立网站总编辑制度，依法加强网络信息管理，培育健康向上的网络舆论生态。扩大福建文化影响力。加大传统文化传承和保护，大力复兴“闽学”，加强“闽派批评”“闽派翻译”等品牌建设，传承和弘扬福建戏曲，深入实施“记得住乡愁”历史文化街区、村镇保护计划，加强历史名城、名镇、名村和传统街区保护，制订《福建省历史文化名城名镇名村保护条例》，开展“福建家训”征集传播活动，涌现出晋江“五店市传统街区”等经验。加强对朱子文化的研究，充分发掘朱子文化资源，大力推进朱子文化品牌建设工作项目。推出一批富有福建地方特色的作品，在第十三届中宣部“五个一工程”评选中福建省再获组织工作奖。充分发挥福建作为海上丝绸之路的重要发祥地和中国最早对外开放省份的优势，举办海上丝绸之路文物特展，创作编排大型舞剧《丝海梦寻》，摄制纪录片《海上丝绸之路》等，打造特色鲜明的“海丝”文化品牌。赴京举办“福建戏剧优秀剧目展演”和“海峡漆艺术大展”。实施“福建中央苏区历史文化宣传计划”，扩大福建“红色文化”在全国的影响。加强和改进对外宣传，建设对外传播体系，拓展对外文化交流，加强对外文化贸易，提升福建文化知名度和传播力。

推进生态文明先行示范区建设。2014年3月国务院出台《关于支持福建省深入实施生态省战略加快生态文明先行示范区建设的若干意见》，省委随即研究制订实施意见，召开九届十一次全会全面部署贯彻落实工作。着力创新生态文明建设体制机制，稳步推进水和大气环境综合整治、重点流域生态补偿、节能量交易、排污权交易、生态红线划定和水、土地、矿产、森林、海洋等资源集约节约利用等制度体系建设，全面推行“河长制”（即由各级党政主要负责人担任“河长”，负责辖区内河流的污染治理）和大气污染防治工作责任机制，努力争取为全国提供可资借鉴的有益经验。从2014年起在考核体系上，对列为限制开发区域的34个县（市）取消GDP考核，实行农业优先和生态保护优先的绩效考评方式。改革市长环保目标责任制考核办法，形成建设生态文明的正确导向。继续贯彻落实习近平总书记关于治理水土流失的重要批示，全面推广“长汀经验”，坚持不懈抓生态建设，打造“清新福建”的金字招牌。全面推进宜居环境建设，突出“点线面”攻坚，实施一批“三边三节点”整治项目，加快美丽乡村建设，全省“两违”治理专项行动取得明显成效。截至年底，全省23个城市的空气质量达到或超过国家二级标准，12条主要水系水质状况优良，全省森林覆盖率66.0%，继续保持全国第一。

深化闽台交流合作。按照习近平总书记关于福建要在两岸关系发展中发挥更大作用的重要指示，充分发挥福建独特优势，深入推进闽台经济、社会、文化融合，努力服务中央对台工作大局。访台活动取得圆满成功。2014年7月7—11日，省委书记尤权率福建省交流考察团赴台，从台湾南部入岛，宣传和落实习近平总书记提出的“两岸一家亲、共圆中国梦”理念，以“走亲访友、合作交流、共同发展”为主题，把工作重点放在“三中一青”（台湾中南部、中低阶层、中小企业和青少年），深入台湾基层民众，与各阶层交流互动，得到台湾各界的积极评价和中央的充分肯定。经贸合作持续深化。不断完善闽台合作交流机制，积极促进闽台产业深度对接，深化与台湾百大企业和行业龙头企业合作，进一步做大做强电子信息、石油化工、机械装备等重点合作产业，福欣不锈钢、义联镍合金、古雷炼化一体化等重大台资项目进展顺利，台联电12英寸集成电路、华映中小尺寸面板、海峡大数据中心等10多个重点台资项目在福建落地。大力支持闽台农业合作发展，海峡两岸新型农民交流培训基地、海峡品牌农产品展示交易中心挂牌成立。推动闽台服务贸易合作，在银行、养老、证券、医疗等领域促成一批台资项目生成。加快福州、厦门闽台文化产业示范园建设，创意设计、影视出版、动漫游戏等领域合作取得积极成效。文化交流和民间往来日益密切。继续办好系列祖地文化对台交流活动，扩大闽南文化、妈祖文化、客家文化等在岛内的影响。成功举办第六届海峡论坛和第七届海峡两岸文博会等活动。深化乡镇村里对接交流，举办首届闽台同宗同名村交流大会，赴台举办海峡百姓论坛。大力推进闽台青年交流，举办“海峡青年节”“万名台湾青年学子来闽修学旅游”“福建文化宝岛校园行”、第三届海峡两岸应用技术类大学校长论坛等系列活动。加强闽台科技、教育、医疗、旅游等领域交流合作，聘用台湾专才到福建高校科研院所和平潭综合实验区工作。厦门首次开通以台湾为主航线的邮轮航线。经福建口岸赴金马澎和台湾本岛旅游人数增长50%左右，海峡旅游“黄金通道”作用进一步显现。平潭开放开发取得新进展。习近平总书记等多位中央领导深入平潭调研，为平潭发展注入强大动力。平潭口岸正式对外开放，7月15日全岛正式封关运作，启动实施“分线管理”通关模式。国家赋予的7方面28条政策基本落实到位。省委、省政府在平潭召开现场办公会，从项目布局、地方债券、机构整合等9个方面，给予政策上的倾斜。平潭的工作重点从前几年的基础设施建设为主，转向产业发展和体制创新为主的新阶段。探索外资准入前国民待遇加负面清单管理模式。完成区县行政区划改革，实行扁平化管理，整合工商、质监、食药监成立市场监管局。海峡大桥复桥建成通车，环岛路等“一环两纵两横”城市干道基本建成，新开通平潭至台北客滚航线。着力培育电子信息、现代物流等产业，积极打造国际旅游岛，建设面向台企台胞的“一市场两园区”(对台小额商品交易市场、台湾创业园、台湾高新技术园)，增强对台吸引力和影响力。

【省委主要会议】 省委九届十一次全会。2014年9月15日中共福建省委九届十一次全体会议在福州召开，出席会议的省委委员65名、候补委员10名。参加会议的有：省人大常委会、省政府、省政协党员负责人，省法院院长、省检察院检察长，省人大、省政府、省政协秘书长，省纪委常委，各市、县(区)党委书记，各市、县(区)长，平潭综合实验区党工委书记、管委会主任，省直有关单位党组(党委)主要负责同志。列席会议的有：非中共党员的省级领导干部，在闽的全国人大、政协专委会领导，担任过副省级以上领导职务的老同志，省各民主党派主委、专职副主委，在榕省直单位副厅以上的领导干部。会议讨论《关于进一步加快福建科学发展跨越发展的行动计划》和《贯彻落实〈国务院关于支持福建省深入实施生态省战略加快生态文明先行示范区建设的若干意见〉的实施意见》，审议通过《中国共产党福建省第九届委员会第十一次全体会议决议》。会议审议通过关于追认给予龙海市委原书记张宗苎开除党籍处分的决定。

会议指出，中央高度重视和支持福建发展。党的十八大以来，习近平总书记多次就福建工作作出重要指示，要求福建发挥优势、加快发展，为祖国和平统一大业作出新的贡献。中央的重大战略部署，将福建发展提到国家战略的高度，与维护中华民族核心利益紧密结合起来，给福建发展带来重大历史机遇。全省各级党组织和广大党员干部要从全局和战略的高度，充分认识进一步加快福建科学发展跨越发展的重大意义，切实把思想和行动统一到中央重大战略部署上来，统一到习近平总书记的战略思想上来；要充分认识机不可失、时不再来的道理，进一步增强责任感和紧迫感，背水一战、迎难而上，推动福建经济社会又好又快发展，坚决完成好中央赋予的重大政治任务。

会议明确进一步加快福建科学发展跨越发展的总体要求和主要任务。总体要求是，深入学习贯彻习近平总书记系列重要讲话和对福建工作的重要指示精神，认真落实中央重大战略部署，坚持科学发展跨越发展和“百姓富、生态美”的有机统一，进一步解放思想、开拓创新，求真务实、埋头苦干，全面深化改革，切实做到“三个必须”，即必须保持比全国高一点的有质量有效益的速度，必须通过龙头带动做大增量优化结构，必须高度重视生态建设和环境保护，努力实现速度、结构、质量、环境的协调发展。主要任务是做大总量、优化结构、改善民生、融合发展。进一步转变发展方式，增强自主创新能力，改善三次产业结构，打造福建经济升级版；要着力保障和改善民生，增进人民福祉，提升人民生活水平；要大力推动闽台经济全面对接，文化深度交流，人员密切来往，社会融合发展，为促进祖国和平统一大业积累正能量。

会议强调，要把进一步加快福建科学发展跨越发展作为全省的中心工作，充分利用各方面有利条件，积极克服不利因素，千方百计将潜在优势变成现实优势。要始终把稳增长放在突出位置，更加重视发挥投资的关键性作用，稳步提高出口、消费对经济增长的贡献率，努力保持一个较高的有质量有效益的增长速度。要加快交通、能源、水利和信息等基础设施建设，构建现代基础设施体系，增强发展支撑能力。要落实创新驱动战略，推动以科技创新为核心的全面创新，形成新的增长动力源泉。要强化龙头带动，适当加大先进水平重化工业发展力度，加快现代服务业发展步伐，鼓励支持民营经济和中小企业发展，做大做强战略性新兴产业，以增量优化推动结构优化。要深入实施生态省战略，认真落实国务院《若干意见》，狠抓生态建设、环境保护和能源资源节约工作，突出体制机制创新，努力实现遵循自然规律的可持续发展。要遵循“两岸一家亲”的理念，推动闽台在经济、文化、社会等方面的深度融合，切实把对台独特优势转化为推动发展的优势。要深化改革扩大开放，推进市场环境、生态环境、开放环境、社会环境建设，积极融入国家“一带一路”战略，打造21世纪“海上丝绸之路”的重要枢纽。要注重统筹城乡区域协调发展，突出特色，把福州大都市区和厦漳泉大都市区建成带动全省发展的主引擎，加快中小城市、中心城镇和美丽乡村建设。要注意解决人民群众的切身利益问题，千方百计维护社会稳定，逐步提高民生保障水平。

会议要求，全省各项工作都要服从服务于进一步加快福建科学发展跨越发展这个中心任务。各级各部门要迅速行动起来，以昂扬精神和良好作风抓好工作落实。要进一步强化责任、狠抓落实，做到件件工作有部署、项项任务有着落，军令到岗、责任到人，一级抓一级、层层抓落实。要进一步转变作风、夯实基层基础，大力弘扬习近平总书记在闽工作时倡导的“滴水穿石”“马上就办”“四下基层”等优良传统作风，大力推进基层党组织建设。要进一步落实主体责任，推进党风廉政建设和反腐败斗争，加强对权力运行的制约和监督，努力打造优良的政治生态。

省委九届十二次全会。2014年12月19日中共福建省委九届十二次全体会议在福州召开，出席会议的省委委员62名、候补委员10名。参加会议的有：省人大常委会、省政府、省政协党员负责人，省法院院长、省检察院检察长，省人大、省政府、省政协秘书长，省纪委常委，各市、县(区)党委书记，各市、县(区)长，平潭综合实验区党工委书记、管委会主任，省直各单位党组(党委)主要负责人，部分福建省中共十八大代表、省第九次党代会代表中有关专家学者、基层人士代表。

列席会议的有：非中共党员的省级领导干部，在闽的全国人大、政协专委会领导，担任过副省级以上领导职务的老同志，省各民主党派主委、专职副主委，省工商联主要负责人，在榕省直单位副厅以上的领导干部。会议讨论省委常委会的工作报告和《中共福建省委、福建省人民政府关于深入贯彻落实习近平总书记来闽考察重要讲话精神的意见》、《中共福建省委关于贯彻党的十八届四中全会精神全面推进依法治省的实施意见》，审议通过《中共福建省第九届委员会第十二次全体会议决议》。

会议充分肯定一年来省委常委会的工作。一致认为，在党中央的正确领导下，省委常委会深入贯彻党的十八大和十八届三中、四中全会精神，认真贯彻习近平总书记系列重要讲话精神和对福建工作的重要指示，紧紧抓住中央支持福建加快发展的难得机遇，全面落实从严治党政治责任，全力稳定经济增长，深化改革扩大开放，推动全省经济、政治、社会、文化、生态文明建设和党的建设迈出新步伐，取得新成效。

会议指出，习近平总书记来闽考察重要讲话，站在全局和战略高度，深刻系统阐述事关福建当前和长远发展的重大问题，内涵丰富、思想深刻，是进一步加快福建科学发展跨越发展的纲领性文件。全省广大党员干部要深入贯彻落实习近平总书记的重要讲话精神，切实落实中央关于福建加快发展的重大决策部署，切实加快特色现代农业建设，切实保障和改善民生，切实把从严治党落到实处，努力建设机制活、产业优、百姓富、生态美的新福建。要主动适应经济发展新常态，正确认识和处理"好"与"快"的辩证关系，在有质量、有效益、不损害环境、没有水分的前提下，努力保持一个比较快的发展速度，努力做到好字为先、好中求快。要着力扩大有效需求，增强投资、消费、出口"三驾马车"的拉动力；着力构建现代产业体系，打造一、二、三产业升级版；着力深化各项改革，完善发展环境，不断增强发展的动力和活力；着力推进自由贸易试验区建设和融入 21 世纪海上丝绸之路建设，进一步深化闽台交流合作，切实提高对外开放水平；着力统筹城乡区域协调发展，进一步优化经济发展格局；着力保障和改善民生，让人民群众享受更多发展成果。

会议强调，深入贯彻习近平总书记来闽考察重要讲话精神，关键要集中精力抓落实，切实把中央和省委的部署要求落实到行动上，见之于实效中。要增强机遇意识，抓住有利时机，顺势而为，借势而上，争取各项事业上一个新的台阶。要用足用好政策，使政策优势变成实实在在的发展优势。要抓紧实施规划确定的基础设施、产业发展和社会事业项目，不断培育新的经济增长点。各级党委要切实加强对经济工作的领导，强化责任担当和监督检查，建立健全抓工作落实的机制，推动各方面在抓落实上同轴共转、齐心共抓。

会议强调，党的十八届四中全会系统阐明全面推进依法治国的重大理论和实践问题，对全面推进依法治国做出重大部署，为建设社会主义法治国家提供根本遵循和行动指南。要认真贯彻落实四中全会精神，全面推进依法治省工作，为科学发展跨越发展提供法治保障。要牢牢把握正确方向，坚持党的领导，坚定不移走中国特色社会主义法治道路；要以宪法为根本准则，确保宪法和法律在全省得到全面正确实施；要坚持科学民主立法，不断提高地方立法质量；要深入推进依法行政，加快建设法治政府；要保证公正司法，提高司法公信力和权威性；要增强全民法治信仰，推进社会治理法治化；要加强党对全面推进依法治省工作的领导，不断提高运用法治思维和法治方式推动工作的能力。

会议要求，贯彻落实习近平总书记系列重要讲话和来闽考察重要讲话精神，落实依法治省的各项任务，必须加强党的领导，改进党的建设。全省各级党组织要按照习近平总书记关于切实落实从严治党政治责任的要求，全面加强党的思想建设、组织建设、作风建设、反腐倡廉建设、制度建设，突出主业抓党建，从严管理干部，进一步落实中央八项规定精神，巩固和扩大党的群众路线教育实践活动成果，深入推进反腐败斗争，努力把党的政治优势和组织优势转化为推动福建各项事业发展的强大动力。（林　密）

【组织工作】 参与组织指导党的群众路线教育实践活动。起草《福建省第二批深入开展党的群众路线教育实践活动的实施方案》，会同有关部门抓好组织实施，指导各地各单位把严的标准、严的措施、严的纪律落实到活动全过程。认真做好中央政治局常委和省委常委联系点保障服务工作，指导开好专题民主生活会。协助省委抓好整改落实和专项整治工作，各地解决"四风"问题 7.3 万个，解决关系群众切身利益问题 14 万多个，党员干部的政治纪律、群众观念、自律意识、工作热情明显增强，社会各界给予较高评价。制订《省直单位改进作风制度建设参考指南》《关于建立民情工作机制的意见》，指导各地各单位有计划、有步骤地推进制度建设，修订制度 2.2 万项、新建 1.8 万项。做好教育实践活动总结，举办全省党的群众路线研讨会，协助省委召开全省教育实践活动总结大会，督促各地各单位抓好活动后续工作。9 月 1 日，张德江委员长专门听取上杭县委和省委活动工作汇报，对福建省教育实践活动给予充分肯定。

切实抓好党的十八届三中、四中全会和习近平总书记系列重要讲话精神学习贯彻。举办 5 期厅级干部研讨班，邀请 23 位省领导作专题辅导，1339 名厅级干部参加培训，参训率 97.9%。指导各地各部门抓好县处级领导干部集中轮训工作，有力推动党员干部坚定理想信念、增强"三个自信"。召开学习《摆脱贫困》一书理论研讨会，组织领导干部赴古田会议旧址学习研讨，组织县(市、区)委书记到东山谷文昌纪念馆接受党性锻炼，重温党的光辉历史和优良传统。制订实施《2014－2017 年福建省干部教育培训规划》，与中央党校、清华、北大、人大、厦大等院校联合举办城市建设管理、海洋经济、县域经济、金融管理等 10 个专题培训班，600 多名省管领导干部参加培训；与台湾"国立"中山大学、台湾暨南大学等台湾高校联合举办社会治理、现代农业等 10 个专题培训班，选派180名处级干部、300名乡镇党委书记赴台参训，对提升能力素质起到积极作用。

突出事业发展需要培养选拔好干部。认真抓好中央新修订的《干部任用条例》学习贯彻，协助省委举办专题学习报告会，组织全省县（市、区）委书记集中学习，提高领导干部掌握运用《条例》的水平。坚持正确用人导向，做好省管干部调整配备工作，全年省委常委会研究调整10批、355名省管领导干部。制订实施《省直单位主要领导定期考核评价办法》，在省委全委会上采取无记名投票方式进行测评，做好相关访谈、考核、谈心谈话和调整工作，督促一把手履职尽责、推动工作。召开全省培养选拔优秀年轻干部工作座谈会，实施“3个100”年轻干部培养工程，选派100名“70后”县处级干部到省外经济发达地区挂职、105名市县干部到省直单位挂职，从省直单位选派123名处级干部、博士到基层挂职。争取14个中直单位21名国家综合、经济部门干部来闽挂职，完成新一轮援疆、援宁、援三峡库区干部选派工作。开展省管后备干部集中调整工作，建立800名左右省管后备干部人选名单。

深入开展选人用人专项整治工作。围绕中央巡视组反馈的选人用人问题和全国干部监督工作会议部署的专项整治任务，开展“7＋3”专项整治，全面完成“裸官”、领导干部企业违规兼职、“三超两乱”、“切线改非”、退（离）休老同志社团兼职等问题的有效治理。开展“谈心谈话月”活动，结合元旦春节慰问调研、参加省“两会”、单位年度考核等工作，部领导班子成员与150名省管干部谈心交心。开展领导干部个人有关事项报告抽查核实工作，全年全省各级随机抽查核实1106名领导干部。加大举报受理查核力度，全年受理群众举报件498件，按规定对其中186件进行查核。开展2013年度干部选拔任用工作“一报告两评议”，中组部反馈干部群众对省委干部选拔任用工作总体评价、执行干部选拔任用工作政策法规、整治用人上不正之风和深化干部人事制度改革的评价“满意”和“基本满意”两项比例之和均为100％，新提拔任用干部评议“满意”和“基本满意”的平均分值为92.1％。

深入实施“海纳百川”高端人才聚集计划。启动第四批省“百人计划”遴选工作，遴选首批省特支人才“双百计划”186人、省优秀人才“百人计划”85人。从清华、北大、人大3所高校选拔引进第三批28名优秀毕业生到县乡或开发区任职，做好第一批51名引进生安置工作。启动第二批人才强县试点工作，选派26个科技服务团、156名干部人才赴23个省级扶贫开发工作重点县和重点开发区开展科技服务，选派第二批73名干部人才赴平潭挂职。做好2014年高层次人才需求征集发布工作，发布岗位需求1679个、需求人数3363人。举办第二届“4·18”人才项目与资本对接会、海外留学人才创业周等招才引智活动，签约项目187项，签约金额56.57亿元。制订出台《深化闽台人才交流合作行动计划》，召开两岸人才交流大会，与台湾1111人力银行联合成立海外人才引才机构，推进闽台人才交流合作向纵深发展。

推进基层党建工作创新。开展软弱涣散基层党组织整顿工作，全省摸排软弱涣散基层党组织1722个，通过配齐配强班子、部门挂钩帮扶、选派干部驻村等措施，整顿转化1718个。选派第四批2349名党员干部驻村担任“第一书记”，中组部部长赵乐际两次作出批示，要求推广福建做法。选派两批40名省直机关处级干部到龙岩、漳州开展为期1个月的蹲点调研，选派1000名薄弱村（社区）党组织书记到相对先进村（社区）开展为期一个半月的异地挂职锻炼。从优秀村（社区）主干考录148名乡镇（街道）公务员，选拔368名选调生和568名大学生村官到基层一线锻炼。加大基层基础保障力度，将村级组织运转经费财政补助标准提高到每村8万元，增长60.0％；社区提高到5万元，增长1.5倍。开展非公企业党建“调研推进月”活动，巩固“百日攻坚行动”成果。从省管党费中拨出1500万元慰问困难党员和老党员。召开设区市委书记抓基层党建工作述职评议会，增强各级党组织书记抓党建主业意识，推动形成大抓基层党建的鲜明导向。

推进党的建设制度改革。成立专项工作小组，先后3次召开党的建设制度改革专项工作小组会议，明确制度改革任务和要求。坚持务实管用、急用先立原则，制订实施《加强省级扶贫开发工作重点县人才和干部队伍建设的意见》《体现主体功能区特点和生态文明要求的市县党政领导班子和领导干部政绩考核办法》等19项制度。开展在职党员到社区报到为群众服务、疏通党员队伍出口、新提任领导干部有关事项公开制度试点，为改革积累经验。（郑　炜）

【宣传工作】 2014年，省委宣传部组织习近平总书记系列重要讲话和来闽考察重要讲话精神的学习宣传贯彻。把学习宣传贯彻习近平总书记系列重要讲话和来闽考察重要讲话精神作为重大政治任务，着力抓好党委中心组和领导干部学习。把学习系列重要讲话与学习习近平总书记在福建工作时的思想、方略和实践结合起来，与学习习近平总书记来闽考察重要讲话精神结合起来，与学习习近平总书记给福建企业家、厦门市集美校友总会的重要回信精神结合起来，切实增强学习效果。做好《摆脱贫困》一书重印发行和学习宣传研究工作，举办“深入学习习近平总书记系列重要讲话暨《摆脱贫困》理论研讨会”，《福建日报》先后推出5篇“习近平同志在福建”系列长篇通讯，在全国引起热烈反响。深化中国特色社会主义和中国梦宣传教育，加强理论研究、阐释和宣传引导，推动党的创新理论成果深入人心。

加强新闻宣传和舆论引导。深入宣传党的十八大和十八届三中、四中全会等重要会议精神，宣讲四中全会精神15000多场、受众180多万人次；组织“百姓富、生态美”“一带一路”、生态文明先行示范区建设等主题宣传，推出“改革进行时”等专题专栏。中央媒体先后8次对福建改革发展典型经验和典型人物进行聚焦和报道。加强新闻评论，召开“办好报纸文艺副刊座谈会”，不断提升新闻宣传质量和水平。按照时、度、效的要求，妥善做好突发事件和热点敏感问题舆论引导，加强舆情研判应对，加强和改进舆论监督，为改革发展稳定营造良好舆论氛围。举办重要舆论阵地领导干部培训班，成立省新闻道德委员会，推进与厦门大学、福建师范大学共建新闻学院。加大对外宣传力度，认真筹备“21世纪海上丝绸之路”国际研讨会。

扎实推进社会主义核心价值观建设。制订福建培育和践行社会主义核心价值观的《实施意见》，实施“六大行动计划”，推动落细落小落实。大力宣传朱熹、林则徐、严复等福建历代知名人物的传统美德、爱国情操和优秀品质，选编福建现当代著名诗人诗歌并在高校开展诵读活动。广泛开展“诚信福建”建设、学雷锋志愿服务活动，扩大道德文明信用贷款试点，开展向焦裕禄、谷文昌同志学习宣传活动，推出盖军衔、黄志丽等先进典型。深化精神文明创建，建立徒步骑车察看文明创建工作机制，完成2012—2014年度全国和全省各类精神文明建设先进考评推荐工作。深化“我们的节日”“讲文明树新风”“厅堂悬挂家训”等活动，公益广告宣传形成强势，公民出境旅游文明素质进一步提升。

弘扬优秀传统文化、打造福建文化品牌。研究制订《朱子文化品牌建设工作项目》，建立省朱子文化品牌建设联席会议制度，确定朱子文化品牌建设“一个保护区、五项工程、一项机制”的30个工作项目。推动复兴广义“闽学”，在全省媒体开展“探访闽文化的精神力量”活动，推进“闽派批评”“闽派翻译”“闽派诗歌”等系列品牌建设。加大文化遗产保护力度，实施“记得住乡愁”历史文化街区村镇保护计划。

大力推进文化改革发展。制订实施《福建省深化文化体制改革实施方案》；完成省新闻出版广电局职能整合，深化省属文艺院团内部三项制度改革。认真学习贯彻习近平总书记在文艺工作座谈会上重要讲话精神，实施“一揽子方案”，开展“深入生活、扎根人民”主题实践活动，加强精品力作的创作生产。在第十三届精神文明建设“五个一工程”中福建有6部作品获奖，省委宣传部获“组织奖”。大型舞剧《丝海梦寻》等7台福建优秀剧目在国家大剧院、中央党校和梅兰芳大剧院演出8场。“丝路帆远——海上丝绸之路文物精品展”在国内外巡展。深入实施文化惠民工程，推广低票价文艺演出、扶持实体书店等创新模式，广泛开展“三下乡”等活动，促进公共文化服务标准化与均等化。实施文化产业龙头促进计划，推进文化与科技、旅游等产业融合发展，文化产业规模化集约化专业化水平有新提升。加强对外宣传和文化交流，制订实施对外文化贸易一系列新政策，福建对外文化贸易进出口额位居全国前列。

加强网络文化建设和网上舆论引导。加快传统媒体和新兴媒体融合发展，启动网上移动福建日报工作，推动省广播影视集团建设网络广播电视台，推出福建新闻联播微信公众号。加快新闻网站“一县一网”建设，稳步推进手机报“一省一报”，巩固拓展网上阵地。依法清理网上有害信息，加强互联网行业自律。

推动闽台文化融合发展。做好省领导率团赴台交流考察的宣传报道。加强媒体交流互访，联合开展“清新福建”等主题采访活动。赴台举办“福建文化宝岛行——福建优秀舞台剧（节）目赴台巡演”，办好海峡论坛等重点涉台文化活动，举办“大漆艺术——2014海峡漆艺术大展”等活动，在台湾首办“闽版图书巡回展”，扩大“妈祖之光”“客家之歌”等文化品牌效应。深化闽台文化产业对接，海峡两岸文博会、图交会、版博会和第六届海峡媒体峰会取得良好效果。

提高宣传干部履职能力和专业化水平。制订《加强宣传干部学习研究的工作方案》，创办《福建文化调查》内刊，推动宣传干部多学习、多总结、多调研、多思考。抓好宣传文化人才建设，举办宣传部长培训班、第12－13期全省哲学社会科学教学科研骨干研修班等，深入实施“四个一批”人才培养和文化名家工程。巩固和扩大教育实践活动成果，“走转改”“四下基层”逐步常态化，作风建设取得新成效。

（吴功铭）

【统战工作】 *广泛凝聚思想共识*。组织引导全省统战部门认真学习习近平总书记来闽考察重要讲话以及给福建省企业家回信、纪念陈嘉庚先生诞辰140周年给厦门集美校友总会回信精神，把学习习近平总书记系列重要讲话精神同学习贯彻十八届三中、四中全会以及省委九届十一次、十二次全会精神结合起来，同指导全省各民主党派、组织无党派人士扎实开展坚持和发展中国特色社会主义学习实践活动结合起来，同引导非公经济人士深入开展以“四信”为主要内容的理想信念教育实践活动结合起来，深化“同心大讲堂”活动，讲好“闽商好故事”，引导广大统一战线成员不断增强“三个自信”，进一步巩固统一战线团结奋斗的共同思想政治基础。

发挥优势服务科学发展跨越发展。按照省委、省政府《关于进一步加快福建科学发展跨越发展的行动计划》部署，制订福建省统一战线实施意见。召开第十届建言献策会，各民主党派、工商联就福建省经济社会发展中的重点问题、重大项目建言献策，形成调研报告718篇、团体提案192件，得到中央领导和省领导批示148件次，被各级党委政府和有关部门采用1331件。通过省各民主党派争取党派中央支持福建加快发展，全年各民主党派中央先后32批到福建调研。发挥各级工商联组织和异地商会、行业商会等工作网络优势，持续推动民企回归和项目对接，全年对接民企产业合同项目1305项，总投资7545亿元。动员海内外闽商和海外留学人员参加福建重要经贸活动，第二届福建省人才项目与资本对接会上达成意向对接合作项目39个，海峡项目成果交易会上海外留学人员参展项目71个、对接项目23个。整合统战资源，参与23个省级扶贫重点县的帮扶工作，持续做好牵头挂钩帮扶霞浦县、助推政和县发展工作，推进长汀1000亩“同心生态示范林”建设；组织台湾企业家、专业人才与政和县对接交流，达成合作项目11项。动员非公有制经济人士开展捐资助学等公益活动，发放助学金4677.5万元，捐助学生1.29万名。

促进统一战线五大关系更加和谐。党派工作方面。开展政党协商同

题研究，围绕省委省政府中心工作，确定生态示范省建设和打造21世纪海上丝绸之路为重点课题，引导各民主党派开展调查研究，提升建言献策质量。落实省委省政府领导与党外代表人士的联系交友制度，协调省政府有关部门召开通报会，努力为民主党派拓展政治协商、民主监督、参政议政渠道。开展民主党派基层组织调研，制订《福建省各民主党派关于加强领导班子建设若干问题的意见》，协助民主党派加强自身建设。民族工作方面。贯彻落实中央民族工作会议精神和中央《关于加强和改进新形势下民族工作的意见》，扎实开展民族团结进步创建活动，推动对全省19个民族乡每年各支持400万元帮扶资金的落实，协调统一战线成员捐资1200万元支持12个少数民族小学的建设，举办3期少数民族乡村实用技术培训班，推动少数民族地区加快发展。举办2014年海峡两岸欢度“三月三”节暨福建省第三届“三月三”畲族文化节活动，加强少数民族优秀传统文化保护工作，全省少数民族特色村寨增至49个。宗教工作方面。深入开展和谐寺观教堂创建活动，支持天主教闽东主教府重点项目建设，引导和帮助省五大宗教团体及宗教活动场所加强自身建设，提升管理水平。深入研究和解决宗教领域存在的热点难点问题，坚决抵御境外利用宗教进行的渗透活动。支持宗教团体开展对台交流交往，举办第六届闽台佛教文化交流周、第二届海峡两岸百家宫庙叙缘交流会暨第四届中华梦乡福清石竹山“梦文化节”等活动。新阶层工作方面。建立民营经济联席会议和民营企业诉求沟通机制，开展“民企政策进万家”“大手拉小手”等活动，促进项目、资金、人才、技术、感情“五个回归”。开展中小微企业技术创新综合调研、民间投资相关政策贯彻落实情况评估等，成果列入省政协专题民主协商会内容，得到省委省政府主要领导批示。组织无党派人士和新社会阶层代表人士围绕“民营乳业发展与食品安全”等课题开展调研，深入农村社区开展公益活动。持续开展“海外人才项目·八闽行”活动，在福建高校中开展留学回国人员巡讲活动，鼓励支持留学人员发挥作用。港澳台侨工作方面。以推动港澳人心回归、支持港澳爱国力量发展壮大为目标，引导港澳闽籍社团加强自身建设，发挥桥梁纽带作用，团结和带领闽籍乡亲支持特区政府依法施政，维护港澳繁荣稳定。深入开展两岸民间交流，牵头举办第六届海峡百姓论坛和第六届和谐海峡论坛，组织大陆50个姓氏宗亲团体入岛交流；支持或协助举办两岸侨界和平发展论坛、2014年世界闽南文化节、“同名村·一家亲”两岸民间交流等活动。

*推进统一战线队伍建设。*制订《协助民主党派做好2014－2017年省级组织领导班子后备干部队伍建设工作方案》，采取民主协商方式，形成一批民主党派省(市)级组织领导班子后备干部名单。向省委推荐党外人士到省政府工作部门、高校和科研院所等担任领导，推动市、县两级加大党外人士安排力度，协调推进福建省党外干部实践锻炼基地建设，首批选派17名党外干部赴霞浦县、政和县挂职锻炼。加强统战系统干部和党外代表人士培训工作，全年完成中央党校调训5人，中央统战部、中央社院调训33人，省委组织部、省委党校调训4人，省直党校调训4人；在省社院举办各类培训班28个班次，培训人数1456人。

*加强统战部门自身建设。*落实党建工作责任制，切实履行“一岗双责”。推动学习型、服务型、创新型党组织建设，按照“三严三实”的要求，开展“四风”突出问题专项整治活动，巩固教育实践活动成果。落实好党风廉政建设主体责任，部领导与分管处室签订党风廉政建设责任书，执行廉洁自律各项规定。落实中央八项规定精神，持续深化“四下基层”活动。开展“马上就办”活动，深化机关效能建设，统战部机关2014年绩效考评获得省直党群机构第一名。注重理论创新，发挥省统战理论研究会研究基地的作用，促进福建省统战理论政策研究工作不断向广度和深度拓展，两岸关系理论福建研究基地被评为中国统一战线理论研究会研究基地创新奖；福建省统战理论研究成果获得全国统战理论研究一等奖1篇、二等奖1篇、三等奖2篇。加大统战宣传和信息工作力度，获中央领导批示4条次、省领导批示21条次，被评为省党委系统信息工作先进单位，获中央统战部统战信息工作二等奖。 （饶秀梅）

【政法工作】 2014年，省委政法委贯彻落实中央和省委的决策部署，围绕福建科学发展跨越发展，把握维护国家安全和社会稳定的总要求，抓重点、抓难点、抓突破，各项工作取得新成效，确保全省社会大局持续稳定，人民群众安全感满意率92.7%，福建省连续11年被评为全国综治工作优秀省。

*切实维护国家安全和社会稳定。*加强情报信息搜集掌握，定期分析研判维稳形势，及时果断处置影响稳定的苗头性问题，确保敏感节点和重大活动的安全。加强反渗透、反颠覆、反破坏斗争，有效防范和抵御“颜色革命”，严密管控反颠覆领域重点人活动，果断制止重点人勾联造势、制造事端，国家安全机关及时侦破一批间谍、窃密案件。组织开展严打暴恐活动，及时侦办核查一批涉恐案件线索，破获一批宗教极端违法犯罪案件。加大对“全能神”等邪教组织打击防控力度，摧毁“全能神”福建区及所辖的25个小区。加强重大案事件的维稳处置工作，使案件处理实现较好的法律效果和社会效果；依法处置多起较大规模群体性事件，全省群体性事件起数和人数分别下降46.1%和26.6%。深入开展矛盾纠纷大排查大调处活动，推进信访积案化解、进京非正常上访专项整治，实现信访总量、进京非正常上访、越级进京到省上访、集体上访“四个下降”，信访秩序持续好转。

*积极稳妥推进司法体制和社会治理体制改革。*开展完善司法责任制等4项改革试点工作，起草制订福建省改革试点方案。抓好司法体制改革有关重点工作，做好废止劳教制度后续工作，全省9个劳教所全部转型为司法强制隔离戒毒所；探索建立轻微刑事案件快速办理机制，组织福州、厦门开展刑事案件速裁程序试点；深化审判、检务、警务、狱务公开；稳步推进涉法涉诉信访改革，建立健全统一入口、分类办理、有序衔接机制，发放国家司法

救助款2836.54万元，救助困难群众1732名，促进一大批疑难信访问题息诉化解；法院系统“执行信息化”建设经验和检察机关民生检察、生态检察经验在全国推广。抓好社会治理体制改革工作，梳理确定7项社会治理体制改革任务和5项年度重点工作，围绕深化安全生产、完善食品药品监管、健全立体化社会治安防控体系、完善和调解信访工作机制以及创新基层社会治理等内容，加大改革推进力度。安全生产“党政同责、一岗双责”规定、城乡社区网格化服务管理意见、食品药品安全监管机制改革方案、肇事肇祸等严重精神障碍患者救治救助工作实施意见、深化信访工作制度改革方案等相继下发实施。

扎实推进依法治省、法治福建建设。全省各级政法机关坚持依法履行宪法和法律赋予的职责，全年法院办结各类案件53万多件；检察机关批捕刑事犯罪嫌疑人3.3万人；公安机关破获刑事案件13.1万起，抓获或劝返在逃境外经济犯罪嫌疑人61人；全省接收社区服刑人员9.1万人，安置帮教刑满释放人员3.55万人。深入推进执法司法规范化建设，健全错案防止、纠正和责任追究制度，依法纠正一批冤假错案，严格规范减刑假释暂予监外执行工作，依法清理久押不决案件，提高执法司法公信力。加强法治宣传教育，深化“法律六进”活动，充分发挥省市县三级普法讲师团作用，组织领导干部法治报告会1342场次，组织“百名法学家百场报告会”70场，“双百”活动列入省及设区市年度法治宣教工作，党委理论中心组学习基本实现全覆盖。省委政法委联合人民网福建频道开展“与法同行·全面推进法治福建建设”大型系列访谈活动，48位政法领导参加访谈，产生良好社会效果。

持续深化平安福建建设。强化综治平安建设责任，加强综治工作平时检查、半年督导、年终考评，开展群众安全感测评，推动综治平安各项工作进一步落实。深化打黑除恶、缉枪治爆、电信诈骗等专项行动，加大区域性治安与稳定突出问题重点整治力度，全面完成省委、省政府为民办实事社会治安防控体系建设项目，全年杀人、爆炸等八类严重暴力犯罪案件立案数下降19.9%，挂牌督办的555个社会治安重点整治地区88%改变治安面貌。全面推进人民调解、行政调解、司法调解衔接联动，打造医患纠纷、道路交通、涉台涉军涉生态、商圈纠纷等多元调解品牌；流动人口服务管理和社区服刑人员、肇事肇祸等严重精神障碍患者等特殊人群关怀帮扶体系不断健全；基层国安办实战化、实效化建设进一步加强。全面推行城乡社区网格化服务管理，城市社区和农村网格化覆盖面分别达到100%、32.7%。

坚持不懈抓好政法队伍建设。全省政法机关深入学习贯彻习近平总书记重要讲话精神，在坚持党对政法工作的领导，把握政法工作的基本任务、核心价值追求、根本目标，严格执法、公正司法等重大问题上思想认识进一步统一，政治意识、组织观念和纪律观念进一步增强，政法工作的方向和着力点进一步明确。政法各部门分级分类开展各种形式的集中培训、普遍轮训。抓好党的群众路线教育实践活动第一批整改后续和第二批推进落实工作，市县政法机关查摆整改一批群众反映强烈的突出问题，整治“四风”取得积极成效。培育树立法官黄志丽、检察官刘龙清、公安干警吴祥江、监狱民警陈黎华等先进典型，在全省开展“坚定信念、忠诚使命、执法为民”践行党的群众路线先进事迹巡回报告活动。省委作出向黄志丽学习的决定。大力推进正风肃纪专项整治活动，坚决查处一批政法干警违法违纪案件，提升政法队伍的整体形象和战斗力。

（孙 韬）

【机构编制】 扎实推进政府机构改革。按照中央和省委、省政府的部署，把转变政府职能摆在更加突出的位置，完成省政府机构改革。认真做好省政府职能转变和机构改革《实施意见》的落实工作，制订并印发实施省经信委等10个工作机构的“三定”规定，对相关机构的职责、内设处室和人员编制调整理顺和优化配置，同时对食品药品、安全生产、金融监管等职责分工作进一步明确。推进市、县（区）政府机构改革，指导、督促各地研究拟订改革方案，及时了解掌握改革遇到的问题，对共性问题进行梳理研究，提出处理意见；完成9个设区市政府改革方案的审核工作，按程序报经省委、省政府批准后印发实施；完成对各县（市、区）改革方案的备案审核。完成市、县（区）食药监局和全省乡镇（街道）食药监所组建工作，完成省食药监局所属事业单位调整工作；在调剂下达行政编制的基础上，研究提出食药监系统事业机构编制划转和分配意见，下放29个机构、850名事业编制，充实加强基层食药监力量。推进工商、质监体制改革，及时将工商、质监机构编制划转市县政府，实行属地管理，涉及各类编制近万名，用于加强保障基层一线力量，落实地方政府市场监管责任。

深化行政审批制度改革。按照国务院和省委、省政府部署，认真做好行政审批制度改革，加大简政放权力度，规范行政审批，激发经济社会发展活力，更好地服务公民与社会各类组织办事、创业。精简审批事项，经过两轮清理，承接国务院下放审批事项41项，取消21项，下放38项，转变管理方式42项，保留省级行政审批事项329项。会同省相关部门推进工商登记制度改革，对企业登记前置许可事项进行全面梳理，除保留银行、非银行金融业、证券等17项前置许可外，其他一律调整为后置审批，精简210项。推进行政审批服务标准化管理，进一步规范审批对象、条件、内容、时限和程序，优化审批流程，将审批环节统一压缩到5个以内，审批时限统一压缩到法定时限的60.0%以内，探索实行一个审批窗口对外，审批权和监督权分离，减少前置审批，规范中介服务办事流程和收费标准等。配合推进“省网上办事大厅”建设，将各级行政审批事项和公共服务事项纳入网上办事大厅运行。

推行政府权力清单制度。对省直列入清理范围事项的49个单位的行政权力和公共服务事项进行审核、规范，经省政府常务会议同意后予以公布，保留49个单位行政权力4049项，其中：由省级直接行使1682项，实行属地管理 2367 项；保留省级公共服务事项 689 项。

稳步推进事业单位分类改革。组织开展省属事业单位分类工作，根据《福建省事业单位分类实施意见》和《分类指导目录》，研究提出省属 758 家事业单位的分类意见，其中行政类 9 家、公益类 649 家、生产经营类 29 家、暂缓分类 71 家。指导、督促市、县（区）事业单位分类工作，研究提出《关于福建省事业单位分类中若干具体问题的处理意见》，指导、督促市、县（区）全面完成事业单位分类审核工作，涉及机构 36685 个、编制 756404 名。加强事业单位法人管理，研究出台非营利性民办高校和民办医疗机构实行事业单位登记管理的意见；改革事业单位法人年检制度，实行年度报告公示制度，探索事业单位诚信体系建设，强化事业单位履职情况监管。推进省属干校（培训）机构改革，研究提出省属干校（培训）机构整合意见，完成省林业干部学校等 23 个培训机构的撤并整合工作。

探索创新平潭综合实验区管理体制。印发《平潭综合实验区组织架构调整方案》，完善实验区党工委、管委会工作机构设置，明确实验区人大、政协体制，加快实施区、县整合，推进扁平化管理。

推进小城镇和经济发达镇改革试点。对省委编委确定的两批共 25 个小城镇机构改革试点镇组织改革情况评估，研究提出开展第三批小城镇机构改革试点的意见。指导晋江市陈埭镇、南安市水头镇继续推进全国经济发达镇行政管理体制改革试点。

推进不动产登记职责整合。研究提出《福建省不动产统一登记工作实施方案》。在省国土厅组建不动产登记局，负责相关不动产登记工作。推动建立省不动产统一登记工作联席会议。

管住盘活机构编制资源。按照中央和省委、省政府要求，坚持“控制总量、盘活存量、优化结构、有减有增”的原则，在确保总量不突破的前提下，盘活用好机构编制资源。严格控制机构编制总量，研究提出《福建省控编减编工作方案》，明确要求各地在改革方案中提出具体的控编减编措施，确保今后几年各地行政编制和各类专项编制员额不突破中央核定的总量、事业编制不突破 2012 年底总量。加强机构编制动态调整，2014 年省政府机构改革精简内设机构 15 个、行政编制 53 名、工勤人员编制 23 名；通过将一些职能弱化的事业单位进行撤并、整合，全省各级收回事业编制 2200 多名。规范机构编制管理，根据中央编委和省委编委部署，牵头组织对全省各级机关、事业单位机构和人员编制进行核查，摸清全省机构编制底数，健全管理台账，制订出台《福建省机构编制事项备案管理办法》。清理规范省级议事协调机构，撤销 126 个，整合归并 17 个，调整为联席会议 25 个，不再列为议事协调机构和临时机构 10 个，保留 88 个，精简率 67.0%。（何 睿）

【党校、行政学院工作】 深化教学改革创新，提高培训质量和水平。举办主体班次近 70 期，培训、轮训学员 5300 多人次。协助省委办好 5 期厅级干部学习贯彻习近平总书记系列重要讲话暨党的十八届三中全会精神轮训班，安排 20 多位省级领导为轮训班作报告，全省 1300 多名厅级干部参与培训；与省委组织部联合举办全省“自贸区建设与进一步扩大开放”专题培训班和 10 期全省领导干部专题培训班，培训学员 600 名。在职研究生招生规模扩大到 700 名。对外培训全年完成班次 137 个，培训人数 10907 人次。建立常态化的校院委下班听课制度。开展全省校院系统精品课比赛，推动全省精品课建设上水平。制订校院教材丛书建设总体方案和年度方案。新开发莆田城乡一体化、古田“法治教育”、建宁党性教育等一批现场教学基地（点）。举办 4 期海西大讲堂、17 次全校大讲座，开办 14 期领导干部讲坛，举办第二、三届“海西领导干部论坛”。

推进科研管理创新，建设新型智库。2014 年，校院获得 6 项国家社科基金项目，获得省部级课题 21 项。评审确立校院科研与决策咨询研究课题、青年扶持课题、委托课题三大类 80 项，下达校院系统课题 99 项。全年发表决策咨询成果 35 篇（其中学员参与 13 篇），获省领导肯定性批示 8 件次，其中 1 篇获省委书记尤权肯定性批示。成立校院“科研与决策咨询永定基地”，与永定县委签订合作协议，达成合作意向。4 项成果获全国党校系统第十届优秀科研成果奖。5 项成果获全国行政学院系统第三届优秀科研成果奖。《海西求是文库》全额资助出版 4 本著作，其他学术著作 5 本。先后举办“新形势下两岸经贸与文化合作暨闽台关系发展”研讨会等各类学术论坛、学术讲座 17 场，举办 2 场决策咨询专题研讨论坛，1 场决策咨询研究经验交流论坛。

坚持从严治校，加强学员管理。把党性锻炼贯穿学员管理全过程，抓好入学教育的“三个一”，即“一场开学典礼”“一次入学教育会”“一次主题班会”，增强学员加强党性锻炼的自觉意识。抓好培训过程中的“三次交流”，即开学初召开专题会，学期中进行党性分析交流，学期末进行党支部（班委）工作总结交流，把党性锻炼要求贯穿培训始终。抓好学员管理中的“三个结合”，即“知与行”的结合、“理论学习与理想信念教育”的结合和“他律与自律”的结合。营造积极向上的培训文化，通过举办丰富多彩的全校学员趣味运动会等课余活动，促进培训目标的全面实现。

激发干事创业活力，着力人才强校支撑。完善年度考核工作，平稳推进职称评审制度改革，深化事业人员绩效工资改革。不断优化师资队伍结构，1 名教师入选“福建省百千万人才工程”人选，1 名教师入选“享受国务院特殊津贴专家”，1 名教师入选“福建省哲学社会科学领军人才”，1 名老教师入选“福建省文化名家”，2 名教师入选“福建省优秀教师”。全年招聘青年博士 14 人。干部教师队伍培养力度加大，干部选拔任用工作不断规范，新一轮职称评聘工作顺利完成。

推进“智慧校院”建设，提升信息化服务水平。《校院统一信息平台建设项目》（一期）通过省政府采购中心完成招标工作。做好 3 个校区各教室的电教保障工作。实现校院互联网接入宽带扩容。2 部古籍入选国务院批准的《国家珍贵古籍名录》（全国党校系统9部，其中中央党校7部)；校院移动图书馆初步建成并投入使用。召开全省校院系统第一次信息工作总结会暨信息通讯员培训会。

强化对外合作交流，提升开放办学水平。全年安排赴台学习培训团组6个200多人。首次安排新疆、西藏对口支援地区党校领导和骨干教师赴台培训，先后选送5位教师到台湾高校访学，邀请20余位台湾学者来校讲学交流。先后组织2个团8人赴加拿大阿尔伯塔大学、阿根廷贝尔格拉诺大学、哥斯达黎加国家大学和澳大利亚悉尼大学、印度德邦大学等，开展合作交流。接待国外官员、专家学者来校院访问、洽谈6批次。

围绕切实转变作风、突出主业抓党建。继续抓好党的群众路线教育实践活动的整改落实。召开2014年全省党校、行政学院系统机关党的工作会议。举办党务干部培训班。开展支部活动立项工作，丰富基层党组织活动，增强基层党组织的政治核心和战斗堡垒作用。落实机关党委委员联系各处室部制度，深入联系点和基层校院开展调研指导，畅通诉求渠道，积极化解各类矛盾。推进党支部书记述职评议工作。召开全省校院系统首次党风廉政建设工作会议，落实党风廉政建设的主体责任和监督责任，把党风廉政建设工作与业务工作同计划、同布置、同检查、同落实。组织开展校院精神等理念识别系统主要内容征集和讨论活动。

加强系统建设，凝聚全省校院整体合力。全年校院委领导先后33次到市县校院调研，帮助市县校院解决实际困难。做好《中共福建省委办公厅关于进一步加强和改进县级党校工作的意见》督促落实工作。召开校院长会议和教学工作、科研与咨询工作等专项工作会议，专门研究和部署党校、行政学院系统年度工作和专项工作。举办全省校院长培训班、师资培训班，进一步加强全省党校、行政学院干部队伍和师资队伍建设，提高系统广大干部和教师的整体素质和水平。

(刘　振)

【党史研究】 全力开展党史编研。按照习近平总书记关于党的历史和党史工作的重要论述精神，提高研究成果质量和水平，基本完成《福建省抗战时期人口伤亡和财产损失》A卷修订工作，启动编纂B卷本系列工作；完成《邓小平视察厦门经济特区》和《改革开放初期福建实施山海战略》等课题研究；启动党史正本一卷、二卷的修订和三卷的编纂工作，完成县区党史二卷新稿23部；《中共福建党的建设史》修改工作取得阶段性成果；《当代闽台关系发展史研究》获2014年国家社会科学基金项目立项；资料征编工作循序推进，出版《福建抗日战争史学术研讨会论文集》，编发《党史学科建设与党史二卷编纂》《雄关漫道——中共福建省委党史研究室重走长征路资料图集》《福建省党史系统纪念邓小平同志诞辰110周年座谈会交流材料》和《“第二届全国党史文化论坛”福建省党史系统论文材料》等内部资料；编辑出版220万字3卷本的《福建英烈传略》；完成或基本完成《福建社会主义时期党史专题文集(1949—1978年)》(第二辑)《中国红色旅游丛书(福建卷)》和《毛泽东在中央苏区的故事》的编辑工作，福建海防斗争史回忆录、党史专家和文艺家红色文化采风活动成果的征集工作；《福建抗日战争史(1931－1945)》《改革的号角——深度解读改革开放以来历届三中全会》《中共福建省委执政实录》和《福建党史资料》等系列专题的资料征编工作；全年入选全国党史界纪念邓小平同志诞辰110周年学术研讨会、全国第二届党史文化论坛和纪念古田会议召开85周年理论研讨会等各类研讨会及在全国核心期刊、党报上发表98篇文章；向省委领导呈送资政报告5期，完成革命遗址调研并形成系列调研报告。

宣传教育。开展古田会议召开85周年，叶飞、杨成武和伍洪祥同志诞辰100周年等重大党史事件、重要党史人物的纪念宣传；组织遵义会议召开80周年、中央红军长征80周年和毛泽东《为人民服务》发表70周年等系列纪念活动；举办省爱国主义教育基地研究会年会，协办或联办“南方红军游击队与新四军”研讨会、项南与践行党的群众路线研讨会、省社科学术年会“传承福建红色文化与构建核心价值体系”分论坛、闽西工农通讯社与红色交通线学术研讨会；举办《力量之源、胜利之本——党的群众路线与作风建设主题巡回展》，先后到高校、省直市直机关和部分县区巡回展出，接待观众3万多人次，讲解400余场，发放宣传册3000多本；举办“叶飞将军诞辰百年暨闽东苏区创建八十周年文物展”“中华魂、八闽情——福建省爱国主义教育基地文物珍品联展”“中华苏维埃共和国文物精品展”“伟人毛泽东的平常生活展”等专题展览，展出各类文物900多件，观众4万多人次。加强党史文化阵地建设，启动省革命历史纪念馆改扩版工作；改版升级党史系统门户网站，联合九个设区市和平潭综合实验区建成“中共福建历史网”网站群，全年发布信息5300多条，点击量超过22万人次；配合省委网信办开展“清理网上歪曲党史国史内容专项行动”；全年出刊《福建党史月刊》24期、《福建党史工作》12期、《福建党史人物研究会通讯》1期、《福建省爱国主义教育基地研究会会刊》2期；完成《福建党史工作成果展》改版；与人民网合作开展《中央苏区新一轮科学发展之路》大型系列报道。

队伍建设。制订实施《党史学术(评审)委员会工作制度》《党史科研课题管理暂行办法》《党史科研成果奖励暂行办法》等制度；举办5期“党史讲坛”，续办《屏山史苑》，举办福建省党史文化论坛；邀请省级老领导和有关专家学者做专题辅导报告；配合中央党史研究室做好党史领军人物遴选推荐工作，机关干部选拔任用、交流、录用、选派挂职和驻村干部等工作持续推进，全年全室党史干部参加各类培训学习68人次；加强系统业务指导，召开全省党史二卷编纂工作推进会，下发《福建省党史教育基地评选和管理暂行办法》《关于合作开展福建省党史教育基地展陈、宣传等项目建设的通知》，对指导县(市、区)党史二卷写作、《福建中央苏区纵横》续编、党史教育基地展陈、拍摄专题片、出版红色书籍等工作给予支持；密切党史“三支队伍”的联系，发挥社会团体和老同志的作用，共同推进党史研究创新发展。

（陈　芬）

【老干部工作】 2014年，全省有离休干部11137人，离休干部平均年龄85.8岁。其中，土地革命时期参加工作12人，抗战时期参加工作1562人，解放战争时期参加工作9563人；机关离休干部3851人，事业单位离休干部3085人，企业离休干部4201人；副省级（含享受待遇）以上离休干部68人（其中正省级2人，正省级单项待遇8人，副省级待遇5人，副省级单项待遇53人），厅局级离休干部833人，县（处）级（含享受待遇）离休干部6138人，正副乡（科）级待遇离休干部638人，其他待遇3460人。退休干部48.09万人（含"5·12"退休干部3962人），其中：机关104014人，事业单位222159人，企业154785人。

*切实加强老干部思想政治建设。*全省各级老干部工作部门通过举办学习报告会、读书班、研讨班、培训班等形式，组织离退休干部深入学习中共十八大、十八届三中、四中全会和习近平总书记系列重要讲话精神，以及省委九届十次、十一次全会精神，引导广大老同志把思想统一到中央和省委的决策部署上来，自觉与党中央保持高度一致。省委老干部局先后在省直单位老干部中举办"习近平总书记系列重要讲话精神""党的十八届四中全会精神解读"等6场学习报告会，参加学习的老同志2100多人次；举办4场通报会，通报福建省经济社会发展、组织工作和老干部工作、反腐倡廉建设的主要情况；举办2期厅局级离退休干部读书班和2期离退休干部党支部班子成员培训班，185名老干部参加培训。省委组织部、省委老干部局、省直机关工委联合组成调研组，对全省离退休干部党支部建设情况进行全面调研，并形成调研报告。做好全国、全省"双先"评选表彰工作，推荐并受全国表彰离退休干部先进集体2个、先进个人7名；省委组织部和省委老干部局联合通报表彰离退休干部先进集体15个、先进个人29名。

*加大力度落实离退休干部生活待遇。*落实完善老干部生活待遇政策，研究出台调整提高离休干部高龄护理费和"5·12"退休干部护理费标准，老红军、抗战时期、解放战争时期参加革命工作的离休干部的高龄护理费在原有基础上分别提高400元、200元、100元；"5·12"退休干部护理费在原有基础上每人每月增发300元，因瘫痪等原因生活长期完全不能自理的在原有基础上增发220元。建立并完善老干部困难救助机制，研究出台特困家庭离休干部安度晚年救助制度，省财政每年安排130万元经费，对年满80周岁、身边无人照料的特困家庭离休干部，采取政府购买服务的方式，实行一人一策的办法，提供护理、家政或其他养老服务；继续做好困难离休干部及遗偶和省直单位离休干部无工作遗偶医疗困难补助工作，2168人得到补助。推进利用社会资源服务老干部工作，在泉州市召开全省利用社区资源服务老干部工作现场推进会，交流经验部署工作，在全省建立120个社区服务老干部联系点。

*推进老干部学习活动场所建设。*省财政投入2000多万元完善省老干部活动中心配套设施设备建设，拨出1700多万元继续扶建18个县级离退休干部学习活动场所。省委老干部局在三明市召开全省加强老干部活动中心建设现场推进会，深化示范性老干部学习活动场所创建工作，提升建设和管理服务水平。推进老年教育创新发展，投入近300万元完善省老年大学设施建设、开发网络报名平台；发展老年远程教育，全省设立老年远程教育收视点5100多个。围绕庆祝新中国成立65周年举办离退休干部文化艺术节、运动会、诗书画影联展、征文等系列文体活动；承办第26届"劲松杯"全国老同志围棋赛。

*充分发挥老干部的积极作用。*以为党的事业增添正能量为着力点，开展"忆往昔、看今朝、话改革——八闽老干部心中的中国梦"系列活动，通过举办"百姓富·生态美——清新福建"摄影展、"我看海西新变化"主题征文活动、"畅谈改革发展·喜看海西变化"老干部系列访谈报道等，把老干部的思想引导到关注建设发展上来。在全省评选出"关爱老干部、共筑中国梦"实事好事15件，鼓励支持离退休干部依托关工委、老促会、计生协会、扶贫开发协会、老科协等涉老团体，在建言献策、科技下乡、扶贫帮困、关心下一代、参与社会治理、志愿者活动等方面发挥积极作用。省关工委协办第六届海峡论坛·海峡两岸关爱下一代成长论坛。各地通过选派老干部担任群众路线教育实践活动督导组成员、党风廉政监督员、老党员志愿者服务队等，发挥老干部的优势作用，为建设新福建增添正能量。

（邱雪芳）

【信访工作】 2014年，全省各级各有关部门受理的信访总量36.92万件（人）次，比上年同期下降6.5%；信访事项纯件数7.46万件，同比下降7.3%。群众上访人员聚集围堵党政机关、拦截公务车辆、打横幅、背黄状等现象持续减少。全国"两会"、中共十八届四中全会、APEC会议以及省"两会"等重要会议、重大活动期间信访秩序总体良好，没有发生有严重影响的信访突出问题，没有因信访问题处理不当引发重大群体性事件和个人极端事件。

*抓好"路线图"和信访工作七项机制落实。*结合国务院组织开展的《信访条例》执法检查活动，派出督导组到各市、县（区）督导检查，查找存在问题，提出整改意见，跟踪抓好落实，推进"路线图"、信访工作七项机制的实施，确保群众合理诉求依法按政策解决，履行《信访条例》改进信访事项办理工作的建议、完善政策解决问题的建议、给予行政处分的建议等"三项建议权"，及时将信访工作中不作为、乱作为问题，书面移送纪检监察机关依纪依规问责，纳入年度综治和政府绩效考评内容，促进信访工作责任的落实。

*推行引导群众依法逐级走访制度。*加强宣传教育，引导来访人依法逐级走访，利用各种媒体广泛宣传"逐级走访、逐级受理"的政策规定，引导来访人向有权处理机关提出；进一步压实属地责任，依职能明确各有权处理机关信访工作责任，把大量信访问题化解在基层，防止因受理不及时、办理不到位导致走访上行。福建省的做

法得到国家信访局充分肯定，在全国依法逐级走访工作电视电话会议上作经验介绍。

*切实加强初信初访办理工作。*依据国家信访局关于进一步加强初信初访办理工作的办法，坚持“属地管理、分级负责，谁主管、谁负责，依法、及时、就地解决问题与疏导教育相结合”的原则，严格落实首办负责制，认真办理初信初访。在及时解决群众合理诉求的基础上，对信访人有疑问的尽可能用电话、短信、电子邮件或上门的方式做好沟通和答疑工作，着力提高初信初访的一次性办结率和息访息诉率，消化信访存量，减少信访增量。2014全年，经调解和处理答复，全省初信初访事项一次性办结化解率84.9%，比上年提高8.7个百分点；初信初访事项息诉息访率82.0%，同比提高4个百分点。

*推行网上信访，拓展网上信访群众反映等诉求渠道。*抓好国家投诉办交办件、“省长信箱”电子邮件、人民网网友留言的办理工作，组织开展视频接访，引导群众更多地以网上信访的形式反映诉求；启动“省长信箱”网上信访业务综合管理系统升级改造项目，推进网上信访业务管理系统建设，初步实现信访形式、工作过程、工作范围的全覆盖。

*推进信访积案化解、信访公开听证评议和专案评审工作。*对936件省级信访积案进行集中交办，并从产生积案的原因入手，按照政府财力不足、政策法规不衔接或部门交叉管辖不衔接、基层单位或公职人员工作不到位、信访人诉求部分合理但要求过高、信访人有偏执倾向、涉法涉诉、维权背景等7个方面进行分类分析逐案梳理，明确以市、县为主体的化解责任，采取报请省领导挂钩督促、加强督导检查等措施，组织开展专项督查活动，推进信访积案的化解。制订下发一系列关于组织开展信访积案和疑难信访事项专案评审工作、信访事项公开听证评议工作流程及文书格式参考文本、规范做好信访积案专案评审和信访事项公开听证评议工作的文件，进一步拓展公开听证评议工作，建立“先由各相关职能部门组织开展专案评审、再进行公开听证、最后经联席会议逐级把关审核认定办结”的工作制度，加强实地督导，推动各地公开听证评议和专案评审工作。

*加大进京非正常上访整治工作力度。*采取会议点评、每月通报、实地督查、纳入年度综治和政府绩效考评等措施，督促重点地区进行整改，努力减少进京非正常上访，全年全省进京非正常上访2214人次，同比下降40.0%。

*深入开展领导干部定期接访和下访活动。*在继续严格落实市、县、乡三级党政主要领导每月15日、其他领导每周一到信访局和乡镇综治信访维稳中心接访群众，省直部门领导每季度第三个月15日到信访量大的设区市参加接访等制度规定的基础上，强调领导干部在接访中要重点接待处理跨地区跨部门和职能部门难以解决的疑难复杂信访问题，着力抓好领导干部接访事项办理质量，大力推动各级领导干部在坚持定期定点接访的同时，开展重点约访、专题接访、下基层接访、带案下访和领导包案等活动，就地听取群众意见、解决问题。省委、省政府领导带头接访下访，结合下基层到市县信访部门参加接访活动，推动全省领导干部接访下访活动深入开展。2014年，全省各级党政领导干部参加每月15日的定点接访活动2.71万人次，接待群众1.72万批4.68万人次，受理信访纯案1.18万件，息诉息访0.73万件。

*加强信访干部队伍建设，持续提升工作能力和服务水平。*规范窗口工作人员接待行为和服务用语，严格落实省信访局领导和各处室负责人定期轮流到接待窗口接待群众制度；实施信访事项办理群众满意度评价，建立“四联系”制度，实现办信、接访、投诉受理、督查等全部信访事项的受理、办理和结果“可查询、可跟踪、可督办、可评价”，打造“阳光信访”，促进各级信访部门、职能部门不断提高服务群众质量；强化信访干部思想政治教育和信访业务培训；按照国家信访局要求，对局机关干部约法三章：严禁以任何名义、任何形式删改信访数据；严禁滥用职权办人情案、关系案；严禁接受与职务行为有关的吃请和礼品礼金。并要求全省各级信访部门参照执行。举办4期培训班，组织全省各级各有关部门信访干部820人进行信访业务培训。

（俞洪韬）

【保密工作】 2014年，保密工作全面推行定密规范管理。省保密局编制、下发配套文件资料、培训课件和考卷试题，公布《福建省具有法定定密权机关目录》，初步完成全省有定密权限机关、单位定密责任人的确定、备案工作，在省直单位和市县区开展定密培训工作；推进网络保密管理，基本摸清福建省机关、单位互联网接入情况和“三合一”系统配备情况，推进“一个系统、四个平台”建设，基本完成全省计算机网络的汇总、核实工作；加强对涉密网建设、监理资质单位涉密人员的培训和持证上岗管理，消除内网管理的“灰色地带”。

*督促检查，消除泄密隐患。*加强涉密单位的检查和自查工作，共抽查163家单位、541台计算机终端、24个门户网站，发现、查找229项问题隐患，现场提出整改措施，发出限期整改意见书。规范机关、单位保密自查内容和程序，提高各机关、单位保密自查、自促、自检能力与保密意识。

*拓展载体，加强保密工作针对性。*向省管干部发出保密提醒函和保密感谢函，共向新提任省管干部发出297份保密提醒函，向退休干部发出93份感谢函。继续开办保密讲座，全省各级机关单位举办保密讲座600多场次。定期开展“保密体检”，有43家机关单位接受保密体检，排除隐患137项。

*夯实基础，持续开展“两识”教育。*截至年底，省直和市县区有160位机关、单位一把手或保密委主任举办保密专题党课，省局举办12场面向涉密资质单位的综合培训、11期面向高校的保密专场培训。省保密技术服务中心筹建工作有序推进。加大违规外联监控力度，核查一批国家局通报涉嫌被境外情报机构远程控制的IP地址，即时阻断非涉密内网机（安装福建省内网监控系统）违规外连196台次，比上年下降31.0%；向有关单位或设区

市保密委发出书面警示通报71份。加强涉密资质单位保密审查，完成涉密资质单位的现场审查、复查、年审换证、变更、备案申请等工作。（卢如一）

省人民代表大会

【主要工作】 2014年，福建省人大常委会审议法规草案16项，通过9项；审查批准福州、厦门法规6项；听取审议省政府、省法院、省检察院13个工作报告，检查8项法律法规的实施情况，审查规章和其他规范性文件137件；作出重大事项决定、决议5项；组织办理代表议案29件、建议863件；任免国家机关工作人员65人次，完成省十二届人大二次会议批准的常委会工作报告所确定的工作任务。

立法工作。加强重点领域立法，着力提高立法质量。制订促进中小企业发展条例，在创业扶持、资金支持、技术创新、市场开拓、服务保障等方面作出规范，推动中小企业转型升级和加快发展。修改人口与计划生育条例，使“一方是独生子女的夫妇可生育两个孩子”的政策及时在福建得到实施。审议农民专业合作社条例草案，着力规范合作社的设立和生产经营活动，推动构建新型农业经营体系。审议电力设施建设保护和供用电条例草案、电信设施建设与保护条例草案。制订社会科学普及条例，通过建立社会科学普及工作联席会议制度、加大经费投入和硬件建设、加强区域合作和产业扶持、建立人才库和志愿者组织等措施，提高公民社会科学素质。制订司法鉴定管理条例，对鉴定程序和监管、虚假鉴定的法律责任等作出明确规定。修改征兵工作条例，推行义务兵优待金城乡一体化政策，提高优待金比例。审议通过水土保持条例，总结提升实践中的成功做法尤其是长汀水土保持工作经验，重点从规划编制、预防治理、监测监督等方面进行制度设计，依法保障福建省生态文明先行示范区建设。审议风景名胜区条例草案，着力规范风景名胜区的设立、规划和管理，促进风景名胜资源的有效保护和合理利用。审议通过关于设立省人大常委会平潭综合实验区工作委员会的决定和工作规定，明确实验区人大工委的职责，支持实验区在两岸交流合作和体制机制改革创新等方面先行先试。审议促进闽台职业教育合作条例草案，着眼于建立合作平台和长效机制，促进优势互补、共同发展。发挥常委会在立法中的主导作用，制订年度立法计划，科学安排立法审议项目，自主起草社会科学普及条例草案。坚持开门立法，法规案提请常委会审议前都通过省人大网站征求意见，组建立法专家咨询组，发挥人大代表在立法中的作用，扩大公民对立法工作的有序参与。加强统筹协调，发挥立法平衡、调整各方利益关系的积极作用，修改长乐海蚌资源增殖保护区管理规定，对草案原拟调整的5505公顷保护区予以保留，妥善处理保护资源与保障发展的关系。开展立法后评估工作，通过实地调研、问卷调查、座谈讨论等多种方式，对茶产业发展条例的立法质量和实施效果进行评估，为改进立法工作、保障法规实施探索方法和提供依据。

监督工作。围绕全省工作大局和事关群众切身利益的重大问题，突出监督重点，改进监督方式，提高监督实效。听取审议2014年1－8月国民经济和社会发展计划执行情况的报告，在肯定各级政府持续努力保持经济运行总体平稳的同时，要求充分认识经济下行压力，牢牢把握中央支持福建加快发展的战略机遇，主动适应经济发展新常态，积极扩大有效投资，促进产业转型升级，加快推进重点领域和关键环节改革，保持经济稳定增长。听取审议重大水利项目建设情况报告，强调要科学配置水资源，加快项目前期工作，加大资金投入，健全管理体制，促进水利建设持续健康发展。2014年是台湾同胞投资保护法颁布实施20周年，组织开展台湾同胞投资保护法及福建省实施办法的执法检查，贯彻落实中央对台工作大政方针，在思想上确立、在行动中体现“两岸一家亲”的理念，推动闽台全方位深度融合，增创福建对台新优势；省政府认真研究办理常委会的审议意见，增加每个台湾农民创业园的补助资金。听取审议2013年省本级决算和2014年上半年预算执行情况的报告、审计工作报告，批准省本级决算。提出要加强财政收支和预算决算管理，提高财政资金使用效益；对审计发现的问题，督促抓好整改，推动重大决策部署和政策措施的落实。批准2014年省级预算调整方案，同意地方政府债券资金主要用于交通路网、保障性安居工程、新增长区域和生态环保等建设，支持民生改善和经济结构调整。围绕国有资产监督开展专题调研，督促政府编制2015年国有资本经营预算和社会保险基金预算，依法推进对政府全口径预算决算的审查监督。听取审议义务教育均衡发展情况的报告，重点围绕教育资源配置、经费保障、随迁子女入学、学校布局规划、办学质量等问题进行专题询问，提出改进工作的要求；省政府积极采取措施，强化省级统筹，优化学校资源配置，并把“全面改善义务教育薄弱学校基本办学条件”列入2015年为民办实事项目。持续开展饮用水安全保障工作监督，2013年听取审议专项工作报告，2014年进行专题询问，提出要统筹水源地规划建设，加强水源环境和流域治理，建立完善流域生态补偿机制，改造老水厂和旧管网，加快饮用水监测能力建设，提高农村饮用水达标率，努力让全省人民喝上放心水。开展社会保险法和加强社会保障工作监督决定的执法检查，针对社会保险费难以足额征缴、基金统筹层次不高、管理监督不够规范等突出问题，要求保住底线、严守中线，量力而行、尽力而为，持续构建全覆盖、保基本、多层次、可持续的民生安全保障网。开展妇女权益保障法及福建省实施办法执法检查，依法维护妇女合法权益，促进妇女事业全面发展。听取审议福建省体育工作发展情况的报告，开展档案法及福建省条例执法检查，推动体育工作和档案事业发展。依法受理群众来信来访，加强综合分析，加大交办督办力度，维护群众合法权益。听取审议省法院关于人民陪审员工作、省检察院关于反贪污贿赂工作情况的报告，要求两院要加强人民群众对司法活动监督的制度化、规范化建设，提高司法公信力；省法院要进一步落实人民陪审员制度，强化选任、培训和履职保障，发挥人民陪审员的作用，促进司法公开和司法廉洁；省检察院要进一步加大工作力度，完善协作配合工作机制，提高惩防体系建设水平，努力从源头上预防和减少贪污贿赂犯罪发生。首次开展满意度测评，继2012年重点督办促进城市公交事业发展的代表建议、2013年听取审议城市公交事业发展情况的报告，2014年常委会对该项工作报告的审议意见研究处理情况进行满意度测评，延续和深化对同一专项工作的监督。首次实施三级联动监督，围绕人民陪审员工作和反贪污贿赂工作，省、市、县（区）人大常委会共同开展调研，分级实施监督，合力推动解决相关问题。首次尝试对财政专项资金收支情况进行监督，听取审议2013年林业专项资金收支情况的报告，提出规范资金收支与监管的意见。改进专题询问的方式方法，加强询问前的调查研究，力求询问抓住重点、切中要害，真正问出群众关切的问题；加强询问时的交流互动，将事前认真准备与现场有序发问更好地结合起来，支持鼓励追问，增加列席人员参与提问和网民在线提问等环节，力求发挥好专题询问的作用。推进监督公开，将实施监督的相关报告、审议意见及其研究处理情况，通过常委会公报和省人大网站向社会公布；首次以网络图文直播、电视全程录播等方式，向社会公开专题询问实况，自觉接受群众监督。加强规范性文件的备案审查。加大主动审查力度，及时发现并纠正问题，维护法制统一。

代表工作。进一步完善代表服务保障工作机制，支持和保障代表依法履行职务，发挥代表参与管理国家事务的作用。认真办理代表议案建议。注重把办理代表议案同立法工作结合起来，代表议案所提立法项目，审议通过1件，列入年度立法计划3件，列入该届常委会5年立法规划7件。注重把办理代表建议同加强人大监督、推动改进工作结合起来，通过视察检查和“回头看”活动、邀请代表与承办单位面对面沟通、加强对代表反馈不满意建议的督办协调等，提高办理质量。重点督办的代表建议从上年的5件增加到12件，内容涵盖耕地保护、城市管理、医疗卫生、就业、社保、作风建设等方面，通过重点督办关于加强基层医疗机构建设的建议，推动省政府加快基层卫生服务综合改革，加大资金投入，完成20个县级医院血液透析室和14000多个村卫生所信息化建设，为50个县选派和招聘特岗医师400名。丰富闭会期间代表活动。组织代表开展专题调研和集中视察，邀请代表参加常委会的立法、监督、调研、检查等活动，充分采纳代表提出的合理建议。出台增强代表列席常委会会议实效的若干意见，增加列席人数，扩大代表对常委会工作的参与，保证每位基层代表在届内有1至2次的列席机会。根据常委会会议议题、代表专业特长和所提议案建议内容等情况，有针对性地邀请代表列席，全年有省人大代表289人次参加常委会的各项活动。改进代表履职服务保障。做好省人民代表大会会议的组织、筹备和服务保障工作，支持代表依法参加行使国家权力。构建代表履职网络平台，建立代表履职信息库，拓宽代表知情知政、发挥作用的渠道，密切代表同群众的联系。加强和改进代表培训工作，提高代表依法履职能力，全年组织267名省人大代表参加学习培训。

自身建设。重视加强和改进自身建设，努力提高履职能力和工作水平。加强思想政治建设。常委会坚持中心组学习和专题讲座制度，深入学习贯彻中共十八大和十八届三中、四中全会精神，学习贯彻习近平总书记系列重要讲话和来闽考察重要讲话精神，学习贯彻习近平总书记、张德江委员长在庆祝全国人民代表大会成立60周年的重要讲话精神，坚持正确政治方向，坚定人民代表大会制度自信，自觉把中央和省委的重大决策部署贯穿到履职的全过程，着力推动人大制度建设和人大工作与时俱进。加强作风建设。认真落实中央、省委关于深入开展党的群众路线教育实践活动的要求，坚决贯彻中央八项规定精神，切实纠正“四风”问题，继续做好深化整改、专项整治和建章立制等各项工作，不断巩固活动成果。加强调查研究，扎实推进“四下基层”活动，深入开展挂钩帮扶工作，密切联系群众，主动服务基层。加强工作研究和新闻宣传工作。召开庆祝全国人民代表大会成立60周年暨地方人大设立常委会35周年座谈会，组织全省人大系统开展“人大监督工作实践与创新”的课题研究并召开专题研讨会，围绕讨论决定重大事项、代表工作、信访工作、县乡人大建设等开展专题调研，组织中央驻闽和省直媒体赴各设区市开展地方人大工作巡礼采访活动。加强上下级人大的联系。自觉接受全国人大常委会的指导和监督，积极配合开展立法调研，受委托开展旅游法、专利法、大气污染防治法和未成年人保护法等执法检查。加强与市、县（区）人大常委会的联系，通过务虚会、座谈会、研讨会、联动监督、专题调研、办班培训等形式，加强工作指导，密切工作协同，形成工作合力。

【省十二届人大二次会议】 2014年1月12—16日福建省十二届人大二次会议在福州召开，会议审议批准省长关于福建省人民政府工作的报告；审查和批准福建省2013年国民经济和社会发展计划执行情况及2014年国民经济和社会发展计划草案的报告，批准福建省2014年国民经济和社会发展计划；审查和批准福建省2013年预算执行情况及2014年预算草案的报告，批准福建省2014年省级预算。审议批准省人大常委会副主任徐谦关于福建省人民代表大会常务委员会工作报告。审议批准省高级人民法院院长马新岚关于福建省高级人民法院工作报告和省人民检察院检察长何泽中关于福建省人民检察院工作报告。会议补选苏增添为福建省第十二届人大常委会副主任。经大会主席团会议审议，决定将29件议案交省人大常委会办理，并提出办理情况报告。大会收到代表建议855件，交有关部门办理。（胡冰午）

省人民政府

【概述】 2014年，福建省各级人民政府在党中央、国务院和中共福建省委的领导下，深入学习贯彻中共十八大，十八届三中、四中全会和习近平总书记系列重要讲话精神，着力稳增长、调结构、促改革、惠民生，科学发展、跨越发展取得新成效。全年全省生产总值24055.76亿元，增长9.9%，公共财政总收入3828.40亿元，增长11.6%，地方公共财政收入2362.21亿元，增长11.5%；全社会固定资产投资18449.48亿元，增长 18.8%；外贸出口 1774.08 亿美元，比上年增长 4.8%；实际利用外商直接投资 71.15 亿美元，增长 6.5%；社会消费品零售总额 9346.74 亿元，增长 12.9%，城乡居民人均可支配收入分别为 23331 元、12650 元，增长 9.0% 和 10.9%；城镇登记失业率 3.47%；人口自然增长率 7.5‰；年度节能减排任务完成。

【省政府第一次全体会议】 1月16日，省政府 2014 年第一次全体会议召开，对各级政府各部门工作进行部署。会议强调，要按照省委要求、省人大决定，认真贯彻省"两会"精神，以"踏石留印"的作风狠抓工作落实，确保全面完成各项目标任务，兑现对全省人民的承诺，推进福建科学发展跨越发展，努力实现"百姓富、生态美"有机统一。

一要突出重点抓落实。抓住产业发展和城乡建设这两个当前福建经济社会发展中最突出的矛盾，全力推进深化改革、保障和改善民生、生态省建设等工作，建立起环环紧扣的执行链条，确保各项任务落到实处、抓出成效。

二要协同配合抓落实。部门之间要密切配合，加大统筹推进力度，发挥协同效应，形成整体合力。上下之间要同力同向，多听基层意见，解决实际问题，切实减轻基层负担。

三要改革创新抓落实。要整合资金、整合资源，逐步建立"立项科学、管理规范、注重绩效"的专项资金管理机制，集中财力办大事；加大资源整合力度，加强顶层设计，实现平台共建、数据共享。要进一步更新观念、简政放权，在公共服务领域更多利用社会力量，努力为群众提供优质高效的公共服务。

四要奋发有为抓落实。强化担当意识，各级领导干部要在其位、尽其责，敢于负责、勇于担当，增强进取意识，找准自身定位，工作组织要拉满弓、用全力，努力为全局多作贡献。强化执行力，落实工作要雷厉风行、马上就办，坚决克服简单化、走形式，确保中央和省委决策部署落到实处。

会议强调，面对新形势新任务，要把加强政府自身建设摆在更加突出的位置，迈出新的更大步伐。一是解放思想要有新境界。深入学习习近平总书记系列重要讲话精神，武装头脑、推动工作，把坚持"三个有利于"落实到行动上。二是改进作风要有新气象。以党的群众路线教育实践活动为抓手，坚持反对"四风"，坚持批评和自我批评，进一步优化政府服务，抓紧建立行政审批事项"减放转"长效机制，严格落实机关效能建设工作条例。三是廉政建设要有新成效。严格执行中央八项规定和省委要求，贯彻落实党政机关厉行节约反对浪费条例，推进强化监督制约，使权力在阳光下运行，切实做到为民务实清廉。

会议还就春节期间确保社会安定稳定、维护春运正常秩序、确保农民工工资及时支付、保障市场供应和食品安全、做好困难群众帮扶救助等工作作了部署。

政协福建省委员会

【主要工作】 *协商民主成为政协工作的主线。* 2014 年，省委、省政府、省政协联合构建"协商议题共同确立、计划共同制订、人员共同参与、实施共同推进"的工作机制，协商民主实践有序展开。在专题协商中，围绕"减轻基层组织（村、社区）负担、发展民营经济、建设美丽乡村、推进厦漳泉同城化发展"4 个议题，发挥界别委员的骨干作用，邀请党政部门、专家学者和基层同志共同参与，掌握情况全面客观，意见建议有的放矢。每场专题协商都有省委常委、副省长出席讨论交流，相关部门主要负责同志面对面对话回应。以政协常委会名义报送的建议案，省委书记尤权和省长作出重要批示，要求加大力度推进，及时反馈情况；以送阅件报送的意见建议，为省政府及有关部门制订加强企业金融服务、改善农村人居环境等政策措施提供有益参考。厦门市政协关于发展民营经济、福州市政协关于强化新区产业支撑、莆田市政协关于开发北部山区生态旅游、三明市政协关于吸引明商回归的专题协商，都促进当地党委政府制订和完善政策。在提案办理协商中，积极搭建提办双方协商交流平台，以协商促督办，以督办促落实。会同省政府确定加快海洋经济发展、发挥第三方检测机构在食品监管中的作用等 9 件重点提案，提出 40 多条意见建议，由省政府副省长和省政协副主席共同督办落实。加快企业并购重组、完善重点流域生态补偿机制、扶持和规范民营医院发展等提案办理协商，促进政协建议与党委政府改革举措同频共振。在对口协商和界别协商中，就群众普遍关注的推进居家养老服务、加强湿地保护、改善侨资企业发展环境等问题，开展界别内、界别间、界别与党政对口部门间的协商。关于完善医患纠纷调处机制的意见，被正式列入立法项目；关于支持民办博物馆发展的建议，助推扶持政策出台。开展提升高校办学质量、促进残疾人集中就业等界别视察，有关部门积极采纳委员的意见建议。

政协委员成为政协履职的主体。 牢记使命、融入大局。选择推动民营企业建立现代企业制度、推进生态公益林管护体制改革、建设科技创新平台等省委、省政府着力推动的工作议政建言。在开展减轻基层组织负担课题调研时，百名委员分赴全省 31 个县 100 个村（社区）实地调研，对 300 个村（社区）开展问卷调查，访谈 100 名村（社区）主任，了解情况、提出对策。全年委员提交提案 1031 件，立案 1000 件；反映社情民意信息 2000 多件，其中被全国政协采用 50 多件，得到国家、省领导重要批示 300 多件（次）。委员反映的发挥工商登记制度改革效应、加强两岸气象合作防灾减灾等社情民意信息，以及台盟界委员在全国政协全会上所作的构建闽台共同文化区的大会发言材料，由党和国家领导批转主管部门。委员助力法治福建建设，参与法制领域改革，就刑事诉讼法实施等情况开展专题调研，意见建议得到省委政法委、省法院的重视和采纳。委员编撰《邮票上的福建》《民办博物馆发展实证研究》《人民政协成立六十五周年书画展精品选》和省炎黄文化研究会的县域经济文化纪实丛书，促进历史文化资源的保护和挖掘。

立足界别、汇聚合力。党派团体界别委员依托所在组织，参与海峡论坛、学术交流会、文化研讨会等系列涉台活动，拓展对台交流交往，面向基层、面向民众、面向青少年，做好台湾人民工作。香港地区政协委员在“反‘占中’、保普选”行动中，旗帜鲜明、立场坚定，拥护特区政府依法施政，支持警方依法执法，联合爱国爱港社团，团结凝聚闽籍乡亲，广泛赢得主流民意。澳门地区政协委员深耕社区、服务民众、亲近青年，融入当地社会事务，结合庆祝澳门回归15周年活动，营造融洽氛围，增进社会共识。特邀委员密切与台湾同胞、华侨华人的联系，广泛宣传家乡改革开放新成就，为争取闽商回乡投资，促进互利共赢发挥积极作用。省政协全会首次邀请海外侨胞社团代表列席，在列席会议侨胞推动下，国家批准在福建设立“中国——东盟海产品交易所”，建立中国与东盟国家大宗海产品现货交易平台。民族宗教界委员持续关注民族乡村经济社会发展、农村宗教事务管理等问题，推动泉州花巷天主教堂、福州乌山道山观等长期未决的宗教房产问题取得进展。心系民生、服务社会。集中反映完善就业政策、加强城乡居民最低生活保障、发展农村医疗卫生事业等群众呼声高、社会影响大的实际问题，及时呼吁政府部门予以重视并采取措施。发挥专业特长，赴山区和少数民族地区开展扶贫济困、帮扶开发、资助贫困大学生等活动，全年全省各级政协委员开展义诊240多次，受益群众8万多人次；资助贫困大学生、孤寡老人7000多名；帮助扶贫开发挂钩点争取项目320多个，落实资金7.6亿元。省政协对口帮扶的古田县跻身“2014年度福建省县域经济发展十佳”。泉州市政协设立“爱心助医基金”，委员募集捐款4000多万元，带动各界爱心人士踊跃参与。

服务委员履职成为机关建设的主导。不断改进服务委员履职的方式方法。发挥调查研究的基础作用，做到重点课题省内调研进厂入村接地气、省外考察比较借鉴提方案，形成50多份调研报告。发挥政协提案的载体作用，完善提、立、办、督等工作环节，呈现广泛参与、协调联动、整体推进、注重实效的工作局面。发挥政协信息的“直通车”作用，强化专题策划、分类收集、综合分析、及时反映，信息工作持续保持全国前列。发挥政协理论的指导作用，在省社科院设立人民政协理论与实践研究基地，联合省社科联开展促进文化与旅游融合发展、做好人民政协界别工作等8个课题的协作研究。宁德市政协协助市委出台加强人民政协协商民主建设的意见，漳州市政协、南平市政协与市纪委联合出台加强政协民主监督与纪律监督协调配合的意见，龙岩市政协建立密切联系服务委员与群众制度，立足基层积极探索履职新形式。优化服务委员履职的环境条件。倡导畅所欲言、求同存异，鼓励报实情、讲真话、谏诤言，委员意见受到尊重、委员权利得到保护。改进网站版面，扩充网站内容，建成手机客户端，形成“社情民意、政协提案、委员履职”三位一体的互动系统，为委员履职提供更加高效便捷的条件。密切与主流媒体的联系，做好委员履职的深度报道，做到报刊有版面、电视有图像、网络有平台，扩大社会影响。抓好政协机关党的群众路线教育实践活动整改方案落实，深化整治“四风”，兑现整改承诺，严格执行制度，坚决防止反弹。加强干部培养锻炼和交流轮岗，激发机关干部队伍活力。增强服务委员履职的整体合力。省民革、省民盟、省九三学社等提交的5件提案被确定为省政协重点提案；省民建、省民进、省农工党、省致公党反映的信息专报件，省工商联举办的企业产销对接活动，无党派代表人士提出的公车改革意见建议，都展示多党合作在人民政协的生动实践。配合全国政协在闽开展完善现代市场体系、加强群众体育设施建设等10个课题的调研考察，组织驻闽全国政协委员就福建省自贸区建设问题专程赴上海学习。联合举办河洛文化与闽南文化研讨会，开展纪念严复诞辰160周年活动，召开纪念陈嘉庚诞辰140周年大会，以八闽文化精粹弘扬爱国爱乡情怀。

【省政协十一届二次会议】 2014年1月11—15日，中国人民政治协商会议福建省第十一届委员会第二次会议在福州举行。会议应出席委员695人、特邀委员40人，实到委员654人、特邀委员34人。省政协主席张昌平在闭幕会上作重要讲话。会议听取并审议张昌平主席代表常务委员会所作的工作报告和杨根生副主席代表常务委员会所作的提案工作情况的报告。与会委员列席省十二届人大二次会议，听取并讨论省政府工作报告，省法院、省检察院工作报告以及计划和预算报告。会议增选张宗真、陈杭生、林欧文、柯连妹、盛炳荣、释则悟为政协常委。会议还听取提案审查情况的报告，审议并通过省政协十一届二次会议决议。省政协各专门委员会向大会提交书面工作报告。会议期间，收到提案972件，经审查立案944件；收到大会发言材料179篇，14位委员分别围绕大力发展海洋装备制造业、加强湿地保护、改革现行医疗模式等方面作大会发言；开展3场专题协商会，委员们就民营企业公共服务平台建设、加强湿地保护、鼓励支持民办博物馆发展开展协商建言。（杨晓冬　陈师杭）

中共福建省纪委

【主要工作】 2014年，全省纪检监察机关按照中央纪委和省委的部署，聚焦中心任务，强化监督执纪问责，着力遏制腐败和“四风”问题，党风廉政建设和反腐败工作取得新成效，让干部群众切实感受到党风政风好转。

强化压力传导，落实“两个责任”。省委带头履行党风廉政建设的主体责任，召开省委常委会议、省委全会进行研究部署，对反腐倡廉工作提出明确要求；出台落实主体责任意见、落实监督责任意见、责任追究实施细则、责任制省级检查办法等文件，连续5年由省领导带队，开展落实党风廉政建设责任制检查，形成常态化机制。省纪委通过召开座谈会、调研督查、走访约谈、“一案双查”等形式，层层传导压力。制订《福建省纪检监察机关关于进一步加强和规范“一案双查”工作的意见》，对发生重大腐败案件和不正之风长期滋生蔓延的地区和单位，实施“一案双查”。全省有27个单位及141名党员领导干部因落实主体责任不力、20名党员领导干部因落实监督责任不力受到责任追究，省纪委通报5起典型案例，促进各级领导干部增强责任意识。

坚决惩治腐败，增强办案效果。坚持把纪律审查工作摆在重要位置，保持惩治腐败的高压态势。全省纪检监察机关受理信访举报62145件（次），其中检举控告类49762件（次）；立案5779件，其中厅级干部案件17件、处级干部案件191件；结案5737件，给予党纪政纪处分5665人，移送司法机关810人。省纪委严肃查办黄晓炎、舒展、陈文广、徐铁骏、施维雄、郭跃进、时小雨、卢泉昌等严重违纪违法案件。进一步规范线索处置，转变办案方式，完善与金融、审计等部门的办案协作机制，提高办案效率；严格依纪依法办案，做好案件审理和申诉复查工作，保证案件快查快结；及时通报案件进展情况，回应社会关切，强化震慑和教育效果。制订廉政谈话提醒机制配套制度，对90名省管干部开展廉政谈话，对18名省管干部进行函询提醒。汇编严重违纪违法省管干部忏悔录，作为“活”教材，开展警示教育。注重案后整改、以惩促防，督促有关部门加强土地出让等领域的廉政风险防控。

严格执纪监督，深化作风建设。围绕落实中央八项规定精神，紧盯重要时间节点，加大执纪监督力度，严肃查处公款吃喝、公款送礼、公款旅游、公车私用和领导干部出入私人会所等问题。省纪委先后组织7批次22个检查组，到各地开展明察暗访。对中央纪委的批办件做到直查快办。根据中央巡视组反馈意见，对28家单位在福州某高档餐饮场所公款消费等问题进行严肃查处，组织开展违反中央八项规定精神突出问题专项整治。制订作风建设常态化监督检查办法，在省纪委监察厅网站开辟监督举报专区，持之以恒纠正“四风”。全省查处违规问题1919起，处理2405人，给予党纪政纪处分666人，其中厅级干部6人。省纪委实名通报16批78起典型问题，起到警示和教育作用。

坚持立行立改，推进体制改革。制订《福建省党的纪律检查体制改革实施方案》，明确改革的任务书、时间表和路线图。推进纪检监察机关转职能、转方式、转作风。省纪委对内设机构再次进行调整，增设纪检监察室，组建组织部、宣传部、纪检监察干部监督室，监督执纪力量明显增强。将省效能办及相关职责整体划给省政府办公厅。对委厅参与的议事协调机构进行两轮清理，保留17个。市级纪委平均增加纪检监察室2个以上，参加的议事协调机构平均减少160个以上。由省纪委主要领导挂钩指导，开展“查办腐败案件以上级纪委领导为主”的改革试点。规范纪委书记、纪检组长分工和兼职，推动设区市纪委书记、副书记提名考察工作改革，初步建成设区市纪委副书记备用人选库。

从严监督管理，加强自身建设。省纪委常委会带头严格落实中央八项规定精神，深入整改“四风”问题，巩固和拓展教育实践活动成果。加强机关党建和精神文明建设，增强纪检监察干部党的意识、大局意识、主业意识、责任意识。办好省纪委监察厅网站，加强反腐倡廉宣传教育。加强反腐倡廉法规政策研究，组织开展“让权力始终成为正能量”等重点课题调研。开展案件检查业务全员培训，选派年轻干部到基层挂职，提高执纪监督能力和综合素质。通过遴选、交流、选调等方式，优化干部队伍结构。开展全省纪检监察系统换届以来选人用人工作自查和整改，对配偶、子女移居国（境）外的干部进行岗位调整。加强日常教育管理，发挥干部监督机构作用，对反映纪检监察干部问题的举报件进行调查核实，强化自身监督。

【巡视监督】 省委高度重视加强和改进巡视工作，增设2个巡视组，增加巡视办编制5名，建立省委“五人小组”，在每轮巡视后听取汇报制度，抓好巡视成果运用。配合中央第九巡视组工作，协助省委抓好中央巡视组反馈意见的整改，组织开展突出问题专项整治，公开整改情况，接受社会监督。完成对10个省直单位、5个设区市和10个县（市、区）的常规巡视。在全国率先探索开展专项巡视，完成对14个县（市、区）和泉州法院系统的专项巡视。初步建立专项巡视组长库和专业人才库，专项巡视组组长实行“一次一授权”。通过巡视发现问题线索372条，其中领导干部问题线索187条。根据巡视发现的问题线索，纪检监察机关立案审查9名厅级干部、32名处级干部和28名科级干部。 （侯文阳 吴明华）

民主党派和工商联

【民革福建省委】 2014年，民革福建省委夯实思想政治基础。制订下发《民革福建省委坚持和发展中国特色社会主义学习实践活动实施方案》，将学习实践活动与开展抢救民革前辈史料工作、“坚持和发展中国特色社会主义·亲历者赞”活动、“社会主义核心价值观与统一战线”论文征集活动、开展学习中国特色社会主义理论文章撰写工作、开展向蔡立忠同志学习活动等相结合。以民革福建省委成立60周年为契机，开展编纂《福建民革纪略》、民革“十佳基层组织”和“十佳党员”的评选、民革福建省委成立60周年纪念座谈会等活动，引导全省民革党员与中国共产党在思想上同心同德、目标上同心同向、行动上同心同行。

加强组织建设。全面推进党内监督工作，成立民革福建省委员会监督委员会，通过《民革福建省委监督委员会内部监督条例》，制订《民革福建省委员会监督委员会办公室工作规程（试行）》。注重提高党员整体素质，2014年发展党员167人，其中中高级职称101人；截至年底，全省民革党员5081人。加强各级组织建设，推进领导班子成员挂点联系工作制度，指导民革福州市委等组织完成届中调整和换届工作，成立民革平潭支部等新的基层组织。加强后备干部队伍建设，按照中共福建省委统战部《协助民主党派做好2014—2017年省级组织领导班子后备干部队伍建设工作方案》要求，完成领导班子后备干部推荐，做好党员培训学习、挂职锻炼及特约人员的推荐工作。

参政议政积极有为。在福建省政协十一届二次会议上，提交大会发言18份、单位提案20件，民革党员中的省政协委员提交委员个人提案56件。其中，《提升民营企业自主创新和竞争力的对策建议》《多管齐下保障农产品质量安全》《支持企业并购重组助推福建产业升级》3篇单位提案作为重要提案摘报呈送省委、省政府领导，获省委书记尤权等省领导批示12件（次）；《支持企业并购重组，助推福建产业升级》提案，被确定为省政协2014年9篇重点提案之一。选送5篇调研成果参加2014年福建统一战线建言献策会，获一等奖1篇、二等奖1篇、三等奖3篇。全年编印《福建民革信息》32期，向民革中央、福建省政协报送社情民意信息300余篇，其中12篇被全国政协采用，69篇被省政协单篇采用，56篇被省政协综合采用，12篇被民革中央单篇采用；《关注台湾农田水利会联合会换届后的新情况，做好台湾人民工作》得到全国政协主席俞正声批示。

深化对台工作。继续承办“海峡论坛两岸乡村农田水利建设交流会”，继续参与主办第十一届海峡西岸台胞青年夏令营、第七届海峡两岸少数民族丰收节，参与承办第九届两岸青年联欢节暨第二届海峡青年节，参加第八届闽台对渡文化节、第三届中华擎天青年研习营、和谐海峡论坛等。

社会服务工作扎实有效。持续开展捐资助学活动，通过福建省逸仙教育基金会向政和县教育促进会捐赠58.5万元，发动民革党员捐款13万多元用于资助政和县贫困生，全年资助128名优秀贫困生。深入开展“伸出博爱之手——民革基层组织牵手困难群众”活动，结合“海西春雨行动”，开展法律援助、“三下乡”及各种献爱心活动。继续加强与省扶贫“两会”的合作，联合到屏南县和政和县开展“送医送药”义诊活动和为小学生免费体检活动，赠送药费和体检费用6万元。

（朱坤港）

【民盟福建省委】 2014年，民盟福建省委深入开展学习实践活动。组织整理《福建民盟志》，编纂《福建民盟史》；设立“盟史陈列室”，作为学习实践活动的教育基地；举办“盟史讲解员”竞赛，继承民盟优良传统。举办全省民盟宣传通讯员培训班，建立专、兼职宣传通讯员骨干队伍。与人民网福建频道联合举办“福建改革发展·网络建言献策”活动，盟内政协委员、专家学者通过人民网福建频道网络平台向省委建言献策，省委政研室专门整理一期《研究动态·专报件》，呈送省委省政府领导参阅。

做好参政议政工作。在省政协十一届二次会议上，提交提案23件、大会发言8件。其中，《关于大力发展福建省海洋装备制造业的建议》作为省政协会议上的口头大会发言；提案《关于推进福建省美丽乡村建设的建议》《以专业错位发展为抓手整合中职教育资源》提案被作为重要提案摘报，得到省领导的批示。选定31个调研课题，形成25篇调研报告。重新修订《民盟福建省委会社情民意信息工作实施细则》，建立基层骨干信息员、省直信息员和机关信息员3支队伍，以会代训，信息数量和质量稳定提升。

加强组织建设。截至年底，全省盟员总数10954人，平均年龄53.5岁，高级职称盟员3663人，其中新增盟员503人。全省有设区市委会9个，县级委员会10个，县（区）工作委员会11个，基层组织354个。积极推动“盟员之家”建设，先后挂牌成立省直科技总支、省直综合第一总支“盟员之家”和厦门市、龙岩市、邵武市等地“盟员之家”；成立“福建民盟北京支部”，为在北京发展的福建籍盟员搭建活动平台。扎实做好后备干部推荐和培训工作，首次组织部分盟地方组织和基层组织的负责同志到中央社会主义学院学习。

深化社会服务工作。组织盟内医学专家分别赴政和县镇前镇、浦城县、沙县、寿宁县等医疗欠发达地区开展医疗下乡活动4次，接诊患者1000余人，赠送药品近4万元。组织农业、林业科技专家志愿者分别赴宁德市霍童镇八斗村、政和县镇前镇开展科技帮扶，举办科技讲座。组织文艺届盟员赴政和县镇前镇参加第三届鲤鱼文化旅游节演出。借助民盟福建省委会国内公开发行刊物《福建乡土》，先后编辑出版《福建乡土》政和、邵武和泉州专刊。继续开展烛光行动，首次在镇前镇开展为偏远乡村教师送温暖的慰问活动，慰问下庄、梨洋、下园3所偏远小学任教的21位教师，送去慰问金7300元；为福州新东方学校牵线搭桥，联系福清市3所中小学的部分困难学生，支持其参加新东方学校的“优才计划”公益夏令营。打造福建民盟“黄丝带”帮教品牌，持续9年开展“黄丝带”帮教活动，成立“福州市育萌学校”，使未成年犯在服刑期间继续接受九年制义务教育，并赠送图书400册。

（郄晨枫）

【民建福建省委】 2014年，民建福建省委凝聚思想共识。把坚持和发展中国特色社会主义学习实践活动作为推进思想宣传工作的首要任务，着力推动全省基层组织发扬自我教育的优良传统，把学习实践活动引向深入。加强宣传阵地建设，着力打造会刊、网站、微信公众号、巡回宣讲团、艺术团、书画院6个思想教育和舆论宣传平台。

凝聚组织合力。完善领导班子谈心会、述职和民主测评制度，做好省、市级组织领导班子后备干部建设，保持合理的年龄、知识和界别结构。推进基层组织建设，通过着力基层“会员之家”、规范新会员入会仪式、编印《中国民主建国会会员读本》三个工作抓手，增强基层组织的活力。增强会内监督工作，监督委员会成员赴各地开展调研，将情况向主委会议通报，并对领导集体履职情况进行监督。注重吸收和经济界有密切联系的专家学者、企业界代表人士入会。截至年底，全省有民建会员6557人，9个市级组织，3个县级组织，1个省直工委会，249个基层组织；会员平均年龄50岁，大专以上的占80%，有专业技术职称的占64.8%，经济界人士占80.4%，企业界人士占61.7%，新的社会阶层人士占33.7%。

提升参政议政实效。创新调研机制，加强智库建设，依托福州大学民建经济研究院，举办民生经济论坛、“参政议政与智库建设”高峰论坛。围绕深化改革、发展经济、关注民生、落实“三规划两方案”等方面内容，深入开展调研，在金融创新、海洋环境保护、两岸经贸交流、电力能源安全、外经贸等方面形成较高质量的调研报告。全年向省政协十一届二次会议提交大会发言13篇、提案26篇；有2篇社情民意信息分别得到中共中央政治局2位常委的批示。

扩大社会服务影响。支持民建中央帮扶贵州省毕节地区黔西县扶贫点工作，制订《民建福建省委帮扶助推政和县外屯乡工作意见》，开展各设区市、省直工委与外屯乡“九村一场”的对口联系工作。开展多形式的“三下乡”活动40余次，动员全会力量推动帮扶地区加快发展。进一步扩大“思源教育移民班”在福建的影响，2014年新增加三明宁化、南平政和2个教学班。积极推进建华课堂福建分课堂品牌建设，组织企业界会员参加民建中央非公经济论坛、风险投资论坛等，促成8个项目签约，签约投资合作金额30亿元，推动区域经济合作。（郑礼端）

【民进福建省委】 2014年，民进福建省委加强思想宣传工作。扎实开展坚持和发展中国特色社会主义学习实践活动，制订印发《关于开展坚持和发展中国特色社会主义学习实践活动实施方案的通知》。将冰心文学馆作为学习实践活动的教育基地，在福建民进网站和会刊上推出学习实践活动专题。邀请民进中央副主席王佐书来闽作学习实践辅导报告，邀请民进中央先进会员事迹宣讲团来闽宣讲。改版会刊《福建民进》，升级福建民进网站，制订《福建民进网站管理办法》，开通网站手机版和微信公众平台，承办省统战系统“美丽乡村、美丽福建”摄影采风活动。建立新闻宣传通讯员与主流新闻媒体的联系沟通平台，全年被《人民日报》《光明日报》《人民政协报》《团结报》《民主》等中央级报刊、媒体采用的新闻稿件57条，被地方各类报刊、媒体采用的新闻稿件243条，被民进中央网站采用的新闻稿件140多条。

推进组织建设。召开民进福建省委七届四次全委会，增补1名委员、常委，民主推荐2014—2017年民进福建省委领导班子后备干部。厦门、泉州市委会被民进中央评为先进地方组织，福州、厦门、泉州、漳州、三明、南平、莆田市委会下属的部分支部和省直福州大学总支、福建工程学院总支、第三（平潭）支部等10个基层组织被评为民进全国先进基层组织，10名基层组织负责人被评为先进个人。省直福大、师大总支实现届中调整。民进省直龙岩支部升格为工委，并成立下属3个（总）支部。推荐25人次参加省委统战部、省社会主义学院举办的党外代表人士培训班；组织市、县主委8人参加民进中央组织的培训班；推荐3位同志参加民进全国新闻宣传负责人培训班；选派6人参加由民进中央与中央社会主义学院联合举办的民进企业家培训班；推荐3人担任各类监督员。2014年新增7个支部，发展新会员168人，大学以上文化程度占76.8%，中、高级职称占56%；截至年底，会员总数4078人，有7个设区市委会、1个设区市工委会、1个县级市委会、196个支部；大学以上文化程度会员占88.1%，中、高级职称会员占78.9%。

深化专题调研。组织出版传媒委员会、文体艺术委员会以及各市委会专家学者开展“美丽乡村”示范村建设调研活动。组织骨干会员前往上海自贸试验区调研，为福建自贸试验区建设提出对策与建议。开展“平潭综合实验区的开放开发”专题调研，形成有针对性的意见建议。创新议政建言平台，举办每月一次的“议政圆桌会”，集智聚力，广开言路。在省政协十一届二次会议上，提交大会发言9件、单位提案20件，其中《关于构建和谐医患关系的建议》得到省委书记等5位领导批示；大会发言《关于加快老龄服务产业发展的建议》被省政协确定为口头发言，在《福建日报》上刊登。《关于推进福建省差异性城镇化发展战略的建议》《关于发展福建创意农业的建议》被《福建日报》刊载。《关于行政审批制度改革仍需落到实处的建议》获民进中央参政议政成果一等奖，《推动厦金区域经济合作与融合发展的建议》获民进中央参政议政成果二等奖。全年向民进中央、省政协、省委统战部上报各类信息430多件（次），全国政协采用5件（次），中央统战部采用12件（次），民进中央采用30件（次），省政协采用61件（次），其中《建议将福建列入ECFA先行先试省份》得到国家领导人的重要批示。《关于提高政协提案质量的几点思考》入选《福建省人民政协理论研究会第五次理论研讨会论文集》。

社会服务新作为。响应民进中央“书香彩虹”公益活动，向贵州金沙县捐赠图书计20569册。组织部分省直、南平市专家会员、台湾农业专家为定点帮扶的澄源乡旅游、烟叶种植、高山水库养殖业等项目进行咨询辅导。组织南平、漳州市委会和省直福大总支、出版总支、机关医院支部、中医药大学支部以及经济界会员联谊会会员到澄源乡，为260多名群众免费咨询义诊，免费发放5000余元的药品和300条会员亲手编织的围巾，捐赠价值6万余元的各类科普图书6000多册。帮扶霞浦县盐田乡南塘村争取到建设资金390万元，用于南塘民族小学教学楼、饮水工程改造、畲族文化站、桥梁水渠修建等。组织会内专家和特色人才赴台开展民间文化交流，建立与台湾同济总会等联手开展“微公益”活动合作意向。（卢　辉）

【农工党福建省委】 2014年，农工党福建省委夯实思想政治基础。组织党员开展坚持和发展中国特色社会主义学习实践活动，以点带面、示范推动，建立福州、厦门、宁德等五个学习实践活动基地。全年组织省委会常委、机关干部和基层骨干党员等22批次970人次到基地接受教育，接待兄弟省市的农工党代表参观学习10余批次。全省各级组织举办以“中国梦·农工情”为主题的演讲和征文比赛等系列活动，选拔3名选手参加农工党中央举办的总决赛，组织300余党员参加农工党中央“中国梦·农工情”大型巡回演讲报告会，进一步坚定党员的理想信念，不断巩固多党合作的思想政治基础。

努力作为促发展。争取农工党中央对福建发展的重视和支持，促成全国政协副主席、农工党中央常务副主席刘晓峰、副主席龚建明来闽考察，促成农工党中央在宁德设立社会服务基地，以对口帮扶、购置设备等形式支持宁德市医疗卫生事业发展。经农工党中央协调，促成国家卫计委同意支持宁德1000万元用于推进“海云工程”建设。

积极建言献策。全年完成调研论文75篇，提交省政协十一届二次会议大会发言17篇、提案24件。其中，《关于规范和扶持福建省民营医院发展的建议》提案确定为省政协重点提案；在省政协十一届三次会议上，报送的《大力推进绿色发展，加快建设美丽福建》等4件提案被评为2013－2014年度省政协优秀提案。全年编报《福建农工信息》专报件489件，省领导批示26件，中共中央领导批示3件。

扎实推进社会服务工作。组织和动员全省各级组织和党员，努力拓展社会服务的广度和深度，选派机关干部赴宁夏挂职开展招商引资工作，与福州司法强制隔离戒毒所签订共建协议，建立长效帮教机制，组织全省各级组织开展“2014中国环境与健康宣传周”“第二十六届中国国际科学与和平周”等主题宣传活动。切实做好环保宣传、健康咨询、科技扶贫、帮教特殊人群、文化下乡、送医问药、法律咨询等为民实事，服务福建经济社会发展，促进社会和谐稳定。

深化闽台交流。全年开展闽台中医药及文化交流5次。在福州举办“第十一届海峡两岸中医药学术交流大会”，农工党中央副主席龚建明出席大会并致辞，郑永齐、陈可冀院士和国医大师张大宁与会作学术报告，来自海峡两岸以及新加坡、美国等420多位中医药专家学者参加会议，其中台湾地区6个市县8个代表团的151位中医药专家参会，大会收录并印发学术论文185篇；与高雄市发明人协会签订合作交流协议书，完善两岸中医药学术的常态化交流机制。

强化组织建设。以领导班子建设为重点，以人才队伍建设为保障，以基层组织建设为基础，全面推进组织建设。贯彻执行民主集中制、集体领导和分工负责制度，完善省委会领导班子谈心会制度。全年发展党员352人，其中：中高级职称222人，占63.1%；本科以上学历279人，占79.3%。截至年底，全省党员8572人，其中：医卫界4011人，文教界2599人，科技界471人，环境、人口资源界153人。

（孙天翔）

【致公党福建省委】 2014年，致公党福建省委全面推进思想建设。召开省委八届三次全会，学习习近平总书记关于“切实把思想统一到党的十八届三中全会精神上来”的讲话精神和《人民日报》社论“发扬民主优势激活改革动力”，学习传达致公党十四届二中全会精神，听取和审议《致公党福建省委常委会2013年工作报告》。召开省委八届八次常委会，学习贯彻中共十八大、十八届三中全会和习近平系列重要讲话精神，决定成立省委监督委员会，加强党内监督。召开省委八届九次常委会和四次全会，学习习近平总书记《在纪念邓小平同志诞辰110周年座谈会上的讲话》，增补叶敏为八届省委副主委。召开八届十次常委会，专题学习中共十八届四中全会精神。组织开展坚持和发展中国特色社会主义学习实践活动，成立领导小组和办事机构，制订实施方案，举办报告会、座谈会112场次，《致公讲坛》《学习讲座》8场，推出92位先进典型，召开先进事迹宣讲会54场次。

参政议政服务发展。在省政协十一届二次会议上，提交大会发言12篇、党派团体提案18篇，其中，1篇作为大会口头发言，1篇被列为重点提案；2篇团体提案被选入《重要提案摘报》，得到6位省领导批示6件（次）；2篇被致公党中央采纳，作为全国政协十二届二次会议团体提案材料。组织开展调研，完成15项重点调研课题；各设区市委会、省直工委会和各专门委员会完成调研报告155篇，9篇调研报告被《中国发展》和省委政研室《调研内参》《闽台交往研究》采用。报送社情民意信息273条，被中共中央办公厅采用1条，全国政协和中央统战部采用10条，致公党中央采用37条，省委和省政协采用132条，省领导批示6件（次）。

“侨海报国”凸显特色。举办海外华裔青少年中国寻根之旅夏令营厦门致公营和福建致公营，来自美国、加拿大、菲律宾等国家和地区的75位青少年参加活动。组团出访加拿大、美国，加强与加拿大洪门民治党、美国福建公所、美国纽约华人总商会的联络。加强对台交流工作，承办第六届海峡论坛·致公恳谈会，邀请台湾嘉宾70多人参加，围绕“人文关怀·社会服务”主题进行研讨；举办第二届致公女校论坛，主题为“海峡两岸妇女在家庭教育中的作用”；举办海峡两岸和香港特区名人书画展。

创新社会服务。探索社会服务进社区途径，先后在福州、厦门、泉州和漳州等地挂牌成立“社区致公学校”12所。帮扶助推铁山镇工作，对接帮扶助推项目4个，总投资超过1000万元；为凤林致公小学捐资20多万元。支持贵州毕节试验区建设，选派党员专家到毕节七星关区医院开展培训项目试点。引进菲律宾洪门社团捐资50万元建设泉州德化盖德小学致公楼。全省致公党员为社会捐款1397.17万元，组织开展“三下乡”活动23场，参与党员650人，服务人数13462人次。

加强组织建设。全年发展党员233人，其中留学归国人员和访问学者33人，截至年末全省党员4839人。推进基层组织建设，新成立总支部1个、支部4个，率先在福建民办高校福州外语外贸学院成立支部。加强党员培训工作，全年举办培训班5期（含“一周课堂”培训班），312人（次）参加培训；选送26人（次）参加中央和省委党校、中央和省社会主义学院的培训学习。办好“一刊一站”，“福建致公”网站上稿500余篇。有6篇论文刊登在中央统战部《调研内参》《团结报》等刊物上。

（陈　钧）

【九三学社福建省委】 2014年，九三学社福建省委务实思想基础。深入开展以坚持和发展中国特色社会主义为主题的学习实践活动，研究制订实施方案，明确学习内容与实践重点，形成领导有力、职责明确的学习实践活动组织体系。召开“深入开展坚持和发展中国特色社会主义学习实践活动”座谈会，交流做法经验；在政和县东平镇建立“学习实践活动”基地；继

2014 年 9 月 6 日，九三学社福建省委员会在榕召开成立 30 周年座谈会

（九三学社福建省委供稿）

续办好《福建九三》刊物和社省委网站并设“学习实践活动”相关专栏。召开社省委成立 30 周年纪念座谈会，编撰《福建省九三学社简史》（第一册）和《九三学社福建省委员会 30 年纪念册》。开展“参政党理论与社史研究”“全面深化改革与共同体意识研讨会”“坚持和发展中国特色社会主义论坛”等论文征集活动，选送 22 篇理论研究文章报送社中央。

强化参政议政职责。全年完成调研报告 89 篇，立项课题 49 件。在省政协十一届二次会议上，提交集体提案 21 件、大会发言 16 篇，其中 1 件提案被省政协确定为重点提案；2 件提案被作为重点提案摘报，得到省领导的批示；1 件发言被选为大会口头发言；6 件提案作为大会快报呈报省领导，得到省领导批示 5 件次。调研课题《进一步加强福建省海岸保护和海岸带管理的建议》被省政协作为 2014 年界别协商内容，列入省政协常委会工作报告部署的主要任务之一。承担省政协常委会第九次专题协商会“加快推进厦漳泉同城化发展”的子课题，提交专题协商会与省委、省政府有关部门进行协商。1 件提案被九三学社中央采用并报送全国政协十二届二次会议。向第九届社中央“九三论坛”报送 5 篇调研论文。在 2014 年福建统一战线建言献策大会上，提交的 5 篇评奖论文分获一、二、三等奖。2014 年向社中央、省政协、中共福建省委统战部、省委政研室报送信息 400 余件（次），其中：1 件被全国政协、中共中央统战部采用，26 件被九三学社中央采用，2 件被省委政研室采纳，115 件被省政协、省委统战部等采用，12 件次被省级（含省级）以上领导批示。

社会服务富有成效。以“九南合作”和“学习实践基地”为平台，加强助推政和县发展的工作力度，为政和村容村貌改造、基础设施建设等争取项目资金近 300 万元；帮助推荐东平镇参与省旅游局主办的“清新福建·美丽乡村之旅”评选，获全省“古村名镇”奖；邀请旅游专家指导当地旅游规划及配套设施建设，引进旅游企业对接当地旅游线路开发，协调有关交通问题等。以“百名专家进乡村入学堂”和“海西春雨行动”为平台，组织开展义诊活动 20 余场，举办健康、农业种植养殖技术讲座、咨询及培训近 30 场，开展扶贫济困及捐资助学活动，捐助现金及物品近 60 万元。

组织建设稳步推进。截至年底，全省有社员 3890 人，平均年龄 51.61 岁；其中：高级职称 2169 人，占 55.8%；中级职称 1428 人，占 36.7%。全年发展新社员 149 人，平均年龄 36.11 岁；其中：高级职称 44 人，占 29.5%；中级职称 68 人，占 45.6%。推荐 5 名社员到基层政府挂职；在中央社会主义学院、省社会主义学院举办培训班，培训人员 227 人；推荐社员参加社中央、中共福建省委统战部等各类培训班 14 人。（张　豪）

【台盟福建省委】 2014 年，台盟福建省委积极参政履职。参加省委、省政府召开的协商会、情况通报会、征求意见会，就共建 21 世纪海上丝绸之路、闽台合作交流、生态文明先行示范区建设、新型城镇化建设等提出建议。向台盟中央提交全国政协十二届二次会议提案及大会发言素材 67 篇，郑建闽主委代表台盟中央在大会上作题为“构建闽台共同文化区”的发言。在省政协十一届二次会议上，提交提案 25 件、大会发言 12 篇，其中，《关于构建生态环境资源产权交易市场的建议》得到省长的批示，《关于福建省小城镇建设中实现农民持续增收的若干建议》作为大会发言，《试行建立区域公共财政合作机制和同城化公共财政基金》作为常委会的发言。组织省政协台盟界别委员赴三明尤溪开展界别调研，向第十届“省统战系统建言献策大会”提交 5 篇重点调研报告。担任各级人大代表的盟员，向各级人大会议提交议案、建议，积极履职。

创新闽台交流。加强与台湾高层人士和中南部民众的交流，重点接待来自岛内的教授专家、知名企业高管、国民党青年精英等 54 人次。连续七届承办“台南大（中）学生海西乡土文化研习营”，69 名来自台湾的大中学生与福建省部分台籍大学生应邀在厦门、武夷山等地开展为期 6 天的乡土文化研习交流。参与第六届“海峡论坛”，联合福州市人民政府等单位主办第五届“海峡两岸船政文化研讨会”。组织台湾“中研院”、台湾大学、台湾联合大学等 10 余家两岸高校和研究机构的专家学者，就“船政文化与中国海防建设”展开研讨。邀请福建三月三书社、台湾海砚会的 20 名青年书画家举办“与古为新”海峡两岸青年书画作品展，展出书画作品近 200 幅。参与协办首届“海峡两岸青年节活动”和“第七届台湾少数民族丰收节”。组织医疗界和妇女界盟员入岛交流。走访慰问在榕台商台胞，参与举办“海峡情中华梦——在榕台胞迎中秋联欢会”，增进与台胞的感情。

强化组织建设。全年发展新盟员

34人，建立9个学习实践活动基地，盟员、机关工作人员参加各种学习培训52人次，选派青年盟员到省统战系统帮扶点——政和县挂职锻炼。

（陈志清）

【省工商联】 2014年，省工商联深化教育实践活动。深入开展以“信念、信任、信心、信誉”为主要内容的理想信念教育实践活动，引导非公有制经济人士政治上自信、发展上自强、守法上自觉。组织学习贯彻习总书记给福建省30位企业家的重要回信精神，举办“闽商好故事”报告会，实施《促进非公有制企业文化建设行动纲要（2012—2016）》和《福建省工商联2014—2017年教育培训工作规划》，确认48家民营企业文化建设优势企业，举办3期培训班，培训205名基层干部和企业家。深入开展“手拉手”“闽商光彩助学”、参与农村扶贫开发、捐助云南鲁甸震灾等活动，捐款7998万元，帮扶农村项目80个，受益群众上万人，捐资助学超过5000万元。《人民日报》《中华工商时报》《福建日报》等媒体刊发福建省民营经济报道2085篇次。“三位一体，弘扬闽商正能量”宣传工作获评全国工商联“十大工作亮点”。

推动改善民营经济发展软环境。开展10多项专题调研，成果获省领导批示17件次。承办“2014年福建统一战线建言献策会”。1件团体提案获全国工商联系统优秀提案并提交全国政协十二届二次会议，被国家有关部门采纳。《关于中小微企业公共服务平台的调研报告》被列入省政协专题协商议题，转化为大会发言。省政协民主协商会专题听取省商会“创新驱动打造福建民营经济升级版”的发言。刊发《民企诉求反映》专报件11期，1期被转报中央办公厅，采用有关内容，3期获省领导批示8件次，“福建新闻联播”《福建日报》推出《民企亮剑，逆势而上》，重点宣传民企逆势发展典型案例。形成《2014年1—8月福建省民营经济运行情况及走势预测分析》专题报告，被尤权书记等省领导批示8件次，抄送20多个部门督办；专题召开全省金融工作座谈会，有效缓解企业融资难题。开展民间投资政策第三方评估，形成《评估报告》，报送省政府、省发改委。

创新服务主动作为。着眼聚合力、创载体、搭平台、建网络，为民企提供“横向到边、纵向到底”的全方位服务。推动实施“回归工程”，经各级统战部、工商联参与牵线搭桥推进的项目有162项，总投资1338亿元。联合省国资委举办全省国企民企产销对接会，300多家企业对接意向金额50多亿元。与省高院、发改委、经信委、国资委、司法厅等部门建立厅际合作机制，为民营企业依法维权、转型升级提供服务。与建行、工行、中行、民生银行等共建小微企业金融服务机制，成立“民商小微企业经济服务中心”，为2000余家企业提供信贷资金近20亿元。发布2批127家中小微企业市场化公共服务平台目录，其中2家入选省级示范平台。做好职称评定工作，603人获得非公有制企业专业技术职称。促进民企融入“一带一路”战略，举办第七届“中德经济合作对接会”，推动省汽车工业行业协会组织企业赴德国考察对接项目；举办“中非产业经济合作峰会”，组织民企到非洲考察，与纳米比亚中华工商联合总会、南非中华总商会签订《友好合作协议书》。

发展商会组织。截至2014年底，全省商会会员15.4万人，商会组织1810个，其中异地商会1042个、行业商会353个。加强“五好”县级工商联和商会建设，实施《福建省工商联会员发展和组织建设规划（2014－2017）》《福建省工商联关于“五好”县级工商联建设的实施方案》，推荐13家县级工商联报送全国工商联，以“五好”确认。指导商会组织加强行业自律、守法诚信经营，推动成立9个商会党组织、建立32个省工商联党建联系点。加强对异地商会的指导、引导和服务，在四川举办省级异地福建商会建设调研座谈会和首届“闽商（中国）商会会长合作发展高峰论坛”，发挥异地闽籍商会“回归办”作用。 （饶晋鹏）

2014年4月28日，省工商联与518组委会、北京大学国家发展研究院在福州联合举办“海上丝绸之路走进非洲——2014中非产业经济合作峰会” （省工商联供稿）

群众团体

【省总工会】 2014年，省总工会学习贯彻中共十八届三中、四中全会精神和习近平总书记系列重要讲话精神，组织25次党组中心组学习会，安排16次《工会学坛》专题报告，举办42个班次全省各级工会干部、劳模读书班。各级工会通过形式多样的培训研讨、送教上门、主题活动、劳模进校园、媒体宣传、专题展览等方式，宣传中共十八届三中、四中全会精神，宣传习近平总书记系列重要讲话特别是来闽考察时的重要讲话，以及关于工人阶级和工会工作的重要讲话精神，宣传中央、省委的重大决策部署，宣传福建省全面推进改革取得的伟大成就，把广大工会干部和职工群众的思想和行动统一到中央、省委的精神上来，凝聚到为实现中国梦而奋斗的时代主题上来。

*组织劳动竞赛，引导职工为经济发展作贡献。*组织“中国梦·劳动美”劳动竞赛，开展职工合理化建议、技术培训和技术比武活动，引导职工支持参与推动改革、立足岗位为经济发展作贡献。全省各级工会组织200多万职工参加各种形式的岗位练兵活动和技能竞赛。突出抓好10场福建省重大产业职工劳动竞赛，联合省直有关单位举办20场专业技能竞赛。持续抓好平潭综合实验区全国区域性劳动竞赛，发挥示范引领作用。

*提升劳模服务水平，弘扬劳模精神。*做好全国、全省五一劳动奖状、奖章和工人先锋号推荐评选工作，命名两批213个“福建省劳模工作室”和10家“劳模工作室示范基地”，建成劳模参与社会活动人选名录库，组织知名摄影家为百名劳模摄影摄像，举办“与共和国共成长——八闽劳模风采展”，开展“向盖军衔学习”等系列活动，组织劳模进校园(机关、企事业单位)、劳模大讲坛等活动。组织“工人阶级新闻宣传月”“聚焦一线、体验劳动”新闻采风，劳模和劳模工作室深度报道，“劳动人生”一线人物采写，“走进企业”等“五大系列”宣传，弘扬劳模精神，唱响工人伟大、劳动光荣的时代主旋律。

*构建和发展和谐劳动关系。*制订实施《深化集体协商五年工作规划》《福建省厂务公开民主管理五年工作规划》，重点推进非公有制企业职代会制度建设，实施工资集体协商要约行动。全省19.36万家企业建立职代会，19万家实行厂务公开，19.19万家签订集体合同，19.08万家开展工资集体协商，建制率分别为95.5%、93.6%、94.7%和94.1%。深入开展安全生产“安康杯”竞赛和“一法三卡”工作，加强女职工“四期”劳动保护和推动落实禁忌从事劳动有关规定，强化特殊工种和苦、累、脏、险岗位的劳动保护群众监督，做好对新生代农民工的人文关怀，推广职工文体社团、职工书屋等，进一步改善劳动用工环境，确保实现体面劳动。

*强化服务职工，困难职工帮扶工作。*开展“春送岗位、夏送清凉、金秋助学、冬送温暖”四大传统活动，全年慰问困难企业1729家、困难家庭68482户，其中困难职工47579户、困难农民工18252户、困难劳模2651户。省级安排帮扶专项资金5000万元，建档的7万名困难职工省级补助标准从每人不足500元提高到600元。完善职工医疗互助活动，2014年全省有232万人次参加医疗互助活动，筹集资金1.18亿元，累计补助6.95万人次，补助金额1.02亿元。突出对环卫、公交、殡葬等特殊行业职工的服务和帮扶工作，首次组织一线职工疗休养活动，有874名职工参加每期5天的疗休养。通过农民工“平安返乡、温馨在八闽、深情问薪金”三大行动，为21.1万农民工返乡提供专列、包机、购票等服务，为3.15万名农民工追回欠薪3.16亿元。

*发展扶贫开发重点县工会工作。*制订实施《关于支持23个省级扶贫开发工作重点县工会工作的意见》；全年安排4522.8万元补助23个省级扶贫开发重点县，比上年增长54.9%，专项用于实施基础设施建设、送温暖工程建设、基层组织建设“三大扶贫项目”，对重点县的每个镇街每年拨补工作经费1.5万元，补助每位工会专干工资1.5万元，帮助解决人财物问题。省总机关17个党支部与23个重点县总工会党支部分别结对，通过结对共建、结对帮扶、结对服务，保持常态联系，及时帮助解决实际问题。联合省电力公司工会在23个县建立33支劳模爱心服务队，开展为困难职工送光明活动；组织以省立医院医生劳模为主的医疗专家赴重点县开展义诊活动；资助19万元组织40多位省内文学名家“走进松溪”创作采风，出版《映像·松溪》专集，成为松溪县的文化名片。

*加强与台港澳交流交往。*相继举办以“中国梦·劳动美”为主题的第九届海峡两岸职工创新成果展，以“推进职工文化交流、共建中华美好家园”为主题的海峡职工论坛。首次组织福建省劳模参访团137人赴台湾考察交流。成立平潭两岸职工交流中心，推动两岸工会和职工交流交往。首次组团与港澳工会进行互访，探索建立闽港澳工会和职工交流往来的机制，并开展闽澳、闽港职工文化艺术交流。

*发展基层工会。*省总全年安排支持基层工会预算23599.1万元，占预算总支出的70.3%，比上年增长27.3%，其中安排4000万元对乡镇工会工作进行专项补助。全年新聘“工会专干”584名，70.3%的镇街工会配备“工会专干”，90%以上镇街工会解决必要的工作经费和办公场所。截至2014年9月底，全省基层工会10.9万个，涵盖单位24万个；工会会员848.1

2014年5月26—29日，福建省劳模团赴台湾开展“劳动美·两岸行”参访活动

（省总工会供稿）

万人;其中,2014 年新组建企业工会 4.1 万家,新发展企业工会会员 56.5 万人。 (纪荣凯)

【共青团福建省委】 2014 年,共青团福建省委强化青少年思想道德建设。学习宣传贯彻习近平总书记系列重要讲话、来闽考察重要讲话、对共青团工作的重要批示精神和中共十八届四中全会等重要会议精神。召开团省委常委(扩大)会议、理论中心组学习,进行专题学习部署,举办晨会、花园里 1 号讲坛、座谈交流等,运用"福建共青团"网站和"海西新青年""共青早读"等微信微博新媒体,组织团干部和团员青年持续学、深入学,统一思想认识。开展中国梦和社会主义核心价值观主题教育活动,全年开展"奋斗的青春最美丽""中国梦・青年说""红领巾相约中国梦""青春梦・中国梦"等活动 649 场,22.1 万余人次参与;举办"与信仰对话""与人生对话""彩虹人生"报告会、主题团日活动 2276 场,覆盖 28.2 万人次。举办 2014 福建省"向上・向善"青少年书法美术大赛,收到参赛作品 4016 幅。组织 20 余万名大中专学生参加暑期"三下乡"社会实践活动。加强网络新媒体工作,承办全国高校共青团网络新媒体工作研讨推进会,推广福建师范大学"五微五阵地"做法;团省委腾讯官方微博、官方微信分别被评为福建优秀政务机构微博、政务微信;推进农村共青团和高校微信体系建设,截至年底,全省建立团干部微信群 8094 个,覆盖团干和团员青年 134382 人;开展"我和国旗合个影""我为核心价值观代言""网上祭英烈""鲜花送雷锋"等主题网络新媒体活动,国庆期间发起"大大你好"微活动,周阅读量 1235 万、参与讨论 2.3 万人次;组织 31841 名宣传员成立省市县三级和高校网络宣传员队伍,与省委网络办合作培训网络评论员和宣传员骨干 120 余人。选树青年典型,开展福建青年五四奖章、福建优秀共青团员(团干部)、身边好青年等评选活动,选树各界青年典型 800 余名;开展"寻找乡村好青年"活动,选树省、市、县、乡农村优秀青年典型 3700 余名;开展价值观分享、代言等活动 637 场次,参与人数 3.6 万人次。

深化"青字号"品牌活动。开展纪念青年文明号 20 周年系列活动,2200 多家青年文明号集体、23900 余名青年参与 146 场"优质服务示范月"等主题活动。举办"追梦青春"青年文明号摄影大赛。联合举办煤矿救援、金融服务等省级行业青工技能竞赛 8 场。承办第八届"中国青年科技创新馆",征集项目 300 余个,择优展示 13 个,40000 余人次参观。联合实施福建省农村青年创业致富"领头雁"培养计划,成立福建省农村青年致富带头人协会。组织团员青年通过美化 1 个村部、建设 1 条青年路、成立 1 支青年宣传队"三个一"活动,参与"美丽乡村"建设,全省建成"青春家园"示范点 77 个、生态青年林 94 片。举办"建设青春家园・共筑生态文明"——2014 年全省青少年植树护绿统一行动,植树 860 公顷,近 33.39 万株。举办"生态文明与青年责任"中国福建・首届国际观鸟博览会和 2014 年国际生态保育交流论坛。组织"大手牵小手——自然课堂进校园"、八闽生态学堂、手心上的文明进社区等活动 11 场。为 20 个生态环保社团项目各提供 5000 元资助,培训社团骨干 17 期 1102 人次。启动首届全国青年运动会志愿者招募工作,牵头成立第一届全国青年运动会筹委会志愿者工作部,举办"迎接青运会、争当志愿者"暨"共青团员义务星期六"主题活动、青运会开幕倒计时一周年暨志愿者招募动员大会,发布青运会志愿者标志,设立 15 个"志愿者招募培训基地",在三坊七巷等地建立"志愿服务小站"4 个,截至年底,逾 4.8 万人报名,志愿服务青运会。招募近 6000 余名青年志愿者服务春运、APEC 财政高官会、第十二届海峡项目成果交易会、交通秩序维护、食品药品打假等重大活动。选派 413 名大学生志愿服务西部和福建省欠发达地区。在 21 所高校开展省级志愿服务记录试点申报工作,实现团员青年志愿服务网络化管理。

深化对外青少年交流。邀请 23 所台湾高校、30 所省外高校及福建 13 所高校的 90 名学生会负责人,参加两岸学生未来领袖圆桌会、素质拓展等活动。举办第十二届海峡青年论坛、第二届海峡青年节、第十届两岸大学校园歌手邀请赛、第九届海峡两岸青少年排球邀请赛、2014 年海峡两岸青少年夏令营等活动,实施"千名台湾青少年福建行"项目、首届海峡两岸高校大学生记者挑战赛、首届台湾大学生暑期来闽实习计划,邀请 3040 名台湾青少年来闽交流。实施 2014 香港大学生暑期内地实习计划,开展"十载浓情・闽港相聚"青年汇聚交流互访活动,与香港新界青年联会签订"共筑中国梦"友好合作协议,推进闽港澳青少年交流。从资金支持、扩大交流、干部培养、青年创业、基层建设等方面对口帮扶西藏林芝和新疆昌吉共青团工作。

提升服务青年能力。开展全省青年劳动力状况、大学生创业调研,举办福建青年创业汇。成立福建省农村青年创业导师团,选树"农村青年信用示范户"3044 户,评定省级青年农民合作社优秀示范社 80 家。深化"银团合作",联合邮储银行为青年创业贷款提供 10 亿授信规模;开展"送金融知识下乡"活动 1033 场,发放小额贷款 2.52 亿元;为 2357 名城市青年创业提供小额贷款 1.6 亿余元。开展第三届大学生"创业之星"评选活动,资助优秀创业项目 120 项 380 万元。青年创业大讲坛、就业创业训练营等活动培训各类青年 5 万余人次。举办就业创业见习基地岗位对接活动 50 余场,7579 名青年上岗见习。2014 年"创青春"大学生创业大赛和首届福建省青年创业创新大赛吸引 1174 个创业项目(作品)参加。加强 12355 青少年服务台建设。开展"轻松备考阳光行动""进学校、进乡镇、进社区"等活动,举办各类讲座 401 场、195658 人次参与,接听考前咨询电话 4973 人次。联合省民政厅实施"青春同行・助孤"行动,通过物质帮扶"三个一"(抚助金、赠书、医疗保险)和精神关怀"六个一"(学业辅导、交流谈心、爱心电话、家访慰问、体验活动、"微心愿")关爱孤儿成长,截至年底,将 7708 名家庭困难、急需帮扶的孤儿(含单亲子女)录入数据库,募集爱心资金 401.66 万元,"月月赠书"活动为 4466 名事实孤儿赠送 3 批书籍13398册。开展关爱帮扶活

2014 年 8 月 23—26 日，第五届海峡两岸青年舞蹈嘉年华活动在晋江市举办。图为嘉年华活动——海峡两岸青年优秀舞蹈校园大联欢现场　　（省文联供稿）

动，希望工程·圆梦行动募集社会各界捐款 1281 万元，资助 2536 名农村经济困难家庭大学新生。成立许清水青少年医疗救助基金，资助 37 名家庭经济困难的患病学生每人 1 万元。在三明、南平、龙岩等地援建 5 所希望小学。全省设立 127 个阳光行动示范基地，开展各类助残活动 325 场，动员 28874 名青年志愿者与 26012 名残疾青少年长期结对。组建关爱农民工子女志愿服务队 1746 支，招募志愿者 181898 人，与 1527 所农民工子弟学校、413598 名农民工子女结对。推进青少年群体服务管理和预防犯罪工作，组织 3187 家省综治委预防青少年违法犯罪工作领导小组成员单位挂钩社区，19323 名志愿者结对重点青少年群体。开展“面对面”活动，向省“两会”提交有关青少年民生提案、建议 6 件。举办“为了明天——关爱青少年彩虹行动”微电影大赛，征集微电影 40 余部，展播投票网站独立 IP 访问量 820 万人次。编印《福建共青团权益工作案例》和《2014 年预防青少年违法犯罪论文集》。

夯实团建基层基础。启动数字团建工作，自主研发“福建共青团综合管理系统”和“福建共青团团务服务系统”，截至年底，全省 1505858 名团员在线激活个人使用权限，4872 个团委、2493 个团总支、66592 个团支部的负责人在线激活团组织管理权限。全省新建非公企业团组织 1203 家，覆盖青年 3 万余人。推进街道区域化团建工作试点，首批 112 个试点街道建立共建委员会 112 个、直属团组织 4394 个、直属青年社团 452 个，覆盖团员青年 131684 人。新建合作组织团组织 753 个，覆盖团员 8857 人、联系青年 17889 人。成立福建驻上海、山东团工委。推动学校共青团重点工作创新试点，高校和中学 15 个项目参与。开展首批“高校对口中学团建促进行动”试点工作，组织高校团支部与中学团支部结对共建。开展大学生“走下网络、走出宿舍、走向操场”活动 1080 场，72 所高校超过 69000 名学生参与活动。加强团干部队伍建设，以集中换届为契机，选好配强基层团干部队伍；联合省委教育工委、省教育厅选派 2 名高校团干部到新疆挂职、23 名高校团干部到县级团委挂职；首次将团干培训纳入省委组织部全省干部教育培训范畴，在省委党校举办第一期全省共青团干部专题培训班。出台《关于进一步加强少年儿童和少先队工作的意见》；举办全省少先队辅导员骨干培训班，培训业务骨干 269 人；组织 57920 名少先队大、中队辅导员参与网络培训；与省邮政局联合组建“鸿雁”志愿辅导员队伍。创建“福建少先队”和“福建省红领巾艺术团”微信公众平台；出版《少先队活动课辅导参考》；启动“百名红领巾上讲坛”系列活动；开展省级“先锋课堂”优质队课说课比赛和案例比赛。　　（刘　静）

【省妇女联合会】 2014 年，省妇女联合会开展“家庭建设年”活动。以“家和福建美、家和两岸亲”为主题，开展“家庭建设年”系列活动，实施家庭美德、家庭教育、家庭关爱、家庭服务“四大工程”。省委办公厅、省政府办公厅转发《省妇联关于开展新时期家庭工作的意见》，各设区市党委、政府均制订实施意见。全省城乡 16661 个“妇女之家”开展寻找“最美家庭”活动，举办各类家风家训评议会 8014 场；网民参与互动 1500 万人次，投票数超过 2400 万人次；推动寻找“最美家庭”活动向机关、企事业、部队、学校等多领域拓展。省妇联培育 10 个各具特色的“家庭建设示范基地”。与省文明办、省方志委联合编译出版《福建家训》。

实施“巾帼建功行动”。引领广大妇女创业创新，举办“6·18”巾帼馆，征集 197 项科技成果和技术需求，对接项目资金 1.56 亿元。加强对“巾帼文明岗”管理培训，组织对 2102 个“巾帼文明岗”自查、抽查考核，培训各级各类“巾帼文明岗”创建单位负责人 1800 人次。开展“春风送岗”，帮助 5.89 万名妇女实现就业。引领广大妇女参与生态省建设，与省发改委联合印发《建设生态家园三年提升行动》。创建全国巾帼现代农业科技示范基地 6 个，省级巾帼示范基地、巾帼美丽家园示范点 72 个。持续实施“百万妇女培训计划”，组织“专家快车农村行”等培训 34 期，培训新型女农民。推进妇女小额担保贷款等项目，新发放各类妇女小额贷款 2.01 亿元。加强闽台妇女交流合作，与省发改委、省台办联合印发《巾帼圆梦行动》。以家庭为主题，举办“第六届海峡论坛·海峡妇女论坛”，举办中华民族家庭美德论坛、“家庭、家风、家园与女性”研讨会、两岸家庭广场舞展示和两岸家庭对接等活动，闽台港澳 1000 多名妇女参加交流研讨。组织家政、家教、女科技工作者交流团赴台考察，参与“两岸青少年联欢节”，福州、厦门市妇联与金门县妇女会分别举办“海峡两岸女大学生环保创意 DIY 大赛”和“厦金亲子夏令营”。做好与新疆、宁夏妇联对口共建工作；出台6项措施支持23个省级扶

2014年5月9日，省妇联首届"最美家庭"表彰活动在福州举行 （省妇联供稿）

贫开发工作重点县；制订12项措施，投入帮扶资金48.5万元，项目资金912万元挂钩帮扶建宁县。

实施"巾帼维权行动"。注重源头维权，参与反家庭暴力法制订，参与省人大常委会开展《妇女权益保障法》及福建省实施办法执法检查，开展农村妇女土地权益、女童受性侵、无男劳动力贫困家庭救助、流动留守妇女生存发展状况等问题调研。推动社会化维权，与省法院联合下发《关于进一步创新维护妇女儿童合法权益工作机制的若干意见》；推动厦门、三明及福鼎等市（县、区）法院试点设立家事法庭。提升维权实效，与省农业厅联合下发《关于在农村土地承包经营权确权登记颁证工作中依法维护妇女权益的通知》，推动莆田、厦门、宁德、漳平、永安等地将妇联纳进当地土地确权登记颁证工作领导小组；实施"土地登记中的农村妇女权益保护"项目，将女性与男性共同作为土地承包方代表或共有人进行登记。深化妇联主席下基层大接访制度，加强12338妇女维权服务热线和妇联维权网络建设。

实施"巾帼关爱行动"。开展省级"两纲"实施统计监测，"两纲"12个领域106个可量化指标中，59个得到改善，13个达2020年目标。投入165万元项目经费，实施提高乳腺癌、宫颈癌防治服务水平等15个省级"两纲"重难点项目。持续实施城乡低保妇女妇科病免费检查和农村妇女"两癌"免费检查。出版《福建省妇女发展报告（2011－2013）》蓝皮书和《社会的进步——福建妇女儿童》，全面反映"两纲"实施情况。开展"母亲健康1＋1"公益募捐活动，为贫困"两癌"妇女募集善款388.24万元，救助"两癌"妇女767名。筹资375.16万元，开展春蕾助学、成才、关爱行动。在留守流动儿童较为集中的学校和社区援建15所"儿童之家"。招募巾帼志愿者与留守儿童结成帮扶对子，成立"爱心储蓄社""爱心照料社"等互助组织。

实施"巾帼成才行动"。健全妇联组织网络，与省总工会建立"资源共用、阵地共建、队伍共融、工作共谋、成果共享"联动合作机制。推广厦门市海沧区兴旺社区、泉州市领SHOW天地创意园区、武夷山市南源岭村的做法，把村、社区妇女组织向村（居）民小组、楼栋、网格等妇女生活的最小单元延伸。推进在机关事业单位、"两新"组织等领域建立妇女组织，在天福集团建立首个台资企业妇委会。壮大妇联工作力量，部分市县妇联配备兼职副主席，实现所有设区市和82个县（市、区）按照妇女人均"一元钱"划拨工作经费。采取"妇代会＋协会"或"妇工＋社工＋义工"等模式，吸纳热心妇女工作的优秀女性进入基层妇女组织队伍。加强妇女人才培训，制订干部培训5年规划，培训各级各类女干部957人；筹建女性人才库，新成立两个女科协分会。联合省委组织部、省委党校举办"海西大讲堂——女性领导力和领导艺术"专场报告会。建好管好用好"妇女之家"，指导福州机场边检站建立军中"妇女之家"；新培育200个省级"先进妇女之家"示范点，发挥500个省级"妇女之家"示范点的引领作用；实施"百村（社区）妇女之家建设扶持项目"，投入300万元扶持23个省级扶贫开发工作重点县，建设100个"妇女之家"，把妇联组织建成广大妇女群众可信赖依靠的"妇女之家"。 （李培珍）

【省文学艺术界联合会】 2014年，省文联务实思想政治建设。以学习习近平总书记在文艺工作座谈会上的重要讲话等为重点，以履行组织联络协调服务管理自律为根本职能，抓好文艺引导创作，开展文艺精品生产，推动全省文艺繁荣发展。成立全省青年艺委会和地市文联艺委会，通过《福建省文艺工作者践行社会主义核心价值观倡议书》，加强对文艺产品创作生产的引导。围绕贯彻落实省委《关于进一步加强新形势下文联工作的意见》，制订具体推进方案，掀起全省繁荣发展文艺热潮，促进文联工作发展。

推动"闽派"文艺精品创作传播。完善"福建文艺创作题材库"，组织社会主义核心价值观文艺创作、"中国梦""美丽福建"主题文艺活动、"一带一路""记得住乡愁"文艺宣传等。举办鲁迅文学院福建中青年作家班、2014闽派文艺理论家批评家高峰论坛、"中国梦·海峡情"海峡两岸文学创作网络大赛、"文学在互联网时代的地位与应对方式"高峰论坛等。在济南、福州举办"八闽神韵——福建当代书画名家作品海内外巡回展"，承办全国第十二届美术展漆画展、全国古村落保护高峰论坛。在国家美术馆举办"志归完璞——陈礼忠寿山石雕艺术展"，在全省举办"八闽丹青奖"——福建省美术书法双年展、福建省首届"丹桂奖"曲艺大赛等评奖活动。录制完成第二季《海峡艺术名家》。

开展文艺惠民活动。成立福建省文艺志愿者艺术团，开展"送欢乐到基层"惠民演出等文艺"四到基层"活动，丰富基层群众文化生活。举办"美丽乡村——福建省舞蹈精品创作乡村行"、新时期"古田会议"采风创作等活动。举办第十二届中国美展福建省选拔展暨第十二届福建省美术大展、中国曲艺"牡丹奖"福建赛区选拔赛等20余项赛事活动,"送文艺、种文艺"深入基层,促进基层文艺人才的培养和选拔,扩大基层文联影响。

对台对外民间文艺交流。赴台举办第四届海峡两岸曲艺欢乐汇,举办第五届两岸舞蹈嘉年华、海峡两岸电视主持新人赛。联合举办"海峡两岸民俗文化节",涉及国家级、省级非物质文化遗产项目40多项。承办"2014海峡诗会"。举办海峡两岸校园剧交流展演、海峡两岸清新文艺之旅、海峡文学笔会、闽台新童谣少儿歌手赛等活动,出版《香浓的桂花酒——海峡两岸故事集3》。举办第九届亚太青少年电影节。

文艺人才培养和文艺家之家建设。设立全省"文艺人才培养推广工程补助经费"。探索文艺产业新路子,推动成立福建省青年画院。与《东南快报》合办《文周刊》,创办《艺品》杂志,改版《福建文艺界》,加大文艺传播和宣传报道力度。加强文艺服务制度建设,大力推进文艺家之家和"阳光文联"建设,给予文艺家抚慰和温暖,在优化服务中抓好文艺导向,促进文艺事业繁荣发展。 (王幼丽 方 毅)

【省科学技术协会】 2014年,*省科协服务经济社会发展*。提交福建省政协提案23项,发布21个福建省自然学科研究报告;举办学术沙龙7场,组织专家学者、企业家建言献策,形成专题报告7个,其中实施创新驱动推动福建发展和加强生态文明示范区建设2个专题报告报送省委、省政府后被批转有关部门;组织有关省级学会、高校科协、设区市科协,开展31个重点课题和31个一般课题研究。与省政协科技界联合开展"科技社团承接政府转移职能"专题调研,形成《科技社团承接政府转移职能调研报告》等2个专题报告。省委《八闽快讯》、省政府《今日要讯》刊载科协信息29篇,其中《省科协组织福建省企业与院士对接取得良好成效》作为《八闽快讯》专报件,得到副省长洪捷序批示。省科协关于农业特色优势产业调研报告得到省领导的批示。省级学会提交决策咨询报告194篇,获领导批示和部门采纳47篇,反映科技工作者建议393条。立项资助《福建生态文明建设与发展问题研究》重大专项1项,重点项目27项,一般项目30项。资助省级学会等单位开展重点学术活动125项。省农函大开展农业"五新"技术培训,举办培训班1568个班次,发放教材3.1万册,培训农民4.8万人次、大学生村官107人、基层农技协领班人128人。面向全省22个水土保持重点县开设培训班50个。成立乡镇农技协136个、基层专业农技协397个。全省88个涉农县(市、区)有80个县(市、区)成立农技协,占全省的89.8%,成立农技协比例为全国第一。

打造专家品牌。全年邀请院士211人次、专家664人次来福建,对接院士专家项目43项。承办中国科学院科学论坛、中国工程院工程论坛各2场,开展"人才项目与资本对接会""院士八闽行""院士农业行""院士核电行""院士能源行""院士海洋行"等活动6场,举办现代农业、海洋发展等决策咨询会4场,举办院士专家科普讲座、学术报告146场,项目合作148项、提发展建议26条、解决技术难题45个。截至年底,新建院士专家工作站34家,省级院士专家工作站129家,进站院士117名、院士团队专家757名,开展合作项目442项,总投资260多亿元。开展"讲理想、比贡献"活动,4.10万人次科技工作者参加,立项3441个,提合理化建议5654条,采纳4134条,节能降耗、减排增效项目立项617个,节约资金1.2亿元;参加活动企业1724个,参加活动科技工作者41039人。全年新建企业科协44个,开展技术专利培训3次,302人参加。开展"技术咨询、技术转让、技术开发、技术服务"活动2900项。组织院士专家扶持8个扶贫开发工作重点县。福建"海智"基地与中国科协合作建立福建"海智"基地三明市、龙岩市工作站,在永泰建立中国科协海智专家服务站。促成国家"千人计划"特聘专家陈忠苏博士与福州维胜信息技术有限公司签订"共建云计算平台系统"合作协议,日本专家徐会连博士与福建江山美人茶业有限公司签订生产有机茶叶合作协议,瑞士瑞中经济科技文化交流中心与三棵树涂料股份有限公司签订"纳米涂料技术"合作意向,引进美国的"近海海马养殖"项目,引进日本的"多功能电子黑板"项目。邀请新西兰科学家高益槐教授到三明调研生物医药产业和现代农业,分别与泰宁、建宁、明溪县政府签订战略合作框架协议。

推进科普工作。全省建立省、市、县(区)学会2361个、企业科协1779个、农村专业技术协会2190个。全年组织开展2186次科普活动,参与群众418.97多万人次。参与组织科技文化卫生"三下乡"、科技·人才周、防灾减灾日、食品安全日等活动,捐资30万元支持闽清县云龙乡开展科普建设。持续开展"万名科技人员服务百万公众"活动,面向青少年、社区居民等群体,举办海西科普大讲坛52场,受益公众近万人次。科技馆活动进校园活动受益公众1782人。举办海西少年科学家俱乐部7期、科普夏令营(冬令营)18个,参与群众507人。举办第八届福建省国际英语科普夏令营1个,参与群众140多人。围绕"创新在我身边"开展青少年科学调查体验活动,1.94万名学生提交数据。组织编印出版发行农村和城市科普挂图40万张。在全省各级电视台开设科普栏目,54个市、县(区)电视台开播《科普新说》;在福建导视频道开辟"科普之窗"栏目,时长18000分钟。拍摄制作并在福建电视台黄金时段播放科普公益广告。开通"福建科普"微信平台,公众总阅读数接近6万次。举办首届福建省新媒体科普创作大赛、福建省青少年科学素养网络竞赛和农村妇女科学素质网络知识竞赛,近30万青少年和农村妇女参与网络竞答。完成福建数字科普教育基地网站一期建设,42个省级科普教育基地的数字化科普内容上线共享,网站总点击次数超过100万次。截至年底,全省已有163个科技馆、科普专业馆,2014年新启动或在建10个。推进福建科普教育基地、社区青少年科学工作室、电子科普画廊、科普宣传栏等设施建设。新命名23家省级科普教育基地,全省有全国和

省级科普教育基地193个。全省建成社区青少年科学工作室163个，全年新建31个。福建科技馆（老馆）全年接待参观和活动人数40多万人次；福建数字科技馆全年浏览量160多万人次。省科协、省财政厅投入专项资金327.75万元，扶持6个设区市科协、23个县市区科协的农村科普资源共享服务体系和流动科普展教体系建设。新增科普大篷车2辆，在龙岩、莆田、南平和宁德等设区市48个老区、山区县开展流动科技馆巡展，受益公众91万余人次。在三明举办第29届福建省青少年科技创新大赛，在晋江举办第12届福建省青少年机器人竞赛，在厦大开展中学生英才计划等活动，参与青少年120万人次。牵头在福州举办第十三届海峡两岸大学生辩论赛，两岸各8支高校代表队参赛。

开展学术交流。第十四届福建省科协年会期间，举办福建省实施创新驱动发展战略座谈会，组织省内外50多名院士专家，围绕实施创新驱动推动福建发展和加强生态文明示范区建设提出意见建议；举办农村饮用水源地保护学术沙龙、造纸产业发展学术沙龙、国际高层学术讲坛、生态环境与资源循环讲坛、海峡两岸专家报告会年会分会场51个和科学道德大讲堂、学术进校园等子活动9项，交流学术论文4500多篇；年会期间，促成会企合作、校企合作对接成功项目80多项，总投资约26亿元。举办主题为“现代农业和生态文明”第十届青年学术年会，800多名青年科技工作者参加。承办主题为“两岸科技惠民与两岸互动发展”第六届海峡论坛·2014年海峡科技专家论坛主会场及7个分会场活动，10多个省、自治区、直辖市的950多名代表和台湾地区59个科技社团、60多个经济组织、社会组织人士共350位代表参加，提交论文300多篇，签约合作项目30多项。组织两岸200多名专家、学者，在南京共同参加第七届海峡两岸科普论坛，交流论文139篇。牵头举办两岸科技社团对接交流会，59家台湾科技社团与福建对口省级学会进行“一对一”对接交流，签订互动交流协议。

服务科技工作者。联合省科技厅、省教育厅开展第十一届福建省自然科学优秀学术论文评选，评出一等奖34篇、二等奖110篇、三等奖202篇。评选表彰第四届福建省优秀科技工作者30名、第二十一届福建运盛青年科技奖获得者10名、第六届紫金科技创新奖获得者10名，表彰第十二届福建青年科技奖获得者30名，推荐第六届全国优秀科技工作者候选人18名。设立“吴孟超青年医学科技奖”，举行签约仪式。组织福建省科技工作者状况调查、福建科技人力资源调查，完成福建科技工作者数量统计和《2013年福建省科技工作者状况调查报告》并出版发行。开展福建省科技工作者职称状况和继续教育调查。组织多位院士专家进高校、科研院所，开展“科学道德与学风建设院士巡讲活动”，受众3000人。

推动学会发展。截至年底，省科协所属学会有152个，企业科协有1724个。全年省级学会召开各类学术会议688场，交流论文20454篇。省级学会配合省科协与省政协科技界联合开展“科技社团承接政府转移职能”专题调研。省医学会承接调整《福建省级医药储备目录》工作等3项职能；省电机工程学会承接福建省电力公司“科技项目后评估”等技术咨询项目；省土木建筑学会参与8项国家与地方行业标准编写工作。省级学会创新学术工作模式，开展联合办分会，促进各学会跨学科间的行业科技交流和学术借鉴与融合。（邱雪如）

【省社会科学界联合会】 2014年，省社会科学界联合会夯实思想政治基础。制订下发《关于认真学习宣传贯彻习近平总书记在福建考察工作时的重要讲话精神的通知》；联合省委宣传部开展百场社会科学专题报告会，组织40多位专家深入各地基层开展报告会100多场，听众2万多人次。举办全省社科联系统干部培训班，100多人参加培训。组织召开各市县区系列座谈会、报告会、专题辅导、理论培训、专家访谈等，带动全省社科界学习贯彻活动深入开展。

改进社科规划工作。全年全省获得各类国家社科基金项目立项124项，项目资助经费2955万元，其中福建省5所高校首次获得国家社科基金西部项目的申报资格。2014年度省社科规划项目首次采取适度限额申报办法，经匿名通讯评审，立项447项。继续实施“青年博士文库”项目，立项资助出版25个项目。全年办理项目结项258项，清查撤项2008年在研项目12项。建设16个省级社会科学研究基地。

强化学术社团管理。到学会（研究会、协会）以及各民办研究机构进行实地调研，走访40个学会和5家民办社科研究机构，接受社团成立咨询200多人次。组织开展规范退（离）休领导

2014年4月，“发掘朱子文化资源，提升福建文化软实力”社会科学季谈会在福州举行（省社科联供稿）

干部在社会团体兼职工作。组织开展第二批学术社团评估考评验收工作，确定8家学会的评定等级，其中：5A级社团2家，4A级社团4家，3A级社团2家。

出台《福建省社会科学普及条例》。2014年9月26日，福建省第十二届人大常委会第十一次会议审议通过《福建省社会科学普及条例》，福建省成为全国第三个颁布实施社会科学普及条例的省份。组织召开贯彻实施《福建省社会科学普及条例》座谈会，联合东南网开展以《条例》为主要内容的有奖知识竞赛，40多万人参加知识竞赛。

提升办刊水平。《东南学术》通过2014年度国家社科基金资助期刊年检。《东南学术》发表的《论钓鱼岛主权属于中国》一文，获2014年省期刊协会“期刊优秀作品奖”金奖；《中国公民意识的本土特质》一文在《新华文摘》全文转载，获省社科优秀成果一等奖，获省新闻出版广电局、省版协组织的2014年度省出版物奖“期刊优秀作品奖”；《审美宽容：从主体性到主体间性？》在《新华文摘》全文转载。

开展学术交流。制订下发《福建省社会科学界2014年学术年会组织方案》，确定21个分论坛。参与承办“建设21世纪海上丝绸之路”学术研讨会。由厦门大学牵头组建培育“两岸关系和平发展协同创新中心”入选国家级协同创新中心认定。联合华侨大学成立海上丝绸之路研究院。以厦门大学教授陈安《中国的呐喊：陈安论国际经济法》为代表的5部专著在施普林格出版公司出版；由厦门大学宏观经济研究中心主持研制的中国季度宏观经济模型(CQMM)预测发布会首次在欧洲举办。《福建创新社会治理实践及对“泛珠”社会治理合作的借鉴》课题在广州泛珠三角区域社科专家论坛上交流。举办第三届“两岸民间互信论坛”。举办以“严复思想与中国梦”为主题的“学而论道”学术茶座。举办“发掘朱子文化资源提升福建文化软实力”社会科学季谈会。邀请省内外50多位社科名家走进东南周末讲坛，举办高端讲座50余场，整理汇编《东南周末讲坛选粹5》。开通全国首个社科普及专门网站“八闽社会科学普及网”。制订下发《关于开展设区市、县(市、区)社会科学普及示范点创建活动的通知》，确定厦门市、南靖县、洛江区、上杭县和福安市为2014年至2016年度省级社会科学普及示范点。组织编撰《福建历史文化名人系列丛书》，打造具有地域特色的社会科学普及系列丛书。

举办第六届社科普及宣传周。与省委宣传部联合举办以“宣传贯彻社会科学普及条例·培育践行社会主义核心价值观”为主题的社会科学普及宣传周，组织动员2000多名专家学者举办广场咨询200多场，社会科学报告会及讲座300多场，展出普及挂图、标语(含楼宇广告和LED屏幕)3700多幅(条)，发放各类普及宣传资料(含社科普及书籍)46万多份，现场、手机、微信、网络受众合计超过160多万人次。

(郭胜鑫)

【省归国华侨联合会】 2014年，省侨联务实思想政治基础。制订下发《关于在福建省侨界以“大爱中华”为主题，培育和践行社会主义核心价值观的实施方案》。把传达学习习总书记给集美校友会的回信精神当作一项重要政治任务，传达到全省侨界，召开“福建侨联界学习习近平总书记给集美校友会回信精神座谈会”，海外侨领、侨界代表、集美校友总会理事长、福建省侨联和各地市、高校侨联人员近百人出席。做好华侨文化、华侨精神的研究和宣传工作，依托华侨历史学会和华侨文化展示中心，办好“嘉庚精神宣传月”活动。发挥“侨”的优势，当好“桥梁纽带”，主动引导广大侨胞参与福建城镇化建设。深化“建家当友”活动，推广和落实基层侨联“五有”，推动向“五好”转变，实现侨联组织、活动、服务“三覆盖”，增强为侨服务的能力。

开展“五大行动”。深入开展“创业八闽·侨界建功”行动，组织新侨高层次人才和侨商参加第二届福建省“4·18”人才项目与资本对接会；参与“5·18”经贸交易会，组织美国福建同乡会、美国长乐公会考察琅岐岛，推动侨商融入闽江口的开发；依托“6·18”举办首次闽侨智企对接交流会；在厦门“9·8”投洽会期间，举行福建省侨商联合会理事会议暨平潭综合实验区投资推介会，邀请150多位侨商参加“旅游博览会”“华侨产业投资基金签约仪式”和“共建21世纪海上丝绸之路论坛”等项目展示和洽谈对接活动；发起成立“百侨帮百村——福建名优农产推广联盟”；省侨联向省商务厅报送25个侨商投资对接项目。开展“我为建设美丽中国美丽福建献一策”行动，编辑《侨情专报》44期，其中被中国侨联采用13篇，被省委、省政府采用13篇。深入开展“百侨帮百村——共建美丽乡村”行动，全省有149个侨联组织、18个社团(侨资企业)、90位华侨，同212个县、乡、村居结成“一帮一”或“多帮一”挂钩帮扶对子，通过开展送温暖、送项目、送科技、送文化、送法律、送医疗，促成各类帮扶项目300多个，落实各类帮扶资金累计3亿多元。开展“两岸侨界携手，共建美丽家园”行动，参与举办第六届海峡论坛·两岸侨联和平发展论坛；入岛举办第三届“两岸侨界交流周——走进台湾客家”活动；深入开展闽籍社团联谊等基层交流。开展“五大关爱—爱侨惠侨护侨”行动，继续打造“侨爱心365行动”等“侨爱心工程”品牌，发动全省侨界认捐善款230万元，用于关爱和帮扶侨界的困难群众；全年通过省华侨公益基金会组织实施的公益项目13个，落实侨捐善款2200多万元；建立帮扶贫困归侨家庭工作机制；从2014年起省财政每年安排120万元贫困侨救助专项资金。

拓展海外联谊。全年组织5个访问团赴菲律宾、马来西亚、新加坡等东南亚国家和拉美、欧洲、澳洲等新侨区；热情接待港澳台和海外侨团。与土耳其等新侨区华人社团建立联系。与非建交国家拓展交流往来，为福建海洋捕捞业发展牵线搭桥。帮助加纳华侨成立华侨华人协会。组织“亲情中华”艺术团赴海外演出，开展“亲情中华·欢聚福州”“亲情中华·欢聚福清”文艺演出进基层、进侨乡活动。组织以“探索海丝文化、体验闽台同缘”为主题福建文化寻根夏令营活动，来自海外、台湾和福建的100名学生参加。配合中国侨联拍摄《下南洋——起航吧，少年》电视节目。组织26000名小学生参加新马小学生作文比赛（福建外围赛），推进海外华文教育。加强对海上丝绸之路专题研究，形成《关于建设21世纪海上丝绸之路的初步建议》上报全国政协外事委员会。举办归侨将军叶飞百年诞辰展、“喜迎国庆，世界华侨华人摄影展”。泉州华侨革命历史博物馆在南安金淘开馆。

加强侨务对台。省侨联和龙岩市侨联、三明市侨联联合举办第三届“两岸侨界交流周——走进台湾客家”活动；配合中国侨联在厦门举办第六届海峡论坛·2014两岸侨联和平发展论坛。组织台湾中华侨联总会和华人华侨协会总会赴福建省福州、厦门、漳州、龙岩、三明、南平参访。支持举办2014年海外侨领两岸福州论坛。

强化新侨工作。成立省新侨人才联谊会，吸纳来自26个国家和地区的235位新侨参会，其中入选国家“千人计划”“百千万人才工程”等重点人才有46位，具有博士学位的有161位。组织新侨企业家参加国家科博会，获组委会颁发“优秀组织奖”。向中国侨联申报23项侨界贡献奖获选项目，5位新聘专家入选。

维护侨界群众权益。与公安机关建立涉侨案（事）件沟通协调机制。成立省侨联法律援助工作站；设立“福建省法律援助中心侨胞工作站”；成立省侨联法律服务中心。与合作律师事务所建立“涉侨法律事务部”。做好侨联信访工作，全年省侨联本级接待侨界群众来访148人次，处理涉侨信访事项133件次。针对侨乡失依儿童多的突出问题，省侨联在深入调研的基础上，给予20多位失依儿童每人每月补贴150元，逐渐完善相关帮扶机制。

推动侨情调研。在全省开展“贫困侨情况”“新侨人才情况”“闽籍海外乡会社团情况”“侨资企业发展环境”和“基层组织建设工作”等5个课题调研活动。建设“贫困侨数据库”“侨商数据库”“新侨人才数据库”和“海外侨社侨团数据库”等，进一步完善资源共享机制。打造“智慧侨联”。（朱根娣）

【省台湾同胞联谊会】 2014年，省台湾同胞联谊会务实思想政治基础。以巩固党的群众路线教育实践活动成果为动力，加强机关精神文明建设、先进党支部建设；抓住思想建设、作风建设和组织建设主线，深入基层，了解台胞诉求，听取台胞意见，改进服务大局、服务基层台胞的工作，建立健全长效机制，狠抓整改落实。参与扶贫开发重点县的挂钩帮扶工作等活动，巩固和提高教育实践活动成果。开编《福建省志·台联志》，并进入初稿撰写阶段。

持续开展两岸交流。在第六届海峡论坛上举办两岸同名村交流活动，以“同名村·一家亲”为主题，开展两岸基层民众“品茗、续缘”“嘉年华”式的联欢，同名、同宗研讨，寻根之旅等活动。连续11年牵头举办“海峡西岸台胞青年夏令营”，两岸196名大学生参加。第七届海峡两岸少数民族丰收节在台举办，省台联组织的交流团与花莲阿美族的马佛部落及当地少数民族民众一起共祭丰收年。全年接待来访台湾团体10余个、300多人次。组团深入台湾的“两岸同名村”交流回访，促进两岸同胞情感交融。“海峡两岸少数民族丰收节”“海峡西岸台胞青年夏令营”被列为国台办2015年对台交流重点项目。

积极服务台胞。继续做好定居台胞“四补”工作，全年向全省2000余名困难和老龄台胞发放补助金，为200多个受灾、患病等台胞发放慰问款。举办“第四期台胞技能培训班”。鼓励台商捐助福建漳州、宁德、福州、龙岩等地贫困学生，积极参与慈善事业。（郑 岚）

【省残疾人联合会】 2014年，省残疾人联合会推动出台助残政策。推动出台《福建省人民政府关于进一步加强扶残助残工作的意见》；联合省委组织部等7部门制订《关于促进残疾人按比例就业的实施意见》；配合省教育厅等部门制订《关于特殊教育提升计划（2014—2016年）的实施意见》。

落实“助残工程”项目。承办扶助贫困残疾人就业创业、残疾儿童康复行动、残疾人托养服务、重度残疾人生活困难救助等4个子项目，资金总额2.9亿多元，比上年增加约1.8亿元，直接惠及约31万名残疾人。对所有受助对象严格实行网上“实名制、直通车”，公平公开，阳光操作，使最困难、最需要帮助的残疾人真正受益。

开展扶残助残工作。实施“七彩梦行动计划”等康复项目，为11.9万名残疾人提供康复服务；加强定点康复机构的规范管理，推进创新康复服务体系建设。开展城镇百万残疾人就业工程等项目，为1.8万名残疾人提供就业支持。实施交通银行残疾青少年助学计划等助学项目，为8000多名残疾学生提供资助。推动残疾儿童幼儿园建设，让残疾儿童享受同等教育权。实施残疾人危房改造工程，4200户贫困残疾人家庭获得补贴。落实贫困残疾人生活和医疗救助提标扩面，制订重度残疾人护理补贴制度，福建成为全国8个建立残疾人两项“补贴”制度的省份之一。推进无障碍环境建设，为6050户贫困残疾人家庭实施无障碍改造。

推进残疾人事业发展。举办第五次全省自强模范及助残先进评选表彰、第四届闽台残疾人文化周、第七届全省残疾人运动会、第五届全省残疾人职业技能竞赛等活动，展现残疾人自强不息、奋勇争先的精神风貌，构建残健融合、共创共享文明社会的平台。选派残疾人运动员参加韩国亚残运会，取得9金、4银、5铜及打破1项世界纪录、3项亚洲纪录的历届最好成绩。

加强残疾人管理服务。开展“全省残联系统基础管理建设年”活动，抓好残疾人基本服务状况和需求、残联机构和队伍等专项调查。继续开展“全省残疾人信息化工程建设年”活动，推进“海西助残”系统三期工程和残保金征管系统建设。加强残疾人社会组织建设，指导所属社会组织独立开展工作，探索残疾人社会组织发展的新机制、新模式。加强残疾人服务设施建设，建成省残疾人康复教育中心二期项目和购置省盲按实训基地用房，推进省残疾人游泳康复馆项目前期工作，省残疾人托养服务中心建设列入福建省“2014年下半年至2015年新开工重大项目”。（杨瑞芳）

【中国国际贸易促进委员会福建

省委员会】 2014年,省贸促会新增福州市鼓楼区、龙岩连城县、永定县贸促会3家县级贸促会;截至年底,全省县级贸促机构54家。全年全省贸促系统签发产地证16.55万份,办理国际商事证明书1.92万份,代办领事认证0.9万份,签发各类优惠原产地证0.11万份。

举办经贸活动。与泉州市政府联合举办"中国(泉州)海上丝绸之路国际品牌博览会暨中国(泉州)国际品牌发展论坛",重点展示"海丝"沿线国家的特色产业以及新技术、新产品。会同有关部门组织陪同省领导出访中东、非洲和东南亚等地,为主负责联络目的地国家政商界高层人士,与阿联酋、马来西亚、肯尼亚等国家工商部门合作举办"福建商品推介会"。举办第九届中国(福建)消费品全球采购交易会和第三届海峡品牌文化论坛、"2014两岸城镇化发展论坛暨第四届海峡房地产论坛"。第十七届投洽会期间,接待来自12个国家和地区的境外客商团组55个,客商人数410名。协助境外参会机构举办英中贸易协会"立足英国迈向国际"研讨会等15场经贸活动,安排境外团组100多人次参观考察。

构建发展平台。与省侨办、侨联联合发起,联合海外社团、侨商共同组建"福建省华侨产业投资基金"的筹建工作进展顺利,7月完成基金管理公司注册登记;"9·8"期间举行首期合伙协议签约仪式,项目首期合伙协议金额1.5亿元。与国家贸仲委、福建省律师协会、福州大学法学院在福州举办"国际经贸仲裁理论与实务研讨会"。根据省政府和中国贸促会的要求,承担2015年意大利米兰世博会中国馆相关筹备事务;会同省直有关部门和市县贸促会筹划福建省的参博工作,精心策划展示福建茶元素、茶文化。

(刘文容)

【省中华职业教育社】 2014年,省中华职业教育社积极建言献策。到厦门、泉州等地职教社和职业院校调研,了解市县级职教社和福建省中职、高职、民办院校面临的热点难点问题,帮助基层解决困难。组织福建省10所团体社员学校就贯彻落实全国职教工作会议精神、解决职业教育发展的重点难点问题、促进福建省职业教育的改革发展等进行研讨。就《福建省促进闽台职业教育合作条例(草案)》,向省人大侨台委提出修改意见。组织职业院校和职业教育界专家就《省政府加快发展现代职业教育实施意见》提出修改意见。

服务民生事业。扎实推进温暖工程公益事业,在三明宁化举办温暖工程工作培训班,学习宁化县"双百"项目经验,明确项目实施具体要求。继续落实"同心温暖工程毕节项目",新招收53名贵州毕节地区贫困学生到社员学校免费就读。对总社在福建省福州、三明、龙岩等落地的3个温暖工程遴选项目坚持严格管理、质量第一,其中,福州市"新农村建设带头人培训"项目举办9期培训班,为革命老区、中央苏区和经济欠发达地区培训450名村骨干;长汀县"国家级生态县水保人才培训班"项目培训124名水土保持学员;建宁县"莲子种植和加工培训班"培训1037人。在永安职专、宁化工贸学校、龙岩华侨职专、闽西职业技术学院、漳州第一职业学校、南靖第一职校等6所学校办好总社的教育移民项目温暖工程助学班,继续给予学生每年2000元补助;继续在武夷山职业中专举办温暖工程扶贫助学班,对新招生的50人给予每年3000元补助。全省职教社系统全年培训9万多人次,帮助6.5万多人次实现转移就业。

发展职业教育及终身教育。开展第二届"清海杯——黄炎培职业教育奖"评选表彰活动,8所职业学校(院)获"优秀学校奖"、10位职业学校(院)的校(院)长获"杰出校长奖",13位职业学校(院)教师荣获"杰出教师奖",2位职业学校教师和理论研究者获"优秀理论研究奖"。首次参与由省教育厅、省人力资源和社会保障厅共同举办的全省职业院校技能大赛。联合省全民终身教育促进会、省社会主义学院与台湾成人及终身教育学会举办"海峡两岸终身学习大讲堂"。联合省全民终身教育促进会赴浙江省湖州市考察"三农"及美丽乡村建设的主要经验做法。社属福建武夷山中华职业学校投入130余万元对校园重新规划和整改。福建中华高级技工学校全票通过专家评审,重组升格为"福建中华技师学院"。福建中华职业中专学校扩大在职人员的技能和学历培训,累计培训1000多人。中华培训学校与武夷山中华职校联合开展餐厅服务员、茶艺师、评茶员等工种的中级考试鉴定,213人获中级职业技能证书。

(程章浩)

人力资源管理

【公务员队伍建设】 2014年,省人力资源和社会保障厅加强公务员管理。根据中组部、中编办、国家公务员局《关于严禁超职数配备干部的通知》,会同省委组织部等部门组成检查组开展超职数配备干部情况检查,结合省政府机构改革,重新核定下达省直行政机关非领导职数。会同省委组织部开展2014年度省级机关公开遴选公务员工作,2751人参加省直机关48个职位66个名额的遴选。配合做好省政府行政机构改革和工商、质监体制调整,协调出台人员交流安排政策,保证人员平稳过渡和体制调整顺利进行。加强对参公单位的日常规范管理,先后对12家因更名或机构整合的参公单位予以重新确认。根据中组部、国家公务员局《关于做好2013年度公务员统计工作通知》要求,完成2013年度全省行政机关公务员、参公人员的统计工作。

公务员考试录用。2014年度考试录用公务员(含参公单位工作人员)4380人,其中面向参加大学生村官计划、高校毕业生"三支一扶"计划等服务基层项目人员设置450个专门招考职位。省公务员局、省公安厅联合招考中国人民公安大学、中国刑事警察学院2014年公安专业应届毕业生159人。采取特殊考试方式,招收维吾尔语公安干警12名,根据国家统一部署,从武警部队反恐分队拟退役士兵中录用公安特警3名。组织福建省2014年度部分行政执法机关基层公务员专项招考851人;面向特殊技能人才考试录用人民警察,录用168人。省委组织部、省公务员局分别在福州、漳州举办初任面试考官培训班,培训600人。公务员录用考试(福建)测评基地继续承担全国省级同步招考和全国政法干警招录培养体制改革试点公共科目笔试征题任务。

公务员考核奖励。贯彻《福建省公务员考核办法(试行)》,做好省直行政机关及参公单位2014年度考核优秀比例审核和考核结果备案审核工作。根据国家部署,做好全国残联系统、保险系统、文化系统、审计系统、教育系统、红十字会系统、水利系统、地方志系统、供销合作社系统、粮食系统、交通运输系统、海洋系统、商贸流通服务业、第二次全国土地调查、第四届全国非公有制经济人士优秀中国特色社会主义事业建设者等15个部委表彰项目的评选推荐工作。确认2013年4月至2014年3月,福建省受国家部委表彰,享受省部级劳动模范和先进工作者待遇人员56名。

公务员培训。加大对省直机关事业单位2014年培训办班计划审核力度,清理、压缩、合并97个班次,批准57个省直单位举办977个培训班次。承办公务员对口培训班18期,为兄弟省区培训骨干公务员1026人。落实“5300”赴港培训计划(“加强闽港合作三年行动方案”),组织申报审核2014年赴港短期专题研修班项目,实施7个项目196人赴港研修。推动“公务员(福建古田)特色实践教育基地”建设。启动全省公务员师资库筹建工作,向全省征集到公务员培训师资692人。

【专业技术人员队伍建设】 2014年,全省专业技术人才总量226.6万人。省人社厅指导监督各系列高级专业技术资格评审,全年有7319人取得高级专业技术职务任职资格。完成2014年度专业技术资格考试,报考人数近30万人。继续开展海外高层次人才和有重大贡献的专业技术人才职称评审“绿色通道”工作。推进中职学校(含技校)教师职称制度改革。经省政府同意,制订下发《福建省深化中等职业学校(含技校)教师职称制度改革试点工作方案》和中等职业学校(含职高)教师、省技工院校教师两个系列的评价标准,增设正高级教师职称,全面推进中等职业学校教师职称制度改革。会同省教育厅出台《关于印发〈福建省中小学教师水平评价标准条件(试行)〉、〈福建省幼儿教师水平评价标准条件〉(试行)的通知》,完善福建省中小学、幼儿园教师职称(职务)管理制度。会同省农业厅开展福建省首届制茶高级工程师的评审工作,25人取得制茶高级工程师任职资格。

【事业单位人事制度改革】 2014年,省人社厅做好《事业单位人事管理条例》的政策宣传、培训和贯彻落实工作。做好省直、中直事业单位公开招聘方案审核、信息发布、人选公示和聘用核准等工作,全年受理事业单位招聘方案(含委托发布)510个,招聘人数3000多人。会同有关部门组织实施特殊行业和基层事业单位急需紧缺人才专项招聘。部署开展整治事业单位公开招聘突出问题专项行动。会同省教育厅出台《关于省属幼儿园及部分普通中学教师岗位结构比例调整的通知》。出台《福建省事业单位专业技术二级岗位基本任职条件(试行)》。稳妥推进普通高校、省属公立医院、省属科研机构专业技术职务聘任制改革。指导各普通高校结合实际制订本校教师、自然科学研究、实验技术和社会科学研究等专业技术职务聘任制实施方案,基本完成首轮聘任制改革工作。指导省属公立医院完成首轮聘任制改革工作。

【军转干部安置】 2014年,全省实际接收转业干部1224名,其中:计划安置1075名,自主择业149名;在1075名计划安置中,师职7名,正团职136名,副团职224名,营职及以下(含技术干部)708名。省人社厅严格落实自主择业军转干部日常管理制度措施,安排自主择业军转干部参加全国统一网络课堂培训。

【高层次人才培养】 2014年,省人社厅组织开展第五届全国杰出专业技术人才及先进集体表彰推荐、享受政府特殊津贴人员推荐选拔、百千万人才工程国家级人选选拔工作,经国家相关部门批准,福建省2人、2个集体分别获得全国杰出专业技术先进个人、先进集体表彰,67人享受国务院政府特殊津贴(其中,专业技术人才58人、高技能人才9人),8人被确定为百千万人才工程国家级人选。实施“海纳百川”高端人才聚集计划,确定福建省20人为第一批省特支百千万工程领军人才人选、23人为第一批省特支青年拔尖人才人选。发放“两院”院士和百千万人才工程人选科研经费288万元;下拨首批海西产业人才高地领军人才补助资金1950万元。启动实施新一批百千万工程人选、博士后研究人员和青年高层次人才访学研修计划,下达资助计划154人,实际资助203.3万元(不含青年高层次人才国内研修部分)。开展博士后科研流动站申报工作,13个学科获批新设立博士后科研流动站。在福州大学举办以“土木工程可持续与多灾害防治”为主题的全国博士后学术论坛活动,评选出福建紫金矿业股份有限公司博士后科研工作站等为首批10家优秀博士后科研工作站,一次性给予每家15万元资助。开展2014年度“香江学者计划”申报工作,福建省2位博士后研究人员入选。开展2014年度博士后国际交流计划派出和学术交流项目申报工作,3人入选博士后国际交流和学术交流项目。全年办理省财政资助招收博士后人员70名,资助经费350万元。全年招收博士后人员229人,出站107人。

【人才智力引进】 2014年,省人社厅制订实施2014年度紧缺急需人才引进指导目录,涉及26个重点产业(行业)、81个领域、195个岗位、818个专业,全年引进高层次人才1000多次。征集发布省内企事业单位高层次人才岗位需求信息,涉及岗位信息2470个、需求人数4673人。出台《高层次人才来闽实习实训计划实施方案(试行)》,吸引126名省外重点高校博士、硕士研究生等来闽实习实训。实施2014年度“留学人员来闽创业启动支持计划”,资助20个创业项目550万元。开展2014年度留学人员科技活动择优资助项目的推荐申报工作,5个项目获资助22万元。举办2014年“中国·福建海外人才创业周”活动,邀请92名海外人才与福建省352家企事业单位对接洽谈,达成项目合作与人才引进意向311项,落地创业意向65项。组织140家(次)高校、科研院所和高新技术企业赴北京、武汉、

以“海纳英才·创业福建”为主题的“海创周”活动已成为整合各方优势资源、实现集约引才的人才工作品牌。图为2014年10月“海创周”活动现场

（省人力资源和社会保障厅供稿）

南京等地开展人才招聘活动，接洽各类人才3631人，达成初步意向1640人。支持省内扶贫开发工作重点县人才工作，首次单列发布重点县引才指导目录。会同有关部门举办“海外留学博士海西行——装备制造人才与项目对接洽谈会”，签订或达成人才智力引进、项目合作意向及落地创业意向87项。组织开展中国留学回国人员创业启动支持计划申报，经人力资源和社会保障部批准，福建省5家留学人员企业获得130万元资助。开展“留学人员来闽创业启动支持计划”评选活动，资助20个创业项目550万元。

引进国外人才和智力工作。2014年全省引进国（境）外人才智力1.6万人次。争取国家外专局专项引智经费2758万元，组织实施国家高端引智项目计划132项，支持福建省重点企业和重点高校、研究机构引进国（境）外高层次人才智力1100多人次（含诺贝尔奖获得者2名、外国院士4名），3名外国专家入选国家外专千人计划，18名外国专家入选国家高端外国专家项目计划，2名外国专家获2014年“中国政府”友谊奖。组织实施省级高端引智项目计划22项（含省“外专百人计划”12项、省“高端外国专家团队引进计划”10项），12名外国专家入选省“外专百人计划”，38名外国专家入选省“高端外国专家团队引进计划”，争取省财政专项经费540万元。福建省“外专百人计划”被中央海外高层次人才引进工作小组批准列入第一批全国重点海外高层次人才引进计划。实施“服务省级扶贫开发工作重点县引智专项计划”，争取引智经费227万元，资助23个省级重点扶贫县实施国家和省引智项目32项。中国福州海西引智试验区在全国率先实行台港澳专家证管理制度，建成全国首个国际人才项目孵化器，先后获国家外专局批准建立国家软件与集成电路人才国际培训（福州）基地和中国国际人才市场海西（福州）市场，举办中美工程技术研讨会——海峡两岸工程技术研讨会。

【人力资源市场建设管理】 2014年，《福建省人力资源和社会保障厅工商登记制度改革后续监管实施办法（试行）》出台，建立信用信息公示平台。组织开展全国人力资源诚信服务示范机构推荐工作，福建省2家机构入选。做好人才中介机构信用信息采集、记录归档等工作，全省344家人才服务机构通过2013年度验证。新建立11个农村实用人才服务站，资助55万元。 （陈鲤群）

基层组织建设

【村民自治】 2014年，省民政厅深化基层群众自治实践。广泛宣传《中华人民共和国村民委员会组织法》，增强基层群众的民主法制意识，营造自觉学法、守法、用法的社会氛围。依托村民会议和村民代表会议开展多种形式议事协商活动，推行“四议两公开”“六要”群众工作法和村务决策听证制度。加强村民自治章程、村规民约的监督指导。规范村务监督委员会组织和运作，强化村级民主监督，进一步落实村务公开、村民委员会报告工作和民主评议工作制度。全省14408个村建立村民代表会议制度和村务监督机构；80.0%的村委会实行户代表会议制度，85.0%的村民委员会开展村务民主听证制度，98%的村民委员会制订村民自治章程和村规民约，92.0%的村实行村民委员会向村民代表会议报告工作制度，8688个村建立民主议事协商制度。

推进基层社会治理。根据民政部统一部署，开展“四个民主”和城乡基层政权建设情况调研，配合省政协开展村级负担情况专题调研，协助省政协向省委、省政府提交专门调查报告。出台贯彻落实省委办公厅、省政府办公厅《关于减轻基层组织负担的十条规定》具体实施意见；会同省委农办下发《福建省村、社区工作准入制度（试行）》，明确需要或委托农村协助完成工作的准入程序和原则，减轻农村基层负担；按照“先梳理、再清理”的原则，省级层面开展专项清理行动，村级组织减负工作初见成效。省民政厅要求各地在原有工作基础上每个县（市、区）抓好3个以上农村社区建设示范点，提高农村社区建设实验活动覆盖面。结合新农村建设、小城镇综合改革试点、“美丽乡村”建设等，因地制宜探索推进农村社区建设，在完善农村基层管理服务网络、促进城乡基本公共服务均等化等方面取得初步成效。推进农村社区基础设施建设，普遍开展“四通三改三清三化三建”工程，实施农村社区主道路硬化、亮化、绿化，改善农村人居环境。

开展村级组织换届选举准备工作。会同省委组织部联合下发《关于做好2015年村级组织换届选举准备工作的通知》，要求各县（市、区）、乡镇（街道）制订村级组织换届选举专题调研方案，对按期应换届村数、“难点村”数、班子运行现状、后备干部队伍、党员干部思想、历史遗留问题、存在矛盾隐患等方面情况深入开展调研；在调查研究的基础上，对“难点村”逐村建立台账，按照“先整顿后换届”的原则，“一村一策”开展集中整治；通过村干部述职述廉、民主测评、个别谈话，全面了解掌握村“两委”班子成员思想作风、领导能力、工作实绩情况及其在群众中的满意度，将考评情况作为选拔任用新一届村“两委”干部的主要依据；围绕村主干“一肩挑”、委托投票、妇女成员“专职专选”等，选择基础扎实、条件成熟、有代表性的村开展选举试点，为具体实施村级组织换届奠定基础。 （林建水）

【社区建设】 指导社区减负工作。省委将减轻社区负担纳入2014年全省重点改革十大领域之一；省委办公厅、省政府办公厅出台《关于减轻基层组织负担的十条规定》。经省政府同意，省社区办、省委农办联合出台社区（村）工作准入制度，明确各级各部门和有关单位需要或委托社区协助完成的工作事项、开展各类活动等，均按照“权随责走，费随事转”的原则实行准入制度。省社区办出台《社区工作准入指导目录》，明确需社区协助完成的工作、需社区建立的台账报表、面向社区开展的检查评比达标活动、需社区盖章证明事项的指导目录。按照“先梳理、再清理”的原则，省级层面开展社区负担专项清理行动，全省社区组织机构挂牌减少42.8%；需社区协助完成的工作由127项清理为61项；需社区建立台账材料报表由53项清理为15项；面向社区开展的检查评比达标活动由19项清理为7项；需社区盖章证明事项由25项清理为16项。

创新社区服务和治理体制。加强两岸社区工作交流，6月15日首届海峡两岸社区治理论坛在厦门市举行，来自海峡两岸的225名专家学者围绕“多元参与多彩社区”的政府角色、居民自治、社会组织3个议题交流探讨。加强和完善社区基础设施，继续开展省级143个社区综合服务站项目建设，截至年底，全省有社区服务中心（站）2014个、便民利民服务网点7.3万个、社区居家养老服务中心（站）2219个；全年新建350个城市社区多功能运动场、50个城市社区室内体育健身房，社区服务设施覆盖率92.0%；全年新建社区警务室2067个、农村警务室2704个；全省有社区劳动就业和社会保障机构2216个，配备专兼职人员3528人，90.86万企业退休人员实行社区管理服务。59.0%县（市、区）获得残疾人社区康复示范单位称号，接受社区康复服务残疾人352554人。创新社区商业模式，登记连锁企业及其分支机构2605户，注册资本8.78亿元。社区教育示范区（实验区）占全省县（市、区）的53.0%，有社区大学8所、社区学院（社区教育中心）291所、社区学校1024所、社区教育学习点4711个。80.0%的社区成立社区科普工作小组，科普志愿者总人数4.3万人。首批235个社区志愿服务记录单位开展试点工作。社区妇女议事制、妇女信访代理（协理）制、妇女帮扶互助制覆盖率80.0%以上，成立妇女议事会1.3万个、妇女互助组1.7万个，“平安家庭”创建覆盖面90%以上。

出台居委会选举规程。省民政厅出台《福建省社区居民委员会选举暂行规定》，明确提出“六个更加”：一是更加明确推广直选方式；二是更加注重保障选民选举权；三是更加注重细化和规范选举程序；四是更加注重发挥居民代表会议的重要作用；五是更加注重保障居民民主管理权；六是更加注重营造依法有序的选举氛围。 （林　振）

【社会组织】 2014年，全省经民政部门登记的社会组织22884个，其中：社会团体14664个，民办非企业单位8023个，基金会197个（其中公募基金会23个、非公募基金会174个）。

登记管理制度改革。《福建省民政厅关于贯彻落实省政府取消全省性社会团体分支机构、代表机构登记行政审批项目有关问题的通知》出台，明确省民政厅不再受理全省性社会团体分支机构、代表机构的成立、变更、注销登记的申请，不再备案上述机构的相关材料等。《福建省民政厅关于大力培育发展社区社会组织的指导意见》出台，明确社区社会组织登记备案、监督管理等要求。落实社会组织直接登记、允许行业协会商会一业多会、下放异地商会和基金会登记权限、允许城乡基层社会组织登记备案、取消全省性社会团体分支机构和代表机构登记行政审批等政策措施，降低社会组织准入“门槛”。实施直接登记以来，全省直接登记社会组织931个。

推进政府购买服务。省民政厅会同省财政厅推动省政府出台《关于推进政府购买服务的实施意见》，明确进一步转变政府职能、探索公共服务多元化供给模式、向社会力量购买服务的措施任务。推动省财政厅联合出台财政支持社会组织参与社会服务项目资金使用管理办法。积极争取和省级财政支持社会组织参与社会服务项目，2014年度争取国家财政支持社会组织参与社会服务项目资金8项共342万元、省级财政支持社会组织参与社会服务项目资金1000万元，指导社会组织实施好社会服务项目。

强化专项治理工作。省民政厅配合省委组织部在全国率先规范退（离）休领导干部在社会团体兼职，在全国率先将基金会纳入清理范围；及时下发规范文件，认真梳理兼职情况，召开两场专题部署会，按程序办理相关手续，取得明显成效。 （李锋华）

编辑：林忠玉

法 治

地方立法

【省人大立法】 2014年,省人大及其常委会制定和修改9项法规;审查和批准福州、厦门两个较大市的法规6项。

立法情况。中共十八届三中全会作出"启动实施一方是独生子女的夫妇可生育两个孩子"的决策后,及时启动对《福建省人口与计划生育条例》的修改程序,保证政策尽快落地,于法有据。做好《福建省征兵工作条例(修订)》的修改,破解城乡青年应征同役不同优抚的难题,调动适龄青年服兵役的积极性。做好《福建省沿海边防治安管理条例》的修改,营造良好的沿海边防治安环境,提升沿海边防服务水平。在制定《福建省司法鉴定管理条例》的过程中,把保障诉讼顺利进行、实现司法公正、健全完善司法鉴定程序、维护社会和谐稳定作为立法着力点,对虚假鉴定零容忍。制定《福建省社会科学普及条例》,发挥和创新政府的服务职能,强化社会各界的社会科学普及责任,提高公民的社会科学文化素质,促进人和社会的全面发展。制定《福建省水土保持条例》,修订《福建省长乐海蚌资源增殖保护区管理规定(修订)》,促进生态文明建设和经济社会可持续发展。出台《福建省促进中小企业发展条例》,审议《福建省农民专业合作社条例》等,在促进经济增长、增加就业岗位、深化农村改革、构建新型农业经营体系等方面发挥重要作用。

立法审查。加强与福州、厦门两市人大常委会有关工作机构的沟通协调,充分征求常委会组成人员、政府各有关部门及其他方面的意见建议,做好前期的审查论证工作。完成福州、厦门两市报请批准的《福州市茉莉花茶保护规定》《福州市行政服务条例》《福州市志愿服务条例》《福州市法律援助条例》《厦门市人民代表大会常务委员会关于修改〈厦门市社会保障性住房管理条例〉的决定》《厦门市人民代表大会常务委员会关于修改〈厦门市最低生活保障办法〉的决定》等6部较大市的法规审批。

支持平潭开放开发。贯彻省委对平潭综合实验区人大体制进行调整的决策部署,加强平潭综合实验区建设的法制保障,做好《福建省人民代表大会常务委员会关于设立平潭综合实验区工作委员会的决定》和《福建省人民代表大会常务委员会关于平潭综合实验区工作委员会的若干规定》的论证修改,为平潭综合实验区人大工委履职、促进国家和省赋予实验区有关政策的落实提供法律依据,并对平潭综合实验区人大工委的法律地位、职责、组成人员任免程序、机构设置及经费保障等方面作了规定,支持实验区在两岸交流合作和体制机制改革创新等方面先行先试。 (郑志伟)

【厦门市人大立法】 通过《厦门经济特区高新技术产业园区条例》(修改)《厦门市社会保障性住房管理条例》(修改)《厦门经济特区无照无证经营查处办法》《厦门经济特区两岸新兴产业和现代服务业合作示范区条例》《厦门经济特区生态文明建设条例》和《厦门市最低生活保障办法》(修改)6项法规。其中《厦门市社会保障性住房管理条例》《厦门市最低生活保障办法》2项为较大市法规,其他4项为经济特区法规。

因需立法。围绕全面深化改革、经济社会发展和民生保障,深入研究立法需求,科学确定年度立法项目。《厦门经济特区高新技术产业园区条例》立足高新区发展需要和功能定位,对优惠政策、促进措施进行适当调整和全面强化,补充明确高新区管理机构的管理职责,放宽高新区准入范围,增加生产生活配套服务设施的规划建设。《厦门经济特区生态文明建设条例》立足五位一体的中国特色社会主义事业总体布局,有针对性地解决厦门市生态文明建设中的根本性、长远性问题,努力实现生态环境治理体系和治理能力现代化。《厦门经济特区两岸新兴产业和现代服务业合作示范区条例》从治理结构、开发建设、产业发展、便利措施、法治环境等环节作具体的规定,确立国际化、市场化、法治化、便利化的开发建设原则,使重大改革于法有据。《厦门经济特区无照无证经营查处办法》贯彻国家关于工商登记改革的精神,坚持厦门市工商登记及其管理体制创新的理念,落实证照分离、宽进严管监管思路,科学配置职权,强化违法行为的法律责任,维护公平竞争,助推市场监管制度化、规范化、程序化。《厦门市最低生活保障办法》以统一厦门市城乡最低生活保障标准、完善低保工作程序、鼓励有条件的低保家庭就业为立法重点,建立救助标准和物价上涨挂钩的联动机制和投诉举报核查制度,让人民群众更好地共享改革发展成果。《厦门市社会保障性住房管理条例》根据近年国家、省有关住房保障的政策调整,进一步完善厦门市社会保障性住房配租配售制度和保障性住房管理制度,满足住房困难群体对改善居住条件的期望。

科学立法。主导立法项目选定。将立法项目的科学确定视为提高立法质量的首要环节,注重立项的前期调研走访、座谈交流、评估论证、考察学习，推进立法必要性和可行性的科学研究，做到政府意向与民意诉求、部门建议与专家论证、改革需求与立法可能的有机统一。主导法规草案起草机制。对于综合性、全局性、基础性重要法规草案，市人大常委会探索法规起草新途径，多元化纠纷解决机制促进条例由市人大内司委起草，生态文明建设条例委托第三方起草，示范区条例由政府、人大相关专委会联合起草，实现立法进程有序开展和指导思想一以贯之。主导法规审议进程。开展法规草案解读制度，在常委会审议中安排有关起草部门对立法的必要性、可行性和重要制度设计作说明，帮助常委会组成人员更好地了解立法的背景和宗旨，增强审议针对性，提高审议效率和立法质量。主导专门问题研究。对立法中的重点难点问题，如示范区条例立法中，对示范区范围划定、管理机构设置、管理体制创设等重大问题的规定，充分发挥人大的组织协调作用，会同市政府召集相关部门会商，共同研究，推动立法决策与改革决策的配套协调，实现法规规定与贯彻执行的有机衔接。注重人大代表主体作用的发挥。充分征求市、区、镇三级人大代表意见，邀请市人大代表参与立法调研，邀请市人大代表列席常委会听取法规审议，对代表提出的意见建议认真研究吸纳，及时给予反馈，筑牢立法的民意基础。 （马秀娟）

政府法制

【依法行政】 2014年，福建健全依法治省工作机制，省委出台《法治福建建设纲要（2014—2020）》。省委九届十二次全会审议通过《中共福建省委关于贯彻党的十八届四中全会精神 全面推进依法治省的实施意见》。省委主要领导定期听取省政府依法行政工作汇报，多次就依法行政工作作出重要批示，全面推进依法治省、依法治市、依法治县。省政府印发全省推进依法行政建设法治政府工作要点，具体部署依法行政工作。在省委九届十二次全会、省政府党组扩大会议、省政府常务会议、省长办公会议、专题会议上多次部署推进依法行政工作，强调要加强市县政府法制机构和队伍建设，充分发挥各级政府各部门法制机构的作用。出台重大决策社会稳定风险评估机制、省政府重大行政决策十条规定，建立省政府顾问团，提高行政决策水平。各级各部门均相应出台决策程序规定，对房屋征迁、重大项目建设、环境保护、工商登记改革等涉及群众切身利益的决策行为，严格遵循公众参与、专家论证、风险评估、合法性审查、集体讨论决定等重大行政决策法定程序。

【行政决策文件备案审查】 2014年，省政府备案审查各级各部门规范性文件517件，向国务院报备规章17件，向省人大常委会报备规章17件，报备率与及时率均达100%。

【行政立法】 2014年，省政府提请省人大常委会审议地方性法规草案20项，出台省政府规章17项，是福建完成立法项目数量最多的一年。加强政府立法智库建设，首批选聘50名专家，建立省政府立法专家咨询库。运用立法机构自主起草、委托第三方起草、跨部门联合起草等方式，健全向人大征询立法意见、公开征求意见、专家论证等立法机制。省政府专门制定《福建省政府法规草案和政府规章制定程序规定》，进一步规范政府立法行为，提高政府立法质量和效率。提请省人大常委会审议《福建省农民专业合作社条例》《福建省电力设施建设保护和供用电条例》，制定《福建省查处无证无照经营行为办法》《福建省交易场所管理办法》《福建省商品条码管理办法》。提请省人大常委会审议《福建省沿海边防治安管理条例（修订）》《福建省禁毒条例》《福建省违法建筑查处条例》《福建省司法鉴定管理条例》《福建省人口与计划生育条例修正案》《福建省老年人权益保障条例》《福建省义务教育条例（修订）》，制定《福建省旅游条例（修订）》《福建省行政审批事项委托实施规定》《福建省公共游泳场所管理办法》《福建省地名管理办法》《福建省行政区域界线管理办法》《福建省实施〈地方志工作条例〉实施办法》《福建省实施〈国有土地上房屋征收与补偿条例〉办法》《福建省非机动车管理办法》。提请省人大常委会审议《福建省水资源条例》《福建省湿地保护条例》《福建省河道管理条例》《福建省海岸带保护和利用管理条例》《福建省闽江流域管理条例》，制定《福建省排污许可证管理办法》《福建省水文管理办法》《福建省政府关于废止〈福建省森林防火实施办法〉的决定》。提请省人大常委会审议《福建省国防教育条例（修订）》《福建省国防动员条例》《福建省人民防空条例修正案》，制定《福建省实施〈军人抚恤优待条例〉办法》。提请省人大常委会审议《福建省促进闽台职业教育合作条例》《福建省政府关于建议废止〈福建省闽台近洋渔工劳务合作办法〉》。制定《福建省机关事务管理条例》《福建省政府信息公开办法》《福建省国家安全工作若干规定》。

【政府职能法治化】 2014年，省委、省政府出台《关于贯彻〈党的十八届三中全会精神全面深化改革的决定〉重要举措分工方案》《福建省全面深化改革领导小组专项工作重点改革任务实施规划（2014—2020）》等文件，推进经济社会事业体制、民主法制领域、文化体制、社会治理体制、“三农”和生态文明体制、闽台交流和对外开放体制、党的建设制度、纪律检查体制等八个方面改革，坚持重大改革于法有据，着力在法治轨道上推进各项改革。年度十大领域44项重点改革任务全面完成，着力落实民主法制领域改革任务，省市县政府机构改革完成，省级政府行政权力清单、行政审批目录和公共服务事项清单公布运行，工商登记制度改革稳步实施，推出122个项目鼓励社会资本参与建设运营，土地管理制度改革稳妥推进。省政府印发《福建省推行省级行政权力清单制度实施方案》，开展行政权力清理工作。截至年底，省级政府部门行政权力清理工作全面完成，保留行政权力4049项，其中行政审批329项、行政确认106项、行政处罚2740项、行政强制145项、行政征收33项、行政征用9项、行政裁决11项、行政给付7项、行政监督检查

414项、行政奖励22项、其他行政权力252项，全面公布实施权力项目名称、设定依据、类别、实施主体。规范行政审批，在全国率先制定《审批服务办理标准规范》，加快省级行政服务中心建设，推进省网上办事大厅建设。推动三项行政审批改革试点，包括开展关联审批、行政审批"三集中"、规范行政审批中介服务。政府管理由事前审批更多转为事中、事后监管。

【行政执法】 2014年，福建推进综合执法试点工作，全省9个设区市及14个县（市、区）开展相对集中行政处罚权工作。加快全省网上行政执法平台建设，推动省直单位、设区市和县（市、区）行政执法事项进网。强化行政执法与刑事司法的衔接，开通"两法衔接"信息共享平台。加强行政执法人员主体资格管理，组织海洋渔业、生态综合执法、林业、安监等系统或区域专场行政执法资格考试。严格监督行政权力运行，对省质监局、海关等8个单位开展专项依法行政、行政执法监察。完善设区市政府依法行政绩效评估标准，组织完成依法行政绩效评估工作。

【政务公开】 2014年，全省各级行政机关依托政府门户网站建立政府信息公开专栏4449个，通过政府网站、政府公报、新闻发布等方式，主动公开各类政府信息26.46万条，受理社会公众政府信息公开申请5866件，均依法依规答复。继续推进行政审批、行政处罚、财政资金、公共资源配置、公共服务、公共监管等信息公开。选择平潭综合实验区管委会等部分地区和省国土厅等5个省直部门开展权力运行网上公开试点。

【行政监督】 2014年，福建落实中央八项规定精神，采取明察暗访、专项整治等方法，坚决查处公款吃喝、公款送礼、公款旅游、公车私用等突出问题，全年查处违反中央八项规定精神问题1919起，处理2405人。优化绩效考评指标体系，在全国率先出台绩效管理标准，率先执行绩效管理"在线考评"，把依法行政情况纳入绩效考评内容。组织对54个省级部门和行业进行网络评议，参与群众14.6万人次。持续推进依法行政综合监察，开展土地出让、工程建设等重点领域专项整治，省级电子监察系统对5家试点单位5789项业务进行监察。

【行政复议】 2014年，全省办理行政复议案件4405件、行政应诉案件2444件，承办行政裁决答复16件，其中省政府本级办理行政复议案件1361件。加强行政复议规范化建设，继续深化行政复议委员会试点工作。全年通过和解、调解方式促使申请人撤回行政复议申请83件。全省信访态势总体平稳可控，信访秩序持续好转，全年受理信访总量369241（人）次，比上年下降6.5%。全省各类人民调解组织调处纠纷129006件，调处成功128022件，调处成功率98.2%。健全社会矛盾预警机制、利益表达机制、协商沟通机制、救济救助机制，畅通群众利益协调、权益保障法律渠道，切实维护人民群众合法权益。全年集中办理936件省级信访积案，办结化解843件，办结化解率90.1%。（林晓霞）

公　安

【概况】 2014年，全省有设区市公安局9个及平潭综合实验区公安局；县级公安局（分局）91个，派出所1128个。

【刑事犯罪侦查】 2014年，全省公安机关加大对命案、个人极端暴力犯罪等有广泛社会影响案件的侦办力度，全省67个县级公安机关现行命案全破。全年破获刑事案件13.1万起，抓获刑事作案成员7.3万人，在逃人员2万人；破获拐卖妇女儿童类案件1073起，打掉团伙12个；破获各类侵财案件82833起，打掉团伙2288个，缴获赃款赃物折合人民币近1.4亿元。

【经济犯罪侦查】 2014年，全省公安机关开展"猎狐2014"专项行动，从美国、阿根廷、菲律宾等22个国家和地区抓获外逃经济犯罪人员61名，其中涉案金额千万元以上的19名、潜逃境外5年以上的13名。开展打假、打传、打击非法集资犯罪、打击银行卡犯罪、打击涉税犯罪等专项整治行动，破获厦门"6·01"信用卡诈骗案、晋江"8·22"虚开增值税专用发票、骗取出口退税系列案等一批重大案件，有力维护市场经济秩序。全年受理各类经济犯罪案件10652起，立案9183起，涉案总值60亿元；破案6339起，抓获犯罪嫌疑人4842名，挽回经济损失1亿元。

【禁毒缉毒】 2014年，全省破获毒品犯罪案件4831起，抓获犯罪嫌疑人5919名，缴获各类毒品4吨、易制毒化学品147.9吨；查获吸毒人员2.5万人次，新发现吸毒人员14604名，强制隔离戒毒4271人次。全省成立社区戒毒社区康复工作站325个，招聘禁毒专职社工708名；设立美沙酮替代治疗门诊点和延伸服药点23个。举办各类禁毒宣传活动2180场次，发放宣传资料164万份，受教育群众2000万人次。

【治安防范管理】 2014年，全省规范以人口为牵引的治安要素管控工作，建立健全流动人口、严重精神障碍患者、危爆物品、管制刀具、枪支弹药、散装汽油、寄递业等管控机制，省政府出台预防处置个人极端暴力行为工作办法。推进社区警务专职化，落实配备专职社区民警3266人、驻村民警3424人。县级公安机关全部组建巡特警队伍，配备巡特警1459名、协警2838名，在重点要害部位和人员密集场所建立公安民警与武警常态化联勤武装巡逻机制，在火车站开展路地联勤，现场查获1.8万名违法犯罪嫌疑人。推进立体化治安防控体系建设，建设省际公安检查站35个，新建视频探头28459个，全省城区治安视频监控覆盖率80.0%以上。出台《福建省公安机关户口管理规范》，户口登记政策首次实现全省统一标准规范，为47.8万人补报往年出生落户手续。

【出入境管理】 2014年，福建省争取更多出入境优惠政策措施，国务院批准漳州市作为全国第四批开放赴台个人旅游试点城市，批准厦门高崎国际机场实施部分国家外国人72小时过境免签政策；公安部同意在平潭澳前客运码头设立台胞口岸签注点，授权福建省开展卡式台胞证、大陆证改革试点工作。全年批准福建省公民护照申请75.1万人次，批准内地居民往来香港地区150.2万人次，批准内地居民往来澳门地区121.8万人次；办理大陆居民赴台湾地区申请60.6万人次，办理台湾居民来往大陆地区申请28.6万人次；办理外国人签证证件43317人次。

【道路交通管理】 2014年，全省查处各类交通违法1658.2万起，其中严重违法171.6万起。加强危化品运输车、重型货车、大中型客货车、客车、校车等重点车辆管理，查处"四非四违"违法行为1512起，已达报废标准的大中型客货车注销率99.56%，为53.6万辆电动自行车和7.6万辆无牌摩托车办理注册登记。推动全省乡镇全部建立道安基层组织，配备专职交通安全员6788人，聘用交通安全协管员17739名，设立农村交通安全劝导站(队)3617个。推进公路交通安全防控体系建设，全省新建公安智能卡口445个，接入省厅车辆卡口平台的卡口(含传统卡口、电子警察、智能流媒体)1794个，省际、设区市际、县际卡口全部接入。全年全省发生涉及人员伤亡的道路交通事故8684起。

【执法规范化建设】 2014年，省公安厅健全完善执法制度，制定出台《接派警工作手册》《派出所民警执法执勤手册》和《侦查犯罪规范手册》等3个操作规程手册和《福建省公安机关负责人出庭应诉工作暂行规定》《福建省公安机关集体议案制度》等系列规范，推动出台《福建省非机动车管理办法》等地方性法规、规章。组织开展交通执法、伤害和赌博类案件办理、接处警、受立案等方面执法突出问题专项整治，开展县级公安机关案件评查活动和规范使用办案场所专项检查活动，执法质量和办案水平明显提升，全省公安机关案件合格率、优秀率分别比上年提高4.16个和12.9个百分点，获公安部命名新一轮"全国公安机关执法示范单位"数量居全国第一。全面清理省级公安行政权力事项(不含机场公安局)1146项，省级公安行政审批事项41项(下放或委托9项、转内部管理9项、废止2项、保留21项)，全面规范行政审批工作。 (陈振羽)

检 察

【概况】 2014年，全省检察机关切实加强法律监督、司法办案、改革创新、过硬队伍建设，持续推进各项检察工作。截至年底，福建省三级检察机关有人民检察院97个，省人民检察院下设9个设区市人民检察院，84个县、区(市)人民检察院，1个铁路运输检察院，2个派出检察院。

【检察工作】 打击严重刑事犯罪。履行批捕起诉职责，全年批捕各类刑事犯罪嫌疑人35381人，起诉61322人。建立健全冤假错案防范纠正机制，加强对司法鉴定意见等技术性证据审查，对证据合法性的监督审查，审查技术性证据6096件，纠正瑕疵证据107份，排除非法证据12份。坚持宽严相济刑事政策，依法对初犯、偶犯、过失犯等涉嫌犯罪但无逮捕必要的，决定不批捕2282人，比上年增长38.6%；办理刑事和解案件723件，对4416人依法不起诉或建议法院从轻处罚，促进社会矛盾化解。

职务犯罪预防。全年立案侦查职务犯罪案件1171件1567人。立案侦查贪污、贿赂、挪用公款100万元以上案件82件，查办处级以上干部79人，其中厅局级9人。根据高检院指定管辖，立案侦查省外部级干部2人。关注城镇化建设，查办违法占地、违法建设背后职务犯罪106件131人。立案侦查滥用行政管理权、审批权、司法权以及严重不负责任盲目决策造成重大经济损失、重大安全生产事故等背后的渎职失职犯罪302人。加强职务犯罪预防工作，向发案单位和相关部门提出防控风险、完善制度的建议710件。

查办和预防经济犯罪。全年批捕走私、制假售假、集资诈骗等经济犯罪1857人，起诉4011人。批捕职务侵占、挪用公司资金等侵害企业利益犯罪218人，起诉397人。支持厦门、泉州等金融改革试点，依法打击新型金融犯罪。

开展生态经济专项监督活动。开展查办生态文明建设领域职务犯罪专项工作，立案侦查职务犯罪99件140人。总结"补植复绿"做法，推广恢复性司法理念，对21件生态领域案件应用修复补偿机制，探索提起生态公益诉讼、刑事附带民事诉讼、督促和支持

2014年12月，最高人民检察院检察长曹建明到省检察院机关调研

(省检察院供稿)

起诉等 14 件。全年批捕盗伐滥伐林木、环境污染、非法占用耕地等破坏环境资源犯罪 530 人,起诉 1529 人。

【诉讼法律监督】 2014 年,全省检察系统强化诉讼活动法律监督,对应当逮捕而未提请逮捕、应当起诉而未移送起诉的,追加逮捕 1419 人,追加起诉 993 人;对侦查活动中的违法情况提出纠正意见 1203 件次,对认为确有错误的刑事裁判提出抗诉 172 件。省检察院会同省政府法制办等有关部门,建成全省行政执法与刑事司法衔接信息共享平台,1404 家行政执法机关接入。全年监督行政执法机关移送涉嫌犯罪 375 人,监督公安机关立案 1056 人。加强刑事执行检察监督,监督收监职务犯罪、金融犯罪、涉黑犯罪"三类罪犯"85 人,其中原厅级职务犯罪罪犯 2 人,原处级职务犯罪罪犯 39 人;专项清理法院判处实刑后未收押服刑罪犯,监督收押执行 186 人。加大对民事行政诉讼活动的监督力度,办理民事行政申请监督案件 3337 件,依法提出抗诉或再审检察建议 163 件。

【司法为民】 2014 年,全省检察系统依法打击性侵未成年人、校园暴力等犯罪行为,惩治侵犯妇女儿童和农民工、残疾人、老年人等特殊群体权益的犯罪。全年批捕强奸、拐卖妇女儿童等犯罪嫌疑人 1131 人,起诉 1243 人。打击暴力伤害医务人员等涉医犯罪,维护正常医疗秩序。针对社会普遍关注的食品药品安全问题,开展专项监督、挂牌督办,批捕制售有毒有害食品、制售假药劣药等犯罪嫌疑人 119 人,起诉 412 人。开展查办专项补贴资金管理、扶贫开发等领域职务犯罪,全年立案侦查发生在群众身边、损害群众利益的职务犯罪 823 件 1097 人,占案件总数的 70.3%。查办专项补贴资金管理背后职务犯罪 163 件 218 人,涉及农机购置、家电下乡、生猪规模化养殖、燃油、农村劳动力转移培训等补贴种类 12 种。查办骗取国家农机补贴资金案件 92 件 138 人,涉案资金 8000 余万元。全年受理群众控告、申诉 29560 件,办理国家赔偿案件 29 件,对 225 名确有困难的刑事被害人或近亲属提供国家司法救助。协助对社区服刑人员矫正帮教,监督纠正社区矫正不当 405 件。

【检察改革与监督】 2014 年,省检察院稳妥推进检察改革,对检察人员分类管理、检察官办案责任制、检察官职业保障、省以下地方检察院人财物统一管理等四项改革,深入开展试点调研论证工作,测算基础性数据。研究制定全省检察机关改革试点方案,细化 5 个方面 25 项具体任务,启动试点准备工作。制定信访审查分流处理办法,规范审查受理、分流引导、督办催办、反馈答复等工作,运用网上举报和远程视频接访。与省司法厅开展人民监督员选任管理方式改革试点,拓展监督案件范围。全省三级检察机关同步运行统一业务应用系统,实现案件程序性信息实时查询、法律文书和重大案件信息互联网公开以及辩护与代理预约申请网上办理。落实省委对中央巡视反馈意见的整改措施,组织评查案件 1668 件,开展"正风肃纪、公正廉洁"专项检务督察和为期半年的整风肃纪专项治理,推动治理 802 项问题;查处违纪违法检察人员 12 人。

审 判

【概况】 2014 年,全省法院受理各类案件 615732 件,办结 537949 件,比上年分别上升 8.4%和 0.03%;其中省法院受理 6944 件,办结 5753 件,分别上升 21.9%和 7.0%。

【审判工作】 刑事审判。2014 年,全省法院审结刑事案件 49974 件,判处罪犯 56041 人。审结黑恶势力、邪教组织犯罪和杀人、抢劫等危害社会治安犯罪案件 45637 件;审结走私、非法集资、金融诈骗等经济犯罪案件 3200 件;审结职务犯罪案件 1137 件,依法挽回经济损失 5.49 亿元。依法判处各类犯罪 5 年以上有期徒刑直至死刑 4795 人,判处缓刑、管制等非监禁刑 19395 人,宣告 30 名被告人无罪。

民商事审判。全省法院审结民商事案件 326198 件,标的总额 1022.86 亿元。审结买卖、担保等合同纠纷案件 77382 件,标的总额 237.65 亿元。审结物权等所有权纠纷案件 7322 件,人身损害赔偿、产品责任等侵权纠纷案件 68077 件,判决赔偿总额 40.09 亿元。探索设立家事法庭,完善反家暴联动机制,审结婚姻家庭、继承纠纷案件 41597 件。

行政审判。全省法院审结行政案件 4898 件,审查非诉行政案件 22449 件;审结国家赔偿案件 72 件,决定赔偿 178.51 万元。学习贯彻新修订行政诉讼法,完善行政审判工作机制,试行集中管辖、异地交叉管辖,推进行政案件"裁执分离",41.6%的行政案件得到协调解决。省政府与省法院召开第二次联席会议,推进行政机关负责人依法出庭应诉,完善行政审判白皮书等制度。

案件执行。全省法院执结各类案件 103156 件,标的总额 113.47 亿元。与公安、检察机关联手打击拒不执行判决、裁定等违法行为。加强执行指挥中心建设,省法院与 36 家金融机构和公安、国土、房产等联动单位建立"点对点"网络执行查控系统,在全省法院推行网络司法拍卖,公布失信被执行人名单 157130 人。全国法院执行信息化建设现场会在省法院召开。

【社会综合治理】 2014 年,围绕平安福建、法治福建建设,落实社会治安综合治理措施,参与禁毒、食品药品安全整治等,配合做好社区矫正等工作,办理减刑、假释案件 26673 件。判处未成年犯 2309 人,对 1977 人实行轻罪记录封存,帮助 237 名失足青少年复学、就业。推进大调解体系建设,加强诉前调解和诉调衔接,指导支持人民调解工作,全省法院以调解撤诉方式审结各类民商事案件 175371 件。

【司法保障】 2014 年,全省法院采取有效措施强化司法服务保障,妥善审理涉及经济结构调整优化、重大项目、企业发展等纠纷案件,审结企业破产、股权转让等案件 1099 件。出台保障金融安全、防范金融风险的司法指导意见和具体措施，完善金融案件专业化审判机制，审结涉金融纠纷案件100025件、标的总额675.93亿元。创新推进涉台司法工作，完善特邀调解员和台胞陪审员制度，办结涉台案件2217件，办理两岸司法互助案件4597件，比上年上升26.4%；举办第六届海峡两岸司法实务研讨会，促进闽台深度融合。加强知识产权审判工作，审结案件3283件，促进创新驱动发展战略实施；加强涉外、涉港澳、涉海事海商和铁路运输案件审判工作，审结案件5345件。加强生态环境审判工作，省法院设立生态环境审判庭，全省法院审结生态环境案件2510件，责令补种、管护林木773.3公顷，有力保障福建生态文明先行示范区建设。

【公正司法】 2014年，全省法院系统加强与公安、检察、司法行政机关的互相配合，尊重和保障律师依法履职，推动完善防范冤假错案工作机制。全省法院各类案件一审后当事人服判息诉的占91.6%，二审后达到98.5%。实行网上公示、公开开庭等，规范减刑、假释和暂予监外执行办理工作。加强审判监督管理，落实审级制度，强化二审终审、再审依法纠错功能，全省法院一审案件351631件、二审案件28430件；审结当事人申诉、申请再审案件4529件；审结再审案件1009件，其中检察机关抗诉再审案件70件。加强重大敏感复杂案件审判工作，依法审结平潭念斌投放危险物质案，以“事实不清、证据不足”宣告念斌无罪。科学设定案件质量评估合理区间，取消不合理的考核指标，加强司法数据动态分析和审判流程监督，促进公正高效均衡结案。全年各类案件法定审限内结案率99.3%。

【司法为民】 2014年，全省法院依法加强民生保障。密切关注涉及民生领域的矛盾纠纷，依法审结劳动争议案件13311件，涉及房地产开发、预售和拆迁等案件17385件。及时审结涉及农村土地承包、流转等案件，保护农民合法权益。开展涉民生案件专项集中执行，执结案件8853件，兑现标的总额2.9亿元。

强化便民利民举措。加强诉讼服务中心标准化建设，出台25条便民利民新举措。建成网上诉讼服务中心，省法院开通网上申诉信访平台，推行远程视频接访。充分发挥基层一线作用，因地制宜开展巡回审判，推进法官工作室和法律援助点建设，全省基层法院办结案件462264件，占全省法院办结数的85.9%，其中人民法庭审结案件112338件。扩大司法救助，为经济困难当事人缓减免交诉讼费2880余万元。

深化司法公开民主。推进审判流程、裁判文书、执行信息“三大公开平台”优化升级。全省法院全部开通互联网网站和官方微博，人民法庭全部建成专属司法服务网页，直播庭审390次，公布生效裁判文书302300余份，举办主题开放日活动900余场。完成人民陪审员“倍增计划”，全省6424名人民陪审员参审案件79660件，一审普通程序案件陪审率94.3%。省法院6起一审案件首次由人民陪审员参加合议庭审判。

【司法改革】 2014年，省法院做好改革试点准备工作。围绕司法责任制、司法人员分类管理、法官职业保障和省以下法院人财物统一管理等4个重点专题，确定50个具体项目，分专题组织开展实地调研，做好调研、测算等工作。协商推进有关设区市法院开展司法体制改革试点的准备工作。

完善审判权力运行机制。制定下发《关于在人民法庭推行办案责任制改革的工作意见》，从下一年起在人民法庭全面推行审判权力运行机制改革，在省法院、各中院开展合议庭办案责任制试点。完善审判委员会制度，全省法院院长、副院长、庭长、副庭长办理案件184824件。推进民事案件小额诉讼、行政案件简易审判和刑事案件速裁程序试点，全省法院一审案件适用简易程序占72.5%。

加强信息化建设。建成覆盖全省三级法院的司法信息集控管理中心，实现“每一个审判法庭、每一个人民法庭、每一个诉讼窗口、每一个审判流程、每一次执行过程、每一次信访接处、每一台警用车辆、每一次安防处突”“八个看得见”。加快审判法庭和人民法庭数字化改造与运用，建成高清科技法庭255个、看守所远程视频讯问室38个，省法院有110件刑事案件通过视频开庭、提讯。加强案件数据分析和运用，提出司法建议706件。

【念斌投毒案】 2006年7月27日夜，福建省平潭县澳前村17号两户居民家中多人出现中毒症状，其中两人经抢救无效死亡。警方经过侦查，很快确定是人为投入氟乙酸盐鼠药所致，认为其邻居念斌有重大作案嫌疑，将其逮捕，提起公诉。后该案历时8年9次开庭审判，4次被判处死刑立即执行。2010年10月最高法院以“事实不清、证据不足”发出不核准死刑的裁定书，并撤销原判发回福建省高院重审。2011年5月5日，福建省高院也撤销福州市中级法院对念斌的死刑判决，该案件发回福州中院重新审判。2011年9月7日，该案在福州中院再次开庭审理，在没有新事实新证据的情况下，同年11月24日福州中院再次对念斌判处死刑，剥夺政治权利终身。2014年8月22日，8年来4次被判死刑的念斌被福建省高级人民法院宣布无罪释放。

司法行政

【概况】 2014年，全省有9个设区市司法局及平潭综合实验区司法办、84个县（市、区）司法局，1104个司法所，23个监狱单位，9个强制隔离戒毒单位。全系统有法律服务工作者28834人，其中律师7993人、公证员399名、司法鉴定人1296名、基层法律服务工作者1887人、法律援助村居联络员和志愿者16761人、专职人民调解员2386人，通过2014年度司法考试1882人，其中港澳台籍225人。

【监狱管理】 2014年，全省监狱连续5年实现“四无”安全目标，连续8年保持安全生产无事故。6所监狱被司法部评为教育质量年活动表现突出单位。推进心理矫治规范化建设，加强特色矫正文化建设，罪犯遵纪守法率、改好率保持在90.0%以上。严格规范罪犯减刑、假释、暂予监外执行等工作，经验做法得到司法部充分肯定。推进新建洛江、翔安、厦门监狱同安监区和迁建闽江、闽西监狱及扩建福清、龙岩、武夷山监狱等项目建设。

【戒毒工作】 2014年，全省戒毒场所连续3年实现“六无”安全目标，连续18年保持安全生产无事故。推进戒毒场所职能转型。废止劳教类规范性文件139件，衔接修订完善戒毒类规范性文件30多份。推进省司法戒毒医院设置工作，获得省卫计委医疗机构设置批准，福建闽江司法强戒所获省政府批准设立。推进榕城、女子、泉州和漳州等强戒所基础设施建设。

【法律援助】 2014年，全省建成法律援助中心94个、援助站1872个、临街窗口77家。全年办理各类诉讼和非诉讼法律事务15.9万件；办理公证45.9万件；办理司法鉴定10.5万件；办理法律援助4.2万件。

【人民调解】 2014年，全省新成立区域性行业性人民调解组织107个、驻公安派出所人民调解室510个、以个人命名的调解工作室58个，新增专职人民调解员360人。组织开展“筑牢人民调解防线，助推福建改革发展”化解矛盾纠纷专题活动。

【社区矫正和安置帮教】 2014年，全省建成县级社区矫正中心64个，累计接收社区服刑人员9.3万多名，在矫2.9万名，6.4万名社区服刑人员回归社会，重新犯罪率0.2%。规范9个设区市过渡性安置基地管理，依托企业设立安置就业基地262个，衔接回归社会的刑满释放人员3.69万多人，安置3.67万人，安置率99.5%；列入帮教3.68万人，帮教率99.8%；重新违法犯罪24人，重新违法犯罪率0.07%。

【法治宣传和建设】 2014年，全省市县两级普法办与主要行政执法部门签订《“谁执法谁普法”责任状》，构建“大普法”工作格局。深化“法律六进”活动，部署“增强全民法治观念，服务全面深化改革”法治宣传活动，联合开展“百名法学家百场报告会”1300多场，建有法治文化广场、法治宣传长廊2100多个。

【基层基础建设】 2014年，全省推进县市区司法局业务用房建设，新增国家发改委批复项目7个，60个立项项目中，有47个建成投入使用或在施工。全省配备司法所人员6583名，所均6名，比上年增长22.4%；配备副科级司法所长993人，配备率89.9%。配备基层司法所执法执勤车辆397辆，占司法所总数的36.0%。开展规范化司法所创建活动，900个司法所达到省级规范化标准。

【全面深化改革】 2014年，推进公共法律服务体系建设，提请省政府办公厅转发《关于加快推进公共法律服务体系建设的意见》，在福州、厦门等地开展试点。部署开展选派律师进村（社区）担任法律顾问试点工作。提请省人大制定《福建省司法鉴定管理工作条例》，完善省市两级司法鉴定管理体制。深化监狱戒毒体制改革，强化狱（所）务公开，推进废止劳教制度和场所职能转型，厅戒毒局和9个司法强制隔离戒毒所全部挂牌。完善“大调解”工作体系，实现县乡村三级人民调解组织全覆盖。规范社区矫正工作，制定出台社区矫正实施细则等10多项制度。与省检察院联合推进人民监督员选任试点。 （马 莉）

社会管理综合治理

【综治领导责任制】 2014年，省委书记、省长连续16年与设区市党政主要领导签订综治平安建设责任书。对涉稳突出问题或重大案（事）件向各设区市委书记、市长和省直部门主要负责同志进行面对面点评通报；根据各设区市存在的不同问题，制定“个性化”综治责任书，作为各设区市落实年度综治维稳责任的重点。省综治委每半年对设区市和84个县（市、区）进行“群众安全感、平安建设知晓率、执法工作满意率”随机电话测评，对连续两次排名后10位的县（市、区）党委、政府予以黄牌警告并责令限期整改。深化社会治安稳定突出问题重点整治工作，排查确定包含5个县（市、区）在内的42个省级重点整治跟踪督导点，硬化重点整治责任，多数治安稳定突出问题得到有效解决。

【矛盾纠纷排查调处】 2014年，全省社会稳定风险评估机制普遍建立，2100多项重大事项进行风险评估。继续推动县乡村三级大调解平台建设，全省84个县（市、区）全部建立大调解工作平台。推动在医患纠纷、道路交通、山林权属等矛盾纠纷易发多发领

2014年，福州市鼓楼区开展景观综合整治，城市社区服务全面升级。图为整治后的鼓楼区中心繁华地段竹林境社区活动中心 （林忠玉 摄）

域建立专业调解组织。全省公安机关建成910个驻所调解室。厦门市人大研究制定《厦门经济特区多元化纠纷解决机制促进条例》,把多元调解工作纳入法治轨道。集中开展矛盾纠纷排查调处,解决不稳定不安全隐患活动,全年排查各类矛盾纠纷20.33万件,调处成功19.4万件,调处成功率95.9%。

【基层基础建设】 2014年,省综治委按照"城市社区抓规范提升,农村抓全面覆盖"的思路,整合服务项目进网格,开展多层次多领域的公共便民服务。把创新立体化治安防控体系纳入为民办实事项目,市县两级基本建成视频监控中心,年内新增视频监控探头2.8万多个,实现联网调用。

【专项工作】 2014年,全省综治部门重点抓了五项专项工作。流动人口服务。修订出台全省城乡统一的户口登记管理规范,进一步放宽农民工在城市城镇落户政策,全年办理农民工进城落户11.8万人。

特殊人群管理。把严重精神障碍患者救治体系建设纳入"为民办实事"项目,安排1.4亿元用于精神卫生机构的改扩建,全年新增床位1600张;对全省严重精神障碍患者逐一甄别鉴定,落实每人每年5000元的省定医疗救助基金,将严重精神障碍患者作为重度残疾人全部资助参保参合。综治部门将肇事肇祸等严重精神障碍患者救治救助和信息化动态管理工作纳入综治考评。省法院、省检察院、省公安厅、省司法厅联合出台《社区矫正实施细则补充规定》,联合出台轻微刑事案件快速办理机制,全省9个设区市的中途之家均建成并投入使用,全省建成县级社区矫正中心64个,加强刑满释放人员、社区矫正对象的衔接、教育、管理,重新犯罪率均为0.2%。

预防青少年违法犯罪。召开全省预防青少年违法犯罪工作会议暨重点青少年群体服务管理和预防犯罪工作推进会,在市级将青少年犯罪数据、重点青少年群体工作、青少年法制教育和维权制度化建设等作为考核基层项目,加强乡镇(街道)预青机构建设、动态监测重点青少年群体底数,推进分类帮扶、定点挂钩、结对帮扶等工作的落实。总结厦门市启明学校建设和运行中积累的好做法,探索加强专门(工读)学校建设管理的对策措施。团省委开通"福建省12355青少年服务平台热线",各地建成34个青年志愿服务驿站并投入使用。

学校治安综合治理。健全学校重大安全隐患治理逐级挂牌督办和安全隐患排查治理月报告、季分析制度,组织开展"学校安全隐患我发现,家庭安全隐患我排查"等活动,开展校车及学生道路交通安全、学习防溺水、清剿火患等专项整治,清除重点部位的安全隐患。切实把综治安全工作与单位及学校的达标创建、职级奖惩、评优评先挂钩,列入各类综合督学评估指标。先后4次组成校园综治安全督查组,到全省9个设区市及平潭区的30余个县(市、区)近300所学校开展明查暗访、督导检查。

铁路护路。举办全省"平安铁路"创建工作现场会。加强高铁和重点线路防控,加大涉路矛盾纠纷和治安、安全隐患排查整治力度,持续开展爱路护路宣传教育活动,拓展提升护路联防工作水平,确保铁路尤其是高铁运行安全和沿线治安持续稳定。全年百千米铁路交通事故死亡人数较前3年平均数下降20.3%,百千米发生危及行车安全案件0.1件,低于管区近3年平均水平。 (孙 韬)

编辑:林忠玉

军　　事

福建省军区

【概况】 思想政治建设。2014年，福建省军区把学习贯彻习近平主席系列重要讲话作为首要政治任务，用好各种载体，分批次组织干部轮训。完成全军政治工作会议各项保障任务。广泛开展强军目标主题教育和"强军梦·我的梦"系列活动，把"战斗力标准大讨论"作为重头戏，推动强军目标落地。高度重视意识形态工作，敌社情基础调研、军地协作、关键岗位人员政治考核扎实有效，确保部队纯洁巩固。

军事斗争准备。贯彻新形势下军事战略方针，巩固深化战备建设成果，完成作战值班部位整治。狠抓典型课题攻关突破和战训法集训，持续兴起大抓实战化训练热潮，组织完成全区基础训练、战术训练考核和实弹战术演练。

军民融合发展。传承用好习近平主席在福建工作期间留下的宝贵精神财富，联合省委省政府率先出台军民融合深度发展决定，宁德创建军民融合深度发展试验区工作扎实推进，第一批重点项目建设取得成效。首次组织省市县三级、军地同步进行国防动员指挥演练。协调组织驻闽部队官兵参加闽西水土流失治理。出台《征兵工作条例》《军人随军家属就业安置办法》等法规，军政军民关系更加和谐。完成新兵征集任务。

部队建设基础。用强军目标建连育人，组织基层主官操练基本功，抓实新干部分专业培训。基层自治自建能力不断增强，乡镇（街道）人武部、民兵基层党组织规范化建设有新进步。文化、法律、心理、生活和医疗"五个到一线"，加大投入为基层办实事。依法从严治军，健全安全管理机制、预防犯罪常态化机制和经常性检查制度，组织安全隐患排查整治和不打招呼检查，加强重要部位、重大活动、敏感时期特殊管控措施，部队遂行大项活动安全警戒等任务安全无事故。

后勤装备保障。深化后勤新型保障体系和装备战斗力建设，深入开展重点难点课题攻关，配套完善后勤战场设施，组织师区旅保障机关带分队演练，探索规范实战化保障方法路子。稳步推进重点工程建设，组织财务改革试点，健全财经管理、招投标统管等机制。严密组织装备普查点验和安全专项整治，完成装备调配补充和报废弹药调运上交任务。

党委班子建设。扎实推进党组织建设，多次召开常委会专题学习习近平主席系列重要讲话，组织师旅领导机关综合考评，锻炼提高组织指挥能力。深入开展党的群众路线教育实践活动，加大各类问题排查整治力度。认真贯彻党风廉政建设各项规定，严肃查处违规违纪问题，改作风正风气取得明显成效。

【习近平视察省军区部队】 2014年7月30日，中共中央总书记、国家主席、中央军委主席习近平在军委副主席范长龙、许其亮，南京军区司令员蔡英挺、政委郑卫平和中共福建省委书记尤权的陪同下，在福建省军区机关接见驻榕部队师以上领导并合影留念。在预备役高炮师参观师史馆，接见福建省拥军支前模范代表。视察期间，习近平主席回顾自己在福建工作17年期间抓军民军政团结、双拥支前、对台工作和国防建设的工作经历，围绕"铸牢军魂、提高实战化水平、端正作风、增强军政军民团结"等方面作了重要指示。

【全军政治工作会议在古田召开】 2014年10月30日至11月2日，全军政治工作会议在上杭县古田镇召开。中共中央总书记、国家主席、中央军委主席习近平出席会议。习近平主席接见与会代表、老红军、军烈属等人员并合影，参观古田会议会址、毛主席纪念园、古田会议纪念馆，与基层干部、妇女和英模代表共进午餐，就加强新形势下政治工作发表重要讲话。

【省军区党委九届五次六次全体（扩大）会议】 2014年1月8—9日，省军区党委九届五次全体（扩大）会议在福州召开，共150余人参加会议；会议传达学习军委和军区党委扩大会议精神，全面总结反思全区部队建设情况，研究部署新年度工作，表彰2013年度先进单位和个人。同年8月12—13日，省军区党委九届六次全体（扩大）会议在福州召开；会议学习贯彻习近平主席系列重要讲话、贯彻在揭露矛盾解决问题中求发展的指导思想，总结剖析上半年军事斗争准备和部队训练形势，研究提出下步工作思路办法。

【全省设区市武委会主任述职报告会】 2014年4月15日，全省设区市武委会主任述职报告会在福州召开，省委武委会全体委员、各设区市市长和平潭综合实验区管委会主任、军分区（警备区）军政主官等参加会议。会议强化军地各级领导干部的忧患意识、前线意识、融合意识和职责意识；明确全省国防动员和后备力量要抓好动员任务对接，后备力量建设、动员指挥演练、专武干部队伍和动员信息系统建设；指出全省军民融合深度发展要推进政策法规，战场设施和双拥工作融合；强调军地各级要落实制度到位、履行职责到位、保障措施到位。

【国防动员指挥演练】 2014年7月4—6日，中共福建省委、省政府、省军区以未来战争动员支前为背景，组织省市县三级国防动员实案化指挥演练。设区市、平潭综合实验区、县（市、区）地方党委常委、省直相关单位和市、县、区相关直属单位主官及部分工作人员共数千人同步施演。省委书记尤权参加演练，并召开省委常委扩大会议，研究平战转换等重大问题。

【军民融合发展】 2014年，省委、省政府和省军区联合制定出台《关于大力推进福建军民融合深度发展的决定》，明确发展理念、力量体系、基础设施、信息资源、人才培养、通用保障、军地文化、和谐家园、组织领导等“9个融合”，为全省开展军民融合工作提供依据和基本遵循，得到军委、总部、南京军区首长的充分肯定，在全国、全军产生良好的政治效应、示范效应。在此基础上，开展《2020年前福建军民融合深度发展规划纲要》的拟制，组织军民融合专题调研和军地需求梳理汇总，组织100余家企业与部队签订10余项物资采购和科研项目协议，明确第一批军民融合重点建设事项，指导宁德创建军民融合深度发展试验区，在泉州市召开“军民融合产业发展双向对接会”。军地主要媒体对福建省推进军民融合深度发展情况集中宣传报道。

【植树造林和为民服务】 2014年3月10—16日，省军区协调友邻单位数千名官兵，赴长汀、上杭2县9个点位，开展水土流失治理及植树造林活动，共植树239.6公顷、30余万株，施肥623.27公顷、24.1万千克，种植草皮条6.3千米，超额31.6%完成任务。在保质超量完成任务后，省军区集中1天时间，突出“一老一少一军烈属”，开展一系列为民办实事活动。省军区党委出资30万元，捐助石人“八一”希望小学、登俊“八一”爱民小学、长汀县社会福利院和河田镇敬老院；3个师（区）向古田镇苎园小学等单位捐款5万余元；组织官兵提米携油走访65名“五老”人员、“五保”户和军烈属，派人专程看望长汀籍、上杭籍官兵家庭；开设2个义务接诊点，接诊群众1000余人，分发药品约2万元，组织医护人员到驻地村镇、敬老院巡诊送药；安排优秀政治教员到学校，发放国防知识传单，宣传军民融合理念；组织官兵清扫街道、清理垃圾、整治河坝。

【防范第10号台风“麦德姆”】 2014年7月23日，第10号台风“麦德姆”在福清高山登陆，风力强、雨量大、移动快、范围广，对中北部地区造成严重影响。省军区司令员熊安东部署台风防抗工作，电话抽查重点方向部队战备值班执勤情况；政委曹德信赴连江地区检查指导防范工作；参谋长邢金利全程坐镇值班室，掌握处置情况，指挥部队行动。机关各值班部位严格落实主副班24小时值守，及时传达首长指示，严密监控风情雨情灾情，加强部队人员车辆管控，指导部队搞好自身防护和抢险救灾行动。全区共出动现役部队1100余人次、民兵预备役1200余人次，解救受困群众12人，巡检加固海堤4.6千米，疏通道路11千米。

【征兵工作】 2014年，省军区紧紧围绕“两保”（保质量、保廉洁）目标，盯着“四率”（大学生率、退兵率、举报率、查实率）要求，完成新兵征集任务，全省兵员质量明显提升，其中大学生占总任务数的39.9%。协调省人大审议通过《福建省征兵工作条例（修正案）》，将义务兵优待金标准提高到城镇居民可支配收入的40%；协调省人社厅出台贯彻落实大学生士兵“五条优惠政策”的实施意见；省教育厅制定下发《关于做好大学生征集工作的通知》。省军区纪委下发《廉洁征兵工作规定》，编印《廉洁征兵手册》，逐级逐人签订廉洁征兵责任状和保证书，发放《廉洁征兵调查函》，征兵全程实现公开公正、阳光透明。

【“五个一”资料收集】 2014年，省军区成立收集资料领导小组，收集整理习主席在福建工作期间关于国防和军队建设论述及实践活动相关资料。先后走访宁德、厦门、福州、预备役高炮师等军地35个单位，查阅1985—2002年《福建日报》《福州晚报》《厦门日报》等主要报刊，查阅相关档案资料600多卷，采访28位当事人、亲历者，收集文字资料30余万字、图片1000多张、视频资料1800分钟，形成“五个一”成果。即《习主席在福建工作期间关心国防和军队建设大事记》《习主席在福建工作期间关于国防和军队建设重要论述摘编》《习主席在福建工作期间关于国防和军队建设重要论述选编》《习主席在福建工作期间关心国防和军队建设纪实画册》和专题片《强军梦·东南风》。

2014年10月28日，集美区人武部组织防汛救灾骨干集训 （福建省军区供稿）

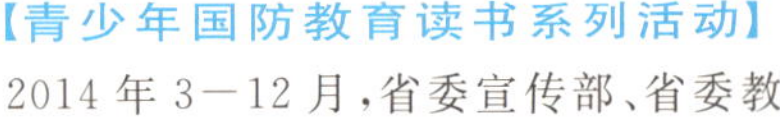
【青少年国防教育读书系列活动】 2014年3—12月，省委宣传部、省委教

育工委和省军区政治部联合组织开展“百万学生共学国防知识”、“国防教育进校园”、评选“热爱国防好少年”等青少年国防教育读书系列活动。组织十余名军地专家精心编写国防教育教材《国防知识读本》(中学版、小学版),向全省中小学生免费赠阅200万册,同时在有条件的中小学校建立3000余个“国防教育书库”。结合全民国防教育日、烈士纪念日等活动,军地联合邀请专家学者深入中小学校,宣讲国防知识、讲述战斗故事、培训军事技能,激发青少年学生“国兴我荣、国衰我耻”的责任感和使命感。

【“情系边海防,送医上岛礁”活动】 2014年,省军区开展“情系边海防,送医上岛礁”活动,全力全意为官兵排忧解难。先后组织5批体系医院60多名医疗、心理专家组成医疗服务队上高山下海岛,进行以专家巡诊、军事训练伤防护为主要内容的医疗服务。走访6个独立守岛连队,对海岛部队常见病、多发病、疑难病等进行细致诊治,送价值10万余元的药品及医疗设备,采取集中授课和视频听课等方式向官兵宣讲训练伤预防、季节性疾病防治及心理常识。 (林海 杭炜)

武警福建总队

【概况】 2014年,武警福建总队主要做了以下五项工作:思想政治建设。学习贯彻习近平主席系列重要讲话精神,举办两期师团职领导干部理论轮训班,抓好十八届三中、四中全会及全军和武警部队政治工作会议精神学习贯彻,在古田召开总队政治工作会议,扎实开展主题教育、战斗力标准大讨论和强军风采系列文化活动。做好经常性思想工作,持续抓好“四反”(反渗透、反心战、反策反、反窃密)工作,部队“三个绝对”(绝对忠诚、绝对纯洁、绝对可靠)基础更加牢固。总队政治部保卫处被表彰为全国军地隐蔽斗争协作工作先进单位,福州支队林少敏获第十七届“中国武警十大忠诚卫士”提名奖。

中心工作。围绕能打仗打胜仗,专题召开党委议中心工作、议训练工作会议,推进实战化训练,“人防、物防、技防、联防相结合的防御体系”建设和监门哨上勤、正规化执勤等级评定、规定外执勤目标清理推进有力,“卫士—14”演习、赴新疆轮战和各类集训组织严密,特勤排和应急班建设明显加强,反恐维稳准备应对扎实有效,部队遂行任务能力有新提升。固定执勤目标实现连续18年安全无事故,严密组织习近平主席等党和国家领导人来闽视察等级警卫,确保全军政治工作会议、“9·8”国际贸洽会等重大活动万无一失。应对厦门同安、漳州古雷群体性事件,成功处置漳州诏安、宁德蕉城劫持人质事件,完成联勤武装巡逻、抢险救援、植树造林等任务。参加武警部队反劫机跨区对抗性检验评估和信息化知识竞赛取得优异成绩,漳州支队邱小阳被树立为武警部队军事训练标兵教练员。

基层建设。加强“一线指挥部、一线战斗堡垒、一线带兵人”建设,精心组织三级主官纲要培训,落实考察帮建、当兵蹲连制度,广泛开展向武警成武县中队学习活动,各级争先创优热情高涨。莆田支队被表彰为全军人才培养先进单位。推进现代后勤,举办后勤处(部)长集训,狠抓应急保障力量建设,组织现代后勤建设专项检验评估,严格经费物资管控和审计监督,全面应用军人保障卡,持续推进总队训练基地、部分支队机关和基层单位迁建等基础设施建设,综合保障水平不断提升。福州市支队一大队一中队被评为2013年武警部队基层建设标兵中队,立集体一等功。

部队管理。贯彻武警部队依法从严治警集训精神,举办总队依法从严治警集训,研究制定《总队正规化建设五年规划》,稳步推进总队新一轮正规化建设。全面落实新编制,狠抓条令法规学习教育和安全制度落实,严密组织安全大检查,深化安全隐患排查治理,加强重点部位、重点时段部队管控,促进部队正规稳定,全年无责任事故、无刑事案件、无严重违纪问题。

作风建设。保持强劲大抓态势,“清房、清车、清人”和“超标准用车、超面积住房、超预算花钱、超规格接待、超编制用人”整治活动持续有力开展,全部队79套违规住房、83间超面积办公用房、103台超标超配车辆全部如期清理整改完毕,压减超配干部14人,清理超占兵员25人。

【第六届海峡论坛警卫】 2014年6月14—15日,第六届海峡论坛在福建厦门举办,中共中央政治局常委、全国政协主席俞正声等出席。厦门支队派出295名官兵,完成论坛期间欢迎晚

2014年9月8日,以“开放、创新、共赢——全球经济园区发展之路”为主题的2014国际投资论坛在福建厦门举行。图为武警官兵安全保卫现场 (武警福建总队供稿)

新技术30多项，培训基层农技人员5000多人次，罗源食用菌、南靖咖啡及金线莲、长泰莲雾、永春柑桔、邵武水稻、上杭花卉、福安葡萄、沙县农机合作等特色优势产业发展壮大。闽台农产品贸易持续快速增长，全年闽台农产品贸易总额15.78亿美元，增长26.2%，其中：出口13.1亿美元，增长26%；进口2.65亿美元，增长26.2%。厦门口岸入陆的台湾水果、南安石井入陆的台湾槟榔和台湾鳖卵、东山县的对台水产品贸易均保持内地领先，是台湾农产品销往大陆各地的重要中转站。

【对台交流往来】 2014年，全省有53批500多人次赴台开展农业产业对接交流活动，台湾有1.2万多人次来闽开展农业参观考察、经贸洽谈、学术交流，形成全方位、宽领域、多层次的闽台农业交流格局。以海峡论坛为重要平台，以农业产业合作为纽带，推动闽台特色乡镇交流对接，促进两岸基层民众密切来往。在漳州设立“海峡两岸新型农民交流培训基地”，立足本省、面向全国，创新培训模式，提高培训实效，加强新型农民职业教育培训，两岸农业交流平台进一步拓展。举办两岸特色乡镇农业产业对接交流会，两岸农业界基层代表330人参加交流活动，53对闽台特色乡镇签订产业合作协议，在交流交往、培训辅导、产业对接、经贸合作等方面建立合作交流机制；同时在安溪、南靖、沙县分别举办茶产业、金线莲产业和农机产业对接合作3场专项活动，闽台农业产业对接合作和两岸基层民众感情交流更加深入。

【经贸展会】 2014年9月7—9日，第七届海峡两岸（泉州）农产品采购订货会在南安闽台农产品交易市场举行，突出“两岸携手、以农为媒、共享商机、互利双赢”主题和特色，展览面积增扩至1.3万平方米，700个标准展位，吸引800多名海内外客商云集南安寻觅商机。

11月6日，第十届海峡两岸林业博览会暨投资贸易洽谈会在三明市举行，以“走进电商时代，助力现代林业”为主题，布设生态文明展示区、台湾商品展卖区、林业新奇特精产品展销区等12个展区，来自海峡两岸2000多位嘉宾和客商参会。博览会签约项目143项，总投资193.4亿元。

11月16日，第八届海峡两岸茶业博览会在武夷山市举办，以“茶与养生”为主题，兼顾“茶与茶文化、茶与茶具、茶与茶食品、茶与茶设备”等内容，吸引海内外参展企业600多家，其中台湾企业100多家参展，来宾和客商6万多人。期间举办“万里茶道”与城市发展中蒙俄市长峰会、海峡两岸武夷茶道高峰论坛、欢乐茶节、海峡两岸民间斗茶赛、海峡两岸祭茶祈福大典等10多个专场活动。博览会现场及意向达成交易额59.92亿元。

11月18日，第六届海峡两岸现代农业博览会暨第十六届海峡两岸花卉博览会在漳州举办，秉承“花开两岸、合作双赢”的办会主题，设11个展馆、5万多平方米，以及28万平方米室外展园，吸引1200多家企业参会，其中台湾企业240多家参展。期间举办中国蘑菇节、花木行业发展论坛、花王评选暨花卉精品展、茶产业发展研讨会等系列活动。博览会现货及协议达成交易总额23.3亿元，签约项目88个，总投资409亿元。 （刘旋 李富生）

种植业

【粮食作物】 2014年，福建省启动粮食产能区建设，实施粮食产能区增产模式攻关与推广，在30个粮食主产县选择集中连片33.33公顷以上的农田，建设粮食产能区500片以上，面积3.33万公顷，亩产比全省平均水平增加50公斤。开展粮油高产创建，抓好150个粮油高产创建万亩示范片建设，整建制推进“一县七乡”粮油高产创建，带动大面积均衡增产。全年全省粮食播种面积119.77万公顷，总产量667万吨，比上年增加2.68万吨；平均单产371公斤，增加3公斤；其中春粮、夏粮、秋粮面积分别为9.12万公顷、26.70万公顷、83.95万公顷，产量分别为36.54万吨、139.55万吨、490.94万吨。

【经济作物】 2014年，福建水果面积54.1万公顷，增加0.27万公顷；产量791万吨，增长6.3%。茶叶面积24.29万公顷，增加1.06万公顷；产量37万吨，增长7.2%。蔬菜面积72.39万公顷，增加1.79万公顷；产量1697万吨，增长3.9%。

【农业标准化】 2014年，福建创建38个国家级园艺作物标准园，新建省级农业（种植业）标准化示范区7个，扶持推行标准化生产，提高农产品质量管理水平。

【新技术推广】 2014年，福建示范推

2014年，中央财政新增建宁为产粮大县奖励对象，图为建宁杂交水稻种子生产基地
（建宁县政府办供稿）

广经农业部认定的超级稻品种23.33万公顷，开展再生稻全程机械化作业技术示范。扶持建设果树品种结构优化示范片666.67万公顷，创建标准果园12个。扶持建设15个现代农业蔬菜产业集约化育苗基地，年可供优质蔬菜种苗1.5亿株以上。扶持26个茶叶主产县(市)实施标准化生态茶园建设和茶叶初制加工清洁化改造，在全省建设10个茶树种质资源保护点(资源圃)。　（杨建榕　李富生）

林　业

【深化林权制度改革】　2014年，福建省扩展林权证发证面，开展茶叶、寺庙林权登记发证，对联户证实行拆分或股份到户，便于抵押贷款或流转。全年新增林权登记发证面积26.9万公顷，调处林权纠纷327起。森林综合保险每公顷保额由7500元提高到9000元，参保面积超过733.3万公顷，参保率超过90%。加强和完善森林资产评估、抵押担保、林权收储中心等平台建设，筹建省级林权收储中心，全省有18个市、县成立或筹建林权收储机构。全年新增林权证抵押贷款27.5亿元，比上年增长31.5%，累计129.7亿元。继续扶持发展农民林业专业合作社、股份林场、家庭林场等新型林业经营主体，促进林业适度规模经营，全年新增林业专业合作社335个，累计2280家。推进林权规范有序流转，促进森林资源的市场化配套，全年新增林权流转面积1.86万公顷，有86家林业企业在海峡股权交易市场挂牌交易或展示。

【造林绿化】　2014年，全省完成造林绿化总面积10.93万公顷，占总任务的126%，其中“四绿”(绿色城市、绿色村镇、绿色通道、绿色屏障)工程建设完成造林4.59万公顷。启动山脚田边生物防火林带建设，计划3年完成3万公顷建设任务。继续在“三沿一环”(沿路、沿江、沿海、环城一重山)重点生态区位(含低值、低效茶果园)采取间伐、改造、补植、套种等生态修复措施，完成“三沿一环”重点生态区位林分修复(含茶果园)2.35万公顷，占任务的104.6%；完成沿海防护林基干林带建设5700公顷，占任务的106.9%。全省培育造林绿化各类苗木4.39亿株，其中容器育苗0.49亿株。

【公益林建设】　2014年，全省完成森林抚育65.53万公顷，封山育林69.6万公顷，其中新封面积13.57万公顷。在全国率先完成12.07万公顷国家储备林划定工作。印发《关于开展生态公益林布局优化调整工作的通知》，通过赎买、置换等方法逐步将重点区位内商品林调整为生态公益林。永安、顺昌、永泰等地完成近667公顷重点生态区位商品林赎买。完善林业生态补偿机制，省级以上生态公益林补助标准提高到255元/公顷·年。龙岩、永安等地开展生态公益林管护模式改革试点。

【林业产业】　2014年，全省林业产业总产值3972亿元，增长10%；规模以上林业工业企业实现产值3467亿元，增长11.3%。继续实施现代农业(竹业、油茶、花卉)发展项目、林下经济等重点项目，全年新扩建现代林业重点项目174个，落实投资资金近6亿元(其中省级以上补助资金2亿元)，建立示范基地1.22万公顷。省财政追加2000万元林下经济专项扶持资金，总资金7000万元，扶持新增林下经济示范基地3.32万公顷。全年新增境内外上市涉林企业3家，累计22家；新增“中国驰名商标”8件，累计31件。有国家林业产业化龙头企业10家，省级以上龙头企业176家。推进海峡两岸(三明)现代林业合作实验区以及涉林台湾农民创业园建设，举办海峡两岸林博会、花博会，发挥海峡两岸林业合作交流前沿平台作用，全年林业利用外资5.5亿美元，新增林业台资项目22个，合同利用台资1.4亿美元，实际利用台资4200万美元。

【森林灾害防控】　2014年，《福建省森林防火条例》实施，落实森林保护责任制，继续实行森林防火重点县管理制度，强化监测预警、火源管控和物资储备库、专业队伍等基础建设，全年未发生重大森林火灾。发生森林火灾130起，发生率1.46次/10万公顷，受害率0.13‰，未突破规定指标。全面落实林业有害生物防治目标责任制，强化监测预警、检疫执法和防治减灾，加强社会化防治组织能力建设，大力实施无公害防治，全力抓好松材线虫病等重大林业有害生物预防与治理，省财政追加3000万元松材线虫病防控专项补助资金。启动《重点生态区位重大林业有害生物防御规划》编制工作，全年林业有害生物发生面积23.12万公顷，防治21.56万公顷，防治率93.2%，成灾率控制在0.97‰，无公害防治率98.5%，种苗产地检疫率100%。全面完成国家下达的林业有害生物防治“四率”指标，其中松材线虫病发生面积和防治面积均为2187公顷，防治率100%，通过国家松材线虫病防治目标责任制考核。中央财政下达1000万元林业救灾资金。

【森林资源保护】　2014年，福建加强生态建设和生物多样性保护，强化公益林、天然林保护，重点是自然保护区、森林公园、重要湿地、重要水源地、“沿路、沿江、沿海、环城一重山”等重点生态功能区的强制性保护。组织开展第二次全国重点野生植物资源调查、第二批“福建树王”评选等活动。新增国家级自然保护区、森林公园、湿地公园各1个，新增省级森林城市(县城)6个。新增省级陆生野生动物疫源疫病监测站13个，省级以上监测站累计40个；发布福建第一批陆生野生动物疫源疫病重点疫源物种和疫病种类名单。全省建立野生动物收容保护机构9家。组织实施华南虎、黑脸琵鹭、中华凤头燕鸥、四川苏铁、长序榆、观光木、黑桫椤等珍贵濒危物种保护救护项目；组织开展眼镜蛇2号等专项行动。持续保持打击破坏森林和野生动植物资源违法犯罪的高压态势，全年查处林业行政案件1.4万起、侦破涉林刑事案件1379起。在漳州、永安、尤溪、晋江、德化等市(县)开展林地占补平衡试点。全年审核占用征收林地9594公顷，其中重点、民生、基础设施项目占71%。

【林业科技】 2014年，福建第四期林木种苗科技攻关、省种业创新与产业化工程等项目建设有序推进，组建森林公园工程技术研究中心。组织实施国家林业科研项目7项、省级科研项目50多项，15个林业项目获福建省科学技术进步奖。完成16项省地方标准制修订工作，扎实推进3个林业标准示范区建设。做好"第十二届中国·海峡项目成果交易会"林业项目成果对接工作，征集科研成果400项，对接91项，总投资9.4亿元。实施林业科技推广示范项目27个，新增科技示范基地1800公顷，加快林业科研成果转化。强化资金保障，全年全省安排省级以上林业资金40.4亿元，增长7.2%，其中省级25.3亿元，增长18.8%。

【汀江源国家级自然保护区】 2014年12月5日，国务院办公厅公布新建国家级自然保护区，汀江源自然保护区成为福建林业第14个国家级自然保护区。汀江源国家级自然保护区位于长汀县境内，地处闽西西部，坐落于武夷山脉南段延伸支脉区域，总面积10379.7公顷，主要保护对象为原生性的中亚热带常绿阔叶林生态系统、典型的中亚热带溪流生态系统、丰富的大型真菌资源、汀江源头重要水源涵养林。

【林木品种审（认）定】 2014年，福建省林木品种审定委员会审定通过品种36个，包括花卉品种1个、杉木无性系5个、黑木相思家系5个，油茶采穗圃3片，共12.27公顷；马尾松1代种子园1片、马尾松1.5代种子园1片、马尾松专营种子园2片、马尾松2代种子园3片，共119.6公顷；杉木3代种子园8片、杉木2代种子园1片、杉木专营种子园1片，共140.2公顷；福建柏初级种子园1片，5公顷；柳杉1代种子园1片，6.13公顷；马占相思实生种子园1片、卷荚相思实生种子园1片、厚荚相思实生种子园1片，共16.27公顷。认定通过品种18个，包括花卉无性系4个、枫香家系8个、无患子无性系5个，油茶采穗圃1片，5.73公顷。 （刘建波）

畜 牧 业

【概况】 2014年，福建省畜牧业总产值523亿元，比上年增长1.5%。肉蛋奶总产量255万吨，增长1.2%，其中：肉类产量213.71万吨，增长1.2%；禽蛋产量25.42万吨，增长1.5%；牛奶产量14.97万吨，增长0.2%。生猪出栏1990.47万头，下降4.9%；家禽出栏3.91亿只（羽），增长15.6%；牛出栏27.36万头，增长6.9%；羊出栏159.9万只，增长6.3%。

【畜禽良种繁育体系建设】 2014年，福建实施6个国家级核心种猪场、福州农工商种禽公司父母代蛋种鸡场和圣农白羽肉鸡祖代场以及农业部畜禽良种工程项目建设，国家级核心种猪场增至全国总数的8%。落实生猪、奶牛良种补贴，农业部、财政部安排福建生猪、奶牛良种补贴资金1778万元，其中生猪良种补贴资金1640万元，用于对全省41万头能繁母猪实施人工授精补贴；奶牛良种补贴资金138万元，用于对3.6万头荷斯坦奶牛和1.5万头奶水牛良种补贴。

【畜牧标准化建设】 2014年，福建组织开展畜禽养殖标准化示范创建活动，确定12家国家级畜禽养殖标准化示范场、105家省级畜禽养殖标准化示范场。推进畜禽标准化健康养殖，33家畜禽养殖场获国家财政补助1760万元。推进奶牛标准化规模养殖场（小区）建设，4家奶牛规模养殖场获国家财政补助550万元。推进生猪标准化规模养殖场（小区）建设，70家存栏3000—5000头生猪规模养殖场（小区）获得国家财政补助7000万元。实施生猪生态环保养殖项目，43家存栏5000—50000头生猪规模养殖场获省级财政补助6500万元，畜禽标准化和健康养殖水平进一步提升。

【生猪养殖污染治理】 2014年，全省关闭拆除禁养区生猪养殖场3.6万个、面积985.3万平方米，消减存栏生猪近300万头。持续推进可养区生猪规模养殖场标准化改造，全省累计改造升级1217家生猪规模养殖场，实现达标排放。推广以沼气为纽带的能源生态型、能源环保型及微生物发酵床零排放等污染治理模式和畜禽粪便、污水与雨水分流设施，推广漏缝地面、干清粪、免冲洗等工艺技术，推广"猪—沼—果""猪—沼—菜""猪—沼—茶"等能源生态模式示范点（户）1.3万个，新建农村户用沼气1.3万户、沼气工程221个。

【重大动物疫病防控】 2014年，福建坚持"预防为主"方针，突出抓好动物强制免疫，加强疫病监测、流行病学调查、消毒灭源和应急处置等综合防控措施，有力应对H7N9禽流感，有效防堵小反刍兽疫疫情，全省全年未发生区域性重大动物疫情。开展春、秋两季动物集中强制免疫，高致病性禽流感免疫3.93亿羽、口蹄疫免疫4214.65万头、高致病性猪蓝耳病免疫3872.90万头，猪瘟免疫3987.88万头。组织动物疫病监测和流行病学调查，开展动物疫病监测62.8万份，其中：血清学监测51.4万份，病原学监测11.4万份。加强防疫物资供应，下拨各类强制免疫用疫苗3.91亿毫升（头份）；投入消毒剂631吨，消毒养殖场28189个，消毒面积3.05亿平方米；发放耳标1035.42万枚，耳标佩戴率90.20%；下拨灾后兽用消毒剂160吨、消毒设备120台、防护用品500套。

【动物卫生监督】 2014年，全省产地检疫畜禽5.81亿头（羽）、屠宰检疫畜禽33614.6万头（羽），分别比上年增长86.1%、25.4%；检出染疫病死动物24.87万头（羽）、病害动物产品125.96吨，全部按规定实施无害化处理。加强病死动物无害化处理监管，开展以病死猪为重点的病死动物监管专项行动623次，查处问题58起，立案查处17起，将屠宰病死或死因不明的10起案件移送司法机关。加强畜产品质量安全监管，严厉打击生猪、肉牛、肉羊等养殖、贩运、屠宰等环节非法添加"瘦肉精"行为。出动执法人员34729人次，检查饲料生产经营企业

1218个、养殖场(户)9470个、活畜收购贩运企业(经纪人)253个,屠宰企业(场、点)591个,抽检23.72万批次生猪尿样,均合格;强化生鲜乳质量安全监管,出动监督执法人员245人次,检查奶牛养殖场、生鲜乳收购站、运奶车118场(站、次、车),抽检生鲜乳54批次,均合格。(邱昌颖　陈宏　李富生)

海洋与渔业

【概况】 2014年,福建省实现海洋生产总值6500亿元,比上年增长13.6%,居全国第五位;实现渔业经济总产值2329亿元,增长6.0%;水产品总产量695.98万吨,增长5.7%,均居全国第三位;水产品人均占有量182.86千克,居全国第二;远洋渔船投产规模500艘,远洋渔业总产值33.6亿元,增长16.5%,综合实力居全国第一;海洋捕捞产量(含远洋)224.1万吨,增长3.24%;海水养殖产量379.43万吨,增长6.91%;淡水产品产量92.45万吨,增长6.51%;水产品加工产值647亿元,增长6.1%;水产品出口创汇55.92亿美元,增长9.45%,继续居全国第一;渔民人均纯收入14634元,增长9.8%。

【产业规模】 2014年,全省远洋渔业企业发展到29家,新增外派远洋渔船101艘,50艘远洋渔船在建造。创新发展渔业种业,持续推进渔业种业工程建设,新认定省级良种场8家、市级良种场6家;大力实施水产种业创新和产业化工程,深化石斑鱼、罗非鱼种业创新,菲律宾蛤仔、牡蛎、鲍鱼等重要经济贝类和坛紫菜、黄姑鱼等优势品种列入省政府第二轮渔业种业创新与产业化工程。规模发展水产养殖业,新建标准化水产养殖池塘700万公顷、新增"菜篮子"基地93.33公顷、新创健康养殖示范场20家;全省工厂化养殖企业66家、养殖车间54万平方米;在印尼、缅甸建立6个对虾、石斑鱼养殖基地和海水网箱养殖基地,建成养殖池塘300多公顷、大规格养殖网箱8000多口。全省年产值10亿元以上的水产加工企业12家,其中20亿元以上2家。开展现代渔业产业园区创建工作,全年新增现代水产养殖产业园区20家。全年新增20家"水乡渔村",全省"水乡渔村"达到120家。

【渔业安全管理】 2014年,福建开展"百姓富、生态美"海洋生态·渔业资源保护十大行动;在全省13个海湾及闽江、九龙江等内陆干支流增殖放流鱼虾贝藻20亿尾(粒);有效防控赤潮灾害9起,未发生因赤潮导致水生生物死亡现象。全省没有发生大的水产品质量安全事故,产地水产品质量安全监督抽查合格率99.4%,连续8年保持在97%以上;深化水产品质量安全追溯体系建设,全年新增省级追溯企业50家;推广水产品药物残留快速检测技术,全省9个设区市、平潭综合实验区和40个县(区、市)均配备水产品药残快速检测设备。6项渔业地方标准、3项渔业行业标准通过制修订立项。全年渔业船舶水上生产安全事故死亡失踪人数、较大事故起数较往年有明显下降,分别占省政府年度指标数的40%、25%。

【渔业对外合作】 2014年,福建推动与东盟国家的渔业合作,实施第一批中国一东盟海上合作基金项目,"印尼金马安渔业综合基地更新改造项目""中国一东盟渔业产业合作及渔产品交易平台(包括建立中国一东盟海产品交易所)""印尼纳土纳渔业基地综合改造项目"等获外交部、财政部、农业部等有关部委批准,中国一东盟海产品交易所正式运营,中国一东盟渔业产业园同时启动。积极搭建对外合作平台,第十二届"6·18"对接海洋与渔业项目123个,总投资202.5亿元,增长10.5%;组织5家涉渔企业参加在印尼和斯里兰卡召开的中国"福建周"活动;组织10家涉渔企业参加福建一澳门葡语国家经贸交流会;组织6家涉渔企业参加在印度尼西亚、马来西亚举办的福建省经贸合作推介会。

【防灾减灾】 2014年,省委省政府将渔港建设作为为民办实事项目,立项30个,其中:开工建设20个,完成主体工程建设5个。应急管理扎实有效,通过电视、广播、网站、短信、LED显示屏等载体为公众提供灾害预警信息服务;根据台风可能登陆区域及时发布区域预警短信,发送预警报短信1000万条。有效应对和防范"海贝思"等6个台风,全年指挥渔船撤离避风83544艘次,转移渔排人员10.71万人次。有效应对海上船舶应急突发事件,处置船舶突发事件72起,处置涉外涉台渔业船舶事件18起。

【渔业执法】 2014年,福建推进"渔船基本数据普查行动""渔船安全风险隐患排查与整治行动""渔船船用产品质量监督整治行动"等渔船检验执法监督三大行动,确定应检船舶数量38176艘,发现A类安全风险隐患渔船2360艘、B类安全风险隐患渔船693艘,整改2239艘;更换救生衣1923件、救生圈384个、救生筏67只、灭火器467具;查处假冒伪劣产品81件、查处2起经销商套用柴油机船用产品证书事件。开展集中打击整治包括非法采捕红珊瑚在内的海上违规作业、违法生产经营活动,查获各类违法违规案件560多起,清理各类违规渔具5400余张(个、套)。严格水产养殖执法查处,部省级监督抽查中检出禁用药物超标的生产单位全部纳入水产养殖执法的督办范畴,全年检查育苗场、养殖场4000多家,现场查获禁用药物16件;全年立案查处违法违规案件23起,责令整改案件54起,无害化销毁"问题"苗种195万尾,其中一起案件移送公安机关追究刑事责任。

(汤兴福)

农　垦

【概况】 2014年,福建省农垦系统有独立核算企业124个,其中:国有农场113个,工业企业5个,商业企业6个;农垦总人口23.54万人,从业人员10.82万人;土地总面积11.5万公顷,其中:耕地面积1.08万公顷,林地面积5.5万公顷。全年完成生产总值52.79亿元,比上年增长5.3%;出口商品交货值4.78亿元,增长13.4%;人均纯收入9707元,与上年基本持平。

【现代农业建设】 2014年，福建省在福州市农工商种禽公司和龙海市程溪农场腾龙副食品公司开展畜禽设施化建设，改善养殖条件，实现粪污无害化处理和资源化利用。在松溪县国有茶场、永春县农场、寿宁县龙虎山茶场开展标准化生态茶园建设，在坦洋茶场实施茶庄园示范建设，示范茶产业发展新模式。在福州市农工商种禽公司和松溪县国有茶场建设农垦农业技术远程培训点卫星远端接收站，开展农业技术技能远程培训。在福安市农垦茶业有限公司建设茶园主要病虫害远程监测诊断预警服务平台，实现茶园病虫害无人值守智能监测。

【垦区危房改造】 2014年，全省农垦系统危房改造任务1734户，涉及福州、三明、漳州、龙岩、南平、宁德6个设区市21个县31个农场。长泰古农农场、建宁综合农场、诏安红星农场、霞浦茶场、福州江洋农场等5个重点扶贫农场项目总投资额642万元，其中国家财政资金550万元。

【农场公路建设】 2011—2014年，全省安排国有农场专用公路建设项目56个，总计划硬化公路里程81千米，完成44千米。 （倪锋 李富生）

农业机械化

【概况】 2014年，福建省农业机械总动力1368万千瓦，比上年增长1.48%。主要农作物耕种收综合机械化水平41.6%，其中水稻耕种收机械化水平52.6%。

【农机具拥有量】 2014年，全省有大中型拖拉机3471台、手扶拖拉机9.8万台，拖拉机配套机具13.58万部，配套比1:1.3；有水稻插秧机6712台，联合收割机7469台，烘干机745台；茶叶修剪机6.89万台，茶叶采摘机3.64万台，茶叶加工机械46.57万台(套)。

【农机服务组织】 2014年，全省经工商部门正式登记注册的农机专业合作社503家，拥有农机具2.9万台(套)，年作业服务总面积381.9万亩。其中，16家被评为全国农机专业合作社示范社，67家被评为省级农机专业合作社示范社，34家被评为全省首批农民合作社规范社。

【农机购置补贴】 2014年，全省农机购置补贴产品种类范围为12大类32小类64个品目，对薄弱环节机具及水稻、马铃薯、花生、油菜等粮油作物耕种收环节机具给予省级累加补贴。全年下达国家补贴资金1.61亿元、省级补贴资金0.43亿元，补贴购置农机具9.01万台(套)，受益农户5.68万户。

（徐庆锋 李富生）

水土保持

【综合治理】 2014年，福建省结合中小河流整治、“美丽乡村”建设、农村环境综合整治，加快水土流失综合治理。全年完成投资16.3亿元，其中：国家补助资金2.29亿元，比上年增长10%；省级资金3.40亿元，增长1.2%。治理水土流失面积17.1万公顷，崩岗502个、坡耕地6.7万公顷、生态清洁型小流域102条；累计治理水土流失面积62.73万公顷，提前一年超额完成“十二五”规划60万公顷的治理任务。永春县、尤溪县获“国家水土保持生态文明综合治理工程”的称号。

【执法监督】 2014年7月1日起《福建省水土保持条例》正式施行；《福建省水土保持补偿费征收使用管理办法》和《福建省水土保持补偿费收费标准》相继出台。开展26个重点生产建设项目水土保持专项监督检查；全年征收水土保持补偿费14188.58万元，其中省级征收5199.53万元，增长12.1%。加强行政许可水土保持方案审查工作，省级审查完成74项；抓好生产建设项目水土保持设施竣工验收，省级依法完成验收23个项目。

【创新工作机制】 2014年，福建在全国率先开展“水土保持生态村”建设，创建一批水土保持生态村及生态茶果园。首次联合驻闽部队支持闽西革命苏区开展较大规模的水土流失综合治理工作，出动部队官兵5000多名，治理面积570.27公顷。《福建长汀红壤丘陵区水土流失综合治理关键技术应用示范》被列入水利部科技推广项目。

【生态治理示范】 2014年，长汀县从单一生态治理崩岗转变为生态一经济型综合治理，建立0.4公顷省直机关崩岗治理示范点；安溪县在原有崩岗治理模式上，把崩岗区变为农业综合示范场。永春、长泰等结合“美丽乡村”建设，推进生态清洁型小流域治理，打造一批水土保持生态公园。德化县利用当地废旧陶瓷尾料加工空心砖，创新研发“空心砖坡改梯”治理茶园水土流失技术，起到保水、保土和保肥作用。通过坡改梯等综合治理，培育出安溪茶业、诏安荔枝、宁化茶油、平和蜜柚、建宁黄花梨等一批山区特色产业，带动地方支柱产业持续发展。

（张智杰）

水 利

【水利规划】 2014年5月30日，福建省人民政府与水利部签订《贯彻落实中央领导重要批示精神，共同加快推进福建水利改革发展备忘录》；年底联合印发《水利支撑保障福建加快发展工作方案(2014～2018年)》，细化今后5年福建水利改革发展的具体任务、时间表、路线图和工作举措。年内，6项在编规划完成3项，分别为《福建省灌溉发展总体规划》《福建省水中长期供求规划》《福建省水资源保护规划》；3项取得阶段性成果，分别为《福建省水利风景区发展规划》《福建省中小河流水能资源开发规划》《福建省水土保持规划》；5项规划启动修编。各地同步推进水利规划，福州推进江北城区、南台岛排涝规划，厦门推进原水优化配置规划，莆田推进水资源配置规划，泉州推进水网规划，漳州推进水城规划，宁德、三明、南平等推进500平方千米以下流域综合规划批复。

【水利投入】 2014年，福建省完成水

民生水利工程——溪门里水库供水工程　　（柘荣县政府办供稿）

利投入 253.3 亿元，比上年增长 8.7%。国家资金到位 48.84 亿元，其中：预算内资金 27.13 亿元，财政专项资金 18.9 亿元，烟区水源工程 2.82 亿元。省以下各级财政水利投入稳定增长，省级 31.35 亿元，增长 4.7%；市、县 77.79 亿元，增长 11.7%。加大水利规费和政府性基金征收力度，全省征收 51.77 亿元，增长 19.9%。加大省级水务投融资平台扶持力度，采取追加 5 亿元资本金、省财政安排中小河流治理配套资金 2.42 亿元等措施，支持省水利投资集团发展。安排贴息贷款 0.5 亿元引导金融资金支持，全年新增银行贷款 7.7 亿元，增长 63%。鼓励和吸引社会资本 71.6 亿元投入水利，增长 25%。龙岩市中心城区万安溪调水、福安市穆阳溪引水、霞浦县青松围垦等 6 个工程被省发改委列为鼓励社会投资项目。

【水利前期项目】 2014 年，福建推进 83 个重大项目前期工作。国家立项项目 7 个，其中，平潭防洪防潮工程可研和平潭及闽江口水资源配置（一闸三线）、罗源霍口水库、金门供水工程项目建议书经水利部技术审查、国家发改委委托评估；宁德上白石水利枢纽和光泽茶富水库工程项建经水利规划总院审查，泉州白濑水库项目建议书在编。中型水库 19 座，其中浦城王家洲、新罗坪坑和沙县双溪水库初设获批；龙海九九坑水库可研获批，三明南岐、漳浦朝阳、永安溪源、涵江西音和霞浦吴坑水库可研获审；上杭再嘉和福鼎溪头水库项目建议书获审；另有 1 座可研在编、1 座项目建议书获编、6 座项目建议书在编。“五江一溪”防洪工程 52 个，其中：初设获批 24 个，可研获批 8 个、获审 20 个。其他项目 4 个，其中惠女水库引调水工程初设获批，福安穆阳溪引水（一期）、莆田市东圳水库枢纽引水配套和长汀陂下水库引调水工程可研获审。

【水利基建】 2014 年，福建持续推进长泰枋洋水利枢纽、9 座中型水库等 120 个重大水利项目建设，完成投资 156.91 亿元，占年计划 135 亿元的 116%。其中，新开工泉州惠女水库引调水等项目 46 个，占年计划 45 个的 102%；累计建成或部分建成项目 44 个，占年计划 30 个的 146.7%。强化项目稽查和项目竣工决算审查，建立水利稽查专家库和有关管理制度，部省组织开展 8 批次水利稽查，涉及 20 个县（市、区）51 个项目，完成问题整改 43 个。

【防汛抗旱】 2014 年，全省全面防汛备汛，逐级调整落实防汛指挥部组成人员和职责分工，逐级落实公布防汛责任人。举办大规模防汛指挥长培训班，组织省市县乡村五级联动防灾应急演练，继续向群众发放防灾宣传读本。组织 1.48 万人次开展安全度汛大检查，检查各类工程 1.21 万处，及时消除安全隐患。修订完善各类应急预案，完成 3608 座水库汛期防洪调度应用计划审批；储备价值 1.33 亿元的一、二线防汛物资，组建防汛抢险队伍 7800 多支近 23 万人。防抗第 10 号台风“麦德姆”正面袭击实现“零伤亡”。推进山洪灾害防治项目建设，完成 4 条重点山洪沟防洪治理。推进防汛抗旱指挥系统建设，建成国家防汛抗旱指挥系统二期工程福建省水情采集系统站点网络，升级改造福建省防汛决策支持系统并投入试运行。

【农田水利】 2014 年，福建小型农田水利重点县第二批 10 个通过省级总体验收，第三、四、五批 33 个加快建设，第六批 14 个启动实施；全省实施小型农田水利重点县建设累计 67 个，农业县基本实现全覆盖。推进灌区续建配套与节水改造，诏安亚湖、惠安惠女、云霄向东、漳平上林水库等农业综合开发重点中型灌区节水配套改造和永春、南靖规模化节水灌溉增效示范等农田水利项目建设进展顺利，全年新增、恢复灌溉面积 0.45 万公顷，发展节水灌溉面积 5.23 万公顷，分别占年计划的 113%、112.1%。大中型围垦工程加快建设，霞浦福宁湾大型围垦海堤工程完工，累计投资 4.5 亿元；蕉城区三屿中型围垦工程开工建设，累计投资 1.89 亿元。冬春修水利建设完成投资 52.3 亿元，投入劳力 13321 万工日，完成土石方 12408 万立方米，修复水利工程水毁 5179 处。

【生态水利】 2014 年，全省全面实行“河长制”（每条河流由一名政府领导担任河长，市县乡领导任河段长，村级设专管员）。全面启动最严格水资源管理制度考核工作，坚决守住水资源开发利用控制、用水效率控制和水功能区限制纳污“三条红线”。福建在全国率先建成水资源管理系统；泉州市最严格水资源管理制度试点、5 个省级节水型社会建设试点和 10 座水库水源地水资源保护项目建设基本完成，莆田、南平和长汀成为全国水生态文明试点城市。加强中小河流整治和水葫芦治理，落实水口水库水葫芦整治保洁二期工作经费 4500 万元。

【水利风景区建设】 2014 年，全省

新增水利风景区20家，累计73家，其中：国家级水利风景区新增4家，累计21家；省级新增16家，累计52家；国家级水利风景区木兰陂入选世界首批灌溉工程遗产名录。全面实施280座农村水电增效扩容改造，建成投产99座；启动8个国家电气化项目建设；推荐58个农村水电项目列入国家安全生产标准化建设与达标评级试点；永春湖洋、龙门滩三级和沙县官昌梯级水电站通过水利部绿色电站试点审查。

【水利安全管理】 2014年，省委、省政府继续把农村饮水安全列入为民办实事项目，全年完成投资13.16亿元，解决262.98万农村居民和9.95万农村学校师生饮水不安全问题。全面推进中小河流治理和水利工程除险加固，全年完成中小河流治理项目80个，治理河长326.45千米；继续推进9个中小河流治理重点县建设，治理河长70.88千米；强化加固病险水库317座、海堤61千米。加大公益性水利工程维修养护投入，省级补助资金由1000万元增至1亿元。规范水库大坝安全管理，逐级公示水库大坝安全责任人名单；省、市、县水库注册登记数据库实时三级联网；在全省范围内公示到期应进行安全鉴定的1972座水库，编印成“白皮书”分发各级防汛、水利及相关部门，进行重点监管，责令限期完成。

【水利执法】 2014年，全省办理取水许可证338本，征收水资源费3.7亿元，其中省级征收1.4亿元。建立河道采砂资料库，核发采砂许可证620本，许可采砂量470.92万立方米。水利、公安联合开展打击河道非法采砂专项行动，全年出动水政执法人员16971人次、公安(边防)干警2812人次，抓获违法嫌疑人员154名，查处案件78起(治安行政案件17起、刑事案件61起)，拘留14人，刑拘92人，罚款1443万元，发出整改通知书122份、停止水事违法行为通知书98份；查扣或拆除没收非法采运砂船只489艘、车辆139辆，清理整治堆砂场375个，没收或清除砂石量46万立方米，处理砂石尾碴319处。开展整治违规取水专项执法检查活动，全年查处147个违规取水行为。对全省30家乙级、27家丙级资质单位的水资源论证资质管理制度执行等情况进行监督检查，省级批复建设项目水资源论证12项。

【水利科技】 2014年，省级水利科技创新与推广平台加快建设，筹建水工程水动力研究九龙江分中心、水工程材料检测研究中心；下达省财政专项经费200万元，开展第三批13个水利科技推广示范基地建设。审定印发2014年度福建省14项水利先进实用技术推广指南及产品目录。组织实施水利部公益性科研专项2项、“94·8”技术引进项目2项、重点推广计划项目2项，省水利厅水利科技项目30项。完成22个水利科技项目成果评审，评出2013年度福建水利科学技术奖18项；获得2014年度福建省科学技术奖4项，其中二等奖2项、三等奖2项。 (张智杰)

气　象

【气象防灾减灾】 2014年，福建省应对6个台风登陆或影响、22场暴雨、5次强对流以及连续性高温、干旱等灾害性天气过程；发布预警信号11800余次，接收预警短信3亿人次。做好第十五届省运会、核事故应急演练等重大活动气象服务和保障工作；编制《第一届全国青年运动会气象保障服务方案》。深化电力、交通、海峡航运、海洋经济等专业专项气象服务。开展城市空气质量预报预警。为乡镇中心小学赠送《气象百问》科普读物。《都是湿度惹的祸》等4项作品获全国奖励。

【气象为农服务】 2014年，省气象局与省农业厅联合下发《关于印发开展面向新型农业经营主体直通式气象服务工作方案的通知》，共同开展面向新型农业经营主体直通式气象服务，直通式气象服务内容纳入12316农业服务热线平台。完成16个中央财政“三农”服务专项实施县建设。全省乡镇(街道)、社区(村)自建和共享电子显示屏2689个、大喇叭15560个、乡镇(街道)气象信息服务站1110个、社区(村)气象信息服务站305个；有气象信息员29211名，覆盖全省所有行政村。开展抗旱增雨和人影防雹作业835次，发射火箭弹5202枚，燃烧烟条92根；开展飞机人工影响天气作业2架次，飞行里程1386千米，催化面积3.05万平方千米。

【气象现代化建设】 2014年，省政府印发《福建省人民政府关于实施加快推进气象现代化十二条措施的通知》，从4个方面12条措施入手加快推进福建气象现代化建设。建成运算能力每秒80万亿次、存储500T容量的省级高性能计算机系统，应用形成精细到乡镇的逐小时预报产品。海峡区域数值预报应用系统投入业务运行，延伸期预报(10～30天)业务化实现天气预报与气候预测“无缝隙”对接。三明、泉州雷达投入业务运行，宁德雷达完成安装调试。武平、建瓯、平和、德化、罗源、平潭等低对流层风廓线雷达建成投入运行。新建13个国家级台站新型自动站，全省新型自动站建设总数43个。新建20个固态降水站，首次实现对降雪等固态降水的自动观测。建成36套交通气象观测站，加密自动站网，实现气象自动站乡镇全覆盖。新建15个三维闪电监测定位仪，平均站网间距150千米以内。提高气象信息网络基础支撑条件，省级广域网络汇聚带宽400米，地市级接入带宽48米，县级接入带宽14米。完成4个雷达站气象应急通信系统建设。建设省级信息共享处理平台，开展省级气象数据云平台建设。省气象防灾中心项目可研报告获批复，项目勘察、设计工作完成，用地除4座庙宇外，完成拆迁工作。

【气象科研】 2014年，福建气象科技创新平台初步建成。海峡气象科学研究所实质性运行。获得国家公益性行业专项立项资助2项，参与行业专项研究2项，参与国家自然科学基金项目研究2项。海峡气象开放实验室获批组建，实验室科学秘书等工作人员入驻。举办第六届海峡论坛·海峡两岸民生气象论坛，来自两岸气象业界及基层用户代表130多人交流海峡两岸航运气象保障、海峡渔业气象、特色农业气象、旅游气象服务等气象信息，推动海峡两岸气象信息和气象灾害预警信息的共享、应用与防灾减灾联防联动。 (孙雁冰)

编辑：林丹英

工　业

综　述

【工业投资】 2014年，全省工业固定资产投资6273.71亿元，增长11%，工业固定资产投资占全省的34.0%。各设区市中，南平、三明、龙岩、福州和漳州5个市工业投资增速高于全省平均水平，分别增长26.7%、21%、13.2%、12.7%和12.2%；厦门和宁德分别增长9.9%和8%；泉州和莆田分别下降0.9和0.2个百分点。

全年制造业完成投资5108.59亿元，增长9.9%，占工业投资的81.4%；电力、燃气及水的生产和供应业完成投资918.05亿元，增长20%；采矿业完成投资247.07亿元，增长3.0%。31个制造业分行业中，机械工业完成投资1036.39亿元，增长21.5%；电子信息业完成投资269.28亿元，增长13.5%；石化工业完成投资735.79亿元，增长0.6%；轻工业完成投资1914.97亿元，增长14.6%；纺织工业完成投资672.57亿元，增长5.7%；建材工业完成投资475.94亿元，增长9.5%；冶金(含采选)工业完成投资301.63亿元，下降5.4%。

全年技术改造完成投资3872.55亿元，增长18.8%，较工业投资高7.8个百分点，占工业投资的61.8%，较上年高4.1个百分点。滚动实施省级重点技改项目676项，总投资1830亿元。

全年新建投资完成2398.1亿元，增长0.4%。新开工项目7854项，比上年增加221项，项目投资总额5554.4亿元，增长5.1%，其中制造业新开工项目投资总额4808.97亿元，增长2.7%。

全年民间投资完成4931.62亿元，增长19.1%，占全省工业投资的78.6%，比上年提高5.3个百分点。外商投资企业完成投资579.23亿元，占全省工业投资的9.2%，下降20.4%，其中：港澳台商企业完成投资368.7亿元，下降12.9%；外资企业完成投资210.52亿元，下降30.8%。国有单位完成投资759.81亿元，下降3%，占全省工业投资的12.1%。

全年工业投资到位资金6306.82亿元，增长9.8%。其中：企业自筹资金到位5407.18亿元，增长16%，占当年资金来源的85.7%，比上年高出4.5个百分点；国内贷款502.34亿元，下降19.9%，较上年低27.8个百分点，占当年资金来源的8%，较上年低2.9个百分点；利用外资97.16亿元，下降50%，较上年回落15.3个百分点。

(黄　宇)

【工业生产】 2014年，福建省工业经济保持平稳增长，规模以上工业增加值10051.67亿元，比上年增长11.9%，比全国平均增速高3.6个百分点，比东部地区平均增速高4.3个百分点，居全国各省市第3位、东部地区第2位；工业对全省国民经济增长贡献率56.8%，较上年提高3.2个百分点。

各经济类型企业增长不平衡，龙头企业支撑和带动作用进一步增强。规模以上股份制企业实现工业增加值5601.49亿元，占全省工业比重53.7%，增长14.6%，比全省平均增速高2.7个百分点；外商及港澳台投资企业实现工业增加值3861.40亿元，占全省工业比重37.0%，增长8.7%，比全省平均增速低3.2个百分点；国有企业、集体企业、其他经济类型企业分别增长9.7%、5.8%、8.9%，股份合作企业下降1.3%。205家省级工业龙头企业实现工业总产值8093.95亿元，占全省规模以上工业比重21.1%，增长18.6%，比全省规模以上工业平均增速高5.7个百分点。

多数工业行业实现稳定增长，近七成产品产量保持增长。38个工业大类行业中有36个行业实现增长，其中：石油加工业增长77.3%、有色金属冶炼压延加工业增长32.8%、化工业增长29.9%、化学纤维制造业增长25.7%、黑色金属冶炼和压延加工业增长15.4%、食品加工业增长13.4%、纺织业增长12.2%、专用设备制造业增长11.6%、非金属矿物制品业增长11.2%。三大主导产业实现工业增加值3402.41亿元，增长14.3%，高于全省规模以上工业平均增速2.4个百分点。列入统计的392种工业产品有265种产品产量保持增长，其中：移动通信基站设备增长127.2%、彩色电视机增长65.8%、皮革服装增长47%、膨化食品增长41.5%、乙烯增长40.9%、金属集装箱增长36.9%、液压元件增长27%、集成电路增长19.3%、铝材增长17.5%、化学纤维增长16.8%、涂料增长16.8%、客车增长16.6%、电工仪器仪表增长16.3%、纱增长15.8%、鞋增长14.2%、模具增长13%、平板玻璃增长11.5%。

各地区工业保持两位数增长，工业大市起主要支撑作用。从增速看，全省九市一区规模以上工业增加值增速均超过10.5%，其中：平潭综合实验区增长17.4%，比全省平均增速高5.5个百分点；漳州、宁德、莆田分别增长16.4%、15.2%、13.0%，分别比全省平均增速高4.5、3.3、1.1个百分点；龙岩、三明、福州分别增长12.5%、12.2%、12.1%，分别比全省平均增速高0.6、0.3、0.2个百分点；泉州增长

11.9%,与全省增速持平;南平、厦门分别增长11.8%、10.5%,分别比全省平均增速低0.1、1.4个百分点。从总量看,泉州、福州、厦门分别实现工业增加值2798.11亿元、1837.85亿元、1245.86亿元,3市工业增加值占全省总量的58.5%,是全省工业经济的主要支撑。

产销衔接总体正常,产品价格下降,出口低位运行。规模以上工业实现销售产值37144.69亿元,增长12.6%,高于同期产值增速0.3个百分点;全年产销率97.3%,下降0.14个百分点,较上半年提高0.38个百分点。工业生产者出厂价格指数连续34个月负增长,全年下跌1.4%。受国际市场需求低迷、出口产品结构制约、出口企业成本高等因素影响,工业出口交货值6603.85亿元,增长5.8%,为近4年最低水平。分行业看,出口交货值前10位的工业大类行业中,食品制造业增长14.6%;纺织服装服饰业增长11.7%,农副食品加工业增长10.1%,电气机械器材制造业增长5.6%,计算机通信设备制造业增长5%,橡胶塑料制品业增长3.1%,非金属矿物制品业增长0.8%。

企业效益综合指数持续提升,利润增速有所放缓。规模以上工业经济效益综合指数270.44点,较上年提高15.6点,其中:全员劳动生产率25.1万元/人,增加2.98万元/人;总资产贡献率15.09%,成本费用利润率6.1%;流动资产周转率2.79次,提高0.02点。规模以上工业企业主营业务收入37097.44亿元,增长10.1%。受市场需求不足、生产经营成本上升、产品价格下跌等因素影响,实现利润总额2344.27亿元,增长5.3%,增速较上年减缓4.11个百分点;38个工业大类行业中,电力热力业增长26.9%、食品制造业增长16.1%、专用设备制造业增长13.1%、有色金属冶炼压延加工业增长12.5%、非金属矿物制品业增长9.5%、通用设备制造业增长9.3%、皮革毛皮羽毛制鞋业增长8.9%、计算机通信设备制造业增长7.3%、黑色金属冶炼压延加工业下降32.2%、煤炭开采业下降14.8%、橡胶塑料业下降10.5%、汽车制造业下降8.9%。截至年底,企业产成品和应收账款两项资金合计4913.08亿元,增长7.9%,增幅回落3.84个百分点,较同期主营业务收入增速低2.23个百分点,其中:应收账款3543.07亿元,增长6.45%;产成品1370.01亿元,增长11.9%。

生产要素保障有力有效,工业用电和货物运输稳中有升。全社会发电量1870亿千瓦时,增长4.5%;全社会用电量1855.78亿千瓦时,增长9.1%,其中工业用电量1239.37亿千瓦时,增长8.2%,较上年回升0.41个百分点。截至年底,主力燃煤电厂电煤库存388万吨,可供满负荷发电18.5天;两大集团福建企业成品油库存27.31万吨,其中:汽油12.83万吨,可销售14.7天;柴油14.48万吨,可销售13.4天。全年货运量11.18亿吨,增长15.6%,其中:公路货物运输8.26亿吨,增长18.2%;水路2.58亿吨,增长11.3%;铁路3385.7万吨,下降6.2%。（林文龙）

石化工业

【概况】 2014年,福建省石化工业规模以上企业工业产值3181.55亿元,增长34.7%;工业增加值740.21亿元,增长33.7%;资产总额2564亿元,增加311亿元;出口交货值178.57亿元,增长1.3%;利润总额66.85亿元,增长1%。主营业务收入居全国第15位,较上年提升4位。分行业看,精炼石油产品制造业实现主营业务收入886亿元,占全省石化工业主营业务收入的30.7%,居全国第14位;基础化学原料制造业主营业务收入542亿元,占全省石化工业主营业务收入的18.8%,居全国第15位;合成材料制造业主营业务收入448亿元,占全省石化工业主营业务收入的15.5%,居全国第7位;橡胶制品业主营业务收入435亿元,占全省石化工业主营业务收入的15.1%,居全国第7位;专用化学产品制造业主营收入254亿元,占全省石化工业主营收入的8.8%,居全国第15位;涂料、油墨、颜料及类似产品制造业主营收入183亿元,占全省石化工业主营收入的6.3%,居全国第11位。分行业的子行业中,合成纤维单(聚合)体制造主营收入居全国第3位,轮胎制造主营收入居全国第5位,林产化学产品制造主营收入居全国第4位,在全国具有较强竞争力。

【主要产品】 2014年,全省纳入统计的46种石化产品中,37种产品产量增长,其中:原油加工2037万吨,增长102.3%,居全国第9位;汽油324万吨,增长117.1%,居全国第10位;硫酸187万吨,增长20.8%,居全国第16位;烧碱25万吨,增长10.5%,居全国第22位;乙烯101万吨,增长40.9%,居全国第8位;纯苯46万吨,增长44.2%,居全国第5位;初级形态塑料227万吨,增长22.3%,居全国第10位;合成纤维聚合物105万吨,增长29.1%,居全国第4位;磷肥(折五氧化二磷100%)18万吨,增长43.6%,居全国第13位;涂料69万吨,增长16.8%,居全国第10位;橡胶轮胎外胎3700万条,增长3.5%,居全国第6位。9种产品产量下降,其中:合成氨(无水氨)85万吨,下降6.9%,居全国第18位;氮肥(折含N100%)21万吨,下降25.9%,居全国第23位。

【石化基地(园区)】 2014年,湄洲湾石化基地、漳州古雷石化基地和福州江阴化工新材料专区完成工业总产值1536.8亿元,占全省规模以上石化工业总产值的48.3%。湄洲湾石化基地由泉港石化工业园区、泉惠石化工业园区及仙游枫亭化工新材料产业园和石门澳化工新材料产业园组成,其中,泉港石化工业园区石化工业总产值786亿元,入驻石化企业28家,投产项目有福建联合石化的1400万吨/年炼油、100万吨/年乙烯、70万吨/年PX等炼化一体化和福建湄洲湾氯碱的10万吨/年离子膜烧碱等。泉惠石化工业园区石化工业总产值350亿元,投产项目有中化泉州石化1200万吨/年炼油、永悦科技和瓯昌树脂不饱和树脂、泉州润鼎配套中化泉州炼油项目脱硫专用25万吨/年石灰石等。漳州古雷石化基地石化工业总产值

322亿元，入驻石化企业10家，投产项目有腾龙芳烃（漳州）、翔鹭石化（漳州）、海顺德（漳州）特种油品等企业的80万吨/年PX、150万吨/年PTA、45万吨/年环保型溶剂油、100万吨/年高等级沥青等；4月，《漳州古雷石化基地总体发展规划》获国家发改委批准；12月《陆台合资福建漳州古雷炼化一体化项目合作商务原则框架协议》正式签署，标志着古雷炼化一体化项目进入新的阶段。福州江阴化工新材料专区实现石化工业总产值43亿元，入驻化工企业7家，投产项目有福建天辰耀隆20万吨/年已内酰胺，福建东南电化12万吨/年离子膜烧碱、10万吨/年甲苯二异氰酸酯（TDI）、10万吨/年聚氯乙烯，福州耀隆39万吨/年合成氨、40万吨/年联碱、10万吨/年浓硝酸等。

【传统化工行业】 2014年，福建氟化工、硅化工、氯碱化工、林产化工等传统化工行业结构调整和转型升级步伐加快。氟化工行业有21家企业，氢氟酸年产能28万吨，工业总产值30亿元；生产含氟聚合物产品的有福建三农化学，生产有机氟精细化学品的有三明市海斯福化工、福建海西联合制药、邵武市永飞化工、邵武华孚新材料、福建润华化工、建阳市天福化工、邵武金塘安晟祺化工等；初步形成南平、三明、龙岩三个氟化工产业集群，其中：南平市氟化工企业11家，生产全氟辛基磺酰氟、全氟辛基磺酸钾、全氟烷基季胺、全氟辛基磺酰氟、三氟苯羧酸、工业级六氟化硫、三氟化硼等高附加值产品；三明市氟化工企业6家，生产六氟丙烯、聚四氟乙烯、六氟异丙基甲醚、三氟乙酸乙酯、六氟丙酮三水化合物、双酚AF、七氟烷、三氟乙基二氟甲基醚等高附加值产品；龙岩市氟化工企业4家，其中3家生产无机氟产品。 （刘 平）

机械工业

【概况】 2014年，福建省有规模以上机械工业（含汽车、船舶，下同）企业2886家，总资产4281.47亿元。全行业工业增加值1478.31亿元，增长7.9%，占全省工业增加值的14.7%，占三大主导产业增加值的43.4%；工业总产值5854.39亿元，增长8.4%；主营业务收入5533.14亿元，增长6.8%；利润总额348.71亿元，增长4.8%；出口交货值1217.9亿元，增长6.9%，产品出口率21.4%，出口总量居全国同行业第7位。在重点监控的27种主要机械产品中，金属集装箱、叉车、阀门、电动工具、摩托车、低压开关板、光学仪器等产品产量保持两位数增长，环保设备、轴承、电动机、低速载货车等产品产量呈现个位数增长；内燃机、金属切削机床、泵、装载机、压路机、汽车、改装汽车、发电机组、电力电缆、变压器、高压开关柜等16种产品产量出现不同程度下降，其中，汽车180947辆、下降12.1%，改装汽车13701辆、下降33.6%，装载机26009台、下降10.5%，民用钢质船舶57.9万载重吨、下降9.8%。

【重点项目】 2014年，全省机械工业完成投资1036.39亿元，增长21.5%。主要子行业中，专用设备制造业和铁路、船舶、航空航天等制造业投资分别增长40.7%和56.1%，金属制品、通用设备制造、汽车制造、电气机械及器械制造业等行业投资也实现不同程度增长，仪器仪表和金属制品、机械和设备修理业等分别下降16.5%和11.3%。马尾船厂粗芦岛海洋工程、厦船重工三期造船坞及配套工程、东南汽车DX7车型开发、福建奔驰VS20产品开发、新龙马年产30万台发动机等重点项目建设总体进展较为顺利，其中，新龙马年产30万台发动机项目一期6月试生产，至12月底完成试装100台发动机；厦船重工三期造船坞及配套工程项目基本完工，首制8500卡汽车滚装船12月19日出坞。

【技术创新与品牌质量】 2014年，全省机械工业获2014年度国家科技进步奖二等奖1项，为福建龙净环保股份公司的“电袋复合除尘技术及产业化”项目。获2014年度福建省科学技术奖15项，其中：技术发明奖三等奖2项，为莆田中涵机动力有限公司的“静态无泄露的高压共轨喷油器”和莆田市城厢区星华电子模具公司的“模具的上、下模加工方法”项目；科学技术进步奖一等奖1项，为莆田市荣兴机械有限公司和福建工程学院联合开发的“空间异型的高品质铝合金压铸成型制造关键技术及应用”项目；科学技术进步奖二等奖5项，为福建东南造船公司的“75M平台供应船”、南方路面机械公司的“沥青搅拌设备关键技术产业化应用研究”等项目；科学技术进步奖三等奖7项，为厦门思尔特机器人系统有限公司的“型材机器人切割生产线”、厦门金龙旅行车公司的“金旅客车全承载式生产工艺”等项目。福建省智能型电泵企业工程技术研究中心、福建省木工专用机械企业工程技术研究中心等29家机械工业企业工程技术研究中心被福建省科技厅授牌为省级企业工程技术研究中心，全省机械工业省级企业工程技术研究中心增至86家；福建省机械装备科技公共服务平台被授牌为省级科技服务公共平台；福建白马船厂技术中心、福建省威盛机械发展有限公司技术中心等16家机械工业企业技术中心被确认为第十八批福建省省级企业技术中心，福建卫东环保科技有限公司技术中心、福建远东电机集团有限公司技术中心等4家企业技术中心被撤销省级企业技术中心资格，全省机械工业省级以上企业技术中心增至84家，占全省企业技术中心的20.9%，其中国家认定企业技术中心5家。全省机械工业由省经信委组织鉴定并被确认为福建省新产品的项目28项，占当年确认全部新产品的82.4%，其中：国际水平2项，国内领先水平17项，国内先进水平9项。福建中能电气股份公司的图形牌C－GIS户外环网柜、福建龙马环卫装备股份公司的福龙马＋图形牌环卫车辆等94种机械产品被评为2014年度福建名牌产品。东南（福建）汽车工业公司实施的“强化供应链4M变更管理实践经验”被评为2014年度全国工业企业质量标杆；中恒通（福建）机械制造公司实施的“ISO/TS16949质量管理体系的实践经验”被评为2014年度福建省工业企业质量标杆；福建南平太阳电缆股份公司获得2014年度福建省政府质量奖。

【对外交流与合作】 2014年,厦门金龙旅行车公司海外销售网络遍布全球80多个国家和地区,与境外90多个汽车经销商保持良好合作关系,出口客车8600多辆。厦门金龙联合汽车公司产品出口到全球122个国家和地区,在海外组建超过50家授权经销商和服务机构的营销服务网络,是海外市场布局最广、出口国家最多的中国客车企业,年内客车出口首次超过1万辆,达12293辆。厦工在芬兰成立分公司。宁德市有26家电机电器企业在境外创办生产、销售企业,总投资4681.41万美元。龙净环保以EPC工程总包项目为主,以成套设备、单机及零部件出口为辅,2011—2014年实现出口交货值75139.13万元。东南汽车取得2家境外银行人民币贷款额度3亿元,开创省内企业直接利用人民币"境外直贷"的先例。福建泉工正式完成对德国砖机巨头策尼特公司的收购,成为全球免托板设备的龙头企业,从而拥有策尼特发展65年来所有的知识产权和技术,是对泉工原有生产线和技术的一项全新补充,也为泉工的国际市场进行一次扩容。

【兼并重组】 2014年,福厦汽车联合工作重新启动,通过股权划转,福汽集团成为厦门金龙汽车的最大股东和实际控制人。省船舶集团及其子公司加大改革改制和兼并重组力度,其中:省船舶集团全面完成公司改制、更名工作,收购华闽船业100%股权;东南船厂正式挂牌成立"福建东南造船有限公司",与长兴船舶重工、恒兴船业的合作和兼并重组进入实质性操作阶段;马尾造船股份公司与福州利亚船业实现股份制组合,与冠海造船公司的重组工作在进行中。厦门市国资委与中航工业下属企业中航工业机电系统、中航工业通飞就海翼集团股权划转事宜签署相关协议,中航工业将成为海翼集团的实际控制人,并间接控股厦工股份公司,厦门将打造成为中航工业机电系统高端装备制造基地,促进航空维修、工程机械、特种车及车船载系统等产业聚集发展。(陈丽香)

汽车工业

【概况】 2014年,福建省汽车工业集团有限公司实施福厦汽车联合,集团跻身全国500强和中国制造业500强,旗下拥有金龙汽车、东南汽车、福建奔驰、新龙马等4家整车企业和14家上下游企业,其中,权属金龙汽车位列"中国汽车工业三十强"和"中国制造业企业500强",被评为2014年度"中国最具成长性企业",金龙客车、金旅客车、海格客车再度入榜"中国500最具价值品牌"。全年全集团实现整车产销分别为177163辆和173985辆,工业总产值311.7亿元,销售收入314.9亿元,其中,金龙汽车产销分别为85649辆和85714辆,工业总产值213.16亿元,销售收入220.26亿元;东南汽车产销分别为68517辆和67477辆,工业总产值51.6亿元,销售收入50.5亿元;福建奔驰产销分别为12676辆和12260辆,工业总产值42.7亿元,销售收入41.4亿元;新龙马产销分别为10321辆和8534辆,工业总产值4.3亿元,销售收入2.8亿元。

【重大项目建设】 2014年,福汽集团在建项目10项,其中东南汽车DX7产品开发、新龙马MPV开发、新龙马年产30万台发动机新建3个项目被列为福建省重点建设项目,完成投资10多亿元。6月新龙马发动机项目实现首台发动机下线,结束福建汽车没有发动机的历史。11月福建首款SUV即东南汽车DX7在广州车展上正式发布,定名博朗。汽车研究院项目建成投入使用。

【技术自主创新】 2014年,福汽集团汽车工程研究院通过整合国内研发资源,依托新龙马启腾微车和东南V5/V6轿车产品的研发,逐步建立并完善适合自身条件的完整汽车设计开发流程体系、标准规范体系和数据库体系。海西汽车研发大楼建成投入使用,组建包含海外约100人规模的设计研发团队,建立造型、试验验证100余套关键设备的硬件设施,初步具备整车和发动机设计开发能力,填补省内汽车自主研发的空白。东南汽车首款自主研发的SUV车型DX7完成第一批试制。厦门金龙通过国家级企业技术中心两年一次的评价审核,金龙汽车试验中心获国家认可实验室(CNAS)颁证,建成并完善动力电池、电子电气、底盘测功机等9大实验室,车联网、汽车电子产品开发、龙翼平台通过国家信息安全三级等保测评和交通部道路交通运输车辆卫星定位系统平台技术审查。"海格云战略"推动客车行业进入无线覆盖新时代,金龙联合公司车联网平台的"客车安全节能技术研究与应用"项目摘得2014年度中国汽车工业科技进步奖。德国戴姆勒集团在海外唯一的商务车研发机构,也是戴姆勒在亚太地区首个区域性商用车研发中心在福建奔驰建成,NCV3技改项目获福建省优秀技术改造项目荣誉。

【新能源汽车】 2014年,厦门金旅纯电动客车驶向荷兰,登陆台湾;海格插电式新能源客车经过3年、超100万千米的可靠性验证,市场保有量超3000台;苏州金龙全年销售新能源客车2145辆,销售额约20亿元;12月,海格客车一次性向南京市场交付210辆纯电动大巴,创造国内最大单笔纯电动客车交付记录;东南汽车V3换电式电动出租车在河南新乡投放100台并推广至河北邯郸,启腾电动作为"2014河南省快递业电动汽车推介会"唯一车型被推荐。研发生产方面,金龙汽车有83款车型进入《节能与新能源汽车示范推广应用工程推荐车型目录》,23款车型进入《免征车辆购置税的新能源车车型目录》;厦门金旅"福建省新能源汽车企业重点实验室"获批为省科技厅16家企业重点实验室之一;V3新能源电动车生产376台;V3亲民版10/E获得公告;V5换电式电动车和启腾纯电动多功能乘用车、纯电动邮政车、纯电动厢式运输车取得公告,100辆启腾全部完成装配下线。永安中科动力环保经济型纯电动汽车产品正式发布。

【市场开拓】 2014年,省政府先后出台支持金龙汽车、新龙马、福汽集团发展等多项措施。苏州金龙KLQ6852、KLQ6729两款新型高原客车献礼川青藏公路通车60周年庆典。金龙汽车集团旗下的大金龙、小金龙和苏州金龙通过继续实施国际化战略,扩大出口领先优势,出口销量增长近30%,其中,金旅客车出口沙特校车订单638台,合同总金额超过2700万美元;国产欧六客车首次大批量出口,177辆金旅客车远销以色列;苏州金龙海外销量首次超过6000辆,出口额26亿元,增长55%;新龙马借助金龙汽车海外销售渠道实现出口零的突破,首批出口4国5地200台,接到包括格鲁吉亚、亚美尼亚、摩尔多瓦等15个国家的意向订单1900台。 (汤任海)

船舶工业

【概况】 2014年,福建省规模以上船舶工业企业工业总产值280.1亿元,增长8%,其中:省船舶工业集团公司100.37亿元、增长31%,福州地区48.6亿元、下降1%,福安地区52亿元、增长3%,龙海地区23.7亿元、增长4%,漳州地区27.4亿元、与上年持平;出口交货总值160.7亿元,增长42%;造船完成1027艘/90.8万载重吨,分别增长23%/下降39%;修船完成2370艘/26.9亿元,分别下降10%/4%;产品销售收入198亿元,增长12%。全省船企持订单532艘/113.5万吨,合同金额379.5亿元;新承接订单806艘/81.8万吨,合同金额185.6亿元。

【福建省船舶工业集团有限公司】 2014年,福建省船舶工业集团有限公司营业收入90.65亿元,增长26%;出口金额(海关口径)11.07亿美元,增长27%;利润总额4.73亿元,增长21%;持船舶订单44.25亿美元、194艘,生产任务排至2017年。该公司组建于1982年,注册资本8亿元,年造船能力300万载重吨,骨干企业主要有福建船政重工公司、马尾造船公司、厦船重工公司、东南造船公司、福宁船舶重工、福州利亚船舶公司等,主导船舶产品有227米深海采矿船、84M双体半潜多用途移动平台、2100－8500CARS汽车运输船、70－89M电力推进平台供应船、33－105M系列海洋工程多用途工作船等,产品出口到英国、西班牙、德国、荷兰、瑞典、丹麦、挪威、希腊、美国、澳大利亚、新加坡、马来西亚等20多个国家。

【产品转型升级】 2014年,福建省船舶工业集团有限公司取得专利124项。福建省马尾造船股份有限公司主要定位于制造高端海洋工程装备、高端远洋渔船等,被认定为省内首家高新技术造船企业,其建造交付的84米双体半潜自航式居住辅助平台填补同类产品国际空白;自主研发的75米平台供应船、65米电推海洋工作船等9种深海、绿色、高性能海工新型特色船舶开始陆续生成订单。厦门船舶重工股份有限公司主要定位于制造特种船舶、高技术和高附加值船舶,承接挪威赫格航运公司多艘全球最大、最先进的8500车位超巴拿马型汽车滚装船,进一步巩固在全球汽车滚装船市场中的竞争优势,同时研发大型海工、FPSO、新型LNG船舶、豪华邮轮等高端产品。福建东南造船有限公司保持海洋工程辅助船的优势地位,成为国内最大的海洋工作船专业出口基地之一,其优势产品59米多用途工作船承接150多艘、交付140多艘,产品扩展至60－105M多个系列,年出口海洋工程多用途工作船约占国际市场的10%。 (王 巧)

轻工业

【概况】 2014年,福建省拥有规模以上轻工企业6311家,比上年增加162家;总资产7203亿元,增长9.9%;职工177.12万人,增长1.8%。规模以上轻工业工业总产值12559亿元,增长11.8%;销售产值12200亿元,增长11.0%;出口交货值2829亿元,增长6.0%;利润总额754亿元,增长5.58%。福建轻工业规模居全国第6位,其中,食品、制鞋、工艺美术品、塑料制品、造纸及纸制品等重点行业主营收入规模分别居全国第8、第1、第3、第6、第6位;罐头制造、精制茶加工等12个子行业主营收入居全国第1位;水产品加工、糖果、巧克力制造、钟表与计时仪器制造等10个子行业主营收入居全国第2位;工艺美术品制造、纸制品制造、焙烤食品制造等6个子行业主营收入居全国第3位;罐头、蜜饯、制鞋等7个子行业出口交货值居全国第1位,工艺美术等16个子行业出口交货值居全国第2位,水产品加工等12个子行业出口交货值居全国第3位。 (刘海元)

【造纸业】 2014年,全省规模以上造纸及纸制品产业生产企业434家(其中制浆3家、造纸136家、纸制品295家),从业人员8.79万人。规模以上

亿发纸业公司 (莆田市政府办供稿)

工业总产值914亿元，增长9.5%，规模居全国第5位，其中制浆6.05亿元、造纸333.72亿元、纸制品573.91亿元，分别居全国第8、第7和第3位；利润总额56.63亿元，增长1.09%。纸浆、机制纸及纸板、纸制品产量分别为31.8万吨、653.9万吨和392.8万吨；淘汰造纸落后产能35.98万吨。恒安集团、联盛纸业、优兰发集团、玖龙泉州纸业、铙山纸业集团、利树浆纸公司、敦信纸业等大型优势企业产销好于上年，联盛纸业产能250万吨，优兰发集团产能接近百万吨，恒安集团保持百亿以上销售额。全年使用纸浆约750万吨，木浆、非木浆、废纸浆占比分别为10%、4%、86%。新闻纸和文化纸比重继续下降，包装纸和纸板比重基本稳定，生活用纸、薄页纸、特种纸比重上升。福建农林大学的"竹纤维制备关键技术及功能化应用"项目获2014年国家科学技术进步奖二等奖，青山纸业引进食品包装纸技术和超声波制浆技术，聚辉纸业废纸湿法浸泡脱墨方法在试车。节能减排技术应用、节能量和减排量交易等都对行业节能减排、清洁生产和绿色发展起到推进作用。（郑宝琛）

【盐业】 2014年，福建省盐业有限责任公司拥有总资产18.21亿元，净资产12.04亿元；职工人数1276人。原盐总产量38.1万吨，增长30.4%；盐产品销量56.65万吨（其中，省内小包装12.66万吨、省内大包装41.06万吨、省内小工业盐2.33万吨、省外盐0.34万吨、出口0.27万吨），下降0.4%；利润总额5995.10万元（不含投资性房地产的公允价值变动收益234.90万元），增长29.6%，净利润4893.72万元，增长3.5%。

食盐专营。做好季节加工用盐计划调度工作，协调理顺运输及仓储等环节，加快食品加工用盐生产储存基地建设，拓展原盐供应渠道，调入山东盐8.95万吨、澳洲盐3.27万吨、印度盐2.86万吨，弥补省内原盐供应缺口，通过规范细化原盐采购招标方式、品种及运输线路，开展直达厂家业务，较大幅度降低食品加工用盐成本和物流成本。

非盐经营。全年非盐产品销售收入8840万元，增加1283万元；销售毛利356万元，增加6.11万元。截至2014年底，商业库存总额1606.42万元，应收账款31.1万元，预付账款456.93万元，库存、应收、预付账款合计占用资金2094.5万元，比上年减少38.97万元。探索创建非盐产品自我品牌的途径，实现"福盐"牌小包装晶华味精的原料味精全部采购中粮味精进行生产，成本下降1074元/吨，全年销售小包装晶华味精463吨，比上年增加241吨。

盐政管理。加大对食盐制假、售假和走私大要案查处力度，全年全省查获案件1139起，结案1151起（其中刑事案件1起）；查获盐产品367.09吨，没收盐产品581.28吨，罚款57.66万元。

企业管理。完成九个分公司企业改制和福建省盐业集团组建工作，公司正式更名为福建省盐业集团有限责任公司，公司净资产评估增值34123.37万元，其中：无形资产增值13176.76万元，固定资产增值16599.11万元；净资产总额近20亿元。落实省财政1.8亿盐田废转基金并制定使用计划。加强与省内盐场合作，以资本为纽带实现与莆田盐场合作改造江堤分场，可控年产1.2万吨高端盐；以产销关系为合作方式推进与莆田、山腰、漳浦盐场建立产销合作关系。加快电商发展进程，福建盐业网上商城上线运行。做好全省盐类产品价格的制定和管理工作，按月及时调整包装物价格。

项目建设。推进4个省级食盐储备库建设，南平库建成，至年底库存7687.8吨；漳州库土建、安装完工，等待验收；福州库进场施工，龙岩库处于前期工作中。做好公司食盐加工仓储基地建设，漳州项目设立福建晶镇盐业有限公司，办理"三通一平"、土地证及进场勘察事宜；宁德基地《建设项目用地预审意见书》获批复，进入环境影响报告审批阶段；三个加工厂搬迁技改项目中，晶秀可研报告获公司董事会通过和控股公司同意，晶浦技改项目在实施，晶海项目在选址中。（陈　鸿）

【食品工业】 2014年，全省拥有规模以上食品工业企业2023个。全省规模以上食品工业总产值（不计烟草制品业，下同）4286.4亿元，增长12.8%，其中：农副食品加工业2412.4亿元，增长12.8%；食品制造业1103.7亿元，增长16.2%；酒、饮料和精制茶制造业770.3亿元，增长8.5%。全行业销售产值4173.2亿元，增长12.6%，其中：农副食品加工业2350.8亿元，增长12.7%；食品制造业1072.9亿元，增长15.9%；酒、饮料和精制茶制造业749.5亿元，增长

2014年5月，第21个全国"防治碘缺乏病日"三下乡宣传活动举行

（省盐业公司供稿）

7.8%。全行业出口交货值651.1亿元,增长10.8%,其中:农副食品加工业475.7亿元,增长10.1%;食品制造业160.8亿元,增长14.6%;酒、饮料和精制茶制造业14.6亿元,下降3.5%。

主要加工食品原盐产量29.24万吨,增长28.0%;小麦粉127.05万吨,下降6.7%;大米187.00万吨,增长5.6%;饲料1063.74万吨,增长8.2%;配合饲料739.24万吨,增长4.5%;混合饲料87.07万吨,增长36.4%;精制食用植物油190.28万吨,增长34.3%;成品糖8.97万吨,下降148.4%;鲜、冷藏肉89.66万吨,增长13.0%;冷冻水产品120.82万吨,增长7.8%;糖果66.7万吨,增长12.0%;速冻米面食品3.84万吨,增长51.4%;方便面16.45万吨,下降16%;乳制品20.37万吨,下降23.0%;液体乳15.94万吨,下降27.0%;乳粉4.21万吨,下降4.4%;罐头269.48万吨,增长7.1%;酱油14.37万吨,增长2.2%;冷冻饮品1.05万吨,增长4.4%;食品添加剂11.26万吨,增长20.7%;饮料酒203.31万千升,下降5.6%;白酒(折65度,商品量)4.44万千升,增长7.6%;啤酒182.13万千升,下降8.6%;葡萄酒0.01万千升,下降68.7%;软饮料536.18万吨,增长8.2%;碳酸饮料类(汽水)48.66万吨,增长6.8%;包装饮用水类207.45万吨,增长14.2%;果汁和蔬菜汁饮料类128.32万吨,增长21.4%;精制茶20.89万吨,增长6.0%。

列入统计的29类主要食品中,食品产量位居全国各省市前10位的产品分别是:糖果、罐头位列第1位、冷冻水产品位列第4位;精制茶位列第5位;乳粉、果汁和蔬菜汁饮料类位列第6位;成品糖位列第8位;配合饲料位列第10位。各类产品产量增幅位于全国各省市前十位的有10类,分别是:原盐、成品糖、精制食用植物油、速冻米面食品、混合饲料均位列第2位;果汁和蔬菜汁饮料类位列第3位;食品添加剂位列第4位;精制茶和白酒位列第9位;鲜、冷藏肉位列第10位。

102家食品企业获得“2012—2013年度福建省守合同重信用企业”称号;青红黄酒、惠泽龙黄酒入选“第一批(2013)中国轻工业品牌竞争力优势品牌产品”;3家食品企业被确定为“2014年福建省工业企业品牌培育试点企业”和“2014中国饮料百强企业”;10家企业品牌获得“2014晋江食品产业先锋示范品牌”称号;中闽魏氏茶业股份公司“魏氏红”等164家食品商标获得2014年“福建省著名商标”称号;厦门银鹭食品集团有限公司“银鹭”等16家食品企业商标获得2014年“中国驰名商标”称号;全省有6个项目获得2014“中国食品工业协会科学技术奖”,其中:一等奖1个,二等奖2个,三等奖3个;“科技创新卓越领导者”、“科技创新卓越工作者”均榜上有名,获得《中国食品科学技术学会技术进步奖》三等奖1个项目。福建省科技厅批准登记设立《福建省食品工业科学技术进步奖》,评选出第一届“福建省食品工业科学技术进步奖”二等奖4个项目,三等奖6个项目。(檀巧斌)

【塑料业】 2014年,全省塑料制品加工业拥有规模以上企业606家,比上年增加10家;从业人员13.8万人,增加0.4万人。全省规模以上塑料制品加工业总产值1208亿元,增长10.9%;主营业务收入1165亿元,增长10.3%,全国排名第6位,其中塑料人造革与合成革、塑料鞋、日用塑料、塑料薄膜分别实现主营业务收入413.5亿元、237.2亿元、120亿元、145.2亿元,分别居全国第1、第2、第4、第5位;出口交货值145.4亿元,增长8.8%,居全国第4位;利税总额96亿元,下降4%,居全国第6位,其中:利润总额66.36亿元,下降4.1%;上缴税金总额30亿元,下降1.7%;累计亏损总额1.66亿元,下降24%。塑料制品加工业主要集中在福州、厦门、宁德、泉州4个设区市,产值占全省总量的81%,其中:福州以塑料膜、塑料鞋、塑料管材及配件、日用制品为主,厦门以塑料包装膜、卫生洁具、改性材料、电子电器塑料和日用塑料为主,宁德以合成革材料为主,泉州以塑料鞋、鞋用材料、日用塑料制品、密胺餐具和塑料管材等为主。(许 榕)

【工艺美术业】 2014年,全省规模以上工艺美术业总产值1005.85亿元,增长9.4%,行业产值居全国第3位;销售产值986.34亿元,增长10.5%;出口交货值360.03亿元,下降0.5%,出口交货值居全国第3位;产销率98.7%,与上年基本持平;主营业务收入971亿元,增长9.4%;利润总额65.02亿元,增长8.4%;上缴税金总额26.19亿元,增长8.2%。全行业拥有总资产419亿元,增长16.1%;平均从业人员14.26万人,减少5.2%;亏损企业14家,较上年减少5家,亏损企业亏损总额0.17亿元,减少46.9%。10月8日福建工艺美术研究院(无锡)文创基地落户无锡阿炳故居纪念馆。莆田“错金银”入选第四批国家级非物质文化遗产代表性项目名录,宁德“银饰锻制技艺(畲族银器锻制技艺)”、仙游“家具制作技艺(仙游古典家具制作技艺)”、泉州市泉港区“水密隔舱福船制造技艺”和安溪“竹编(安溪竹藤编)”等传统美术、工艺技艺入选国家级非物质文化遗产代表性项目名录扩展项目名录。泉州新建台商投资区上塘雕艺街通街暨台商投资区雕艺馆。莆田市政府在首都博物馆举办“艺文载道大美传神——莆田市雕刻艺术大师北京精品展”,精选莆田20多位中青工艺美术师100件精品参与展出。三明市政府组织评选“首届三明市工艺美术大师”,25人获得首届“三明市工艺美术大师”称号。建瓯市举办“第十六届海峡两岸经贸交易会分会场暨首届海峡两岸根雕艺术品博览会”。中国艺术研究院、中国美术馆、福建省经济与信息化委员会、福建省文化厅、福建省文化艺术界联合会在中国美术馆共同主办“文心点石——陈礼忠寿山石雕刻艺术展”,展出中国工艺美术大师陈礼忠近年来创作的150余件寿山石雕刻艺术精品。在福州海峡国际会展中心举办的第十二届全国美术作品展览漆画展区征集到1700多幅参展作品,分别来自北京、上海、广东、江苏、湖南、浙江和河北等26个省。“匠心神韵”中国寿山石雕新秀创作大赛系列活动,评选出金奖2名,银奖4名,铜奖9名。第二届“中华工艺精品奖”评选活动评出金奖8件、银奖8件、最佳传承奖8件、最佳技艺奖7件、最佳创意奖7件，其中台湾作品近1/4。举办第九届“中国(莆田)海峡工艺品博览会”、第三届中国·福州海峡版权(创意)产业精品博览交易会、“莲生妙相——连紫华德化瓷塑作品展”。（余卫平）

【家具行业】 2014年，全省拥有家具行业企业约5500家，从业人员近35万人。全省家具行业总产值810亿元，增长8%；出口37.43亿美元，增长5.7%；家具产量11000万件，增长1.2%。福州、厦门以生产板式家具(办公、民用、校用)为主，莆田以生产中式古典工艺家具为主，漳州、泉州以生产出口美式实木家具、钢管家具、酒店家具、软体家具为主，闽侯、安溪等地以生产竹、藤、铁工艺家具为主，三明、南平、龙岩以生产竹木制品为主。其中，“仙游古典家具制作技艺”被列入“国家级非物质文化遗产”保护名录，仙游“中国古典工艺博览城”获评国家4A级旅游景区，被国际木文化学会授予“国际木文化研究与实践基地”。漳州市规模以上家具企业总产值87.4亿元，增长11.9%；销售收入85.95亿元，增长11.2%；出口交货值36.56亿元，增长3.9%；木制家具产量646.1万件，增长3.6%；金属家具产量556.96万件，增长3.3%。闽侯、安溪县大力扶持藤、铁工艺产业，先后打造出“中国藤铁工艺之乡”，产值分别为81亿元和72亿元，分别增长11%和20%。（沈洁梅）

【制鞋业】 2014年，全省拥有制鞋业规模以上工业企业978家。全省制鞋业工业总产值2457亿元，增长8.1%；销售产值2383亿元，增长7.5%；出口交货值708亿元，增长0.7%；利润172亿元，增长9.5%；制鞋业主营收入、产量和出口交货值居全国同行业第一位。泉州、莆田、福州三大产业集群格局保持不变，泉州、莆田电子商务营销平台进一步深化，莆田鞋业从OEM向ODM转型，泉州的安踏、361度、特步等品牌企业建立网上官方旗舰店，运用“二维码”等技术实现数据的实时统计和点对点服务，提高市场应变能力。全省拥有鞋业国家级、省级行业技术中心各1个，省级企业技术中心14个。全省形成运动鞋、皮鞋、塑料鞋、胶鞋以及鞋用面料、鞋模、鞋底等多个相关行业同步集群发展的格局；在较为齐全的鞋类产品上，向智能可穿戴、个性化、功能化及私人订制产品方向拓展，促进产业链的延伸，为传统制鞋产业转型升级注入新的商机。（李　军）

纺织工业

【概况】 2014年，全省规模以上纺织工业总产值4786.96亿元，比上年增长14.9%，居全国第5位，其中：纺织业2104.55亿元，增长14.1%；服装业1722.92亿元，增长12.1%；化纤业909.71亿元，增长23.6%；纺织机械64.80亿元，增长11.4%。出口交货值703.74亿元，增长10.5%，其中：纺织业126.53亿元，增长3%；服装业524.32亿元，增长11.7%；化纤业48.86亿元，增长18.7%；纺织机械5.40亿元，增长25%；纺织品服装出口额242.78亿美元，与上年基本持平。利润总额233.29亿元，增长7.0%，其中：纺织业101.43亿元，增长4.47%；服装业127.80亿元，增长8.1%；化纤业22.83亿元，下降5.5%；纺织机械5.15亿元，增长58.9%。税金总额94.87亿元，增长7.8%，其中：纺织业39.19亿元，增长13.1%；服装业54.16亿元，增长4.8%；化纤业10.45亿元，增长49.9%；纺织机械1.78亿元，下降15.6%。

【主要产品】 2014年，全省有化纤457.35万吨，增长16.8%，其中：粘胶短纤17.52万吨；锦纶80.70万吨，增长27.3%；涤纶346.06万吨，增长10.5%；维纶3.49万吨，增长21.8%；氨纶4.52万吨，增长34.7%。纱395.55万吨，增长15.8%；布68.55亿米，增长2.5%；印染布47.27亿米，增长0.8%；化纤长丝机织物3.65亿米，增长12.3%；无纺布22.62万吨，增长21.8%。服装37.45亿件，增长7.6%。

【技术创新】 2014年，全省化纤行业的锦纶、涤纶、氨纶等优质产能投入运行，细旦、功能性等差别化纤维开发力度加大，行业向上游化纤原料产业链延伸。棉纺织行业通过技术改造减少用工，生产效率得到较大幅度提高，化纤混纺纱线品种、品质得到有效提升。针织行业的经编双针床、电脑横机针织成形技术以及针织成形产品等加快开发，晋江华宇、普斯特、莆田华峰等公司引进德国斯托尔成形电脑横机、卡尔迈耶双针床经编机等先进装备，开发一次成形的服装、鞋面、手套、箱包等纺织品。长丝织造行业织物总产量增速下滑，但龙头企业创新驱动加

通用三明(永安)产业园鸟瞰图(效果图)　　（永安市政府办供稿）

快，龙峰纺织、厦门东纶、向兴集团、华懋织造、厦门华诚等5家企业入围2014年中国长丝织造行业经济效益50强。福建南纺、厦门三维丝、鑫华股份、永安宝华林等产业用纺织品企业和非织造布产业用纺织品保持国内领先优势地位。纺织机械行业的针织大圆机、针织经编机、针织横机、印花机等智能化水平提升，部分纺织机械产品主要性能指标达到国内领先水平。服装行业电子信息化、网络化水平大幅提高，石狮服装城电子信息化科技园区以闽派休闲服装、服饰为代表的名牌优势企业电子信息化平台在现代服装交易、设计、生产、销售中产生较好效益。（毛祚康）

冶金工业

【概况】 2014年，福建省冶金工业拥有规模以上企业632家，其中大中型企业94家（大型20家）。全省规模以上冶金工业总产值3394.6亿元，比上年增长19.9%，其中：钢铁工业2055.83亿元，增长14.8%；有色金属工业1338.75亿元，增长39.5%。出口交货值116.17亿元，增长27.4%，其中：钢铁工业33.17亿元，增长75.2%；有色金属工业83.0亿元，增长14.9%。主营业务收入3200.48亿元，增长13.59%，其中：钢铁工业1924.05亿元，增长7.1%；有色金属工业1276.43亿元，增长25.34%。利税总额204.31亿元，增长0.6%，其中：钢铁工业115.5亿元，同比下降7.2%；有色金属工业88.81亿元，增长12.8%。实现利润102.88亿元，下降10.9%，其中：钢铁工业37.85亿元，下降30.5%；有色金属工业65.03亿元，增长6.6%。

【主要产品】 2014年，福建省冶金优势产品品种保持在国内的重要地位，全年钨及化合物、钨加工材、铝材、黄金等产品产量分别居全国第3、第1、第8和第3位；钨产品出口继续保持全国第1位，销售收入和实现利润名列全国前茅；黄金行业实现利润保持全国第1位，紫金矿业集团净利润23.4亿元，名列全球黄金企业第2位。主要产品产量，钢1820.79万吨，增长3.9%；钢材3019.64万吨，增长8.4%；生铁907.70万吨，增长5%；铁矿石原矿1476.72万吨，增长16.2%；铁合金37.45万吨，增长13.7%；电解铝14.27万吨，下降4.2%；铝材144.30万吨，增长17.5%；电解铜22.76万吨，增长7.5%；铜材18.59万吨，下降17.9%；钨及化合物2.85万吨，下降1.7%；细钨丝73.45亿米，下降34.6%；黄金40.42吨，增长79.6%；稀土冶炼分离2565吨，增长21.9%。

【科技成果】 2014年，全行业有7项成果获福建省2013年度科学技术奖，其中，一等奖1个：厦门金鹭特种合金有限公司、国家钨材料工程技术研究中心的“地矿、盾构机用高性能超粗晶硬质合金”；二等奖4个：宁化行洛坑钨矿有限公司、中国瑞林工程技术有限公司、中国矿业大学的“低品位复杂黑白钨资源绿色高效开发”，紫金矿业集团股份有限公司的“含铜低品位金矿资源综合利用技术研究与应用”，紫金矿业集团股份有限公司、江西理工大学的“企业异构数据分类编码与集成交换管理平台的研究与应用”，福建省南平铝业有限公司的“基于铝合金产品结构转型升级的技术创新工程”；三等奖2个：福建省三钢（集团）有限责任公司、福建三钢闽光股份有限公司的“炼钢系统稳态化研究与应用”，紫金矿业集团股份有限公司、福州大学、北京大学、福建省地质科学研究所的“紫金山矿田成矿模式与勘查技术研究及深部找矿应用”。有2项成果获2014年度中国有色金属工业科学技术奖，其中，二等奖1个：福建麦特新铝业科技有限公司、东北轻合金有限责任公司的“铝熔体在线除气净化装置及工艺规范”；三等奖1个：福建麦特新铝业科技有限公司、佛山市南海区怡茂金属材料有限公司、哈尔滨东盛金属材料有限公司、东北轻合金有限责任公司的“铝及铝合金成分添加剂”。有2项成果获2014年度中国黄金协会科学技术奖，其中，一等奖1个：紫金矿业集团股份有限公司、厦门紫金矿冶技术有限公司、中塔泽拉夫尚有限责任公司的“塔罗铜金氧化矿石提金工艺关键技术研究与应用”；三等奖1个：厦门紫金矿冶技术有限公司、紫金矿业集团股份有限公司、崇礼紫金矿业有限责任公司的“改性膨润土吸附剂的研制及在选矿废水处理中的应用”。

【重点工作】 2014年，全省开展打击稀土违法违规行为专项行动，对列入名单的14家稀土企业进行核查；结合专项行动，地方政府查处7个稀土非法开采矿点，净化全省稀土行业秩序。推进龙岩市、三明市2个稀土工业园建设，龙岩市稀土工业园稀土产值约20亿元，有9个项目在建设中；9月三明稀土工业园年产1000吨稀土锂电池材料生产线投产。推进厦门钨业公司组建稀土大集团公司，6月福建省人民政府批复厦门钨业股份公司稀土集团组建方案，7月工业和信息化部对组建方案予以备案，厦钨稀土集团组建工作取得实质性进展，省内稀土资源整合完成80%。推进不锈钢产业发展，按照“三基地、一园区”布局，加快建设宁德、福州、漳州不锈钢基地和武平不锈钢工业园。加强行业管理，福建亿鑫钢铁有限公司、福建鑫海冶金有限公司、福建罗源闽光钢铁有限责任公司、福建吴航不锈钢制品有限公司、福州吴航钢铁制品有限公司、福建鼎信镍业有限公司、福建鼎信实业有限公司等7家钢铁企业列入工信部符合《钢铁行业规范条件》（第三批）企业名单；福建省南平铝业有限公司列入工信部符合《铝行业规范条件》（第一批）企业名单。（冯华伟）

建材工业

【概况】 2014年，福建省拥有规模以上建材工业企业1862家，全行业资产总额1845亿元，从业人员34万人。全省建材工业总产值2787亿元，比上年增长11.1%，居全国第7位，其中：水泥制造业297亿元，增长3.2%；建筑用石加工业703亿元，增长9.1%；建筑陶瓷制品制造业497亿元，增长

7.8%;玻璃制造业99亿元,增长15.3%。全行业产销率95.95%;主营业务收入2718亿元,增长11.8%;利润总额203亿元,增长9.6%;税金总额109亿元,增长10.1%。主要产品产量:水泥7732万吨,下降1.4%,其中散装水泥供应量4997万吨,增长10.0%,水泥散装率64.6%;花岗石板材2.95亿平方米,增长8.6%,总量居全国第1位;大理石板材6359万平方米,增长13.6%,总量居全国第2位;建筑陶瓷25.2亿平方米,增长6.6%,总量居全国第1位,占全国的23%;平板玻璃5241万重量箱,增长11.5%,总量居全国第5位;夹层玻璃1354万平方米,总量居全国第2位;墙体材料337.70亿块标准砖,增长3.3%,其中新型墙体材料294.71亿块标准砖,增长4.1%,占全省墙体材料总量的87.3%;粘土类制品42.99亿块标准砖,下降1.3%。

【优势产业】 2014年,全省建材工业主要优势行业有石材、建筑陶瓷、水泥、玻璃。石材工业产值、产量、出口量均居全国第一,是全国最大的石材生产和出口基地;石材行业主要集中在泉州,形成以南安为主的闽南石材产业集群,南安成为全国最大的石材生产基地之一;作为全国最大的石材加工出口、原材料集散、物流贸易中心,闽南建材第一市场被国家有关部门命名为“中国石材城”。建筑陶瓷行业处于全国领先地位,形成泉州、闽清建筑陶瓷产业集群。水泥工业形成龙岩、三明水泥生产基地,龙岩市被国家有关部门命名为“中国水泥基地”;福建水泥、华润水泥、福建红狮、福建金牛、龙麟等五大区域水泥企业集团水泥总产量占全省新型干法水泥产量的60%。玻璃工业以福耀集团、漳州旗滨玻璃、明达(厦门)玻璃、台玻4家企业为主,形成漳州光伏玻璃产业基地。

【技术进步】 2014年,全省水泥工业技术装备水平进一步提高,生产系统采用变频、立磨、辊压机等节能技术和设备,除尘、脱硝、脱硫等适用技术加速推广应用;结构调整成效明显,全年淘汰落后产能147.5万吨,新型干法水泥产能占水泥总产能比重98%;日产熟料2000吨以上的新型干法水泥生产线均利用生产过程中排放的余热建设纯低温余热发电站,并全部安装和运行脱硝装置,节能减排效果显著;福建龙麟集团有限公司水泥窑协同处理生活垃圾示范项目开始建设,促进水泥行业绿色转型发展。优质浮法玻璃比重大幅提升,技术玻璃产量增长较大,光伏玻璃、汽车玻璃深加工技术处于国内领先地位。新型墙体材料工业生产技术提升,FBT4500D干混砂浆、机制砂生产设备及新型墙体材料生产装备技术水平居全国前列,采用新技术以粉煤灰、煤矸石、石粉等废渣为主要原料开发生产具有轻质、利废、保温、隔热等节能型新型墙体材料,全省城镇建筑项目中新型墙体材料使用比例稳步增长,达到85%以上。

(林丽卿)

电力工业

【概况】 2014年,福建省电力装机容量4449万千瓦,比上年增加248万千瓦,增长5.9%,其中:水电装机1288万千瓦,占全省电力装机的29.0%;火电装机2666万千瓦,占全省电力装机的59.9%(其中LNG装机385.8万千瓦,占全省电力装机的8.7%);核电装机326.7万千瓦,占全省电力装机的7.3%;其他能源发电装机168万千瓦(其中风电装机159万千瓦、光伏发电装机7.8万千瓦),占全省电力装机的3.8%。

【发电】 2014年,全省最高发电负荷3050万千瓦(出现在8月6日),比上年增长2.8%;最高用电负荷2980万千瓦(出现在8月8日),增长6.4%;最大日用电量63102万千瓦时,增长7.5%;平均用电负荷率85.5%,提高0.3个百分点;日最大峰谷差率50.5%,降低0.7个百分点;峰谷差率最大日的最大用电负荷2357万千瓦。全年发电1870.5亿千瓦时,增长4.5%,其中:水电413.0亿千瓦时,增长3.4%;火电1277.3亿千瓦时,下降0.2%;核电141.8亿千瓦时,增长91.4%。发电设备平均利用4332小时。

【用电】 2014年,全省全社会用电1855.78亿千瓦时,增长9.1%,其中:第一产业用电23.59亿千瓦时,增长11.9%,占全社会用电量的1.3%;第二产业用电1265.79亿千瓦时,增长8.2%,占全社会用电量的68.2%;第三产业用电221.37亿千瓦时,增长11.5%,占全社会用电量的11.9%。城乡居民生活用电345.03亿千瓦时,增长10.9%,占全社会用电量的18.6%;工业用电1239.37亿千瓦时,

松溪信义光伏产业园 (松溪县政府办供稿)

增长8.2%，占全社会用电量的66.8%。全年福建电网向华东交易送电13.44亿千瓦时。

【电网】 2014年，全省电网拥有110千伏及以上线路30730千米、变电容量13292万千伏安，其中：1000千伏线路344千米、变电容量600万千伏安，500千伏线路4689千米、变电容量2805万千伏安；220千伏线路11711千米、变电容量5172万千伏安。

（朱 磊）

煤炭工业

【概况】 2014年，福建省在籍生产煤矿181处，登记公告生产能力1498万吨/年，其中：省能源集团公司28处，登记公告生产能力522万吨/年；龙岩市80处，登记公告生产能力572万吨/年；三明市44处，登记公告生产能力264万吨/年；泉州市29处，登记公告生产能力140万吨/年。全省煤炭产量1439万吨，比上年下降12.9%，其中：省能源集团公司411万吨，下降8.6%；龙岩市734万吨，增长1.5%；三明市221万吨，下降45%；泉州市71万吨，下降6.5%。全年耗煤约8000万吨，主要耗煤行业为电力、建材、化工、冶金。全省燃煤电厂煤炭库存量保持在可供满负荷发电18天以上。全年进口煤炭4157万吨，增长4.1%；从外省调入煤炭4328万吨，增长21%。

【生产运行改进】 2014年，全省完成改进煤炭生产运行管理方式，建立健全煤矿产能等要素登记公告制度，及时掌握和监控煤矿企业生产系统、采掘部署、生产能力、技术装备、资源回收、从业人员等生产要素以及经济运行情况，加强事中事后监管。加强煤矿生产能力管理，规范生产能力管理登记及更新制度，监督企业依据登记生产能力组织生产，严厉查处煤矿超能力生产行为，对超过登记生产能力组织生产的煤矿，按照有关法律法规规定进行处理，及时在政府网站或相关媒体通报煤矿违规生产情况及处罚结果。

【淘汰落后产能】 2014年，全省关闭退出15处煤矿、淘汰落后产能111万吨/年目标任务。研究完善关闭退出机制，及时开展煤炭行业淘汰落后产能工作年中检查和年底检查验收；完成升级改造12处，淘汰落后产能130万吨/年。

【安全生产】 2014年，全省发生各类死亡事故5起、死亡6人，死亡人数比上年减少2人，煤炭生产百万吨死亡率0.4，全省煤矿安全生产形势稳定好转。

（郑 平）

林 产 业

【概况】 2014年，福建省林业总产值3972亿元，比上年增长10%，其中规模以上林业工业产值3467亿元，增长11.3%；出口交货值265.56亿元，增长9.7%；人造板等主要林产品产量均保持快速增长。新增国家级龙头企业10家、上市企业3家、中国驰名商标8件、国家地理标志2个、区域品牌1个。获国家林业局“林业产业突出贡献奖”。厅直企业脱钩改革实施，完成企业脱钩11家，整合改革8家，清算注册、账务核销4家。全国首家省级林木收储中心——福建福人林木收储有限公司获注册核准。完成县属国有林场危旧房改造竣工3743套，基本建成1667套，新开工建设1226套。举办木材检验员培训班3期，培训248人。中国林业产业联合会国际贸易分会和林业电商分会分别落户漳州、三明。开展安全生产标准化建设提升工程3年行动，完成评定企业479家，占应评企业的24%，超省要求9个百分点。

【举办各项活动】 举办“省优质农林产品”推荐对接活动、院士专场对接会、海峡股权市场与活性炭企业对接会、福建首届家具家居工艺品出口发展高峰论坛、家建展等10个专场对接会，达成投资合作意向150项目、技术合作意向50项，帮助企业解决科研发展难题20个。“中国·海峡项目成果交易会”、森博会、林博会等项目成果对接91项，总投资9.4亿元；现场销售和订单合同近3亿元。

（刘建波）

医药工业

【概况】 2014年，福建省有规模以上医药工业企业139家。全省医药工业总产值283亿元，比上年增长10.7%；工业增加值93.63亿元，增长7.2%；利润总额29.31亿元，增长5.1%；出口交货值27.25亿元，下降4.7%；年度从业人员平均人数3.24万人。

【重点产品】 2014年，厦门特宝生物的派格宾向国家食药监总局申报生产。该产品是国产第一支自主研发并具有全球自主知识产权的长效干扰素产品，主要适用于治疗慢性乙型和丙型肝炎，是全国重大新药创制项目重点支持产品。福建金山生物制药股份有限公司的马来酸桂哌齐特属钙离子通道阻滞剂，主治心脑血管及外周血管疾病，国内仅有北京四环制药有限公司上市销售。福建天泉药业股份有限公司的奥美沙坦酯属血管紧张素II受体拮抗剂，系第一三共制药（上海）有限公司原研药品，是继缬沙坦之后又一降压新药。厦门恩成制药有限公司的奥美拉唑碳酸氢钠胶囊属质子泵速效抑制剂（PPI），系Santarus公司原研药品，为国内获批的首仿品种。

【项目投资】 2014年，全省32个医药工业项目列入省级重点技术改造项目，总投资52亿元。福州海王福药制药有限公司投资62600万元新建海王福药、金象中药制药（连江）有限公司生产基地项目，采用国家新版GMP规范要求的先进制药技术工艺，建设大容量注射剂、中药口服制剂等35条生产线投产。漳州片仔癀药业股份有限公司片仔癀产业园片仔癀系列药品、保健品等生产基地项目，投资61072万元，投产后可年新增提取能力6000吨、液体制剂8400万支、片剂2.5亿片等。福建金山生物制药股份有限公司投资37000万元建设的水针剂、乳膏剂、贴剂、片剂等剂型药品研发、新版GMP改造注射剂等项目，采用企业自主研发的工艺、技术建设11条生产线，投产后可年新增生产能力水针剂1亿支、软膏剂1200万支、贴剂300万张、片剂3.98亿片等。福建汇天生物投资41000万元的水针剂车间、粉针车间等改建项目，使小容量注射剂、片剂等生产能力得到较大提升。福建融和药业有限公司投资30000万元的新建片剂、颗粒剂、胶囊、中药饮片等项目，投产后可年新增产片剂3亿片、颗粒剂3000万袋、胶囊剂3亿粒、中药提取处理中药材量100吨、中药饮片生产量1000吨。

【技术创新】 2014年，星鲨制药（厦门）有限公司企业技术中心被评为省级企业技术中心。厦门特宝生物工程股份有限公司的治疗性重组蛋白质及其修饰长效创新药物研发创新团队入选国家科技部创新人才推进计划重点领域创新团队。截至年底，全省研发的一类新药项目有27项，其中13个属于生物制品，有8个一类新药上市，有13个一类新药获得临床批件，有1个一类新药申报临床。上市的一类新药未名医药的恩经复全年产值超过5亿元、广生堂的阿德福韦酯全年产值超过2亿元。

（郭　诚）

烟草工业

【概况】 2014年，福建卷烟工业生产卷烟210.3万箱，比上年下降2.6%，其中：自有计划卷烟193.5万箱，增长2.4%；合作加工卷烟16.8万箱，下降37.8%；销售卷烟（含合作加工）201.34万箱，下降4.9%。出口卷烟0.45万箱，下降40%。卷烟销售收入253.38亿元，增长5.0%；利税总额195.09亿元，增长4.9%，其中利润27.08亿元，增长3.9%。

【主要产品】 2014年，全省生产“七匹狼”“金桥”“石狮”等卷烟品牌，许可生产“万宝路”卷烟品牌，其中“七匹狼”“金桥”被列为全国烟草行业重点品牌。生产“七匹狼”199.24万箱，其中省外合作生产16.8万箱；生产“金桥”3.88万箱（不含出口）；生产“万宝路”2.34万箱；开发上市“古田（1929）”、细支烟“七匹狼（纯翠）”等新产品。销售“七匹狼”190.29万箱，下降5.4%，其中省内市场销售106.22万箱，省外市场销售84.07万箱；销售“金桥”3.63万箱，下降8.2%。

【技术创新】 2014年，福建中烟工业公司博士后科研工作站建站工作完成，全面启动科技报告厅建设，推进糖香料调配中心建设，完成中心实验室搬迁工作，建成烟叶分级评价实验室。全年开展各类科技研究项目128项，推荐申报11个国家局项目，完成24个企业科技项目立项、36个项目验收工作。全年申请专利257件，其中发明专利89件；截至年底，公司拥有授权专利692件，其中发明专利74件。

【企业管理】 2014年，福建中烟工业公司全面实施精益管理，建立精益管理工作机制。完成综合管理体系建设目标，通过第三方认证审核及行业交叉检查。规范投资项目计划管理，完成投资5.15亿元，投资计划执行率96.2%。开发完善生产经营应用系统，推进数据中心（二期）项目建设，安全运维平台上线运行。搭建物流综合管理平台，优化辅料库存管理，实施烟箱循环利用、卷烟托盘联运工作。持续推进安全生产标准化建设，启动“安全生产标准化三年提升行动”。开展专业安全评估，加强重点领域和环节的监督管理，组织粉尘防爆专项排查治理。

（卢金德）

编辑：郭华国

建设 环保

固定资产投资

【投资规模】 2014年,福建省全社会固定资产投资18449.48亿元,比上年增长18.8%,其中:固定资产投资(不含农户)18141.37亿元,增长19.0%;农户投资308.11亿元,增长9.4%。固定资产投资(不含农户)中,项目投资13573.97亿元,增长17.6%;房地产开发投资4567.4亿元,增长23.3%。全省九个设区市首次实现年度固定资产投资规模全部超过1000亿元,各设区市固定资产投资(不含农户)规模由高到低依次是:福州(含平潭)4388.62亿元、泉州2874.33亿元、漳州2081.86亿元、三明1603.08亿元、厦门1562.16亿元、龙岩1558.45亿元、南平1451.07亿元、莆田1423.68亿元和宁德1131.18亿元,分别增长14.9%、17.6%、21.5%、20.2%、16.8%、22.7%、22.3%、22.3%和24.3%。

【投资结构】 2014年,全省固定资产投资(不含农户)中,第一产业投资382.79亿元,比上年增长57.6%;第二产业投资6467.11亿元,增长13.4%;第三产业投资11291.48亿元,增长21.4%。第二产业中,制造业投资5105.82亿元,增长9.9%;电力、热力、燃气及水的生产和供应业投资917.91亿元,增长20%;建筑业投资206.45亿元,增长155.8%。第三产业投资中,水利、环境和公共设施管理业投资1787.28亿元,增长31.9%;文化、体育和娱乐业投资257.45亿元,增长24.6%;公共管理、社会保障和社会组织业投资305.21亿元,增长27.8%。

【投资项目】 2014年,全省固定资产投资(不含农户)施工项目26590个,比上年增长11.6%,其中全部建成投产项目17018个,增长24.1%。施工项目中,新开工项目17961个,增长11.1%;计划总投资12234.05亿元,增长13.7%。全省357个在建项目完成投资3985亿元,完成年度计划的120.7%,其中,农林水利、交通、能源、城乡建设与生态环保、工业、服务业和社会事业分别完成投资128.79亿元、765.22亿元、439.59亿元、852.75亿元、1043.74亿元、648.04亿元和106.75亿元,分别完成年度计划的112.4%、102.8%、96.8%、139.4%、134.7%、131%、100.4%。全年建成或部分建成项目173个,比年度计划多23个,其中:农林水利10个,交通11个,能源7个,城乡建设与生态环保5个,工业97个,服务业32个,社会事业11个。全年新开工项目159个,比年度计划多9个,其中:农林水利8个,交通19个,能源3个,城乡建设与生态环保17个,工业67个,服务业39个,社会事业6个。

【投资资金】 2014年,全省固定资产投资资金来源20967.98亿元,比上年增长11.8%,其中:上年末结余资金1654.37亿元,增长24.8%;本年到位资金19313.61亿元,增长10.8%。本年到位资金中,国家预算资金1336.9亿元,增长2.6%;国内贷款2071.29亿元,增长4.8%;债券20.43亿元,增长901.3%;利用外资187.39亿元,下降26.9%;自筹资金12726.60亿元,增长21.7%;其他资金2971.01亿元,下降13.4%。

【投资特点】 2014年,全省固定资产投资主要特点体现在:一是第一产业投资比重提升。近年来福建高度重视农业农村发展,大力支持现代农业项目,第一产业投资增幅、比重均明显提高,全省第一产业投资增长57.6%,比上年提高21.8个百分点,占全省投资总量的比重为2.1%,提高0.5个百分点。二是民间投资贡献突出。全省民间投资10731.33亿元,增长23.7%,增幅高于全省投资平均水平4.7个百分点;占全省投资总量的比重为59.2%,提高2.2个百分点;对全省投资增长的贡献率达71%。三是基础设施投资回稳。全省基础设施投资4843.92亿元,增长22.5%,提高9.4个百分点;增幅比全省投资平均增速高3.5个百分点;占全省投资总量的比重为26.7%,提高0.8个百分点。四是房地产开发投资相对平稳。房地产开发投资占全省投资总量的比重为25.2%,提高0.9个百分点。

(张海峰)

重点建设

【概况】 2014年,省政府安排重点项目490个(子项1352个),其中:在建项目357个(子项987个),预备项目133个(子项365个)。在建重点项目年度计划投资3300亿元,实际完成投资3985亿元,重点建设占全社会固定资产投资的比重达21.6%。全年实现173个重点项目建成或部分建成投产,159个重点项目开工建设,一批重大项目前期工作取得突破。全年新增高速公路通车里程118千米、港口通过能力4000万吨、电力装机容量340万千瓦。

【交通行业建设】 2014年,全省在

2014 年 7 月 8 日，平潭澳前港区对外开放通过由海关总署(国家口岸管理办公室)会同公安部、交通运输部、质检总局和总参谋部的验收，标志着澳前口岸正对外开放。图为澳前口岸全景 (念望舒 摄)

建交通重点项目 71 个(子项 144 个)，全年完成投资 765.22 亿元；预备重点项目 25 个(子项 47 个)。铁路方面，全年完成投资 235 亿元；建成江阴港口铁路支线；开工衢宁铁路；合福铁路铺轨完成，开展"四电"工程和站房建设等；赣龙铁路扩能改造工程在铺轨；南三龙、福平铁路抓紧建设。高速公路方面，全年完成投资 361.14 亿元；建成莆田仙游至南安金淘高速公路泉州段、厦门海沧至漳州天宝高速公路厦门段、漳州高速公路南联络线、渔平高速平潭大桥复线工程等，新增高速公路通车里程 118 千米，全省高速公路通车里程 4053.02 千米；开工建设厦蓉线漳州天宝至龙岩蛟洋扩容工程、厦沙高速公路泉州安溪至永春(达埔)段、泉州德化段、三明尤溪段、三明尤溪至沙县段，沈海复线福鼎贯岭至柘荣段、福安至蕉城漳湾段，南平高速公路联络线、三明高速公路互通及连接线。港航方面，全年完成投资 90.9 亿元，占年度计划的 103.3%；建成国投湄洲湾煤炭码头一期、福州港平潭港区金井作业区 2#、3# 泊位、厦门远海集装箱码头改造示范工程一期等，新增货物吞吐能力 4000 万吨，全省货物吞吐能力超 4 亿吨。机场方面，全年完成投资 27.6 亿元，占年度计划的 46.3%；厦门高崎机场三期建成，武夷山机场改扩建工程在建设中，三明机场主体工程基本完工。

【能源行业建设】 2014 年，全省在建重点能源项目 11 个(子项 26 个)，全年完成投资 439.6 亿元，预备重点项目 10 个(子项 27 个)。宁德核电 2 号、福清核电 1 号机组投产发电，石狮鸿山热电厂二期、福清钟厝风电场、仙游草山风电场、福建圣农(浦城)生物质发电等项目并网，全省电力装机累计 4449 万千瓦。浙北——福州 1000 千伏特高压交流输变电工程投运。神华福建罗源湾储煤发电一体化、华能罗源火电厂等项目开工建设，福清核电 5、6 号机组获国家能源局同意开展前期工作。

【工业行业建设】 2014 年，全省在建重点工业项目 111 个(子项 379 个)，全年完成投资 1043.7 亿元；预备重点项目 44 个(子项 117 个)。建成或部分建成中化泉州 1200 万吨炼油、福建乙烯脱瓶颈改造及配套工程、厦门船舶三期船坞工程、福清天辰耀隆己内酰胺工程、邵武明洲环保阻燃增塑生产、永安建新橡胶全钢载重子午线轮胎生产、福安益联远大可持续建筑材料生产、晋江恒安生活用品智能化生产基地、晋江龙峰纺织生产、莆田差别化化学纤维生产、厦门吉特利环保科技、仙游循环经济示范园再生塑料产业基地等项目。开工建设古雷中怡石油精细化工、福安宏旺不锈钢冷轧、福安甬金不锈钢冷轧、泉港石化工业区 EO 下游精细化学品、云霄荣兴泰差别化纤维生产、沙县中节能环保产业园、南平太阳电缆生产、东山光伏玻璃产业、古雷海顺德烟气脱硝催化剂及配套等项目。中化泉州乙烯项目获国家发改委同意开展前期工作，漳州福欣特殊钢年产 40 万吨不锈钢深加工项目通过备案。

【农林水利行业建设】 2014 年，全省在建重点农林水项目 15 个(子项 66 个)，全年完成投资 128.8 亿元；预备重点项目 5 个(子项 37 个)。建成或部分建成顺昌神农珍稀食用菌生产、尤溪祥云银耳工厂化、建宁食用菌产业化基地、建瓯农民创业示范基地、新罗蓝田闽台农业合作、漳平无公害绿色生态水耕有机果蔬产业化、大田江山美人茶产业发展、永春桃溪流域综合治理工程、龙岩新罗坪坑水库等项目。开工建设永定坤雅农业观光园蔬菜基地、连城茂景生态花木园区、长汀森辉生态农业循环经济示范园、龙海市九九坑水库、漳浦鹿溪南岸水利配套工程、莆田东圳水利枢纽引水配套及生态环境综合整治工程等项目。

【城乡建设与生态环保建设】 2014 年，全省在建重点城乡建设与生态环保项目 57 个(子项 99 个)，全年完成投资 852.8 亿元；预备重点项目 13 个(子项 21 个)。建成或部分建成平潭金井湾大道、泉州台商投资区城市防洪排涝提升及百崎湖整治工程一期、厦漳同城大道角美段、惠安污水处理厂及配套管网工程、石狮热电厂脱硫脱硝改造工程、永定城市中央公园。开工建设莆田市城市污水处理厂三期扩建及配套管网工程、三明市城市生活垃圾焚烧发电厂、福清市生活垃圾焚烧发电厂二期、涵江区城涵河道整治工程、漳浦海岸新城及配套、古雷石化污泥及氧化残渣综合利用处理等项目。

【服务行业建设】 2014 年，全省在建重点服务业项目 42 个(子项 210 个)，全年完成投资 648.04 亿元；预备重点项目 26 个(子项 96 个)。建成或部分建成武夷山自驾游营地、平潭对台小额商品贸易市场、浦城荣华山物流仓储、建瓯中国海西蔬果茶交易中心、安溪惠普聚贤国际数字媒体产业基地、南安中航三叶海西石材物流园、泉州软件园、上杭古田红色旅游4A级景区综合提升等项目。开工建设福州海峡医药城、晋江国际鞋纺城、晋江英塘现代商贸中心、新罗钢信钢材物流园、安溪弘桥智谷(泉州)电商园、厦门电商谷、晋江陆地港二期、龙海白塘湾国际旅游、福建(永定)土楼客家影视城等项目。

【社会事业行业建设】 2014年,全省在建重点社会事业项目50个(子项63个),全年完成投资106.75亿元;预备重点项目10个(子项20个)。建成或部分建成福州外语外贸学院长乐新校区(四期)、尤溪朱子文化品牌系列开发、平和县林语堂文化博览园、武夷学院四期扩建、新罗紫金山体育公园、漳州奥林匹克体育中心、泉州中医联合医院、永定客家博览园等项目。开工建设长泰中翎国际射击射箭运动产业基地、省煤矿中心医院病房门诊综合楼、龙岩冠虹老年颐养公寓、三明残疾人综合服务中心等。 (徐 炎)

城市规划与建设

【概况】 2014年,全省城乡规划与建设工作围绕贯彻中央城镇化工作会议部署,加强城市规划建设工作,强化规划编制管理、政策标准研究和规划实施管理。以开展宜居环境建设行动为契机,加快城市基础设施建设进度,提高设施运行管理水平。推进城镇节能减排工作,强化技术支撑,鼓励社会资本参与城市基础设施建设。建立巡查工作制度、每月通报制度、滞后项目约谈制度。

【规划编制】 2014年,《福建省城镇体系规划》经国务院授权住建部批准同意。《美丽福建·宜居环境建设总体规划》编制完成。所有设市城市和县城完成或开展新一轮规划期到2030年的总体规划修编工作,按县(市)域城乡总体规划开展。推进全省8个历史文化名城和一批历史文化街区保护规划编制。开展城市(县城)景观风貌规划编制。开展单元控规编制,设市城市控规覆盖率达80%以上,县城控规覆盖率达60%以上;结合城市"三边三节点"(即山边、水边、路边和城市中心节点、市民活动节点、交通枢纽节点)整治和提升,推进城市设计。

【规划实施】 2014年,省住建厅支持全省重点区域建设发展,核发省域7个重大项目选址意见书,完成12个省域重点开发区设立、扩区和升级的规划审查。开展省级历史文化街区认定,第一批由省政府批准公布9个,并向住建部推荐申报国家历史文化街区。选择30个"三边三节点"项目作为省级重点项目进行跟踪指导。完成全省城镇历史建筑、特色建筑、历史风貌区外业普查,普查乡镇及街道959个。

【规划管理与创新】 2014年,福建实施城乡规划督察员制度,由省政府向各设区市和平潭综合实验区派出督察员,强化规划实施的层级监督和事前、事中监督;重点监管群众关注项目或敏感项目,特别对历史街区、历史建筑保护重点督查;开展房地产项目变更容积率(用途)专项清理检查,将检查结果通报市县政府。在城乡一体化和全域城市化的基础上,重点做好县(市)域城乡总体规划和"多规合一"试点,编制《"多规合一"规划底图划定指南》、《县(市)域城乡总体规划编制导则》等技术标准;厦门列入国家"多规合一"试点城市,在厦门"多规合一"工作基础上推动全省"多规合一"试点。

【规划标准制定】 2014年,省委省政府出台《关于促进中小城市和城镇改革发展的若干意见》《福建省县城建设标准》《关于加快城市地下空间开发利用的若干意见》《关于推进地下空间开发利用八条措施的通知》《关于开展派驻城市规划督察员工作的通知》等文件,引导中小城市规划建设,推动地下空间开发利用,加强规划督察等,推进规划依法行政。围绕建设用地管理、停车场建设、提高城市透水率等开展专项研究,先后出台《福建省国有建设用地使用权出让地块规划条件管理办法》《关于进一步加强福建省城市停车场规划建设管理的意见》《福建省"提高城市透水率"专项行动技术指南》等文件,使规划设计和建设管理行为规范化和精细化。

【保障房建设与管理】 2014年,全省保障性安居工程开工建设12.87万套,基本建成12.13万套,均超额完成国家下达目标任务30%,连续5年超额完成国家下达的目标任务,提前开工2015年项目2.48万套。累计配租配售34.6万套,配租配售率97.1%。

厦门白城海滩景色 (林忠玉 摄)

省政府出台《关于扶持泉州市加快石结构房屋改造的意见》,泉州市确定10个成片改造试点项目,启动实施。完善政策体系,加大保障房分配力度,推进廉租房和公租房两房并轨和分类保障,减少保障房闲置,提高配租配售率,规范保障房分配管理。推进保障房配置网上公开,督促指导各地加快保障性住房信息系统建设,全面建立健全公平、公正、公开的准入、审核、分配、使用、清退制度,完善监督检查工作机制,初步建立具有福建特色的保障房管理体制。

【棚户区改造】 2014年,全省棚户区改造目标任务为开工建设安置住房62622套;截至年底,开工91784套,开工率146.6%,完成投资240.24亿元。在棚户区改造目标任务外另行安排集中成片棚户区改造50片(2014～2017年),建立统计通报制度、项目跟踪管理制度等,列入宜居行动计划,开展专项督查。截至年底,50个项目中有38个开工、12个开展项目前期工作,完成投资87.11亿元。在棚户区改造安置房入住方面,推行先安置后拆迁,安置房优先建设;就地、就近安置相结合,以就地、就近安置为主;实物安置与货币补偿相结合,加大货币化安置力度,做好棚户区改造和利用存量商品住房的衔接,推动利用存量商品住房作为棚户区改造安置房工作。截至年底,安置入户3.51万户。

【市政工程建设】 2014年,在开展宜居环境建设行动中,全省完成管线或道路铺设5301千米,其中:铺设雨污管网长度1064千米,铺设供水管网长度1103千米,铺设燃气管网(含海西天然气管网二期、西三线福建段干线)1006千米,铺设城市道路1086千米,铺设绿道1042千米。

【城镇供水和污水管理】 乡镇污水垃圾处理。2014年,推进乡镇污水垃圾处理工作,即"六江两溪"流域和土楼保护区乡镇污水处理。年计划90个乡镇,实际建成51个,在建30个,前期34个;43个省级试点镇污水处理,新增23个镇建成污水处理设施;鳌江流域农村污水垃圾处理,沿线23个乡镇有20个建成污水处理设施,3个在建;乡镇垃圾转运体系建设,验收压缩式垃圾转运站118座,配套垃圾运输车110辆,全省929个乡镇有464个乡镇建成压缩式垃圾转运站和配套运输车。

城镇污水处理设施建设和运行管理。2014年,新建扩建城镇污水处理厂29座,新增污水日处理能力约50万吨;全年处理水量12.3亿吨,比上年增加6000万吨,负荷率86.0%。组织专家对45座污水处理厂进行评估考核,并抽检水质。普查各市县污水管网建设情况,系统分析存在问题,分县、市逐一发文通报存在问题和督促整改具体内容,督促各地加大污水管网建设力度。

城镇供水安全保障。2014年,加快供水设施改造和建设,启动供水设施普查情况摸底,1990年以前建成的42座水厂需要改造,1999—2000年建成的32座水厂需要改造。新扩建水厂6座,新增日供水能力24万吨。加强行业监管,完成44个县城供水水质督查,调查摸底所有市县供水管网漏损率,对29个县(市)供水企业进行运行评估考核,现场核实供水管网管材情况、漏损率、水厂工艺等情况,组织各设区市开展供水规范化管理考核工作。

城市节水工作。2014年,联合省物价局出台福建省阶梯水价实施意见。部署各地开展"城市节水宣传周"活动,普及节水知识,推广节水型器具。

城市暴雨内涝防治。2014年,编制排水防涝规划,14个市县完成规划编制报批,17个市县完成初稿,21个市县在编制。建设排水管道,加快雨污分流改造,普查城市易涝点602处,整改504处,全年未因内涝而造成重大人员伤亡。督促各地加快排水站配备备用水源或实现双回路供电,提高供电安全保障能力。

【城镇燃气供应和运行安全管理】 2014年,福建开展城镇燃气安全生产"打非治违"专项行动,查处黑气店(点)112处,查扣钢瓶3282个,处罚违规充装源头企业10家次,罚款16.5万元;燃气管网隐患整改520处;启动燃气行业安全生产标准化建设提升工程3年行动。组织3轮城市燃气管网事故应急演练,各地组织实战演练或桌面推演115次。规范燃气汽车加气站建设与经营。加强液化石油气钢瓶配送管理和电子标签安装,禁止向餐饮业配送双头气瓶。组织开展2次燃气安全检查,抽查燃气场站设施64处,停产整顿1家企业。

【城市绿色交通】 2014年,福建加快福州轨道交通1号线、2号线和厦门轨道交通1号线建设,累计完成投资近200亿元。推动公共自行车系统建设,福州、厦门、漳州结合绿道等建成城市公共自行车服务站点近百处,累计投放自行车3000辆。推进公共停车场建设,新建停车场33个,新增泊位6000个。抓好城市桥隧管理,组织摸底调查归口建设部门管理的1700座城市桥梁、隧道基本情况,抓好列入整治计划的20座隐患桥梁整改,截至年底全部开工建设,完工14座;组织开展全省既有市政桥梁隧道安全督查,现场检查9个设区市及15个县(市)的55座城市桥梁和1处城市隧道。

【城市生活垃圾处理】 2014年,福建省《关于切实强化城乡环卫基础设施规划建设的通知》印发,在规划编制、土地出让、规划许可、商品房预售许可、竣工验收等环节把关,确保环卫基础设施落地建设。推进生活垃圾分类处理和餐厨垃圾处理,提高城市生活垃圾处理减量化、资源化和无害化水平,厦门后坑垃圾分拣中心增建餐厨垃圾处理项目通过住建部科技示范工程验收;三明市餐厨垃圾处理厂实施技改并扩大收集覆盖面,将沙县、永安纳入范围。组织专家组检查福州红庙岭等10座生活垃圾焚烧处理厂,发放限期整改通知书11份,安全运行监管培训120人。

【行业标准制定】 2014年,《福建省城市市容环境综合整治工程设计导则》《福建省城市市容环境综合整治工程控制标准》修订完善,指导街景综合整治。《福建省城镇排水系统规划编制导则》《福建省现在污水处理适用技术指南》编制完成。《福建省城乡环境卫生作业指导价》《福建省市政公用排水设施养护维修年度经费定额》《福建省城市桥梁检测评估费用定额》《福建省城镇排水管道检查井防坠安全网标准》和《福建省城镇供水服务标准》等行业亟需的标准、定额出台，指导、规范项目实施。

【社会资本参与城市基础设施建设】 2014年，福建鼓励企业通过发行债券、证券，开展自来水水费收益权信托或理财产品创新，充分利用资本市场发展直接融资，提升融资能力。鼓励省内有实力、有技术的3家水务企业通过兼并、收购、股权合作、PPP(公私合作)等多种模式整合市县供水企业，实现集团化经营，保障安全供水和优质服务。 (施德善)

村镇规划与建设

【概况】 2014年，省住建厅推进"美丽乡村"建设，深化小城镇综合改革建设试点，促进传统村落和古民居保护发展，加强农村住房建设技术指导和服务，进一步完善村镇规划。截至年底，全省村镇总人口2764.11万人，其中：建制镇707.75万人，乡100.10万人，镇乡级特殊区域4.68万人，村庄1951.58万人；全省实有村镇房屋建筑面积12.10亿平方米，人均住宅建筑面积38.30平方米；全省建制镇人均道路面积13.42平方米，用水普及率89.3%，燃气普及率82.6%。

【村镇规划编制】 2014年，省住建厅督促各地整改落实4178个村庄规划编制中存在问题。完善村镇规划项目库，组织各地申报2014年度村镇规划编制项目，经专家检查验收纳入省级村镇规划编制成果项目库。

【"美丽乡村"建设】 2014年，福建"千村整治、百村示范"工程实施，推进重要通道沿线(公路、铁路沿线)、重要流域沿线、重要区域周边和具有特殊意义的村庄整治建设。全省1085个村庄开展整治，其中110个创建"美丽乡村"示范村，打造29条"美丽乡村"景观带和10个示范县。1085个村庄完成投资69亿元，整治裸房4.2万栋，整治建筑面积728万平方米；硬化村道1590千米，面积709万平方米；新增村庄绿化面积422万平方米；新建集中污水处理设施527个，新建污水管网667千米；垃圾转运日处理能力5855吨。新培育南靖县坑尾村、漳浦县轧内村、永春县丰山村、政和县石圳村、永定县南江村、海沧区西山村、永泰县蕾英村、华安县大地村等一批示范典型，永泰县202省道穴利至寨下段、泰宁音山村水际村沿线、尤溪洋中镇桂峰村至联合乡连云村、蕉城区霍童溪沿线、福安市穆云乡沿线、海沧区东孚镇沿线等"美丽乡村"景观带整治建设初显成效。

【农村住房建设】 2014年，省住建厅组织省村镇建设发展中心等设计单位编制6套《福建省村镇住宅通用图》，通过评审，确定为地方性标准。做好村镇住宅小区建设试点，从各地上报的53个省级村镇住宅试点小区备选项目中，筛选确定第十六批36个省级村镇住宅试点小区，深入各地调研指导。组织开展全省农村危房现状调查，截至年底，录入110多万户全省农村危房现状信息。

【试点镇建设】 2014年，省住建厅持续推进小城镇改革建设，开展43个试点镇建设情况评估，制定考核工作方案，组织试点工作考核评比；到20多个试点镇，督促、指导试点镇做好规划实施和市政基础设施建设。年内，43个试点镇实施城建项目637个，总投资1771.6亿元，当年计划投资347.5亿元。截至年底，完成投资359.4亿元，占计划数的103.4%。

【乡村规划师选拔培训试点】 2014年，省住建厅在全省扩大乡村规划师选拔培训试点，每个设区市选择一个县(市、区)，每个县(市、区)选择4—5个乡镇开展乡村规划师选拔培训试点。全省有43个乡镇纳入试点，举办5期乡村规划师选拔培训班，培训830人，考试合格701人。指导试点乡镇做好乡村规划师聘用工作。

【名镇名村整治】 2014年，省住建厅督促各名镇名村，依照保护规划，梳理当年保护和整治项目清单，制定项目建设计划和工作方案，按照计划推进保护和整治建设，确保完成任务。指导保护规划编制，组织召开9场省级名镇名村保护规划审查会。组织省级专家服务团分批到名镇名村现场审查，筛选项目，审查施工方案，帮助解决存在的相关技术问题，指导项目实施。组织编制《福建省历史文化名镇名村保护和整治导则(试行)》，印发各地实施。截至年底，10个重点扶持名镇名村组织实施保护和整治项目77个，完成投资2.44亿元。

【传统村落保护】 2014年，省住建厅组织开展第三批中国传统村落推荐上报工作，上报推荐村庄404个，其中列入52个村。截至年底，全省有中国传统村落125个，数量居全国第6位。组织申报传统村落中央补助资金，福州市马尾区亭江镇闽安村等32个传统村落列入中央补助资金名单，争取中央补助资金9600万元，列全国第七位。19个村镇被住建部、国家文物局公布为第六批中国历史文化名镇名

2014年，龙岩市长汀县客家古寨丁屋岭乡村旅游开展如火如茶，成为闽西周末游的热门去处。图为鸟瞰丁屋岭古村落 (林忠玉 摄)

村，全省有国家级名镇名村 42 个、省级名镇名村 43 个，国家级名镇名村数量位居全国第 2 位。推进传统民居建筑技术调查，出版《中国传统民居类型》福建部分。（施德善）

建筑业

【概况】 2014 年，福建省完成建筑行业产值 7056.89 亿元，比上年增长 21.4%，其中总承包和专业承包企业完成建筑施工产值 6689 亿元，增长 22.5%；实现全社会建筑业增加值 2112.03 亿元，增长 11.0%（按不变计价），占全省生产总值的 8.8%。全省建筑业税收收入 243.5 亿元，增长 12.5%，占全省地方税收总收入 14.4%，其中：营业税 144.54 亿元，增长 11.3%；企业所得税 52 亿元，增长 19.8%。全省房屋建筑施工面积 57386 万平方米，增长 18.9%，其中新开工面积 20245 万平方米，增长 3.5%。全省新签工程施工合同额 7530.4 亿元，增长 19.0%；施工合同额合计 12377.5 亿元，增长 23.2%。

【建筑业企业结构】 2014 年，全省新增总承包特级资质企业 1 家，总承包和专业承包一级资质企业 838 家（项）、二级资质企业 2045 家（项），主项二级以上（含二级）总承包和起居室承包资质建筑业企业占全部企业数量的 39.6%。截至年底，全省建筑业企业 7153 家，其中：总承包企业 2515 家，专业承包企业 1580 家，劳务分包企业 787 家，设计施工一体化企业 2271 家。2014 年，全省产值 10 亿元以上的企业有 146 家，产值合计 3734.39 亿元，占全省产值 55.8%，其中超 100 亿元的企业 3 家（企业最高产值为 185 亿元），50—100 亿元的 10 家，20—50 亿元的 59 家。重点骨干企业在拓展省外市场方面也有不俗表现，省外产值超过 5 亿元的 113 家，完成 1710.14 亿元，占全省省外产值 70.8%，其中省外产值 30 亿元以上的 11 家，20—30 亿元的 12 家，10—20 亿元的 38 家。

【建筑工程质量】 2014 年，省住建厅制定《关于开展工程质量和队伍素质“双提升”行动的通知》，决定集中 3 年时间，以“抓龙头、铸链条、建精品”为目标，在全省开展工程质量和队伍素质“双提升”行动。与省发改委、省财政厅联合印发《关于进一步落实福建省房屋建筑和市政基础设施工程“优质优价”政策的通知》，明确创优工程范围、可获得的增加费、创优履约责任、创优资金来源及创优费用支付方式等，以精品工程引路，增强施工企业创优积极性，提升建设工程整体品质。开展农村建筑工匠和园林古建特色工种技术工人培训考核试点工作，做好传统建筑施工工艺保护和传承，推进宜居环境建设，在全省 8 个设区市各指定一个县市率先开展试点，培训 1077 名古建筑特色技术工人和 3087 名农村建筑工匠。

【建筑业龙头企业建设】 2014 年，省住建厅制定出台《福建省建筑业龙头企业实施计划》，明确龙头企业发展目标、选定标准、选定办法及扶持政策。选定公布第一批 45 家龙头企业，其中：房屋建筑总承包 13 家，其他专业总承包 11 家，专业承包 11 家，勘察设计企业 10 家。

2014 年福建省各序列、等级资质建筑业企业数量分布表

专业	企业数量（家）	特级		一级		二级		三级		不分等级	
		主项	增项	主项	增项	主项	增项	主项	增项	主项	增项
总承包企业	2515	4		266	129	737	415	1508	1968		
专业承包企业	1580			181	1021	432	2963	946	6049	21	14
劳务分包企业	787			379	713	244	829			164	907
施工设计一体化	2271			77	27	2060	336	134	5		
合计	7153	4		903	1890	3473	4543	2588	8022	185	921

【建筑模板、脚手架一体化企业试点】 2014 年，省住建厅继续推进建筑模板、脚手架一体化企业试点工作，根据各设区市汇总上报结果，公布第一批符合一体化条件的企业，包括 22 家企业的 33 项劳务分包资质。继续推动各地扶持真正实体、诚信经营、管理规范的一体化骨干企业，鼓励钢模板、铝模板、复合材料模板等新材料、新工艺、新设备的推广使用。

【施工企业信用综合评价】 2014 年，省住建厅会同省发改委、人行福州中心支行制定出台《福建省建筑施工企业信用综合评价暂行办法》，配套出台《企业通常行为评价标准》、《企业合同履约行为评价标准》、《企业质量安全文明施工行为评价标准》等 3 份信用评价标准，对企业日常市场行为和现场行为予以量化动态评价，推进工程建设领域信用体系建设。建立全省统一的信用综合评价平台，11 月 1 日起试行。

【建设工程造价管理】 2014 年，省住建厅发布《关于调整房屋建筑工程模板人工预算单价的通知》，调整《福建省建筑工程消耗量定额》模板定额项目（及其补充定额）综合人工预算单价为 100 元/工日，自 2015 年 1 月 1 日起执行。根据《关于组织开展 2013～2016 年度施工企业劳保费用取费类别核定工作的通知》，全年核定施工企业劳保费用取费类别 1132 家。

【工程建设招标代理机构建设】 2014 年，省住建厅制定《福建省工程造价咨询企业信用综合评价暂行办法》，按照公开、公正、公平的原则，以企业和从业人员执业行为和执业质量为主要评价内容，将日常制度化监管的结果进行量化评分，衡量企业的信用水平，将评价结果依托统一信息平台公开发布，形成有效的社会监督机制。截至年底，全省有工程建设招标代理机构 153 家，从业人员 19972 人，代理中标金额 1601.6 亿元，实现营业收入 3.1 亿元。

【绿色建筑】 2014 年是福建省绿色

建筑行动基础建设年，省住建厅重点做好制度建设、标准建设、示范建设等基础性工作，全省新增绿色建筑项目51个，建筑面积748.21万平方米。完善绿色建筑政策，建立绿色建筑规划审查制度、设计专篇制度、施工图监管制度等3项基本制度。健全绿色建筑标准体系，组织编制绿色建筑设计规范、评价标准、节能标准、建筑产业现代化标准、绿色建筑施工图和绿色保障性住房施工图的设计说明示范文本，指导全省绿色建筑规划、设计、图审和施工。推动百项示范项目建设，100个重点示范项目中，开工89个，完工39个，完成投资364亿元。

【建筑节能】 2014年，省住建厅继续推进新建建筑节能，全省建筑节能强制性标准执行率设计阶段100%，竣工验收阶段100%；截至11月底，全省城镇新增节能建筑面积11640万平方米，累计节能建筑面积50157万平方米。发布全省建筑节能材料和产品备案项目94项，供全省推广应用。继续推进公共建筑节能，建立机关办公建筑和大型公共建筑能耗监测平台，截至年底，完成2285栋建筑的统计，建筑面积2583万平方米；完成340栋建筑22家公共机构节能审计，建筑面积820.3万平方米；监测建筑479栋，建筑面积492.4万平方米。厦门市列为全国首批23个民用建筑能耗统计及国家机关办公建筑和公共建筑监管体系建设示范城市之一，建成市级建筑节能监测数据中心。在节约型高校建设方面，厦门大学、福州大学、福建农林大学、集美大学、华侨大学、福建工程学院等6所高校列入示范；福建农林大学完成节能监测平台，通过住建部示范验收；6所高校完成建筑能耗统计558栋、建筑面积796.73万平方米，能源审计204栋、建筑面积148.9万平方米，能效公示163栋、建筑面积163万平方米，在线监测388栋、建筑面积242.5万平方米；国家财政资金拨付1910万元，省全部拨付，地方及学校配套1291万元。

【节能改造和可再生能源建筑应用】 2014年，省住建厅推进既有居住建筑节能改造，宁德、三明和南平等3个夏热冬冷地区自2012年启动既有居住建筑节能改造以来，按要求制定《既有居住建筑节能改造实施方案》，结合宜居环境建设，推进既有居住建筑节能改造。截至年底，全省夏热冬冷地区居住建筑节能改造累计完成建筑面积27万平方米，其中2014年完成12.6万平方米。继续推进福州等9个财政部、住建部可再生能源建筑应用示范市县建设，其中福州、武平、华安、永安、连城、将乐等基本完成，同步完成能效测评建筑面积153万平方米。

【建筑施工质量安全生产标准化】 2014年，省住建厅推动施工企业安全生产标准化达标，全省完成施工企业评审达标1056家，占安全生产许可证延期企业1454家的72.6%，占施工企业总数4621家的22.9%。出台建筑施工安全生产标准化考评实施细则及优良企业和优良项目考评办法，建立分部分项工程标准化施工样板引路制度，在创建省优质工程及房建总承包一级企业扩大承包范围试点工程的85个项目上率先推行。

【安全生产专项整治】 2014年，省住建厅加强模板工程质量安全管理，对模板工程存在重大安全隐患的，责令拆除重新安装，全程视频录像存档。推进建筑起重机械和模板、外架一体化管理，开发启用全省建机一体化企业信息系统和建筑起重机械产权备案系统，所有使用建筑起重机械施工的在建项目全部推行选用建机一体化企业；有22家企业的33项劳务分包资质具备模板或脚手架一体化条件。

【质量安全检查】 2014年，省住建厅组织开展全省在建房屋建筑和市政基础设施工程承发包情况检查。对存在主体结构重大质量安全隐患以及深基坑、模板、外架、建筑起重机械等部位重大安全隐患逾期未改正或拒绝整改的予以立案查处。打击非法违法施工行为8276起，其中责令停止建设249起，责令限期整改5981起，罚款144.06万元。省住建厅针对督查发现的重大质量安全隐患问题立案查处项目9个，转由项目所在地住房城乡建设主管部门立案查处项目9个；针对施工安全事故立案查处企业29家；针对建筑市场转包、违法分包等行为立案查处企业2家，对涉嫌违法违规的26个项目要求所在地住房城乡建设主管部门立案调查，有效震慑非法违法企业和责任人。

【施工扬尘整治】 2014年，省住建厅重点整治房屋建筑、市政道路以及房屋拆除和园林绿化工程施工活动，集中整治期间，省市通过日查、夜查、随机抽查房屋建筑工程项目28个，市政基础设施工程11个，房屋拆除工程项目2个，发出责令全面停工通知书2份，局部停工通知书1份，改正通知书14份，约谈施工单位负责人及房屋拆除建设单位负责人7次，4家单位被全省通报，5家施工企业及5名项目负责人被列入施工扬尘污染“黑名单”，向社会公开曝光。 （施德善）

房地产业

【概况】 2014年，全省完成房地产投资4567.4亿元，比上年增长23.3%。商品房销售4119.5万平方米，下降11.9%；存量房交易1371.8万平方米，下降23.8%。房地产交易总金额3727.8亿元，下降23.7%。房地产业地税收入676.2亿元，增长9.6%。

【市场监管和监测】 2014年，省住建厅规范市场销售，推行住建部、工商总局印发的《商品房买卖合同示范文本》；实行一手房和二手房交易网上签约备案；建立健全日常巡查和层级督查机制；组织查处商品房销售违法违规行为。动态监督企业批后，组织开展房地产企业、物业服务企业资质检查，根据检查情况设置红色、黄色、绿色企业警示，实行差异化监管。组织开展房地产评估机构资质就位工作。每季度定期组织召开房地产市场运行情况分析会议；通过落实市场交易情况周报、月报制度，提高市场分析频次。做好房地产统计工作，督促各地和企业用好《福建省房地产信息管理系统》《福建省房地产市场动态分析检测系统》，提高数据的适时性、准确性。选取典型楼盘，深入销售现场，进行跟踪分析，及时准确掌握市场异动情况。

【房地产企业诚信建设】 2014年，省住建厅组织制定《福建省房地产经纪机构信用管理系统建设实施方案》，研究制定房地产开发企业信用等级综合评价办法。推进建立房地产开发企业、物业服务企业信用档案制度，将企业不良行为及时记录其信用档案，并予以公布。注重企业信用评价结果和信用档案记录情况应用，将评价结果和记录情况与日常监管、资质检查和资质核定联动挂钩。

【规范房屋征收】 2014年，省住建厅完善国有土地上房屋征收信息管理系统，促进房屋征收实施单位规范化管理。继续推广和谐征迁，组织创建和谐征迁示范项目，总结推广和谐征迁工作经验。全年全省创建和谐征迁示范项目19个，全年接待拆迁上访群众13批79人次，办结拆迁信访件155件，下降32.0%。

【物业服务】 2014年，省住建厅研究扶持行业发展政策，新增创建全省物业管理示范项目22个。建立完善物业管理专家库，起草《福建省物业管理专家管理办法（试行）》，发挥专家在提升物业管理服务水平方面的作用。推广使用《福建省物业管理信息系统》，实行物业服务企业经营状况季报和从业人员年报制度，适时掌握了解物业服务行业发展动态情况。规范住宅专项维修资金使用，制定出台《关于紧急情况下使用商品住宅专项维修资金的若干意见》，简化优化提取使用程序；研究修订《福建省商品住宅专项维修资金使用暂行办法》，加强住宅专项维修资金交存、使用和管理。会商省审计厅组织开展住宅专项维修资金审计试点。

【不动产登记整合】 2014年，省住建厅按照实施不动产统一登记的要求，将房屋登记纳入不动产统一登记范围，研究提出对房屋登记职责进行整合的具体意见。指导各地房屋登记职责整合。结合当地实际，配合做好整合不动产登记职责相关工作，保证不动产登记工作的稳定性和连续性。

（施德善）

测　　绘

【测绘监管】 2014年，省测绘地理信息局向社会公布现行有效的规范性文件43件。推进行政审批服务标准化管理，对保留的7项省级行政审批事项逐项开展行政审批服务标准制定，取消兜底性条款。全面开展省级行政审批权清理，梳理行政权力85项，其中行政许可7项、非行政许可审批3项、行政处罚60项、行政征收4项、行政给付1项、行政监测检查5项、其他行政权力事项5项，依法向社会公开。加强对入闽外来测绘单位的监管，对7家省外测绘单位进行测绘资质备案，约谈1家测绘单位。开展涉密地图产品进出口监管和互联网地图活动的检查，查处2起“问题地图”案件，没收“问题地图”4460件、涉案价值5050美元。截至年底，福建省有测绘资质单位441家，其中：甲级25家，乙级51家，丙级160家，丁级205家。

【基础测绘】 2014年，“福建省1∶1万基础地理信息数据库整合升级”项目全面完成，“长汀县水土流失监测管理三维地理信息系统”通过国家测绘地理信息局验收，“永定县新农村建设测绘保障服务示范项目”建成。加强海洋基础测绘，制定海洋基础地理信息数据库数据建库技术规定，开发海洋基础地理信息数据库管理系统，完成海洋基础地理信息数据试入库，获取闽江口1∶1万水下地形数据470平方千米。加大基础地理信息数据获取，运用机载激光雷达获取“六江两溪”影像2.6万平方千米，采购并处理卫星影像174景，获取高分辨率卫星影像5084平方千米。完成1∶1万数字线划图（DLG）历史数据2000国家大地坐标系转换，确定市县大比例尺基础地理信息数据2000国家大地坐标系转换技术路线。更新编纂《福建省情地图集》。

【地理国情普查】 2014年，全省完成4688幅数字正射影像图（DOM）制作，完成普查外业底图制作、内业解译、外业调查核查12.3万平方千米，完成普查内业编辑整理12.1万平方千米、“两级检查”11.6万平方千米。根据厦门试点普查成果，开展综合统计分析，形成厦门市交通发展指数、生态环境情况及翔安区医疗分布专题统计分析成果。坚持“边普查、边监测、边应用”原则，制定《福建省监测总体方案》。结合厦门“两违”（违法占地、违法建设）拆除治理工作，应用遥感影像资料成果，开展厦门市建成区变化动态监测。省基础地理信息中心和三明市水土保持办公室合作，利用遥感影像资料开展三明市水土流失监测，为城市发展和生态文明建设提供重要决策依据。

【数字福建地理空间框架建设】 2014年，省测绘地理信息局加强对完成数字城市地理空间框架成果推广应用，数字泉州地理空间框架对接泉州市水利部门的水利和自来水应用系统；数字龙岩地理空间框架对接龙岩市计生委的人口普查系统；数字三明地理空间框架对接三明市环保局的环保人工管理系统；数字南平地理空间框架对接南平市群测群防地灾信息采集和信息管理系统、国土资源综合监管平台、南平市民生110等3个应用系统。数字福州地理空间框架建设完成并通过国家测绘地理信息局组织的验收；数字漳州地理空间框架主要建设任务完成，并通过省测绘地理信息局组织的预验收；数字厦门地理空间框架完成政务平台建设；数字宁德地理空间框架完成中小比例尺数据融合生产、地理信息公共平台建设等工作。古田、上杭、福清等12个县（市、区）数字县域地理空间框架建设通过省测绘地理信息局批复立项。加强“天地图·福建”平台建设，对“天地图·福建”网站进行升级改版，更新“天地图·福建”平台影像底图数据3次，更新“天地图·福建"平台核心要素及矢量电子地图等数据1次。加强"天地图·福建"平台成果开发应用，开发福建省地价一张图查询系统、福建省民政防灾减灾专题图、福建省测绘资质单位查询系统等8个应用示范系统；对接福建省水资源管理系统、智能交通实时路况服务平台、台江区网格社会服务、台江区数字消防管理系统；完成福建省水利厅、人民防空办公室前置服务的部署；完成福州市小学划片查询系统数据的更新。

【测绘服务】 2014年，省测绘地理信息局提供地图服务204项，提供领导工作用图及办公挂图3870幅。联合省委办公厅为在上杭县古田镇召开的全军政治工作会议编制会议用图1000多份；为习近平总书记在福建考察期间提供福建省《重点区域产业发展图》、《平潭地图》等；为省发改委编制能源、交通等各类图900多幅；为省经信委、国资委编制《福建省原材料工业重点布局图》《龙头企业分布图》《福建省属骨干企业分布图》《中央企业在闽主要产业分布图》等各类地图200多份。加强测绘成果分发服务，向175家单位提供测绘成果分发服务，向1360人次提供咨询服务。提供模拟图及"4D"等46878张、各类卫星影像282.1万平方千米；提供航摄影像23465片、大地控制点935点。加强测绘成果开发应用，为交通、水利、气象、地震、民政等部门开发10多个应用系统。省基础地理信息中心为省国土资源厅开发"福建省地价一张图查询系统"项目、"福建省旧村复垦和城乡建设用地增减挂钩管理系统"。

【测绘科技创新】 2014年，省测绘地理信息局组织申报各类科研项目34项。申报国家测绘地理信息局公益性行业科研专项2项，其中"智慧管网安全运营监测预警关键技术"获立项前公示；申报国家自然基金2项，其中"海西地区气候变化与土壤侵蚀的树轮记录研究"项目获立项；申报国家高分应用专项2项并获立项；申报省科技计划项目5项；组织该局直属各单位申报2015年该局科技创新项目23项，其中15个获立项。2013年申报的福建省自然科学基金项目"基于GIS技术的交通实时路况服务平台关键技术研究"和省科技重点项目"福建省应急地理信息服务平台关键技术研究"获得立项。"地理要素变化监测与管理系统"、"福建省无障碍设施地图服务系统"等4个软件系统获得国家版权局授予的软件著作权。　（黄继富）

环境保护

【概况】 2014年，福建省全面深化环保领域改革，深入实施生态省战略，加快建设生态文明先行示范区，各项重点工作持续加强，环境质量继续保持在较优水平。12条主要水系水质保持优良，23个城市空气质量均达到二级标准。城市声环境基本保持稳定，辐射环境质量总体保持良好。森林覆盖率继续位居全国首位，生态环境状况指数继续保持全国前列。全年全省安排省级以上环境保护专项资金97964万元，其中：争取国家资金40269万元，省级财政投入资金57695万元。

【生态省建设】 截至2014年底，泉州市在全省率先通过国家生态市技术评估，长泰县、南靖县、永春县、德化县、泰宁县等5个县获得国家生态县命名，厦门市、泉州市、福州市、三明市获得省级生态市命名。全省519个乡镇获得国家级生态乡镇命名；57个县(市、区)获得省级以上生态县命名。

【重点流域整治】 2014年，组织实施"闽江、九龙江、敖江流域水环境综合整治年度计划"，完成155个重点项目，推进龙岩市铁锰矿采选、南平延平区畜禽养殖等污染整治。对闽江、九龙江、敖江等重点流域水环境进行现场巡查，省级环保部门出动巡查150天次、506人次，巡查饮用水源保护区59个，检查企业265家，畜禽养殖场70家。将福州市西北区饮用水源地、泉州南安新垵水库饮用水源保护区、南平新建村饮用水源保护区等存在问题的饮用水源地挂牌督办，推动饮用水源地环境问题的整治。

【环境监察和排污收费】 2014年，全省组织开展环保专项行动，出动执法人员80998人次，检查企业29865家次，查处环境违法企业9453家次，立案处罚违法排污案件2065件，处罚金额4742万元，挂牌督办突出环境问题313个，在媒体曝光64家冒黑烟企业，向公安机关移送涉嫌环境污染犯罪案件152件。全年全省受理"12369"举报件22488件，办结22452件，办结率99.8%。全年全省排污费征收入库4.54亿元，其中：上缴国库4540.04万

2014年，福建省加快推进生态创建，福州市、厦门市、泉州市、三明市分别获得省级生态市命名。图为环境优美的福州金鸡山公园　（林忠玉　摄）

元,上缴省级国库5581.4万元。

【环境监测】 2014年,福建完成各项环境质量监测,定期公布全省及各辖区环境质量状况。完成环境空气质量新标准第三阶段监测,全省9个设区市全部向公众实时公开空气质量监测数据。加快推进全省环境监测能力建设,全省立项开工55座水质自动站、45座环境空气自动站。加强减排监测体系建设,实现国控企业自行监测数据网络填报及实时公开。进一步规范监测人员持证上岗考核,明确职责分工。继续开展全省重点整治小流域水质监测等专项监测。

武夷山大气背景值监测。2014年,新增二氧化碳、甲烷、氧化亚氮、黑炭和能见度等大气背景监测项目,各项目的年平均浓度如下:二氧化硫2.5μg/m³,二氧化氮3.9μg/m³,一氧化碳0.385mg/m³,臭氧90.3μg/m³,PM1027.0μg/m³, PM2.517.2μg/m³,二氧化碳399.0ppm,甲烷1.93ppm,氧化亚氮335.1ppb,黑炭0.827 μg/m³,背景区域空气质量保持稳定。

重金属污染防治。全面执行重金属污染防治工作档案、减排台账、定期调度、预警和通报等工作制度,加大推进力度,完成规划内项目44个,90家国控企业通过强制性清洁生产公示或验收。加强对涉重金属企业的监管,开展电镀、铅锌采选等行业整治,查处348家性质恶劣的违法案件,将90个涉重金属企业环境违法问题列入省级挂牌督办,对32个涉重金属环境刑事案件移送公安机关侦办。

核事故应急管理。修订《福建省核应急预案》,增编福清核电厂分册和军队支援福建省核电厂事故的"一厂一案",完善核应急预案体系。举行"融安—2014"全省第二次核事故应急演习,投入参演人员1900多人、大型救援装备200余辆(台),演习被国家评估团评为优秀。签订闽、粤、桂、琼核应急合作协议,建立核应急跨区域合作机制。协助国际原子能机构在福州举办"严重事故条件下核应急准备与响应地区培训班",促进核应急工作国际交流。

【建设项目环境管理】 2014年,《福建省建设项目环境影响评价文件分级审批管理规定(2014年版)》出台。编制《福建省环境影响评价机构及其环评人员信用管理办法》和《环境影响评价机构规范建设项目环评中介服务工作指南》,强化市场中介组织管理。全年审批11091个建设项目环评文件,对4696个建设项目环保设施开展竣工验收。

【环保产业】 2014年,福建省2011年环境保护及相关产业基本情况调查完成,发布《2011年福建省环境保护相关产业状况公报》,全省2011年环保相关产业经营收入949.18亿元,年增幅超过25.0%。3家环保企业的7项技术和应用案例被列入《2014年国家鼓励发展的环境保护技术目录》。第十二届中国·海峡项目成果交易会环保展成功举办,省内外19家环保企业的41项大气污染治理技术成果参加展示,对外发布技术需求20项。

【环境宣传教育】 2014年,省环保厅围绕福建省生态文明建设、重大环保工作进展与成效、重要环保举措、百姓关注的环境热点难点问题等内容,组织省级以上主流媒体宣传报道福建省环保新闻1200余条目。围绕新修订《环保法》,采取讲座、视频会议、网络知识竞答等丰富多彩的宣传教育形式,受众面覆盖全省城乡。编印发放各类生态文明科学知识环保宣传资料(品)近15万份。组织开展第二批全国中小学环境教育社会实践基地创建和培训。承办各类环保培训班7班次,参训人员1000余人。组织开展以"百姓富 生态美"环保宣教进乡村为特色的各类"六·五"世界环境日宣传月系列活动200余项。开展全国中学生水科技发明比赛等9项国家级环境宣教活动和网络环保主题竞答活动等6项省级环境宣教活动。继续推进和提升"千名青年环境友好使者"福建行动项目,组织开展多项环保公益活动,全省10余所高校8000余名大学生环保志愿者参与,受影响公众达数万人次。

【环境保护对外合作与交流】 2014年,福建省加强与德国、日本、斯洛伐克、荷兰、美国、加拿大、以色列等国家和港澳台地区的环保交流与合作。利用"9·8"投洽会平台,举办"第9届福建省环境保护项目洽谈会",签订5项对外合作协议。选派核与辐射管理及技术人员赴日研修。继续开展加拿大湖库富营养化技术试点工程。实施环保国际履约项目,推进地方消耗臭氧层物质淘汰能力建设项目。继续加强闽台环保技术、学术交流,深化闽台生态乡镇结对活动。组团参加澳门国际环保合作发展论坛暨展览和香

福建海岸湿地生态系统的典型代表——泉州洛阳古桥外海岸的红树林保护带

(林忠玉 摄)

港国际环保博览会，推进闽港澳环保产业对接合作。

【突发环境事件】 2014年，福建省发生突发环境事件20起，其中，因违法排污引发的较大突发环境事件1起、一般突发环境事件2起；因交通事故引发的较大突发环境事件1起、一般突发环境事件6起；因生产安全事故引发的次生一般突发环境事件10起。全省无重大或特别重大突发环境事件发生。 （曾咏发）

节能 减排 降耗

【节能降耗】 2014年，福建省全社会综合能源消费总量比上年增长8.2%，能源消费弹性系数0.83；单位地区生产总值能耗下降1.5%，2011—2014年累计下降13.6%，完成国家下达的"十二五"节能目标进度83.7%；规模以上工业万元增加值能耗下降1.0%。全面完成国家下达的福建省淘汰落后产能目标任务，全年淘汰落后铁合金4.615万吨、电石6万吨、水泥147.5万吨、造纸35.98万吨、制革85万标张、印染1500万米、铅蓄电池525.88万千伏安时、煤炭148万吨。推进重点行业对标，委托第三方机构对水泥、钢铁、造纸、印染等行业75家企业开展专项能源审计；开展水泥、钢铁行业能效对标，根据能源审计结果，对单位产品能耗未达到国家强制性标准限定值的4家水泥企业6条生产线实行差别电价，按0.05元/千瓦时加价征收。省级财政投入专项资金1.4亿元，通过工业锅炉（窑炉）改造等重点节能工程项目建设，实施省级以上重点工程项目288个，年可实现节能量约40万吨标准煤。开展重点企业节能低碳行动，健全重点用能企业能源利用状况报告制度。开展能源审计，推进企业能源管理体系建设，2011—2013年458家重点用能企业累计完成节能量554.39万吨标准煤，完成"十二五"节能目标的105.6%；459家重点用能企业主要能耗数据实现能源计量数据在线采集联网。推广节能产品和技术，通过"6·18"项目成果交易会推介节能、环保项目技术成果41项、技术需求29项。实施节能产品惠民工程，8款节能汽车列入国家节能惠民工程推广目录。推行合同能源管理，全省94家节能服务公司通过国家级审核备案，139家节能服务公司通过省级审核备案。强化节能执法监督检查，对104家重点单位围绕重点用能设备和能耗限额标准执行情况等开展节能监察。 （黄 建）

【循环经济与清洁生产】 2014年，福建省推进德化陶瓷产业园、泉港石化产业园国家园区循环化改造示范试点和华闽再生资源产业园、福建海西再生资源产业园、厦门绿洲资源再生利用产业园国家"城市矿产"示范基地建设，南平市、石狮市列入国家循环经济示范市，南平市还列入国家节能减排财政政策综合示范城市。开展省级循环经济试点单位验收工作，通过试点示范，总结经验，推进循环经济全面开展。落实国家资源综合利用税收优惠政策，119家企业通过资源综合利用认定。推行清洁生产，引导企业采用先进清洁生产工艺和技术，提高能源利用率和减少污染物排放；公布201家强制性清洁生产企业名单，全年完成106家清洁生产审核评估，全省强制性清洁生产咨询机构增至40家。公布15个循环经济试点城市、26个试点园区和205家试点企业名单，探索、总结发展循环经济的模式和经验，推动全省循环经济工作全面展开。落实资源综合利用税收政策，全年完成119家资源综合利用企业（产品）认定。 （黄 建 曾咏发）

【主要污染物减排】 2014年，省环保厅对全省重点减排项目进展情况每月调度、每季督查、定期通报、及时预警、跟踪督办，拓展提升污水处理、重点行业废水深度治理和脱硫脱硝、集中供热、清洁燃料替代等减排工程项目。出台《重点减排县（市、区）单列考核办法》，落实属地管理责任。出台《推进排污权有偿使用和交易工作的意见（试行）》及配套文件，试点排污权交易制度。年内，全省化学需氧量、氨氮、二氧化硫、氮氧化物分别比上年减排1.44%、1.74%、1.42%、6.08%，全面完成年度减排目标。 （曾咏发）

编辑：林忠玉

服务业

商贸业

【概况】 2014年，福建省促进商贸流通转型升级，启动"闽货华夏行"，电子商务、商贸物流、连锁经营等现代流通方式快速发展。全年实现社会消费品零售总额9346.74亿元，比上年增长12.9%，比全国平均增幅高0.9个百分点。其中限额以上企业商品零售额增长16.7%。各设区市社会消费品零售总额增幅分别为：福州市14.6%、龙岩市14.1%、南平市12.9%、泉州市12.5%、三明市12.3%、莆田市12.1%、宁德市12.1%、漳州市12.0%、厦门市10.0%。耐用消费品、基本生活类商品增速加快，生活资料类、享受型商品零售增幅回落。从限额以上企业看，耐用消费品（家用电器、汽车、家具、通讯器材等）零售额1541.9亿元，增长16.7%；基本生活类商品（食品类、服装类、化妆品、日用品、药品等）零售额1403.2亿元，增长26.2%；生活资料类商品（五金电料、煤炭及制品、石油及制品、建筑及装潢材料、机电产品及设备等）零售额1003.7亿元，增长13%；享受型商品（体育娱乐用品、书报杂志、电子出版物及音像制品、文化办公用品、金银珠宝等）零售额237.4亿元，增长16.8%。网络零售发展迅速。2014年，全省电子商务交易总额4989.26亿元，比上年增长40.1%；限额以上企业实现网上零售额191.79亿元，占限上单位零售额的4.4%，增长102.3%，明显快于社会消费品零售总额增速。流通行业增速呈先低后高走势。2014年，全省批发业销售额（营业额）增长16.4%，零售业销售额（营业额）增长14.8%，住宿业销售额（营业额）增长6.7%，餐饮业销售额（营业额）增长11.3%。

【商贸项目建设】 2014年，全省批发零售住宿餐饮业完成固定资产投资616.0亿元，比上年增长21.2%，其中：住宿和餐饮业投资227.43亿元，增长3.9%；批发和零售业投资388.57亿元，增长34.3%。全省新建或改造提升市场体系重点项目156个，计划总投资2102.9亿元，当年计划投资384.55亿元，截至年底，完成投资453.35亿元，为年度计划投资的117.6%。

项目建设。批发市场重点项目53个，计划总投资708.35亿元，当年计划投资106.98亿元，实际完成投资108.18亿元，为年度计划投资的100.9%；商业网点重点项目26个，计划总投资140.17亿元，当年计划投资35.47亿元，实际完成投资42.08亿元，为年度计划投资的118.6%；冷链物流重点项目18个，计划总投资54.94亿元，当年计划投资10.46亿元，实际完成投资9.55亿元，为年度计划投资的91.3%；城市综合体重点项目50个，计划总投资1156.88亿元，当年计划投资219.12亿元，实际完成投资281.17亿元，为年度计划投资的128.3%；其他商业设施重点项目9个，计划总投资42.57亿元，当年计划投资12.52亿元，实际完成投资12.37亿元，为年度计划投资的98.8%。安排400万元，扶持晋江国际五金机电城和仙游古典家具博览城等项目。

特色市场建设。安排400万元，支持一批具有福建特色茶叶、花卉、水产品等批发市场的建设提升。安排省级专项资金3000万元，推动100个城区和农村菜市场建设改造，100个城乡菜市场建设带动新增社会投资8.2亿元，新增营业面积16万平方米，新增就业6000人，受惠人口近400万人。

配送中心建设。下达补助资金1180万元，支持9个乡镇商贸中心和1个物流配送中心项目，带动新增社会投资4800万元，新增营业面积3.67万平方米，新增配送额6.6亿元。安排500万元支持资金，支持永辉超市等3家企业建设生鲜配送中心、产地集配中心等5个项目，带动新增社会投资1800万元，新增生鲜农产品销售额4.5亿元，新增就业1600多人。下达中央"南菜北运"补助资金4059万元，支持永辉超市等21家企业建设果蔬产地集配中心、销区配送中心等21个项目，带动新增社会投资10.49亿元，新增冷库面积11.88万立方米，新增销售额33.65亿元，新增就业1200多人。

闽台合作项目。继续支持国台办、商务部确定的厦门市两岸冷链物流产业合作试点，签署两岸合作项目11个，投入运营项目6个，评为示范项目3个，项目建设投资近6亿元人民币，引入台湾资金1.3亿元人民币，为厦门构建区域性先进冷链物流中心和台湾商品集散中心奠定良好的基础。

【主要副食品市场】 2014年，福建蔬菜市场季节性影响较大，波动频繁，12月受霜冻天气影响，全省批发市场监测点的19种蔬菜价格环比平均上涨3.0%；前三季度，省内蔬菜批发市场交易量280.9万吨，比上年同期增长5.3%。猪肉市场低位运行，以跌为主，12月全省生猪收购价、猪肉批发价环比分别下跌2.4%和2.3%；全年生猪屠宰量664.7万头，增长2.9%；省内猪肉批发交易量18.3万吨，增长5.8%。蛋品市场价格先跌后涨，受

2014年9月30日—10月3日，第二十四届中国(福州)国际汽车博览会在福州海峡会展中心举办。图为车展现场　　(林忠玉　摄)

H7N9禽流感事件影响，1季度禽蛋价格持续下跌，此后呈现恢复性增长，12月受寒冷天气影响，全省鸡蛋平均批发价略有回落，环比下跌1.8%。

【城市副食品调控基地】 2014年，协议期内省级城市副食品(生猪、蛋禽、蔬菜)调控基地372家，基地可调控生猪、禽蛋、蔬菜年上市量分别占全省城镇需求量的27.0%、26.0%、28.0%。全年扶持133个示范基地、直供直销、品牌创建、基础设施等项目改造建设，带动基地企业投资2.5亿元。全年8家省级生猪活体储备基地按4个月一批的时序完成3批次每批2万头的省级生猪活体储备任务。

【商贸业与物流业联动发展】 2014年，福建加快鲜活农产品高低温冷藏库、仓储设施、物流配送中心和综合信息平台建设，购置冷藏运输车辆等。安排商贸流通发展专项资金，推进省级商贸业与物流业联动示范项目建设，扶持苏宁电器福州仓储中心等8个物流项目，累计完成项目总投资7.2亿元，新建和改造高低温冷藏库4500平方米，通用仓储8万平方米。

【再生资源回收体系建设】 截至2014年底，福建建成再生资源回收网点(站)1897个，分拣中心7个、交易市场12个。2011—2014年全省再生资源回收体系可再生利用垃圾减量化122.3万吨、资源化利用118.1万吨，销售额91.9亿元。

【拍卖行业管理】 2014年，省商务厅完成2013年度拍卖企业核查工作，指定44家全省性公物拍卖企业。委托厦门市商务局行使设立拍卖企业及其分公司许可的职能。截至2014年底，全省有197家拍卖企业、193家拍卖企业分支机构。经中国拍卖行业协会评定，全省有AAA级拍卖企业10家，AA级31家，A级28家。

【新兴市场开拓】 2014年，省商务厅推进网络消费、信息消费、服务消费、绿色消费。开展“消费促进月”活动，4—5月全省各地举办产销对接会、节日特惠、地方特色产品展销及家电、电子、建材等产品促销活动，参与企业1600多家，带动消费超过9亿元，增长10.0%。出台商贸流通企业比增销售闽货奖励政策，推动商贸流通企业增加闽货采购，促进闽货销售，全省12家大型零售企业2014年下半年增加闽货销售6.4亿元。推进闽货进加油站销售，全年向全国中石化、中石油系统发送闽货特色商品120万余件，货值9000万元。

(赖忠超　甘代明　蔡雅景)

【供销合作商业】 2014年，全省供销社实现商品销售总额657.15亿元，比上年增长23.0%；实现利润总额3.02亿元，增长22.2%。

主营业务。全省供销社消费品零售总额310亿元，增长31.2%；销售农业生产资料89.7亿元，增长2.9%；农产品购进190.7亿元，增长34.6%；再生资源购进30亿元，增长28.7%。2013—2014年度，冬储化肥141.9万吨，完成计划的236.5%；农药储备6425吨，完成计划160.6%；销售化肥331.8万吨、有机肥13.4万吨、农药5.37万吨。开展“放心农资下乡进村”活动。

基层基础建设。恢复和新建基层社116个，全省基层社843个，覆盖全省乡镇90.7%。新发展农民合作社693个，累计发展农民合作社2933个。改造新建农村综合服务社1244个，累计发展农村综合服务社8837个。新发展农民合作社联合社26个，累计发展农民合作社联合社60个。培育国家示范农民合作社16个、全国供销总社农民合作社示范社22个、标杆基层社14个、百强县级社1个；省供销社评选30个示范农民合作社、30个标杆基层社。龙岩市供销社设立农民合作社规模经营贷款担保基金。武平县供销社成立福建省首家农民合作社会计代理中心。全省累计建成县级综合维修服务中心72个，实现全省有供销社建制的各县市全覆盖；新建乡镇综合维修服务站153个，累计建成乡镇综合维修服务站780个，覆盖面84.0%；新建村级维修服务点209个，累计建成村级维修服务点1746个，覆盖面12.1%。

项目建设。推进年度40个重点项目建设，全年投资10.37亿元；建设“新网工程”配送中心(专业市场)64个；建设网点和提升改造网点1007个；建设农业综合开发项目18个；新立项实施农业综合开发项目19个。争取全国供销总社财政补助资金4640万元。2个项目入选第八批国家农业标准化示范区项目，5个产品进入全国供销社百佳标准化农产品品牌。推进农资物流配送中心建设，三明(梅列)农资物流中心通过初步验收，闽东(霞浦)农资物流中心着手设计单位邀标工作，闽西(龙门)农资物流中心项目用地手续通过省政府审批。福州市供销社原福州大鞋城6500平方米市场实现转型,新的时尚文化茶都开业。

社有企业。评选全省供销社10家重点企业。全省供销社企业新获得40个省级著名商标。省福农集团与建瓯市供销社资产经营公司合资组建的福农嘉禾公司经营效益初见成效。省供销社直属企业实现主营业务收入45.4亿元,增长19.0%;实现利润总额5265.1万元,增长17.6%。全省供销社探索组建企业集团、经营公司、物流商城和专业合作社等经济实体,促进联合合作、发展混合经济取得成效。

(刘远征)

物流业

【概况】 2014年,全省物流业实现增加值1647亿元,比上年增长10.2%,增幅比全国平均水平高0.7个百分点,规模占全省生产总值的6.8%,占服务业增加值的17.3%;实现业务收入3485亿元,增长12.1%,增幅比全国平均水平高5.2个百分点;完成固定资产投资2402亿元,增长21.5%。全年物流业景气指数均保持在53.0%以上,平均值为55.1%,其中业务总量、新订单、业务活动预期等指数分别保持在55.0%、52.0%、55.0%以上。全年各种运输方式完成货物运输量111770.03万吨,货物周转量4783.48亿吨/千米;沿海港口吞吐能力4.22亿吨,完成货物吞吐量4.92亿吨、集装箱吞吐量1270.71万标箱;快递业务量(含EMS)6.6亿件。全省物流企业中,201家获评国家3A级及以上物流企业,居全国第3位;25家获评2014年度中国先进物流企业,居全国第3位;18家被列为国家级、省级甩挂运输试点企业,试点企业数量全国领先;厦门象屿集团、福建交通集团分别位列2014年全国物流企业50强第7位和第12位。

【物流基础设施建设】 2014年,全省公路通车里程10.1万千米,比上年增长10.1%;货物营运车辆27.74万辆、193.9万吨位,分别增长8.3%和17.4%;拥有港口生产性泊位493个,新增16个,其中万吨级以上泊位152个,新增7个,具备靠泊15万吨级集装箱船、30万吨级油轮、30万吨级矿石货船、14万吨邮轮及2万吨滚装船的能力,基本形成煤、油、矿石、集装箱等重要货物运输系统;运营机场5个,开通国内、国际航线207条;营业铁路合计2878千米。福州市列入全国电子商务与物流快递协同发展试点城市。厦门市入选全国城市共同配送试点城市。继福州、厦门之后,泉州、莆田成为国家电子商务示范城市。莆田港口岸入选第一批进境粮食指定口岸。平潭设立国际邮件互换局兼交换站。物流企业信息技术改造加快推进,全省大中型物流企业广泛使用仓储管理系统、车辆调度系统等信息管理系统,电子单证管理率和运单跟踪率超过95.0%,全面应用GPS全球定位系统,强化对货运车辆的监控、调度和管理。福建电子口岸业务系统建设不断强化,省交通物流公共信息平台加快推广应用,车联网与智能交通信息服务平台基本建成。福建省危险货物运输安全监管信息系统正式启用。

位于三明境内具有山区特色的立体式高速公路 (林忠玉 摄)

【物流业环境建设】 2014年,省政府相继出台《加快港口发展行动纲要(2014—2018年)》《关于进一步深化港口体制机制改革的若干意见》《加快推进交通运输现代化的意见》《关于促进大中型物流企业发展若干措施》等文件,福州、泉州、龙岩、宁德、厦门等市也相继提出一系列支持物流业发展的扶持政策。厦门东南国际航运研究中心和东南国际航运人才培养基地揭牌。省物流协会与福州市升大培训学校合作开展全省物流师和高级物流师国家职业资格认证培训。"两岸食品冷链物流标准化工作组"在厦门成立,依托厦门市两岸冷链物流合作试点,签署11个两岸合作项目,其中6个项目完成建设投入运营,3个项目被评为示范项目,项目建设投资近6亿元,引入台湾资金约1.3亿元。 (薛尚泉)

餐饮业

【概况】 2014年,全省餐饮收入1039.66亿元,比上年增长8.3%,成为全国第10个餐饮收入千亿元省区。省烹饪行业协会在全省开展品牌认定活动,组织专家评审组在福州、沙县、屏南、柘荣、宁化、福鼎等地开展"福建餐饮名店""福建名菜""福建名小吃""闽菜名师""闽菜大师"认定工作,认定"福建餐饮名店"7家、"福建名菜"5道、"福建名小吃"79道、"闽菜名师"28名、"闽菜大师"15名。1月,中国烹饪协会赴福建开展餐饮品牌认定和优秀人才推荐表彰工作,认定中国烹饪大师7名、中国烹饪名师2名、中国餐饮名店1家、中国名菜14道、中华名小吃53道、中国名点1道,莆田市获得"中华美食名城"殊荣。7月,福建名优特商品(北京)展销会在北京全国农业展览馆举行,此次活动做为福建省政府推进"闽货出省"系列活动之一,依托2014第五届中国(北京)国际食品和饮料博览会,以"展中展"形式设立福建展区,以"福建美味、健康实惠"为主题,集中展示水产、畜禽、茶叶、食用菌等具有"福建味"的特色和优势产品。10月,海峡两岸首届(宁化)客家小吃节在宁化客家美食文化城举行,展出150多个小吃品种,既有宁化当地经典客家小吃,也有来自江西石城、宝岛台湾的客家美食,评出"福建名小吃"20道,其中芙蓉大酒店选送的蛋皮汤、凤山坨子店选送的卤坨子、邱梅清制作的椰子糕等23种小吃获特金奖。

【烹饪技能竞赛】 2014年4月,第七届全国烹饪技能竞赛福建赛区比赛在福州举办,来自全省各地的205名选手参加中餐热菜、中餐面点、冷拼雕饰3个项目的比赛。5月,福建赛区优秀选手组成福建代表队赴京参加第七届全国烹饪技能竞赛第二阶段比赛,有10位选手获得特金奖,其中中餐面点组选手张琼瑜总成绩列全国第二名,获得"全国技术能手"、"全国青年岗位能手"、"中国烹饪名师"等称号,福建代表队获得团队排名第六名的成绩,福建省烹饪协会获得"优秀组织单位"。5月,第二十四届厨师节在山东烟台举办,福建省烹饪协会组织53名会员赴烟台参加活动,并推荐优秀餐饮从业人员参加"中华金厨奖"的评选,陈煌歆、刘建洪、吴德生、朱建辉、饶鑫程等5位获"中华金厨奖"。6月,宁德柘荣举办"嘉豪杯"第二届柘荣养生菜肴烹饪技能竞赛,同期举办福建特色餐饮发展论坛。9月,福建省烹饪协会授予屏南县"福建药膳美食名城"称号。10月,福建省烹饪协会和福建省药膳研究会共同主办的"中国·白水洋药膳美食节"在屏南县天外天大酒店举行,同期举办的烹饪竞赛吸引18家酒店参赛,比赛评选出金奖15名、银奖20名、铜奖38名;闭幕式上举行"福建省药膳美食名城"授牌仪式,授予天坪山大酒店等4家企业"福建餐饮名店"称号。10月,省总工会、省人力资源和社会保障厅、省商务厅共同主办,省烹饪协会和永泰县人民政府共同承办的"中国梦·劳动美"福建省烹饪技能竞赛在永泰举办,来自全省130位选手参加中餐热菜、中餐面点、冷拼雕饰3个项目竞赛,产生高级技师3人、技师13人;廖如萱、雷文华被省人社厅授予"福建省技术能手"称号,厦门大学后勤集团饮食服务中心被省总工会命名为"福建省工人先锋号"。

(彭涌泉)

粮食市场

【粮食收购】 2014年,全省继续实施惠农强农富农的粮食政策措施,保护和调动农民种粮、售粮积极性。早、中晚籼稻最低收购价参照国家标准执行,分别为每50公斤135元、138元,均比上年提高3元。出台全省早、中晚籼稻最低收购价执行预案,鉴于早、中晚籼稻市场收购价均高于福建最低收购价,年内未启动预案。省粮食局、省财政厅、农发行联合制定《2014年福建省储备订单粮食实行直接补贴的实施意见》,经省政府同意后执行,省级储备订单粮食收购计划继续保持30万吨,直接补贴标准为每50公斤12元。各市、县根据新增储备、轮换需要下达市、县储备订单收购计划。截至年底,全省国有粮食企业收购籼稻45.56万吨,其中省市县三级完成储备粮订单收购43.5万吨,比上年多收1.1万吨。

【产销协作】 2014年6月18日,省粮食局在福州举办第十三届省内产销区粮食购销协作洽谈会,省内产销区78家粮食企业签订合同、协议63项,粮食购销93.3万吨;同期粮食行业首次参加第十二届中国·海峡项目成果交易会,设立"粮油科技展馆",对接省项目成果和达成对接意向共14项,协议投资2亿多元。7月16日,第十届九省粮食产销协作福建洽谈会在厦门举办,福建、山东、江西、吉林、安徽、河南、黑龙江、江苏、湖南九省政府代表团和1000余家粮食企业参加会议,福建与产粮省企业签订粮食购销合同、协议284项,粮食购销数量587.93万吨。6月30日是国家北粮南运补贴政策执行截止日,全省粮食企业采购入闽东北玉米294.2万吨、粳稻(大米)13.58万吨,合计307.78万吨,获得中央财政补贴4.31亿元。

【仓储设施建设】 2014年,福建省先期下达全年储备粮增储计划38.5万吨,当年落实到位。省级粮库项目建设按序时节点强力推进,全省最大单库仓容20.6万吨的松下粮库和安溪粮库(扩建工程2.5万吨)通过项目竣工预验收,投入使用;永安粮库(7万吨)"三通一平"完成;光泽粮库(9万

2014年7月16日,国家粮食局副局长卢景波(右二)参观在厦门举办的九省粮油精品展

(省粮食局供稿)

2014年，尤溪县联合乡垦复抛荒梯田、完善梯田水利生态等农田基础设施建设，改善梯田耕作环境。图为尤溪联合梯田 (林忠玉 摄)

吨)建安工程在9月动工；漳平粮库(7.5万吨)旧库资产置换迁建项目可研报批；宁德蕉城省级粮库(11万吨)和宁德市、蕉城区粮库联合建设，省市区三方签署合作协议。省政府发布《关于加快市县储备粮库建设的通知》，要求推进108万吨标准化储备仓容建设；截至年底，马尾、连江、尤溪、沙县、荔城、南安、南平、建阳、武夷山、浦城、泉港、福鼎等15个粮库项目(共50.81万吨)动工建设。全省争取到危仓老库维修改造中央补助资金1555万元，比上年增加735万元，维修改造58个市、县粮库。针对农户储粮装具简陋，鼠害、霉变等造成粮食损失问题，福建省农户科学储粮专项建设全年投资7700多万元，在南平、三明、龙岩建设储粮罐18.7万套，提前一年超额完成国家和省"十二五"规划要求建成30万套农户储粮罐计划(实际建成33.4万套)。

【粮食产业】 2014年，全省新增投资1.15亿元建设粮食批发市场。福州市粮食批发市场、泉州·中国粮食城、漳州浦口粮食批发市场、龙岩闽西粮油饲料批发市场4个省级粮食批发市场，三明、南平2个区域性粮食批发市场，福鼎、上杭粮食边贸批发市场均完成建设任务。13家粮食批发市场吸纳会员或商户1632家，年粮食交易量617万吨，成交额184.18亿元。70家粮食产业化经营企业建设粮食生产收购基地25万公顷，带动农户90.5万户。53家企业获得国家粮食局、中国农业发展银行重点支持的粮油产业化龙头企业称号，6家粮油加工企业进入全国50强，其中老知青集团有限公司进入全国油茶加工企业10强。全省粮食铁路专用线11243米，专用码头泊位6个，骨干粮油加工企业131家(其中油脂加工企业9家)、骨干粮店299家，形成日加工能力3.4万吨、日供应7568吨的粮食应急加工供应体系。粮食市场保供稳价措施落实，全年粮油市场供应和价格基本稳定。

(刘惠标 张素萍)

广告业

【概况】 截至2014年底，全省有广告经营单位1.63万户，比上年增长28%；广告从业人员11.2万人，增长31%；广告经营额158亿元。

【支持广告业发展】 2014年，福建完善海西广告产业园配套设施建设，提升服务功能，海西广告产业园被认定为国家广告产业园区。在做好国家广告产业园区建设的同时，规划推进省级广告园区建设，考核认定厦门牛庄广告创意产业园为福建省广告产业园区。申请2014年福建省文化产业发展专项资金，促进广告龙头企业做大做强。成立福建省广告业联合会，发挥广告行业组织作用，促进和服务福建省广告产业的健康发展。完善广告审查制度，提高广告审批效率。

【市场监管】 2014年，福建开展电视购物广告、互联网重点领域广告、广播广告、非法集资广告、户外广告等专项整治行动，立案2168件、罚没1222.86万元。加大广告监测力度，利用覆盖省市两级64套广电媒体的监测网络，对全省发布的广告进行全频道、全类别、全范围覆盖监测，对药品、医疗、保健食品、化妆品、美容服务等五大类广告重点监测，开设违法广告预警微信平台，向监管对象发送监测到的违法广告预警信息；每季度发布全省部分媒体广告监测通报，即时向虚假违法广告专项整治联席会议成员单位和各设区市党委、政府通报监测信息。全年监测检查各类广告24.3万条次，发现涉嫌违法广告2.3万条次，广告违法率1.0%。 (林泉祥)

烟草商业

【概况】 2014年，全省烟草商业系统实现税利130.78亿元，比上年增长11.3%；实现利润76.2亿元，增长17.7%，其中卷烟利润62亿元、烟叶利润13.8亿元、其他利润0.4亿元。

【烟草农业】 2014年，全省种植烟叶6.21万公顷，收购烟叶224.2万担，比上年减少40.1万担。清香型特色烟叶种植规模持续扩大，全省收购特色优质品种烟叶占总量64.2%。修订专业化分级散叶收购管理规范，收购散叶占总量68.7%。全省烟农5.54万户，烟农实现售烟收入31.45亿元(不含产前补贴)，实现烟叶税6.92亿元，烟农户均种烟收入5.7万元。烟叶收购等级合格率81.4%，工商交接检查等级合格率69.1%。两家复烤企业加工烟叶145万担，进出口公司出口烟叶(烟梗)3174吨。全年投入资金7.67亿元，新增建设烟基项目25589项，烟田土地整理1453.3公顷，实现烟基建设全过程信息化管理。新增6个通过国家局评审的水源工程项目，

种植烟叶成为山区农村一项重要经济收入。图为2014年7月三明市尤溪县山区农村的烟叶种植场景 （林忠玉 摄）

审定援建资金2.67亿元，全省累计31个，援建资金18.57亿元。全省注册并实际运营的烟农专业合作社118个，入社烟农2.9万户，占烟农总数的52.0%。

【烟草流通】 2014年，全省销售卷烟173.6万箱，增长1.7%，其中重点品牌卷烟销售152.16万箱，增长2.4%，占总销量的87.7%；省产品牌“七匹狼”销售105.96万箱，增长3.9%，占全省销量的61.0%；6毫克（含）以下低焦油品牌销售3.88万箱，增长31.2%；条均价108.64元，增长5.6%。初步建立“四网合一”电子商务应用体系，网上订货率80.0%，网上配货率4.8%，网上结算客户占比10.7%，网络营销参与率30.0%。全省累计建成现代终端18845户，占客户总数10.5%，零售客户户均月卷烟毛利达2260元。

【专卖管理】 2014年，全省查获假烟案件1335起，下降33.3%，其中5万元以上假烟案件150起，下降20.6%；查获假烟6746件、卷接机52台、烟叶烟丝原料298吨。2012年以来，云霄县境内查获制假烟机从76台减少到零；查获假烟从16405件减少到2626件，下降84.0%；查获烟叶烟丝从975吨减少到49.03吨，下降95.0%；3年破获119个国标网络案件，判刑人数分别为436人、678人、349人，其中判处3年以上有期徒刑分别为113人、194人、132人；云霄全县10个乡镇中，7个乡镇保持“零查获”纪录，“无假村”数量从127个增加到167个，占当地行政村的比例从66.0%上升到87.0%。全年查办内部不规范经营案件24起，处理违规经营责任人87人。加强5万元以上真烟大案的统计上报和分析应用，各地通过市场真烟案件追溯内部规范问题，有效遏制卷烟非法流通。全省查获真烟6312件，减少546件，下降8.0%；上报真烟大要案208起，减少11起。 （傅积恩）

编辑：林忠玉

对外及港澳台经济贸易

综　　述

【概况】 2014年,福建省进出口1774.08亿美元,比上年增长4.8%;其中,出口1134.52亿美元,增长6.6%;进口639.56亿美元,增长1.8%;进出口、出口、进口额度继续位居全国第七、六、八位,增幅分别比全国高1.4、0.5、1.4个百分点。全省新批外商投资项目1044项,实际利用外资71.15亿美元,增长6.5%;新批总投资超亿美元的外资项目47个,合同外资31.6亿美元,增长47.5%;第二产业实际利用外资44.7亿美元,增长27.2%。全省核准备案对外直接投资项目230个,对外投资额27.7亿美元,增长3倍,其中:新设境外企业和分支机构186家,对外投资额19.2亿美元;境外企业增资项目44个,对外投资额8.5亿美元。中国(福建)自由贸易试验区正式获批,自贸试验区申报和改革同步推进。

(林　宁)

出口贸易

【概况】 2014年,全省出口1134.52亿美元(折合人民币6968.92亿元),增长6.6%,出口规模再次突破千亿美元大关。出口额在广东、江苏、上海、浙江和山东之后,位列全国第六位。出口增幅高于全国平均水平0.5个百分点,在七大出口省市中位居第三位。

【出口主体】 2014年,全省有出口实绩的企业15457家,比上年净增加857家,其中:外商投资企业3746家,比上年减少117家,出口426.3亿美元,增长2.3%;集体私营企业11433家,出口615.3亿美元,增长9.7%;国有企业278家,出口93.5亿美元,增长7.0%。全省出口规模1500万美元以上的企业1474家,合计出口837.7亿美元,增长7.1%,占全省出口总值的73.9%,其中:出口5000万美元以上的企业409家,合计出口557.5亿美元,增长8.3%,占全省出口的49.2%;出口1亿美元以上的企业148家,合计出口382.9亿美元,增长4.5%,占全省出口的33.8%;出口10亿美元以上的企业6家。全省出口1500万美元以下的中小企业(含新增出口企业)13983家,增加751家,合计出口296.9亿美元,增长4.9%。

【出口贸易方式】 2014年,全省一般贸易出口810.87亿美元,增长8.1%,占全省出口总值的71.5%。加工贸易出口271.99亿美元,增长1.6%,占全省出口总值的24.0%。其他贸易方式出口50.52亿美元,增长9.7%,占全省出口总值的4.5%。一般贸易已经成为福建外贸出口的最主要方式。

【出口商品结构】 2014年,全省机电产品出口404.1亿美元,增长7.5%;高新技术产品出口150.4亿美元,下降3.1%;农产品出口87.7亿美元,增长6.6%。全省出口超1亿美元的大宗传统特色商品有32种,出口金额824.7亿美元,增长5.6%,占全省出口金额的72.7%。其中,出口额超过20亿美元的商品有10种,包括服装170.4亿美元、鞋类122.7亿美元、计算机及电子元器件80.9亿美元、纺织品59.5亿美元、石材及制品40.4亿美元、家具37.3亿美元、灯具30.0亿美元、箱包28.7亿美元、钢材及其制品26.1亿美元、塑料制品24.2亿美元。出口额在10亿—20亿美元之间的商品有9种,包括汽车及其零件19.7亿美元、健身器材19.4亿美元、电视机18.3亿美元、陶瓷制品16.4亿美元、冻鱼15.2亿美元、电机及其零件14.7亿美元、伞13.7亿美元、珠宝首饰13.6亿美元、船舶13.3亿美元。出口额在5亿—10亿美元之间的

2014年福建省出口企业规模结构表
(有出口实绩的企业)

金额单位:亿美元

	企业数(家)	企业数占比(%)	出口额	出口额占比(%)
合计	15457	100	1134.5	100
1亿美元以上	148	1.0	382.9	33.8
5000万—1亿美元	261	1.7	174.6	15.4
1500万—5000万美元	1065	6.9	280.1	24.7
1500万美元以下	13983	90.5	296.9	26.2
其中:1000万美元以下	13375	86.5	222.9	19.6

2014 年福建省出口 1 亿美元以上的企业情况表

单位：万美元

序号	企业名称	出口额	序号	企业名称	出口额
1	福建捷联电子有限公司	220727	74	厦门市成易进出口有限公司	16013
2	冠捷显示科技(厦门)有限公司	148064	75	凯盈(福建)进出口有限公司	15947
3	达运精密工业(厦门)有限公司	125567	76	福建顺大运动用品有限公司	15828
4	戴尔(厦门)有限公司	117481	77	睿鸿光电科技(福建)有限公司	15752
5	友达光电(厦门)有限公司	101635	78	漳平市华通贸易有限公司	15119
6	宸鸿科技(厦门)有限公司	101065	79	厦门金华南进出口有限公司	15113
7	晋江市金莎珠宝首饰有限公司	80324	80	福建百宏聚纤科技实业有限公司	14931
8	厦门太古飞机工程有限公司	72588	81	厦门建霖工业有限公司	14771
9	捷星显示科技(福建)有限公司	64350	82	福安市集源达贸易有限公司	14740
10	厦门嘉联恒进出口有限公司	58881	83	福建省东山县海魁水产集团有限公司	14711
11	厦门市嘉晟对外贸易有限公司	54997	84	厦门嘉晟供应链股份有限公司	14402
12	路达(厦门)工业有限公司	48219	85	丰羽(厦门)集团有限公司	14364
13	联想移动通信科技有限公司	46587	86	厦门市中鹭达进出口有限公司	14252
14	福建华阊海洋船舶工业发展有限公司	46017	87	福建协丰鞋业有限公司	14249
15	万利达数码科技有限公司	45056	88	福鼎市华胜商贸有限公司	14245
16	福建佳通轮胎有限公司	44327	89	福安市鑫华德贸易有限公司	14234
17	厦门太古发动机服务有限公司	42893	90	厦门松霖科技有限公司	13977
18	景智电子(厦门)有限公司	42812	91	福建协兴实业有限公司	13976
19	厦门怡中进出口有限公司	40289	92	厦门阳光恩耐照明有限公司	13974
20	厦门港务物流保税有限公司	40274	93	福建永胜进出口贸易有限公司	13732
21	厦门建发金属有限公司	38455	94	宁德市华光电子科技有限公司	13715
22	厦门象屿太平综合物流有限公司	37912	95	来福太(厦门)塑胶制品有限公司	13658
23	福建省东南造船厂	37530	96	福建福日科技有限公司	13630
24	厦门中外运物流有限公司	37479	97	厦门正新橡胶工业有限公司	13533
25	宇达(中国)投资有限公司	36952	98	福州轻工进出口有限公司	13449
26	漳州市立达信绿色照明有限公司	36477	99	宁德市祥诚电子科技有限公司	13419
27	厦门建发轻工有限公司	36070	100	恒安(中国)纸业有限公司	13400
28	华映光电股份有限公司	35609	101	福建省福农农资集团有限公司	13274
29	福耀玻璃工业集团股份有限公司	35487	102	诺尔起重设备(中国)有限公司	13267
30	厦门国贸泰达保税物流有限公司	34465	103	泉州市对外加工装配管理服务公司	13188
31	保迪(厦门)物流有限公司	33504	104	厦门启润实业有限公司	12953
32	厦门外代仓储有限公司	33233	105	厦门大亮贸易有限公司	12860
33	福建泉州宝辉珠宝首饰有限公司	33048	106	福建日立工机有限公司	12675
34	厦门金龙联合汽车工业有限公司	30815	107	晋江太古势必锐复合材料有限公司	12626
35	厦门松下电子信息有限公司	30545	108	厦门钢宇工业有限公司	12580
36	厦门 TDK 有限公司	29295	109	晶宇光电(厦门)有限公司	12565
37	宇达(中国)投资有限公司厦门分公司	29023	110	福建捷胜贸易有限公司	12360
38	厦门厦顺铝箔有限公司	28595	111	厦门福慧达果蔬股份有限公司	12178
39	漳州灿坤实业有限公司	27716	112	福建豪氏威马钢铁制品有限公司	12036
40	福建华闽进出口有限公司	26731	113	厦门市金信隆进出口有限公司	12030
41	福建泉州宏昱进出口有限公司	25152	114	福建荔丰鞋业开发有限公司	11969
42	福建省榕江进出口有限公司	24964	115	福建华贸进出口有限责任公司	11849
43	泉州市恒远服饰有限公司	24770	116	福建美明达鞋业发展有限公司	11827
44	福建省晋江市进出口有限公司	24605	117	漳州矢崎汽车配件有限公司	11802
45	玉晶光电(厦门)有限公司	24173	118	福建省金顿贸易发展有限公司	11774
46	连江清禄鞋业有限公司	23716	119	中铝瑞闽板带有限公司	11760
47	厦门国贸集团股份有限公司	23207	120	日立数字映像(中国)有限公司	11718
48	福建华映显示科技有限公司	22940	121	厦门建发物资有限公司	11717
49	厦门蒙发利科技(集团)股份有限公司	22663	122	东山新福水产加工有限公司	11690
50	厦门通士达照明有限公司	21022	123	厦门太平货柜制造有限公司	11588
51	福建泉州市嘉晟供应链有限公司	21019	124	厦门宏发电声股份有限公司	11588
52	福建福鼎海鸥水产食品有限公司	20930	125	福建省诏安县海利水产有限公司	11542
53	厦门建松电器有限公司	20773	126	厦门佳信通进出口有限公司	11428
54	福建省旅游贸易公司	20089	127	福建省优拓贸易有限公司	11350
55	厦门船舶重工股份有限公司	19922	128	厦门翔鹭化纤股份有限公司	11257
56	厦门信达股份有限公司	19646	129	福州开发区鸿福贸易有限公司	11200
57	福建福欣特殊钢有限公司	19432	130	漳州中集集装箱公司	11150
58	厦门佳事通贸易有限公司	19357	131	厦门新凯复材科技有限公司	11077
59	福建省莆田富力进出口有限公司	19004	132	厦门建宇实业有限公司	11042
60	厦门嘉鹭金属工业有限公司	18879	133	厦门明承环保科技有限公司	10822
61	贝莱胜电子(厦门)有限公司	18577	134	际诺思(厦门)轻工制品有限公司	10819
62	福建岳海水产食品有限公司	18246	135	漳州泉丰食品开发有限公司	10748
63	厦门金鹭特种合金有限公司	17956	136	福建三都澳食品有限公司	10713
64	东山顺发水产有限公司	17555	137	腾龙特种树脂(厦门)有限公司	10663
65	石狮市龙整进出口贸易有限公司	17450	138	漳州市东好水产食品有限公司	10549
66	厦门建发铝业有限公司	17187	139	厦门台松精密电子有限公司	10491
67	厦门瀚龙贸易有限公司	17027	140	福州榕源长进出口有限公司	10424
68	福建省亿炜贸易有限公司	17020	141	亚美(厦门)皮件有限公司	10298
69	东山东亚水产有限公司	16868	142	福建天龙星集团有限公司	10276
70	厦门金龙旅行车有限公司	16791	143	福建省彬鹿世家进出口贸易有限公司	10242
71	厦门创裕兴进出口贸易有限公司	16657	144	福州高意通讯有限公司	10230
72	福建省启德国际贸易有限公司	16493	145	福州住电装有限公司	10059
73	厦门海莱照明有限公司	16158			

2014年福建省大宗特色产品出口情况表

单位：万美元

序号	名称	出口额
	大宗特色产品出口合计	8247389
1	服装	1703813
2	鞋类	1227426
3	计算机及相关电子元气件	809037
4	纺织品	594531
5	石材及制品	403653
6	家具	372534
7	灯具	299635
8	箱包	287296
9	钢材及其制品	261237
10	塑料制品	241894
11	汽车及其零件	197460
12	健身器材	193520
13	电视机	183392
14	陶瓷制品	164020
15	冻鱼	152295
16	电机及其零件	147436
17	伞	136553
18	珠宝首饰	136155
19	船舶	132701
20	轮胎	71350
21	电线电缆	67940
22	变压器	65561
23	蔬菜	64978
24	食品罐头	63608
25	玩具	60944
26	钟表	43159
27	音响设备	42377
28	烤鳗	38007
29	飞机及其零件	27982
30	集装箱	22749
31	茶叶	17679
32	电热烤面包器	16467

商品有6种，包括轮胎7.1亿美元、电线电缆6.8亿美元、变压器6.6亿美元、蔬菜6.5亿美元、食品罐头6.4亿美元、玩具6.1亿美元。出口额在1亿—5亿美元之间的商品有7种，包括钟表4.3亿美元、音响设备4.2亿美元、烤鳗3.8亿美元、飞机及其零件2.8亿美元、集装箱2.3亿美元、茶叶1.8亿美元、电热烤面包器1.6亿美元。这32种大宗传统特色出口商品中，增速较快（高于全省平均水平）的商品有9种：包括钢材及其制品47.9%、灯具37.4%、音响设备36.0%、集装箱29.6%、茶叶26.9%、船舶24.6%、飞机及其零件24.1%、电视机20.1%、陶瓷制品16.1%。

全省高新技术产品出口中，计算机与通信技术产品出口84.0亿美元，光电技术产品出口37.6亿美元，电子技术产品出口8.2亿美元，生命科学技术产品出口7.6亿美元，航空航天技术产品出口8.7亿美元，计算机集成制造技术产品出口2.8亿美元，材料技术产品出口1.3亿美元；出口增速低于全国平均水平3.1个百分点。主要出口市场为香港（占此类商品出口额的27.4%）、欧盟（15.3%）、美国（13.0%）、东盟（8.6%）、日本（8.5%）、墨西哥（5.1%）、台湾（3.9%）、韩国（3.6%）。

全省文化产品出口28.7亿美元，下降1.1%，其中工艺美术品及收藏品出口20.0亿美元，下降6.9%。

【出口市场分布】 2014年，全省出口的市场国别（地区）220个；全省出口5000万美元以上的国家与地区107个，比上年增加11个，合计出口1124.8亿美元，占全省出口总值的99.1%。其中，出口1亿美元以上的国家与地区共84个，比上年增加5个，合计出口1108.5亿美元，占全省出口总值的97.7%；出口10亿美元以上的国家和地区29个，与上年持平，合计出口945.0亿美元，占全省出口总额的83.3%。从洲际市场看，对亚洲出口525.5亿美元，增长6.4%；对欧洲出口237.4亿美元，增长8.8%；对北美洲出口214.9亿美元，增长7.8%；对南美洲出口75.5亿美元，下降3.7%；对非洲出口58.7亿美元，增长6.9%；对大洋洲出口22.4亿美元，增长13.2%。

2014年，全省对欧盟、美国、东盟、香港、日本等五大传统市场出口747.4亿美元，增长5.6%，占全省出口额的

2014年福建省出口1亿美元以上的国家与地区情况表

单位：万美元

序号	国别/地区	出口额	序号	国别/地区	出口额
1	美国	1996417	43	约旦	38387
2	香港特区	1015467	44	丹麦	36111
3	日本	653243	45	阿根廷	35062
4	德国	436777	46	秘鲁	32667
5	台湾省	382112	47	捷克共和国	31950
6	菲律宾	373599	48	安哥拉	30513
7	英国	361437	49	缅甸	29685
8	马来西亚	345956	50	芬兰	29125
9	韩国	333860	51	匈牙利	28013
10	荷兰	329886	52	希腊	26191
11	阿联酋	273334	53	科威特	25995
12	越南	266020	54	利比亚	25243
13	新加坡	211643	55	也门共和国	22930
14	墨西哥	211567	56	加纳	22354
15	泰国	207688	57	新西兰	21494
16	印度尼西亚	204164	58	喀麦隆	20153
17	印度	188453	59	乌克兰	20059
18	俄罗斯	182755	60	斯里兰卡	19915
19	澳大利亚	178685	61	葡萄牙	19489
20	意大利	155797	62	吉尔吉斯斯坦	18256
21	加拿大	152926	63	文莱	18216
22	巴西	152669	64	肯尼亚	17661
23	法国	152138	65	黎巴嫩	17402
24	西班牙	132862	66	挪威	16261
25	沙特阿拉伯	119792	67	柬埔寨	16208
26	埃及	109982	68	坦桑尼亚	16134
27	智利	109692	69	罗马尼亚	15565
28	比利时	105654	70	卡塔尔	15390
29	波兰	105249	71	马耳他	14567
30	土耳其	95973	72	委内瑞拉	14398
31	南非	86899	73	斯洛文尼亚	13856
32	伊拉克	74014	74	危地马拉	13196
33	尼日利亚	71680	75	摩洛哥	11899
34	伊朗	69460	76	哈萨克斯坦	11789
35	巴拿马	67976	77	厄瓜多尔	11357
36	巴基斯坦	60547	78	爱尔兰	11346
37	以色列	54577	79	乌拉圭	11288
38	阿尔及利亚	53764	80	贝宁	10999
39	斯洛伐克	44240	81	马绍尔群岛	10855
40	哥伦比亚	42086	82	多米尼加	10639
41	瑞典	41377	83	莫桑比克	10138
42	孟加拉国	40190	84	阿曼	10118

65.9%。其中,欧盟213.8亿美元,增长12.1%;美国199.6亿美元,增长8.2%;东盟167.3亿美元,增长2.6%;香港101.5亿美元,下降3.9%;日本65.3亿美元,增长1.0%。

2014年,全省对新兴市场出口282.1亿美元,增长6.4%,占全省出口额的24.9%。其中,对拉美出口75.5亿美元,下降3.7%;对中东出口73.6亿美元,增长17.1%;对非洲出口58.7亿美元,增长6.9%;对南亚出口31.1亿美元,增长26.8%;对独联体出口23.0亿美元,下降11.4%;对澳新出口20.0亿美元,增长9.0%。对金砖国家出口:印度18.9亿美元,增长19.5%;俄罗斯18.3亿美元,下降8.0%;巴西15.2亿美元,下降20.5%;南非8.7亿美元,下降16.6%。

【出口地市分布】 2014年,全省出口主要集中在沿海地区,厦门、福州、泉州、漳州与莆田等5市出口总额1041.15亿美元,占全省的91.8%,其中:厦门市出口531.61亿美元,占全省出口总额的46.9%,增长1.6%;福州市出口213.33亿美元,占全省出口总额的18.8%,增长9.9%;泉州市出口181.78亿美元,占全省出口总值的16.0%,增长10.4%;漳州市出口81.32亿美元,占全省出口总额的7.2%,增长14.4%;莆田市出口33.12亿美元,占全省出口总额的2.9%,增长4.5%。山区4个设区市出口在全省占比较低,宁德市出口36.79亿美元,增长29.6%;龙岩市出口24.15亿美元,增长14.0%;三明市出口17.78亿美元,增长29.4%;南平市出口14.65亿美元,下降4.3%;平潭综合试验区出口1.0亿美元,下降51.9%。 (崔毅)

进口贸易

【概况】 2014年,全省进口639.56亿美元,比上年增长1.9%,进口规模在广东、北京、上海、江苏、山东、浙江、天津七省市之后,居全国第八位;进口增幅高于全国平均水平1.5个百分点,在七省市中位居第二位。

【进口贸易主体结构】 2014年,全省具有进口实绩的企业7838家,比上年增加176家。其中,新增进口企业(上年没有进口业绩)2176家,净增进口金额23.8亿美元;上年有进口业绩当年停止进口的企业1988家,净减少进口20.1亿美元。进口规模1000万美元以上的有700家,增加34家,合计进口585.4亿美元,占全省进口总额的91.4%;进口5000万美元以上的有199家,增加19家,合计进口478.6亿美元,占全省进口总额的74.7%;进口1亿美元以上的企业114家,增加1家,合计进口419.4亿美元,占全省进口总额的65.5%。从企业性质看,外商投资企业进口323.7亿美元,下降4.2%,占全省进口总值的50.5%;集体私营企业进口219.8亿美元,增长14.8%,占全省进口总值的34.3%;国有企业进口101.8亿美元,增长2.8%,占全省进口总值的15.9%。

【贸易方式结构】 2014年,全省一般贸易进口434.31亿美元,比上年增长4.8%,占全省进口总值的67.9%;加工贸易进口151.38亿美元,下降8.2%,占全省进口总值的23.7%;其他贸易方式进口53.9亿美元,增长9.8%,占全省进口总值的8.4%。其中外资企业作为投资进口的设备和物品2.4亿美元,下降53.8%。

【进口商品结构】 2014年,全省进口商品涉及海关统计商品目录(HS商品分类)中的22大类98章。进口的大宗商品主要为中间产品和资源性产品,其中:机电产品进口180.7亿美元,下降8.8%;高新技术产品进口129.9亿美元,下降12.1%;农产品进口64.8亿美元,增长11.3%。进口规模在10亿美元以上的有14种,与上年持平,分别为原油71.9亿美元,增长1.0%;液晶显示板44.5亿美元,下降9.2%;塑料及其制品38.5亿美元,下降3.2%;铁矿砂27.6亿美元,下降6.0%;集成电路及微电子组件26.2亿美元,下降16.9%;大豆23.1亿美元,下降2.6%;有机化学品22.0亿美元,下降14.1%;木及木制品20.0亿美元,增长23.6%;计算机部件15.5亿美元,下降18.4%;煤14.1亿美元,下降9.9%;木浆、纸及纸板13.6亿美元,增长26.6%;大理石和石灰岩12.0亿美元,下降5.3%;花岗岩玄武岩砂岩11.0亿美元,增长21.8%;纺织原料及制品10.9亿美元,下降6.6%。

【进口国别地区分布】 2014年,福建与全世界177个国家(地区)开展进口贸易,比上年减少7个国别地区。其中:进口5000万美元以上的国家与地区有57个,与上年持平,合计进口637.1亿美元,占全省进口总值的99.5%;进口1亿美元以上的国家与地区有46个(欧盟和东盟不参加排序),合计进口628.4亿美元,占全省进口总值的98.1%;进口10亿美元以上的国家和地区有17个,合计进口525.6亿美元,占全省进口总值的82.1%。进口来源地前三位的分别是台湾省、沙特

2014年福建省大宗特色产品进口情况表

单位:万美元

序号	名称	进口额
	全省大宗进口商品	4263372
1	原油及成品油	762251
2	液晶显示板	445222
3	塑料及其制品	385107
4	铁矿砂	275590
5	集成电路及微电子组件	262291
6	大豆	230508
7	有机化学品	219828
8	木及木制品	200404
9	计算机部件	155152
10	煤	141352
11	木浆、纸及纸板	135879
12	大理石和石灰岩	119684
13	花岗岩玄武岩砂岩	109571
14	纺织原料及制品	108793
15	发动机	98397
16	生皮及皮革	91210
17	钢铁及制品	90913
18	橡胶及其制品	78270
19	镍矿砂	63841
20	飞机及零件	58149
21	半导体器件	51193
22	饲料用鱼粉	50230
23	铜及制品	36371
24	铝及制品	30106
25	玻璃及制品	23554
26	电容器	13779
27	动植物油	10606
28	钨矿砂	7929
29	蓄电池	5750
30	镍及制品	4442

2014 年福建省进口 1 亿美元以上的企业情况表

单位：万美元

序号	企业名称	进口额	序号	企业名称	进口额
1	福建联合石油化工有限公司	719634	49	星誉化工(漳州)有限公司	19855
2	友达光电(厦门)有限公司	197989	50	宝钢德盛不锈钢有限公司	19573
3	紫金铜业有限公司	149031	51	福建福欣特殊钢有限公司	19388
4	福建三钢国贸有限公司	96942	52	贝莱胜电子(厦门)有限公司	19078
5	戴尔(厦门)有限公司	96382	53	福建戴姆勒汽车工业有限公司	18886
6	中海福建天然气有限责任公司	84468	54	厦门华特集团有限公司	18779
7	宸鸿科技(厦门)有限公司	82498	55	福州集佳油脂有限公司	18275
8	厦门国贸集团股份有限公司	81057	56	福建省漳州市对外贸易有限责任公司	17678
9	福州康宏豆业科技开发有限公司	72661	57	明达实业(厦门)有限公司	17118
10	厦门市信达安贸易有限公司	70707	58	赛得利(福建)纤维有限公司	16983
11	厦门太古飞机工程有限公司	67498	59	泉州市泉港区爱德利贸易有限公司	16490
12	建发物流集团有限公司	66526	60	福建佳通轮胎有限公司	16432
13	达运精密工业(厦门)有限公司	66425	61	厦门船舶重工股份有限公司	16042
14	厦门信达股份有限公司	63897	62	恒安(中国)纸业有限公司	15801
15	冠捷显示科技(厦门)有限公司	60366	63	福建省福能电力燃料有限公司	15541
16	翔鹭石化股份有限公司	59029	64	福建统一马口铁有限公司	15485
17	全球物流(厦门)有限公司	55380	65	福建省榕江进出口有限公司	15216
18	厦门速传物流发展股份有限公司	53460	66	睿鸿光电科技(福建)有限公司	14816
19	宏高供应链管理(厦门)有限公司	52962	67	泉州恒义信贸易发展有限公司	14770
20	厦门建发原材料贸易有限公司	52403	68	福建省东南造船厂	14506
21	戴尔(中国)有限公司	51846	69	兴业皮革科技股份有限公司	14415
22	捷星显示科技(福建)有限公司	48775	70	福州开发区新电燃料有限公司	14161
23	厦门太古发动机服务有限公司	48130	71	厦门松下电子信息有限公司	14134
24	厦门建发股份有限公司	45070	72	峻凌电子(厦门)有限公司	14088
25	福建省标本公司	39030	73	宸鸿科技(平潭)有限公司	13989
26	厦门中禾实业有限公司	38012	74	厦门翔鹭化纤股份有限公司	13717
27	厦门建发矿业有限公司	35032	75	厦门嘉鹭金属工业有限公司	13569
28	鸿一粮油资源股份有限公司	34927	76	林德(中国)叉车有限公司	13561
29	厦门建发能源有限公司	34595	77	万利达数码科技有限公司	13556
30	福建康宏股份有限公司	33917	78	福建华映显示科技有限公司	13436
31	华映光电股份有限公司	33786	79	腾龙特种树脂(厦门)有限公司	12686
32	联想移动通信科技有限公司	32372	80	福清市新宁万达仓储有限公司	12286
33	锐珂(厦门)医疗器材有限公司	30158	81	莆田市标准木业有限公司	11842
34	厦门象屿物流集团有限责任公司	28802	82	日立数字映像(中国)有限公司	11681
35	景智电子(厦门)有限公司	28607	83	福建大唐国际宁德发电有限责任公司	11516
36	南平市延平区台属联谊会	28236	84	厦门正新海燕轮胎有限公司	11514
37	福州建发实业有限公司	25881	85	福建中日达金属有限公司	11470
38	厦门建发农产品有限公司	25263	86	玉晶光电(厦门)有限公司	11323
39	厦门建发纸业有限公司	24936	87	中国轻鑫工程厦门有限公司	11212
40	泉州福海粮油工业有限公司	24696	88	厦门汉磊供应链有限公司	11094
41	厦门银祥油脂有限公司	24370	89	泉州港丰能源有限公司	11006
42	华阳电业有限公司	22714	90	厦门中艺抽纱进出口有限公司	10989
43	厦门市明穗粮油贸易有限公司	22172	91	厦门建发保税储运有限责任公司	10925
44	北新集团厦门国际贸易有限公司	21689	92	厦门中盛粮油集团有限公司	10711
45	福建捷联电子有限公司	20804	93	厦门信和达电子有限公司	10514
46	腾龙芳烃(漳州)有限公司	20764	94	厦门航空有限公司	10461
47	中国抽纱福建进出口公司	20704	95	晶宇光电(厦门)有限公司	10332
48	厦门大亮贸易有限公司	20061			

阿拉伯和美国，其中：台湾省进入大陆贸易 86.5 亿美元，下降 10.5%；沙特阿拉伯进口 73.2 亿美元，增长 3.8%；美国进口 66.7 亿美元，增长 10.8%。从洲际市场看，自亚洲进口 366.9 亿美元，下降 4.3%，占全省的 57.3%，其中，自中东进口 83.2 亿美元，下降 6.0%；自东盟进口 83.5 亿美元，增长 4.9%。自欧洲进口 75.9 亿美元，下降 3.2%，占全省的 11.9%，其中自欧盟进口 46.0 亿美元，增长 4.1%。自北美洲进口 83.0 亿美元，增长 10.7%，占全省的 13.0%。自南美洲进口 41.7 亿美元，下降 3.8%，占全省的 6.5%。自大洋洲进口 42.3 亿美元，增长 56.4%，占全省的 6.6%。自非洲进口 30.6 亿美元，增长 42.3%，占全省的 4.8%。

【进口地市分布】 2014 年，全省进口集中在沿海，厦门、福州、泉州、漳州、莆田 5 市合计进口 618.70 亿美元，占全省进口额的 96.7%；三明、南平、龙岩和宁德山区 4 市合计进口 20.86 亿美元，占全省进口总额的 3.3%。进口规模超百亿美元的有厦门市、福州市和泉州市。在全省 114 家进口超亿美元企业中，厦门 55 家，合计进口 205.9 亿美元；福州 37 家，合计进口 84.9 亿美元；漳州 8 家，合计进口 16.5 亿美元；泉州 7 家，合计进口 81.7 亿美元；莆田 4 家，合计进口 13.0 亿美元；龙岩、宁德、平潭各一家，分别进口 14.9 亿美元、1.2 亿美元、1.4 亿美元；三明、南平两市没有进口超亿美元企业。 （崔　毅）

利用外资

【概况】 2014 年，全省新批外商投资项目 1044 项，合同外资 84.9 亿美元，比上年增长 1.9%；实际到资 71.1 亿美元，增长 6.5%。全省全社会固定资产投资 18449.48 亿元，其中外资企业投资 1311 亿元，占 7.1%；全省规模以上工业增加值10051.67亿元，其中外资企业3890亿元，占38.7%；全省规模以上工业销售产值37144.69亿元，其中外资企业14446亿元，占38.9%；全省企业出口1134.52亿美元，其中外资企业出口426.3亿美元，占37.6%；全省国税税收2299.7亿元，其中涉外税收957.9亿元，占41.7%。

【地市实际利用外资】 2014年，福州市实际到资15.5亿美元，增长8.1%；厦门市19.7亿美元，增长5.3%；漳州市10.1亿美元，增长7%；泉州市14.9亿美元，增长7.1%；三明市1.4亿美元，增长12.3%；莆田市3.4亿美元，增长13%；南平市1.2亿美元，增长14.3%；龙岩市2.4亿美元，增长11.5%；宁德市1.7亿美元，增长21%；平潭实验区7920万美元，下降37.6%。

【外商投资产业】 2014年，全省农林牧渔业实际到资11571万美元，增长18.4%，其中：农业6991万美元，增长37.9%；渔业817万美元，增长6.1倍；畜牧业1969万美元，下降39.3%。第二产业实际到资44.7亿美元，增长27.2%，其中：工业42.6亿美元，增长24.1%；建筑业2.2亿美元，增长1.5倍。三大主导产业实际到资中，机械装备制造业5.7亿美元，增长86.4%；石油化工业3.3亿美元，下降7.9%；电子信息业3.2亿美元，下降21.6%。服务业实际到资25.2亿美元，下降17.6%，其中：交通运输、仓储业2.5亿美元，增长66.7%；科研、技术服务1.1亿美元，增长1.7倍；信息传输、计算机软件8718万美元，增长76.5%；文体娱乐7561万美元，增长2.2倍；住宿餐饮业5503万美元，增长45.6%。批发零售业3.5亿美元，下降53.1%；金融业2.4亿美元，下降39.7%；租赁商务2.3亿美元，下降55.7%。

【外商到资情况】 2014年，香港实际到资45.2亿美元，增长12.6%；台湾（含第三地转投）实际到资11.9亿美元，增长10.9%；日本实际到资6710万美元，增长13.3%；美国实际到资3758万美元，下降34.5%；欧盟3158万美元，下降65.7%。

【新增外资项目】 2014年，全省新增世界500强企业投资项目11项，总投资13.9亿美元，合同外资7亿美元；分别是：德国戴姆勒公司参股的福建奔驰汽车增资项目、美国埃克森美孚公司参股的福建联合石化增资项目、新加坡丰益国际公司投资的泉州益海嘉里增资项目、美国麦当劳投资的福州麦当劳增资项目、瑞士ABB公司投资的厦门ABB企业管理项目和厦门ABB高低开关增资项目、香港华润公司投资的华润置地（厦门）项目、惠安泉惠发电增资并购项目、福建建材控股增资并购项目、龙岩华润混凝土增资项目和莆田华润混凝土增资项目。全省新批总投资千万美元以上项目350项，合同外资77.8亿美元，增长22%。其中，总投资亿美元以上项目47项，比上年增加17项，合同外资31.6亿美元，增长47.5%，亿美元项目合同外资占比由上年的25.7%提高到37.2%；总投资超3亿美元项目有4项，分别是厦门中璟房地产项目（总投资9.7亿美元）、厦门禹洲城项目（总投资4.6亿美元）、厦门华润置地项目（总投资4.1亿美元）和厦门润晶光电项目（总投资3亿美元）。 （陈国森）

国际经济技术合作

【对外直接投资】 2014年，全省核准备案的对外直接投资项目230个，对外投资额27.7亿美元，比上年增加3倍，其中：新设境外企业和分支机构186家（境外企业178家，分支机构8家），对外投资额19.2亿美元；境外企业增资项目44个，对外增资额8.5亿美元。全省对外实际投资额13.77亿美元，增长116.5%，位居全国第9位。主要对外直接投资项目有：福耀玻璃工业集团股份有限公司投资美国、俄罗斯的汽车玻璃生产及销售项目合计6.2亿美元，厦门金达威集团股份有限公司在美国投资1亿美元并购设立奈特罗公司，福建建工集团总公司联合其他省属企业在肯尼亚和香港分别投资9900万美元，海峡天盈股权投资合伙企业投资英属维尔京群岛的非证券类股权投资项目8200万美元，福州宏龙海洋水产有限公司对其在印度尼西亚设立的印尼金马安渔业有限公司增资9008.2万美元，厦门建发房地产集团有限公司对在香港投资的集装箱租赁与销售业务增资8758.6万美元，恒盛昌（福建）投资有限公司在香港投资7200万美元经营远洋渔业捕捞和养殖基地建设等项目。核准备案的厦门企业对外直接投资项目99个，占全省43%；对外投资额10.3亿美元，占全省37.2%。核准备案的福州企业对外直接投资项目62个，占全省27%；对外投资额12.4亿美元，占全省44.8%。核准备案的批发和零售业项目105个，占全省45.7%；对外投资额6.9亿美元，占全省24.9%。核准备案的制造业项目38个，对外投资额8.6亿美元，占全省31%。核准备案的投向香港项目91个，占全省39.6%；对外投资额12.3亿美元，占全省44.4%。

【对外承包工程】 2014年，全省新签对外承包工程合同项目27项，新签合同额35842万美元，增长15.5%；完成营业额71559万美元，增长10.3%；工程项下派出劳务人数5840人次，增长181.2%；年末在外人数4074人，增长45.8%。中国武夷实业股份有限公司连续21年入围ENR全球最大250家国际承包商，2014年排名第170位，居内地上榜企业第2位。对外承包工程业务主要分布在肯尼亚、喀麦隆、格鲁吉亚等30个国家和地区，其中：非洲占68.8%，亚洲占20.9%，欧洲占10.3%。对外承包工程项目（完成营业额）主要集中在交通运输建设、房屋建筑、电力工程建设等8类对外承包工程项目，其中：交通运输建设占39.7%，房屋建筑占25.4%，电力工程建设占22%。2014年在商务部公布的全国外经业绩排名中，全省对外承包工程完成营业额排名第23位，下降2位。

【对外劳务合作】 2014年，全省新签对外劳务人员合同工资总额113856

万美元，增长94.1%；对外劳务人员实际工资收入总额65235万美元，增长52.5%；派出对外劳务人员49402人次（包括工程项下派出人数），增长30.7%；年末在外人员56199人，增长34.5%。对外劳务合作业务主要分布在澳门、香港、台湾等地区和新加坡等20多个国家。全年输出澳门劳务合作业务仍是以澳门中小企业为主，输出澳门劳务19932人次，占40.3%，增长23.5%；劳务人员实际收入总额31727万美元，增长42.2%。全年外派对台渔船船员2412人次（外省渔工外派37人次，涉及四川等11个省份），占4.9%，下降7%；年末在外1453人，增长2.6%。2014年商务部公布的全国外经业绩排名中，全省对外劳务派出人数排名第2位，上升1位。

【对外援助】 2014年，全省援外培训单位承办援外培训班44期，增长10%；培训来自80多个国家的859名学员，增长16.7%。新获批援外成套项目实施企业2家；福建建工集团中标承担援几内亚广电中心及两电台改造项目等1个援外成套项目，合同金额7148万元人民币；在建项目3个。中国武夷中标承担援博茨瓦纳议会办公设备项目和向几内亚等4国提供紧急医疗物资项目等2个援外物资项目，合同金额520万元人民币。福建农林大学承担援斐济菌草种植技术合作项目，由福建农大承担菌草适应性科学试验、良种繁育、生产和产品加工示范工作。福建农林大学承担的援莱索托第三期菌草种植技术合作项目正常进行，援卢旺达农业技术示范中心项目的3年技术合作完成。（刘原泉）

开发区建设

【概况】 2014年，全省有各类开发区101个，其中：国家级开发区28个，省级开发区73个；按类型划分，经济开发区78个，台商投资区6个，高新技术开发区8个，海关特殊监管区7个，旅游度假区2个；核定土地规划面积800.11平方千米。

【开发区发展状况】 2014年，全省开发区实现地区生产总值6846.19亿元，比上年增长15.1%；工业增加值5069.48亿元，增长14.3%；完成固定资产投资4373.49亿元，增长14.3%；税收收入899.29亿元，增长15.3%；财政收入972.02亿元，增长16.9%。地区生产总值、工业增加值、固定资产投资、税收收入、财政收入分别占全省的28.5%、48.6%、23.71%、19.1%和25.4%。全年新注册内资企业14080家，注册资本金1064.79亿元；新批外资项目328项，合同外资（验资口径，下同）32.63亿美元，实际利用外资24.49亿美元，分别占全省的31.4%、38.4%和34.4%。出口总额533.59亿美元，进口总额370.34亿美元，分别占全省的47%和57.8%。

截至2014年底，全省6个台商投资区累计引进台资项目1147个，累计合同台资93.95亿美元，累计实际利用台资77.90亿美元，分别占全省吸引台资项目的9.6%、42.1%、61.8%。

【招商援建】 2014年，省商务厅组织5个开发区参加第十八届“9·8”投洽会福建省开发区展区的展洽活动，受到众多海内外客商的关注和好评。促成2014年福建国家级经济技术开发区对口援建新疆准东开发区项目正式签约，厦门海沧台商投资区和福清融侨经济技术开发区分别与新疆准东经济技术开发区签订对口援建项目框架协议，共建物流公共信息平台，并提供援建资金各100万元。

【山海协作】 2014年，省政府印发《福建省山海协作共建产业园区规划纲要》，对批准共建的产业园区，采取财政政策支持、加大金融扶持力度、加强企业用工培训，以及执行用地指标有偿调剂、先期收储土地等优惠措施给予扶持。第二批5个共建产业园区经省委农办、省商务厅等部门认定。

【开发区政策扶持】 2014年，省商务厅按照《关于做好2014年利用外资和开发区促进资金项目申报工作的通知》，经严格审核各单位申报材料，会同财政厅下拨开发区产业促进资金、污水集中处理设施建设补助资金、绿色开发区建设补助资金1860万元，完成年度任务的124%。（林庆寿）

闽港澳台经贸合作

【闽港澳经贸合作】 2014年，全省新批港澳资项目395项，新批合同港澳资56.68亿美元，增长15.2%；实际到资45.6亿美元，增长8.3%，占全省实际到资总额的64.1%。全省与港澳地区的进出口贸易总额104.51亿美元，下降5.7%，其中对香港出口101.5亿美元，下降3.8%。全省核准投向香港的项目70个，占全省37.6%；对港投资额（含增资项目）12.3亿美元，增加3.7倍，占全省44.4%，对香港地区投资项目数和投资总额均居全省对外投资首位。

（牛　戈）

【闽台经贸合作】 2014年，全省利用台资（含第三地转投）587项，增长12.2%，其中新批台资项目470项，增长32.4%；合同台资14.92亿美元，下降24.6%；实际到资11.9亿美元，增长10.9%。全年闽台进出口总额124.74亿美元，下降2.9%，其中：对台出口38.21亿美元，增长18.6%；自台进口86.53亿美元，下降10.1%。全年商务部核准福建省对台直接投资项目12个，其中：增资项目2个，新设境外企业或分支机构10个；核准对台投资金额5624.69万美元。企业赴台投资领域除在酒店服务、电子产品研发和贸易、农产品批发等领域新增投资外，拓展到体育活动交流、展览服务、园林建筑工程、纺织机械贸易等。

（金　毅）

编辑：王文灿

旅游业

综述

【概况】 2014年，福建省接待游客2.34亿人次，比上年增长16.8%；旅游总收入2707亿元，增长18.4%。全年新增旅行社60家；截至年底，全省有旅行社853家，其中，出国游组团社82家，赴台游组团社12家。全年新增星级饭店14家，其中：五星级4家，四星级7家，三星级3家；截至年底，全省有星级饭店419家，客房总数60277间(套)，床位数99566张，其中：五星级饭店49家，四星级饭店147家，三星级及以下饭店223家。

【国内旅游】 2014年，全省接待国内游客2.29亿人次，增长17.1%，其中：过夜游客1.19亿人次，增长13.4%，占全省接待总量的52.2%；一日游游客1.1亿人次，增长21.5%，占全省接待总量的47.8%。从游客来源地看，省外游客5849.51万人次，占全省接待总量的25.6%，其中省外过夜游客4620.36万人次，下降1.5%；省内游客1.7亿人次，占全省接待总量的74.4%。

【入境旅游】 2014年，全省接待入境游客544.98万人次，增长6.4%。其中，外国游客195.06万人次，增长9.4%，占全省入境旅游人数的35.8%。欧、亚、非三大洲客源上升显著，意大利、印度、英国、法国、韩国、德国、马来西亚游客增幅均超过20%；美洲、大洋洲客源市场呈现负增长，美国游客数量下降33.1%；日本、美国、马来西亚、新加坡、韩国、印尼、德国、菲律宾、澳大利亚和英国位列福建省入境客源国前十名。港澳地区游客124.53万人次，增长3.6%。台湾地区游客225.39万人次，增长5.5%。旅游外汇收入49.12亿美元，增长7.4%。

【假日旅游】 2014年春节期间，全省接待国内外游客1067.7万人次，比上年同期增长29.7%，其中：过夜游客258.31万人次，一日游游客809.39万人次；旅游收入69.89亿元，同比增长31.2%。“十一”黄金周期间，全省接待国内外游客1535.79万人次，同比增长18.7%，其中：过夜游客390.26万人次，一日游游客1145.52万人次；旅游总收入98.85亿元，同比增长20.1%。两个黄金周接待游客总人数和旅游总收入均创历史新高，相当于全年国内旅游接待人数和旅游收入的11.1%和6.2%。“五一”期间，全省接待国内外游客565.8万人次，同比增长22.6%；实现旅游总收入36.15亿元，同比增长24.1%。

【乡村旅游】 2014年，全省推进建设23个休闲集镇、80个特色村，力争通过3年完成乡村旅游“百镇千村”建设工程。省旅游局与省农业厅联合开展第五批“全国休闲农业与乡村旅游示范县(点)”创建工作，泰宁县、连城县被评为全国休闲农业与乡村旅游示范县，晋江市围头村、长泰县山重村等5个项目被评为全国休闲农业与乡村旅游示范点。与省海洋与渔业厅联合新培育20家“水乡渔村”休闲渔业示范基地。截至2014年底，全省有全国级工农业旅游示范点24个、省级工农业旅游示范点52个，全国休闲农业与乡村旅游示范县8个、示范点22个，全国特色景观旅游名镇名村7个、省级特色景观旅游名镇名村9个，三星级以上乡村旅游经营单位116家，“水乡渔村”休闲渔业示范基地120个，森林人家330多个。

旅游市场开拓

【旅游规划】 2014年，省旅游局启动《戴云山旅游区旅游发展规划》《二十一世纪福建省海上丝绸之路核心区旅游发展策划》两个重点旅游区域专项规划编制工作。委托大地风景国际咨询集团制定《福建省旅游全域化市县综合评价指南》，为开展全域化旅游试点工作提供指南和引导；11月27日，该文本通过省质监局组织的专家评审，将于2015年作为地方标准正式发布。

【旅游投资】 2014年，福建继续实施生态旅游示范工程、滨海旅游开发工程、文化旅游融合工程、乡村旅游富民工程、旅游景区提升工程、星级饭店提升工程等六大工程。全面推进263个重点旅游项目建设，总投资2568亿元，年度计划投资395亿元，完成投资452.66亿元，占投资计划的114.5%，增长24.1%。在建的46个生态旅游项目，总投资552亿元，年度计划投资95.35亿元，完成投资112.15亿元，完成计划的117.6%；在建的14个滨海旅游项目，总投资310亿元，年度计划投资48.14亿元，完成投资56.65亿元，完成计划的117.7%；在建的70个文化旅游项目，总投资1032亿元，年度计划投资147.5亿元，完成投资158.34亿元，完成计划的107.4%；在建的33个重点乡村旅游富民工程项目，总投资40.33亿元，年度计划投资9.94亿元，完成投资12.48亿元，完成计划的125.6%；在建的44个景区提升项目，总投资267.64亿元，年度计

2014 年，建宁县闽江源生态旅游区获评国家 4A 级旅游景区。图为景区花海日出

（建宁县政府办供稿）

划投资 24.46 亿元，完成投资 28.31 亿元，完成年度计划的 115.7%；在建的 56 个旅游设施提升工程项目，总投资 366 亿元，年度计划投资 70 亿元，完成投资 84.73 亿元，占年度计划的 121%。

【旅游招商引资】 2014 年，福建省招商引资旅游项目签约 178 个，总投资 2245 亿元，增长 11.5%。招商引资呈现四个转变：一是从资源招商向新业态招商转变，从全省 282 个招商项目库中精选出滨海、生态、文化等三大类 70 个发展潜力大、综合效益好的重大项目和 25 个景区托管项目进行对外招商；省旅游局联合省海洋与渔业厅首次推出 20 个无居民海岛对外招商。二是从传统招商向创意招商转变，突出滨海旅游、生态旅游、文化旅游、休闲养生、邮轮游艇、海岛开发等新业态项目和大项目招商，兼顾上下游产品配套项目，推动全产业链整体发展。三是从招商引资向招商选资转变，精心筛选项目，以引进有助于旅游提质增效、转型升级的新业态、休闲度假项目为目标，重点选择有意来闽发展的大型旅游投资集团、著名电商企业，主动上门开展“一对一”“点对点”对接，推动旅游大项目签约落地。四是从“独立招商”向“整合招商”转变，举办“投资福建旅游项目招商推介会”；举办第十届旅博会“旅游投融资合作暨海洋（旅游）产业投资洽谈会”，联合省海洋与渔业厅、省政府驻外办事处、福建商会、大型旅游投资集团、各设区市政府等省市有关部门开展有针对性项目招商。

【旅游景区建设】 2014 年，省旅游局组织 12 批次专家结合创建 A 级景区对景区提升进行指导，提升景区的配套设施、服务品质和产品体系，开发生态休闲旅游、滨海度假旅游、文化体验旅游、康体养生和乡村旅游等休闲度假产品，推动建设平潭国际旅游岛、湄洲岛国家级旅游度假区和东山生态旅游岛，培育武夷山、梅花山、太姥山等休闲养生基地，打造福州、泉州、漳州等海上丝绸之路主要节点旅游城市。全年新增 52 家 A 级景区。截至年底，全省有国家 A 级景区 171 个，其中：5A 级景区 7 个，4A 级景区 78 个，3A 级景区 66 个，2A 级景区 20 个。

【红色旅游】 2014 年，省旅游局继续贯彻《2011—2015 年全省红色旅游发展规划纲要》，结合编制《福建省旅游产业创新提升规划》，进一步整合红色旅游资源，做大红色旅游产业。对列入一期、二期的全国红色旅游经典景区，对基础设施建设等给予补助。以古田会址为重点，加大力度集中扶持有规模、上档次和发展潜质好的红色旅游景区。以创建 A 级旅游景区为抓手，推动红色旅游与乡村游、生态游、休闲度假游等相结合，形成以红色旅游为主题，形式多样的复合型旅游产品，增强红色旅游的吸引力和竞争力。

旅游监督管理

【旅游监督管理】 2014 年，全省各级旅游部门重点查处以不合理的低价组织旅游活动、通过安排购物或另行付费项目获取回扣以及其他侵害旅游者合法权益等违法行为，整治群众反映强烈的零负团费、买团卖团、强迫购物、诱导消费、虚假广告、合同欺诈、超范围经营、挂靠承包、黑导黑车、导游领队私自接活等十大突出问题。各级旅游部门开展专项整治，出动检查人员 13300 人次、开展检查 1976 次，对导游 IC 卡检查 25109 人次，合格率 99.7%；处罚旅游企业 35 家，查处违规导游 63 人次。开展全省旅行社服务网点（营业部）规范经营专项整治活动，各地出动检查员 433 人次，检查 280 家服务网点（营业部），对 122 家服务网点提出整改要求并督促落实。全省旅游质监机构正式立案处理的旅游投诉案件 218 件，比上年下降 15%，结案率 100%，未出现因投诉处理不当而引发行政复议的案件，理赔金额 31.2 万元。

【旅行社管理】 2014 年，全省新增一般旅行社 50 家，出境旅行社 10 家；截至年底，全省有旅行社 853 家，其中出境社 82 家。在全省旅行社启用 2014 年版《团队境内旅游合同》《团队出境旅游合同》《大陆居民赴台湾地区旅游合同》和《境内旅游组团社与地接社合同》示范文本。发布《香港和澳门服务提供者在福建省申请设立旅行社审批的实施办法》，规范港澳投资者来闽设立旅行社办事程序，推进闽港澳旅游交流合作。推行旅行社网上审批制度，实现旅行社行政审批事项办理环节和审批结果可在网上操作、网上查询。根据《旅行社信用质量等级评定标准》，2014 年度评定 5A 级旅行社 10 家、4A 级旅行社 18 家；截至年底，全省有 5A 级旅行社 51 家、4A 级旅行社 77 家。

2014 年福建省四星级酒店一览表

序号	酒店名称	电 话	地 址
1	福州大饭店	83333333	福州市斗中路 1 号
2	厦门华侨大厦	2660888	厦门市新华路 70—74 号
3	厦门航空金雁酒店	2218888	厦门市湖滨南路 99 号
4	厦门闽南大酒店	5181188	厦门湖滨南路一里 26—34 号
5	晋江爱乐假日酒店	85666666	晋江市阳光工贸城
6	厦门海上花园大酒店	2062688	厦门鼓浪屿田尾路 27 号
7	泉州湖美大酒店	22118888	泉州市刺桐北路
8	南安大酒店	86375888	南安市中山街 2 号
9	石狮市五洲大酒店	88566666	石狮市振兴路
10	莆田天妃温泉大饭店	2695588	莆田市学园路口
11	武夷山庄	5251888	武夷山市武夷宫
12	厦门鹭江宾馆	2022922	厦门鹭江道 54 号
13	厦门长升大酒店	5031333	厦门市长青路 431 号
14	武夷山宝岛大酒店	5252818	武夷山市度假区
15	厦门宏都大饭店	2228888	厦门白鹭洲路 201 号
16	泉州华侨大厦	22282192	泉州市百源路 281 号
17	泉州金星大酒店	22988888	泉州市东街中段
18	福建石狮建联大酒店	88885199	石狮市振兴路
19	泰宁金阳明星度假山庄	7816998	泰宁县大金湖下坊码头
20	厦门天鹅大酒店	5395888	厦门市白鹭洲天鹅广场
21	石狮市荣誉大酒店	88726888	福建省石狮市八七路 858 号
22	福建安溪好美国际酒店	23255555	福建省安溪县龙湖开发区 12 号
23	福建金仕顿大酒店	87628888	福州市鼓楼区东水路 18 号
24	厦门圣希罗大酒店	5580888	厦门市台湾街 90 号
25	泉州航空酒店	22164888	泉州市丰泽街
26	厦门云海度假村	2565656	厦门黄厝云海山庄 1—3 号
27	武夷山望峰花园	5259655	武夷山国家旅游度假区望峰路
28	莆田市东方国际大酒店	2588888	莆田市城厢区南园路 88 号
29	武夷山海晟国际大酒店	5322888	武夷山市文公路 58 号
30	福建宁德美伦大饭店	2929888	福建省宁德市站前路 28 号
31	宁德山水大酒店	2918888	福建省宁德闽东中路 18 号
32	福建省德化县戴云大酒店	23566999	福建省泉州市德化县龙鹏街
33	漳州芗江酒店	2029699	漳州胜利西路 8 号
34	泉州花园大酒店	28988888	泉州湖心街西段北侧
35	晋江市英林嫩煌大酒店	85475555	晋江市英林镇英伍路
36	武夷山苏闽大酒店	5230888	武夷山国家旅游度假区
37	厦门白鹭洲大酒店	2226888	厦门湖滨南路 95 号
38	福清融侨大酒店	85285018	福清融城镇西门虎狮桥北
39	福鼎国际大酒店	7801111	福鼎市南大路前店
40	泉州太子酒店	2235888	泉州市经济技术开发区
41	晋江帝豪酒店	85695888	福建省晋江市泉安中路
42	晋江荣誉大酒店	82000000	晋江市梅岭世纪大道思力培训中心大楼
43	福清兰天大酒店	85781888	福建省福清龙田镇
44	东山金殿海景大酒店	5688888	福建漳州东山
45	南安市水头明超大酒店	86999999	中国福建南安水头镇中心大街 188 号
46	龙岩中元大酒店	0597—2266888	龙岩市九一南路
47	晋江英华大酒店	85475999	福建晋江英林镇英龙中路
48	厦门庐山大酒店	5136888	厦门嘉禾路 102 号
49	福州梅峰宾馆	87887850	福州市光铜路 2 号
50	福建五洲大酒店	3603968	永安市新安路 458 号
51	厦门金威大酒店	2688333	厦禾路 415 号
52	漳州芗城钻石大酒店	2038888	漳州南昌路 121 号
53	闽西宾馆	0597—3211888	龙岩市中山东路 28 号
54	漳州大酒店	2036889	漳州胜利路 4 号
55	石狮市豪富华大酒店	83958888	石狮市子芳路
56	福清冠发君悦大酒店	85288888	福清市元洪路 27 号冠发国际新城
57	龙岩市恒宝大酒店	0597—2263888	龙岩市新罗区西安南路 121 号
58	福建山水大酒店	87556888	福州市省府路 13 号
59	阿波罗(福州)大酒店	83055555	福州市五一中路 132 号
60	厦门国际航空港花园酒店	5736688	厦门翔云一路 50 号
61	龙海钻石大酒店	6578888	龙海市海澄镇 41 后
62	武夷山圣远国际酒店	5231333	武夷山度假区天游峰路 8 号
63	屏南天外天国际大饭店	3330888	屏南县公园路 1 号
64	仙游大酒店	8588888	南大路 66 号
65	莆田悦莱温泉大酒店	2566666	莆田市城厢区莆阳路金威豪园一号楼
66	国谊(福建)大酒店	88037777	仓山区观海路 66 号
67	瓷国明珠酒店	23595555	德化县东城口
68	福建阳光假日酒店	83365333	五一广场高桥路 26 号
69	将乐玉华宾馆	2322451	将乐县滨河北路 1 号
70	厦门国贸金门湾大酒店	7617888	翔安大嶝街道环嶝南路 68 号
71	厦门新中林大酒店	5132828	厦门市莲花南路 18 号
72	泰宁金湖宾馆	7862888	泰宁县环城路 77 号
73	晋江侨成假日酒店	88078888	晋江永和镇工信路
74	惠安崇武大酒店	87697777	惠安县
75	福建龙岩古田山庄	0597—3608658	上杭县古田镇
76	厦门怡翔华都酒店	6619999	厦门厦禾路 819 号
77	厦门港湾大酒店	2616688	厦门小学路 160 号
78	永昌大酒店	26899999	南安市仑苍镇中国水暖城
79	永定金腾大酒店	0597—5551666	永定县下坑广场
80	长汀金仁大酒店	0597—6566666	长汀县大同镇罗坊村
81	泉州东方五洲大酒店	26888999	南安市水头镇滨海大道
82	泰宁大饭店	7822111	泰宁县东洲路 59 号
83	永安尼格大酒店	3558123	永安市尼葛工业区尼葛路 1666 号
84	厦门美丽华大酒店	5697777	厦门市湖里区兴隆路 27 号
85	泉州世贸大酒店	22980777	泉州市丰泽街
86	南安金发大酒店	26908888	南安市官桥镇金桥开发区
87	福建省闽江饭店	87557895	福州市五四路 30 号
88	福州晋都戴斯国际酒店	88189888	福州市晋安区连江北路 487 号
89	福清瑞鑫大酒店	38766666	福清市清昌大道 38 号
90	沙县国安假日酒店	5888888	沙县沙阳乐园
91	最佳西方恒丰酒店	2858888	莆田市城厢区荔城南大道 1428 号
92	平和洲际大酒店	5107777	平和县小溪镇琯溪路 416 号
93	浦城丹桂山庄	2888888	浦城县上青岭路 3 号
94	福建省龙岩市荣顺国际大酒店	0597—5288888	龙岩市新罗区龙岩大道 288 号
95	建阳市胜德大酒店	5845888	建阳市朱熹大道狮子山
96	福建黄金大酒店	87577688	福州市华林路 417 号
97	石狮泉冠酒店	68881111	石狮市金林路 25 号
98	厦门白鹭宾馆	2052222	厦门市思明区虎园路 6 号
99	惠安大鹏酒店	87377777	福建惠安县螺城镇建设南路
100	长汀宾馆	0597—6688999	长汀县汀州镇西外街 3 号
101	武夷山市青竹山庄	5253888	武夷山市度假区
102	邵武龙都大酒店	6339999	邵武市福寿路荣城大厦
103	龙岩市财富酒店	0597—5399999	龙岩市龙腾路体育公园内
104	厦门福佑大酒店	2658888	厦门市湖里区同盖路 48 号
105	厦门和悦大酒店	6158888	厦门湖里悦华路 151 号
106	漳浦凯都大酒店	3188888	漳浦县朝阳路 2 号
107	华安大酒店	7256666	华安县湖东路
108	武平紫金大酒店	0597—3239666	武平县七坊路
109	武平中凯国际酒店	0597—4896888	武平县中凯路 8 号
110	邵武财富花园酒店	6798888	邵武市福寿路
111	福州新紫阳大酒店	26622222	福州市福新中路 127 号
112	福建国惠大酒店	27588888	长乐市吴航路
113	泉州鲤城大酒店	22279888	泉州市鲤城区南俊巷 84 号
114	南安市石井金明大酒店	86098888	南安石井镇石建路
115	厦门牡丹万鹏宾馆	2662888	厦门市虎园路 17—19 号
116	莆田市阳光假日酒店	2688888	莆田市城厢区胜利南街 3999 号
117	建宁大饭店	5919888	建宁县黄舟坊南路
118	厦门日东花园酒店	6218888	厦门集美区日东二路 288 号
119	上杭光源国际酒店	0597—3966666	上杭县琴岗路 23 号
120	福建闽中大酒店	6219999	尤溪县城关镇闽中大道 2 号
121	泉州市金威假日酒店	68312266	泉州洛江区航空旅游城
122	武夷山商讯酒店	5252888	武夷山市国家旅游度假区
123	湄洲岛海景大酒店	5060888	莆田市湄洲岛环岛南路
124	福州铭濠酒店	88233333	福州市鼓楼温泉路 58 号
125	泉州滨海大酒店	22135555	泉州市丰泽区美桐街中段 28 号
126	福建闽北大饭店	8627666	南平市滨江中路 31 号
127	惠安东南大酒店	68195555	惠安县建设南路 399 号
128	福建银河花园大饭店	87831888	福州市五四路 243 号
129	清流龙津国际大酒店	5335869	清流县龙津镇北大路 219 号
130	最佳西方财富酒店	88199999	福州市鼓楼区华林路 220 号
131	福州景城大酒店	88983888	福州市六一北路 418 号
132	福建龙兴达山水大酒店	0597—3208888	漳平市和平南路 339 号
133	厦门亚卡地尔酒店	3792666	厦门市湖里区长浩路 227 号
134	永定县宾馆	0597—3256818	永定县凤城镇体育路 36 号
135	福建龙岩龙州大酒店	0597—2956666	龙岩市龙川西路 1 号
136	龙岩市中凯国际酒店	0597—3218888	龙岩市龙腾南路 16 号
137	将乐天源大酒店	5025888	将乐县滨河南路 518 号
138	福建兴浦浦城大酒店	2888222	蒲城县兴浦路 340 号
139	福建金立国际大酒店	5050555	沙县金沙园金明西路
140	南平财富国际酒店	6980888	南平市滨江北路 177 号
141	福建丽景假日大酒店	87736666	福州市鼓楼区福飞路 199 号
142	万嘉豪(南靖)国际温泉大酒店	7872888	漳州市南靖县山城镇建设东路
143	厦门明珠海湾大酒店	3500333	厦门市集美区杏东路 69 号
144	邵武熙春华美达广场酒店	6699999	邵武市熙春西路 93 号
145	莆田市城厢区明珠大酒店	2538888	胜利南路
146	泉州市巨凯大酒店	26507777	泉州市南安官桥镇
147	永春县荣誉酒店	23711111	永春县湖溪路 329 号

【导游员管理】 2014年，全省各级旅游部门加强对导游人员的日常管理，健全导游人员的IC卡管理、年审培训考核等制度，把好导游办证审核关；加强导游队伍建设，加大对导游员的检查和监督，规范导游人员服务标准和从业行为。执行导游计分管理制度，查处无证及使用假证从事导游活动和私自转借导游证等行为，全年检查导游25109人次，合格率99.7%；查处违规导游63人次。省旅游局举办2014年全省中、高级导游文化旅游研修暨红色旅游导游员、讲解员培训班。开展导游年审培训网上调查和民意征集工作，免费向全省导游员开通导游年审培训网上课堂。组织2014年福建省全国导游人员资格考试，中、高级导游员等级考试。截至2014年底，全省获得导游资格证书人员累计28833人，办理导游IC卡的持证导游19217人。组织福建省选手参加第五届全国红色旅游导游员电视网络大赛，来自福建省三坊七巷管理委员会的讲解员王娅楠获优秀奖。

2014年福建省五星级酒店一览表

序号	酒店名称	电话	地址
1	福建外贸中心酒店	87523388	福州市五四路73号
2	福州西湖大酒店	87839888	福州市湖滨路158号
3	福州世纪金源大饭店	87088888	福州市温泉公园路59号
4	厦门悦华酒店	6023333	厦门湖里区悦华路101
5	厦门宝龙大酒店	5188888	厦门湖滨中路133号
6	泉州酒店	22289958	泉州市庄府巷22号
7	福州美伦大饭店	87883999	福州市北环西路108号
8	福州香格里拉大酒店	87988888	福州市鼓楼区新权南路9号
9	厦门日月谷温泉度假村	6312222	厦门海沧区东孚镇汤岸村
10	武夷山风景高尔夫俱乐部	5239999	武夷山国家旅游度假区
11	厦门喜来登酒店	5525888	厦门市嘉禾路386－1号
12	厦门泛太平洋大酒店	5078888	湖滨北路19号
13	晋江宝龙大酒店	28088888	晋江市泉安中路1558号
14	厦门翠丰温泉度假酒店	7159999	同安汀溪街777号
15	武夷山市远华国际大饭店	5233333	武夷山国家旅游度假区
16	厦门海沧鼓浪湾酒店	6373333	厦门海沧区
17	厦门京闽中心酒店	5123333	厦门市松柏小区长青路158号
18	漳州宾馆	2608999	漳州胜利路4号
19	泉州迎宾馆	28239999	泉州市丰泽区通港东街168号
20	泉州悦华酒店	28019999	泉州市刺桐西路南段
21	晋江荣誉国际酒店	68555555	晋江市世纪大道1054号
22	厦门磐基大酒店	5399999	厦门市嘉禾路199号
23	厦门牡丹国际大酒店	5955888	厦门市思明区莲前西路568号
24	厦门瑞颐酒店	6366666	厦门市鹭江道12号
25	崇武西沙湾假日酒店	27877777	惠安崇武西沙湾
26	晋江市金玛国际酒店	86511111	晋江市青阳湖光路
27	晋江鸿福大酒店	36666666	晋江市阳光东路
28	石狮建明国际大酒店	83879999	石狮市金盛路东段
29	永安燕江国际大酒店	3588888	永安市新府路338号
30	厦门京闽北海湾酒店	6123333	厦门市集美区集源路210号
31	厦门海景大酒店	2023333	厦门市镇海路12号之8
32	厦门东方酒店	5091888	厦门市湖滨北建业路8号
33	厦门艾美酒店	7709999	厦门南山冠军路7号
34	长山湖(长乐)国际酒店	28888888	长乐市广场路19号
35	金九龙大酒店	7666666	福鼎市桐南新城玉龙北路66号
36	厦门海悦山庄酒店	5023333	厦门思明区环岛南路3999号
37	石狮市爱乐皇冠假日酒店	83099999	石狮市东港路中段电信大厦
38	石狮市绿岛国际酒店	83899999	石狮市八七路1247号
39	福州万达威斯汀酒店	88111111	福州市江滨中大道366号
40	福建旷远酒店	6999999	莆田市荔城区海丰中街1118号
41	厦门华林国际大酒店	5020888	厦门市思明区文兴东路199路
42	云霄金汤湾海水温泉度假酒店	6999999	云霄县陈岱镇
43	三明宾馆	8225999	三明市牡丹新村11栋
44	三明梅园国际大酒店	8961111	三明市梅列区乾龙新村350幢
45	晋江宝辉大酒店	85818888	晋江市安海镇海八北路1路
46	连城天一温泉度假酒店	0597－8168888	连城县文亨镇白坑路57号
47	福州名城豪生大酒店	88629999	福州市马尾区江滨东大道86号
48	厦门源昌凯宾斯基酒店	2588888	厦门市思明区湖滨中路98号
49	厦门佰翔汇馨威斯汀酒店	3378888	厦门市思明区仙岳路398号

【旅游饭店管理】 2014年，省旅游局按照《旅游饭店星级的划分与评定》(GB/T14308－2010)，严格执行星级饭店准入制度，采取交叉检查、明查暗访结合的方式开展评定复核，严把质量关，维护星级饭店的含金量和标准的权威性。认真开展复核工作，督导星级饭店对照新版标准，完善设施设备和服务功能，加强维修保养，保证设施设备达标，提升宾客满意度。全面落实星级饭店访查规范各项制度，强化动态管理，严格退出机制，全年通过复核的星级饭店415家，其中：五星级饭店45家，四星级饭店140家、三星级及以下饭店230家；取消星级饭店29家，限期整改6家。倡导绿色环保、节能减排的“低碳”经营模式，引导星级饭店采用LED灯照明，推广一次性消耗品“补新不撤旧”。推动《绿色旅游饭店》行业标准实施，全年新评定金叶级“绿色旅游饭店”10家、银叶级“绿色旅游饭店”2家；截至年底，全省“绿色旅游饭店”107家，其中：金叶级69家，银叶级38家。

【旅游安全与应急管理】 2014年，省旅游局制定印发《福建省旅游安全生产标准化建设提升工程三年行动实施方案》和《福建省旅游企业安全生产标准化评定工作管理办法(试行)》，指导各设区市旅游局推动旅游安全标准化建设提升工作。省旅游局与设区市旅游局责任人签订《安全生产责任状》，层层签订率100%，确保安全监管责任到人、到岗。重新修订《福建省旅游突发事件应急预案》。抓好假日安全专项检查，联合省假日办成员单位开展春节、清明、“五一”、国庆期间安全检查，全年检查企业1338家，排除隐患340项，整改到位333项。进一步巩固全省旅游安全标准化建设取得的成效，推动全省旅行社、星级饭店实行安全生产标准化管理，全省应达标企业1200家(其中：

旅行社793家、星级饭店407家），截至2014年底，实现达标企业238家。协调相关部门和兄弟省旅游局做好漳州市“5·23”涉台交通事故、晋江市森林假日旅行社山西交通事故和福州市皇帝洞景区山洪暴发发生人员死亡事故处置工作。

【旅游教育培训】 2014年，省旅游局开展旅游从业人员培训，首次在北京大学举办“福建省旅游产业发展专题研讨班”。开设“清新福建大讲堂”系列专题讲座，年内举办5期。举办全省旅游行政管理人员培训班，借助培训平台辐射相关部门人员。举办全省旅游行业师资培训班。分别在福建师范大学旅游学院、莆田学院、闽江学院等多所旅游院校为毕业生开设5场专题讲座。组织乡村旅游专业教师和乡村旅游业界精英赴台培训。继续实施百千万人才培训工程。召开以“把握发展机遇共谋合作共赢”为主题的海峡旅游教育联盟年会暨海峡两岸旅游研讨会。继续举办林芝地区旅游企业赴闽培训班、昌吉州旅游管理人员培训班。组织2014年福建省全国导游人员资格考试，报考人数4771人，合格人数1081人，合格率22.7%。组织福建省全国中、高级导游人员等级考试，中级报考人数127人，通过32人，通过率25.2%；高级报考人数21人，通过6人，通过率28.6%。

2014年12月，三都澳省级地质公园揭牌 （蕉城区政府办供稿）

旅游活动

【第十届海峡旅游博览会】 2014年9月6—11日，第十届海峡旅游博览会在厦门举行。该届旅博会由国家旅游局和福建省人民政府联合主办，福建省旅游局、厦门市人民政府承办，以“海峡旅游·合作共赢”为主题，与第十八届投洽会整体联办，独立招商招展。主要活动概括为“1+2+9”，“1”是海峡旅游精品会展；“2”是两个主题活动，即两岸乡村旅游圆桌会议、旅游投融资合作洽谈会；“9”是九个配套活动，即厦门中秋旅游嘉年华、海峡客家旅游欢乐节（龙岩）、福州民俗之旅文化周、“映象闽南”沙雕艺术节（漳州）、“东亚文化之都·泉州”县域文化旅游活动周、2014丹霞泰宁山地户外运动国际挑战赛、武夷山首届旅游汽车博览会、第四届宁德世界地质公园文化旅游节、海峡两岸（平潭）中秋话团圆活动。该届旅博会参会客商及嘉宾近万人，其中自费参展客商7000人。全国28个省（市、区）组团参会。香港、澳门、菲律宾、马来西亚、新加坡等国家和地区积极参展。台湾80%县市和台旅会、台湾八大旅游公协会均组团参展，参会团组及社团组织50家，参展企业数量占参展商总数的30%。该届旅博会展馆面积由上届的11000平方米扩大到15000平方米，增长40%，展位由600个增加至750个；展馆类型更加丰富，设立“清新福建”体验馆、台湾精品旅游馆、两岸乡村旅游精品展销馆、温泉旅游主题馆、新业态展区以及现场热卖区等11个展区；旅博会展馆接待境内外客商和民众19万人次，发放宣传品105万份。

福安白云山风景名胜区 （福安市政府办供稿）

【海峡两岸乡村旅游圆桌会议】 2014年9月7日，由第十届海峡旅游博览会组委会主办，大陆9个省旅游协会和台湾9个协会（学会）联办的两岸乡村旅游圆桌会议在福建厦门举行。来自海峡两岸的乡村旅游管理人员、专家学者和乡村旅游业主欢聚一堂，共同探讨深化两岸乡村旅游合作良策。此次会议为两岸乡村旅游产业深度合作搭建五大平台：一是搭建两

长汀县新桥曲凹哩漂流 （长汀县政府办供稿）

岸乡村旅游协会交流合作平台，福建、山东、浙江等9个省市旅游协会与台湾乡村旅游协会等9个协会（学会），共同研讨新型城镇化建设大背景下乡村旅游发展的机遇与挑战，持续推进两岸乡村旅游合作。二是搭建两岸乡村旅游专家交流合作平台，邀请两岸知名乡村旅游专家齐聚现场，就乡村旅游规划策划、产品衍生开发、新业态技术、经营管理、市场营销、人才合作等方面内容进行沟通，进一步深化两岸乡村旅游交流合作，为两岸乡村旅游发展提供智力支持。三是搭建两岸乡村旅游业主交流合作平台，邀请两岸乡村旅游业主280余人参会，就"农创产品的策划规划与运营模式创新"等议题进行交流探讨、洽谈合作，着力解决乡村旅游业者实际运营中遇到的问题和难题。四是搭建两岸乡村旅游商品展示平台，凤梨酥、土笋冻等100多种两岸乡村旅游特色商品在会议期间展示，供参会代表现场品尝、体验，交流研讨乡村旅游商品创意开发经验。五是搭建两岸乡村旅游网络互动交流平台，启动"海峡两岸乡村旅游交流互动网上平台"，邀请近300名两岸乡村旅游专家进驻，提供案例或成功项目、专家专长领域及联系方式等详细资料，为两岸旅游业主提供永久咨询服务，打造永不落幕的乡村旅游圆桌会议。

【福建生态旅游景区"清新指数"发布】 2014年3月19日和20日，为打响"清新福建"品牌，及时反映单个生态景区内空气质量现状及变化趋势，全国首创的福建生态旅游景区"清新指数"（PM2.5和负氧离子）发布会分别在福州、北京举行。首批列入动态发布的优质生态景区约50家，分布在全省9个设区市。省旅游局官方网站、微博和微信平台，人民网、新华网、凤凰网福建频道、东南网、新浪福建、腾讯大闽网等均可链接查询平台，同时提供手机APP客户端和二维码查询。

【两岸乡村休闲旅游嘉年华】 2014年4月1日，两岸乡村休闲旅游嘉年华在台湾苗栗县隆重举办，闽台乡村旅游业者、旅游商品企业、美食业者、民俗表演队及两岸游客1000多人参加。嘉年华以"乡乡有情·村村有趣"为主题，举办开幕式、两岸乡村旅游新业态"1+1"洽谈签约、两岸休闲农业与乡村旅游专家顾问首聘仪式、"百镇千村"千人旅游培训开训仪式、两岸乡村民俗旅游文化汇、两岸同名村镇续缘之旅联谊等活动。此次嘉年华活动旨在构建乡村旅游六大深度合作平台：一是打造乡村旅游规划策划合作平台，采取台湾创意嫁接福建乡村旅游资源的方式，高起点、高标准打造乡村旅游示范基地。二是打造乡村旅游产品衍生开发合作平台，推动乡村旅游产业从粗放型向精细化产业链方式转变。三是打造乡村旅游新业态技术合作平台，现场签订《休闲农业与乡村旅游合作协议》，组织闽台乡村旅游业者进行新业态对接洽谈。四是打造乡村旅游经营管理合作平台，着力在服务上下功夫，制定乡村旅游管理标准化体系，为乡村旅游发展提供保障。五是打造乡村旅游市场营销合作平台，编印乡村旅游宣传画册和带有宣传功能的特色商品，共同打造新颖的乡村旅游营销模式。六是打造乡村旅游人才合作平台，启动"百镇千村"乡村旅游人才培训工程，组织福建乡村旅游业主分批赴台湾培训等。

【第八届中美省州旅游局长合作发展对话会议】 2014年10月27—28日，由国家旅游局、美国旅游推广局和美国旅游行业协会主办的"第八届中美省州旅游局长合作发展对话会议"在厦门举行。此次对话会议的主题为"合作推广、互利互惠"。国家旅游局、美国旅游推广局、美国旅游协会和福建省、厦门市有关领导，以及各省（自治区、直辖市）旅游主管部门，美国有关州、市旅游局和中美企业代表150余人参加会议。与会者围绕关心的话题展开深入交流探讨，共同发布《第八届中美省州旅游局长合作发展对话会议宣言》。 （薛从霖）

编辑：孙洁斐

福建省A级景区（点）

交通　邮政

综　述

【概况】 2014年,福建省全社会旅客运输量6.08亿人,比上年增长6.7%;货物运输量11.18亿吨,增长15.6%。铁路旅客运输量8344.9万人,增长28.3%,旅客周转量284.91亿人千米,增长36.2%;货物运输量3403.2万吨、下降7.0%,货物周转量149.8亿吨千米、下降9.1%。公路旅客运输量4.86亿人,增长3.6%,旅客周转量334.95亿人千米,增长1.3%;货物运输量8.26亿吨,增长18.2%,货物周转量974.8亿吨千米,增长18.7%。水路旅客运输量1794.2万人,增长4.9%,旅客周转量2.87亿人千米,增长0.7%;货物运输量2.58亿吨,增长11.3%,货物周转量3655.72亿吨千米,增长23.7%。港口货物吞吐量4.95亿吨,增长7.9%,其中沿海港口货物吞吐量4.92亿吨,增长8.1%;集装箱吞吐量1270.71万标准箱(TEU),增长8.7%。航空旅客运输量2046万人,增长10.2%;货物运输量21万吨,增长10.4%。　(朱权志)

2014年,福建省邮政业务总量162.67亿元,比上年增长42.57%;邮政业务收入121亿元,增长22%。邮政快递业务量6.6亿件,增长48%;邮政快递业务收入82亿元,增长32%。行业总体增速领跑全省经济社会发展主要指标。　(郭　淼)

【交通基础设施】 2014年,全省公路通车里程101190千米,增长1.7%,其中,等级公路里程82907千米,增长2.5%;二级以上高等级公路14020千米,增长2.6%。营运客车1.82万辆、50.70万客位,分别下降2.9%和2.0%,其中高、中级客车占全省总营运客车的88.8%,增长1.2%。载货汽车27.75万辆、193.90万吨位,分别增长8.3%和17.7%,其中专用载货汽车8282辆、10.29万吨位,分别增长4.3%和0.9%。

全省拥有港口生产性泊位558个,其中,万吨级以上泊位154个,增加9个;集装箱专用泊位39个。泊位年设计通过能力4.27亿吨,增加3783万吨,其中:集装箱年设计通过能力1415万标准箱,增加3万标准箱。拥有水上营运船舶2094艘,净载重量851.24万吨位、载客量3.05万客位。

省内运营机场5个,福州长乐、厦门高崎为国际民航组织确定的4E级民用运输机场,可以起降B747以下各型飞机;泉州晋江机场为4D级军民合用机场,可起降B757以下各型飞机;武夷山、龙岩冠豸山机场为4C级军民合用机场,可起降B737、A320以下各型飞机。民航开通国内、国际航线275条,其中国际航线31条、港澳台航线17条。

全省营业铁路2754.9千米,增长0.4%,其中福建境内由南昌铁路局管理的合资铁路营业里程1689.3千米,增长0.7%。福建境内主要车务站段有福州站、厦门站、福州车务段、南平车务段、永安车务段、漳州车务段、龙岩车务段;有217个车站,其中:一等站7个,二等站17个,三等站26个,四等站78个,五等站89个。福州机务段配属机车340台,其中:电力机车220台,内燃机车120台。福州车辆段配属客车1230辆,其中:座车472辆,卧铺车633辆,空调车1109辆;座车定员5.5万个,卧铺车定员3.9万个。福州动车段配属动车72组576辆,其中软座车576辆,均为空调车,座位定员4.5万个。福建境内始发列车172列(动车138列),其中:福州站62列、福州南站16列;厦门高崎站14列、厦门北站57列;龙岩站17列;福鼎站5列;泰宁站1列。

【闽台两岸运输】 2014年,闽台空中客运直航运营7244航次,增长14.4%;运载旅客89.73万人次,增长16.9%,其中,福州、晋江2个机场旅客吞吐量40.05万人次,增长31.2%;厦门机场旅客吞吐量49.68万人次,增长7.3%。闽台空中货运直航货物吞吐量2.71万吨,增长14.8%,其中:福州机场货物吞吐量0.69万吨,增长4.8%;厦门机场货物吞吐量1.95万吨,增长14%。闽台海上客运运营16824航次,增长1.2%;运载旅客171.55万人次,增长12.4%,其中,"小三通"客运运营16178航次,增长0.9%;运载旅客156.52万人次,增长12.1%。"小三通"客运自开通至2014年底,运载旅客1252.46万人次。

(朱权志)

【石油天然气管道运输】 2014年,福建LNG外输天然气328.3万吨(折45.96亿立方米),下降4%,其中:管道运输261.9万吨(折36.67亿立方米),槽车运输66.4万吨(折9.3亿立方米)。

2014年,投入运营的长输成品油管道由中石化福建公司投资建设,以泉州市泉港首站油库为起点,北线经泉港区、仙游县、城厢区、荔城区、涵江区、福清市、长乐市到达福州市,线路长度148千米;南线经泉港区、惠安县、洛江区、晋江市到达厦门市,线路长度178千米。配套油库储油能力近39万方,设计年输量北线220万吨、南线380万吨。　(李忠进)

铁　　路

【概况】 2014年，福建铁路营业里程2754.9千米，其中：国家铁路营业里程1055.6千米，合资铁路营业里程1689.3千米；东南沿海铁路福建有限责任公司营业里程617.88千米，泉州铁路有限责任公司营业里程238千米，武夷山铁路有限责任公司营业里程220.2千米(包含江西境内35.2千米)，龙岩铁路有限责任公司营业里程257.4千米，向莆铁路福建段390.82千米。高铁通车里程1146千米，占全国运营高铁里程的1/10，实现8个设区市通高铁。福建省境内铁路由鹰厦线、外南线、峰福线、福马线、永嘉线、漳龙线、漳泉线、漳州支线、南平东支线、天湖山支线、赣龙线、杭深线(温福、福厦、厦深)、龙岩东支线、龙漳线、向莆线等组成，由南昌铁路局管理。

(刘　仁)

【铁路建设】 2014年，福建铁路完成投资235亿元。合福铁路完成铺轨；赣龙扩能铁路福建段线下工程基本完工，站后工程全面施工。福平铁路交地87.95公顷，占总量的44.9%；南三龙铁路交地343.81公顷，占总量的78.4%；两线所有标段全部开工。7月1日湄洲湾北岸铁路东吴支线电气化，通过向莆铁路开行货物列车进入常态化；9月1日江阴港铁路支线电气化，新增运营里程18千米。9月30日衢宁铁路国家发改委批复可行性研究方案，10月19日铁总批复先期工程初步设计，12月31日先期工程开工建设。福厦铁路新线率先采取预可研方案征集的方法，择优确定设计方案、设计单位。吉永泉、浦梅铁路和厦漳城际环线前期工作取得进展。福建省铁路中长期规划和全省城际轨道交通线网规划相关工作有序推进。8月1日，龙岩市政府与南昌铁路局签订《龙岩北站房综合枢纽项目开发框架协议》，是全国“铁路+物业”的第一个先行示范项目，也是铁总和地方合作进行站房综合体开发的第一个项目。 (林任群)

【赣龙铁路扩能改造】 2014年5月1日，赣龙铁路扩能改造工程福建境内进入铺轨阶段。该工程新建双线铁路正线全长272.832千米，项目投资估算228.9亿元，其中，福建境内136.155千米，投资129.74亿元；设长汀南、冠豸山、上杭北、龙岩4个车站；旅客列车设计行车时速200千米。

【新站线开通】 2014年7月1日，湄洲湾港口铁路东吴支线莆田东站至东吴站开通运营；9月1日，江阴港支线开通运营；11月13日，惠安站启用；12月，可门港支线开通运营。

【合福铁路全线铺通】 2014年7月28日，合福铁路全线铺通，进入静态验收阶段。合福铁路全长806千米，是京福高铁的重要组成部分，福建段283千米，投资327.5亿元，设武夷山北站、武夷山东站、建瓯西站、南平北站、古田北站、闽清东站、福州等站点，按时速350千米标准建设。工程于2009年12月开工。

【福州港江阴港区海铁联运启动】 2014年9月1日，江阴港支线开通运营；10月31日，福州江阴港区海铁联运启动。江阴港站隶属福州车务段，车站规划建设53.33公顷集装箱货场和100公顷散堆装货场；设计货运量近期(2020年)上行720万吨、下行600万吨，远期(2030年)上行990万吨、下行830万吨。截至年底，江阴港站建成货物线4条、仓库4.1万平方米。园区配置跨度40米、起重能力40.5吨的全变频集装箱专用门式起重机4台(含2台40吨集装箱正面吊运机)。运营初期，江阴港铁路支线运行图按每天开行2对相关货物列车安排，年货物输送能力可满足江阴港集装箱物流需求。

【福平铁路建设】 至2014年末，福平铁路完成投资35.3亿元，占设计的14.45%；路基土石方31.4691万立方米，占设计的12.73%；隧道及明洞2376.37成洞米，占设计的6.84%；中桥以上桥梁4894.47成桥米，占设计的11.97%；涵洞38.42横延米，占设计的5.74%。福平铁路(福州—平潭)长88.5千米，投资257.3亿元，设福州、福州南、长乐、长乐东、松下、平潭6个站，设计时速福州至福州南160千米、福州南至平潭200千米。该项目是京福铁路向平潭的延伸，为规划中的京台铁路通道重要组成部分。工程于2013年10月开工。

【福州可门港铁路支线建设】 至2014年末，福州可门港铁路支线建设完成投资11.4亿元，占概算的89.5%。永久征地91公顷，占设计的100%；房屋拆迁1.143万平方米，占设计的81.81%；路基土石方254万立方米，占设计的99%；特大、大、中桥9433成桥米，占设计的100%；涵洞559.62横延米，占设计的98.76%；隧道2031成洞米，占设计的100%；电力线路18千米，占设计的82.93%；接触网27条千米，占设计的73.3%；铺轨18.9千米，占设计的88%；房建工程4368平方米，占设计的41.2%。 (刘　仁)

公路公交

【公路建设】 2014年，福建省公路建设投资完成696.55亿元。高速公路投资完成361.14亿元，建成5个项目118千米；全省高速公路通车里程4053.02千米。普通公路完成投资335.42亿元，国省干线建成248千米、改造307千米，“镇镇有干线”项目建成350千米，农村公路建成1775千米。全省公路通车总里程101190千米，其中：国道5164千米、省道6998千米、县道16974千米、乡道40986千米、专用公路122千米、村道30946千米；公路密度83.35千米/百平方千米。全省等级公路82907千米，占总里程的81.9%，比上年提高0.6个百分点；二级以上高等级公路里程14020千米，比上年增加356千米，占总里程的13.9%，比上年提高0.13个百分点。有铺装路面里程79615千米，有铺装率78.7%，比上年提高0.9个百分点。

【公路养护】 2014年，全省完成国省干线公路路面改造900千米，公路绿化1080千米，隧道整治6座，排水系统整治564千米；建设改造公路站30个，服务区（停车区）4个；建成养护应急中心（基地）3个，农村公路养护应急基地3个。实施推进"美丽交通生态公路"示范工程，按照"五优公路"标准，推广国道205改造示范工程创建成果，重点实施G319线、G316线、S306线建设，共计1000千米。全面提升公路沿线的路面改造、安保工程、灾害防治、公路绿化、公路文化、路域环境整治等。

【运力结构】 2014年，全省拥有营运汽车29.57万辆，比上年增长7.6%。营运客车1.82万辆、50.70万客位，分别下降2.9%和2.0%；平均座位27.83客位/辆，增长0.9%。营运客车中，班车客运车辆1.42万辆、35.66万客位，均下降4.7%；旅游客车3774辆、14.24万客位，分别增长3.3%和4.8%；高、中级客车占总营运客车的88.8%，比上年提高1.2个百分点。营运载货汽车27.75万辆、193.90万吨位，分别增长8.3%和17.7%。营运载货汽车中，厢式载货汽车10.89万辆、43.21万吨位，分别增长5.1%和7.9%；集装箱车1.74万辆、50.68万吨位和2.86万标准箱，分别增长20.2%、20.1%和18.8%；柴油车比重92.3%，下降1个百分点。

【公路客货运输】 2014年，全省公路客运线路5414条，平均日发55248.8班次，其中：跨省客运线路976条，平均日发861.3班次，跨地（市）客运线路1192条，平均日发4167.5班次；全年完成旅客运输量4.86亿人、旅客周转量334.95亿人千米，分别增长3.6%、1.3%。全省有货运物流企业9509家，增长25.7%，其中百辆车及以上企业248家，增长11%；全年完成货物运输量8.26亿吨、货物周转量974.80亿吨千米，分别增长18.2%和18.7%，其中集装箱运输976.16万标准箱、13264.06万吨，分别增长15.4%和15.1%。矿建材料、非金属矿石、水泥和钢铁运输位于公路运输货物的前列，占货运总量的比重分别为27.4%、13.0%、11.8%和8.3%。

【甩挂运输】 2014年，全省完成甩挂运输投资6.16亿元，占年度计划的228%；新增牵引车2103辆、挂车1994辆；节约油耗76.31万升，节约碳排放量207.34万吨。全省有牵引车27897辆、挂车35218辆，分别增长11.1%和21.6%，拖挂比1∶1.3。推动国家级甩挂运输试点项目建设，其中3个项目建成并通过验收；以"福建省多式联运甩挂运输试点项目"为主题，申报2015年度国家主题性试点项目。从点对点运营模式到逐步开展干支线甩挂、区域甩挂和综合物流运作模式。依托厦门港、湄洲湾港等港口，发展公、铁、水多式联运，探索接驳式甩挂运输、混合式甩挂和列车式甩挂等模式。

【驾驶员培训】 截至2014年底，全省有驾培机构521家，减少1.3%；教学车辆3.20万台，增长9.3%；全年机动车驾驶培训90.13万人次，增长54.2%；道路运输驾驶员从业资格培训2.96万人次。严格培训收费管理监督，加大行业违规行为查处力度，规范驾培机构培训经营行为，培训收费较上年呈明显下降趋势，厦、漳、泉等地区降幅超过20%。贯彻落实《机动车驾驶培训教学与考试大纲》，加强与公安部门的联动性，实现全省考培数据联网，驾驶员培训考试的合力管理作用显著增强。

【车辆维修】 截至2014底，全省拥有汽车维修企业营业户5423户，全年维修量813.88万辆次。机动车维修行业形成以整车一类维修企业为龙头、整车二类维修企业为骨干、三类专项维修企业为补充、汽车连锁经营为突破口的市场格局，基本满足各品牌进口、国产汽车和摩托车维修的需要。

【城市公交服务优先便民工程】 2014年，全省完成公交投资13.2亿元，建设公交站场29个；新增、更新公交车2017辆，其中清洁能源、新能源公交车1281辆；新增公交线路120条，延长、优化公交线路220条；公交车客运量24.61亿人次，与上年基本持平。全面推行城市公交服务标准化，打造智能公交系统，提升服务能力和水平，扩大服务范围与规模，提供多样化服务，初步建立供需基本平衡、与城市环境相协调的城市公共交通系统。

【出租汽车文明工程】 2014年，全省新增更新出租汽车4351辆，其中：

2014年全省公路里程表

单位：千米

项 目	总 计	等级公路						等外公路
		合 计	高速公路	一级	二级	三级	四级	
年底到达数	101189.600	82907.095	4053.019	775.775	9191.663	8177.893	60708.745	18282.505
国道	5163.822	5163.822	3030.496	105.642	1968.035	29.740	29.909	
其中：国家高速公路	2676.476	2676.476	2676.476					
省道	6998.225	6998.225	966.263	165.909	4541.174	854.270	470.609	
县道	16973.926	15914.749	56.260	454.763	1726.850	5178.866	8498.010	1059.177
乡道	40985.856	35624.970		43.955	763.903	1708.520	33108.592	5360.886
专用公路	121.649	111.058			11.396	4.164	95.498	10.591
村道	30946.122	19094.271		5.506	180.305	402.333	18506.127	11851.851

传统能源车302辆,清洁能源车4049辆。全省拥有出租车23384辆,增长5.1%;出租车客运量7.54亿人次,增长3.7%。全行业继续开展和谐劳动关系创建活动,1家出租汽车企业获得“全国五一劳动奖状”,1名出租汽车企业人员获得“全国五一劳动奖章”,2家出租汽车企业车队获得“全国工人先锋号”称号。开展出租汽车服务质量信誉考核,其中AAA级企业43家、AA级企业64家,分别占比32.6%、48.5%。在全省范围内开通95128出租汽车约车服务号码,加快建设出租汽车电召服务系统,推广出租汽车电召及预约服务;厦门市投放80辆预约出租汽车,提供电召、预约、泊位候客、包车等4种服务。

【村村通客车工程】 2014年,全省交通运输部门通过减免农村客运税费,采取冷热线搭配、线路延伸、片区运营、循环运营等多种运营方式,鼓励发展农村客运。截至年底,全省从事农村客运车辆7171辆,乡镇通客车率100%,建制村通客车率97.5%,受益群众超过2100万人;厦门市、平潭综合实验区及尤溪县、永安市、长汀县3个省级试点县(市)实现100%建制村通客车。在通村公路符合通客车条件的基础上,农村客运企业采取形式多样的运营模式,开行定线客车、循环客车、学生客车及早晚、隔日、周末、墟日、赶集、预约客车等,基本解决农村地区农民的出行问题。

【农村路网工程】 2014年,全省完成农村路网建设与改造投资14.45亿元,增长0.3%。以提升海岛交通、改善路面不足4.5米通村路线的畅通水平为重点,完成农村公路建设改造1775千米。完成农村公路安保工程5839千米,超额完成“年万里农村公路安保工程”3年任务。

(林伟雯 王烨 郑梅娟)

民用航空

【概况】 2014年,福建省5个民用航空机场保障航班起降29.71万架次,比上年增长4.6%,其中:福州长乐国际机场起降8.69万架次,增长4.2%;厦门高崎国际机场起降17.43万架次,增长4.5%;泉州晋江机场起降2.71万架次,增长8%;武夷山机场起降0.82万架次,增长1.5%;龙岩冠豸山机场起降0.067万架次,下降19.7%。民用航空机场旅客运输吞吐量3382.1万人次,增长5.2%;货邮运输吞吐量47.1万吨,增长4.5%。其中,福州机场旅客吞吐量935.34万人次,增长4.8%,货邮12.13万吨,增长10.1%;厦门机场旅客吞吐量2086.38万人次,增长5.6%,货邮30.64万吨,增长2.3%;泉州晋江机场旅客吞吐量278.42万人次,增长5.7%,货邮4.12万吨,增长6.3%;武夷山机场旅客吞吐量78.55万人次,下降0.2%,货邮0.21万吨,下降11.6%;龙岩冠豸山机场旅客吞吐量3.41万人次,下降23.6%。

【机场综合保障能力建设】 2014年底,福州长乐国际机场启动第二轮扩能改造工程,总投资19.5亿元,计划实现年旅客吞吐量2300万人次的保障能力。5月13日,武夷山机场临时新候机楼扩建通过开放使用前检查,投入运行。11月11日,经民航局批准,泉州晋江机场正式更名为“泉州晋江国际机场”。三明机场建设稳步推进,场区内总投资估算25亿元,截至年底累计完成投资21亿元。

【航空运输规模】 2014年10月30日由海南航空股份有限公司与福州国有资产投资控股有限公司、世纪金源投资集团有限公司和宁波瑞通网络科技有限公司联合组建,以福州为主运营基地的航空公司——福州航空有限责任公司开航。2月27日,福建省新美通用航空公司通过运行合格审定并获颁证,成为福建省首家基地通用航空公司,获得运行资质。隆祥、连缘、同一、两岸、天裕等通航单位均获得通航筹建认可。 (江 辉)

【厦门航空有限公司】 2014年,厦门航空有限公司安全飞行38.5万小时,比上年增长13.1%;完成起落19.1万架次,增长10.1%;运输总周转量27.7亿吨千米,增长14.3%;旅客运输量2035.6万人次,增长9.6%;货邮运输量20.9万吨,增长9.0%;客座率74.5%,载运率65.1%,基本持平;飞机可利用率98.36%,机务原因不正常事件千次率1.75;主营业务收入188.7亿元,增长6.8%;实现利润12.4亿元,连续28年保持盈利。7月16日,厦门航空与河北航空投资集团有限公司签署股权转让协议,厦航从河北航投收购河北航空有限公司95.4%股权;加上此前从川航集团收购的3.83%股权,厦航持有河北航空

2014年8月31日,厦航首架波音787飞机正式落户厦门。图为厦航空乘身着第六代制服与波音787合影

(厦门航空有限公司供稿)

99.23%的股权，成为河北航空的新控股股东，8月底前股权交割完成。8月13日，厦门航空与江西省人民政府在南昌签署合作备忘录，商定由厦门航空与江西航空投资有限公司共同出资成立江西航空有限公司。根据备忘录，江西航空有限公司注册资本20亿元，厦门航空以飞机和厦门航空南昌分公司资产出资，持股60%；江西航投以现金出资，持股40%；机队规模5架；运营初期拟开通南昌至北京、上海、广州、深圳、成都等航线，中远期开通南昌至新加坡、泰国、马来西亚、日韩等亚洲航线以及欧美澳航线。5月5日，厦门航空湖南分公司揭牌仪式在长沙黄花机场举行，厦航成为继南航之后第二个在湖南设立分公司的航空公司。9月5日，厦门航空北京分公司正式挂牌成立。8月31日17时20分，厦门航空首架波音787飞机从西雅图飞抵厦门，是落户福建省的首架波音787飞机，同时也是厦门航空全波音机队迎来的首架宽体客机，厦门航空成为中国第三家运营波音787的航空公司。年内，厦门航空新一代空乘制服从紫色回归到厦航LOGO的蓝色，3种不同明度的“厦航蓝”代表乘务员的不同岗位。 （李 朋）

2014年10月30日，福州航空举行开业暨首航仪式 （福州航空有限责任公司供稿）

【福州航空有限责任公司】 2014年1月23日，福州航空有限责任公司经民航华东地区管理局初审同意开航。4月18日，中国民航福建监管局受理福州航空筹备组递交的运行合格审定预先申请，预先启动辅导性手册审定。5月26日，中国民航局正式批准福州航空2014－2015年度引进5架波音737－800型飞机。6月1日，福州航空取得ICAO\IATA批准的FU、FZA代码，以及666三位数结算码。6月12日，福州航空取得营业执照，完成工商注册。7月14日，中国民航华东地区管理局正式受理福州航空的经营许可申请。7月16－17日，福州航空筹备组完成民航华东地区管理局开展的运行合格审定现场预先验收。9月26日，福州航空的经营许可申请完成审批，在中国民航局官网进行公示。10月17日，福州航空取得经营许可证。10月22日，福州航空获得航空承运人运行合格证，标志福州航空正式取得运营资质。10月30日，福州航空完成首航，创造地方航空公司筹建时间最短记录。年内，福州航空运行两个月，执行784班航班，运送旅客10.25万人次。福州航空以长乐机场为核心，开通福州至上海浦东、天津、海口、昆明、西安、合肥、太原、重庆等8条航线，全部采取点对点不经停直飞方式。10月，福州航空依据《航空承运人运行中心AOC政策与标准》建立标准的运行控制体系。 （许 悦）

水路运输

【水路运力结构】 2014年，福建省拥有营运船舶2094艘，比上年下降3.7%；净载重量851.24万吨位，增长7.6%；载客量3.05万客位，下降0.4%；集装箱16.73万标准箱位，增长30.9%；功率249.60万千瓦，增长9.1%。拥有客船547艘、2.81万客位，分别下降7.1%和0.4%；拥有客货船9艘、净载重量9409吨位、载客量2419客位，基本与上年持平；拥有货船1527艘、下降2.3%，净载重量849.63万吨位、集装箱16.69万标准箱位，分别增长7.6%和31.0%；拥有拖船7艘、1.70万千瓦；拥有驳船4艘、净载重量6427吨位。船舶运力大型化发展明显。拥有海洋船舶1296艘、下降1.6%，净载重量817.18万吨位、集装箱16.72万标准箱位、载客量2.18万客位，分别增长7.7%、31.0%和2.6%；拥有内河船舶798艘、净载重量34.06万吨位、载客量8675客位，船数、客位分别下降6.9%和7.1%，吨位增长4.6%。

【运输生产】 2014年，全省有航运企业325家，其中经营国内航线的有316家（23家兼营国际及港澳台航线）；有国内水路运输服务企业273家（其中国内船舶管理企业55家），国际船舶管理企业27家，国际船舶代理企业142家，无船承运人企业397家。航运企业规模化发展，运力规模在10万载重吨以上航运企业由12家增加至16家。航运旅客运输量1794.20万人、2.87亿人千米，分别增长4.8%、0.9%；航运货物运输量2.58亿吨、3655.72亿吨千米，分别增长11.3%和23.7%。其中，海洋旅客运输量1503.22万人次、增长7.4%，旅客周转量2.37亿人千米，下降2.3%；海洋货物运输量2.22亿吨、货物周转量3634.47亿吨千米，分别增长9.5%和23.5%；内河旅客运输量290.97万人次、下降6.4%，旅客周转量5025万人千米，增长19.1%；内河货物运输量3595.96万吨、货物周转量21.25亿吨千米，分别增长24.1%和71.0%。

【福建省海运集团有限责任公司】 2014年11月19日，福建省海运集团有限责任公司正式揭牌成立。新组建

2014年全省营运船舶运输量、运力表

	运输量				运力		运输量比上年增长(%)				运力比上年增长(%)	
	旅客		货物		载客量	净载重量	旅客		货物			
	万人	万人千米	万吨	万吨千米	客位	吨位	万人	万人千米	万吨	万吨千米	客位	吨位
总计	1794.20	28717	25781.54	36557189	30474	8512441	4.8	0.9	11.3	23.7	−0.4	7.6
内河	290.97	5025	3595.96	212507	8675	340649	−6.4	19.1	24.1	71.0	−7.1	4.6
海洋小计	1503.22	23692	22185.58	36344682	21799	8171792	7.4	−2.3	9.5	23.5	2.6	7.7
其中:沿海	1419.79	18303	20097.95	30414434	18091	6221228	5.5	−0.1	11.5	34.4	−1.5	10.2
远洋	83.43	5389	2087.63	5930249	3708	1950564	54.0	−8.9	−6.5	−12.6	29.2	0.5

的福建省海运集团优化整合福建省交通运输集团旗下的福建省轮船有限公司、福建省厦门轮船有限公司、福建东方海运有限公司、香港华闽船务有限公司、香港鹭达船务有限公司的海上客货运、船员培训、劳务派遣等全部海运要素资源，涉及境内外40多家企业，总资产50亿元，职工6300多人，拥有各类船舶45艘、139万吨位、3726客位，成为福建省内注册的运力规模最大的海运企业，国内船舶运力规模居全国第九位。

【对台航运】 2014年，全省沿海港口对台货物吞吐量2377.86万吨，增长4.5%；对台集装箱吞吐量82.2万标准箱，增长5.3%；闽台海上客运运营16824航次，运载旅客171.55万人次，分别增长1.2%、12.4%。其中，“小三通”运营16178航次，运载旅客156.52万人次，分别增长0.9%和12.1%；2001年1月开通至2014年底，“小三通”客运运载旅客1252.46万人。福建沿海地区与台湾本岛地区海上客运直航运营646航次、运送旅客15.03万人次，分别增长10.8%和14.8%；自2009年9月开通至2014年底，福建沿海地区与台湾本岛地区海上客运直航运营2167航次，运载旅客49.97万人次。推动建设连江黄岐对台客运码头，改造泉州石井对台码头，完善平潭澳前客滚码头配套设施。在对台湾台北、基隆、台中等主要港口海上客滚班轮航线覆盖的基础上，扶持培育“中远之星”“海峡号”稳定运营，新增“丽娜轮”运营平潭至台北客滚航线。

【海峡集装箱运价指数正式发布】 2014年11月27日，由上海航运交易所和厦门航运交易所联合开发的台湾海峡两岸间集装箱运价指数(简称“海峡集装箱运价指数”)正式发布。海峡集装箱运价指数的发布，全面反映两岸间集装箱运输市场供需态势与价格变化，有利于促进海峡两岸间经贸往来与合作交流，推进两岸直航升级发展，为各类市场主体的经营和政府部门的宏观调控提供参考依据。

(林伟雯　叶建芽)

港　口

【港口建设】 2014年，福建省港航固定资产投资103.52亿元，占年度计划的113.6%，其中：沿海码头项目87.95亿元，比上年下降7.9%；航道项目11.21亿元，下降2.2%；陆岛交通项目2.69亿元，增长17.5%；支持系统项目1.67亿元，增长60.5%。全年新增生产性泊位20个、报废减少25个，其中万吨级泊位新增9个；新增通过能力3968万吨、报废减少185万吨，其中集装箱能力新增3万标准箱；新增沿海航道67.7千米，改善沿海航道2.4千米。全省拥有港口生产性泊位558个，泊位年设计通过能力4.27亿吨；其中沿海港口生产性泊位472个(万吨级以上泊位154个)，泊位年设计通过能力4.22亿吨(集装箱通过能力1415万标准箱)。沿海港口具备停靠30万吨级散货船、30万吨级油轮、20万吨级集装箱船、14万吨级邮轮及2万吨级滚装船的能力。

【港口生产】 2014年，全省港口货物吞吐量4.95亿吨，增长7.9%。沿海港口货物吞吐量4.92亿吨，增长8.1%，其中外贸货物吞吐量2.10亿吨，增长13.1%。厦门港货物吞吐量2.05亿吨，增长7.4%；福州港货物吞吐量1.44亿吨，增长12.8%。煤炭及制品吞吐量8667.53万吨，增长10.8%；金属矿石吞吐量5153.48万吨，增长24.5%；石油及制品吞吐量3988.26万吨，增长65.4%；矿建材料吞吐量8566.39万吨，下降12.6%，其中河砂吞吐量5224.08万吨，下降29.6%。

【集装箱吞吐量】 2014年，全省沿海港口集装箱航线326条，其中：外贸线129条，内支线41条，内贸线156条；与上年相比，外贸线减少8条，内支线增加2条，内贸线持平。全年集装箱吞吐量1270.71万标准箱，增长8.7%，其中：外贸集装箱吞吐量749.22万标准箱，增长5.0%；内贸集装箱吞吐量521.49万标准箱，增长14.4%。厦门港集装箱吞吐量857.24万标准箱，增长7.0%；福州港集装箱吞吐量223.94万标准箱，增长13.2%。

【港口腹地拓展】 2014年，福建省推进省内外陆地港建设、运营，落实《促进航运业发展的若干意见》等优惠政策，结合《福建省人民政府关于加快港口发展的行动纲要(2014—2018)》要求，提升水水中转、海铁联运政策扶持标准，完善国际集装箱中转、内支线中转等扶持政策，进一步拓展海向腹

2014年福建省沿海港口货物吞吐量情况表

指　标	货物吞吐量（万吨）		比上年增长（%）	
	合　计	外贸	合　计	外贸
合　　计	49166.24	20988.32	8.1	13.1
进港	32542.06	15119.11	5.6	15.5
出港	16624.18	5869.20	13.4	7.3
福州港	14391.14	6454.53	12.8	8.4
进港	10095.92	5140.84	6.7	5.9
出港	4295.22	1313.69	30.4	19.2
厦门港	20503.96	10198.72	7.4	8.8
进港	11557.70	5699.35	13.2	12.3
出港	8946.26	4499.37	0.8	4.7
泉州港	11200.70	3100.41	3.7	29.8
进港	8454.49	3051.92	−2.1	31.1
出港	2746.20	48.49	26.4	−19.7
莆田港	3070.44	1234.66	8.7	46.1
进港	2433.95	1227.01	−3.0	46.7
出港	636.49	7.65	102.6	−6.2
*湄洲湾港	7089.06	3888.83	23.1	34.1
进港	5630.76	3868.91	9.0	34.2
出港	1458.30	19.91	146.8	25.6

注：1.湄洲湾港包括莆田港的秀屿港区、东吴港区和泉州港的肖厝、斗尾港区，单列。
2.本表中厦门港、福州港的数据为整合后的量。

2014年福建省沿海港口集装箱吞吐量情况表

指　标	集装箱吞吐量		比上年增长（%）	
	合　计（万TEU）	外贸	合　计	外贸
合　　计	1270.71	749.23	8.7	5.0
进港	631.92	369.90	9.7	5.8
出港	638.80	379.32	7.6	4.3
福州港	223.94	131.86	13.2	10.5
进港	112.79	63.29	13.1	11.0
出港	111.15	68.57	13.3	9.9
厦门港	857.24	607.38	7.0	4.4
进港	423.46	300.40	8.6	5.3
出港	433.78	306.98	5.6	3.5
泉州港	188.45	8.92	10.8	−21.5
进港	95.07	5.63	11.0	−18.9
出港	93.38	3.30	10.6	−25.5
莆田港	1.07	1.06	44.8	43.4
进港	0.60	0.59	56.8	54.2
出港	0.48	0.48	32.1	32.1
*湄洲湾港	2.12	1.05	66.6	42.1
进港	1.12	0.59	71.1	54.2
出港	1.00	0.47	61.8	29.3

注：湄洲湾港包括莆田港的秀屿港区、东吴港区和泉州港的肖厝、斗尾港区，单列。

地和陆向腹地。全年经过福建港口进出的外省货物2549.20万吨，增长29.9%，其中通过水水中转方式进出福建港口的外省大宗货物1983.87万吨，增长48.9%。

【陆地港建设】 2014年，全省4个陆地港进出口集装箱超过16万标准箱。其中，晋江陆地港进出口总额25亿美元，增长21.95%；货运总量84.91万吨，增长47.4%；集装箱吞吐量148076标准箱，增长24.6%。三明陆地港集装箱吞吐量11591标准箱，货值12亿美元；承揽进口铁矿869.07万吨，货值9.68亿美元。武夷山陆地港集装箱吞吐量391标准箱，货值46.73万美元。省外，湖南长沙陆地港进行布局建设；6月底江西吉安陆地港试投产。

【海岛交通建设】 2014年，全省海岛交通完成2.69亿元，增长17.5%；新开工建设陆岛交通码头12座、建成13座，完成渡船更新22艘。截至年底，全省建成陆岛交通码头224座，海岛交通运输发展水平提升，海岛居民出行条件改善。

【福州江阴港区整车进口】 2014年12月26日，福州港江阴港区先后从到港的万海航运"东方顺""宏春"轮卸下450辆外贸整车，刷新江阴港区自开港以来外贸整车进口单次进口量的纪录。年内，江阴港区整车进口量9500辆，增长122%，其中外贸整车进口2300辆，增加5.4倍，全年外贸整车进口量在全国新批的整车进口口岸中排名第一。 （林伟雯 邹继伟）

邮 政 业

【邮政法规规划体系建设】 2014年，《福建省促进快递行业发展办法》出台。福州和厦门邮政立法稳步推进。福州市邮政设施专项规划获财政60万元支持并纳入城市总体规划及控制性详规。修订后的《厦门市邮政设施专项规划》审议通过，财政支持邮政立法、规划编制等项目近80万元。提升邮政普遍服务综合能力及快递发展规划内容纳入《泉州新型城镇化规划（2014—2020年）》。《三明市电子商务产业发展规划（2014—2018年）》将"全市电子商务仓储快递一体化物流园"列入近3年拟实施的重点项目。

【邮政发展环境建设】 2014年，《关于进一步加快电子商务发展的若干意见》《关于促进大中型物流企业发展的若干措施》《关于提升交通运输服务八条措施的通知》等印发。"营改增"试点平稳推进。福州快递末端网点建设获财政50万元支持。厦门免征邮政企业全年城镇土地使用税、房产税600余万元，财政拨付EMS现代服务业专项资金1000万元；信报箱补建、更新和维护列入厦门老旧城市社区综合整治项目，智能快件箱列入"为民办实事"项目并获资金支持。泉州财政65万元专项支持邮政普遍服务基础设施建设。9个市（地）级邮政企业更名工作全面完成。

【邮政普遍服务保障】 2014年，全省邮政普遍服务完成14434个行政村通邮任务，通邮率99.86%；福州、厦门、泉州、莆田、漳州、三明、南平、龙岩实现"村村通邮"，提前完成"十二五"规划目标。推进农村地区邮政普遍服务基础设施建设，完成邮政网点改造114处、机要通信项目建设74处。全面完成79个空白乡镇邮政局所补建任务，实现竣工率、验收率、运营率、备案率"四个100%"，超额完成既定目标。抽查新建住宅项目30个，住宅总户数22821户，安装信报箱户数21189户，信报箱按户设置率93%。全省快递服务网点县（市、区）级覆盖率100%，乡镇覆盖率42%。全年改扩建转运分拨中心15万平方米，新增干线运输车辆100余部、快件揽投车辆230部、从业人员5000余人，增加流水线等自动化分拣设备超过5000米。投放智能快件箱860多组，格口数超过3.9万个，日均派件量2.6万件。快递服务公众满意度77.4分，增加2.1分。申诉处理满意率93.4%，提高1.8个百分点。

【寄递市场监管】 2014年，福建省加强对寄递市场监管，转发九部委《关于加强邮件、快件寄递安全管理工作的若干意见》，建立安全监管协作机制，印发《关于落实企业安全生产主体责任的通知》。建立邮政监管信息报告与通报制度，强化与公安部门协作，开展寄递企业违规收寄禁寄物品典型案例倒查和交叉检查。完善全省邮政业远程视频监控平台，扩大覆盖范围，接入快件处理中心、快递企业及下属分支机构、营业网点120家。福州局探索"制度＋科技"监管模式。厦门局

2014年10月31日，江阴港铁路支线集装箱货场举行开行集装箱货车仪式。图为首列集装箱货物班列从江阴港区开出 （省铁路建设办公室供稿）

全面推行企业安全员制度，邮路安全(反恐)联合监管成效明显。泉州局率先开发邮政普遍服务及快递服务网点分布电子地图，扩容快递车辆GPS系统。三明局联合公安、安监开展化学品寄递安全监管。漳州、莆田等局建立系统台账，强化安全邮政建设。

【快递业发展】 2014年，全省快递业进一步实施"向下""向外"推进。探索乡镇邮政网点、乡镇客运站等公共设施搭载快递业务，多渠道实现快递"下乡"。泉州、龙岩、三明等局服务淘宝村(镇)快递物流发展，厦门实现村村通快递。省交通运输厅鼓励航运企业为两岸邮件、快件运输服务。省台办推动涉台邮路和对台跨境电商发展。厦门局率先试点对台海运快件业务，配合商务局推动象屿跨境电商园区建设，泉州局联合海关、检验检疫部门出台跨境快件便利通关政策，加快建设国际快件监管中心。三明局鼓励跨境电商回乡创业，发挥邮政国际包裹优势，初步建成以"速卖通"为依托的跨境电商山区模式。平潭综合实验区启动跨境电商试点。以国际E邮宝、国际小包等为代表的一系列针对跨境电商的产品市场份额超过60%。各地发放通行证264本，福州局联合交警部门解决200部快递货车市区便捷通行问题，厦门、莆田电动(三轮)车挂牌通行；纳入重点物流企业范畴的厦门快递企业享受车辆过路过桥费减半优惠。福州高速物流园、漳浦电商创业园、石狮灵秀电商园、南平闽北物流园等陆续入驻快递企业。快递职业技能鉴定考点设置实现地市全覆盖，增设武夷山和福安两个县级考点，全年鉴定6159人，合作院校23家，其中10所院校开设快递专业(方向)课程，为企业输送毕业生404人；厦门成立校企合作服务中心，举办首期高职快递试验班；泉州组建校企合作委员会，建立快递人才培养基地并组织专场招聘会；漳州提供鉴定费和教材，鼓励学生参加等级考试；三明分等分级奖励快递业务员职业资格认证；南平建立闽北快递人才培养基地。 (郭　森)

【福建省邮政公司】 2014年，福建省邮政公司实现收入36.62亿元，比上年增长5.67%；完成中国邮政集团公司下达经营预算的100.8%；成本增幅低于收入增幅1.17个百分点，完成收支差额预算目标，邮政经济实现总体平稳运行。

业务发展。新增客户金融资产168.4亿元；新增金融基础客户21.9万户；实现金融收入18.84亿元，增长9.97%，金融业务收入占比首次超过50%。邮务业务收入15.33亿元，实现正增长；国际小包、国内小包业务收入4.61亿元，增长138%；国内小包投递量首次突破1000万件，居全国第三位。跨境电商创业平台、微商城等模式创新取得突破；封片卡、报刊、集邮旺季发展排名全国前列。参与医药配送改革，成立中邮恒泰药业有限公司，通过控股方式介入医药配送领域。

深化改革。贯彻落实中国邮政集团公司关于深化改革的工作部署，推进客户导向的经营管理体系改革，探索由产品服务向解决方案服务转型。贯彻3年经营预算办法和以利润为中心的考核机制，传导到各县(市)局和班组、支局所，调动基层发展的积极性和主动性。全面完成全省地市邮政企业更名工作。

企业管理。组织开展邮政服务质量提升专项整治活动，获全国邮政通信服务质量管理一等奖。加强金融安全和消防安全管理，全面推进市级监控中心应用，开展消防安全专项检查。加强财务标杆管理和邮政业务经营服务指标评价体系建设，全省节约管理费2200万元，房屋资产收入增长11.77%。人力资源配置进一步优化，减员1357人，盘活人员2101人次。推进一级干线运输方式改革和省内干线优化工作，加强审计工作，进一步规范物资集中采购。

基础建设。推进空白乡镇邮政局所补建和开业运营，实现开业运营率和法定普遍服务业务开办率"双百"目标。加大对金融网点优化布局、自助机具更新升级、数字智能终端等投入，强化对跨境电商、"两包"业务支撑能力和综合服务平台建设的投入，福建省邮政指挥调度中心、厦门邮件处理中心一期扩建工程进展顺利。

【全国最佳邮票评选颁奖活动】 2014年4月20日，以"清新福建，邮韵榕城"为主题的第34届全国最佳邮票评选颁奖活动在福建会堂举行。经过明信片选票投票、网络投票、手机投票产生的第34届最佳邮票评选结果为：何洁、周岳设计的《中国梦——国家富强》获最佳邮票奖；马刚设计的《毛泽东诞生一百二十周年》、范曾设计的《琴棋书画》获优秀邮票奖；辽宁省沈阳邮电印刷厂印制的《景泰蓝》获最佳印刷奖。经现场投票，姜伟杰设计的《习仲勋同志诞生一百周年》获最佳邮票设计奖。此次活动是福州市继1985年和1996年之后第三次举办全国最佳邮票评选活动。颁奖活动期间还推出"中国邮票设计艺术暨获奖邮集展览"、邮票设计家签名、邮品展销、《网络生活》特种邮票首发式、《邮票上的福建》集邮图书首发等一系列活动。

【最美邮递员】 2014年10月9日，由中国邮政集团公司、光明日报社联合举办的纪念世界邮政日暨"寻找最美邮递员"活动颁奖典礼在北京举行。福建省宁德市蕉城邮政分局三都支局邮递员石进全获得"最美邮递员"特别提名奖；厦门市鼓浪屿邮政投递部林国鹏获得"最美邮递员"入围奖。

(杨文振)

编辑：孙洁斐

信 息 业

电子信息制造业

【概况】 2014年，福建省电子信息制造业完成工业总产值4943亿元，比上年增长10.7%；实现工业增加值983亿元，增长11.9%；完成出口交货值2067亿元，增长5.5%。宸鸿、戴尔、友达、捷联、华映、冠捷显示、达运精密等7家企业产值超百亿元。省电子信息集团、福大自动化和宏发电声3家企业入围第28届中国电子信息百强企业。

【主要产业】 2014年，福建电子信息制造业新型显示产业全年生产液晶显示器3097万台、液晶电视1471万台、液晶显示模组17087万套、液晶显示屏12330万片，拥有宸鸿、友达、捷联、冠捷、华映、达运6家百亿企业，液晶显示模组、触控模组和整机等产业链中下游产品规模继续位居全国前列。厦门天马微投资70亿元建设的国内首条、全球第二条第5.5代LTPS(低温多晶硅)面板及彩色滤光片生产线正式投产，填补省内空白；华映光电、捷联电子的触控屏生产线项目建成投产；万利达集团收购原厦华彩电生产线和相关业务。

计算机和网络产业。全年生产计算机985万台，其中笔记本电脑541万台。戴尔、万利达、星网锐捷、联迪商用、新大陆等公司适应市场变化，及时推出计算机、笔记本电脑、PAD、“易收银”YPOS机、POS终端、网络交换机等系列产品抢占市场，联迪商用、新大陆和星网锐捷3家企业生产各类金融支付POS机450万台，市场占有率居全国第一；联想移动、万利达公司等积极开拓国内外智能手机市场，提高移动通信产品市场占有率；新大陆通信、神州电子等公司继续为广电户户通工程提供直播星终端产品；星网锐捷的网络通讯产品发明专利量居全国同行业第22位，其网络通讯、交换机、K米娱乐产品等市场占有率全国领先。

LED产业。形成涵盖衬底、外延、芯片、封装、应用产品等较为完整的产业链。鑫晶刚玉公司成功研发150KG和220KG级蓝宝石晶体，成为国内同行的技术领跑者，成为华为、OPPO和苹果等著名企业的合格供应商；开发晶照明公司的高亮度蓝光外延片项目投产；三安光电在厦门投资100亿元建设的全省最大外延片生产线项目、乾照光电的高亮度芯片项目、兆元光电的处延片项目等进展顺利；立达信、华联电子、德泓光电、强力巨彩等一批封装企业继续做大做强。物联网产业方面，新大陆研发的二维码解码芯片技术达到国际先进水平；信达物联的电子标签通过国际权威检测，入选沃尔玛贴标计划(国内仅3家企业)；慧翰微电子的车联网产品无线蓝牙传输模块在国内汽车后装市场占有率第一，成为一汽集团的一级供应商；星网锐捷与浪潮合作开发6个行业云，推动实施50个云落地应用项目。

(郑育忠)

软件和信息技术服务业

【概况】 2014年，全省软件和信息技术服务业实现业务收入1516亿元，增长20.3%，居全国第九位，其中：软件产品收入461.5亿元，信息系统集成服务收入475.7亿元，信息技术咨询服务收入159.7亿元，数据处理和存储服务收入197亿元，嵌入式系统软件收入165.1亿元，集成电路设计收入57.7亿元。全省新增认定软件企业157家，累计认定软件企业1343家，其中：福州543家，厦门717家，泉州60家，漳州12家，龙岩8家，南平2家，三明1家。全年新增登记软件产品1495个，累计登记软件产品9389个；新登记软件产品主要分布在行业管理、信息管理、嵌入式、手机游戏、网络游戏、网络应用、安全保密等领域，动漫游戏总收入170.3亿元，增长25.0%，全年电视动画片产量34部14814分钟；电子政务、电力、医疗、证券等行业管理软件产品在全国市场上占有一定优势。在信息安全、工业控制、手机新媒体动漫和网页游戏等领域，福建成为全国的聚集地和先导区。

【行业发展】 2014年，全省软件业形成福州、厦门软件名城“双子星”的发展格局，两市软件业务收入占全省的83.0%，示范带动作用和影响力快速提升。福州软件园建成四期工程，入驻企业436家，其中产值超亿元企业26家；海峡软件新城将投入使用，引进百度91、台湾英孚—华生集团、神画时代、易联众等大陆及台湾的一些知名软件、动漫企业。2013年底厦门软件园三期已开园，核准入园企业341家，首批入驻软件、信息消费、云计算、北斗应用、物联网、移动互联网、IC设计、电子商务等领域企业48家。举办海峡两岸信息服务创新大赛，联合高校、科研机构、企业研究中心等创新资源，发动“产学研”各界共同打造多赢的经济生态圈，繁荣闽台软件产业。组织省内软件企业参加中国国际软件博览会和杭州动漫节，指导第七届厦门国际动漫节、首届中国大学生动漫游戏设计大赛，打造“海西软件”统一品牌。

【骨干企业】 2014年，福大自动化、

星网锐捷、新大陆、瑞芯等 4 家企业入选第十三届中国软件业务收入前百家企业，其中福大自动化排名第 16 位。福州天晴数码、中邮科通信、联迪、榕基、三元达、亿榕、顶点、新大陆、富士通、瑞芯、美亚柏科、四三九九、吉比特、三五互联、亿力吉奥、国网信通、亿联网络、雅马哈、厦门优迅等 19 家企业被认定为 2013－2014 年度国家规划布局内重点软件企业和集成电路设计企业，比上一批次增加 9 家。全省有 34 家软件企业的 39 项软件产品技术在相关细分领域位居全国第一乃至全球领先水平，包括瑞芯微电子与 Intel 合作推出的全球首款 64bit 四核 3G 通讯解决方案、福昕阅读器软件、91 手机助手、厦门美图公司图像处理软件、厦门雅迅 GPS 车载终端行业解决方案、冠林科技智能家居安防对讲等。中海创集团的 IAP 系统在台塑集团宁波厂、华能福州电厂、华能榆社电厂、国电江阴电厂、华能大庆新华电厂等投入使用。中国移动手机动漫基地、百度 91、福州天盟、厦门飞鱼科技、泉州功夫动漫等 10 多家企业增速超过 100%，中国移动手机动漫基地、福建网龙、百度 91、福州天盟、厦门四三九九等 5 家企业收入超过 10 亿元，其中中国移动手机动漫基地与百度 91 收入接近 30 亿元。 （瓮红利）

数字福建

【“数字福建”建设】 2014 年，福建统筹布局全省智慧城市建设，培育福建省大数据产业，推进数字福建云计算中心、全省信用信息平台、权力运行网上公开平台、全省网上办事大厅、高速公路长下坡交通安全预警处置平台、省情运行监测与辅助决策平台（一期）、北斗位置服务平台、无线政务专网、水环境统一监测平台、物联网公共平台等 10 个公共平台建设，其中 6 个公共服务平台建成试运行。

加快省应急视频会商指挥系统优化升级、电子政务内网—省级网络中心、省网络与信息安全测评能力拓展工程、省广播电视综合监管平台（二期）、闽台电子口岸数据交换平台、福建省政法系统网络互通及信息资源共享工程、省民族宗教事务公共服务平台、省排污权交易管理信息系统等 90 多个项目前期工作，完成项目方案评审论证。

实施“信息基础设施提升工程行动计划”，全年完成投资 95 亿元，占年度计划的 118.8%。组织实施通信基础网络、第四代移动通信基站、宽带乡村、应急通信、云计算、物联网、民生信息服务等领域重大项目。

【产业发展与合作】 2014 年，数字福建（长乐）产业园投资 3.6 亿元，基本完成启动区一期市政基础设施建设；筹资 5 亿元，推进其他配套设施建设；依托福建新东湖投资有限公司，采用产权换股权的模式，引进 20 家大数据应用企业入驻；依托省电子信息集团作为招商开发平台，引进百度、华为、中兴、腾讯等知名企业入驻；依托央企、台湾信息产业龙头企业为平台，争取航天科技卫星技术应用智慧城市平台、纵腾网络跨境电子商务、网讯软件移动健康平台、海峡两岸跨境电子商务产业基地、中国安全生产科学研究院云计算公共服务平台、“Oracle WDP（甲骨文）信息人才与产业基地、国脉科技大数据中心应用、伊时代大数据安全技术开发等项目对接落地。

中国国际信息技术（福建）产业园。园区内“三中心三基地”陆续投产，数据中心完成竣工验收，正式投入试运营，华为、曙光等国产服务器测试云平台建成运转，专业运维团队全面进驻，开始承接业务；信息技术教育实训中心、APEC 国际交流中心和服务外包产业基地投入使用；国际数字媒体产业基地 2500 台渲染服务器安装调试，海西电子商务产业基地投产运营，日均发货量 3 万单以上。

云计算中心与大数据建设。与航天科技集团共同编制《福建省卫星产业和应用发展实施意见》。推进与航天科工集团合作，成立合资公司共同运营海洋渔业北斗应用项目。推进中兴通讯公司与省电子信息集团在跨境（包括两岸）电商服务平台、数字福建云计算中心—社会企业云项目合作。推进与华信集团合作，筹建海峡国际大数据中心。推进百度公司与省电子信息集团、兴业银行、福州市政府签订合作协议，在福州设立文学、游戏和应用分发南区中心和移动应用孵化中心；在舆情监测大数据产品、教育个性化云盘、百度直达号、互联网金融创新产品开展合作。推进与阿里巴巴集团在云计算与大数据、电子商务、互联网金融、现代物流等方面合作，推进云计算中心和大数据应用公共平台建设，推进医疗、旅游、拍卖、网上办事等政府公共服务和民生服务等领域行业大数据应用。

【数字技术标准化】 2014 年，《广域网通用检测规范》《民政社区数据规范》地方标准组织完成，获批作为福建省地方标准发布实施。《政务非涉密信息系统 pki/ca 安全应用规范》《应急电子地图图式》等 4 项地方标准获省质监局立项。《电子政务内网—省直部门接入网技术方案》《福建省电子政务外网接入安全技术规范》制定。

【数字平台建设】 2014 年，省经信委支持开展智慧城市试点，对莆田、龙岩、三明、南平、泉州、宁德、漳州、武夷山、平潭、建宁等市县试点项目安排经费补助。组织申报信息惠民试点，福州、厦门、莆田、泉州列入国家信息惠民试点城市，启动社保、医疗、教育、就业、养老、文化等领域公共服务提升工程，以公共平台为纽带，初步构建城乡一体化公共服务体系。设区市开展电子政务公共平台设计，组织论证，推动加快建设，提高统一支撑能力。

（王爱萍）

通　信　业

【概况】 2014 年，全省通信业完成业务总量 695 亿元，比上年增长 11.2%；完成业务收入 436 亿元，下降 3.8%，其中非话业务收入 276 亿元，占全部收入 63.2%，比全国平均水平高 5 个百分点；完成固定资产投资 134 亿元，下降 6.1%；业务成本 229 亿元，增长 7.8%；利润总额 75.8 亿元，下降

2014 年 3 月 18 日，福州海峡两岸通信业务出入口正式竣工。图为出入口竣工工作现场

（省通信管理局供稿）

12.2%；上缴税费总额 57.8 亿元，增长 48.7%；全行业实现增加值 253 亿元，增长 17.5%。截至年底，全省电话用户总数 5210 万户，减少 77 万户，其中：3G 用户 1512 万户，新增 186 万户；4G 用户 318 万户。互联网用户 3859 万户，新增 287 万户，其中：固定宽带用户 899 万户，新增 64 万户；移动互联网用户 2960 万户，新增 223 万户。电话普及率 137.7%，比上年下降 2 个百分点；互联网普及率 102.3%，比上年提高 7.1 个百分点。全年发送短信 544 亿条，下降 7.3%；发送彩信 36.6 亿条，下降 28%。全省增值电信业务经营单位 761 家，业务收入 80 亿元，增长 14.3%。

【行业管理】 2014 年，省政府与中国移动集团签订战略合作协议。工业和信息化部将福州（含平潭）、厦门、泉州列入“宽带中国”示范城市，将福州、厦门、泉州纳入 LTE 混合组网试点城市。福建应急通信保障能力建设示范工程获批。民间资本进一步加快进入电信领域，13 家企业获批在部分地市开展移动转售业务试点，厦门获批向民间资本开放宽带接入市场。参与国家信息消费试点城市、下一代互联网示范城市建设。开展“深入治理垃圾短信·净屏 2014”专项行动，关闭短信端口 634 个，清理关闭 1.5 万个点对点垃圾短信号码。连续 5 年完成共建共享考核指标，节约资金逾 25 亿元。全年发送公益短信 6595 万条次，出动应急人员 7183 人次、车辆 2819 辆次、应急设备 1515 台次、油机 2665 台次。第一届全国青运会信息技术部开展工作。

【网络与信息安全】 2014 年，全省接入服务企业接入备案网站 25.09 万个，列全国第五位；网站备案率 99.9%，列全国第二位；网站主体备案信息准确率 82.0%，高于全国平均水平。“扫黄打非·净网 2014”等 26 个专项行动取得阶段性成效，关闭违法违规网站 252 个，82 个网站被列入“黑名单”。对涉及 5253 个 IP 的 20.5 万封垃圾邮件进行及时处置。

【信息化基础设施建设】 截至 2014 年底，全省互联网宽带接入端口 1619 万个，增长 12.5%，其中 FTTH/O 端口 648 万个，增长 35.6%；省际出口带宽 2320Gps，增长 18.4%；移动电话交换机容量 7895 万户，增长 2.2%；移动电话基站 13.9 万个，增长 41.8%，其中 3G 电话基站 5.2 万个，增长 15.6%；光缆线路 73.8 万千米，增长 5.4%；长途业务电路 368 万个 2M，增长 38.3%；WLAN 公共运营接入点（AP）25 万个。宽带接入平均速率符合度 111%，居全国第一位；平均可用下载速率 4.59M，居全国第五位。4G 建设全面铺开，实现 4G 网络基本覆盖九地市城区、县城城关。海峡两岸福州通信业务出入口竣工投入使用。23 个省级扶贫开发工作重点县完成投资 6.51 亿元，增长 14.0%。 （吴江波）

【中国电信福建分公司】 2014 年，中国电信福建公司完成净利润 12.96 亿元。新兴业务快速发展，翼支付业务商户数、交易额、活跃用户数等均居全国前列；云计算服务收入增幅超过 40.0%，云桌面、云视界、医疗云成为全国标杆；智能提速成为中国电信基地，覆盖用户 2629 万户。重点市场持续突破，商业客户市场收入 48.42 亿元，增长 3.7%；中小学市场收入 2.45 亿元，增长 23.0%，中小学教育云/班班通覆盖班级 2.9 万个。网络运维能

2014 年 7 月 22 日，中国电信福建公司员工全力迎战“麦德姆”台风。图为机房总控室现场

（省电信公司供稿）

2014 年，通过 NFC 手机支付，消费者更加便捷地消费　　（省通信管理局供稿）

耗、装维、基站等划小，实现降本近8000万元。实现全省九个本地网全专业集中监控，全省直接从事监控人员减少90.0%。召开以“携手同行共享价值”为主题的开放合作大会，建设能力开放平台，助力互联网经济发展；与20家省内外战略合作伙伴签订合作协议，与57家合作伙伴签订省、地信息化合作协议。推动3家运营商战略合作，聚焦大众市场、流量价值、校园竞合等五大方面。整合金融保险、行业协会等联盟资源，开展跨界合作，发展天翼用户。推进“数字福建·智慧城市”建设，加快推进宽带中国光网城市建设，建设福厦泉三市4G网络，升级信息化基础设施。完成习近平总书记来闽考察、全军政治工作会议等重要任务及抗击台风“麦德姆”等自然灾害的通信保障；完成应急通信保障各项任务，全年执行应急保障任务65项。

（何其钦）

【中国移动福建公司】 2014年，中国移动福建公司营业收入237.5亿元，排全集团第八位；实现净利润44亿元，净利润率20.0%，排全集团前列，主要经济指标均高于地方经济总量在全国的排位。全年向地方上缴税收近30亿元，税收贡献居省内国有企业前6位。创新性推动TD－LTE（4G）建设发展，截至年底，4G基站总数3.6万个，网络覆盖超过3G，接近2G水平，实现全省城区、县城和乡镇的连续覆盖，4G网络人口覆盖率85.0%。全省4G用户突破300万户，4G用户户均流量是2G用户的5倍、3G用户的3倍。“无线城市”平台接入800多项民生服务应用，年访问量超过2.6亿人次，继续保持全国领先。“政务云”承载“省长信箱”及20个厅局的政务应用，在全省各地建成政务信息化项目1300多个；《数字福建无线政务专网项目》被国家发改委列入国家高技术产业发展计划和资金补助计划。优化“闽商云”企业综合应用服务平台，统一规划福州、厦门南北IDC云计算资源池，支撑全省各地的个性化云服务。全省移动手机支付用户接近700万户，年消费额逾24亿元；12580电子商城活跃商户超过7000家，全年实现交易1300万笔，交易额4亿元，带动上下游产业链产值超过20亿元。推出资费更低、速率更快、办理更便捷的4G服务，实施流量优惠措施，流量资费下降50%。开展“净网2014”专项行动和垃圾短彩信专项治理，月过滤处理垃圾信息680万条。严格落实手机实名制工作，新增用户实现100%实名登记，总体用户实名登记率超过90%。全年完成投入超过120亿元。

（蔡永法）

【中国联通福建省分公司】 2014年，福建联通完成主营业务收入近60亿元，比上年增长9.1%。收入结构明显改善，主营业务收入中移动业务占比76.6%，移动业务中移动宽带收入占比69.9%，固网业务中宽带收入占比52.7%，增量收入中集客业务贡献占比46.8%，ICT＋IDC收入接近2亿元。加快4G业务推广，4G发展量占移动宽带比提升至51.0%。加大流量经营力度，流量释放同比提升69.3%，移动宽带业务户均流量同比增长132M；10M以上固网宽带用户占比提升10个百分点。全年建成专营渠道1800余家，实现市级连锁门店规模翻番，全省有效渠道规模突破万家；加大网上营业厅、网上商城及电营平台推广，全年线上访问量1770万次，信息导航收入预算完成率在联通系统排名全国第二；推动渠道和终端运营模式

2014年5月15日，厦门电信、厦门移动、厦门联通、厦门广电网络等四家企业共同签订了《加快三网融合促进信息消费战略合作协议》，图为协议签订现场　　（省通信管理局供稿）

创新，成功上线“沃易购”B2B平台，累计注册渠道1.3万家，终端支付交易60万台，交易额3.9亿元。加快3G广度覆盖和3/4G混合组网，推动移动宽带网络实现超越。全年移动、固网宽带网络业务承载能力分别比上年提升32.0%和16.0%。全年移动网络质量投诉率降至3.9次/万用户，满意率提升4.6个百分点。互联网渠道用户规模和活跃度大幅提升，传统人工服务量下降11.0%，电子渠道服务承载占比提升至69.5%。（柯 研）

无线电管理

【概况】 截至2014年底，全省无线电台站超过18万座(不含手机和公众移动通信终端)，每平方千米约1.5座，居全国前列。完成17个数字对讲机型号核准、48个型号无线电发射设备初审转报、53台套无线电发射设备型号核准检测，分别比上年增长183.0%、17.0%和29.0%。

【无线电基础设施建设】 2014年，福建省进一步加强无线电基础技术设施建设，扶持数字对讲机和数字专网等移动通讯产业发展，推动省内自主研发的具有国内领先、国际先进水平的数字对讲机及数字专网系统应用和发展，建成福建省无线应急数字通信调度专用示范网；升级无线电设备检测实验室、电磁兼容分析室，增加数字对讲机及基站、4G通信基站、工业用无线遥控设备、微功率无线电发射设备等检测平台。服务信息化基础设施建设，协调解决电信、联通TD-LTE和LTE FDD混合组网实验频率使用问题，为在全国率先开展TD-LTE和LTE FDD混合组网试验提供频谱资源支持。

【无线电监测】 2014年，及时处置和排查无线电干扰，构建良好的第四代数字蜂窝移动通信运营电磁环境，保障TD-LTE等制式4G网络无线电频率和谐、科学、高效应用；完成全省PHS(小灵通)清频退网工作，开展电磁环境治理和通信基站设置协调，为智慧城市支撑平台提供更广、更优的宽带移动通信网络传输和覆盖服务。

【无线电频率支持】 2014年，为福州航空港、厦门(翔安)新机场、福州地铁、莆田湄洲湾LNG项目、莆田火电厂、福清核电站等省重大基础设施项目提供无线电频率支持；参与三明机场、合福高铁等重点工程项目指挥调度通信系统站点选址工作，帮助测试电磁环境，排查干扰，保障项目建设进度。

【重要数据项目核实】 2014年，规范全省无线电台站地理信息数据所采用的地理坐标系，统一无线电台站地理坐标、天线高度等数据的采集测量精度要求，提高相关参数和核定项目的准确性。拓展海峡两岸无线电交流。

【海峡两岸无线电交流与合作】 2014年，依托海峡两岸无线电工作委员会，编制《海峡两岸无线电交流3年行动计划(2014-2017)》；在厦门举办闽台无线电管理交流活动，与台湾无线电协进会和台湾业者就提高两岸无线电管理合作对话机制层次，加强在频率资源规划等重点领域合作达成广泛共识，签署《合作备忘录》，推动两岸无线电交流协调制度化；运用4G等无线电新技术手段搭建闽台“同名村”宗亲祭祖实时互动平台，促进两岸文化社会交流。

【无线电监督】 2014年，出动1664人次，检查513单位(个人)，发现违规行为140起，立案47起，结案36起，罚款7.62万元，没收违法设备494部；受理查处无线电干扰投诉75起。开展打击非法设置无线电台(站)专项治理行动，出动执法人员700人次、监测车176辆(次)，动用监测定位设备342台次，开展巡查监测978个小时，配合公安部门查获使用“伪基站”案62起，缴获“伪基站”设备74台，捣毁制售“伪基站”窝点2个，为公安部门检测报告91份；对广电部门广播电台进行实地核查，督促设台手续不全的广播电台完善手续，加强对非法广播电台的监测定位工作，及时向公安部门提供利用“黑广播”进行违法犯罪活动的线索和证据，配合公安部门查获非法广播电台案件18起；整治非法安装使用卫星电视干扰器，对福建广电网络集团股份有限公司所属部分市县广电网络分公司擅自设置使用卫星干扰器干扰卫星电视信号问题进行检查，全年受理查处卫星电视干扰器投诉20起。

【频率台站管理】 2014年，做好航空、铁路、水上无线电专用频率保障，规范铁路无线电干扰投诉流程与受理排查程序，建立无线电管理部门、铁路、通信运营商三方干扰排查会商制度，提高对铁路GSM-R通信系统干扰的快速排查能力；抓好民航内部无线电台站管理、驻场无线电台站管理和干扰查处联络员等制度的落实深化，进一步协调和规范驻场无线电台站的设置使用，航空无线电专用频率干扰投诉连年下降，全年仅1起，比上年减少3起；继续加强对全省各港口、码头周边无线电台站的监督检查，通过与海事、海洋与渔业等部门联合执法，及时纠正违规行为，查处违法行为，水上无线电干扰继续保持零投诉。做好各类考试无线电安全保障。发现无线电作弊信号13个，技术阻断9起，立案查处4起，查获涉案人6人，涉案设备5台(套)，保证考试的公平、公正。

（肖经思 吕永红）

编辑：林忠玉

金　　融

综　述

【金融运行】 2014年，福建省金融运行相对平稳。银行存款继续增加，增长明显乏力；贷款增量继续扩大，重点投向工业、基础设施、个人购房等领域。大型企业贷款增量显著扩大，中型企业贷款增长平稳，小微企业贷款增长未能实现“两个不低于”。贷款利率在央行降息后出现明显回落。银行业资金运用充分，存贷比创20年来新高。不良贷款出现“双升”。金融市场多数产品成交大幅增长，直接融资增加明显，保险市场增长较快。人民币跨境结算业务持续增长。

货币供应量增长放缓，现金投放回笼基本正常。全年广义货币M2增速呈现整体下行态势，年末M2余额增长7.5%，比上年末回落7.6个百分点，比全国低4.7个百分点；全年狭义货币M1增速波动幅度较大，年末M1余额增长2.3%，比上年末下降6.8个百分点，比全国低0.9个百分点；年末流通中现金M0余额下降2.5%，比全国低5.4个百分点。全年人民币现金净回笼26.84亿元，省内（除福州、莆田、三明外）现金净投放（回笼）的地市分布格局与上年一致。

存款增长较慢。全年本外币存款余额增长10.1%，增速较上年和当年6月末分别下降5.4个百分点和7.2个百分点。全年新增存款2919亿元，比上年少增938亿元，增量处于2009年以来低位。存款增量一、二季度明显增加，三季度略有减少，四季度有所增加。个人存款和单位存款均明显少增，财政性存款大幅多增。全年中资机构个人存款比上年少增589.8亿元，增量占比较上年下降10.8个百分点，主要原因是收益率较高的理财产品、互联网金融、年末股市大幅走强等分流存款，尤其是居民储蓄。单位存款比上年少增896.5亿元，增量占比较上年下降13.5个百分点，主要原因是在经济景气持续回落的环境下，企业的应收账款等资金占用增多；部分银行出于风险考虑，收缩银行承兑汇票、信用证等表外业务规模，造成全年单位保证金存款大幅少增474.13亿元；存款偏离度管理新规实施后，部分银行年（月）末拉单位存款冲时点的动力减弱。全年财政存款比上年多增380.91亿元，其他存款比上年多增194.3亿元。从期限结构看，个人定期存款占比明显上升，单位活期存款占比提高。全年金融机构个人定期存款增量占个人存款增量的65.5%，较上年提高22.3个百分点，个人非定期存款增量占比则下降至34.5%。单位活期存款虽比上年少增323.8亿元，但占单位存款增量的比重较上年提高11.2个百分点；与上年形成明显反差，单位定期存款则大幅少增，增量占比下降至38.3%。

贷款增量扩大，投向结构变化明显。全年本外币各项贷款余额增长15.7%，增速与上年持平。全年本外币贷款增加3791.1亿元，比上年多增350.2亿元。与上年形成明显反差，对公贷款明显多增，个人贷款大幅少增。全年公司类贷款比上年多增519.7亿元，个人贷款比上年少增376.6亿元。基础设施和房地产业贷款比上年多增590.0亿元，生产流通领域贷款比上年少增358.7亿元，全年基础设施和房地产业贷款增量占公司类贷款比重分别比上年提高13.7个百分点和7.7个百分点，制造业和批发零售业贷款增量占比则分别比上年回落13.2个百分点和20.3个百分点。大型企业贷款明显多增，中型企业贷款增加平稳，小微企业贷款少增。全年大型企业、中型企业、小微企业贷款（含个人经营性贷款）比上年分别多增457.3亿元、多增8.82亿元、少增185.94亿元。全年小微企业贷款（含个人经营性贷款）余额增长12.2%，低于全省各项贷款平均增速3.5个百分点，增量占比较上年降低11.9个百分点。中长期贷款大幅多增，短期贷款明显少增。全年中资机构中长期贷款比上年多增773.8亿元，占全部贷款增量的比重较上年上升14.4个百分点；短期贷款比上年少增614.8亿元，占全部贷款增量的比重较上年下降20.3个百分点；票据融资增加122.8亿元，与上年票据融资减少74.2亿元形成反差。

贷款利率总体上升，货币市场资金价格震荡下降。1—3月人民币贷款（不含贴现、个人住房贷款、信用卡透支）加权平均利率在7.6%附近波动，4—10月利率抬升至7.7%附近波动，11月受央行降息的影响回落至7.6%，12月进一步降至7.2%。全年执行下浮、基准和上浮利率贷款占比，分别比上年上升0.71个百分点、下降5.35个百分点和上升4.64个百分点。全年人民币贷款加权平均利率7.6%，比上年提高0.2454个百分点。全年直贴加权平均利率6.0%，转贴现加权平均利率5.1%，分别比上年下降12个基点和4个基点。年内人民银行加大“支农”“支小”再贷款与再贴现发放力度，短期流动性调节工具（SLO）、中期借贷便利（MLF）等新型货币政策工具陆续推出，为货币市场注入充裕流动性，推动票据市场利率持续下行。在股票市场IPO冻结大量资金、MLF到期以及年末商业银行加大对资金需求等因素影响下，票据市场利率有所回升。

银行业资金运用充分，不良贷款出现“双升”。年末银行业机构本外币余额存贷比94.3%，较上年末上升4.6个百分点，高于全国平均水平20.4个百分点；按五级分类，年末银行业机构不良贷款余额和不良贷款率，较上年分别增加213亿元和提高0.53个百分点，信贷资产整体质量延续2012年下半年以来的向下迁徙态势；全年银行业机构实现利润增长8.9%，增幅较上年微升0.5个百分点。

金融市场平稳运行，多数产品成交大幅增长。银行间市场交易总量增长明显，全年同业拆借、债券回购、现券交易3项成交总额比上年增长52.2%。银行间拆借市场净拆出资金3406.67亿元，比上年少拆出3443.47亿元；银行间债券市场净融入资金37216.44亿元，比上年多融入23736.84亿元。企业在银行间市场发债融资再创新高，全年发债126期，融资金额734亿元，比上年分别增加43期和215.7亿元。票据融资总量稳中有降，年末票据融资总量（含承兑、贴现、转贴现）较上年下降1.6%，主要是由票据承兑业务量下降所致。企业股票融资增多，全年企业通过发行股票募集资金278.9亿元，比上年多239.7亿元；企业债券融资970.1亿元，比上年增加265.1亿元。保险市场保持较快增长，全年保险业实现保费收入比上年增长19.3%，高于全国平均水平1.8个百分点；为社会承担风险保障总额22万亿元，增长22%；赔付支出215亿元，比上年增长14.8%；保险密度1802元/人，增长18.3%；保险深度2.85%，上升0.21个百分点。黄金价格大幅波动，市场交易量明显上升，全年银行业机构（不含兴业银行）代理上海黄金交易所黄金交易比上年增长93.1%，金交所4家省内会员单位全年成交总量增长14.2%。

人民币跨境结算业务增长迅速。全年银行业机构办理跨境人民币结算业务3567.34亿元，比上年增长123.7%。其中，经常项下人民币结算业务量增长79.5%，资本项下人民币结算业务量增长261.7%。年末参与跨境人民币结算业务的企业5932家，较上年增加2055家；开办跨境人民币结算业务的银行分支机构792家，较上年增加173家。

2014年6月，两岸金融合作（平潭）论坛在福建平潭召开

（人行福州中心支行供稿）

【外汇管理】 2014年，开展个人贸易外汇管理改革全国试点，通过简化单证率先提升个人贸易外汇管理便利化水平，全年个人贸易项下结售汇增加近2倍，收付汇增加2倍，均创历史新高。巩固货物贸易外汇管理改革成果，独家承办全国货物贸易外汇监测系统三期测试会。深化服务贸易外汇管理改革，参与国家外汇管理局组织6个分局进行的新版国际收支交易编码上线后服务贸易系统测试。开展资本项目信息系统“数据质量年”活动，在全国率先探索资本项目信息系统滞留数据的处理方式。

推动促成外汇总局赋予平潭综合实验区内企业外债（含人民币）比例自律管理、外汇资本金意愿结汇、“宝岛债”发行调回资金便利等4项外汇管理试点政策，平潭成为国内唯一实行中资企业外债结汇试点政策的地区。推进国内首家面向世界的水产品交易所——“中国一东盟海产品交易所”建设，实现海产品“线上交易、线下交收、人民币结算”。跨国公司总部外汇资金集中运营管理试点获外汇总局批准，首笔境外3000万美元资金成功划转至境内。支持地方法人银行发展，下达泉州银行1000万美元短期外债余额指标，将福建海峡银行融资性对外担保余额指标调增至8000万美元。协调解决福州保税港区外汇业务管辖权问题，便利保税区内企业自主就近选择外汇局办理业务。

组织开展外汇业务行为主体监管试点，综合运用跨境资金流动监测与分析系统开展非现场监测。宣传普及新《国际收支统计申报办法》，确保新版涉外收支交易分类与代码实施。支持天津渤海通汇货币兑换有限公司、北京联合货币兑换有限公司在省内设立4家机构网点。支持平潭客滚轮外币代兑点向特许兑换机构转型。

切实防范跨境资金异常流动风险，充分发挥外汇收支形势监测分析机制作用，初步查实异地某公司涉嫌违规办理转口贸易项下结汇业务，涉案金额2.22亿美元，被国家外汇管理局列为重点督办案件；完成国家外汇管理局《大宗商品进口贸易融资背后的“纯套利”问题及其监管建议》等专题调研报告。创新资本项目事后监管的方式和手段，开展多种形式的非现场和现场核查。完善防范跨境资金流动风险的政策传导机制，充实跨境资金流动双向冲击应对预案。

严厉查处外汇违法违规行为，集中力量开展转口贸易外汇业务专项检查，草拟的专项检查方案被外汇总局向全国推广；创新外汇行政执法方式，举办全国第二例外汇行政处罚听证会；探索建立与公安部门、税务部门、海关部门的监管合作机制，联合公安部门先后两次开展打击地下钱庄专项行动，捣毁“7·22”案和“9·29”案地下钱庄，在全国首次发现地下钱庄“案中案”，首次发现地下钱庄为从事对外贸易经营活动的公司、企业或行为人提供购买外汇便利。全年查处案件52起，减少46.9%；处以罚款7580.84万元，增长621.2%。（王 勉）

【金融监管】 2014年，福建省（不含厦门，下同）有银行业金融机构营业网点6311个，从业人员11.7万人。其中，政策性银行3家，机构网点46个；大型银行5家，机构网点2303个；股份制银行10家，机构网点678个，其中法人机构1家，另有1家获批筹建；邮政储蓄银行1家，机构网点1028个；城市商业银行6家，机构网点206个，其中法人机构4家；农村合作金融机构68家（法人），机构网点1926个；村镇银行46家（法人），机构网点63个，另有3家获批筹建；外资银行14家，机构网点48个，其中法人机构1家，另有3家获批筹建；财务公司4家，其中法人机构3家，另有1家获批筹建；信托公司2家（法人）；金融资产管理公司4家；消费金融公司1家（法人）。

2014年末，福建省银行业机构资产总额59748.91亿元，比上年增加10062.59亿元，增长20.3%；负债总额56259.68亿元，比上年增加9313.81亿元，增长19.8%；所有者权益3489.23亿元，比上年增加748.78亿元，增长27.3%。各项存款余额31858.43亿元，比上年增加2919.02亿元，增长10.1%；各项贷款余额30051.27亿元，比上年增加3791.13亿元，增长15.7%。存贷款比例94.3%，比上年上升3.59个百分点。实现净利润521.56亿元，纳税346.04亿元，增长7.2%。

2014年末，福建省法人银行业机构资本充足率全部达标，其中：兴业银行11.8%，城市商业银行法人机构12.1%，农村中小金融机构14.1%。风险抵补能力处于较好水平，其中：兴业银行拨备覆盖率258.2%，城市商业银行法人机构拨备覆盖率247.1%，农村中小金融机构拨备覆盖率296.6%。

对外开放。持续推进辖区（不含厦门，下同）“引银入闽”工程，引进台湾合作金库银行、华南银行、彰化银行，以及汇丰银行、渤海银行等金融机构到福建设立分行，批复兴业消费金融公司开业，获准筹建七匹狼集团财务公司，实现台资银行、消费金融公司“零的突破”。加快村镇银行组建步伐，全年组建村镇银行10家，获银监会备案批复组建规划6家，累计获银监会备案批复55家，覆盖全省90.0%县域。

业务拓展。引导辖区银行业机构落实国家“一带一路”战略，支持福建建设21世纪海上丝绸之路核心区，国家开发银行福建省分行与福州市政府、中非发展基金签署《关于共同推动设立基金积极参与21世纪“海上丝绸之路”建设战略合作框架协议》，推动设立预计总规模100亿元的人民币基金；福建海峡银行与福建省海洋与渔业厅联合发起“中国海丝俱乐部”，吸收福建省远洋捕捞、冷链物流、水产养殖、海产品加工等海洋产业相关企业。积极引导辖区银行业机构强化小微企业金融服务，出台小微企业金融服务指导意见，鼓励机制与服务创新，提升小微企业金融服务水平；推广小微企业流动资金贷款还款方式创新，辖区近50家银行业机构先后推出“连连贷”“续贷通”等多款续贷模式创新产品，发放金额近100亿元，惠及超过5000户小微企业，截至年末，福建省银行业小微企业贷款余额8492.28亿元，比上年增加1163.31亿元，多增121.47亿元，增长15.9%，高于各项贷款平均增速0.08个百分点，连续6年实现“两个不低于”目标。引导辖区银行业机构持续推进绿色信贷，出台辖区银行业机构支持产业结构调整和化解产能过剩实施意见和支持生态文明先行示范区建设推进绿色信贷工作指导意见，截至年末，辖区银行业机构绿色信贷贷款余额1298.43亿元（不含兴业银行省外机构发放的贷款），比上年增加263.69亿元，增长25.48%，占同期各项贷款余额的4.3%；辖内银行业机构全年从高污染、高耗能和高环境风险行业退出贷款234.78亿元。

“三农”金融服务。截至2014年底，全省银行业涉农贷款余额10140.82亿元，比上年增加1590.86亿元，多增239.78亿元，增长19.0%，高出各项贷款平均增速3.25个百分点，涉农贷款连续7年保持增量、增速“两个不低于”，实现金融网点乡镇全覆盖和基础金融服务行政村基本全覆盖。辖区银行业在县域布设网点3777个，小额便民支付点2.12万个，各类电子机具25.02万个，实现乡镇金融网点、ATM全覆盖和便民服务行政村基本全覆盖。辖区银行业创新农村金融产品101种；试点推广村级融资担保基金担保贷款，贷款余额1.86亿元。辖区银行业发放农业龙头企业贷款1107户、287.27亿元；支持设施农业企业8214户、57.3亿元；支持联户经营、专业大户、家庭农场等农户集约化经营贷款13550户、30.95亿元；支持农民合作社（含社员）13985户、20.07亿元。

金融改革。推进泉州金改区建设，支持泉州金改区完善银行业组织体系，兴业消费金融公司、七匹狼集团财务公司获批筹建，实现泉州金改区非银行金融机构“零”的突破；牵头推进中小微企业信用信息交换与共享平台建设，整合导入13万多家中小微企业、近500万条基础信息数据，实现分散在工商、质监、税务等12个部门单位及准金融机构的企业信用信息的互联互通；协助制定泉州市小微企业信贷风险补偿共担资金管理办法，设立风险补偿共担基金1亿元；泉州市设立政府主导融资担保公司3家。进行沙县农村金融制度改革试点，加大“沙县农村金改”力度，重点推广村级融资担保基金、农村土地金融等改革举措。三明市实现目标客户建档、便民基础金融服务和阳光信贷标准化网点全覆盖；6个县设立66个村级融资担保基金，募集基金4973.1万元，为2.8亿元农户贷款提供担保。

风险管控。截至2014年末，福建省银行业机构按贷款五级分类的不良贷款余额544.54亿元，不良贷款率1.8%。强化信用风险防控，按照“政府主导、司法支持、银行主体、监管推动”的工作思路，通过健全风险防控工作机制、加强监测预警与报告反映、加大协调化险工作力度、积极争取司法支持、督导加快不良贷款处置、突出重点领域风险防控等六大举措，有效防控信用风险。强化非标债权业务风险防控，建立非标债权业务定期监测机制，推动辖内法人机构加快清理不合规业务。强化银行业案件风险防控，组织银行业机构开展案防全面自查，开展案防飞行检查，针对检查发现问题，强化问责、评估和评价，督促加强内控管理。强化非法集资等外部风险防控，组织银行业机构全面开展非法集资风险排查，开展对典当行、小额贷款公司、担保公司等融资风险的专项排查，防范外部风险向银行业传染。

（张　丽）

银　行

【中国人民银行福州中心支行】 2014年，中国人民银行福州中心支行传导和落实稳健的货币政策，加强地方法人金融机构信贷调控，制定出台《宏观调控管理办法（试行）》，完善调控规则，全年预调微调21次。发挥定向降准优化信贷资源配置的功能，直接增加金融机构的信贷可用资金约160亿元。调增地方法人金融机构当年合意新增贷款额度186亿元，全年地方法人金融机构实际新增人民币贷款798.08亿元，比上年增加251.78亿元，增量主要投向小微企业、“三农”等实体经济领域。制定下发《关于稳中求进改革创新，进一步深化金融服务实体经济发展的若干意见》，选择重点地区、重点金融机构部署推进各类专项信贷工作。继续推进福建企业银行间市场发债工作，在省内首次发行专项支持保障房的债务融资工具，创新丰富金融债券发行品种。推动金融改革，深化闽台金融合作。

服务实体经济。联合省发展改革委召开两场全省重大项目融资对接会，向金融机构推荐950个项目5265亿元融资需求，同时梳理汇编170种融资产品供企业和项目业主选择，全年银行业金融机构对省级重点项目发放贷款1117亿元，截至年末，省级在建重点项目贷款余额1776.8亿元。联合福建省金融工作办公室、福建省经济和信息化委员会等主办第十二届“6·18”金融创新与服务推介会，促成3家金融机构和融资服务机构与19家企业或政府部门达成23项、总金额632.85亿元的战略合作协议及融资协议，协议资金主要用于中小企业、科技创新企业以及重点建设项目、城市基础设施建设等。引导金融机构运用金融手段支持企业通过兼并重组和技术改造实现转型升级，年末并购重组贷款余额50.92亿元，增长39.5%。支持文化产业、节能环保产业等新兴产业加快发展，年末全省文化产业贷款余额245.71亿元，增长9.6%。牵头制定《福建省排污权质押贷款业务管理办法（试行）》，推进绿色信贷产品创新，拓宽节能环保企业融资渠道。制定出台《关于信贷支持福建省“三农”重点领域发展的工作意见》，在全国率先建立金融机构涉农贷款投放目标责任制、县域新设金融机构贷款投放承诺制度、新型农业经营主体“主办行”服务机制，年末涉农贷款余额增长19.0%，高出本外币各项贷款平均增速3.26个百分点，多增239.78亿元，实现增量和增速“两个不低于”的目标。推动组建林权收储担保机构，实行“林权抵押＋收储”的贷款模式，年末林权抵押贷款余额62.72亿元，规模居全国第二位。在全省18个县（市）推进农村土地承包经营权抵押贷款试点，选择在城镇化程度高的地区开展农民住房财产权抵押贷款试点，年末农村土地承包经营权抵押贷款余额0.66亿元，年末农民住房财产权抵押贷款余额11.63亿元。建立辖内小微企业信贷政策导向效果评估制度，配合省政府制定出台《关于进一步降低企业融资成本，防控企业信贷风险措施的通知》，引导金融机构减费让利，降低企业融资成本。鼓励金融机构创新小微金融产品和服务，年末小微企业金融服务专营机构逾300家，小微企业专属金融产品逾200种。推动组建省级保障房投融资平台，年末保障性住房开发贷款余额比上年增长109.58%，多增93.15亿元。引导金融机构改善居民购买首套自住房和首套改善性住房的金融服务，当年商业银行首套住房贷款笔数占比持续维持在90%以上，年末个人住房贷款余额比上年增长22.3%。完善促就业小额贷款政策扶持体系，全年发放各类促就业小额贷款4.49亿元。在省内上线运行生源地信用助学贷款电子化管理系统，实现生源地助学贷款网上申贷，全年发放生源地信用助学贷款比上年增长15.4%，年末余额10.2亿元，增长24.1%。推动以财政资金为担保的扶贫小额贷款业务，破解扶贫贷款到户难题，全年扶贫小额担保贷款试点县新增5个，累计13个。继续拓宽直接融资渠道，全年推动企业在银行间市场发行短期融资券、中期票据、定向债务融资工具等126期，融资金额738亿元，分别增加42期和218.7亿元，其中促成保障房发债融资创新取得突破，发行保障房非公开定向债务融资工具30亿元。引导地方法人金融机构增强主动负债意识，厦门国际银行和厦门农村商业银行分别发行30亿元、6亿元的二级资本债券，厦门银行发行30亿元的小微企业贷款专项金融债券。

维护金融稳定。重点加强对省内大型问题企业、钢贸企业、民间非法金融活动、企业资金链断裂等重要风险点的监测和排查，全年省内人民银行系统报告涉险企业41家，涉及金额91.22亿元。及时向上级行、政府相关部门等预警金融风险26次，涉及信贷资金59.8亿元，配合地方政府妥善处置泉州某企业非法高息吸存等各类风险事件。完成对省内13家法人金融机构的同业业务现场督查，并代人民银行总行起草完成全国36家分支机构同业业务督查情况总报告。作为人民银行总行金融稳定局确定的5家试点行之一，完成华福证券有限责任公司经营稳健性专项现场评估，组织开展部分市（县）保险分支机构稳健性现场评估。主动开展东亚银行等在福州筹建分支机构的管理与服务，引导新设金融机构完善内控制度、强化内部管理、规范业务行为，促进新设金融机构健康可持续发展。加强重大事项报告管理工作，全年收到各类金融机构重大事项报告118次。完成对辖区31家银行业金融机构的综合评价，督促评价等级较差的机构采取整改措施，并对浙江稠州商业银行福州分行开展综合执法检查。推动金融稳定工作创新，建立完善存款保险制度研究小组，承接人民银行总行布置的有关工作任务。制定《人民银行福州中心支行实施存款保险制度应对预案》，确保存款保险制度在辖内平稳推出。深化金融生态县创建试点，省内创建试点面不断扩大。完善县域金融生态图谱，绘制完成全省首张“县、乡、村”三级金融生态图谱。

金融服务。首次完成金融业综合统计全国试点并向省内推广，指导辖区城市商业银行、农村合作金融机构和外资银行实现存、贷款统计标准化全面落地，被人民银行总行确定为全国存贷款综合抽样统计试点单位。基本完成银行机构向二代支付系统切换，实现以法人为节点的“一点接入、一点清算”。完成中央银行会计核算数据集中系统(ACS)及其综合前置子系统在福建上线运行，实现人民银行会计核算管理的科学化、集中化和信息化。全年商业汇票电子化率19.6%，提高7.2个百分点，比全国平均水平高7个百分点。农村支付体系建设不断深入，全年全省设立银行卡助农取款服务点23796个，业务金额比上年增长81.6%，推动小额信贷移动展业科技创新试点，发展涉农移动金融服务。金融IC卡发卡量和使用率大幅提升，全年新增金融IC卡1740.55万张，IC卡芯片消费交易额占银行卡消费交易总额的20.0%；加强银行卡收单市场管理，妥善处置省内利用信用卡预授权类交易套取高额额外信用额度的风险事件。颁布《福建省公共信用信息系统建设总体方案》，推动福建省公共信用信息平台上线试运行；开展“福建省征信业务网上服务大厅”推广工作，试点上线机构信用代码管理信息系统，实现征信业务网络化办理和档案电子化管理；金融信用信息基础数据库收录全省各类企业30.45万户，增长5.0%；涉及人民币贷款余额增长4.2%；收录全省自然人2406.36万人，增长1.9%；涉及人民币贷款余额增长15.0%。小微企业和农村信用体系建设有序推进，全年建立小微企业信用档案10.67万户，其中2.26万户企业获得银行融资，分别比上年增长1.9%和24.9%；建立农户信用档案512.5万户(约占农户总数的75.6%)，对建档的195.29万户农户累计发放贷款4011.6亿元。培育征信市场和信用评级业务，全年完成信贷市场信用评级企业3778家，其中借款企业评级3654家、小额贷款公司35家、融资性担保公司89家。推动国库信息化建设，联合地税部门、兴业银行开展异地税款电子缴库试点，启动开发国库集中支付业务电子对账系统。组织全省各级国库统一开展对农业银行代理国库业务的执法检查。落实小面额现金供应主办银行、主办网点制度，实现小面额现金供应主办银行网点乡镇全覆盖，全年有5661个金融机构营业网点开设小面额人民币兑换“绿色通道”；推进硬币供应自助服务环境建设，年末投入使用的硬币自助兑换机80台；扩大ATM终端多券别人民币取款便民服务试点，年末银行业机构布设安装10元券ATM机42台，50元券ATM机8台，加强对台反假人民币工作，改善人民币冠字号码查询管理，建立打击假币犯罪警银协调机制，维护良好的货币流通环境。在全国率先实现省级农村信用社系统按照新标准、通过新系统向反洗钱中心报送数据。构建跨部门反洗钱长效协作机制，与省公安厅签订《反洗钱合作备忘录》，创新开展支付机构反洗钱监管；全年收集重点可疑交易线索431条，立案率提高11.5%；上报反洗钱中心研判线索17条，由反洗钱中心移送公安部14条，分别增长88.8%、100%；反洗钱调查立项38项，开展调查279次，协助破案15起，增长25%。在福建省正式开通12363金融消费权益保护咨询投诉电话，集中统一受理与人民银行职责相关的金融消费咨询与投诉，年末受理投诉104笔、咨询113笔，满意度和办结率均超过90.0%。

金融改革。推动地方法人金融机构适应利率市场化改革，增加流动性来源渠道与优化负债资源配置，福建海峡银行、泉州银行和厦门农商银行发行同业存单221.4亿元；跟踪评估农业银行“三农金融事业部”适用差别化存款准备金率政策情况，全省28家“三农金融事业部”经人民银行总行考核达标。促成福州市海西现代金融中心区获批。深化泉州金融服务实体经济改革，推动建立福建省首个跨部门信用信息共享平台，实现19个政府部门、13.29万户小微企业、近500万条基础信息数据入库；促成泉州获批成为全国首批小微企业信用体系建设试验区，推进泉州开展泉台跨境人民币使用、外商投资企业资本金结汇管理方式改革以及跨境电子商务外汇支付业务等3项试点；稳妥推进民间资本设立融资服务机构，支持民间融资登记试点，形成不同的民间融资登记服务模式。推进沙县农村金融制度改革，作为全国6个农村金融制度改革试验区之一，沙县在组建村级担保基金、设立农村专业担保公司、建立普惠金融体系和农村信用体系等方面取得新成效。

闽台金融合作。台湾合作金库商业银行、彰化商业银行和华南商业银行获准筹建福州分行，台湾第一商业银行获准筹建厦门分行，成为福建省首批获批筹建的台资银行全资大陆一级分行；海西首家两岸合资证券投资基金管理有限公司——圆信永丰基金公司在厦门正式运营；首支两岸合作的人民币私募股权投资基金——华创基金在平潭正式开业；台湾第一金控集团旗下一银租赁独资设立一银租赁(厦门)有限公司，成为福建省首家纯台资金融机构。货币业务合作方面，全年新台币兑换量8.45亿元新台币，增长11.4%；闽台人民币代理清算群规模不断扩大，年末全省银行业机构与台湾地区37家跨境人民币业务参加行签订人民币代理结算清算协议并开立账户，人民币代理清算账户余额增长187.4%；推动建立两岸人民币现钞直接调运清算机制，中国银行承办的两岸人民币现钞调运业务正式启动，调运24.64亿元。支持闽台人民币双向贷款业务首例试点，东南汽车成功争取台湾地区“中国信托银行”和永丰银行离岸人民币贷款额度3亿元。

(王　勉)

【中国人民银行厦门市中心支行】

截至2014年末，厦门市有各类银行业金融机构主体40家，其中：中资银行23家，外资银行12家，外资银行代表处3家，信托公司1家，财务公司1家；资产总额11634亿元，比上年增长16.0%；负债总额11188亿元，增长15.5%；不良贷款余额63亿元，不良贷款率1.0%；实现税后利润152亿元，增长22.1%。社会融资规模回归适度，全年增加859亿元，同比少增492亿元；本外币存款、本外币贷款增速放缓，年末增速分别比上年回落5.9个、0.7个百分点。在增速放缓的同时，金融业提质增效成效显著。金融业贡献度稳步提高，全年金融业增加值占生产总值比重比上年提高0.4个百分点；直接融资大幅增长，社会融资规模结构优化；定向调控政策效果显现，信贷结构进一步优化，薄弱环节、重点环节和民生领域金融支持得到加强；资金价格稳中有降，企业融资成本高有所缓解；人民币跨境结算业务翻倍增长，两岸金融合作交流继续推进。

资本市场。截至年末，厦门市有各类证券业金融机构主体86家，其中：法人证券公司1家，证券咨询公司4家，证券公司分公司8家，证券咨询公司分公司2家，证券营业部68家，证券公司外资代表处3家；实现营业收入13亿元，增长45.5%；利润总额6亿元，增长71.0%；证券交易金额2.47万亿元，增长54.9%，其中A股交易量1.64万亿元，增长75.3%。期货代理成交量0.99亿手，增长25.1%；代理成交额12.69万亿元，增长34.3%。

保险市场。截至年末，厦门市有保险业金融机构主体38家，其中：财险公司21家，寿险公司17家；资产总额297亿元，增长40.4%；实现保费收入131亿元，增长17.4%，其中：财险保费收入57.08亿元，增长18.6%，人身险保费收入74.13亿元，增长16.4%。出口信保提供99.05亿美元风险保障，增长5.0%；支持出口险项下融资额11.4亿美元，上升8.9%。一般贸易渗透率32.0%，居全国前列。全民自然灾害责任险为360.6万人提供4688亿元的人身伤亡保险保障，计生家庭保险覆盖全市各区，失独家庭意外险开始试点，政策性补充工伤保险正式落地。

货币信贷市场。截至年末，厦门市金融机构本外币存款余额7064亿元，增加684亿元，少增205亿元，增长10.7%，增速比上年回落5.9个百分点，仍高于全国和全省及其他计划单列市增速；本外币贷款余额6644亿元，增加772亿元，多增43亿元，增长13.7%，增速比上年回落0.7个百分点，但高于全国平均增速。其中，人民币存款余额6607亿元，增加623亿元，少增192亿元，增长10.4%，增速比上年回落5.8个百分点；外币存款余额75亿美元，增加10亿美元，少增4亿美元，增长15.0%，增速比上年回落12.4个百分点，高于人民币存款增速4.6个百分点。人民币贷款余额5824亿元，增加657亿元，多增82亿元，增长13.4%，增速比上年回落0.5个百分点；外币贷款余额134亿美元，增加18亿美元，少增10亿美元，增长15.8%，增速比上年回落16.1个百分点。厦门市社会融资规模增加859亿元，少增492亿元，融资规模占生产总值比重26.3%，占比比上年下降18.5个百分点，仍比全国平均水平高0.4个百分点。表外融资大幅缩减，金融机构表外融资减少193亿元，少增659亿元。直接融资大幅增长，非金融企业直接融资226亿元，多增135亿元。本外币贷款增幅较大，本外币贷款增加769亿元，多增20亿元。小额贷款公司发展良好，小额贷款公司贷款增加12.32亿元，多增2.77亿元。

（童建魁）

【中国农业发展银行福建省分行】

截至2014年底，中国农业发展银行福建省分行各项贷款余额551亿元，比上年增加68.8亿元，增长14.3%；各项存款余额127.9亿元，增加10.7亿元，增长9.1%；实现账面利润10.76亿元，增加0.03亿元，增长0.3%。

业务发展。支持粮食安全体系建设，全年发放粮油购调储贷款61.5亿元，各级粮油储备储足率97.0%以上。支持农业农村基础设施建设，市级以上平台项目审批贷款金额占比67.0%。支持涉农棚户区改造和公司类客户发展，全年审批项目贷款394.2亿元，增长224.0%；发放中长期贷款151.8亿元，增长29.7%；年末中长期贷款余额352.2亿元，比上年增加77.5亿元，增长28.2%。支持农业产业化龙头企业发展，全年完成207个续贷项目审批，发放自营性流动资金贷款69亿元。

风险防控和内部管理。开展客户贷款风险、财会风险、收费合规性专项摸排，粮食贸易企业“清仓查库、清产核资”专项检查，针对风险排查结果，开展专项整改工作，问题综合整改率97.0%。制定完善相关制度办法，加强合规经营管理，实施差别转授权管理，做好信贷担保和合同文本法律审查，强化法律服务工作。加强存款组织管理，开展存款“红五月行动”和“60天存款攻坚”活动，提高自主筹资能力。加强成本收入管理，坚持准确合规、应收尽收，全年利息收回率100.0%。加强利率定价管理，把客户综合贡献度作为差别化定价的重要因素，提高定价议价水平。合规开展中间业务，实现中间业务收入3027万元，增长54.5%。

（陈以松）

【国家开发银行福建省分行】

截至2014年底，国家开发银行福建省分行实现融资总量1106亿元，其中贷款发放534亿元；年末资产总额2186亿元，其中贷款余额1922亿元；本息回收率100%，不良贷款率0.04%。

银政合作。深化与福建省政府合作，召开双方高层联席会，签署合作金额6000亿元的《合作备忘录》，明确重点支持的领域和项目。全年评审承诺棚改、公路、电力、水利、土储等项目贷款967亿元；国务院支持福建加快发展的57个重大项目，评审承诺872亿元。组织开展闽台深度融合、厦漳泉大都市区同城化等重点规划编制和课题研究，与省发改委联合编制发布《福建省新型城镇化发展系统性融资规划（2014—2020年）》。

融资业务。争取总行规模倾斜，加大对福建加快发展的支持力度，当年人民币贷款规模新增251亿元，创历年新高；通过资产证券化腾出规模17亿元。全年发放贷款534亿元，比

2014年12月18日，国家开发银行与福建省政府签署《进一步与加快福建经济社会发展开发性金融合作备忘录》
（国开行福建省分行供稿）

上年增加129亿元，增长32.0%。构建项目多渠道资金来源，通过表外业务引导281亿元资金支持重大重点项目建设；通过债券发行、夹层投资、票据承兑等直接融资121亿元；实现理财等其他融资171亿元。

民生业务。支持棚户区改造，推动成立省级、省会城市专项融资平台，搭建棚改统贷机制和贷款运作模式，全年评审承诺棚改项目贷款395亿元，发放棚改专项贷款112亿元，其中，省级平台评审承诺贷款79亿元，发放19亿元；省会城市平台评审承诺贷款287亿元，发放70亿元。关注民生领域，发放中小企业贷款19亿元、水利贷款15亿元、现代农业贷款6亿元，向原中央苏区县和省级重点扶贫开发县发放贷款144亿元。发放涉台项目贷款29亿元。发放分行首笔生源地助学贷款。

国际合作业务。全年评审承诺外汇贷款7亿美元，发放16亿美元，余额新增10亿美元，外汇贷款余额居省内同业第一。配合国家领导人外出访问，巴新经济适用房、埃德伍水电站等项目签约纳入访问成果。创新厦门大学马来西亚分校项目融资模式，破解高校海外办学融资难题。

金融服务。加强综合经营，全年为省市重点企业承销债券13支，承销金额突破百亿元，债券承销市场占有率居省内同业前列。加强与国开行子公司的业务合作，实现企业债、夹层投资、融资租赁等协同资金到位41亿元。拓展同业合作，全年销售金融债、信用债37亿元。全年实现利润41亿元，比上年增加7亿元，增长20.0%。

风险管理。开展全面风险和专项风险排查，强化总分行两级“双名单制”管理。配合借款人和地方财政做好政府性债务的甄别、核对和分类工作，锁定存量债务风险。配合内外部审计检查，做好问题整改工作；加强评级和授信管理，严格合同审查，推动风险关口前移；加强合同签订和抵质押管理，做好资产质量分类和滚动预测。全年回收贷款本息334亿元，连续49个季度保持本息回收率“双百”；全年不良贷款率0.04%，连续37个季度保持低于1.0%。 （林小雪）

【中国工商银行福建省分行】截至2014年底，中国工商银行福建省分行本外币各项贷款余额较上年增加210.65亿元，增幅7.9%，其中通过公司贷款、理财投资等表内外渠道新增近200亿元；本外币公司贷款余额同业占比保持商业银行第一。

支持实体经济。支持福建省在建续建重点项目，全年对40个省重点项目投放76.57亿元贷款，并通过非信贷渠道为省级重点项目提供35.91亿元的融资，其中对高速公路行业新增项目贷款31.76亿元。加大对战略性新兴产业、先进制造业、现代服务业、文化产业的信贷支持力度，“新四大产业”贷款比上年增加80亿元。着力解决小微企业融资难题，稳步推进“万家小微企业成长计划”，全年发放小微企业贷款315.07亿元。支持“三农”经济发展，涉农贷款全年新增82.53亿元。加大对平潭综合实验区支持力度，为平潭管委会的基础设施建设提供一笔10亿元的平潭股权基金。

业务创新。推进“商行＋投行”“表内＋表外”“境内＋境外”运作，办理全国首单股票收益权场内质押式回购业务、第一笔特定债权投资业务；与证券公司等机构开展新三板业务合作，以顾问身份参与企业新三板挂牌工作；发行首款私人银行区域投融资产品“福建之星”；截至年末，金融资产服务业务余额142.65亿元。与18家境外机构开展结构性融资、正反向汇兑通及双币证等产品合作，满足外商投资和“走出去”企业的金融需求。创新健康行业服务模式，与莆系民营医院总商会签署一揽子战略合作协议，解决民营医疗机构的融资需求。

便民金融。推进工银e支付、工行融e购电商平台等业务发展，满足客户对互联网金融业务的需求。开发投产银医一卡通应用系统、漳州市公租房租金收缴业务系统、电话POS跨行转账项目、公共事业缴费POS项目、“榕城通”卡ATM终端圈存项目、手机银行“掌上汇”项目等。重点支持以个人按揭为主的个人贷款发展，个人住房贷款比上年增加179.75亿元。全年信用卡发卡量新增17.2万张；信用卡贷款比上年增加55.1亿元；分期付款新增18.29亿元；消费额比上年增长44.4%。

服务提升。围绕“打造服务质量最佳银行”的目标，精简流程、优化渠道，全方位提升服务品质和效率。加强渠道建设，全年优化网点34家，完成全辖最后1家分理处和1家储蓄所的升格。全力推进网点运营标准化改革，加快自助银行、电子渠道建设，利用快捷发卡机、外出营销终端、存富宝机具的布放，延伸服务渠道，增强客户服务能力。加强服务精细化管理，实施网点效率提升精确制导工程，依托排队管理系统，建立实时监测和预警响应机制，完成“网点服务响应远程支持平台”建设，有效提升网点服务效率。
（陈梅金）

【中国农业银行福建省分行】截至2014年底，中国农业银行福建省分行本外币日均存款余额2797.5亿元，增加92.7亿元；理财资金日均余额198.49亿元，增加70.34亿元；人民币同业存款日均余额45.87亿元，增加32.05亿元；各项贷款余额2614.89亿元，增加258.61亿元，增长11.0%；新增人民币贷款289.55亿元。

支持实体经济发展。全年新增贷款99.0%投向实体经济，重点支持高速公路、铁路、地铁、电力、石油化工等省重点建设项目，全年新增省重点建设项目60个，授信总额527亿元，用信总额283亿元。其中，高速公路项目新增贷款投放46.46亿元、理财融资11亿元；铁路重点建设项目新增贷款投放4.29亿元；电力重点建设项目新增贷款投放34.5亿元；石化油气行业重点项目新增贷款投放25.5亿元。创新各种融资产品，全年办理理财融资、债务融资工具、黄金租赁业务等类信贷业务111.59亿元，通过跨境参融通、福费廷、内保外贷等新兴国际业务利用境外资金26.11亿美元。支持优质房地产企业发展和个人购房，全年新增投放房地产开发贷款52.61亿元，增加29.14亿元；新增个人住房按揭贷款124.77亿元，占个贷增量的147.2%，房抵贷增加29.27亿元。

“三农”金融服务。截至年底，全省县域本外币各项贷款余额1389.03亿元，比上年增加154.80亿元，增量占全行的59.9%，增速12.5%，比全行贷款增速高1.56个百分点；涉农贷款余额1280.98亿元，比上年增加144.13亿元，增长12.7%，比全行贷款增速高1.7个百分点，实现“两个不低于”目标。重点支持农业产业化龙头企业发展，与312家省级以上农业产业化龙头企业建立业务关系，服务覆盖率78.0%。支持水利建设，水利贷款余额46.11亿元。推进农地抵押流转，发放贷款5766万元。支持新型农业经营主体，发放农民专业合作社贷款1657万元。做好林农、烟农、台农、新农、茶农等“五农”金融服务，培育农户金融业务新亮点，全行惠农卡发卡总量834.07万张，农户贷款9.45万户、余额87.71亿元。代理涉农项目，代理新农保、新农合及其他涉农项目174个，发放资金197.7亿元。提升农村基础金融服务水平，推进“金穗惠农通”工程提质增效，全行电子机具覆盖行政村10159个，行政村覆盖率71.3%；设立“金穗惠农通”服务点8248个，行政村覆盖率57.8%。

服务小微企业。全行设立小微企业专营机构43家，在安溪、永安、泰宁、沙县、漳浦、清流等地成立茶产业、林产业、旅游业、小吃业和专门服务小城镇建设、台湾农民创业园等的10家专业支行或特色支行。全年小微企业贷款增量62.88亿元，增加6.31亿元，增长25.7%，高于各项贷款增速14.72个百分点，实现“两个不低于”目标。推进小微企业“批量授信、工厂化运作”，探索对产业链、专业市场、优质商圈和产业集群内的同质小微企业群体服务方案项下的批量营销、批量调查、批量审查和审批，提高小微企业运作效率。
（薛盛涛）

2014年11月5日，农行福建省分行与漳州市人民政府签订战略合作备忘录，重点支持基础设施、重大项目、龙头企业、漳台合作、“三农”和县域经济等领域（省农行供稿）

【中国银行福建省分行】2014年，中国银行福建省分行实现拨备前经营利润66.90亿元，风险调整资本回报率13.2%，不良资产比率1.4%，拨备覆盖率180.7%。

主营业务。年末人民币各项存款余额2376.24亿元，较上年新增307.07亿元。精细化开展信贷管理，加快盘活存量低利率贷款，释放有效规模资源，发放人民币各项贷款1201.44亿元。个人金融加快研发推广智能通、薪利通、惠民通等“通”类产品，各类创新产品全年新增存款24.8亿元。公司金融争揽行政事业单位存款，行政事业及烟草人民币日均余额新增99.66亿元，增速27.8%。深化公私联动，全年实现代发资金量422亿元，留存率11.5%，较上年提升4.6个百分点。

基础客户和基层网点工作。大力推动对公无效账户激活压降工作，全辖对公无效账户压降28.8%，激活账户带动时点存款新增2.08亿元。组织开展“夏季掘金”客户升级活动，当年激活个人客户40.95万户，日均存款新增47.40亿元，中高端客户配卡率59.0%。加快推进基层网点转型，重点打造百家全功能复合型网点，辐射带动经营性网点整体效能提升，全年网均存款较上年增加0.56亿元。优化立体式客户服务体系，以手机取款代理点、中银e社区、民生服务代缴费为新切入点，全年拓展手机取款代理点301家，全省县域覆盖率67.8%，签约e社区数101家，有效提升电子银行客户及品牌影响力。

风险防控。坚持控新化旧两手

抓。针对钢贸、特贸、大额白金卡等重点客户实施清单式排查,将不良资产集中到各级分行本部进行统一处置,资产质量优于同业平均水平;充分利用风险管理与内部控制委员会平台,采取重点领域排查和从严控制授信总量相结合的措施,主动压退一批风险敞口不可控的非不良公司客户授信。坚持从源头防范案件,创新性开展"责任2014—基层网点内控整改年活动",辅之以"员工合规宣讲小分队"巡回宣讲、飞行检查及员工大走访活动,有效消弭风险隐患,实现内控防案第十个平安年目标。 (汤毅茜)

【中国建设银行福建省分行】 截至2014年底,中国建设银行福建省分行各项贷款余额3437.3亿元,新增396.6亿元;一般性存款余额3570.0亿元,新增134.8亿元,其中:个人存款新增125.7亿元,企业存款新增9.1亿元;不良贷款余额37.5亿元,比上年增加21.2亿元,不良贷款率1.09%。

融资业务。争取总行向福建区域倾斜信贷资源,全年追加本外币贷款规模120亿元。全年投放贷款2045亿元,新增贷款396.6亿元,增长13.1%。利用信托、租赁、直投等多渠道融通资金,其中通过投资银行渠道为客户融资192亿元,增加88亿元。

服务经济建设。支持省重点项目157个,授信金额635.9亿元,比上年增加70.5亿元;贷款余额222.5亿元,比上年增加74.5亿元。搭建"助保贷"平台,为小微企业产业集群提供融资服务,在省、市、县三个层级签订27个合作协议,搭建25个"助保贷"平台,支持助保贷客户479户,发放贷款16.1亿元。服务城镇化建设,审批通过城镇化建设项目21个,贷款金额103.7亿元,发放贷款31.81亿元。设立助农取款点439个,增设31个离行式自助银行。服务闽台经贸合作,开立建行台北分行人民币清算账户,与其合作办理换币贴现通、委托付款等业务70亿元。率先成立中国建设银行"海峡两岸跨境金融中心"。服务外贸企业,为企业办理各类跨境贸易融资产品1129笔,金额207.6亿元;开出融资性保函387笔,金额21.4亿美元。

服务民生。加大支持住房特别是普通住宅和保障性住房建设力度,截至年底房地产开发贷款余额264.2亿元,其中普通住宅项目和保障性住房项目开发贷款占98.4%。发放个人住房贷款399.7亿元,其中支持经济适用房、保障性住房楼盘项目59个,发放个人贷款3.5亿元。支持各类个体工商户创业和经营,发放助业贷款25.3亿元。支持教育、卫生、医疗、文化、节能等民生领域,节能减排行业贷款余额289.5亿元,其中支持风电项目13个、支持垃圾焚烧发电项目10个;教育行业贷款余额30.6亿元;卫生行业贷款余额27.8亿元,重点支持60家医院建设;文化行业贷款余额36.6亿元。开办汽车分期、安居分期、账单分期、现金分期等多种信用卡分期付款业务,信用卡分期交易额146.5亿元,直接拉动消费约200亿元。拓宽服务渠道,推广自助银行、网上银行、手机银行等便捷的金融服务,截至年底有自助银行731个,在运行自助设备4281台;个人网银客户815万户,交易量3.4亿笔;企业网银客户13.9万户,交易量3720万笔;手机银行客户713万户,交易量3.6亿笔。

维护地方金融稳定。贯彻省委、省政府关于促进金融平稳运行和防控企业信贷风险等一系列举措,落实"五不"要求,对可持续经营的企业予以增贷支持;对困难企业按照"分类处理、区别对待"的要求,统一步调,共同化解潜在的风险隐患。全年处置不良贷款36.6亿元,资产质量保持在省内四大国有银行最好水平。 (周 卉)

【交通银行福建省分行】 截至2014年底,交通银行福建省分行人民币表内存款余额463.51亿元,时点余额比上年增长18.34亿元,全年表内存款增长4.1%;本外币考核口径日均存款443.5亿元,比上年增长63.98亿元;人民币贷款余额370.12亿元,比上年增加67.15亿元,增长22.2%。中间业务净收入3.24亿元,比上年增加0.87亿元,增长36.6%。

全年对重点项目和国有企业通过授信额度126.7亿元,投放表内贷款81.65亿元,投放类信贷业务(发债、中票、流动性支持等)28.98亿元。小微企业贷款余额72.77亿元,比上年增加9亿元,其中:小型企业贷款余额56.29亿元,微型企业贷款余额5.63亿元,个体工商户贷款余额10.25亿元,小微企业主贷款0.59亿元。 (征 鹏)

【兴业银行】 截至2014年底,兴业银行集团资产总额44063.99亿元,比上年增长19.8%;归属于母公司股东权益2579.34亿元,增长29.1%;本外币各项存款余额22677.80亿元,增长4.5%;本外币各项贷款余额15931.48

2014年11月27日,交通银行南平分行揭牌 (交通银行福建省分行供稿)

亿元,增长17.4%;发行200亿元二级资本债和首批130亿元境内优先股;年末资本净额3287.67亿元,增长31.4%;资本充足率11.3%,一级资本充足率8.9%,核心一级资本充足率8.5%。资产负债协调匹配,主要指标均符合监管要求。全年实现各项营业收入1248.98亿元,增长14.3%;实现营业支出647.08亿元,增长17.2%;成本收入比23.8%,继续保持较低水平。实现归属于母公司股东净利润471.38亿元,增长14.4%。集团总资产收益率和净资产收益率分别为1.2%和21.2%,保持国内优秀水平。受经济下行以及部分区域、行业风险加速暴露冲击,不良资产有所上升,总体处于可控水平。截至年末,按照五级分类法,全行不良贷款余额175.44亿元,增长69.8%;不良贷款比率1.1%,上升0.34个百分点。根据合规审慎原则,充分计提风险拨备,年末拨备覆盖率250.2%,拨贷比2.8%,拨备覆盖总体充足。

企业金融业务。截至年末,全行企业金融客户403489户,比上年增加61430户;有效授信客户54807户,增加7717户。本外币企业金融存款余额18972.91亿元,新增829.53亿元,增长4.6%。企业金融贷款余额(含票据贴现)12071.98亿元,增加2037.85亿元。主承销非金融企业债务融资工具3145.85亿元。开展信贷资产证券化业务,发行3期信贷资产支持证券,合计发行金额150.49亿元。贸易融资业务余额5221.41亿元。办理贸易融资业务量11763.93亿元,增长36.5%。本外币国际结算业务量1170.24亿美元,其中,外币国际结算业务量920.37亿美元,增长10.3%;跨境人民币结算业务量1532.82亿元,增长59.7%。现金管理客户11981户。各项业务流量平稳增长,现金管理客户日均存款余额6323亿元,日均资金管理资产总额2492亿元,增长1.6倍。通过运用绿色金融产品以及多种金融工具,累计为上千家企业提供"绿色金融"融资5558亿元,绿色金融融资年末余额2960亿元。

小微企业业务。启动小微企业专业化经营管理体系改革,全面打造小微企业专属组织、专属技术、专属业务流程、专属产品序列、专属激励约束机制和专属资源配置等"六项专属机制",持续提升专业经营能力。截至年底,自定义小微企业客户32万户,增长21.0%;自定义小微企业贷款余额1121亿元,增长24.0%。

机构业务。截至年底,获得252项省、市、区国库集中收付业务代理资格,获得中央财政非税收入收缴代理银行资格。机构客户存款余额5159.26亿元。

汽车金融业务。推进汽车金融业务专业化经营体系建设,截至年末,汽车金融有效客户4141户,增加1662户;业务量2197.55亿元;业务余额1005.45亿元,增加402.67亿元。

零售业务。截至年底,零售银行客户3152.8万户,比上年增加168.48万户;零售客户综合金融资产余额10105亿元,增加2493亿元。适当发展个人结构性存款业务,个人存款余额3704.89亿元,增长4.1%。合理优化住房按揭贷款、消费类贷款、经营类贷款占比,个人贷款余额3859.50亿元,增长9.1%,个人不良贷款比率0.8%。支持发展"百花齐放"个人经营贷款业务,年末个人经营贷款占比19.0%。财富业务金融资产余额6400亿元,增长58.0%。加快实体网点渠道向"智能化、小型化、精品化、社区化"转型,持牌运营社区支行527家,累计布放金融自助通近1900台,柜面替代率超过50.0%。截至年末,累计发行信用卡1331.2万张,新增发卡135.9万张;信用卡业务交易金额3682.7亿元,增长21.7%。狠抓私人银行业务创新和风险管控,探索构建以客户为中心的开放式产品平台,完善高端服务体系,全年私人银行客户综合金融资产2206亿元,增长26.0%。

金融市场业务。截至年底,各类同业客户存放余额12681.48亿元,增长25.9%。第三方存管联网证券公司上线96家,融资融券存管证券公司上线43家,第三方存管终端客户232.48万户。开展合作的信托公司66家,市场覆盖率97.1%。银财直联上线客户106家。银银平台签约客户575家,上线客户474家,柜面代理结算累计联结网点超过3.4万个;办理银银平台结算2655.45万笔,增长118.2%;结算金额20420.19亿元,增长55.0%。与240家商业银行建立信息系统建设合作关系,实现信息系统上线107家,推出新一代互联网现金管理工具——掌柜钱包。截至年底,理财产品余额8351.25亿元,增长66.8%,其中,零售客户(含私人银行客户)理财业务余额5906.12亿元,占比70.7%;企金客户理财余额1671.63亿元,占比20.0%;同业客户理财余额773.49亿元,占比9.3%。发行理财产品62035.13亿元,增长54.8%;资产托管业务净值47260.41亿元,增长53.1%;新增各类托管产品14434只,在线托管13755只;实现中间业务收入42.11亿元,增长25.4%。取得郑州商品交易所指定期货保证金存管银行资格;截至年底,吸收期货公司及期货交易所资金存款余额523.44亿元,增长568.5%;完成期货交易所结算8539笔,结算金额10324.28亿元;完成银期转账64531笔,总金额607.59亿元。

服务福建发展。截至年底,兴业银行福建省内各项贷款余额3169.87亿元(含总行本部),比上年增加409.79亿元,增长15.6%,其中小微企业贷款余额1048亿元,增长17.6%,完成"两个不低于"目标。通过投行、信托、租赁、保险直投等融资工具在福建省内实现资金投放667.3亿元,支持实体经济发展。搭建政银企合作平台,推动"医药风险补偿贷款(融资)业务",扶持重点技术改造项目企业以及有发展潜力医药企业。截至年底,确认有合作意向的61家企业,融资需求34.54亿元,审批项目34个,金额14.08亿元,落地13.56亿元。在福建省内发放绿色信贷1381笔,总融资金额316亿元,融资余额161亿元。

风险管控。加强基础制度建设,理顺管理职责边界,进一步完善集团层面和银行内部风险管理体系。强化风险偏好在集团层面的协调统一。持续开展风险监测排查,加强风险预警管理,提高资产质量管控有效性。加强组织、有序开展政府债务清理甄别和确权工作。总分联动、集团联动加大不良资产处置化解。加强合规与内控考评管理,引导全行合规稳健经营。全面加大问责力度,严格落实责任追究,端正全行经营风气。

运营保障。完善机构网络布局,开业香港分行、海口分行、西宁分行,年末全行机构总数1435家。持续加大IT研发、生产运营、安全保障建设投入,提高IT服务水平。正式启动核心系统V3项目。推动落实移动金融研发团队嵌入式管理。加强数据质量管理工作。 (王铸祥)

【中信银行福州分行】 截至2014年底,中信银行福州分行总资产744亿元;本外币各项存款余额712亿元,本外币各项贷款余额572亿元;在福州、泉州、莆田、漳州、宁德设立营业网点42家,其中:福州23家,泉州10家,莆田4家,漳州4家,宁德1家。

主营业务发展。支持省级重点项目、交通能源等基础设施、市政建设、城镇化建设、学校医院、保障房建设、现代服务业等发展;落实"商行+投行"服务模式,为辖内优质企业提供授信、发债等综合金融服务,办理全省首单超短期融资券业务;年末对公贷款余额388亿元。围绕"两卡一金"客户开展"中信红·感恩季"、出国金融培训等多元化活动,针对财富客户推出大额产品定制与全权资产管理计划、会议场所租用等"私人订制"服务。开展外汇清算、跨境人民币等业务,在省内(不含厦门)首家签约跨境人民币资金池业务。

风险管控。严格授信审批,实现有保有压,加强抵押评估管理,防范评估操作风险,强化授信客户风险排查,及时预警和处置风险隐忧,实现信贷结构调整、优化。层层签订"合规经营承诺书",深入推动案防专项活动、员工行为排查及存款滚动排查等,加强内部审计力度,为业务发展保驾护航。完善会计管理制度,强化事中、事后监督,严格执行重要岗位轮岗制度,加强押运钞管理和安全检查,保持全年安全无事故。 (唐夏芸)

【招商银行福州分行】 截至2014年底,招商银行福州分行总资产535.77亿元,各项自营存款余额436.91亿元,各项贷款余额355.17亿元。

服务经济发展。贯彻招商局集团与省政府签署的《深化战略合作框架协议》,落实与福州、莆田等市政府签订的战略合作协议以及与省委宣传部签署的《金融创新支持文化创新合作备忘录》,加强银政合作,支持地方经济发展。运用债券承销、"助保贷"等新兴产品,利用本行跨境平台等资源优势,有效拓宽企业融资渠道,为企业客户提供全方位的金融支持。加大对全省重点建设项目和优质企事业法人的授信支持力度,在对福州地区能源交通、装备制造、文投旅游、城乡建设与生态环保等产业的重点项目给予充足资金支持的同时,提供财务顾问、信贷融资、资金管理、投资银行、项目股权合作等金融服务。

服务小微企业。运用生意贷、展翼通、网贷通等产品,创新推广"招行惠结算"网银费用全免活动,为中小企业提供零成本的网银结算服务。针对中小企业缺少固定资产抵押、资金需求频繁的特点,先后推出供应链金融、"随借随还"自助贷款等服务。针对省内新三板挂牌、待挂牌企业逐渐增多的情况,推出"三板贷"产品,满足企业挂牌不同时段资金需求。年末行标小企业和小微企业贷款余额172.71亿元。

网点建设。开展网点建设工作,福州东门支行、仓山支行以及莆田荔城支行正式对外营业,江南水都等7家社区支行的选址租赁工作完成。全面提升网点硬件水平,在全辖所有网点布设苹果三件套,推出手机银行3.0版、掌上生活4.0版、网上银行7.0版、微信银行、"一闪通""小企业E家"等一系列服务创新,为客户提供便捷的互联网金融服务。

客户服务。丰富客户增值服务体系,发挥最佳零售银行的优势,发行地产基金、股权质押信托等多期高收益理财产品,为公众提供财富管理、消费金融、跨境金融等服务。多措并举强化服务意识,开展内训师"服务礼仪"送教上门活动,规范网点服务标准。 (李诗婷)

【中国光大银行福州分行】 截至2014年底,中国光大银行福州分行资产总额697.01亿元,增长2.7%;一般存款余额363.09亿元,增长8.2%;各项贷款余额384.80亿元,增长9.8%;实现利润2.74亿元;实现贸易金融项下非息收入6554万元;贸易融资余额46.41亿元,增长4.7%;实现传统国际结算收付汇量37.5亿美元;低风险业务项下存单余额31亿元。

零售业务。加大各产品营销力

2014年12月22日,中信银行福州分行与国家开发银行福建省分行签订全面业务合作协议 (中信银行福州分行供稿)

度，带动全行核心存款的快速增长，信用卡客户规模创新高，全面完成各项考核任务。电子银行业务以提升客户电子银行活跃率为重点，扩大客户规模，提升客户质量，提高渠道贡献。社区银行在总行“达标创利”竞赛活动中获分行优胜奖，在“百日百店”活动中获“社区银行全国十佳优秀分行”称号。

营业机构发展。福州分行增加35个营业机构——莆田二级分行和34家社区支行；分行新大楼交付使用；漳州支行扩租，漳州漳浦支行、长乐金峰支行、泉州丰泽支行建设和三明分行筹建工作进展顺利。

风险防控。严格控制信贷资产风险，优化授信期限结构及担保结构，严把授信准入关，有保有压，持续推进信贷结构调整。加强风险排查，特别是强化对重点行业、重点区域的风险排查。全面掌握授信客户风险状况，根据排查结果，做好授信客户分类管理，制定后续授信管理工作方案。 （林 磊）

【中国邮政储蓄银行福建省分行】截至2014年末，该分行增加各项存款101亿元，结余1226亿元；新增各项贷款157.33亿元；结余501.95亿元，同比增幅46.0%；资产规模达1470亿元，比上年同期增长26.5%；实现收入31.8亿元，同比增幅27.2%，利润10.26亿元，同比增幅23.5%，收入利润率达32.3%。

创新转型。围绕新型农业经营主体和优质客户融资需求，全年共完成小额贷款17项要素调整，开发了家庭农场贷款、“公司＋农户”贷款、互助贷、烟草贷、小额循环贷等8项新产品，推进信用村建设，率先在邮储银行系统成功试点小额贷款移动金融业务，逐步实现由零散开发向集群开发、链式开发转变。在邮储银行系统率先开发了渔船网批质押贷款、在建远洋渔船抵押贷款两项新产品，泉州南安滨海石材特色支行和漳州龙海海洋渔业特色支行建设成效明显。全年共启动23个管理创新项目，取得阶段性成效。在邮储银行系统率先开发了审查审批过程管理系统、贷款利率审核系统、贷款差异化定价模型和会计营运系统管理模式，提高审批效率。整合营业网点96个手工登记簿、简化95项柜面业务单证上传处理流程，提高柜面服务效率和客户满意度。搭建了微信营销服务平台，完成柜面营销信息推送系统、排队机管理系统、个人金融移动营销系统3个创新项目的建设，构建网点智能营销服务体系，实现客户身份识别智能化、客户信息提醒实时化、客户营销体验互动化。

夯实基础管理。规范优化133个关键管理流程，通过实行审查审批权限上收至二级分行、信审垂直化管理试点、信贷额度动态调整、信用卡全省集中预审、公司信贷预评审、贷后管理例会制度及工程施工设计规范等措施，推进企业精细化管理，提升管理效率和质量。持续推进全面预算管理，不断优化用工结构，通过总量控制与定额管控、重点保障与动态调整相结合，引导财务、人力等资源向效益优、有潜力的地区和条线倾斜，优先保障重点业务、重点项目的投入。

风险管理。建立“横到边、竖到底”的全面风险管理体制，明确省分行各部门、各分支行以及邮政代理金融机构的风险管理职责。强化对风险的集中管控和对支行的全面风险管理，形成一套覆盖各层级、各部门的风险识别、评估、监测、报告和控制机制。完善多部门、多条线协同的案防机制，借助合规大行动、员工行为排查、案件专项治理、案防技术提升，保持案防高压态势，形成案防工作合力。自营网点、自助设备、自助银行视频监控100%接入安防视频集中监控系统，安全检查频次及覆盖率、管理履职达标率和及时整改率全年保持100%。全年共成功堵截47起外部诈骗案。建立同业逾期客户名单管理制度，实时调整授信政策，加大不良贷款清收和责任认定追究力度，通过贷款风险分类偏离度检查、专项排查及信用卡风险客户排查工作，及时管理信用卡风险客户近2万户，收回不良贷款1.32亿元，核销不良贷款7000万元，不良贷款余额2.95亿元，完成总行下达的控制目标。 （林 斌）

【外资和中外合资银行】截至2014年底，新联商业银行、集友银行、渣打银行、汇丰银行、恒生银行、东亚银行、美国建东银行、华侨银行、东方汇理银行、大华银行、盘谷银行、奥和银行、首都银行、合作金库银行等14家外资银行分别在福州、厦门、泉州等地设立营业性机构；全省另有外资银行代表处4家。辖内外资银行资产总额413.87亿元，比上年增加16.4亿元，增长4.1%；负债总额355.04亿元，比上年增加13.03亿元，增长3.8%；不良贷款率0.95%，低于全省平均水平0.86个百分点；实现税后利润总额3.25亿元。 （张 丽）

【福建省农村信用社联合社】截至2014年底，福建省农村信用社联合社、农商银行（含厦门农商银行）总资产5080亿元，比上年增长23.1%；各项存款余额3751亿元，增长16.9%；各项贷款余额2467亿元，增长20.1%；不良贷款占比1.6%，低于全省银行业平均水平0.19个百分点；拨备覆盖率294%，比全国平均水平高出62个百分点，比监管标准高出近1倍；缴纳税收44亿元。

信贷支农。坚持“服务‘三农’”定位，重点为现代农业、实体经济、城镇化建设等方面提供信贷支持；尝试开办农村土地承包经营权等一系列符合客户需求的金融产品，拓宽服务渠道；主动承担并发放生源地助学贷款、巾帼创业贷款等各类保障性贷款，助力弱势群体发展壮大。截至年底，涉农贷款余额1908亿元，占比77.4%，高出全国农信系统10个百分点。

普惠金融。深化“金融服务不出村工程”，在行政村布设小额支付便民点1.4万个，基本实现金融服务村村全覆盖，对小额支付便民点进行技术升级及标准化服务提升。承担并做好各类民生金融服务，为1078万人累计发放社保卡1166万张；代发养老金29亿元；代收保费13亿元；代发农民种粮补贴、油价补贴、库区移民补贴、农村低保金等43.6亿元。

业务品种发展。国际外汇业务办理面拓宽，逐步涉足理财、代理、委托业务，部分行社开始向综合化、多元化经营转向。17家行社开办理财业务，发行17只理财产品,实现收入4768万元;7家行社开办自营外汇业务,外汇业务品种10种;28家行社300个网点代理速汇金业务。

转型创新。加大取款机等自助机具的布设力度,推广电话银行、网上银行、手机银行、微信银行等电子银行业务,发展POS和“福农通”收单商户,持续优化各电子渠道功能,提高产品服务效率,提升客户满意度。截至年末,自助设备、自助终端累计6480台,全年电子交易占比上升到83.3%,位居全国农信系统前列。初步建成覆盖核心账务类、渠道服务类、管理类、办公应用类等四大类应用系统121个,为超过3000万客户提供服务,日均处理交易量近1000万笔、峰值达到1200万笔。 (张传勋)

证券 信托

【概况】 2014年,福建辖区(不含厦门,下同)资本市场总体平稳有序运行,上市公司质量稳步提升,证券期货经营机构持续发展壮大。截至年底,福建辖区有上市公司61家,证券公司2家,期货公司3家,基金公司2家,证券投资咨询公司2家,证券、基金、投资咨询公司子公司、分公司31家(含3家筹建),证券营业部248家(含筹建11家),期货营业部58家。

上市公司经营。截至年末,福建辖区61家上市公司总市值8332.52亿元,比上年增长61.4%;资产总额49119.72亿元,增长21.2%;净资产4180.79亿元,增长24.0%。61家上市公司实现营业收入3771.44亿元,增长16.4%;净利润625.77亿元,增长17.3%;平均每股收益0.78元,是全国平均水平的1.42倍;平均净资产收益率16.5%,是全国平均水平的1.30倍。辖区有42家上市公司公告2014年年报现金分红方案,占辖区上市公司总数的68.9%,派发现金红利178.02亿元,增长28.3%,占辖区全部上市公司净利润总额的28.5%。

证券期货机构发展。新增1家证券子公司、4家分公司、54家证券期货营业部。2家法人证券公司资产总额827.10亿元,增长107.9%;净资产165.48亿元,增长10.6%;实现净利润20.33亿元,增长117.4%。3家法人期货公司资产总额52.69亿元,增长49.7%;净资产5.98亿元,增长8.6%;实现净利润0.38亿元,增长8.13%。全辖证券营业部代理买卖证券总额68606.22亿元,增长50.2%;期货营业部期货成交金额82651.14亿元,增长13.2%。兴业证券、华福证券均获得证券公司的最高评级——A类AA级,并获得新三板做市商、沪港通业务、互联网金融等8项新业务资格。兴证期货首次被评为A类A级,获批基金代销业务资格。期货交割仓库进一步发展,新增福州集佳油脂有限公司(菜籽粕)等3个期货交割仓库。

直接融资渠道拓展。辖区上市公司、挂牌企业实现直接融资超过650亿元。其中,新增2家上市公司,首发融资13.17亿元;5家次上市公司通过定向增发、发行优先股等方式实现股权再融资169.79亿元;25家次上市公司通过发行公司债、短期融资券、中期票据等各类债券,融资472亿元;3家新三板挂牌公司,定向融资2559.8万元;海交中心为福建挂牌企业提供融资13.05亿元。辖区还有5家企业过会待发行,9家企业向证监会申报IPO;32家上市公司启动再融资工作。

场外市场建设。截至年底,辖区有新三板挂牌企业23家,另有12家企业在挂牌审核程序中、70多家企业与主办券商签约启动改制挂牌相关工作。海交中心挂牌企业超过1200家,比上年增加近3倍;托管总股本6.08亿股;与省内13家银行签订战略合作协议,合计授信额度205亿元。私募投资基金呈现较好的发展趋势,截至年底,辖区完成登记的私募基金管理人36家,备案私募基金33只,管理规模64.17亿元。 (陈张玲)

【兴业证券股份有限公司】 2014年,兴业证券合并报表营业收入56.09亿元,比上年增长81.0%;归属于母公司股东净利润17.82亿元,增长166.0%。其中,母公司报表营业收入43.63亿元,增长81.8%;净利润15.07亿元,增长151.0%,营业收入和净利润均排名行业第17位,市场份额分别为1.7%和1.6%。多渠道筹措资金,完成短融券、次级债、公司债和收益凭证的发行,募集资金181.5亿元。截至2014年底,合并报表总资产734.88亿元,增长102.5%;归属于母公司股东净资产146.83亿元,增长12.9%;母公司报表资产总额651.88亿元,增长105.9%,市场份额1.6%;净资产总额139.75亿元,增长10.8%,市场份额1.5%;净资本135.71亿元,增长45.8%;各项风险控制指标符合监管要求,分类评价保持行业最高等级A类AA级。

主营业务。私人财富管理业务稳步增长,代理买卖证券业务净收入13.58亿元,行业排名第20位,占市场份额1.6%。托管A股市值5185亿元,增长76.4%,行业排名第18位,占市场份额1.4%。产品销售353亿元,增长70.5%。融资融券余额138亿元,增长228.0%,行业排名第19位,占市场份额1.4%。股票质押和约定购回余额149亿元,增长153.0%,行业排名第6位。公募基金综合席位分仓收入行业排名13位,占市场份额3.37%。服务公募基金、QFII/RQFII、保险社保和企业年金119家,增加34家,其中:QFII/RQFII等境外客户19家,保险公司20家、社保1家,大客户150家,大客户资产343亿元,增长190%。推进主经纪商业务,获得证券投资基金托管业务资格,截至年底,托管产品6只,托管规模9.44亿元,其中运营外包服务产品4只,规模2.05亿元。机构客户融资服务业务保持良好的发展态势,承销业务净收入(不含保荐)4.02亿元,增长39.0%。股权融资13家,市场份额2.0%;融资额107.15亿元,市场份额2.5%;债权融资业务完成31只企业债、公司债和中小企业私募债的发行,融资额184.45亿元,市场份额23%;并购及财务顾问业务完成17家,财务顾问业务净收入0.7亿元,增长84.0%,在中国证券业协会2014年度证券公司从事上市公司并购重组财务顾问业务执业能力专业评价中获得A类评级。资产管理业务规模继续增长,发行定增类产品29

只，规模37.58亿元；完成7单上市公司员工持股计划。资产管理业务净收入2.31亿元，增长121.3%，市场份额1.9%。管理资产总规模1474.3亿元，增长44.7%，其中集合产品总规模123.55亿元，增长160.3%，市场份额1.9%。证券投资业务取得较好收益，固定收益类投资业务投资收益率18.2%，权益类投资业务投资收益率29.0%，衍生品期货套利业务投资收益率14.2%，投资类收益市场份额2.3%。场外业务稳妥有序推进，获得全国中小企业股份转让系统做市业务资格以及权益类收益互换业务资格。完成17家新三板推荐挂牌项目，市场份额1.4%。柜台交易产品40只。新三板做市业务顺利推进，为14家新三板挂牌企业提供做市交易服务。

子公司经营。兴业全球基金公司管理基金资产1142.39亿元，增长190.3%，其中公募基金资产规模913.97亿元；实现营业收入10.17亿元，增长61.0%；净利润3.28亿元，增长43.0%。兴证期货公司客户期末权益39.81亿元，增长74.0%；实现营业收入2.24亿元，净利润0.36亿元。兴业创新资本公司资产管理规模23.79亿元，项目投资情况良好；实现营业收入6621万元，净利润2657万元。兴证香港公司托管客户资产61.3亿港元，期货业务客户数459户、客户保证金规模2亿港元，资产管理业务设立3只RQFII产品，管理规模11亿元，投行业务完成4单财务顾问业务和8单承销业务项目。

风险管控。全面风险管理体系基本架构建设取得初步成效，制定风险偏好声明、风险容忍度指标、风险限额指标，加强公司操作风险管理体系建设，完善全面风险管理信息系统。建立健全以风控经理为重点的双线管理风控模式，加强风控经理队伍建设。加强流动性风险和信用风险管理，落实流动性风险管理措施和流程，监测流动性风险限额，开展流动性风险压力测试；落实事前、事中、事后信用风险管理，完善信用风险管理方法。组织、推动、落实专项监管工作，落实完成内部控制与合规管理专项工作。2014年公司未出现重大风险事件。 （赵 路）

【兴业国际信托有限公司】 截至2014年底，兴业国际信托有限公司固有资产总额123.83亿元，所有者权益110.70亿元；全年实现营业收入24.93亿元，增长21.4%，实现利润总额18.28亿元，增长24.5%，实现净利润14.05亿元，增长27.1%。各主要指标均符合监管要求。

综合化经营业务。完成增资工作，注册资本金增加到50亿元，截至年底，母公司净资产总额110.70亿元，资本实力跻身全国信托行业前列。综合化经营实现新突破，兴业信托受让原杉立期货公司29.7%股权，9月正式更名为兴业期货有限公司；经中国证监会批复同意，公司持有兴业期货股权比例增至70.0%，成为兴业期货的控股股东。金融股权投资布局进一步健全，覆盖资产管理、期货金融、企业集团财务管理、证券服务等领域，全资拥有兴业国信资产管理有限公司，控股兴业期货有限公司，参股重庆机电控股集团财务有限公司、紫金矿业集团财务有限公司、华福证券有限责任公司，各子公司及参股公司经营情况良好。

业务转型与创新。信托业务转型与结构调整成效明显，截至年底，信托资产规模6511.52亿元，增长15.3%，其中集合类信托业务规模1483.16亿元，增长18.3%；存续证券信托业务规模1207.11亿元，增长147.0%；新增证券信托业务规模1595.42亿元，其中集合类证券信托业务规模占比51.0%。业务创新能力持续提升，获批受托境外理财业务资格（QDII），获国家外汇管理局批准2亿美元境外投资额度；发行国内首单绿色金融信贷资产证券化产品——“兴元2014年第二期绿色金融信贷资产支持证券”。截至年底，信贷资产证券化业务规模117.27亿元，居国内信托行业前10位；开展公司首单土地流转信托——“兴业信托·枣阁梨乡农村土地承包经营权流转信托”、首单家族信托——“兴业信托·藏珑一号家族信托”，陆续开展酒类信托、书画艺术品信托等创新业务。

风险管控。截至年底，兴业信托无存续或新增不良资产，所有结束清算的信托计划均及时安全兑付，存续的信托财产运营情况正常，各项指标均符合监管要求。 （张海燕）

保　险

【概况】 截至2014年底，福建省（不含厦门市，下同）有保险公司主体52家（产险23家、寿险29家），各级保险公司分支机构网点2195家；保险专业中介主体86家，各级保险专业中介机构网点268家；保险业总资产超过1200亿元，比上年增长14%；保险从业人员12.1万人。2014年，全省保险业实现保费收入554.6亿元，居全国第14位，增长20.0%；纳税12亿元，增长20.0%。财产险保费收入182.2亿元，增长15.9%；人身险保费收入372.4亿元，增长21.7%。人身险项下，寿险保费收入303.4亿元，增长18.0%；健康险保费收入52.9亿元，增长50.2%；意外险保费收入16.1亿元，增长19.3%。保险公司各项赔款与给付支出170亿元，增长12.6%；承担风险保障16.2万亿元，增长17.4%。产险公司实现承保利润率6.8%，高于全国平均水平6个百分点。人身保险公司新单保费占比、新单期缴率等质量指标均优于全国平均水平。全省持有寿险保单人次增长9.6%，接近1400万人次。

保险监管。开展大病保险专项检查、中介市场清理整顿、农业保险检查，穿插进行意外险检查、投标业务调研式检查等，全年对90家次保险机构进行现场检查和调查，对7家机构、16人次发出行政处罚决定书，罚款金额71.6万元；对6家机构、15人次发出行政处罚事先告知书，罚款金额117.4万元。完善监管制度，相继建立监管巡查制度、现场检查备查池制度等。突出案件风险管理，制定案件风险监管工作规则、保险机构案件风险管理评价办法、保险公司从业人员案件风险管理指引等，指导保险机构建立案件风险防范工作机制。开展司法案件风险排查和销售非保险产品、非金融产品的排查及警示教育工作，加强与公安机关协作，联合成立“福建保险业反保险诈骗中心”，与福建省公安厅联合开展打击保险欺诈活动的“安宁行动”。加大车险理赔难和销售误导治理力度，建立完善车险人伤理赔服务标准和车险投保理赔提示，全年车险结案率 94.0%，5000 元及以下结案周期 11.64 天。建立保险机构投诉处理工作月度通报制度，开展带案下访专题活动，扩大保险公司总经理接待日制度范围。实现辖区诉调对接机制全覆盖，全年各协会委托调解和协助调解案件金额超 2600 万元。推进监管现代化，在全国首创投保人记录系统，加强客户真实性管控。加强保险社团组织建设，指导行业协会由传统自律向数据真实性自律转变，建立主要车商新车承保数据分析制度，及时关注跟踪市场异常及影响因素，推动行业合理控制手续费成本。开展形式多样的保险宣传教育。

服务经济发展。启动福州、泉州两地小微企业贷款保证保险试点。出口信保为 231.6 亿美元的出口贸易提供收汇保障，通过保单融资业务协助出口企业获得银行贷款约 44 亿美元。保险资金在闽投资运用总额超过 500 亿元，当年新增 81.3 亿元。启动产品质量安全、电动车、食品安全以及电梯和充装气瓶等责任险试点，出台养老机构责任险、环境污染责任险的实施意见。与福建省公安厅建立警保协作、共同打击保险领域违法犯罪的制度机制。在省内 6 个设区市的 51 个县开办城乡居民大病保险，受托管理 9 个县(市)“新农合”；城镇职工大病保险基本覆盖全省。支持“三农”发展，新增茶叶种植、淡水养殖等保险试点，推动生猪价格指数保险，推进设施蔬菜和育肥猪保险等；农房保险连续 9 年全省覆盖，水稻种植保险和森林综合保险承保率均超过 90.0%，高于全国平均水平。（谢言志）

【中国人民财产保险福建省分公司】 2014 年，中国人民财产保险福建省分公司实现保费收入 78.43 亿元，比上年增长 12.2%。深化车商渠道建设，车险增量份额居市场第一；深挖森林和育肥猪种养两业保险潜力，新增保费增长 4.5 倍；加强与地方政府、行业主管部门合作，养老机构、交通事故救助救济、专利执行保险在泉州、南平、三明、福州等地取得新进展；信用保证险保费率先在全国系统突破亿元大关。实施差异化渠道经营，推进电网销转型，电商渠道产能进一步释放，实现保费收入增长 30.2%；搭建集中推修、承保推修、公共资源权重推修为一体的推修管理平台，车商渠道推修码保费收入增长 24.6%；强化产品线战略协同，驾意险、随车行、农村小额意外险等小险种实现大发展，随车行保费突破千万大关；深化交叉互动，交叉保费收入完成年计划的 132%。客户至上，深化服务，全年客户俱乐部会员增至 3.87 万人，以客户俱乐部为载体实施客户分级管理，优化客户服务体验，获得广大客户好评；强化 IT 技术创新运用，研发完善车险辅助、出单质检、理赔推修、电销转单、95518 满意度调查短信、省级微信等系统平台。（史建华）

【中国人寿保险福建省分公司】 2014 年，中国人寿保险股份有限公司福建省分公司实现总保费(不含厦门) 121.42 亿元，市场份额 32.8%，业务结构持续优化，中长期期交和效益型险种实现较快增长，公司经营指标综合排名位于全国系统前列。深入开展柜面服务升级达标活动，实行“一站式”服务。建立业务处理早晚班运行保障机制，业务处理时效在行业内、系统内保持领先。大力推广电话核保工作，开通 24 小时核保咨询服务电话。在系统内率先启用柜面标准化集成电子设备，全面推广免填单服务，大力推广电子化投保方式，方便客户随时随地投保。加强客户信息真实性排查工作，全面完成历史保单客户信息清理工作。推广服务流程体验活动，强化柜面服务意识，推进柜面直销服务。加强投诉处理跟进、督导及指导力度，规范投诉处理流程，完善总经理接待日制度，改季度接待日为月度接待日，实现投诉处理率 100%。开展各种针对保险消费者的宣传教育活动和保险消费者权益知识讲座。丰富月度投诉公示内容，及时了解投诉监管政策环境及风险，全年未因投诉处理不当引发群体性或重大投诉事件发生。参与城镇居民大额补充医疗保险、新型农村合作医疗保险、农村居民特困医疗求助，加大商业保险参与社会保障服务范围。持续倡导“合规为先”的理念，紧盯“零案件、零处罚、低风险”目标，强化内控管理与关键岗位检查，全面组织代签名代抄录专项治理，开展销售误导治理知识考试。完成 1.8 万名销售人员代理销售第三方金融产品风险排查，没有发现销售人员案件，较好守住不发生系统性、区域性风险的底线。（卢星星）

2014 年 7 月 4 日，中国人寿福建省分公司举办 2014 年全省反洗钱知识竞赛

（王 宁 摄）

【中国平安财产保险福建分公司】 2014年,中国平安财产保险福建分公司实现保费收入39.96亿元,比上年增长22.9%;市场份额20.7%;纳税超过5.5亿元。依托互联网技术,全面推行车险E理赔手持终端,对简易车损人伤类案件实现车险现场查勘定损、现场收单支付一步到位的极速理赔体验。车险理赔模式再次转型升级,即改变以"车"为中心的理赔模式,向以"客户"为中心的线上理赔服务转变,通过线下为主、线上为辅的多通道理赔服务模式,为客户带来更加简单、便捷、精准的车险理赔服务新体验。"新高铁"理赔系统在福州、福清机构率先上线。"麦德姆"台风期间,分公司接到相关报案538笔,支付相关台风赔款315.04万元,结案率99.4%,其中车险报案全部完成结案支付。全年分公司支付赔款18.3亿元,发挥保险救灾的基础功能。充分发挥平安集团在"资金、产品、渠道、网点、平台"的综合金融优势,以融资服务为介入点,为福建省政府、各地市、开发区等企业和重点项目搭建融资对接平台。邀请平安集团旗下其他专业子公司,为福建有融资需求的40家企业提供服务支援,其中落地武夷实业、新龙马汽车、福建六建等6个融资项目,落地融资规模超过6.3亿元;在跟进中的储备项目18个,融资需求超过45亿元。 (王映薇)

【中国平安人寿保险福建分公司】 2014年,中国平安人寿保险福建分公司总保费收入95.8亿元,比上年增长24.4%,其中:个险业务总保费收入80.7亿元,银保业务总保费收入9.4亿元,其他业务渠道总保费收入5.8亿元;总保费市场份额21.5%;有效客户数约267万;缴纳税金18674万元;赔付支出14亿元。从基础管理、提升队伍收入、人力发展、营业部的自主经营等方面入手,推动业务、人力规模双优发展。紧跟市场变化和客户需求,推出少儿险"守护星"、防癌险"爱无忧"、医疗险"安康医疗"等新产品。强化客户服务管理、业务员后援支持双向驱动,打造服务竞争优势,推行全流程服务支持,提升客户服务体验,为客户和业务员提供简单便捷、友善安心P—STAR五星服务。开展年度案件风险预防与警示教育、信息真实性、销售误导滚动自查自纠、代签名和代抄录专项治理、案件风险管理等各项合规工作,同时将合规管控融入日常工作,前后线以及共同资源相关系统及制度方面均为合规经营提供有力保障。 (陈 群)

【中国太平洋财产保险福建分公司】 2014年,中国太平洋财产保险福建分公司实现保费收入22.9亿元,比上年增加18.2%,其中:车险保费收入18.16亿元,增长18.3%;非车险保费收入4.7亿元,增长18.0%;总体市场份额11.9%,上升0.23个百分点;实现承保利润6820万元,下降42.1%;赔款12.67亿元;未决估损3.44亿元,其中:锦兴(福建)化纤纺织实业有限公司企财险案件409万元,福建百宏聚纤科技实业有限公司火灾企财险案件150万元,福建八方港口发展有限公司、福建湄海港口发展有限公司企财险案件147万元,福建省交通运输集团有限责任公司及下属各单位企财险案件133万元。完成中石化森美、国网福建省电力有限公司、翔鹭石化、福建联合石化、福建奔驰汽车、中国移动福建分公司一揽子保险等重点项目的续保;拓展福清核电1—2#机组运营期保险、国投湄洲湾填海一期工程险、新建福平铁路工程险、南龙铁路扩容改造工程险、九景衢铁路工程险等重大项目,全年重大客户保费收入12835万元。构建大数据经营的基础平台,运用智慧网站、移动终端、可视电话、社交媒体等3G新技术、新应用,优化业务流程,缩短端到端的距离,实现线上线下一个客户、多个产品、多个界面,推动传统理赔服务模式的优化,提升理赔专业能力和工作效率,实现"操作流程易、理赔速度快、互动烦恼省"的优质理赔服务。 (洪嫣然)

【中国太平洋人寿保险福建分公司】 2014年,中国太平洋寿险福建分公司实现保费收入28.84亿元,总保费市场份额8.1%。其中,个险新保收入4.12亿元,增长19.1%;银保期缴收入2037.90万元;直销短意险1.51亿元,增长0.1%。个人客户营销中心实施人力和产能的双轮驱动及LEAD计划,注重常态增员和架构增员,做大健康人力、做好准主管工程;注重客户经营工作,大力开拓新客户,做好存量客户再开发;推广"神行太保"、微信平台、移动CRM系统等新技术、新工具。个人客户经营中心在细化、优化、固化TRUST模式的前提下,重点把福州、泉州和漳州经营区打造成全省个人客户经营示范区,实现成功复制与推广。完善客户资源供给模式,对客户电话、地址、区域编码等开展持续治理,增加老客户有效供给。建立客户经营能力养成机制,明确定位、行为规范和作业流程,打造成一支个人客户经营的新军;搭建基于新技术应用和客户关系管理的服务销售支持平台。团体客户经营中心加强安贷保、乘意险等传统业务的巩固、维护和拓展,加大动车险、新学平险等创新业务的开发;加强团体客户中被保险人个人的养老、医疗、意外等保障需求的深度开发,加大职团等综合开拓力度,提升发展个人长期期缴业务的能力;开展团体客户中被保险人的个人客户资料的真实性、完整性填写和补正工作,提升团险渠道的获客和个人客户经营能力。通过聚焦新型期缴、转型作业模式、突破福州泉州,推动实现渠道的转型与发展。"神行太保"智能移动展业终端、"坐享服务"智能移动服务柜面、"中国太保"微信平台智能查询及回访等新技术应用,实现后援综合服务条线专业化管理水平有效提升。分公司固变分离、条块结合的全面预算管理体制得到落实,财务专业化指标与投入产出效率明显提升。 (林 芝)

编辑:林忠玉

财政　税务

财　政

【财政收支】 2014年，福建省公共财政总收入3828.40亿元，完成预算102.1%，增收398.05亿元，比上年增长11.6%，其中：地方公共财政收入2362.21亿元，完成预算103%，增收242.77亿元，增长11.5%，增速比全国地方平均水平高1.6个百分点，收入规模比2010年翻一番，提前一年实现财政"十二五"规划目标；上划中央收入1466.19亿元，完成预算100.8%，增收155.29亿元，增长11.8%。地方公共财政收入中省级地方级收入245.06亿元，完成预算129.4%，增收44.2亿元，增长22%。全省公共财政支出3306.7亿元，增支237.9亿元，增长7.8%，其中省级公共财政支出466.68亿元，增支45.3亿元，增长10.8%。全省基金收入2285.64亿元，完成预算106.1%，增收152.7亿元，增长7.2%；全省基金支出2184.85亿元，增支72.77亿元，增长3.4%。

【支持地方经济发展】 2014年，福建省财政支持综合交通体系建设，统筹各类财政性资金268.59亿元，通过财政贴息、规费减免、资金补助等，引导民间资本共同推进高速公路、铁路、港航、机场等建设。实施能源提升工程，重点支持节能、循环经济和资源节约重大示范项目及工业污染治理项目。支持市政基础设施建设，统筹各类资金支持城市公交、排水管网、供水设施建设等。支持水利建设，重点支持农村饮水安全工程、水库除险加固、中小河流综合治理、水土流失综合治理等。支持信息工程建设，重点支持软件产业、物联网、消费信息等六大信息产业发展。支持乡镇污水处理、城乡垃圾处理等设施建设，提升城乡环境保护质量。

支持工业发展。严格落实省委、省政府出台的促进工业稳定增长七条措施、稳定外贸增长政策、产业龙头促进计划实施方案等一系列政策，通过奖励、补助、贴息、税费减免等方式，扶持企业发展。落实结构性减税政策，通过扩大"营改增"试点范围、兑现房产税和土地使用税"即征即奖"资金、对高新技术企业实施所得税优惠、减免小微企业税负等，共计减税约100亿元。支持"百项千亿"重点技术改造项目，拉动工业投资，促进产业转型升级。支持七大领域开展产业化培植、示范应用工程建设等，推动战略性新兴产业发展。

支持内外贸稳定增长。省级财政连续11年全额承担出口退税超基数地方负担部分；整合优化资金重点用于外贸企业开展出口产品结构优化、加工贸易转型升级和出口农产品质量可追溯体系建设；鼓励各设区市引进

2014年福建省及分地市财政收支情况表

单位：亿元

	公共财政总收入		地方公共财政收入		基金预算收入		公共财政支出		基金预算支出	
	总额	增幅(%)	总额	增幅(%)	总额	增幅(%)	总额	增幅(%)	总额	增幅(%)
全省合计	3828.40	11.6	2362.21	11.5	1885.55	6.3	3306.70	7.8	1803.54	2.6
省级	—	—	245.06	22.0	79.15	−4.1	466.68	10.8	25.17	−26.2
九市合计	3519.39	10.5	2117.15	10.3	1806.39	6.9	2840.01	7.3	1778.38	3.2
福州	780.48	13.3	510.87	12.5	525.23	3.1	574.81	7.7	494.92	−3.9
其中：平潭	18.30	6.2	14.03	4.7	24.90	−21.1	70.96	59.9	25.01	−18.0
厦门	921.55	10.4	556.21	11.1	373.48	40.0	560.91	5.0	358.53	35.7
泉州	723.12	11.2	380.11	9.6	370.56	32.3	476.72	12.9	355.62	25.7
龙岩	261.69	5.0	119.84	2.2	67.78	−45.8	206.00	3.3	74.20	−44.0
漳州	263.84	11.0	168.99	9.1	180.03	8.2	274.50	4.7	174.39	2.3
莆田	175.08	14.3	110.30	16.2	79.33	−17.9	157.91	9.5	80.47	−16.3
宁德	140.37	11.6	98.92	11.5	79.04	−27.2	199.90	7.5	91.21	−13.6
三明	134.96	−1.4	90.92	1.2	66.81	−18.6	198.88	6.1	72.87	−22.3
南平	118.30	10.9	80.99	13.1	64.14	15.6	190.39	6.9	76.17	20.3

外资龙头项目，支持利用外资公共服务平台建设；积极实施“走出去”战略，对开展境外投资、对外承包工程、参加重点展会等予以补助；支持口岸通过便利化、陆地港等建设。落实省政府出台的促进内贸稳定发展九条措施及电子商务发展的各项政策措施，支持城乡市场体系建设、商品市场运行调控和商务领域扩大消费，推进商贸流通产业结构调整和转型升级。

支持创新引领产业升级。加大统筹省级财政科技经费力度，整合资金用于推进科技创新平台建设，支持50个左右重大研发机构、产业技术创新研发平台和产业创新公共服务平台建设。设立科技创新与成果转化专项资金，支持企业加大研发投入，支持高校和科研机构加快成果转化。提高科技企业孵化器用房补助标准，最高补助100万元。推动商业银行建立科技支行或科技金融服务中心，打造科技型中小企业融资专业平台。对龙头企业开发新技术、新产品形成的研发费用，给予抵扣应纳税所得额优惠。支持海洋新兴产业、龙头企业和产业园区发展，推动远洋渔业、设施渔业、水产品精深加工转型升级。

引导社会资本服务实体经济。改进财政支持方式，分别出资10亿元设立省龙头产业投资基金、增加省再担保公司资本金、投入城乡综合开发投资平台，推动财政政策杠杆与金融工具有机结合。开展县域金融机构涉农贷款增量奖励试点，对县域金融机构当年“农户”贷款和“农企”贷款季均余额同比增长的部分给予奖励；对有突出贡献的银行类金融机构和“一行三局”等中央驻闽监管机构给予贡献奖励和工作奖励，鼓励银行类金融机构加大对实体经济信贷投放。构建小微企业贷款风险补偿公共平台，建立“福建省小微企业发债增信资金池”，为小微企业利用债务工具融资担保提供征信。

【支持民生工程】 2014年，省委、省政府确定的21项为民办实事项目总投资268.77亿元，其中省级出资172.84亿元，省财政足额筹措并及时拨付资金以保障项目顺利开展。

支持教育事业发展。实施新一轮学前教育发展3年行动计划和城区中小学扩容工程，全面改善贫困地区义务教育薄弱学校基本办学条件。提高职业院校生均拨款水平，支持职业教育基础能力建设。支持高等教育内涵发展，将省属本科高校生均拨款基本综合定额提高600元，将博士、硕士研究生生均拨款分别提高7500元和3500元；设立高水平大学及重点学科专项资金，继续实施高校提升办学水平项目建设。保障特殊教育学校正常运转，建立健全资助体系。

支持医药卫生体制改革。推进县级公立医院财政补助机制改革，将新型农村合作医疗和城镇居民基本医疗保险财政补助标准提高到每人每年320元，将新农合重特大疾病病种扩大到20种，稳步提高基本医疗保障水平。将城乡医疗救助筹资标准提高到每人每年200元，促进各地推进城乡居民医疗保险一体化。将基本公共卫生服务财政补助标准提高到每人每年35元，新增经费用于扩大服务人群，强化基础性服务项目。基本完成基层医疗卫生机构债务化解工作。完善农村卫生院卫技人员奖励政策，奖励标准提高到月人均400元。继续做好特岗医师津贴补助发放、乡村医生规范化培训等工作。

支持社会保障体系建设。将城乡居民社会养老保险基础养老金标准提高到每人每月70元，按月人均增加200元标准提高企业退休人员基本养老金待遇，将无工作随军家属基本生活补助金标准提高到每人每月不低于500元。将全省1.5万名老工伤人员全部纳入工伤保险范围。将省定农村低保标准提高到家庭年人均收入2100元，财政年补差水平提高到1520元。全面开展临时救助工作，帮助群众应对突发性、紧迫性、临时性生活困难。对居家养老服务中心（站）和民办非营利性养老机构，给予运营补贴，支持建设43个乡镇敬老院和8个县级社会福利中心。将言语与听力的重度残疾人纳入补助范围，提高部分重点优抚对象抚恤和生活补助标准，落实优抚安置政策。安排24.12亿元，支持以棚户区改造为重点的保障性安居工程建设。

支持文化旅游事业发展。支持新建城市社区多功能运动场和社区室内健身房，新建500个乡镇综合文化站文化信息共享服务点，扶持非遗地方剧种剧团和文艺院团公益性演出2668场。继续做好公共博物馆、纪念馆、文化馆、重大体育场馆等免费开放，做好农村广播电视村村通工程的运行维护。支持文化遗产保护和传承发展，加强民族民间艺术、民俗文化等保护利用和宣传普及；支持实施“四个一批”人才培养工程和文化名家工程。继续落实深化文化体制改革和支持文化企业发展的财税政策，通过项目补助、贷款贴息、绩效奖励等方式，支持重大文化产业项目建设和文化企业发展。引入竞争机制，运用财政贴息、奖优扶强等方式，支持建设旅游精品项目；打造“清新福建”海峡旅游品牌，首次实现在央视主流媒体全年播放宣传福建旅游品牌；支持14个旅游集散服务中心项目和143个3A级以上旅游景区2315面旅游交通引导标示建设，打造优质旅游民生工程。

【支持生态省建设】 2014年，省财政加大生态保护财力转移支付补助力度。对县（市）交界断面水环境功能达标率不低于上年且达到省定考核目标值、森林覆盖率不低于上年且达到全省平均水平以及主要污染物总量减排全部完成任务的，奖励标准从230万元提高到270万元。在此基础上，对交界断面水环境功能达标率超过考核目标值、森林覆盖率超过全省平均水平的部分，每超过1个百分点的奖励标准提高到50万元。省财政下达生态保护财力转移支付8.29亿元，进一步增强相关县（市、区）保护生态环境和提供基本公共服务的能力。

加大重点流域水环境综合整治力度。争取中央支持，下达5000万元推动建立汀江流域生态补偿机制，将山美水库列入全国首批15个国家重点支持生态环保湖泊。重点推进饮用水源保护、养殖污染整治、农村生态环境建设与保护等。下达补助资金10.71亿元，解决262.98万农村居民和9.95万学校师生饮水安全问题。下达中小河流综合治理资金8.12亿元，改善河道生态环境。

加大水土流失治理支持力度。下达水土保持专项补助资金4.5亿元，支持22个水土流失重点县、16个国家水土保持重点县、100个重点乡镇和30个水土保持生态村的水土流失治理工作。安排补偿资金7.59亿元，着力完善森林生态补偿机制，建立与中央财政国家级生态公益林补偿标准联动机制。下达5.2亿元造林绿化资金，支持高速公路、国省道、铁路两侧以及沿路、沿江、沿海、环城范围内的一重山等“四绿”工程、生物防火林带建设。

加大农村环境整治力度。以“千村整治、百村示范”工程为重点，支持全省1085个村庄开展环境整治，110个村庄和29条景观带创建美丽乡村示范村和景观带。安排18.07亿元，以城乡环境综合整治“点线面”攻坚计划为平台，支持全省宜居环境建设。支持乡镇污水处理设施、垃圾处理设施建设和饮用水源、农村生态环境的保护，提升农村环境保护质量。

继续实施节能减排政策。继续实施淘汰落后产能政策、节能技改财政奖励政策、合同能源管理财政奖励政策和循环经济发展政策，支持循环经济示范园区建设，开展节能产品惠民工程，落实差别电价收入返还政策。制定新能源汽车推广应用省级配套补助资金管理办法，安排配套资金1亿元。推行节能技改奖励政策分级管理，重点支持年节能量在2000吨标准煤以上的节能示范项目。

【财税体制改革】 2014年，全省（不含厦门）纳入“营改增”试点范围纳税人共8.24万户，累计减税67.18亿元。贯彻落实煤炭资源税从价计征改革，清理相关收费基金。

加强和完善预算管理。全面启动全口径预算编制工作，将国有资本经营预算和社会保险基金预算编入2015年预算草案，初步建立“四位一体”的政府预算体系。稳步推进国库现金管理改革试点、国库集中支付电子化工作。政府预决算、部门预决算和“三公”经费预决算公开工作实现省市县三级全覆盖。开展省级财政结余结转资金清理，收回省级财政结余结转资金62.66亿元，整合用于民生改善、产业转型升级和基础设施建设。巩固专项资金清理整合成果，研究制定关于进一步加强省级财政专项资金管理的措施。预算运行绩效监控机制初步建立，预算支出进度进一步加快，市县财政管理绩效评价工作有序推进。组织和指导全省各级做好债务收支计划编制工作，强化举债源头管理。实行政府融资平台公司名录管理。争取地方政府债券发行规模，将债券资金重点转贷市县。建立债务风险预警机制，组织债务清理甄别工作，妥善处理政府存量债务。

完善转移支付财政体制。进一步优化转移支付结构，将17项专项转移支付项目纳入一般性转移支付范围。研究制定《省对市县财政下移财力及加强绩效管理奖励办法》，推动市、县（区）政府进一步下移财力，切实保障乡村、社区的正常运转，缩小辖区内财力分布差异，促进市、县（区）财政加强绩效管理，提升财政收支运行质量。完善县级基本财力保障转移支付补助办法，进一步加大对23个省级扶贫开发重点县的支持力度。

优化财政服务方式。推进政府购买服务，在法律援助、公共体育、食品检验检测、职业技能培训等方面开展试点，向全社会公示17个试点项目，购买金额约1.9亿元。推进政府和社会资本合作（PPP）试点，向全社会发布全省28个推荐项目，总投资1478.6亿元，涵盖交通、市政、水利、保障性住房、医疗和养老服务等基础设施及公用事业领域。完成省级行政机关与所办（属）企业和经营性资产脱钩改革工作。升级改造省级政府采购电子化监管平台，逐步实现“业务公开、过程授控、全程在案、永久追溯”的目标。稳步推进非税收入收缴电子化改革，规范非税收入征收管理。全面推进乡镇财政标准化建设工作。

【财经监督管理】 2014年，省财政健全厉行节约反对浪费的财政制度，制定和修订省级会议、接待、差旅、出国、培训等6个管理办法。开展省直单位“三公”经费专项检查、全省贯彻中央八项规定精神严肃财经纪律和“小金库”专项治理工作，努力健全贯彻八项规定精神严肃财经纪律的长效机制。制定《福建省财政专项资金管理信用记录系统实施办法》，建立单位和个人申报使用专项资金的信用记录，作为安排各类专项资金的依据。开展省直部门和部分市县预算执行情况检查，对发现的问题严肃整改。开展会计信息质量检查，将会计监督与财政专项资金检查相结合，并将学校、医院、医药企业作为全省上下联动检查对象。开展会计师事务所执业质量检查工作，严肃查处虚假不实审计报告、无审计工作底稿、挂名执业等问题。继续做好会计师、评估师行业监管工作。

（唐文倩）

税　务

【国家税收】 2014年，省国税总收入完成2300亿元，比上年增收193.7亿元，增长9.2%。扣除海关代征，国税部门组织的税收收入入库1795亿元，规模居全国第10位；完成年度计划的101.3%，比上年增收156.8亿元，增长9.6%。其中，中央级税收收入入库1319.5亿元，增长7.6%；地方级税收收入入库475.5亿元，增长15.4%。

税收特点。税收收入稳中有进，全年全省国税收入增长9.6%，增幅分别比上半年、前三季度提高1.9个百分点和1个百分点。行业增长亮点凸显，第二产业税收收入完成1108.1亿元，比上年增长10.5%，贡献率67.4%；第三产业税收收入完成685.2亿元，增长8%。推进“营改增”扩围试点，铁路运输、邮政和电信行业先后纳入试点，全年入库改征增值税58.6亿元，增长57.5%。减税效应较为明显，试点纳税人减税面98%，合计减税31.8亿元，非试点行业一般纳税人新增抵扣22.1亿元。

税收政策。认真执行小微企业税收优惠政策，加强政策宣传和后续管理，延长备案时间，简化程序，最大限度方便纳税人，全年为6.15万户小微企业减免企业所得税1.81亿元，受惠

2014年福建省国税各项收入完成情况表

单位：万元

项目	全省			八市一区			厦门		
	税额	同比增长		税额	同比增长		税额	同比增长	
		绝对额	增长(%)		绝对额	增长(%)		绝对额	增长(%)
一、国税总收入	22996720	1936599	9.2	16790378	1897693	12.7	6206342	38906	0.6
(一)税收收入	17950161	1568282	9.6	13453952	1211636	9.9	4496209	356646	8.6
其中:中央级	13194856	934594	7.6	9964940	724548	7.8	3229916	210046	7.0
地方级	4755305	633688	15.4	3489012	487088	16.2	1266293	146600	13.1
(二)海关代征	5046559	368317	7.9	3336426	686057	25.9	1710133	−317740	−15.7
二、出口退(免)税	−7270432	−753480	11.6	−3754432	−378726	11.2	−3516000	−374754	11.9
其中:(一)直接出口退税	−5539432	−418726	8.2	−2739432	−178727	7.0	−2800000	−239999	9.4
(二)免抵调减增值税	−1731000	−334754	24.0	−1015000	−199999	24.5	−716000	−134755	23.2

2014年福建省国税税收收入分设区市完成情况表

单位：万元

地区	年度考核计划	税收收入入库			完成年度考核计划(%)
		税额	比上年增长		
			绝对额	增长(%)	
全省	17722000	17950161	1568282	9.6	101.3
厦门	4496000	4496209	356646	8.6	100.0
小计	13226000	13453952	1211636	9.9	101.7
福州	4136000	4261927	397547	10.3	103.0
平潭	40000	46710	9906	26.9	116.8
三明	532000	535645	—16173	—2.9	100.0
南平	447700	447789	16470	3.8	100.0
宁德	488000	512814	56018	12.3	105.1
莆田	842000	854003	83263	10.8	101.4
泉州	4000000	4071487	393888	10.7	101.8
1. 联合石化	651000	651277	24415	3.9	100.0
2. 其他	3349000	3420210	369473	12.1	102.1
漳州	1126000	1150590	122672	11.9	102.2
龙岩	1545000	1572987	148045	10.4	101.8
1. 龙岩烟厂	870000	897516	88966	11.0	103.2
2. 其他	675000	675471	59079	9.6	100.1

2014年5月，福州市国税局与福州电视台联办“税收热点访谈”栏目

（省国税局供稿）

面100%；为23.3万户享受小微企业优惠政策的纳税人（含零申报）免征增值税1.2亿元，受惠面超过99%。有力落实出口退（免）税政策，推出“方便出口退税 促进外贸出口”十大措施，全年全省办理出口退（免）税727亿元，比上年增退75.3亿元，增长11.6%。积极融入平潭综合实验区建设，认真落实《平潭综合实验区企业所得税优惠目录》，用好用活用足税收优惠政策，促成平潭对台小额贸易市场相关税收优惠政策落地。

税种管理。货物和劳务税管理方面：研究制定《农产品加工企业增值税管理办法》，有效化解纳税人的税收风险和税务机关的执法风险；对1387户企业开展增值税专用发票专项评估，其中移交稽查36户，查补税款8557.2万元；改革车购税征管方式，委托经销商代办车辆购置税工作；实现与公安部门车辆管理机构交换信息，通过比对发现车辆纳税申报数和注册登记数相差6773辆，占纳税申报总数的0.83%；对漳州腾龙芳烃（漳州）有限公司重芳烃、石油苯等产品消费税征收管理问题开展调研，提出妥善解决腾龙芳烃有限公司消费税问题的意见建议。企业所得税管理方面：草拟《福建省企业研究开发费用税前加计扣除实施办法》，由省政府发布执行；58663家企业享受小微企业所得税优惠，减免企业所得税1.74亿元，受惠面99.54%；完成2013年度企业所得税汇算清缴工作；全年入库企业所得税432.02亿元，增收39.55亿元，增长10.1%。

纳税服务。全面开展“便民办税春风行动”，制定并实施31条便民办税措施；减少23项审批事项，取消29项进户执法项目和26种涉税文书报表，对64项涉税业务实行“免填单”服务；推行《全国县级税务机关纳税服务规范》，修订下发2014版涉税业务工作规程，审批环节减少23.4%，审批时限缩短36.2%；拓展网上办税功能，推行网上审批系统，36项涉税项目实现网上报备审批。

税收征管。省市两级税收风险分析监控中心实现税收风险归口闭环管理，全年累计推送“三无”企业、农产品进项税额抵扣异常、商品混凝土、企业电耗产能异常、涉嫌虚开增值税普通发票等风险任务1.52万户次，评估入库税款14.4亿元。

国际税收管理。落实税务总局堵漏增收的要求，开展股息、红利非居民税收专项检查，查补税款过亿元，位居全国第8位；有效推进反避税管理、服务、调查三项工作，调查环节补税1.96亿元，位居全国第7位；充分利用中国情报交换协议缔约方提供的企业再销售价格信息，调增居民、企业应纳税所得额24亿元；利用“离岸金融解密”自发信息，核查入库税款1.2亿元。

税务稽查。开展“规范执法”春风行动，规范税务稽查程序和进户执法活动，全年立案检查企业1479户，查补入库收入15.71亿元，比上年增加2.48亿元，增长18.73%。强化行业专项检查和区域税收专项整治，入库收入8.9亿元。加强大、要案查处，严厉打击虚开发票、出口骗税等违法犯罪行为，查办千万元以上案件12件、百万元以上案件101件；会同公安、地税等部门继续开展打击发票违法犯罪专项行动，全年查处发票违法企业1412户，查处非法发票近7万份，涉及金额42亿元。开展积案清理工作，落实税收“黑名单”制度，通过新闻媒体依法曝光11起重大税收违法案件。

电子税务建设。优化纳税服务网站系统架构，开发和推广税收风险管

2014年4月，平潭综合实验区国税局举办税收微访谈活动　（省国税局供稿）

理信息平台、银行账户监控系统、财务报表网上申报系统、“税务网校”、增值税发票管理系统升级版等多个应用系统软件上线工作，完成纳税服务规范管理系统、绩效考核指标监控系统、数据质量维护考核平台、“税信通”移动应用软件的评审鉴定。成功实施平潭综合实验区国税局应用系统数据迁移。

（陶　然）

【地方税收】 2014年，省地税系统组织各项收入2409.27亿元，比上年增长10.1%，其中税收收入1686.57亿元，增长9.4%，税收总量居全国地税部门第10位。分级次税收收入：中央级收入277.99亿元，增长15.6%；省级收入141.61亿元，增长24.2%；市县级收入1266.97亿元，增长6.7%。非税收入722.7亿元，增长11.5%，其中社会保险费602.9亿元，增长11.6%；社会保险费中基本养老保险费收入338.62亿元，入库222.16亿元（不含厦门），增长11.2%。

收入特点。全年税收增幅9.4%，高于全国地税平均增幅约1个百分点，扣除新扩围“营改增”影响，可比口径增长12.1%。闽东南地区税收增长较快，从税收贡献看，厦门、福州和泉州的税收总量贡献分别为24.2%、23.8%和18%，税收增量贡献分别为30.6%、22.5%和23.6%；从税收增幅看，厦门、泉州、漳州和莆田均实现两位数增长，平均增幅12.9%，高于全省3.5个百分点。税源企业集中度较高，全年缴纳税收超千万元的纳税户共2496户，增加213户，共计缴纳税收1044.42亿元，增长14.3%，占税收总量的61.9%，税收增量贡献90%；从行业分布看，房地产业占总户数的

2014年福建地税各项收入情况表

单位：万元

序号	项　　目	税（费）额	比上年增长额	增长（%）
1	各项收入合计	24092740	2200592	10.1
2	一、税收收入合计	16865740	1452581	9.4
3	1、中央级收入	2779912	375552	15.6
4	2、地方级收入	14085824	1077025	8.3
5	其中：省级收入	1416086	276023	24.2
6	市级收入	4405320	442302	11.2
7	县（市、区）级收入	8264418	358700	4.5
8	二、非税收入合计	7227000	748011	11.5
9	（一）教育费附加	505125	36644	7.8
10	（二）地方教育附加	336161	24433	7.8
11	（三）文化事业建设费	8951	－1014	－10.2
12	（四）社会保险费	6028971	627420	11.6
13	1、基本养老保险费	3386245	351850	11.6
14	2、失业保险费	312120	34488	12.4
15	3、医疗保险费	2002140	200228	11.1
16	4、工伤保险费	164795	24822	17.7
17	5、生育保险费	129829	18547	16.7
18	6、其他社会保险基金收入	33843	－2514	－6.9
19	（五）税务部门其他罚没收入	2564	39	1.5
20	（六）其他	345228	60489	21.2

说明：其他包括地方水利建设基金、残疾人就业保障金、价格调节基金。

2014年福建地税分地市分税种收入情况表

单位：万元

项目	全省		厦门		福州		三明		南平		宁德		莆田		泉州		漳州		龙岩		平潭		直属	
	累计数	增长(%)	累计数	增长(%)	累计数	增长(%)	累计数	增长(%)	累计数	增长(%)	累计数	增长(%)	累计数	增长(%)	累计数	增长(%)	累计数	增长(%)	累计数	增长(%)	累计数	增长(%)	累计数	增长(%)
税收收入合计	16865740	9.4	4081100	12.2	4018097	8.8	696642	−8.3	637945	12.1	720979	7.0	798327	15.5	3037009	12.7	1360756	13.6	928848	−10.0	137171	4.0	448866	34.3
一、营业税	5817250	5.8	1260951	−0.9	1448759	−0.1	240846	−14.4	231555	4.7	251856	7.5	287507	13.9	1054257	21.8	465063	10.5	260165	−7.2	60359	−6.2	255932	62.0
1、金融保险业	1353309	26.1	258477	15.7	316411	20.7	56308	12.3	43241	27.3	50308	9.9	51870	24.3	212282	20.1	69366	33.7	60634	12.5	9961	39.2	224451	78.1
2、交通运输业	32879	−10.6	11948	−1.0	5669	−4.7	306	−21.3	373	−52.5	285	−7.8	613	−49.4	833	−74.8	1508	138.6	2399	113.1	6	−64.7	8939	−18.7
3、建筑业	1445428	11.3	212854	7.7	370387	13.6	82972	4.7	87548	20.7	85386	23.8	93728	29.3	252146	7.5	146255	9.9	86319	−2.2	25418	6.8	2415	23.4
4、电信业	79354	−39.0	14705	−15.8	19279	−45.0	3886	−42.0	3587	−41.0	4230	−39.0	4511	−43.9	16925	−39.5	7155	−44.6	4402	−42.9	662	−44.0	12	−7.7
5、邮政业	3389	−65.0	373	−81.7	595	−57.3	168	−64.2	340	−41.5	470	−53.8	389	−56.2	574	−71.0	331	−61.5	139	−66.3	10	−70.6		
6、住宿和餐饮业	158054	−3.5	53957	7.8	41986	−5.9	5922	−20.0	5560	−20.7	6443	−3.1	4915	−14.5	23178	−2.2	9099	−7.8	4797	−21.2	959	−8.4	1238	−20.5
7、房地产业	2107631	−0.5	521720	−7.1	551101	−14.4	54918	−38.9	71566	−6.4	80178	0.7	87433	−4.4	459685	54.5	190937	19.3	66481	−22.8	18362	−23.9	5250	−39.3
8、租赁和商务服务业	214583	−7.0	46484	−24.1	50792	4.8	14536	−25.5	6208	12.9	7486	11.4	21786	25.5	31154	−20.2	14332	1.7	8882	−18.3	2924	57.8	9999	68.4
9、其他	422623	−5.1	140433	−1.8	92539	11.9	21830	−25.1	13132	−32.9	17070	−8.3	22262	54.2	57480	−5.9	26080	−32.2	26112	−3.8	2057	−60.4	3628	16.2
二、企业所得税	2452922	20.3	558716	23.1	546341	33.4	116507	−5.1	76170	14.5	81685	43.6	113946	32.8	526828	23.0	193987	43.1	188250	−21.6	20899	28.4	29593	25.2
三、个人所得税	2166789	10.6	584269	17.8	514861	13.7	71149	−9.2	95176	27.9	80280	1.4	74949	6.7	353301	1.5	150091	21.0	106990	−1.5	11195	4.2	124528	7.1
四、房产税	619052	−5.7	190943	−5.7	143587	0.2	22903	−9.7	16663	−7.8	21063	1.7	25485	−12.5	120126	−9.3	46103	−0.7	25150	−22.6	1179	31.9	5850	12.7
五、城市维护建设税	1064249	11.5	291571	16.7	193648	2.3	36805	2.2	30419	4.9	33301	11.8	46102	10.8	237045	15.5	64774	10.8	105463	8.9	3960	2.5	21161	47.4
六、印花税	297714	7.7	83311	6.7	71416	6.4	10637	4.3	7745	−2.3	10931	11.9	13892	9.7	54102	13.2	24047	17.2	14972	6.6	2307	−9.6	4354	−25.5
七、土地使用税	383357	−14.8	49586	−30.0	66730	−19.2	19024	−12.3	14495	−18.9	9160	−14.2	25436	−16.2	133294	−8.5	43368	−0.8	21150	−17.1	496	1.6	618	−0.5
八、资源税	119554	31.1	145	9.0	8156	257.9	15974	8.9	5303	9.4	3120	−5.4	5015	19.7	16547	6.5	12158	19.0	53112	47.5	24	14.3		
九、车船税	147829	18.2	29732	18.0	30706	15.4	5924	12.3	5884	9.5	5293	15.4	7687	20.4	37250	30.9	11378	13.5	9510	4.7	1201	28.7	3264	2.0
十、土地增值税	2133743	17.1	726318	40.2	604356	14.7	39286	−27.0	39702	−1.6	100494	9.2	111970	15.5	263975	6.9	183530	12.9	46396	−25.6	14150	−8.7	3566	−49.8
十一、烟叶税	78042	11.4					33240	10.1	25650	25.1							41	−48.8	19111	−0.8				
十二、耕地占用税	318645	11.4	5477	−68.3	45707	9.9	32200	51.6	27084	232.6	63621	15.1	18044	15.2	40121	−8.5	51860	−12.4	28068	51.3	6463	22.1		
十三、契税	1266593	7.2	300081	18.7	343830	14.7	52146	−11.5	62099	13.5	60174	−22.2	68294	48.6	200163	7.2	114356	8.2	50511	−43.0	14939	35.9		

42.3%,金融业占15.1%,制造业占7%,集中态势明显。

税收法治。深化行政审批制度改革,推行行政权力清单制度,清理行政权力和公共服务事项,其中:保留行政权力44项(省级行使17项,实行属地管理27项),取消行政审批项目18项,取消职业资格许可和认定事项1项,下放管理层级2项,委托1项;保留公共服务事项13个大项、63个小项,并加强后续监管,做到放管结合。开展税收执法督察,全年(不含厦门)执法督察发现问题8089户(次),整改入库税款9678万元,加收滞纳金691.6万元。

税收政策落实。做好铁路运输、邮政及电信业"营改增"工作,加强税收政策和征管服务衔接,开展其他行业"营改增"和地方税体系建设前期调研。受"营改增"扩围影响,全省入库营业税581.72亿元,增长5.75%,较上年增幅回落6.49个百分点,落后地方税收增幅3.7个百分点。全年减免高新技术企业、小微企业、残疾人就业再就业扶持等各项税费105.57亿元。

纳税服务。打造标准化纳税服务升级版,落实《全国税务机关纳税服务规范》,开展"双简"(简化办税流程和简并涉税资料)工作以来,累计减少办理流程335个、办税资料752项,即办事项从90项增至253项,占全部业务事项的85%以上,非即办涉税事项提速至法定时限60%以内办结,办税流程和资料均累计减少70%以上。开展便民办税春风行动,出台简并小微企业纳税申报期、下放全部行政审批事项、推行无纸化办税、清理进户执法事项、增设自助办税终端、试行税务登记证照电子化和移动办税等7项便民办税新措施。

税种管理。截至2014年5月31日,全省共汇算清缴入库企业所得税41.09亿元,增长85.59%。加强年所得12万元以上个人所得税自行纳税申报工作,截至2014年3月31日,全省(不含厦门)有11.55万人进行纳税申报,申报年所得额342.05亿元,应纳税所得额259.20亿元,应纳税额42.56亿元,均补缴或抵扣入库,完成年计划的108.39%。加强土地增值税预征和清算管理,全省清算入库710个房地产开发项目的土地增值税50.5亿元,增长35.1%。加强资源税征管,全年入库资源税11.96亿元,增长31.14%;贯彻落实全国煤炭资源税费改革工作,自12月1日起,煤炭资源税由从量计征改为从价计征。

税收征管。优化税收征管方式,完善信息管税运行机制,基本完成"属地+专业化"的税源管理模式改革。全面推行税收风险管理机制改革,筛选房地产、建安、陶瓷等行业模型和案例,全年纳税评估累计入库税款13.06亿元。创新征管档案管理,《税收电子征管文件管理顶层设计研究》科技项目获国家档案局批准立项,是全国税务系统唯一承建2014年度国家档案局科技项目的单位。地税征收成本从机构分设时的6.6%降至1.2%,达到发达国家水平。

税务稽查。全年检查纳税户1495户,发现有问题户1646户,累计结案1629户,结案率98.97%,累计组织稽查收入22.91亿元,其中:稽查查补税款7.69亿元,加收滞纳金6354.35万元,罚款1.08亿元,处罚率17.09%;组织企业自查1881户,自查补缴13.50亿元。查处重大税收违法案件,查结100万元以上涉税案件110起(其中1000万元以上9起)、查结偷税案件79起;打击发票违法犯罪活动,查处发票违法企业2625户,涉及违法发票111.35万份、金额21.69亿元,入库税款、滞纳金、罚款计1.39亿元。

电子税务。完善综合业务管理系统,有序推进"金税三期"配套项目建设,全年启动11项配套子项目。实施信息技术与税收业务融合创新,完成3A税务平台功能开发,打造纳税人和税务干部能随身便携、轻松办税或办公的"掌上税务局",该项目被税务总局创新项目评审会议评为"创新项目"二等奖。

(章志刚)

编辑:孙洁斐

经济管理与监督

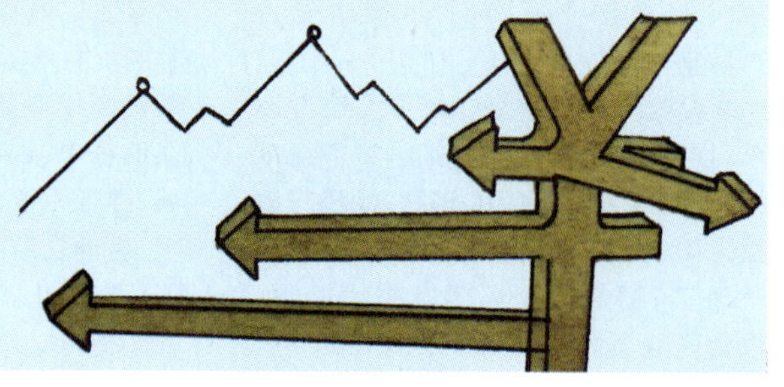

宏观经济管理

【政策规划研究制定】 2014年，省发改委配合研究起草中央支持福建加快经济社会发展、加快生态文明先行示范区建设等重大政策。研究制定科学发展跨越发展行动计划及重大项目表和贯彻落实生态文明先行示范区建设实施意见、贯彻落实赣闽粤原中央苏区振兴发展规划实施意见、"一带一路"实施意见、应对气候变化规划和工作方案、重点流域生态补偿办法、促进健康服务业发展实施意见、推进文化创意和设计服务与相关产业融合发展等八条措施。

启动编制"十三五"规划，开展规划前期重大课题研究，提出22个重大课题。研究起草《"十三五"规划基本思路》，组织筛选纳入国家"十三五"规划基本思路的重点内容，争取福建重大规划布局、重大项目列入国家"十三五"规划盘子。启动征集"十三五"省级重点专项规划名单，报省政府研究审定。

研究起草福建省新型城镇化规划、促进中小城市和城镇改革发展若干意见等文件。组织晋江、莆田等地申报国家新型城镇化综合试点，推进晋江、石狮、德化、光泽、邵武等省级新型城镇化试点，在水头、金井等15个中心镇开展首批"小城市"培育试点。

加强经济形势分析和预测预警。坚持月度、季度分析，盯住主要经济社会指标变化，省经信、财政、人社、住建、交通、农业、商务、环保、人行、统计、物价等部门密切配合，出主意、提建议，市、县发改部门积极参与，开好地市和部门季度分析会，促进经济平稳增长。研究提出做好经济工作的建议，提出加大对实体经济支持力度等8个方面38条措施，促进经济平稳运行。

【投资管理】 2014年，福建省出台城乡基础设施提升行动计划实施方案，推进交通、能源、市政、水利、信息、环保六项提升工程。向社会推出122个、总投资2248亿元项目，鼓励社会资本参与建设及营运。福州轨道交通2号线等24个项目落实投资主体，民间投资额占所发布项目总投资的45%。

重点项目建设超额完成年度目标任务。357个在建省重点项目全年完成投资3800亿元，新增电力装机340万千瓦、高速公路通车里程118千米、港口吞吐能力4000万吨。福清核电1号机组、宁德核电2号机组、江阴港口铁路支线、厦门海沧至漳州天宝高速公路厦门段、沈海复线仙游至南安金淘泉州段、漳州南联络线、国投湄洲湾煤炭码头一期工程等150个项目建成或部分建成；衢宁铁路、沙厦高速公路安溪至沙县段、福州轨道交通2号线等150个项目实现开工建设；漳州核电、宁德核电5、6号机组、漳州福欣年产40万吨不锈钢深加工等一批重大项目前期工作取得突破性进展。

企业直接融资。省内22家企业在境内外上市融资或再融资270.21亿元，40家企业在全国中小企业股份转让系统("新三板")挂牌，12家企业在海峡股权交易中心挂牌交易；18家企业发行企业债券筹资191亿元。对950个重大项目5265亿元融资需求进行对接，为部分项目落实520亿元信贷资金和1038亿元授信额度。

全社会固定资产投资18449.48亿元，增长18.8%。其中，基础设施投资增长22.4%、制造业投资增长9.9%；民生领域投资增长28%；进一步释放民间投资潜力，民间投资增长23.3%，占全社会固定资产投资的59.8%。

新型城镇化积极推进。出台实施新型城镇化规划、促进中小城市和城镇改革发展的若干意见，推动不同层次不同主题的新型城镇化试点，稳步推进户籍制度改革。城镇化率提高到61.8%。

"三维"项目积极推进。纳入全省"三维"项目跟踪管理系统的央企、民企、外企项目共4761个，全年续建和开动工建设4038个，建成投产1460个，完成投资6714亿元。

【重点改革】 2014年，省发改委落实省委省政府确定的年度重点改革任务。经济社会事业体制改革专项小组改革任务扎实推进，形成深化投资体制改革等13个专题改革实施方案。推动7大领域27项改革任务实现年度改革目标。

行政审批制度改革。省级核准的企业投资项目从49项减少为19项，削减约60%。外商投资项目由全面核准改为有限核准和普遍备案相结合。企业登记前置许可项目保留金融、限制类外商投资等7类17项。省网上办事大厅建设有序推进。

信用建设、公共资源交易等市场环境建设取得进展。建设完成省公共信用信息平台，接纳38个省直单位提交的106类法人信息(主要是基本信息)，收录企业57万多家、社会组织1600多家。推进12个重点行业领域的信用体系建设。加快电子文件证照建设应用，累计生成101万多本电子证照，涉及465个种类，完成企业经营所需三大基础性证照的电子化转换。组建成立省公共资源交易中心。

【产业转型升级】 2014年，全省加快农业基础设施建设，继续推进新增30万吨粮食产能规划田间工程、大型灌区续建配套和节水改造工程等建设。发展设施农业，推动智能温控设施蔬果和设施渔业等农业“五新”项目产业化。推动现代种业工程建设，支持杉木、斜带石斑鱼、长汀河田鸡等一批地方优良品种原(保)种场项目建设。

工业重大项目建设持续见效。拟定2014—2015年全省产业转型升级行动计划实施方案，推进省级100个制造业龙头项目，古雷翔鹭石化PTA、新龙马发动机、莆田差别化化学纤维一期等项目建成或基本建成投产；福建申远新材料己内酰胺、福耀特种汽车玻璃、中石油长汀稀土催化剂等项目开工建设。深化央企对接，推动中国移动、机械科学研究总院、中国北车与省政府签订合作协议。

服务业持续发展。制定贯彻国务院加快发展生产性服务业指导意见的政策措施。推进厦门市、鼓楼区2个国家级和7个省级服务业综合改革试点，加快现代物流、电子商务、服务外包等重点领域发展；推进服务业重大项目和集聚区建设。新增省级储备粮库仓容2.5万吨，多渠道引粮入闽，争取国家粮食配额。

科技创新取得新进展。福建生物与新医药创投基金获国家发改委等部委批复，总规模3亿元，完成设立工作；推动设立福建稳晟节能环保、银河鼎发生物医药等两支省级创投基金，总规模2.4亿元；纳米催化材料与技术国家地方联合工程实验室等5个省级创新平台列入国家地方联合共建计划；泉州、莆田获批列入第二批电子商务示范城市；厦门(联合漳州、泉州)获批创建国家海洋高技术产业基地；福建省被国家发改委、工信部列入国家应急通信工程试点省份；福州、厦门、泉州、莆田列入国家首批信息惠民试点城市。推动工程研究中心(实验室)参与协同创新，建成投产平潭宸鸿科技触控面板、厦门天马微电子等一批重大项目。第十二届“6·18”对接合同项目5273项，增长20.4%；总投资1173.25亿元，增长21.2%。“6·18”虚拟研究院三大平台建设合力推进，网络协同平台有89所高校、33个科研院所、492位高层次专家、10家院士工作站“入驻”；技术支撑平台挂牌设立机械装备、海洋、建筑建材、现代农业等4个产业技术分院；市场服务平台建成海峡技术转移中心。

循环经济发展有序推进。组织推动一批节能重点工程、资源节约和循环经济、重大环境治理示范项目。支持南平市开展节能减排财政政策综合示范城市建设和厦门市、南平市开展低碳城市试点。协同推进实施产业园区循环化改造示范试点、“城市矿产”示范基地等循环经济专项行动。

【生态省建设】 2014年，福建落实国家支持福建省加快生态文明先行示范区建设的各项支持政策。完成植树造林10.93万公顷，治理水土流失面积17.01万公顷。实施宜居环境建设行动计划，实施城市“三边三节点”(山边、路边、水边，城市中心节点、市民活动节点、交通枢纽节点)项目235个，整治村庄1085个，创建美丽乡村示范村110个。拆除违建面积3895万平方米。

开展节能减排低碳发展行动。出台大气污染防治行动计划实施细则责任分工方案，23个城市空气平均达标天数比例为99.3%。实行流域保护“河长制”，12条主要河流水域功能达标率、Ⅰ—Ⅲ类水质占比分别为98.1%、94.7%。新建、扩建28座污水处理厂和2座垃圾无害化处理场，市县污水、生活垃圾无害化处理率分别为88%、96%。万元生产总值能耗、化学需氧量、二氧化硫、氨氮、氮氧化物等年度节能减排目标如期实现。

【民生工程建设】 2014年，全省加快公共教育服务体系建设，全面实施学前教育、农村初中校改造、城区义务教育扩容、职业教育、特殊教育、义务教育学校运动场塑化等工程，新增100所公办幼儿园，增加3万个幼儿学位和7万个中小学学位。制定省级非教育行政单位与所属院校脱钩工作实施意见，基本完成第一批省级非教育行政单位与所属12所职业院校脱钩工作。

医疗卫生服务体系加快完善。推进医药卫生体制改革，起草福建省深化医药卫生体制改革综合试点方案、2014年医改重点工作任务、加快推进社会资本举办医疗机构若干意见等，制定县级公立医院综合改革实施方案等政策措施，全省58个县(市)全面开展县级公立医院综合改革，实行药品零差率销售，破除以药补医机制。三明公立医院改革走在全国前列，石狮公立医院人事制度改革得到国务院医改办充分肯定，长汀县基层卫生机构综合改革为全省改革提供有益经验。继续实施基层医疗卫生服务体系建设，改善县级医院、乡镇卫生院及村卫生室基础设施条件。加强公共卫生服务体系建设，提升疾病防控、妇幼保健、食品安全、计生等服务能力。优化省市优质医疗资源结构，推动一批社会办医项目落地。全年新增医院床位8600张。

公共文化服务体系不断健全。继续推进地市级图书馆、文化馆、博物馆和县级综合档案馆、广播电视“村村通”工程(无线发射台站)建设。加强文化和自然遗产保护、非物质文化遗产保护体系建设，提升重点旅游、红色旅游景区发展条件。协调推进海峡演艺中心等省属文化重大项目建设。

社会服务体系建设逐步加强。制定实施县级就业和社会保障服务设施、社区老年人日间照料中心试点、市县级残疾人康复和托养设施等建设方案，做好养老服务业综合改革试点工作方案编制，积极争取国家支持，厦门市被列为全国养老服务业综合改革试点地区。 (戴全吉)

国土资源管理

【土地管理】 2014年，福建省审批建设用地1.54万公顷，供地1.79万公顷，其中保障性安居工程土地供应541.53公顷，完成率149%；审批省以上重点项目用地0.51万公顷，实现应保尽保。在全国指标总盘子减少的情况下，国土资源部下达福建省2014年度计划指标比上年增加0.21万公顷，年底又核增福建省用地指标 0.16 万公顷。

节约集约用地。省国土资源厅提请省政府印发《福建省地下空间建设用地管理和土地登记暂行规定》，鼓励和规范地下空间开发利用。出台实施节约集约用地 3 年方案，全年处置到位的批而未供土地 0.74 万公顷、闲置土地 0.12 万公顷。在武夷新区等 6 个县（市）开展节地型生态型低丘缓坡示范区（片）创建活动，使用国家试点专项指标 0.10 万公顷。大力实施旧村复垦，全年核定旧村复垦项目 437 个批次、面积 0.14 万公顷。节约集约用地模范县（市）创建进展顺利，获评国土资源部模范县 8 个，创建达标县 22 个。严格用地标准审核把关，全年核减用地 0.11 万公顷。

耕地保护。完成2013 年度设区市补充耕地任务考核以及“十二五”中期省级政府耕地保护责任目标履行情况自查工作。开发利用废弃的园地林地，全省有 0.47 万公顷废弃园地成为补充耕地新来源。全年全省补充耕地 0.79 万公顷，实现占补平衡。组织开展补充耕地项目质量检查，涉及 30 多个县、0.31 万公顷整治耕地项目。会同有关部门推广使用商品有机肥，提高土壤肥力。

土地执法监察。全年全省立案查处土地违法案件 3553 宗，挂牌督办土地违法案件 13 件。总结提升泉州晋江数字执法经验，制定《土地移动执法监察管理办法》。研发推广应用国土资源移动执法监察，2014 年底，国土资源部在福建召开现场会，推广福建移动执法工作经验。

维护群众合法权益。落实省政府《关于加强建设项目征地交地工作的意见》，征地告知落实到户，保障被征地农民知情权。开展坚决纠正不按标准及时足额发放征地补偿款问题专项整治和被征地农民社会保障资金落实情况自查整改，整改到位资金 3.92 亿元。继续开展信访积案化解专项行动，实行重点地区、重点案件厅领导包干负责制，省厅受理群众来信、接待群众来访分别下降 27.7%、15.4%。

（方燕娜）

【海洋综合管理】 2014 年，福建省加强海域海岛管理。开展全省海岸带综合利用规划编制、海岸带开发与保护管理条例制定工作，切实保障滨海资源保护与开发利用有法可依。深化海域资源市场化配置，全年招标挂牌出让海域使用权 53 宗，金额 1648 万元，连江县晓澳镇百胜村安置小区及公共服务配套项目成为全省首例以海域使用权招标出让的填海造地项目。加大实施海域使用权抵押登记贷款工作力度，全年指导企业办理海域使用权证抵押贷款 75 宗，向商业银行贷款总额超 18 亿元。向社会推出首批 20 个无居民海岛旅游招商，开展 11 个海岛整治修复项目，争取国家资金 4.22 亿元，其中惠屿海岛整治修复竣工验收。完成牛山岛等领海基点海岛保护范围选划，强化对领海基点海岛的保护。

海洋环境保护。福建省“海洋生态资源保护行动”被联合国环境规划基金会等机构联合授予“绿色中国·2014 环保成就奖——杰出环境治理工程”。制定《福建省海洋生态补偿管理办法》，全省 12 个海洋生态损害补偿试点工作实施。在全国先行制定污染物控制指标和浓度目标，加强入海排污控制。在全国率先制定《福建省海洋放射性监测与评价工作方案》。全面启动海洋生态红线划定工作，维护海洋生态健康与生态安全。创建国家级海洋生态文明示范区和海洋公园，完成 3 个海洋生态文明示范区和 6 个海洋公园建设。全年全省近岸海域二类及以上水质面积 65%，提前一年实现“十二五”规划目标。

海洋科技创新。海洋科研服务平台建设加快，厦门南方海洋研究中心、平潭海岛研究中心持续推进。厦门列入国家海洋高技术产业基地试点，基地内国家海洋经济创新发展示范在建项目 19 项，完成投资 8.4 亿元。“6·18”虚拟研究院海洋分院创新服务平台正式上线，征集各类技术需求 200 项，技术成果 725 项，成功对接项目 50 余项，总投资 80 亿元，帮助对接成功项目提供融资服务 30 多亿元。“海藻寡糖应用关键技术研究与产品开发”项目获 1100 万元国家海洋公益专项扶持。

海洋防灾减灾。修订《福建省渔业防台风应急预案》。建立多部门合作机制，与国家海洋环境预报中心、国家海洋技术中心、省气象局签订合作备忘录；与中国移动、中国电信合作，在一级以上渔港和重点渔排养殖区新建、改造 23 个高清夜视视频监控系统，全年发送区域警示短信 326 万条。改版《福建省海洋环境预报》节目，实现沿海五地市及平潭综合实验区落地播出。加大防灾减灾宣传工作力度，

2014 年 3 月 26 日，福建省海洋与渔业执法总队所属的中国海警 2115 在福州正式交接入列，这是福建省吨位最大、也是全国目前最大的省级海洋专业执法船

（福建省海洋与渔业厅供稿）

发放《海洋灾害公众防御指南》《海洋防灾减灾实用手册》《福建省2013年海洋灾害公报》等2万多册，在晋江深沪中心渔港举办2014年"5·12防灾减灾日"现场宣传活动。

海洋综合执法。开展"海盾""碧海"专项执法行动。严厉打击海岛保护违法行为，办结全国首宗超审批范围使用无居民海岛案件。深化海峡两岸海上协同执法行动，闽港澳台海上协同执法得到国台办充分肯定。参加国家海洋维权巡航任务，全年参加海洋维权巡航任务8次，巡航260多天、航程近3万海里。抓好执法基础设施建设，福州和东山基地水工部分施工全部完成，陆域部分填海完成工程量的95%。

海洋文化宣传。承办"6·8"世界海洋日暨全国海洋宣传日主场活动，举办"创新驱动蓝色经济发展"专场活动、2013年度全国海洋人物颁奖仪式、"海洋杯"中国·平潭国际自行车公开赛、碧海银滩生态行——清洁海滩行动、"海上丝路——过去与现在"摄影图片展5项活动。组织做好"蛟龙"号福州开放日活动。编辑出版《美丽福建·美丽海洋》。（汤兴福）

【矿政管理】 2014年，福建开展地质找矿。省政府批复实施《福建省公益性、基础性地质调查工作三年方案》。争取中国地质调查局把福建省列为土地质量生态地球化学调查示范省；争取中央财政公益性基础性地质项目资金5505万元。安排开展柘荣县等6幅矿产地质调查，宁德市等8幅区域地质调查工作，实施三明市等生态地球化学调查项目，覆盖面积2.4万平方千米。全年投入勘查资金5.11亿元，圈定10处新的可供进一步勘查矿产地，新增一批煤、铁矿石等资源储量。

矿山生态环境。持续开展"打非"专项行动，制定《关于非法采矿和破坏性采矿造成矿产资源破坏价值鉴定工作的实施意见》，全年立案查处矿产违法案件312件，办理鉴定103宗，涉及破坏价值6056万元。对历年积欠的矿产资源规费进行清理追缴。全年注销矿业权309个，省级追缴采矿权价款6742万元、生态保证金6300万元。开展"青山挂白"治理32处。

地质灾害防治。提请省政府出台《福建省地质灾害搬迁三年实施方案》，下达补助奖励资金9169万元，对1139处地灾隐患实施搬迁，落实搬迁户6444户，落实率107.4%。（方燕娜）

国有资产管理

【国企发展】 2014年，福建省纳入国有资产统计范围的国有及国有控股企业资产总额25421亿元，增长18.9%；实现营业收入7268亿元，增长14.0%；实现利润总额402亿元，增长6.8%。其中，省属所出资企业资产总额9598亿元，增长23.4%；实现营业收入2099亿元，增长17.4%；实现利润总额103亿元，增长15.4%；资本保值增值率117.1%。培育打造省属行业龙头企业，厦钨硬质合金、磁性材料深加工，星网锐捷交换机、瘦客户机网络通讯等龙头企业的产品、技术及品牌位居全国乃至世界先进行列；能源集团与华润水泥设立合资公司，年增加营业收入超50亿元；交通集团组建海运集团，船舶运力规模居全国第9位；轻纺控股组建盐业集团，提高福建盐业整体实力；海峡科化和民爆化工整合，民爆产品实力提升到全国第5位；闽投资产管理公司、海峡金桥财险公司组建工作推进。深入实施重点项目带动战略，全年发债融资358亿元用于加快重点项目建设；省属企业全年完成项目投资658亿元，占年度计划的108.2%；推动福建奔驰NCV2产品换代、福建星云大数据应用服务、湄洲湾港小峠物流园等119个重点项目开工，新龙马发动机、东南电化搬迁改造、三钢圆棒轧钢二期、兆元光电LED、邵武物流中心、渔平高速延伸线、平潭青峰风电场等81个重点项目建成或部分建成投产。配合承办央企支持福建加快发展座谈会，省属企业与中石化等16家央企展开新一轮对接合作，新签合作协议6项；省属企业与央企签约项目67项，总投资额6608亿元。加快"走出去"步伐，推进与青海省合作签约项目落地生成；建工集团等5家省属企业联手走出去，设立福建企业非洲投资有限公司，首期投资总额4000万元的开发项目进展顺利。持续推进企业技术创新，专利申请和授权数不断增加，电子集团新增专利授权178件，冶金控股新增专利授权36件；船舶集团加强多功能平台供应船等新船型的研发，手持订单近200艘。持续推进管理创新，深入推进对标管理工作，年初设定的对标指标完成率90%以上，企业制度化、信息化管理水平不断提高，风险防控能力进一步增强。探索商业模式创新，加大对新型商业模式的研究和应用，招标集团电子招标平台和大宗物资采购平台建成并投入使用；高速公路推广应用电子收费技术，全年新增闽通卡客户16万户，累计突破40万户，ETC车道覆盖率95%，实现与北京等13个省市高速公路联网。

【国企改革】 推动国资监管全覆盖。完成省级行政机关与所办(属)企业脱钩、接收、划转和整合重组工作，涉及27个厅局122家企业，资产总额147亿元，所有者权益55亿元，职工总数10490人。完成福厦汽车联合重组，打造以福汽集团为核心的福州、厦门和龙岩三大汽车产业集群。组建厦钨稀土集团，推动省稀土集团和马坑矿业股权重组，实际控制华东最大铁矿山。指导三钢集团收购民企三金钢铁，产能突破1000万吨。船舶集团重组平潭利亚，收购冠海资产，造船能力突破290万载重吨。交通集团重组莆田港务集团，港口吞吐量突破1亿吨。推动能源集团电力板块借壳南纺上市，重组后市值比重组前提高近5倍。投资集团重组并注入优质风电资产力促南纸转型升级。福日电子收购深圳迈锐光电和中诺通讯，主业转型为光电和通讯产业。深圳恒宝通、福能平潭融资租赁公司新三板上市申报启动；省属13家企业列为福建省重点上市后备企业，厦门国际银行、厦门新立基、海峡科化，福州市属海峡环保、海峡金港等上市工作有序推进；厦门钨业、漳州发展2家上市公司通过非公开发行股票募集资金36亿元。

【国有资产监管】 2014年，省国有资产监管部门开展权力清单清理，对2004至2012年底出台的规范性文件进行清理，废止24件、修改17件。主动取消32项出资人审批审核事项，建立监管事项、审批审核事项和服务企业事项“三个清单”。强化审计监督，出台企业经济责任审计管理办法，对机电控股等6家所出资企业及2家权属企业负责人开展经济责任审计，对企业非主业投资以及东南电化搬迁工程开展专项审计调查；强化财务监督，出台总会计师职责管理办法和财务监督管理办法，开展企业财务基础管理检查，对发现的问题进行通报并限期整改到位；强化监事会监督，出台外派监事会工作规则，向省高速公路等10家企业派驻监事会；强化风险防范，推进以总法律顾问为核心的法律风险防范机制建设，全面实现企业法制工作第一个3年目标。联合省工商联组织召开全省国企和民企产销对接合作会，现场22家企业签约产销合作项目8亿多元。持续推进省属企业与设区市的对接合作，与莆田市举办项目合作对接会，达成合作项目51项，总投资额959亿元。建立和完善省地协调解决机制，与福州市定期召开省属企业在榕重点项目协调会，协调解决22项项目建设、生产经营中存在的困难和问题。 （陈国仙）

审　计

【概况】 2014年，福建省完成审计和审计调查项目2693个，上缴财政13.61亿元，减少财政拨款或补贴3.02亿元，归还原渠道资金13.50亿元，审计促进拨付资金到位8690万元，审计后挽回（避免）损失8.69亿元，核减投资额9.68亿元；移送司法机关、纪检监察机关处理事项69件，向其他有关部门移送处理事项62件；出具审计报告和专项审计调查报告3445篇，提出审计建议6827条，被采纳3568条；被审计单位制定整改措施178项，建立健全规章制度34项；提交审计信息4756篇，被批示、采用3609篇；向社会公告审计结果25篇。有33个审计项目评为全省优秀审计项目，有5个审计项目评为全省表彰审计项目。

【财政审计】 对588个部门、单位预算执行情况开展审计，延伸审计1297个下属单位。省级预算执行审计涉及8个部门及平潭综合实验区管委会，安排省国资委等20个部门单位的内部审计机构按统一制定的工作方案自查本部门单位的预算执行情况，对省林业专项资金开展专项审计。省十二届人大常委会第十次会议听取审计工作报告，审议认为，审计监督反映预算管理、公共财政支出均等化、生态补偿机制等方面存在的问题，提出的相关建议具有较强的针对性。

【经济责任审计】 全年审计776个单位860名领导干部和领导人员，出具审计报告和审计结果报告1513篇，提出审计建议2262条，被采纳1162条。开展自然资源资产责任审计试点。健全联席会议制度，福建省经济责任审计工作联席会议调整由省长任召集人、分管副省长任副召集人，省纪委等9个部门领导为联席会议成员单位。省纪委等9个部门联合印发《关于我省贯彻落实〈党政主要领导干部和国有企业领导人员经济责任审计实施细则〉意见》。省审计厅与省纪委、省委组织部继续开展联合督查，推动审计问题的整改落实。

【固定资产投资审计】 全年开展838个重点投资项目审计，涉及概算投资总额666.75亿元，核减投资额9.68亿元。完成城镇保障性安居工程、支持新疆发展资金和项目的跟踪审计，开展9个高速公路建设项目和7个省重大水利建设项目建设管理情况的审计和审计调查。制定《福建省审计厅关于进一步加强全省投资审计队伍建设的实施意见》，推动全省投资审计事业健康发展。

【企业审计】 全年开展企业及金融审计81家，延伸审计149家，以企业经济责任审计为重点，优化企业治理结构与内控制度，提出企业发展的合理化建议。金融审计向证券业和信托业等方面拓展，促进地方金融机构进一步加强管理，防范金融风险。

【专项资金审计】 全年开展专项资金审计或审计调查215个单位。组织开展省级公共财政支出均等化、生态补偿机制、现代农业发展政策、公立医院改革、城乡居民最低生活保障政策、中小学教育收费等专项审计调查，推动相关政策落实。按照审计署的统一部署，开展稳增长、促改革、调结构、惠民生、防风险政策措施落实情况的跟踪审计，提出加大对企业信贷、微小企业的政策支持力度以及加快重大基础设施、民生项目建设等审计建议。参加审计署统一组织对福建的土地出让收支和耕地保护情况审计。 （王康力）

统　计

【统计改革】 2014年，福建省出台全面深化统计改革工作方案，建立区域发展质量评价指标体系；探讨设区市民营经济核算方法，研究按新的行业分类标准核算GDP的方法；推动工业、农业、投资、劳动、能源、科技和文化产业等统计方法制度改革；探索改革服务业统计制度；开展《福建省建立循环经济评价指标体系》研究；主动对接省委省政府生态文明建设的要求，探索建立《福建省生态文明建设差别化评价体系》等。遵循“以服务换数据，以服务促发展”福建统计工作理念，建设全国首个电子商务与服务外包统计公共服务平台——正统网。

【统计调查】 2014年，省统计局组织实施第三次全国经济普查。严格执行国家统计方法制度。精心实施各项专项统计调查和监测，完成高新技术产业、党风廉政建设满意度、环境满意度、绩效评估公众评议等专项调查工作和全面建成小康社会进程监测统计等工作。开展15次“田野调查”，内容涵盖经济、社会、民生各个方面的热点、焦点问题。

【统计服务】 2014年，省统计局加强对经济形势的监测研判，广泛开展统计"建言献策",编发《统计分析报告》《重要信息专报》和《建言献策》200多期;首次编印《福建省区域经济产业发展动态》。着力服务社会公众,规范和扩大政府统计信息公开,及时回复社会公众的咨询,强化与社会公众的沟通。

【统计基础建设】 2014年,省统计局加强对部门统计工作的分析研究和沟通协调,加强企业一套表联网直报环境下各专业统计基础工作,推动乡镇统计工作规范化建设,全面实施统计生产全流程质量控制,提高统计数据可靠性。

【统计能力建设】 2014年,全省统计系统实施"全员素质工程建设",提高统计干部的政策理解水平、研究分析问题的能力、数据解读能力和执行力。加强统计网络和核心设备的运行维护管理,完善统计网络体系、信息安全基础建设,推广新技术在抽样调查中的应用,增强统计信息化保障能力。规范统计执法行为,多渠道宣传统计法规,加强统计监督检查,依法查处统计违法案件,全面强化统计法制。

(杨洪春)

工商行政管理

【市场主体监督管理】 2014年,全省工商行政管理机关开展查处无证无照经营工作。检查经营户29.85万户次,立案6255件,罚没2775.54万元,移送司法机关追究刑事责任31件。开展黑网吧治理专项整治行动,取缔黑网吧207户,罚没95.63万元。

加强企业信用监管。开通运行福建省工商系统市场主体信用信息公示平台,制定信息公示平台管理规则,在全国工商系统率先实现市场主体基本信息实时更新、同步公示;率先出台并推动其他47个部门出台后续监管实施办法,先行与其他18个部门实现信息互通共享,共享信息15.86万条,平台查询量1600多万人次。开展企业、个体户年报工作,21.48万户企业、24.77万户个体户公示年报。促进市场中介组织规范发展,截至年底,全省有中介组织45565户。

推进市场抽查监管。落实《国务院关于促进市场公平竞争维护市场正常秩序的若干意见》,下发开展市场抽查监管工作的意见,率先实施经营行为抽查,制定市场主体抽查实施办法,明确抽查内容、比率、流程、方式等,全年组织抽查243次9711户次企业,发现问题企业2216户次,立案167件。

【市场规范管理】 2014年,福建各级工商行政管理机关加强农资市场监管。组织"八闽红盾护农——春季打假保春耕行动"和"八闽红盾护农——保夏护秋农资打假行动",加强重点农资产品监测,严厉打击查处销售假冒伪劣农资违法行为,查处违法农资案件685件,罚没302.48万元。

开展合同监管工作。开展汽车市场专项整治行动,规范汽车经营交易行为,开展银行、电信业不平等格式条款规范监管工作,加强供水、供电、供气等公用企业格式条款监管,严厉查处利用不平等格式合同条款侵害消费者权益的行为,全年查处各类合同违法案件527件,罚没697.33万元。做好动产抵押登记、拍卖监管工作,办理动产抵押登记2150件、融资金额357亿元,拍卖备案2706场次、拍卖成交金额190亿元。

加强互联网商务监管。出台加强商品交易市场规范管理工作意见,建成省局网络市场监管指挥中心。开发完善网络市场监管业务系统和执法取证工作云系统,提高网络取证执法办案技术能力。完善网络经营主体数据库,健全网络经营主体和交易行为监管制度。深入开展"红盾网剑"专项行动,查处利用网络从事不正当竞争、传销、商标侵权、虚假广告等违法行为,指导网络商品交易主体网站加强自律,推动网络市场健康规范发展。

【商标管理】 2014年,全省推进商标品牌战略。贯彻落实省政府关于推进商标品牌工作的若干措施,指导企业用好各项优惠政策。加大新《商标法》的宣传贯彻力度,加快商标品牌指导站建设,新设商标品牌指导站5个。加强商标培育和驰著名商标认定推荐工作,开展"首届十佳地理标志商标"评选活动,落实商标奖励补助资金3730.5万元。全年新增注册商标73181件、驰名商标40件、马德里国际注册商标147件、地理标志商标37件。

强化商标行政执法。部署开展打击侵犯知识产权和制售假冒伪劣商品工作,突出涉外商标、驰著名商标、地理标志商标保护,加强商标印制企业、商品集散地等领域商标监管,加大打击互联网领域侵犯知识产权和制售假冒伪劣商品的力度,全年立案查处各类商标侵权案件2674件,罚没2133.33万元。

【反垄断与反不正当竞争执法】 2014年,全省工商行政管理部门加大竞争执法力度。持续开展"八闽红盾出击"系列专项行动,严厉打击销售假冒伪劣商品、商标侵权、商业贿赂、限制竞争等违法行为,全年立案2.24万件、罚没1.56亿元。制定下发装修装饰行业、汽车销售市场、互联网领域、限制竞争等不正当竞争行为案件认定查处指南和案例精选,推进重点领域的执法办案工作,全年查处不正当竞争案件1037件、罚没1991万元。

打击传销。全年立案查处传销案件80件、罚没1286万元,联合公安部门捣毁传销窝点665个,解救被困2294人,教育遣送传销人员5892人,移送司法机关373人。

加强直销监管。召开驻福建直销企业与工商部门联席会议,落实直销企业及相关企业的信息报备制度,规范直销企业经营行为。

【消费者权益保护】 2014年,全省工商行政管理部门受理消费咨询投诉举报55.78万件,为消费者挽回直接经济损失1.45亿元。加强流通领域商品质量监测,开展重点领域消费维权专项整治,组织流通领域化肥、儿童服装玩具、家用电器等各类商品质量监测1600批次,立案159件、罚没108万元。

【工商法治建设】 2014年,福建各

级工商行政管理机关进一步加强法治建设。制定法治工商建设评价指标体系，出台重大行政决策规定；完善行政处罚“三级九档”裁量制度，修订《商标法》《消费者权益保护法》《公司法》行政处罚裁量基准。全面梳理行政职权，编制权力清单，福建省政府公布全省工商部门行政权力432项(其中省工商局行政权力195项)。推行行政首长出庭应诉工作。推进案件异地交叉核审和案件抽查评析。做好“六五”普法宣传。

【工商信息化建设】 2014年，福建省进一步完善福建工商一体化平台，运行新版政务办公软件和纪检监察业务软件，升级消费投诉举报系统，推进企业电子证照生成工作。福建工商红盾网在2014年度全省政府网站绩效考核中位列第三。强化工商数据分析运用，每月定期分析市场主体发展、市场监管运行等情况，为省委省政府提供决策参考，为企业和群众提供信息服务。加强安全保障体系、综合运维服务体系建设，构建适应数据大集中要求、安全稳定高效的信息化系统运行环境。

【工商登记制度改革】 2014年，全省工商管理机关采取试点先行、“三步走”的办法稳步推进工商登记制度改革，2013年12月1日起第一阶段试点地区平潭率先启动改革；2014年1月1日第二阶段试点地区厦门、1月24日泉州、2月14日漳州、3月28日福州先后实施改革；从7月开始其他非试点地区全面实施改革。积极先行先试，提出10个方面的改革内容，其中，实行注册资本认缴登记制、年度报告公示制、简化住所(经营场所)登记手续、推行电子执照和全程电子化登记、建设市场主体信用信息公示系统(包括异常名录制度)等5项措施属于国务院《注册资本登记制度改革实施方案》确定的改革内容，先行在试点区域开展，3月1日起在全省全面实行；试行“先照后证”登记制、放宽经营范围登记、延伸“直接登记制”、试行市场主体自主选用名称和推行证照合一登记制等5项措施。实行注册资本登记制度改革以来，新登记企业10.99万户、注册资本4987.2亿元，分别增长71.1%、103.9%。省统计局的调查结果显示，97.5%的企业对工商登记制度改革表示满意。

【市场主体注册登记】 截至2014年年底，全省新登记内资企业(含分支机构)119103户、注册资本(金)5420.77亿元，分别增长72.4%、155.4%；个体工商户289779户、注册资金总额328.05亿元，分别增长26.3%、34.9%；农民专业合作社5266户、出资总额176.81亿元，分别减少4.6%、16.1%。全省实有内资企业565171户、注册资本(金)34657.54亿元，分别增长23.1%、29.3%；个体工商户1335807户、注册资金总额939.45亿元，分别增长21.6%、38.9%；农民专业合作社26180户、出资总额848.95亿元，分别增长24.6%、31.2%。

全年新设各类外商投资市场主体1749户，增长31.3%，其中外商投资企业(含分支机构)1711户、外国(地区)企业常驻代表机构37户、外国(地区)企业在中国境内从事生产经营活动1户；新增投资总额98.31亿美元、注册资本62.53亿美元、外方认缴48.25亿美元，分别下降0.3%、增长27.6%和22.1%。截至年底，全省实有各类外商投资市场主体25725户，增长2.7%，其中外商投资企业(含分支机构)24322户、外国企业常驻代表机构1370户、外国(地区)企业在中国境内从事生产经营活动33户。 (林泉祥)

价格管理

【价格宏观调控】 2014年，福建省居民消费价格指数(CPI)比上年平均上涨2.0%，在全国各省居第14位，完成省委省政府年初制定的3.5%左右的控价目标。增强价格监测分析预警能力，落实价格监测报告制度，密切跟踪市场价格变化，做好价格形势分析，提高分析预测水平，及时为政府决策提供参考依据。落实控价目标责任制，向市场价格调控联席会议成员单位提出保供稳价的具体目标和任务要求。下达平价商店两年建设目标任务，提出运用价调基金扶持平价商店建设方案，各地适时启动平价商店销售机制，稳定市场物价。发挥价调基金的作用，全年全省征收价调基金14.3亿元，支出近3亿元用于稳价控价工作。做好社会救助和保障标准与物价上涨挂钩联动机制落实工作。牵头有关部门向低收入群体发放价格临时补贴0.62亿元，受益人数110多万。

【价格体制改革】 2014年，福建各级价格主管部门优化价格管理权限，启动定价目录修订工作，厘清政府管理与市场调节的边界。梳理省物价局行政权力清单，向社会公布行政权力40项、公共服务事项2项。

推进中介服务收费改革，建立中介服务收费动态监管机制，修订中介服务定价目录，放开12项、下放5项。

电价改革。实施趸售县一般工商业用电同价方案，商业电价平均降低9.04分钱/千瓦时。配合有关部门扩大直接交易试点规模，全年直接交易电量64.10亿千瓦时。实施环保和差别电价政策，在水泥行业试行能效对标电价；配合有关部门实施以大代小发电替代36.47亿千瓦时，可减少煤耗39.25万吨、减少二氧化硫排放8200吨。

水价气价改革。会同有关部门制定加快建立完善城镇居民用水阶梯价格制度的工作意见，完善城市供水价格形成机制。制定全省LNG气价、电价疏导方案，减轻燃气电厂和终端用户负担。在全省联网的5个城市推行居民阶梯气价制度。

医药价格改革。出台公立医院医药价格改革工作的指导意见，赋予试点市县政府调整医疗服务价格的权限，按照医院等级分别制定收费标准，通过价格杠杆促进合理分级诊疗；放开非公立医疗机构医疗服务价格；制定公布政府定价范围的低价药品清单，取消最高零售限价管理，建立低价药品价格监测报告制度。

环保收费政策。出台水资源费征收标准调整方案，完善水土保持补偿收费政策;会同有关部门制定初始排污权指标有偿使用费和排污权交易价格管理办法,核定有偿使用费和交易服务费收费标准。

【价格市场监管】 2014年,省物价局落实经营服务性收费优惠政策,降低部分服务收费标准。全年取消、降低和减免有关收费148项,减负金额25.59亿元。加强行政审批事中事后监管,制定工商登记制度改革后续市场监管实施办法,加强对价格评估机构的监管。推进阳光价费工作,与教育、银监、质监等部门联合落实收费公示责任制,设立139家省级收费公示示范单位。整顿规范进出口环节经营性服务和收费,取消、合并有关收费369项,减轻进出口企业负担3.09亿元。强化价格监督检查,全年查处价格违法案件485件,查处违法所得5588万元,实施经济制裁7562万元。

【公共服务价格管理】 2014年,省物价局按照省政府部署,及时实行油品质量升级加价政策。制定研究生教育收费标准,核定和调整7所公办、8所民办本科高校部分学费标准,出台中外合作办学收费管理办法。严格履行保障性住房价格审核职责,落实价费优惠政策。完善高速公路、商业银行和有线电视等服务收费管理制度。出台景区价格优惠政策。强化农产品成本调查和定价成本监审工作,编制《农产品成本调查工作手册》,按时完成5大类28个品种的农产品成本调查工作。严格落实成本监审目录管理,开展成本监审结论运用督查;修订出台发电、旅游、高中教育收费等3个成本监审办法。全年完成定价成本监审项目206个,核减不合理成本费用13.99亿元。开展民生价格信息发布和价格宣传活动,构建民生价格信息发布工作机制。发挥价格行政调解职能,设立价格争议调解处理工作室(站)203个,全年受理调处案件683件,成功调处667件,涉及金额3.6亿元。做好价格认定工作,全年完成涉案价格鉴定2.48万件,涉纪价格认定55件,涉案总金额16.8亿元。 (梁 祎)

食品药品监督管理

【食品药品监管机构改革】 2014年,福建省推进食品药品监管体制改革,取消省以下垂直管理体制,全省市县乡三级食品药品行政监管体制改革工作基本完成。推进食品药品监管事业机构改革,省委编办批复同意设立福建省食品药品认证审评中心、省医疗器械与药品包装材料检验所,整合设立福建省食品药品质量检验研究院,福建省食品药品监督管理局信息中心加挂"省食品药品投诉举报中心"牌子;撤销福建省食品药品监督管理局培训中心。

【食品安全监管】 2014年,全省出动执法人员2.8万人次,在生产环节开展企业监督检查1.3万家次,监督抽检11539批次,发现并查处问题企业1133家次,立案545起,查扣问题食品134.2吨,查处取缔无证企业和非法加工窝点58个,吊销食品生产许可证1张,注销食品生产许可证842张。

开展"打两非(非法生产、非法经营)治源头"专项行动,检查食品生产单位6240家次,封存扣押问题食品86吨。开展桶装水、肉及肉制品、标签标识、"魔爽烟"类食品、儿童鱼肝油、烤鱼片、清真食品、农村食品等重点品种、重点区域、重点问题的食品安全专项整治。

开展食品生产加工小作坊专项整治,摸底确认小作坊4490家,完成建档2136家,发放生产加工条件核准证书51家,责令整改588家,立案51起,取缔窝点28个。严格许可准入,全年发放生产许可证3000张;完成282名许可审查人员的培训和资格注册;按时完成婴幼儿配方乳粉新版审查细则的重新审查工作,福建省明一国际营养品集团有限公司成为全国首家通过新细则审查的婴幼儿配方乳粉生产企业。

开展食品生产监督检查。全年监督检查各类食品生产企业1.3万家次、食品生产加工小作坊3912家,责令整改932家,责令停产70家,立案查处545起。开展监督抽检,全年省市两级监督抽检获证企业及小作坊生产的食品11539批次,其中省级监督抽检获证企业加工食品8282批次,检出不合格样品248批次,问题检出率3%;监督抽检小作坊食品681批次,检出不合格样品25批次,问题检出率3.7%。持续抓好质量管理负责人、质量管理员、食品添加剂管理员3类关键岗位人员的持证上岗工作,全年组织持证上岗考试223场,参考人员5533人次,全省累计发放关键岗位人员证书18546本。

开展风险分级监管试点。组织漳州、泉州、南平等地的部分县(市、区)开展食品生产企业风险分级分类监管试点工作。试行质量受权人制度,在婴幼儿配方乳粉、乳制品、白酒、肉制品、特殊膳食食品等五类行业试点开展食品生产企业质量安全受权人工作。

规范流通环节食品安全监管。全年核发食品流通许可证6.2万份;检查食品经营户40.66万户次,查处不符合食品安全标准的案件3146件,罚没金额1136万元,查处不符合食品安全标准的食品数量6.35万千克,移送司法机关案件8起。加强流通环节食品安全制度建设,制定《福建省预包装食品流通备案管理办法》。

开展农村食品市场监管。全年检查食品经营户72594户次、批发(集贸)市场3524个次,查扣劣质食品38720千克。推进流通环节食品质量可追溯管理示范点达标创建,全年建立达标规范的可追溯示范点713个,其中235个为省级可追溯管理示范点。

开展药店试点销售婴幼儿配方乳粉工作。全省有380家药店开展试点工作。全年安排28类4590批次食品的省级监督抽检任务,检出不合格样品5批次,抽检总体合格率98.8%。委托地市对19类预包装食品、食用农产品、婴幼儿配方乳粉等食品进行3190批次抽检。

加强餐饮服务环节食品安全监管。全年检查餐饮单位10.8万家次,责令整改25014家次,立案查处338

家,罚没款 112.3 万元,没收不合格食品 6218 千克。开展餐饮服务食品安全监督抽检,完成 29 个品种、5809 批次抽验。推进餐饮服务单位量化分级管理工作,量化管理动态等级评定率 94.4%,其中良好等级以上 20.4%。开展"小饭桌"调查摸底和食品安全动态评定公示。开展餐饮监管和从业人员培训,全年举办餐饮监管培训班 106 期、参训 3613 人次;各地举办监管对象培训班 733 期、培训 69208 人次。

【保健食品化妆品监管】 2014 年,省食药监局开展保健食品标签标识专项监督检查工作,关闭 7 个违法销售保健食品的网站。开展违法生产经营儿童鱼肝油专项检查,检查保健食品生产经营企业 2420 家次,对检查中发现的 19 家经营企业销售的央视曝光问题鱼肝油类产品 215 瓶进行下架封存。开展保健食品生产企业量化分级管理,对 30 家保健食品生产企业量化等级进行评定。开展全省保健食品化妆品生产经营企业现状调查摸底,完成保健食品产品企业标准库建设。全年审批新申办保健食品生产企业 4 家、变更 5 家、委托生产备案 2 家;完成保健食品标准备案 25 个、新产品注册申报 3 个、再注册申报 7 个;完成省内 10 个试验、试制现场核查,省外 20 个委托的产品注册试验现场核查;审批新申办化妆品生产企业 4 家,特殊化妆品产品注册初审 6 个,国产非特殊用途化妆品备案 53 个,生产企业两年卫生复核 9 家,变更审批事项 2 家;出具国产特殊化妆品产品生产及上市监督审核意见书 10 个。

【药品安全监管】 2014 年,福建省食品药品监督管理局受理药品注册申请 370 件,其中新药 52 件;受理药品补充申请 91 件,其中报国家食品药品监管总局补充申请 34 件;受理备案补充申请 227 件;受理药品再注册申请 425 件、药包材申请 11 件。开展《福建省医疗机构制剂规范》修订工作,完成 197 个制剂品种(223 个制剂批准文号)的修订工作,其中:中药 140 个,化学药品 57 个。福建医科大学的福建省新药安全性评价中心取得国家食品药品监督管理总局药物 GLP 认证批件,成为福建省首家通过国家 GLP 认证的机构。分类解决首次药品再注册遗留品种的再注册问题,完成 155 个遗留品种的再注册。开展全省第二轮药品再注册工作,受理再注册 293 个品种,其中:中药 162 个,化学药品 124 个,生物制品 7 个。

加强药品生产监管。推进新版 GMP 实施,完成对闽东力捷迅药业公司等 48 家企业的 GMP 认证。开展中药材中药饮片"防风行动"专项整治,在药品生产、流通和使用环节抽样 511 个批次中药材、中药饮片,检验 501 个批次。试行药品生产企业签认制度。制定《福建省药品生产日常监督管理办法(试行)》。

加强药品流通监管。推进 GSP 认证实施,完成药品批发企业认证现场检查 239 家。启动药品零售企业认证工作,全省零售药店通过新版 GSP 认证企业 1018 家。全省药品零售企业"四证合一"换发新证 8057 家,换证率 100%。推广执业药师远程审方,药品零售经营的连锁化比率 25%。开展互联网"清网"行动,核发《互联网药品交易服务资格证书》10 家、《互联网信息服务资格证书》38 家,将 29 家违法违规网站移交省通信管理局关闭处理。开展药品流通日常监管巡查,抽查 16 家药品批发(连锁)企业、41 家零售药店、31 家医疗机构。出台《基本药物配送企业遴选办法》《基本药物配送企业遴选评分标准》《关于促进药品现代物流业发展意见》《药品集中采购中标药品配送监督管理办法》,遴选出 10 家基本药物中标品种配送企业。

【医疗器械监管】 2014 年,省食药监局开展医疗器械"五整治"(整治虚假注册申报、违规生产、非法经营、夸大宣传、使用无证产品等五种行为)专项行动,全省检查医疗器械生产经营企业和使用单位 11568 家次,警告责令整改 1257 家,处理投诉举报 70 起,立案查处 127 件,办结 105 件,罚没款 68.53 万元,查处黑窝点 2 个,移送公安部门 3 件,核查注册品种 53 个,回收企业自查自纠表 2765 份。制定全省医疗器械年度生产日常监督检查计划,规范医疗器械生产经营使用行为。对全省无菌和植入性高风险医疗器械生产企业进行交叉检查,对装饰性彩色平光隐形眼镜、注射用透明质酸钠和口腔义齿等产品开展多次专项检查。组织 55 家次产品注册的质量体系核查。出台《医疗器械生产现场检查工作指南》和《第二类医疗器械审评审批操作规范》。实施医疗器械生产企业质量安全"签认制度",增强医疗器械生产企业责任意识。

【食品药品稽查】 2014 年,全省查处各类食品药品违法案件 3559 件,罚没款入库总额 2371.62 万元;移送司法机关案件(线索)143 起;移送省通信管理局关闭处理违法违规网站 28 家。全年检查食品药品企业 25513 家次,立案 2121 起、捣毁窝点 14 个,其中移送公安案件数 48 起、移送公安部门案件案值 973.34 万元,罚没合计 1037.8 万元。建立应急管理与处置制度,妥善处置"3·15"央视曝光福建三铭胶业有限公司涉嫌违法违规突发事件;应对福禧问题食品突发事件,开展对福禧问题食品的监督检查,责令就地封存问题食品 11 吨,完成问题食品的监督召回工作。探索创新食品药品打假监管体制,组建食品药品打假志愿者服务队,全省招募 1030 名打假志愿者。在全省 10 县(区)开展食品药品信用监管试点。制定《食品药品投诉举报管理规定》,完善 12331 投诉举报业务系统,全年食品药品监管系统接到各类投诉举报 8497 件次,其中:食品类 4460 件,药品类 2540 件,医疗器械类 481 件,保健食品类 691 件,化妆品类 325 件。加强广告监管,审批核发药品、保健食品、医疗器械(二品一械)广告批准文号 221 份,通过省食品药品监管局审查备案的药品广告 805 份;发布违法食品药品广告公告 11 期 420 条,其中:药品 269 条,保健食品 69 条,医疗器械 72 条;发送违法广告处理意见通知书 22 份,约谈企业 2 家;对 2 家企业严重违法药品保健食品广告实施暂停销售措施。

【食品药品技术监督】 2014 年,全省完成药品监督抽验 7600 批次,不合格322批次、不合格率4.2%，快检15000批次；医疗器械监督抽验200批次，不合格5批次。完成国家医疗器械抽样75批次、化妆品抽验450批次。全年全省收到药品不良反应/事件报告41073份，减少11.4%；全省每百万人口平均药品不良反应/事件报告数量1113份，减少144份。其中，收到可疑医疗器械不良事件报告表7709份，其中医疗器械严重伤害报告数1559份；收到化妆品不良反应报告112份；收到药物滥用监测报告4323份。组织对粮食及粮食制品、食用油、肉及肉制品、蛋及蛋制品、蔬菜、水果、水产品等24大类179细类4500批次食品开展监督抽样和风险监测，完成3406批次抽样，检出176批次不合格食品和52批次问题食品。组织对全省9个设区市83个县(市、区)和平潭综合实验区的农贸市场、超市、门店及餐饮服务单位所售畜牧业产品、水产品、种植业产品及加工类食品等4类20个品种3105批次食品开展食品安全评价性抽检工作，检出不合格样品67批次，合格率97.8%。组织对粮食及粮食制品、食用油、肉及肉制品、蔬菜等11大类32细类1295批次食品开展食品安全风险监测。出台《福建省食品药品监督管理局食品、化妆品检验检测机构遴选管理办法(试行)》；遴选4家单位为承担福建省食品检验检测任务(其中1家为私营检测机构)。邀请省内和台湾具有较高学术地位和社会影响力的47位专家组建福建省食品药品安全专家委员会。 (林永兴)

质量技术监督管理

【概况】 2014年，福建省产品质量省级抽查合格率93.24%，比上年提高0.05个百分点，安全生产连续14年实现省政府下达的责任制目标。高精度衡器载荷测量仪进入中试阶段，60兆牛顿力标准机赴英国进行量值比对获得满意结果。全年福建省质量技术监督局查办案件1400起，货值3536万元，其中大案要案79起，移送公安机关29起。省12365平台受理投诉举报17031件，办结率94%。组织开展2014年度省政府质量奖评和福建名牌产品评价工作。厦门市被质检总局授予首批全国质量强市示范城市。全省获批创建"全国知名品牌示范区"5个。泉州市建立中国知名品牌数据库。

【计量管理】 2014年，全省新建社会公用计量标准68项，对242家二级以上医院开展医疗卫生计量器具监督检查，完成机动车安检机构分类监管试点任务。继续调整下放5项计量行政审批权限，免费检定计量器具近33万台件，减免企业费用1200余万元。423家重点耗能企业实现在线采集，数据应用于政府节能管理。

【标准化管理】 2014年，福建省质量技术监督局取消组织机构代码现场年度验证，改为网上年报。全年制修订国家标准32项、行业标准56项、发布地方标准87项，制定闽台珠宝首饰互认标准2项，新获1个国际标准工作组，新增国家地理标志保护产品4个，获批3个国家级社会管理和公共服务标准化试点项目、3个国家级"美丽乡村"建设标准化示范县。

【认证许可】 2014年，全省认定许可实验室资质发证263家，注销资质10家。与台湾有关机构合作开展认证检测24项，与美国保险商实验室等知名认证检测机构开展业务合作，获得8项检测授权和认证检测资质。

【特种设备安全监察】 2014年，全省宣传贯彻《特种设备安全法》，加强重点项目特种设备安全监管，推行气瓶数字化管理，新版动态监管系统上线运行。组织开展特种设备专项检查活动，取缔土锅炉、土压力容器22台，立案140起，完成福建省能源"大动脉"中海福建天然气360多千米长输管道检验。

【产品质量监督】 2014年，全省产品抽查质量合格率93.1%，比全国平均水平高出0.9个百分点。福建省质量技术监督局将食品相关产品生产许可审批事项委托厦门质监部门负责，取消所有工业产品生产许可证委托加工备案。实施百家"美丽乡村"建设项目和百家科技型中小企业免费检测服务，与40个县(市)3010批次检验项目及15家科技型中小企业进行服务对接。注销涉及产能过剩的水泥等企业生产许可证111张，完成全国工业产品生产企业建设项目质量效益评价试点任务。

【科技建设】 2014年，全省获批2个国家质检中心，完成2个国家质检中心的建设。国家城市能源计量中心(福建)高分通过现场评审验收。福建省质检院、福建省纤检局、厦门市质检院3家机构经质检总局核准为Ⅰ类检验机构。获科技部质检行业科研专项2项，省科技项目15项，国家专利授权65项，质检总局科研立项22项。

【法治建设】 2014年，25个市、县质监局评选为依法行政示范单位，福州、厦门两市质量技术监督局被质检总局授予全国质检系统依法行政示范单位。全年办理的26件行政复议案件无一败诉。完成行政权力清理工作，省质监部门保留行政权力306项，其中省政府批准公布实行福建省质量技术监督局行政权力52项。 (张伍霖)

口岸管理

【口岸建设】 2014年，福建省有经国务院批准对外开放口岸11个，其中：空运口岸4个，分别是福州空运口岸(长乐国际机场)、厦门空运口岸(高崎国际机场)、武夷山空运口岸(武夷山机场)和泉州空运口岸(晋江机场)；水运口岸7个，分别是福州水运(海港)口岸、厦门水运(海港)口岸、漳州水运(海港)口岸、泉州水运(海港)口岸、莆田水运(海港)口岸、宁德水运(海港)口岸、平潭水运(海港)口岸。

口岸运行。2014年，全省海港口岸完成外贸货运量21519.63万吨，同比增长15.0%，其中：进口15434.33万吨，增长16.8%；出口6085.3万吨，增长10.7%。海运集装箱吞吐箱量完成750.39万标箱，增长5.1%，其中：

进口370.57万标箱，增长5.9%；出口379.81万标箱，增长4.3%。出入境旅客175.01万人次，增长18.9%，其中：入境87.35万人次，增长17.6%；出境87.66万人次，增长20.2%。空港口岸出入境旅客430.65万人次，增长10.5%，其中：入境215.08万人次，增长8.1%；出境215.57万人次，增长12.2%。对台直航方面，海港口岸完成对台货运量2278.92万吨，增长1.3%，其中：进口445.26万吨，下降1.3%；出口1833.66万吨，增长2.1%。完成直航海运集装箱74.82万标箱，下降2.2%，其中：进口38.05万标箱，下降2.2%；出口36.78万标箱，下降2.2%。完成海上直航出入境旅客172.09万人次，增长19.0%，其中：入境85.96万人次，增长17.8%；出境86.13万人次，增长20.2%。

口岸开放。2014年，平潭港口岸正式对外开放，平潭口岸实现当年获批、当年验收、当年开放，其中金井港区对外开放的现场查验配套设施建设基本到位。福州港口岸罗源湾港区、泉州港口岸石井作业区获国务院批准对外开放。莆田港口岸东吴港区、漳州港口岸旧镇和冬古港区、宁德港口岸三沙港区扩大开放进入国家相关部委审理程序。平潭港口岸金井港区2个码头泊位首次临时开放获批，福州港口岸罗源湾港区9个码头泊位、莆田港口岸东吴港区2个泊位和平潭港口岸澳前客滚码头等15个码头泊位每半年延期获批。（施能艺）

【海关】 福州海关。2014年，福州海关监管进出口货物7281.08万吨，比上年增长17.7%；货值1873亿元，增长9.1%；监管进出境运输工具1.87万架（艘）次，下降5.3%；出入境人员167.18万人次，增长18.7%。全年征收税款120.66亿元，下降0.5%。全年关区刑事立案53起，立案案值8.47亿元，增长105%；立案涉嫌偷逃税额1.75亿元，增长160%；执行强制措施犯罪嫌疑人98人，实际逮捕35人，移送起诉23起51人；行政立案488起，立案案值1.98亿元，下降72%；罚没补税入库2146万元，增长57%。查处知识产权案件220批次，增长66.7%，案值969.5万元。

支持平潭建设。全力推动平潭封关运作，牵头促成国家级验收通过，确保平潭"二线"于7月15日正式封关运作，平潭海关同时揭牌成立。优化平潭对台小额商品交易市场监管模式，实现如期开业。加快两岸跨境贸易电子商务建设，促进平潭获海关总署批复，同意开展相关试点。封关监管跨境电商出口货物76票，货值1.8万美元；监管"二线"卡口进出区车辆166.6万辆，其中申报车辆161辆；监管两岸直航航线170艘次，进出境旅客4.4万人；陆路巡查1.71万千米，水路巡查613千米。

服务重大项目。《福州海关支持福建外贸稳定发展的若干意见》出台。对企业实施"一对一"帮扶，恢复12家A类以上企业管理类别，有A类以上企业808家；对关区重大投资项目跟踪服务，按照减免税政策为企业减免税款6.54亿元。参与福建电子口岸改制、福建省"单一窗口"建设方案论证和规划，推进跨境贸易电子商务试点，完成配套监管办法制定和平台建设。4月29日福州保税港区实现正式封关运作。增强江阴港进口汽车综合竞争力，促进江阴口岸整车进口业务平稳较快发展。全年福州海关签发汽车《货物进口证明书》1946份，在全国整车进口口岸中位列第七，在新增整车口岸中排名第二。

支持地方建设。支持福建自贸试验区申报及建设，复制推广上海自贸试验区海关监管制度创新，按照"成熟一个，推广一个"的原则有序推进，年内复制推广7项。平潭、福州保税港区实施创新制度后，新增入区企业213家，缩短通关时间8000多小时。参与福建自贸试验区总体方案及福州片实施方案的研究，提出措施建议24项。全年办理"三个一"进口货物544票、1.6万标箱，货物总重19.4万吨，货值逾5200万美元。

对台交流。开展涉台优惠贸易协定项下进出口货物的原产地认证核查，做好"两岸海关电子信息交换系统"等使用推广工作。完善福厦两关对台小额贸易管理办法，对对台小额贸易货物实施分类管理，督促不符合监管要求的监管点进行整改。支持邮政部门利用平潭"海峡号"运输出口邮政快递邮件，强化福州马尾作为国内唯一的水陆路出口对台总包邮件交换口岸出境监管。2014年，新增"平潭—台中"、"平潭—台北"两条海运邮路，开通福州往返台北首条两岸邮货快递直航包机业务；监管对台邮件2836吨；旅检现场监管进出境旅客142.8万人次，增长21.2%，其中两岸直航飞机3246架次，对台旅客53.2万人次；邮递现场监管各类包裹、函件1429.8万件，增加1.9倍。

通关监管。全年办理通关作业无

2014年7月15日，平潭综合实验区"二线"通道正式封关运作启动仪式在平潭举行

（福州海关供稿）

纸化报关单42.84万份，通关效率较有纸模式提升86%以上，无纸化报关单占比80%，参与无纸化试点企业7.5万家，其中A类及以上诚信企业突破1万家。实现与全国所有直属海关及口岸的区域通关合作，扩大“属地申报，口岸验放”模式适用企业范围。深化行邮监管改革，协调指导海峡国际邮件处理中心和快件监管服务中心监管查验场所建设。创新优化查验监管机制，实施查验分类分流机动巡查。完成舱单管理系统升级和全面切换，对关区81家监管场所进行全面摸底、巡查。全面实施差别化稽查作业模式，全年办结稽查作业134家，保税核查272家次，稽核查补税入库2500多万元；探索推行企业自律管理，关区33家试点企业自报补税153万多元；推进引入中介试点工作。全年关区新注册企业2032家，增长10.5%，有效企业10898家。开展中美C－TPAT联合验证工作，关区5家企业4家通过联合验证，1家有条件通过验证。

税收征管。全年完成保底税收目标的103%，净入库120.66亿元，下降0.5%。全年税收流量保持增长，转出9.14亿元，税收流量129.8亿元，增长1.8%。加强税收预测和对重点企业、大宗货物的分析监控，强化商品归类质量控制，发布关区《价格风险参数表》，加强风险布控，化验命中率40.7%。

打击走私。开展“绿风”“守卫者”等专项行动，关区刑事立案53起，上升32.5%；立案案值8.47亿元，增长1.05倍；立案涉嫌偷逃税额1.75亿元，增长1.6倍；行政立案488起，增长7.3%，立案案值2.04亿元，下降70.5%，罚没补税入库2146万元，增长57%。坚持“打团伙、破大案”，7起案件被海关总署挂牌督办，其中：一级督办案件4起，二级督办案件3起，摧毁关区多个走私专业团伙，有效遏制走私势头。（张雅清）

厦门海关。2014年，厦门海关监管进出口报关单243.43万张，比上年增长1.3%；进出口贸易总值7920.88亿元，增长7.3%；监管集装箱441.94万箱次，增长1.5%；监管进出境运输工具55979艘(架)次，下降6.6%；监管进出境人员514.41万人次，增长6.8%。

全面推进关检合作“三个一”。牵头签署厦门海关、福州海关、福建检验检疫局、厦门检验检疫局4方合作协议，建立“三个一”联络员和工作例会制度；拟定并与福建、厦门检验检疫局签订《全面推进关检合作“三个一”实施方案》，推动该项工作及时开展；主动协调福建省政府及时启动全省关检合作“三个一”全覆盖仪式，两关两检联合发布对外公告。10月20日，厦门关区率先实现“三个一”全覆盖。实行改革之后，厦门关区企业填制项目从161项缩减到108项，通关时间缩减30%以上，通关成本同步降低。

海关业务改革。推广上海自贸试验区监管创新制度，推广实施“批次进出，集中申报”等6项制度，争取海关总署同意厦门海关复制推广“期货保税交割制度”等4项制度，研究“工单式核销”等4项制度；推进自主式创新实践，开展飞机融资租赁、出境加工等新型业务；全年加工贸易进出口394.75亿美元，电子化手册及时报核率和及时结案率100%，翔安保税物流中心(B型)进出货值突破百亿美元大关，连续5年位居全国同类前列。优化整合关区稽查管理架构和运行模式，将原分散在隶属关、办的稽查案件审核工作改由稽查职能部门统一负责，一般贸易稽查工作归口由驻高崎办统一承担，实行统筹管理关区稽核查力量后，年内稽核查作业1142起，补税入库4299.58万元。

关区综合监管。关区海运舱单、空运舱单以及运输工具管理系统全面上线，“三维电子监管地图系统”建设进展顺利，海关特殊监管区域辅助管理系统改造升级，通关指挥中心建设不断完善，三级监控指挥中心投入建设，覆盖总关、隶属海关、重点和敏感口岸的监控指挥体系逐步建立。开展无干预随机布控试点，人工风险布控率及实体有效率均高于全国平均水平；建立健全机动查验、复查复验工作机制，全年查验率5.7%，查获率16.2%。成立全国海关首个规范申报技术小组，报关单规范申报率96.0%。

海关综合治税。创新海关税收征管模式，规范归类、审价、送检工作，开展预归类服务、集中汇总征税试点，发挥各部门齐抓共管合力作用，实现全年税收入库433.79亿元，增长9%，超过历史最高水平，税收入库数位居全国海关第12位，各项指标均处于绿色区间。

对台小额贸易监管。制定下发《厦门海关进一步规范对台小额贸易监管操作指引》，对对台小额贸易经营企业有关的申请事项，建立账册，及其经营货物、运输工具、运输工具负责人或代理人等进行明确规定。12月8日《厦门海关进一步规范对台小额贸易监管操作指引》实施后，关区对台小额贸易监管工作总体平稳，管理日趋规范，监管得以改观。

打击走私。全年刑事立案79起，案值3.69亿元；行政立案1409起，案值8.65亿元。查获全国最大的走私进境“法轮功”非法宣传器材案，总重量7.15吨；全力侦办“804”走私枪支系列案；查获“0808”特大毒品走私案，涉案冰毒60千克；侦破“9·26”特大成品油走私案，案值1.78亿元，涉嫌偷逃税款4740.59万元；年内侦办的走私案件中有6起案件被海关总署分别列为一级、二级挂牌督办。

服务地方经济。出台《厦门海关支持福建省外贸稳定增长的15项措施》。主动参与福建口岸公共服务平台建设，推动海关10个上线运行项目与福建电子口岸开展合作；强化企业动态分类管理，上调336家企业管理等级，引导企业规范行为；结合落实海关总署决策和关区“活力强关”建设，取消、下放18项核批审批事项，助推漳州古雷石化基地建设进入“快车道”，促进关区航空“一站式”维修行业发展。

对台交流。部署运用“两岸海关电子信息交换系统”，推动全国首批对台海运快件业务在厦成功试点运营。全年监管ECFA项下进口商品35.64亿美元、两岸直航飞机3774架次、海上直航1.81万航次、货物1199.28万吨、旅客212.61万人次，各类包裹、函件133.16万件。2014年2月20日13点30分，厦金航线迎来第1000万名旅客。（吴建华）

【检验检疫】 福建出入境检验检疫。2014年，福建出入境检验检疫局检验检疫进出口货物21.25万批、353.9亿美元，比上年分别减少55.3%和13.2%，其中：出境货物15.38万批、89.69亿美元，分别减少62.3%和52.2%；入境货物5.87万批、264.26亿美元，分别减少14.1%和增长20.0%。检出不合格出口货物2732批、2.56亿美元，批次不合格率1.8%，货值不合格率2.9%；检出不合格进口货物6202批、47.97亿美元，批次不合格率10.6%，货值不合格率18.2%。

深化两岸合作。争取质检总局出台进一步支持平潭综合实验区开放开发20条意见，出台支持平潭对台小额商品交易市场发展15条措施。推动平潭在全国特殊开放区域率先建成“二线”检验检疫设施，指导平潭“二线”实现封关运作，对平潭进出境商品实施“一线放宽、二线管住、岛内自由流转”的分线管理模式。建设全国质检系统唯一的闽台检验检疫数据交换中心；对平潭进口台湾食品农产品实施“源头管理、口岸验放”，试点开展采信台湾认证结果和检验检测结果，推动“一张证书，两岸互认”；帮助平潭获得全省首批进口冰鲜水产品指定口岸资质；推动全省首批跨境电子商务零售业务在平潭实现出口。

质量监管。成立全国首个出口鞋类质量技术促进委员会。新增3个食品农产品示范区。联合江西检验检疫局对4个有机产品认证示范创建区开展监督检查，对34家获证企业和有机产品认证市场进行联合监管。强化目录外商品抽查检验，对16批出口工业品国外通报和365批退运货物实施质量追溯调查。

进出口产品监管。辖区所有运营口岸通过质检总局口岸核心能力验收，投入2145万元开展国际卫生机场、港口创建，通过质检总局验收；全力防控“埃博拉”等疫情；在全国首次截获或监测到入境植物有害生物11种；从进口产品中检出国家未批准转基因成分8批；从进境活动物中检出疫病阳性动物47头。通过美国FDA出口水产品安全管理体系考察。出口食品被国外通报不合格率下降50%，进口食品货物批次不合格检出率大幅提高。退运不合格工业品10批，出证协助企业对外索赔2745万美元。

服务企业。与福厦海关在共同辖区实现“三个一”全覆盖，推动全省全面实现通关单无纸化，全年直接减免检验检疫费1.28亿元，通过直通放行、绿色通道等间接为企业降低成本19.07亿元，缩短通关时间78.7万小时。 （李永东）

厦门出入境检验检疫。2014年，厦门出入境检验检疫局受理报检出入境货物43.8万批、货值373.5亿美元，分别减少38.2%和21.2%；受理报检集装箱583万标箱，增长12.9%；检验检疫出入境货物24.8万批、货值229.1亿美元，分别减少36.1%和16.8%；检验检疫邮件快件996万件，增长119%；检疫出入境交通工具4.4万艘（架）次，增长1.6%；检疫查验出入境人员451.8万人次，增长7.9%。在出入境人员中检出传染病176人次，增长66%；在监测体检中检出传染病234例，增长93.4%；截获有害生物1.13万种次，增长13.1%；检出不合格进出口商品1.4万批、32.2亿美元，增长46.8%和24.6%。

质量管理。加强企业诚信管理，推进企业信用等级评定，28家企业获评“出入境检验检疫信用管理AA级”、29家企业获评“中国质量诚信企业”。深入开展“质量月”活动，128个单位部门、5900多人次参加活动。推进出口质量安全示范区建设，出口健身器材质量安全示范区通过国家级验收，出口电光源及灯具、出口榕树、出口大葱质量安全示范区通过省级验收。“平和蜜柚”成为国家首批生态原产地保护产品。辖区出口工业品退运批次下降15.1%。

口岸卫生检疫。严密防控“埃博拉”疫情，组织3次“埃博拉”疫情防控技术培训和3次应急处置桌面推演；全年排查非洲转机入境旅客和疫区入境船员1011人次，妥善处置首例西非航线船员发热病例，未发现“埃博拉”出血热留观或可疑病例。推行特殊物品审批无纸化，受惠企业由1家增加到4家，出境特殊物品抽批率从100%降至30%。推进口岸卫生行政审批制度改革，将审批承诺时限缩短至法定时限35%以内，口岸食品生产经营单位卫生许可办证时限由法定的20个工作日缩短到7个工作日。推行集装箱货物卫生检疫查验模式，空集装箱和货物卫生检疫疫情检出率分别增长44%和200%；首次从进境空集装箱中检出高浓度有毒氨气并妥善处置。

进出境动植物检疫。全年受理报检进境动植物及其产品2.47万批、33.92亿美元，分别增长9.3%和16.1%；受理出境动植物及其产品4.62万批、17.77亿美元，分别减少5.9%和8.1%；检出不合格动植物及其产品19550批，减少17.1%。查验进出境动植物性包装材料及木质包装4.64万批、99.09万件，分别减少10.4%和10%；实施检疫处理135.96万件。从进境邮件中截获禁止入境物品批次增长59.6%。加强进境粮食等重点敏感产品检验检疫，退运、销毁未经农业部核准的进口美国转基因玉米及玉米酒糟粕9.9万吨。

有害生物监测。全年设置检疫性实蝇监测点100个，舞毒蛾监测点40个，杂草监测点10个，林木害虫监测点46个，油菜籽茎基溃疡病监测点6个，同时对进口煤炭矿砂等进行杂草监测。全年监测采样3200次，监测到橘小实蝇等4种实蝇，莴苣、刺颚龙葵、蒺藜草等杂草32种，长林小蠹、菜豆象、木蠹蛾、舞毒蛾等林木害虫40种，其中，长林小蠹、菜豆象、舞毒蛾是厦门口岸首次监测到的检疫性有害生物，黄足长棒长蠹是首次监测到的全省未见分布报道的钻蛀性害虫。

进出口商品检验。全年进出口工业产品10.8万批、138.7亿美元，分别下降59.2%和31.6%，其中：进口8.9万批、129.7亿美元，下降14.7%和0.1%；出口1.9万批、9.1亿美元，下降88.2%和87.6%。全年检出进出口不合格4101批、20.4亿美元，其中：检出进口不合格3518批、20.2亿美元，检出出口不合格583批、0.2亿美元。全年检验检疫进出境集装箱591.25万标箱，增长11.7%；检出不合格集装箱6.8万标箱，检出率12.5%，整理上报质检总局进境集装箱典型案例25个。全年完成法定重量鉴定3782批、2835.1万吨，重量增长34.6%；货值85.9亿美元，增长73.7%；发现短重571批，重量短少19.8万吨，货值0.4亿美元。加强废物原料、矿产品、危化品、双边协议出口商品等重点产品进出口的检验监管，全年检出不合格进口废物原料1批21.12吨3.21万美元、不合格进口煤炭68批387.73万吨2.7亿美元、不合格进出口危化品467批次5312.4吨1112.7万美元；在政府协议检验出口商品中检出不合格271批、货值451万美元。

进出口食品化妆品检验检疫。全年检验检疫进出口食品化妆品13.72万批、货值32.23亿美元，分别下降2.6%、0.6%，其中：进口食品化妆品4.68万批8.78亿美元；出口食品化妆品9.04批23.45亿美元。全年厦门口岸进口食品化妆品因安全卫生项目实施退运或销毁处理585批，占总不合格批次的5.22%，增长6.2%；含标签及其他可整改项目的一次检出总不合格批次1.12万批，不合格率23.9%，上升9.5%；出口食品化妆品因安全卫生项目不准出境22批，其他可整改项目的一次检出不合格1466批，出口食品化妆品不合格率1.6%，上升0.6%。出口食品国外通报率大幅下降，实际国外通报11批，下降75%。

检验检疫业务改革。推进行政审批制度改革，按照质检总局部署取消6项审批项目，保留的行政审批时限平均压缩8个工作日。推行进境动植物检疫和出境特殊卫生物品审批无纸化，对出境竹木藤草制品实行分级管理，36家一级企业实现即报即放，200多家二级企业平均抽批率由20%下降到3%。推进出口食品检验监管模式改革，实施以风险管理为核心，以风险监控和落实企业主体责任为抓手的出口食品快速验放新模式。以进口煤炭数重量鉴定、进口设备、政府协议检验、出口玩具检验为试点，采信第三方机构检验鉴定结果，加强事中事后监管，第三方检验机构不合格货物检出率13.1%。推进认证监管分级管理，实施3C免办分类管理和免办申请发证无纸化。

服务外贸发展。出台促进外贸稳定增长6个方面21条措施。参与制定福建自贸试验区总体方案；推广复制上海自贸试验区创新制度，全面实施4项，试点实施2项，还有2项具备实施条件。免收检验检疫费1.39亿元。签发原产地证书19.7万份，企业因此减免海外关税约4亿美元。厦门作为进口粮食、冰鲜水产品指定口岸和进口罗汉松特定口岸通过考核验收。对25个、近7亿美元进口成套设备实施项目管理、打包服务，促成项目早落地、早投产。

对台检验检疫。支持港口资源及厦金航线优化整合，主动调整“小三通”业务。对台湾食品生产企业实施源头管理，探索采信台湾食品安全检验机构的检测结果，对自愿申请加入该计划的台湾输大陆食品实行口岸快速验放。举办两岸食品安全监管经验交流会，推动两岸监管合作和管控体系互认。探索对台动植物检疫新模式，在风险分析基础上采信台方检测结果，促进台湾农产品输入。厦门口岸全年输入台湾水果1.98万吨，增长51.9%。

（林锦斌）

【海事】 2014年，全省辖区进出港船舶总数96.92万艘次，其中国际航行船舶42735艘次；集装箱吞吐量1069.5万TEU；危险货物吞吐量6947.9万吨。

把握安全监管重点。2014年，福建海事局深化“平安交通”建设，深入开展采运砂船、易流态化固体散装货物、水上危险品运输等专项整治行动。联合省交通运输厅、省海洋与渔业厅、省公安边防总队、省安全生产监督管理局等涉海部门印发《联合治理沿海非法违法采运海砂行为的意见》，在省级层面建立治理沿海采运砂船的长效联动机制。与省交通运输厅联合印发《关于加强客渡船管理的通知》，开展客渡船安全监管交叉检查活动，巩固健全客渡船安全监管长效机制。福州海事局与台湾马祖方面在连马海域开展海上协同执法专项活动。

提升搜救应急能力。2014年，福建海事局加强应急能力建设，宁德、泉州和莆田工作船码头完成竣工验收；福建省首艘60米B型级海巡艇——“海巡0805”正式列入福州海事局执法编制序列服役。4月1日，舟山籍货船“云翔58”轮载运750吨丙烯酸正丁脂在海坛海峡触礁翻扣沉没，福建省海上搜救中心、福建海事局连续八昼夜奋战在抢险第一线，完成福建省第一例在海上对危险化学品船舶进行处置的案例。8月7日，由中国海上搜救中心、中华搜救协会、福州市人民政府、连江县政府和马祖行政机构、海峡两岸相关搜救部门联合举办的2014年

2014年8月7日，海峡两岸海上联合搜救演练在福建马尾与台湾马祖附近水域成功举行。两岸海上搜救机构共出动33艘船舶、4架直升机，两岸550余人共同参与演练

（福建省海事局供稿）

海峡两岸海上联合搜救演练在马尾至马祖之间水域成功举行，此次演练是首次在“两马”港外开放水域开展演练，首次以海上大规模人员疏散逃生为重点，拓展海峡两岸搜救协作的深度和广度。

服务经济发展热点。2014年，福建海事局主动为地方综合运输体系建设、发展现代物流业、水路口岸通关、涉水重点工程建设等提供技术支持和安全保障。制定福平公铁大桥安全监管方案，有效保障国内首座公铁两用跨海大桥的建设。推动平潭港口岸澳前港区对外开放。颁布福建省首个市级防治船舶及其有关作业活动污染海洋环境应急能力建设规划——《泉州市防治船舶及其有关作业活动污染海洋环境应急能力建设规划》。首次发布《福建船员产业发展数据分析报告》，从履约和促进产业健康发展的角度提出举措和建议。印发《福建沿海航行安全指南》《厦门水域船舶定线制》，向社会公告辖区通航环境要素。举办两期台湾船员适任培训班，对台船员培训工作进入常态化。（谌鸿懿）

【边检】 2014年，福建省公安边防总队深入开展提高边检服务水平工作，强力推进勤务改革创新，全面推动边检专业化、法治化、信息化建设，连续7年在全省口岸大通关满意度测评中名列前茅。全年所属10个边检站（不含厦门）检查出入境人员2312715人次，增长15.8%；检查出入境交通运输工具25967艘（架）次，增长9.2%。

优化边检服务举措。2014年，省公安边防总队主动融入国家全面深化改革和福建科学发展跨越发展战略，出台《关于边检机关进一步服务口岸大通关工作的意见》，推动提升边检机关服务口岸大通关能力。贯彻落实省委省政府《关于深化对台交流合作推动平潭科学发展跨越发展的意见》，细化《助推平潭科学发展跨越发展十项措施》，助推平潭全面开放开发。在落实公安部32项出入境便利举措的基础上，创新推出边检“网络服务平台”“活鲜船舶绿色通道”等7个方面21项服务新举措。完善“企业联络员”制度，主动为口岸开放、新增航线出谋划策。服务新增泰国曼谷、马来西亚吉隆坡，韩国仁川、清洲等国际航线及台湾桃园两岸直航航线；助推宁德信昌、白马、肖厝青兰山、东港、漳州古雷等9个码头通过省级验收；外派警力1.5万余人次支持罗源湾、东吴、肖厝港区等9个临时开放码头的外贸业务，确保国家级、省级重点建设项目和进出口业务顺利发展。

全力提升口岸通关效率。2014年，省公安边防总队推动士官检查员和边检协管员两支队伍建设，全省有24名士官检查员从事边检业务工作，204名边检协管员协助开展执勤工作，增强一线执勤力量。实践完善风险评估、分级管理、诚信管理、警企联动等32项配套制度，编印《海港综合管理体系建设手册》，规范海港边检勤务，提升服务管控效能。在泉州晋江、福州机场等空港口岸建成6条旅客自助通道，提升通关效率。福州、肖厝、泉州、漳州等边检站借助微信等网络媒介，建设网上便民服务平台，实现“无纸化办证、电子化检查、网络化服务”。

加强主动防控能力。2014年，省公安边防总队深入开展口岸风险评估和安全隐患排查工作，强化每日出入境数据分析研判，严密勤务组织和检查措施，有效提升口岸管控工作的预警性、主动性和针对性。完善锚地巡查、集装箱抽查等工作机制，着力打造多层次、立体式的口岸防控网络，增强口岸管控合力。紧抓口岸管控重点环节，完善查控、查处口岸涉恐人员等应急预案，定期编发证件研究信息刊物，汇编《口岸常遇重点国家出入境证件查验指引》《重点国家人员检查指引》，强化一线执勤人员识别伪假证件和人证对照水平。全年总队所属边检站查获违法违规人员477人次，增长14.7%；福州机场边检站查获1名新疆籍疑似涉恐人员；福州边检站与公安机关、客运部门建立反恐维稳工作联席会议制度，查获一起12名渔工未持证件入境案。（兰思辉）

【海防】 2014年，福建省海防委员会精心组织海防基础设施建设工作。组织编制上报2015年度海防基础设施建设计划。编制全省海防基础设施建设“十三五”规划，上报南京军区海防办和国家边海防办。坚持建管并重，创新使用管理维护模式，制定并印发《关于进一步加强海防基础设施建设和维护管理工作的通知》。强化船舶管理，省公安边防总队对小型无证船舶逐船编刷“识别号”，推动纳入乡镇政府管理；对异地停靠船舶，与周边省公安边防总队签订《沿海跨省停靠船舶联合管控协议》。管控敏感海域，涉海部门在加强教育引导渔船民、完善防范预案的同时，建立敏感海域作业渔船动态通报制度，强化“厦金”“连马”等重点敏感海域的巡查力度，加强大陆渔船民“越界”捕捞、非法采砂、非法捕捞红珊瑚的防控。以厦门、漳州、泉州落实《厦漳泉海域联合管控协作协议》为抓手，增强厦漳泉海域联合管控效率。（林欣眉）

【反走私】 2014年，全省立案查办走私刑事案件132起，案值12.16亿元，涉嫌偷逃税款2.48亿元，与上年相比分别上升14.8%、91.5%和119.5%；对205名走私犯罪嫌疑人执行强制措施，逮捕69人，查办走私行政案件2690起，案值12.54亿元，分别下降1.2%和36.5%。（陈振羽）

安全生产监督管理

【安全生产形势】 2014年，福建省各类事故死亡人数比上年下降5.1%，较大事故38起、下降2.6%，未发生重大及以上事故。重点行业领域事故明显下降，全省工矿商贸事故死亡人数下降4%，其中：非煤矿山下降12%，建筑施工下降7.3%，危险化学品企业没有发生亡人事故；生产经营性火灾下降8.6%；道路交通下降4.8%；铁路交通下降5.7%；农业机械下降7.7%；渔业船舶下降10%。9个设区市和平潭综合实验区事故死亡人数全部下降，控制在省政府年初下达的控制指标之内。亿元地区生产总值死亡率0.098，下降14.8%；工矿商贸10万人死亡率1.05，持平；道路交通万车死亡率2.292，比上年下降15.1%；煤矿百万吨死亡率0.400,下降16.0%,处于全国小煤矿先进行列。省级挂牌督办生产经营性较大事故27起,追究刑事责任29人,党政纪处分85人,行政处罚单位或企业24家、责任人员22人。

【道路交通安全综合整治】 2014年,省安监局完成列入省委省政府为民办实事项目的1118处道路隐患整治任务,超额完成普通公路危桥200座、国省道干线公路安保提升工程500千米、农村公路安保工程4500千米整治任务,高速公路和溪路段分两车道整改工程竣工验收。开展道路安全"百日会战"、重点车辆专项整治行动,查处严重交通违法行为186万多起;全省84个县(区)、1051个乡镇(街道)建立重点车辆和非法车辆季度摸排通报制度,81个县(区)、796个乡镇(街道)设立交通管理服务站,开展便民服务;在宁德霞浦县召开全省道路交通安全宣传教育进学校进课堂现场会,开展"小手拉大手"活动。全省道路交通事故死亡人数、较大事故数与2010—2012年3年平均数相比分别下降23.4%、33.3%。

【打非治违专项行动】 2014年,全省出动执法人员13.48万人次,检查企业8.01万家(次),打击非法违规行为、整治安全隐患3.95万起,关闭取缔148家、责令停产整顿262家、追究刑事责任19起、对重大非法违法行为备案496起。道路交通方面,打击客车非法违规行为为2.76万起、危化品运输车辆非法违规行为1171起;消防方面,打击非法违规行为6527起,立案处罚2349起,罚款3088.9万元;建筑施工方面,打击非法违规行为386起,暂扣或吊销有关许可证8起,责令停工整顿31家;水上交通方面,打击危化品非法运输行为13起、无资质施工4起、客船非法营运9起;非煤矿山方面,打击非法违规行为475起;粉尘防爆方面,整治安全隐患2033项。

【煤矿安全监管监察】 2014年,省安监局开展隐蔽致灾因素普查,强制实测填图和图纸交换,建立井下采掘工人透水征兆必知必会、报告奖励和核实论证等水害防治制度,对隐患突出矿井开展试点治理。推动联合办学、委托培养技术人员,5年累计培养910名煤矿专业学生。在全省煤矿集中开展为期半年的隐患排查治理行动,截至年底,完成对全省全部269家煤矿企业隐患排查,发现隐患和问题4656条,责令整改2092条。全年全省煤矿安全生产形势持续稳定好转,企业安全管理水平总体提升,煤矿事故死亡6人,比上年减少2人。

【油气输送管道隐患专项排查整治】 2014年,全省成品油管道排查隐患183处,整改99处,整改率54.1%,包括成品油管线穿越华侨大学、厦门工学院校区等3项重大隐患完成整改;危化品输送管道排查隐患75处,整改68处,整改率90.7%。

【安全生产领域改革】 2014年,福建省安全生产领域改革被列入全国综合改革8个试点省份之一,并纳入全省社会治理体制改革重点内容。安全生产行政审批制度改革取得阶段性成效,完成9项改革任务,其余10项改革工作在推进中。行政权力事项由改革前579项精简为182项,清理比例为68.6%;公共服务事项由改革前21项精简为9项,清理比例为57.1%。其中,行政权力事项省级行使51项,实行属地管理131项,省级行使权力占28%。

【安全生产宣传教育】 2014年,省安监局健全完善安全生产宣传教育联席会议制度,连续5年在新年首场新闻发布会上通报安全生产工作情况。与15家主要新闻媒体合作开辟安全生产专版专栏,大力宣传贯彻新《安全生产法》等法律法规、普及安全知识;在福建电视台公共频道开设《安全直通车》,播出48期。集中开展"安全生产月"活动,组织安全生产"宣传咨询日""海西安全发展行"等系列活动。

【安全生产应急救援】 2014年,省安监局争取国家支持泉港化工基地应急救援装备5220万元,建立石化、油气危化品输送管道企业与管道沿线地方政府应急联动机制。国家安监总局、交通运输部和省政府联合在南平市举行隧道重大道路交通危险化学品燃爆事故综合应急演练。成功处置厦蓉高速公路龙岩"12·5"后祠隧道塌方事故救援,35小时成功全部救出被困人员21名。 (程小彬)

编辑:王文灿

科学技术

综　　述

【概况】　2014年，福建省综合科技进步水平居全国第13位，其中：科技促进经济社会发展指数居第5位，高新技术产业化指数居第11位，科技进步环境指数居第9位。授予2014年度省科学技术重大贡献奖2人，评出2014年度省自然科学奖10项、省技术发明奖11项、省科技进步奖168项。有4项主持或参与完成的项目获2014年度国家科学技术奖，均为国家科技进步奖二等奖，其中主持完成2项、参与完成2项。组织实施12个科技重大专项24个专题，支持377项战略性新兴产业和45项海洋高新产业技术创新项目。在泉州市率先组织开展国家“数控一代”机械产品创新应用工程试点。加强农业科技创新，甘蔗、茶叶质量安全国家工程技术研究中心获批建设。新建18个省级产业技术重大研发平台和22个产业技术公共服务平台，新认定省级（企业）工程技术研究中心89家；新增国家杰出青年基金获得者4人。福建省药物非临床安全性评价中心获得国家食药监局GLP认证批件，螺旋体多靶检测技术应用于梅毒确认实验，填补国内空白。漳平市国家可持续发展实验区通过验收。低品位难处理黄金资源综合利用国家重点实验室通过科技部验收。全年全省获立项国家科技项目1003项，资助经费7.87亿元。技术合同成交金额50.83亿元。每万人口发明专利拥有量3.46件，居全国第10位。企业研发费用税前加计抵扣额43.6亿元，增长46%；享受企业834家，增长114%。

【科技创新】　2014年，福建省各地围绕特色产业加快创新发展，推动区域科技创新和技术进步。福州市完善激励企业创新政策，加强科技创新和公共服务体系建设，被列为国家级文化和科技融合示范基地。厦门市创新机制促进科技金融结合，建立生物医药港和集成电路产业园，入选国家战略性新兴产业区域集聚发展试点。漳州市做实高新区和农业科技园区创新载体，参与中欧绿色智慧城市合作，深化国家知识产权质押融资试点。泉州市开展“数控一代”工程试点，成为“中国制造2025”唯一地方样板和实践范例，培育科技小巨人企业，引导民间资本建立新型研发机构。三明市引进机械科学研究总院海西分院。莆田市抓好院地科技合作共建，筹建中科院海西研究院莆田中心，与清华大学研究生院共建研究生实践基地，争创创新型城市试点。南平市抓好科技政策宣传和农村信息化服务，推进农业科技园区和中药材、竹产业服务平台建设，举办第七届科技成果交易会。龙岩市与清华大学共建龙岩紫荆创新研究院，可持续发展实验区建设、水土流失治理成果突出。宁德市在国家（海洋）农业科技园区建立100公顷的海产品加工集中区，推动发展高性能伺服电机、新能源和生物医药产业。　（郑雨苹　吴朝庭）

科技计划管理

【科技计划管理创新】　2014年，福建省改进科研项目资助方式，加大定向资助和滚动支持力度，推广事前立项事后补助、奖励性后补助和共享服务后补助等后补助方式。试行重大项目评议制度，提高项目立项的科学决策水平。聚焦产业技术重大问题，开展研发、成果转化和产业化。推进科技项目管理权力运行网上公开试点，各类科技项目管理网上运行，对项目管理全方位、全过程实时有效管控，具备永久追溯功能；实现非试点单位在省级科技计划项目管理系统中推荐省级科技计划项目的三级联动。

【科技计划项目与经费】　2014年，省级各类科技计划项目经费下达37032.2万元，包括2014年预算安排30385.2万元，安排往年结余科技创新与成果转化专项资金6647万元。新上项目科技重大专项12项24个专题，年度资助经费7400多万元；引进重大研发机构项目5项，年度资助经费4200多万元；重大科技成果购买补助项目9项，年度资助经费1100多万元；科技重大项目108项年度资助经费6600多万元；科技创新平台项目2项，年度资助经费330万元；省自然科学基金项目565项，年度资助经费2300多万元；重点项目271项，年度资助经费4100多万元；科技型中小企业技术创新资金项目47项，年度资助经费1400多万元。全年全省争取获得新立项国家科技项目1003项，资助经费7.87亿元。在新立项国家科技项目计划中，资助经费超过2000万元的有：国家自然科学基金44789万元、国家科技型中小企业技术创新基金10285万元、“973”计划7135.99万元、国际科技合作计划3476万元、国家科技支撑计划3354万元、新能源汽车补贴2875万元。

【战略性新兴产业项目】　2014年，省科技厅从各类计划中统筹战略性新兴产业项目375项、单编预算项目经费1.2亿元，编制战略性新兴产业项目单编预算计划，经省财政厅、省经信委共同会签下达。

【海洋经济发展项目】 2014年,省科技厅从各类计划中统筹海洋产业项目49项、单编预算项目经费2000万元,编制海洋经济发展专项单编预算计划,经省财政厅、省海洋渔业厅共同会签下达。

【科技重大专项】 2014年,省科技厅组织12个重大专项,启动实施24个重大专题项目,安排计划经费11680万元,平均每个重大专项安排计划经费约1000万元。围绕新一代网络与通信关键技术与应用、新材料及器件开发与应用、先进装备与制造技术开发与应用、新能源与节能技术开发应用、海洋生物资源高值化利用技术研究、农业良种选育及集约化种养技术研究与示范、农产品高值化加工技术及装备的研究与示范、重大疾病防治技术研究、药物研究与产品开发、公共安全监测检测防范技术研究与应用、区域环境保护与资源综合利用技术研究及应用等领域,开展产业发展关键技术研发和科技成果转化,推动重点产业和产业龙头企业发展壮大。

【科技重大项目】 2014年,全年安排计划经费7600万元,启动实施108个科技重大项目。其中:组织实施49个区域科技重大项目,支持设区市企业与高校、科研单位合作,突破一批产业发展关键技术问题,转化一批省内外科技成果,提高产业核心竞争力;组织实施47个高校产学合作科技重大项目,支持高等院校的科技人员联合企业,面向产业和市场需求,协同开展应用技术研发、科技成果和专利技术转化;组织实施12个产业支撑科技重大项目,开展对台、对外科技合作和产业关键技术攻关,突破技术瓶颈,支撑全省相关产业发展。

【科技规划评估和项目实施检查】 2014年,福建省"十三五"科技发展专项规划编制工作正式启动。省科技厅牵头开展省科技重大专项的中期检查,采用现场中期检查与会议汇报中期检查相结合的方式,对在研的23项重大专项专题进行中期检查,督促抓紧落实到期和即将到期的重大专项专题项目验收;强化项目实施管理通报制度,促进项目承担单位和主管单位对项目执行和验收的管理。

【科技"双创"人才计划】 2014年,全省完成第一批省特支科技创新领军人才、科技创业领军人才(双创人才)遴选工作,报省委、省政府研究同意,101人入选第一批省特支"双创人才"(69名遴选入选、32名自然入选人选)。完成各类国家人才计划推荐工作,其中:在科技部创新人才推进计划人选推荐工作中,福建省推荐的人选团队有申报中青年科技创新领军人才14人、科技创新创业人才20人、重点领域创新团队2个入围复评答辩;在国家青年拔尖人才支持计划人选推荐工作中,筛选推荐7人。截至年底,全省入选第一批国家高层次人才特殊支持计划(万人计划)科技创新领军人才6人、科技创业领军人才4人;有28人、5个团队、1个创新人才培养示范基地(厦门大学为全省首个创新人才培养示范基地)入选科技部创新人才推进计划。 (郑雨苹 吴朝庭)

高新技术与工业科技

【概况】 2014年,福建省高新技术产业平稳发展。全省高新技术产业主营业务收入12726.7亿元,比上年增长10.1%;增加值3451.19亿元,比上年增长11.8%;高新技术产业增加值占地区生产总值的比重为14.3%,比上年增加0.1个百分点;高新技术产业增长对经济增长的贡献率为15.9%。省科技厅立项扶持重点项目、产学重大项目和区域重大项目等年度科技计划项目125项,扶持经费10975万元,其中:科技计划重点项目58项、产学项目28项、区域重大项目27项、科技重大专项项目12项。受理科技计划平台项目51项,立项重大研发平台项目8项、公共服务平台项目5项,定向申报科技创新平台项目3项,计划总经费5125万元。

【高新技术产业开发区】 2014年,福建省5个国家高新技术产业开发区高新技术产业实现主营业务收入3595.94亿元,占全省的比重28.3%;高新技术产业增加值890.3亿元,占全省的比重25.8%。三明和龙岩2个省级高新技术产业园区高新技术产业主营业务收入312.6亿元,占全省高新技术产业主营业务收入的2.5%;高新技术产业增加值80.92亿元,占全省高新技术产业增加值的2.3%。

【高新技术企业认定】 2014年,福建省高新技术企业总数1779家。全省高新技术企业实现主营业务收入5710.88亿元,占全省高新技术产业主营业务收入的比重44.9%;增加值1596.78亿元,占全省高新技术产业增加值的比重46.3%。高新技术企业主营业务收入占全省高新技术产业主营业务收入的比重、增加值占全省高新技术产业增加值的比重均超过50%。战略性新兴产业骨干企业中,高新技术企业占比80%。建立全省高新技术企业知识产权预警分析服务系统,跟踪分析高新技术企业知识产权存量、申请、运用等情况,为高新技术企业和申报企业提供知识产权申请及预警分析报告,年内投入使用。发现11家企业的部分知识产权发生变更或失效,预先告知申报企业。

【"数控一代"示范工程】 2014年,省科技厅安排1000万元支持泉州"数控一代"示范工程,从重大创新平台、科技计划项目、成果转移转化、育才引才等方面给予重点倾斜扶持。制定《关于支持泉州市加快推进国家"数控一代"示范工程的十条措施》,组织泉州申报国家"数控一代机械产品创新应用示范工程"863支撑项目,先后完成国家"数控一代"示范工程专家组论证、产业技术需求确定、示范项目遴选等相关工作。确定纺织鞋服机械、数控机床及机器人、建材机械等3个主攻方向,组织百个示范项目和百家示范企业投入研发。11月20—21日,泉州"数控一代"示范工程现场推进会暨"泉州制造2025"发展战略报告会在泉州举行。

【海西研究院建设】 2014年12月,

中科院与福建省人民政府共建的海西研究院通过海西研究院筹建综合预验收。海西研究院建设物质结构分析中心、材料性能检测中心、材料制备加工及器件集成中心、半导体器件工艺及测试中心等测试分析和加工专业中心;厦门稀土所和泉州装备所建设进展顺利。全年引进各类人才70人,其中正高级3人、副高级4人,具有博士学位37人,海外人员7人,科技部创新人才推进计划中青年科技创新领军人才2人、重点领域创新团队1个。海西研究院着力开展技术创新和集成创新,突破一批制约产业发展的关键共性技术,研制出355nm紫外全固态激光LED芯片切割专用设备,在厦门三安光电科技有限公司LED芯片生产上应用;突破"光芯片"——光通信的高性能半导体激光器和探测器制备的核心技术,生产的"光芯片"产品填补国内三网融合中核心器件产业空白,打破国外技术和产品垄断;突破水性聚氨酯胶粘剂规模生产的产业化关键技术,实现相关原辅材料的国产化,研制出多种水性聚氨酯胶粘剂新产品。

【机械研究总院海西分院建设】 2014年,福建省推动由机械研究总院、省政府、三明市政府共建的机械研究总院海西分院建设,组织召开机械研究总院百项科研成果与福建百家企业对接会,有8个产业项目签约落地,计划总投资17亿元,在建项目6个,获国家工信部智能发展专项支持1600万元,获省科技重大专项和引进研发机构1600万元、省财政建设资金1000万元补助。机械研究总院整合科研力量,组织14名专家(其中5名专家常驻福建将乐)开展半固态成形相关工艺、模具、挤压设备和自动化生产线试验论证。省科技重大专项支持"半固态铝合金快速制浆及成形设备开发应用研究",项目研究团队获评福建省技术创新团队。成立"6·18"虚拟研究院机械装备分院,开发"海西高端装备云制造平台",获省发改委平台建设经费340万元支持,建立协同设计、机械检测、外贸商务、创新助理等13个专业化应用子系统,公共服务虚实结合,整合线上线下资源,为100多家企业提供服务,辐射省内4个设区市。

(郑雨苹 吴朝庭)

社会发展领域科技

【社会发展领域科技计划项目】 2014年,福建省社会发展领域省级科技重大、重点项目立项105项,计划总经费7550万元,其中:重点项目76项、产学项目7项、区域重大项目7项、重大专项专题5项、平台项目10项。组织申报国家各类科技计划,"福建土楼科学保护与文化传承的研究与示范""地震预警数据处理技术的集成融合研究""印染废水深度处理技术研究与示范""盆底重建关键技术及规范化应用的研究"和"利用生物基原料生产绿色尼龙聚丁内酰胺"5项通过国家立项,计划资助经费1350万元。推荐泉州市、长乐市、德化县、连城县和安溪县蓬莱镇等5个城市(县、镇)申报国家智慧城市试点。

【科技服务民生】 2014年,省科技厅围绕疾病防治,组织立项各类项目34项,计划经费1458万元,包括"动脉瘤性蛛网膜下腔出血临床诊疗新技术研究"重大专项专题等。推动医药产业发展,组织实施各类项目29项,计划经费1817万元。对牵头承担国家重大科技项目资助的新药项目给予配套扶持资金,对省内医药企业和科研院所建立的省级以上科技平台给予资助,对在省内转移转化的1、2类中药、化学药品和具有新药证书的生物制品及第三类医疗器械等重大药械项目给予资金补助。加强医药产业平台建设,启动"创新疫苗成药性评估和改进关键技术重大研发平台"等3项医药产业技术重大研发平台项目及1项医药产业技术公共服务平台项目,下达科技计划经费1600万元。围绕生态与环境保护,组织实施各类项目8项,计划经费630万元,其中"光催化产业技术重大研发平台"项目突破光催化技术产业化过程中的关键共性技术。开展资源再生与循环利用技术、废弃物无害化处置与资源化利用技术研究,组织实施各类项目13项,计划经费960万元,其中"市政污泥及餐厨垃圾资源化综合利用技术研究与示范"列入省科技重大专项专题。加强食品安全检测关键技术和防灾减灾防控预警技术科技攻关,组织实施各类项目19项,计划经费1075万元,其中"主要海洋生物毒素检测技术研究与检测试剂盒及仪器研制"列入省科技重大专项专题。

【可持续发展实验区建设】 2014年,省科技厅组织进一步深入开展可持续发展实验区工作。东山县国家可持续发展实验区通过科技部科技评估中心组织专家的现场评估考察。漳平市国家可持续发展实验区通过科技部、国家发改委等19个部委局的综合评审验收。尤溪县通过专家现场考评,获批准列为福建省可持续发展实验区。省科技厅组织对永春县、仙游县、龙岩市新罗区铁山镇3个省级可持续发展实验区进行5年建设期满验收。全省有可持续发展实验区18个,其中,东山县、龙岩市、漳平市、惠安县、厦门市思明区5个为国家级可持续发展实验区,南平市、武夷山市等13个为省级可持续发展实验区。

【西部对口科技合作】 2014年,省科技厅加强与对口帮扶地区的科技合作,在安排70万元用于支持新疆昌吉州科技综合服务中心建设的基础上,从2014年起,加大技术和智力援助力度,每年增加资金20万元,连续3年用于设立"福建昌吉青年医学创新基金",支持昌吉青年医学科研人才队伍培养。

(郑雨苹 吴朝庭)

基础研究与软科学

【自然科学基金项目】 2014年,福建省获得国家自然科学基金资助项目719项,计划经费4.62亿元;获得科技部973计划立项课题17项,计划经费3758万元;加上国家重点实验室争取经费4464万元,计向上争取经费5.44亿元。全年省自然科学基金项目立项580项;省自然科学基金项目结题600多项。据结题项目不完全统计,在国内外学术刊物和学术会议上发表论文2874篇，出版专著94部，获授权专利165件，培养博士后、博士135人。

【海峡两岸科技合作联合基金】 2014年，海峡联合基金项目批准26项重点项目，资助总金额6600万元。海峡联合基金申报项目121项，比上年增加2.8倍，其中，省外科学家为主申报的25项，比上年增加1.8倍；台湾地区参与单位51个，参与科学家近200人。

【卫生行业联合资金】 2014年，省科技厅首次将社会资金引入参与基础研究，实现基础研究经费的多元化投入。遴选15家科研实力较强的三甲医院开展试点，立项资助卫生联合资金项目43项，经费131万元。

【软科学研究】 2014年，全省受理软科学研究项目立项110项。做好省软科学计划项目日常管理工作，完成软科学研究计划项目任务书签订工作，发布下一年度软科学研究计划项目指南，完成立项评审和立项项目的结题验收工作。

【鼓岭科学会议】 2014年，省科技厅组织召开5次鼓岭科学会议，分别围绕现代农业、石墨烯产业发展与应用、福建生物医药产业、制造强国与能源新材料、纳米生物材料等专题，邀请国内外知名专家院士、行业重点企业代表、科技工作者交流献策。第三次鼓岭科学会议邀请石墨烯发明人、诺贝尔奖获得者康斯坦丁诺沃肖洛夫教授到会作专题演讲。 （郑雨苹　吴朝庭）

科技体制改革与法规建设

【科技政策法规】 2014年，福建省出台60多个创新配套政策，涵盖财税激励、知识产权和科技金融等各方面，完善促进优惠政策落实的长效机制。做好行政权力清单和公共服务事项编制工作，省科技厅行政权力清单7类19项，其中行政审批事项3项、行政确认7项、行政处罚3项、行政裁决1项、行政监督检查2项、行政奖励1项、其他行政权力2项；另外，有公共服务事项14项，审核转报类项目14项。

【技术创新工程】 2014年，福建省做好省级第五批创新型企业评价的组织申报工作，新增省级创新型企业126家。截至年底，全省有省级创新型（试点）企业900多家，其中省级创新型企业400多家。做好1000万元企业技术创新专项申报、立项及成果后补助等工作。厦门理工学院、福建工程学院和福州大学等举办创新方法普及培训，参训师生9400多人次；举办企业创新方法工程师培训，参训研发人员6800多人次。省内培育的5家国家级区域示选企业解决企业技术难题103项，形成新产品、新材料等知识产权42项，国内专利申请152件（其中发明专利52件）。福州福大自动化科技有限公司、厦门三伏光电股份有限公司等72家企业列入省级首批创新方法试点；确认省科技发展研究中心、厦门理工学院、福建工程学院等3家示范推广培训基地，覆盖全省的创新方法推广应用网络格局基本形成。

【科研院所改革创新】 2014年，全省完成省属科研院所基本科研专项评估和立项工作，受理38个省属公益类科研院所申报的年度公益类基本科研专项37项、311个题目，申请资助经费3839.59万元，其中：优势领域项目118项，申请经费2466.4万元；青年科研项目90项，申请经费1373.19万元。 （郑雨苹　吴朝庭）

农业科技

【农业科技项目】 2014年，福建省农业科技项目立项82项，其中：重大专项专题7项、区域发展项目16项、高校产学合作项目12项、引导性项目31项、科技平台建设项目14项、科技扶贫项目2项；投入科技计划项目经费8515万元。据2014年验收的农业科技项目统计，选育新品种18个、开发新产品（新装置）13件、获新药证书2个；制定标准16项、新技术（新工艺）13件；审认定水稻、甘薯、蔬菜等49个品种。

【星火计划项目立项】 2014年，全省组织实施国家级、省级星火计划项目91项，计划经费3025万元，其中：7个国家级星火计划项目获得科技部资助经费500万元；7个国家科技富民强县项目获国家资助经费900万元；参加1个科技支撑计划项目，经费132万元；实施省级星火计划重点项目76项，下达科技经费1493万元。

【科技富民强县工程】 2014年，全省围绕培育发展县域特色优势产业、拓展现代农业产业链，争取国家科技富民强县项目7项，安排省级科技富民强县示范项目6项。着眼名优花卉、南方葡萄、鲍鱼、竹产业等县域主导产业的关键技术环节，集成示范与推广一批农业“五新”与农产品精深加工技术，引导示范县建设与产业相结合的科技示范基地和农村科技服务平台，提高科技对县域经济社会发展的支撑能力。截至2014年底，全省有国家科技富民强县试点县45个，有53个项目获国家科技富民强县专项行动计划支持。

【科技人员农村创业与服务】 2014年，全省组织实施科技人员农村创业示范项目，引导科技人员带着科技、知识、资本、管理等生产要素向农村聚集，加速农业科技先进技术成果的转化和应用。全省有国家级科技特派员创业链5条、创业基地4个和省级科技特派员创业示范基地102个。全年有3281名自然人科技特派员和204个法人科技特派员在农业生产一线，推广新技术1289项、新品种970个，服务农民23.9万户。白羽半番鸭产业创业链，全年繁育白羽半番鸭父母代母本苗15.6万只，向社会提供优质白羽半番鸭苗1042万只，辐射带动漳州、龙岩、建瓯、永安、南靖、龙海及周边地区260多户养鸭户致富。

【农村科技培训与信息服务】 2014年，全省完善农村科技信息资源共享与服务平台，形成“语音、短信、视频、网络、手机”等多方式接入、覆盖

“农产品展示、农业知识服务、农业专家系统、病虫害防治与预警、农业气象灾害、农资监管、农产品溯源”等系列的普适性信息服务系统。支持福州、漳州、南平等地区开发一批农业技术专业信息服务系统，在食用菌、蔬菜生产等领域示范推广远程监控、质量溯源等信息技术，有效提升农村科技信息服务水平。结合科技项目实施，以科技示范基地、星火学校、农业科技园区和“12396”服务平台为载体，围绕区域性支柱产业培育、农业“五新”推广及非农产业就业技能等，通过专家授课、现场指导、远程培训等多种形式，培训农民工6.2万多人次。省农科院结合福建省农村实用技术远程培训、“双百行动”、“一乡一特色”培训等工作，联系企业268家，扶持农民合作组织127个，开设创业培训72门课程，服务农民2.85万户。

【农业科技园区建设】 2014年，全省3个国家级园区和9个省级园区形成以园区企业为技术研发主体，园区内骨干企业与农户紧密结合，集农业技术推广机构、科研单位为一体的农业科技创新集成模式。各园区创新品牌235个，推广新品种578个，示范新技术、新设施172项，研发投入经费8.05亿元，投融资总额82.72亿元，引进、孵化企业642家，核心区农户人均年收入2.18万元。

【福建省农业科技工作联席会议】 2014年7月18日，福建省农业科技工作联席会议第一次会议在福州召开。会议讨论明确今后一个时期全省农业科技发展的思路和方向：要把支撑农业产业发展作为第一要务；要与“三农”工作紧密结合；要有组织地开展农业科技创新；要完善产学研协同创新机制。

【第二届中国农业科技创新创业大赛】 2014年，省科技厅组织全省各企业参加第二届中国农业科技创新创业大赛，有125家企业进入初赛，名列全国第2位；有43家企业进入复赛，名列全国第2位；有12家企业进入决赛，晋级数量居全国第1位；最终2个项目获第二届中国农业科技创新创业大赛二等奖。 （郑雨苹 吴朝庭）

【福建省农科院】 2014年，福建省农科院新增省级以上各类科研项目294项，合同经费15496万元；18项科研成果获福建省科学技术奖；获得知识产权授权151项；通过农作物新品种审（认）定33个。

科技创新。组织实施新一轮（2014—2016）种业创新与产业化工程，启动10个种业创新项目和15个种业专项补助项目及4个福建省地方品种资源保护类项目，筛选、繁育和推广适合设施栽培的蔬菜、食用菌、水稻、林业、中药材、畜牧、水禽、水产等新品种21个，带动合作企业100多家投资20.56亿元。现代设施农业装备研发、优质作物水稻等品种选育与推广、地道动物品种保护与利用、微生物发酵床大栏养猪系统研发、澳洲龙纹斑原种种群建立、动植物疫苗研发、转基因技术（水稻）等研究取得重要进展。加强现代设施农业技术的研发与推广，与高校科研院所和农业企业联合开展科学研究与技术攻关，成立福建省设施农业装备产业联盟。研发出智能化养猪系统、智能化养鱼系统、智能化养羊系统、智能化养鸭系统、智能化养鸡系统、智能温室作物生产系统、智能化种苗繁育系统、智能化生物基质生产系统、智能化植物工厂、福建省设施农业总控中心等全套装备。组织全省养猪污染微生物综合治理技术集成示范，推广微生物发酵床在养鸡、蛋鸭、养羊上的应用。加快推进海峡现代农业示范园、中以示范农场和福清现代设施农业生产示范基地等科技创新平台建设，海峡现代农业示范园被列入农业部全国百个“农业科技创新与集成示范基地”。规划、设计、建设、运营22个生产性工程化实验室，以最小的商业规模进行生产性工程化实验研究，形成可商业复制的样板。

科技兴农。针对全省50多个县（市、区）特色产业发展需求，组织实施118个设施农业项目。全年组织科技人员下乡4500多人次，服务企业209家，与41家市级以上龙头企业建立联合技术创新中心，与福州市15家龙头企业合作建立专家工作站；服务农业合作社（家庭农场、农业大户）260家，建立示范片137个，示范推广新品种、新技术316项；帮扶小户经营和家庭农场333户；推进科技扶贫，组织专家深入屏南、蕉城、政和等16个贫困县，实施科技帮扶项目19个。继续开展“福建省农村实用技术远程培训”，全年培训人数近106万人次；“福建省农场主学院”举办2期农场主培训班，采用大陆上课、台湾现场考察调研相结合方式，培训青年农民创业人才。

科技合作。全年派出16批40人次的科技人员赴美国、英国等国家和地区进行合作项目洽谈、交流等；德国、日本、以色列、荷兰、澳大利亚等国家和地区的10批47人次外宾来访。与以色列合作的中以示范农场一期建设完成，以色列经济部长出席开园仪式和中以农业高峰论坛。推进海峡现代农业研究院核心产业的落地与运营，为建立智慧型厦门都市农业提供生物育种、食品创制、精准农业、碳汇农业、创意农业、两岸国药等技术支撑；两岸合作举办2期农场主培训，引进台湾优良的药食两用植物12个，开创台湾药食两用植物引种先例。 （许 静）

知识产权管理

【概况】 2014年，全省专利申请5.81万件，其中发明专利申请1.25万件，比上年增长26.8%；专利授权3.79万件，其中发明专利3426件，增长16.5%；PCT专利申请338件，居全国第7位。每万人口发明专利拥有量3.46件，居全国第10位，提前完成全省“十二五”科技发展规划目标。福建省专利综合实力指数排名居全国第10位，其中：专利创造指数排名居全国第10位，专利运用实力指数排名居全国第7位。

【专利转化运用】 2014年，全省新评定100家省知识产权优势企业，安排1225万元经费支持实施83个专利产业化项目；开展知识产权金融合作，促进企业专利转化运用；推进企业专利权质押融资工作，安排专项资金382.8万元对17家企业予以专利权质押贷款贴息。搭建专利对接服务平台，举办福建省首届专利技术现场拍卖会，厦门大学、福州大学等单位7件专利成交；“6·18”期间展出高技术含量专利46项，为供需双方提供项目对接平台；中国专利周期间，联合福州大学、福建农林大学、福建农科院等5所高校科研单位举办生物科技领域专利对接会，邀请省内70家生物科技企业参加对接，有16家企业与高校、科研院所达成合作意向，合同金额923.5万元。改革专利奖评审方式，完善专利奖励制度，突出经济社会效益导向。全省获第十六届中国专利优秀奖的发明、实用新型专利13项，获中国外观设计优秀奖3项。

【专利执法与宣传培训】 2014年，省科技厅做好“6·18”项交会、“9·8”投洽会及中国（晋江）国际鞋业博览会、海峡两岸纺织品服装博览会等展会专利执法服务工作。加大执法办案及维权援助与举报投诉工作力度，出台专利违法行为举报投诉奖励办法，制定专利执法维权“护航”专项行动工作方案，组织开展电子商务领域专利执法维权等专项行动。在同济大学举办知识产权高级研修班；依托知识产权远程教育平台举办各类远程教育培训班38期；利用“2·21”福建省知识产权日、“4·26”世界知识产权日等重要活动日以及“6·18”等重大活动，加大宣传力度，营造创造和保护知识产权的良好氛围。

【闽台知识产权交流合作】 2014年，福建省加强与台湾知识产权相关部门的交流合作，举办海峡两岸知识产权论坛，邀请台湾知识产权专家到闽授课；组织知识产权优势企业高层管理人员赴台学习培训。继续做好台湾居民参加全国专利人资格考试有关服务工作，全年有313名台湾居民在福州考点报名。依托海西专利受理服务中心，在国内唯一负责受理台湾申请人提交的非PCT专利申请、收缴专利费用等业务，从6月开始受理台湾申请人提交的专利电子申请6450多件。

【知识产权试点示范】 2014年，福建100家企业被评为省知识产权优势企业。龙岩市入选2014年国家知识产权试点城市，福州市鼓楼区、龙岩市武平县和莆田市荔城区入选2014年国家知识产权强县工程试点县（区）。全省有6个国家知识产权示范城市，1个国家知识产权强县工程示范县（区），7个强县试点县（区），2个国家知识产权试点园区，1家国家专利运营试点企业，5家国家知识产权示范企业，56家国家知识产权优势企业，222家省知识产权优势企业。

【知识产权服务企业】 2014年，省科技厅开展专利保险试点工作，福耀玻璃、龙马环卫、漳州科华3家企业通过知识产权管理体系认证；新增福建星网视易信息系统有限公司等144家企业为全省企业知识产权管理规范贯标试点企业。开展专利导航试点工程工作，提高企业专利信息利用和专利资产管理水平。 （郑雨苹　吴朝庭）

科技成果与技术市场

【科技成果奖励】 2014年，福建省政府决定授予厦门大学教授林圣彩、省农科院教授级高级工程师王泽生2014年度福建省科学技术重大贡献奖。授予2014年度福建省自然科学奖10项，其中：“微型生物在海洋碳储库及气候变化中的作用”等2项成果获省自然科学奖一等奖，“TKK代数及Virasoro-like李代数的表示理论”等3项成果获省自然科学奖二等奖，“芬斯勒几何中的比较定理与子流形”等5项成果获省自然科学奖三等奖。授予2014年度福建省技术发明奖11项，其中：“金属结合剂牢固把持金刚石磨粒的关键技术及应用”等2项成果获省技术发明奖一等奖，“菌草栽培灵芝及其有效成分的应用”等2项成果获省技术发明奖二等奖，“高效毛细管电色谱微分离技术及其应用”等7项成果获省技术发明奖三等奖。授予2014年度福建省科技进步奖168项，其中：“海洋船舶重防腐涂料的研发与产业化应用”等11项成果获省科技进步奖一等奖，“低品位复杂黑白钨资源绿色高效开发”等57项成果获省科技进步奖二等奖，“制备工业炸药用硝酸铵溶液应用系统的研究”等100项成果获省科技进步奖三等奖。全省有4项科技成果获2014年度国家科学技术奖，主持完成2项、参与完成2项，其中：由福建龙净环保股份有限公司主持完成的“电袋复合除尘技术及产业化”项目获国家科技进步奖二等奖；由福建农林大学陈礼辉教授主持完成的“竹纤维制备关键技术及功能化应用”项目获国家科技进步奖二等奖，是全省林业产业领域唯一获得该奖项的主持完成项目；由福建省水产研究所参与的“东海区重要渔业资源可持续利用关键技术研究与示范”项目、福建医科大学附属第一医院参与的“提高肝癌外科疗效的关键技术体系的创新和应用”项目也分别获国家科学技术进步奖二等奖。

【科技成果应用与推介】 2014年，福建省做好年度省重大科技成果购买补助项目评审立项工作，受理申报项目13项，其中“中石化哈佛832PSV船”等9个项目获立项支持，补助金额1103万元。组织第十二届“6·18”科技展团参会参展。以技术转移工作为中心，举办科技部项目成果展览展示、3场境外技术转移专场、3场省内国际技术转移专场以及科技创新平台建设研讨会、农业科技园区战略合作签约仪式等重大活动，征集展示推介项目成果225项，现场展示146项；征集境外科技项目成果123项、境内外技术需求208项，落实对接项目21项、金额26422万元；技术转移专场现场签约对接项目8项。

【技术转移机构】 2014年，全省新增福建农林大学海峡创业育成中心、中国科学院海西育成中心2家为国家技术转移示范机构；全省有国家技术转移示范机构10家，其中厦门市3家。完成上年度国家技术转移示范机构调查统计任务，对5家示范机构（厦门市除外）进行统计，总人数148人，其中技术经纪人81人；获得知识产权240项，软件著作权30项；促成技术转移543项，技术交易额30073万元；组织技术交易活动66次；组织技术转移培训3388次；服务企业360家，解决企业需求454项；年度总收入17196万元，利税总额15664万元。

【技术经纪与合同登记业务培训】 2014年，福建新增技术经纪机构备案2家，累计52家，有技术经纪人920人。联合英国驻华大使馆举办福建省技术经纪人高级培训班，邀请英国知名技术转移专家就知识产权管理、国际技术转移实践等内容进行授课。举办第十一期技术经纪人培训班。组织省内合同登记员参加全国技术合同认定登记培训班。推荐申报2014年度第七届中国技术市场协会金桥奖表彰奖励先进集体2家、先进个人3人和优秀项目4项。

【海峡技术转移中心筹建】 2014年7月11日，省委编办批文同意，在福建省南南合作基地加挂"福建海峡技术转移中心"牌子。先后有中国科学院、北京大学、中国技术交易所、台湾交通大学等境内和澳大利亚新南威尔士大学专利转化办公室、白俄罗斯国立工业大学等境外20多家技术转移机构联系入驻。海峡技术转移中心边筹建边开展工作，先后组织2014年海峡技术转移专场活动10多场，展示推介成果、发布需求项目1594项，促成项目对接418项。10月中国科学院百项新材料科技成果推介对接会在泉州召开，组织中国科学院上海分院、理化所、上海硅酸盐所等16家中科院系统科研机构的80多位专家到会，与省内250多家企业开展项目成果推介和洽谈对接活动，推介新材料科技成果126项，对接签约合作项目21项。 （郑雨芊　吴朝庭）

科技交流与合作

【科技合作计划项目】 2014年，福建省开展科技部国际科技合作计划项目申报工作，"远程测距送光成像一体化的高清网络装置"等12个项目获得科技部立项，争取经费2786万元，其中国际科技合作专项5个、"对俄专项"2个、港澳台科技合作专项5个。福州大学"健康医疗器械国际科技合作基地"等5项政府间合作项目获科技部批准。实施引进重大研发机构和国际科技合作基地建设，全年引进重大研发机构5项，财政资助经费4210万元，其中：《关于欧中现代农业技术研发中心申请引进重大研发机构项目的请示》和"厦门大学石墨烯工业技术研究院"2项经过省政府"一事一议"同意审批，补助经费1500万元；"中国重型汽车集团有限公司技术发展中心海西分中心""福建嘉泰数控研究中心""第二军医大学消化内科研究所龙岩分所"等3项，资助经费2710万元。获批1个国家级国际科技合作基地，全省总数17个；新增省级国际合作基地3个，全省总数11个。组织实施2014年省产业支撑科技重大项目和对外合作重点项目，扶持产业支撑项目立项12项，支持经费1200万元。对外合作重点项目立项24项，支持经费244万元。

【国际科技合作交流】 2014年，全省组织赴境外开展项目洽谈8批次20人次。6月8—17日省科技代表团应邀赴以色列、德国、俄罗斯等3个国家开展科技项目合作洽谈，组织中国福建·以色列企业技术转移专场、中国福建·德国企业技术转移专场、中国福建·俄罗斯企业技术转移专场；有21对企业达成合作研发协议，19对企业达成合作研发意向，3对企业达成出口合同，2对企业达成出口产品合同意向，1对企业达成投资协议；签署《以色列经济部与福建省科学技术厅经济合作备忘录》。组织企业参加中俄蒙科技博览会专场，促成省内企业与境内外企业达成多项合作。在第十八届中国国际投资贸易洽谈会期间举办第八届科技外交官跨国技术转移专场，有10家省内企业与5家国外中介机构就15个项目进行现场一对一对接洽谈，达成1项合同、14项意向。

【闽台科技合作交流】 2014年，全省组织3批8人次赴台开展技术转移工作洽谈。推进闽台科技研发合作和技术转移，新争取国家科技部对台科技合作项目5项522万元；新评审立项省级对台科技研发合作产业支撑项目5项500万元，对台合作重点项目12项122万元。加强对台科技合作的软科学研究，组织开展《台资企业转型升级研究》《闽台LED产业发展比较与福建加快发展的研究》《闽台科技发展主要指标对比与福建加快发展的研究》《强化对台科技合作交流研究》。组织开展精密制造、农业生物技术、生物医药等3个产业方面的闽台比较研究，定期编印台湾产业动态信息。 （郑雨芊　吴朝庭）

企业技术进步与自主创新

【企业技术创新】 2014年，全省1779家高新技术企业实现规模以上工业总产值5667.42亿元，比上年增长6.2%；实现增加值1407.41亿元，增长10.1%；实现销售产值5424.24亿元，增长5.0%；完成出口交货值1755.87亿元，增长4.6%。全年新产品销售收入3600亿元，企业科技活动经费支出总额超过320亿元。全省拥有专利授权3.79万件，增长0.9%，其中发明专利3426件，增长16.5%；拥有中国驰名商标370件，著名商标3765件，福建名牌产品1395个。2014年，福建省举办"产学研"项目专场对接会12场，在林产加工、纺织印染等6个专业领域开展技术提升诊断、人才培训等各种形式的"产学研"活动。利用"6·18"平台向企业推介项目成果1627项，向高校科研单位推介行业和企业技术需求465项，实现项目对接391项，项目投资总额45亿元。34项产品通过省级新产品鉴定，其中5项技术达到国际水平。

【技术创新公共服务平台】 2014年，全省新认定国家级企业技术中心2家、省级企业技术中心43家，全省有401家省级以上企业技术中心，其中国家级企业技术中心30家。新增2家国家技术创新示范企业，全省有国家技术创新示范企业7家。纳入统计的378家省级以上工业企业技术中心企业(不含建筑施工企业)全年投入科技活动经费277.28亿元，占全省规模以上企业科技活动经费支出的86.7%，占企业销售收入的4.9%，比全省规模以上企业平均水平高出4.22个百分点;拥有科技人员108064人,其中高级技术职称人员8469人。30家国家级企业技术中心企业全年投入科技活动经费140.36亿元,其中研究与试验发展经费65.36亿元,分别占省级以上工业企业技术中心企业的50.6%和36.2%;科技活动经费投入占产品销售收入的7.0%,高于省级以上工业企业技术中心企业平均数的2.1个百分点;科技活动人员32370人,其中研究与试验发展人员19363人,分别占省级以上工业企业技术中心企业的29.9%和32.3%;完成科技项目2037项,占省级以上工业企业技术中心企业的17.8%。39家省级行业技术开发基地有科研仪器设备原值7.21亿元,专业科研人员2654人,其中专职科研人员1428人;全年投入建设与研发经费8.8亿元,承担技术项目916项;与1490家企业建立联系,其中与264家企业建立"产学研"合作与共建关系,完成新产品、新技术、新工艺260项,年度派科技人员到企业6745人次,推广和转让技术成果432项,为企业培训技术人员10121人次。 (陈立基)

科技创新平台建设

【概况】 2014年,全省加快推进科技创新平台引进和建设,全年资助5家引进重大研发机构,安排资助经费4200多万元,其中支持厦门大学引进诺贝尔奖获得者、英国曼彻斯特大学教授康斯坦丁·诺沃肖洛夫团队建立"厦门大学石墨烯工业技术研究院"。启动一批科技创新平台建设项目,立项支持17个产业技术重大研发平台建设项目、支持9个省级农业科技园区科技创新平台建设等,为全省战略性新兴产业、支柱产业和重点产业提供科技支撑。

【重点实验室】 2014年,省科技厅开展省重点实验室考核评估,采取现场定性考评与定量考核相结合的方法,完成对29个高校和中直机构省重点实验室的综合考核,对需整改的实验室进行个别约谈,督促落实整改措施。制定省重点实验室开放与服务企业考核指标等管理办法,推进省重点实验室加强公众开放与服务企业力度,46个省重点实验室提供公众服务4032项,开展技术培训17750人次,其中:技术咨询、技术服务、成果转让金额1.8亿元;与企业共同承担项目193项,项目金额6900多万元;新产品销售收入6500多万元。

【工程技术研究中心】 2014年,全省组织开展省级(企业)工程技术研究中心及科技公共服务平台评估工作,新增授牌省级工程技术研究中心95家(其中依托企业的省级工程技术研究中心89家)、省级科技公共服务平台4家。新增国家级工程技术研究中心2家,即"国家茶叶质量安全工程技术研究中心"和"国家甘蔗工程技术研究中心"。全省有国家级、省级工程技术研究中心416家,其中:国家级7家,省级409家(含依托企业的省级工程技术研究中心359家)。

【科技企业孵化器】 2014年,全省新增科技企业孵化器26家,备案科技企业孵化器76家,其中国家级9家。加大对科技企业孵化器的扶持力度,有12家通过省级评估,支持经费600万元;对6家科技企业孵化器新增孵化用房省级补助经费248万元;提高新建孵化器用房补助,从原来的每平方米30元提高到100元,改建从原来的每平方米15元提高到50元。承办科技部火炬中心"第二期福建省科技企业孵化器从业人员培训班",142人参加培训,137人取得国家级行业协会颁发《科技企业孵化器从业人员资格证书》。开展国家级和省级科技企业孵化器申报辅导,推荐4家孵化器申请认定国家级科技企业孵化器,新增2家国家级科技企业孵化器和1家国家级大学科技园。

【科技金融与创投服务】 2014年,福建省推动省内商业银行建立科技支行,设立建设银行龙岩科技支行、厦门银行莆田分行科技金融服务中心,全省有6个科技支行,作为科技型中小企业信贷专营机构。安排科技支行风险补偿金320万元,累计安排620万元投入科技支行及科技金融服务中心。各地科技支行为50家科技型中小企业发放货款2.5亿元。设立"福建省生物与新医药创业投资基金",获得国家发改委新兴产业创投基金参股投资0.5亿元,总规模3亿元,完成工商营业执照登记。开展2014年度科技保险补贴资金申报工作,新安排发放科技保险补贴440万元,累计发放科技保险补贴720万元,带动省内100多家高新技术企业投保科技保险4000多万元,为高新技术企业提供160亿元的风险保障。组织"新三板"补助项目的申报,有24家企业获得补助330万元;举办"新三板"业务培训,有50多家科技型企业进入或拟进入"新三板",其中挂牌10家。

(郑雨苹　吴朝庭)

科学技术普及

【科普协作】 2014年,省科技厅贯彻实施《福建省全民科学素质行动计划纲要实施方案(2011－2015年)》,做好全国科普优秀作品的组织推荐及大型科普博览展品征集工作。由省气象局推荐的《都是湿度惹的祸》获得2014年科普微视频和动漫大赛优秀作品。参与组织第29届福建省青少年科技创新大赛、福建省"全国科普日"宣传活动等。配合省委宣传部参与2014年度全省农村宣传思想文化工作示范乡镇考评工作,加强农村思想文化建设。

【科技·人才活动周】 2014年5月17—23日,省科技厅联合省委组织部、省委宣传部、省科协及有关部门、单位在全省范围举办以"科学生活创新圆梦"为主题的2014年福建省科技·人才活动周。

【科普统计工作】 2014年,省科技厅组织实施2014年度全省科普统计工作。印发《开展2014年度全省科普统计调查工作的通知》,组织各设区市、有关省直部门、科研机构、创新型企业开展科普统计,按时保质完成统计汇总工作,按要求报送科技部。

(郑雨苹　吴朝庭)

编辑:王文灿

社 会 科 学

社会科学规划

【国家社科基金项目管理】 2014年,福建省获国家社科基金年度项目和青年项目立项106项、西部项目7项、重大项目5项、重大转重点项目2项、后期资助项目3项、成果文库1项,合计124项,获项目资助经费2955万元。制定《福建省国家社科基金项目管理办法实施细则(试行)》。组织全省151位社科专家学者对3917项国家社科基金申报项目进行通讯评审。全年省社科规划办受理国家社科基金项目成果鉴定结项88项,全国社科规划办审批结项的成果53项,其中:18项鉴定为优秀,24项为良好,1项免鉴定,合格6项,4项暂缓结项,结项成果鉴定优良率81%。18项优秀成果中,厦门大学9项,福建师范大学5项,华侨大学3项,集美大学1项。全省有15位专家被记入全国社科规划办"认真负责鉴定专家名单"。

【省社科规划项目管理】 2014年,福建省首次采取适度限额申报,申报年度项目1364项,其中合格1224项。继续委托省外社科规划办组织通讯评审,批准立项447项。全年办理鉴定结项302项,其中17项获得地厅级以上单位部门采纳,约130项阶段性成果在CSSCI来源期刊(包括扩展版)上公开发表。创建省社科规划项目重要事项变更登记数据库,登记录入《福建省社科规划项目重要事项变更审批表》132项。编发《成果要报》,4篇文章成果获得省领导重要批示。

【省社科研究基地建设】 2014年,《福建省社会科学研究基地建设管理办法(暂行)》制定。经单位申请、现场答辩评审、实地考察评估并报省哲学社会科学规划领导小组批准,厦门大学中国特色社会主义研究中心等16个研究中心被列入第一批福建省社会科学研究基地予以立项建设,投入经费320万元。 (刘兴宏)

2014年4月22日,"发掘朱子文化资源,提升福建文化软实力"社会科学季谈会在福州举行 (福建省社科联供稿)

政策咨询与发展研究

【对策研究成果】 2014年,省政府发展研究中心围绕全省工作重心,着力做好对策研究工作,全年完成专报件、研究报告、专题材料等各类成果94项,获得省领导批示和肯定的有11件,获得省委、省政府主要领导批示和肯定的有5件。以闽台经济增长分析预测对比、服务业发展、闽台经济体制机制衔接、创新驱动促产业升级、区域均衡发展、自贸试验区建设等为重点,形成6份系列专报件,提交省领导参阅。经常性重大课题"福建宏观经济形势分析"取得新的进展,季度、半年、全年经济形势分析材料继续作为省政府常务会议上报材料,半年经济形势分析专报件"做好当前福建省经济工作的三点建议"得到省长、分管副省长的批示。面对复杂多变的国内外经济形势和福建经济社会发展中的热点难点问题,围绕经济增长质量、闽台经贸合作、产业转型升级、生态文明建设、外经贸发展、城镇区域均衡发展、新农村建设、职业教育改革、民营经济等近三十个重点问题,深入开展专题调研,及时报送研究材料,为省领导决策建言献策。承担22项省委、省政府及省领导交办的研究任务,有近80人次参与自贸试验区申报,宁商、榕商发展以及新型城镇化建设等省领导交办或组织的全省性重大调研活动,参与《政府工作报告》、全省经济工作会议文件、省领导讲话稿等文稿的起草工作。

【对外交流合作】 2014年,省政府发展研究中心进一步加强与国务院发展研究中心、国务院研究室、国务院参事室等国家相关部门的沟通联系，密切与兄弟省市及省内各地市研究中心的交流合作，拓展研究视野和信息渠道。与国务院发展研究中心国际合作局在泉州联合召开全国发展研究中心"一带一路"战略专题研究座谈会，国家发改委西部司、外交部国际经济司、国务院发展研究中心有关部门以及全国17个省区市政府发展研究中心负责同志60余人参加座谈会。协助国务院参事室来闽开展经济发展质量专题调研活动。

【新型智库建设调研】 2014年，省政府发展研究中心探索新型智库发展之路，提出尽快建立"社会科学·决策咨询"课题研究制度，为福建新型智库建设创造条件的建议，得到多位省领导的批示和肯定。作为省政府顾问团的组织联络单位，组织顾问们围绕福建经济社会发展提出对策建议，征集上百条顾问意见建议上报省政府。加强《发展研究》刊物建设，《发展研究》拥有5105户机构用户；两篇刊发的文章被《新华文摘》全文转载，中国知网将《发展研究》纳入核心期刊；刊物被中国区域经济学会评为"全国区域经济学专业核心期刊"。 （陈素颖）

社会科学研究与成果

【科研工作】 2014年，福建社科院围绕福建科学发展跨越发展，加强基础理论和应用对策研究，全年组织研究课题150余项，发表论文和研究报告487篇，完成专著23部，科研成果总字数1180余万字；论文和研究报告在权威刊物发表23篇，核心刊物发表91篇；获得省级以上领导批示18篇；编发《福建社科院专报》12期，其中6期获得省领导批示。

决策咨询课题研究。承担打造福建美丽城镇、福建经济总量迈上新台阶、福建融入国家"一带一路"（丝绸之路经济带和21世纪海上丝绸之路）战略、推动福建自贸区建设、推动生态文明先行示范区建设、加快福建海洋强省建设等研究课题，取得系列研究成果。

经济问题课题研究。呈报的《金门面临严重缺水缺电及出行难亟需加快实现厦金"新三通"》被全国政协采用，获得中央领导批示；《加快构筑产业"生态群落"》《加快设立国家级新区》《福建加快推进"一带一路"建设的政策建议》《闽籍重点侨商在福建投资情况与相关政策建议》《完善福建省财政科技投入机制的若干建议》等研究报告获得省领导批示。承担5项省发改委"十三五"规划前期研究课题，即"调整优化福建省投资、出口和消费结构研究""福建省战略性新兴产业发展研究""主动融入国家'海丝战略'研究""福建省人口分布与迁移对基本公共服务均等化的影响和对策研究""福建省拓展民间资本进入基础产业与公用事业问题研究"。

社会问题课题研究。完成"福建省产业发展""创新社会管理视域下的劳动保障路径""社会学视角下的新型城镇化建设""中国农村合作社法律制度"等一批院级课题。完成省政协"福建省侨资企业发展环境问题研究""关于构建21世纪海上丝绸之路的建议"，省委组织部"完善各方面人才顺畅流动的制度体系"，省委宣传部"晋江新型城镇化建设经验与启示""福建省学雷锋示范点与岗位学雷锋标兵工作方案"，省委文明办"福建省农村精神文明建设研究"等委托课题。

重大基础理论课题研究。开展"习近平总书记系列讲话和在福建工作时期重要思想观点研究"等课题研究，呈报的《闽派文论研究方案》获得省委常委、宣传部长李书磊批示。加强中国特色社会主义理论研究，"邓小平解决台湾问题的思考与中国梦""中国梦的大众认同机制研究""两岸大交流大合作大发展的大品牌"等6项课题获得立项，有6篇学术论文入选全国社科院系统中国特色社会主义理论研究中心第十九届年会暨理论研讨会，收入论文集。

文化建设课题研究。承担由省委宣传部和省发改委等部门委托的"朱子文化研究与福建文化品牌建设""福建文化影响力研究""创意设计与文化产业融合发展研究""打造福建文艺品牌研究"等多项课题。

台湾问题课题研究。呈报的《关于涉台外交的几个问题》获得中央外办领导批示；参与完成民政部委托课题"台湾两岸婚姻家庭政策评析"。承担国家社科基金课题"赖和文学实践与日据台湾文化思潮研究"，省社科规划课题"加强闽台文化交流与合作，打响海峡文化品牌研究""两岸两会协议的落实与效应问题研究"等。

华侨华人问题课题研究。完成中国侨联课题"国际经济调整时期加强民营企业与海外华商合作实施'走出去'战略研究"、省侨办课题"海外华商500强发展趋势及投资福建的可行性研究"，以及"文化研究与当代台湾人文思潮嬗变""文化创意与城市文化品牌""亚太政经新格局下的两岸关系发展态势研究"等院级课题。

【向新型智库转型】 2014年5月，省长到福建社科院调研，对社科院工作提出新要求。省社科院先后召开3场专题座谈会，进行学习讨论；召开院领导班子会议，专题研究事业单位分类、岗位设置、科研考核制度、课题评审与管理办法、调研基地建设等12个方面的改革举措。下半年，为落实好省长提出的坚持问题导向和战略性、前瞻性、指导性、适用性的"四性"要求，追加设立一批院重大课题和所级课题，在课题设置机制、科研组织方式、资源配置办法、科研评价体系、人才培养制度等方面改革创新，建立起以问题为导向，符合"四性"要求的科研体制机制，推动福建社会科学院向新型智库转型。

【科辅工作】 2014年，福建省台湾文献信息中心（人文社科馆）采购大陆图书3000多册、台湾图书2200多册，购置中国知网信息资源检索平台、超星数字图书馆检索平台、人大书报资料中心报刊全文检索系统等数据库，与台湾经济研究院全球资讯网、台湾经济发展研究中心资料网等实现链接。《福建论坛》配合党的理论宣传重点和福建科学发展跨越发展主题，《亚太经济》围绕亚太区域经济合作、中国（福建）对外开放等问题，刊发许多有理论深度的文章，被人大“复印报刊资料”、《新华文摘》等转载30余篇；《现代台湾研究》刊发一批对发展两岸关系有推动作用的文章。海峡文化研究中心网站采集信息10万字、编发《海峡文化研究通讯》24期。（孔苏颜）

学术活动

【省政府发展研究中心学术活动】 2014年6月9日，省政府发展研究中心与国务院发展研究中心国际合作局在泉州联合召开全国研究中心“一带一路”战略研究专题座谈会，会前国务院发展研究中心副主任张来明一行至平潭、莆田、泉州等地就“一带一路”建设相关问题进行调研。国家发改委西部司、外交部国际经济司、国务院发展研究中心有关部门以及全国17个省区市政府发展研究中心负责同志60余人参加座谈会。参会代表围绕如何发挥研究优势，深入推动贯彻落实“一带一路”战略构想等问题进行充分热烈地研讨，提出许多建设性思路和建议，形成国务院发展研究中心调查研究报告，印发各有关单位。（陈素颖）

2014年12月5日，福建省社科界2014年学术年会“三坊七巷名人与中国文化的现代转型”分论坛在福州西湖宾馆举行（福建省社科院供稿）

【省社科联学术活动】 2014年3月，举办以“严复思想与中国梦”为主题的“学而论道”学术茶座，有关厅局、部分高校、科研机构领导和专家学者40余人对严复在政治、经济、哲学、教育、学术、翻译等方面的成就展开热烈讨论。4月，承办“发掘朱子文化资源，提升福建文化软实力”社科季谈会，听取社科专家对加强朱子文化研究、资源保护和开发的意见和建议，探讨打造朱子文化品牌的措施。10月，举办以“打造福建文化品牌·大力建设文化强省”为主题的福建省社科界2014年学术年会主题报告会，在全省各地设立21个分论坛。11月，参与承办“建设21世纪海上丝绸之路”学术研讨会，100多名与会代表围绕福建如何推进21世纪海上丝绸之路建设问题进行研究讨论。同月，举办第三届“两岸民间互信论坛”，两岸旅游、文化、学术、宗教等40多位知名人士交流探讨民间发展旅游文化对促进两岸交往、增进互信的优势、前景和建议。12月，在福州举办“三坊七巷名人与中国文化的现代转型”学术研讨会。（郭胜鑫）

2014年11月26日，“建设21世纪海上丝绸之路”学术研讨会在泉州举行（福建省社科联供稿）

【福建社科院学术活动】 2014年2月12日，福建社科院与新华通讯社、中国社科院等单位共同承办“21世纪海上丝绸之路国际研讨会”。11月24日，主办“第十八次全国社科院图书馆馆长协作会议暨地方社科院智库建设与文献信息服务论坛”。11月28日，参与承办“建设21世纪海上丝绸之路学术研讨会”，来自国家发改委、中国科学院、国家海洋局等近30个单位的70多名代表参会，与会代表围绕会议主题对福建融入21世纪海上丝绸之路提出许多建议。参与主办或承办“纪念沈葆桢保台建台140周年学术研讨会”“两岸关系前瞻学术研讨会”“海洋视野下的妈祖文化与华文文学学术研讨会”“第二届两岸文化发展论坛”“两岸创意设计产业发展学术研讨会”、福建省社科界2014年学术年会“三坊七巷名人与中国文化的现代转型学术研讨会”等学术会议。参加“新兴经济体智库经济政策论坛”“2014中国生态经济建设·南昌论坛”“第八届两岸发展论坛”等学术活动。组织专家学者出国（境）学术交流9批28人次，接待国（境）外专家、学者等13批57人次。（孔苏颜）

编辑：王文灿

教　　育

综　述

【概况】 2014年，福建省有各级各类学校14931所，比上年增加108所；招生214.59万人，比上年增加0.51万人；在校学生736.87万人，增加10.98万人；教职工54.93万人，增加1.51万人，教职工中专任教师44.12万人，增加1.07万人。其中，普通高等教育学校88所，比上年增加1所，在校生78.78万人（含全日制研究生），增加1.91万人；中等职业学校226所，减少4所，在校生43.76万人，减少8.74万人；普通中学1781所，比上年减少1所，在校生175.48万人，减少0.99万人；小学5167所，比上年减少61所，在校生274.63万人，增加14.79万人；幼儿园7591所，比上年增加172所，在园幼儿145.63万人，增加2.34万人。小学入学率99.9%，初中入学率98.9%；学前教育入园率96.9%，高中阶段毛入学率93.4%，高等教育毛入学率39.8%，分别比上年提高0.4、1.2和2.1个百分点。全年全省财政性教育投入715.18亿元；新增义务教育学位7.3万个，86.4%的随迁子女在公办义务教育学校就读；新增14个县全国义务教育发展基本均衡县，总数51个，通过比例55.4%，居全国第七位。

【教师队伍建设】 2014年，省教育厅制定实施《关于进一步加强中小学师德师风建设意见》，部署开展教师向社会公开承诺“不收礼”“不吃谢师宴”等活动，树立“全国教书育人楷模”潘懋元教授等先进典型。实施经济困难县补充农村教师资助计划和农村紧缺师资代偿学费计划，将资助范围调整为23个省级扶贫开发工作重点县，两项资助计划全年吸引教师约1700名。实施民办学校强师计划，组织1000名民办高校青年教师参加教育教学能力培训。出台《福建省中等职业学校教师队伍建设计划(2014－2017年)》，深化中职教师职称制度改革，增设正高级教师职务和实习指导教师系列，首批评选产生7名正高级教师，中、高职“双师型”教师比例分别为50%、60%。实施高校高层次人才培养与引进“三项计划”，评选资助19名高校领军人才，选派267名高校学科带头人、骨干教师和106名高校领导赴境内外研修。实施高校新世纪优秀人才计划和杰出青年科研人才培育计划，评选优秀人才89名、杰出青年人才60名，全省高校有75人入选福建省第一批6类特支人才“双百计划”，6人入选教育部青年拔尖人才支持计划。遴选聘任“闽江学者”特聘教授21人、讲座教授44人。全面推进基础教育百千万人才工程，评选认定中小学学科教学带头人946名，遴选361名中小学骨干校长进行培养；安排2700名中小学骨干班主任和教师参加培训，组织8400多名骨干教师参加“国培”（中小学教师国家级培训计划）。实施农村和民办幼儿园教师（园长）教育教学能力提升工程，650名农村和民办幼儿园教师、200名农村和民办幼儿园园长参加培训。实施特殊教育教师能力提升培训，共培训教师480名。在福州鼓楼区等9县(市、区)开展中小学教师资格定期注册试点，打破教师资格终身制，实行5年一周期的定期注册。全年全省依法依规认定各类教师资格2万人次。

【学校德育建设】 2014年，省教育厅成立理论研究骨干小组，组织开展巡回报告100场，推出理论文章30篇。联合省委宣传部制定出台《关于进一步提升思政课教学质量的意见》，启动实施福建省高校思政课教学质量提升工作。在全国率先搭建思政课网络教研平台，启动思政课教研结对带教计划，举办68场名师讲堂示范教学，促进优质教学资源共享。实施“易班”建设推广行动计划，19所高校、17余万师生注册“易班”，建设84个大学生网络文化工作室。5名思政课教师入选全国高校思政课教学能手、年度影响力人物等。在全国率先建设中小学校德育重点改革示范项目，组织开展“我的中国梦”系列德育活动，257万中小学生参与。组织全省高校开展“走近名家、走近经典、走近科学”系列活动，举办文化名家学者等进校园讲座150多场。强化基层党组织建设，组织指导全省54所高校、5660个基层党组织、10万多名师生党员参加第二批党的群众路线教育实践活动，解决和答复师生意见5000多条，推动高校压缩评比表彰104个，减少各类领导小组及议事协调机构111个，压缩“三公”经费2464万元。

【教育综合改革】 2014年，全省进行人才培养模式改革，中小学“先学后教”“高效课堂”“生本课堂”“校本作业”等教学改革形成区域整体推进态势；中小学科技教育活动效果明显，学生参加全国科技创新大赛总成绩进入前四名；城区义务教育学校“小片区管理”改革实现县域全覆盖，农村薄弱学校“委托管理”改革试点扩大到50个县(市、区)，名校办分校等集团化办学改革稳步推进。推行“订单培养”“引企入校”“前店后校”“校中厂”等人才培养模式改革，中高职毕业生就业率分别为97.4%、96.6%。工科类专业教学实践环节比重30%。考试招生制度改革，所有普通高中面向随迁子女招生，全面开放省外随迁子女在闽“异地高考”；首次组织实施面向23个省级扶贫开发工作重点县农村专项招生工作；率先开展艺术类本科招生“一档多投”试点；首次组织高职入学考试，本一批招生高校、省属高校涉外合作办学、闽台合作办学项目不降分录取等政策平稳实施。

【教育交流合作】 2014年，有来自133个国家和地区的10738名留学生在闽学习，厦门大学和华侨大学获得“来华留学先进院校”称号。第九届世界孔子学院大会首次在厦门市召开。融入“海上丝绸之路”战略要求，依托厦门大学马来西亚分校建设中国—东盟海洋学院，推动华侨大学在泰国等地设立分校。实施中外合作办学部省联合审批机制，审批4所高校的中外合作办学项目和4家自费出国留学中介机构。推动“留学福建”计划，省政府外国留学生奖学金资助额度700万元，资助外国留学生440名；省政府出国留学奖学金项目资助金400万元，资助高校青年骨干教师52名；设立福建省高校台湾学生专项奖学金，吸引台生来闽学习，截至年底，在闽高校就读台湾学生1652人，占大陆高校台生总数的1/6。全省赴台科研合作、学术交流、研修学习9697人次，其中赴台学生6683人次，约占同期在台陆生总人数的1/3。聘任台籍专兼职教师130多人，闽台高校合作编写课程教材60多门。率先开展高职毕业生赴台修读专升本课程试点。成功举办海峡两岸应用技术大学校长论坛，启动对台“招教引师”项目。

【素质教育】 2014年，全省在初中升学体育考试中，将长跑和游泳列为二选一必考项目，顺利开展相关考试。组织省第十五届运动会大学生部比赛，有80所高校的6796名运动员、1458名教练员、882名裁判员参加各项目比赛。开展校园足球工作，完善全省大学生、高中生、初中生和小学生校园足球四级联赛平台；福州市、厦门市、南安市为国家级校园足球定点城市，创建200所中小学足球特色学校，有2所高校建立高水平足球运动队；联合福建省侨办、体育局开展与阿根廷的校园足球项目合作。全省98.8%的学校完成2014年《国家学生体质健康标准》测试和上报工作，测试和数据上报率位居全国第四名。组织福建省歌舞剧院等省级艺术剧院（团），开展高雅艺术进校园演出活动110多场，演出场次居全国前列。

【平安校园建设】 2014年，新一轮“平安先行学校”“学校安全标准化”建设活动启动。开设安全教育地方课程，建立每日防溺水、防交通事故安全提示、提醒制度。健全学校重大安全隐患治理逐级挂牌督办和安全隐患排查治理月报告、季分析制度，组织开展“全省学校安全大检查及重点整治百日行动”等活动，强化重点部位的隐患排查整治，共清理安全隐患4.3万处，落实整改资金3000余万元。妥善处置校园涉稳敏感事件，学生非正常死亡率同比下降20.1%，持续25年保持校园安定稳定。下拨省级资金1376万元，完成593辆非专用校车更换任务，并全部按标准配备视频监控和行驶记录装置，实现动态管理和监控。

【依法治教】 2014年，《福建省促进闽台职业教育合作条例》《福建省义务教育条例》的立法调研开展，形成草案提请省人大审议。加强对全省各级教育行政部门领导和干部法律专业知识和行政执法业务能力培训，全省教育系统累计2000多名行政执法人员通过行政执法资格考试。推动高校加快建设现代大学制度，核准首批4所高校章程。推进落实行政审批“三集中”改革试点工作，进一步简政放权，加快行政审批效率，办理各类行政审批及便民服务事项2018件（42197人次），其中即办件1390件，即办率68.9%，按时办结率100%，群众满意率100%。

基础教育

【学前教育】 2014年，全省组织实施新一轮公办幼儿园建设，安排补助资金4.28亿元，新增公办幼儿园学位3.3万个，项目和资金重点倾斜23个

2014年福建省幼儿教育发展情况表

项目	单位	按城乡分				按办学部门分			
		合计	城区	镇区	乡村	合计	教育部门和集体办	其他部门办	民办
园数	所	7591	2659	2845	2087	7591	1527	707	5357
入园数	万人	59.86	21.99	23.05	14.82	59.86	27.63	1.23	31
在园幼儿数	万人	145.63	56.58	56.06	32.99	145.63	63.24	3.22	79.17
教职工数	人	122885	61809	44477	16599	122885	34312	3546	85027
专任教师	人	70405	34192	26581	9632	70405	22997	1969	45439

2014年福建省小学教育发展情况表

项　目	单位	按城乡分				按办学部门分			
		合计	城区	镇区	乡村	合计	教育部门和集体办	其他部门办	民办
校数	所	5167	1014	1485	2668	5167	5072	1	94
毕业生	万人	37.89	13.92	1475	9.22	37.89	36.20	0.04	1.65
招生	万人	52.95	20.79	19.45	12.71	52.95	50.25	0.06	2.64
在校生	万人	274.63	106.56	102.78	65.29	274.63	261.61	0.31	12.71
教职工	人	160596	49341	60748	50507	160596	156118	41	4437
专任教师	人	158698	50158	58180	50360	158698	155349	31	3318

2014年福建省初中教育发展情况表

项　目	单位	按城乡分				按办学部门分			
		合计	城区	镇区	乡村	合计	教育部门和集体办	其他部门办	民办
校数	所	1239	216	499	524	1239	1171	5	63
毕业生	万人	34.31	11.96	15.97	6.38	34.31	29.67	0.06	4.58
招生	万人	37.17	14.55	16.45	6.17	37.17	32.32	0.08	4.77
在校生	万人	112.57	42.66	50.71	19.20	112.57	97.90	0.22	14.45
专任教师	人	97933	30004	46003	21926	97933	90358	435	71.40

2014年福建省普通高中教育发展情况表

项　目	单位	按城乡分				按办学部门分			
		合计	城区	镇区	乡村	合计	教育部门和集体办	其他部门办	民办
校数	所	542	204	288	50	542	464	1	77
毕业生	万人	22.73	9.41	11.94	1.38	22.73	20.19	0.08	2.46
招生	万人	20.86	9.30	10.36	1.20	20.86	18.53	0.08	2.25
在校生	万人	62.91	27.55	31.73	3.63	62.91	55.93	0.23	6.75
专任教师	人	50923	21313	26462	3148	50923	42095	101	8727

省级扶贫开发县，补助资金占全省总额的36.7%。下达扶持民办幼儿园专项资金8270万元，其中4610万元专项用于2013年以后取得办园许可、月保教费每生低于150元的低收费民办园，按在园幼儿数每人每年补助100元，改善普惠性民办幼儿园办学条件。探索民办园发展新机制，研究制定民办园分类定级标准和政府购买服务实施方案，引导更多的民办园提供普惠性教育服务。建立幼儿园片区管理新模式；探索农村偏远地区幼儿接受基本学前教育机会的新模式，《2014年农村学前教育巡回支教试点工作实施方案》印发，指导试点市县遴选、设置支教试点，新增大田、泰宁、清流等3个革命老区为试点县，增设巡回支教点134个，增加志愿者177名。

【义务教育】 2014年，《农村义务教育学校布局专项规划（2013－2015）》制定，严格控制撤合并校行为，95%的农村学生单程步行上学时间控制在半小时以内。安排省级以上资金10.4亿元专项用于改善义务教育薄弱学校的基本办学条件，全省81.2%的农村学校实现宽带网络校校通，92.6%的义务教育学校实现标准化办学，扶贫开发重点县与全省差距进一步缩小。安排省级资金6.02亿元推进“中小学扩容工程”，在城区和城乡结合部新增义务教育学位7.3万个。义务教育标准化学校达到92.6%。调整义务教育课程方案，增加体育课时，保证学生每天一小时的体育锻炼。规范办学行为，推进各地和学校开齐开足规定课程，全省小学英语、信息技术课程实现全部开课；省级下达4500万元补助572所小学添置计算机及配套桌椅。改革学校管理体制，全面推行城区、学校“资源共享、师资互派、统一教学、捆绑考核”的“小片区管理”改革，在50个市、县试点开展农村薄弱校“委托管理”。深入实施“名校办分校、老校带新校、新校扶弱校”的集团化办学。组织力量总结推广200多所“老百姓身边的好学校”。

【高中教育】 2014年，全省普通高中实际招生20.86万人，在校生62.91万人，比上年减少2.74万人，普通高中招生计划得到较好控制。落实择校生比例从20.0%下降到10.0%政策，规范跨设区市招生行为，加大对违规招生行为查处力度。保障随迁子女升学权益，提前一年实现全省所有普通高中面向符合条件的随迁子女开放招生。努力扩大优质普通高中覆盖面，完成82所高中申报达标晋级审核工作，组织专家组对11所申报一级达标高中进行现场评估，7所普通高中晋升省一级达标、44所晋升省二级达标、16所晋升省三级达标。全省达标高中379所，占普通高中总校数比例70%，在达标高中就读的学生占90%以上。推进普通高中多样化、有特色发展改革试点，对26所省级实验学校试点工作进行中期评价。启动高中学业水平考试、学生综合素质评价改革研究。

泉州五中城东校区 （泉州市政府办供稿）

【特殊教育】 2014年，《福建省特殊教育提升计划（2014－2016年）实施意见》制定下发，全面部署实施福建省特殊教育提升计划。落实中央特殊教育专项补助和省政府确定的特教校、特教班省级补助项目，通过签订责任状和加强督查、通报进度等，促进各地完成教学和康复仪器设备配备，规范管理使用。《福建省残疾人事业专项彩票公益金助学项目（学前教育）实施方案》制定，下达2013－2014学年400名助学指标和资金，保障其接受学前教育和康复。按计划有序推进特教学校标准化建设，全省增加15所“福建省特殊教育标准化学校”。深入开展自闭症、低视力教育康复、“送教上门”试点研究，组织泉州市开展“低视力医教结合”改革，厦门市同安区开展“送教上门”和“随班就读”研究，取得实效，并列入国家特殊教育改革实验区。遴选教师参加教育部自闭症教育等专业培训，制定特教教师3年全员专业提升计划，安排75名教师参加“国培”，推荐表彰8名优秀特教教师。

【民族教育】 2014年，400万元省级民族教育专项经费下达，按照“优先发展、重点扶持”原则，在全省重点扶持32所民族中小学配备图书、教学实验仪器、音体美等器材和教育信息化等设备，改善办学条件，提升全省民族地区和民族中小学办学水平。指导各地办班学校加强管理，密切关注学生的思想动态，加强爱国主义和民族团结教育，选派18名教师参加教育部内地班管理和民族团结教育培训。推进内地班弹性学制改革，经学校统一摸底考试，学生自愿申请、试读，部分学生通过选拔直接升入高一年级就读，实行三年学制。

【资源配置优化】 2014年，福建抓好贫困地区义务教育发展，在改薄工程、校安工程等建设项目和资金安排上，向23个省级扶贫开发工作重点县等经济欠发达县倾斜，省级对基本财力保障县义务教育生均公用经费等项目补助比例80%。改善中小学教师队伍结构，补充教师近8000名，其中，农村教师占60%，紧缺学科教师占50%。设立长期在农村任教教师直聘制度。加大县域内义务教育学校教师（校长）校际交流力度，年内交流人数占应交流教师的12%。

【中小学教育信息化】 2014年，福建省建设教育资源公共服务平台，推进优质教育资源建设，根据全省基础教育信息化发展特别是农村中小学教学需要和应用实际，研究制定中小学教育信息化资源建设方案，开发一批本地化、个性化的微课程和优质示范课视频资源，基本完成义务教育阶段小学语文、英语和初中地理、音乐、美术等5个学科约460个重点教学内容的微课程资源建设。组织各地开展"一师一优课，一课一名师"活动，有10万余名中小学教师注册登记，共晒课8万余节，比原计划多67%。提升中小学信息技术教学应用水平，指导农村教学点用好视频接收播放设备，利用优质数字教育资源开展教学。通过政府购买服务方式引入第三方有偿优质教育资源。年内，全省教学点教师应用设备和教学资源开设的课程占总课程的74.0%，有2060个教学点应用设备项目开齐原来无法开设的国家规定课程，占教学点总数的88.3%。23个省级重点扶贫开发县中小学远程互动多媒体教室试点建设工作启动实施。组织教学点教师参加中央电教馆"教学点数字教育资源全覆盖项目"资源应用优秀案例征集评选活动，有7件作品获奖。

【科普教育】 2014年，福建充分发挥课堂主渠道作用，加强科学类课程实验教学，组织科技节、科普周、科普日及科学课程教学成果展示活动。开展"创新在我身边—2014年福建省青少年科学调查体验活动"，举办第29届全省青少年科技创新大赛、第12届福建省青少年机器人竞赛、第15届全省中小学电脑制作活动和高中5个学科竞赛等活动。在全国青少年科技创新大赛学生科技项目获得一等奖5项、二等奖9项、三等奖9项、专项奖9项，获奖成绩居全国第四位，比上年提高1位；厦门外国语学校陈姚佳同学获得中科协主席奖（大赛最高奖项），福安市逸夫小学入选"全国十佳科技创新校"暨"创新之星"，同安一中康良溪老师被评为"全国十佳科技辅导员"。10支代表队参加全国机器人竞赛，取得一等奖8项、二等奖和三等奖各1项的成绩，一等奖获奖比例全国最高。全国中小学电脑制作活动获得一等奖6项、二等奖22项、三等奖23项。

高等教育

【概况】 2014年，全省有普通高等学校88所（部属院校2所，省属院校86所），其中：本科院校33所（含独立学院9所），高职高专院校55所。全省研究生在校生39312人，比上年增加1122人。全省普通本专科在校生748480人，比上年增加17970人，增长2.5%；招生219121人，比上年减少6964人，下降3.1%；毕业生190144人，比上年增加2914人，增长1.6%。全省普通高等学校教职工65775人，比上年增加1031人；专任教师43902人，比上年增加997人。全省独立设置的成人高等学校3所，成人高等学校在校学生160768人，比上年增加16845人；招生60737人，比上年增加3755人；毕业生41246人，比上年增加6716人。

【高校改革】 2014年，《关于改革完善高等教育治理方式推动高等学校内涵发展的若干意见》出台，在全国率先实施"一校一策"管理模式，向福州大学、福建师范大学、福建农林大学3所学校下达高水平大学建设目标管理责任书，通过若干年建设进入国内同类

2014年福建省普通高等教育发展情况表

项目	校数（所）	本、专科生			教职工（人）	专任教师（人）
		毕业生（人）	招生（人）	在校生（人）		
合计	88	190144	219121	748480	65775	43902
综合大学	27	64768	73902	257733	23993	15656
理工大学	25	54924	63660	215425	18122	11695
农业院校	4	11043	11859	40349	3751	2427
林业院校	1	1761	1996	6420	422	340
医药院校	7	12181	16367	52363	5399	3962
师范院校	7	21896	23261	87745	7554	5256
语文院校	2	2189	2589	7228	559	369
财政院校	9	18169	21911	72389	4808	3500
政法院校	2	815	1345	3289	350	195
体育院校	1	570	450	1218	251	130
艺术院校	3	905	1693	4011	566	372
成人高等学校（举办）		923	88	310		

大学先进行列。支持高校建设一批优势突出的特色学科与品牌专业，争取有部分学科进入全国同类学科先进行列，建设5所高水平应用技术类大学，建设若干所高水平高职高专院校引导本科高校退出专科办学，安排本科高校的专科招生计划同比减少52.0%；安排省属高校绩效拨款4亿元，试行以绩效为导向的高校拨款体制改革。推进“省级高等院校办学监测体系”建设，启动普通本科高校教学基本状态数据采集，制定普通高校本科教学工作审核评估方案，开展高职院校第二轮评估。

【专业结构优化】 2014年，“负面清单”制度首次建立，根据专业布点、就业状况等，公布暂缓申报设置的24个本科专业名单，结合教育部公布的2013年、2014年两年全国就业率较低的15个本科专业名单，引导高校结合自身发展定位、办学特色与办学条件设置专业，提升专业设置与产业发展、就业需求的契合度。全省高校新增53个本科专业，其中工科类专业23个。全省高校新增硕士专业学位授权点23个，重点向工程硕士和医学类领域倾斜。建立55个研究生教育创新基地，在57所高校实施128个“基础学科拔尖学生培养计划”。

【研究生教育】 2014年，福建推进20个省级优势学科创新平台(培育项目)、55个省级特色重点学科和210个省级重点学科建设。推进泉州师范学院、闽江学院、厦门理工学院“服务国家特殊需求”硕士专业学位人才培养试点，组织开展试点工作中期考核自我评估工作。推进福州大学等4个专业学位研究生教育综合改革试点。启动实施学术学位研究生课程建设试点，遴选厦门大学、福建农林大学2所高校开展国家级课程建设试点工作。完成福州外语外贸学院申请增列学士学位授予单位、授权专业审核评估和23所本科高校61个本科学士学位专业授权审核。完成国务院学位委员会第七届学科评议组成员候选人员推荐工作，推荐41名专家，入选9名。

【人才培养与教学改革】 2014年，福建组织实施大学生创新创业训练计划，确定省级项目1913项、国家级项目640项，采取学校自筹经费、事后绩效奖励方式推进项目建设。开展第七届省级教学成果奖励评选工作，遴选确定福建省第七届高等教育教学成果奖励项目300项，其中特等奖25项、一等奖95项、二等奖180项。推进卓越医生、教师、农林人才教育培养计划，全省共有7所高校入选“卓越人才培养计划”试点。联合省政法委、省高级人民法院等部门、新闻单位，实施高校与法律实务部门、新闻从业人员互聘“双千计划”(每年互聘5人)，年内，完成互聘10人。遴选确定200项省级教学改革项目，采取高校为主、项目库建设、绩效奖补等方式，支持高校开展新一轮教学改革。组织开展“十二五”普通高等教育本科国家级规划教材第二次推荐遴选工作，推荐50种教材参评；新增32种教材入选第二批“十二五”普通高等教育本科国家级规划教材。

【科研创新】 2014年，全省高校新增国家工程技术研究中心1个、省部级科研创新平台17个(其中：重点实验室1个、省社科基地16个)。全省高校获得国家自然科学基金585项，获资助金额3.1亿元，项目数和金额数均占全省总数的85.0%；获得国家社科基金106项、教育部人文社会科学47项。福建农林大学陈礼辉等完成的“竹纤维制备关键技术及功能化应用”、福建医科大学刘景丰参与完成的“提高肝癌外科疗效的关键技术体系的创新和应用”两个项目获2014年度国家科技进步二等奖；福建师范大学教授王长平主持完成的“球变换群的几何及其子流形理论”项目获2014年度高等学校科学研究优秀成果奖(科学技术)自然科学奖一等奖。高校申请专利3153件、获授权专利1459件；出版著作754部，其中科技著作40部；发表学术论文19566篇，其中自然科学12419篇、人文社科7147篇，被SCIE收录3325篇、EI收录2239篇、ISTP收录389篇。省财政下达专项经费7000万元资助省级“2011协同创新中心”建设。在第十二届“6·18”期间举办“高校成果展”，邀请北京大学、清华大学等70多所省内外高校参展，现场重点展示300项科技成果，并征集近4000项成果在省教育厅门户网站和“6·18”网站进行推介。

【办学质量和监督】 2014年，福建设立1000万元专项经费，在全国率先开展“省级高等院校办学监测体系”建设。组织完成10所省重点建设高校和3所高水平大学(8个优势学科创新平台)2013年度专项资金绩效评价。制定《硕士学位论文抽检实施办法》，启动硕士论文抽检和组织开展学位论文作假行为专项检查工作。正式启动

2014年5月，福建师范大学举办五四青年节环校越野跑比赛 (团省委供稿)

云数据库建设、平台系统开发与测试、监测项目数据采集和导入、普通本科高校教学基本状态数据采集等工作。制定普通高校本科教学工作审核评估方案。完善高校本科教学质量年报发布制度，促进学校建设本科教学质量数据平台，建立健全教学质量自我评价和促进机制。支持高校参加国际、国内专业认证评估，对通过的4个工程教育类专业予以奖励。

职业教育与成人教育

【现代职业教育建设】 2014年，全省加快建立行业指导制度，行业中等职业教育指导委员会达30个以上；调整专业结构，中职学校一、二、三产业相关专业分别占9.0%、45.0%、46.0%，高职院校工学专业点占44.7%。遴选确定省级高职院校示范专业52个、生产性实训基地15个、高职专业带头人100名，以及中职公共实训基地9个和特色课程20门。获2014年职业教育国家级教学成果奖一等奖1项、二等奖13项。中职、高职毕业生获得“双证书”比例分别达98.0%、96.0%以上。全年职业院校为企业订单培养在校生4万人、培训员工21万人次、开展职业技能鉴定9.2万人次。建立健全人才培养质量评价机制，在高职院校全面实行人才培养质量年度报告制度，在32所国家和省级中职改革发展示范校试点开展人才培养质量年度报告；完成4所高职院校人才培养工作评估，在6所省属中职学校开展教学合格评估试点工作。组织实施福建省高等学校教学改革研究项目，立项建设100个高职教改项目。开展2014年高职教育教学成果奖励评选工作，遴选确定省级高职教育教学成果奖励项目100项，其中特等奖10项、一等奖30项、二等奖60项。举办全省职业院校技能大赛，印发《福建省职业院校技能大赛规章制度汇编》，参赛选手4097人。在2014年全国职业院校技能大赛中，获得一等奖17个、二等奖62个、三等奖153个。

【职业院校管理体制】 2014年，《关于省级非教育行政单位与所属院校脱钩工作的实施意见》印发，推动省级非教育行政单位与所属职业院校脱钩，进一步理顺职业院校的管理体制。《省级非教育行政单位所属高职院校划转接收工作实施方案》制定，完成8所高职院校的脱钩工作。

【示范性职业院校建设】 2014年，

2014年福建省中等职业学校教育发展情况表

单位：人

项目	毕业生数		招生数			在校学生数	专任教师
	计	其中：获得职业资格证书	计	其中：应届初中毕业			
				计	初中毕业生		
合计	152109	139792	140906	96641	91762	437610	17102
农林牧渔类	21418	20642	22643	3193	3615	102345	332
资源环境类	59	57	32	32	32	121	50
能源与新能源类	74	12	198	189	189	611	5
土木水利类	10206	9867	12509	8819	8186	29423	457
加工制造类	12866	11236	9480	7739	7261	28600	977
石油化工类	739	601	359	212	169	1439	75
轻纺食品类	2890	2762	2276	1669	1564	8112	156
交通运输类	10091	9063	13044	9977	9716	31286	467
信息技术类	21457	19974	20009	15824	14834	56324	1931
医药卫生类	9174	8318	7418	7142	6999	25906	440
休闲保健类	1610	1550	1677	1539	1508	5772	26
财经商贸类	22759	21174	21069	16139	15175	57590	1403
旅游服务类	6786	6248	7504	5307	5228	22726	581
文化艺术类	10475	9669	8504	6869	6523	25463	1242
体育与健身	687	510	773	773	733	2577	443
教育类	15398	14143	9917	9292	9108	32217	791
司法服务类	2198	2094	135	135	135	426	29
公共管理与服务类	1752	1052	2109	743	743	3457	87
其他	1470	820	1250	1050	1044	3215	7610

2014年福建省成人高等学校发展情况表

项　目	学校数(所)	毕业生(人)	招　生(人)	在校生(人)	教职工(人)	专任教师(人)
合计	3	41246	60737	160768	831	435
广播电视大学	2	3057	5196	11906	350	95
职工高等学校						
管理干部学校						
教育学院	1	6259	8139	26311	481	337
夜大学(业余)	0	9237	10832	32488	0	0
函授部	0	22692	36570	90063	0	0
成人脱产班	0	1	0	0	0	0

福建推动示范性职业院校建设,7所国家中等职业教育改革发展示范校、1所国家骨干高职院校通过国家验收,新评审确定6所省级中职改革发展示范校建设项目学校。建立示范校交流互动机制,成立10个中职示范校建设专业协作组,将第一批国家中职改革发展示范校典型案例汇编成册,印发各地和学校交流学习。省级财政安排1.97亿元支持建设的县级职教中心重点专业实训基地和信息化实训教学项目全面完成,福清、福鼎、龙海3个县(市)入围国家级农村职业教育和成人教育示范县创建单位。

【职业教育信息化】 2014年,福建加快职业教育公共服务平台建设,建立电子学籍、教务管理、技能大赛等管理系统。优化教学资源数据库结构,完成资源平台与学习空间的无缝对接,实现优质资源定向推送。加强信息化教学资源建设,内容涵盖19个专业大类,计40万条,仿真实训软件21个。评审认定10个中职信息化校园。举办2014年全省职业教育信息化教学大赛;在2014年全国职业院校信息化教学大赛中,获得一等奖4个、二等奖6个、三等奖11个。

【终身教育】 2014年,《福建教育》开设"福建省社区教育品牌"专栏,加大社区教育品牌宣传力度,宣传推广品牌经验和成果。推进学习型组织建设,《福建省学习型学校创建标准(试行)》印发,推动有条件的城市积极创建学习型城市。"9·28终身教育活动日"系列活动暨"全民终身学习活动周"等活动开展400余场,全省93个市、县(区)全部申报为"全民终身学习活动周"举办城市,占全国举办城市总数的10.3%,举办城市数量连续6年全国最多;获6个全国"终身学习活动品牌"和6名"百姓学习之星"称号。完成12个成人本科专业、87个成人专科专业,以及3所省外高校在福建省设立的现代远程教育校外学习中心、省外高校在省内设立函授站的审核备案工作。

【自学考试】 2014年,全省自学考试学历教育报考人数159222人、考试总科次319847科次;在考专业147个,其中:本科专业74个,专科专业73个;面向社会开考专业73个,开考体制改革试点专业115个;有52所高等院校担任主考学校,与11个厅局、行业合作开考23个专业。非学历证书考试持续拓展,全年组织全国计算机等级考试、全国英语等级考试、大学英语四六级考试、高等学校英语应用能力考试、全国中小学教师教育技术水平考试、教师资格"两学"考试、非学历双证书考试共14个大项目17次考试,考生人数129.5万人,比上年增加14.5万人,增长12.5%。

(陈晓凤　张伟礼　翁明安)

(制表:刘彦明)

编辑:林忠玉

福建省普通、成人高等教育学生概况一览表

文　化

文化事业

【艺术创作】 2014年，福建省继续开展主题文化宣传活动，充分发挥文化引领风尚、教育人民、服务社会、推动发展的作用。一批艺术精品在全国获奖。大型舞剧《丝海梦寻》荣获首届"丝绸之路国际艺术节"优秀表演奖。"丝路帆远——海上丝绸之路文物精品七省联展"荣获第十一届全国博物馆十大陈列展览精品奖。"大漆艺术——2014海峡漆艺术大展"荣获2013—2014年度全国美术馆优秀展览项目。越剧《沙漠王子》荣获第三届中国越剧艺术节优秀剧目奖。杂技《灵魂向远方——绳技》荣获第十一届中国武汉国际杂技艺术节金奖和俄罗斯"偶像"国际马戏节银奖。闽剧《北进图》入选参加第四届全国地方戏(南北片)优秀剧目展演。折子戏《文昭关》入选参加第七届中国京剧艺术节。2014年，福建省举办第八届青年演员比赛、第12届音乐舞蹈节、第26届戏剧会演剧本征文、第12届华东六省一市戏剧小品大赛、首届"海峡杯"闽台两岸少儿歌手赛、高雅艺术进校园、"八闽清风"廉政文艺走基层等活动。6家省属文艺院团公益性惠民演出928场。芗剧《保婴记》获第十三届"五个一工程"优秀剧目奖。

创排大型巡演舞剧《丝海梦寻》。2014年亚洲相互协作与信任措施会议第四次峰会在上海举办前，习近平总书记提议，选送福建省歌舞剧院上世纪九十年代初创作演出的舞剧《丝海箫音》片段在"亚信峰会"专场文艺晚会上表演。省文化厅组织省歌舞剧院根据舞剧《丝海箫音》精选片段重新改编、创作而成的舞蹈节目《丝路梦寻·海》，在"亚信峰会"专场文艺晚会上精彩献演，得到"亚信峰会"组委会的高度评价与肯定。随后全面启动在舞剧《丝海箫音》基础上以海上丝绸之路为主题的全新创作和排演，将舞剧定名为《丝海梦寻》。8月24日晚《丝海梦寻》舞剧首次在国家大剧院献演。《丝海梦寻》舞剧还应邀赴西安首届丝绸之路国际艺术节、澳门世界旅游论坛、厦门第九届全球孔子学院大会等演出十几场。

举办"福建戏剧优秀剧目晋京展演"。2014年8—9月举办"庆祝新中国65华诞·同圆中国梦——福建戏剧优秀剧目晋京展演"活动，集中闽剧《贬官记》《兰花赋》、莆仙戏《叶李娘》、芗剧(歌仔戏)《保婴记》、高甲戏《阿搭嫂》、梨园戏《皂隶与女贼》、木偶剧《赵氏孤儿》7台福建优秀地方戏在国家大剧院、中央党校礼堂和北京梅兰芳大剧院联袂上演。展演期间在中国艺术研究院举办"福建地方戏剧继承与发展学术研讨会"。

【公共文化服务体系建设】 根据文化部批准实施的《闽南文化生态保护区总体规划》，组织9个示范园区和41个示范点建设。落实省委、省政府为民办实事文化项目"建设500个乡镇综合文化站文化信息共享服务点"和"扶持30个非物质文化遗产地方剧种剧团公益性演出"。提请省政府研究制定各级政府公共文化服务保障标准、公共文化设施建设和管理服务的技术标准、公共文化服务评价标准。开展第二批国家公共文化服务体系建设示范区(三明)和示范项目(福州市激情广场大家唱)建设。完成全国文化先进单位复查和新一轮推荐工作。"福建艺术扶贫工程""村级文化协管员队伍建设"2个国家文化创新项目通过文化部验收。完成第一次全国乡镇综合文化站评估定级工作，推荐上报491个乡镇综合文化站为全国乡镇综合文化站等级站。向文化部推荐23个项目参评2014—2016年度"中国民间文化艺术之乡"。完成《福建文化记

2014年5月20日，《丝路梦寻·海》亮相上海"亚信峰会"文艺晚会

(省文化厅供稿)

忆》数据库群建设规划和《闽南文化》(第一期)《客家文化》(第一期)数据库建设。推进海峡演艺中心、海峡文化广场、省图书馆改扩建、省歌舞剧院业务综合楼等重点项目建设。实施“扶持32个非物质文化遗产地方剧种剧团公益性演出”为民办实事项目。挖掘整理并推广“乡规民约”“祖训家规”等传统美德文化。组织开展全省宗祠文化普查和资源采集平台建设。编辑出版《福建历代乡规民约》《历代家训家书选粹》。

【文化体制机制改革】 省委、省政府同意实施省文化厅牵头省直六部门拟订的《关于积极稳妥推进省属国有文艺院团改革发展的意见》。深化文化市场行政审批和文物保护工程审核制度改革。文化部批复同意福建省文化市场领域对台实行先行先试政策,允许台湾地区投资者在福州、厦门、平潭三地设立独资、合资、合作经营的娱乐场所,允许台湾地区投资者在福建省设立由内地方控股或占主导地位的合资、合作的文艺表演团体,允许台湾地区投资者在福建省设立独资经营的演出经纪机构和演出场所经营单位。省文化厅与国家大剧院、中国戏曲学院分别签订合作协议,双方在艺术创作与展演、人才培养等方面加强合作。中国戏曲学院与省芳华越剧团、省实验闽剧院,北京大学歌剧研究院、香港歌剧院与省歌舞剧院签订合作协议。

【文化市场管理】 加大简政放权力度,做好文化部下放审批事项的承接工作,全面清理审批事项。推进互联网上网服务经营场所审慎开放和转型升级。引导演艺市场繁荣发展,全年受理审批(核)来自美国、德国、俄罗斯等国家以及香港、台湾等地区的演出活动311批(次)、参演艺员2773人(次)。新审批设立演出经纪机构17家,开展首批高级演出经纪人资质评定推荐工作。启动演艺中介机构扶持计划,通过以奖代补方式调动演艺中介机构创作、生产、营销面向市场、服务群众的优秀演艺产品的积极性。开展文化市场整治行动,查办的5个典型案件被评为全国文化市场重大案件。

【文化产业园区】 2014年,省文化厅加强文化产业园区(示范基地)建设,推进闽台(福州、厦门)文化产业园建设,积极争取政策支持。组织第五批国家级文化产业示范(试验)园区和第六批国家文化产业示范基地的申报评选,华昌珠宝等3家企业被评为国家文化产业示范基地,12家企业被评为第八批省级文化产业示范基地。发展以数字化生产、网络化传播为主要特征的动漫、游戏、网络文化、数字文化服务等新兴文化产业。

【非物质文化遗产保护传承】 2014年,福建第四批国家级非物质文化遗产代表性项目名录申报工作完成,全省新增国家级项目17项;第三批省级传承人评审完成经省政府公布传承人141人。组织2014年春节元宵期间的民俗活动和第九个文化遗产日系列活动。推进厦门鼓浪屿申报“世界文化遗产”工作,加强三坊七巷、闽南红砖建筑、海上丝绸之路、闽浙木拱廊桥等4个列入《中国世界文化遗产预备名单》项目系列申报的基础工作。加强保护第七批全国重点文保单位、涉台文物以及亟需保护修缮等文物建筑。开展全国重点文保单位和省级文保单位保护范围和建设控制地带的划定工作。开展全省22处(泉州13处、漳州3处、福州6处)列入《中国世界文化遗产预备名单》“海上丝绸之路”重要史迹的价值研究、合作机制建立与运作、法律法规保障、遗产保护、环境整治等系列工作,组织“丝路帆远——海上丝绸之路文物精品七省联展”赴首都博物馆展览。实施《闽南文化生态保护区总体规划》,初步建立闽南文化生态保护区非物质文化遗产名录体系。落实省领导有关加强宗祠文化建设、弘扬乡规民约和祖训家规等优秀传统文化的指示,对福建的各类宗祠、宗祠文化和地方文献保存单位收藏的有关宗祠文化及文献资料等进行普查,组织编撰《福建非物质文化遗产传承人图典》。推动“武夷岩茶(大红袍)制作技艺”申报联合国教科文组织《人类非物质文化遗产代表作名录》工作。

【对台文化交流】 2014年,福建实施福建文化宝岛校园行、传统艺术交流、民俗宗亲交流等入岛文化交流项目。抓好第六届海峡论坛相关两岸文化交流系列活动。举办2014年海峡两岸民间艺术节、第16届莆田湄洲妈祖文化旅游节、第8届闽台对渡文化节暨蚶江海上泼水节、第23届海峡两岸关帝文化节、第9届中国(莆田)海峡工艺品博览会、第6届郑成功文化节等对台文化交流活动。参与“2014世界闽南文化节”活动,在中国闽台缘博物馆举办“台湾星云大师一笔字书画展”。入岛参加台中“大甲妈祖文化

国家级非物质文化遗产霍童线狮表演　　(蕉城区政府办供稿)

观光节”、台南“郑成功文化节”等活动。组织首届“海峡杯”少儿歌手赛获奖者组团入台开展巡演活动。组织艺术院团赴澎湖、马祖、金门参与当地举办的重大文化节庆活动。举办2014年第二届福州话大赛。组织省属六院团赴台湾桃园、新竹、台南、高雄等地开展“福建优秀舞台剧(节)目巡演”,演出福建优秀舞台剧12台,观演人数3万多人次;省杂技团春节期间第5次到澎湖上演杂技专场;省实验闽剧院元宵节期间第14次到马祖演出,并赴台湾10所院校开展“福建文化宝岛校园行”交流活动;福建民族乐团赴金门举办“国乐闽韵海峡情”专场音乐会。首次在台湾举办海峡两岸民间艺术节,台湾县市参与主办,期间组织厦门、漳州等5个团组入台交流演出29场次。

【对外交流与合作】 2014年,福建举办“中国海上丝绸之路”高峰论坛,争取组织“丝路帆远——海上丝绸之路文物精品联展”作为重要的国家文化品牌赴联合国总部、东盟国家展览。开展与非洲塞内加尔、佛得角、赤道几内亚三国的文化交流活动。推进在南非、美国“闽侨文化中心”开展常态化活动,争取文化部支持设立“闽侨文化中心”交流项目和专项资金。与省外办、省侨办、省侨联联合组派福建艺术团赴海外开展慰侨演出活动。拓展海外友城间文化交流与合作项目。配合文化部办好“2014年中非文化产业圆桌会议”。举办“东亚文化之都·泉州”系列活动。

【第七届海峡两岸文博会】 2014年10月24日,第七届海峡两岸文博会在厦门举办。本届文博会有21个省区市和8个海外国家参展;台湾参展商657家,参展企业覆盖台湾所有县市。签约投资项目140个,总签约额387.7亿元,其中合同项目56个,合同金额179.7亿元;现场总交易额7.77亿,其中:现场交易额3.26亿,现场订单签约额4.51亿。

【大漆艺术——2014海峡漆艺术大展】 2014年11月29日至12月11日,在中国美术馆举办“大漆艺术——2014海峡漆艺术大展”,从海峡两岸1500多位艺术家征集的1800多件作品中精选280件漆艺作品,是迄今国内规模最大、规格最高、展品最多、品类最全,首次由海峡两岸漆艺术界共同参与的漆艺术大展,集中展示两岸漆艺术创作发展的优秀成果,推进海峡两岸文化艺术交流合作。展览期间,举办主题为“漆与艺术、漆与生活”学术研讨会。

【图书馆】 2014年,全省有各级公共图书馆90个,其中少儿馆6个,馆舍面积37.50万平方米,总藏量2660.20万册(件),其中:图书2064.551万册,古籍47.80万册<件>(含善本4.39万册<件>),视听文献与缩微制品61.60万件,报刊217.07万件;电子图书1660.48万册。新增藏量343.20万册,其中:图书205.66万册,电子图书137.54万册。总流通2051.91万人次,外借书刊2117.51万册次。为读者举办讲座、展览、培训班3855场次,参加读者172.14万人次。全省公共图书馆有分馆589个,到乡镇、农村、社区、部队、学校等开展图书延伸服务,流动借阅书刊194.436万人次,借阅书刊347.379万册次。向文化部申请专项经费385万元,用于《福建春节》《福建工艺美术3》《海上丝绸之路(福建段一期)专题资源数据库》等地方特色专题资源项目建设。全省建成文化共享工程省级分中心1个,地市级支中心9个,县级支中心83个,乡镇基层服务网点929个,村级基层服务网点15003个,其中14990个依托农村党员现代远程教育工程建立。

(江建国)

文学艺术

【重大文艺活动】 召开福建省文联第七次代表大会。2014年1月5—7日,省文联第七次代表大会在福州召开。大会审议通过省文联第六届委员会工作报告,修改了省文联章程,选举产生123人组成的福建省文联第七届委员会和13人组成的省文联第七届主席团,聘请17位德高望重的老艺术家和文艺界老领导担任省文联第七届顾问,顺利实现省文联主席团的新老交替。

联办鲁迅文学院福建中青年作家班。2014年3月16日,由中国作协鲁迅文学院、福建省文联联合主办的鲁迅文学院福建中青年作家班在福州开班,来自全省各地的50名中青年作家参加了学习。28日,举行鲁迅文学院福建中青年作家班结业仪式。

联办中国梦·海峡情第二届海峡两岸文学创作网络大赛高峰论坛。2014年8月13日,中国梦·海峡情第二届海峡两岸文学创作网络大赛高峰论坛“文学在互联网时代的地位与应对方式”在北京中国现代文学馆召开。与会专家针对海峡两岸网络文学创作进行深入研讨与交流。该届大赛自1月启动,历时半年,不论是稿件数量、质量,还是参赛人数均胜第一届。

承办第十二届全国美术作品展暨漆画作品展。2014年9月1日,由文化部、中国文联、中国美协主办,福州市政府、福建省文联、福建省美协、福建拓福文教基金会承办的第十二届全国美术作品展览漆画作品展在福州海峡国际会展中心开幕。此次漆画展为期10天,展出第十二届全国美术作品展览漆画展区入选作品308件,从中评出34件晋京作品。开幕当天,举办“海峡两岸当代漆画艺术发展高峰论坛”。

联办2014闽派文艺理论家高峰论坛。2014年9月27日,2014闽派文艺理论家批评家高峰论坛在福州举行。此次高峰论坛由中国作协创研部、《文艺报》和福建省文联联合主办,来自全国各地的闽籍和在闽工作的文艺批评家以及部分闽籍作家、文学界人士80多人齐聚福州,共论“文艺批评的变革与创新”。

联办陈礼忠寿山石雕刻艺术展。2014年11月30日,省文联与中国艺术研究院、中国美术馆、福建省文化厅等单位共同主办的“文心点石——陈礼忠寿山石雕刻艺术展”在中国美术馆揭幕。该展览为期11天,集中展出中国工艺美术大师陈礼忠近年来创作的150余件寿山石雕刻艺术精品。

【艺术成果】 2014年,福建省多项文学艺术创作成果获得国际、国家、华东地区和省级奖励。文学创作,中篇小说《龙舟》入围第六届鲁迅文学奖提名奖;散文集《人约黄昏后》和理论文章《冰心的生态美学思想及其审美意义》《散文的末路与未来》获第六届冰心散文奖。戏剧创作,校园话剧《上大学》获得全国校园戏剧大赛的最高荣誉奖项——“中国戏剧奖·校园戏剧奖”优秀剧目奖,实现福建省该奖“三连冠”;话剧《哥德巴赫猜想》荣获中国校园戏剧节“优秀剧目奖”。音乐创作,歌曲《海峡月光曲》获第十三届全国精神文明建设“五个一工程”优秀作品奖,为福建省争得该奖“四连冠”;歌曲《同圆中国梦》《浪花跳到台湾岛》《方圆故里》《开满鲜花的海峡》《拉拉手》被授予福建省“五个一工程”贡献奖。美术创作,216件作品入展第十二届全国美展,跻身全国第一方阵;在“中国美术奖·创作奖”中,张玉惠漆画作品《织情叙意》获得金奖,沈克龙漆画作品《花事千年》获得银奖;林智勋、黄建坤漆画作品《旧时光》、熊礼斌油画作品《草原上的人们》获得铜奖,陈娜漆画作品《若只如初见》、杨耀斌漆画作品《迷彩青春》、林宜耕和李涛漆画作品《戏画人生》获得优秀奖;美术作品《大海的渔情》在“追寻中国梦——庆祝中国文联成立65周年全国文联干部职工美术、书法、摄影展”中被评为特别优秀作品。书法创作,7人作品入展第五届中国书法兰亭奖,其中:曾锦溪作品获二等奖,陈胜凯、林玉梅作品获三等奖,叶梅的《晚明嘉兴项氏法书鉴藏研究》专著获理论奖一等奖;12人次在全国书法篆刻作品展中获优秀奖(最高奖)。舞蹈创作,在第九届中国舞蹈“荷花奖”评选中,群舞《香扇春情》获作品银奖,独舞《方志敏》获表演铜奖,论文《泉州民间舞蹈及其生态研究》获舞蹈理论铜奖;参加第六届华东专业舞蹈比赛,获创作三等奖3个、表演三等奖2个、入围奖2个。曲艺创作,在第八届中国曲艺牡丹奖评选中,杨雪莉获牡丹表演大奖,庄丽芬获表演新人大奖;在第六届全国少儿曲艺大赛中,获得1个一等奖、2个二等奖、1个三等奖。摄影创作,《台东夜渔》在“追寻中国梦——庆祝中国文联成立65周年全国文联干部职工美术、书法、摄影展”中被评为特别优秀作品;《梨香墨韵》应邀参加2014上海国际摄影节展览。电视艺术创作,在第27届中国电视金鹰奖中,《朱哲琴·世界看见》获电视文艺节目三等奖,《百年学村中国梦》获电视纪录片三等奖;在第二届华东六省一市暨全国部分省市微电影(微视频)大赛评选中,17部作品获奖,《哭砂》获微视频故事组一等奖。民间文艺创作,舞龙表演“五龙呈祥庆太平”在全国民间舞龙大赛暨第十二届中国民间文艺“山花奖·民间艺术奖”评选中获金奖;农民画《酿酒》在全国农民画展中获金奖;5个作品参加全国木偶大赛获2金1银;民俗群舞《迎春牛》获第十二届中国民间文艺“山花奖·民间艺术表演奖”银奖;剪纸《荷塘情韵》获全国剪纸艺术大赛银奖;在“山花奖·民间工艺美术奖”中,获得金奖23个、银奖18个、铜奖9个、优秀奖12个。杂技创作,《灵魂向远方——绳技》参加俄罗斯偶像国际马戏节的杂技比赛获银奖(第一名),该节目在武汉光谷国际杂技艺术节获荣誉金奖,另一节目《博——抖杠》获得铜奖。文艺评论创作,在第九届中国文联文艺评论奖中,《近20年台湾文学创作与文艺思潮》获著作类二等奖;《音乐的“温度”及其意义立场》《试论“字如其人”的历史合理性及其现实困境》获文章类二等奖。在中宣部举办的“我们的中国梦——讲述中国故事”文艺作品征集活动中,1部文学作品获全国一等奖(第一名)、2首歌曲获音频类二等奖。在福建省第七届“百花文艺奖”中获佳绩,54件作品获奖,获奖数量名列全国首位。

【艺术交流】 2014两岸青年诗歌创作座谈会暨海峡诗会。5月24日,由中国作协港澳台办公室、福建省文联主办的2014两岸青年诗歌创作座谈会暨海峡诗会在福建会堂拉开序幕。活动为期5天,在福州、武夷山两地举行。

第五届海峡两岸青年舞蹈嘉年华。8月23—26日,由中国舞协、福建省文联、台湾两岸关系发展促进会、晋江市政府主办的国台办对台文化交流重点项目——“第五届海峡两岸青年舞蹈嘉年华活动”在晋江市举办。本届活动以“寻梦、追梦,同圆中国梦”为主题,包括嘉年华开幕式暨大美晋江海峡两岸青少年优秀舞蹈展演、海峡两岸舞蹈发展与合作论坛、海峡两岸青少年“海丝文化”舞蹈研习创作采风、海峡两岸民族民间舞蹈现场教学研习等内容。来自海峡两岸的14支队伍、近400名青少年为现场观众奉上一场融合两岸青少年时尚、青春、激情的舞蹈节目。

2014海峡两岸曲艺欢乐汇。11月16—22日,由中国文联、中国曲协、福建省文联共同主办的国台办对台文化交流重点项目——“2014海峡两岸曲艺欢乐汇”系列活动在台湾举办。40余名大陆曲艺名家分成台北、台中、台南3路,开展“海峡水暖·曲艺情浓”优秀曲艺作品宝岛巡演。

(王幼丽　方　毅)

文化产业

【概况】 2014年,福建省文化产业中规模以上文化制造业、文化批零业、文化服务业的单位总数2239万家,比上年增长18.0%;资产总额1905.49亿元,增长20.9%;从业人员38.26万人,增长3.9%;主营收入2603.05亿元,增长16.0%。2014年,全省城镇居民、农村人均文化娱乐支出分别为1016.8元、277.5元,同比分别增长7.1%、12.0%;农村居民人均文化娱乐支出增速比人均生活消费支出增速高1.3个百分点,城镇居民人均年文化娱乐支出增速比人均生活消费支出增速低0.9个百分点;城乡人均文化娱乐支出占消费型支出比重分别为4.6%和2.5%。

【文化龙头企业培育】 2014年,福建推动文化产业龙头促进计划实施,组织2014年度省文化企业十强推荐评选工作。建立行业龙头目录库和重点项目库,推动109家文化龙头企业制定实施文化产业发展规划,确定重点培育项目99个。福建网龙获评第六届全国文化企业30强。万利达科技、华昌珠宝主营收入增幅均超过14%。恒业电影单部影片票房突破4亿元，2014年制作影片创造票房10亿元。福建皇品文化传播股份有限公司在“全国中小企业股份转让系统”（即新三板）成功挂牌上市，成为全国首家微电影公司、福建首家文创企业通过“新三板”上市的企业。

省属文化产业集团。2014年，福建日报社报业集团实现总收入18.2亿元，比上年增长3%，其中多元产业收入7.44亿元，增长16%。海峡出版发行集团实现总收入24.8亿元，增长0.5%；实现利润2.8亿元，增长32.9%。福建广播影视集团主营收入97255万元。福建广电网络集团实现总收入28亿元，增长22.1%；实现利润4.1亿元，增长16.7%。

骨干民营文化企业。2014年，百度91、厦门飞鱼科技、泉州功夫动漫等10多家企业增速超过100%，福建网龙、福州天盟等5家单位收入超过10亿元。

2014年10月28日，第九届中国高山茶暨首届中国洛神花文化节在大田开幕

（大田县政府办供稿）

【重点文化产业项目建设】 2014年，福建重点文化产业项目建设取得进展。完成2014年度省级文化产业十大重点项目评审认定。十大重点文化产业项目全年完成投资30多亿元。推进省文化产业重点项目建设，商业模式创新、文化科技融合、文化遗产保护利用、影视演艺等内容等领域取得较大进展。推动福州、厦门制定国家文化和科技融合示范基地建设实施方案。推进文化旅游融合发展示范工程20个重点项目建设；武夷山文化旅游示范项目提升工程——“武夷水秀·清水盛典”多媒体表演项目开演运营；马尾·中国船政文化城项目完成船政衙门复建及前后学堂工程主体框架。举办2014年度首届福建省最具创意文化产品评选活动，搭建创意文化产品成果转化及人才培养的综合服务平台，推动创意设计项目、人才、资源对接。建立文化产业园区数据库，作为申报项目资金、争创国家级示范基地、编制招商引资指南的基本依据。跟踪抓好福建省十大重点文化产业园区培育，全年十大重点文化产业园区产值500多亿元，其中闽台（福州）文化产业园核心区、惠安雕艺文创园、仙游工艺产业园产值均超120亿元。

【文化产业投融资平台建设】 推动海峡文化产业投资基金发挥好支持福建省文化产业发展的作用，基金管理公司管理的资产规模4.8亿元，投资额1.2亿元，带动和引导各方投资9.3亿元，并带动组建“建银”“建信”“福建海峡恒业影视”以及与蔚蓝集团合作设立文化旅游子基金4家。海峡出版发行集团发行10亿元短期融资券获批。金融机构加大对文化产业信贷支持力度，截至2014年末，全省文化产业信贷余额246.06亿元，增长17.96%；全省文化产业贷款净增37.46亿元，保持持续扩张态势。

【文化市场】 推动新华文化城连锁、传媒港连锁、中兴电影院线、大剧院演艺联盟、“海艺堂”艺术连锁等在全省布局。安排省属文艺院团“周周有戏”低票价补贴1200万元。安排200万元支持实体书店发展。截至2014年底，全国20条城市电影院线在全省落地，登记影院167家、银幕793块、座位数11.98万个，全年福建电影票房9.81亿元，增长37.49%。全年动漫游戏总收入170亿元，增长25%。全年新增有线数字电视用户105.54万户，全省有线广播电视用户724.03万户；数字电视总用户594.66万户，数字化率82.1%；全省城镇以上有线电视实现百分之百数字化、高清化，居全国领先水平。

朱子文化园 （尤溪县方志办供稿）

【对外文化产业交流】 2014年,全省文化产品出口16.4亿美元,增长6.9%。评选认定省文化出口重点培育企业27家;18家文化企业入选国家文化出口重点企业,7个项目入选国家文化出口重点项目。参加第十届中国(深圳)国际文化产业博览交易会,现场签约项目9个、金额超过50亿元。继续深化与香港文化交流合作,依托香港国际书展举办2014年福建文化精品展。在丹麦、荷兰等11个国家举办对外书展暨“美丽福建”图片展。《摆脱贫困》入岛发行。“闽侨书屋”由5家扩至7家;“闽侨文化中心”在南非约翰内斯堡、美国纽约落地建设。

(林 涛)

文物 博物

【概况】 2014年,福建省登记不可移动文物33251处,其中:全国重点文物保护单位137处291个点,省级文物保护单位674处,市、县(区)级文物保护单位约5000处;登记涉台文物1515处。全省有112个博物馆,其中:国有博物馆97个,民办博物馆15个。国有博物馆中,归口文化文物系统管理的博物馆、纪念馆共93个,行业博物馆4个(福建省革命历史纪念馆、华侨博物院、陈嘉庚纪念馆、泉州华侨历史博物馆);国家一级博物馆4个(福建博物院、福建·中国闽台缘博物馆、泉州海外交通史博物馆、古田会议纪念馆)、二级博物馆10个、三级博物馆17个。省属博物馆有福建博物院、福建·中国闽台缘博物馆、福建省昙石山遗址博物馆、福建闽越王城博物馆、福建民俗博物馆和福建省革命历史纪念馆6个。全省归口文化文物系统管理的博物馆、纪念馆馆藏文物总量38万多件(套),其中珍贵文物87823件(套),包括一级文物1029件(套)、二级文物2466件(套)、三级文物84328件(套)。国有博物馆、纪念馆全部实行免费开放。福建省被国家文物局确定为全国“完善博物馆青少年教育功能”试点省份,福建省文物局确定福建博物院、泉州海外交通史博物馆和陈嘉庚纪念馆为试点单位,分别就博物馆青少年教育课程项目开发、配套教材教具研发、教师培训、实施教育体验活动、流动展览进校园等开展试点工作,通过国家文物局组织的结项验收。

【文物保护】 文物资源调查。在全省范围开展朱子文物、林则徐文物、严复文物、革命文物、“海丝”文物、闽南红砖建筑、“万里茶道”文物等专题调查,加强福建特色文物的保护与利用。涉台文物保护。实施一批重要涉台文物保护工程,其中泉州天后宫正殿保护工程获首批全国十佳文物保护工程称号。在国家文物局的支持下,启动实施第二期(2014—2020年)涉台文物保护工程项目。世界文化遗产保护与管理。加强福建土楼、武夷山世界遗产的保护管理。开展世界文化遗产巡视督查工作,组织实施一批世界文化遗产保护工程。推动厦门鼓浪屿、海上丝绸之路申报世界文化遗产工作。历史文化名城名镇名村保护。起草《福建省历史文化名城名镇名村保护条例》。组织编制《福建省历史文化名镇名村保护与整治导则》《福建省历史文化名镇名村保护与发展规划(2014—2030)》。省政府审定颁布实施《福州历史文化名城保护规划》《漳州历史文化名城保护规划》以及一批省级以上历史文化名镇、名村保护规划。开展连城培田村和永安吉山村、海沧村等国保省保集中成片的传统村落整体保护利用工作。省政府公布福州三坊七巷等9个省级历史文化街区。

【文物考古科研】 开展城村汉城、万寿岩国家考古遗址公园建设和大遗址保护展示工作,组织两处遗址保护工程项目立项和技术方案的编制及项目实施。开展汀江流域、闽江下游考古学专题调查,以及武夷山葫芦山遗址、霞浦屏风山遗址、闽清窑下岗窑址、将乐岩子洞遗址、福州文儒坊西段唐宋遗址的考古发掘。配合国家文物局水下文化遗产保护中心开展“福建平潭海域(以海坛海峡为中心)水下考古区域调查”和漳州海域水下文化遗产重点调查。

【博物馆建设】 2014年,全省新改扩建博物馆9个,其中:新建5个(莆田市博物馆、永定县福建土楼博物馆、尤溪县博物馆、长泰县博物馆、松溪县博物馆),改扩建4个(连城县博物馆、上杭县博物馆、上杭县客家族谱博物馆、武夷山市博物馆),建筑面积72480平方米,投资额6.76亿元。对27家国家二、三级博物馆运行情况进行评估,将运行评估推广到全省所有博物馆。完成109个博物馆年检工作。争取国家免费开放陈列展览专项补助经费1300万元。全省博物馆举办各类专题展览663场,参观人数2183.7万人次。组织33个博物馆参加“2014博物馆及相关产品与技术博览会”,福建省文物局获最佳组织奖,福建博物院获最佳展示奖、最佳组织奖、十佳文创产品奖、最佳博物馆商店奖。

【重要陈列展览】 2014年4—7月,由国家文物局、福建省政府、北京市政府联合主办,福建省文化厅、北京市文物局共同承办的“直挂云帆济沧海——海上丝绸之路特展”在首都博物馆进行为期3个月的展出,并在有关省市巡展;12月,“海上丝绸之路文物精品图片展”受邀前往联合国总部展出。漳州、泉州两市先后举办“海上丝绸之路九市文物精品联展”。福建·中国闽台缘博物馆“指掌春秋——闽台木偶艺术展”、中国船政文化博物馆“深层脉动——船政文化对台湾近现代文化的影响”赴台展出。福建·中国闽台缘博物馆引进“星云大师一笔字书法展”。福建博物院举办的“丝路帆远——海上丝绸之路文物精品七省联展”获得2014年第十一届全国博物馆十大陈列展览精品奖;福建博物院“绿叶对根的情谊——华侨华人爱国奉献展”列入国家文物局“弘扬优秀传统文化、培育社会主义核心价值观”主题展览项目全国推广计划。

【第一次全国可移动文物普查】 2014年,全省文物系统外160余家国有单位近8万多件(套)收藏文物的认定工作完成;完成274家收藏单位在全国可移动文物信息登录平台的信息注册,80家收藏单位(其中文物系统单位54家，文物系统外单位26家)在全国可移动文物信息登录平台登录上报文物信息；全省登录文物藏品总数55090件。对泉州、三明、南平、宁德4个设区市可移动文物普查工作进展情况开展专项督查。编制完成馆藏文物保存环境建设方案2个、馆藏文物保护修复方案2个，获国家文物局立项审批。全年争取国家可移动文物保护专项经费1059万元。 (江建国)

广播影视

【概况】 2014年，福建省有广播电台6座、电视台6座、教育电视台1座、广播电视台65座。播出公共广播节目90套(省级6套，地市级24套，县级60套)，播出公共电视节目41套(省级11套，地市级27套，县级3套)，其中海峡电视台、东南卫视、厦门卫视等3套节目上星。播出广播节目516506小时，制作广播节目256277小时；播出电视节目349156小时，制作电视节目67805小时。播出对外广播节目4套，播出时间23260.5小时；播出对外电视节目2套，播出时间17520小时。全省可统计票房影院160家，银幕746块(IMAX巨幕影厅13个)，座位数113683个。全省有线电视用户数724.03万户，其中数字电视用户594.66万户，有线电视入户率69.26%。全省广电实际创收收入63.75亿元，其中：广告收入22.25亿元，网络收入23.36亿元，广播电视节目销售收入1.99亿元，其他收入16.15亿元。

【广播影视宣传】 深入开展中共十八大、十八届三中、四中全会和习近平总书记系列重要讲话精神、来闽考察重要讲话精神以及中国特色社会主义、中国梦、社会主义核心价值观主题宣传，组织全国全省"两会"、省委九届十一次、十二次全会以及新中国成立65周年、北京APEC会议等宣传报道。全年省电台、电视台播出公益广告时间分别为13万多分钟和12万多分钟，各设区市广播电视播出公益广告33万多分钟。电影《衔香》、电视剧《原乡》、纪录片《船政学堂》、广播剧《跨越海峡的追寻》4件作品获第十三届全国"五个一工程"奖。1部电视纪录片、5部电视动画片被评为2014年度全国优秀国产纪录片和优秀国产动画片。5部电视作品、节目和栏目获第23届星光奖。电视剧《红轿子》入选总局"中国梦"主题电视剧。电视剧《九死一生》获"福建省影视精品创作生产奖励"360万元，广播栏目《成长1+1》等6个项目获2013年度全国少儿精品和动画精品奖励46万元，电视剧《大儒朱熹》、纪录片《过台湾》、电影《林徽因》获省文艺发展基金奖励90万元，动画片《幼童留洋记》、电视剧《先遣连》、电视剧本《林则徐风雪长征》获奖励18万元。《希望树》等5部作品获"2014年全国优秀网络视听作品奖"，获扶持资金26万元。《野外生态摄影师陈林》等4个公益广告作品及制作播出机构入选2013－2014年度广播电视公益广告专项资金扶持项目，获扶持资金31万元。

【公共服务体系建设】 巩固完善农村有线广播应急预警系统建设，推动与国家应急广播体系有效衔接。为73个县(市、区)各配置2套村村响周转设备。落实运行维护工作人力和经费，建立管理人员和设备台账，完善设备操作规范规程和管理制度。基本完成16座高山发射台改造建设，启动12座高山发射台改造建设。2014年，农村电影放映180893场次，其中：公益片放映89824场次，商业片放映91069场次，观影人数2023.4万人次。完成10个行政村农村电影放映场所室外转室内试点建设。加快县(市)城区数字影院建设，截至年底有47个县(市)数字影院加入院线，正式营业。

【广电产业发展】 2014年，全省收缴国家电影专项资金4850.96万元，增长33.6%，被评为全国电影专项资金管理工作特等奖。全省新增影院35家、银幕173块、座位22609个。推进城市有线电视网络的升级改造和数字化转换，完成OTN(100G)网络建设。厦门卫视获批实行高清同播。推进传统媒体和新兴媒体融合发展。基本完成省级IPTV集成播控分平台建设。高清互动云电视平台正式商用上线。申请福建省"三网融合"试点地区电信业务许可。厦门电视台、福州电视台移动数字电视频道获国家新闻出版广电总局批准。

【文化交流】 2014年，首届丝绸之路国际电影节福建福州分会场活动举办，开展电影文化交流、新片签约仪式、明星见面会等系列活动，展映11个丝绸之路沿线国家及港澳台地区42部电影。组织策划拍摄大型电视纪录片《海上丝绸之路》。举办第六届海峡影视季。首次举办"闽南语电影周"活动。举办两岸电影展、新片发布会等活动14场。

【行业管理】 2014年，省新闻出版广电局完成元旦、春节、全国"两会"、省"两会"、国庆65周年等重要节假日重要活动期间安全播出任务。及时发送转发安全播出预警信息、监测信息及预防台风等自然灾害信息1.6万多条次。开展巡回评议14场次，编发《宣传提示》18期、《福建收听收看》78期。加强广播电视广告管理，开展电视购物专项整治，全年约谈电视频道负责人1次，电话通知整改12份，发出核查通知13份，查处低俗、虚假、超长广告49条。加强机构及频道频率管理，完成171家广播电视节目制作经营机构的业绩审核评定，新审批27家。加强互联网视听节目管理，督促各互联网视听节目网站落实总编辑负责制，强化网站内控和自律机制建设。加强网上境外影视剧管理。组织开展违规互联网电视、色情低俗网络剧、微电影及网络视频有害信息等专项清理整治。

(卢广明)

新闻出版

【概况】 2014年，福建省有新闻出版单位6467家，其中：图书、期刊、报纸电子音像等出版单位235家，出版物发行单位3007家，出版物印刷复制企业3216家，出版物进口企业2家，印刷物质供销企业1家，互联网出版单位

16家。新闻出版产业营业收入806.05亿元,比上年增长3.3%;资产总额795.98亿元,增长8.1%;净资产394.15亿元,增长5.2%。

全年出版图书3653种(其中本版3456种、租型197种),增长3.0%。其中,新出图书2442种,增长6.9%;重印图书1014种,下降2.2%。总印数8619.39万册,下降2.8%;总印张660191.54千印张,下降5.6%;定价总金额10.81亿元,下降1.3%。

全年出版期刊176种,总印数4426.42万册,下降10.0%;总印张217015.04千印张,下降8.2%;定价总金额2.66亿元,下降3.4%。

全年出版报纸42种(不含高校校报和3种副牌报纸),总印数11.19亿份,下降7.2%;总印张50.41亿印张,下降11.0%;定价总金额10.47亿元,下降3.4%。

全年出版录音制品54种,下降25.0%;出版数量18.81万盒(张),增长66.3%。出版录像制品35种,下降22.2%;出版数量29.65万盒(张),下降31.8%。出版电子出版物32种,下降66.3%;出版数量8.05万盒(张),下降50.5%。

全年出版物黑白印刷产量402.50万令,下降18%;彩色印刷产量1854.19万对开色令,增长8%;装订产量330.78万令,增长10%。音像电子出版物合计复制1818.36万盒(张),下降47.5%。

全年新华书店系统和出版社自办发行单位出版物销售数量3.34亿册(张、份、盒),下降13.1%;销售额35.74亿元,下降10.6%。全省有出版物发行单位3007家,发行网点4289处。

全年引进版权50种(均为图书),下降41.9%;销售码洋1982.76万元,下降32.4%。输出版权377种(其中:图书364种,电子出版物13种),增长196.9%;销售码洋2613.69万元,增长579.6%。版权输出品种与引进品种比例为7.54∶1。

【出版宣传】 2014年,全省各级新闻出版媒体深入开展中共十八大、十八届三中、四中全会和习近平总书记系列重要讲话精神、来闽考察重要讲话精神以及中国特色社会主义、中国梦、社会主义核心价值观主题宣传,推出一批专题专栏专版和新闻报道,营造良好舆论氛围。组织《习近平总书记系列重要讲话读本》《习近平谈治国理政》《摆脱贫困》以及十八届三中、四中全会辅导读物等重要政治理论读物发行,全年发行重要政治理论读物66万多册。《福建日报》等省属报纸刊发公益广告291.68版,《福建支部生活》等省属期刊刊发公益广告59页。2种图书入选国家新闻出版广电总局2014年向全国青少年推荐的百种图书,7个图书出版项目获2014年度国家出版基金资助288万元。鹭江出版社、厦门大学出版社入选首批省级传统出版转型示范单位。推进数字印刷和绿色环保印刷体系建设工程,2014年全省新增数字印刷企业、绿色印刷企业各6家。强化出版物重大选题报备、报刊审读管理,全年约谈存在问题的报刊单位9家,对10多家报刊单位发出警示提醒。编发《福建报刊管理》12期、《阅评快报》13期、《福建审读通讯》12期、《侨刊乡讯审读简报》12期。加强进口图书书目审读管理,审读书目近400批次、18万种。

【产业发展】 2014年,福建32家印刷企业入驻中国包装印刷产业(晋江)基地、石狮五金包装印刷产业园区。福建影视文化创意园、新华文化城、海峡传媒港等重点项目建设稳步推进。4个项目入选2014年度国家新闻出版广电总局新闻出版改革发展项目库,累计入库项目30个。完成全媒体内容资源管理平台一期建设,手机APP、无线阅读、网络教育出版物、电子期刊等数字产品线布局及建设日趋成熟。全省互联网出版资质企业17家,出版网络游戏15款。

【全民阅读活动】 2014年,省新闻出版广电局举办"书香八闽"全民阅读暨"世界读书日"活动、第八届"书香八闽"全民读书月暨"书香中国万里行·福州站"活动,30多家中央和省市媒体进行专题采访和宣传报道。各地组织形式多样的全民阅读活动,营造浓厚的阅读氛围。

【农家书屋】 2014年,全省农家书屋管理使用工作座谈会召开,总结推广先进管理经验做法。为全省14260家农家书屋各配送2本《福建家训》书籍。组织全省各地农家书屋和中小学校开展2014年暑期"我的书屋,我的梦"农村少年儿童阅读活动,丰富农村少年儿童暑期生活。

【对台对外交流】 2014年,第三届中国·福州海峡版权(创意)产业精品博览交易会举办,两岸权威专业协会、知名企业和业内专家110家(名)单位和个人作者参展。入岛举办第十届海峡两岸图交会、第九届金门书展。举办第三届海峡两岸青少年快乐读书会、第三届海峡两岸儿童阅读论坛等对台青少年交流活动。在美国、加拿大等举办6场中国(福建)图书展销会暨"美丽福建"图片展。在丹麦哥本哈根、菲律宾马尼拉设立闽侨书屋。参加第二十一届北京国际图书博览会、第二十四届全国图书交易博览会、第十届深圳文博会、第七届海峡两岸(厦门)文博会等重要节展。

【版权保护】 2014年,福建以"2·21"省知识产权日、"4·26"世界知识产权日等节点,以海峡版博会、软件正版化等工作为重点内容,通过新闻发布会、报纸、电视、移动终端等平台载体,广泛深入宣传全省版权保护工作、版权法律知识,营造良好版权保护氛围。厦门获"全国版权示范城市"称号,成为全国第七个获此荣誉的城市。全年审核登记各类作品24917件,增长18.4%;审核登记出版境外图书合同48件。深入开展打击侵权假冒工作和打击网络侵权盗版"剑网2014"专项行动,全年查缴各类侵权盗版制品18万多件,查办厦门"4·23"信息网络擅自向公众提供他人软件案、泉州"8·19"网络平台销售盗版制品案等10多起案件。

【扫黄打非】 2014年,全省收缴各类非法出版物24.6万件;破获各类涉黄涉非案件840多起,追究刑事责任300多人;约谈网站负责人110多人次,依

法关闭违法违规网站250多个，停止域名解析85个；检查出版物印刷重点企业5400多家次。 （卢广明）

档 案

【概况】 2014年，福建省有各级各类档案馆113个，其中：国家综合档案馆94个，国家专门档案馆16个，企业档案馆2个，科技档案馆1个。各级各类档案馆馆藏档案1518.16万卷、320.36万件，资料174.2万册；开放档案189.10万卷、19.97万件，开放案卷级档案目录132万条、文件级档案目录1140万条；接待利用档案39.65万人次，提供利用档案80.19万卷(件)次。

【档案管理与服务】 民生档案工作。全省各级各类档案馆实行利用档案零收费。全省社保系统336个经办机构全部完成档案达标验收工作，优秀等级率98.2%。省档案局联合省教育厅印发学生资助档案管理办法。厦门在市行政服务中心设立政府信息公开查阅场所，泉州推广“家庭建档”工作，漳州建立“中小学生梦想”档案工作机制，龙岩、宁德分别推进中小学校档案管理工作。

经济领域档案工作。省、市两级档案部门通过开展档案登记、业务指导和专项验收等，服务重点建设项目。省档案局在平潭综合实验区举办重点建设项目档案业务培训，组织对全省24个重点项目档案进行验收。推进企业文件归档范围和档案保管期限表的编制与审查工作，全省37%的国有企业通过审查，其中宁德市全面完成审查工作。

农业农村档案工作。省政府办公厅印发农村土地承包经营权确权登记颁证工作文件，明确各级档案部门负责指导登记试点文件资料的归档工作。省档案局推广龙岩、南平和长汀生态文明建设档案管理经验做法。宁德市“美丽乡村”和顺昌县张墩村“留住乡愁乡村记忆档案”项目列入国家档案局“农业农村档案建设系统规划与示范”项目。

重大活动档案工作。各级档案部门部署做好第二批党的群众路线教育实践活动文件材料收集归档工作。省档案馆制作的“党的生命线——中央苏区群众路线档案图片展”视频被省委教育实践办作为全省第二批教育实践活动的学习教材，漳州、泉州、南平、龙岩、宁德等地举办“中央苏区群众路线档案图片展”。为庆祝建国65周年和纪念全国首个“烈士纪念日”，省档案馆举办“红星照耀中国——外国记者眼中的中国共产党人档案图片展”和“烈士纪念日”系列纪念活动。

机关档案工作。推动数字档案馆(室)建设，确定福州、龙岩两市档案馆和省公安厅、国网省电力有限公司、人民银行福州中心支行、福州海关等档案室为全省数字档案馆(室)建设试点单位。省档案局对40个省直单位的档案整理质量进行合格证管理；确定省委组织部等40个省直单位为“电子文件与电子档案数据传输报送系统”部署单位，推进电子文件与电子档案移交接收工作。

档案法制建设。省人大常委会开展《中华人民共和国档案法》和《福建省档案条例》执法检查活动。厦门、南平、三明和平潭综合实验区以及连江、沙县等地人大常委会开展档案“一法一例”执法检查活动。各级档案部门开展行政权力事项梳理清理工作，省档案局保留行政权力5项、公共服务事项6项。

【档案信息资源开发利用】 2014年，全省各级各类档案馆举办展览88个，基本陈列40个，接待参观人数22.58万人。加强档案资料编研工作，公开出版书籍21种237.34万字，内部参考资料66种474.64万字。以“走进档案”为主题，组织开展“国际档案日”宣传活动。省档案馆举办“梦回廊桥”等各类展览11场次。省档案馆与省电视台、省广播电台等合作，拍摄“美丽福建——八闽县城”电视系列片35集、“走进档案”新闻专题宣传片2集，录制《抗战中的福建妇女》《抗战中的南洋机工》等4个专题节目。

【档案馆基础建设】 档案资源建设。2014年，全省各级各类档案馆接收纸质档案69.32万卷、61.28万件；接收照片档案8.61万张；征集档案2.12万卷、5.43万件。做好国家重点档案抢救与保护工作，全年抢救档案2.84万卷(件)。省、市两级综合档案馆的档案收集范围细则获批，组织实施。省档案馆赴马来西亚征集到一批珍贵侨批档案。福州拍摄城市建设录像档案1000分钟、照片档案2600张。漳州征集到一批珍贵实物档案。泉州出台规范“东亚文化之都”建设档案管理工作意见。三明、龙岩、宁德分别征集到一批习近平同志在闽工作照片档案。

档案信息化建设。全省各级各类档案馆完成数字化馆藏文书档案682.95万卷、2.24万GB，数码照片54.26万张、4.08万GB，数字音像7656小时、0.71万GB。莆田市及荔城区、邵武市、武夷山市、福安市通过分布式档案基础数据库项目(二期)建设验收。省档案馆完成电子文件与电子档案数据接收系统等3个软件的初步验收工作，完成馆藏民国档案全文数字化450万页、民国人物人名目录数据采集10万条、建国后文件级目录数据采集10万条。福州市政务电子文件档案接收管理中心初步建成，龙岩市推进数字档案综合管理应用系统建设，漳州市档案馆馆藏710万页档案100%实现数字化，泉州市档案馆完成馆藏文书档案、民生档案数字化工作。福建档案信息网站访问量40.7万人次。

档案安全管理。省档案局部署开展档案数字化、开放档案及政府公开信息网上查阅安全保密和汛期档案安全保管工作。出台《全省国家重点档案抢救和保护专项资金管理办法》。全省88家市县级国家综合档案馆数据集中备份至省档案馆。

档案馆测评工作。石狮市档案馆晋升为国家一级档案馆，建宁、邵武、建瓯、永泰、周宁、丰泽等6个档案馆晋升为国家二级档案馆。漳州市档案馆完成国家级中小学档案教育社会实践基地创建任务，泉州、龙岩和长乐、翔安、鲤城、石狮等6个档案馆获评省级中小学档案教育社会实践基地。省档案馆与13所高校共建教学实践基地。

【档案馆馆库建设】 2014年，武平等9个县级国家综合档案馆项目列入国家预算内投资计划，国家预算内投资3662万元。落实诏安等11个县级国家综合档案馆项目省级以奖代补资金790万元。截至年底，全省有16个项目建成投入使用，18个项目在二次装修，6个项目处于土建施工阶段，20个项目在规划设计。

【档案科研和学术研究】 2014年，省档案馆和泉州市档案馆分别在马来西亚和菲律宾等地举办侨批档案展，开展档案文化交流活动。省档案学会赴台湾举办"海峡两岸姓氏文化与族谱档案图文展"和参加"两岸档案族谱征集学术研讨会"。邀请台湾档案界代表参加省档案馆举办的"国际档案日"活动，到福清、晋江市档案馆访问。全省3项档案科研项目获2014年度国家档案局优秀科技成果三等奖，4项档案科研课题获国家档案局立项。

【政府信息公开查阅】 2014年，省档案馆政府信息查阅中心接收整理省政府及其42个工作部门主动公开信息纸质文本11005份、电子文本11014份；政府信息查询管理平台全年点击率5万余人次。 （叶建强）

地方志编纂

【依法治志】 2014年2月1日，福建省第一部地方志工作法规——《福建省实施〈地方志工作条例〉办法》正式实行。5月，全省地方志系统联合开展地方志法规宣传月活动，营造依法修志的社会氛围。8月5日，《福建省人民政府关于进一步加强地方志工作的若干意见》出台，这是第五次全国地方志工作会议后，第一个由省级人民政府出台的加强地方志工作的文件，被中国地方志指导小组全文转发，全省各地采取各种形式贯彻落实。

【第二轮地方志书编纂】 2014年，福建省志体育志完成审稿验收；青运志、出入境检验检疫志（厦门局辖区篇）2部分志交付审稿验收；军事志、水利志2部分志完成二审；船舶工业志、质量技术监督志、铁路志、民政志、电力工业志、审判志6部分志完成一审；华侨志、卫生志2部分志完成总纂稿评议。截至年底，第二轮省志分志出版或通过验收31部，占总数的38%；完成总纂或通过一、二审15部，占总数的18%；进入总纂和编写初稿的30部，占37%；未启动或暂缓、暂停编纂工作的4部，占5%。三明市、海沧区、湖里区、城厢区、延平区、柘荣县、长乐市、漳平市、安溪县、永泰县10部志稿完成审查验收；上杭县、漳浦县、泰宁县、永安市、福清市、闽侯县、闽清县志稿进入审验阶段。截至年底，第二轮市县（区）志出版或交付出版21部，占总数的23%；进入审查验收阶段或开过评稿会的32部，占总数的34%；在总纂的40部，占总数的43%。

【地方综合年鉴编纂】 2014年8月6日，省领导在省方志委调研时提出全省市、县（区）两级地方综合年鉴2014年全部开编、2015年出版的工作要求。8月29日，省方志委召开专项工作会议，部署市县两级地方综合年鉴编纂出版工作。截至年底，全省93个市、县（区）全部开编地方综合年鉴，实现省市县三级地方综合年鉴全覆盖。

【方志书库与信息化建设】 2014年，福建方志馆建设项目工作进展顺利，省方志委办公楼与省档案馆旧馆整体置换工作进入办理产权变更登记手续阶段，修缮改造和布展策划等前期工作进展顺利。福建方志书库新购图书480部1900余册，征集、交换图书339部457册；截至年底，方志书库总藏书量29733册。全省有60个市、县（区）建立方志书库，有30个单位建立方志及地情书籍资料室；省方志委为57个基层方志委（办）图书资料室配送《福建省志》及其他地情书。福建省情资料库网站入库资料4亿多字，年点击数居全国同类网站前列；"数字福建方志"首期项目建设基本完成；与恒锋信息股份有限公司签订的"数字方志"一期规划各项任务逐步落实，二期工程完成立项，省数字办支持专项经费183万元，工程标书修改意见初步形成。南平市、邵武市地情网站新开通，福州、厦门、泉州、龙岩、宁德等市地情网站得到改进。截至年底，全省1/3的市县（区）开通地情网站。泉港区、建瓯市、厦门市等地创新工作方式，开通方志微信平台。

【闽台方志交流】 两岸合编《妈祖文化志》完成初稿，台湾妈祖联谊会交流考察团到省方志委商定下一步编纂工作。厦门市方志办与金门县文化局联合举办"金门建县100周年特展"。泉州、晋江等地与台湾史志界开展志书、族谱交流活动。

【特色志书编纂】 《福建家训》《福建乡规民约》《福建通鉴》《福建寿山石志》《福建茶志》《船政志》《闽西生态建设志》等特色志书编纂工作稳步推进。2014年4月25日，省方志委与省委文明办、省妇联联合编纂的《福建家训》由海峡文艺出版社正式出版。该书40万字，收录家训完整稿（含原文、译文、名人简介、家教故事系列成篇）79篇，家训原文77篇，当代创作家训9篇。书中记载了朱熹、林则徐、冰心、严复、张鼎丞等福建名人家训，各地世家大族优秀家训族训以及体现闽台渊源的家训族训等，随文插配数十幅图照。该书已进入机关、学校、社区、农家书屋，被列为福建省第八届"书香八闽"全民读书月活动百种优秀读本之一，并作为第九届全球孔子学院大会代表读物而走向世界。

【启动编纂《闽台历代方志集成》】 省方志委启动《闽台历代方志集成》大型旧志整理项目。《闽台历代方志集成》拟汇辑1949年前福建和1895年前台湾编纂的省、府（州）、县三级地方志书约450种，按省、府（州）、县的顺序，分地域编排、分年度征集整理、分年度争取资金、分辑出版。 （胡志明）

编辑：郑 莱

卫生 体育

卫生和计划生育

【概况】 2014年,全省卫生计生机构27913所,其中:医院557所,疾病预防控制机构96所,专科疾病防治机构24所,妇幼保健机构87所,卫生监督所86所,计划生育技术服务机构1095所,社区卫生服务机构中心(站)531所,乡镇卫生院880所,村卫生室19125所,门诊部和诊所5341所。全省医疗机构床位总数164781张,每千人口医疗机构床位数4.33张。各级各类卫生计生机构人员273669人,其中卫生技术人员206545人。卫生技术人员中,执业(助理)医师75372人(其中:执业医师64444人),占卫技人员的36.49%;注册护士85673人,占卫技人员的41.48%;药剂、检验等其他卫技人员45500人,占卫技人员的22.03%。全省每千常住人口卫技人员5.43人、执业(助理)医师1.98人、注册护士2.25人。另有乡村医生和卫生员27240人。全年医疗机构诊疗21227.8万人次,其中:门急诊20517.1万人次,住院532.9万人次;医疗机构病床使用率78.4%,出院者平均住院日8.7天。

【卫生和计划生育改革】 2014年,福建省卫生计生系统以深化医改为重点推进体制机制创新,以完善生育政策为重点提高计生服务管理效能,以机构改革为重点加快基层卫生计生资源整合,以加强公共卫生服务为重点提升服务质量,卫生计生在全局工作中的地位凸显,各项工作取得新进展和新成效。

医疗卫生改革。福建省列入全国深化医改综合试点4个省份之一,所有市、县均被列入公立医院综合改革试点,获得国家医改专项补助。制定出台县级公立医院综合改革实施方案、医药价格改革工作指导意见、医保联动十条措施、药品集中采购实施意见等政策文件,有序推进“三医联动”(医保、医药、医疗)综合改革,实现县级公立医院综合改革全覆盖。

基层卫生工作。全年基本公共卫生服务财政补助经费提高到人均35元。在全省所有社区卫生服务中心实施全科医生签约服务;在农村地区选择30个县市开展乡村医生签约服务试点工作,常住人口签约率30%以上。落实基层中医药服务能力提升工程目标任务。

公共卫生保障。加强疾病监测防控和突发事件应急处置,有效控制H7N9、手足口病等疫情,科学防范埃博拉出血热等新发传染病,处置各类突发公共事件140多起。以设区市为单位适龄儿童免疫规划疫苗报告接种率95%。产前筛查率比上年提高21个百分点。食品污染物及有害因素监测点覆盖率76%。2014年,全省孕产妇死亡率、婴儿死亡率、5岁以下儿童死亡率分别为15.33/10万、5.2‰、6.8‰,甲、乙类传染病发病率274.60/10万。

医疗卫生服务。推动落实高层次人才项目。为49个财力保障县县级医院定向培养本科临床医学人才,继续为4个设区市乡镇卫生院定向培养“本土化”大专层次医学人才。加强住院医师规范化培训,1248人取得合格证。初步建成全省病理远程会诊系统,107所医院配备数字化病理扫描会诊系统。完成全省村卫生所信息系统建设,16167个村卫生所接通信息系统。

计划生育工作。2014年3月31日起省人大常委会审议通过的“单独二孩”政策实施。省委、省政府下发《关于坚持计划生育基本国策促进人口长期均衡发展的实施意见》。加强对计生特殊困难家庭的关怀扶助,提高农村低保家庭奖扶标准,建立城镇独生子女家庭奖励扶助制度,全省约有29万人次受益。依法查处违法生育行为,加大出生人口性别比综合治理力度。厦门市、泉州市和7个县(市、区)开展流动人口卫生计生基本公共服务均等化试点。

行业监管和行风建设。开展“三好一满意”“三改二推一评议”“服务百姓健康行动”“阳光计生行动”等系列活动,落实医疗卫生行风建设“九不准”。在全省203家二级以上医院开展满意度问卷调查,建立实施问责机制。联合多部门开展打击非法行医和涉医违法犯罪等专项行动。出台救护车管理暂行办法,开展院前医疗急救专项整治。加强医疗服务和医疗质量管理,开展第二轮创建“平安医院”活动,医疗纠纷调解成功率84.66%。加强医药购销领域监管,与检察、公安等部门建立商业贿赂共防共治机制,出台商业贿赂不良记录实施办法,落实黑名单企业市场清退制度。据第三方调查显示,2014年全省203家二级以上医院总体满意度为79.20分,处于“比较满意”水平。

【启动实施单独二孩政策】 2014年3月29日《福建省人民代表大会常务委员会关于修改〈福建省人口与计划生育条例〉的决定》经福建省第十二届人民代表大会常务委员会第八次会议通过,自公布之日(2014年3月31日)起施行。此次条例修正案修正的主要内容是:一是将原条例第九条关于一对夫妻已有一个子女,符合条件经批准可再生育一个子女的规定中第一款第(一)项"夫妻双方均为独生子女"修改为"夫妻一方为独生子女",并删去"夫妻一方为烈士的独生子女";将第十条关于夫妻双方均为农村居民,已有一个子女,符合条件经批准可再生育一个子女的规定中"夫妻一方为独生子女"的规定删除。二是明确再生育审批时限,将原条例第十五条第二款修改为:"符合本条例规定要求再生育一个子女的,县(市、区)人民政府人口和计划生育行政部门应当在十五个工作日内批准。"三是明确对独生子女的界定,在条例修正案第七章附则部分增加一条:"独生子女,是指本人没有同父同母、同父异母或者同母异父的兄弟姐妹。"

【公立医院改革】 2014年,福建省列入全国深化医改综合试点4个省份之一,所有市、县均被列入公立医院综合改革试点。制定出台县级公立医院综合改革实施方案、医药价格改革工作指导意见、医保联动十条措施等配套文件,统筹推进医疗、医保、医药"三医联动"综合改革。全省所有县(市)开展以药品零差率销售为切入点的公立医院综合改革。厦门市推进以岗位管理为基础的人事分配制度改革,推行基于成本控制的医院精细化管理和探索慢病规范化管理机制,逐步建立区域网格化分级诊疗制度。三明市在公立医院改革取得阶段性成效的基础上,针对存在问题,主要在分级诊疗、医疗服务价格调整、药品配送结算等方面进行政策调整与完善。其他市全面实行以设区市为单位整体推进公立医院综合改革。莆田、泉州市县两级公立医院全部实现药品零差率销售。龙岩市长汀县进一步完善乡镇卫生院管理机制,建立责权相统一的管理体制,推行支付方式改革,县域内门诊就诊率90%,住院就诊率84.9%。

【新型农村合作医疗】 2014年,全省新型农村合作医疗参合人数2531.42万人,参合率99.9%;年人均筹资水平395元,其中:政府补助不低于320元,个人缴费不低于70元。住院补偿封顶线保持在10万元,乡级定点医疗机构住院补偿比不低于90%,县级及以上定点医疗机构住院补偿比分别提高到80%和50%左右,重大疾病保障病种达到22类。政策范围内住院费用补偿比例稳定在75%左右。4月底省级新农合信息平台与国家新农合信息平台实现互联互通。开展重大疾病住院大额医疗费用补充补偿或大病商业保险。将符合条件的村卫生所纳入村级普通门诊定点医疗机构。建瓯市等5个县(市)开展新农合支付方式改革试点。年内全省新农合参合受益1723.5万人次,比上年增加297.7万人次,增长20.8%,其中:住院补偿297.4万人次,增长4%;普通门诊补偿1020.93万人次,增长17.3%,受益率41.2%;门诊特殊病种补偿353.3万人次,增长58.1%,受益率14%。次均住院补偿2968元(含大病补充补偿或大病保险),增长2.6%;住院政策范围内费用补偿比67.8%,实际补偿比46.5%。大病保险(补充补偿)封顶线20万—40万元,合计补偿6.95万人,比上年增加1.29万人,占参合总人数的0.3%。

【基层卫生】 2014年,全省226个社区卫生服务中心、77个县市的697个乡镇卫生院、10668个村卫生所全面开展签约服务,受惠居民513.36万户、772.75万人。启动"建设群众满意的乡镇卫生院"活动。配合省扶贫基金会为贫困县的110所乡镇卫生院配备全科诊疗仪;实施部分县级医院血透室建设项目,为20个县的县级医院配备血透设备、培训医务人员。基本公共卫生服务项目人均补助经费标准提高至35元;通过建立项目重点联系县(市、区)制度,加强项目分类管理和完善项目考核等方式,提高项目管理水平。全省居民健康档案电子建档率89%,为65岁以上老年人建档312万份,开展老年体检244万人次,管理高血压患者253万人、糖尿病患者76万人。中医药健康管理目标人群覆盖率42%。全省84个县(市、区)开展卫生监督协管工作,覆盖率100%。

【疾病预防控制】 2014年,全省报告法定甲乙丙类传染病31种、283029例,死亡167例,发病率749.94/10万,死亡率0.443/10万;传染病发病水平与往年相当,疫情平稳。受周边地区登革热暴发疫情的影响,南平建瓯、莆田涵江等地出现本地感染疫情,全省报告发病283例,无死亡病例。完善部门会商联动机制,积极防范应对西非埃博拉出血热疫情输入,全省追踪随访疫区来闽人员349人,报告7例留观病例,经检测全部排除。强化各部门防治艾滋病职责,建立考核机制,全年新发现艾滋病患者或感染者1792例,死亡226例;免费抗病毒治疗3627例。全省登记活动性肺结核17469例,新涂阳患者发现率71.4%,治愈率90.5%。实施国家免疫规划,以设区市为单位适龄儿童免疫规划疫苗报告接种率均在95%以上。完成为民办实事项目任务,新建精神病标准化床位340张。成立高血压等8个慢病防治中心,厦门市思明区、集美区被命名为省级慢性病综合防控示范区。

【卫生综合监督执法】 2014年,省卫计委开展《执业医师法》《母婴保健法》等监督检查工作。组织开展公共场所、生活饮用水、涉水产品、学校卫生、传染病、消毒产品、职业卫生、放射卫生、医疗服务、计生服务机构等重点监督检查和打击非法行医等专项整治行动,监督检查52164家,立案查处1997家,责令整改3293家,罚款875多万元。联合省公安厅、省食品药品监督管理局等部门开展进一步整顿医疗秩序打击非法行医和涉医违法犯罪等专项行动,查处无证行医案件1089件,没收违法所得94万元,罚款332.4万元,移送公安机关30件。制定食品安全3年行动方案,推进食品安全风险监测工作,食品污染物及有害因素监测点覆盖率由上年的57%提高到76%,食源性疾病监测医院由31家增加到66家。将企业食品标准备案的延续、修订、变更等审批权下放地市并做好衔接指导,完成企业食品标准备案3000多件。

【妇幼卫生】 2014年,全省实施危重症孕产妇监护救治网络项目建设,93个项目单位全部按标准完成监护室建设,增加危重症孕产妇监护室床位269

张。健全新生儿代谢性疾病筛查技术网络，扩大以医院为基础的出生缺陷监测覆盖面，监测点从34个扩大到103个，监测时限从孕28周到出生后7天延长到出生后42天。严格助产技术服务管理，强化托幼机构卫生保健管理。规范出生医学证明管理，启用新版出生医学证明。开展妇幼保健与计划生育服务资源整合调研，提出建议方案。

【卫生应急处置】 2014年，《福建省地震医疗卫生救援应急预案》制定，《福建省突发事件紧急医学救援预案》修订，福建省应对突发公共卫生事件多部门协调联动工作机制建立。重新评估认定紧急医学救援、卫生应急现场流行病学、化学中毒与核和辐射卫生应急等3个省级培训基地。加强应急队伍装备和卫生应急储备，开展卫生应急培训演练。举办地震灾害军地联合卫生应急演练。省卫计委和省总工会联合举办全省突发急性传染病和突发中毒事件应急处置技能竞赛比武活动。完成《国际卫生条例(2005)》规定的公共卫生应急核心能力建设省级评估和专项督查。开展监测预警和风险评估工作，全省县及县以上疾病预防控制机构突发公共卫生事件网络直报率100%；全省244家县及县以上医疗机构、1070家乡镇卫生院、社区卫生服务中心实现突发公共卫生事件网络直报。科学有序开展人感染H7N9禽流感疫情处置、登革热疫情防控、埃博拉出血热疫情防范准备等工作，有效处置各类突发公共事件139起。

【中医药工作】 2014年，省卫计委贯彻落实国家和省进一步加强中医药工作的意见，出台《福建省卫生计生委关于在卫生计生工作中进一步加强中医药工作的实施意见》，促进全省中医药事业健康发展。研究制定《福建省中医中西医结合医师执业范围暂行规定》，明确中医、中西医结合医师执业范围，规范中医、中西医结合医师执业行为，引导和促进中医、中西医结合医师到基层服务。省级超收财力安排8550万元开展全省中医医院标准化(急诊科)和管理信息化建设及中医重点专科建设项目，补助63个中医院、中西医结合医院、民族医院建设中医急诊科，补助49个中医医院开展中医医院管理信息化建设，补助10个国家中医重点专科及建设项目。持续推进基层中医药服务能力提升工程，全省61.8%的县级中医院达到二甲水平，约90%的社区卫生服务中心、70%的乡镇卫生院、65%的社区卫生服务站、50%的村卫生室能够提供中医药服务。建成国家级基层中医药工作先进单位8个、省级13个。新立项省级中医重点专科建设项目23个，省级农村医疗机构中医特色专科51个。新增8个全国名老中医药专家传承工作室，总数达到28个。启动中药资源普查试点工作和中医药传统知识保护技术研究项目。建成4个省级和1个全国中医药文化宣传教育基地，开展中医药服务百姓健康推进行动，提升居民中医药文化素养。

【计生改革创新】 2014年，省委、省政府下发《关于坚持计划生育基本国策促进人口长期均衡发展的实施意见》，将考核指标精简数量从上年的33个减少到27个，减幅18%。委托第三方调查公司开展群众满意率、计生知识知晓率和免费孕检信息质量调查，全省满意率90.14%，知晓率91.45%。推进办证服务改革，精简办证材料，实行个人生育情况承诺制，再生育审批时间从30天缩短到15天，试行网上办证和预约办证。严肃查处违法生育行为，莆田、南平、龙岩、泉州等市和近一半的县(市、区)将拒不缴纳社会抚养费人员纳入人民银行征信系统和人民法院的失信人员黑名单，破解社会抚养费征收难题。深化优质服务先进单位创建活动，年内创建国家级优质服务县7个，全省国优县覆盖面接近70%；省级优质服务县除平潭外实现全覆盖。

【计生惠民政策】 2014年，福建进一步完善计生利益导向政策体系，落实各项奖励扶助制度。实施城镇独生子女家庭奖励扶助制度，并列入2014年省委省政府为民办实事项目。省卫生计生委、财政厅联合印发《福建省部分计划生育家庭奖励扶助制度实施细则》，统一城乡奖扶制度，全年省级财政下达奖励扶助资金1.86亿元，奖励扶助约29万人次。加强对计生特殊困难家庭的关怀扶助，将特别扶助金标准提高到每人每月500元，低保家庭提高到800元；全省有8个设区市扶助标准达1000元以上，其中厦门为1400元。全年全省投入幸福工程项目资金10689万元，救助计生贫困母亲9231人(户)，全省有67个县(市、区)自筹幸福工程资金超百万元。全省各地开展计生小额贴息贷款帮扶16794户，落实贷款金额2.64亿元。

2014年1月12日，全国流动人口卫生计生关怀关爱专项行动在福建省厦门市启动

(省卫计委供稿)

【流动人口计生服务管理】 2014年,《福建省流动人口卫生计生基本公共服务均等化实施方案》制定出台,在厦门、泉州两市和7个县(市、区)开展流动人口卫生计生基本公共服务均等化试点工作。完成全省流动人口动态监测调查,发布《福建省流动人口发展报告2013》白皮书,实现流动人口省内婚育证明电子化。强化省内流动人口“一盘棋”机制建设,全省建立集“暂住申报、计生审检、卫生服务、劳保就业、社区服务”为一体的流动人口“一站式”服务管理站(所)3276个。升级改造流动人口计生信息系统,实现流动人口婚育证、一孩生育证、孕前优生健康监测和基本公共服务均等化等电子政务办理,并提供免费孕前优生检测、新生儿接种等优生优育“一条龙”服务。实行流入地、流出地双向考核,推动落实流动人口免费计生服务、社会救助等公共服务待遇。

【卫生人才队伍建设】 2014年,省卫计委落实《福建省卫生中长期人才发展规划(2011—2020年)》。推动落实四个高层次人才项目,遴选立项中青年骨干人才培养项目80项,合计资助950万元;评选表彰2013—2014年度“福建省卫生计生系统有突出贡献中青年专家”10名。整合科研项目资源,设立医药卫生科研人才培养专项,审批立项211项,合计资助1096万元。继续为三明、南平、龙岩、宁德等4个设区市定向培养“本土化”大专层次医学人才,启动为49个基本财力保障县县级医院定向培养本科临床医学人才工作。年内招收临床本科定向生284名、本土化大专生417名,324名专升本毕业生和本科定向生培训期满返回签约乡镇卫生院工作。加强住院医师规范化培训,1248人取得培训合格证,新招收培训对象1813人。继续选派21名优秀临床医学毕业生到上海参加住院医师规范化培训。招收全科医生规范化培训对象290人,转岗培训对象190人。遴选确定35名国内访问学者到北京大学医学部附属医院、复旦大学附属中山医院进修学习。接收安排新疆昌吉回族自治州卫技人员115人、宁夏回族自治区卫技人员12人到福建省医疗卫生单位进修。加强乡村医生培养培训,乡村医生规范培训专项经费由1000万元增加到1200万元。成立福建省乡村医生培训业务指导中心,挂靠福建医科大学,实现培训与效果评估分离。协调省教育厅继续举办中专层次“农村医学”专业,招生474人。

【卫生信息化建设】 2014年,福建完善居民健康信息系统,实现三级医院间检验检查结果网上互认,以及二级医院对三级医院检验检查结果的认可。初步建成全省病理远程会诊系统,107所医院配备数字化病理扫描会诊系统。完成全省村卫生所信息系统建设,16167个村卫生所接通信息系统,基本实现村卫生所诊疗、公共卫生业务信息化管理。开展卫生计生信息整合试点,建成全省人口计生服务系统。建立完善妇幼卫生信息系统省级平台,全省900余家设有产儿科的医疗保健机构接入,实施全省孕产妇、儿童保健服务信息跨区域、动态跟踪管理。

(陈　涌)

体　育

【群众体育】 2014年,全省全民健身体育组织逐步健全,有7个设区市、23个县(市、区)成立“社会体育指导员协会”,街道乡镇级以上各类民间体育组织2970个。完成国家体育总局下达的100名国家级社会体育指导员及300名一级社会体育指导员的培训任务,全省社会体育指导员总数达到59951名。投入体彩公益金5050万元,完成150个城市社区多功能运动场和50个社区室内健身房及20个拆装式游泳池建设任务。向国家体育总局争取到4个原中央苏区县“雪炭工程”项目,累计资金800万元。通过多种形式完善群众身边体育设施,新建一批健身步道、自行车绿道、体育公园。首次采用政府购买服务的方式,把第二届全民健身运动会交由各单项体育协会承办,全年组织各级各类群众性比赛活动3003场,直接参与人数433.7万人次。按照“一地一品”的要求,着手培养品牌赛事,带动各地发展一批具有影响力的全民健身活动,比较突出的有:福州全国新年群众登山健身活动、国际龙舟联合会世界杯赛、环永泰自行车赛,厦门国际马拉松赛、城市篮球联赛,漳州闽南三市太极拳邀请赛、天宝山千人登山活动,泉州晋江自行车公开赛,三明泰宁山地户外运动国际挑战赛、大田全国艺术体操锦标赛、沙县全国健美操冠军赛,莆田全国射击、射箭冠军赛,南平邵武三丰故里传统武术大赛、武夷山马拉松和公路轮滑马拉松赛,宁德白水洋体育

2014年8月8日,“全民健身日”福建省·福州市全民健身运动会开幕式暨海峡两岸全民健身交流展示活动在福建师范大学体育馆盛大开幕　(省体育局供稿)

旅游休闲健身活动、霞浦三沙山地马拉松赛，龙岩万人健康跑，平潭国际自行车公开赛、风筝冲浪世界杯赛。

2014 年 9 月 15 日，为期四天的中国丹霞泰宁山地户外运动国际挑战赛在三明市泰宁县开赛　（泰宁县政府办供稿）

【竞技体育】 2014 年，福建省运动员在仁川亚运会上创造历届亚运会参赛人数最多、所获奖牌最多的历史最好成绩，共获 40 枚奖牌，其中 18 人次获得金牌、17 人次获得银牌、5 人次获得铜牌，同时有 2 人次打破 2 项世界记录，与第十五届境外参赛的多哈亚运会相比，奖牌总数增加 22 枚，金牌数增加 3 枚，与第十六届广州亚运会相比奖牌总数增加 6 枚。在第二届南京青奥会上，福建省获得 4 金、2 银、1 铜的成绩。改革第十五届省运会办赛模式，首次将大学生运动会并入省运会，全省一万多名体育健儿顽强拼搏，公平竞争，收获成绩，共有 22 人次打破省运会青少年射击、田径、游泳、举重等 16 项纪录。漳州市政府被省政府授予"第十五届省运会突出贡献奖"。完成第九届老年人体育健身大会和省第八届少数民族传统体育运动会竞赛组织工作。首届青运会各项筹备工作稳步推进，组委会的组织体系逐步健全，场馆建设顺利推进，竞赛组织按计划进行，新闻宣传逐步升温，资源开发工作全面启动，志愿者活动有序开展，安保、交通、食品药品、医疗卫生、气象服务、城市环境改造等各项保障工作全面展开。

【青少年体育】 2014 年，省体育部门加强与教育部门协调联系，组织中小学生开展体育六项联赛，省级联赛参赛人数近 3000 人。开展青少年"阳光体育活动"，组队参加全国性活动 4 项，开展"足球进校园活动"，参加人数 2 万余人，有效带动学校体育活动的开展。做好体育传统校师资培训工作，全年完成师资培训 2 期 300 余人。推进国家、省级高水平体育后备人才基地和少体校"二集中"（集中训练、集中食宿）单位创建工作，命名国家高水平体育后备人才基地 10 所、省重点体育后备人才基地 30 所。探索青少年校外体育活动中心运营管理模式，福建省青少年校外体育活动中心在全国青少年体育工作会议上作典型发言。

【体育产业】 2014 年，省体育局争取到国家对福建体育事业转移支付资金 1.92 亿元。组团参加"9·8"投洽会，签约 5 个项目，金额 27.7 亿元。组织 73 家福建企业参加第 32 届中国国际体育用品博览会，展位数和参展面积列居全国前三位。成功申办 2015 年第 33 届中国国际体育用品博览会。向财政部和国家体育总局申请到 784 万元中央转移支付资金，补助大型体育场馆免费或低收费开放，全省体育系统的 26 个大型体育场馆全部对外开放。第六次全国体育场地普查试点工作完成，有 2 个单位、3 名个人获得全国体育事业突出贡献奖。全省体彩销售 64.75 亿元，增长 8.17%。

【体育交流】 2014 年，省体育总会、平潭综合实验区管委会与台湾体育总会成立海峡两岸（平潭）体育促进会。首次举办"新竹—平潭两岸接力横渡台湾海峡"活动。组织福州、泉州、三明、龙岩等市前往韩国开展体育交流，配合国家体育总局接待韩国代表团来闽回访。先后承接墨西哥举重队、日本武术团来闽驻训交流。全年参加体育总局组织的双跨团组 50 批 102 人次、省局组团 12 批 74 人次，出访美国、德国、新加坡等 39 个国家和地区。

（冯松鹏）

编辑：王文灿

社会生活

就业与劳动

【就业】 2014年，福建省城镇新增就业66.13万人，比上年增加0.26万人，增长1.1%。新增失业人员再就业12.8万人，增加0.14万人，增长0.4%，其中城镇就业困难对象再就业4万人，增加0.3万人，增长8.0%。新增农村劳动力转移就业42.4万人，减少2.13万人，下降4.8%。城镇登记失业率3.47%，下降0.08个百分点，控制在年度目标4.2%以内。全省非师范类高校毕业生就业率94.2%，上升1.4个百分点；签约率60.6%，上升0.9个百分点，自主创业(灵活就业)率1.5%，全面完成省政府确定的年度目标任务，保持就业形势稳定。

实施更加积极的就业政策。完善小额担保贷款贴息政策，创新用工服务举措，首次将就业改革项目列入就业专项资金补助范围。实施引工稳工奖励政策，对为全省企业输送劳动力的各类机构、个人和稳工的企业予以补助。

做好企业用工服务。持续开展“企业诚信用工承诺活动”，对诚信用工企业实行三优先：优先发布招聘信息，优先安排招聘会摊位，优先帮助赴省外招聘。全省有1500家企业加入“诚信用工承诺”，其中约300家企业获得“诚信用工企业”授牌。组织企业赴江西、云南、湖北、贵州、广西、四川、陕西等地开展劳务协作，涉及7省28市43县。在云南南坝和贵州黔南州人力资源市场设立福建劳务工作站，在当地实时发布福建企业岗位信息，实现常态化招聘。畅通与云南、贵州等劳务合作地的信息共享即时发布渠道，通过福建就业手机APP、人力资源网、省际用工信息发布平台将企业岗位需求信息发送至劳务输出地，搭建跨省份“空中招聘会”。

优化公共就业服务。组织开展“就业援助月”活动，全年扶持就业困难人员就业7484人，零就业家庭成员就业841人。组织开展“春风行动”活动，全年提供免费就业服务91万人次，吸纳农村劳动者就业31万人。初步实现全省公共就业服务信息系统省、市、县、乡镇、村五级联网；建立全省招聘会举办预公告机制，依托全省公共就业服务信息化平台，提前收集举办信息、优先集中网站发布；继续创新就业服务手段，“福建就业”手机客户端、摇工作、就业微信等信息平台，为求职者提供自助求职的信息服务。

扎实推进创业带动就业工作。总结推广政府主导、企业运营、院校创建等创业孵化模式，加快省级创业孵化示范基地建设。全年组织2.32万人参加SIYB创业培训；出台《福建省SIYB创业培训教师管理办法》，在福建省创业培训管理软件中新增创业培训教师管理功能模块，加强全省SIYB创业培训教师管理。开展SIYB创业培训教师培训，培训合格SYB教师83人，IYB教师22人。

做好高校毕业生就业工作。会同有关部门出台《福建省大学生创业引领计划实施意见》，提出11条政策措施。实施“大学生就业促进计划”，各级人力资源和社会保障(以下简称“人社”)部门牵头举办81场综合性、区域性、行业性和校园招聘会，提供岗位信息50多万个；其他中小型招聘会、用人单位宣讲会和网络招聘会2700多场，提供岗位信息47万多个。组织2014届7600多名离校未就业毕业生参加就业见习，就业见习补贴标准进一步提高。做好城乡低保家庭毕业生求职补贴发放工作，将残疾毕业生纳入补贴对象，按1000元/人的标准发放一次性求职补贴235.1万元。全省实名登记2014届离校未就业毕业生

2014年4月30日，省总工会女职工委员会在莆田国际油画城举办以“巧手共绘中国梦”为主题的福建省女职工才艺技能作品展示活动 （省总工会供稿）

18021人,实现就业7812人。实施"大学生创业引领计划",省级财政安排1300万元用于扶持高校毕业生自主创业,开展万名大学生创业培训,按每人800元标准给予专项补助;开展毕业生创业省级资助项目评审,征集项目318个,遴选扶持其中60个优秀项目,分别给予3万—10万元的启动扶持资金;支持各地、各高校建设大学生创业孵化基地,征集建设项目36个,支持泉州领SHOW天地、莆田安福电商城等新建11个孵化基地,分别给予10万—20万元扶持资金。统筹实施高校毕业生服务基层项目,省级财政安排资金6000万元,用于招募2467名毕业生参加省级"三支一扶"计划、选调生计划、大学生村官计划、志愿服务欠发达地区计划和服务社区计划,服务基层毕业生的生活补贴进一步提高;2014年公务员招考安排450个专门职位,面向服务基层期满合格的毕业生定向招考,约占招考职位总数的10%。

加强就业困难群体扶助。全面落实促进就业优惠政策和政府托底帮扶责任,健全就业援助长效机制,完善援助对象实名制管理服务。全年全省发放社会保险补贴6.6亿元,公益性岗位补贴1.35亿元,小额担保贷款贴息2.36亿元,受益人数近40万人。

【职业培训】 2014年,新增3个国家级高技能人才培训基地和3个国家级技能大师工作室。完成对2011年首批100家省技能大师工作室检查评估。入选第十二届中华技能大奖1人、全国技术能手12人、就业突出贡献个人1人。遴选福建省技能大师30人、省技术能手43人。全年举办18场省级竞赛,参赛人数20万人以上。举办城市轨道交通装备产业与运营管理等4个国家级高级研修班,下达实施全省专业技术人才高级研修计划项目161个。选送60多名具有高、中级专业技术职务的专业技术人员和管理人才参加外省市举办的全国高级研修培训班学习。新增3所技师学院,批准筹设1所高级技工学校,新增1所达标(合格)技工学校,有2所学校通过贯标体系验收,2所国家中等职业教育改革发展示范校和5所国家级高技能人才培训基地建设项目通过省级检查验收。技工教育信息系统进一步完善,实现技校培训工种、学籍和国家资助金网上审核。农民工职业技能提升培训有序开展,全年组织农村劳动力参加职业技能培训28.43万人次,其中就业技能培训18.4万人、岗位技能提升培训8.35万人、创业培训1.7万人。会同省财政厅出台《省级扶贫开发工作重点县职业技能实训基地项目补助经费管理办法》,支持23个省级扶贫开发工作重点县依托培训资源进行提升改造,面向社会提供示范性技能训练和职业技能鉴定服务。全年组织职业技能鉴定53.9万人,其中:高级工以上10.3万人,技师9805人,高级技师2259人。全国、全省统考鉴定人数65847人;计算机高新技术考试鉴定74132人,专项职业能力考核人数9218人。加强闽台职业培训交流合作,与台湾长隆人力资源有限公司签订《加强海峡两岸职业技能培训合作框架协议》。以两岸金桥(福建)就业训练机构为试点单位,出台《对台湾地区居民开展职业技能在线鉴定试行办法》,接待9批、9个职业、296人次的台湾同胞到闽鉴定;开展首批在线模式职业技能鉴定,52名台湾居民在台北、高雄参加芳香保健师等3个职业(工种)的在线职业技能鉴定。工勤人员考核组织工作规范有序开展,3513人取得初级、中级和高级资格;继续落实工勤人员岗位继续教育网络化学习,实现省、市、县(区)、乡镇网络化同步学习,7万多人次完成继续教育培训学习。

【劳动关系与劳动工资】 截至2014年底,全省经行政许可劳务派遣单位476家,全省使用劳务派遣劳动者的用工单位9940家,被派遣劳动者271285人;企业劳动合同签订率进一步巩固和提高。全省劳动用工备案单位10.3万户,备案职工345.3万人,各类企业劳动合同签订率96.2%;省人社厅、省总工会、省企联、省工商联联合开展推进实施集体合同制度攻坚计划,集体合同覆盖企业13.7万户、职工609.9万名,集体合同签订率83.9%。加强对企业实行特殊工时制度的管理和服务,全年审批执行特殊工时企业1200余家,涉及职工40余万人。推进劳动关系和谐先进单位创建活动,首次将乡镇、街道纳入创建范围,省级评选劳动关系和谐工业园区、乡镇街道各10家,劳动关系和谐企业100家。

加强企业工资分配宏观调控和监督。省级及9个设区市制定发布工资指导线,基准线均在12%以上;省级发布采矿、建筑、批发零售、住宿餐饮、交通运输、仓储和邮政等5个重点行业工资指导线,部分地市发布3个以上重点行业工资指导线;全省发布的劳动力市场工资指导价位涉及18个行业、384个技术工种、2621条通用工种价位信息;各地发布的人工成本信息均覆盖12个以上行业。在全省4060家企业开展薪酬调查,涉及在岗职工53.1万人;在全省6个行业、150家企业开展人工成本监测,为政府决策提供科学依据。组织开展国有企业工资内外收入监督检查,全年检查企业1078家,涉及交通运输、建筑、外贸、公用事业等10个行业。

机关事业单位工资收入分配改革。加强分类分档调控,调整部分市县公务员津贴补贴水平,进一步规范秩序,缩小差距。完成省属事业单位2014年绩效工资总量核定,做好事业单位分类改革相关配套文件的修订工作。严格工资基金审核审批管理,组织开展人事管理平台工资模块测试完善工作。加强调研,抓好人社部委托课题的组织实施,按期结题上报。部署开展机关事业单位"吃空饷"问题集中治理工作。

【劳动争议仲裁】 2014年,全省劳动人事争议调解仲裁机构处理劳动人事争议案件30579件,仲裁机构立案受理16545件,涉及劳动者40104人,当期审结16182件,涉案金额67241.36万元,仲裁结案率93.68%。全省有961个乡镇(街道)建立基层劳动争议调解组织,占应建数的89.9%,泉州、厦门组建率100%。全省5406家大中型企业中有4701家成立企业劳动争议调解组织,组建率86.96%。贯彻落实人社部《关于印发基层劳动人事争议调解工作规范(试行)的通知》,调解14034件。全省252名仲裁员、调解员参加两期培训班,将仲裁员续聘考核工作下放给设区市人社部门。做好仲裁员证件申领审核和管理信息系统的升级应用工作,全年申领发放254本。

【劳动监察】 2014年,全省严厉打击恶意欠薪违法犯罪行为,向公安机关移送涉嫌拒不支付劳动报酬罪案件164起。会同有关部门开展解决企业工资拖欠、劳动用工等专项检查,涉及用人单位3.89万个、劳动者185.25万人;接受投诉举报1.67万件,投诉举报案件结案率100%;督促补签劳动合同41.29万份,解决欠薪8.93亿元;督促65家用人单位办理社会保险登记,涉及劳动者2947人。

社会保障

【城镇企业职工基本养老保险】 2014年,全省持续扩大养老保险覆盖面,有效提高参保率,巩固续保率;继续落实企业退休人员基本养老金定期调整政策,确保企业离退休人员养老金100%按时足额社会化发放,稳步提高保障水平;持续推进信息化、规范化、标准化建设,推进"电子社保"建设。截至2014年底,全省城镇企业职工基本养老保险参保人数(含离退休)766.97万人,基金收入362.95亿元,基金收支当期结余69.46亿元,基金累计结余426.41亿元。全省企业退休、退职人员102.3万人参加定期养老金待遇调整,月人均增加养老金208.41元,调整后月人均养老金2053.57元,增幅略高于全国平均水平。持续做好县以上无力参保集体企业退休人员、未参保70岁高龄职工老年生活保障金待遇审核、发放工作,全年为24869名符合条件的人员发放老年生活保障金1.52亿元。推进企业年金工作,进一步健全多层次养老保障机制,全年有61家单位建立企业年金,基金缴费规模6063万元,新增参加企业年金的职工6614人。全省形成以老年生活补助为保底层、以基本养老保险为主体层、以企业年金为补充层的多层次养老保障体系。养老保险经办管理服务体系基本建立,形成以各级社会保险经办机构为主干、以银行及各类定点服务机构为依托、以社区劳动保障工作平台为基础的养老保障管理服务组织体系和服务网络,逐步向乡镇、行政村延伸。全省纳入社会化管理服务的企业退休人员104.57万人,纳入社区管理92.11万人,社会化管理率95.4%,社区管理率84.1%。

【机关事业单位养老保险】 2014年,省人社厅严格按照政策规定和经办流程,借力核查、年检和社保登记等工作联动,促进养老保险费应收尽收,全年基金征缴率98%。严把待遇支付关,严格审核提前退休人员资格。严格执行社会保险基金管理制度,确保基金安全完整。及时完成执行企业养老保险制度退休人员的待遇调整,离退休人员养老金按时足额发放。运用信息资源共享比对系统,完善养老金领取资格认证办法。截至2014年底,全省机关事业单位养老保险参保81.3万人,累计征收养老保险费78.45亿元,支付离退休人员养老金83亿元,历年滚存结余63.85亿元。做好事业单位改革配套服务,为涉改人员接续养老保险关系,维护社会安定稳定。明确省直机关事业养老保险有关参保女职工退休年龄认定、个人缴费窗口缴费人员转企补贴、按实际缴费时间建账、提租补贴项目补缴等问题。全省机关社保经办达标3年(2012—2014年)行动计划完成,30个经办机构通过达标考评。组织开展全省机关事业养老保险现行政策、业务经办等方面的摸底调查和数据测算。

【城乡居民基本养老保险】 2014年,福建省进一步提高缴费补贴标准;17个县(市、区)再行提高补贴标准,最高缴费补贴225元;鼓励有条件的市、县先行建立丧葬补助制度,在待遇领取人员身故后,按当地当年基础养老金标准的20个月一次性支付丧葬补助金,63个县(市、区)建立丧葬补助制度;明确参保人死亡个人账户资金余额(含政府补贴部分)可依法继承。从2014年1月起,将省定基础养老金最低标准从每人每月55元提高至每人每月70元,48个县(市、区)再行提高基础养老金标准,最高每人每月230元;67个县(市、区)建立长缴多得激励机制,对缴费年限较长的每月增发一定数额的基础养老金。截至2014年底,全省城乡居民保参保1473.01万人,参保率97.3%;当年999.42万人缴纳保费,续缴率93.5%;387.34万城乡老年居民保领取养老金,发放养老金115.96亿元,基金累计结余82.61亿元。推出省内异地参保、年内二次缴费两项便民措施,允许福建省户籍城乡居民凭居住证(暂住证)在居住地参加城乡居民保,促进城乡居民合理流动和新型城镇化建设;允许参保人员同一年度内进行二次缴费,支持和鼓励参保人员多缴费、多受益。推进老农保与城乡居民保制度衔接过渡工作,分三批次返还省级代管老农保基金8.17亿元。全面完成全省城乡居民保业务档案达标验收,88个县(市、区)城乡居民保业务档案达标验收成绩均为"优秀等次"。继续推进金融服务"不出村"工作,实现参保人员"不出村"缴存保费和领取待遇,金融服务"不出村"98.5%。进一步落实被征地农民养老保障,全省有172.19万符合条件的被征地农民纳入养老保障范围,有54.89万60周岁以上人员领取养老保障金,发放保障金29.58亿元。

【医疗保险】 2014年,全省城镇基本医疗保险参保1292.97万人,参保率96%以上,超额完成全年扩面任务。其中,职工医保参保737.25万人,居民医保参保555.72万人(含参加新农合)。全省职工医保统筹基金收入113.70亿元,支出89.33亿元,扣除一次性缴费,当期实际结余22.78亿元,累计结余141.63亿元。城镇居民医保基金收入19.69亿元,支出17.16亿元,当期结余2.53亿元,累计结余13.36亿元。城镇居民参保政府补助标准每人每年不低于320元,8个统筹区开展城镇居民普通门诊统筹,4个统筹区开展职工普通门诊统筹。全面有序开展大额医疗费用补充保险工作;将重性精神病人门诊药物治疗费用纳入职工基本医疗保险门诊特殊病种范围，并扩大个人账户的使用范围。职工、城镇居民政策范围内支付比例分别稳定在75%以上和70%左右，最高支付限额通过多种方式分别达到当地职工年平均工资、当地居民可支配收入的6倍。制定公立医院改革医保联动十条措施，通过全面开展以总额控制为基础的付费方式改革、完善补偿政策、落实差别化支付政策、加强医疗服务监管、鼓励社会资本办医等举措，进一步支持和促进公立医院改革。配合物价部门做好医疗服务价格平移综合测算，指导全省做好医保支付政策调整工作。

【失业保险】 2014年，全省完善失业保险金发放与最低工资调整挂钩机制，落实与物价上涨挂钩联动政策，确保失业保险金按时足额发放，减轻物价上涨对低收入群众生活水平影响，保障失业人员的基本生活。做好领取失业保险金期间人员参加职工基本医疗保险工作，维护失业人员的合法权益。加强失业动态监测工作，提升失业统计监测分析水平。截至2014年底，全省失业保险参保524.08万人，增加27.42万人，增长5.5%；领取失业保险金4.46万人，增加0.26万人，增长6.2%；失业保险基金收入34.80亿元，支出9.99亿元，当期结余24.81亿元，累计结余128.02亿元。

【工伤保险】 2014年，全省继续加大建筑、矿山等高风险行业企业参加工伤保险的力度，年度扩面任务完成。截至2014年底，全省参保627.33万人，工伤保险基金当期收入21.97亿元，支出10.62亿元，当期结余11.35亿元，累计结余46.57亿元；全省39047名工伤职工享受工伤保险待遇。工伤职工待遇进一步提高，各统筹地区均对工伤职工按月领取的“伤残津贴、供养亲属抚恤金和生活福利费”三项定期待遇进行调整，其中伤残津贴人均提高230元，全省1—4级伤残职工平均伤残津贴水平2200元。为期3年2.6亿元老工伤人员纳入统筹管理的省级专项补助资金全部到位。继续做好工伤认定和劳动能力鉴定工作，全省各级社保行政部门基本形成工伤认定疑难案例内部集体研究决策、重大伤亡案件实行联合调查办案的工作程序和工作机制，2014年度全省完成工伤认定2.9万件，完成劳动能力障碍等级鉴定1.5万人次。

【生育保险】 截至2014年底，全省职工生育保险参保556.7万人，其中：企业463.56万人，机关事业83.04万人；全省生育保险基金收入13.38亿元，支出9.15亿元，当期结余4.23亿元，累计结余22.72亿元。 （陈鲤群）

居民生活

【城镇居民生活】 收入水平。2014年，全省城镇居民人均可支配收入30722元，比上年增长9.0%，增幅回落0.8个百分点；扣除价格因素，实际增长6.8%，增幅回落0.2个百分点。从收入来源看，城镇居民人均工资性收入19197.2元，增长7.8%，增幅上升0.5个百分点，占可支配收入比重62.5%，拉动可支配收入增长4.9个百分点；城镇居民人均经营净收入4246.8元，增长13.7%，增幅上升9.2个百分点，占可支配收入比重13.8%，拉动可支配收入增长1.8个百分点；城镇居民人均财产净收入3648.6元，增长7.7%，增幅回落9.6个百分点，拉动可支配收入增长0.9个百分点；城镇居民人均转移净收入3629.8元，增长12.2%，增幅上升2.2个百分点，占可支配收入11.8%，拉动可支配收入增长1.4个百分点。

消费水平。2014年，全省城镇居民人均生活消费支出22204.1元，比上年增长8.0%，增幅回落0.1个百分点；扣除价格因素后，实际增长5.8%，增幅上升0.4个百分点。其中，城镇居民人均食品烟酒支出7368.7元，增长9.7%，增幅上升8.2个百分点，拉动生活消费支出增长3.2个百分点；城镇居民人均衣着消费支出1461.0元，增长5.1%，增幅上升2.0个百分点；城镇居民人均居住支出5434.7元，增长8.3%，增幅回落6.5个百分点，占人均生活消费支出比重24.5%，拉动生活消费支出增长2.0个百分点；城镇居民人均生活用品及服务支出1302.0元，增长2.2%，增幅回落10.7个百分点；城镇居民人均医疗保健支出1059.0元，增长14.5%，增幅回落6.5个百分点；城镇居民人均交通与通信支出2737.8元，增长6.4%，增幅回落2.3个百分点；城镇居民人均教育文化娱乐服务支出2170.0元，增长7.4%，增幅回落8.9个百分点；城镇居民人均其他用品和服务支出670.9元，增长3.8%。 （杨　威）

【农村居民生活】 收入水平。2014年，全省农村居民人均可支配收入12650.2元，比上年增长10.9%，增幅回落1.3个百分点；扣除物价因素，实际增长8.8%，增幅回落0.9个百分点。其中，农村居民人均工资性收入5655.2元，增长11.9%，增幅回落4.2个百分点，对农村居民收入增长的贡献率48.3%，拉动农村居民收入增长5.3个百分点；农村居民人均家庭经营净收入5093.6元，增长8.7%，对农村居民收入增长贡献率32.8%，拉动农村居民收入增长3.6个百分点（其中，第一产业经营净收入3021.2元，增长7.8%，第二产业经营净收入623.0元，增长13.8%，第三产业经营净收入1449.4元，增长8.7%）；农村居民人均财产净收入201.3元，增长25.8%，对农村居民收入增长的贡献率3.3%，拉动农村居民收入增长0.4个百分点；农村居民人均转移净收入1700.1元，增长12.9%，对农村居民收入增长的贡献率15.6%，拉动农村居民收入增长1.7个百分点。

消费水平。2014年，全省农村居民人均生活消费支出11055.9元，比上年增长10.7%，增幅上升0.6个百分点；扣除物价因素，实际增长8.6%，上升1.0个百分点。其中，农村居民人均食品烟酒支出4222.5元，增长8.7%，增幅上升2.9个百分点，拉动生活消费支出增长3.4个百分点；农村居民人均交通与通信支出1097.7元，增长19.6%，增幅上升18.2个百分点，拉动生活消费支出增长1.8个百分点；农村居民人均医疗保健支出735.9元，增长30.7%，增幅上升4.2

个百分点，拉动生活消费支出增长1.7个百分点；农村居民人均居住支出2607.8元，增长11.9%，增幅回落9.8个百分点，占人均生活消费支出比重23.6%，拉动生活消费支出增长2.8个百分点；农村居民人均衣着消费支出572.4元，增长8.4%，增幅上升5.8个百分点；农村居民人均生活用品及服务支出642.7元，增长7.8%，增幅回落5.5个百分点；农村居民人均教育文化娱乐服务支出940.7元，增长0.4%，增幅回落4.4个百分点；农村居民人均其他用品和服务支出236.2元，增长3.5%。（李 君）

物 价

【居民消费价格变动】 2014年，福建省居民消费价格总水平平均比上年上涨2.0%，是2010年以来最低涨幅，涨幅与全国持平，居全国各省（市、区）第14位，其中：城市居民消费价格总水平上涨2.1%，农村居民消费价格总水平上涨1.9%。全年居民消费价格总体呈高开低走、年底有所反弹的运行态势，1—5月各月涨幅分别为2.8%、2.1%、2.8%、1.9%和2.6%；6—10月涨幅连续5个月缩小，10月上涨1.2%，是2009年12月以来的最低月涨幅；11—12月涨幅有所回升，分别上涨1.3%、1.7%。食品类、衣着类、家庭设备用品及维修服务类、医疗保健和个人用品类、交通和通信类、娱乐教育文化用品及服务类、居住类分别上涨3.3%、2.6%、0.4%、0.7%、0.2%、1.7%、2.3%，烟酒及用品类下降0.8%。

【价格上涨的主要因素】 2014年，福建省食品类价格涨幅较大。全年食品类价格比上年上涨3.3%，拉动居民消费价格总水平上涨1.09个百分点，影响程度54.5%，是影响居民消费价格总水平上升的主要因素。调查的16类食品价格中有14种上涨，2种下降，涨价面87.5%。

粮食价格持续上涨。受2014年国家继续提高粮食最低收购价，以及种植成本不断攀升的影响，粮食价格持续走高。全年粮食价格上涨1.9%，拉动居民消费价格总水平上涨0.06个百分点，其中大米、面粉、粮食制品价格分别上涨1.4%、4.8%和1.9%。

肉禽及其制品价格小幅上涨。全年肉禽及其制品价格比上年上涨0.4%，其中，猪肉价格低迷，牛羊肉、禽蛋价格涨幅较大。受生猪存栏量较大、猪肉供过于求的影响，全年猪肉价格下降3.2%，拉动居民消费价格总水平下降0.13个百分点。牛羊肉价格延续上年的上涨势头，但受牛羊肉产量增加的影响，涨幅明显收窄，全年牛肉、羊肉价格分别上涨7.2%、4.0%，涨幅分别比上年回落16.3和5.2个百分点，拉动居民消费价格总水平上涨0.06个百分点。受2014年年初H7N9禽流感以及家禽养殖成本增加的影响，禽类和蛋类价格先抑后扬，但总体呈上涨态势，全年禽类、蛋类价格分别上涨6.5%、7.5%，拉动居民消费价格总水平上涨0.16个百分点。

水产品价格涨幅加大。受养殖捕捞量有所减少和运输成本增加等影响，全年水产品价格上涨5.7%，比上年提高1.4个百分点，拉动居民消费价格总水平上涨0.33个百分点，其中，鱼类上涨3.2%、虾蟹类上涨6.9%。

鲜菜价格稳中有升，鲜瓜果价格涨幅较大。全年鲜菜价格上涨0.8%，拉动居民消费价格总水平上涨0.02个百分点。受部分水果减产以及生产成本增加等因素影响，全年鲜瓜果价格上涨21.5%，涨幅比上年提高12.3个百分点，拉动居民消费价格总水平上涨0.39个百分点。

工业品价格小幅上涨。全年全省工业品价格比上年上涨0.7%，拉动居民消费价格总水平上涨0.24个百分点。衣着类上涨2.6%，拉动居民消费价格总水平上涨0.21个百分点，其中，服装上涨2.7%、鞋袜帽上涨2.5%。居住类上涨2.3%，拉动居民消费价格总水平上涨0.45个百分点，其中，电价上涨1.5%、液化石油气上涨2.0%。

服务项目价格明显上涨。全年全省服务项目价格比上年上涨2.3%，拉动居民消费价格总水平上涨0.7个百分点。调查的58种服务项目价格有39种上涨，涨价面67.2%，比上年缩小3.5个百分点。受城乡居民消费需求增加和人工成本提高等影响，部分服务项目价格上涨明显。衣着加工服务费上涨5.6%、家庭服务上涨5.8%、理（烫）发上涨2.3%、文娱类修理服务上涨2.7%、物业管理费用上涨5.4%。交通类服务项目价格调整幅度较大，受人工费用提高、节假日及上年"翘尾"因素等影响，短途汽车、出租汽车、飞机票价格分别上涨2.1%、2.9%和3.8%。部分教育、文化娱乐类价格上涨，教育服务上涨2.8%，其中，学前教育上涨5.1%、高等教育上涨6.0%。受人工成本上涨及2013年10月出台新《旅游法》的"翘尾"影响，全年旅行社收费上涨5.8%。

【农业生产资料价格】 2014年，全省农业生产资料价格总水平比上年下降0.5%。调查的十大类产品价格呈"三降七升"，其中：化学肥料、农用机油、产品畜价格分别下降4.2%、1.2%和0.8%，其余七类产品价格均有不同程度上涨，农业生产服务价格涨幅最大，上涨3.8%。

化学肥料价格降幅较大。受石油、煤炭等主要生产资料价格下降和产品供过于求等影响，全年化学肥料价格下降4.2%，拉动农业生产资料价格下降1.25个百分点，是影响农业生产资料价格下降的主要因素。

农用机油价格小幅下降。受2014年国家18次调整柴油价格影响，全年农用机油下降1.2%。1—7月农用机油价格涨跌互现，受下半年国际油价持续下跌影响，8—12月农用机油价格连续5个月下降，降幅分别为1.4%、1.7%、0.4%、2.6%和2.4%。

产品畜价格跌幅缩小。全年产品畜价格下降0.8%，跌幅比上年缩小1.6个百分点，是3年来的最低跌幅。受年初生猪存栏量较大和H7N9型禽流感等影响，前5个月，产品畜价格除3月上涨1.6%外，其余各月均有不同程度下降；随着国家推出冻猪肉收储政策和禽流感影响的逐渐消除，6—9月连续4个月上涨，分别上涨4.6%、1.4%、2.0%和1.8%；10—12月价格有所回落，10月和12月分别下降

0.4%和1.7%,11月持平。

农业生产服务价格涨幅较大。受农村劳动力不足且日趋老龄化、农业用工成本不断上涨等因素影响,农业生产服务价格持续上涨,全年农业生产服务价格比上年上涨3.8%,其中:农业用工、机械作业费和排灌费价格分别上涨5.9%、4.7%和1.1%。农业用电价格与上年持平。 (孔令军)

社会救助

【城乡低保】 2014年,省委、省政府决定将全省农村最低生活保障标准从每人每年1900元提高到2100元。各地均按照当地最低工资标准的33%—40%确定提高城市最低生活保障标准。截至年底,全省纳入城市居民最低生活保障14.65万人,城市低保平均标准412元/月,人月均补助304元,比上年提高12%;全年支出城市低保金5.5亿元,比上年增长3%。全省纳入农村居民最低生活保障73.95万人,农村低保平均标准2695元/年,人月均补助159元,比上年提高10%;全年支出农村低保金14.2亿元,比上年增长11%。全省城市低保新增8934人、退出18671人;全省农村低保新增97454人、退出92963人。

【农村"五保"供养】 2014年,全省农村"五保"供养对象8.47万人,其中:集中供养10968人,集中供养平均标准7215元/年;分散供养73722人,分散供养平均标准5921元/年。全省农村五保供养补助等水平继续提高,人月均供养补助水平460元,比上年提高23%;全年支出五保供养金4.75亿元,增加21%。全省继续实施乡镇敬老院建设项目,全年下达100个项目省级补助资金8600万元,基本完成福建省民政事业"十二五"发展规划。截至年底,全省建成和安排建设的乡镇敬老院861所,有床位3.5万张,有250所完成相关法人登记。 (吴艺林)

【救灾救济】 2014年,省级自然灾害救助Ⅳ级应急响应启动1次,省、市、县三级投入救灾资金2347.71万元,其中省级财政支出360万元;省民政厅向灾区调拨500床毛巾被、200台应急灯、2台发电机等救灾物资,保障灾害应急救助。灾后省级下拨重建补助资金872万元,补助752户农户开展倒房恢复重建;实现农房保险理赔资金9116万多元;下达冬春救助资金4400万元。

完善减灾救灾机制。建立减灾救灾协作机制,召开省减灾委第一次全体会议、防灾减灾救灾体系建设工作协调会、省减灾委专家组会议,加强部门协调联动及专家参与机制,落实健全防灾减灾救灾体制分工方案,构建全省减灾救灾工作新格局。完善灾情管理机制,规范灾情信息报送的时限、内容和方式,建立灾情信息报告通报制度和责任追究制度。建立灾害救助申报机制,在全省范围内统一使用《福建省自然灾害救助申请审批表》,规范自然灾害生活救助资金申请审批程序,完善救灾资金管理。加强组织建设,在省、市两级全部成立减灾委的基础上,全省85%的县(市、区)陆续成立减灾委。在完善县市级应急预案的同时,加快乡镇(街道)、村(社区)应急预案修订工作,确保实现应急预案全覆盖。

应急系统建设。全省42个社区获评"全国综合减灾示范社区"。培训漳州、泉州、宁德7431位村级灾害信息员,颁发结业证书。省级投入500万元资金采购棉被、棉衣、油毛毡等9项救灾物资;为每个设区市发放1部卫星电话,协调安排180万元专项资金补助18个县级民政局购置救灾装备,全省所有县(市、区)均落实装备补助;建设省救灾应急物资智能调度和仓储管理信息系统,争取国家发改委投资建设资金200万元。

基础设施建设。全年一次性下拨8400万元,专项用于7个市级、41个县级救灾物资储备库建设和300个自然灾害避灾点规范提升建设。其中,每个市级救灾物资储备库补助400万元,每个县级救灾物资储备库补助100万元,每个自然灾害避灾点补助5万元。

政策创制及业务创新。省民政厅联合省财政厅、省保监局制定印发《福建省农村住房保险专项资金管理办法》。75个县(市、区)实现救灾资金社会化发放,全省覆盖率86%。2014年7月7日由省民政厅负责编制的国家民政行业标准《自然灾害避灾点管理规范》发布实施。 (刘　灵)

【医疗救助】 2014年,福建省城乡医疗救助基金政府筹集标准从每人每年130元提高到每人每年200元,列入省委、省政府为民办实事项目。全年全省按标准筹集医疗救助资金3.52亿元,其中省级下达医疗救助补助资金22714万元(含中央11639万元)。此外,将计划生育特殊家庭和听力、语言重度残疾人纳入医疗救助范畴,进一步扩大救助范围。全年全省城乡医疗救助对象176万人,其中:城市49万人,农村127万人;全年全省支出医疗救助基金5.48亿元,比上年增长72%,其中:支出1.47亿元资助救助对象参合参保,支出4.01亿元实施住院等救助78.42万人次。 (吴艺林)

【救助管理】 2014年,全省救助流浪乞讨人员75523人次,其中未成年人2270人次。全省各级财政投入救助资金12092.03万元,其中:中央财政补助4198万元,地方财政安排7894.03万元。完成1条省界、10条市间县界、25条市内县界和20%的乡界联检任务,平安边界创建持续深化。开展"寒冬送温暖""炎热送清凉"和"接送流浪孩子回家""流浪孩子回校园"等专项救助行动,做到主动上街,及时发现及时救助。加强救助管理机构规范化建设,莆田市、泉州市、光泽县3个救助管理站被民政部评为国家三级站,全省国家等级站总数8个。继厦门市被列为全国首批未成年人社会保护试点地区后,三明市、光泽县被列为第二批全国未成年人社会保护试点地区。

开展平安边界创建活动。11条市间县界平安边界共建协议签订全部完成。在全国率先开展边界纠纷隐患排查活动。出台《福建省行政区域界线管理办法》,行政区域界线管理工作纳入法制化轨道。指导莆田市民政局制定地方标准《行政区域界线管理规范》,是全国首个关于界管工作的地方标准。 (甘建意)

拥军优属

【双拥】 2014年，省委、省政府、省军区在全国率先出台《关于大力推进福建军民融合深度发展的决定》，重点推进军地融合发展12个项目，宁德市申请建立军民融合深度发展试验区。全省各地支持保障部队完成省国防动员演练、武警总部“卫士—14·闽剑”等180多次演习演练任务。全省各级投入资金10亿多元帮助驻闽部队进一步完善基础设施、训练设施、文化设施和生产生活设施项目1976个；全省投入专项经费8000多万元，支持部队科研和信息化建设项目451个；做好驻闽部队军事训练基地、阵地建设等征地工作。从2014年起，师职转业干部全部安排领导职务，正团职转业干部按不低于当年接收总数的50%安排相应领导职务或正处级非领导职务。年内，全省安排随军家属随调安置290名，就业790名，安排2200多名军人子女到优质学校就学，为部队官兵解决住房373套。

驻闽部队在防抗“麦德姆”超强台风中，出动兵力5000多人次，协助转移5万多人次，抢运救灾物资10多吨，排除重大险情50多处，有力保护人民群众的生命财产安全；驻闽部队支持重点工程490多项。福建省全国爱国拥军模范曾淑煌被中宣部、民政部授予十大“最美拥军人物”荣誉称号。 （洪道庆）

【优抚】 2014年，全省有享受抚恤补助的优抚对象190901人，优抚医院1所，集中收治荣誉军人16人；挂牌优抚医院16所，集中收治复退军人精神病患者331人；光荣院60所，集中供养孤老重点优抚对象971人；县级以上烈士纪念设施127个；散葬烈士墓19083座，零散烈士纪念设施372个。全年下达各类优抚对象抚恤补助资金62671.3万元，其中：国家财政46604万元，省级配套经费16067.3万元；下达医疗补助经费7748万元，其中：国家财政4959万元，省级配套经费2789万元；光荣院集中供养的孤老优抚对象伙食费补助（省级负担部分）244.7万元。做好抗美援朝烈士名录、抗战烈士及纪念设施等相关信息资料的调查核实、补充完善工作。严格按程序开展评烈工作；完成部分县、市（区）烈士证换补发工作。加强烈士纪念设施及优抚事业单位建设，国家和省先后投入4645万元，用于支持全省烈士纪念设施及优抚事业单位维修改造和专项建设。零散烈士纪念设施抢救保护工作任务基本完成，抓好第一批15489座散葬烈士墓、226个零散烈士纪念设施抢救保护扫尾工程，做好第二批零散烈士纪念设施信息数据采集录入工作，组织申报2014年零散烈士纪念设施抢救保护专项补助项目经费；截至年底，第一批抢救保护任务全部完成，第二批任务完成75%。开展评残换证工作，受理申报评残人员86名，审批符合条件的56名，做好226名伤残军队退伍军人、转业军官、离退休干部的换证及21名伤残优抚对象的换证补证工作。完成对全省111名历年来遗留未能评残的见义勇为伤残人员的残疾等级评定，对全省11228名残疾军人换发新式残疾军人证。 （卢六周）

【安置】 2014年，全省接收复退军人14393人，其中：复员干部22人、符合政府安排工作条件退役士兵589人（转业士官557人）、计划退役移交残疾士兵15人、自主就业退役士兵13767人，全省退役士兵安置率100%。协调22家省属国企落实122个安置岗位，下拨自主就业退役士兵地方经济补助金3575万元。组织退役士兵参加教育培训5249人，其中：职业教育4227人，技能培训1022人。完成福建省退役士兵教育培训管理信息系统二期工程。军休干部接收安置115人；无军籍职工接收安置230人。配合国家财政专员办，对军休干部住房改革专项经费进行检查，历时5年的全省军休干部住房制度改革工作任务全面完成。推进军供社会化工作，全年军供保障任务完成。 （郑 泳）

民族宗教事务

【民族事务】 2014年，全省下发专项资金360万元，扶持198户高山族同胞发展生产和改善生活。

扶贫开发。第四轮帮扶重点村234个，包含少数民族建制村13个，其中：福州1个、三明1个、南平4个、龙岩1个、宁德6个。全年投入民族经费616万元，支持93个民族乡村加强饮用水、道路、灌溉水渠、村容村貌等基础设施建设。全年安排民族专项经费1120万元，扶持115个民族村。全省19个民族乡落实帮扶资金8303万元，拉动社会资金3.24亿元，帮扶项目116个，实现农村经济总收入250.49亿元、乡财政收入5.3亿元、民族乡农民人均纯收入11262元，分别增长13.3%、28.2%、19.6%，其中少数民族农民人均纯收入10379元，增长19.44%，民族乡农民人均纯收入和少数民族人均纯收入首次突破万元。宁德市蕉城区上金贝等10个村寨被列入首批“中国少数民族特色村寨”。下达专项资金1300万元，全面启动全省新一轮34个少数民族特色村寨建设。省财政厅下达2013年度民贸民品贷款中央财政贴息资金36万元，支持3家民族定点生产企业发展生产，是福建民族定点生产企业首次获得国家财政的贴息支持。全省有少数民族群众6171人列入省级“造福工程”搬迁计划，争取发放少数民族专项增补资金370.26万元。

少数民族文体。成功举办“中华一家亲·海峡两岸各民族欢度‘三月三’节暨福建省第三届‘三月三’畲族文化节”活动。支持福安、延平、罗源、连江、上杭官庄、庐丰畲族乡等地举办少数民族传统节庆活动。《福建省志·民族志》（首轮）正式出版发行。省政府公布福建省第三批非物质文化遗产项目代表性传承人名单，其中少数民族“非遗”项目代表性传承人7人，分别为福建畲族民歌3人，八井拳、长乐琴江台阁、福安畲族银器制作工艺、福鼎双华畲族二月二歌会等项目各1人。省畲族说唱节目《“山哈”结婚难离哩》获第五届全国少数民族曲艺展演节目二等奖。选送畲族舞蹈《凤冠银光》参加首届全国少数民族优秀舞蹈作品展演获群舞组优秀奖。全省第七届百花文艺奖作品192件中，有4件

2014 年 4 月 23 日，漳浦蓝氏宗祠“种玉堂”（蓝氏畲族的发祥地、省级重要涉台文物保护单位）修缮落成庆典和蓝理将军雕像揭幕仪式在赤岭乡隆重举行

（省民族与宗教事务厅供稿）

少数民族文艺作品入选，包括荣誉奖 2 件、二等奖 1 件、三等奖 1 件。第八届全省少数民族传统体育运动会在厦门集美大学举办，来自全省 9 个设区市和平潭综合实验区等 10 个代表团 1300 余人参加；该届民族运动会产生竞赛项目 36 枚金牌，35 枚银牌，35 枚铜牌；表演项目 8 个金奖、5 个银奖、2 个铜奖；福州市等 10 个代表团、15 个运动队、76 名运动员、14 名裁判员获得体育道德风尚奖。

少数民族教育。继续在福建农林大学、集美大学等 5 所高校举办民族预科班，其中：福建农林大学招收预科班理科学生 100 名，集美大学招收预科班理科学生 30 名，福建工程学院招收预科班理科学生 70 名，闽江学院、宁德师范学院分别招收预科班文科学生 70 名和 50 名。省外民族预科班在福建招收少数民族学生 193 人。福建农林大学招收公共事业管理专业民族班学生 10 名、宁德师范学院招收汉语言文学专业民族班学生 20 名。省财政厅、教育厅和民宗厅联合下达“2014—2015 学年独立设置少数民族中学和中学民族班少数民族学生助学金”428.7 万元，按照初中生每生每年 600 元、高中生每生每年 1000 元的资助标准，资助 6311 名少数民族中学生，其中：初中生 5060 名，高中生 1251 名。省少数民族发展基金会出资 35 万元资助 150 名少数民族贫困学生，包括 100 名少数民族贫困大学生、30 名民族预科班贫困生以及 20 名宁德民中少数民族优秀高中贫困生。来自各级政府部门的助学金以及宗教界、慈善机构和爱心企业人士等社会各界赞助的爱心助学金、奖学金等 244.28 万元，资助少数民族大中学生 1185 人，其中：资助初中生 247 人，高中生 237 人，大学生 701 人。全年投入资金 672.98 万元，资助少数民族大中学生 7496 人。（黄淑萍）

【宗教事务】 2014 年，福建省贯彻国家宗教局等十部门《关于处理涉及佛教寺庙、道教宫观管理有关问题的意见》，与省直有关部门联合开展专项督查、调研，着力整治宗教活动场所管理乱象。规范宗教活动场所建设项目管理，在制止乱建、滥建行为的同时，对解决宗教房产、土地使用权证问题给出政策，维护宗教场所合法权益。开展宗教活动场所主要教职任职备案专项试点工作。推动民间信仰活动场所规范管理，探索并推动 81 个省级民间信仰活动场所联系点开设对公账户。抓好行政许可窗口建设，全年受理并按时办结行政许可事项 96 件，办结率 100%。

宗教自身建设。指导省佛协开展以“教风”为主题的和谐寺观教堂创建活动，在厦门鸿山寺举办以“清净·和合”为主题的全省第三届佛教讲经交流会；指导省伊协宣讲《新编卧尔兹演讲集》，引导穆斯林群众树立正信；指导省道协推荐 35 名道长参加正一派授箓活动。举办第三期全省宗教人才研修班，五大教 95 位人士参加研修活动；选送 8 名教职人员参加全国性宗教培训；选派 2 位道长参加中道协主办的第六届玄门讲经比赛，分获讲经和抄经三等奖。联合省委统战部举办第七期全省天主教教职人员研修班，4 个天主教区的主教、神父及部分修女计 71 位学员参加。指导推进福建神学院新校区工程建设，推动新校区主体工程竣工投入使用。组织 10 名佛教院校青年骨干教师参加福建省“2014 年民办高校青年教师教育教学能力提升培训班”。

宗教慈善事业。发动宗教界举办以“慈爱人间、八闽五教同行”为主题的宗教慈善周活动，9 月中旬召开宗教公益慈善活动经验交流会，全省宗教界捐款捐物累计 1.16 亿元。

对外交流。省伊协组团赴台交流访问，实现福建省伊斯兰教对台文化交流的破冰之旅。指导省道协承办 2014 年两岸道教界新春联谊会，两岸道教界嘉宾围绕筹备举办第三届国际道教论坛和成立世界道教联合会等事宜进行讨论交流。举办两岸民间宫庙叙缘交流会和中华梦乡——石竹山梦文化节，签订《两岸百家宫庙协议书》。指导省佛协举办第六届闽台佛教文化交流周系列活动。全省各宗教团体组团赴港澳台、东南亚等地交流访问 14 批次，接待来访国（境）外交流团 9 批次；选送 16 名宗教教职人员赴新加坡、香港等地协助工作、留学深造、交流讲学。（黄淑萍）

库区移民

【移民搬迁安置】 2014 年，福建省移民安置政策注重实物补偿的科学性。当淹没实物现场调查数据与地方统计年鉴不一致时，以现场调查数据为准；当现场采集的建材价格和人工费与行业定额不一致时，以现场采集价格为准；当地方制定的经济果木补偿单价与市场采集价格不一致时，以市场采集价格为准。注重征地补偿的合理性，拟建在建水利水电工程征地补偿标准一律按照省政府《关于统一全省耕地年产值和征地补偿标准的通知》和《关于调整征地补偿标准的通知》等规定执行，做到同库同策、同地同价。注重土地权属的合法性，会同省国土资源厅印发《关于进一步做好库区移民宅基地确权登记发证工作的通知》，在全省全面开展已建、在建库区移民安置点移民宅基地确权登记发证工作，实现经依法批准的移民宅基地使用权属证书应发尽发。

优化安置规划。省移民开发局把充分听取移民群众意见作为移民安置规划大纲和移民安置规划编制、审查的刚性门槛，使规划所确定的安置去向和安置方式建立在民意基础上。按照新型城镇化要求，高起点、高标准规划移民安置点，选取自然环境良好、交通便利、安全稳定的适宜区域，用地由原来的每户60～80平方米提高到每户90～130平方米，配套适度，超前规划水、电、路和广电、医疗、文化、社区公共服务等设施。因地制宜采取有土安置、长补安置、置业安置、货币安置、投资安置等多元生产安置方式，有效化解库区人地矛盾突出的问题。

加强服务管理。优化审批环节，对实物调查大纲(细则)、移民安置规划大纲和移民安置规划实行随到随审、容缺预审。在移民安置规划大纲审批环节，先直接批复、后将存在问题修改环节整合到移民安置规划编制阶段同步进行，提高服务水平。全年完成永安溪源水库等3个拟建水利水电项目的实物调查大纲审批、龙海九九坑水库等3个项目移民安置规划大纲审批、沙县双溪水库等19个项目移民安置规划审核工作。加强进度管理，健全年度安置计划动态管理机制，全年全省73个在建水利水电项目完成征收土地1671.7公顷，拆除房屋14.2万平方米，完成生产生活安置移民2.5万人，移民安置总体进度适度超前于工程建设进度。严格监督评估，在8个设区市设立11个现场项目部，对12个在建水利水电工程移民安置工作进行驻点跟踪，随时掌握移民安置工作进度、项目建设质量、移民资金使用管理和库区稳定情况，确保移民安置规划有序有效实施。抓好安置验收，以生产生活安置和资金使用管理为主要内容，完成对9个设区市、50个县(市、区)、119个乡镇、146个安置点7061名三峡外迁移民安置省级初验工作。

【移民村后期扶持】 2014年，全省投入4.3亿元资金，对100个移民村实施以“清理村庄环境、梳理规范管线、修缮房屋立面、配套基础设施、绿化美化村庄、加强长效管护”为主要内容的环境综合整治工程。拆除违章建筑24万平方米，清理垃圾6万多吨，梳理管线21万米；对5100余幢移民房屋进行整体立面改造，完成房屋外墙面装饰155万平方米，屋顶平改坡62万平方米；实施路面硬化、村庄亮化、沟渠整治、休闲公园等配套项目162个；实施绿化美化项目87个；移民群众对环境综合整治的满意率98.5%。三元、永安、宁化、清流、延平、武平、福鼎、霞浦等8个县(市、区)18个移民村8691个特殊困难移民被列入首批国家避险解困试点。投入国家专项补助资金和地方配套资金2.7亿元，安置搬迁、帮扶生产，从根本上解决移民居住安全和就业增收问题。投入资金58594万元，在62个县(市、区)实施移民工业创业园、商贸创业园、旅游创业园，购置商业店面和水电站入股等项目。投入资金7993万元，建设水果等产业化示范基地25个、规模化鲜切花塑料钢架大棚8个、现代蔬菜种植大棚11个、食用菌栽培房25个、智能温室1.33公顷，实施库区农业基础设施建设项目98个。投入资金1096万元，对2033户移民创业小额贷款提供国家同期基准利息补助，带动贷款18018万元；筹集资金500万元，在10个移民村探索成立创业小额贷款担保基金，增加贷款额度2500万元；投入资金926万元，开展移民职业技能培训，3845位移民取得职业技能岗位证书。2014年全省库区移民人均可支配收入11439元，增长11.1%。

【移民资金项目监管】 2014年，省移民开发局深化管理改革。投资200万元以下项目的审批权由省移民开发局下放到设区市移民管理机构，设区市再根据实际情况将其中部分项目审批权下放给县级移民管理机构。分配资金从单一以移民人数为依据改为以移民人数、项目进度、资金结存、绩效评价四种因素的综合考评结果作为依据；省级统筹资金实行“奖励＋补助”形式安排，对项目绩效评价好的地方予以奖励，对基础设施弱、移民收入低的地方予以适当倾斜，奖优罚劣。将工程类项目责任主体落实到乡镇政府，将资产类项目责任主体根据不同情况分别落实到村委会、移民专业合作社或项目涉及的移民村参与成立的经济实体。

简化管理程序。将所有审批事项控制在5个环节以内，其中大中型水库移民后期扶持项目规划、计划的增补变更审批减少到1个环节，将审批时限缩短至法定时限的60%以内。将技术简单的工程类项目和货物类、服务类项目的前期文件缩小到一个实施方案。在一个县(市、区)内，以村为单元，以乡镇或县为单位将几个项目捆绑统一进行招标或按有关规定统一委托监理。工程竣工验收实行“谁建设、谁验收”的原则，项目综合验收实行“谁审批、谁验收”的原则。

强化监督管理。省、市两级移民管理机构对23个重点县(市、区)后期扶持政策实施情况开展全面稽察，对12个县(市、区)稽察整改情况开展“回头看”，对部分突出问题进行延伸稽察，以查促改，做到发现一个、严查一类，整改一批、完善一面。对9个设区市本级移民资金进行常规审计，对7个投资超过5000万元的资产型生产开发项目和20个省级库区环境综合整治试点村进行专项审计，防止移民资金的跑冒滴漏。投入300多万元建设水库移民后期扶持管理系统福建省分中心，对移民资金拨付使用在线监控系统进行升级改造，全面提升实时监控水平。委托福建省调查总队在全省9个设区市13个库区移民重点县设立50个样本村、500个样本户，按照国民收支调查统计体系开展移民收支状况长期跟踪监测。

【平安库区创建】 2014年，福建各

地将水利水电工程移民安置社会稳定风险评估作为移民安置规划大纲审批和规划审核的前提条件之一，全年对8个水利水电工程建设项目移民安置实施社会稳定风险评估，加强验收过程稳定风险的分析研判和防控，确保安置地社会安定稳定，全年库区信访总量下降9%，连续多年保持递减态势。在移民管理系统内，各级移民管理机构层层签订维稳工作责任书，做到责任到位、措施到位、工作到位；在移民管理系统外，将"平安库区"创建与当地政法、综治、信访、公安、维稳、司法、调解等部门工作有机衔接、有效互动，做到库区矛盾联调、问题联治、工作联动、平安联创，形成创建工作合力。在敏感时期、重要时段，实行库区稳定情况周报告制度和移民管理机构24小时值班制度，优化应急预案，强化防范措施。（郭正福）

老区建设

【老区优惠政策】 2014年，福建省纳入《赣闽粤原中央苏区振兴发展规划》范围的原中央苏区和闽东苏区的县(市、区)，在安排国家预算内投资时，按照西部地区政策执行，其他革命老区按照中部地区政策执行。福建省苏区老区享受中西部地区优惠政策从以往的"参照"改为"按照"，享受西部地区政策的区域范围从37个原中央苏区县和安溪、南安、永春、德化等4个县，扩大到闽东苏区(含宁德市全境和连江、罗源共11个县)，惠及县(市、区)增加到52个。2014年国家财政给予福建省革命老区转移支付资金7.02亿元，比上年增加4867万元。安排国家专项彩票公益金2亿元，继续支持福建省原中央苏区社会福利、群众体育、残疾人事业项目建设。

【老区建设与发展】 2014年，福建省确定第四轮(2014—2016年)省级扶贫开发重点村236个，其中老区村183个，占77.5%。省民政厅会同省财政厅安排老区扶贫建设资金3000万元，其中1976万元根据老区乡村数量及比例、地方财力状况等因素分配下达有关市、县(区)，1024万元集中用于支持44个县(市、区)的89个省级扶贫开发重点(老区)村基础设施、社会事业等项目建设，每个项目补助10万—15万元；会同省财政安排老区发展专项资金900万元，增加28.6%，组织实施老区科技示范项目和老区革命遗址维护项目，其中补助革命遗址维修项目38个400万元，补助科技示范项目50个500万元。

【老区培训与服务】 2014年，省民政厅继续与省科协共同开展180期"农函大"等老区农民实用技术培训工作，培训老区农民7200人；开展"院士专家科普报告团"老区行活动，会同宁德市科协、宁德市老区办协调组织科普专家在周宁、寿宁、蕉城、霞浦、柘荣、福鼎等老区县开设12场报告会，参加1200多人；协调省广电集团、省扶贫两会做好110个老区乡镇广播站(室)建设；配合省委宣传部等在闽清县云龙乡后塘老区村举办2014年全省文化科技卫生"三下乡"活动启动仪式，筹集捐赠物资和项目资金约1600万元。

【优待抚恤】 2014年，省级革命"五老"人员生活定补经费下达6386.8万元；省民政厅会同省财政厅调整提高全省革命"五老"人员生活定补标准，在原有的基础上每人每月生活定补增加80元(省定标准670元)。全年省级革命"五老"人员医疗补助经费下达510.6万元，帮助解决革命"五老"人员困难。在元旦、春节期间，走访慰问革命"五老"人员，发放慰问金约616.9万元。（余昌颖）

婚姻 家庭

【婚姻登记】 2014年，全省国内居民结婚登记368993对、离婚登记69168对；涉港澳台、华侨居民结婚登记6337对、离婚登记1173对(其中涉台结婚登记1904对、离婚登记472对)；涉外婚姻涉外结婚登记2473对、离婚登记360对(其中涉越结婚登记982对、离婚登记102对)。婚姻登记机关国家等级创建工作持续推进，各级婚姻登记机关场所建设、设施配备、服务水平和内部管理得到提升。增加厦门市同安区、建瓯县、松溪县、邵武市、浦城县、建阳市民政局婚姻登记机关6个机构编制、21名婚姻登记员编制。上报民政部11个婚姻登记机关参评全国等级评定。全年全省办理外国人收养登记55件。（连 峰）

【家庭】 2014年，省妇联加强家庭文明建设。注重发挥妇女在社会生活和家庭生活中的独特作用，以"家和福建美，家和万事兴"为主题，在全省16661个城乡"妇女之家"中开展寻找"最美

2015年6月15日，以"弘扬家庭美德、树立良好家风"为主题的第六届海峡论坛·海峡妇女论坛在厦门隆重开幕（省妇联供稿）

家庭”活动，推出各级各类“最美家庭”1万多个。在全省组织开展讲家风家教故事、征集家规家训、评选推荐“传承好家风的好妈妈好爸爸”“家庭情景剧”活动，2名家长获全国“传承好家风的好妈好爸”称号，家庭情景剧“瞧这一家人”获全国优秀奖及最佳剧情奖。

持续推进家庭教育工作。围绕生命教育、儿童安全防护等主题，深入学校、社区、村镇举办169场专题报告会和社区沙龙活动；与省广播影视集团少儿频道联合摄制播放7部以儿童安全教育为主题的“微电影”，发放近5万份儿童安全教育宣传手册等。举办第三期家庭教育骨干培训班，培训217人。开通手机及互联网“家庭教育空中课堂”，在“闽姐姐微博”开设“爱孩子”“亲子课堂”专题；在腾讯网站举办四期家庭教育专题“微访谈”，提供方便、快捷、有效的家庭教育指导服务。与省政协社法委联合召开家风家教专题调研座谈会。

推进婚姻家庭维权工作。推动基层民政婚姻登记窗口试点设立婚姻家庭辅导室，为婚姻家庭生活提供常态化帮助。推广莆田市“人身保护令”“家庭暴力告诫书”等经验，推动各地建立反家庭暴力联动机制。持续开展妇女“维权三制”(妇女信访代理/协理制、妇女议事制、妇女互助制)和“平安家庭”创建工作，覆盖面分别为80%和90%以上。

推进家庭服务业发展。指导省家庭服务业协会开展工作。坚持做好以技能培训、家政服务为主的巾帼家政服务工作，全年全省培训各类家政服务人员15241人，安置12309名妇女从事家庭服务。拓宽省968938居家养老信息平台服务范围，提供10大类100项家政信息服务及三大常规五大特色居家养老服务，打造“没有围墙的养老院”。（李培珍）

老龄事业

【养老保障】 2014年，全省城镇基本养老保险参保832.85万人。为91万名(不含厦门)企业退休职工提高养老金，调整后全省企业退休职工月人均养老金2088元。全省机关事业单位参保离退休人员21.23万人，月人均养老金3212元。全省城乡居民养老保险参保1472.44万人，参保率97.64%。省级财政(含国家)筹集城乡居民社会养老保险补助资金26.25亿元，将老年居民基础养老金由每人每月不低于55元，提高到每人每月不低于70元。全省有379.57万名60周岁以上的老年居民领取基础养老金，其中52.7万名被征地农民叠加享受被征地农民养老保障金，发放率99%。

【医疗保障】 2014年，全省城镇基本医疗保险参保1292.97万人，参保率96%以上。其中，城镇职工参保737.25万人，城镇居民参保555.72万人。城镇居民医保政府补助标准从每人每年280元提高到320元，城镇职工和城镇居民政策范围内报销比例分别为75%和70%。新农合筹资标准实际达到每人每年395元，其中：个人缴费70元，政府补助不低于320元。新农合乡级住院补偿不低于90%，县级、县级以上医保定点机构新农合住院补偿分别不低于80%和50%。全省政策范围内新农合住院报销比例稳定在75%，次均补偿2751元，较上年提高1.24个百分点。此外，对低收入家庭60周岁以上的老年人医保个人缴费部分给予再补助。

【养老服务】 2014年，省民政厅为建成的城市社区居家养老服务中心(站)，给予每个每年不低于2万元的运营补贴；对农村社区居家养老服务站给予每个每年不低于0.5万元的运营补贴。全省有城市社区居家养老服务中心(站)2219个；有乡镇居家养老服务场所421个，建成农村幸福院2500多个、农村居家养老服务站297个、农村集中式互助颐老乐园60个，设有日间照料室1182个。省福彩公益金安排1.55亿元，用于补助100个乡镇敬老院和部分社会福利中心建设。下拨473.6万元，用于民办养老服务机构床位运营补贴。全省有养老机构1930家，床位13.66万张，其中：公办养老机构1663家，床位72914张；民办养老机构267家，床位47073张。

【老年权益】 2014年，全省受理老年人法律援助案2470件，有5200名老年人获得法律援助；老龄系统接待老年人来信来访6803人次(件)，办结率96.77%；公安机关破获针对老年人的虚假信息诈骗案件164起，办理其他侵害老年人案件2982起。全省开通城市公交线路的所有县(市、区)均落实70周岁及以上老年人免费乘坐市内公交车优待，其中，厦门市、大田县和尤溪县将免费乘公交车优待年龄降低到65周岁，惠安县、安溪县降低到60周岁，华安县实行60—69周岁老年人乘公交车半价的优待。全省84个县(市、区)均建立高龄津(补)贴制度，实现该项制度的全省性覆盖。根据省政府为百岁老人每月发放不低于200元长寿营养补贴的规定，有43个县(市、区)均高于200元的标准。全省有2720个村(居)建立老年人固定生活补贴制度，受惠的老年人34.13万人。全省二级以上医疗机构开设老年人优待就诊窗口，对老年人实行挂号、就诊、取药、住院、收费等方面的优待服务。

【老年文体】 2014年，全省有各类老年大学(学校)12152所，其中：省级1所，地级市9所，县(市、区)级84所，乡镇(街道)级1029所，村(居)级11005所，部队1所，企事业单位23所；除普及到县(市、区)办学外，有93.8%的乡镇(街道)和67.3%的村(居)开办老年学校。全省在校学员95.4万人，占全省老年人口总数的19.23%，建校率和老年人参学率均居全国前列。各级体彩公益金投入老年体育场所建设资金3.07亿元，新建或修缮老年人体育活动场所297处。全省有老年人健身活动中心(室)9259座(间)，老年体育活动场地17823处，20人以上的纳凉点21451处，经常参加体育锻炼的老年人285万人。省财政安排1049万元用于支持开展老年文化活动；安排42.3万元对年满60周岁及以上省级非物质文化遗产项目代表性传承人每人每年补助3000元；安排1732.5万元，重点扶持18个县级离退休干部活动学习场所建设。在第四届中国老年文化艺术节活动中，全省获得各类奖项411个，其中，特等奖5个、金奖69个、银奖218个、铜奖119个。省老年书画艺术协会全年展出书画作品5场次、展出各类作品800多件;省老科协组织科技下乡和科技扶贫100余次、受众2.5万多人。

【老年群团】 2014年,全省有老年体育协会组织16926个,新增1030个,其中:省、设区市及行业系统17个,县(市、区)级98个,乡镇(街道)和村(居)老年体育协会13772个,机关、企事业单位3039个。全省有乡镇(街道)、村(居)老年协会15094个,会员220.07万人,其中:乡镇(街道)老年协会763个,村(居)老年协会14331个;其中规范化基层老年协会4153个,规范化建设率27.51%。全省有老年艺术协会57个、会员6000多人;有老科学技术工作者协会155个、会员3万多人。 (颜全驰)

社会人群

【妇女儿童】 截至2014年底,省级人大代表中女性139人,比重占25.09%;省级政协委员中女性124人,比重占17.8%。全省省(部)级女领导干部5名,省级党委、人大、政府、政协领导班子均配备1名女干部,省法院、检察院领导班子也均配备女干部。10个省委工作部门领导班子中有5个配备女干部,配备率50%;40个省政府工作部门领导班子中26个配有女干部,配备率65%。9个设区市党政领导班子配有女干部20名,配备女市委书记1名、女市长2名。全省84个县(市、区)党政班子配有女干部172名,配备女县(区)委书记7名、女县(区)长8名。城乡义务教育均衡发展,妇女儿童受教育条件有改善;近90%随迁子女在公办义务教育学校就读,所有普通高中面向随迁子女招生,全面开放省外随迁子女在闽“异地高考”。省财政下达补助和专项资金12.55亿元用于支持公办和民办园所建设,全省学前3年毛入学率96.87%;小学、初中、高中等各类教育性别差异基本消除。各级医院妇产科建设得到加强,卫生计生部门超额完成一批国家妇幼重大公共卫生服务项目,全省93个项目单位全部完成危重症孕产妇监护室建设,全省村级妇幼保健人员配备率98%以上。全省孕产妇死亡率、婴儿死亡率和5岁以下儿童死亡率分别为15.33/10万、5.21‰和6.84‰。女性各类参保率持续提高,全省城镇基本养老保险、城镇基本医疗保险、城镇职工生育保险、城镇职工工伤保险中的女性参保人数分别比上年增长3.6%、4.7%、11.1%和3.4%。孤儿保障大行动、残疾儿童康复救助等儿童福利体系建设稳步推进。省妇联配合省人大常委会开展妇女权益保障法及福建省实施办法执法检查,开展农村妇女土地权益、女童性侵、无男劳动力贫困家庭救助等问题调研。全省破获拐卖妇女儿童案件1036起,解救被拐卖妇女儿童822名。省公安厅会同省卫计委,在全国率先建立计生打拐信息员队伍。 (魏 玮)

【老年人】 2014年,全省有60周岁及以上老年人口496万,净增20万人,占总人口的13.0%,其中:男性243万人,女性253万人。其中,有65周岁及以上老年人口319万,净增8万人,占总人口的8.4%;有80周岁及以上老年人口79.38万人,净增6.31万人,占总人口的2.1%。全省有空巢老人109.49万人,增加1.8万人,占老年人口的22.1%。全省有百岁及以上老人1706人,占人口总数的十万分之4.48,其中:男性336人,占19.7%;女性1370人,占80.3%。城镇百岁老人368人,占21.6%;农村百岁老人1338人,占78.4%。福州市有百岁老人294名,居全省之首;泉州市有百岁老人287名、漳州市有百岁老人276名,分别列居二、三位。百岁老人人数前三名的县(市、区)分别为:福清市84人,南安市72人,莆田市秀屿区68人。全省最高寿老人为三明市三元区中村乡杜水村的邓发姬(女)和宁化县湖村镇店上村刘宝瑞(女),年龄均为116岁。

(颜全驰)

【残疾人】 2014年,全省有残疾人221.1万,占总人口的6.25%。其中:视力残疾35.6万人,听力残疾61.3万人,言语残疾2.7万人,肢体残疾49.9万人,智力残疾19.1万人,精神残疾16.3万人,多重残疾36.2万人。

残疾人康复。通过实施国家和省级重点康复项目,全省11.9万名残疾人得到康复服务。大力推进残疾人“人人享有康复服务”,其中:完成白内障复明手术1.58万例(其中免费手术1.18万例);为4500多名残疾儿童实施机构康复训练;对12.1万名重性精神病患者进行综合防治康复,有1.18万名贫困精神病患者获得医疗救助;为残疾人减免费用供应辅助器具2.1万件。建立社区康复站3877个,配备10504名社区康复协调员。

残疾人教育。落实《关于特殊教育提升计划(2014—2016年)的实施意见》,实施专项彩票公益金等助学项目,为8000多名残疾学生提供资助,义务教育入学率90%以上,推动对1400多名未入学残疾儿童少年落实“一人一案”;全省开办特殊教育普通高中班(部)、残疾人中等职业学校(班)分别有26个和15个,在校生分别为472人和59人;全省291名残疾人被普通高等院校录取。

残疾人就业和扶贫。全省城镇新增残疾人就业1.22万人。近32万名农村残疾人实现稳定就业,其中77%从事农业劳动生产。全省建立残疾人职业培训基地323个,全年培训2.2万人。盲人保健按摩机构、医疗按摩机构分别有329个和10个,127名盲人通过医疗按摩中级和初级职称评审。全省3.07万名贫困残疾人得到扶持,其中1.7万人实现脱贫。投入近6100万元帮助4200多户农村残疾人进行危房改造,惠及近5500名残疾人。全省有残疾人扶贫基地199个,安置4413名残疾人就业,扶持带动4605名残疾人。

残疾人社会保障。纳入低保的城镇和农村残疾人分别为3.5万和22.4万,基本实现应保尽保;有7.5万名残疾人得到其他社会救助。重度残疾人生活补助和医疗救助提标扩面,28.2万人得到每月50元的生活救助金。新型农村和城镇居民社会养老保险统一合并实施,66.2万名城乡残疾人参保,参保率92%。残疾人托养服务工

作规范推进，近2.8万名残疾人得到机构托养或居家托养服务。（杨瑞芳）

社会福利和慈善事业

【养老服务业】 2014年，省民政厅完成《福建省人民政府关于加快发展养老服务业的实施意见》的草拟，是全国第二个出台实施意见的省份。联合省财政厅、国土厅、卫计委等出台关于农村幸福院建设、养老机构设立许可、加强养老机构医疗服务能力、养老机构责任保险等10余个配套文件。省级以上专项彩票公益金拨付2.17亿元补助农村幸福院建设项目，农村居家养老服务中心（幸福院、幸福园）2500多个。截至年底，全省养老床位总数136638张，比上年增加21804张，每千名老年人拥有养老床位数28.6张。注重养老服务队伍建设，全年举办养老服务从业人员培训班10期，组织897人参加培训。

【儿童福利】 2014年，省级财政在统筹国家财政补助资金的基础上下拨3356万元基本生活补助金，落实孤儿基本生活保障制度。推进适度普惠型儿童福利制度建设试点工作，经民政部授牌，邵武市为全国第二批46个试点地区之一。省民政厅联合省财政厅出台《福建省残疾孤儿手术康复明天计划专项补助资金管理办法》，为37名机构内孤残儿童免费进行手术康复。联合团省委在全省开展“福彩—助学筑梦计划”公益活动，帮助困境家庭学生免费接受养老职业技能培训并服务社会养老服务机构，招收49名学生在校就读。

【残障人福利】 2014年，省民政厅草拟《关于调整福建省六十年代精简退职老职工生活困难救济费标准的请示》，呈报省政府并经批准，将补助标准提高100元/人。下拨2013年度“8491”国防工程支前民兵矽肺病省级经费补助264万元。制定《精神卫生社会福利机构省级专项补助资金使用管理办法》，为10家精疗院争取补助资金3000万元。

【慈善事业】 截至2014年底，全省市、县（区）慈善总会92个，覆盖面98.9%。向民政部申报三明市为“邮善促民生”试点地市，配合中民慈善捐助信息中心开展第三届中国城市公益慈善指数发布活动，晋江市、厦门市为“七星级”，福州市为“六星级”，三明市、南安市为“五星级”。（王舒凌）

红十字会

【概况】 截至2014年底，福建省有红十字会基层组织2733个，会员575003人，登记志愿者137294人。

【人道救助】 2014年，福建省全面推进设区市红十字会备灾救灾中心设施建设，强化中国红十字（福建）水上救援队及市县级人道应急救援分队建设，建立闽粤琼三省红十字会水上应急救援工作交流协作机制。参与省内外自然灾害人道救援，为云南鲁甸地震灾区募集款物862万元；实施红十字城乡困难居民重特大疾病医疗救助，年度筹集救助款12850万元，救助15000人次；持续开展“红十字博爱送万家”活动，筹集爱心款物价值1013.49万元，28505个家庭、95000多人受益。各级红十字会发放人道救助款物1.43亿多元，帮助困难群众30多万人次。

【生命救护】 2014年，省红十字会推进“红十字体验式生命教育进校园”工作，争取红十字总会支持生命健康安全教育7个项目资助资金240万元，举办学校健康安全辅导员培训班3期，培训师资152名，实现205所示范校生命教育师资全覆盖，相关工作要求纳入《福建省文明学校测评标准（2012—2014年度）》和《中小学生公共安全教育读本》。创新救护知识与技能普及方式，推广普及红十字急救掌上学堂手机应用软件。推进红十字应急救护志愿服务进社区活动，培训合格社区救护员500多人，成立红十字应急救护志愿服务队30多支。强化传统培训与管理工作，全省新增师资培训复训431人、红十字急救员43224人，开展应急救护培训1000多场次，普及应急救护知识30多万人次。启动实施中国红十字基金会幸福天使“美丽中国行”系列公益活动，在福建6家5A级景区和2家4A级景区援建8个“幸福天使红十字救护站”。全年完成造血干细胞捐献者资料入库6363人份，库容总量6.3万人份，成功捐献造血干细胞20例。实现人体器官捐献24例、遗体捐献68例。

【宣传筹资】 2014年，省红十字会联合工、青、妇、志愿者协会等部门开展第7个福建“爱心公益日”活动，展示红十字爱心公益形象。开展红十字理

2014年9月13日，海峡两岸红十字会志工急救技能暨社区灾害救援演练在厦门举行
（省红十字会供稿）

论与实务研究，明晰红十字会核心功能与作为。坚持项目化管理、基金式运作，通过云南鲁甸等重大灾害专项筹资、大病救助等项目筹资、母亲健康天使等基金筹资、“1069 9993 59”手机短信筹资以及与媒体联动筹资等，有效拓展筹资渠道，募捐和接收社会爱心捐款7819万元、物资折合价值1853万元。

【闽台人道交流合作】 2014年，福建省举办第四届海峡两岸红十字博爱论坛，开展社区人道公益行动主题研讨和社区防灾与居家照护技能演练。组织开展两岸海峡红十字社区工作者、人道传播核心骨干、青少年以及志愿者交流活动，组织3批36人次赴台参访，邀请台湾红十字组织4批82人次来闽交流。连续举办7期水上应急救援培训班，为山东、浙江、江西、广东、福建5省以及台湾地区培训救生骨干288人。依据《金门协议》，参与联络见证和接回私自渡台人员2批(次)24人；实施两岸生命救援接力行动，通过“生命救助绿色通道”协助送37名台胞返台就医。协助省台办、边防等有关部门，联系台湾红十字组织，办理两岸查人转信4件次，妥善处理涉台突发事件6件次。 （胡永明）

防震减灾

【防震减灾科技创新】 2014年，福建省地震局组织开展“福建及台湾海峡深部构造陆海联测”工作，完成陆域4个炸点二条测线、海上三条测线的气枪震源激发，投放66台次海底地震仪，布设400套次陆地流动地震仪，气枪震源在海上激发2254次，获取大量福建及台湾海峡深部探测资料。在福建尤溪街面水库独立开展移动式水库气枪震源系统综合实验，实现重大装备科技创新，为地震预测研究提供新技术。承担第二个国家科技支撑项目课题“地震预警数据处理技术的集成融合研究”，完善地震预警和烈度速报技术系统，为预警信息面向公众和高铁等行业服务打下基础。总投资近5000万元的“十二五”规划项目《福建省地震监测预警与社会服务系统工程》开工建设。全省测震台网在全国地震监测预报质量评比中多项连续获前三名。

【地震防御与应急救援】 2014年，省地震局完成《福建省地震预警管理办法》起草工作，报省政府审议，在全国率先将地震预警纳入立法范畴。依法加强重大工程抗震设防管理，完成全省160项重大建设项目地震安全性评价工作。服务省重点水利工程、校安工程和“造福工程”，推进农村民居地震安全示范工程，编制全省村镇抗震设防区划图规划和编图大纲。经福建省人民政府同意，与武警福建省消防总队组织举行“闽动－2014”地震应急救援联动演练，全省9个市级地震灾害紧急救援队和地震部门现场工作队联合跨区实施救援，演练历时36小时，31部车辆、420人参演，开创国内市级救援队演练规模最大、持续时间最长、最贴近实战的先例。首次组织全省地震救援志愿者第一响应人培训，开展现场工作队培训，组织省级救援队骨干到国家地震救援队训练基地培训，协助中国地震局和武警部队在福州指挥学院建立华东地震应急培训基地。完成省政府2014年省级救援装备采购计划，改造地震应急指挥中心技术系统，与省武警消防部队配合，开展救援队装备及其队伍建设检查。推进省政府应急避难场所建设任务，开展督促检查，完成率75%；制定地震应急避难场所地方标准。

【地震科普宣传与教育】 2014年，省地震局在“5·12”防灾减灾日、“科技·人才活动周”“科技三下乡”“7·28”唐山地震纪念日、全国科普日等重点时段，集中开展防震减灾科普宣传活动，赴福建农林大学、福建电力总公司、福建信息职业技术学院、中国人寿福建分公司、福建师范大学、福建生物工程学院、仙游县党校和泉州台商投资区等进行防震减灾科普宣讲活动，组织参加17场科普宣传，举办防震减灾科普讲座8场，进社区11次、进校园12所。办展览8次、知识竞赛2场，受众3万余人。组织中小学1600余名师生开展地震应急疏散演练；发放《群测群防手册》《地震科普课堂》等地震科普书籍1万本，地震科普宣传折页、扑克牌、挂图、光盘等10万份，编写出版地震安全知识问答书籍《减灾有道》，印刷发行2万本；向全省中小学校分发《福建省数字地震科普馆》光盘2000张。携手“987”交通广播电台，组织针对车友家庭的地震科普讲堂。利用官方微博、门户网站开展防震减灾宣传活动，报道全省开展防震减灾宣传活动情况。联合新浪微博，开展主题为“城镇化与减灾”微访谈活动。向民众开放地震监测中心、预报中心、应急指挥与宣教中心及全省地震台站等，10余批次民众参观。完善和推广数字地震科普馆工作，加强网络版的宣传，在福建省地震局门户网站和官方微博上建立数字地震科普馆链接，网民登录浏览量超过10万人次。

【闽台地震科技交流与合作】 2014年，闽台地震科技交流与合作深化，闽台两地达成协议，双方各增加8个地震台站，完善台湾海峡地震观测台网。推动闽台两地在地震深部构造探测领域的合作，派出2名科技人员赴台湾“中央大学”地球科学学院进行为期1个月的交流学习；派出科技人员赴台参加“海峡两岸地震监测及前兆研讨会”，并作“福建省地震预警研究进展”学术报告。召开2014年度闽台地震科技交流学术研讨会，邀请来自台湾“中央大学”“中央研究院”、台湾大学、台湾东华大学和台湾海洋大学等9位地震专家到闽参会，就“福建及台湾海峡深部构造海陆探测”实验及“跨越台湾海峡联合地震观测台网”等合作成果及闽台地震科技合作计划进行探讨。 （郑小菁　王　林）

灾害事故

【自然灾害】 低温雨雪冰冻。2014年，福建全省出现9次强冷空气过程，其中6次为寒潮过程，次数偏多。2月7—10日出现大范围低温阴雨(雪)天气过程，最低气温过程降温幅度西部、北部为9—12℃，部分县(市)超过

12℃,28 个县(市)出现寒潮天气。9 日下午至 11 日上午,南平、宁德、三明、龙岩有 23 个县(市)的气象站观测到雨夹雪或雪,部分县(市)出现积雪,建宁县 4300 人受灾,农作物受灾面积 1231 公顷,直接经济损失约 93 万元。

强对流天气。2014 年,福建出现 5 次强对流天气过程,造成 66563 人受灾,农作物受灾面积 2654.9 公顷,直接经济损失 7665.5 万元。强对流天气过程主要集中在 3 月份。其中,3 月 26—29 日内陆多地出现冰雹,建瓯玉山最大冰雹直径 5—6 厘米;28 日午后至夜里,内陆及其他地区出现 8 级、局部 11—12 级的雷雨大风,清流局部出现强龙卷风。

热带气旋。2014 年,福建有 6 个台风登陆或影响,较常年(6.9 个)略偏少,其中 1 个登陆,较常年(1.6 个)偏少。台风灾害主要由"海贝思""麦德姆"造成。70.84 万人受灾,直接经济损失 16.5 亿元,宁德、福州、漳州 3 市受灾相对较重。台风造成直接经济损失占全年气象灾害总损失的 36.9%。

高温。2014 年,福建出现 8 次高温过程,其中 7 月 6—15 日和 7 月 30 日—8 月 2 日两次高温过程的高温范围广、持续天数多、高温日出现频率高。7 月 6—15 日出现全年唯一持续性高温过程,高温主要出现在沿海和中北部部分县(市),以 7 月 11 日闽清 39.2℃为最高,7 月 13 日宁德 39.1℃次之。

霾。2014 年,福建冬季霾出现频率较常年偏高,出现 10 次大范围霾天气过程。其中 1 月 26 日,受北方污染物输送影响,全省出现轻微轻度霾天气,局部出现重度霾,多地空气质量在短时间内从优变成重度污染。

洪涝灾害。2014 年,福建遭受 9 场暴雨、6 个台风和热带风暴的袭击或影响,其中第 10 号台风"麦德姆"7 月 23 日在福清登陆,滞留近 20 小时,造成较重损失;其他 5 个台风影响福建,造成一定损失。全省有 83 个县(市、区)197.31 万人次受灾,因灾死亡 11 人,县城受淹 4 个,房屋倒塌 0.23 万间,紧急转移 47.73 万人次;农作物受灾 144.66 千公顷;工矿企业因灾停产 551 个;小型水库损坏 2 座,堤防损坏 123.71 千米;直接经济总损失 56.09 亿元,其中水利设施 14.51 亿元。秋旱灾害全省作物受旱面积 8.44 千公顷,成灾面积 3.85 千公顷,因旱人饮困难 0.21 万人。

(高学群　文明章　张智杰)

【火灾】 2014 年,全省发生火灾 11424 起,死亡 48 人,受伤 37 人,直接损失 13342.6 万元,烧毁建筑面积 373079.7 平方米,受灾 2708 户。全省公安消防部队接警出动 37222 次,出动消防车近 6 万辆次,消防官兵 36 万人次,疏散抢救被困人员 7882 人,抢救财产价值 5.92 亿元。(郭成传)

【交通事故】 道路交通事故。2014 年,全省发生涉及人员伤亡的道路交通事故 8684 起、死亡 1995 人、受伤 9817 人、财产损失 3754.3 万元,事故起数、死亡人数分别比上年降低 0.72%和 6.82%,其中发生一次死亡 3 人以上较大事故 30 起,没有发生重大以上道路交通事故。

内河水上交通安全。2014 年,全省地方海事系统出动执法车辆 2017 辆次、海巡艇 205 艘次,派出执法人员 10436 人次,检查各类船舶(不包括竹、排筏)12472 艘次,检查渡口、码头 1653 个次,查处安全事故隐患 267 处。全年内河交通安全生产形势较好,未发生责任事故,无死亡、无事故损失。

海上交通。2014 年,福建辖区沿海发生各类海上险情 132 件次,比上年减少 58 件,其中:一般险情 98 件,较大险情 27 件,重大险情 7 件。福建省海上搜救中心及各分中心组织搜救行动 132 次,协调专业救助船 50 艘次、海事系统船艇 131 艘次、军队舰船 42 艘次、商船及其他社会船舶 498 艘次、专业救助飞机 35 架次,救助遇险人员 1215 人。辖区沿海发生一般等级及以上运输船舶水上交通事故 21 起,比上年减少 2 起;沉船 9 艘,减少 1 艘;死亡失踪 14.7 人,减少 3.3 人;直接经济损失 4500 万元,减少 171 万元。其中,省内运输船舶事故 2.5 起,减少 5 起;没有发生沉船;死亡失踪 1 人,减少 2 人;直接经济损失 160 万元,减少 230 万元。没有发生死亡 3 人及以上水上交通事故,与上年持平。

(陈振羽　刘映熹　谌鸿懿)

殡葬

【坟墓专项整治】 2014 年,《福建省人民政府办公厅关于开展豪华墓大墓"活人墓"专项整治工作的通知》下发,组织开展豪华墓、大墓、"活人墓"专项整治。年内,全省整治豪华墓 224 座、大墓 1459 座、"活人墓"192 座。

【深化殡葬改革】 2014 年 12 月,省委办公厅、省政府办公厅《关于充分发挥党员干部带头作用全面深化殡葬改革的实施意见》出台;各地根据《实施意见》精神,根据当地实际,制定具体落实措施。7 月 29 日,《福建省人民政府关于推进城乡公益性骨灰楼堂和公墓建设的意见》出台。10 月 13 日,《福建省民政厅关于做好城乡公益性骨灰楼堂和公墓建设有关工作的通知》下发,对城乡公益性骨灰楼堂和公墓建设申报流程和申报材料进行规范,杜绝违规批建,防止变相经营。从省级留存福利彩票公益金中安排 6250 万元专项资金,对全省 47 家公办殡仪馆火化设备设施进行环保技术改造,优化群众治丧活动环境。

【文明祭扫】 2014 年清明节期间,全省各级民政系统和殡葬服务窗口单位加强组织领导、精心制定方案、强化值班督导、做好媒体宣传、持续开展惠民服务活动,倡导文明祭扫新风尚。省民政厅召开清明节工作新闻通报会,在门户网站上开设"清明节专栏",组织"在线访谈",推广花葬、树葬、海葬等文明节俭葬法。厦门、福州组织海葬活动,得到社会的积极响应。4 月 5—7 日,全省 8 个观察点接待祭祀人数 81.67 万人次、车量 10.02 万辆,其中清明节正日祭祀人数 52.2 万人次,比上年有所下降,错峰祭扫意识有所提高,全省没有发生重大安全事故和影响社会稳定的群体性事件。

(连　峰)

编辑:王文灿

市县概况

福州市

【基本概况】 福州简称“榕”，位于福建省东部、闽江下游，与台湾隔海相望，是福建省省会，国家历史文化名城，首批对外开放沿海港口城市，全国著名的侨乡和台胞祖籍地，东南沿海传统的商贸重镇和海峡西岸新兴的工业城市。建城有2200多年历史，辖5区2市6县，总面积1.2万平方千米，市区面积1786平方千米，其中建成区面积253.82平方千米；常住总人口743万人，其中市区常住总人口306万人。属亚热带海洋性季风气候，年均气温16～20℃，平均日照数1700～1980小时，年均降水量900～2100毫米。市花茉莉花，市树榕树，市果福桔。福州素有“有福之州”的美誉，形成以昙石山文化、船政文化、三坊七巷文化、寿山石文化等为代表的闽都文化。

【经济社会综述】 2014年，福州市地区生产总值5169.16亿元，比上年增长10.1%；一般公共预算总收入780.48亿元，增长13.3%，其中地方公共预算收入510.87亿元，增长12.5%；固定资产投资4388.62亿元，增长14.9%；社会消费品零售总额3062.94亿元，增长14.6%；实际利用外资（验资口径）15.47亿美元，增长8.1%；出口总额213.33亿美元，增长9.3%；城镇居民人均可支配收入32451元，增长9.4%；农村居民人均可支配收入14012元，增长11.2%。在美国著名智库——布鲁金斯学会发布的2014年全世界发展速度城市排名榜上，福州位列第十位。

产业转型。规模以上工业增加值1837.85亿元，增长12.1%。产业布局加速向南北“两翼”拓展，“两翼”规模以上工业增加值占全市比重50.7%。工业固定资产投资1168.63亿元，增长12.7%；天辰耀隆己内酰胺等63个工业重点项目建成投产。海西现代金融中心区获批设立，一批城市综合体建成开业，举办69场大型展会，全年接待游客3996万人次，福州被国家列为海峡两岸电子商务试验区、电子商务与物流快递协同发展试点城市。福州航空公司正式成立，开辟福州至纽约空中航线。高新技术产业产值3400亿元，新增省级以上创新型企业29家，新认定市级以上企业技术中心21家、院士（专家）工作站32家，国家半导体照明国际创新园落户福州。闽都人才聚集工程与中国福州海西引智试验区建设深入推进，福州市政府与北京师范大学等10所高校签署全面合作协议，新引进省“百人计划”以上高层次人才14人、人才团队9个。

改革开放。福建自贸试验区福州片区获国家批准设立。主动融入国家“一带一路”战略，举办21世纪海上丝绸之路市长（高峰）论坛、首届丝绸之路国际电影节等活动，中国—东盟海产品交易所上线试运营，与印尼等东盟国家合作新建境外综合渔业基地、养殖基地初具成效。罗源湾口岸扩大开放获批。新签约对接“三维”项目413项、总投资3618亿元，履约率79%；新批千万美元以上外（台）资项目29项。举办“5·18”海交会、海峡青年节、海峡两岸合唱节、海峡渔业周·渔博会等对台特色交流活动。支持平潭开放开发，渔平高速公路延伸线等项目建成。福莆宁同城化步伐加快，对口支援和山海协作工作有效开展。国企改革不断深化，16个市直部门与所管辖的107家企业完全脱钩。首批推出73项总规模853亿元的项目吸引民间投资，PPP试点等新型投融资模式有效运用。城区道路清扫保洁、道路绿地养护全部实行市场化运作。福州成为全省保留市级行政许可事项最少的城市，并率先实施全国首部市级行政服务地方性法规。市行政服务中心获中国“质量之光”质监改革创新示范奖，市民服务中心基本建成。政府机构改革基本完成，事业单位分类改革稳步实施。财税、教育、文化、卫生、户籍等制度改革扎实推进。农村综合改革向纵深拓展，土地股份合作经营、林权流转等试点工作有效开展。

市政建设。新改扩建城市道路80千米，完成城区路网7个节点改造。在全省率先推行定制公交车，新增更新公交车445辆、出租车1677辆，新辟优化公交线路131条。地铁1号线8个区间实现双线贯通，2号线启动建设。实施三环路绿化等重大绿化项目和20座跨江大桥、高架桥、人行天桥的花化彩化，新改扩建16个公园，建成绿道与慢行系统101.3千米，新增城市园林绿地280万平方米。内河综合整治持续推进，江北城区70%河道实现去黑除臭，完成左海清淤工程。道路交通安全综合整治、老旧住宅小区综合整治、“两违”治理等专项整治扎实开展，数字城管系统实现五城区全覆盖。节能减排攻坚力度加大，创

福州市仓山万达全景 （福州市政府办供稿）

建国家生态市、国家森林城市活动深入开展，全年空气质量位居全国74个重点城市前列，市级集中式饮用水源地水质达标率100%，福州经济技术开发区通过国家生态工业示范园区考核验收，4个县（市）区和30个乡镇通过国家级生态县（市）区、生态乡镇考核验收，福州被评为全国首批创建生态文明典范城市。基本编制完成福州新区发展规划、空间发展规划纲要、水资源论证和环境影响评价。

"三农"工作。农林牧渔业总产值730.77亿元，增长4.7%。产值亿元以上农业产业化龙头企业突破百家。福州茉莉花与茶文化系统入选全球重要农业文化遗产。实施21个重大水利项目建设，综合治理水土流失面积0.92万公顷。持续改善农村生产生活条件，新建改造农村公路222千米，新建农村户用沼气池1000口，新建改建农村无害化卫生户厕2050户，新建空白村卫生所71个，新解决41万农村人口饮水安全问题，完成"造福工程"搬迁5020人。省、市试点小城镇建设扎实推进，一批"美丽乡村"精品示范村建设成效明显，闽侯孔元村入选中国最美休闲乡村。

社会事业。改扩建10所中小学、10所公办幼儿园，新增中小学学位5450个、学前教育学位3150个，均衡教育、在线德育、体艺美育、幸福教育等工作走在全省前列。医疗卫生服务水平不断提升，建成肺科医院负压病房楼等项目，组建精神卫生医疗联合体。县级公立医院综合改革全面启动。公共文化服务不断拓展，首批24个街区24小时自助图书馆建成投入使用，闽剧《兰花赋》晋京展演。茉莉花茶窨制工艺、咏春拳等入选国家级"非遗"代表性项目名录。首届全国青运会筹备工作有序推进，海峡奥体中心、运动员村以及各新建、改造比赛场馆基本建成。举办世界杯龙舟赛、中国羽毛球公开赛、环福州·永泰国际公路自行车赛等一批大型体育赛事，福州市运动员在亚运会、青奥会上取得优异成绩，在省运会上获金牌数、团体总分、破纪录数三项第一。居家养老服务工作入选"中国社会治理创新范例"。

民生保障。全市各级财政用于民生支出452.27亿元，占一般公共预算支出的79.2%。年初确定的市级25件71项为民办实事项目件件有落实。城镇新增就业14.54万人，转移农业富余劳动力5.04万人，城镇登记失业率2.4%。城乡基本养老保险制度实现全覆盖，城乡低保、农村"五保"和城乡居民医保财政补助标准进一步提高。基本建成保障性住房1.18万套，配租配售等制度不断完善。市场物价保持稳定，居民消费价格总水平上涨1.8%，主要食品安全检测指标总体达标。"平安福州"建设成效明显，公众安全感92.7%，生产安全事故发生起数和死亡人数分别下降7%、18.8%。

（林 炽）

鼓 楼 区

【经济社会概况】 2014年，鼓楼区实现地区生产总值1011.22亿元，比上年增长10.6%；一般公共预算总收入55.5亿元，增长12.5%，其中地方公共预算收入34亿元，增长12.2%；规模以上工业增加值66.31亿元，增长13.1%；固定资产投资400.57亿元，增长12%；社会消费品零售总额840.81亿元，增长14.5%；实际利用外资（验资口径）2.58亿美元，增长7%；出口总额51.35亿美元，增长7.99%；城镇居民人均可支配收入37618元，增长10%。

服务业。修订出台《进一步推进国家服务业综合改革试点区域工作实施办法》，编制完成《服务业聚类规划》。试点实施《楼宇经济公共服务规范》，率先推行商务楼宇服务专员制，初步建成楼宇经济网格化管理平台、协税护税平台。注册资本登记制、商务秘书服务公司试点等举措全面铺开，辖区各类市场主体突破5万家。基本建成正祥中心、恒力创富中心、融都国际大厦等19.3万平方米5A级智能化商务楼宇，榕城商贸中心、五金大厦等19幢旧商务楼宇提档升级，全区有税收超千万元楼宇93幢，税收亿元楼宇19幢。省六建、中富通等9家企业获批市第三批总部企业。启动大东街口商圈改造提升工程，完成初步规划编制，智慧津泰街区、安泰河商务休闲带初步建成。新增10件福建省著名商标和19件福州市知名商标。闽都旅游服务中心、天皇岭旅游文化创意街区、温泉博物馆等项目基本完工，三坊七巷获评"全国首批创造未来文化遗产"称号，朱紫坊入选首批省级历史文化街区。接待游客突破1000万人次，旅游产值突破百亿元。引进春舞枝集团、智农富丰等知名电商企业，初步建成新华都、心蓝天、永辉等传统企业电商平台，新增357家电商企业，获省级首批"电子商务示范城区"称号。

招商引资。福州航空、中海油等一批企业总部或区域性总部落户鼓楼。"5·18"海峡两岸经贸交易会签约外企项目11项，总投资3.58亿美元，利用外资3.08亿美元；签约民企项目8项，总投资25.08亿元；签约央企项目1项，总投资10亿元。"6·18"海峡项目成果交易会征集对接项目51项，项目总投资3.52亿元。"9·8"中国国际投资贸易洽谈会签约项目11项，总投资3.88亿美元，协议外资1.8亿美元，签约成果超出上届水平。

城区建设与管理。启动黎明永辉周边、省农业厅宿舍等29个项目61.5万平方米旧房改造征迁。集中攻坚完成市商业汽车运输公司、鼓西路互爱巷、八一七路南街段西侧等22个项目征迁扫尾。加洋巷周边旧改项目被评为"全省和谐征迁示范项目"。加快推进福大一号地、国棉厂地块等7个保障房项目建设，建成杨桥新苑、观风亭新苑计20.6万平方米保障房，公正二村、灰炉村等28个旧房改造项目1475户居民回迁。改造东泰——仙塔街、井大——湖东路等18条道路沿线200余幢楼宇景观，新建、改建环保路等8条道路，完成庆城路、尚宾路等15条道路"白改黑"，打造竹林境完整社区和井尾宜居新村，整治福日小区、北江新村等90个老旧小区，128个老旧小区实现长效管理。巩固提升10条市容严管示范街和80条"门前三包"完好率达标路段创建成果，拆除违建10.6万平方米。"数字城管"运行机制更加完善，全年办理批转件12万件，按期办结率93.5%。三坊七巷周边等重要节点设立LED停车诱导屏，170家停车场泊位信息源纳入平台管理，建成东方大厦等一批立体停车库。重视社区减负，出台联系帮扶、工作准入等制度，健全"一委一居一站"组织架构，全面组建社区工作站，获"全国第二届和谐社区建设示范城区"称号。

社会事业。成功列入国家知识产权强县工程试点区。全区发明专利申请量、授权量分别为915件、343件，总量均居全省第三。首家"省知识产权服务工作站"挂牌成立，辖区14家企业获省级以上知识产权荣誉。嘉园环保等4家企业通过2014年福州市院士（专家）工作站认定。4G网络辖区基本全覆盖，70%的小区实现光纤到户，无线网络免费体验区进一步扩大。改扩建鼓楼实验幼儿园，学前教育学位突破1.8万个，鼓楼籍适龄儿童入园率98.8%。延安中学与法海小学合并建成全市首个义务教育九年一贯制学校。全年投入3.88亿元，建成茶园山小学、洪山小学等教学综合楼，动建杨桥中学、铜盘小学等教学综合楼，启动鼓二小、达明小学等约1.6万平方米的教育预留地征迁。中心校向一般校教师校际交流率15%。建成5个24小时图书自助点，省图书馆社区分馆实现街镇全覆盖，洪山镇综合文化站获评全国乡镇一级文化站。基本完成福州历史文化名城展示馆布展工作。新增福州八音、福州二宜轩裱褙等7个区级非物质文化遗产项目。结合"我们的节日"，开展"我的中国梦"元宵民族音乐会、"端午粽香、社区情深"等民俗文化系列活动。全民健身运动会、"歌漫闽都、舞动鼓楼"等文体活动广受好评。改扩建华大、南街等社区卫生服务中心，改造提升萧治安中医外科医院。21家民办医院启动转型提升工程。建立"首诊在基层"服务模式，全科医生签约服务有效落实，智慧医疗信息系统全面运行。中医药服务管理全面达标，通过全国基层中医药工作先进单位省级验收。疾病防控工作名列全省前茅，疾控中心获评"全国疾病防控工作先进集体"。"单独二孩"政策稳妥实施，人口自然增长率控制在9.4‰以内。

社会保障。新增就业2.7万人，实现下岗再就业2213人。城镇居民社会养老保险参保人数9337人，续保率100%。低保户、优抚对象、社区退养干部生活补助标准提高，困难群众医疗救助落实到位，发放各类补助资金1725万元。鼓励、引导社会力量发展养老事业，区老年公寓实施"公办民营"模式，改建区老年大学、于山老干部活动中心，向60周岁以上困难老人发放居家养老服务券，为80周岁以上困难老人提供家庭应急救助基础服务，高龄补贴扩面至80周岁以上的社会困难老人。城区慢行系统初步构建，实施西湖左海连通工程和陆庄河、文藻河整治，基本建成黎明湖公园。完成2万平方米重要节点绿化、花化及1万平方米立体绿化工程，铜盘路、天泉路等20多处实现拆墙透绿，造林绿化21.4公顷，新增公共绿地8万平方米。城区空气质量保持优良水平，洪山镇通过国家级生态镇验收。

【高新技术产业】 2014年，福州软件园基本建成五期产业园，引进百度91、中国铁塔、省海峡人才市场等知名企业、机构，瑞芯微电子入选中国软件业务收入百强企业。园区获评"国家文化与科技融合示范基地福州示范点"和"省服务外包示范园区"称号，年内实现技工贸总收入360亿元，增长20%，税收突破10亿元。洪山科技园加快改造步伐，启动洪山先进技术服务产业园二期征迁，加快建设华润城市综合体，引进中达华实业等16家企业，2014年实现技工贸总收入167亿元，增长15%。 （郑福春）

台江区

【经济社会概况】 2014年，台江区实现地区生产总值342.1亿元，比上年增长10.2%；三次产业比例为0∶22∶78；财政总收入26.66亿元，增长16.1%，其中地方公共财政收入15.29亿元，增长0.7%；规模以上工业增加值31.75亿元，增长13%；全社会固定资产投资339.16亿元，增长13.4%；社会消费品零售总额366.57亿元，增长12.6%；出口总额9.48亿美元，增长32.1%；进口总额3.43亿美元，增长57.5%；城镇居民人均可支配收入35068元，增长10.4%。实施重点项目50项，完成投资221.05亿元。

现代服务业。全年实现商品销售额810.78亿元，增长16.8%。福州大鞋城、鳌峰洲花鸟市场等传统市场搬迁转型，服装、IT数码、珠宝玉石等特色产业稳步发展，金融街万达广场、苏（宁）万（象）宝（龙）等商圈保持繁荣，现代服务业承载平台持续扩容。海峡电子商务产业基地一期年销售额突破40亿元，增长33%；基地二期进场施工。获评全省首批电子商务示范区。海峡金融商务区、闽江北岸中央商务区列入省政府批复设立的“海西现代金融中心区”，台湾合作金库银行入驻，实现台资银行在榕设立分行零的突破。“闽江游”网上自助售票系统正式投用，年接待游客突破15万人次。上下杭历史文化街区保护修复工程全面启动，福州商务总会旧址等首批重点文物修缮基本完成，滨江游、文化游等台江特色旅游产业加快发展。

招商引资。实际利用外资（验资口径）1.29亿美元，增长32%。“三维”项目对接、“回归工程”等招商活动深入开展，“5·18”“9·8”期间签约内外资项目30项，总投资79亿元。41个项目落户两大商务区，总投资559亿元，其中，恒丰大厦、阳光大厦等9个项目竣工，福建海峡银行、福机新苑限价房等11个项目实现主体结构封顶。

城区建设。旧屋区改造步伐加快，全面启动年初安排的11片、56.4公顷、90万平方米旧屋区改造项目，其中6个地块房屋征收工作基本完成。完成国货西路、斗池路、西洋路等一批景观整治工程，西二环路等5条主次干道绿化花化；茶亭河、光明港一支河等重点水系综合治理扎实推进。新增绿道与慢行系统3千米、公共绿地13.33公顷。拆除“两违”面积6.7万平方米，完成市下达任务的134%。达道、宁化垃圾转运站完成升级改造，环卫保洁市场化运作实现全覆盖。五一路等4条道路创“市容管理示范街”。首批20个公共便民自行车站点基本建成。7.5千米市政道路、13条小街巷得到维修改造，61个老旧住宅小区基本整治到位。金斗社区获评全国和谐社区建设示范社区，台江区和后洲街道以及5个社区获评省级社区建设示范单位。

社会事业。区本级财政集中统筹用于科技、教育、卫生、文化、体育、民生保障等方面支出6.67亿元，占地方公共财政预算支出的47.03%，增长8.1%。投入教育事业经费3.48亿元；洲边小学与台一小、工业路小学与交通路小学、三十四中与八中鳌峰初级中学有效整合，十四中一号楼、十五中综合楼封顶，新增教育用地0.9公顷；深化教育小片区管理，91名教师参加校际交流；获评“全国义务教育基本均衡县”。5个城市街区自助图书馆全天候开放，新建健身路径10条，培育激情广场群众文化活动示范点7处。巩固全国社区卫生服务培训基地、全省全科医学临床及社区培训基地等荣誉，瀛洲、茶亭社区卫生服务中心完成改造，社区卫生服务中心“中医馆”实现全覆盖，“全国基层中医药特色先进区”创建工作通过国家级评估验收。“单独二孩”政策有效落实，人口自然增长率2.11‰。

社会保障。全面落实年初确定的29项、年度投资2.22亿元的为民办实事项目。社会保障水平持续提高，低保对象“应保尽保”，社会养老保险实现全覆盖，城镇居民基本医疗保险参保人数7万人，新增城镇就业7386人，安置下岗失业人员2261人，动态消除“零就业”家庭；落实优抚安置政策，发放低保金、医疗补助金、救济金等3000多万元，帮扶救助生活困难群众3.63万人次。（张　宇）

仓山区

【经济社会概况】 2014年，仓山区实现地区生产总值396.04亿元，比上年增长11.1%；三次产业比例0.7∶56.9∶42.4；一般公共预算总收入36.56亿元，增长19.5%，其中地方公共预算收入24.13亿元，增长15.8%；固定资产投资428.81亿元，增长14.4%；社会消费品零售总额331.46亿元，增长15.7%；城镇居民人均可支配收入29913元，增长9.6%；农村居民人均可支配收入17460元，增长11.2%。

农业。推动茉莉花茶、花卉、食用菌和农产品加工等农业特色产业发展，有市级以上农业产业化龙头企业20家。国艺花鸟市场建成开业，建新国际花卉城规划建设。加快茶叶产业园集中区、茶叶批发市场以及浦口茉莉花生态观光园建设，春伦茉莉花茶文化创意产业园获评3A级景区。

工业。规模以上工业增加值188.25亿元，增长13.0%。投入资金8710万元，实施园区消防管网、自来水管网、区间道路等提升改造；鼓励符合条件的园区企业通过加层改扩建、购买厂房、“腾笼换鸟”等方式转型升级、扩大产能，引导5家企业完成厂房转让，批准2家企业实施厂房加层改扩建。通过旧厂房改造提升的福州海峡创意产业园、橘园时尚设计创意园效益明显，签约入驻企业189家，年产值22亿元。帮助博能特、中能电气等5家企业申报市级技改和循环经济项目，获得扶持资金356万元；支持鸿博股份申报国家级企业技术中心，仙芝楼申报国家技术创新示范企业。

服务业。推进商贸大项目建设，三江口文化旅游城（一期）开业运营，红星国际（一期）主体竣工，闽江世纪城、利嘉海峡国际商贸城部分商业综合体主体竣工，帝封江旅游综合体项目用地完成土地报批，全省规模最大的电子商务产业园——福州电子商务产业园在福湾工业园正式动建。推进樟岚总部基地和东扩企业3#安置地块的土地报批和招商对接工作，对接意向项目65项。推进会展中心周边汽车走廊、上渡建材市场等专业市场改造提升。

招商引资。新批合同外资3987万美元，实际利用外资14000万美元。对接沃尔玛、瑞典宜家等“三维”项目32项，其中：外资总投资额127195万美元，增长30.8%；内资总投资额5348115万元，增长20.7%；对接回归项目4项，总投资额13.9亿元。

城乡建设。配合推进福州国际金融中心、海峡文化艺术中心等一批新区重大项目建设。配合推进奥体中心主场馆及其周边配套设施建设，奥体中心主场馆建成投入使用；规划建设飞凤山水厂、飞凤山公园，奥体片区道路、凤山路、盖山西路等项目加快建设。全长60千米、总投资105亿元的环南台岛滨江休闲路快速推进。新建垃圾转运站2座、垃圾收集点32个、公厕7座。加大“两违”打击力度，全年拆除违法建筑525处，面积53.15万平方米。完成信平路、复园支路等小街巷提升改造16条，金环路、长埕路等道路“白改黑”18条，万乐小区、鸿城小区等旧住宅小区综合整治31个，建筑物立面整治83栋，打造江滨社区、

福州市文化创意产业示范基地之一——橘园创意广场　（仓山区政府办供稿）

马厂社区等精品社区5个。

征迁安置。启动飞凤山水厂、南台大道南段等33个征迁项目，完成后坂小学、东部2#地块等22个征迁项目的前期工作，全年完成南台大道北段、地铁清凉山停车场、铅笔厂北侧地块、东部15#B地块等27项8079亩的征迁交地任务。开展“安置回迁”攻坚行动，建成东浦新苑、东部7#地块等14项、85.1万平方米的安置房项目，安置回迁35.82万平方米；推进金闽二期西地块、东部新城9#地块等21项、428.35万平方米的安置房项目建设；启动兰花园、临江新天地8#地块（二期）等4项、36.14万平方米的安置房项目建设。在全市首创采取政府统购商品房补充安置现房的模式，统购504套商品房，作为安置房源。

社会事业。新认定省级高新技术企业6家，省、市级战略性新兴产业企业14家。通过国家“义务教育发展基本均衡区”考核。建成3所小学，新增学位4190个；建成3所公办幼儿园，新增学位840个；完成校舍安全工程6项、总面积2.3万平方米；多渠道解决进城务工人员随迁子女就学问题，实行增班扩容45个，新增学位2000多个；全面实施电脑派位政策，妥善接纳约3.2万名进城务工人员随迁子女免费接受义务教育。通过“全国文化先进区”复评。举办区第三届元宵灯会、第七届闽台陈靖姑民俗文化旅游节等大型活动；陈靖姑信俗、中医正骨疗法等3项被列入国家级非物质文化遗产保护名录。浦下龙舟队作为国家代表队参加国际龙舟联合会世界杯赛获得3金1银1铜的优异成绩。建成城市多功能运动场2个，健身路径35条，24小时自助图书馆5个。推广特色医疗服务模式，在全市实施基层中医药服务能力提升工程建设考评中位居第一。东升、临江社区卫生服务中心等8家单位的“中医馆”建成投入使用，其中6家社区卫生服务中心列入福州市中医适宜技术进社区试点单位；上渡、下渡社区卫生服务中心列入全市第一批“健康小屋”试点单位；新引进卫技人员36人。全年出生人口6331人，人口出生率13.54‰，政策符合率95.28%，出生人口性别比107.03。

社会保障。新增城镇就业人数17128人，转移农村富余劳动力3085人，免费开展被征地农民及进城务工农民的转岗再就业培训1508人次，在全省率先实现全区各行政村劳动保障工作站全覆盖。健全社会保障和救助体系，3017户、5868人纳入城乡低保，发放低保金2085万元，被征地村的11.38万人纳入被征地农民养老保险范围。解决历史遗留的房屋“两权证”问题，新办房屋“两权证”2017户。解决被征地农民生产生活出路问题，对接购买商业资产20.83万平方米。

生态环境保护。开展“生态仓山”创建活动，全区5个镇全部通过“省级生态镇”验收，46个村获得“市级生态村”称号。推进重点领域污染整治，依法关停取缔污染企业62家。加强生态水环境保护，城门、义序、建新等3个饮用水源保护区水质达标率连续5年保持100%。扎实推进“四绿”工程，完成造林绿化108.73公顷，新增绿地108公顷，人均公园绿地面积13平方米。推进南三环、高速沿线及奥体周边等重要区域的环境综合整治，完成101项环境综合整治项目，绿化提升面积28.1万平方米；完成江心公园提升改造一期工程及13项拆墙透绿工程；完成吴山河、林浦河等6条内河整治。

（陈迎旭）

晋安区

【经济社会概况】 2014年，晋安区实现地区生产总值447.04亿元，比上年增长10.3%；三次产业比例1∶37.4∶61.6；公共财政总收入31.8亿元，增长18.5%，其中地方公共财政收入20.6亿元，增长15.9%；规模以上工业总产值358.49亿元，增长13.3%；全社会固定资产投资416.14亿元，增长18.4%；社会消费品零售总额496.22亿元，增长13.6%；自营出口（海关口径）15.6亿美元，增长15.7%；城镇居民人均可支配收入33163元，农民人均可支配收入14482元。

农业。农林牧渔业总产值8.40亿元，增长0.9%。落实强农惠农政策，延长北峰农业农村发展扶持政策时限。培育发展都市现代农业，国际合作项目中以示范农场正式开园，春伦等9个休闲农业基地建设持续提升，鼓岭农产品、龙晶葡萄、日溪柑橘等特色品牌知名度不断提高，满堂香品牌成功注册中国驰名商标。

工业。工业总产值393.60亿元，增长13.1%，其中规模以上工业总产值358.49亿元，增长13.3%。实施福兴经济开发区、金城投资区等工业园区改造提升，对符合产业政策的工业企业就地升级。企业创新活力增强，新增高新技术企业3家，全区高新技术企业增至30家；建成科技企业孵化器4家，总面积近10万平方米；新认定省级企业技术研究中心2个、创新型企业1家、发明专利“清零”企业4家。出台一系列帮扶企业措施，兑现各类企业帮扶资金6957万元。思嘉环保成功注册中国驰名商标。

服务业。第三产业增加值275.15亿元。世欧王庄商业广场建成开业，立洲弹簧总部大楼竣工招商，盛辉物流等3家企业新认定为总部企业。文化创意、休闲旅游产业发展态势良好，旅游总收入53.8亿元，增长18%；接待游客517.24万人次，增长16.5%。闽台AD创意园通过国家级广告创意产业园核心区验收。

招商引资。新批合同外资7904万美元，增长50.1%；实际利用外资（验资口径）9755万美元，增长10.4%。11个总投资160多亿元的重大招商项目落地动工，钱隆大第等楼宇完成招商18.8万平方米。

城市管理。全市最大、占地70公顷的连潘棚户区征收协商期内签约99%；火车北站收储地L地块、安置地G地块征收协商期内签约100%；14个历年结转征收项目完成。福兴经济开发区钢材市场启动搬迁，宁德核电高压输变电（晋安段）、洋里污水处理厂改扩建、温泉公园—金鸡山生态廊道等省市重点项目完成征收工作。火车北站北广场投入使用，光明港公园主景区对外开放；三环路、高速公路、动车沿线景观整治建筑立面226栋、新增绿地22.5万平方米；“两纵两横”主干道沿线217栋建筑景观整治完成，绿化内河沿岸24万平方米。投入1.24亿元完成116个旧住宅小区整治；投入1000万元完成磐石路等11条小街巷改造。

社会事业。新增高新技术企业3家，全区高新技术企业增至30家；建成科技企业孵化器4家，总面积近10万平方米。投入4.1亿元促进教育优先发展；城乡低保家庭幼儿园保教费补助由1000元增至2000元；新扩容中小学学位1900个，接纳外来务工人员随迁子女3.6万名；新增市级示范幼儿园3所。第四届闽王文化节、首届白马王文化节成功举办。通过省级文明城区考评；寿山乡通过全省宣传思想文化示范乡镇考评验收；宦夏村、象园社区获评第二届福州十佳最美文化村（社区）。投入1230万元实施区医院改造，新建王庄社区卫生服务中心，建成区医疗联合体，113家村卫生所完成信息化建设。免费实行12类43项基本公共卫生服务，补助标准从年人均30元提高到35元。出生人口数（常住人口口径）3907人，人口出生率9‰，出生人口性别比108.82，人口自然增长率控制在4.91‰。

社会保障。财政用于民生支出10.1亿元，占公共财政支出的70.15%。新增城镇就业2.45万人，实现1570名城镇失业人员再就业，城镇登记失业率控制在1.53%。4.55万人参加城乡居民社会养老保险；3.94万名被征地农民纳入养老保障范畴，发放养老补助金2630万元。开展社会救助活动，发放城乡低保金1205万元。高龄老人补贴覆盖面进一步扩大，80—99周岁老年人每人每月得到100元补贴。

生态环境保护。实施吾洋村、日溪村农村土地承包经营权确权试点工作。完成汶洋河、峨嵋溪、点洋溪整治改造。建成宦溪黄土岗应急水源。全区造林绿化74.67公顷，森林覆盖率连续10年位居全市第二。投入9490万元完成山区畜禽养殖污染整治，拆除养殖场所68万平方米，农村环境质量进一步改善。（林良池）

马 尾 区

【经济社会概况】 2014年，马尾区实现地区生产总值373.92亿元，比上年增长11%；三次产业比例1.5∶67.6∶30.9；规模以上工业增加值245.35亿元，增长12.5%；财政收入28.61亿元，增长16.3%，其中地方财政收入16.83亿元，增长14.6%；实际利用外资2.15亿美元；出口总值32.82亿美元，增长14.1%；社会消费品零售总额133.96亿元，增长27.1%；全社会固定资产投资217.22亿元，增长49.3%；城市居民人均可支配收入35465元，增长9.2%；农村居民人均可支配收入18280元，增长11.4%。

农业。全市首个水产养殖物联网应用示范基地落户琅岐。“琅岐红蟳”通过国家地理标志商标注册。设施蔬菜种植保险实现“零”的突破。加快林权制度改革，完成琅岐镇林地划分。

工业。142家规模以上工业企业完成产值905.54亿元，增长12.8%。万元国内生产总值能耗下降7.5%。全国首个自主研发的高精度硅压力传感器生产线在马尾区实现量产，新大陆首创“易收银”POS订单平台。上润精密仪器公司获科技部“863”专项补助720万元。30个项目获省、市科技立项。通过全省知识产权强区考核验收。物联网成为产业新亮点，上汽投资公司入股慧翰微电子公司，合作研发车联网技术；新增物联网企业13家；物联网产业发展规划通过专家论证；建成互联网游戏产业园，入驻企业42家。

服务业。第三产业增加值115.52亿元，增长9.1%。中国—东盟海产品交易所试运营，中国—东盟渔业产业合作配套园区落户出口加工区。楼宇经济初具规模，总部基地二期基本建成，滨江广场、蓝波湾竣工，中建海峡城市广场、大德大厦启动建设，海峡大健康产业园落户马尾区，中交集团福建总部入驻世创国隆中心。金科信息、创高安防在“新三板”挂牌，新增南海岸等7家省重点上市后备企业。中环广场、名城城市广场主体封顶，动建三鑫财富中心，亿载金城和新华都观海国际广场。坤兴水产二期、东盛水产二期投产，百鲜二期1.7万吨冷库竣工。

招商引资。新增内资企业877家，增长66%。签约对接“三维”项目14项，总投资85.3亿元，“6·18”项目成果对接数居全市第一。与台湾电机电子同业公会签订两岸战略合作协议。先行先试“先照后证”工商登记制度改革，启动注册资本认缴登记和外商投资企业直接登记制度改革。

征迁安置。完成28个旧住宅小区的整治。实施快洲、协洲、建坂村等8片计67万平方米旧屋区改造。配合市开展东部快速通道、马尾大桥等项目征迁工作。开展“两高”违法建设专项整治，拆除违法建筑9.8万平方米。

城市建设。建成经一路、建设路天桥等9个市政项目，新建、改造道路8千米。完成琅岐闽江大桥附属工程，动工建设琅岐环岛路三期工程，建成琅岐供水应急管道。实施亭江镇主干道亮化工程，改造提升长安投资区市政路网，完成104国道马尾段交通设施改造维护工程。重点水利工程有序推进，动建闽江防洪堤工程福州段(一期)，魁岐片平原河道整治二期工程、六垱海堤固滩工程如期竣工。

社会事业。实施14个中小学标准化建设项目，建成师大二附小新校区、亭江中心小学(二期)等12个新建项目。城市义务教育生均公用经费较上年提高60元，实现城乡统一标准。图书馆新馆投入使用，新青少年活动中心、档案馆主体封顶，马尾综合体育馆竣工。马尾马祖旅游服务中心投入运行。左沈二公祠正式揭匾，船政衙门及前后学堂封顶，完成船政文化博物馆改造及昭忠祠修缮工程，船政文化景区全年接待游客约120万人次，增长10%。《船政学堂》系列纪录片在央视播出，获国家"五个一工程"奖。赴法国举办船政文化主题展和赴台举办《船政与台湾》特展。完成闽安村旅游发展、文物保护、文化名村保护等规划的编制和修订。戍守台湾将士墓群抢修工程竣工，建成亭江炮台公园，协台衙门对外开放。闽安村入选中国传统村落。"福州·琅岐葡萄旅游文化节"接待游客10.3万人次，增长11.6%。开发区医院与福建中医药大学开展全方位合作并设立中医馆，体检中心投入使用。开发区医院新增床位131张，引进卫生紧缺人才4名，新增卫技人员25名。罗星社区卫生服务中心完成搬迁改造，62个村卫生所完成信息化建设。琅岐闽江口医院主体封顶，琅岐镇卫生院与市一医院实现医联体对接。乡镇公立医疗机构取消药品加成，实行药品零差价销售。人口出生率控制在8‰以内，人口计划生育年度考核综合排名全市第一。

社会保障。新增城镇就业8873人，转移农村劳动力2015人。城镇居民医保补助金、新型农村合作医疗标准分别提高至340元、410元，企业退休职工人均退休费标准提高206元，被征地农民老年生活补助金标准提高至215元。城乡居民实现养老保险全覆盖，新农合参保率100%。投入146万元购买文澳老年公寓36个床位，为全区农村"五保"对象和"三无"老人提供集中供养。全年发放低保金76万元、高龄补贴897万元。实施外来务工人员困难临时救助办法。建成9个农村幸福院。

生态环境保护。通过国家生态区和生态工业示范园区考核验收。全面完成年度主要污染物减排任务。划定无绿色环保标志机动车限行区域，启动琅岐岛生态保护红线划定工作。环境空气质量优良率94.8%，饮用水源水质100%达标。启动34项宜居环境建设，完成君竹明渠、君西支渠整治，建成亭江滨江公园(一期)、东江滨公园鸭母洲岛、天马山休闲公园(二期)。

(王公略)

福　清　市

【经济社会概况】 2014年，福清市实现地区生产总值728.68亿元，比上年增长9.7%；公共财政总收入73.72亿元，增长15.5%，其中地方公共财政收入48.85亿元，增长13.1%；工业总产值1480.8亿元，增长12.4%，社会消费品零售总额292.75亿元，增长16.5%；固定资产投资642.93亿元，增长17.0%；实际利用外资2.42亿美元，增长14.0%；出口总额53.2亿美元，增长14.1%；城镇居民人均可支配收入32348元，增长8.7%；农村居民人均可支配收入16434元，增长11.3%。

农业。农林牧渔业总产值151.44亿元，增长5.4%。整合各级财政资金近1亿元，带动民间资金和各类贷款50多亿元，加快推进以"一区三园"为重点的国家现代农业示范区建设。新培育省级示范性家庭农场7家、县级以上示范性合作社27家、福州市级农业产业化龙头企业2家。实施高标准农田建设0.07万公顷。完成标准化水产养殖池塘改造建设133.33公顷，封闭式循环水养殖基地建设2万平方米。土地流转面积1.26万公顷。设施农业面积1.33万公顷，位居全省第一。

工业。工业总产值1480.8亿元，增长12.4%，其中规模以上工业总产值1407.96亿元，增长12.4%。实施工业重点产业项目54项，完成投资297.8亿元。天辰耀隆、嘉捷电子、旭成科技等11个项目建成投产；福清核电1号机组投入商业运行，5、6号机组取得"路条"；天辰耀隆己内酰胺、嘉捷电子、旭成科技等项目建成投产。新增高新技术企业5家、院士工作站2个、福州市级以上企业技术中心3个、中国驰名商标1个、省重点上市后备企业9家。

服务业。服务业增加值262.84亿元，增长7.9%。社会消费品零售总额292.75亿元，增长16.5%。万达广场、红星美凯龙、裕荣汇等城市综合体建成开业。江阴港区外贸整车进口量居全国新批整车进口口岸首位；江阴港铁路支线开通运营，江阴港区集装箱年吞吐量突破百万标箱。本外币存贷款余额分别为785.6亿元和606.7亿元，全年新增贷款超过百亿元。承办"清新福建"首届养生温泉旅游季暨第五届福州温泉国际旅游节，加快建设永鸿文化旅游城、福泽山水旅游综合体等项目。接待游客330万人次，旅游业收入13亿元。

招商引资。合同利用外资2.87亿美元；实际利用外资2.42亿美元，增长14.0%。组织参加各类大型招商活动，签定"三维"项目50项，总投资412.5亿元。新引进3个总投资1.42亿美元的台资项目。

城市建设。扎实推进全省首批县(市)城乡总体规划暨"多规合一"试点工作。完成4个片区控规编制。江阴港城总体规划获批实施。投资16.94亿元，实施市政项目160项，环城路狮山隧道贯通，大埔大桥、龙江南路C段、汽专线二、三期建设全面铺开；滨海大通道元洪区至东阁农场段、滨江大道北江滨路A段开始动建。完成清荣大道、向高街等道路改造提升，打通清展路、南华路等断头路，动建福俱大道北段、洪宽大道千面山段、清昌大道

福清西区新貌 （福清市政府办供稿）

A段、东塘大道等27条主次干道，新、拓建城市道路21.7千米。动建市第二污水处理厂和龙田、高山、渔溪污水处理厂，新增污水管网14千米，雨水管网10.5千米。完成江阴水厂扩建工程，推进元洪第二水厂建设，新建市政供水管道19千米，改造20千米。新增燃气管道18千米。

小城镇和新农村建设。完成小城镇183个建设项目总投资85.7亿元。江阴镇被列为首批省级“小城市”培育试点。实施141个新农村建设项目，总投资3.5亿元，新改建农村公路24.8千米，新增18个自然村通水泥路；实施涉及8.17万农村人口的饮水安全工程；完成21户92人“造福工程”危房修缮及改造工作。

社会事业。投入2.75亿元实施中小学、幼儿园扩容工程，新建、改扩建校舍13万平方米，新增学位3750个，瑞亭小学新校区、龙田中心幼儿园等28个项目建成投入使用。北师大福清附校、百合小学等学校启动建设。福清二中被评为省一级达标高中，石门小学被评为省行知实验学校，福清市被评为全国义务教育发展基本均衡市、第三批全国社区教育示范区。改造提升5个镇（街）文体中心和32个村（社区）农家书屋。承办全国青少年武术套路锦标赛、第七届海峡两岸合唱节、第三届海峡舞蹈节等活动，福清市被中国音乐家协会授予“侨乡音乐创作基地”称号。村卫生所信息化网络接通率100%。全面启动县级公立医院综合改革，推行乡村医生签约服务工作。有115家村卫生所开展村级普通门诊新农合补偿工作，基本药物制度覆盖全市各级医疗机构。全年出生人口15969人，人口出生率11.83‰，人口自然增长率6.96‰，政策符合率87.66%，出生人口性别比104.86。开展“百家企业情暖计生户”活动，建立“福清市计划生育特殊家庭心理辅导中心”。

社会保障。新增城镇就业人数2.9万人，转移农村富余劳动力6221人。城镇居民基本医疗保险参保率和新农合参合率分别为95%、99.99%，城乡居民养老保险参保率提高至99.5%。发放慈善捐助资金3191万元，临时困难补助406万元。推进石井小区等保障性安居工程和东环路、千面山等拆迁安置区建设，新建成保障性住房508套。

生态环境保护。通过环保部组织的国家级生态市创建工作验收。加大对重点污染企业的监管力度，实施重大节能项目20项、减排项目15项，浩伦生物等一批产能落后企业停产淘汰，54家企业通过清洁生产审核。加快实施119个宜居环境建设项目，突出抓好集中成片棚户区、危旧房改造、小流域治理，完成投资63.4亿元。推进城乡环境综合整治，完成总长15千米的环龙江、环大北溪等城市绿道建设，启动玉融山环山栈道、天宝陂公园建设，建成大北溪西园，新增建成区绿地97万平方米，植树造林0.13万公顷，治理水土流失0.08万公顷；拆除“两违”建筑面积70.28万平方米、畜禽养殖场面积64.64万平方米。

【园区建设】 2014年，福清融侨光电科技园二期基础配套建设抓紧推进。江阴港城总体规划获批实施，东部0.07万公顷区域建设用海规划通过国家海洋局审批，环保隔离带项目搬迁和公共化工管廊建设全面启动，化工应急救援中心正式成立。江阴港区10号泊位投入试运营，福州保税港区一期封关运作。元洪投资区完成总体规划修编，东部“一横四纵”路网基本形成。闽台蓝色经济产业园480公顷填方一期工程和三条主干道建设顺利推进。出口加工区和洪宽工业村完成相关片区控规编制，道路、供水、雨污管网等配套逐步完善。

【福清核电】 2014年11月，福清核电1号机组完成试运行，正式投入商业运行。福清核电站2号机组处于调试高峰，3号机组处于安装高峰阶段，4号机组完成土建主体工程，5、6号机组获得国家能源局批准，推进前期工作，全年福清核电项目入库地税税费1.44亿元。 （何 琛）

长乐市

【经济社会概况】 2014年，长乐市实现地区生产总值533.08亿元，比上年增长10.3%；工业总产值1963.84亿元，增长12.5%，其中规模以上工业总产值1877.35亿元，增长12.5%；公共财政总收入（不含基金）50.08亿元，增长5.5%，其中地方财政收入31.49亿元，增长11.1%；全社会固定资产投资399.33亿元，增长17.5%；内资实际到资173.55亿元，增长34.3%；实际利用外资11620万美元，增长32.5%；出口总值5.72亿美元，增长16.1%；进口总值13.2亿美元，增长5%；社会消费品零售总额151.64亿元，增长17.4%；城镇居民人均可支配收入34041元，增长9.4%；农民人均纯收入16005元，增长11.7%。经济综合实力继续位居全国县域经济“百强”、福建省县域经济实力“十强”行列。

改革创新。成立全面深化改革领导小组，积极稳妥推进8个领域65项重点改革。新一轮政府机构改革顺利推进，事业单位分类改革稳步实施。行政审批改革力度加大，推行村级便民代办服务制度，完成市、镇、村三级行政服务中心标准化建设，取消审批事项101项，压缩办理时限606个工作日。财税金融体制改革扎实推进，“营改增”范围稳步扩大；出台《金融服务实体经济发展若干意见》，设立3亿元企业应急保障资金，缓解企业融资困难。技改创新势头不减，实施41项重点技改项目，完成投资85亿元；新增高新技术企业3家、福州市级以上企业技术中心5家，新增省著名商标10件、省名牌产品8项。重点项目进展顺利，实施龙头项目建设发展行动计划，72项龙头项目和280项重点项目分别完成投资162.5亿元、274.2亿元，其中45个项目动工建设，42个项目建成投产。

重点区域建设。基础设施建设提速，文浮路、金滨路、漳湖路改造基本建成，滨江滨海路和营滨路、两港路等工程加快推进，福平铁路及长平高速、福州东绕城高速长乐段动工建设。七大重点区域开发建设全面铺开，“数字福建”产业园智慧中心投入使用，云计算中心等项目落户园区；临空经济区基础设施不断完善，引进MS760通用飞机制造、高性能航空航天电缆等临空产业项目；首占营前新区“四纵四横”路网框架基本形成，一批公建项目加快实施；鹤上商贸物流园钢贸市场一期及五金、建材市场建成，承接福州南方钢材市场搬迁；松下港区年货物吞吐量1200万吨，跻身千万吨级大港行列；瀛洲炎山片区旧城改造启动拆迁工作；海湾新城完成控制性详细规划编制，配套设施建设同步推进。

产业升级。规模以上纺织业产值1254.2亿元，增长14.6%；规模以上钢铁业产值212.8亿元，增长9.8%；金纶高纤入选2014中国民营企业500强。新兴产业加快培育，网龙海西动漫创意之都正式开园，博那德钢构、德诚黄金等一批新兴产业项目动工建设。现代服务业加速发展，中天恒基商业广场、大润发商业中心动工建设，航空港物流园、翔孚物流等现代物流项目进展顺利。现代农业增产增效，农林牧渔业总产值81.51亿元，增长4.5%；农业产业化水平有效提升，福州市级以上农业产业化龙头企业23家，省级农民创业示范基地等“一基地四园区”加快建设。

城乡建设。编制13项重点区域控制性详细规划。城乡环境综合整治持续深化，推进高速路沿线景观整治，完成解放路、郑和东路提升改造，实施香江公园二期等5处城区公园和海峡路、和谐路等重要路段绿化提升，完成奎桥至朝阳中学段内河清淤。试行城区部分路段保洁市场化运作，集中开展交通秩序、占道经营、户外广告、市容环境等综合治理，查处整治一批违法违规行为。“两违”整治取得突破，拆除违法建设394处，面积49.3万平方米。实施294项城镇化项目，完成投资171亿元；被列入省级新型城镇化试点县（市），金峰镇入选全国重点镇。旧城改造稳步实施，吴航下橹桥至西关片区改造完成规划设计、入户丈量等工作。

生态保护。节能减排力度加大，吴航不锈钢煤改LNG和鑫海冶金脱硫工程投入运行，完成年度减排任务；潭头污水处理厂动工建设，完成18千米污水管网铺设；建成松下、潭头等9座乡镇垃圾中转站。加强环境综合治理，东湖、洞江、莲柄港等重点流域整治取得成效，拆除未达标畜禽养殖场69家，青山挂白和墓地生态整治有效开展。完成造林绿化663.13公顷。水源治理扎实开展，炎山及乡镇饮用水源监测保护得到加强，完成古槐、玉田等6个乡镇农村安全饮水工程，实施城区10个小区和2条主干道旧供水管网改造。“三城同创”取得突破，通过国家生态市考核验收和国家环保模范城市省级预评估、省级文明城市总评，获“福建省十大醉美县城”称号。

社会事业。投入1.36亿元实施48项校安工程，新改扩建校舍4.5万平方米，一中一分校、附小一分校、实验幼儿园分园和金峰、潭头等4所乡镇中心幼儿园投入使用，通过省“义务教育发展基本均衡县”验收。开展纪念撤县设市二十周年和宣传思想文化“一镇一品”等系列活动，举办纪念马江海战130周年公祭活动，新区体育中心、东湖水上运动中心等第一届全国青运会场馆建设基本完成。竞技体育取得突破，长乐籍运动员陈时伟获得仁川亚运会男子4×100米田径接力金牌并打破亚运会纪录。全面实施国家基本药物制度，妇幼保健院办公楼建成。人口计生服务质量得到提高，低生育水平保持稳定。对台、审计、双拥、海防、广电、人防、气象、科普和民族宗教、外事侨务、机关事务、爱国卫生等工作取得新成绩。

社会保障。全年市财政用于民生领域支出26亿元，占公共财政支出比重72.2%。10大类31项为民办实事项目总体顺利，完成投资11.94亿元。城镇新增就业9986人，转移农业富余劳动力7805人，城镇登记失业率1.9%。依托红十字会、慈善总会、老区建设促进会开展医疗救助、扶贫济困、老区帮扶等活动，救助金额2800多万元，受益群众13万多人次。新建保障性住房256套，解决247户低收入群众住房问题。实施城乡公交一体化，延伸公交线路30千米，覆盖鹤上、玉田、猴屿等8个乡镇（街道）。市社会福利中心和7所乡镇敬老院建成，椿萱乐老年公寓加快推进，社区居家养老服务站实现全覆盖。

【数字福建（长乐）产业园】 2014年，数字福建（长乐）产业园区相关产业发展规划通过评审，智慧中心项目主体工程投入使用，研发大楼主体工程完成，智慧社区人才公寓项目进行主体工程施工；福建省经济信息中心云计算中心、福建省数字福建云计算运营有限公司和网讯软件（福建）有限公司入驻园区；东湖路、智慧路等配套道路实现通车。该产业园位于长乐市文武砂东湖北侧，规划总面积9.07平方千米，为全省大数据产业重点园区和长乐市重点推动的七大区域之一，重点发展云计算、大数据、物联网、电子商务、北斗地理信息、海洋文化数字内容等新兴信息技术服务业。园区一期启动区用地面积76.67公顷，总投

资约46亿元。 （陈于庭）

闽侯县

【经济社会概况】 2014年，闽侯县实现地区生产总值412.73亿元，比上年增长9.7%；公共财政总收入（不含基金）86亿元，增长16.1%，其中地方公共财政收入57.03亿元，增长19.1%；固定资产投资535.77亿元，增长19.1%；社会消费品零售总额174.75亿元，增长23.4%；城镇居民人均可支配收入30999元，增长9.1%；农民人均可支配收入13393元，增长11.9%。全国县域经济基本竞争力“百强县（市）”位次从第86位跃升至第71位，连续5年成为全省县域经济实力“十强县”、经济发展“十佳县”。

农业。农林牧渔业总产值57.16亿元，增长4.4%。落实农林水资金投入5.6亿元，增长20.9%。新提升3家市级以上龙头企业，新增蔬菜大棚设施农业53.33公顷、花卉80公顷。“林下经济”实现产值1.5亿元。金鱼产业实现产值0.8亿元，福州（闽侯）金鱼产业园规划编制完成。6家企业获评省、市级休闲农业示范点。投入2062万元实施国家农业综合开发，完成473.33公顷高标准良田建设；投入2940万元，完成6个乡镇（农场）小农水项目建设；开发复垦补充耕地94.67公顷；实施农业“五新”项目80项。

工业。工业总产值868.87亿元，增长13.1%。汽车、机电、建材、工艺品、轻纺、食品六大支柱产业分别实现产值212.11亿元、153.82亿元、101.83亿元、79.47亿元、67.61亿元、61.93亿元。新增亿元以上企业7家、规模以上企业21家。落实推动工业稳增长促转型政策，兑现补助和奖励资金1.4亿元。青口投资区实施工业项目40个，建成投产项目16个；实现工业产值347亿元。闽侯经济技术开发区实现工业产值120亿元；一期、二期新投产企业7家，三期入驻5家企业。上街海西园、南屿“两园”区加快建设，兆元光电建成投产。福州（闽侯）中科数据应用技术研究院挂牌成立。投入9000万元支持企业创新发展，新建院士（专家）工作站4个，落实产学研项目60个，东南汽车、海源机械获中国驰名商标。

服务业。实施东南·国际建材城（一期）等20个项目，高速物流（二期）、苏宁物流等5个项目投入运营。荆溪光明旅游温泉小镇等项目加快建设，白沙朝阳休闲农场（一期）建成开业，五虎山获批国家森林公园；全年实现旅游总收入5.8亿元，增长14%。新增民生银行上街支行等5家银行网点，县金融中心基本建成。根雕创意产业园建成投用，举办中国海峡两岸（闽侯）首届根艺美术博览会。

招商引资。开拓国际市场，出口13.21亿美元；加强先进技术装备进口，进口4.72亿美元。强化“三维”对接，实施“回归工程”，实际利用外资（验资口径）2.02亿美元，增长6.3%。引进福建永动工具等超千万美元外资项目14项，总投资16.17亿美元；引进万润新能源等民企项目72项，总投资289.75亿元。扎实推进“闽侯县高层次人才集聚工程”，4名人才入选省“海纳百川”高端人才聚集计划。

城乡建设。县城总体规划完成修编，跨江联动发展格局初步形成。甘蔗旧城改造（一期）28幢安置房基本建成，新区中路等3条市政道路建成投用。荆溪新城江滨路（荆溪段）景观工程等一批项目基本建成，白沙小城镇旧街景观改造、新坡古民居修复等项目实施。青口镇列入全省“小城市”试点，东南大道（三期）、林森大道加快推进，青口中央公园、尚干农贸市场、祥谦江中安置房（一期）等项目基本建成。旗山大桥建成通车。上街大学新城区服务功能进一步强化，上街实验学校（九年一贯制）办班招生，医大附三医院主体完工。支持南屿小城镇发展，两园区安置房（一期）、五都大道（一期）等项目基本建成。完成“造福工程”搬迁460户，新建改建农村公路85千米，新开通县内公交线路2条，农村饮水安全工程、无害化卫生户厕建设、冬春修水利等年度任务全面完成。甘蔗流洋、荆溪永丰等17个“美丽乡村”建设成效明显，白沙孔元村入选中国最美休闲乡村。

社会事业。实施43个校园建设项目，东南学校小学教学楼、鸿尾中心幼儿园等14个项目竣工，增加学位1300个。1.3万名外来务工人员随迁子女实现就近入学。获评全国文化先进县，县城公益性数字影院及县图书馆、文化馆、档案馆实现免费开放，方氏福船制造技艺、闽侯喜娘文化入选市级“非遗”名录。青橄榄合唱团获第六届“中国（南充）嘉陵江合唱节”比赛金奖。县级公立医院改革列入国家第二批改革试点，县乡两级医疗机构全面实施药品零差率销售，减轻群众医药负担2407万元。小箬卫生院建成投用，新建和改造提升村卫生所31个。“单独二孩”政策全面实施，计生奖励政策逐步完善，出生人口素质进一步提升。

社会保障。全年财政用于民生支出43.4亿元，占公共财政预算支出的73.5%。新增城镇就业1.1万人，转移农村富余劳动力6100人。新农合和城镇居民医保支出2.4亿元，8.7万人受益。被征地老龄农民生活补助支出9800万元，惠及5.6万人。建立完善80周岁以上高龄老人生活补贴制度，惠及1.2万人。建成保障性住房852套，超额完成市下达任务。

生态建设。实施宜居环境建设项目79项，完成投资11.6亿元。持续推进森林闽侯建设，完成造林绿化和森林经营1.05万公顷，新增公园绿地46.67公顷。洋里、大湖污水处理站基本建成，青口新区、荆溪及县城污水处理厂（二期）投入运营，新铺设污水管网34.7千米。持续实施11个垃圾转运站项目，荆溪溪下垃圾转运站建成投用。拆除“两违”面积71.6万平方米，拆除禁养区畜禽养殖场104万平方米，实施2个重点节能项目，完成奔驰汽车“油改气”等16个重点减排项目。推进国家级生态县和生态乡镇创建工作，尚干等3个乡镇获“国家级生态乡镇”命名，上街、廷坪等8个乡镇报环保部复核。

【中科（福州）数据产业园落地闽侯】 2014年12月，中国科学院计算技术研究所福州分所暨福州（闽侯）中科数据应用技术研究院正式落地闽侯荆溪镇。园区总占地面积15.13公顷,总建筑面积70万平方米,计划投资40亿元,分两期建设。其中,一期占地6.59公顷,规划总建筑面积约35万平方米,主要建设研发楼、总部企业办公、育成中心、公共服务平台、人才培训基地等以大数据为核心的数据产业园,计划2017年投入使用;二期规划建设员工宿舍、专家公寓、院士工作站、商业配套等数据产业园相关配套设施。中科(福州)数据产业园拟打造全产业智慧创新进化平台,实现"三规合一"(产业规划、建筑规划、信息规划)的标准体系在智慧城市建设中落地。

(施理光)

连江县

【经济社会概况】 2014年,连江县实现地区生产总值325.35亿元,比上年增长8.0%,其中:第一产业增加值110.96亿元,增长5.4%;第二产业增加值131.21亿元,增长14.4%;第三产业增加值83.17亿元,增长1.3%;三次产业比例34.1∶40.3∶25.6。财政总收入(不含基金)46.31亿元,增长22.3%,其中,地方财政收入33.50亿元,增长17.1%;上划中央收入12.82亿元,增长38.2%;财政支出46.44亿元,增长15.4%。进出口总额4.54亿美元,增长6.5%,其中:出口总额4.04亿美元,增长18.6%;进口总额0.5亿美元,下降29.8%。固定资产投资424.71亿元,增长24.1%。城镇居民人均可支配收入26889元,增长8.7%;农民人均可支配纯收入12707元,增长11.2%。

农业。农林牧渔业总产值195.94亿元,增长5.2%,其中渔业产值175.62亿元,增长6.9%。日兴水产等龙头企业申报国家农业综合开发产业化项目。"江船长"成为连江首个中国驰名商标。省级农民创业园逐步完善,长龙茶叶标准示范基地等6个农业重点项目落地园区。北茭二级渔港等6个渔港项目启动建设,定海浮筏式消波堤项目完工投用。新改建农村公路29千米,完成公路安保工程160千米。罗山、合山安置区改造农村危房800多户。实施水利重点工程8项,解决84个行政村14.7万人饮水安全问题。

工业。规模以上工业产值461.89亿元,增长15.8%。规模以上工业销售产值455.57亿元,增长19.0%。工业产品销售率98.9%。落实企业发展专项扶持资金7600多万元。5家企业列入福建省工业化、信息化融合重点项目库。恒捷化纤一期、好事达家具等项目竣工投产,聚春园食品、中石油可门钢管制造一期等项目基本建成,申远聚酰胺等项目动工建设。可门港一类口岸开放获国务院批准。可门港年货物吞吐量4645万吨。

服务业。社会消费品零售总额92.68亿元,增长17.4%。君豪大酒店、溪山温泉度假酒店、璟江大酒店、国惠大酒店正式开业,万家城市广场投入运营,世纪金源奥特莱斯广场开始招商。贵安儿童成长体验馆、海洋世界建成。贵安新天地休闲旅游度假区、贵安溪山休闲旅游度假村获评国家4A级景区,青岛啤酒梦工厂获评国家3A级景区;游客接待量突破200万人次。黄岐对台旅检大楼和浮动码头建成投用。

招商引资。新批合同外资2329万美元,下降87.0%。实际利用外资9094万美元,增长6.1%。实际内资到资97.95亿元,增长71.6%。组织参加"5·18"海峡两岸经贸交易会、"亲情回归"恳谈会、民营企业产业项目对接会、"9·8"中国国际投资贸易洽谈会等招商活动。签约对接"三维"项目74项,总投资490亿元。

城乡建设。第五轮城市总体规划、县城核心区和连江经济开发区青塘片区控制性详细规划、敖江两岸景观规划启动编制,县域绿道网总体规划等专规编制完成。推进敖江路征迁改造,傲江景城段、莲荷东路至玉荷东路段竣工通车。八一六路街景改造二期、城区北江滨慢道景观一期工程完成,可门港杉塘迁建区周边路网、文笔东路三期等项目加快推进。104国道可门路至东湖口段绿化景观改造、通港大道二期绿化、人民广场绿化提升等项目完成,新增绿地7.2万平方米。实施城区建筑垃圾和工程渣土企业准运管理,规范防盗安全网设置,建成城市管理服务中心。通过福建省文明县城考评验收。

社会事业。企业与高校、科研院所开展市级"产学研"项目7项。专利申请量381件,专利授权量208件,其中:发明专利6件,实用新型专利163件,外观专利39件。新建校舍24栋,拆除和改造危旧校舍34栋,完善校园附属配套工程17项。新改扩建农村幼儿园14所。开设第三实验小学"少数民族班"。扩容中小学学位1650个、幼儿学位600个。通过全国文化先进县复查。22个乡镇文化站信息资源共享工程全面完成,改造提升农家书屋30家。开展"三月三畲族文化节"等民俗文化活动50多场。"仁山拉线狮"成为连江首个国家级非物质文化遗产。鼓励乡村兴建文体公园,配套健身路径40套。县医院病房大楼14—19层装修工程竣工,潘渡卫生院等病房综合楼建成投用,新增住院床位200张。县医院与福州市第二医院开展医疗协作,县中医院、琯头中心卫生院加盟福州市第一医院医疗联合体。"单独二孩"政策正式实施,人口自然增长率7.74‰。

社会保障。县财政用于民生支出28.02亿元,占公共财政支出的61.0%。实施乡村医生和村主干养老保险,80周岁以上高龄老年人养老补助、城乡困难居民重特大疾病医疗救助等制度,扶贫济困活动深入开展。市场供应保持稳定,居民消费价格指数涨幅1.7%。建成保障房270套、新增公租房70套,200多户棚户区改造项目实施。

生态环境保护。累计18个乡镇通过国家级生态乡镇验收,获评福建省生态县称号。实行"河长制",治理小流域800公顷。矿山覆土绿化基本完成。实施重点减排项目10项,拆除禁养区内养殖场64家。实施宜居环境建设项目44项,梅洋、桂林、官坞等18个村(居)"美丽乡村"建设深入开展。改造立面27.2万平方米,拆除"两违建筑面积"42万平方米。全县造林绿化780公顷。

(陈　鸿)

闽 清 县

【经济社会概况】 2014年，闽清县实现地区生产总值130.35亿元，比上年增长10.3%；三次产业比例17.7∶56.9∶25.4；财政总收入11.24亿元(不含基金)，下降3.2%，其中地方级财政收入6.87亿元，增长8.7%；工业总产值172.4亿元，增长11.9%，其中规模以上工业产值155.93亿元，增长12%；农林牧渔业总产值38.9亿元，增长5.1%；内资实际到资36.0亿元，增长146.8%；实际利用外资450万美元，增长6.0%；海关出口总值1.27亿美元，增长9.3%；全社会固定资产投资50.69亿元，增长26.6%，其中工业固定资产投资17.3亿元，增长31.0%；社会消费品零售总额41.17亿元，增长15.6%；农民人均可支配收入10579元，增长10.2%；城镇居民人均可支配收入23230元，增长9.0%。

农业。发放粮食直补等各类补贴资金1154.9万元。粮食播种面积1.22万公顷。21家市级以上龙头企业销售收入增长18%。新登记农民专业合作社17家，带动4.03万农民增收。农业设施不断完善，完成4大类小农水项目建设；实施冬春水利及水毁工程修复，除险加固水库4座，新解决5.73万农村人口饮水安全问题。开发复垦补充耕地91.68公顷，新发展钢架大棚设施农业10公顷。葫芦门水库等水利项目建设扎实推进。闽江防洪工程福州段(二期)和闽江岸线规划前期工作全面展开。

工业。新增规模以上工业企业11家，新增产值7.7亿元。大连电瓷(一期)、金华龙等17个项目竣工投产，宏电电瓷、中南重工等35个项目动工建设，蓝天、佳美陶瓷等技改扩产项目实施。园区开发建设持续推进，白金工业园区"一区多园"特色逐步显现，全年会审21个工业项目，总投资15.23亿元；东桥表业园工业一期"三通一平"实质性启动；全年新增省著名商标4件、市知名商标8件。新成立、引进建筑施工企业36家，提升资质等级25家；建安产值227亿元，增长72.7%。

服务业。第三产业增加值33.12亿元，增长11.3%。完成4个农贸市场升级改造。新培育限额以上商贸企业10家，新增物流企业3家。银行业金融机构各项贷款余额50.24亿元，增长17.6%；小微企业贷款增长10.5%，涉农贷款增长14.7%；瑞狮村镇银行、稠州银行等入驻。观光、度假、养生等复合型特色旅游加快发展，七叠、黄楮林、大明谷等温泉景区配套设施不断完善，金洋农业观光园、野豪趣农庄等"乡村生态游"持续升温；接待游客72.39万人次，增长11.2%；旅游收入8722万元，增长11.2%。

招商引资。参加"5·18"海交会、"9·8"投洽会等招商活动，签约项目83项，总投资38.14亿元。强化"三维"对接，引进中建海峡等"三维"项目15项，总投资17.6亿元。大力实施"回归工程"，回归企业13家。

城乡建设。推进新城开发和中心城区提升。梅溪新城投入8.8亿元，其中11项新城重点项目完成投资5.2亿元，基本完成新城一期安置房、梅埔安置房等项目建设。完善城乡基础设施、景观环境等一批专项规划编制。福银高速闽清(梅溪)互通口正式通车，实现闽清纳入福州半小时交通经济圈。完成城镇公馆等房地产项目开发和闽清一中公交停车场、南岸休闲步道、洋桃公园等城市基础设施建设，实施梅溪路城关小学新校区段改造和台山公园景观提升。完成"三中心"综合楼、进城路等主要建筑和路段亮夜工程。改造解放大街等6条道路沿线960余幢建筑景观。投入6.97亿元实施69个整治项目，基本完成福银高速公路、合福高速铁路、316国道沿线景观改造。新建改建农村无害化卫生户厕439户，新培育形成15个美丽乡村，坂东镇入选全国重点镇。实施316国道雄江大桥、石潭溪大桥等2座危桥改造。完成316国道溪口商贸街至202省道白樟白洋段道路"白改黑"。硬化农村公路25.75千米，实施农村安保工程45.4千米。梅溪新城至中心城区第二快捷通道、横五线梅溪新城至云龙段、联一线坂东楼下至云龙台鼎段等"十三五"规划项目前期工作提前实施。

社会事业。全年落实产学研项目4项。陶瓷科技孵化器(二期)主体工程基本建成。实施校安工程、全面改薄工程、扩容工程和寄宿制学校建设，新建校舍6.45万平方米。新建和改扩建16所公办幼儿园，城关小学新校区、第一幼儿园、塔庄中心小学新校区等建成投入使用。东桥初级中学获"全国教育系统先进集体"荣誉称号，闽清一中通过省级一级达标校评估验收，教育两项督导通过省级评估考核。公共文化服务体系进一步完善，文化馆、图书馆、博物馆、美术馆免费开放，第一次可移动文物普查工作全面启动。承办省文化科技卫生"三下乡"活动，放映农村公益电影3280场。闽清

福州市新农村幸福家园示范村之一——闽清云龙乡后垅村 (闽清县政府办供稿)

一中女篮再夺省中学生篮球联赛冠军，实现“八连冠”。启用下祝卫生院门诊楼，建成县医院综合大楼和白中卫生院医技综合楼，新建空白村卫生所17个，全县新增医疗用房面积1775.81平方米，人均基本公共卫生服务经费提高到35元。计划生育“单独二孩”政策稳妥实施，全年出生人口4626人，出生率13.82‰，计生率87.48%，出生人口性别比105.97。

社会保障。新增城镇就业2197人，转移农村富余劳动力5683人。“五险一金”及被征地农民养老保险覆盖面进一步扩大，适时提高城乡低保、农村“五保”、重度残疾等各类救助对象生活补助标准，城镇居民医保财政补助标准、新农合人均筹资标准分别提高到340元、410元，城镇居民医保和新农合支出1.09亿元，惠及5.93万人。发挥红十字会、慈善总会、总工会等作用，开展医疗救助、扶贫济困活动，救助金额669.38万元，受益群众2.54万人次。基本建成各类保障性住房827套，公租房、廉租房实施并轨运行管理。完成286户贫困残疾人危房修缮和822户“造福工程”危房改造。

生态环境保护。深化生态创建活动，14个乡镇和255个行政村分别通过省级、市级以上生态创建验收。完成造林0.12万公顷，综合治理水土流失面积0.09万公顷。持续推进大气污染整治，整治锅炉烟气尘企业20家，取缔非法经营企业13家，推进建陶企业“煤改气”9家，关停重建建陶企业5家。新建雨污管道9.5千米，建成4个乡镇污水处理站和3个乡镇垃圾中转站，拆除“两违”建筑面积36万平方米，关闭并拆除禁养区畜禽养殖场122家，综合治理禁养区外规模化畜禽养殖场5家，省控梅溪口断面水质达标率100%。 （何　云）

罗　源　县

【经济社会概况】 2014年，罗源县实现地区生产总值172.67亿元，比上年增长5.6%；三次产业比例17.7：66.1：16.2；公共财政总收入19.2亿元，增长11.7%，其中地方公共财政收入13.6亿元，增长10.7%；固定资产投资158.06亿元，增长12.0%；出口总值4639万美元，增长31.4%；社会消费品零售总额42.73亿元，增长15.6%；城镇居民人均可支配收入24408元，增长9.7%；农民人均可支配收入11068元，增长10.6%。全县56个重点项目完成投资121.25亿元，超年度计划16.5个百分点，21个市级（福州新区）重点项目完成投资92.7亿元，超年度计划19.3个百分点。

农业。农业总产值54.78亿元，增长5.1%。第一产业增加值30.61亿元，增长4.9%。食用菌产量9.8万吨，水产品产量13.1万吨。新增市级水产品加工龙头企业3家；新登记农民专业合作社30家、登记注册家庭农场8个。新增认证农产品29个。建设生态茶园0.29万公顷、丰产毛竹基地400公顷、油茶基地126.67公顷、花卉苗木基地63.33公顷。

工业。工业总产值399.5亿元，增长4.2%，其中规模以上工业产值371.56亿元，增长3.7%。第二产业增加值114.05亿元，增长4.5%。工业固定资产投资36.8亿元，增长36.2%。建成宝钢德盛不锈钢冷轧线，华能火电厂一期、南铝铝材加工一期、时代包装六线、福亮玻璃二期、益升食品二期、苏冶机械等项目顺利推进。

服务业。第三产业增加值28.01亿元，增长11%。罗源湾世纪金源大饭店、游艇俱乐部、霍口畲山水景区等建成运营，罗源湾海洋世界、海上搏斗城项目主体完工。苏宁电器、居然之家等入驻滨海新城购物中心，限上零售企业由28家增至32家。房地产业带动建筑业实现产值15亿元，增长54%。“红苹果化工”获中国驰名商标，实现国家级品牌零的突破。罗源湾一类口岸对外开放获国务院批复，港口货物吞吐量1009万吨。年末金融机构本外币各项存款85.05亿元，增长10.8%，本外币各项贷款119.48亿元，增长49.7%，新增存贷比4.89。

招商引资。签约和对接项目93项，实际利用外资3221万美元，增长3.0%。新增登记内资企业20家，增长150%；注册资本17.83亿元，增长34.58倍。新增登记私营企业258户，增长63%；注册资本12.64亿元，增长130%。智能电网设备、创隆电器、汇昌纺织等项目落地，引进三钢集团重组三金钢铁并成立闽光钢铁公司，引进南平铝业公司动建南铝罗源铝材加工基地项目，引进明通建设集团、江海苑园林2家建筑工程类一级资质企业。

城市建设。松山镇、碧里乡、凤山镇、起步镇被列入福州新区总体规划范围。滨海新城建设完成年度投资85亿元，累计投资230亿元，建成商住楼530万平方米，完成渡头新区路网一期等6条市政道路和孝巷路等12条背街小巷新改建，实施北大路至南大路综合整治、新东方酒店至五里桥景观工程，建成渡头桥至余家塘排涝站江滨公园。建成西兰至霍口沿线景观带、霍口凤凰公园、白塔排连湾公园等项目，建设桥梁6座、农村公路31.7千米，乡村路灯亮灯率97%。霍口乡福湖村、中房镇深坑村、起步镇下长治村被列为省级绿色村庄，中房镇深坑村入选中国传统村落名录。完成松山围垦大型水闸和4座水库除险加固，建成余家塘段防洪堤一期以及鉴江柴桥头水库主体工程，完成4个乡镇居民饮水安全工程。

社会事业。完成发明专利申请120项，罗源县食用菌协会被评为全国“基层科普行动计划”先进单位。建成进修校二附小、第二实验幼儿园、职业中学实训基地一期和福州三中罗源校区并开班办学；实行城区公办中小学、幼儿园招生电脑派位招生；实施“全面改善贫困地区义务教育薄弱学校基本办学条件”项目。罗源县博物馆、图书馆、文化馆通过国家三级达标认定。霍口乡福湖村、松山镇竹里村和名匠工艺品厂被评为福州市首批非遗项目传承保护示范基地。改造各乡镇文化共享工程和44个村“农家书屋”；编辑出版《扪虱新话评注》，被收录福建文史丛书和国家图书馆；完成1.2万户有线数字电视整转。罗源县运动员在2014年亚残会获盲足项目铜牌，在全国技巧冠军赛摘得3金，在第十五届省运会取得11金4银4铜；表演项目《山哈藤阵》《铃卜情》获福建省第八届少数民族运动会金奖。建成精神病防治院综合楼和11所空白村卫生所、9所示范村卫生所，完成县医院内科三区建设和中医院改造，县级医院床位增长12%。年内出生3919人，出生率14.30‰，其中政策内出生3501人，政策符合率89.5%；人口自然增长2164人，人口自然增长率7.89‰；出生人口性别比102.74。

社会保障。县财政用于民生支出13.6亿元，占公共财政支出的70.2%。新增城镇就业2855人，城镇登记失业率1.3%，转移农业富余劳动力7166人。在全市率先实现"新农合"省内跨设区市即时结算，"新农保"参保率保持在90%以上；城镇居民、职工各项社会保险参保率位居全市前列；城乡低保"五老"和农村"五保"等补助标准以及被征地收海农渔民养老保障水平进一步提高。建成县光荣院修缮和6座慈善安居楼。完善价格补贴联动机制，受益群众1.3万人。有179个行政村(居)设立小额助农取款服务便民点。基本建成保障性住房253套，开工建设搬迁安置房和公租房329套。完成197户744人"造福工程"和105户残疾人危房改造。

生态环境保护。实施石材乡镇公共环境整治项目67项，完成石材加工企业新一轮规范化建设和废弃渣场覆土绿化，拆除禁养区生猪养殖场3.2万平方米，重点流域水质明显改善。实施疏港公路华能码头至亿鑫钢铁段道路粉尘污染专项整治行动，完成金港工业区钢铁企业环境问题整改项目91项，县城空气质量明显提升。造林绿化0.13万公顷，超年度计划82.7个百分点。起步镇、白塔乡通过国家级生态乡镇创建验收。

【基础设施工程建设】 2014年，罗源县境内104国道五里至白塔段改线工程和滨海大通道碧里至鉴江段动工建设，沈海高速复线罗源段基本完工，将军帽15万吨码头、碧里作业区6#泊位水工主体工程完工，霍口大型水库、敖江供水项目和城区东区、滨海新城、将军帽等输变电工程有序推进。园区配套持续完善，开发区松岐中路进度过半，防洪排涝工程分步实施；台商投资区松山A片区垦后塘全面收回，B片区土地填方、标准厂房建设扎实推进。

【"畲风海韵"旅游产业】 2014年，罗源县旅游业接待游客59.26万人次，增长16.1%。3月9日霍口畲山水景区正式营业。罗源湾滨海旅游系列项目先后建成大型音乐喷泉水幕电影、游艇俱乐部、海上钓鱼台、海洋世界、海上搏斗城等滨海旅游项目。乡村旅游繁荣发展，涌现出"农家乐"、休闲农场等一批旅游经营单位，霍口福湖畲族文化村获"特色旅游村"称号。

(杜武义　康高艳)

永泰县

【经济社会概况】 2014年，永泰县实现地区生产总值123.78亿元，比上年增长10.2%；财政总收入(不含基金)8.89亿元，增长24.7%，其中地方财政收入6.3亿元，增长25.3%；全社会固定资产投资(不含铁路、高速公路)79.56亿元，增长24.5%；社会消费品零售总额44.27亿元，增长15.5%；城镇居民人均可支配收入22406元，增长8.2%；农村居民人均可支配收入10222元，增长10.1%。

农业。农林牧渔业总产值61.66亿元，增长4.6%。建立水稻"五新"集成技术推广示范片12个。实施青梅种植示范推广等市级农业科研项目3项。完成水库除险加固5座，改造低产果园1000公顷，新建蔬菜、茉莉花、中药材等基地110公顷，推广种草养鱼200多公顷。10家企业被确定为市级农业产业化龙头企业，其中省级龙头企业2家。

工业。工业总产值58.06亿元，增长12.9%，其中规模以上工业总产值44.46亿元，增长13.3%。清凉纺织服装园、中海创(永泰)生态型智慧科技园项目继续推进。十方大数据智慧园等项目签约落地。华尔锦一期、胜华农业、朗宇环保等新增长点项目正式投产。

建筑业。建筑业总产值230.09亿元，增长36.7%。房地产及建筑业入库税收4.48亿元，增长52.1%。新增房建施工一级总承包企业4家，二级2家。完成县建筑大厦规划选址。

第三产业。金融机构人民币存款余额98.05亿元，增长10.6%；个人储蓄存款56.96亿元，增长9.6%；各项贷款余额62.53亿元，增长34.2%。出口总额4224万美元，增长8.1%。义乌小商品超市、好又多购物中心、全友家居等连锁经营企业相继开业。新增注册商标363件。接待游客433万人次，增长20%；旅游收入13.5亿元，增长25%。

招商引资。内资实际到资32.8亿元，增长9%。实际利用外资1958万美元，增长13.6%。参加各类大型招商活动，签约项目6项，总投资51亿元；推进对口协作，达成意向项目48项，计划总投资8829万元。

城乡建设。实施77项重点项目，开工43项，完成投资77.4亿元。完成葛岭镇李花洲、北部片区、东南片区、信息产业园(中海创小镇)核心区等地块控制性详细规划修编，编制塘前一都溪片区、界竹口库区周边等地块控规及梧桐镇总体规划。获批农转用和土地征收14批次170.92公顷。实施重点项目房屋征收15宗，其中：国有土地上房屋征收6宗，集体土地上房屋征收9宗，征收房屋390户，完成拆迁面积76426平方米。打击"两违"行为，清理整治违章搭盖彩钢板，拆除违法建设1150宗，面积37.4万平方米。建成刘岐大道、北江滨路及其景观工程，完成下林地块安置房、刘岐大桥南侧安置房主体工程，启动环城北路、仙佛路和县城三环路建设，推进沙浮路、县府路、北江滨、塔山西路周边、城南小学周边等地块旧屋区和棚屋区改造，"三溪六岸"景观改造和环大樟溪自行车道、塔山公园南区扩建工程等项目在建。创建省级宜居环境建设示范县，实施行动计划项目103项，完成投资11.8亿元；25个"美丽乡村"建设完成投资1.86亿元。嵩口镇被列为全省重点名镇名村整治试点镇和闽台乡村游试验基地，启动保护性修复工程。月洲村、中山村、盖洋村入选第三批"中国传统村落"名录。

社会事业。实施市级农业科研项目3项、县本级农业科研项目6项。与福建省农业科学院农业工程技术研究所、福州大学生物科学与工程学院签订课题研究合作协议。上报专利申请78件,获得专利授权28件。投入教育事业经费4.3亿元。省选派6名科技服务团成员和14名专家教授到永泰开展科技扶贫开发工作。推进福州市中小学生实践基地、福建农林大学东方学院项目建设。完成城关中学、霞拔中学、葛岭中心小学和东洋中学综合楼加固等工程。城关中学被确认为"福建省三级达标高中"学校。以优秀等级通过国家三类城市语言文字工作评估验收。完成名山室、樟坂乡贤第保护规划,推荐张圣君信俗、永泰山歌申报福州市第四批非物质文化遗产项目名录。下坂厝、同安寨等7家列为县级文物保护单位。举办中国·永泰2014世界温泉小镇及养生发展论坛。开展旅游文化嘉年华系列活动。举办第六届海峡两岸电视主持新人大赛、福建省首届民间菜肴烹饪大赛暨第二届永泰美食节、2014年环福州·永泰国际公路自行车赛和第九届亚洲国际青少年电影节。组织参加国际国内武术比赛,获得16枚金牌;永泰籍体操运动员姚金男在第十七届亚运会、第四十五届体操世锦赛上各获4枚和1枚金牌。县医院门诊综合大楼、县精神病院新病房大楼建成投入使用,启动县妇幼保健院和中医院迁建工程。实行药品耗材零差价销售。建立县级医院医务人员定期到乡镇卫生院帮扶巡诊制度。全年出生人口5620人,人口出生率14.61‰,人口自然增长率8.7‰,出生人口政策符合率87.38%,出生人口性别比108.92。完成免费孕前优生健康检查1716.5对;依法查处"两非"案件10例。

社会保障。全年民生支出14亿元,占公共财政预算支出的72%。社会福利中心、沙浮路栈道、电网改造、天门山水厂等11项为民办实事项目完成投资3.8亿元。新增城镇就业2453人,转移农村富余劳动力4806人。落实城乡低保提标提补,发放困难群众最低生活保障金3662万元。城乡居民养老保险参保率和新农合参合率分别为99%和99.9%。成立县慈善总会,建成10座乡镇慈善幸福院、7个乡镇敬老院和8个社区居家养老服务站。出台城区个人危房改造管理暂行规定和公共租赁住房实施方案,配建廉租房和公租房137套。推进城乡网格化管理,成立公安巡特警大队,升级改造校园视频监控探头,公众安全感居全市前列。郑伯武当选公安部第五届"我最喜爱的人民警察",获"一级英模"荣誉称号。

生态环境保护。编制完成生态文明建设规划。国家生态县创建通过环保部复核验收,列入国家主体功能区建设试点示范县。启动重点生态区位非国有商品林赎买,完成林地保护利用规划,造林绿化2253.3公顷。实行大樟溪及其支流"河长制"。完成长庆溪流域治理,启动闽江防洪工程福州段(三期)建设,推进富泉溪(大洋段)流域治理。继续实施农村环境连片整治,城镇污水集中处理率和垃圾无害化处理率分别为83.7%和96.2%。完成15个乡镇生态墓地或树葬区建设,基本建成天境陵园一期工程。

【中国·永泰2014世界温泉小镇及养生论坛】 2014年1月12—14日,中国·永泰2014世界温泉小镇及养生论坛在永泰香米拉温泉酒店举办。论坛以"温泉与养生产业发展"为主题,来自世界温泉联合会、台湾、香港、广州的专家分别就温泉养生科学的新观点、新动向和温泉养老产业、健康服务业与温泉养生等进行主题发言。"国际温泉养生"常年论坛会址、国际温泉小镇等两大项目在现场签约。

【永泰旅游文化嘉年华活动】 2014年9月19日永泰旅游文化嘉年华活动启动仪式举行。嘉年华活动由第六届海峡两岸电视主持新人大赛、福建省首届民间菜肴烹饪大赛(10月25—27日)、第二届永泰美食节(10月24—28日)、2014年环福州·永泰国际公路自行车赛等四大主题活动构成。第六届海峡两岸电视主持新人大赛选拔各地电视主持界的未来之星。福建省首届民间菜肴烹饪大赛汇聚全省九地市及台湾等地150多位民间菜肴厨师进行厨艺大比拼,大赛设置中餐热菜个人项目和团体项目、中餐面点个人项目、冷拼雕饰个人项目。第二届永泰美食节设永泰当地特色美食、文化旅游产品、台湾夜市美食或创意市集等100多个摊位。2014年11月14—16日环福州·永泰国际公路自行车赛举行,邀请22支全球洲际职业自行车队参赛。第一赛段为"捷安特杯"福州绕圈赛,全程122.1千米,起点和终点皆为马尾;第二赛段为"桂盟传动杯"福州—云顶赛,全程133千米,起点永泰站前广场,终点永泰县嵩口镇;第三赛段为"建大轮胎杯"永泰绕圈赛,全程115.5千米,途经永泰县区主干道。

【第九届亚洲国际青少年电影节】 2014年11月27日,以"青春·梦想"为主题的未来影像——第九届亚洲国际青少年电影节暨首届海峡两岸文创嘉年华系列活动开幕式举行。电影节设置"亚洲国际青年影像盛典""亚洲国际青少年影像作品""海峡两岸微电影"三个单元,有62部电影作品入围,最终评审出3个单元13个奖项,获奖作品27部。 (陈文琳)

编辑:王文灿

厦门市

【基本概况】 厦门是一座美丽的滨海城市,由厦门岛、鼓浪屿、内陆九龙江北岸沿海部分地区以及厦门湾沿岸组成,位于九龙江入海口,背靠漳州、泉州平原,与宝岛台湾和金门岛隔海相望。全市土地面积1573.16平方千米,海域面积390平方千米。下辖思明、湖里、集美、海沧、同安、翔安六个行政区。全市常住人口381万人,其中户籍人口203.44万人,是著名的侨乡和台胞的主要祖籍地，通行闽南方言。厦门是国内最具综合竞争力的城市之一，是经济特区、计划单列市、副省级城市，被授予地方立法权，先后获得联合国人居奖、国家园林城市、国际花园城市、全国十大低碳城市等荣誉称号。

【经济社会综述】 2014年，全市实现地区生产总值3273.54亿元，比上年增长9.2%，其中：第一产业增加值23.73亿元，增长2.9%；第二产业增加值1460.34亿元，增长7.7%；第三产业增加值1789.50亿元，增长10.9%；三次产业结构0.7∶44.6∶54.7；人均生产总值（按常住人口计算）86832元（折合14135美元），增长7.2%；万元地区生产总值耗电639.43千瓦时、耗水10.9吨，分别比上年减少9.4千瓦时和0.2吨；全社会固定资产投资1572.95亿元，增长16.7%；公共财政预算总收入921.55亿元，增长10.4%，其中地方级财政收入556.21亿元，增长11.1%。城镇居民人均可支配收入39625元，增长8.2%；农民人均可支配收入16220元，增长10.6%；居民消费价格指数102.2；城镇登记失业率3.03%；人口自然增长率11.34‰。举办亚太经合组织（APEC）海洋部长会议、中美省州旅游局长合作发展对话会议、全球孔子学院大会，连续四次获国际友城交流合作奖。获批国家现代服务业综合试点城市、数字家庭应用示范产业基地、宽带中国示范城市、全国和谐社区建设示范城市，获全国文明城市“四连冠”。

先进制造业。规模以上工业企业1555家，产值4894.93亿元，增长10.8%，其中产值超亿元企业546家，产值4463.23亿元，占规模以上工业总产值的91.2%。机械、电子两大支柱产业产值3202亿元，占规模以上工业总产值65.4%。平板显示产业链产值突破千亿，增长10%。高新技术企业907家，占全省的51%；规模以上高新技术工业企业产值1984亿元，占规模以上工业总产值40.5%。国家和省级重点实验室、工程技术研究中心、企业技术中心、博士后工作站累计121家。全市各类专利授权8944件，每万人拥有有效发明专利11.1件。主导或参与制定国家标准、行业标准130项。获评全国半导体照明两家A类基地之一，生物医药、海洋高技术成为国家产业发展试点。

现代服务业。举办各类展览活动200场，增长8.7%；展览总面积173.50万平方米，增长8.2%；举办50人以上的各类外来商业性会议4177场，参会总人数86.5万人；会展经济总收益276.27亿元，增长16.5%。全年接待国内外游客5337.86万人次，增长14.5%；旅游总收入722.09亿元，增长16.3%。空港旅客吞吐量2086.38万人次，增长5.6%；开通国内航线182条、国际航线30条。厦门港有生产性泊位152个（含漳州），其中万吨级以上泊位68个；港口货物吞吐量2.05亿吨，增长7.4%；港口集装箱吞吐量857.24万标箱，增长7.1%。金融机构本外币存、贷款余额分别为7064.61亿元和6643.98亿元，增长10.7%和13.7%。软件信息业务收入增长24.3%；生物与新医药产业产值增长11.3%；文化产业主营业务收入增长15.3%。

现代农业。农林牧渔业总产值44.31亿元，增长2.4%。建设266.67公顷高标准基本农田、453.33公顷现代设施农业、14个“菜篮子”基地。成立11家远洋渔业企业，首批31艘远洋渔船投用。43家农业龙头企业总产值379.13亿元，增长9.3%；销售收入363.93亿元，增长8.5%；出口创汇4.52亿美元，增长18.3%。推进美丽宜居乡村建设，建成村道49千米，房前屋后植树绿化9万平方米。转移农村富余劳动力2.7万人，农民人均可支配收入保持全省第一。

城市管理。地铁1号线全面施工，2号线跨海段正式动工。翔安机场选址获批，完成10平方千米填海造地。高崎机场T4航站楼建成启用。国际领先、国内首个远海自动化集装箱码头试运行。长泰枋洋水利枢纽工程大坝动工，引水隧洞工程量完成84%。电力进岛第四通道投入运营。西部垃圾焚烧发电厂、集美污水处理厂扩建工程投用，澳头污水处理厂基本建成。实施岛内11项跨铁路畅通工程。将厦金“小三通”整合至五通码头，逐班通关改为连续通关。将厦鼓旅游客运航线转至东渡和嵩屿，缓解鹭江道交通拥堵状况。实行大城管模式，拆除违建447万平方米，城市综合管理取得成效。

外经外贸。外贸进出口总值834.89亿美元，下降0.7%，其中出口531.61亿美元，增长1.6%；贸易顺差228.33亿美元，增长10.8%。外贸竞争力居全国第五位。新批外商投资项目417个，合同利用外资29.9亿美元，增长63.1%；实际利用外资19.7亿美元，增长6.2%，其中千万美元项目81个，合同外资27.5亿美元，增长91.4%。对外协议投资项目101个，投资额10.5亿美元，增长1.7倍。

对台交流。对台贸易总值70.45亿美元，其中：台方54.86亿美元，去台15.59亿美元。新批台资项目167个（含第三地），增长21%；合同利用台资4.4亿美元，增长1.7%。台湾水果进来量保持大陆首位。两岸冷链物流试点项目、台湾水产公共保税分拨中心投用。两岸海运快件常态化运营。海峡两岸间集装箱运价指数正式发布。两岸贸易中心一期全部入驻，二期开工建设。两岸区域性金融服务中心核心区建设加快推进。中国银行厦门市分行获准向台湾调运人民币现钞。全省首家两岸合资基金公司投入运营。台湾半数以上银行总行委托厦门16家银行办理人民币清算，结算金额增长130%。第六届海峡论坛发布8项促进闽台交流合作政策，参会台胞1.2万名。全国台联两岸社区交流基地落户厦门。台湾社团累计在厦设立代表机构20个。举办台交会、文博会、两岸乐活节等重要活动40多场。

社会事业。建成中小学项目17个，开建公办幼儿园20所，分别新增学位2.3万个和5000个。农村义务教育寄宿生补助由每生每天8元提高到10元，非寄宿生营养膳食补助由每生每天5元提高到6元。新增病床位2000张。第一医院内科综合楼、弘爱医院、龙邦妇产医院等动工建设，市儿童医院投入使用。新建、改造标准化村卫生所52个，首批50名定向培养的村医驻村执业。故宫博物院外国文物馆落户鼓浪屿。在仁川亚运会获4枚金牌,参加省运会获总奖牌数第一。

民生保障。新增就业18.3万人。城乡居民基本医疗保险财政补助标准由390元提高到430元。实现市参保人员省内异地就医即时结算,试行省外就医就地一站式结算。实施补充工伤保险,建立多层次工伤保险体系。提高企业退休人员基本养老金,月人均2838元。开展养老服务业综合改革试点,11家养老服务机构纳入医保范围。统一城乡低保标准,每人每月提高到550元。对低保户、残疾人、重点优抚对象等给予住房修缮补助。建成保障性住房1.3万套,开建5000多套,选房分配1.2万套。403个村居建成网格化服务管理信息平台。扶持18家民办社工机构,专业服务老年人、残疾人、社区矫正人员等特殊群体。全国治理餐桌污染现场会在厦召开并总结推广经验。完成年度为民办实事项目。

生态建设。岛外四区一次性通过国家生态区验收。实行"河长制",着手整治岛外9条溪流污染源,46个村庄实施污水就地处理。岛内入海排污口截流改造基本完成。海域清淤2068万立方米。植树造林866.67公顷,封山育林1万公顷,治理水土流失500公顷。严管建筑废土砂石,整治渣土车,淘汰黄标车1.7万辆。倡导低碳出行,建成公共自行车道136千米。道路清洗面积增加100万平方米。空气质量优良率95.3%,在全国74个重点城市中排名第八。二氧化硫、氮氧化物、化学需氧量和氨氮分别削减11.6%、18.1%、4%和4.6%,提前一年完成"十二五"减排任务。

【自贸试验区建设】 坚持边申报、边改革、边实施,全力推进自贸试验区建设,打造国际化、市场化、法治化的营商环境。推动投资便利化,实行准入前国民待遇和负面清单管理模式,将清单以外领域的外商投资项目核准制、外商投资企业合同章程审批制全部改为备案制,实施境外投资备案管理。推动贸易自由化,推行关检"一次申报、一次查验、一次放行"通关模式,加快构建国际贸易"单一窗口";创新贸易监管制度,建立货物状态分类监管模式,促进内外贸一体化。推动金融业改革创新,落实人民币跨境使用、人民币资本项目可兑换、利率市场化和外汇管理等改革试点,促进实体经济发展。推动服务业扩大开放,落实跨境电商、银行服务、融资租赁、增值电信等领域开放措施。

【"多规合一"试点建设】 作为国家四部委确定的"多规合一"试点城市,积极探索,先行先试,形成可复制、可推广的经验模式,即:实施美丽厦门战略规划"一个战略",形成全市统一的空间规划"一张蓝图",搭建信息共享和管理"一个平台",合成建设项目统一受理和审批"一张表"。主要成效:实现信息共享,平台除纳入发改、规划、国土部门的规划信息外,还纳入环保、海洋、林业、水利、交通、教育、医疗、农业等部门规划信息,实现各部门信息互联互通和业务协同办理。推动审批提速,前期工作总时限压缩1/3以上;从项目立项申请到用地规划许可证核发,审批时间由原来的53个工作日压缩到10个工作日;从项目建议书到施工许可证核发,审批时限由原来的180个工作日压缩到49个工作日。保护城市生态,创新性划定生态控制线981平方千米、城市开发边界640平方千米、海域及滩涂78平方千米;通过确立发展底线,避免城市"摊大饼"式扩张,实现土地集约节约利用。促进可持续发展,整合腾出55平方千米土地指标,为200个基础设施项目、180个民生项目落地提供重要保障。

(王　玫)

思　明　区

【经济社会概况】 2014年,思明区实现地区生产总值979.88亿元,比上年增长8.3%;财政总收入180.30亿元,增长11.8%,其中,地方级财政收入112.20亿元,增长11.8%,区级财政收入47.33亿元,增长12.0%;固定资产投资234.28亿元,增长13.6%;合同利用外资7.89亿美元,实际到资6.51亿美元,引进内资471.40亿元;城镇居民人均可支配收入47704元;城镇登记失业率3.0%。

产业发展。三次产业比例0.03∶15.88∶84.09。第二产业增加值155.77亿元,增长4.2%;第三产业增加值823.81亿元,增长9.1%。亿元商务楼宇增至20幢,总部经济税收贡献率16.3%。商贸业营业额4465.87亿元,增长6.1%;社会消费品零售总额418.28亿元,增长3.1%。接待国内外游客4242.54万人次,增长5.4%;旅游总收入520.32亿元,增长15.4%。规模以上工业产值275.47亿元;产值超亿元企业39家;高新技术产值99.03亿元,增长13.8%。建筑业产值492.04亿元,增长9.6%。商品房销售额134.88亿元,下降34.0%;销售面积58.88万平方米,下降35.4%。商业模式创新成效显现,互联网零售额增长69%,腾讯、美团网等电商巨头竞相入驻。

项目带动。持续实施项目带动战略,三江世侨、港谊广场等商务楼宇竣工投用。建立土地房屋征收全程法律支持和法律援助机制,轨道交通1号线、火车站南广场征收基本完成。与安溪合作共建产业园区,实现空间拓展、优势互补。引进中经商品交易中心、海峡贵金属交易中心、任仕达、特斯拉等项目,招商引资三项指标创历史新高。两岸金融中心集聚能力增强,思明金融总部大厦交付使用,台湾第一银行落地,一银租赁、圆信永丰开业运营。

综合配套改革。修订完善总部经济、电子商务、产业人才、文创产业、上市企业等扶持办法,兑现各类资金4.57亿元。推进商事登记制度改革,新注册企业2.25万户,增长近一倍。科技经费投入持续增加,"双百"人才项目25个,高新技术企业310家,网上知识产权交易平台交易额突破5000万元。获得中国文联"中华情·中国梦"两岸艺术家中秋展演活动5年承办权。举办两岸青年创意创新创业邀请赛。聘任12名台胞担任社区主任助理,"两岸一家亲"理念深入人心。服务企业方式不断创新,"中国梦——

走进创业的新起点”一期班结业、二期班开班，举办首期全国闽商“创二代”培训班，吸引23个省(市、区)学员踊跃参加，形成“闽商回归”的强大向心力。

城区建设。推进宜居环境建设，城中村、老旧小区、农贸市场基础设施逐步提升。在全国首推“马路天使驿站”，让环卫工人能够喝上热水、吃上热饭。率先建立违法建筑快速处置机制，“两违”整治成效明显。环岛路综合整治有力推进，观光自行车系统正式上线。全面实施鼓浪屿整治提升行动，占道经营、“野导”等现象得到有效遏制。“琴岛”十大惠民工程全部完成，为“申遗”工作打下良好基础。落实区长生态文明建设和环境保护目标责任制，年度考核蝉联全市第一。狐尾山等健身步道和40个校园绿化得到提升，新增街心公园13个、园林绿地10公顷。开展空气清洁行动，建成10个安静居住小区，噪声环境和建筑工地扬尘得到治理，获评全国首批创建生态文明典范城区。

社会事业。推出14项措施惠及低收入家庭。发放“圆梦”助学金636万元，帮助1300名贫困学子成长成才。为空巢老人安装“智能居家宝”，源泉山庄老年公寓试营业，街道日托中心全部建成投用。出台低保人员就业奖励等办法，新增城镇就业3.9万人次，城镇失业人员再就业3.4万人次。投入教育经费18.61亿元，着力缓解就学难题，加快推进万景小学、观音山幼儿园等23个项目。稳步实施积分入学改革，3120名进城务工人员随迁子女享有平等就学机会。建成10个“名师工作室”，选聘和交流36名中小幼校园长。思明早教公司开办，早教基地园在全区推广，首个社区早教服务点投用。通过省级慢病防控示范区评估验收。倡导全民健康生活方式，设立27座社区“健康小屋”，为全区小学生及65岁以上老年人提供部分免费保健项目。取消市场活禽交易，推广学校食品安全自主管理信息平台。发放计生特殊家庭救助等资金5027万元；连续十年获得全国计划生育优质服务先进区称号。承办世界沙滩排球比赛厦门公开赛等重大活动。获省运会青少年组总分第一名。故宫博物院外国文物馆落户鼓浪屿。 (陈丹艳)

2015年2月7日，喜迎2015年海峡两岸百名书法家大型挥春活动在厦门市思明区举行 (思明区政府办供稿)

湖里区

【经济社会概况】 2014年，湖里区实现地区生产总值753.75亿元，比上年增长5.7%；规模以上工业总产值1397.75亿元，增长11.7%；财政总收入152亿元，增长13.4%，其中区级财政收入42亿元，增长23.8%；社会消费品零售额324.51亿元，增长13.5%；全社会固定资产投资320.5亿元，增长33.9%；合同利用外资35427万美元，实际利用外资32113万美元，引进内资744.1亿元；城镇登记失业率控制在4.0%以下；城镇居民人均可支配收入39683元，增长5.5%。获“国家慢性病综合防控示范区”、首批“全国社会组织建设创新示范区”和“全国社会工作服务标准化建设示范区”等称号。

产业转型。强化经济运行预警促进机制，出台《湖里区促进工业增长实施意见》等，兑现各项扶持奖励2.02亿元，规模以上工业产值保持全市各区第一。电子及通信设备、航空工业、纺织服装业等聚集度进一步提升，占全区规模以上工业总产值的93.0%。新增省著名商标12个，市著名商标13个。获评全省首个出口电光源及灯具质量安全示范区。促进传统工业企业有序外迁，安溪经济合作区湖里园如期开工，一期启动区8.2万平方米的通用厂房主体封顶。加快老工业区成片改造提升，完成“三旧”改造项目建筑物调查摸底，推进14个项目获得市政府批复，启动湖里老工业区、枋湖工业园等6个片区前期工作，龙头山片区改造进入实施阶段。投入500多万元举办2014湖里购物节“汽车圆梦季”等系列主题活动。主办第五届“鼓浪听涛”网络零售发展高峰论坛，新注册电商企业1129家，增长657.7%。全力打造东部等总部集聚区，拥有总部亿元楼宇15幢，实现税收总收入47亿元。鼓励企业上市融资和股权交易，好利来上市发行，鹭燕药业等4家企业获证监会受理，900余家企业在两岸股权交易中心挂牌。

项目建设。落实区领导挂钩联系责任制，全力推进143个重点项目建设，固定资产投资总量和增幅均位居全市各区第一。51个市级重点项目完成投资103.9亿元，超额完成年度计划。闽南古镇、高崎机场T4航站楼、航空港现代冷链物流中心、轨道交通1号线(湖里段)等重点项目进展顺利，海峡收藏品交易中心、五缘湾游艇综合体等6个市级重大项目按序时推进。落实“大包干”政策，理顺征地拆迁资金体制，将打击“两违”与征地拆迁相结合，统筹推进56个征地拆迁项目,实施乌石浦60号司法拆除、十六冶原宿舍楼行政强制拆除行动,完成征地54.23公顷、拆迁73.6万平方米,市级重点项目征地拆迁超额完成任务,拆迁总量位列全市首位。轨道交通1号线(湖里段)征收项目被省住建厅认定"2014年度全省和谐征收示范项目"。金福缘新城安置房返迁工作基本完成。

招商引资。加强与两港两区的产业联动,增加财税收入,实现区级地方财政收入增收8亿元,对全市增量的贡献率居各区之首。制定出台促进湖里高新技术园、两岸金融中心、湖里老工业区文创园、工业企业搬迁等园区招商和产业引导政策;高新技术园新入驻软件信息等企业310家,长城宽带、新加坡NCS集团等在谈服务业项目70个;其中英蓝集团挂牌公示;推动联发华美文创园改造、海峡文创园建成运营;厦门古玩城入驻文创企业70多家,其中13家企业入选厦门市重点文化企业。投入科技扶持资金1482万元,促进高新技术产业加快发展,高新技术企业233家,占全市28.4%。引进注册资本500万元以上内资项目1954个,注册资本约457.5亿元,其中厦门民合投资集团有限公司注册30亿元,SM商业城增资7600万美元,香港大东方项目注册5155万美元,台湾欣龙德斥资4800万美元建设龙邦医院,辽海港联、翊天泰两家融资租赁公司注册近4000万美元。全面落实商事登记改革,新登记各类商事主体19003户,增长107.0%。

市政建设。投入6218万元建设、改造14条市政道路,其中枋湖中路、蔡坑路、蔡塘学校东侧道路基本完工。投入4000万元建设蔡塘学校、双十中学枋湖校区停车场,推进高殿社区停车楼建设。新建并投入使用13座公厕、3座二合一环卫设施,完成6座清洁楼改造。实施12处地质灾害点整治建设。强化市政设施维护管理,投入500万元对6个"村改居"社区自来水管网进行改造。投入1000万元推进环卫体制改革,完成新一轮环卫招标工作,推动作业模式市场化、专业化。投入1700多万元实施长虹路、金泰路等8个路段及儿童医院周边绿化提升。投入8000万元完成埭辽水库清淤和环湖景观整治。投入1400万元对湖边水库进行绿化提升、步游道修复改造,完成康乐湖污水截流、清淤改造提升。实施殿前片区飞机航道下屋顶绿化工程,完成东荣、康泰等10个社区绿化提升改造及1300户居民阳台垂直绿化。投入2000万元改造仙岳山公园休闲步行道及绿化景观,完成薛岭山公园北入口登山道及景观亭主体施工。开展生活垃圾分类试点改造。

城区综合治理。在全市率先成立区城市综合管理委员会,基本建成"数字城管"系统平台。推行占道经营管理网格化,持续开展常态化的占道经营专项联合整治,纠正占道经营15.3万起。查处"两违"59处,下降35.2%,拆除"两违"面积47.3万平方米,完成全年任务的157.0%,连续三年获得全市"两违"综合治理工作第一名。对接东渡客运码头和五通海峡旅游服务中心启用,以及轨道交通建设和仙岳路立交改造。通过"以奖代补"模式,完成马垅、蔡塘、祥店、安兜等社区改造提升,基本完成康乐新村二期、华昌小区等老旧小区改造。兴隆社区成为全市唯一的对台服务示范社区。设立全市首家社会组织服务园,引进恩派(NPI)公益组织机构托管区、街社会组织服务园。

社会事业。投入教育经费9.9亿元,创建全省"教育强区"。以全省16个受检区第一名的成绩通过国家义务教育均衡区评估验收。厦门三中成为省一级达标校。新建、扩建6所中小学校,开办7所公办幼儿园,新增中小学学位6360个、幼儿学位2160个,接收6258名外来务工随迁子女就读公办学校。新聘教师212名,引进高层次教育人才16名,培养省骨干校长4名、省学科带头人9名。完善民办中小学办学绩效评估和集体办幼儿园管理办法,启动家长素质提升工程。高标准通过全国文化先进区复评。大力培育打造"幸福广场秀"示范点,举办元宵民俗文化节、福德文化节、社区文化艺术节、城市诵读节、"中国俱乐部杯"帆船挑战赛等品牌活动和"激情五缘湾"系列活动,全区文体活动突破1000场次。建成区青少年校外体育活动中心。推动两岸民间交流,促成5个两岸乡镇对接项目。全年接待游客700多万人次,实现旅游收入15亿元;上古文化园、惠和石文化园获评3A级景区,闽南古镇妈祖文化中心项目建成。全面放开社会资本兴办医疗机构,辖区医疗资源不足问题不断改善。实施"单独二孩"政策,全区出生人口政策符合率92.6%。查处医疗机构违法行医案件26件、无证行医案件19件、"两非"案件26件,取缔无证行医窝点38处。

民生保障。全年财政用于民生支出24.3亿元,增长21.4%,占公共财政支出的72.2%。出台促进培训就业和企业用工服务工作的十五条意见,兑现各项就业优惠政策补贴2634.1万元,促进失业人员、城镇困难对象等再就业12239人。"五险"参保人数均超30万人,支付社会保险基金14254万元。发放各类社会救助金3229.9万元,发放慈善款物2793.6万元,惠及困难群众逾6万人次。区慈善会被中华慈善总会授予"突出贡献(组织)奖"。投入1500多万元购买居家养老、关爱残疾人等社工服务,为全区80岁以上老年人发放固定生活补贴433万元。落实区社会福利中心项目选址,区老年活动中心进入装修阶段。落实16个社区发展项目规划用地,争取市级专项补助2500万元,配套出台区级扶持补助政策,推进社区发展用地项目建设,其中蔡塘社区发展中心建成开业,开发模式在全市推广。完善东部生鲜超市等生活配套,新开通3条社区公交线路,优化调整9条公交运行线路,较好解决居民出行"最后一公里"难题。 (蔡培育)

集 美 区

【经济社会概况】 2014年,集美区实现地区生产总值458.31亿元,比上年增长10.5%;三次产业比例0.5∶54.1∶45.4;规模以上工业总产值760.16亿元,增长8.9%;全社会固定资产投资299.21亿元;财政总收入86.8亿元,增长21.9%,其中区级财政收入23亿元，增长25.9%；国内招商引资115.9亿元，实际利用外资9339万美元；社会消费品零售总额107.59亿元，增长19.4%。

工业。台湾生产力中心辅导辖区企业转型有实质性进展，9家完成全面诊断，4家进入深度辅导，投入产出比1∶5.39。投入2.8亿元扶持企业转型升级。支持23家企业完成技改投资3.4亿元，59个科技项目获得国家和市级扶持资金1.1亿元。新增科技型企业42家，其中高新技术企业20家。新增国家、省、市著名商标71件。全年发明专利申请量、授权量均位居全省前列。提前完成“十二五”重金属减排任务。建霖工业有限公司获评全省唯一的全国“清洁生产示范单位”。举办第五届“产学研”科技合作成果对接会，促成金龙汽车等15家企业与高校签订8100万元的合作项目。出台推动工业稳增长促转型四条措施、科技创新公共服务平台管理办法、鼓励银行支持地方经济发展办法等改革举措。在全市率先设立区级还贷应急资金，批准筹建第二家小额贷款公司。推进实施“聚贤集美”人才计划，吸引4名省“百人计划”、18名市“双百计划”高层次人才落户；在全市率先对紧缺技术工种的173名技师、高级技师落实政府津贴。

农业。规划建设碧溪农业公园，启动区宝生园开业，都市休闲农业成为新亮点。“一村一品”特色农业效益显著；农民专业合作社新增61户，新增注册资本1.61亿元。扶持塔斯曼等农业龙头企业，仙灵旗生态农牧项目获得国家星火计划立项。

服务业。出台政策鼓励企业落户软件园三期，357家通过入园审核，58家入驻，创造产值约8亿元。电商谷一期封顶；国家级电子商务外贸综合服务平台试点项目——厦门嘉易通电子商务有限公司“嘉晟电子商务平台”正式上线运营。加快集美物流园建设，金龙物流成为国家4A级物流企业。北站汽车物流基地渐成规模，13家汽车4S店开业，汽车零售额15.5亿元，增长84%。设立区级文化产业发展专项资金，城市文化演艺中心雏形初具；灵玲国际马戏城正式营业，获“世界最大马戏剧院”吉尼斯纪录；神游华夏园开工建设，“梦想世界”综合文创旅游项目签约。评选出十大“集美味”文化旅游特色商品。商品房交易量129.74万平方米。接待游客598万人次，旅游过夜人数增长23.91%；旅游收入31.24亿元，增长9.61%。

招商引资。引进稻兴科技、唐松机器人系统（思尔特）、北大方正、尚柏奥特莱斯、顺通达物流、海峡食品物流园、数码港海西运营中心、吉比特网络、永同昌、港基地产等19家企业。杏林湾营运中心办理交房企业128家，入驻企业107家；北站营运中心交付110个单元，57家入驻。创新项目全流程跟踪管理系统，125个重点项目完成投资233.5亿元，占年度投资计划的128%；IOI棕榈城等19个项目新开工，美科制锁等18个产业项目投产。

重点项目。主要有集美新城基础设施及配套、第二医院（三期）、集美大道提升改造、杏锦路改造、正新集美厂、圣果院商业中心、嘉庚体育馆综合配套、海翔大道二期、新城际广场等重点建设项目。集美新城重点实施田集连接线、杏锦路、集美大道、杏林湾路、诚毅东路等5条主干道路的绿化提升，打通诚毅东路等5条断头路；环杏林湾26千米慢行系统全线基本贯通；核心区公建群、环杏林湾夜景成片亮灯；引进夏商、味友等餐饮配送及银行超市、物流快递；园博小区按高标准建成“精品社区”；新建临时公交首末站。完善北站公交、停车场等交通设施。灌口小城镇初具规模，灌口文化中心基本建成，田塘绿道示范段建成投用。轨道1号线集美区段11个站点和车辆基地全线开工。杏林湾营运中心岛外第一高楼封顶。全年完成征地607.85公顷，拆迁面积52.53万平方米（不含违建）。

城乡建设。开展“多规合一”整合，形成全区统一的空间规划“一张图”成果，划定生态控制线，在全市率先建成生态保护红线天马山示范段。关停10家生产环境风险大的电镀企业，完成47家电镀企业整治验收任务，通过电镀行业污染综合整治验收，提前3年完成国家《重金属污染综合防治“十二五”规划》重金属减排。坚持道路绿化提升与沿线“两违”整治相结合，强力拆除田集连接线、集美大道等道路两侧违建，查处“两违”858起，拆除面积75.5万平方米。投资2.1亿元建设公园、绿道等园林绿化工程，新增建成区绿地面积147公顷；天马山郊野公园一期、后溪公园开工建设。全面实行市政园林绿化管办分离，提高管养标准。实施8条主干道“白改黑”及19条道路两侧建筑立面综合整治。出台实施在建工地、收储地临时围挡管理规定。实施30个防洪排涝隐患点整治，积水内涝得到缓解。集美污水处理厂二期建成投用，日处理能力提高一倍；扩建滨水西岸污水处理站，5个村庄污水收集处理工程建成投用。

社会事业。2014年，投入31.3亿元用于教育、文化、卫生、社会保障等民生领域，占公共预算支出的71.3%。发放各类就业补贴、奖励1.06亿元，惠及26.68万人次，实现城镇登记失业人员再就业6926人，其中就业困难人员再就业2030人；实现农村富余劳动力转移就业3973人。设立中亚城大学生创业孵化基地，为高校毕业生创业提供场租补贴和创业指导。建成全区居民就业创业基础数据库，建立覆盖全区的岗位信息发布平台。全面落实社会保障各项惠民政策，新增1384人参加被征地人员养老保险；企业职工参保总人数增长7%，城乡居民养老保险和医疗保险实现应保尽保。修订困难家庭住房救助和教育救助政策，提高救助标准。新开办3所幼儿园，新增学位990个。新开办厦门外国语学校集美分校、五缘实验学校园博分校等4所小学，启用杏南中学后溪校区，新增中小学学位11340个。实施外来务工人员随迁子女积分入学，接纳6482人。灌口中学通过省一级达标学校验收。新建15座24小时街区图书馆、4座图书分馆和图书流通点，建成全省最大的法治文化苑。成功举办首届集美学村文化艺术节、世界华侨华人篮球赛、第六届区运会暨全民健身运动会，承办海峡两岸龙舟赛等赛事，全国大学生篮球联赛总决赛基地落户集美。市第二医院三期扩建工程竣工，新增病床位700张。31家社区(村)卫生服务站开通医保刷卡服务，首批10名定向培养乡医开始执业，建成12个社区健康小屋，获评省级慢病综合防控示范区。实施“单独二孩”政策，创新开展计生家庭意外伤害保险工作，为独生子女户、二女绝育户及失独家庭三类对象办理意外伤害保险30308户。 (张燕红)

海沧区

【经济社会概况】 2014年，海沧区实现地区生产总值483.45亿元，比上年增长13.1%；工业总产值1060.3亿元，增长11.7%；全社会固定资产投资293.42亿元，增长21.8%；财政总收入155.7亿元，增长17.2%，其中区级财政收入25.1亿元，增长23.1%；合同外资3.3亿美元，增长24.8%；实际到资2.5亿美元，增长60.8%；农民人均可支配收入20525元，增长10.1%。

产业发展。工业总产值1060.3亿元，增长11.7%，其中规模以上高新技术产业产值657.3亿元。通达电子、光洋连接器等项目投产，钨业能源新材料、长塑薄膜等项目开工建设。捷太格特、法拉电子等企业实施技改，瑞尔特卫浴“机器换人”项目进展顺利。世佳化工、新阳纸业等落后产能停产转型。生物医药产业获批国家“战略性新兴产业区域集聚发展试点”，完成产值125亿元、纳税突破3亿元，生物医药孵化器成为国家级孵化器。石油交易中心大厦建成运营，交易总额2898.7亿元，创税突破亿元，增长98.3%。电子商务产业园正式启用。全市首个全装配式示范项目动工建设。

城区建设。落实生态红线制度，编制主体功能区规划。启动马銮湾新城建设，新阳大道及护岸工程、灌新路下穿段、马銮湾清淤整治工程开工。高标准提升海沧湾新城，东南国际航运中心总部大厦建设提速，轨道2号线开工建设；厦门儿童公园启动建设；新增道路41千米，新增64座智慧公交电子站牌，新建公共自行车道76千米。

全国首个全自动化码头——厦门远海码头 (海沧区政府办供稿)

对台交流。与市台商协会签署合作共建协议。加强与台湾药技中心等行业协会和光电、生物医药企业对接联络，台商新投资、增资项目17个，合同利用台资7115万美元。海峡两岸中医药博物馆启动建设。举办第七届海峡两岸保生慈济文化旅游节。支持长庚医院与社区互设实践基地。支持台胞参与社区管理与共同缔造，全市首位台胞当选小区业委会主任。涉台法庭实现“三审合一”，保持零投诉、零上访。

社会治理。探索基层治理体系和治理能力现代化，深化共同缔造工作，完成210个自然村(小区)的基础分类评定，完善“纵向到底、横向到边、纵横交错、互动共治”的协同治理体系。新厦门人服务综合体获评“福建省社会组织孵化示范单位”；社区微治理入选“中国社区治理十大创新成果”。首次将新厦门人纳入社会救助范围。

民生保障。公共财政支出近八成投向民生事业。提升就业、安置、养老、弱势群体帮扶水平。获评“全省民政工作综合改革试点单位”，成为民政部“救急难”试点。被征地农民和海域退养渔民养老保险参保补助额度全市最高。城乡居民养老保险、医疗保险参保率连续5年100%。建成24个居家养老试点。安居房建设取得实效，水云湾建成投用，新月湾、临港新城一期Ⅰ组团竣工。

【政务综合体】 2014年，海沧区获全省唯一第七届“中国地方政府创新奖”提名奖。海沧区行政服务中心引进社会事务服务中心、协商中心、求助中心、调解中心、应急中心，打造从“行政审批一站式到公共服务一站式再到社会管理一站式”的政务综合体，建立上下联动、部门协同、高效便捷的办事环境，有力解决群众办事不方便、政府管理服务不到位、共同参与社会管理渠道不通畅三大问题。

【远海自动化码头运营】 2014年11月25日，远海自动化码头通过验收，12月19日靠泊作业。项目位于海沧港区14号泊位，由厦门市政府、中远集团和中交建集团联手建设，总投资6.58亿元，是中国第一个全智能、零排放、安全、环保的全自动化集装箱码头，可增加集装箱吞吐能力20%以上、节能25%以上、减少碳排放量20%以上。装卸系统设备和智能控制管理系统由中交建集团下属上海振华重工集团自主设计、研发、实施，打破国外产品的垄断地位，是中国第一个拥有自主知识产权的全自动化码头。

(王婉芬)

同安区

【经济社会概况】 2014年，同安区实现地区生产总值242.77亿元，比上年增长7.4%；财政总收入48.8亿元，增长24.0%，其中地方级财政收入12.7亿元，增长11.4%；居民人均可支配收入33355元，增长6.4%，其中农村居民人均可支配收入15029元，增长10.9%；规模以上工业万元增加值能耗下降1.0%。

工业经济。规模以上工业增加值115.57亿元，增长8.5%。食品加工、水暖厨卫、机械制造、光电照明等产业集聚效应凸显，产值275亿元，增长8.1%。产值超亿元企业增加10家。以亚马逊、三安光电等为代表的高新企业不断涌现，新增高新企业7家。专利授权808件。

第三产业。第三产业增加值98亿元，增长10.6%。接待游客638万人次，增长15.4%；旅游总收入16.4亿元，增长18.4%。方特梦幻王国成为第四个4A级景区，顶村被农业部认定为“中国最美休闲乡村”。社会消费品零售总额67亿元，增长10.5%。乐海购物广场开业运营，永辉超市、夏商钟楼百货广场签约落户，一批“菜篮子”基地、社区连锁便利店陆续落成。物流产业快速发展，147家物流企业带动产业集聚，闽南农副产品物流中心(一期)完成建设。

现代农业。农业生产条件逐步完善，建成85.6公顷高标准农田和5个农田水利基础设施，初步建成莲花农民创业示范基地。做大“一村一品”特色农业，兑现“以奖代补”政策；规范504个农民专业合作社、46个家庭农场经营管理，多元化特色农产品生产基地初步形成。新增3个市级龙头企业。银祥油脂、百利种苗高科技园区等项目二期加快建设。国家农业科技园区建设稳步推进，基本建成核心区食品工业园和5个产业化示范园。

重点项目。60个重点项目建设有序推进，完成年度投资140.7亿元。厦安高速凤南互通实现通车，国道324复线(西湖—马巷段)、滨海西大道北段完成主体建设，海翔大道官浔立交、省道206线莲花水库淹没段改建等加快建设，同安东路、同莲路等前期工作加快推进。北动车运用所启动征地。西气东输三线工程同安段、竹坝水库至梅山水厂输水管道建设加快。前山变电站投入使用，东宅、埭头变电站动工建设，厦门抽水蓄能电站核准前所需的专题审查全部完成。

招商引资。新批准设立项目16个，增资16个；合同利用外资3.53亿美元，增长99.5%；引进内资60亿元，增长73%。日清食品、福工动力等落地，ECCO皮革、金日制药、高时石材等实现“零地增资”。好兆头橱柜、顶津饮品等16个项目建成投产，烙驼食品、安德鲁森等11个项目有序推进。盘活土地57.33公顷、厂房11万平方米，新增项目投资50亿元。人才创业园启动建设，智联信通、凡坤科技等11个项目意向入驻。

城区建设。中心城区加快改造，同集路、南北通道B段、西洋路等交通改善工程全面实施，新西桥下穿通道、较场三路、后城路等城区道路完成建设。祥平南、双溪等片区启动综合开发。大轮山环山风景道、东西溪城区段等景观工程进展顺利，祥平西路、新安洲路等沿街立面完成改造。道路养护、夜景照明等市政维护力度加大，环卫城乡一体化管理加强，47个“一站式”社区服务大厅建成开放。“数字城管”平台投入使用，“大城管”工作机制初步形成。新型城镇化步伐加快，汀溪小城镇试点品位提升，公共配套建设加快，交通路网基本建成，污水处理厂、自来水厂投入运行。同安新城加快建设，区域规划优化提升，公共配套全面推进，厦门实验中学、东海一小二期、潘涂学校二期投入使用，滨海保障性公寓、浦头风情商业街一期、市运动训练中心基本建成，横一路、南镇山公园等配套建设加快。华鑫通、华海宏等度假酒店开工建设，尚品湾、海尚国际等楼盘开盘销售。海峡国际时尚创意中心动工建设，丙洲海洋世界着手规划。同安工业集中区、凤南工业区等产业园区功能提升，公建服务配套日益完善。火炬同安基地、厦门科技创新园等高新产业平台持续拓展。

“美丽乡村”建设。“美丽厦门·共同缔造”行动深入实施，汀溪“百姓富、生态美”试点镇启动建设，莲花军营、白交祠村“五位一体”试点深入推进，南山、澳溪等村“美丽水乡”建设加快，溪林、垵炉等6个村庄成为“美丽乡村”示范点。投入3432万元推进16个旧村改造新村建设和老区山区村建设。新改建4条农村公路，完成30条道路安保工程，实现710个自然村通水泥路。开通厦门至泉州首条城际公交，实现所有建制村通达公交。莲花、凤南片区农村自来水工程全面推进。农村有线电视数字化整转工程全面完成。第四批18个村级综合服务中心建设扎实开展。“村改居”集体资产改制步伐加快，杜桥、龙东等社区集体资产股份化通过验收。

生态保护。新增园林绿地120公顷，造林绿化326公顷。“家园清洁211行动”深入开展，城乡帮扶共建、环卫长效管理等工作扎实推进。流域综合整治取得突破，启动官浔溪、西源溪等河道治理，推进集安路、横一路污水管网建设，梧侣溪、官浔溪等截流工程投入使用，东溪流域梅山示范段基本建成，以“河长制”为核心的水环境治理长效机制全面推行。生猪退养工作稳妥推进，实施备案规模化养猪场污染综合整治，实现养殖废水生态“零排放”。基本完成南山、西源等7个行政村污水治理示范点建设。惠尔康食品、银祥油脂等企业完成炉外脱硫技术改造。

社会保障。城乡居民养老保险累计参保10.0万人，参保率100%。“幸福晚年计划”继续实施，落实高龄补贴制度，建成48个居家养老服务站，实现社区居家养老全覆盖。发放低保金、慰问金、救助金2900万元，完成大中型水库移民扶持解困工作。社会福利中心一期、钟楼安置房交付使用。特困群体危房改造工作全面完成。农村住房统一保险制度加快推进。全年发放被征地人员和退养渔民保障性就业补贴4202万元，完成农村劳动力培训1655人、转移8229人。

社会事业。通过省“两项督导”评估考核。投入3.19亿元实施35个学校基础项目，实现城乡教学对接互动和中小学“班班通”全覆盖。首次采取积分办法解决进城务工人员随迁子女申请入读公办小学。阳翟小学被授予“全国教育系统先进集体”称号。投入6000万元支持企业科技研发、技术改造和成果转化。医疗卫生条件持续改善，公立医院改革稳步推进，国家基本药物制度和基本公共卫生服务项目继续实施;省级慢病综合防控示范区创建工作扎实推进;第三医院康复病房综合楼(三期)项目进展顺利;67个村卫生所完成标准化和改造提升建设,并投入使用。继续保持全国文化先进区荣誉,举办孔子文化节、青岛啤酒节和海峡两岸骑行游等大型文体活动。文体设施加快建设,完成文公书院保护修缮,建成开放青少年校外体育活动中心。全面完成人口计生责任目标,继续保持"全国计划生育优质服务先进区"称号;婚姻登记"3A"级标准化服务场所在全市率先投入使用。

【同安电影博物馆开馆】 2014年12月12日,位于同安文体中心的同安电影博物馆正式开馆,该馆系福建省首家融教育、旅游、娱乐为一体的电影历史文化展馆。馆内设6个大展厅:电影世界的诞生、中国电影的历史时代、国家时代、政治时代、艺术时代和同安主题展厅,珍藏几十台老电影放映机和数千张电影原版海报,其中包括全球第一代煤油灯手摇35毫米电影放映机、同安第一台电影放映机(南京5303型35毫米电影放映机)、新中国成立后的第一本电影杂志《大众电影》等。世界上任何一种胶片,在博物馆内都有匹配的放映机。

【高山警务服务中心投用】 2014年12月15日,高山警务服务中心投入使用。警务服务中心设在莲花镇军营村便民服务中心,服务范围包括莲花镇的军营、白交祠、西坑、淡溪、小坪、水洋、尾林、上陵、罗溪等9个山区行政村,面积约80平方千米,常住人口2900户9090人,流动人口260多人。该中心实行轮值运作机制,由公安分局治安大队、交警大队、消防大队和人口管理科会同属地派出所,每周一至周五派员到警务服务中心开展警务服务工作。 (林明桐)

翔安区

【经济社会概况】 2014年,翔安区实现地区生产总值355.42亿元,比上年增长14.0%;三次产业比例2.3∶76.0∶21.8;规模以上工业总产值983.7亿元,增长23.1%;固定资产投资253.71亿元,增长20%;财政总收入36亿元,增长15.2%,其中区地方级财政收入13亿元,增长19.3%;社会消费品零售总额40.18亿元,增长8.2%;全体居民人均可支配收入21892元,增长9.9%;城镇居民人均可支配收入27973元,增长9.8%;农村居民人均可支配收入14519元,增长11.1%。

工业。规模以上工业增加值231.49亿元。光电产业优势凸显,产值743亿元,增长18.8%。好利来电子登陆创业板。天马微电子、银鹭咖啡生产线投产,合联胜利、西霸士连接器等30个项目基本建成,电气硝子、ABB厦门工业中心一期等12个项目动工建设,725所、富承电子等项目加快推进。落实促进工业稳定增长的各项措施,坚持"一企一策"帮扶重点企业,规模以上工业企业销售产值964亿元。

农业。完成省级农民创业园年度工作任务;实施12个现代都市农业重点项目,投资7000万元完善农业基础设施。培育如意情、金草等11家农业产业化重点龙头企业。农民专业合作社增至858家,入股资金17亿元。推广农业"五新"(新品种、新技术、新肥料、新农药、新机具)技术,引进试验蔬菜新品种120个。完成市区镇三级农村集体三资管理网络平台建设,试点启动农村土地承包经营权确权登记。培育发展海洋新兴产业,海林生物等3家企业获评2014厦门市海洋新兴产业化龙头企业。

服务业。海峡现代城一期封顶,普洛斯物流园基本建成,运输企业增至192家,火炬(翔安)保税物流中心进出口货值首次突破100亿美元。商贸业总量做大,批发零售业销售额73亿元。接待海内外游客329万人次,大嶝小镇、小嶝休闲渔村获评3A级景区。新成功汽车投入试运营,林肯汽车4S店建设加快。

招商引资。持续加大对央企、外企、民企"三维"项目对接力度,合同利用外资2.6亿美元,增长116.7%;实际利用外资1.6亿美元,增长58%;新批内资项目1664个,增资项目255个,注册资本总额122亿元。"9·8"投洽会对接项目23个,签订金额579亿元。健全重点培育企业和总部企业常态化服务机制,成功引进ABB、台联电等项目,28家企业签约入驻企业总部会馆。科技创新平台启用,海西明珠园、厦门微电子育成暨产业基地开园运营;投入科技三项经费3500万元;规模以上高新企业实现产值281亿元。

城区建设。翔安新城核心区配套市政大道路全面动工,新城中央商务区21个项目建设加快,厦门科技中学翔安校区、翔安医院完成前期、东部市级中心启动区实质推动。内厝旧街改造工程基本完工。新圩小城镇新镇区初具规模。房地产投资100亿元,商品房销售面积102万平方米。集中力量攻克17个重点难点项目,完善固定资产投资绩效考核办法。全年完成征地289公顷、海域退养403公顷、房屋征收23.5万平方米。

新农村建设。加快"美丽乡村"建设,实施第一批195个"以奖代补"项目,建设12个"美丽乡村"、3个"美丽山村",组织评定30个典范村居,完成5个重点村新村建设,培育推进第10批、第11批生态文明村。双沪社区"四统"(统一规划、统一建设、统一分配、统一管理)试点工程开工动建。集中开展家园清洁"211"行动,投入1600万元建设农村生活垃圾统一收集转运平台及亮灯工程。建成大嶝、新店、新圩3个公交枢纽站,启动建设马巷客运站,新开通2条公交线路,投放53部新能源公交车。

生态建设。通过国家生态考核验收。翔安大道公园绿道及香山景观提升工程二期建设完成,渡桥公园加快推进,后山岩公园、环山风景道建设启动前期。推进高立柱广告清理整治,改革农村环境卫生保洁体系,切实加强市容市貌管理,市容环境卫生考评优秀率提高40%。推行"河长制",九溪流域综合整治纳入美丽厦门战略规划,内田溪示范段工程基本完工。完成25个村居农村自来水一户一表改造,火炬二期等3个片区、吕塘等3个村居污水治理工程投入使用,新圩污水处理厂启用试运行。

基础设施建设。翔安机场选址获批,完成填海造地10平方千米。50个省市重点项目提前2个月完成全年任务。滨海东大道、海翔大道、翔安南路、翔安西路、国道324复线等主干路网建设加快,洪前路北段等"断头路"建设取得突破,新建农村公路19千米。城市综合配套不断完善,马新路、古垵路完成市政化改造,柔性直流变、南部新生水处理厂启动建设,电力进岛第四通道并网运行。建成3个阻隔防爆撬装式便民加油服务点,开展全区营业性瓶装燃气安全使用专项整顿。

民生保障。全面夯实民生保障基础,被征地人员基本养老保险新增参保4113人,新增退养渔民4140人,46岁以上城乡居民养老保险、城乡居民医疗保险基本实现全覆盖,发放各类补贴、补助、贴息超过3亿元。出台促进农渔民创业带动就业实施意见,实施创业担保,完成新店、马巷转产就业基地建设,评选"创业达人"80人,转移被征地农民和海域退养渔民8027人。

社会事业。新建扩建14所中小学、幼儿园及34个义务教育标准化"回头看"工程,新办4所公办幼儿园及区直属学校,提升8所村居幼儿园。深化与岛内优质校合作办学。高考本二以上上线率55.3%。高分通过国家义务教育发展基本均衡区验收。区教育基金会募资1.3亿元,发放各类奖教、奖学和助学金超过3000万元。获评"2014—2016年中国民间文化艺术之乡"。举办文艺演出下基层、"美丽厦门·典范翔安"书画展等文体活动近300场次。农民画创作基地挂牌成立,梁金城入选省第三批非遗项目代表传承人,44幅图说价值观农民画作品在全省推广。区青少年校外体育活动中心启用。举办首届区农民运动会。"翔安杯"海西业余围棋联赛、象棋国际邀请赛及武术精英电视赛等品牌赛事知名度提升,影响扩大。翔安籍运动员张彬彬夺得仁川亚运会女子10米气步枪团体冠军。组织镇街及各类民间团体组织赴台交流23批次,互访交流6200人次。

公共服务。区、镇、村三级行政服务体系完成标准化建设,推进企业设立登记先照后证并联审批。厦门市第五医院正式挂牌,内科综合楼和动力中心投入使用,门急诊综合大楼启动建设;引进专家12人;基层卫生院全面实行绩效考核,99家村居卫生所纳入医保定点。疾控中心通过省级实验室和食品检验机构资质认定,卫生监督所成为全省唯一获得ISO标准化认证的卫生监督机构。计生利益导向机制进一步健全,连续4年保持"全国计划生育优质服务先进区"称号。获"省级文明城区"称号。

【托罗(中国)灌溉设备有限公司落户翔安】 2014年3月13日,托罗(中国)灌溉设备有限公司落户火炬(翔安)产业区,投资1.25亿元,主要从事农业灌溉设备研发、生产、销售等服务。美国托罗公司是世界高尔夫球场、园林、运动场草坪维护及灌溉设备制造业的先锋,在业界全球排名第一。

【日本电气硝子液晶基板玻璃项目落户翔安】 2014年1月24日,日本电气硝子液晶基板玻璃项目签约落户火炬(翔安)产业园区。11月9日举行奠基仪式。8.5代TFT液晶基板玻璃项目是光电显示产业上游最核心部分,该项目由世界三大液晶基板玻璃制造厂商之一的日本电气硝子株式会社投资,投资额约700亿日元(41.4亿元人民币),预计2015年第四季度投产。

【推动海洋新兴产业发展】 2014年,组织辖区小嶝水产、英雄岛旅游、培阳水产、新阳洲等企业申报"第二批省级海洋产业示范园区和2013年海洋产业龙头企业""2014年度厦门市海洋新兴产业龙头企业""2014年度厦门海洋人才"。其中海林生物、小嶝休闲渔村、培阳水产等3家企业获评2014年度市级海洋产业龙头企业,各获补助金30万元。 (吴铿锵)

编辑:王文灿

漳 州 市

【基本概况】 漳州位于福建最南端,与台湾隔海相望,是一座拥有1300多年历史的文化名城,也是一座加速崛起的生态型港口工贸城市。全市辖2区1市8县,113个乡镇,1641个行政村、280个居委会。拥有4个国家级开发区、10个省级开发区。陆域面积1.29万平方千米,海域面积1.86万平方千米,森林覆盖率63.6%,常住人口496万人。市区建成区面积65平方千米,常住人口77万人。漳州港口资源丰富,海岸线715千米,拥有20多个天然港湾,可供开发建设万吨级以上泊位码头150多个。漳州气候温和湿润,年平均气温21℃,年平均降雨量1500毫米左右,是全国有名的水果之乡、花卉之都、水产基地,被授予"中国食品名城""世界食用菌罐头之都""中国菇都"等称号。漳州城市环境优美,拥有中国优秀旅游城市、国家园林城市和国家卫生城市三大品牌。漳州名产特色突出,水仙花、片仔癀、八宝印泥被誉为"漳州三宝",驰名中外。

【经济社会综述】 2014年,漳州市实现地区生产总值2506.36亿元,比上年增长11.3%;公共财政总收入263.84亿元,增长11%,其中地方公共财政收入168.99亿元,增长9.1%;全社会固定资产投资2134.84亿元,增长21.2%;农林牧渔业总产值644.29亿元,增长4.8%;规模以上工业总产值4042.14亿元,增长16.7%;规模以上工业增加值1100.31亿元,增长16.4%;外贸出口81.32亿美元,增长14.4%;实际利用外资10.12亿美元,增长7%;社会消费品零售总额692.20亿元,增长12%;城镇居民人均可支配收入25741元,增长9.6%;农村居民人均可支配收入12690元,增长10.5%。

项目建设。实施"项目建设年"和

"大干100天"活动,347个在建重点项目完成投资953.4亿元,占年度计划的102%。其中,86个省级重点项目完成投资370.2亿元,占年度计划的134.8%;102个投资10亿元以上的在建重点项目完成投资559.4亿元,占年度计划的101%;新开工项目153个,完成投资329.3亿元。八大重点领域完成投资2072亿元,其中工业领域769.1亿元、能源领域66.4亿元、城建领域669.6亿元、交通领域190.2亿元、服务业领域160.5亿元、生态领域55.8亿元、农林水领域94.4亿元、社会事业领域66亿元。TOTO(东陶)新型建材、联盛纸业等一批项目建成投产,古雷新港城一期、沈海高速复线、厦成高速公路等一批项目建成投用,龙海福能风电场、漳龙物流园等一批项目开工建设,腾龙芳烃改扩建、福欣特钢二期、厦漳城际轨道等项目前期工作顺利推进。

招商引资。开展"招商引资机制创新年"活动,落实"三维"对接项目563个,总投资7776亿元。举办第十八届漳台经贸恳谈会、海峡两岸石化产业合作发展峰会暨项目与技术对接会、福欣不锈钢配套产业园推介会,第十八届"9·8"投洽会(厦门),漳州市签约合同项目66个,总投资31.4亿美元,注册外资10.8亿美元。3次赴台经贸恳亲活动落实项目16个,总投资38亿美元,推动古雷炼化一体化、福欣特钢二期、华阳电厂8号机组、台玻、正新、天福、庆富亿光电子、片仔癀爱之味饮品等项目取得新进展。世界500强荷兰皇家孚宝、美国ADM投资项目及世界华商500强企业菲律宾上好佳休闲食品生产项目先后落户漳州市。

农村经济。粮食播种面积11.45万公顷,粮食产量69.12万吨。农产品出口46.2亿美元,增长9.8%,其中水产品出口31.1亿美元,增长13.4%。新增绿色和有机产品6个、无公害农产品产地和产品74个。"白芽奇兰"获中国驰名商标,"东山鲍鱼"获中国地理标志商标,"琯溪蜜柚"成为国家生态原产地保护产品。率先在全国开展林地占补平衡改革试点,耕地流转面积4.41万公顷,流转率33.8%。获批国家现代农业示范区,新增国家级农业标准化示范区2个、国家级出口农产品质量安全示范区4个、设施农业0.13万公顷。新增登记注册合作社813家、家庭农场1126家。水利投资24.96亿元,占年度计划的106.7%,长泰枋洋水利枢纽、古雷区域引水工程等22个重大水利基础设施项目加快建设,完成水土流失治理1.82万公顷。投入1.3亿元完成8050户、34502人"造福工程"搬迁任务;35个省、市重点村组织实施项目469个,投入资金1.7亿元。开展百村富美乡村创建和百村环境整治"双百"行动,114个富美乡村创建村和108个村庄环境整治村完成投资8.1亿元。长泰成为全国美丽乡村标准化建设试点县,长泰后坊村被农业部授予"中国最美休闲乡村"、长泰上蔡村村庄整治项目获评"2014年度中国人居环境范例奖"。

工贸经济。工业投资851.43亿元,增长12.2%,其中工业"千百工程"项目1245个,完成投资830亿元。新增规模工业企业88家,总数1917家。9个重点产业产值3491亿元,增长19.4%。开展"智慧旅游年"活动,旅游总收入203.5亿元,增长22.8%;新增4A级景区1家,漳州被命名为"中国温泉之城"。建筑业产值379.3亿元,增长26.7%。房地产投资472.2亿元,增长32.6%。金融业加快发展,新增分行1家、支行37家;全年本外币贷款余额1638.7亿元,增长15.4%;存款余额2096.6亿元,增长13.3%。全省首家邮储银行特色支行在东山成立,助农取款服务点实现行政村全覆盖。新认定高新技术企业36家;高新技术产业产值850亿元,增长8.7%,漳州高新区升级为国家级高新技术产业开发区。新增中国驰名商标4件,增长11.8%。

对台合作。举办第六届农博会·第十六届花博会、第六届海峡论坛(漳州分会场)、海峡两岸传统武术交流会、第九届两岸青年联欢节·海峡西岸漳州行等一系列对台交流活动。批准台资项目46家,合同台资2.76亿美元,实际到资4.83亿美元,占引进外资比重分别为48.9%、28.1%、47.8%。对台贸易额11.9亿美元,增长47.9%。农业累计实际利用台资9.8亿美元。"海峡两岸新型农民交流培训基地"获农业部、国台办批准设立并开班。海峡两岸白礁保生大帝民俗文化研讨会、第四届东金澎三岛合作论坛、首届海峡两岸城隍文化节、海峡两岸(福建诏安)五通宫生态文化交流活动4个项目被国台办列为年度重点交流项目。台胞来漳旅游、经贸考察等超过14.8万人次。成为第四批大陆居民赴台个人游试点城市。漳台基层交流深入开展,21个乡镇团组赴台开展乡镇对接活动,文化产业协会、科技协会等72个团组684人入岛交流。

城市建设。实施宜居环境建设行动计划。入选全国文明城市。郊野公园龙文段项目被住建部评为"2014年度中国人居环境范例奖"。完成胜利路等主要城区道路立面景观改造,"数字城管"正式投入运营。投入25.2亿元用于市区道路建设,新改扩建城市道路238千米。新增供水管网221千米、雨污管网430.3千米、垃圾中转站32座,市区城市污水处理率89.1%,生活垃圾无害化处理率99.85%,自来水普及率99.7%。完成造林绿化1.27万公顷。奥林匹克体育公园、西环城市片林公园建成开放,闽南文化生态走廊示范段25千米绿道全线贯通。新增绿道28千米、城市片林6.87公顷,市区建成区绿化覆盖率41.4%。实施交通基础设施建设提升工程,新增公交车209辆、公交线路20条,市区首次投放纯电动公交车20部,中心城区公交车每万人拥有量从5.2标台增加到5.9标台。全年获批建设用地0.19万公顷。龙海入选全国县域经济"百强",长泰入选全省县域经济发展"十佳"。

环境保护。生态城市竞争力位居全国第13、全省第2。生态市创建通过省级考核验收,长泰、南靖获评福建首批"国家生态县",东山通过"国家生态县"考核验收,43个乡镇被命名为国家级生态乡镇。落实节能减排责任制,抓好十大重点领域工程节能改造。持续提升城镇污水收集处理率,18座城镇和工业区污水处理厂处理污水10862万吨。联盛纸业建成废水深度治理设施，漳浦旧镇工业园污水处理厂建成投运。省级以上工业园区基本建成污水集中治理设施或者经论证后接入城镇污水处理厂集中治理。落实重点流域“河长”责任制，投入整治资金4.3亿元，实施27个饮用水源保护、畜禽污染整治、工业污染整治及生态环境保护整治项目，九龙江流域漳州段Ⅲ类水质达标率93.6%，县级以上集中式饮用水源水质达标率99.3%。加强机动车环保检验合格标志核发和外地转入车辆管理工作，累计发放环保标志15.6万张。完成市区PM2.5监测及信息发布，空气质量优良率平均99.7%。

社会事业。全市财政民生支出205.9亿元，增长5.4%。11类20项为民办实事项目全面完成。城镇新增就业5.1万人、转移农村劳动力7.1万人，城镇登记失业率2.02%。城乡居民养老保险实现一体化，农村低保标准年人均提高到2100元，企业退休人员月人均养老金提高到1902元，退休村、居主干实现同等待遇。33个卫生重点项目顺利推进，新增医院病床位2139张、卫技人员1402名。新农合参合率99%以上，城镇居民基本医疗保险政府补助标准年人均提高到320元，城乡居民大病保险全面实施。实现县级公立医院综合改革全覆盖，龙海成为全国县级公立医院综合改革试点县。稳妥实施“单独二孩”政策，促进人口长期均衡发展，人口自然增长率9.25‰。新改扩建老年活动室253个，全面落实70周岁以上老年人免费乘坐公交“一卡通”。新开工建设中小学扩容工程5.8万平方米，新增公办幼儿园16所，全市义务教育学校全部完成标准化建设。芗剧《保婴记》、小说《援疆干部》获“五个一工程”奖，《绿色的青春》获“十大纪录片”奖。博物馆、艺术馆、规划展示馆开工建设。举办第十五届省运会、第九届老健会和第七届市农运会，新改扩建5个大型场馆和23个中小型场馆。开工建设保障性安居工程12970套，基本建成15876套。

【第六届农博会暨第十六届花博会】 2014年11月18—23日，第六届农博会暨第十六届花博会在漳州花博园举行。该届博览会紧扣现代农业，突出“花”主题、做足“茶”文章、打响“漳州味”，有1200多家企业参展(其中台湾企业240多家)，展出1.3万多种涉农产品；2000多名境内外客商、专家学者应邀参会，签订购销订单23.3亿元；签约投资项目88个，总投资409亿元。博览会期间，同时举办第五界中国(福建)花王评选暨花卉精品展、第十届中国(平和)蜜柚节、2014中国(福建)花木行业发展论坛、第八届中国蘑菇节、沈一丹书画展、林继中与沈舜乾书画联展、奇石根雕展、茶艺表演等系列活动，形成“一会多园、多节并举”的格局。 (林青勇)

芗城区

【经济社会概况】 2014年，芗城区实现地区生产总值419.33亿元，比上年增长7.8%；三次产业比例1.80∶45.80∶52.40；全社会固定资产投资141.64亿元，增长2.1%；公共财政总收入22.2亿元，增长2.6%，其中地方公共财政收入13.43亿元，增长2.4%；城镇居民人均可支配收入28261元，增长9.2%；农村居民人均可支配收入12680元，增长10.2%；人口自然增长率5.00‰。

工业经济。工业总产值526.38亿元，增长7.8%。新增规模工业企业14家，总数187家。机械制造、电子、家具、食品主导产业、汽配、建材6大产业规模工业总产值421.99亿元，增长9.0%，占全区规模工业总产值的87.1%。年工业产值超亿元的企业41家，创工业总产值434.79亿元，占全区规模工业总产值的89.8%。投资47.08亿元，实施“千百工程”项目70个，其中金正丰金属、富兴彩弹枪、三宝余热余能发电等15个项目投产。实施54个工业企业技改项目，总投资44.82亿元。拥有驰名商标3件、地理标志证明商标1件、著名商标51件，知名商标105件。新认定高新技术企业6家，科华获批建设省级企业重点实验室，傲农科技列入2014年省院士专家工作站。康之味、大北农通过省贯标试点企业认定。3家企业列入市专利技术实施与产业化项目。

第三产业。社会消费品零售额151.81亿元，增长7.5%。商贸税收入库94142万元，增长6.5%。新增认缴资金300万元以上的第三产业企业147家。大正冷冻冷链仓储竣工，总投资30亿元的漳龙物流园开建，闽南汽贸园4S店全部入驻，佰马城电商孵化基地投入运营，有8家平台型电商签约入驻。推进文化旅游产业发展，漳州市区第一个文化创意产业园——牛庄文创园落户芗城。漳州古城规划建设完成延安南路古城入口广场骑楼改造、漳州侨史馆主楼修缮及西桥亭扩建等工程，酒吧、咖啡屋等相继入驻。

项目建设。全社会固定资产投资141.64亿元，增长2.1%。在建重点项目152个，完成投资96亿元，占全区投资比重的66.9%，其中列入市级在建重点项目16个，累计完成投资41.5亿元。在152个重点建设项目中，78个新建项目开工23个、74个续建项目竣工30个。组织上报各类建设用地6个批次和1个单独选址项目、面积121.87公顷，其中获省政府批准5个批次、面积67.21公顷。盘活存量土地40宗104.47公顷。

招商引资。实际利用外资8304万美元，增长6.3%。外贸出口总额8.53亿美元，增长5.8%。57家上规模的三资企业工业产值295亿元，占全区规模工业总产值的60.9%，增长7.5%，其中合资工业企业22家，工业产值66.13亿元，增长12.7%。新设立内资企业1771户、个体工商户6417户，分别增长65.5%、48.9%。漳州—珠三角地区项目对接会、漳台经贸恳谈会、“9·8”投洽会、“11·18”花博会签约项目16个，总投资22.69亿元。“6·18”项目对接44个，总投资7.08亿元。8家企业获得省重点出口品牌并得到专项奖励扶持。

城市建设。城市房地产开发投资42.88亿元，增长4.6%。实施15条城市道路建设，完成投资6.33亿元，建成主体工程12.2千米，其中芝山南路、钟法路北段改造、益华路、南星路竣工通车。建成全市首座立体停车楼。完成城市交通智能系统建设，以及大学西路、腾飞路等9条路段的中央隔离带建设，城市交通拥堵现象得到有效缓解。实施以“点”“线”“面”为重点的宜居环境建设项目58个，完成投资32亿元，占年度计划的118.8%。拆除“两违”面积31.42万平方米。完成三湘江金峰花园段景观改造，修复西洋坪支渠护坡，三湘江、恒坑支流、丁字港、旧农友溪等24.4千米的河道清淤及连科港清占拆除工作。造林绿化127.07公顷，完成省道西港线、迎宾西路绿化提升，完成胜利路4.7千米、30万平方米的立面景观改造。城市道路清扫保洁经费从年4.07元/平方米提高到7元/平方米，投入清扫保洁经费2347.33万元。劝导、纠正和查处各类违法违规市容市貌行为3万余起，罚款金额67.07万元。

农村工作。农林牧渔业总产值13.79亿元。新建设农村公路31条29.075千米，总投资1700万元。冬春水利建设投资4302.4万元，清淤渠道3千米，修复水毁14处，完成九龙江防洪工程漳州段(二期)、恒坑溪支流丁字港整治、月岭鳌门浦里三座水库除险加固等建设项目41个。加快建设7个省、市级农民创业示范基地项目，正兴8.67公顷设施农业完成土地平整，73.33公顷露天无公害生产基地建成。新增省、市级专业合作示范社各1家，省级家庭示范农场1家，全国蔬菜(食用菌)标准园建设示范基地3个。建成畜禽无害化处理场。启动天宝、石亭两镇农村环境连片整治。开展10个镇(街)对口帮扶，落实资金923万元。完成投资3121万元，占年度计划的136.9%。

社会保障。完成储备粮增储3800吨、专项储备粮轮出13300吨、轮入13300吨任务。建设6个安置房项目2839套、33万平方米，基本建成800套、10万平方米。新增就业6527人，城镇登记失业率控制在1.45%。城乡居民参保103312人，参保率94.23%。城市最低生活保障标准提高到470元，农村最低生活保障标准提高到2100元，重点优抚对象、参战人员、伤残人员人均补助标准提高15%，新农合政府补助标准提高到每人每年320元。

社会事业。6家高新技术企业获认定。全区市级以上企业技术创新中心33家。专利授权数和有效发明专利数居全市首位，创建省知识产权强县(市、区)工程通过验收。新增学位824个，投入1290万元用于南坑中心小学等3所学校扩容工程、2126万元改善中小学办学条件。高考本一上线率上升4.5个百分点，连续四年获得“漳州市初中教育教学质量先进区”称号。新增床位300张，石亭卫生院病房综合楼主体工程封顶并进入装修阶段，通北社区卫生服务中心示范建设十项竞赛获全市第一名，芗城中医院通过“二级甲等”评审。区少儿图书馆、青少年校外体育活动中心全部完工，区妇女儿童活动中心投入使用，天宝、石亭、浦南等3镇文化信息共享服务点建成。锦歌、少儿合唱在省赛中屡获佳绩。

【牛庄文化创意产业园落户芗城】2014年11月16日，牛庄文化创意产业园在芗城区举行项目启动仪式。该产业园位于芗城区漳响路108号，由漳州金龙客车旧厂房改造建设，占地面积5.2万平方米，建筑面积8万多平方米，一期投资2.5亿元。园区规划有创意办公LOFT、艺术加工平台、电子商务馆、协会商会、创意工坊、特色电影院、艺术教育培训、1973咖啡酒吧街、漳州“名花名果”展示馆、漳州文化艺术街、主题酒店和闽台特色文化餐饮等多种功能区。

【实施九龙江流域芗城段河长责任制】2014年，芗城区扎实抓好河长责任制落实，改善流入九龙江的水源水质。“禁养区”关闭养殖场10176宗、面积225.88万平方米，分别占总数的99.4%、98.9%，西溪流域及北溪区域全面完成关闭任务。省环保厅挂牌督办的7家污染企业完成整改2家，关停3家，上报省环保厅摘牌，限期完成整改1家。完成三湘江金峰花园段景观改造631米，西洋坪支渠护坡修复1.1千米；三湘江、恒坑支流、丁字港、旧农友溪等31.9千米的河道清淤及连科港清占拆除工作。完成珠里污水提升泵站及配套管网项目建设。开展农村环境卫生大整治，解决水质富氧化问题，改善流入九龙江的水源水质。

(杨海波)

龙文区

【经济社会概况】2014年，龙文区实现地区生产总值146.54亿元，比上年增长12.5%；三次产业比例3.3∶55.2∶41.5；规模以上工业总产值214.83亿元，增长13.3%；全社会固定资产投资167.59亿元，增长23.1%；社会消费品零售总额78.66亿元，增长25.5%；实际利用外资6431万美元，增长38.7%；外贸出口5.2亿美元，增长5.2%；公共财政总收入12.4亿元，增长11.6%，其中地方公共财政收入8.4亿元，增长10.1%；城镇居民人均可支配收入29543元，增长9.9%；农村居民人均可支配收入13766元，增长10.8%。国家生态区创建通过环保部技术评估。

工业经济。新引进世界500强企业美国ADM公司。新增规模工业企业9家，培育形成产值上亿元企业50家。有4家企业列入省产业龙头企业促进计划，8家企业列入省重点上市后备企业，大闽食品、青蛙王子分别被评为省、市工业龙头企业。联东U谷·国际企业港基本建成商品厂房10万平方米、新开工建设10万平方米，吸引50家企业签约落户。新增国家高新技术企业和火炬计划重点高新技术企业各1家、全国工业品牌培育示范企业2家，省级企业工程技术研究中心2个、院士专家工作站1个，中国驰名商标2个、著名商标5个、省名牌产品7个。有5家企业参与制定5项国家标准和2项行业标准。被评为全省知识产权强区。

现代服务业。第三产业增加值60.86亿元，增长13.1%。万达广场销售额7.5亿元。汽车销售额51.7亿元。限上批发销售额103.5亿元，增长154%。整合国有资产，成立区国投等2个投融资平台。引进国信证券、红桥基金、平安财险等金融企业，海峡股权交易中心投入运营，福能融资租赁公司落户龙文。本外币存款余额157.8亿元、增长29.5%，贷款余额125.6亿元、增长27.3%。漳州首个电子商务创业园——易维通开业运营，引进百度搜索等93家电商及配套企业入驻，年交易额突破2亿元，获评省电子商务与服务外包统计公共服务平台和省电子商务优秀服务企业。

城乡建设。有15条道路竣工通车，新增里程8.8千米。完成九龙大道两侧环境整治，郭坑镇至龙江北路4.3千米污水管网基本建成；龙江北路等3座垃圾中转站建成投用。整治九十九湾和浦头港31千米河道，清淤土方73万立方米，配套建设两侧绿化景观。郊野公园获得中国人居环境范例奖。持续推进生猪养殖专项治理，率先在漳州实现生猪禁养目标。房地产施工面积86.9万平方米，销售额48.5亿元。新设立3个社区居委会，锦绣社区被评为全国和谐社区建设示范社区。

社会事业。教育工作通过国家义务教育发展基本均衡督导评估；市二实小迎宾校区、朝阳中心小学投入办学，蓝田和朝阳中心幼儿园建成开园，新增学位6390个；所有行政村卫生室完成标准化建设；实施农村孕产妇住院分娩补助等3项国家重大公共卫生服务项目。区博物馆北溪书院、艺术展厅建成投用；举办第二届海峡两岸朱熹陈淳学术研讨会。组织评选首届“百花文艺奖”；承办省运会武术散打和省老健会门球项目比赛，举办海峡两岸中华武术大家练。

民生保障。区财政民生支出6.9亿元，占一般预算支出73.6%，提高3.6个百分点。全面整治11个无物业小区；棚户区改造项目竣工面积30万平方米；建成各类保障性住房2891套。新增城镇就业3007人，转移农村劳动力2008人，城镇登记失业率1.4%。投入2000多万元建设人才公寓。发放基础养老金和被征地农民养老保障金3545万元。为9047人次困难群众发放医疗和临时救助金240万元，为全部持证残疾人购买意外伤害保险。完成170户农村造福工程危房改造。增购49辆新能源公交车，新设、优化7条公交线路。

【龙文区获评“全省教育工作先进区”】 2014年4月，龙文区通过省级义务教育发展基本均衡县督导评估；5月，被省政府授予“教育工作先进区”称号；12月，通过国家义务教育发展基本均衡督导评估。全区义务教育阶段有公办中小学校23所，标准化学校创建率100%。公办学校接受外来务工人员子女就读5667人，占全区中小学学生的40%。

【龙文区国家生态区创建通过环保部评估】 2014年11月21日，龙文区通过环保部国家生态区技术评估。龙文区坚持以生态创特色、以生态聚要素、以生态促发展，实现区绿地率41.9%、城镇人均公共绿地面积25.17平方米，水环境质量稳定达到功能区标准，大气环境质量稳定在国家二级标准以上，城镇生活垃圾无害化处理率99.8%，是国家园林城区和国家卫生城区。辖区4个镇中有3个获评国家级生态乡镇、1个获评省级生态镇；43个行政村(场)中有12个获评省级生态村、31个村(场)获评市级生态村，实现生态创建全覆盖。 (林宝卿)

龙海市

【经济社会概况】 2014年，龙海市实现地区生产总值573.90亿元，比上年增长12.6%；三次产业比例9.7∶56.8∶33.5；公共财政总收入33.17亿元，增长12.2%，其中地方公共财政收入18.82亿元，增长2%；全社会固定资产投资397.61亿元，增长27.8%；规模以上工业总产值1050.45亿元，增长17.3%；外贸出口4.9亿美元，增长19%；实际利用外资9998万美元，增长74%；社会消费品零售总额107.12亿元，增长9.8%；城镇居民人均可支配收入26324元，增长9.6%；农村居民人均可支配收入13355元，增长11.5%；人口自然增长率10‰。

农业经济。农林牧渔业总产值99.09亿元，增长4.1%。建立农业产业化基地0.9万公顷；培育农业龙头企业73家。在北京、香港等地举办水仙花文化艺术展。建成连栋大棚、智能温室等设施农业526.67公顷。发展家庭农场221家、农民合作社360家；建设农民创业基地、林下经济示范基地，带动1.6万农户增产增收。海洋捕捞产值1.8亿元，增长7.5%；新增远洋捕捞渔船8艘。投入1.8亿元，完成一批水库除险加固、农田灌溉、防洪排涝等水利工程。2014年11月11日，福建佑康农业股份有限公司通过上海股权交易中心核准，成为龙海市首家在场外市场挂牌交易的企业。

工业经济。规模以上工业增加值285.99亿元，增长17.2%。新增规模工业企业29家、产值超亿元企业25家，规模工业企业总数279家。实现工业税收18.6亿元，增长32.5%。食品工业、电力能源、汽车汽配三大支柱产业产值418.9亿元，增长13%。“一区多园”(龙海经济开发区和各乡镇为主体的工业园)加快建设，南太武、东园、海澄等工业集中区新办企业14家。落实工业企业技改投资30亿元。新增国家级高新技术企业7家、省著名商标5个。

第三产业。新增限上贸易企业19家。建发美一城商业广场投入运营，永辉、国美等大型商超入驻。投入5000万元，改造一批城乡贸易综合市场。培育发展电子商务，食品、花卉等特色产品网上销售额增长较快。商品房销售29.4万平方米。接待游客140万人次，增长21%；旅游收入14.9亿元，增长22%。

城乡建设。实施在建重点项目67个，完成投资103亿元，中海油LNG填海造地等项目建设取得新进展。实施工业、交通、城建、民生等重点领域项目189个，完成投资102亿元。实施政府性投资项目62个，完成投资48亿元。加快建设九湖闽南文化生态走廊和西浮路、江东鲈鱼美食一条街等特色景观工程。造林绿化0.09万公顷，主干道绿化16.8千米，森林覆盖率56%。改造提升市政道路21.6千米，铺设供水管网24.5千米、污水管网10.6千米、天然气管网18千米、电网89.8千米。新建变电站5座。建成垃圾中转站2座，蒲姜岭垃圾焚烧发电厂竣工投入使用。厦门港龙海客运站竣工。公交新站投入运营；投入1.4

亿元，强化道路交通安全基础设施建设。城镇化率52.8%，海澄镇入选全国重点镇。投入1.6亿元，建设22个富美乡村、25个乡村公园，提升东宝村国家级“美丽乡村”创建试点工作。投入1866万元，完成21个贫困村65个扶贫项目建设。

环境整治。拆除违法用地、违法建设行为“两违”建筑113万平方米、砂石场183家，关闭拆除生猪养殖场7004家、洗塑场99家，清理农村沟渠港道190千米。投入2.1亿元，整治高排渠、小梅溪、西溪一条龙等河段。完成“三沿一环”（沿路、沿江、沿海及环城）青山挂白、水土流失综合治理243.13公顷，关闭非煤矿山38家。依法关停造纸、皮革污染企业12家。

社会事业。全市财政用于民生建设23.4亿元，占财政支出78.5%。投入12.2亿元，完成21件为民办实事项目；投入2.3亿元，建成保障性安居工程660套；投入1.2亿元，完成25家国有集体企业改制，安置职工2468人；投入7480万元，实施医疗救助、优抚安置和社会福利补助；投入7100万元，建设九九坑水库；投入4000万元，实施一批农村居民饮水安全工程，解决农村18.4万人的饮水安全问题。推进药品零差率销售和新农合全覆盖，减轻群众看病负担2.6亿元；发放城乡低保资金5195万元。调处各类矛盾纠纷4508起。城镇登记失业率2.2%，城镇新增就业人数6675人。龙海一中新校区建成投用，初中部恢复办学；青少年校外活动中心、特教学校主体竣工，实验小学、第二实验幼儿园新校区开工建设。市第一医院新院区投入使用，设置床位800张；中医院完成改造搬迁。推进古月港“海丝申遗”，埭美古村入选国家历史文化名村。石码镇被评为第四届全国文明村镇。龙海市获得“全国计划生育优质服务先进市”、“全国科技先进市”等称号。

【龙海率先推行土地使用权网上交易】 2014年7月，龙海市作为全省唯一的县级“土地使用权出让管理系统”试点单位，率先在全省县级单位中试运行“福建省土地使用权出让管理系统”，使土地使用权出让做到“业务公开、过程受控、全程在案、永久追溯”。当年下半年土地出让工作全部实现网上审批、网上交易，计出让土地15宗、55.47公顷。

【全国县级公立医院综合改革试点】 2014年，龙海市作为全国县级公立医院综合改革试点，全面优化市区医疗服务资源，扎实推进院长年薪制、医疗保障体系“三保合一”等各项改革措施。破除以药补医机制，实施药品零差率销售，减少药品利润2768.3万元。新农合支付方式改革病种160种，病种纳入率70%，患者自付比例下降10%。

【首届海峡两岸城隍文化节】 2014年11月22日，首届“海峡两岸城隍文化节”在海澄城隍庙开幕，该活动被列为国台办2014年对台交流重点项目。来自台湾各地和厦漳泉、福州、龙岩等地城隍神尊和近2万名信众齐聚一堂，开展踩街、两岸城隍爷巡境等民俗活动，增进两岸民间文化交流。

（邱旺山　林亚西　柯少强）

漳浦县

【经济社会概况】 2014年，漳浦县实现地区生产总值311.83亿元，比上年增长13.8%；固定资产投资280亿元，增长51%；公共财政总收入29.4亿元，增长16.4%，其中地方公共财政收入20.3亿元，增长18.2%；城镇居民人均可支配收入25572元，增长10.2%；农村居民人均可支配收入13580元，增长10.3%。

工业经济。规模工业企业192家；规模工业产值594.83亿元，增长40.7%；规模工业增加值139.5亿元，增长33.8%。培育形成产值超300亿元的石油化工、超120亿元的食品加工、超60亿元的机械制造三个主导产业；培育形成产值上亿元企业66家、税收上千万元企业10家。技改投入19亿元，实施一帆重工、万辰生物、美丽家香等技改项目36个。新认定高新技术企业1家；实现高新技术企业产值10亿元。实施工业项目96个，完成投资40亿元；盈丰食品、民生印刷等40个项目建成投产，自行车产业园、比速光电、伟伊扩建等22个项目开工建设。

城乡建设。全年实施城建重点项目131个，完成投资109亿元。旧城改造9个片区完成房屋征收33.1万平方米，鹿溪公园二期、绥东溪及南门溪景观改造工程建成投用，道周公园开工建设，新增城市公园绿地34.67公顷、城市片林10公顷、城市绿道10千米。建成澎水水库至县城区引水工程和县城第二水厂扩建工程。建成9座乡镇压缩式垃圾中转站及26个农村污水处理示范项目，旧镇污水处理厂建成进入调试，县生活垃圾焚烧发电厂、污水处理厂二期项目建设加快。县城建成区面积从2011年的16平方千米扩大到26.5平方千米。新建改建城市道路40千米，府前街改造、大亭路改造、鼎元南路改造、金浦教育园区配套道路以及得仙路、麦市街、府前街延伸段等10条城市道路竣工通车，万安隧道全线贯通，迎宾大道、金浦大桥开工建设；建成农村公路133千米，完成危桥改造4座。投入2500多万元，完成城区主要街道、国道漳浦段38千米中间隔离栏、标志标线等设施建设。建成公交候车亭167个；新增出租车70辆。杜浔镇被列为全省首批“小城市”培育试点；完成安居房建设90万平方米。实施14个省级“美丽乡村”建设，加大农业部“美丽乡村”创建试点南浦后坑村及2个市级富美乡村示范村佛昙镇轧内村、后许村的建设力度，湖西赵家城村被列入“中国传统村落”保护名录，绥安镇等14个乡镇获国家环保部“国家级生态镇”命名。

现代农业。农林牧渔业总产值117.55亿元，增长3.5%。园区建设不断提升，建成国际兰花展览中心和兰花玻璃温室6.6万平方米，完成海峡花卉进出口检验检疫除害处理区建设，成为省内首个、全国第三个植物带土进出口检疫窗口；建设海峡花卉集散中心二期，入驻企业87家；农业硅谷二期、扬基石斛生态园等项目建成投用。“海峡两岸新型农民交流培训基地”正式获批。新办23家农产品加工企业、11家市级以上示范家庭农场、9家农民专业合作社、176家农民专业合作组织。“洋乐贝”“彩龙”获中国驰名商标，新增沙西泥蚶等9件国家地理标志证明商标，“蒂妮”等4件福建著名商标；“漳浦大葱质量安全示范区”被评为国家级出口食品农产品质量安全示范区。宏盛园艺登陆海峡股权交易中心，成为福建省首家在海交中心挂牌上市的花卉苗木企业。投入2.7亿元，实施15个乡镇农村居民饮水安全项目、4座中型水库除险加固等8大类39个重点水利工程。实施长桥、南浦2个省级水土保持重点乡镇生态建设，治理水土流失面积5平方千米；完成土地整治0.12万公顷。开工建设1座一级渔港、2座二级渔港和一个避风锚地，建成2座三级渔港。

旅游商贸。第三产业增加值107.22亿元，增长11.6%。社会消费品零售总额85.82亿元，增长11.7%。外贸出口7.2亿美元，增长5.8%。接待游客262.2万人次，增长21.3%；旅游总收入23.4亿元，增长26.2%。举办首届映像闽南沙雕艺术节、首届欢乐冰雪艺术节；“厦一站”旅游观光类商标获批，“唐山过台湾”石雕园创建4A级旅游景区通过评定，火山岛获福建省最美生态岛、最佳海滨景区，白鹭森林公园、南浦乡后坑村分别获“清新福建·美丽乡村之旅”最美森林人家称号和最受专家青睐奖。新都城市广场正式开业，80个品牌店入驻营业；长德商贸城一期主体市场839间商业店铺基本竣工；实施佛昙、深土、杜浔、竹屿、盘陀、南浦等6家农贸市场改扩建。投入1.8亿元，建成运营漳浦电子商务创业园，入驻电商企业15家；大南坂汽车4S园签约进驻10家。

民生保障。全年民生投入29.9亿元，占财政总支出的80.7%。十大件为民办实事项目全部完成。建成漳浦人力资源大市场，新增就业人数6800人，城镇登记失业率控制在2.2%以内；优抚安置工作有效落实，安置转业士官42人。完成市政府下达的棚户区改造320户，配租配售廉租房390套。6所幸福园建成投用、4所乡镇敬老院加快建设，建成官浔镇敬老院；建成殡仪馆迁建项目主体工程。城乡居民合作医疗补助标准提高到每人每年320元，发放城乡低保金4567万元、医疗救助资金770万元。

2014年4月25日，首届翡翠湾·映像闽南沙雕艺术节在漳浦县六鳌翡翠湾举行。图为观赏区沙雕作品 （漳浦县政府办供稿）

社会事业。通过省级知识产权试点强县考核验收。组织申报国家和省市科技项目立项29个、授权专利211件。投入5.3亿元，建成205个校安工程，金浦教育园区道路等基础设施基本建成，县实验幼儿园被评为省级“示范幼儿园”，绥安中心幼儿园等13所乡镇公办幼儿园建成开园，二中、三中、四中和道周中学晋升省二级达标高中，全县义务教育标准化建设通过省级验收。通过“全国文化先进县”复评验收。大型芗剧《黄道周》获省第七届百花文艺奖。推进南门溪特色文化街区、玩具产业园等文化竞赛项目，举办各类文艺活动60场次，放映农村公益电影3700场，完成赵家堡惠堂、漳浦文庙大成殿修缮。承办第十五届省运会羽毛球、桥牌比赛，有5名选手获得六枚金牌。投入4.9亿元，完成县医院扩建、中医院新建和新农合管理中心等建设，新增病床285张；新招用卫技人员95名；妇幼保健院成功晋升“二级甲等妇幼保健院”。“单独二孩”生育政策积极稳妥实施，兑现各类奖扶资金832万元。

【首届映像闽南沙雕艺术节】 2014年，首届映像闽南沙雕艺术节在漳浦县六鳌翡翠湾举办，历时180多天。沙雕园占地约2.2万平方米，邀请国内外多名著名沙雕艺术家进行为期一个半月的创作。沙雕园设置观赏区、互动区、娱乐休闲区3大功能区：观赏区沙雕作品分为3大沙雕组合、36个单体作品；互动区提供制作沙雕的基本原材料，游客可以在互动区制作自己喜欢的沙雕作品；娱乐休闲区主体为一座10米高的大型滑沙场，滑沙场分短道滑沙和高坡滑沙。艺术节期间，同时举行沙雕啤酒狂欢节、沙雕人体彩绘秀、微摄影比赛、冲浪节、沙雕摄影大赛等十多项系列活动。

【漳浦电商创业园】 2014年，漳浦电商创业园由丰耀（漳浦）实业有限公司投资建设，位于黄仓工业园，主要由创业园主园区、智能仓储物流区两大部分组成，总投资1.8亿元。主园区总建筑面积3.4万平方米，一期建筑面积1.4万平方米，设置漳浦名优馆、电商运营中心、创业孵化中心、人才培训中心等4大功能区。智能仓储物流区总建筑面积6万平方米，部分项目封顶；仓储物流区在规划建设中植入物联网、云计算等先进信息技术，建成后实现智能化管理。 （陈 晨）

云霄县

【经济社会概况】 2014年，云霄县实现地区生产总值136.09亿元，比上年增长12.4%；农林牧渔业总产值

42.02亿元,增长5.3%;规模以上工业总产值209.55亿元,增长21.1%;规模以上工业增加值59.14亿元,增长21.0%;公共财政总收入6.75亿元,增长16.2%,其中地方公共财政收入5.0亿元,增长14.7%;实际利用外资5808万美元,增长5%;出口总值1.72亿美元,增长32.7%;固定资产投资149.67亿元,增长29.5%;社会消费品零售总额45.99亿元,增长13.3%;城镇居民人均可支配收入23306元,增长10.5%;农村居民人均可支配收入11705元,增长10.2%;居民消费价格指数为101.9%;万元GDP能耗和主要污染物排放量低于全市平均水平;城镇登记失业率控制在2%以内;人口自然增长率8.83‰。

产业发展。组织52家次企业外出参展,协助企业招工10800人次;召开政银企座谈会,帮企业兑现银行授信13.52亿元;年度中小企业本外币贷款余额20亿元,增长2.34亿元。工业税收1.91亿元,增长30.6%;光电企业税收9186万元,增长31.2%。48家企业年产值超亿元。华杰彩亮、互惠光电等45个项目实现增资扩产,谊辉光电产值突破10亿元,太尔电子成为全市首家登陆国内证券市场的民营企业,"华威电池"被评为福建省名牌产品。投资600多万元,建设1719平方米的电子商务创业园;注册电子商务企业16家,注册资金1亿元。乌山茶叶市场建成投入使用。完成全县旅游总体规划,设立游客服务中心;建设佳洲岛生态农业观光园,陈岱大山海景、马铺金竹柏基地、乌山凤顶生态旅游等一批乡村游项目顺利推进。接待游客137.75万人次,增长19%;旅游总收入14亿元,增长20.9%。

社会事业。开工建设漳州(云霄)皮划赛艇训练基地、新图书馆,实施城乡免费电影工程,完成全县农村有线应急预警系统建设;开工兴建云霄职业技术学校、第二实验小学;招聘80名新教师充实教学一线,遴选44名农村小学教师进城任教;实施小学名校带分校、农村薄弱初中委托管理机制;高考本科上线人数1166人,增幅14.2%;政府教育工作督导和党政主要领导抓教育工作通过省级评估考核。开展"医疗卫生事业建设年"活动,火田卫生院综合楼建成投用,云陵社区卫生服务中心、卫生监督所业务用房竣工验收;公开招聘86名卫技人员,落实国家计划生育政策,出生人口政策符合率84.7%,提高2.5个百分点。加强农村环境和漳江流域水环境综合整治,全面完成市下达污染物减排任务;9个乡镇全部被授予"国家级生态乡镇";造林绿化0.13万公顷,森林覆盖率62.4%,森林有害生物防治工作通过国家考核验收。

【"宜居云霄"建设】 2014年云霄县加快推进旧城改造、新区建设和村镇建设。楼仔脚片区安置房竣工交房,渡头棚户区改造一期工程基本建成,复兴路东段片区改造项目成为全省和谐征收示范项目。改造提升新行政中心区景观工程,广电中心、万星影城、宝龙将军一号等项目基本建成;完成投资1亿多元,创建9个富美乡村、9个"美丽乡村"和新湖省级库区移民示范村。实施宜居环境建设行动项目118个,完成投资30.7亿元。基本建成云陵农村客运站,改造提升南市场、西市场等。新建和改造城区道路12条8.3千米,铺设污水管网8.5千米。各类房屋交易2730宗,交易面积33.94万平方米,其中新建商品房销售1887套,面积16.50万平方米。强化"两违"整治,拆除违房60.38万平方米。

(张煌辉)

诏安县

【经济社会概况】 2014年,诏安县实现地区生产总值166.29亿元,比上年增长11.5%;三次产业比例21.5∶44.6∶33.9;规模以上工业总产值224.07亿元,增长17.1%;全社会固定资产投资154.28亿元,增长32.2%;公共财政总收入8.14亿元,增长10.4%,其中地方公共财政收入5.73亿元,增长12.0%;实际利用外资(验资口径)4100万美元,增长13.6%;出口总值5.26亿美元,下降8.7%;社会消费品零售总额67.31亿元,增长12.9%;城镇居民人均可支配收入21987元,增长10.0%;农村居民人均可支配收入11308元,增长9.9%。

工业经济。新增规模企业9家,规模以上工业企业145家,其中产值上亿元企业91家。工业税收2.7亿元。海利水产被认定为市级工业龙头企业。加大投资助推工业转型升级,"千百工程"项目完成投资59亿元,增长35.9%,其中新开工项目56个、新投产项目42个。县工业园区入驻企业160家,总投资100亿元,完成税收1.2亿元;金都工业集中区入驻企业32家,总投资93亿元,完成税收4386万元;林头水产专业加工区入驻企业11家,实现税收2056万元。海洋生物、水产品加工、婴童用品和青梅制品等四大特色产业实现产值86.62亿元,完成税收1.61亿元,占全部工业税收的59.7%。

现代农业。农林牧渔业总产值63.68亿元,增长6.6%。特色农业规模效益提升,高标准建设富硒蔬菜、富硒水果、富硒中草药等特色产业基地。品牌建设取得成效,新增地理标志证明商标3件、中国驰名商标1件,"诏安红星青梅"获得"中国驰名商标",实现零的突破;新增福建省著名商标3件、漳州市知名商标5件。被确定为市农村土地流转试点县,全年流转土地0.63万公顷。"三社联动"机制创新取得成效,新增农民专业合作社49家、市级示范社4家、省级示范社2家。创建全省唯一国家级出口对虾质量安全示范区。

第三产业。第三产业增加值增长9.5%。文化旅游取得新发展,借助"富硒养生,健康长寿"品牌,推进大乌山、城洲岛等旅游开发项目,接待旅游总人数49.2万人次,增长16.0%;旅游总收入3.01亿元,增长16.4%。海峡两岸(诏安)文化创意书画产业园入选2014年福建省文化产业园区名单。房地产项目完成投资10.93亿元,增长183.6%;商品房销售面积15.48万平方米,销售总额7.13亿元。限上消费品零售总额25.82亿元,增长22.4%。金融市场稳健运行,全县本外币各项存款余额93.84亿元,增长20.8%;贷款余额45.25亿元,增长

18.9%。汇通村镇银行正式营业。

项目建设。实施158个县级以上重点项目，完成投资102.32亿元。泉盈科技一期、大北农水产科技一期、万通食品等一批项目竣工投产，能源、城建、农林水、社会事业等领域项目建设取得突破性进展。

招商引资。新签约项目25个，总投资138.2亿元，其中上10亿元项目8个；新引进迪斯尼服饰生产、金海燕海洋生物科技等较大工业项目。出台《促进项目审批提速提效的若干意见》，创新重点项目倒逼审批、联审联批等制度，提高项目审批服务效率。

城乡建设。推进江滨新区、南湖片区、文体中心片区等新区建设，加快完善配套设施，拉开城市发展主体框架。实施21个城建重点项目，完成投资28.03亿元。推进国道324线城区段改造、连站大道拓宽工程，完成南环城路三四期、康华西路及华林中路绿化，投入1.35亿元建设丹青公园、梅峰公园、江滨公园等城市休闲公园。完成6个乡镇总规划、11个乡镇中心区控规及150个中心村村庄规划。实施12个"美丽乡村"建设。实施25个小城镇综合改革项目。推进四都镇林头村、建设农场建华作业区2个市级富美乡村和13个县级富美乡村创建工作，四都、霞葛入选新一轮全国重点镇，西潭山河村获得"中国传统村落"称号。开展创建生态文明县活动，被授予省级生态县称号，4个乡镇获评"国家级生态乡镇"。持续推进水土流失综合治理，治理面积39.59平方千米，完成造林绿化1668公顷，森林覆盖率65.32%。

民生保障。全年财政民生支出16.63亿元，增长10.8%，占公共财政支出80.7%。实施22个为民办实事项目，完成投资6.06亿元。完成12个乡镇"十二五"农村居民饮水安全项目申报工作。提高村干部基本报酬及村级组织办公经费标准。新开工建设保障性住房800套、基本建成285套。新增城镇就业3680人，农村富余劳动力转移就业1.23万人。城乡居民养老保险基础养老金由每月60元提高到70元，城镇居民基本医疗保险补助标准由年人均280元增加到320元。实行低保民主评议票决制，实现低保"阳光管理"，全年发放低保金3662.7万元，残疾人生活救助金461.2万元，发放100名孤儿基本生活费52.5万元，临时救助4763户困难家庭。大力实施产业扶贫，41个重点贫困村因地制宜发展21个特色农业产业。推进贫困人口建档立卡工作，为实施精准扶贫提供基础依据，全年实现近万人脱贫。实施整村扶贫和"造福工程"，推进41个贫困村村道硬化、农田水利及群众文化基础设施项目建设，完成10个贫困村村容村貌整治，实施"造福工程"危房改造1300户，建成两个省级集中安置区和两个市级集中安置区。

社会事业。首次获"漳州市高中教育教学质量先进县"称号。高考本一上线人数447人，比上年增加46人；本科上线人数1828人，上线率71.4%。校安工程项目竣工46个，总面积6.98万平方米。新招聘教师126名。投入2232万元补充教学设备，新设2个山区高中办学点。实施县中医院搬迁及23所村卫生所(室)建设。实现县乡药品零差率销售改革全覆盖。新农合参合率继续保持100%，新农合基金支出1.98亿元。强化计生信息服务管理，计生综合服务管理再上新水平。文体中心主体工程基本完工。举办县第五届运动会；承办省运会柔道比赛项目；参加第七届市农民运动会。举办两岸四地书画展和沈默故乡行画展。

【诏安获"中国长寿之乡"称号】 2014年6月26日，"中国长寿之乡——福建诏安"授牌仪式在诏安举行。诏安成为漳州市首个、福建第三个"中国长寿之乡"。诏安县地处闽粤交界，山清水秀，生态优势得天独厚。截至2013年底，全县户籍总人口59.77万人，60岁及以上高龄老人73423人，占总人口12.28%；80岁以上高龄老人11529人，占总人口的1.93%；80岁以上老年人占60岁及以上老年人口的比例15.7%；存活实足百岁及以上老人67人，每十万人中有11.2个百岁老人。根据第六次人口普查数据表明，全县人口平均预期寿命77.25岁，高于全国水平2.42岁，高于中国老年学学会制定的考核指标标准0.45岁。

【"诏安红星青梅"获"中国驰名商标"称号】 2014年1月，"诏安红星青梅"商标被国家工商行政管理总局商标局认定为"中国驰名商标"，打破诏安县无"中国驰名商标"的历史。

（许渊彪）

东山县

【经济社会概况】 2014年，东山县实现地区生产总值139.5亿元，比上年增长10.1%；农林牧渔业总产值52.8亿元，增长5.1%；规模以上工业总产值212.58亿元，增长11.2%；规模以上工业增加值60.47亿元，增长11.2%；全社会固定资产投资133亿元，增长10.7%；外贸出口总值18.1亿美元，增长22.2%；实际利用外资5301万美元，增长10.4%；社会消费品零售总额31.92亿元，增长10.7%；公共财政总收入17.4亿元，增长12.9%，其中地方级公共财政收入10.7亿元，增长9.2%；城镇居民人均可支配收入25796元，增长9.7%；农村居民人均可支配收入14558元，增长11.7%。

旅游经济。滨海旅游发展提速，列入全省第一批智慧旅游工作试点县。接待游客突破400万人次，旅游收入突破40亿元。庄园大酒店完成投资2.1亿元，渔人码头主体基本竣工，开工建设顶街文化旅游区，完成风动石景区立面修缮。举办关帝文化旅游节、"三岛论坛"、全国摩托车文化旅游节，组织生态旅游论坛，开展摄影、微视频大赛等活动，开拍《相约东山岛》大型连续剧。

工业经济。规模以上工业产值突破200亿元，产值上亿元企业42家、上5亿元企业12家；经济技术开发区水产品加工园区入选第二批省级海洋产业示范园区，2家企业入围省工业龙头企业，5家企业入围省级海洋产业龙头企业。9家玻璃建材企业产值33.4亿元，增长15.2%，玻璃产业链条延伸，伟安、光耀两家玻璃企业开工投建。外贸出口总量居全市首位，出口超亿美元企业4家；对台小额贸易总额5600万美元，增长139.7%。

农业经济。钢质渔船总数948艘，居全市第一；远洋捕捞渔船11艘建成下水，5艘出境作业。发展深水网箱养殖，"东山鲍鱼"成功注册国家地理标志证明商标。投入6643万元推进省、市级农民创业示范基地(园)建设。全县登记企业式家庭农场176户。

财政金融。全年本外币贷款余额77.18亿元，增长11.96%；存款余额73.89亿元，增长12.06%。第二水源工程为财政部确定的全省唯一"PPP"示范项目。申请土地收储等贷款5.48亿元。成立全省首家邮储银行特色支行，引进、创办多家金融机构。博广天兴在上海E板挂牌成功，东亚水产上市获批。企业域外银行贷款30亿元，市企业申请到位应急周转金35次4.94亿元。

基础设施。启动全岛生态基础设施等规划，落实"五海"资源保护措施，划定"一屏障、两走廊"生态保护红线，开展东南部沙滩修复与海岸保护生态修复示范工程。投资5000万元完成造林绿化0.06万公顷。建成11座垃圾中转站、67个垃圾站，实现全岛垃圾当天收集转运处理。推进腾新等16家企业污水处理设施建设，建成双东污水处理厂三期、旗滨1—8线脱硫脱硝技改等工程。"两违"治理1224宗、47.12万平方米。征地714.73公顷，拆除违建13.6万平方米；"两村搬迁"、"城垵搬迁"签订搬迁协议占任务数97%以上。处置闲置土地13.62公顷，收储存量土地27.19公顷，盘活存量土地2.58公顷。被国家林业局批准为2014—2016年林地占补平衡试点，不受年度林地使用定额限制。投入20亿元推进70个"宜居环境行动计划"项目建设。投资6.1亿元，开工建设环岛路先导段等4个路段，完成公路建设14.1千米；建成绿道慢行系统9千米；新改建公交候车亭28个，新购公交车15辆，启动"e通卡"服务；推进第二水厂等项目，基本完成第二水源前期工作。房地产开发投资20.86亿元，商品房销售面积23.5万平方米。铜陵镇、杏陈镇被列为全国重点镇；14个富美乡村建设完成投资1亿元；梧龙村、古港村列入第三批中国传统村名录。

社会事业。全年财政民生支出18亿元，占财政总支出的74.7%。19个为民办实事项目完成投资4.48亿元。全年新增专利授权量87件。可持续发展实验区通过国家科技部考核。漳州市示范性综合实践基地、第三实验幼儿园开工建设。改造提升谷文昌纪念馆、寡妇村展览馆。公共卫生服务中心项目完工，新县医院主体及配套设施全面建成。全县城镇登记失业率控制在3.5%以内。扩大被征地农民养老保险范围，城乡居民基础养老金和城镇居民医保政府补助分别提高到90元和320元。落实减免基本火化费等惠民政策，发放各类救助救灾补助金150万元。推行生猪定点屠宰，完善食品药品监管网络，全力打造"食品放心工程"。保障性住房建设完成投资5247万元，开工建设安置房160套。

【东山重点项目】 2014年，东山县71个重点项目完成投资87.97亿元。玻璃新材料产业园、海洋生物科技园完成年度投资18.69亿元，分别形成83.4公顷和120公顷连片工作面，14个总投资44亿元的项目落户，其中5个开工。出台"退城入园"实施意见，城区水产品加工企业有5家签订协议、5家在谈，其中海魁水产和华昌水产2个"退城入园"项目开工。出台招商引资考核办法，全年签约合同项目42个、总投资101亿元，有30个项目注册履约；新批外资项目11个，是上年的2.75倍。 (李剑卿)

平 和 县

【经济社会概况】 2014年，平和县实现地区生产总值159.84亿元，比上年增长11%；全社会固定资产投资131.15亿元，增长27.2%；财政总收入8.5亿元，增长8.7%，其中地方级财政收入6.3亿元，增长10.2%；城镇居民人均可支配收入23322元，增长9.5%；农民人均可支配收入12423元，增长10.3%。

工业经济。新增规模工业企业23家；规模以上工业总产值132.97亿元，增长18.7%；规模以上工业增加值36.42亿元，增长19%。工业园区开辟再生资源产业新区，启动工业园区环区大道、市政综合体等配套设施建设，打造新型环保建材和循环经济两大产业集群。科技产业园BT融资1.25亿元，市政路网、110千伏变电站等基础设施基本完成，引进签约项目21个，落户16个，开工14个，成为全省首批山海协作共建园区。安厚生态产业园完成概念性规划。天凯塑胶等一批食品包装企业建成投产，中宝食品、华润五丰等一批蜜柚深加工企业建成试产，双龙木业、乐其家具等一批家具生产企业投产运营，美艺陶等一批新型环保建材企业转型升级。完成工业投资55.69亿元，增长84%。实施工业"千百工程"47个，其中新开工项目33个，亿元项目25个，投产14个。实施技改项目32个，新乐塑胶CPP流延膜技术改造完成并投产。实施民企对接项目8个，开工5个。

农业农村。农林牧渔业总产值99.04亿元，增长6.1%。实施蜜柚产业提升工程，补贴推广使用商品有机肥，完善产品质量追溯体系建设，琯溪蜜柚成为漳州首个国家生态原产地保护产品。推行无公害生态茶园管理，完善茶叶质量检验检测体系建设，白芽奇兰成为最具漳州当地特色的茶品种，跻身福建五大茶叶名品行列。新增2件中国驰名商标和7件地理标志证明商标，2件地标在台湾成功注册，实现全省零的突破，继续保持"全国地标第一县"荣誉。举办"第十届中国(平和)蜜柚节·中国柑橘学会2014年学术年会"，"琯溪蜜柚"地理标志商标被评为全省"首届十佳地理标志商标"。琯溪蜜柚品牌价值24.47亿元，白芽奇兰茶品牌价值18.82亿元。新增农民合作社223家、登记家庭农场82户。省级农民创业园建设全面实施，推广应用新品种、新技术12项，国家实用新型专利发明3项，引进的遥控牵引式山地运输机填补国内同领域空白。建成一批稀有中药材、畜禽规模养殖、休闲观光农业、标准化茶园等基地。林下经济经营面积0.4万公顷,林下经济产品销售额超过6亿元。

第三产业。社会消费品零售总额47.53亿元,增长11.2%。推进林语堂文博园、大芹山“云端筑梦”、绳武楼旅游开发等24个文化旅游项目建设,名峰山景区跻身国家3A级旅游景区,坂仔镇入选省乡村旅游休闲集镇,文峰三坪、芦溪蕉路入选省乡村旅游特色村。以观音山、绳武楼、高寨村为代表蜜柚采摘游、自驾游、乡村游成为旅游新增长极。举办首届“柚都之星”导游大赛,拍摄第一部旅游微电影《心归平和》。推进万商汇白芽奇兰茶交易中心、平和农资交易中心、霞寨东南水果交易中心、崎岭茶叶市场等特色专业市场。琯城食品加入漳州电子商务网,南海食品加入阿里巴巴,琯溪蜜柚、白芽奇兰茶经销企业电子商务应用比例为40%;蜜柚出口10万吨以上。率先在全市启动扶贫开发金融服务示范县创建活动,全县各项存款余额108.95亿元,贷款余额56.14亿元。开展东坑、双峰2个村级融资担保试点。成立蜜柚产业互惠担保基金,综合授信8亿元。

城乡建设。实施11类70个项目宜居环境建设行动计划,完成投资20.85亿元。完善市政基础设施,改造1桥2社区,完善3管网4站点,新建改造9条路网(其中“白改黑”3.9千米),修建5条绿道9.5千米,兴建24个民生项目(2桥2学校2医院、4馆4中心4座公园、2个城市综合体和4个房地产开发)。开展15个富美乡村、15个村容整洁点示范建设,打造“柚海人家·富美高寨”“田水风光·古瓷寨河”等一批具有闽南风、乡村情、文化味的精品村,霞寨镇钟腾村获“中国历史文化名村”称号,秀峰乡福塘村获“中国传统村落”称号。推进水环境和“两违”两项综合治理,拆除“两违”2189宗、面积55万平方米,实现“两违”零增长。拆除或关闭禁养区养猪场(户)809家、面积11.6万平方米,县城饮用水源水环境质量达标率98%,乡镇饮用水源水环境质量达标率100%。“国家级生态县”通过国家环保部技术评估。

基础设施。投入1亿多元实施公路交通建设,完成西蝉铁路连接线公路一期工程90%的工程量,铺设农路70千米,改造危桥2座,完成公路水毁灾后重建211处。投入2.2亿元实施水利水保工程建设,建成8段32千米防洪堤,除险加固3座中型水库和8座一般小(2)型水库,完成九峰等14处水土流失治理。投入10978万元,建设2座110千伏变电站,增容改造1座35千伏变电站,农网改造90.4千米。

社会事业。实施新一轮义务教育学校改薄计划,平和一中通过省一级达标现场验收,增设广兆中学高中部,加快职教中心整合步伐。“三平祖师信俗”作为全市唯一列入第四批国家级非物质文化遗产代表性项目名录。建设县医院血液透析中心、2个乡镇中心卫生院住院综合楼、15所乡镇卫生院、344个村卫生室信息化工程等一批医疗卫生基础设施项目。实施县级公立医院综合改革,实行药品零差率销售。县人民医院通过二级甲等中医医院评审。“单独二孩”生育政策积极稳妥实施。全面落实省市县扶贫政策措施,45个驻点村年度实施项目215个,完成投资5000多万元;完成7701户24703个贫困人口的精准扶贫立卡工作。实施造福工程危房改造1300户5381人。建设10个乡镇的农村饮水安全项目,受益人口4.6万人。

民生保障。建成保障性住房1050套。提高企业职工养老待遇、城乡居民基础养老金,增加居民医保政府补助。启动60周岁以上城乡居民过世丧葬补助金制度。提高村级运转经费、社区主干待遇和社会保障水平。新建、续建3个乡镇敬老院,启用5个乡镇福寿堂。（黄 滔）

南 靖 县

【经济社会概况】 2014年,南靖县实现地区生产总值195.46亿元,比上年增长11.3%;全社会固定资产投资175.96亿元,增长24.6%;公共财政总收入12亿元,增长10%,其中地方公共财政收入8.4亿元,增长10.7%;外贸出口5.8亿美元,增长62%;实际利用外资6375万美元,增长7.2%;城镇居民人均可支配收入24111元,增长9.1%;农村居民人均可支配收入11992元,增长10.4%;年度节能减排指标控制在市政府下达范围之内。

项目投资。引进135个项目,总投资153.9亿元,其中投资上亿元项目35个、上5亿元项目13个、上10亿元项目5个。开展两次“转作风、促项目”县领导下基层现场办公活动,解决项目建设问题122个。80个县级以上重点项目完成投资126亿元;208个项目完成投资154.8亿元。

工业经济。新增规模工业企业26家,总数177家;规模以上工业总产值317.59亿元,增长14.8%;规模以上工业增加值92.99亿元,增长14.1%;工业税收37393万元,增长2.2%。落实支持工业发展的各项政策,设立8000万元工贸企业资金链应急周转金,为7家困难企业提供“过桥”资金1.87亿元。完成技改投资59.7亿元,增长41.8%。新认定省级以上高新技术企业4家,总数9家。实现高新技术产值72.5亿元。万利达集团成功收购厦华电子品牌,入选亚洲品牌500强。

“三农”工作。农林牧渔业总产值83.50亿元,增长6.2%。粮食作物种植面积稳定在12.85万公顷,总产量5.1万吨;兰花、麻笋、金线莲、铁皮石斛等特色产业种植面积1.9万公顷,产值25.6亿元。新增“三品一标”认证3个,总数57个。53个特色农业专业村产值16亿元,3个村获评全市“十大茶叶专业村”。新增县级以上农业龙头企业12家,总数82家;新登记农民合作社60家、家庭农场103户。投入1.83亿元,建成23个水利工程项目。书洋镇获评省休闲农业示范乡镇。

第三产业。第三产业增加值54.18亿元,增长8.6%。社会消费品零售总额35.49亿元,增长10%。接待游客271.3万人次,增长23%;旅游总收入16.3亿元,增长24.6%。房地产投资16.1亿元,商品房销售套数和销售面积均有大幅增长。金融机构年末本外币存款余额92.2亿元,比年初增加11亿元;贷款余额73.3亿元,比年初增加6.1亿元。

重点区域。靖城新区投资15.5亿元，推动廊前大道、金圆路、高新中路、金城路等4条主干道基本建成；招引10个大项目，总投资38.1亿元，其中上亿元项目8个。南靖高新区升级为国家级高新区后，原南靖高新区更名为漳州高新区南靖园区，包括原省级南靖高新区和丰田项目区，实施重点项目30个，投资64.4亿元；完成规模工业产值170.2亿元，增长15%，占全县规模工业产值的54.5%；财政收入3.7亿元，增长23.8%，占全县财政总收入的30.8%。中心县城投资17亿元，实施旧城区道路改扩建、荆南新农贸市场、县城污水处理厂扩建、紫荆山生态公园慢道等26个项目；获评“福建十大醉美县城”。土楼景区投资3500万元，推进云水谣过境大道、田螺坑下停车场、景区美化亮化等21个项目建设，引进五更寮民俗文化村、树海瀑布旅游综合开发等一批投资上5亿元的旅游项目；创建全国文明景区，持续深化土楼景区专项整治提升行动，建设南靖土楼智慧旅游数字平台；举办土楼国际马拉松赛、萤火虫节等活动；景区门票收入7301万元，增长27.2%；被评为2014年中国“最具价值文化（遗产）旅游目的地景区”；南靖土楼水乡水利风景区入选第十四批国家水利风景区。

基础设施。迎宾西路（南靖段）、南大路拓宽改建工程基本建成，国道319线（南靖段）改造工程开工建设。投资1.39亿元，完成7条县道水毁修复工程、10座危桥改造、260千米村通自然村水泥路建设，实施农村公路安保工程64.2千米、群养农村公路管理养护2338千米。投资1.3亿元，完成金山、武林110千伏变电站以及135个配网工程建设，开工建设靖城新区、天南220千伏和葛竹、村雅35千伏变电站。

生态文明。启动全国生态文明建设试点县建设，率先在全省出台生态文明建设问责暂行办法。推进造林绿化和水土流失治理，完成水土流失治理面积2880公顷，造林绿化1560公顷，森林覆盖率继续保持全市第一，获“国家生态文明建设示范区”称号。严格落实环保目标责任制，持续抓好主要污染物总量减排和重点行业、重点企业节能降耗，加快完善污水管网、垃圾处理等环保基础设施。开展九龙江西溪（南靖段）水环境综合整治，县镇两级投入1.13亿元，深化生猪养殖污染整治。

宜居环境。延伸拓展“点线面”攻坚，提升“三边三节点”整治水平，全力抓好以重要交通线、河流沿岸、村庄等为主的环境整治，强化垃圾收集、清运和处理，保持城乡环境干净整洁。推进村庄环境整治，完成35个村庄规划编制工作，基本实现全县城乡规划全覆盖。投资9800万元，实施坑尾、坪埔等12个富美乡村示范村建设。加强古村落保护，官洋村获“全国生态文化村”称号，河坑村入选第三批“中国传统村落”。推进“两违”治理，拆除“两违”建筑2165座、面积50.7万平方米，腾出土地面积49.2万平方米。

惠民实事。投入9.15亿元，完成县委、县政府确定的31项为民办实事项目。补助1381.6万元，完成1000户“造福工程”危房改造任务；投入1.08亿元，开工建设保障性住房468套，续建1675套，基本建成1655套。投入700万元，完成社会福利中心建设。发放种粮直补、良种补贴等惠农资金956万元。投入3102万元，实施库区移民后期扶持项目51个，发放库区移民直补775.6万元，受益移民1.3万人。新增城镇就业人员3527人，促进下岗失业人员再就业856人，新增农村富余劳动力转移5144人，城镇登记失业率控制在3.1%。全面实施低保评审票决制度，城乡低保月补助标准分别提高到300元/人和137元/人。失地农民保障金发放月标准提高至110元/人。全面落实优抚安置政策，发放抚恤补助金929.2万元。完善农村医疗救助“一站式”即时结算服务，发放医疗救助款871万元。县慈善总会募集善款560万元，发放善款389万元，救济特困人员800多人。

社会事业。全年申请专利198件，授权专利127件。国绿太阳能被确定为福建省知识产权优势企业。南靖一中、实验小学被确定为“2014年漳州市知识产权普及教育试点学校”。120个校安工程和12所公办幼儿园、湖美中学、南靖三中迁建、三实小等BT项目全部建成。通过“义务教育发展基本均衡县”国家评估认定，成为全省首个通过“教育强县”省级评估验收的建制县。投入3913.4万元，迁建县中医院、奎洋卫生院，书洋中心卫生院建成投用；新农合人均筹资标准从340元提高到390元。继续保持低生育水平，“单独二胎”生育政策正式启动，人口自然增长率控制在7.7‰。县体育馆和体育场竣工投用，游泳馆开工建设；承办第十五届省运会举重比赛和第七届市农民运动会，参加省运会取得第29名，获得历史最好成绩。闽南

2014年11月15日，“清新福建，魅力南靖”——首届南靖土楼国际马拉松于福建省南靖土楼开跑 （南靖县政府办供稿）

地委机关旧址和岩永靖军政委员会旧址两个纪念馆修缮提升工程全面完成；县综合档案馆开工。（王俊强）

长 泰 县

【经济社会概况】 2014年，长泰县实现地区生产总值167.15亿元，比上年增长11.6%；固定资产投资238.28亿元，增长18%；农林牧渔业总产值28.02亿元，增长4.2%；公共财政收入20.01亿元，增长11.2%，其中地方级财政收入11.84亿元，增长8.4%；城镇居民人均可支配收入26024元，增长9.5%；农村居民人均可支配收入13421元，增长10.9%。

工业经济。规模以上工业产值366.95亿元，增长15%；规模以上工业增加值102.20亿元，增长15.3%。名鼎鞋业等13家企业新上规模，宏全食品等73家企业产值上亿元；联盛纸业等23家企业纳税上千万元，立达信集团纳税突破3亿元；敦信纸业在港交所主板成功上市，菲达阀门在新三板成功挂牌上市，乐丫丫、神悦铸造在上海股权托管交易中心挂牌，上市企业数居全市第1位。新增高新技术企业4家、省级工程技术研究中心1家，新引进品牌23件，新获省、市科技进步奖9项，立达信集团科技项目被评为省二等奖、市一等奖，乐丫丫食品获得省创新创业大赛一等奖。高端装备制造、海投科技、生态总部经济、生物科技等产业园区加快开发，大通互惠阀门等10家企业入驻高端装备制造产业园，珠峰文化等8家企业落户海投科技创业园；长泰经济开发区成为全国首批、全省唯一的国家低碳工业园区试点。

项目建设。217个县级以上重点项目完成投资286.9亿元，占年度计划的122.4%。东陶卫浴等30个工业项目竣工投产，南岸防洪堤等7个水利工程推进；状元大道等7条重要通道加快建设，35.4千米农村道路竣工使用，8座农村危桥完成改造，厦蓉高速长泰至厦门段正式通车，漳永高速坂里连接线进展顺利。新批外资项目18个，合同利用外资2亿美元，实际利用外资1.1亿美元；新批注册资金2000万元以上民营企业40家，注册资金10.63亿元，总投资60.45亿元；客贝利等12个外资项目投资上千万美元，尚美泰实业等22个内资项目投资上亿元，云峰机械等8个项目签约报批、开工建设。引进外地员工8000多人，报批土地169.4公顷，清理盘活工业用地70.2公顷、厂房16.1万平方米。建成溪口、花坊110千伏变电站。向上争取项目资金4.15亿元；落实政银企对接贷款46亿元、落实率80.4%。

现代农业。县财政全年投入支农资金3.2亿元，增长23%。实施枋洋尚吉等26个"美丽乡村"建设、"一事一议"补助项目，受益群众9.5万人。设立扶持现代农业发展专项资金1000万元、农民专业合作社资金600万元，推动现代花卉、大棚果蔬等特色农业发展，推广蔬菜优良品种0.29万公顷，新种花卉苗木0.04万公顷，全县花卉苗木种植面积0.17万公顷。碧山食品等12家市级农业产业化龙头企业获新认定，石铭芋头、坂里龙柚、枋洋蜜桔通过绿色食品认定，石铭村被评为全国"一村一品"示范村。非农收入比例提高，人均工资性收入8487元，增长6.1%，占农村居民可支配收入六成以上。

第三产业。全县旅游发展总体规划和坂里、山重、后坊、五里亭等旅游规划编制，农家乐、民宿奖励扶持办法继续实施；天柱山、闽虹酒店等旅游项目加快建设，十里蓝山等景区创A工作有序推进，蓝山公馆酒店投入运营；举办全国登山精英赛等旅游节庆活动；马洋溪生态旅游区入选亚太经合组织低碳示范城镇；被评为全国生态休闲农业和乡村旅游示范县，接待游客140万人次，旅游总收入9.6亿元。富捷迅软件科技等12家限额以上企业新获认定；兴业银行长泰支行正式开业；吉邦电子等35家工业企业电子商务业务积极开拓；社会消费品零售总额25.48亿元，增长15.3%；金座丽景等39个房地产项目有序开发，商品房销售面积15.53万平方米。

生态文明。编制全国生态文明先行示范区建设规划。禁养区内猪舍基本拆除，农村垃圾处理经验和做法在全省推广。查处环境违法企业14家，取缔废塑料加工点6个，治理矿区闭矿点植被恢复和"青山挂白"84.6公顷，植树造林0.12万公顷。县城新区规划3平方千米，策划生成项目22个，完成投资18.58亿元，金里安置小区开工建设，政顺路、祥和路等6条城区道路建成使用。"美丽乡村"建设三年计划全面启动，完成投资1.07亿元；"美丽乡村"建设地方标准制定出台，高濑、山重等23个村庄规划完成编制，雪美、尚吉等14个重点"美丽乡村"全力打造；后坊村被评为中国最美休闲乡村，山重村被列为中国传统古村落，上蔡村庄环境综合整治项目入选2014年中国人居环境范例奖。

深化改革。出台实施《县政府职能转变和机构改革方案》，食品药品监督管理机构重组运作，医药卫生体系改革扎实开展，392个事业单位分类工作初步完成。县行政服务中心在全省率先实行标准化服务替代行政审批改革，在全省全市推广。城乡居民社会养老保险一体化在全省率先启动。村干部实行职业化管理，村集体运转和村干部待遇得到保障。物资公司、二轻联社等11个单位良性资产实现优化重组。富达集团融资平台有效运用，全年融资7.4亿元。

民生保障。县财政用于民生支出13.29亿元，占公共财政支出的77.6%，提高5个百分点。长泰一中分校生活区主体建成、教学区开工建设，县城区小学实行集团化办学，特殊教育学校创办招生，通过国家义务教育基本均衡县评估验收，获得省教育工作先进县称号。县三级综合医院、兴泰社区卫生服务中心等卫生项目开工建设，县疾病控制中心、县卫生监督所和武安社区卫生服务中心投入使用，14家村级卫生所(室)完成改造，县公立医院改革正式启动，药品零差率销售实施。文体中心7个楼馆全面封顶、主体育场开工建设，龙人古琴文化村被评为国家文化产业示范基地；新建村级健身活动广场17个、实现中心村全覆盖，文昌公园登山步道和龙津溪骑行绿道建设使用。全县城乡养老保险参保率98%，新型农村合作医疗参合率 100%；发放农村和城市最低生活保障金 1343 万元，受益 5487 人；落实价格调节基金低收入群体补贴 235 万元，受益 11725 人次；实施丹岩叶坪、新吴东林等地质灾害点搬迁工程，受益 88 户 372 人；完成各类保障性住房 1253 套。县供水工程开工建设，总投资 3.6 亿元，涉及 8 个乡镇（场、区），受益人口 22.61 万人。县城至漳州动车站 702 公交线路开通运行。通过省级食品安全示范县验收，被评为省人口计生工作先进县。（张永坚）

华安县

【经济社会概况】 2014 年，华安县实现地区生产总值 90.42 亿元，比上年增长 10%；三次产业比例 22.2∶53.8∶24.0；公共财政总收入 7.08 亿元，其中地方公共财政收入 4.94 亿元，均与上年持平；规模以上工业总产值 142.77 亿元，增长 10.8%；规模以上工业增加值 39.75 亿元，增长 10.9%；固定资产投资 100.32 亿元，增长 5.5%；社会消费品零售总额 18.09 亿元，增长 11.8%；外贸出口总值 2082 万美元，增长 38.6%；实际利用外资 329 万美元；城镇居民人均可支配收入 24084 元，增长 10.6%；农村居民人均可支配收入 12534 元，增长 10%。

工业经济。新签约项目 35 个，总投资 60.02 亿元。新增规模工业企业 24 家，总数 134 家。纳税上百万元企业 68 家，上千万元企业 12 家。总投资 104.7 亿元的 28 个省、市重点建设项目完成投资 43.1 亿元。全年新开工、投产项目 40 个。理顺电力体制，丰山、沙建供电区划归县供电公司，工业电价每度减少 7 分，在沿海县（市、区）电价最低。

农业经济。茶叶产量 1.8 万吨，实现产值 18 亿元以上。出台《茶产业奖励扶持意见》，倡导推广茶园轮作、茶园套种等模式，致力提升茶叶品质。继续扶持花卉苗木产业发展，名贵花木、食用菌种植成为农业生产新亮点。积极发展林下经济，培育珍贵树种，被评为“国家珍贵树种培育示范县”“全省林下经济示范建设县”。

文化旅游。接待游客 80 多万人次，增长 21.6%；旅收入 4 亿元，增长 20.3%。出台加快文化、旅游产业发展《实施意见》。推动华安玉传统特色产业转型升级，华安玉石文化旅游产业园加快推进。总投资 20 亿元的正兴北溪养生养老文化旅游项目抓紧建设。官畲村被命名为“中国少数民族特色村寨”；和春村入选第三批“中国传统村落名录”。

基础设施。漳永高速公路累计完成投资 38.79 亿元，占总投资的 75.1%，全线路基、桥梁工程下部结构基本完成，39 座大桥架通 33 座，11 座隧道贯通 8 座。投入 5500 万元，完成“镇镇有干线”建设 10 千米、农村公路硬化 30 千米、公路安保工程 70 千米。投入 4000 万元，实施省道西港线城关至漳平 25 千米路面改造。

生态建设。开展生猪、牛蛙养殖污染专项整治，禁养区、禁建区拆除猪舍 8.4 万平方米，清理牛蛙池 44.07 公顷。高安、仙都、高车、湖林和马坑等 5 个乡镇获得“国家级生态乡镇”称号。完成造林绿化 0.12 万公顷。投入 1600 多万元，完成高车乡农村环境连片综合整治，实施银塘、天宫河道清淤整治工程和湖林、沙建竹溪小流域水土流失综合治理。开展全面宜居环境建设行动，29 个项目完成投资 10.46 亿元。

社会事业。落实义务教育“四免一补”1396 万元，1.26 万名学生受益；续建、新开工校舍工程 31 个，完成投资 1.01 亿元；新建成教学楼、宿舍楼 6 幢 1.55 万平方米；投入 603 万元，完成全县中学、小学计算机网络教室建设；投入 1000 多万元，完成利水千亩平湖省运会比赛基地建设，承办第十五届省运会皮划艇赛事。省运会上竞技体育取得历史性突破，夺得 4 枚金牌、3 枚银牌、4 枚铜牌；高山族传统体育项目《抛陀螺》《竿球》，分别获福建省第八届少数民族传统体育运动会表演项目比赛金、银奖。抓好福田、建美、半山 3 个省、市扶贫开发重点村和 4 个市直挂钩村、16 个县级贫困村项目建设，实现 2000 名贫困人口稳定脱贫。实施“造福工程、危房改造”1130 户 5067 人，发放补助资金 1788 万元。新增城镇就业 2517 人，农村劳动力转移就业 4014 人。发放城乡低保金 1541 万元。投入 7129 万元，开工建设公租房 454 套、棚户区改造 40 套。

（陈胜忠）

编辑：王文灿

泉州市

【基本概况】 泉州古称刺桐城，地处福建东南沿海、台湾海峡西岸，北承福州，南接厦门，东望台湾，是福建三大中心城市之一。泉州历史悠久，是国务院首批历史文化名城、东亚文化之都、古代“海上丝绸之路”起点、全国著名侨乡，辖 4 区 3 市 5 县和泉州经济技术开发区、泉州台商投资区，陆地面积 11015 平方千米，海域面积 11360 平方千米，2014 年末全市常住人口 844 万人，属亚热带海洋性季风气候。森林覆盖率 58.7%，矿产主要有铁、锰、金、煤、石英砂、花岗岩、高岭土等 20 多种。海岸线长 541 千米，湾多水深，港阔浪小，可供建港的岸线 45 千米，主要分布在湄洲湾（南岸）、泉州湾、深沪湾和围头湾。泉州保留着以南戏、南音、南少林、南建筑为代表的文化遗产和梨园戏、高甲戏、打城戏、提线木偶等全国特色剧种，拥有各级非物质文化遗产，其中世界级、国家级“非遗”名录分别为 4 个和 34 个。泉州被联合国教科文组织确定为世界多元文化展示中心，有“世纪宗教博物馆”的美誉，拥有各级文物保护单位 802 处，其中国家级 31 处，主要有开元寺和东西双塔、清源山老君岩、伊斯兰清净寺、草庵摩尼教佛像、安平桥、崇武古城等。

中国四大古桥之一——泉州洛阳桥 （泉州市政府办供稿）

【经济社会综述】 2014年，泉州市实现地区生产总值5733.36亿元，比上年增长10.1%，经济总量连续16年保持全省第一。其中，第一产业增加值172.35亿元，增长2.6%；第二产业增加值3553.25亿元，增长11.4%；第三产业增加值2007.75亿元，增长8.2%。按常住人口计算，人均地区生产总值68254元，增长9.1%。三次产业比例为3.0：62.0：35.0。当选首届中日韩“东亚文化之都”，荣膺全国文明城市、全国科技进步先进城市、全国“六五”普法中期先进城市等称号。

农业经济。农林牧渔业总产值308.88亿元，增长2.7%。农村居民人均可支配收入14586元，增长10.5%。粮食产量74.57万吨，减少0.71万吨。水产品总产量107.02万吨，增长3.7%；远洋渔船总规模位列全省第二位。现代农业园区建成项目54个，完成投资7.04亿元；实施设施农业项目80个，完成投资6.4亿元。115个水利建设项目完成投资44.5亿元，白濑水利枢纽项目被列为国家战略性重大水利工程。完成23万人农村安全饮水主体工程建设。山美水库流域生态保护项目成为福建省唯一、全国首批的重点支持湖泊之一。永春获批全国农村综合改革“美丽乡村”标准化建设试点，安溪、南安、永春、德化列入赣闽粤原中央苏区振兴发展规划。

工业经济。工业总产值11944.38亿元，增长12.1%，其中规模以上工业10699.43亿元，增长12.2%。产值超亿元工业企业2062家，增加171家。建立企业资金应急处置联席会议制度，协调处置51家企业的资金链问题；设立企业应急周转专项资金10亿元，为企业提供“过桥”资金167.33亿元；新增信贷资金投放1160亿元。推动对接产能650亿元。持续开展“电子商务在行动”，电商交易总额1420亿元，增长33.7%。抓好全国“数控一代”和“中国制造2025”试点，启动百个示范项目、百家示范企业。新增高新技术企业59家和中国驰名商标31件，制修订各级标准87项、授权专利11456件。开展“人才服务年”活动，为重点项目定制人才政策，创新非公企业专业技术人才评选工作。新增院士专家工作站4家、省级以上引智项目6个。

第三产业。出台落实扶持商业模式创新、工业设计、快递业发展等政策。“第三产业发展年”433个项目完成投资728.6亿元，国际轻纺城（一期）、南安公路港、EC产业园数据中心等建成，海峡石化交易中心开业。获批筹建“中国海洋产权交易中心”“中国茶业交易中心”。快递业务量2.59亿件，增长66%。接待游客4428.26万人次，增长18.7%；旅游总收入528.65亿元，增长18.3%。邮电业务总量206.92亿元，增长20%。港口货物吞吐量11200.7万吨，增长3.7%；集装箱吞吐量188.45万标箱，增长10.8%。各种运输方式旅客运输量9929.88万人次，增长0.7%；旅客周转量69.94亿人千米，增长1.8%；各种运输方式货物运输量20859.99万吨，增长17.7%；货物周转量1336.86亿吨千米，增长26.7%。泉州晋江国际机场旅客吞吐量278万人次，新增国际航线2条。

对外经贸。进出口总额308.50亿美元，增长5.9%，其中：出口181.78亿美元，增长10.4%；进口126.72亿美元，增长0.1%，位居“中国外贸百强市”前列。批准外商直接投资合同项目126项，增长13.5%；投资总额33.8亿美元，增长18.5%；合同外资金额15.5亿美元，增长16.4%；实际利用外资（验资口径）14.9亿美元，增长7.1%。新批外商投资超千万美元（含增资）的项目70家。在新签利用外资合同中，投向第二产业的合同金额9.1亿美元，增长4%。外商投资企业开业投产41家。签订对外经济技术合作合同金额8183万美元，增长171.5%；完成营业额4192万美元，增长5.1%。批准境外投资企业26家，境外投资总额4814万美元。关检“三个一”等便利通关模式全面推行。泉州港石井作业区口岸获准对外开放。

固定资产投资。全社会固定资产投资2940.25亿元，增长17.5%，其中：项目投资2098.38亿元，增长12.9%；房地产开发投资775.95亿元，增长32.5%；农户投资65.93亿元，增长11.9%。按三次产业分（不含农户投资），第一产业投资19.74亿元，增长98.5%；第二产业投资1036.37亿元，增长1.5%，其中工业投资1001.76亿元，下降0.9%；第三产业投资1818.22亿元，增长28.8%。加强项目调度，按月召开协调调度会，320个在建重点项目完成投资930亿元，沈海高速复线泉州段、机场连接线建成通车，中化斗尾30万吨级码头建成，泉州湾跨海大桥主体工程基本完成，厦沙高速泉州段开工建设，泉州动车站开通始发列车。抓好140个、总投资近7000亿元的项目，引进中化乙烯、富德新型能源化工、莲花汽车等重特大项目，中化炼油、恒安智能化、晶安光电（二期）等90个大项目建成投产。完成技改投资637.66亿元。

财政金融。公共财政总收入723.12亿元,增长11.3%,其中公共财政预算收入380.11亿元,增长9.7%。公共财政预算支出478.3亿元,增长13.4%。年末金融机构本外币各项存款余额6062.73亿元,增长7.8%,其中人民币各项存款余额5778.53亿元,增长6.8%;本外币各项贷款余额4929.63亿元,增长15%。通过发行、增发、配售股票筹集资金44.5亿元,减少20.1亿元。保险业各项保费收入136.84亿元,增长15.1%,其中:财产险保费收入47.66亿元,增长19.6%;人身险保费收入89.18亿元,增长12.6%。

改革开放。获准开展泉台跨境人民币贷款等3项试点。完成金改项目46个。入选全国小微企业信用体系建设试验区,率先建成中小微企业信用信息交换共享平台,小微企业信贷覆盖率达31.9%,比上年末提高6.9个百分点,比金改前提高16.9个百分点。消费金融公司、海峡金融资产交易中心开业,企业集团财务公司获批筹建,金融租赁公司申报筹建。新增上市企业9家、新三板挂牌企业4家,海峡股权泉州交易中心挂牌企业307家。出台民间融资管理规定,推动民间融资登记备案。银行业金融机构不良贷款率1.05%。民营经济综合改革不断拓展,制定民营经济综合改革3年实施计划,抓好10个方面182项改革,推进各县(市、区)主题改革。启动工商登记制度改革,新登记市场主体9.6万家,增长48.2%。探索建立负面清单管理模式。民间投资2084.55亿元,增长24.7%。出台批而未用和闲置土地的处理措施,盘活存量土地1793公顷。外向型经济加快发展,出台加快台商投资区开发建设的意见。

城乡建设。深化"环湾规划建设年"活动,427个项目完成投资477亿元,环湾建成区面积197.6平方千米。实施城乡基础设施提升工程,高速公路通车里程超过500千米,中心市区新增和优化公交线路12条,新增车位1万多个。实施宜居环境建设行动,开展晋江洛阳江两岸景观整治规划编制,江滨北路绿道慢线全线贯通。完成市政提升"五千工程"787.5千米,建成城市森林生态景观示范片611.07公顷。综合治理"两违",拆除面积422.3万平方米。环湾建成区实现"数字城管"全覆盖。晋江新型城镇化工作成为国家级试点,石狮全域城市化、德化统筹城乡、泉港和南安沿海"三镇"产城联动等试点取得新进展。16个镇列入全国重点镇,5个中心镇获批省级"小城市"试点,省市试点镇建设完成投资390.6亿元。启动石结构房屋5年改造计划,完成拆迁1807万平方米,基本建成1103万平方米。新办理流动人口居住证117.9万张,农业转移人口市民化有序推进,全市城镇化率62.9%。确定20个扶贫开发工作重点村;实施造福工程危房改造3200户。实施公路安保工程953千米,提级改造农村公路137千米,建设升级农村配电网828千米。大力推进扶贫开发,集中帮扶30个重点乡镇、300个重点村,实现年度脱贫5万人的目标。完成省市造福工程危房改造3434户。

环境保护。通过国家级生态市技术评估、园林城市复查,获评省级森林城市。实施节能项目100个、减排治理项目1281个,完成节能减排任务。泉港石化园区列入国家循环化改造示范试点。新建污水处理厂6座、污水管网391千米,新增日污水处理能力12万吨,省级以上工业园区全面实现污水集中处理。推进山美水库生态保护国家试点项目建设,加强惠女水库周边畜禽养殖污染整治,禁养区畜禽养殖场基本关闭或拆除。做好PM2.5监测发布,实施大气污染治理项目20个,市区空气优良率达95.3%。植树造林0.77万公顷,水土流失治理1.89万公顷,矿山恢复治理698.6万平方米。

社会事业。组织实施三国文化周、艺术家互访、互办文化展、青少年夏令营等37个交流项目,建设影响东亚、面向世界的"多元文化都市"。抓好闽南文化生态保护区20个重点区域整体性保护,新增国家级"非遗"项目3个、中国传统村落4个;设立近亿元当代艺术馆、南音南戏发展基金,加快国家广告产业园等文化产业集聚区建设;文化产业增加值293亿元,增长15%;入选"中国最具价值文化(遗产)旅游目的地"。教育致力统筹优化,新扩容城镇中小学学位2.2万个,新增公办幼儿园学位1万个;建成青少年社会教育活动中心20座;泉州信息学院升格本科。运动员参加省运会等重大赛事取得好成绩。实现市县两级公立医院综合改革全覆盖,药品零差率销售全面推行。新增医疗机构床位2500张。加强基层卫生服务和疾病预防工作。

人民生活。新增城镇就业15.6万人,农村劳动力转移就业6.1万人。城镇职工"五险"参保人数增加38.2万人。城镇居民医保和新农合参保率分别达95%和99.96%。救助困难群众7.19万人,惠及低保对象13.6万人。城乡居民基本养老保险参保率99.2%。新增养老床位9000张,建设农村老年体育活动中心20个,建成江南老年颐乐园和市福乐家园(一期)。开工建设保障性安居工程3.54万套,新增配租配售1.13万套;新归集住房公积金49.2亿元,发放贷款36.5亿元;中心市区安置房办证完成产权登记46.7万平方米。慈善机构到位善款近9亿元,接受侨捐超百亿元。

【东亚文化之都活动】 2014年,泉州市圆满完成东亚文化之都系列活动。组织开展中韩日"东亚文化之都"城市交流活动37场、重大文化活动近300场和主题群众文化活动2万多场。有42个国家和地区2000多名嘉宾、艺术家莅泉参加各种活动,直接参与的市民达200多万人次。实施"古城—古港—新区—全域联动"。启动古城文化复兴计划,西街"大麦仓"文化空间建成投入使用,市公共文化中心(包括科技规划馆、工人文化宫、图书馆、大剧院)奠基。创建国家公共文化服务体系示范区。深入实施"文化惠民"工程,加快建设一批文化惠民项目。筹办第十四届亚洲艺术节。

【"海丝"建设】 根据全省打造21世纪海上丝绸之路核心区的决策部署,泉州率先提出建设21世纪海上丝绸之路先行区。成立"海丝"经贸文化合作先行区建设推进协调领导小组，由市委书记担任组长。编制《泉州市21世纪海上丝绸之路先行区建设总体方案》；委托国家发改委国际合作中心编制《泉州建设海上丝绸之路先行区发展规划》，包括举办新世纪丝绸之路经济论坛、中阿城市论坛、“海丝”国际艺术节、“海丝”国际品牌博览会等。发起倡议建立“21世纪海上丝绸之路”城市联盟和商务合作机制。“海丝”九城市代表联合签署《“海丝”联合申遗——“泉州共识”》。研究提出“十大行动计划”和“十大重点工程”，策划实施“海丝”项目200个。2014年与“海丝”沿线国家和地区贸易总额157.6亿美元。（林新雅）

鲤城区

【经济社会概况】 2014年，鲤城区实现地区生产总值340.19亿元，比上年增长6.5%，其中，第一产业增加值0.12亿元，下降16%；第二产业增加值197.57亿元，增长7.5%；第三产业增加值142.51亿元，增长5.0%。公共财政总收入19.46亿元，增长0.5%，其中公共财政预算收入11.44亿元，增长5.3%；全社会固定资产投资115.82亿元，增长16.5%；合同利用外资4277万美元，下降63.8%，实际利用外资(验资口径)2670万美元，下降72.4%；出口商品总值90198万美元，增长7.9%；社会消费品零售额270.51亿元，增长11.7%；居民人均可支配收入35798元，增长6.7%。

工业经济。规模以上工业企业196家；规模以上工业产值711.19亿元，增长7.2%；规模以上工业增加值188.78亿元，增长6.7%；规模以上纺织鞋服产值171.68亿元，增长11.1%；规模以上机械汽配产值36.58亿元，增长11.5%；规模以上电子信息产值72.06亿元，增长11.9%。产值超亿元企业76家，净增7家；实现工业产值259亿元，增长16.1%；规模以上工业产销率98.5%。自营出口创汇300万美元以上企业48家。

第三产业。限上电子商务企业6家，零售额14.8亿元，增长33.3%。全省首个大学生电子商务创业孵化基地启动，入驻项目32个。利用闲置楼宇、厂房引办企业1053家，投资总额36.63亿元，总注册资本36.55亿元，盘活面积34.58万平方米，税收4564万元。注册资本5000万元以上项目16个；租赁面积1000平方米以上的企业83家。42家限上汽车企业零售额8.49亿元，增长16.8%。新增限上商贸企业20家，累计127家。水果、蔬菜批发市场年交易额超10亿元。高新区科技金融服务中心入驻各类金融服务机构37家，开业运营24家，网络平台注册成员单位1300多家。设立全省首个中小企业互助基金，并以基金为核心成立“海西金融超市”。财佰通科技、四季天宝在场外交易市场挂牌。金融业增加值27.78亿元，增长7%。

现代农业。农林牧渔业总产值2000万元，粮食总播种面积73.33公顷，蔬菜产量7500吨，肉蛋奶产量130吨，水果产量155吨，水产品产量100吨。争取省、市设施农业建设专项补助资金30万元，扶持紫帽农业生态观光园建设智能温控大棚0.3公顷。设立农业贷款风险补偿专项资金150万元，由区农业银行按风险金的20倍额度，提供总额3000万元的贷款给辖区内农户，缓解农业经济合作组织或涉农企业的融资难题。

民营经济综合改革。出台支持企业全方位创新行动方案，设立5000万元专项扶持资金。29家企业获评泉州市首批科技小巨人；15家企业被认定为泉州市行业技术开发中心；8家企业入选第二批“泉州市管理创新示范企业”；17个项目获市级以上科技计划项目，技术转让交易合同登记金额6.8亿元。培育“数控一代”机械产品创新应用示范企业，4家企业被列入泉州市首批示范项目；3家企业被认定为福建省“两化”融合示范企业。建设科技创新服务中心暨中小微企业创业园，聚集创新型服务机构等46家，科技创新服务中心获评省级优秀科技企业孵化器。全面推进“先照后证”等商事登记制度改革，登记企业近1300户，增长90%。

项目建设。15个项目用地通过市政府用地联席会、1个项目通过市地价会。48个在建重点项目完成投资43亿元，增长28.9%；42个“环湾规划建设年”建设类项目完成投资32.12亿元。实施石结构房改造5年推进计划，先行启动5个试点项目、总面积48.4万平方米，部分项目已动工。获批的10个亿城投债优先用于保障11个安置小区建设，后坑安置小区等项目交房安置。推进总投资20亿元的32个新区市政基础设施项目建设，站前大道鲤城段、中医联合医院周边道路主车道全线贯通，金塔段商住区(一期)市政道路工程完成规划二、三、六路及新延路(600米)的沥青路面施工。公共卫生服务中心大楼封顶。完成江南新区41个垃圾围改造和17座公厕提升改造工作。

生态建设。投入2632万元实施8个水环境整治项目，集中式饮用水源地、内沟河等水质100%达标，生活垃圾无害化处理率达99%；PM2.5纳入空气质量监测项目，全年空气质量达到功能区Ⅱ类标准；金龙、浮桥街道取得国家级生态街道命名；国家级生态区建设顺利通过技术评估。数据化城管建设。开展全区630多个网格巡查督导和36个市容市貌管理重点节点专项整治，数字城管系统覆盖全区79个社区；“两违”现象得到有效遏制，整治违建800多宗，拆除面积近30万平方米。

社会事业。全年安排7.5亿元用于保障改善民生，完成为民办实事项目36个，其中：市级项目16个，区级项目20个。第二实验幼儿园、江南中心幼儿园正式投入使用，实现8个街道公办幼儿园全覆盖；获得“全国义务教育发展基本均衡区”称号。基本公共卫生服务均等化全面推进，建立36个家庭医生服务团队，签约2.49万个家庭，受益居民8.87万人；建立居民电子健康档案32.55万份，居民健康档案建档率达85.9%；基本公共卫生服务项目绩效考评位居全市前列；完成省级健康教育试点区11个示范单位建设；建成并规范运作学校少年宫10所。计生工作综合考评全市第一。投入6781万元推进53个美丽社区建设，建成16个区级以上社区综合服务站、65个社区服务中心(站)，试点建设市级“社区家庭综合服务中心”，79个社区全部推行社区网格化规范管理。新增城镇就业1.5万人，城镇登记失业率控制在0.8%以内。五险统征扩面完成上级下达指标，城镇居民社会保障制度实现全覆盖。困难群众最低生活保障标准提高到每人每月470元。发放大病医疗救助118人次108万元。江南经济适用房二期主体竣工，建成保障性住房1730套，完成市下达任务的173%。实施古城文化复兴计划，深化“古韵鲤城·文化之旅”品牌和项目运作，推进新门街、庄府巷、打锡街等历史文化街区业态升级，门里博物馆建成开放。新增3家市级以上文化产业示范基地，总数达9家；引进“东亚之窗”、古城牛庄文创园。功夫动漫获第二届中国动漫十大名片三大奖项。举办“文化之都·多彩鲤城”文化周系列活动17场；开展群众主题文化活动76项、演出250多场，赴台举办第三届海峡两岸关帝文化节。通过全国文化先进单位复评，荣获“2014—2016年度中国民间文化艺术之乡”称号。被评为“全国青少年普法教育示范区”。（曾玲玲）

丰 泽 区

【经济社会概况】 2014年，丰泽区实现地区生产总值442.25亿元，比上年增长8.2%；三次产业比例为0.3∶39.5∶60.2；公共财政总收入33.6亿元，增长7.8%，其中公共财政预算收入22.62亿元，增长7.6%；农林牧渔业总产值3.1亿元，下降6.5%；全社会固定资产投资240.56亿元，增长26.1%；社会消费品零售总额242.77亿元，增长9.9%；居民人均可支配收入41617元，增长8.0%。

经贸工作。组织11个项目参加“9·8”洽谈会和粤港澳、江浙沪产业链对接、民企对接等洽谈活动，总投资135.9亿元。组织120多家企业参加“品牌香江行”等80多场国内外重点展销活动；10个品牌被确认为“省重点培育和发展的国际知名品牌”；新增出口超千万美元企业3家，东海开发、丰泽船务等8家企业赴境外设立营销平台或办事处。新批外资企业15家，投资总额4.9亿美元，实际利用外资（验资口径）1.4亿美元；海关出口商品总值14亿美元，增长5%。

龙头企业。南方路机、先创电子等6家省级龙头企业、71家区级龙头企业加快结构调整、科技创新。21家龙头企业与92家小微企业开展协作配套。南威软件、虎都男装成功上市，皇品文化在“新三板”挂牌，毅通信息、双龙科技等24家企业在海峡股权泉州交易中心挂牌。格林集团、虎都男装入选“全国服装行业百强企业”。新增规模以上（限上）企业46家。

自主创新。组织实施国家级科技项目6个、省市级科技项目10个、省市级重大技改项目10个、科教兴区重点项目58个、区级重大技改项目5个。组织62个对接项目、15个技术需求项目参加“6·18”招商活动。国家级科技企业孵化器——泉州市“数控一代”科技创新中心落地并引进华中科大泉州智能制造研究院、国家数控中心泉州分中心等16家科研单位入驻。匹克集团与日本丸五株式会社开展商标授权合作。2家企业被确定为省级高新技术企业，4家企业被确定为省级创新型企业，5个项目被确定为市级“数控一代”示范项目，3个单位被确定为市级企业工程技术研究中心。新增中国驰名商标1个、省级名牌产品（著名商标）9个、市知名商标7个。专利授权486件，创建“全省知识产权强区”通过验收。

第三产业。举办丰泽区第二届购物节，新华都、浦西万达广场等大型商超运营态势良好。中骏世界城开业运营。讯网网络和一品嘉、仲龙计算机分别被评为国家级、省级“电子商务示范企业”，领SHOW天地创艺园区获批“福建海西国家广告产业园区（泉州园）”、“省级电子商务示范基地”。东海总部区特步、恒安等7家企业动工建设，浦西万达甲级写字楼引进82家企业入驻，纳税上千万元楼宇16栋。天籁时空、太古广告入选“市级文化产业发展十佳企业”，九龙宝典、天籁时空被评为“市级文化产业示范基地”。闽台缘博物馆、领SHOW天地创艺园区分别被评为4A级、3A级旅游景区，康辉、宝中旅行社被评为5A级旅行社。新增科技研发、技术服务等新兴业态服务业企业727家，注册资本9.86亿元。

园区建设。泉州软件园正式开园，启动区投入使用，华拓自动化、启明通信等13家企业入园运营，南威软件大厦作为分园区纳入管理。海西电子信息产业育成基地入驻企业36家，生产数字对讲机芯片20万片投放市场，获批“国家级科技企业孵化器”。海西国家广告产业园入驻企业220多家，初步形成较为完善的广告创意、电子商务产业链。

各项改革。启动发行棚户区改造项目债券。启动正骨医院综合改革，创新管理运行机制，扩大医院用人自主权，实施药品零差率销售。义务教育、疾病预防控制、人口计生服务等基本公共服务实现向常住人口全覆盖。创新中小学校责任督学挂牌督导制度。推动区职教中心“管办”分离，合并设立“泉州市工商旅游职业中专学校”。开办清源讲堂，促进校企人才合作。实施海西民间借贷登记服务中心等14个“金改区”项目建设，引进恒丰银行、厦门国际银行设立一级银行机构，新设9家准金融机构。试行先照后证登记制、注册资本认缴制。新登记企业3783家，增长80.8%。

城乡建设。潘山片区、南少林寺片区旅游综合体等75个区级重点建设项目完成投资94.2亿元。完成泉州信息工程学院等45个省市级重点项目分解下达的任务，依法征收土地37.33公顷、各类房屋5.7万平方米。完成妙云街、美桐街等8条道路雨污水管道清淤改造和13个配套管网工程。完成群峰、庄任等6个社区自来水安装和毅达新村、前坂东区等8个地面停车场963个停车位建设并投入使用。启动石结构房屋改造，完成979栋石结构房屋改造。完成华润雪花、东宝服装等9个清洁能源替代项目建设。完成132.67公顷造林绿化、10.67公顷水土流失治理等建设任务，创建“国家级生态区”通过国家环保部技术评估。持续开展“两违”综合治理，拆除“两违”建筑29.4万平方米。完成源淮、仁风等22个“美丽社区”示范点建设年度目标，新增埭头、沉洲等

5个省级社区综合服务站，裕景湾、雍景台小区被评为“市级优秀物业管理示范小区”。

社会事业。全面完成10件为民办实事项目。教育投入4.41亿元，完成区第二实验小学、群石小学等教学综合楼建设，新建海城学府、宝秀等4所公办幼儿园，新增学位3300个；中考成绩继续位居全市第一名。引导外来务工人员就业12.2万人次，培训各类劳动者20915人次，新增城镇就业13118人，城镇登记失业率为0.82%。“五险”参保人数累计66.85万人次，增长37.5%。企业离退休人员养老金人均月调资198元。发放企业、城镇居民养老金7516万元。城镇职工医疗保障报销额度提高到每年31万元。为114名老年人居家养老提供政府购买服务。低保金提高到每人每月470元。发放各类慈善、救助救济金1508.5万元。完成575套保障性安居房建设。完成东海、北峰街道社区卫生服务中心场所改造，正骨医院病房大楼投入使用并晋升为三级甲等中医骨伤专科医院。创建“国家级慢性病综合防控示范区”通过国家卫计委考评。社区人口家庭服务室规范化建设在全市率先实现全覆盖，人口出生率为9.41‰，政策符合率为92.6%，出生性别比107.3。新建云谷、丰泽、浔美社区文化活动中心示范点和丰泽新村社区老人体育活动中心示范点，建成后厝、凤山、拒洪等6个社区多功能运动场和37个社区文体设施提升建设点。划定11处省级以上文物保护单位控制区，林秀清、黄晨分别被省政府确认为“泉州金苍绣技艺”“丰泽蟳埔女服饰”传承人，浦西瑶绿豆饼、泉州彩扎、泉州讲古列入区第三批非物质文化遗产保护名录。获得“全国义务教育发展基本均衡区”“全国平安渔业示范区”“全国青少年普法教育示范区”“省级电子商务示范区”等称号。

（卢承志）

洛 江 区

【经济社会概况】 2014年，洛江区实现地区生产总值132.89亿元，比上年增长10.4%；公共财政总收入14.39亿元，增长5.6%，其中公共财政预算收入9.33亿元，增长8.3%；工业总产值320亿元，增长14.6%，其中规模以上工业生产值301.63亿元，增长13.6%；第三产业增加值30.39亿元，增长4.0%；农林牧渔业总产值7.27亿元，增长2.5%；出口总额5.1亿美元，增长3.5%。全社会固定资产投资74.92亿元，增长21.9%；社会消费品零售总额25.81亿元，增长11.4%；农民人均可支配收入12435元，增长10.1%。

工业经济。出台推动工业稳增长促转型等9份配套文件，兑现各类奖励资金8800万元。投资13.76亿元实施13个市级以上重点技改项目，其中9个项目被列为省级重点技改项目。5家企业被列为省级两化融合重点企业，2家企业被列为省级战略性新兴产业骨干企业。完善工业企业续贷周转金制度，强化银企对接，帮助71家（次）企业续贷5.73亿元；推动小额贷款公司、融资性担保公司规范运营，解决中小企业资金需求3亿多元。进一步完善华大科技创业园、五金机电产业园配套设施。新投建企业17家，投产12家。

第三产业。深化“第三产业发展年”活动，实施第三产业重点项目27个，完成投资16.31亿元。物流、汽车4S店等特色商圈初步形成，嘉太、新华都物流仓库建成投产，一汽奥迪华氏、上海大众元泽等一批汽车4S店投建或投入运营。全年新开工房地产57.9万平方米，竣工39.77万平方米；商品房销售24.97万平方米，销售额20.79亿元。电子商务加快发展，指导4家企业申报市商业模式创新典型示范企业。加快洛江小总部经济区前期工作，推进万安中心区商业楼、大华企业总部建设，力促洛江籍企业家联谊大厦招商项目入驻。改造仙公山配套设施，提升景区品位；举办“东亚文化之都”洛江文化周，推进乡村旅游业加快发展，旅游收入8.54亿元，增长15.6%。

现代农业。支持农村土地有序流转，4家规模经营主体流转土地69.87公顷，带动周边农民人均年增收2万元。落实各项支农资金5886万元。新建蔬菜、中草药智能温室（大棚）17公顷，3家企业获批市级示范基地；指导17家企业（农户）获批现代农业项目扶持资金1200多万元。林下产业发展迅速，被列为全省林下经济发展重点县（区），获批省级现代花卉生产示范区，争取上级补助资金400万元，新建花卉标准温室（大棚）2.4万平方米、设施苗圃20公顷，花卉年产值1亿元；林下经济产品获第十届海峡两岸林业博览会2项金奖和第25届香港美食博览会“最受欢迎产品奖”。实施洛阳江流域河市段综合整治工程，八峰水库、市田水库等重点水利工程进展顺利，完成3座小型水库和10座山围塘除险加固；改造中低产田266.67公顷。

招商引资。参加全省第四届民营企业产业项目对接会和粤港澳、江浙沪产业链对接洽谈会、“9·8”投洽会等重大经贸活动，策划生成民企对接项目17个，总投资22.2亿元，完成年度投资3.39亿元，合同项目开工率100%。鼓励企业采用项目融资、境外上市、股权转让、并购等方式扩大利用外资规模，新批外资企业3家，增资企业4家，实际利用外资5500万美元，增长113.1%。

城乡建设。2014年，56个区级在建重点项目完成投资43亿元。配合国道324线丰洛段拓改工程建设；沈海复线高速公路（罗溪段）竣工。提升改造农村道路25千米、电力线路58千米，新开通2条公交线路。新建污水管网2.12千米，清淤雨污水管道26.5千米。推进片区改造和城镇化建设，河市旧镇区改造一期安置楼封顶，新镇区建设商住楼4万平方米，万虹路河市段拓改工程浮桥村安置楼竣工；罗溪镇沈海复线高速公路安置小区完成建设。

城镇化建设。投资7.18亿元实施10个小城镇改革发展战役项目。深化马甲小城镇改革试点，实行“划分收支、核定基数、增量返还、定额缴补”的财政管理机制，落实各类税费返还和拨补236万元。推行居住证制度，为5300名暂住人员办理居住证。

“美丽乡村”建设。投资1590万

元建设5个区级“美丽乡村”示范村，争取2014年“美丽乡村”建设省级以奖代补资金810万元。安排宜居环境建设项目70个，完成年度投资15.54亿元。打造“俞大猷公园—田格里拉生态园”市级美丽乡村精品线及市级“美丽乡村”示范村新告村。安排农村公益事业建设“一事一议”财政奖补项目39个，落实资金1665.4万元。启动塘西、后埭、马甲旧镇区3个片区石结构房屋改造。拆除“两违”建筑27.96万平方米。创建国家级生态区通过环保部考核验收；完成造林绿化265.33公顷，封山育林0.12万公顷；投入7604万元实施重点流域（近海水域）水环境综合整治项目15个；投入2700万元开展惠女水库周边养殖污染整治。

社会事业。2014年，申报各级科技项目70项，为企业争取上级扶持资金1685万元。新增1家火炬高新技术企业、2家省级创新型试点企业、8家市级行业技术及工程技术研发中心，新成立1家省级院士专家工作站，13家企业被认定为全市首批科技小巨人。推进“数控一代”示范工程建设，2个项目获省重大专项和国家科技支撑计划立项。申请专利214件，授权专利178件。拨付1053.6万元落实义务教育“三免一补”与助学政策，投入1070万元实施中小学信息化工程；投入8665万元新建校舍3.66万平方米；市实验小学洛江校区建成招生，马甲第二中心小学、河市霞溪小学综合楼竣工，福建经贸学校新校区开始主体施工。医药卫生体制改革持续深化，投入6000万元建成区医院病房大楼并投入使用，100%村卫生所完成信息化建设。人口自然增长率7.56‰。新建、提升15家农家（社区）书屋和10个村级灯光篮球场，建成2个省级社区多功能运动场所、10个市级全民健身点，建设14个村级文化活动示范中心及文化信息共享工程点；“陈三五娘传说”入选国家级非物质文化遗产代表性项目。推进光网城市、智慧城市建设，完成综治全球眼平台对接和14个小区光纤入户；实施无线宽带城市工程，开通73个4G基站。

民生保障。落实城乡社会养老保险制度，参保续缴率95.1%。基础养老金提高至每人每月80元，被征地人员养老保障金提高至每人每月120元，企业退休人员基本养老金人均月增资201.45元。发放养老金1648.78万元；发放各类优抚安置费889.69万元；落实第三批70周岁以上退休干部职工及历年去世人员住房补贴736万元。农村低保标准由每人每月252元提高至280元，城市低保标准由每人每月420元提高至470元，发放低保金758.2万元。深入实施新农合制度，人均筹资标准390元，参合率99.9%。抓好各类保障性住房建设，投资2.55亿元建设1418套保障性住房，发放公共租赁住房、棚户区（危房）改造补助资金1488.5万元；实施“造福工程”搬迁100人。落实348万元帮扶7个不适应村和经济欠发达村。（赖云鹏）

泉港区

【经济社会概况】 2014年，泉港区实现地区生产总值344.38亿元，比上年增长12%；全社会固定资产投资169.01亿元，增长20.7%；公共财政总收入83.97亿元，增长7.75%，其中公共财政预算收入13.88亿元，增长16.86%；实际利用外资（验资口径）11525万美元，增长18.1%；城镇居民人均可支配收入26370元，增长8.8%；农村居民人均可支配收入14313元，增长10.0%。

经济建设。开展“产业提升年”活动，联合石化“脱瓶颈”、EO/EG和林德空分等一批项目陆续竣工投产，钟山石化、新协志涂料等8个项目动工建设，石化产值突破800亿元。园区建设全面提速，南山片区基本具备“十通一平”，基础设施、公用配套、防洪排涝、物流基地“四大类”项目完成投资18.7亿元，公用管廊、污水处理厂等“十大公用工程”基本建成投用，石化园区连续两年跻身中国化工园区前8强，被评选为国家级循环化改造示范试点园区。福建师范大学石化研究院正式运行，石化应急救援中心（一期）基本完成。实现规模土地流转97.8公顷，新增设施农业23.33公顷；新建200千瓦、400千瓦钢质渔船各一艘；农林牧渔总产值19.48亿元。完成工业投资89亿元；工业总产值1212亿元；规模以上工业产值1175.25亿元。口岸联检大楼主体完工，肖厝作业区11#泊位投入运行，新增鲤鱼尾、东港码头和肖厝作业区3#泊位等一批对外开放口岸，振戎石化、仁建仓储物流落户。红星生态园获批国家3A旅游景区，锦绣文化创意园筹建运营，旅游总收入8.43亿元，增长12%。建配龙商城基本建成，栖霞、龙山电子商务街初具规模；社会消费品零售额74.10亿元，增长13%。实施重点产学研合作项目15个，新增国家级高新技术企业3家、省级企业工程技术研究中心4家和市级产业技术创新联盟1家、工程技术研究中心2家、行业技术3家、科技小巨人5家；获得科技资金补助1167万元。新增专利申请932件，增长38.9%；授权403件，其中发明专利11件，增长57%。新增注册商标373件、中国驰名商标2件、省著名商标5件、省名牌产品4个。16家企业推行技改扩营，完成投资60亿元，新增产值120亿元。

产城联动。获批泉州市“产城联动新城区”试点。77个城建“一年出亮点”项目完成投资46.96亿元。完成滨海新区、岩山片区等规划编制，锦绣公园、文化中心投入使用，总部经济区8幢楼宇主体完工，42个在建房地产项目完成投资35亿元。镇村建设统筹推进，基本完成21个村庄规划编制，62个小城镇项目、124个“美丽乡村”建设项目分别完成投资19.1亿元、1.1亿元，前黄镇入选全国重点镇，3个社区获评市星级智慧社区。启动11个区级石结构房屋改造示范项目，龙山“三旧”改造、荷池片区改造建设全面推进，拆除石结构房屋面积117万平方米。实施街景整治，驿峰路综合改造、通港路非机动车道基本完成。推动地下管道并网衔接，铺设改造供水管道21千米、燃气管网12千米、雨污管道18千米。依法拆除“两违”建筑36.15万平方米。规范个人建房管理，审批农村危房改造2039宗。新投放区内运营出租车30辆，公交线路进一步优化。

社会事业。完成16项33件为民

办实事项目。建立社会救助统筹联动机制，发放医疗、优抚、慈善、低保等资金9100万元，增长13%。“救急难”工作纳入全省试点。新增城镇就业7019人，转移农村劳动力7522人，完成就业培训1.52万人。新开工城市棚户区改造项目195套，完成保障性住房配租585套，120户安居工程、450套安置房基本完成。建成社区服务站25个、居家养老服务站14个。实施扶贫开发项目41个。新开工水利工程15个，完成验收4个，解决3.7万人农村饮水安全问题。投入9820万元，推进校安工程、校园配套和教育信息化建设；开展教育综合改革，实施初中校长聘任制；完成泉港一中增设初中部、泉港二中和山腰中学合并办学、美发中学与福师大合作办学等资源整合，引进北大培文教育集团开展合作办学；建立首个“泉港区名师工作室”，通过省“教育强区”市级核查。启动区级公立医院改革，开展家庭医生签约式服务，区卫监大楼、中心血库等项目建设基本完成，区妇幼保健院晋升“二甲”；推行新农合总额预付，落实国家基本药物制度，区级公立医院全部实行药品和耗材零差率销售。承办“山海泉港”文化周、海峡传统文化北管学术研讨会等活动，获评“中国海港文化之乡”“中国北管音乐文化之乡”。土坑村入选中国历史文化名村和中国传统村落，水密隔舱福船制造技艺列入国家非遗代表性项目名录，新增2处闽南文化生态重点保护区、2名省级非遗项目代表性传承人。小坝、钟厝2个“中国少数民族特色村寨”加快建设。第三次全国经济普查顺利完成。

（刘华军）

晋江市

【经济社会概况】 2014年，晋江市实现地区生产总值1492.86亿元，比上年增长9.8%；人均生产总值72645元；第一产业增加值18.64亿元，增长2.5%；第二产业增加值998.96亿元，增长9.7%；第三产业增加值475.26亿元，增长10.1%；三次产业比例为1.3∶66.9∶31.8；公共财政总收入198.02亿元，增长8.3%，其中本级公共财政预算收入114.10亿元，增长13.7%。在全国中小城市科学发展评价综合实力百强市中居第8位、中国最具投资潜力中小城市百强中居第2位、县域基本竞争力保持全国百强第5位，持续21年居福建省县域经济实力十强首位。

农业经济。农林牧渔业总产值37.0亿元，增长2.6%，其中：农业产值7.5亿元，林业产值0.7亿元，牧业产值4.9亿元，渔业产值22.9亿元，农林牧渔服务业产值1.5亿元。投入农林水发展资金9.42亿元，完成3座水库、5.5千米堤防除险加固，修复水毁工程27处，新增节水灌溉0.09万公顷。新增流转耕地270公顷，累计流转土地0.77万公顷，占耕地总面积的46%，其中138户种粮大户承包全市20.67%耕地，累计有“全国粮食生产大户”19人次、“全国粮食生产大户标兵”2人次。新增省级农业龙头企业3家。投入3.76亿元开展“美丽乡村”建设。拆除旧房682座15.13万平方米，整理土地22.71万平方米，新建房屋742户、面积15.3万平方米。新修筑排水沟106.38千米，新增道路硬化403千米，绿化148.67公顷。新增东石镇檗谷村、紫帽镇紫星村、龙湖镇南浔村3个泉州市级新农村建设试点示范村。实施创业项目101个，村（社区）平均财政收入提高到44.22万元。

工业经济。工业总产值3715.1亿元，增长11.2%。规模以上工业产值3297.51亿元，增长9.1%。规模以上工业实现利润224.4亿元，增长2.8%。持续开展“送政策进企业”活动，协助企业争取省、泉州市政策扶持资金1500万元，惠及30多家企业；兑现市级财政政策扶持资金3000万元，惠及300多家企业；落实企业房产税、土地使用税“即征即奖”资金4.05亿元，惠及企业1064家；全市兑现各级政策扶持资金13.62亿元，有效减轻企业负担。强化龙头企业培育，筛选确定106家市级龙头企业，其中68家列入泉州市级龙头企业，12家列入省级龙头企业。深化产业配套协作，引导41家龙头企业以委托加工等方式与272家中小企业建立配套协作关系。新增5家省级、5家泉州市级企业技术中心，2家省级、3家泉州市级工业设计中心，晋江国际工业设计园获福建省工业设计示范园区，有27家晋江制造企业参与境内外创意设计。贯彻落实省“百项千亿”和泉州市“五年千项”技改行动，征集194个本级技改储备项目，其中：52家列入泉州市级重点技改储备项目，26家列入省级重点技改储备项目；完成投资76.13亿。大力引导企业实施产品、技术、品牌、管理和商业模式“五个创新”、实施“数控一代”示范工程22个，引进研发设计机构35家，新认定优秀人才232人，形成以三创园、洪山文创园为平台、人才政策为保障、企业投入为主体的创新体系。全社会研发投入占GDP的2.5%。专利申请数、授权数分别为5966件、3478件。

第三产业。全社会消费品零售总额420.55亿元，增长12.6%，全社会商品出口总额118.8亿美元，增长11.8%。自营出口75.9亿美元，增长16.3%。组织53批831家企业抱团赴国外拓展市场。新增自营出口企业160家、企业营销中心9家，泉州出口加工区、晋江陆地港成为省级跨境地上通关试点服务单位。陆地港报关单数16926单，关税31977.5万元人民币，增长67.3%；贸易总额25亿美元，增长21.9%，获评“中国物流示范基地”。70%企业开展电子商务，线上交易额超500亿元。工业品销售率93.7%。建成洪山、鞋都等电商平台，获批全省首批电子商务示范市。年底全市金融机构本外币存款余额1363.6亿元，增长8.4%，其中人民币存款余额1291.5亿元，增长8%；本外币贷款余额1032.3亿元，增长13.4%，其中人民币贷款余额983.2亿元，增长14.3%。新增金融和准金融机构43家。率先在全省实行民间融资登记备案，27亿元民间资本进入金融领域。新增上市公司2家，“新三板”天交所、海交所挂牌增至57家。

城乡建设。2014年，全社会固定资产投资765.87亿元，增长21.2%，其中房地产开发投资174.58亿元，增长22.7%；房屋施工面积1554.4万平方米，新开工面积287.1万平方米，房

晋江市标风景线　　（晋江市政府办供稿）

屋竣工面积306.0万平方米，商品房销售面积249.5万平方米。启动"多规合一"试点，中心城区控制性规划覆盖率提高到70%，镇级总体规划、村庄规划实现全覆盖。拆迁房屋330万平方米；230个城建项目完成投资340亿元，23个安置项目投用，3.1万居民回迁。罗裳、鞋都基本完成征迁，中心城区建成区面积拓展至105平方千米，城镇化率64%。全面推进14个镇域53项重点改革，126个小城镇战役项目完成投资72.76亿元。完善居住证制度，市民化待遇增加至30项，外来人口落户1.31万人。出台历史文化风貌区和传统优秀建筑保护政策，保护修缮10个古建筑群。推进城乡基础设施"6+1"工程194个项目、"五个系列"资源整合234个项目建设，完成投资75.5亿元。机场连接线、疏解公路、安海南环路等14条道路建成通车，新增公路里程21.6千米。完成引水第二通道13千米主体工程建设，建成9个电力迁技改项目，输变电容量提高到415万千伏安。实施"三边三节点"和"点线面"攻坚项目169个，完成投资90亿元，"一山一水"慢行系统全线贯通，改造提升3个大型公园。"数字管理"覆盖30平方千米，拆除违法建筑50.78万平方米。

生态建设。新增造林绿化0.08万公顷，市区人均公共绿地面积提高到11.3平方米。确定198平方千米生态涵养区、禁建区。筛选9片总面积0.3万公顷大片农田，建设田园风光项目。实行"河长制"管理主要河流，落实五项综合措施，推进14条河流生态综合治理，整治河道16千米，清理虺湖面积53.33公顷。启动海洋生态红线划定，落实海岸保护利用规划。铺设管网88.7千米。巩固石材、建陶、皮革行业治理成果，落实染整业28个技改项目，完成华懋电镀集控区整合重组。顺利通过国家生态城市评估。

社会事业。居民人均可支配收入28960元，增长10.1%，其中：城镇居民人均可支配收入37070元，增长9.6%；农村居民人均可支配收入16111元，增长10.6%。市财政投入53.37亿元，用于教育、就业、医疗、环境治理、社会保障等民生领域。26个为民办实事项目全部落实。新建成20个村级敬老院、30个农村居家养老服务站、32个村级老年活动中心，220户困难家庭脱贫解困，低保、"五保"、新农保提标扩面。第三届"中国城市公益慈善指数"发布，晋江市获评最高星级的"七星级慈善城市"。市慈善总会募集各种善款2.17亿元，投入慈善工程1.56亿元，受益群众4097人。开工建设保障性住房9950套，完成石结构危房改造383万平方米。完成农村客运班线经营权收购，实现镇镇通公交车，新增市区停车位8000个。优化教育教学资源，成立43个义务教育小片区、27个课改片区，组建第二实小教育集团，实现晋江一中与晋江侨中、季延中学与罗山中学联合办学。建成侨声中学、第十实验小学及特殊教育学校新校区等新扩建项目51个。开办10所公办幼儿园，新增学位8500个。高考本科总上线率达70.76%，比上年提高2.01个百分点。晋江职校成为首批国家中职教育改革发展示范校。小学幼儿园在校外来务工人员子女20.95万人，比上年增加1.01万人，其中小学生首次突破17万人。举办"东亚文化之都大美晋江"文化周、华东六省一市戏剧小品比赛以及中国国际舞大型品牌赛等活动。启动10个古建筑群保护修缮工作，五店市传统街区基本完成建筑修缮，成为国家级影视、摄影基地。塘东、南浔入选"中国传统村落"名录。举办大美晋江"惠民演出"21场。举办"好彩头杯"亚洲沙滩排球锦标赛、中国（晋江）自行车公开赛。加快文化产业"三园一基地"建设，文化产业增加值67.18亿元，占GDP比重4.5%。旅游接待游客超500万人次，增长15%。全市有11家医院与16家省内外三级医院、知名医院建立协作关系，下派专家坐诊600余次；福医大附属口腔医院晋江门诊部投入使用。　（陈文敌）

南安市

【经济社会概况】 2014年，南安市实现地区生产总值780.51亿元，比上年增长11.0%；公共财政总收入74.70亿元，增长4.7%，其中地方公共财政预算收入42.97亿元，增长7.9%；社会消费品零售总额322.65亿元，增长15.6%；城镇居民人均可支配收入34089元，增长9.1%；农村居民人均可支配收入15480元，增长10.5%。综合实力位居全国中小城市综合实力百强第33位、最具投资潜力百强第22位、最具竞争力百强第46位、福布斯中国大陆最佳县级城市第16位、中国中小城市新型城镇化质量百强县市榜第88位。

工业经济。规模以上工业产值1502.82亿元，增长13.0%。建成投产157个重点工业项目，完成21个投资超2000万元技改项目。新增上市企业2家、国家高新技术企业5家、省科技型企业68家，培育省级龙头企业7家、泉州市级龙头企业61家，2家企业入选“亚洲品牌500强”。新增中国驰名商标6枚，制(修)订各级标准12项。每万人发明专利拥有量达2.21件。

产业发展。制定实施石材、水暖厨卫、机械装备三大千亿产业集群发展规划，发布全国首个石材指数，获批筹建国家石材建陶产品质量监督检验中心，建成全国规模最大的石材特色超市。卫浴行业3个国字号实验室落户南安，水暖卫浴基地入选国家级外贸转型升级专业型示范基地。成立电子商务协会，3个村入选全国淘宝村，企业电商交易额30亿元。67个服务业项目完成投资104.02亿元，新增3A物流企业1家、超亿元限上批零企业3家，第三产业增加值增长8.3%。旅游总收入增长17%；新增3A级景区1个，再次获评最美中国榜旅游目的地城市。

项目带动。42个省级在建重点项目完成投资90.73亿元，70个泉州市级在建重点项目完成投资141.61亿元，143个本级在建重点项目完成投资159.26亿元，242个重点工业项目完成投资136.44亿元，带动完成全社会固定资产投资429.33亿元，增长22.5%。

对外开放。新批千万美元项目5个，对接“三维”项目16个，总投资212.3亿元。自营出口商品总额增长12.3%。实际利用外资(验资口径)增长83.5%。第十五届“石博会”贸易总额90亿元，增长6.1%；签订购销合同1608个，增长5.1%；签订外贸订单3.9亿美元，增长6%。第十届泵阀水暖交易会签订合同总额72亿元，增长16.1%。第七届“农订会”达成协议合作意向235笔，意向金额8.69亿元。举办首届“海丝”国际品牌博览会。石井港区获批对外开放，成为国家进口冰鲜水产品指定口岸。

农业经济。农林牧渔业总产值39.35亿元，增长0.9%。落实强农惠农资金21.75亿元，建设设施农业146.67公顷，流转土地353.33公顷，补充耕地101.53公顷，完成粮食生产任务。新增省名牌农产品2个、省休闲农业示范乡镇(点)4个。新登记农民专业合作社68家、家庭农场101家，

风景秀丽的山美水库 （南安市政府办供稿）

获评国家示范合作社1家、省示范合作社3家。建成全省首家防汛抗旱培训基地，30个水利项目完成投资4.52亿元，被列为全国“小农水”重点县。改造农村电网178千米，提级改造农村公路40千米，完成农村饮水安全工程7个。23个省级“千村整治、百村示范”项目完成投资2.7亿元，成为农业部信息进村入户试点县，眉山观山村入选中国最美休闲乡村。

城乡建设。正式纳入赣闽粤原中央苏区振兴发展规划实施范围。推进沿海三镇产城融合试点和小城镇建设，水头镇入围全国科学发展百强镇、全省首批“小城市”培育试点，仑苍、官桥、水头入选全国重点镇，5个试点镇完成投资97.23亿元。实施城西滨江、柳湖、北山、河滨二期更新改造，会展中心建成投用。51个省级宜居环境建设项目完成投资60.5亿元，完成“四绿”工程造林绿化280.67公顷、水土流失治理面积0.42万公顷。金仙高速、南官公路改造工程柳城段及梅花岭隧道建成通车，实施交通建设项目14个，完成投资35.8亿元，新(改)建公路里程140.3千米，新增公交路线2条。西气东输工程进展顺利，电网建设完成投资2.68亿元，新增供水管网超14千米，新建污水配套管网45千米。

民生事业。完成12件43项为民办实事项目。公共财政民生支出30.23亿元，增长10%。新增城镇就业20016人，培训农村劳动力10128人、实现转移8588人。城乡低保、重点优抚对象抚恤补助标准调整提高，城乡居民基础养老金、被征地农民养老保障金分别增至每人每月80元和120元，城乡居民医保政府补助提高至每人每年320元以上。改造石结构房屋497.2万平方米，建成各类安居工程456户、保障性住房1052套。教育“两项督导”通过省评估验收，外来务工人员随迁子女实现100%入学。实行农村居民健康“一卡通”，人均基本公共卫生服务经费提高至35元。再次荣膺“全国文化先进市”称号，公共文体服务设施全部免费开放，创建“特色文化村”15个，成为全省唯一“青少年校园足球活动布局城市”。泉州华侨历史博物馆建成开馆，成为省级廉政教育基地。率先推进村级平安视频监控系统建设，覆盖人口50%以上，公众安全感达92.84%。开展“六五”普法，获评全国青少年普法教育先进单位。侨亲捐赠全国唯一连续21年超亿元。

（陈永焕）

石狮市

【经济社会概况】 2014年，石狮市实现地区生产总值638.37亿元，比上年增长11.2%；公共财政总收入60.4亿元，增长5.3%，其中地方财政预算收入37.74亿元，增长5.1%；城镇居民人均可支配收入分别为43665元，增长9.3%；农村居民人均可支配收入

17904元，增长10.8%。经济综合实力居全国中小城市百强第20位；获新一届“全国县级文明城市”提名；跻身全国中小城市新型城镇化质量百强县市第25位、全省首位。

经济建设。农林牧渔业总产值38.8亿元，增长3.4%；新认证省级农业产业化重点龙头企业2家；获农业部批准远洋渔船网具指标22个。出台18项惠企政策措施，兑现帮扶资金2.8亿元；工业总产值增长12.2%；产值超亿元企业185家；上市企业增至12家，泉州市产业集群龙头企业35家。出口商品总值23.2亿美元，增长12.1%；实际利用外资1.55亿美元，增长2.7%。对接“三维”项目32个，总投资172亿元。港口货物吞吐量3009.4万吨、增长16.4%；集装箱吞吐量125.2万标箱，增长10.5%。社会消费品零售总额352.35亿元，增长14.2%；网商发展指数居全国第16位、全省首位；第三产业增加值增长11.2%；举办第十七届海博会和时装周、首届中国(石狮)纺织服装买手汇活动。

科技创新。完成企业技改投资65.5亿元；13家企业列入省、泉州市“两化”融合示范企业，扶持培育18家“科技小巨人”企业和3个“数控一代”示范项目。新增省级以上科技项目11个、高新技术企业2家、省级企业工程技术研究中心2家。专利授权量526件，获省知识产权强市。10家布料企业获“全国纺织行业质量管理示范单位”称号。甲骨文发展云等一批公共服务平台功能不断拓展，中纺协辅料检测中心、广和分布云落户石狮。承办第二届全省人才项目与资本对接会，引进西安工程大学、江西服装学院在石狮设立研究院。232个在建重点项目完成投资211亿元，带动全社会固定资产投资349.73亿元、增长20.3%。泓一食品等40多家生产性企业建成投产。

城乡建设。启动编制全域一体空间统筹规划，城市建成区扩大到36.5平方千米，城镇化率77%。公共财政预算支出61%用于民生事业。各片区完成投资120亿元。泉州湾跨海大桥主桥基本建成，环湾大道、濠江北路、彭田路建成通车；完成狮城大道、宝岛路等“白改黑”工程，市区主次干道“白改黑”率95%。通过国家生态市技术评估；7个镇均建成国家生态镇。前山、厝仔、后杆柄等3个村被评为泉州市“美丽乡村”建设示范点。投资75亿元，完成蚶江大道、伍鸿大道、鸳鸯池公园等79个宜居环境建设项目，城市建成区绿化覆盖率42.2%，人均公园绿地面积12.9平方米。投资2.66亿元，实施18个项目，推进水系环境、晋江石狮跨境流域治理，东沟和厝上溪整治达泉州“优良”等级。

社会事业。全面实施居住证制度，办理流动人口居住证23.8万本，赋予持证人24项普惠待遇；在全国首创以“积分入住”为核心的新市民积分管理服务。凭积分高低赋予入住、入学、入保等8项优惠待遇，有5.4万名新市民参加积分管理，兑现首批272个“积分入住”名额。落实工商登记“先照后证”，在全省率先推行“三证合办”，新登记各类市场主体1.5万户，增长72.4%。设立布料市场、纺织服装、外贸进出口企业转贷周转基金，为114家企业提供转贷资金15亿元。创新集体建设用地使用权抵押、股权质押、“助保贷”、“无间贷”等金融产品，帮助企业融资260亿元。更新公交车、客车53部，新建公交候车亭121座，新增停车位950个。投入2.38亿元改扩建校园36所，新增学位6100多个。被教育部确定为国家义务教育质量监测样本市；通过全国文化先进市复查。举(承)办闽台对渡文化节、永宁古卫城暨城隍文化节、“东亚文化之都石狮文化周”及第七届市运会、亚洲象棋锦标赛等。医改工作被列为全国试点，计生工作获国家计生优质服务先进市称号。城镇新增就业18245人，农村劳动力转移就业3520人。城乡低保、新农合标准均居全省县级市第一。投入1.4亿元，完成年度10件25项为民办实事项目。沿海五镇石结构及危房改造顺利推进，完成审批2793宗。 (王家超)

惠 安 县

【经济社会概况】 2014年，惠安县实现地区生产总值(不含泉州台商投资区，下同)495.11亿元，比上年增长12%，其中：第一产业增加值22.63亿元，第二产业增加值316.67亿元，第三产业增加值155.81亿元，三次产业比例为4.59：63.95：31.46；公共财政总收入70.58亿元，增长101.1%，其中地方公共财政预算收入23.39亿元，增长8.2%；城镇居民人均可支配收入33020元，增长9.2%；农民居民人均可支配收入14696元，增长10.7%。县域综合实力排名全国中小城市百强县第35位，荣膺第20届亚洲旅游业金旅奖·最具特色魅力旅游目的地、第二届旅游业融合与创新论坛最美中国·民俗(民族)风情目的地城市等称号。

农业经济。农林牧渔总产值41.16亿元，增长2.9%。实施现代农业加快发展行动计划，11个重点农业项目完成投资1.84亿元，30个水利项目及9个小型农田水利项目完成投资2.75亿元。新增流转土地429.47公顷，建设特色农业生产基地28个，设立农民专业合作社11家；通过农业“三品”认证和复评产品5个。粮食产量8.26万吨。建造钢质渔船18艘，建成水产品冷库9525立方米，水产品产量24.28万吨。台湾农民创业园新增台资项目3个，新引进20个农业品种。

工业经济。工业增加值263.36亿元，增长16.7%。出台支持工业企业发展、鼓励自主创新等4项政策措施，兑现各类扶持资金2.84亿元。实施产业龙头促进计划，19家企业纳入省市级龙头企业目录，74家亿元以上企业完成产值564.31亿元。新登记市场主体5425个，增长30%。192家企业完成技改投资70亿元。新增省级高新技术企业4家、市级“科技小巨人”企业3家；新增中国驰名商标3枚。工业项目投产27个、投建28个。深化“三维”项目对接，引进项目34个，总投资454.12亿元。实际利用外资(验资口径)8401万美元，增长49.3%。石雕石材业实现产值182.5亿元，新命名中国雕艺传承基地示范点8个、大师文化企业14家、大师工作室18个。玉雕基地建设有序推进，雕塑公园及11个玉雕项目开工投建。建筑企业经营逐步向装饰装修、园林古建等领域延伸拓展，完成施工产值451.74亿元，增长23%；回乡缴纳所得税3.4亿元，增长21.35%；新增一级资质企业5家，建筑业发展中心通过中国建筑工程“鲁班奖”评审。

第三产业。深化“第三产业发展年”活动，35个重点服务业项目完成投资47.93亿元。全社会消费品零售总额140.73亿元，增长10.5%。外贸出口6.95亿美元，增长8.6%。启动省级旅游标准化试点县创建工作，崇武国家级海洋公园获国家海洋局批准建立；推出“乐游风情惠安”6条旅游精品路线；接待境内外游客512万人次，增长20.8%；实现旅游收入40.49亿元，增长22.1%。

重点项目建设。130个在建重点项目完成投资129.76亿元；固定资产投资218.38亿元，增长33.1%。泉惠、城南、惠东、绿谷等工业园区加快开发建设，33个基础设施项目完成投资6.5亿元。中化1200万吨炼油项目投产，100万吨乙烯项目获国家发改委同意开展前期工作，21个石化中下游项目投产6个、投建15个，实现石化产值297.9亿元。实施城乡基础设施提升行动计划，56个项目完成投资23.64亿元，惠东快速通道建成通车，县道310线辋川至紫山段、惠城大道一期工程投建，形成县城到各镇半小时生活圈。

城乡建设。完成县城总体规划修编报批成果，编制完成4个控制性详规和2个专项规划。启动宜居环境建设行动计划，14个重点城市项目完成投资31.98亿元，14个“三边三节点”及“点线面”景观整治项目完成投资7.67亿元，完成科山森林公园慢道一期和53.33公顷绿化提升工程。县道308线改造提升工程嘉惠段开工建设，福厦高铁惠安动车站投入运营，8.5千米连接线竣工通车。启动新型城镇化规划编制工作，加快试点小城镇及一批中心集镇建设，黄塘、崇武2个试点镇44个项目完成投资24.6亿元，17个重点城镇项目完成投资21.12亿元，崇武镇被住建部等7部委列为全国重点镇。106个整治村和14个示范村250个项目完成投资1.87亿元。出台石结构房屋改造实施意见，启动首批22个成片改造试点，改造石结构危旧房304万平方米。新建公共活动场所108个，基本完成7.43万人口饮水安全工程。

环境保护。通过国家生态县技术评估。投入1.68亿元完成林辋溪26.27千米整治和两岸16千米绿化。投入4200万元完成5个重点绿化项目，造林绿化495.2公顷。完成水土保持项目6个，综合治理水土流失0.08万公顷。县城污水处理厂二期、惠西污水处理厂建成投入使用，完成东岭和东桥镇区污水管网工程，新增管网37.7千米，在全市率先实现“镇镇有管网”目标。启动“石粉尘”专项整治，整改企业9家、关停30家。落实21个重点节能减排项目，建成泉惠石化园区空气自动监测点2个，主要污染物排放量控制在市下达指标范围内。

社会事业。投入20.9亿元用于社会民生建设，基本完成38个为民办实事项目。新增城镇就业1.21万人，农村劳动力转移就业6007人。县财政新增6082万元继续提高居民保、新农合等保障标准；发放城乡低保、医疗救助、临时救助资金5523万元。出台加快发展养老服务业实施意见，建成5个村(社区)居家养老服务中心。完成造福工程危房改造203户，建成保障性安居工程1486套。投入9337万元新、改、扩建16所中小学及公办幼儿园，全面完成中小学校标准化建设任务，教育“两项督导”通过省级评估考核。德诚医院投入使用，中医院完成迁建，新增卫技人员400人、病床272张。列入省级公立医院改革试点县，公立医院、村级卫生所均实行药品零差率销售。实施“文化提升年”活动，加快惠女民俗活态传承，开展各类群众文体活动近千场。落实“单独二孩”计生新政策，人口出生率16.94‰，政策符合率89.87%，低生育水平保持稳定。

(刘晓平)

安溪县

【经济社会概况】 2014年，安溪县实现地区生产总值410.19亿元，比上年增长10.6%；公共财政总收入35.5亿元，增长12.6%，其中地方公共财政预算收入22.89亿元，增长16.7%；规模以上工业增加值182.39亿元，增长14%；全社会固定资产投资243.29亿元，增长27.8%；出口总额5.35亿美元，增长29.7%；农村居民人均可支配收入12001元，增长10.6%；城镇居民人均可支配收入23757元，增长9.3%。县域综合实力居全国百强县第71位、全国最具投资潜力中小城市百强县第33位。

茶业经济。涉茶行业总产值125亿元，传统市场(占17.28%)和电商市场(占21.3%)占有率均居全国第一，连续6年位居全国重点产茶县第一位。安溪铁观音获欧盟地理标志专门法保护；获评全省十佳地理标志商标(首位)，入选中国重要农业文化遗产名单、最具传播力品牌。举办第五届中国茶都安溪国际茶业博览会、第六届海峡论坛·首届海峡茶会、“中国茶的世界”国际学术研讨会、“安溪铁观音·美丽中国行”“安溪铁观音·香约中国梦”品牌推广等茶事活动。与中国林业产权交易所签约合作建设中国茶业交易中心。茶机械企业300多家，年产值近30亿元；茶包装、茶具企业260多家，年产值20多亿元。安溪铁观音茶文化系统入选“中国重要农业文化遗产”，获批承建福建泉州国家农业科技园区(茶叶园)、国家茶叶质量安全工程技术研究中心。

项目建设。实施重点项目228个，完成年度投资183.5亿元。泉州厦门(安溪)经济合作区湖里园、思明园顺利开工建设，与厦门同城发展迈出新步伐。成功引进万达集团建设全国首个县级万达城市综合体。中国茶业交易中心、罗内水暖厨卫产业园等项目落户；清水岩景区扩建等旅游项目加快建设；泰兴、旺旺、闽华等龙头企业完成技改；包装印刷、食品加工、电源电器等传统产业全面升级。湖头光电产业园实现产值40亿元，纳税2.2亿元，已入驻企业16家(3家上市公司)，8家正式投产。中国国际信息技术(福建)产业园开园，国际最高T4等级的高可用数据中心正式建成投入运营，开始承接泉州市"金保工程"及金融数据系统等业务。实施"863计划"和"科技支撑专项"项目3个,新增国家级、省级工程技术研究中心各1家。

城乡建设。启动新一轮至2030年的城市总体规划修编,城区面积拓展到26平方千米。实施县政府大院危房改造、中山大桥及两侧、安溪一中南校门等片区旧城改造项目,形成金融行政服务中心、万达城市综合体、红星美凯龙等新的现代商圈。实施35个宜居环境建设项目,拆除违建面积33.98万平方米,新增城市慢道10千米、绿地45.8万平方米、休闲广场3万平方米。实施35个水流域环境综合整治项目,官桥—龙门矿山地质环境治理列入国家示范工程,在全省率先实施农村生活污水处理第三方运营管理模式,农村生活垃圾无害化处理率100%。建设16个县级美丽乡村示范村,湖头"三安幸福小镇"入选全国美丽乡村。龙门镇、湖头镇入选"全国重点镇"、全省首批镇级"小城市"培育试点。荣获2014中国最美丽县、福建十大醉美县城(第一名)、全国魅力新农村十佳县称号。

民生事业。完成206个校安工程、28个农村薄弱校改造,新改扩建中小学17所、幼儿园47所,普通高中100%实现达标,义务教育发展基本均衡县通过国务院教育督导认定。启动县级公立医院综合改革,药品实行零差率销售,药占比下降10%以上;建设县中医院、妇幼保健院、县医院综合楼等一批项目。实施24件为民办实事项目,帮扶5个省级、9个市级和13个县级贫困村发展。新农合、城镇居民医保、城乡居民养老保险基本实现应保尽保,有17335户,24250人享受到低保、五保、孤儿生活保障。完成石结构房改造169.65万平方米、造福工程危房改造1500户、安居工程90户,建成保障性住房896套,新增4个应急避难场所。首家公办民营敬老院、公办民营残疾人"福乐家园"投入运营。举办海峡两岸清水祖师文化节,培育"海上茶叶之路"文化交流品牌。

环境建设。启动莆永高速安溪段两侧茶山生态修复工程,建设林带22千米,完成造林绿化0.14万公顷,治理水土流失0.91万公顷,国家级生态县通过环保部考核验收。金安、莆永高速安溪段相继建成通车,完成中心城区至南翼新城、湖头新城沥青混凝土路面改建工程。优化政府和企业投资建设工程审批流程,分别从167个、139个工作日压缩至30个工作日,合并或取消行政审批事权61项,下放事权13个。完成24个乡镇便民服务中心、470个代办点标准化建设,推出"马上就办",行政服务中心窗口即办结率提高到86.8%。

【弘桥智谷电商产业园】 该项目入围国家电子商务示范基地,主要建设集人才培训、实体仓储、电商运营为一体的大型电子商务基地。园区总规划占地53.33公顷,总投资约20亿元。一期项目已建设完成并投入使用,吸引恒安、特步、361°、花王等240多家电商企业及个体网店入驻,日均发货量5万多单,日交易额410多万元。

【泉州厦门(安溪)经济合作区】 合作区分为泉州厦门(安溪)经济合作区湖里园和思明园,湖里园规划占地180公顷,首期建设100公顷,计划总投资20亿元以上,于2014年7月24日动工建设;思明园规划占地166.67公顷,首期建设100公顷,计划总投资20亿元以上,于2014年12月19日开工建设。 (李灿荣)

德化县

【经济社会概况】 2014年,德化县实现地区生产总值170.15亿元,比上年增长10.2%;三次产业结构比例为5.9∶60.8∶33.3;公共财政总收入14.92亿元,增长6.5%,其中地方公共财政预算收入10.01亿元,增长10.3%;城镇居民人均可支配收入25051元,增长8.7%;农民人均纯收入10967元,增长9.6%。

农村经济。2014年支农支出3.61亿元,增长16.7%。农林牧渔业总产值19.35亿元,增长3.2%。新增农业"三品一标"产品4个。获评国家农民合作社示范社6家、省级5家,冠林竹木列入省级重点龙头企业。棘胸蛙养殖取得3项国家专利,十八格黄花菜入选国家名特优农产品名录。推进全省统筹城乡发展改革试点县建设,建成全省首个县级农村产权交易中心,完成土地流转0.23万公顷;开展以林权换收益、以收益换保障"两换"改革,流转0.09万公顷,落实保障性住房指标117套;开展宅基地流转,通过旧村复垦分配城东保障性住房指标1760套;提供农村产权抵押、农村住房装修、保障性住房、农民购建房按揭等贷款7.5亿元;被国家林业局列入全国林地占补平衡试点县。

工业经济。工业总产值254.5亿元,增长16.2%;规模以上工业产值206.98亿元,增长12.9%;陶瓷业产值177.15亿元,增长18.0%;规模以上矿业产值28.79亿元,增长10.5%;规模以上电力业产值6.97亿元,增长8.2%;工业纳税6.9亿元,其中陶瓷纳税3.68亿元,增长8.5%。新增规模以上工业企业7家、亿元企业2家。分别成立县陶瓷发展、矿业发展、土地管理委员会,出台推动陶瓷产业转型升级"1+5"等一揽子政策;兑现和减免涉企资金1.45亿元;提供企业贷款12.46亿元,增长66.1%;开展工商登记制度改革,新注册市场主体3982户,增长56.6%;新办工业企业489家。推动企业股权改制,18家企业到市级场外市场挂牌,其中5家到海峡股权中心挂牌交易。

第三产业。第三产业增加值56.66亿元,增长6.6%。社会消费品零售总额53.53亿元,增长10%。九仙山获评国家4A级旅游景区,云龙谷晋级国家3A级旅游景区并通过省级水利名胜风景区评审,获评省级特色工业旅游示范点3个。入选省智慧旅游试点城市。接待游客、旅游总收入均增长10%。中国农业发展银行德化支行、鑫诚汇通民间资本管理公司开业运营,金融机构存贷比79.5%,增量存贷比127.1%。

内外经贸。2014年新增自营出口权企业34家,总数达289家。全社会出口交货值123.2亿元,增长16%,其中自营出口2.24亿美元,增长5.2%。举办东亚文化之都·德化文化活动周、“百态观音·慈航普渡”德化瓷艺大师作品巡回展、中国硅酸盐学会陶瓷分会年会；在故宫博物院首次举办德化窑陶瓷精品展、由国家博物馆首次举办陶瓷艺术个展——连紫华瓷艺作品展。

项目建设。全社会固定资产投资86.4亿元，增长25.5%。工业投资22.4亿元，其中工业技改投资17.3亿元。115个城乡重点项目动工建设109个，完成投资57.2亿元，增长21.4%。投资13.3亿元的彭村水库进入大坝主体建设阶段；投资12.2亿元的海峡水泥项目点火试产。新引进项目35个，实际到资4.03亿元，实际利用外资（验资口径）515万美元，增长12.4%。

品牌建设。申报“世界陶瓷之都”通过世界手工艺理事会初评。建成全国首个省级出口陶瓷质量安全示范区，陶瓷产业园区创建国家新型工业化产业示范基地通过评审，是全省唯一列入国家资源综合利用“双百工程”示范基地。实施县级以上科技项目85个，新增省市级科研机构27家、省技能大师1人和大师工作室22个、大师创作团队2个。顺美集团获评中国版权最具影响力企业。新增省重点培育和发展的国际知名品牌企业4家、省文化出口重点培育企业2家，新设品牌营销中心10家。8家企业获评中国陶瓷行业名牌，4家企业获评省名牌产品，5家企业获评省著名商标，3家企业获得马德里商标国际注册。新增授权专利784件、省著名商标5件，德化陶瓷商标获评中国最具成长力商标。

城乡建设。深入实施浐溪流域清水工程，浐溪亲水带成为市民休闲健身的“最美绿道”。完成城乡绿化0.14万公顷，森林覆盖率保持泉州市首位。拆除“两违”建筑16.18万平方米。北环路建成通车，环城路实现闭合，城区建成区扩大5.4平方千米，达到21.6平方千米。岱仙湖被认定为省级休闲农业示范点，国宝乡获评省级休闲农业示范乡镇。上涌镇列入省级历史文化名镇，佛岭村全国“美丽乡村”入选中国传统村落。上涌稻田、辉阳梨花两处景观被认定为中国美丽田园，南埕村获评全国生态文化村。水口镇获评全国宜居小镇示范镇，浔中、三班列入全国重点镇。入选“福建十大醉美县城”，荣膺国家生态文明建设示范区。

民生事业。全年财政民生支出14.51亿元，占公共财政预算支出的76.6%。培训各类劳动者1.5万人次，新增城镇就业8193人，农村劳动力转移就业6632人。将外来务工人员及其配偶、子女纳入新农合，养老、医疗保险实现城乡居民全覆盖。发放社会救助金3300多万元，惠及低保对象8293人，救助困难群众1.6万人。与华侨大学建立战略合作关系，县医院成为华侨大学附属医院。投入5530万元完成县中医院新院区主体工程。投入8000万元完成城区学校新改扩建8所，新增学位5200个。德化被纳入《赣闽粤原中央苏区振兴发展规划》实施范围和2014－2018年省级基本财力保障县范围；连续3届获评全国文明县城，连续4届获评中国民间文化艺术之乡。

【中国电子商务发展百佳县】 出台《电子商务产业发展三年规划》，设立淘宝大学德化分校，开设淘宝网特色中国福建馆德化频道，建成电商专业仓储物流中心，开展电商“互助贷”，电商应用企业6000多家。全年电商交易总额40亿元，增长33%；电商零售额突破12亿元，增长50%。宝美、浔中2个村被认定为全国淘宝村；电子商务创业园被认定为省电子商务示范园区。德化县被认定为省电子商务示范县，在2014年中国电子商务发展百佳县中，排名全国第七位、全省第二位。

（阮崇文 连训明）

永 春 县

【经济社会概况】 2014年，永春县实现地区生产总值290.25亿元，比上年增长10.7%；农林牧渔业总产值36.61亿元，增长4.1%；全部工业增加值150.64亿元，增长12.9%；第三产业增加值100.58亿元，增长8.1%；公共财政总收入16.48亿元，下降7.5%；其中地方公共财政预算收入11.22亿元，下降8.1%；城镇居民人均可支配收入24352元，增长9.1%；农村居民人均可支配收入11492元，增长10.3%。

产业培育。主导产业更加凸显，轻纺鞋服产业产值170亿元，增长21.4%；新能源新材料产业产值90.5亿元。特色产业加快集聚，香产业产值35亿元，增长27%；生物医药产业产值增长5%；食品饮料产业产值增长15%。五里街现代农业园区被列入省级农业科技园区，德福生态蛋鸡获全省农民创业示范基地绩效考评第一名。举办“世冠杯”茶王赛暨奥运冠军永春佛手茶文化推介会。深化“第三产业发展年”活动，47个重点项目完成年度投资的107%。

项目建设。实施深化“五大战役”重点行动在建项目267个，完成投资171.06亿元；150个项目投产投用，69个项目完成年度投资的150%以上。永燠制药、天沐温泉等5个总投资5亿元以上项目落地建设。粤港澳产业链对接会、第十八届“9·8”投洽会对接外资项目11个，总投资1.84亿美元，10个项目已报批；上一届“9·8”投洽会签约项目的报批、合同外资履约率均达100%。

城乡环境。建成桃源北路三期五里街段、三桃片区城市广场道路、桃溪流域济川溪至鸿安桥贯通工程及鸿安大桥。实施全国农村综合改革“美丽乡村”标准化建设试点县、全国一事一议财政奖补“美丽乡村”建设试点县和全省“美丽乡村”建设示范县建设，5个美丽镇区、3个“美丽乡村”示范片创建初显成效，大羽村被列入全国新农村建设典型案例。荣获泉州市环境卫生年度考评第一名，重点流域水环境综合整治考核居全市前列，霞陵溪、济川溪分别获得全市小流域“赛水质”考核第一、二名。南美村被列为省级示范绿色村庄。

改革创新。筹建永春漳农商村镇银行。在全市率先开展土地承包经营权确权登记颁证和非规划林地颁证试点，首创农村土地承包经营权、农民宅基地使用权抵押贷款，实现专利权质押贷款“零”的突破。新增中国驰名商标2件、省著名商标5件，申报省名牌产品12个。开展“永春香道·千年流香”等品牌文化推广活动，建成省级香产品质量检验中心和研发中心。获批全国农村改革试验区，在全省率先开展深化集体林权制度改革试点，宅基地使用权退出及整理复垦走在全省前列。被纳入国家主体功能区建设试点示范县，桃溪流域生态经济试验区被确定为市级县域特色改革主题，完成规划并启动实施。永春漆篮作品包揽全国中华老字号时尚创意大赛金银铜奖。

社会事业。40件县级为民办实事项目完成投资13.8亿元；238件乡镇级实事项目基本完成。县殡仪馆投入使用。新建乡镇敬老院2所、村级老年体育活动中心8个，社会福利中心老年公寓加快建设。港永幼儿园被确认为省示范性幼儿园，义务教育阶段学校全部实现标准化办学。实施“名医工程”，县级公立医院综合改革稳妥推进，药品零差率政策有效落实，县医院新院实现部分搬迁，3所乡镇卫生院提级工程顺利完成。

【中国香都】 永春县达埔镇，2014年4月15日，被中国轻工业联合会、中国日用杂品工业协会授予“中国香都·永春达埔”荣誉称号，成为全国唯一的国家级制香基地。全县有制香企业296家，规模较大的有53家，制香人超过3万人，产品达300多种，行销国内外。联发、彬达、兴隆、金丰等重点香企发挥出龙头作用，年产值均超亿元。2014年香产业产值达到34亿元。

（黄培坦）

泉州经济技术开发区

【经济社会概况】 2014年，泉州经济技术开发区实现地区生产总值110.41亿元，比上年增长6.5%；公共财政总收入13.21亿元，其中公共财政预算收入5.78亿元；工业增加值96.16亿元，增长6.6%；第三产业增加值13.67亿元，增长5.3%；全社会固定资产投资13.30亿元，增长27.6%；社会消费品零售总额47.46亿元，增长4.8%；实际利用外资（验资口径）3500万美元；外贸出口（海关口径）83020万美元，增长8.01%。

项目建设。采取领导挂钩包片方式，深入企业开展个性帮扶，兑现落实扶持奖励资金6000多万元；收储和盘活项目用地16.67公顷，10家企业实现再招商，嫁接新项目10个。组织参加江浙沪、粤港澳、省第四届民企洽谈会、“9·8”投洽会等招商对接活动，引进项目21个，投资总额超30亿元，促成太平洋、恒达、罗裳山等制药企业与仁和集团、葵花药业等国内大型药企产销合作，三星电气与跨国公司ABB合作。做好12个市级重点建设项目、45个区级重点建设项目跟踪服务和督查，保证项目建设顺利推进。

科技创新。举办企业创新论坛。筛选确定20家龙头企业，特步、九牧王2家企业列入省龙头企业名单。纺织服装、机电一体化、生物医药等优势产业综合实力持续增强，4个知名品牌入选省重点培育和发展的国际知名品牌，5个项目列为市级新增长点，形成一批有特色和比较优势的企业联盟。培育完成科技小巨人企业3家，高新技术企业2家、创新型试点企业5家、科技型企业10家、市级行业技术开发中心2家、市级企业技术中心2家、省科技进步三等奖1项，。专利授权330件，每万人发明专利拥有量20.49件。22家高新技术企业完成工业产值210.9亿元，占全区工业产值51.7%。。2家企业成为省战略性新兴产业骨干企业，1家企业成为省级知识产权优势企业，3家企业被认定为市工业设计中心；建成2个市级文化产业示范基地；2家企业成为市文化产业龙头企业，2家公司被认定为市级电子商务示范企业。

金融改革。抓好企业股权投融资服务平台建设改革试点，提升金融改革实效。与全国股转系统公司签订战略合作协议，为海峡金融资产交易中心挂牌企业转板到全国股转系统挂牌创造有利条件；1家企业获股转批准挂牌，挂牌企业累计307家。建立委托债权投资、私募股权等融资新渠道，帮助企业融资5.7亿元。海峡金融资产交易中心正式运营。新增上市企业2家。设立企业应急保障专项资金，为企业提供续贷过桥资金支持21笔1.6亿元。

社会事业。首家公办幼儿园建成招生。两件作品荣获中华工艺优秀作品金奖和银奖。文宝公司与新华网合作创办“新华网·闽南文化网”正式上线。建成工业旅游线路2条、特色旅游点5个。

民生保障。建立签约医生驻企服务制度，提高基本公共卫生服务水平。举办摄影展、播放露天电影等文体活动近百场。664名居民参加城镇居民基本医疗保险，215名患病职工获医疗补助48万元。发放计生奖励60.12万元，受益群众11024人。

（黄志腾　赵金水）

泉州台商投资区

【经济社会概况】 2014年，泉州台商投资区实现地区生产总值196.75亿元，比上年增长11.0%；工业增加值136亿元，增长12.6%；规模以上工业产值441.10亿元，增长14.2%；规模以上工业增加值123.30亿元，增长13.3%；全社会固定资产投资152.11亿元，增长29.3%；公共财政总收入12.57亿元，增长8%，其中公共财政预算收入7.48亿元，增长13.2%；出口商品总额（海关口径）3.58亿元，增长14.2%；实际利用外资（验资口径）8401万美元，增长74.1%；社会消费品零售额46.11亿元，增长7.1%。

工业经济。2014年四大支柱产业实现产值340.54亿元，增长8.4%，其中：纺织鞋服产值215.73亿元，增长8.0%；工艺制品产值34.95亿元，增长7.0%；石化后加工产值29.83亿元，增长2.7%；机电设备产值60.03亿元，增长14.0%。120家超亿元产值企业实现产值328.5亿元，新增13家规模以上工业企业。统筹调度资金4000万元，累计使用专项资金8110万元帮助企业解决续贷周转资金问题。出资500余万元参与建立农业贷款风险补偿专项资金、外贸中小企业助保金贷款风险补偿金、小微企业信贷风险补偿共担资金，协助对口企业对接贷款6210万元，推荐盛康鞋业等6家企业申报助保贷。以玖龙、北车、力达等企业为龙头，推动上下游企业协作配套，构建产业集群公共服务平台。围绕龙头企业形成绿色智能交通、高端装备制造、光电信息、临港物流和蓝色经济等产业园区格局。

科技创新。推进北车绿色智能交通一体化研究中心、中科院海西研究院泉州装备制造研究所、省特种设备检验研究院泉州分院和泉州台商投资区产业孵化基地等科技创新平台建设。新增华德机电、和谐光电、正亿实业3家省高新技术企业，东方机械、和谐光电等11家市科技小巨人企业。组织申报43项技术创新和产业化项目。新增授权专利166件，有效发明专利31件。力达机电、隆盛轻工等7家企业获评市管理创新示范企业。

项目建设。新开工63个项目。153个重点建设项目完成投资142.77亿元。72个省、市重点项目完成投资89.49亿元，其中49个在建重点项目完成投资85.68亿元。

招商引资。先后14次组团赴台湾、北京、天津等地招商考察，签订投资协议项目6个，投资总额32.5亿元，其中台资2个，投资总额4亿元；在谈项目56个，总投资1400亿元。针对台湾中小企业"专、特、精"特点，设立电子信息、数控机械、生物科技、食品等四个专业园区，加强与台湾糖果饼干面食同业公会、台湾电电公会、台湾海峡两岸医事交流协会等团体的对接交流。完成福建省第四届民企对接会和粤港澳对接会项目签约任务，新签约视通科技、泉工机械、智崴科技、大兴电缆等42个项目，总投资125.06亿元。承接台湾先进产业和技术转移，打造台湾精密制造和光电信息产业集聚区。推动"9·8"投洽会8个对接项目、粤港澳产业链对接会9个对接项目顺利落地。

城市建设。张坂、杏田、东园3个工业启动区和湖东片区、蓝色经济培育区2个城市片区建设全面启动；世茂蓝色海湾、锦胜包装、天岗精密机械、德润电子等63个项目新开工，上塘雕艺一条街、原水工程、东西主干道拓改工程、通港公路拓改工程等41个项目建成或部分建成，光电产业园区、杏东片区、绿色智能交通一体化产业园等基础设施建设项目超额完成年度投资计划。47个城建类重点项目完成投资45.98亿元。在建市政道路项目24个，开展前期项目35个，完成年度投资5.8亿元，东西主干道、张经支一路等10条道路新开工；13个在建房地产项目、百崎湖区整治及防洪排涝系统工程、南北主干道二期、锦厝安置小区、玉坂安置小区、管委会公租房等在建工程加快推进；上塘雕艺一条街、圣莎拉商务酒店等项目完成年度建设计划；完成东西主干道、南北主干道、通港公路等主要道路绿化亮化工程。

社会事业。扎实推进10件45项为民办实事项目，财政投入民生4.5亿元，占公共财政预算支出82.7%。加快推进区重点项目涉及教育类17个项目建设，完成投资7930万元。推动与泉州华侨职校、泉州工商旅游职校、惠安开成职校等联合办学。推进乡镇文化站、农家书屋、"全民健身"等重点文化惠民工程建设，引入市图书馆的数字图书资源，创建农家书屋数字阅读平台。举办"文化之都·活力新区"泉州台商投资区文化周活动。

（吴雅超）

编辑：王文灿

三　明　市

【基本概况】　三明市地处闽中，全市面积2.29万平方千米，辖12个县（市、区），户籍总人口284万人，常住人口251万人。三明是著名老区苏区，全市12个县（市、区）都是原中央苏区范围，称得上"苏区中的苏区"。三明生态环境优良，森林覆盖率76.8%，森林总面积173.37万公顷，占全省森林面积的1/4，生态丰度指数为100%；拥有泰宁世界自然遗产、泰宁世界地质公园和85个国家级旅游品牌。三明区位优势凸显，是国家级公路运输枢纽城市，10条高速公路、4条快速铁路和1个机场在三明交汇，是全省高速公路、快速铁路密度最大的地区之一。三明工业实力强劲，集聚全省最大的钢铁、造纸、化肥、建材等企业，主要特色产业有冶金及压延、装备制造、林产加工、矿产加工、纺织、生物医药及生物等。三明城市特色鲜明，是全国群众性精神文明创建活动的发源地之一，拥有全国文明城市、全国综治"长安杯"、国家卫生城等10多项国家级城市荣誉。

【经济社会综述】　2014年，全市实现地区生产总值1621.21亿元，比上年增长9.6%；地方公共财政收入90.92亿元，增长1.2%；社会消费品零售总额404.85亿元，增长12.3%；城镇居民人均可支配收入25197元，增长10.1%；农村居民人均可支配收入11665元，增长10.8%；居民消费价格总水平上涨2%。

项目投资。全年固定资产投资1603.08亿元，增长20.2%。实施年度重点项目2416个，完成投资1359亿元，788个项目建成或部分建成。加强"三维"项目对接，通用产业园、中科动力、福建月兔空调等一批重大项目落地，新签约项目215个，总投资701.8亿元。实施城乡基础设施六项提升工程，三明沙县机场基本建成，中心城市快速通道一期建成通车，城市绿道一期基本建成，厦沙高速公路全线开工，吉泉铁路前期工作取得突破，205国道、306省道改线工程加快推进，市区第二供水工程动工建设。

工业经济。规模以上工业增加值782.97亿元，增长12.2%。实施产业龙头促进、产业链拓展延伸计划，全市培育形成2家产值超百亿、23家产值超十亿元企业，6条产业链产值突破2000亿元。企业技改力度加大，完成投资占全省技改投资近两成。中机院海西分院、中节能环保产业园等项目加快建设，稀土、氟化工、新能源汽车等新兴产业加快发展。出台加强矿产资源勘查开发管理意见，推动矿产资源向龙头企业集中。

农业经济。农林牧渔业总产值399.75亿元，增长4.8%。实施现代农业发展行动计划，全省首个国家农业综合开发现代农业园区试点项目落地沙县，新增家庭农场、合作社1243家，新增土地流转面积0.24万公顷，市级以上农业龙头企业完成产值330亿元。

服务业。第三产业增加值525.39亿元，增长8.3%。实施120个服务业重点项目，文化产业主要指标增幅居全省前列，三明郊野地质公园和清流温泉地质公园获评国家地质公园，新增4家4A级旅游景区。推动电子商务加快发展，淘宝网"特色中国——三明馆"开馆，全省首个阿里巴巴农村淘宝项目落户尤溪，涌现出一批年销售额超亿元的电商企业。

城乡建设。出台进一步放宽户口准入条件、推进农业转移人口市民化等政策措施，公共服务稳步向常住人口覆盖。加快生态工贸区生态新城建设，联办园区建设力度加大，市区与沙县、永安在基础设施、产业、规划等方面同城化迈出新步伐。实施宜居环境建设行动计划，入围全国生态城市竞争力十强，获得省级生态市称号；统筹推进县城、小城镇和美丽乡村建设，泰宁县获全省首批国家生态文明建设示范区称号，5个县(市)获省级生态县(市)称号，尤溪洋中镇列入全省"小城市"培育试点。

改革开放。创新林业金融产品和风险防控机制，在全国首推林权按揭贷款，成立全省首家林权收储中心。春舞枝集团在德国证券交易所挂牌上市；南方制药成为三明市首家在"新三板"挂牌上市企业。交通银行三明分行开业。新增41家企业在海峡股权交易中心挂牌，4家基金公司落地运作。永安成功发行城投债10亿元。便民基础金融服务和阳光信贷标准化网点实现行政村全覆盖。福建一建集团有限公司挂牌成立。市县政府机构改革有序推进。启动实施工商登记制度改革。优化外贸发展环境，外贸出口17.78亿美元，增长29.4%。支持民营经济发展，出台推进明商回归工程意见，民间投资占全市固定资产投资81.5%。深化明港澳台侨合作，成功举办第十届林博会和第七届海峡两岸客家高峰论坛，实际利用外商直接投资1.4亿美元，增长12.3%。

民生保障。21项为民办实事项目全面完成，全市民生支出占公共财政支出比重达78.2%。全市新增城镇就业2.87万人，农村劳动力转移就业4.74万人，城镇登记失业率2.1%。城乡居民养老保险基础养老金、城乡低保标准、退休劳模待遇进一步提高。保障性安居工程新开工5753套，基本建成7793套，超额完成年度任务。完成造福工程搬迁和危房改造8850户、3.88万人。强化科技和人才工作，出台6个人才政策性文件，2人入选国家创新人才推进计划，新组建3家院士工作站，市科技馆建成开放。全境列入赣闽粤原中央苏区振兴发展规划，苏区老区加快发展，成为国家扶贫改革试验区。

社会事业。农村中小学生"幸福成长工程"持续深化，5个县(市、区)被认定为义务教育发展基本均衡县，义务教育标准化学校建设目标完成率居全省前列。被确定为公立医院改革国家联系试点城市，医疗卫生服务体系逐步完善，群众看病负担进一步减轻。国家公共文化服务体系示范区创建迈出实质性步伐，市"两馆一宫"建成，4个镇(村)列入第六批中国历史文化名镇(村)，万寿岩遗址保护工程取得重大进展。"单独二孩"生育政策顺利实施，实行新生儿落户与计生脱钩，全面完成人口计生年度责任目标。群众体育广泛开展，三明运动员在世锦赛、亚运会等大赛中获得2金3银1铜。全省首个市级中介服务中心投入运行，全市142个乡镇(街道)全部建成便民服务中心。

【全省首个国家农业综合开发现代园区】 三明(沙县)现代农业科技示范园是三明生态新城六大功能区之一，位于沙县城郊，距三明沙县机场10千米，距三明火车北站8千米，厦沙高速公路在园区内有两个出口。2014年8月，国家农发办批复的农业综合开发园区试点项目落户园区。园区规划建设总面积1353公顷，计划总投资8.43亿元，以发展高优农作物种苗产业作为主导产业，以"研发、展示、孵化、推广"为发展重点，围绕水稻种子、花卉种苗、药用植物种苗、蔬菜种苗四条产业链，在园区集聚优良农作物新品种和高新科技成果，计划用3年左右时间，打造成为全省技术领先、品种优新、"育繁推"一体化的高优农作物种苗产业园。园区建设已全面启动，规划建设农业科技研发区、孵化区、示范推广区3个板块，研发区将集中三明市农科院、2个院士工作站、省农科院、福建农林大学等各类科研院所，集中开展新品种研发选育及配套技术研究；孵化区将依托六三种业、克劳沃园艺、世纪民生、金锋园林公司等企业分别进行水稻、花卉、蔬菜、中草药等新品种的孵化展示；示范推广区将把通过企业孵化种植成熟的新品种，通过园区组培中心批量繁育种苗后再通过园区企业向沙县乃至三明区域推广。

【将军后代合唱团来三明苏区演出】 2014年12月7—9日，将军后代合唱团84名团员抵达原中央苏区三明，开展"唱响中国"大型公益演出活动。此次来三明的将军后代包括罗瑞卿大将长子罗箭、贺龙元帅之女贺晓明、王宗槐将军之女王亚利、贺炳炎将军之女贺北生、陈赓将军之女陈知进等80余人。在三明其间，他们参观三明市博物馆，考察石壁客家祖地等地，举办红军长征出发80周年纪念活动，并在宁化、沙县举办"唱响中国——走进中央红军长征出发地"专场演出。

(吴大优)

三 元 区

【经济社会概况】 2014年，三元区实现地区生产总值113.55亿元，比上年增长7.5%；规模以上工业总产值264.09亿元，增长13.6%，规模以上工业增加值71.07亿元，增长13.0%；农林牧渔业总产值17.77亿元，增长3.5%；农村居民人均可支配收入13498元，增长10.7%；社会消费品零售总额30.74亿，增长10.9%；实际利用外商直接投资(验资口径)1516万美元，增长13.2%；固定资产投资

三明市图书馆、艺术馆、青少年宫建成 （三明市政府办供稿）

142.55亿元，增长20.3%；地方公共财政收入3.93亿元，增长0.6%。

项目工作。全区200个重大项目完成年度投资109.3亿元，名佑冷链物流、富兴路改造等57个项目建成或部分建成。25个省、市级重点建设项目按序时进度推进，天翼肉制品深加工西式培根肉、德威食品深加工、汇华离心铸造汽车缸套数字化等7个项目建成或部分建成。“五大战役”实施重点项目15个，莆炎高速公路三明莘口至明溪城关段、306省道改线配套三期工程（村头段）、吉口污水处理厂及配套管网工程等项目有序推进；风力发电、电子商务平台建设等前期项目取得重大突破。实施城建项目45个，建筑业总产值73.1亿元，增长20.5%。

工业经济。全区新增规模以上企业20家，总数达146家。机械铸造、木竹加工、生物医药、食品加工等支柱产业规模以上产值161.96亿元。实施技改重点项目50个，完成投资17.98亿元。三元经济开发区开发面积626.73公顷，入园企业128家，其中：投产企业113家，在建企业15家；完成固定资产投资35.2亿元，增长23.7%；实现工业总产值116.78亿元，增长27.2%。

农业经济。加快农业产业化经营，全区28家省、市级农业产业化龙头企业实现产值20.5亿元，增长56.8%；蔬果种植业、畜牧业、林业、农产品加工业等主导产业实现产值5.2亿元。现代农业发展良好，培根肉年产值新增35%，成为全省最大西式培根肉生产基地；建成超级稻种植示范基地1333公顷；新建温控设施蔬菜大棚13.33公顷。发展家庭农场88家，其中省级家庭农场示范场1家、市级4家。完成造林绿化面积719.4公顷，森林覆盖率提高至76.7%，完成木材生产、销售5.7万立方米。冬春水利建设项目完成投资1605.5万元，修复水毁水利工程9处；成功获批第六批中央财政小型农田水利重点县。

第三产业。新增三产企业384家，实现第三产业增加值39.04亿元。重卡营销服务中心、鲜活水产品批发市场等专业市场建成投产。建成“海鑫钢材信息网”“林品汇OTO商城”“学海商城”“赶墟吧”等电子商务平台。文化产业快速发展，动画连续剧《少年陈景润》完成制作并正式登陆央视少儿频道。完成万寿岩国家考古遗址博物馆改造提升工程。

城乡建设。山水御园、左岸名都、碧水蓝天等房地产项目按序时进度推进；启动实施省一建下洋、市胶合板厂、三明海西铁路装备产业园等6个项目征迁工作，挂牌出让商业用地31.07公顷；完成富兴路、崇荣路拓宽改造，实施芙蓉新村路口、崇宁路等立面改造3.5万平方米；高标准培育省级示范小区山水御园，建成省安、桃源等精品小区。扎实推进岩前镇万寿岩国家考古遗址公园周边区域综合规划与城市涉及项目，防洪堤及滨水景观、南溪滨路拓改、市中小学生示范性综合实践基地“三大工程”；全面启动莘口镇集镇道路硬化、危桥护栏改造、农民健身公园、休闲步道建设等系列镇区改造工程；投入2150万元完成米洋村、乌龙村、楼源村等“美丽乡村”建设项目。

社会事业。投入1968万元，实施实小新建二期、东霞幼儿园改造、岩前中学食堂新建等教育民生项目。投入基本公共卫生资金507万元，启动基层医疗卫生机构改革；在全市率先落实计生特殊家庭帮扶政策，发放各类补助175.9万元；成功创建国家级计划生育优质服务先进区。新增城镇就业2405人；新型城乡社会养老保险参保率达99.9%。通过国家公共文化服务体系示范区创建中期督导，完成万寿岩国家考古遗址公园保护规划编制；岩前、莘口、中村等3个乡镇获国家级生态乡镇命名；投资300多万元，完成东牙溪水库水体生态修复一期工程。 （邓应均）

梅列区

【经济社会概况】 2014年，梅列区实现地区生产总值224.44亿元，比上年增长7.5%；农林牧渔业总产值5.75亿元，增长3.4%；社会消费品零售总额67.58亿元，增长7.3%；公共财政总收入9.57亿元，下降5.81%，其中地方级财政一般预算收入7.38亿元；实际利用外资（验资口径）1023万美元，增长14.6%；出口总值4.1亿美元，增长36.2%；城镇居民人均可支配收入28388元，增长9.2%，农民人均可支配收入12896元，增长12.1%；户籍人口14.17万人，城镇化率97.4%。

工业经济。规模以上工业总产值387.01亿元，增长10.5%；规模以上工业增加值66.18亿元，增长11.9%。其中，区属企业实现产值166.11亿元，增长13%；实现增加值44.95亿元，增长12.3%。全年新增规模企业2家，规模企业共114家，其中产值亿元以上企业61家。实施千万元以上技改项目44个，完成投资24.6亿元。投入2.6亿元完善园区基础设施建设，新开发园区土地80公顷。

第三产业。全年实施三产重点项目28个，完成投资25.6亿元。新增限额以上企业30家。投入专项资金1000万元，出台扶持电子商务发展优惠政策，引进扶持三明便民网、福建三特集团、福建云商宅生活等一批电子商务龙头企业，徐碧中央商务区入驻企业177家。被新华网评为“2014年最美中国榜旅游目的地城市”，瑞云山风景区通过省级风景名胜区复核，梅园国际大酒店获评五星级旅游饭店。

现代农业。新增省市农业产业化龙头企业10家，新增农民专业合作社7家、林业专业合作社11家。新增丰产竹林213公顷，完成低产竹林改造553公顷。探索林产品期货经营模式，首次在大连商品交易所期货交割木工板和生态板10万张。

项目建设。完成全社会固定资产投资134.87亿元，增长17.6%，其中：项目投资完成93.64亿元，增长7%；房地产开发投资完成40.8亿元，增长52%。实施“十百千”重大项目工程建设，30个项目列入2014—2018年省行动计划重大项目，全年新开工49个项目，39个项目竣工或投入使用。制定招商引资优惠办法、支持重特大工业项目落地等政策措施，全年对接央企、民企、外企“三维”项目22个。

改革创新。行政体制、医疗卫生、服务业等重点领域改革扎实推进。新增专利产业化项目14项，专利申请170件、授权68件，2家企业被评为2014年度福建省知识产权优势企业。

城乡建设。实施市区两级城建项目57个，城市绿道建设、新碧路、列西街、陈大污水管网、满园春街景改造等项目进展顺利，完成重化、群英、龙岗等6个社区提升改造。投入1600万元实施21个农村“一事一议”及美丽乡村建设项目。徐碧新城二期、新老六路、列西小学周边、三明学院麒麟新村限价房等地块征迁工作有序推进，全年完成土地征收265公顷，房屋征收6.8万平方米。三明至沙县快速通道建成通车，国道205梅列过境线、南三龙铁路、快速通道洋溪连接线等重点项目顺利推进，完成农村公路硬化15.7千米，安保工程16.1千米。

城市管理。集中力量打好争创全国文明城市攻坚战，城市基础设施和管理水平得到较大提升。全面推行城市管理“街长制”，落实网格化精细化管理，推进数字城管和梅列微城管建设。大力开展渣土车整治和“两违”专项治理工作，提前完成市里下达的25万平方米违建拆除任务。

社会事业。财政支出重点向民生领域倾斜，全年民生支出占财政支出的78.7%。全年投入教育经费1.84亿元，获“全国和谐社区建设示范城区”称号，东乾社区开展居家养老服务市场化试点。在全省率先实现社区健康自助检测全覆盖。竞技体育水平得到提升，梅列籍运动员获第十七届亚运会银牌和世锦赛金牌，实现梅列区在亚运会、世锦赛奖牌零的突破。落实“单独二孩”再生育政策，人口自然增长率4.21‰。为民办实事项目10件完成、10件按序时推进。新增城镇就业2651人，下岗失业、就业困难人员再就业1103人，高校毕业生就业率90.1%，城镇登记失业率控制在1.97%以内。全年发放城乡居民最低生活保障金584万元、医疗救助金63万元，受益群众1.5万人次。城乡居民续保缴费率97.7%，位居全省前列。全面启动城乡居民基本医疗保险一体化工作，政府补助标准提高到320元，新农合参合率100%，连续4年居全市第一。

生态文明。全面完成单位生产总值能耗和主要污染物减排年度任务。全区80%的镇街达到国家级生态乡镇考核标准，陈大镇创建省级乡村旅游休闲集镇。开展国家级森林城市创建工作，新增造林绿化面积420公顷，森林覆盖率82.4%，居全市第二位，连续24年无森林火灾。列入省第三批节水型社会建设试点县，治理水土流失面积867公顷，全面完成农村饮水水源性工程。实施农村造福工程和危房改造工程，新建造福工程集中安置点2个，集中安置52户，完成旧房改造100户。 （雷文春　王培敏）

永安市

【经济社会概况】 2014年，永安市实现地区生产总值297.2亿元，比上年增长10.4%；规模以上工业增加值178.12亿元，增长15.3%；公共财政总收入24.34亿元，其中地方公共财政收入16.7亿元，增长3%；固定资产投资220.06亿元，增长18.9%；实际利用外商直接投资1673万美元，增长13.6%；社会消费品零售总额72.45亿元，增长14.5%；城镇居民人均可支配收入26347元，增长9.4%，农村居民人均可支配收入12551元，增长11.1%；居民消费价格指数102.3%。

基础设施。南三龙高速铁路、漳

2014年10月17日，2014国际（永安）竹具展销会暨第三届国际（永安）竹具设计大赛颁奖晚会在永安举办 （永安市政府办供稿）

永高速、泉三高速贡川互通口建设加快推进；307省道加福至沙芜公路永安段、南翔西路建成通车；荣康路、城东大道等市政道路全面开工。全市获批土地334.1公顷、林地426.73公顷，获批面积居全省县(市)前列。

项目建设。“十百千”重大项目工程完成投资152.7亿元，为年计划的107.6%。第十二届“6·18”对接项目112项，总投资25亿元。64个“三维”项目完成投资26.8亿元，全年引进各类项目92个，投资额达131.7亿元。中科动力环保经济型纯电动汽车产品正式发布并在三明区域实现挂牌上路。通用三明(永安)产业园正式签约。

产业发展。国家级现代农业示范区加快建设，新增省级农业龙头企业2家；主导编制《主要竹笋质量分级》《笋干》2个国家标准。“六大基地”(汽车制造、输变电高端装备制造、新材料生产、水泥产业、竹产业、纺织产业)建设完成产值441.6亿元，新增规模以上企业14家；中国重汽海西汽车产销逆势增长，维纶高强高模纤维、水溶性纤维等纺织产品居国内领先地位；获得省、市科技经费补助1756万元。新增限额以上商贸企业7家，电子商务交易总额突破10亿元，获“2013年中国电子商务发展百佳县”称号；商品房销售面积居三明各县(市、区)首位；全年旅游接待人数和旅游总收入均增长18.1%。

社会事业。民生实事全面落实，10类45项民生实事完成投资11.25亿元，市本级财政安排5.9亿元。城乡居民基础养老金、农村低保、“五保”人员补助标准进一步提高。免除殡葬基本服务费，启动殡仪馆提升改造项目。新开工保障性安居工程826套。顺利通过义务教育发展基本均衡市国家督导评估。水电学院完成整体搬迁。启动基层医疗卫生机构第二轮改革，健康管理中心项目动工建设。国家公共文化服务体系示范区创建工作实施。吉山村、沧海村、新西村、八一村入选中国传统村落保护利用项目。成功举办第十九届国际奥委会主席杯全国百城市(福建赛区)自行车赛。获“全国青少年普法示范区”称号。顺利通过国家园林城市复查和2012—2014年度“省级文明城市”考评。

人居环境。筹集建设资金3328万元，完成生态敏感区位林赎买669.2公顷。生态文明建设馆基本建成。18个城市重点项目完成投资47亿元；22个“美丽乡村”示范点加快推进，完成投资1.12亿元；72个“点线面”项目累计完成投资21.56亿元。获“省级生态县(市)”称号。山地自行车公园、将军山公园、万竹山公园基本建成，新增城市公园面积880公顷，城市慢线景观一期工程基本完成。城市网格化三级服务管理信息化平台进一步完善。

【颐老康乐工程】 针对农村“空巢”老人养老问题，永安市委、市政府尝试创新农村养老模式和方法，从2011年起，在总结社区居家养老服务模式的基础上，探索农村居家养老服务，并连续3年列为为民办实事项目，给予每个示范点3万—5万元的建设补助。通过4年的试点探索、总结推广，逐步形成“三自三助”运作模式，即自愿申请、费用自理、风险自负，家庭自助、老人互助、社会帮助。在建设方式上，主要采取乡村集体建设、政府财政补助、社会爱心捐助等方式，将闲置学校、村部、祠堂改造为“食、宿、娱”为一体的老人休闲活动场所。在服务上，推行食宿全托、日间照料和邻里互助3种服务模式，组建助老志愿者服务队伍，提供涵盖食宿照料、文化娱乐等全方位、多层次服务。全市已建成康乐点61个，受益农村老人达7000多人，有条件的村基本实现全覆盖。（侯金达）

永安洪田镇礤溪村“三自三助”颐老院外景　　（永安市政府办供稿）

清 流 县

【经济社会概况】 2014年，清流县实现地区生产总值75.86亿元，比上年增长10.4%；农林牧渔业总产值24.34亿元，增长5.6%；规模以上工业增加值29.84亿元，增长15.2%；县级公共财政收入3.34亿元，增长8.7%；农村居民人均可支配收入11404元，增长10.2%。农林牧渔业总产值、规模以上工业总产值、社会消费品零售总额增幅居全市第一。

特色农业。种植烤烟2926.67公顷，烟叶销售收入1.6亿元、税收3513万元。新增花卉66.67公顷、苗木140公顷，新增淡水鱼养殖面积66.67公顷、肉羊养殖5000只。发展市级以上农业龙头企业28家，其中省级3家。春舞枝公司在德国证券交易所成功挂牌上市，成为全国首家花卉上市公司。新增农民专业合作社41家、家庭农场45户、各类专业大户205户。投入2.3亿元实施农业综合开发、土地整理等农业基础设施建设，其中投资6700万元的南面乡镇集中供水工程基本建成，投资1.21亿元的俞坊水库、岭官水库进展顺利。新增花卉标准钢架大棚30公顷，春舞枝公司建成全省首个标准化智能花卉馆。

工业经济。吉阳太阳能电池芯片一期10条生产线有2条建成试产，另外8条进行设备安装调试；与孟加拉国签订了首批3亿美元光伏电动车、家用光伏发电机等光伏应用产品订单。总投资4亿元的钨矿废弃石循环利用重选项目正在建设。思恩电器、伊科电子建成投产，展化化工二期厂房全面完工。出台鼓励工业企业增产增效奖励办法，为伊科电子、汽枪厂等20家企业争取技改、节能改造、企业创新等补助资金2103万元。设立专项应急转贷资金，为闽山化工、宏志矿业等11家小微企业提供应急转贷资金12笔8040万元。投入8.8亿元实施汽枪厂等20家企业技改，列入省"百项千亿"重点技改项目4个。新增规模以上工业企业16家，总数达90家。投入1.1亿元，完成城南工业园土地平整和2.18千米园区主干道及雨污管网铺设，完成金星工业园亮化工程，动工建设福宝工业园污水处理厂。

第三产业。被列入全省第一批电子商务示范县，春舞枝公司被评为全省电子商务示范企业。建立海西电子商务青年创业基地，发展电子商务法人企业16家，注册资本1.32亿元。清流温泉地质公园获批升格为国家地质公园，天芳悦潭生态旅游区被评为国家4A级旅游景区。全年接待游客9.8万人次，实现旅游综合收入2000多万元。林畲毛泽东旧居项目基本建成，海峡两岸中华桂花文化园对外营业，全年新增限额以上商贸企业5家。佳云物流公司开通清流至泉州的货运专线，拥有各类大型运输车辆93辆、吨位2600吨位；久鸿化工运输公司投入营运，实现县危化产品运输企业零的突破。全年完成房地产投资5.34亿元，商品房销售14.31万平方米。完成资质建筑企业二级升一级2家，资质建筑企业总数达6家，实现建筑业产值27.08亿元。

城乡建设。投入8500万元建设城区管网、道路等基础设施。投入4500万元完成河滨路立面改造二期、碧林公园、古树公园等景观提升项目建设，新增城市绿化面积7万平方米。将12万平方米二级环卫路段纳入统一保洁。完成凤翔山公园、九龙公园、世纪公园改造修缮。总投资9.22亿元的"五镇二乡"和美丽乡村建设项目有序推进，打造长校河排、沙芜铁石、田源福源、赖坊赖武、李家鲜水、嵩溪元山等一批示范村。新建成赖坊赖安、嵩口清泉2个省级造福工程百户示范点。累计拆除违法违规建筑23.58万平方米。获得省级生态县命名，国家级生态县创建工作通过省级预验收。投入3675万元完成开发性水土流失重点治理32平方千米，落实封禁治理面积2.4万公顷。完成造林绿化2086.67公顷、"四绿"工程189.87公顷。

项目建设。全年实施"五大战役"项目131个，完成投资63.6亿元，开工建设118个项目，开工率90%，41个项目建成投产或部分投产。实施重点项目200个，完成投资56.5亿元。全年争取交通、水利、农业、教育、卫生等项目资金4.9亿元，获批各类建设用地75.4公顷。投入1.63亿元，基本建成温郊至塘凤、余朋至杨梅后、赖坊至横七3条公路，完成嵩马大桥、罗陂岗桥等5座危桥改造，省道307线沙芜洞口至永安界公路加快建设。110千伏"五里变"动工建设。

社会事业。投入教育事业资金2.1亿元，义务教育发展均衡县通过省级验收，总投资1.5亿元的新一中项目基本完成主体工程。投入3280万元实施县乡医疗机构改造提升，县医院感染科病房建成投入使用，妇幼保健院综合楼、疾控卫生监督综合楼完成主体封顶进入内部装修。完成人口计生工作年度目标，"单独二孩"政策稳步实施。县文化馆、图书馆投入使用。在第十五届省运会上，获得4金2银1铜。全县专利申请166件、专利授权71件，鸿翔农庄被认定为国家高新企业和省级鲜切花卉育种栽培企业工程技术研究中心，鑫磁线圈被授予福建省创新型企业。新增城镇就业1920人，农村劳动力转移就业3200人。新建保障性住房103套。在原发放90周岁以上高龄补贴的基础上新增80—90周岁高龄补贴，低保年标准提高200元，农村集中供养和分散供养年标准分别提高588元、456元，年满60周岁被征地农民养老保障金月标准提高40元。城乡居民养老保险参保率83%、基本医疗保险参保率99.9%。落实专项扶贫资金3066万元，完成造福工程危房改造950户惠及4381人；成立扶贫小额信贷促进会，全县实现脱贫656户2155人。 （陈清华）

宁化县

【经济社会概况】 2014年，宁化县实现地区生产总值101.58亿元，比上年增长10.9%；规模以上工业增加值增长15.0%；财政总收入7.25亿元，增长7.8%，其中地方公共财政预算收入5.21亿元，增长11.5%；全社会固定资产投资131.33亿元，增长19.7%；社会消费品零售总额增长15.6%；实际利用外资（验资口径）913万美元，增长13.6%；进出口总额9303万美元，增长29.3%；银行机构各项存款余额84.69亿元，增长11.4%，各项贷款余额63.88亿元，增长19.6%；农村居民人均可支配收入10480元，增长11.5%，城镇居民人均可支配收入20345元，增长12.4%；居民消费价格指数上涨1.6%。

工业产业。新增规模以上企业16家，规模以上工业企业总数136家；规模工业产值103.19亿元，首次突破百亿大关，增长14.9%；实现增加值30.65亿元，增长15.0%。有色金属加工、矿产加工、特色食品、轻纺服装和新兴产业"4＋1"产业加快发展，实现产值67.4亿元，占工业总产值的67%。华侨经济开发区新开发土地66.67公顷，建成标准厂房8万平方米，入驻企业5家，实现规模工业产值31.5亿元。

农业产业。农林牧渔业总产值43.4亿元，增长5.0%。粮食作物播种面积3.78万公顷，增长2.2%；粮食总产量20.55万吨，增长2.8%；烟叶产量连续24年居全省首位。特色农业发展迅速，建立6666.67公顷河龙贡米生产基地，新（补）植油茶1000公顷，种植薏米2866.67公顷，出栏商品獭兔50万只。农业产业化进程加快，新增农民专业合作示范社8家，其中国家级农民专业合作示范社4家；组建家庭农场32家、家庭林场34家；发展设施农业13.73公顷。成立1家林业融资担保公司、1家林业收储公司。宁化被评为“中国薏米之乡”，宁化米仁获国家农产品地理标志登记保护。申报知名商标3件、著名商标2件、省名牌产品2件、市名牌产品3件、无公害农产品2项、绿色食品标志认证2项。

第三产业。第三产业实现增加值30.77亿元，增长10.8%。实现社会消费品零售总额30.20亿元，增长15.6%。新增限额以上商贸企业14家。客家商业广场、闽赣义乌小商品市场、客家美食文化城开业运营，夏商百货入驻经营，海西电子商务城、粮食交易市场、纺织品综合市场、惠好医药物流配送中心等专业市场建设稳步推进。闽赣边贸专业市场商圈加快形成，电子商务、连锁经营、物流配送等新型流通业态快速发展。客家祖地获批国家4A级旅游景区，天鹅洞群风景区门票经营权顺利收回，客家国际大酒店、客家宾馆建成投入运营，客家美食文化城创建国家4A级旅游景区规划通过专家评审，石壁现代农业观光园被评为三星级乡村旅游示范单位，全年游客接待量增长12.5%、旅游总收入增长14.3%。成功举办首届海峡两岸（宁化）客家小吃节，培训宁化客家小吃从业人员2280人，县外开店608家。销售商品房面积20万平方米。

重点项目建设。全年安排县级以上重点项目149个，其中省市重点项目24个，完成投资62亿元；对接“三维”项目14个，总投资46亿元，其中投资5亿元以上项目4个。长宁纺织二期、福特科精密光学元件、鸿丰钙业、翠云金观音茶叶深加工等项目部分竣工投产，奔鹿牛仔布配套纺纱、通尔达电线电缆、欧尚箱包等项目建设扎实推进。成功引进总投资17亿元的福建月兔科技有限公司年产300万套高效节能空调生产项目、总投资3000万美元的福万电子塑胶玩具生产项目，其中福建月兔空调生产项目开工建设。水茜庙前至泉上新军公路交工验收，纵八线宁化连屋至下曹公路开工建设，湖村至泉上公路实施晋级改造，新建农村公路80千米，完成危桥改造7座。新增14个村实现“村村通”，新建农村客运候车亭56个，全面完成农村公路安保工程建设任务。实施农村配电网升级改造，新建35kV配电化站1座、35kV线路工程2个，扩建35kV变电站1座。完成高标准农田建设示范工程539.67公顷，新增标准农田93.33公顷、粮食产能田间工程360公顷。闽江上游沙溪段防洪三期工程宁化县城区防洪工程基本完工，4个乡（镇）防洪工程全面完工。年初确定的10件为民办实事项目基本落实，其中城区视频监控系统建设、老城区背街小巷（五星路）改造、保障性安居工程、农村安全饮水工程等项目全面完成，客家影视院线综合体、城南小学、县医院整体迁建等项目完成年度工作目标，紫竹公园、宁化一中连接线建设启动。6个卫生院周转房、1个卫生院病房楼建成投入使用，4所农村薄弱校完成改造，公共卫生服务中心建设项目主体完工。

城乡建设。全年完成10个村庄总体规划、2个城市片区控制性详细规划编制工作。翠华西路桥、江下桥、边贸桥完工或基本完工，鸡山路、新桥路一期建成投入使用，江景桥、高堑桥完成年度建设计划，翠华西路一期完成路面工程，边贸东路开工建设，新增城市路网7.8千米、城区燃气管网26千米、污水管网7.5千米，完成城区水厂高迁和12千米供水管网改造。完成4千米城市绿道建设、北山公园改造提升和东溪西岸沿河景观工程及横街客家风格建筑立面改造，顺利通过省级园林县城复查。完成8处停车场点、6处小市场、3处排档集中区建设，新建垃圾驿站16座，新建、改造城区红绿灯4处，拆除违法建筑面积30万平方米，腾出土地面积26万平方米。淮土乡实现撤乡设镇；第三期旧村复垦项目通过省级抽验，抽验规模面积36.2公顷，省国土资源厅先行核定第七期旧村复垦项目土地增减挂钩指标29.53公顷；建成一批美丽乡村示范村，完成农村危房改造1467户、房屋立面改造927户，建成3个百户造福工程集中安置区、5个“五保”互助幸福园试点村。

生态建设。扎实推进国家级生态县创建，全县已命名的省级生态乡镇13个，其中已获命名的国家级生态乡镇4个（湖村镇、泉上镇、安乐乡、中沙乡）、省级生态村14个、市级生态村171个，市级以上生态村已占建制村总数的88%。治理水土流失面积8306.67公顷，造林绿化1540公顷，森林覆盖率75.3%。新增建成区绿地面积46.2公顷，绿地率42.1%，人均绿地面积17.1平方米，绿化覆盖率43.5%。

社会保障。全面落实惠农政策，免除义务教育阶段学生“两免一补”2781万元，发放粮食综合直补3986.6万元、良种补贴741.7万元、生态公益林补偿金1432万元，兑现医疗补偿7449万元，农房、水稻保险理赔264万元，农机具购置补贴757万元。全年新增城镇就业2603人、农村富余劳动力转移就业5200人，城镇登记失业率控制在2.05%。农村低保保障线及“五保”供养标准提高，高龄补贴发放范围扩大至80周岁以上，全年发放低保金1857万元，覆盖10634人，发放“五保”金377万元、救灾资金135万元。建设保障性住房844套，完成配租288套。实施农村贫困残疾人“安居工程”137户，免费为151名白内障患者实施复明手术，被评为全省残疾人工作示范县。农村敬老院总床位数684张。

社会事业。全年有50件专利被授权，2个项目被列入国家星火计划，2个项目被列入省市科技计划。教育事业投入资金8409万元，新建续建学校项目14个，完成“班班通”一期工程，全面完成义务教育标准化学校创建任务；城东幼儿园通过省示范性幼儿园验收。新农合、城乡居民养老保险参保率分别达99.9%、99.1%；县医院被推荐为“全国第一阶段综合能力提升县级医院试点单位”；建立居民电子健康档案25万份；人口自然增长率控制在7.23‰以内。成功举办第七届海峡两岸客家高峰论坛暨第二届石壁客家论坛、第二十届世界客属石壁祖地祭祖大典。开展国家公共文化服务体系示范区创建，各类群众性文体活动蓬勃开展，石壁镇被命名为中国历史文化名镇，安远镇通过全省农村思想文化工作示范镇验收，宁化本土作家作品获省第七届百花文艺奖二等奖。

【"348"精准扶贫工作机制】 宁化县围绕科学扶贫精准扶贫，探索建立"三步工作法""四因四缺分类法"和"八种帮扶模式"的"348"精准扶贫工作机制，并建立大病救助、因灾救助等10项精准扶贫制度。开展"百个支部帮穷村、千名党员结穷亲"活动，安排2153名干部结对帮扶扶贫户，全县7720户贫困户实现帮扶全覆盖，实现脱贫1778户5513人，减贫幅度24.2%。

【海峡两岸客家高峰论坛】 2014年10月13—14日，宁化县举办第七届海峡两岸客家高峰论坛暨第二届石壁客家论坛，这是海峡两岸高峰论坛首次在县级城市举办，海峡两岸700多名嘉宾参加论坛。论坛以"携手两岸客家，繁荣文化经济"为主题，以"弘扬客家祖地文化，加强客家交流合作，促进闽粤赣等客家区域与台湾共建客家文化经济区，推动海峡两岸客家文经发展"为论题，向海内外征集论文200余篇，其中台湾40余篇。

【白色家电生产】 2014年，宁化引进建设总投资17亿元、年产300万套高效节能空调项目，实现三明市白色家电生产零的突破，也是宁化首个整机生产项目。9月，项目正式开工建设。

（刘建军）

2014年4月，省重点项目"欧洲风情生态旅游文化创意产业园"在建宁开工建设，图为来自意大利的技术员在指导当地农民种植葡萄 （建宁县政府办供稿）

建宁县

【经济社会概况】 2014年，建宁县实现地区生产总值74.14亿元，比上年增长8.3%；规模以上工业增加值26.19亿元，增长12.3%；财政总收入3.73亿元，增长4.55%，其中地方级一般预算收入2.56亿元，增长4.67%；固定资产投资78.87亿元，增长19.3%；实际利用外资（验资口径）850万美元，增长12%；社会消费品零售总额16.27亿元，增长15.5%；城镇居民人均可支配收入20722元，增长9.6%，农村居民人均可支配收入10570元，增长10%；居民消费价格指数101.8%。

现代农业。列入国家粮食产能大县和第六批中央财政小型农田水利重点县。初步完成现代种业发展规划。"建宁通心白莲"获评全省首届"十佳地理标志商标"，"桂阳萝卜"获国家地理标志认证。全年实现粮食总产量12万吨，杂交水稻种子2.8万吨，水果9.4万吨，建莲4000吨，食用菌3800万袋，烟叶8万担；农作物耕种收综合机械化水平达65.3%。申报设施农业项目8个，新增市级以上农民专业合作社、家庭农场16家，发展股份林场、家庭林场、林业专业合作社28家。源华林业成功登陆上海股权托管交易中心Q板平台。

工业经济。工业总产值97亿元，增长13%；固定资产投资42亿元，增长27%；新增规模以上工业企业10家，共计109家。源容生物、馨悦电子等项目建成投产，同越管件、大中石油装备等项目落地实施。推进企业技改提升，实施饶山纸业高档特种纸、富强石材废料综合利用、汇利丰再生利用项目等技改项目11项。工业园区加快发展，全年新增入园企业6家，新增工业用地50公顷，新建标准厂房面积6000平方米；完成助家井省道205线东侧道路工程、馨悦电子南侧道路工程等基础设施项目建设。

第三产业。完成全县旅游总体规划编制。闽江源生态旅游区获评国家4A级旅游景区，修竹荷苑列为省首批乡村旅游特色村。全县游客接待量和旅游收入分别增长33.9%、28.7%。建宁综合市场投入使用，汽车城主体工程竣工，火车站现代物流园区完成规划。新培育限额以上商贸企业3家。全县公路货运量、货运周转量分别增长16.6%、19.5%。全年商品房实现销售617套，销售面积6.67万平方米。年末本外币各项存款余额52.81亿元，人民币各项贷款余额29.44亿元，分别增长13.3%、9.99%。

项目建设。全年"五大战役"重点行动计划完成投资48.45亿元，占年度计划的127.0%，92个项目建成或部分建成。完成城关至火车站快速通道路基工程，城关至报国寺公路开工建设，莆炎高速公路、浦建龙梅快速铁路、城区天然气管道建设、风力发电开发等重点项目前期进展顺利。参加"6·18""9·8"等重点招商活动，引进内联项目36个，总投资35.6亿元，客方实际到资8.6亿元，增长15%。

生态建设。争创国家级生态县，顺利通过"省级森林县城"和"省级园林县城"验收，国家级生态乡（镇）创建率达100%，80个村获市级以上生态村命名。加快"四绿"工程建设，完成造林绿化面积1213.33公顷、封山育林1646.67公顷、幼林抚育2833.33公顷。实施小流域水土流失综合治理项目5个，完成治理面积4486.67公顷、投资3555万元。完成闽江流域水环境综合治理项目7个，污水集中处理率提升至78.5%。实现COD减排472.9吨，氨氮减排74.13吨。完成循环经济项目7项，GDP综合能耗下降4.5%，工业万元增加值能耗下降18.6%。

城乡建设。建成东山公园南大门、朝阳门楼、林委小溪景观钢坝、荷花东路公共停车场，商会大厦、旅游大厦、林场大厦等项目先后竣工。改造排水（污）管网8千米、供水管网13千米，新建、改扩建市政道路4.3千米，新建绿道9.3千米。推进"造福工程"，新增客坊村和笔架村2个省级集中安置区，完成危房改造725户，补助资金1026.7万元。推进8个省级整治村、2个省级示范村整治，完成投资5300万元，高峰村和修竹村获评首批"市级美丽乡村示范村"称号。推进36个经济相对薄弱村整村扶贫开发，全县贫困人口减至万人以下。

社会事业。完成城区学校布局调整。城关至火车站专线、环城公交启动运营，出租车呼叫热线正式开通，班车"村村通"基本实现。实行药品零差率改革和院长、医生（技师）年薪制，完成县公共卫生服务中心、客坊和黄埠卫生院门诊楼等建设。全民健身中心暨图书馆开工建设，成功举办"闽江源"杯山地自行车赛。县档案馆获评全市首家国家二级档案馆。

社会保障。实施保障性安居工程，解决41户农村特困无房户住房问题，建成各类保障性住房380套，改造棚户区住房30套，新增廉租房租赁补贴30户。成立县慈善总会，建成良浩福乐家园大楼，启动残疾人基本服务状况和需求专项调查。提高农村低保户和"五保"户救助保准，80岁以上老年人享受高龄补贴政策全面落实。全面实施"单独二孩"生育政策，出生人口政策符合率86.1%。实现城镇新增就业2200人，农村富余劳动力转移就业3851人，城镇登记失业率2.1%。

（万 冲）

泰宁县

【经济社会概况】 2014年，泰宁县实现地区生产总值76.93亿元，比上年增长8.2%；地方公共财政收入2.93亿元，增长3%；全社会固定资产投资75.15亿元，增长18.0%；规模以上工业增加值22.35亿元，增长11.8%；农林牧渔业总产值22.68亿元，增长4.8%；社会消费品零售总额17.61亿元，增长12.3%；城镇居民人均可支配收入23506元，增长11.9%，农村居民人均可支配收入11036元，增长9.3%；居民消费价格指数101.7%；银行机构存款余额47.9亿元、贷款余额33.1亿元，分别增长9.8%、12.8%。

旅游产业。正式收回大金湖旅游项目许可经营权。举办山地户外运动国际挑战赛、海峡两岸大金湖明月节和欢乐民俗年等活动。启用火车站游客集散中心，开行厦门至泰宁管内动车专线，全年旅游接待量突破300万人次，增长37%。加快旅游业转型，若九天综合体等10个旅游新业态项目取得新进展，引进金色之旅等旅游企业，过夜游客人数增长21%，景区游客满意率提高至99%。被确定为全国第三批旅游标准化试点县、全省旅游全域化试点县和智慧旅游试点县。明清园成为国家4A级旅游景区。获评2014中国最美丽县之一，获首届福建"十大醉美县城"称号。

农村经济。成立政府性农业担保公司——杉农农业发展公司，"一条鱼、一袋茶、一朵菇、一颗草、一粒种、一只鸡"等特色农业稳步发展，原生态种植铁皮石斛533.33公顷，新植茶叶35.67公顷，工厂化栽培食用菌4000万袋，育繁推一体化的科荟种业公司水稻制种基地面积达666.67公顷。4家茶叶企业获得"尚书品"公共品牌使用授权。上等烟比例连续3年全市第一。新增省著名商标2件、福建名牌产品1个、"三品一标"4件、省级农民专业合作示范社1家。

工业经济。落实兑现各项惠企政策，全年帮助企业落实应急转贷资金9300余万元，减免退税3226万元，用电奖励199万元，有效缓解企业资金困难。创新开展"三维"项目对接，落地招商项目40个，通过鑫华纺织以商招商引进永利纺纱等3个关联企业，池潭电厂扩建等重大项目取得突破性进展。实行企业培育扶持政策，完成天马硅业等4个技改项目，新增规模以上工业企业9家、限额以上商贸企业2家。

城乡建设。开展向莆铁路沿线综合整治，拆除"两违"面积20万平方米。完成污水处理厂二期建设，内环路、南谷巷等城市道路竣工通车，城区红绿灯和绿道系统进一步完善。推进"五朵金花"旅游专业村建设，抓好6个集镇和18个美丽乡村建设。江坑至猫儿山公路等3条"镇镇有干线"顺利通车，205省道绿色示范线有序推进。110kV开善变电站竣工。被确定为全国农田水利设施产权制度改革和创新运作管护机制试点县。开展景区环境质量实时监测，扎实抓好水土流失治理和第四批农村环境连片整治示范项目，完成造林绿化1866.67公顷、林分改造933.33公顷。建立森林资源管护联防联动新机制，全省松材线虫病综合整治县顺利摘帽。列入首批国家主体功能区建设试点示范和全省宜居环境建设试点县，被命名为国家生态县。

社会事业。城镇登记失业率控制在2.1%以内，城镇新增就业1952人，农村劳动力转移就业3967人，1920名贫困人口实现脱贫。开展道路交通事故救济救助责任保险，新农合、城乡居民社会养老保险做到应保尽保，城乡低保、农村"五保"供养、优抚对象抚恤、高龄老人生活补贴等标准进一步提高，实现一县一中心、一乡（镇）一敬老院目标。10件为民办实事项目全面落实。丹霞灵秀幼儿园竣工开学。在省级扶贫开发重点县中率先成为全国义务教育发展基本均衡县。开展流动人口"便民维权服务年"活动，发放幸福工程和小额贴息贷款1000余万元。深化基层医疗卫生机构第二轮改革，完成2所卫生院门诊综合楼改造和16个村卫生所规范化建设。全民健身活动中心动工建设。开展"周末动车引智工程"87场次，邀请116名动车沿线大城市专家、学者、教授、工程师，借智借脑推动泰宁发展。梅林戏《邹应龙》首赴台湾进行文化交流演出。汉堂生物国家科技支撑计划项目通过验收。

【回收大金湖景区经营权】 本世纪初，泰宁借鉴当时国内景区经营权租赁的先例，将大金湖旅游项目许可经营权出让给福建金泰旅游公司。后因上级出台文件，严禁出让风景名胜区整体经营权和门票收费权，泰宁县于2009年7月启动大金湖旅游项目许可经营权回收谈判工作；2013年12月23日，双方正式签订提前终止经营权许可合作合同。2014年4月1日，按照国家法律法规和合同约定，泰宁县正式收回并接管大金湖景区经营权，实现全县旅游主景区资源国有化。

【国家主体功能区建设试点示范】 2014年4月，泰宁县以全省排名第一、全市唯一的优势，列入全国第一批74个国家主体功能区建设试点示范单位。泰宁牢固树立保护生态就是发展旅游、保护青山绿水就是保护金山银山的理念，坚持举生态旗帜、打生态品牌、发生态财富，扎实做好"加减乘除"4篇文章，以最严格的举措竭尽全力保护好泰宁的好山好水好空气。加法，就是着力增加绿量和保护面积；减法，就是大力加强节能减排工作；乘法，就是构建生态产业、健全长效机制；除法，就是加强源头控制、严把项目准入关。2014年，泰宁县森林覆盖率76.2%，地表水均为Ⅱ类以上可饮用水，大气环境质量优于国家二级标准，景区空气"清新指数"长期保持全省前列。

【通过"义务教育发展基本均衡县"检查】 2014年5月，泰宁县高分通过国家"义务教育发展基本均衡县"督导检查，成为福建省23个省级扶贫开发重点县中首个全国义务教育发展基本均衡县。泰宁县注重教育基础设施建设，以"一年建一校"的速度，推进义务教育学校布局均衡；创新运行"县管校用"机制，促进城乡师资均衡；大力实施农村义务教育学校"3＋1"工程，即"吃要营养、住要舒适、行要安全，留守孩要关爱"，保障不同群体教育均衡。 （尤 新）

明溪县

【经济社会概况】 2014年，明溪县实现地区生产总值55.21亿元，比上年增长10.8%；三次产业结构由上年的26.3∶44.8∶28.9调整为25.1∶45.4∶29.4；农林牧渔业总产值23.2亿元，增长4.6%；规模以上工业总产值89.56亿元，增长14%；固定资产投资62.73亿元，增长20.8%；财政总收入3.96亿元，增长7.8%，其中地方级一般预算收入2.66亿元，增长10.7%；实际利用外资（验资口径）916万美元，增长13.9%；农民人均可支配收入10933元，增长9.7%；居民消费价格指数102.4%。截至年底，全县户籍人口11.9万人，耕地面积1.26万公顷，林业用地面积14.72万公顷。

县域经济。实施推动产业转型升级行动计划，完成工业总产值89亿元，增长19.8%，其中规模以上工业增加值27.27亿元，增长14.2%。美士邦超细氮化硅、泰丰日用精细化学品等21个在建重点项目竣工或部分竣工，汇晶人造蓝宝石晶体、明狮旋窑水泥余热发电等32个预备重点项目开工建设，海峡科化工业雷管生产线改造等4个前期项目转化实施。南方制药成为三明市首家"新三板"挂牌上市企业，实现县内企业上市零的突破；与博特医药重组成立海西联合药业。海斯福全氟烯醚产业化项目获省级科技重大专项立项，中石化含氟高端润滑油项目前期进展顺利。气动工具商贸城建成投入试运营，产业园标准厂房、省级质检中心、金属表面热处理等服务平台加快推进，首届中国（福建）气动工具产业发展论坛成功举办。

现代农业。被列入全国基层农技推广体系改革与建设示范县。实施现代农业发展行动计划项目45个，建成休闲观光农业试点项目2个。大力培育新型经营主体，发展家庭农场61户，实施市级以上农民专业合作示范社项目14个，流转土地4366.67公顷。拥有国家农产品地理标志登记保护2个、国家集体商标注册产品1个、绿色食品认证7个、无公害农产品认证10个。小型农田水利重点县建设项目通过省级验收，新建一批农村安全饮用水工程，新增饮用水安全人口2.1万人。新建防洪堤8.7千米，治理河道12.9千米，完成小型病险水库除险加固6座。

第三产业。实现第三产业增加值16.25亿元，增长12.4%。现代物流公路港基本建成，气动工具、红豆杉、农特产品等电子商务平台加快建设，实现网上销售2200万元。御帘村列入中国历史文化名村，村头森林人家、肖家山传统村落、聚龙寺朝圣等一批生态旅游项目加快建设，景区配套基础设施不断完善。

城乡建设。完成新一轮县城总体规划修编。渔塘溪带状公园、雪峰山森林公园等绿道设施建成使用，中山路、解放路、民主路、紫岭路等城区道路完成升级改造，康乐路、金家路、东方军路（桥）改造工程建设加快，名儒御景、欧华大厦等房地产项目有序推进。室内体育中心及商业综合体、绿色家园广场项目加快实施，城市交通、园林、环卫等管理进一步规范。美丽乡村建设有序推进，15个农村环境综合整治项目获批实施，基本完成4个省级美丽乡村建设，立面改造222户，罗厝岗、龙井上等村民安置小区加快施工。国家级生态乡镇创建率达100%，市级以上生态村创建率86.4%。启动"河长制"等水环境保护工作，流域生态环境质量逐步改善。规划建设国省干线横六线瀚仙大焦至城关上坊段。梓口坊110千伏输变电工程前期进展顺利，35千伏水夏线输配电工程投入运营，完成农配网改造项目50个。城市管道燃气项目进行管道铺设。

制度改革。事业单位分类改革和清理规范工作基本完成。行政审批制度改革有序推进，乡、村两级便民服务代办点标准化建设全面完成。清理各类行政审批事项301项。林业综合改革继续深化，建成林业服务中心，新型林业经营体系加快构建，培育各类林业合作组织10家。出台户籍惠民政策，进一步放开进城落户限制。推广"助保贷""小微企业成长贷"、村级担保基金、红豆杉行业担保基金等新型金融服务，成立2家以农村土地承包经营权入股的农民专业合作社，解决资金需求2400万元；成立宜信诚政府主导融资性担保公司，成功村镇银行项目获批筹建。

社会事业。18项民生工程基本完成,民生支出占公共财政支出比重为79.9%。购买12辆无人售票公交车投入运营,新开辟4条公交线路,实行70周岁以上老人免费乘坐。新建31所农村幸福院,县社会福利中心一期建设完工,全县拥有养老机构11家。开工建设保障性住房285套,实施造福工程危房改造600户,上坊新村、梓口坊金井小区被确定为省级重点造福工程集中安置区。发放创业就业小额贴息贷款3000万元,新增城镇就业1833人,劳动力转移就业3100人。稳步推进精准扶贫,实现832户2679人脱贫。5所农村学校校舍工程、6所学校塑胶跑道建成投入使用,顺利通过国家义务教育基本均衡县评估认定。完成胡坊、夏坊卫生院改扩建工程,县医院新病房楼投入使用。稳步实施"单独二孩"政策,建立诚信计生失信惩戒制度。完成县数字影院改造、9个乡镇文化活动中心及88个行政村文化信息资源共享工程点建设。参加第十五届省运会获1金1银6铜,创历史最好成绩。 (李桂花)

将乐县

【经济社会概况】 2014年,将乐县实现地区生产总值96.95亿元,比上年增长9.3%;地方公共财政收入5.9亿元,增长3.2%;农林牧渔业总产值27.93亿元,增长4.8%;规模以上工业增加值44.54亿元,增长11.9%;实际利用外资(验资口径)116万美元,下降86.3%;社会消费品零售总额18.76亿元,增长12.6%;城镇居民人均可支配收入24487元,增长10.3%,农民人均可支配收入11604元,增长12.6%;居民消费价格指数为102.6%。

农村经济。35个农业农村项目完成投资7.7亿元。粮食、食用菌产业稳步发展,收购烟叶8万担。新增省级农业龙头企业1家、市级5家。金森公司千万株鹅掌楸单细胞组培中心、智慧林业平台开始试运行。绿景农公司稻米加工生产线投入使用,带动发展优质稻1333.33公顷。新引进广东温氏、福建花卉盆景、厦门鑫农果蔬、桃花源记等公司落户将乐,建设800万羽肉鸭养殖、2000公顷花卉苗木、67公顷设施果蔬基地。全年投入3亿多元,实施农业综合开发、土地整理、中型灌区等农田基础设施建设,其中水利战役完成投资2.9亿元。家庭农场、农民合作社等新型农业经营主体培育初见成效,现有市级以上农民合作社、家庭农场23家。

工业经济。22个工业项目完成投资31.6亿元;新航凯氮化矾等10个项目竣工投产。开发区实现产值107.5亿元,增长23.5%。金瑞高科与中兴、华为深入合作,半固态研究所大楼已投入使用;泰达铝硅合金项目进行设备安装;宏和鞋业30栋钢构厂房完成主体施工;远大医药2条生产线开始试产;三华轴瓦新上3条自动化生产线。实施42个企业技术改造项目,完成投资28.1亿元。实施节能和循环经济项目15项,完成投资7600万元。

城市建设。城市建设项目完成投资12.7亿元,其中县体育中心、玉华大桥、环城西路、农副产品交易中心、老年活动中心等12个项目基本建成。全面推进供水和排水管网、燃气管网、城市道路和绿道网建设。

项目经济。全年实施项目245个,完成投资127.6亿元,121个项目竣工或试投产。加大产业链招商、回归工程实施力度,全年引进投资2000万元以上的项目36个,合同投资额33亿元。

第三产业。实现第三产业增加值27.80亿元。玉华洞游客中心、停车场主体建设完工,长缘旅游区完成规划编制。全年景区接待游客24.4万,增长14%;旅游门票收入1975万元,增长13.3%。积极发展电子商务,全年网上交易额1000万元。房地产完成投资14.35亿元,销售商品房20.8万平方米。

小城镇建设。43个小城镇建设项目完成投资2.5亿元,白莲余家和茶坞苑、万安翔安旧区改造、古镛文曲安置点、安仁崇滨、南口水岸将南等小区建设有力推进。47个宜居环境建设项目完成投资15.2亿元,建设美丽乡村13个,高速铁路沿线村庄建筑物立面改造620户。

社会事业。实施10类25项为民办实事项目,县财政民生支出10.39亿元,占地方公共财政支出的71%。新建续建保障性住房494套,实施新一轮造福工程危房改造1786户。新增城镇就业2008人,转移农村富余劳动力4366人。年支出社保、医保等各类保障金2.68亿元,提高城乡低保、"五保"和困难家庭临时救助标准。被认定为国家义务教育发展基本均衡县;完成高唐幼儿园、将乐三中教学综合楼和全县中小学校智慧教学"班班通"项目建设。县医院(北区)项目完成投资6050万元,主体已建成。完成白莲、万安卫生院综合楼建设,15套卫生周转房投入使用。良地村被列为第六批中国历史文化名村。县图书馆获得国家一级图书馆授牌。人口自然增长率控制在9.06‰以内。先后出台农村独生子女医疗保险、城镇独生子女和计划生育低保家庭奖励等扶助制度。实行惠民殡葬,免除殡葬基本服务费,减轻群众负担92.5万元。 (王晓旻)

沙县

【经济社会概况】 2014年,沙县实现地区生产总值179.96亿元,比上年增长9.6%;三次产业比例调整为14.5∶54.3∶31.2;农林牧渔业总产值43.96亿元,增长5%;规模以上工业增加值126.45亿元,增长13.1%;公共财政总收入12.22亿元,其中地方公共财政收入9.29亿元,与上年基本持平;全社会固定资产投资175.31亿元,增长17.4%;社会消费品零售总额43.39亿元,增长8.4%;城镇居民人均可支配收入25679元,增长10.2%,农民人均可支配收入13192元,增长11.8%;居民消费价格总水平上涨1.5%;城镇登记失业率2.0%;人口自然增长率20.48‰;单位生产总值能耗降低和主要污染物减排任务均完成预期目标。2014年末,全县总户数76958户,户籍人口26.65万人。

项目建设。全年139个县级重点建设项目完成投资105.4亿元,占年度计划的96.1%，122个项目完成或超序时进度。双溪水库、生态新城职教园区、厦工传动技术生产等34个项目新开工，铸造废弃砂再生利用及装备制造、宏盛化工酚醛树脂生产、龙华食品加工等29个项目新竣工。全年新签约项目26个，总投资27.7亿元；实际利用外资1560万美元。中节能海西（三明）节能环保产业园一期开工并部分建成投入使用。机械科学研究总院海西分院高端装备产业园带动效应初显，引进入园项目9个，总投资11.51亿元。

工业经济。制定抓龙头兴产业实施方案，突出抓好机械装备、节能环保、硅化工、生物医药食品、环保电池、林产加工等6条产业链培育，实现规模以上工业产值316亿元，占规模以上工业产值的62.8%。组织开展29个投资千万元以上技改项目，机械科学研究总院海西高端装备产业园、中节能环保产业园等项目加快建设。

农业经济。培育高优粮食、绿色林业、精致园艺、生态养殖等13条现代农业产业链，扶持发展大通农牧等农业龙头企业63家。培育新型农业经营主体，新注册家庭农场84家、合作社23家。组建农产品电子商务平台。

第三产业。抓好25个服务业重点项目，制定出台扶持电子商务发展的若干意见，成立百胜、金立挚达等18家电子商务企业，乐子鸡蛋实现全国联网销售。陆地港、公路港集聚效应凸显，公路港入驻物流企业65家。全年游客接待量、旅游总收入分别增长16%和16.7%。

城乡建设。建成生态新城区面积30.5平方千米，城镇化率59.1%。加大基础设施建设，三明沙县机场基本建成，城市快速通道一期建成通车，南三龙铁路、厦沙高速公路全线动工建设，鹰厦铁路城区段改线工程开工建设。城北汽车站建成投入使用，完成高速路出口两侧景观提升、三明北站站前广场景观和淘金山旅游公路、金沙西路、金陵北路等重要路段建设。开展"城市管理巩固年活动"，城市背街小巷纳入网格化管理，小区物业管理得到加强。获得省级生态县命名，6个乡镇被命名为国家级生态乡镇。创新扶贫开发机制，新增18个村级扶贫发展基金。造福工程危房改造完成750户，覆盖3143人。

深化改革。深化普惠制农村金融改革，发展合作金融，创建67个村级融资担保基金，累计为3140笔2.77亿元贷款提供担保；推进农村住房系列贷款"规模化"，累计发放农房系列贷款1.63亿元。深化土地信托流转，建立土地股份合作社18家，引进土地流转产业项目152个。深化集体林权制度改革，推进林地经营权流转，已登记注册新型林业经营合作组织73家，集体林权制度改革被农业部列为全国农村改革试验项目。深化行政管理体制改革，完成县、乡、村三级服务平台标准化建设。

民生保障。全年民生支出12.57亿元，占公共财政支出的77%。城镇新增就业2908人，转移农村劳动力5023人。养老、医疗、失业、工伤、生育等各险种参保人数49.7万人次，发放养老金3.66亿元。完成城乡低保、农村"五保"、新农合补偿提标工作，发放新农合各项补助9652万元。保障性安居工程完成省市下达任务。年初确定的13项为民办实事项目得到较好落实。均衡发展城乡教育，完成沙县一中新校区、城南初级中学教学楼、翠绿小学教学楼、农村中小学运动场等一批教育项目建设。县医院门诊综合大楼基本建成。公共文化服务体系示范区创建顺利通过国家中期督导，承办了中国CBO男子篮球联赛、全国健美操冠军赛等全国性体育赛事及将军后代合唱团"唱响中国——走进中央苏区沙县"专场演出等重要活动，第十五届省运会成绩居全市第一。

社会事业。全省县域经济综合实力排名首次进入十强。"中国（沙县）小吃旅游文化节"被评为"最具魅力节庆城市奖"，沙县小吃图文商标注册进展顺利，并初步形成沙县小吃产业转型升级战略规划、沙县小吃集团公司运营管理体系和标准化建设体系。顺利通过第三届全国文明县城、全国文化先进县复查，成为全省第二批全国义务教育发展基本均衡县。体育公园全面建成投入使用。被评为中国深呼吸小城100佳之一，省级生态县获得命名。

【中节能海西（三明）节能环保产业园】 中节能海西（三明）节能环保产业园是福建省与中节能集团合作建设的首个节能环保产业运营平台，位于沙县金古经济开发区北区，总面积36.13公顷。项目总投资约30亿元，计划3－5年内建成集研发、孵化、生产、展示、销售、服务为一体的节能环保示范园区。2013年12月25日一期工程动工建设，占地面积10.2公顷，规划建筑面积4.8万平方米。至2014年底，产业园投资7.5亿元，完成项目一期建设，包括机械类标准厂房8栋、研发类标准厂房18栋、展示馆1栋、配套宿舍1栋；入园企业5家，分别是福建华水环境科技有限公司、福建省瑞雪能源技术咨询有限公司、福建省正祺机械制造有限公司、海西中清重工环境产业有限公司、福建省万联新型材料有限公司。

【城市快速通道正式通车】 2014年12月15日，沙县至三明城市快速通道（沙县水南至梅列贵溪洋段）正式通车，两地车程缩短至15分钟。该项目于2010年11月开工建设，工期4年。路线总长18.39千米，按国家一级公路兼城市道路标准建设，总投资约27亿元，设计时速为80千米，采取双向六车道设计。项目路线起自沙县曹元村北侧1.4千米处规划的厦沙高速公路沙县东互通，通过沙县东互通立交与厦沙高速公路相连，经麦元村、茶丰峡村、镇头村，下穿在建的向莆铁路，沿三明现代物流产业园区东侧通过，与物流产业园区联通，穿苦竹坑、下峡设置隧道通过后接入三明市贵溪洋片区路网规划。（张云仙）

尤溪县

【经济社会概况】 2014年，尤溪县实现地区生产总值176.68亿元，比上年增长11.1%；农林牧渔业总产值73.83亿元，增长5.3%；规模以上工业增加值59.21亿元，增长13.2%；固定资产投资161.19亿元（不含农户），

闽中电商园 （尤溪县政府办供稿）

增长19.5%；社会消费品零售总额36.63亿元，增长13.9%；居民消费价格总水平上涨1.8%；出口总值1.61亿美元，增长36.2%；实际利用外资（验资口径）1428万美元，增长14.2%；地方公共财政收入7.32亿元，增长2.2%；城镇居民人均可支配收入24067元，增长10.9%，农民人均可支配收入11979元，增长10.9%。节能减排年度任务按时完成。

产业发展。工业经济转型升级，园区开发有序推进，德为聚纤、隆源纺织、鑫森合纤等一批投资10亿元以上高端纺织项目部分建成投产；申报省级工业化、信息化"两化"融合重点项目5个，完成投资10.6亿元；实施节能与循环经济项目42个，完成投资1.5亿元，节约标准煤1.5万吨、电660万千瓦时。现代农业加快发展，粮豆总产量18.1万吨，茶叶、食用菌、油茶、竹业四大特色产业实现产值34.6亿元；加快省级农民创业园建设，引进项目16个，完成投资2.6亿元；实施全国信息进村入户试点县建设，建成20个专业型、136个标准型、250个简易型村级信息服务站。第三产业发展迅速，抓好11个市级第三产业重点项目，完成投资17.9亿元；实现增加值50.62亿元，增长13.6%；限额以上批发零售企业47家，实现零售总额14.1亿元；朱子文化园和公山景区部分项目竣工并向公众开放，汤川天下侠谷景区实现试营业；民宿旅游快速发展，全年接待游客59.6万人次，总收入3.6亿元，均增长20%以上；电子商务取得突破，完成电商大楼主体工程，32家电商企业入驻电子商务创业园，成为阿里巴巴集团"农村淘宝"福建第一县。

项目建设。全年实施"十百千"计划重点项目210个，107个项目竣工或部分竣工，完成投资133.5亿元。深化"五大战役"重点行动计划，实施项目224个，135个项目建成投产或部分投产，完成投资111.7亿元。推进"三维"项目对接，引进央企、民企、外企项目26个，完成投资7.4亿元。县直机关挂包帮扶的65家企业完成产值79.9亿元，增长36%。紧盯中央和省级预算内资金投向，策划上报项目114个，40个项目获得上级补助，到位补助资金1.2亿元，增长43%。

城市建设。东城完成投资9.5亿元，省革基布检验中心、水东G1安置区、限价房、埔头新城河滨景观工程4个项目竣工，泰禾红峪、三奎大桥等项目稳步推进。西城完成投资11.3亿元，火车站站前广场、城西大道及立面改造、嘉和花园等项目相继竣工，闽中兄弟现代物流城二期、紫阳家园等项目进展顺利。中心城完成投资5.1亿元，朱子文化苑、公山景区朝圣之旅登山步道等项目建成投入使用。查处各类违法建设1016处，拆除违建面积30.8万平方米。

深化改革。深化集体林权制度改革，办理林权登记1398宗、注销1170宗，新注册林业专业合作社7家、家庭林场1家，被列为国家林地占补平衡试点县和省级林下经济发展示范县。实施城市公交改革，实现公交国有化经营，新购置LNG公交车16辆，新增、优化公交线路11条。

民生保障。落实积极就业政策，新增城镇就业2602人，城镇登记失业率2.1%。全面完成城乡居民养老保险、企业职工基本养老保险扩面任务；在三明市率先执行城乡居民养老保险参保人员丧葬费补助政策，补助1281人177.9万元。有序推进社会福利中心、福乐家园建设，新建乡镇敬老院1所、"五保"幸福园21个。开工建设保障性住房831套，配租配售235套。新建中小学、幼儿园校舍13幢，建成塑胶运动场14个。朱子文化园被列为省级科普教育基地。深化医药卫生体制改革，调整部分医疗服务项目价格，出院者平均费用3823元。率先出台贫困女孩帮扶、农村病残儿再生育家庭补助政策，发放各类扶助补助金5147人365.9万元。

【朱子文化园】 朱子文化园是尤溪县创建朱熹诞生地5A级景区（包括朱子文化园、公山景区、文山景区、紫阳公园、紫阳湖）的核心区，占地17.87公顷，总投资5亿元，分3期建设。一期，朱熹诞生地，占地4.4公顷，总投资2.6亿元，主要实施朱熹诞生地南溪书院、沈郎樟公园、开山书院、文公广场、朱子文化苑、尤溪博物馆等工程；二期，朱子文化交流中心，占地10.67公顷，总投资1.6亿元，主要实施文公书院（文公幼儿园、文公小学、文公广播电视大学）、朱子文化研究院、南溪书院学术交流中心、朱子典籍图书馆等工程；三期，朱子祖殿，占地2.8公顷，总投资0.8亿元，主要实施闽中尼山、无极广场、欞星殿、鉴心池、中殿、集成殿、藏经阁、源头活水等工程。

【德为聚纤项目】 该项目由福建德为聚纤有限公司实施，位于福建尤溪经济开发区城南园，占地90公顷，计划总投资45亿元，全部投产后年可实现产值61亿元。项目分3期进行，一期，实施年产6万吨的差别化、功能性

德为聚纤项目——工人在察看产品质量　　（尤溪县政府办供稿）

锦纶纤维项目，主要产品为差别化锦纶6长丝，投资15亿元；二期，实施年产8万吨的差别化、功能性锦纶纤维项目，投资15亿元；三期，实施年产10万吨锦纶6聚合切片生产项目，投资15亿元。截至2014年底，累计完成投资12亿元，完成一期投资的80%。

【闽中现代物流园】 闽中现代物流园距尤溪县城4千米、尤溪火车站1.5千米、沙厦高速“尤溪西”互通口6千米、福银高速“大排”互通口30千米。规划用地866.67公顷，开发建设用地466.67公顷。该物流园计划投资26亿元，现代物流核心区、商务运营中心区、高新技术产业区、大型配套商住区四大板块分期开发建设，其中物流核心区建设“一港一店五大中心”（即公路港、星级饭店、电商中心、家居建材中心、汽车销售维护中心、仓储配送中心、大型机械销售中心）。截至2014年底，在建项目15个，累计完成投资14亿元；引进投资10亿元的福建兄弟物流有限公司等148家企业和个体工商户入驻物流园；32家电商企业入驻电子商务创业园。（王锦峰）

大田县

【经济社会概况】 2014年，大田县实现地区生产总值148.68亿元，比上年增长10.5%，其中，第一产业增加值27.09亿元，增长5.1%；第二产业增加值79.32亿元，增长11.9%；第三产业增加值42.27亿元，增长11.1%；三次产业比例为18.2∶53.3∶28.4。全社会固定资产投资193.36亿元，增长19.9%；财政总收入10.37亿元，下降7.3%，其中地方公共财政收入6.70亿元，下降9.4%；实际利用外资1575万美元，增长13.9%；社会消费品零售总额39.02亿元，增长13.8%；城镇居民人均可支配收入25023元，增长10.2%；农民人均可支配收入11761元，增长10.0%；居民消费价格指数101.9%。

农业产业。农林牧渔业总产值45.59亿元，增长5.1%。茶叶、油茶、洛神花、木薯、蔬菜、林下经济、珍稀花卉苗木等特色优势产业巩固发展，茶园面积6620公顷、油茶林9346.67公顷，种植木薯4333.33公顷、洛神花3333.33公顷。新获批国家级和省级农业标准化示范区各1个，新培育省级龙头企业1家、省市级示范社8家、家庭农场63家，新获无公害、绿色和有机农产品3个，8家企业列入省市级农产品质量安全可追溯体系建设。成功举办第九届中国高山茶暨首届中国洛神花文化节，被列为花卉产业发展示范县，成为全国首个“中国洛神花之乡”。

工业产业。全年完成工业总产值302.10亿元，增长13.0%；规模以上工业增加值101.09亿元，增长12.6%。出台推动工业稳增长促转型、进一步扶持矿产品采选业发展等配套政策措施，兑现各类扶持奖励资金8911万元。开工建设重点工业项目21个，完成投资27.23亿元。新增规模以上工业企业16家。实施红狮水泥、鑫鹭峰实业等企业技改项目283个，完成投资102.7亿元。新设企业研发中心3家。主导或参与制定国家、行业和地方标准3项，新增市知名商标3个、省名牌产品4项，新获授权专利81件。华伦特重工成为全市唯一在海峡交易中心挂牌交易的企业，三井科技成为大田县首家在上海股权交易中心上市的科技型企业。

第三产业。长隆物流等16个重点商贸物流项目加快推进。新增限额以上企业23家、物流企业25家、电子商务企业19家、中介服务机构41家。新培育省级“森林人家”示范点2个，桃源蓝玉村通过省级乡村旅游特色村验收，全县接待游客首次突破百万人次。

项目建设。鼓励招商引资、组织参加各类招商活动，对接并落地开工项目26个，总投资29.7亿元。实施132个重点项目，完成投资114.78亿元，39个项目开工，54个项目竣工或部分竣工投产（使用）。帮助企业解决各种困难和问题221个、落实贷款资金10.29亿元，帮助企业无偿办理转贷资金40笔3.19亿元。

基础设施。泉南高速上京互通、国道“纵五”、屏吴公路等交通基础设施项目动工建设，华石线二期、屏吴公路进展顺利，莆炎高速、吉泉快速铁路前期工作扎实推进，完成公路改造43千米、安保工程107千米。城关、梅山、奇韬35千伏输变电工程建成投入使用，新一轮农村电网改造提升工程顺利实施。

城乡建设。城市“四大板块”建设扎实推进，中医院迁建、龙腾盛世城市广场、均溪河滨栈道景观工程等项目顺利实施，栋山路、珠宝桥、南门桥、石牌道路及立面改造竣工，城市自来水厂建成投入使用。加大宜居环境建设力度，省级文明县城创建取得阶段性成果。深入开展美丽乡村创建活动，新培育示范点40个，蓝玉村、内洋村被评为全市首批示范村，东坂村、万宅村入选第三批中国传统村落名录。

生态建设。创新“河长制”，实

现全县所有大小河流全覆盖，文江河、均溪河等水流域治理初见成效。完成水土流失治理面积3873.33公顷，新增造林绿化面积2100公顷。7个乡(镇)获得国家级生态乡镇命名。实施重点减排项目6个、节能项目5个、循环经济项目10个，单位生产总值能耗降低和主要污染物减排完成省市下达任务。

民生工程。财政用于民生支出13.39亿元，21项为民办实事项目基本完成。建设保障性安居工程1129套、完成配租配售508套，“造福工程”搬迁2730人、农村危房改造300户。改造老年人活动中心16个，新建农村互助幸福园2个、敬老院4所，实现乡乡都有敬老院。新开辟公交线路9条，新设公交停靠站点89个，新投放公交车38辆，实行残疾人和65周岁以上老人免费乘坐。开展各种技能培训1.6万人次，发放下岗失业人员创业小额担保贴息贷款1030万元；新增城镇就业2602人，转移农村劳动力5389人。

社会事业。顺利通过省级教育“两项督导”考核，完成校安工程、城区扩容、薄弱校改造等项目12个，上京中小学及幼儿园实现整体搬迁。国家公共文化服务体系示范区创建工作扎实开展，体育文化中心建成投入使用。举办2014“浩沙杯”全国艺术体操锦标赛，被授予全国首个大体操培训基地。县、乡、村三级医疗机构药品零差率销售实现全覆盖，完成济阳、吴山卫生院改造和201个村卫生所信息化建设。

【河长制】 为解决河道管理问题，大田县从2009年开始实施“河长制”。构建一张网络，由县长任全县总“河长”，分管水利和环保副县长任文江河、均溪流域总“河长”，乡(镇)长任辖区内总“河长”，乡村干部任村级河段长，在各河段重要位置设立公示牌，将所有“河长”名单和联系电话向社会公布，全县230个大小河段设立168名“河长”，实现县、乡、村三级“河长”全覆盖。

【城区自来水厂】 该项目位于石牌村斗界山，占地2.8公顷，以坑口水库作为供水水源，从坑口水库一级站尾水取水引至城区自来水厂，经净化处理后向城区供水，日供水5万吨，项目建成后标志着全省唯一一个喝地下水的县城百姓喝上了干净、放心、安全的地表水。新水厂建成后供应城区15万人用水，供水面积34平方千米，供水人口占全县总人口的39.5%。

2014年，大田县结束了喝地下水的历史。图为城区地表水厂

（大田县政府办供稿）

【雾海茶人家民宿民游体验区】 该项目总投资1.2亿元，分3期实施，打造集茶文化体验、富氧健身、养生宿营、静湖垂钓、亲农观光为一体的东方美人休闲养生健身区。种植樱花66.67公顷，建成休闲木屋8幢、观光栈道和游步道4.5千米、生态停车场1个，餐饮中心进入试运营阶段；正在建设品茶区、展示区、赏樱区、垂钓区、客服区和绿道、慢道系统等设施；开发茶包装、茶食品、茶用品等茶旅游系列产品，努力打造集“游、购、品、吃、住、娱”为一体的高山茶生态休闲旅游区。2014年“五一”、国庆期间雾海茶人家休闲区日均接待游客3000余人次。

【均溪河西岸栈道景观工程】 该项目总投资约4000万元，起于南门桥，终于东门桥，全长2130米，沿防洪堤边建设一条宽约3米的人行景观栈道。全线共布置两个观景文化广场、6个大型健身休闲广场、7个小型交流聚散广场、两处下穿桥洞栈道。栈道工

屏山雾海茶人家　　（大田县政府办供稿）

程主体已竣工投入使用。

【福建省宝山机械制造项目】 该项目总投资1亿元，占地面积4.67公顷，年产铸件3万吨，年创产值1.5亿元。该项目生产工艺优，企业依托世界先进V法铸造工艺，自行设计、开发、制造全套的V法铸造生产线，生产各种牌号的铸铁、铸钢件和高附加值的艺术铸件，具有国内同行业领先水平，填补了福建省生产V法铸造生产线设备的空白；产品不仅销往全国各地矿山、路桥、冶金等领域，还出口美国、日本、印尼等10多个国家和地区，年出口创汇500万美元以上，其汽车铸件产品为中国一汽集团汽车生产配套，“宝山”牌破碎机占省内市场份额30%以上；拥有10多项国家专利及1项国际专利，其自行研制的PL系列立式冲击破碎机达到国际先进水平。

（翁扬群）

编辑：孙洁斐

莆田市

【基本概况】 莆田，史称“兴化”，位于福建省沿海中部，年均气温18℃—21℃，属亚热带海洋性季风气候。辖仙游县，荔城、城厢、涵江和秀屿4区，以及湄洲岛国家旅游度假区管委会和湄洲湾北岸经济开发区管委会。陆域面积4200平方千米，海域面积1.1万平方千米。有汉、回、畲、壮、苗等33个民族，2014年末户籍人口341.21万，常住人口285万。盛产鲍鱼、鳗鱼、对虾、梭子蟹、丁昌鱼等海产品，龙眼、荔枝、枇杷、文旦柚“四大水果”驰名中外。莆田文化底蕴深厚，有风景名胜和文物古迹250多处，留存以妈祖、莆仙戏、南少林、三清殿等为代表的文化遗产，历代涌现出2482名进士、21名状元、17名宰相，98人在《二十四史》中立传，两院院士中莆田籍的有16位，是福建省“历史文化名城”之一。莆商足迹遍天下，在全国及海外经商从业的莆田籍人有220万人，大约占据全国民营医疗行业的85%、木材市场的70%、金银珠宝行业的60%、油画行业的30%。湄洲湾、兴化湾、平海湾“三湾环绕”，建成泊位49个，其中千吨级以上泊位16个；在建泊位21个，其中包括罗屿40万吨铁矿石码头、国投20万吨煤炭码头等。

【经济社会综述】 2014年，莆田市实现地区生产总值1502.07亿元，比上年增长11.1%，其中：第一产业增加值109.85亿元，增长3.1%；第二产业增加值866.76亿元，增长11.9%；第三产业增加值525.46亿元，增长11.4%。人均地区生产总值52890元，比上年增长10.3%。三次产业结构比例为7.3∶57.7∶35。财政总收入175.08亿元，增长14.3%，其中地方财政收入110.30亿元，增长16.2%。全社会固定资产投资1452.44亿元，增长21.9%。外贸出口33.12亿美元，增长4.5%。实际利用外商直接投资3.41亿美元，增长13.0%。社会消费品零售总额498.03亿元，增长12.1%。按新的统计口径，城镇居民人均可支配收入26871元，增长9%；农村居民人均可支配收入12829元，增长10.7%。居民消费价格总水平上涨2%。城镇登记失业率2%。人口自然增长率6.6‰。

农业生产。全年农林牧渔业完成总产值199.93亿元，比上年增长3.5%。粮食种植面积4.83万公顷，比上年减少980公顷。全年粮食产量27.77万吨，下降1.4%。全年肉蛋奶总产量17.56万吨，下降7.3%，其中肉类总产量12.71万吨，下降4.8%。全年水产品产量83.74万吨，增长6.2%。农业产业化持续推进，全市38家省级以上重点龙头企业销售收入150.85亿元，比上年增长5.9%，带动农户27.63万户。

工业经济。全年全部工业增加值713.05亿元，比上年增长11.8%。新增规模以上工业企业120家，总数1037家。规模以上工业增加值696.26亿元，增长13.0%。规模以上工业中十大产业集群实现增加值665.85亿元，增长12.9%。高技术产业实现增加值51.74亿元，增长6.1%。全年规模以上工业企业实现利润106.58亿元，下降0.2%。规模以上工业企业每百元主营业务收入中的成本为87.12元，主营业务收入利润率为5.02%。技改投资212.8亿元，新增产值134亿元。全年全社会建筑业实现增加值165.63亿元，增长12.5%；新增资质建筑企业35家，总数238家；具有资质等级的总承包和专业承包建筑业企业完成建筑业总产值480.37亿元，增长29.4%。

城涵大道 （莆田市政府办供稿）

现代服务业。全年社会消费品零售总额498.03亿元，比上年增长12.1%。全年交通运输、仓储和邮政业实现增加值57.55亿元，增长9.9%。新增第三产业市场主体2.5万家，增长39.2%；新增限额以上商贸企业203家，总数641家。文化产业增加值131亿元，增长11.8%。新增限额以上电商企业69家，总数100家；零售网商密度、网商发展指数分别位列全国百强城市第5位、第18位，电子商务发展指数、电子商务服务指数在全国地级城市中分别排名第13位、第29位。全年接待游客1725.1万人次，增长18.1%；旅游总收入136.2亿元，增长19.5%。获得“中华美食名城”称号。年末全市金融机构本外币各项存款余额1450.18亿元，比上年末增长12.0%；金融机构本外币各项贷款余额1331.44亿元，增长21.6%。

城乡建设。建成区面积69.2平方千米，城镇化率55.3%。农业转移人口市民化有序推进，迁移户口9619人次。深入整治城市项目39个，整治村庄166个，创建美丽乡村96个，打造特色景观带8条。推进市政设施建设，新改扩建雨水管网124千米、污水管网230千米、供水管网80千米、燃气管网105千米、城市道路155千米、绿道60千米。推进城市停车场、透水率、片林、湿地及绿色建筑“五项行动”，新增停车位4046个、绿地181公顷。综合治理城区内河45千米，除险加固中小型水库21座，新保障27万群众饮水安全。新建、改造公交停靠站82个，新投放公交车216台。规范城乡建设用地秩序，拆除“两违”建筑217万平方米，清理闲置土地93.87公顷。4个省级小城镇实施项目164个，完成投资136亿元；“幸福家园”3个试点镇和46个试点村实施项目313个，完成投资27亿元；榜头镇列入首批省级小城市试点。扶持50个老少边岛扶贫开发重点村，兑现补助资金1.3亿元。

民生保障。实施积极就业政策，新增城镇就业2.3万人，农民工劳动合同签约率96%，劳动争议受理案件结案率97.6%。实现居民养老保险和医疗保险城乡统筹并轨，城乡居民基础养老金标准提高到每月70元，将失独家庭、村主干等纳入城镇职工养老保险。城乡居民基本医疗保险筹资水平提高到每人每年390元，实施城乡医疗救助7.9万人次。城市、农村低保标准分别提高到每人每月468元、350元，发放城乡低保金、“五保”金2.3亿元，惠及9.6万困难群众。有效调控房地产市场，发放公积金贷款10.3亿元。安置房新开工项目18个、面积126万平方米，竣工项目35个、面积178万平方米，新回迁1982户、办证21266套；新开工保障性住房1013套；造福工程搬迁2920户、13364人。推进数字莆田建设，建立电子政务公共平台、智慧城市公共信息平台，拓展城市一卡通应用领域。成功防御台风、暴雨袭击，安全转移群众6.9万人次。

社会事业。16件为民办实事项目完成年度任务。新增中小学学位1.1万个、幼儿园学位3200个，75%以上中小学班级配备“班班通”多媒体教学设备；推进中小学招生制度改革，新增4个国家级“义务教育发展基本均衡县”。推进医改工作，新增医疗床位800张，实行药品零差率销售，放开二级甲等及以上医院医师多点执业，实施市、县两级医院挂钩帮扶乡镇卫生院，成立莆田(中国)健康产业总会，列入省社会资本办医试点城市。实施文化走出去工程，组织“海上丝绸之路”油画艺术周等活动，4位莆田籍画家作品入选第十二届全国美术作品展，莆田再次获中国摄影之乡、中国摄影创作基地称号。社区电子阅览室、数字农家书屋、文化激情广场等文化惠民工程加快建设，组织各类公益演出160多场次，举办道德讲坛3000多场次，加演莆仙戏现代文明小戏1000多场次，通过第12届省级文明城市考评。木兰陂被列入世界首批灌溉工程遗产名录，5个项目入选第四批国家级“非遗”名单。成功举办市全民健身运动会，承办国际男子网球巡回赛、全国射击总决赛、射箭冠军赛等。成功防控登革热等疫情，卫生应急处置能力不断增强。加强计划生育工作，实施“单独二孩”政策。

环境保护。万元地区生产总值能耗上升0.16%。全市森林覆盖率59.8%。全市城市新增绿地面积181.4公顷，绿地率39.9%；全市城市新增公园绿地面积81公顷，人均公园绿地面积12.74平方米。市县生活垃圾无害化处理率98.1%，市县污水处理率85%。拆除关闭畜禽养殖场5629家。全市有国家级生态乡镇(街道)22个；省级生态县(区)4个、生态乡镇(街道)49个、生态村164个。2014年木兰溪与萩芦溪水质功能达标率均为100%。城市中心有65平方千米生态绿心，是国家园林城市、全国绿化模范城市，空气质量连续四年居全省首位。

【国家电子商务示范城市】 2014年3月20日，国家发改委和财政部、商务部等部门联合下发通知，同意莆田市在内的30个城市创建国家电子商务示范城市。莆田市按照“壮大莆田网军，打造电商名城”的工作思路，整合规范电商资源，做大做强电商产业，搭建电商平台，推进安福电商城等集聚区建设，电商从业人员近30万人，全年实现电商交易额700多亿元，100家限上电商企业完成销售额84.38亿元。 (吴志宇)

仙游县

【经济社会概况】 2014年，仙游县实现地区生产总值275.92亿元，比上年增长11.3%；三产比例为10.5：50.1：39.4。全社会固定资产投资229.09亿元，增长16.2%。财政总收入26.2亿元，增长21.8%，其中地方级财政收入17亿元，增长22.8%。外贸出口总额3.8亿美元，增长6%。实际利用外商直接投资4082万美元，增长16.6%。社会消费品零售总额78.39亿元，增长11.9%。

项目建设。316个县“五大战役”重点行动计划项目完成投资210亿元，140个县重点项目完成投资171.2亿元。滨海化工、辉特产业园项目投产，新万鑫搬迁及技改项目入驻仙港新兴产业园。福厦铁路仙游客运站开通运营，湄渝高速公路仙游段、环山区公路(联二线)、木兰溪防洪生态景观工程城区段加快建设，仙港大道路面改造全面完成。中海福建应急抢维修中心竣工，草山风电场并网发电，金钟水利枢纽工程全面投入使用。“两城一馆”接受省委、省政府工作检查获得好评。九鲤湖清淤挖湖、霞客步游道等项目竣工；菜溪岩景区道路、步游道、生态停车场、农家乐等投入使用。成功对接“三维”项目25个，总投资103亿元，诚丰创意产业园、健康科技园等项目签约落地。

工业发展。全年新增规模以上工业企业58家、产值超亿元企业21家；实现工业增加值118.24亿元。工艺美术、鞋服纺织、金属制品、化工四大主导产业累计完成产值323.6亿元，占全县规模以上工业产值的86%，其中122家规模工艺企业完成产值160亿元。实施技术改造、“两化”融合等项目70个，完成工业技改投资33.8亿元。落实县级惠企政策补助4968万元，政银企对接会实现融资17.6亿元，补办首批工业企业“两证”16家，22家企业获批应急保障转贷资金8.8亿元。仙港大道两侧工业走廊开发大框架全面拉开，整合建设仙港工业园，其中瑞峰工业园完成土地平整166.67公顷。仙游工艺产业园、油画城列入省文化产业园区名录，产业园二期、石艺城加快建设，海峡艺雕旅游城竣工。省木雕及古典工艺家具标准化技术委员会和省古玩工艺、红木产业电子商务协会在仙游成立。新创中国驰名商标1件、省著名商标13件和名牌产品17项。

农业生产。全年完成农林牧渔业总产值52.06亿元，增长4.1%。粮食总产量12.6万吨。油料、茶叶、蔬菜、水果、食用菌、水产品产量分别增长4.8%、6.5%、14.8%、3.5%、5.9%、4.5%。国家现代农业示范区、省级农业科技园区和精致农业产业园、台湾农民创业园、省级农民创业示范园加快建设，引进欧中种源生态谷项目，新增设施农业333.33公顷，种植名贵树木331.47公顷、花卉36.67公顷、中药材16.67公顷，建成国有苗圃8.73公顷。林下经济加快发展。新增省级以上农业产业化龙头企业3家。

第三产业。全年实现第三产业增加值108.57亿元，增长11.3%。新增限额以上商贸企业34家。电子商务交易额超10亿元。实施房地产开发项目64个，销售面积56.8万平方米。全年接待游客300万人次，景区门票收入1375万元；九鲤湖、博览城获评国家4A级旅游景区。年末金融机构本外币存、贷款余额分别为276亿元、210亿元，分别增长16%、26.3%。中信、招商银行仙游支行开业运营。国德医疗科技股份有限公司在海峡股权交易所挂牌，为海峡股权交易中心首家发行私募债企业。仙游一中教育集团、县医院医疗集团、旅游集团挂牌成立。

城乡建设。全年完成城乡各类专项规划、村镇规划和景观规划编制25项，“一溪两岸”控规实现全覆盖。140个城建项目完成投资100亿元，竣工商品房54万平方米。县行政中心完成外部装修，县法院审判法庭、检察院办案及技术用房主体竣工。八二五北街、东一环路等城区环路打通，仙港大道涵井互通连接线竣工通车。省级园林县城通过复核验收，新增绿地68公顷。87个宜居环境建设项目完成投资18.4亿元。城区新增停车位7300个。依法拆除“两违”建筑40.97万平方米。城市管理实现网格化、常态化。第二自来水厂一期、污水处理厂三期扩容工程投入运行，第二污水处理厂动工建设，建成5个乡镇污水处理站及配套管网。拆除、关闭畜禽养殖场27.7万平方米。榜头镇列入全省首批15个“小城市”培育试点之一，枫亭省级小城镇试点和7个市级、6个县级“幸福家园”试点加快推进，社硎白洋、大济乌石整村整治模式在全市推广。石苍乡济川村列入中国传统村落名录、国家级历史文化名村。

民生工程。全年财政民生支出19.3亿元。15件为民办实事项目完成投资14.8亿元。城镇居民人均可支配收入23151元，增长8.5%；农村居民人均可支配收入11624元，增长10.4%。城镇新增就业6801人，城镇登记失业率2.8%。新农合参合率100%。城乡居民参保续缴率94%。竣工安置房26万平方米，办理安置房“两证”1129套。建成保障性住房843套，配租配售790套。除险加固病险水库32座、小山塘60座，解决农村及学校14.8万人安全饮水问题。110千伏钟山变电站和鲤南变电站二期建成投产。实施农村公路硬化60千米、道路安保工程200千米，改造危桥21座，设置道路隔离栏杆17.8千米。城区新投放公交车、出租车86部。建成网格化平台45个、电子村落100个。完成“造福工程”搬迁7411人、灾后重建222户。

社会事业。省级可持续发展实验区通过验收。获“福建省教育工作先进县”称号。华侨中学成功创建省一级达标校。新建中小学和幼儿园3所。成功举办2014年世界木材日暨首届国际木文化节、仙作红木文化周暨家具新品发布会。仙游古典家具制作技艺列入国家级非物质文化遗产名

福厦铁路仙游站 （仙游县政府办供搞）

录。莆仙戏《叶李娘》晋京展演,《白兔记》获省第七届百花文艺奖荣誉奖。仙游籍运动员参加韩国仁川亚运会获金牌2枚、铜牌1枚。县第十四届运动会、"远大建材杯"全国自行车公开赛顺利举行。县医院、妇幼保健院实行药物零差率销售。县医院门诊大楼改造、卫生监督所业务楼投入使用。"单独二孩"生育政策全面落实,获全省人口计生工作先进县综合考评三等奖。造林绿化2866.67公顷,省级生态县通过考核验收。年度环保目标责任书考核居全市第一。完成土地整理超666.7公顷、土地整治27.33公顷,耕地实现占补平衡。获评"全市安全生产目标管理责任制先进单位""省级食品安全示范县"。

【国省干线公路联二线仙游段动工建设】 2014年10月29日,联二线石苍石阳至西苑凤顶段动工建设,全长28.1千米,预计2016年完工;游洋天马至石苍石阳段全长21千米,计划2015年7月动工、2018年完工。国省干线公路联二线仙游段(环山区公路)与莆田市涵江区庄边镇、泉州市德化县龙门滩相接,途经仙游县游洋、石苍、菜溪、西苑4个乡镇15个行政村,总长65千米、宽10.5米,按二级公路设计建设,计划总投资10亿元。项目建成后,可以打通环山区乡镇对外综合通道、完善现代交通网络、辐射带动山区乡镇近20万人口,促进环山区生态旅游经济区重点景区连线成片开发,加快推动形成"大旅游"开发和城乡一体化发展格局。 (戴建进)

荔城区

【经济社会概况】 2014年,荔城区实现地区生产总值294.78亿元,比上年增长11.8%。财政总收入36.52亿元,增长14.9%。全社会固定资产投资248.42亿元,增长13.2%。规模以上工业产值457.47亿元,增长13.4%。社会消费品零售总额122.25亿元,增长9.1%。农林牧渔业总产值29.81亿元,增长1.9%。外贸出口总额9.05亿美元,增长16.2%。城镇居民人均可支配收入30093元,增长9.2%;农村居民人均可支配收入14296元,增长10.7%。

农业经济。引进"利农模式",示范推进土地集约流转和设施农业建设。发展林下经济26.67公顷。市花卉苗木基地完成建设8.67公顷。新增无公害农产品2个、无公害产地认证5个。新增农民专业合作社54家,总数175家,4家获省级示范社称号。新美食品有限公司获"农业产业化国家重点龙头企业"称号。

工业经济。全面落实企业应急资金保障周转、基金专项扶持等政策。双驰实业等21个重点技改项目全面完成,三棵树涂料、华隆机械被确定为第一批国家知识产权优势企业。海山机械试投产环保挖掘吸运车。新增规模以上企业27家。新增中国驰名商标1件、省著名商标4件。新建省级工程技术中心3家。黄石工业园区获全市首家"省级标准化示范园区"称号。

第三产业。新增限额以上商贸企业63家、重点服务业企业20家。莆田网贸仓储物流基地入驻快递公司4家、电商企业36家,聚集自创品牌11个。引进中房购等5个电子商务平台,"中电宝"跨境电商第三方支付平台上线运营。万好中医药博览园开园。三迪创富广场、艾力艾总部大楼完成主体建设,累计建成写字楼45万多平方米。成功举办第9届"艺博会"。北高镇获"中国黄金珠宝首饰之乡"称号。

项目建设。深化"三维"项目对接,全年引进双驰图途物流园、保利香槟国际等56个项目。373个区重点项目完成投资243.2亿元,年度投资超亿元项目81个。新日国际、黄石旧街一期等90个项目竣工或投产,新日鞋服、区第一实验小学等100个项目开工建设。成立武汉荔城商会、北高镇经济社会发展促进会。

城乡建设。融合推进小城镇改革试点、"幸福家园"试点、"三旧"改造等工作。南郊濠浦三期等6个安置区完成主体建设;护城河五期等4个安置区陆续回迁,回迁居民1592户。建成九华山休闲公园、总部商务区入口公园等市政工程,建成荔枝林景观带8.5千米。省道202线、荔涵大道和324国道荔城段完成"白改黑"改造。硬化农村公路25千米,改造危桥11座。建设"美丽乡村"省级示范村2个。

社会事业。全年投入近10亿元,全面完成年度九大类60个为民办实事项目。推进校安工程、扩容工程和新区配套学校建设,新增校舍面积2.8万平方米、学位3200个。通过国家级义务教育发展基本均衡区验收。获"国家知识产权强县工程试点区"称号。完善医疗卫生服务体系,4个镇卫生院全面完成达标建设,北高卫生院列入全国首批健康促进医院试点项目单位。率先开展城乡困难家庭精准扶持和"救急难"省级试点工作。完善居民养老保险和医疗保险城乡统筹并轨政策,医保筹资标准提高至每人每年390元。落实住房保障政策,建设经济适用房320套,改造装修廉租房110套,完成近万套安置房房产初始登记。获"全省残疾人工作示范区""全国平安渔业示范区"称号。 (柯 雄)

城厢区

【经济社会概况】 2014年,城厢区实现地区生产总值260.54亿元,比上年增长10.4%。农林牧渔业总产值19.9亿元,增长1%。规模以上工业产值270.32亿元,增长13.2%。财政总收入27.1亿元,增长15.1%,其中地方级财政收入19.3亿元,增长14%。全社会固定资产投资191.17亿元,增长16.3%。社会消费品零售总额147.58亿元,增长19%。外贸进出口总额7.9亿美元,增长24.4%;外贸出口总额7.4亿美元,增长21.7%。实际利用外资(按验资口径)0.64亿美元,增长17.1%。城镇居民人均可支配收入30913元,增长9.8%,农村居民人均可支配收入14396元,增长10%。

工业经济。61家超亿元企业完成产值198.8亿元,占规模以上工业产值的86.5%,增长12.8%。全面落实项目技改等奖励补助资金4500多万元,筹集5000万元设立企业应急转贷基金,办理转贷资金超10亿元,帮助企业有效防范和化解债务风险。实施技改项目43个，节能技改项目10个。新增4个国家高新技术企业、3家省级知识产权优势企业、1家省级(企业)工程技术研究中心。实现建筑业产值135亿元，增长12.5%；新增建筑企业6家，升一级企业5家。

第三产业。全年新增限额以上商贸企业91家，总数206家；实现限额以上销售总额190亿元，增长13%。电商产业快速增长，实现限额以上电商销售额51亿元，增长185%。安福电商城入驻商户428家，经营国内外品牌500多个，自创品牌400多个，被评为第一批福建省电子商务示范基地，获"福建省电子商务示范区"称号。楼宇经济稳步发展，有245家企业入驻莆商中心和华友实业商务楼。金融业新入驻8家金融服务机构。旅游业新增1处3A级旅游景区、1家四星级酒店、2家5A旅行社；接待游客410万人次，旅游收入40.7亿元。

农业生产。27家市级以上农业产业化龙头企业完成销售收入27亿元，带动6.4万农户实现收入3.8亿元。农民创业园重点项目进展顺利，4个列入省补助项目共完成投资7500万元，基本完成建设任务。大力发展设施农业，利农华亭基地一期、天怡现代石梯生猪养殖基地竣工投入使用。

项目建设。全年实现竣工项目60个，贺喜科技、天喔保税物流园、木兰溪防洪工程等项目实现动工建设，联创国际、金莆供水工程城厢段、东海鞋服辅料生产基地等项目实现竣工或部分竣工。肖厝商务楼、泗华滨溪二期安置房地块实现挂牌出让，山牌、景祥山等地块形成净地，莆田西等片区安置地完成征迁。15个安置房建设项目全面突破，其中3个实现竣工交付，7个封顶装修，2个加速建设，3个实现动工。除险加固3座小(二)型水库，入选全省新增小型农田水利重点县。

城乡建设。三紫路、肖厝路建成通车，完成濑榜路拓宽工程、城常线洋西段改造工程和文献西路、学园中路、荔城南路等道路"白改黑"工程，开工建设溪滨路、滨海大道等市政道路和月塘片区"道路微循环"试点，实施太湖"一横三纵"道路、华林腾飞路、华林路等7条主干道、人行道路修复工程，完成全区交通旅游路网规划。全年实施12大片区改造项目，拆除旧房面积73万平方米。实施多个绿化工程，完成造林绿化384.2公顷，全区森林覆盖率74.1%，居全市首位。完成86个村庄规划编制；7个市级"幸福家园"试点村建设进展顺利，争取上级专项资金4500万元，拆除旧房32.8万平方米、新建住宅16.8万平方米、土地复垦31.73公顷、确权发证163户，经验做法在全省新型城镇化工作会议上交流。

社会事业。强农惠农政策全面落实，发放各类资金1.8亿元。继续列入省"一事一议"财政奖补"美丽乡村"试点区，争取各级补助资金2700万元，实施36个试点项目。"义务教育发展基本均衡区"创建通过国家级评估验收。木兰陂列入首批世界灌溉工程遗产名录；"非遗"传统美术项目"留青竹刻"入选国家级非物质文化遗产拓展名录。海峡两岸文化交流力度不断加大，中华五帝文化和蔡襄宗亲文化联谊活动被国台办列为重点对台交流项目。完成龙桥、常太、灵川农村居民饮水安全村村通工程，惠及5万多人。开通多条公交线路，实现公交资源城乡全覆盖。保障性住房建设顺利推进，建设各类保障性住房2158套。启动华亭卫生院公立医院试点改革，完成25个村卫生所提升建设，凤凰山社区卫生服务中心通过国家示范性社区卫生服务中心复核评估。扎实推进城乡居民养老、医疗保险一体化，城乡居民养老保险参保率95.8%，城镇居民医疗保险参保率98%，新农合参合率100%。加强生态创建，拆除关闭畜禽养殖场(户)1090家、面积46万平方米；创建国家级生态镇(街道)5个，省级生态区创建通过专家组考核验收。

(吴娓金　陈敬阳)

涵江区

【经济社会概况】 2014年，涵江区实现地区生产总值368.05亿元，比上年增长10.8%。全社会固定资产投资278.70亿元，增长25.5%。财政总收入33.3亿元，增长11%，其中地方级财政收入19.3亿元，增长16.4%。城镇居民人均可支配收入、农民人均可支配收入分别达到25617元、12553元。完成节能、主要污染物减排年度目标。

农业经济。引进利农集团等设施农业龙头企业，流转土地106.67公顷，新增设施蔬果、食用菌86.67公顷。大力发展林下经济，新建铁皮石斛、金线莲、油茶等基地110.73公顷，萩芦、庄边、新县形成各具特色的花卉苗木基地。开展农业"五新"(即新品种、新技术、新农药、新肥料、新机具)技术推广。引导新型农民经营主体发展，新增省市级以上农民专业合作示范社2家、省级家庭农场1家。除险加

白沙镇坪盘村　　(涵江区方志办供稿)

福厦铁路——涵江站 （涵江区方志办供稿）

固小(2)型水库8座，农田水利设施得到完善。

工业经济。新增规模以上工业企业29家，总数269家；实现规模工业产值763亿元，利税、利润分别增长12.3%、19.7%。59个工业类项目累计完成投资69.38亿元，山河药业、冠盖金属包装等13个项目实现竣工投产。出台应急周转金、即征即奖等一系列稳增长措施，为24家企业办理71笔应急保障资金，累计9.44亿元。率先在全市启动企业遗留办证工作，确权登记厂房58.44万平方米，帮助企业抵押融资超20亿元。推动高新区“一区多园”建设，新增省级以上高新技术企业8家、市级以上企业技术中心4个。通过福建省知识产权强县工程试点区验收。品牌战略取得突破，新增省级以上驰名、著名商标11件，莆田市知名商标7件。

第三产业。净增限额以上商贸企业33家，总数114家。实现社会消费品零售额90亿元，增长8.5%。101个商贸服务业项目完成投资26.45亿元，增长143.74%。沃尔玛、大地数字影院等品牌签约入驻。新建商品房159.9万平方米，销售29.3万平方米。电商平台建设取得突破，与全球外包百强企业软通动力合作设立区域总部，中小企业云平台正式上线，方家铺子在线商城为全市首家获评省级电子商务示范平台。

城乡建设。实施81个城建项目，完成投资32亿元。塘北、兴涵水都等片区开发取得新进展，总投资30亿元的保利地产项目落地，华永天澜城、隆恒财富广场等高端住宅小区加快推进。持续推进福厦路沿线旧城改造，新启动苍口等6个棚户区改造项目，完成塘北社区二期、西湖等片区征迁，拆迁面积55万平方米。安置区建设全面提速，在建150万平方米，竣工90万平方米，回迁20万平方米。开展宜居环境建设行动计划，深化“点线面”攻坚。新增公交线路5条、公共停车位3200个。新改建道路13条，“白改黑”6条，新增道路总里程15千米，涵港大道西侧、涵北路等7条道路建成通车。实施“四大公园”(白塘湖公园、人民公园、西河公园和囊山公园)改造提升工程，推动城涵河道景观工程建设，新增园林绿化面积46.67公顷，建成绿道1.4千米。加快“幸福家园”试点村建设，江口蒜溪片区、白沙坪盘、白塘洋尾等8个一体化项目全面开工，涵华、商城片区设施改造基本完成。通过省级生态区考核验收，6个乡镇获评国家级生态乡镇。集中开展“清水截污”行动，疏通卡口河段28处，清淤110千米，清障230千米，保洁水域4.24平方千米，新建污水管网35千米、截污管道23.4千米，内河生态环境逐步改观。

社会事业。民生领域重点支出占全区财政一般预算支出的80%以上，12个为民办实事项目全部完成。连续十年保持计生“国优”称号。医药卫生体制改革深入推进，涵江医院与国药集团合作项目正式签约，华侨医院参与社会资本多元化办医，药品零差率销售实现全覆盖；成功防控“登革热”疫情。通过省市教育“两项督导”和义务教育发展基本均衡区评估验收，获评市级教育工作先进县区。华侨纪念馆、青少年宫、科技馆、妇女儿童活动中心封顶，档案馆实现整体搬迁。涵江“文十番”“金镶玉·玉镶金”技艺入选第四批国家级非物质文化遗产名录。实施积极就业政策，新增城镇就业人数3831人，帮助下岗失业人员再就业382人，转移农村劳动力3067人。“二保合一”工作稳步推进，城乡居民基础养老金月标准提高到70元，城市低保月标准提高到468元，农村低保月标准提高到350元。新建、续建保障性住房898套，配租配售2437套，新建造福工程170处。积极开展普法宣传，获“全国‘六五’普法中期工作先进区”称号。成立“社会治理服务中心”，高起点推进网格化建设，新建视频探头3612个、道路中央隔离护栏13千米，26家工贸企业达到国家级安全生产标准。

项目建设。实施248个重点项目，新开工66个，建成、投产22个，完成投资243.79亿元。新对接“三维”项目9个，投资总额超过190亿元；对接省属国企项目9个，投资总额超过150亿元。湄渝高速涵江段全线开工，省道202线建成通车，江涵跨海大桥纳入全省交通投资规划正式立项实施。开工乌溪水库、西气东输涵江段。临港“一二四”(“一”即涵江港陆域形成项目，“二”即英博雪津迁建、普洛斯物流园项目，“四”即联十一线、联十一连接线、锦岚大道、后郭路项目)项目稳步推进，涵江港累计完成投资12亿元，建成港前路1.8千米，陆域形成工程填土810万方，造地1.8平方千米；英博雪津迁建、普洛斯物流园项目有序推进，联十一线及其连接线、锦岚大道、后郭路等疏港通道加快建设，港区设施进一步完善。（方燕萍　范　将）

秀屿区

【经济社会概况】 2014年，秀屿区

实现地区生产总值302.79亿元,比上年增长11.5%。工业增加值134.50亿元,增长12.4%。规模以上工业产值431.7亿元,增长13.3%。全社会固定资产投资496.80亿元,增长30.5%。财政总收入25.3亿元,增长15.2%,其中地方级财政收入12.6亿元,增长14.8%。农业总产值49.6亿元,增长4.6%。外贸进出口总额19.2亿美元,增长8%。实际利用外资5000万美元,增长37.9%。社会消费品零售总额55.58亿元,增长6.8%。农村居民人均可支配收入13241元,增长11%。

产业发展。落实强农惠农资金6.1亿元,兑现"即征即奖"、出口退税、用电奖励、"两化"融合、技改提升等奖补资金1.4亿元;用活过桥担保资金,为困难企业提供转贷资金17.7亿元;举办银企对接会,设立产业互助成长资金,帮助企业融资6.1亿元。实现第一产业增加值38.02亿元,增长4.3%;创建省级农民创业示范基地1个,新增市级以上农民专业合作示范社6家;"南日鲍"入选国家生态原产地保护名单;水产品总产量47.3万吨,增长4.5%。实现第二产业增加值179.12亿元,增长12.4%;新增规模以上工业企业22家、亿元企业7家;LNG全市首家产值突破百亿元,能源、石化、钢铁、木材及工艺美术等5大主导产业实现产值310亿元,增长15.8%。新增资质以上建筑施工企业5家;完成建筑业产值30.4亿元,增长24.3%。实现第三产业增加值85.66亿元,增长12.9%;新增限额以上商贸企业37家,实现销售额70.1亿元,增长24.7%;上塘珠宝城交易中心全面开业并通过省级诚信市场验收,秀屿区和上塘珠宝城分别被授予"中国银饰之都"和"中国银饰城"称号;向莆铁路货运开通运营,"海铁联运""公水联运"业务加快发展,公路运输周转量14亿吨千米,增长40%;新增国家2A级景区1个,接待游客128万人次,增长16.4%。

项目建设。全区341个"五大战役"项目完成投资208.5亿元,其中100个区重点项目完成投资183.2亿元。华峰生态科技产业园、平海湾5万千瓦海上风电场、德澳医疗产业园等60个项目实现开工;海宏木业仓储配送中心、大蚶山风电场、海西天然气新增槽车站等32个项目竣工投产;PA6切片、石门澳产业园基础设施、莆头作业区3－25#泊位等项目加快推进。招商引资成效突出,跟踪对接项目75个,总投资1350亿元;签订投资协议书项目35个,总投资365亿元。玉石雕刻二期、华电太阳能光伏等项目落地建设;CPL、福建新安国际医院等项目前期工作进展顺利。新招引木材企业18家,新增锯台77套;进口木材63万立方米,增长28%。

城乡建设。完成中心城区、南日岛、木材加工区、石门澳产业园等总体规划、控制性详细规划及39个村庄规划论证、报批;秀港路、涵港大道秀屿段等市政道路基本建成,湄渝高速秀屿段有序推进,埭头通港大道、平海湾疏港公路、石城疏港公路二期等干线实现开工。城乡配套逐步提升,新建绿道8千米,建成区人均绿地面积15.2平方米;完成污水处理厂技改,新建社区小型污水处理设施1套,铺设雨、污管网75千米;整治河道20千米,除险加固海堤10千米、水库12座,石门澳片区防洪排涝工程实现开工;司法楼、档案馆、妇女儿童中心、老干部活动中心、残疾人综合服务中心等项目基本完工。1镇11村共87个"幸福家园"试点建设项目全面开工,实施东峤镇山香村等土地整治7公顷,新建南日镇港南村等村级休闲公园7个,开工建设埭头镇石城村等新型社区2个,村庄"洁亮化"整治成效明显。管理机制逐步完善,全年拆除"两违"建筑35.5万平方米。启动"数字城管"建设,环卫保洁作业机械化率76%;完成南日岛绿化提升工程126.67公顷,新增造林绿化480公顷;完成企业污水排放整改31家;开展农村清洁家园行动,拆除关闭畜禽养殖场3689个共64.5万平方米;实施大气污染防治行动计划,年节约标准煤近1万吨;完成全市第一笔排污权交易,推进主要污染物减排,全市首家通过省级生态区验收。

社会事业。12个为民办实事项目完成投资10.8亿元,建成南日水厂扩容工程、埭头赤石1万吨一体化净水设备,铺设配水管道115千米,完成农村和学校饮水安全工程年度建设任务。改造扩宽农村道路310.7千米,新增公交车20部,延伸优化公交线路2条;石南轮渡码头和"南日岛1号"渡船投入使用。教育事业稳步发展,完成区实验中学、东庄职业中专搬迁和2个中小学扩容、8个校安工程建设,新增学位1710个;落实小片区管理制度改革,成立区第二实验小学和埭头第一、二中心小学;6所小学加入市第二实验小学教育联盟,完成全区中小学"班班通"建设,实现先进管理模式互通、优质教学资源共享;实施名优教师建设,提高海岛及边远地区教师补贴标准,新招聘教师134名,校际交流教师534名;全区高考本科上线率64.2%;新建拆装式游泳池2个、城市多功能运动场3个、文化激情广场7个,改造提升乡镇综合文化站7个、数字农家书屋17个,农村有线广播应急预警系统建设通过省级验收;开展送戏、送电影下乡和闽台文化交流活动;笏石镇、埭头镇分别通过省、市级农村宣传思想文化示范乡镇达标验收;成功举办海峡两岸海钓邀请赛,南日岛被授予"福建省海钓基地"称号;在第十五届省运会摘获金牌数居全市第二,在市第四届农民田径运动会取得团体总分第一,区政府被评为"全省群众体育先进单位"。完成区医院外科卫技大楼、精神病防治院病房大楼、区公共卫生服务中心大楼和30个村卫生所标准化建设,新增床位250个;南日卫生院门诊病房综合楼实现开工,并全建制划归市第一医院统一管理;指导区级医院实施药品零差率销售改革,实行新农合基金预付制度;完成6个乡镇敬老院配套完善和20个农村幸福院建设,提高城乡居民和被征地农民养老保险金标准。新增城镇就业3260人、农村劳动力转移就业5200人,城镇登记失业率控制在2%以下。新开、竣工安置房99万平方米,回迁523户,竣工安置房物业入驻率100%,"两证"办理率73%;配售、配租保障性住房464套,完成危房改造160户。落实扶贫资金340万元,帮扶17个相对落后村发展。落实救助政策,发放低保金、助学金、慰问金共5700多万元，资助困难群众、贫困学生2万多名。建成网格化综合信息平台102个，培育提升社会管理创新工作典型15个，新增"电子警察"村居63个、电子监控探头5239个；办理法律援助211件，排查化解矛盾纠纷733件，查处治安案件3317件。（林 伟）

湄洲湾北岸经济开发区

【经济社会概况】 2014年，湄洲湾北岸经济开发区实现地区生产总值52.7亿元，比上年增长19.3%；规模以上工业产值35.14亿元，增长40%；批发零售业商品销售额39.5亿元，增长36.9%；外贸出口总额6163万美元，增长11726%；农林牧渔业总产值14.6亿元，增长5.9%；建筑业产值39.7亿元，增长1305.7%；全社会固定资产投资217亿元，增长27.4%；财政总收入6.38亿元，增长27.3%。

港口开发。加快开发东吴作业区和罗屿作业区，东吴作业区4#－6#、国投煤炭码头一期工程、罗屿作业区8#、11#－15#、9#－10#及港口物流园区工程按序时推进，累计完成投资26.8亿元，占年度计划投资的130%，其中国投煤炭码头一期工程获得省政府重点建设项目优胜奖。港区配套设施不断完善，联检大楼、湄洲湾航道三期等工程加快推进；湄洲湾港口铁路东吴支线投入运营，国投煤炭码头支线、罗屿支线、罗屿公路和铁路桥等疏港通道建设加快推进；港区水、电、抑尘网等配套设施逐步完善。"一高三铁四纵五横"（"一高"即莆永高速公路北岸段；"三铁"即湄洲湾港口铁路东吴支线、罗屿支线、国投煤炭基地铁路支线；"四纵"即城港大道二期、荔港大道东吴段、滨海大道、平海湾路堤；"五横"即新文公路改造提升工程、东吴大道、金湖大道、海滨大道、省道201线）集疏运网络基本形成，全年共完成交通类项目投资12.12亿元，通车里程16千米。

产业发展。赛得利差别化纤维完成环保设施建设和技术改造，实现年产值17.5亿元。电力能源业在龙源风电、湄洲湾火电厂等企业的带动下，全年实现产值17.08亿元，创税2.72亿元；湄洲湾第二发电厂全年完成投资22.6亿元，占年度计划的113%；国投配煤基地一期工程全年完成投资9.7亿元，占年度计划的115%；国投配煤基地二期工程、哈纳斯LNG接收站、盘屿储备油基地等重大能源项目前期加快推进，全省电力能源重要基地初步形成。商贸物流业成功引进福建湄洲贸易物流园有限公司和国投京闽（莆田）工贸公司两家省属上规模的贸易企业入驻北岸；东吴、罗屿物流园区加快规划建设；总部经济持续发展壮大，新增入驻企业47家，总数550家，全年实现营业额55.66亿元。引进碧桂园·浪琴湾等旅游地产项目，全年签约2292套，销售面积23.05万平方米，实现销售额13亿元。妈祖文化品牌效应进一步凸显，妈祖城文化创意园、妈祖文化产业园、紫霄洞休闲旅游度假区等项目前期工作有序推进。

（吴纪力）

编辑：孙洁斐

南 平 市

【基本概况】 南平市位于福建北部、闽江源头，俗称"闽北"，是福建北上西进的战略通道和海峡西岸经济区对接长三角、服务中西部的重要平台。下辖二区三市五县，户籍人口319.19万人，面积2.63万平方千米，是福建省面积最大的设区市。是我国南方开发最早的地区之一，有四千多年的历史，福建的"建"字即出自南平建瓯的"建"，10个县（市、区）建县都在千年以上。闽越文化、朱子文化、武夷茶道文化、齐天大圣文化的发源地，被誉为"闽邦邹鲁"和"道南理窟"；历史上出过19位宰相和2000多位进士，特别是著名理学家朱熹在南平"琴书五十载"，后人有"东周出孔丘，南宋有朱熹，中国古文化，泰山与武夷"之说。素有"福建粮仓""南方林海""中国竹乡"之美誉，有林地216.71万公顷，竹林40.63万公顷；境内有1江3溪176条支流，水域面积11.01万公顷，天然河川径流量267.2亿立方米，水能资源理论蕴藏量387万千瓦，居全省首位；已知矿产70多种，探明储量46种，其中钽铌矿、萤石矿蕴藏量居全国前列。是国家级生态示范区，森林覆盖率76.46%，空气中负氧离子含量最高每立方厘米13万个，地表水质功能达标率和城市饮用水源达标率均为100%，是地球同纬度生态环境最好的地区之一。拥有华阳山、溪源峡谷、天成奇峡等9个国家4A级以上景区，境内的武夷山是全国仅有的4个文化与自然世遗地之一。

【经济社会综述】 2014年，南平市实现地区生产总值1232.56亿元，比上年增长9.6%；财政总收入118亿元，增长10.9%，其中地方级财政收入81亿元，增长13.1%；规模以上工业总产值1537.61亿元，增长12.1%；农林牧渔业总产值462.85亿元，增长5.3%；全社会固定资产投资1481.30亿元，增长22.0%；外贸出口14.65亿美元，下降4.3%；社会消费品零售总额452亿元，增长12.9%；城镇居民人均可支配收入24074元，增长8.8%，农民人均可支配收入11252元，增长11.5%；居民消费价格总水平上涨2%。

重点项目。合福高铁南平段、南三龙铁路、4条高速公路和一批国省道改造工程加快建设，衢宁铁路开工建设；突出打造城市、产业园区、旅游景区三大平台；绿色发展示范项目、迎接高铁时代到来等重大项目加快建设，投资规模扩大、结构优化；举办第十七届"5·13"投洽会、第八届茶博会，引进总投资2000万元以上合同项目1175项、总投资2573亿元，项目开工率75.8%。

特色产业。实施食品加工、旅游养生、机电制造、生物医药等千亿五百亿产业行动计划，完善提升市本级三大产业园区和各县（市、区）专业园区，实施产业龙头促进计划，8家企业被列为省级龙头企业，新增产值超亿元企业70家。实施亿元以上重点技改项目103项，竣工投产项目26个，新认定国家级高新技术企业7家。打造融资、技术、市场服务平台，设立增信资金池，建立封闭转贷机制，有效降低企业融资成本。加快发展电子商务产业，全市电商企业销售额突破60亿元。新增国家4A级旅游景区2家、3A级5家，建成4个休闲集镇、6个特色村。

“三农”工作。粮食生产保持稳定，茶叶、果蔬、食用菌、烟叶等特色农产品持续增长，培育规模以上农产品加工企业473家。推进土地流转4.53万公顷，新增农民专业合作社455个，培育家庭农场582个，其中12个被列入省级示范场。农业“五新”示范推广374项，新增设施农业800公顷，新增5个省级林下经济示范县。完成水利建设投资24亿元，新开工重点水利项目5个，水库除险加固45座，解决28.8万农村人口饮水安全问题。实施农村路网建设与改造416千米、农村公路安保工程1215千米，完成危桥改造64座。完成造福工程危房改造6810户，5个省级扶贫开发重点县对接帮扶项目267个，落实资金16.2亿元。新增193个村财年收入10万元以上的建制村。

新区建设。统筹推进武夷新区和延平新城建设。武夷新区各片区控规基本完成、基础设施立体交叉推进，水之廊景观主体工程基本完成，赤岸、南林统建房和四所学校13栋建筑封顶，快速通道高铁武夷山东站至公馆大桥段开工建设，崇阳溪旅游景观工程绿道及马拉松赛道将口示范段基本完成，核心区完成投资104亿元、增长38%，引进大项目30个、总投资285.6亿元。延平旧城改造和新城建设同步推进，城区控规基本完成全覆盖，水东新大桥、朱熹路提升改造工程、高铁站前片区、夏道大桥、成功路和东坑岭隧道开挖工程基本完工，城区体育公园启动建设；产业启动区200公顷平台完工，太阳电缆城一期工程投产，新城完成投资63.9亿元、增长38.1%，引进项目63个、总投资204亿元。

城乡建设。新型城镇化建设加快，光泽生态食品城、邵武产城融合试点和4个省级、10个市级小城镇综合改革试点镇扎实推进。实施宜居环境建设行动计划，启动宜居社区创建工作，拆除“两违”面积351万平方米，城市面貌进一步改观。实施共建美丽南平“百千万”工程，131个美丽乡村建设全面铺开，顺昌张墩村获第八届“中国十佳小康村”；南平至武夷山高速公路森林生态和沿线村庄景观整治全面启动；1592个建制村建立卫生保洁长效机制，万人保洁“南平经验”成为全省典型。

改革开放。完成本轮市县政府机构改革、食品药品监管体制改革和工商注册资本登记制度改革，稳步推进事业单位分类改革。率先在全省公布市、县两级行政审批事项与公共服务事项目录清单，保留市本级行政审批事项210个，下降15.3%。创新旅游发展机制，运用互联网思维开展“一元门票游大武夷”活动，达到大宣传、大带动、大演练效果，实现观光旅游向旅游产业转变、小武夷旅游向大武夷旅游转变。市属国有企业加快整合，组建武夷集团等9家国有企业，融资170亿元。全市以药品耗材零差率销售为切入点的公立医院综合改革全面推开，组建武夷总医院，成功托管政和县医院，医疗水平进一步提升。创新土地林权流转抵押机制，成立流转抵押服务平台，推动农业规模化、组织化、集约化发展。召开第三届“万里茶道”与城市发展中蒙俄市长圆桌会议。

生态环境。8个县（市）获批省级生态县，新创建国家级生态乡镇39个、省级生态乡镇6个。造林绿化2.47万公顷，加强茶山整治，治理水土流失面积2.19万公顷。筛选实施第一批18个总投资102亿元的节能减排典型示范项目，完成55个工业减排项目、150个畜禽养殖治理项目、25个闽江流域重点整治项目治理任务，提前一年实现“十二五”节能减排目标。全年主要流域水质功能达标率100%，城市集中式饮用水源水质达标率100%，城市环境空气质量优良天数比例99.7%。

社会民生。21项为民办实事项目基本完成。新增城镇就业2.45万人，农村劳动力转移就业5.52万人。社会保障体系建设稳步推进，城乡居民养老保险制度一体化全面实施，基本医疗保险制度改革持续深化。新建2个县级社会福利中心、8所乡镇敬老院和147个农村幸福院。保障性安居工程开工5298套，基本建成7924套。4个县（市）通过全国义务教育发展基本均衡县认定，中小学校扩容改造新增学位3200个，新增公办幼儿园10所、义务教育标准化学校21所，县级公共图书馆、文化馆、博物馆和乡镇综合文化站建设取得成效。举办第七届科技成果交易会，卫生“健康云”服务平台建设成效明显，登革热等重大疾病有效防控。群众体育和竞技体育运动蓬勃开展，举办武夷山国际马拉松等赛事，建成全国青运会（南平赛区）综合馆。

【部分行政区划调整方案获批】 2014年5月2日，国务院同意福建省调整南平市部分行政区划，同意南平市撤销县级建阳市，设立南平市建阳区，以原建阳市的行政区域为建阳区的行政区域，建阳区人民政府驻潭城街道人民路28号；同意南平市人民政府驻地由延平区八一路439号迁至建阳区南林大街36号。

【一元门票游大武夷】 2014年9月、11月21日至年底期间，南平市创新旅游发展机制，运用互联网免费流量思维，整合全市12个A级旅游景区和16个乡村旅游点，将原本610元的门票变为一元门票，与携程网、途家网、腾讯网等知名网站合作，通过微信、微博等网络“微”力量，开展多渠道、全方位、立体式的宣传营销。活动期间建立交通运输、安全保卫、营销运营等一系列机制，达到大宣传、大带动、大演练效果，促进餐饮、住宿、交通、娱乐、购物等相关产业发展，实现观光旅游向旅游产业转变、小武夷旅游向大武夷旅游转变。

（叶智华　林　立）

延 平 区

【经济社会概况】 2014年，延平区实现地区生产总值263.46亿元，比上年增长7.8%；三次产业比例为12.7：52.5：34.8；公共财政总收入9.56亿元，增长4.9%；地方公共财政收入6.79亿元，增长13.13%。

产业发展。农林牧渔业总产值60.37亿元，增长2%；粮食播种面积1.83万公顷；百合花种植面积266.67公顷，注册"延平百合"地理标志证明商标，获"中国百合之乡"称号；新增农民专业合作社62家、无公害农产品36个。规模以上工业增加值64.08亿元，增长7.2%；实施工业企业增资扩产项目28个，72个在建工业项目完成投资26.36亿元，4家企业被认定为省级企业技术中心，亿元以上工业企业32家。第三产业增加值91.71亿元，增长10%；旅游接待总人数462.86万人次、增长28.6%，旅游总收入38.85亿元、增长34.8%；茫荡山、延平湖、溪源庵及星级酒店等重点旅游项目建设加快推进，西芹高坪村获批"福建省乡村旅游特色村"。社会消费品零售总额101.24亿元，增长11.6%；全区限额以上商贸企业92家，增加12家；商品房销售面积31.32万平方米，实现销售收入20.17亿元。

投资拉动。全社会固定资产投资209.37亿元，增长14.7%。招商引资合同项目167个，总投资340亿元，其中总投资亿元以上项目49个；对接"三维"项目26个和"6·18"项目成果98个；实际利用外资（验资口径）1640万美元，增长12.8%。57个区重点项目完成投资62.8亿元，占年计划的120.35%。合福高铁进行联调联试，樟湖库区大桥主桥合拢，802县道改造工程开工建设，硬化农村公路24.1千米；投入1.62亿元实施水利项目10个、村级供水73处、水毁修复135处。产业启动区200公顷平台完工，完成投资63.9亿元、增长38.1%，太阳电缆城一期工程竣工投产。

城乡建设。延平新城安济综合客运枢纽工程开工建设，成功路、滨江东路一期工程建成通车，夏道大桥及接线工程、东坑岭隧道开挖工程、朱熹路改造提升工程基本完工，南平新大桥加宽工程进行桥面施工。中心城区闽江路、水东新大桥建成通车，大家厂、湖尾、东坑岭等重点片区开发加快推进，一批排水（污）管网、供水管网、燃气管网建成投入使用，拆除"两违"建筑52.74万平方米。完成9个乡镇总体规划和15个美丽乡村规划，第二批31个美丽乡村基本建成，茫荡宝珠村列入中国传统村落名录、水南岭炳洋村入选首批"中国少数民族特色村寨"。建立农村环境卫生万人保洁机制，在共建美丽南平考评中名列全市第一。

生态文明。洋后镇、巨口乡获批国家级生态乡镇；完成造林绿化2213.33公顷，治理水土流失1253.33公顷，新建农村户用沼气600口；扎实推进正大欧瑞信"养治分离"、循环经济示范项目建设，开展南坪溪、杜溪流域治理；投入7480万元拆除不符合规定养殖场1409家、面积55.19万平方米，启动"一江两溪"沿岸6个乡镇污水处理设施建设，年度节能减排任务全面完成。

民生改善。城镇居民人均可支配收入25156元，增长8.4%；农村居民人均可支配收入12510元，增长10.3%。20项为民办实事项目全面完成。新增城镇就业2434人，农村劳动力转移就业7563人，城镇登记失业率3.28%。实施2个乡镇敬老院、13个农村幸福院、2个社区综合服务站建设，完成950户造福工程危房改造和2个省级集中安置区建设。完成政府机构改革、食品药品监管体制改革和工商注册资本登记制度改革，公布区级行政审批事项和公共服务事项目录清单。

社会事业。获"福建省教育工作先进区"称号，通过"义务教育发展基本均衡区"国家级督导评估验收；实施校舍安全项目16个，建筑面积3.06万平方米；启动"全面改薄"计划，争取补助资金1636万元。通过省级慢性病综合防控示范区考核，完成精神病院综合楼主体工程建设。启动实施"单独二孩"生育政策，人口自然增长率4.76‰。完成区文化馆改造，新建乡镇文化信息共享工程点12个，引进文化企业3家；区档案馆建成投入使用。

【中国百合之乡】 2014年11月，延平区被中国林业产业联合会授予"中国百合之乡"称号。延平区确立百合花产业主导地位，先后引进人工栽培品种81种，发展种植面积266.67公顷，产值2.4亿元，展品多次在中国花卉博览会上获奖，在省内享有"南有漳州水仙，北有延平百合"美誉，注册"延平百合"地理标志证明商标，跻身全国百合鲜切花六大主产区之一。

（李月光）

建 阳 区

【经济社会概况】 2014年，建阳区实现地区生产总值140.14亿元，比上年增长10%；财政总收入15.2亿元，增长22.3%，其中地方级财政收入11.3亿元，增长27.8%；规模工业增加值65.53亿元，增长12.9%；农林牧渔业总产值54.94亿元，增长4.2%；全社会固定资产投资240.38亿元，增长30.4%；外贸出口1.1亿美元，下降40%；社会消费品零售总额43.98亿元，增长15.2%；城镇居民人均可支配收入24564元，增长8.3%，农民人均可支配收入11243元，增长12%；城镇登记失业率3.1%；人口自然增长率控制在7‰以内；完成年度节能减排指标。

武夷新区建设。完成大连万达项目搬迁红线范围内491户征迁；完成征地432.67公顷，房屋征收42万平方米，确保云谷小区、高新技术园区、南林核心区等重点项目建设。制止违法建设989起，拆除678起，拆除违法建筑面积49万平方米。查处阻工案件36起，有效保障崇阳溪两岸景观慢道、快速通道、高铁变电站等项目施工。同城化进程加快，滨江东路道路改造、建平大道建设顺利推进，西区生态城至高铁武夷山东站轻轨、浦南高速公路西移等项目前期工作有序开展。

经济增长。100项重点项目完成

投资104.8亿元，其中24项省、南平市重点项目投资33亿元；新引进2000万元以上项目89项，新增5亿元以上重大投资项目16项。制定机械电子、生物化工、食品加工、旅游产业发展实施意见；为中小企业提供转贷资金4.2亿元，发放助保贷资金9145万元；新增规模工业企业13家、纳税百万以上企业7家、规模以上高新技术企业3家；和泉生物医药中间体项目与省投资集团成功对接，龙泰竹业成为国内首家新三板上市竹业企业。卧龙湾休闲旅游度假区被评为国家3A级景区，实现A级景区零的突破。金茂广场、建盏文化街建成投入使用，农机大市场正式开业，温泉旅游开发项目与福建能源集团签订投资意向书，德懋堂休闲养生度假区、考亭武夷旅游文化园、建发城市综合体、林产品一条街等项目有序推进。新增电子商务和网络营销企业52家。5项在建商贸流通项目投资8.5亿元，完成年度计划的162%。

农业现代化。粮食生产保持稳定，建立3个万亩粮食高产示范区、2333.33公顷连片粮食产能区。发展茶叶、橘柚及林下经济等特色产业，建设生态茶园344.67公顷，改造低产茶园186.67公顷，新植橘柚100公顷。落实强农惠农政策，发放各类补贴1.3亿元。改造农村路网25.8千米，完成农村公路安保工程10千米，改善灌溉面积324公顷，解决3.6万农村人口饮水安全问题。农业机械化、信息化水平稳步提升，机械耕作率、机械收获率居全省前列，开通“世纪之村”“12316手机农务通”服务平台。新增农民专业合作社77家，其中国家级示范社2家、省级示范社3家，发展家庭农场12家；在全省率先出台《家庭农场贷款管理试行办法》，发放贷款678万元。

城乡建设。被评为“福建十大醉美县城”。66项城市建设重点项目投资35.6亿元，占年度计划的113%；黄花山路、朱熹大道、东入城口等道路改造完成，考亭大桥、七贤桥投入使用。改造和新建城市道路7.9千米、燃气管网11.3千米，新增公共绿地面积11万平方米、城市供水能力2万吨、停车位320个。小城镇建设有序推进，完成投资8.1亿元，水吉集镇自来水工程、污水处理厂和麻沙滨江绿道、亲水平台等项目建成投入使用。黄坑镇被评为“福建省乡村旅游休闲集镇”；溪源村被评为五星级美丽乡村，建成10千米考亭——溪源绿色景观带；10个乡镇垃圾中转站建成投入运转，“户集、村收、乡运、市处理”垃圾清运机制全面推广。

生态建设。全面推行“河长制”，取缔河道非法采砂企业13家，境内麻阳溪、崇阳溪、南浦溪水质功能达标率100%。推进“四绿”工程建设，植树造林3933.33公顷，建成区绿化覆盖率49%，人均公园绿地面积16.5平方米，被评为“省级生态县”“省级森林城市”。全区乡镇(街道)均完成省级生态乡镇创建，182个村完成南平市级以上生态村创建，水吉、麻沙、书坊国家级生态乡镇创建上报。

发展改革。市改区政府机构设置及新一轮政府机构改革基本完成。对行政审批和公共服务事项进行全面梳理，取消行政审批事项60项。国库集中支付制度改革完成预定工作目标。推行工商登记制度改革，新增注册登记企业670家，新增个体户2146户。探索林地流转制度，成立林业担保有限公司，为林农提供林权抵押贷款4392万元。深化医药卫生体制改革，公立医院执行药品零差率销售，医联体组建有序推进。积极稳妥开展土地管理制度改革，建立健全土地网上监管机制。农村土地确权有序开展，累计完成土地流转1万公顷。

民生事业。28项为民办实事项目完成年度目标。新增城镇就业2621人，农村劳动力转移5128人，农村劳动职业技能培训1846人。城乡低保实现应保尽保，城镇职工人均退休养老金每月提高200元，城乡居民社会养老保险基础养老金提高到每月70元。实施造福工程危房改造610户。“金油滴”建盏被台北故宫博物院收藏。通过全国“义务教育发展基本均衡市”认定，建阳一中学生宿舍楼、曼山幼儿园投入使用。城乡医疗条件不断改善，市立医院、中医院病房综合大楼、卫生监督所建成投入使用，乡镇医疗机构达标建设全面铺开，完成130所村级卫生所改扩建。人口和计划生育工作保持国优水平。（黄 斌）

邵武市

【经济社会概况】 2014年，邵武市实现地区生产总值185.42亿元，比上年增长11.2%；农林牧渔业增加值30.25亿元，增长4%；规模以上工业增加值85.92亿元，增长16.6%；全社会固定资产投资267.32亿元，增长36.2%；社会消费品零售总额93.20亿元，增长16.5%；外贸出口5.1亿美元，增长3.2%；财政总收入17.1亿元，增长13.9%，其中地方级财政收入12.23亿元，增长16.2%；城镇居民人均可支配收入25283元，增长9.5%，农村居民人均可支配收入12821元，增长11.1%。节能减排任务全面完成。

项目建设。24项省、南平市在建重点项目完成投资42.3亿元；邵光高速公路、金塘大道、城市新饮用水源等项目加紧实施；华电火电厂扩建项目通过国家环保部环评批复，基建动工；环城路开工建设；顺邵高速公路初步设计获得省交通运输厅和省发改委批复，完成投资人招标。强化央企省企、民企、外企“三维”项目对接合作，新引进光伏发电、新翔隆纺织等投资亿元以上项目21个，总投资67亿元。

产业发展。设立150万元小微企业成长贷款增信资金池，建立8500万元企业转贷应急基金，为23家企业发放36笔转贷应急资金3.28亿元。红木家具、竹家居制品、电容炭等企业增资扩产项目建成投产，林产加工、精细化工、纺织服装三大主导产业链进一步延伸，实现产值161.6亿元，增长15.2%。鼓励科技创新，打造省级纳米二氧化硅、新型活性炭材料、木工专业机械企业技术中心。完善提升产业平台，重组企业13家，盘活用地28.33公顷。全年旅游接待人数372.4万人次，旅游收入40.6亿元；和平古镇被评为国家4A级旅游景区，天成奇峡景区经营重组成功；编制文化产业总体规划，打造“张三丰”文化旅游品牌，旅游集散服务中心投入使用，组织开展

邵武市区 （邵武市方志委供稿）

“一元门票游大武夷”活动。设立电子商务发展专项资金，建立阿里巴巴·邵武产业带，入驻企业120家，全市企业电商销售额突破5亿元。推进城南商贸走廊建设，永辉超市、红星美凯龙生活广场开业。新植改造茶园400公顷；发展中药材66.67公顷、林下经济400公顷；种植烟叶4233.33公顷，烟农户均收入6.4万元。创新农业投融资体系，开办刺桐红村镇银行，组建农村土地流转服务中心、农村土地流转信托公司和林业收储中心。

美丽城乡。列入全省新型城镇化试点，城市总体规划修编纲要通过评审，完成历史文化名城保护规划编制。完成城市主出入口、城市核心区域绿化美化和熙春路“白改黑”，建成环紫云湖健身步道、平安文化主题公园及城市道路、管网、绿道50千米，拆除“两违”面积31.5万平方米。和平、吴家塘小城镇综合改革试点和美丽乡村建设加快推进，龙斗村、谢坊村、同青新村通过四星级美丽乡村验收。持续推进富屯溪四期（邵武段）防洪工程建设，完成2013—2014年小农水重点县建设任务，实施农业综合开发高标准农田整理900公顷，除险加固小型水库7座，解决农村6.1万人饮水安全问题，和平镇童家地至捐坑、捐坑至肖家坊镇区、桂林朱洋至金坑、城区至沿山（一期）等公路建成通车。实施农村公路安保工程178千米，危桥改造4座。完成造林绿化2800公顷，治理水土流失1126.67公顷。投入1.8亿元实施城市和园区污水处理、企业减排、环保设施建设项目，开展城区大气环境、城市内河和城乡环境综合整治。

社会事业。创建全国义务教育发展基本均衡市，实小水北分校、吴家塘中小学校建成投入使用，新建一中、沿山中学学生宿舍楼和下沙、故县幼儿园。全面实行药品（耗材）零差率销售，完成精神病防治院和6所乡镇卫生院改扩建工程，妇幼保健院综合大楼、卫生监督所和疾控中心加快建设。稳定低生育水平，人口自然增长率控制在6.52‰以内。创建国家二级综合档案馆，初步建成城市“十分钟体育健身圈”、青少年科普展馆、妇女儿童活动中心和6个社区文体中心，举办古道越野赛、传统武术大赛等大型体育活动。促进创业就业，发放个人小额担保贴息贷款1581.5万元，新增城镇就业2961人、农村劳动力转移就业6680人，城镇登记失业率控制在3.04%以内。列入全国全民参保登记计划试点，城乡居民社保参保率98.17%，位居全省第一。实施老年人高龄补贴和社会养老保险丧葬补助，城乡居民和城镇职工医保政策范围内报销比例分别稳定在75%、85%以上，乡镇卫生院住院实行零起付线，城乡居民基础性养老金、被征地农民老年养老补助金、农村最低生活保障标准每人每月分别提高到70元、113.2元、175元。全面完成城区小街巷改造，新建公交站点61个、出租车停靠牌160个，对经济开发区新增公交线路实行财政补贴。保障性安居工程竣工2351套，配租配售2237套，配租配售率95.15%；完成“造福工程”危房改造450户，建成农村公厕25座。深化“平安邵武”建设，在城乡重要路口安装视频监控高清探头371个。省级食品安全示范县创建工作通过验收。

【民生110】 2014年，邵武市推行“民生110”社会网格化服务，有效解决联系服务群众“最后一公里”问题。该项工作在南平各县（市、区）推广。“民生110”服务中心全年受理意见投诉及服务需求11891起，办结11748起，办结

2014年3月31日至4月2日，邵武市举办首届张三丰（原式）太极拳大赛 （邵武市方志委供稿）

率98.8%。

【推广张三丰(原式)太极拳】 2014年,邵武市制定《2014年招徕外来学员参加张三丰(原式)太极拳培训考评方案》,打造"张三丰故里"城市名片,把招徕外来学员到邵武学习太极拳作为全市开发竞赛活动项目之一,同时设立文化产业发展基金,对外来学员适当补贴。全年完成外来学员培训认定2万人,在全市范围内普及推广1.6万人。 (潘淑云)

武夷山市

【经济社会概况】 2014年,武夷山市实现地区生产总值123.77亿元,比上年增长9.8%;公共财政总收入10.53亿元,地方公共财政收入8.44亿元;旅游接待总人数930万人次,增长7.4%,旅游总收入145.14亿元,增长2.7%;固定资产投资233.98亿元,增长2%;社会消费品零售总额41.15亿元,增长14.9%;规模以上工业总产值93.83亿元,增长17.1%;农林牧渔业总产值39.30亿元,增长4.3%;外贸出口总额6259万美元,增长16.17%;实际利用外资(验资口径)750万美元,增长50%;城镇居民人均可支配收入24866元,增长8.6%,农民人均可支配收入12147元,增长11.7%。

项目建设。实施指标统筹报批、征地款管理、现场办公会商、督查落实、服务奖惩等项目建设工作机制,推动123个迎高铁重点项目加快建设,实际完成投资41.15亿元。清水盛典、香江茶业园等项目进入设备安装调试阶段,景区南入口游客服务中心封顶,刚泰武夷天堂等项目启动建设,高铁站前广场、站前大道等基础设施项目部分建成,自驾游营地、极地海洋公园等项目加快推进。"五大片区"完成征地151.33公顷,杜坝、北城安置区基本建成。争取上级转移支付资金超9亿元,获得投资补助项目60个、补助资金1.09亿元。深化"三维"项目对接,参与"5·13""9·8"等招商活动,新引进总投资2000万元以上项目278个。

产业发展。制定实施现代农业、绿色工业、会议会展、总部经济、赛事品牌培育、文化创意、企业改制上市和新三板挂牌等扶持政策。新创4A级、3A级景区各1家。创新开展"一元门票游武夷"旅游营销活动,第一轮活动2014年9月1日起至9月30日止,当期接待游客121.38万人次、增长90.5%,实现旅游收入13.54亿元、增长33.7%;第二轮活动2014年11月21日起,截至当年12月31日,第二轮活动接待游客60.84万人次,增长18.9%。深化国家智慧旅游试点城市建设,实现景区客流监控、车辆智能化调度,推出武夷随身游等17项智慧旅游体验产品。举办第三届中蒙俄"万里茶道"与城市发展(武夷山)市长峰会、第八届茶博会、首届武夷山国际马拉松赛、国际骑游大会、国际轮滑马拉松公开赛、第二届五夫荷花节、首届吴屯稻花鱼文化节等会展赛事活动。建成紫阳古城电子商务集聚区,入驻企业26家。新增中国驰名商标1件、省著名商标9件,成功申报福建省名牌产品5项;"武夷山大红袍"成为全省首届十佳地理标志商标,"岚谷熏鹅"注册国家地理标志证明商标。

城乡建设。深化城市总体规划修编,完成五大片区、28个行政村等规划,编制城市公共交通、燃气、东翼片区市政和文化旅游发展等专项规划以及赤石片区修建性详细规划。紫阳古城美食一条街、滨溪绿道等城建项目完成投资6.39亿元。市场化运作工业路老公安局片区棚户区改造项目,以2.49亿元摘牌,高出挂牌底价6600多万元。崇安大桥同步启动设计、规划等前期工作,红场地下停车场完成主体工程建设,工业路(西门头—北门大桥段)竣工通车。建成崇阳溪主干管、第二污水处理厂污水主干管,铺设工业路、武夷大道等道路污水管网,启动马厂洲污水处理厂一期、市二水源及管网配套工程建设。实施"两违"专项整治,拆除违建面积34.43万平方米,腾出土地面积29.26万平方米。

"三农"发展。省级农民创业园12个项目启动建设,完成投资8.27亿元。建设生态茶园538公顷,茶厂清洁化改造20家;全年茶叶总产量1.45万吨,茶业总产值15.8亿元。全面落实强农惠农政策,发放农资综合直补2358.41万元、农机补贴1736万元、良种补贴402.09万元。建立万亩高产区示范片、千亩核心区示范片各4个,百亩攻关区示范片12个,农业"五新"示范片17个。培育新型农业经营主体,申报国家级农民专业合作社示范社2家、省级3家、南平市级5家。创建省级休闲农业示范点、示范乡镇各1个,培育水乡渔村1个、家庭农场32个,发放"农家乐"贷款1.23亿元。完成林权抵押149笔,抵押面积4340公顷,抵押金额2.04亿元;创建林下经济示范基地5个,新增林业专业合作社24家、合作组织21家,申报森林人家15家;林下经济总产值26.59亿元。水利建设投资2.67亿元,新开工重点水利项目11个,修复水毁水利工程38处,清淤渠道60千米,除险加固水库2座。

民生保障。获全国计划生育优质服务先进市、2014—2016年度中国民间文化(茶文化)艺术之乡等称号。全国义务教育发展基本均衡县(市)通过国家评估验收;全国文明城市、教育强市通过省级验收;中医院创建"二甲"通过省级复审。社会福利中心(一期)等10项为民办实事项目全面推进落实。新增城镇就业2033人,农村劳动力转移就业3526人。出台"救急难"管理办法,建立老年乡村医生养老保险制度。建设保障性住房469套,配租配售346套。实施精准扶贫,建档立卡贫困户2547户、8558人,完成造福工程450户、惠及1804人。教育均衡发展迈上新台阶,38所农村中小学"教学点数字教育资源"实现全覆盖。申报国家科技项目2个、省科技项目7个。启动余庆桥、文庙(崇圣祠、明伦堂)修复工程,完成下梅大夫第、兴贤书院、朱子社仓、赤石暴动遗址等文保单位修缮。建立民情工作机制,"民生110"服务中心投入运行。

生态建设。全面完成节能减排年度任务,全市绿化程度98.5%,森林覆盖率80.3%,生态公益林比例在全国县级市中保持第一,国家生态市建设通过省级检查，入选国家主体功能区建设试点示范市，被评为2014中国深呼吸小城100佳、2014年中国避暑名山。更新造林面积1500公顷，“四旁四地”植树6.2万株，创建绿色村庄9个，新增公园面积3.57公顷。投资6054万元推进大安、洋庄、横墩等15个美丽乡村示范村建设，黄村村通过省级示范村验收。统筹财政投入与个人付费，建立农村卫生保洁长效保障机制，配备保洁员245人，实现行政村保洁全覆盖。加大违规开垦茶山整治力度，查处毁林种茶案件58起，整治违规茶山1153.33公顷。综合治理小流域水土流失面积25平方千米，完成梅溪流域治理工程。建立崇阳溪干流及主要支流“河长制”，整治河道非法采砂，强制关停非法采砂场6家。制定生猪养殖面源污染防治六条措施，拆迁关闭禁养区养殖场21个，关闭猪栏1.01万平方米。推广新能源汽车，更新电动公交车27辆、双燃料出租车34辆。

【第三届中蒙俄“万里茶道”与城市发展(武夷山)市长峰会】 2014年11月15—16日，第三届“万里茶道”与城市发展(武夷山)中蒙俄市长峰会在武夷山举行，来自中蒙俄50个沿线及关联城市的官员、学者、业界知名人士200多人出席，还有一批企业界嘉宾参与。峰会包括1场揭幕仪式、4场高层次会议、2场展览展示，签订3个合作协议，打造2个常态化的合作平台。峰会期间，武夷山获得“万里茶道”国际联盟城市秘书处常设地点，巩固武夷山“万里茶道”起点地位。

(李衍哲)

建 瓯 市

【经济社会概况】 2014年，建瓯市实现地区生产总值175.92亿元，比上年增长9.5%，其中：第一产业增加值49.31亿元，增长4.0%，第二产业增加值66.04亿元，增长12.8%，其中工业增加值55.03亿元，增长12.9%，第三产业增加值60.57亿元，增长9.1%。三次产业结构28.03∶37.54∶34.43。社会消费品零售总额61.01亿元，增长10.9%；实际利用外资(验资口径)300万美元，下降74.0%。出口额1.44亿美元，下降2.3%；居民消费价格上涨1.3%；财政总收入11.88亿元，增长8.9%，其中地方公共财政收入8.57亿元，增长13.2%，财政总支出21.19亿元，增长1.6%。

农业。农林牧渔业总产值81.75亿元，增长4.0%。农作物总播种面积7.45万公顷，增长1.2%；粮食作物种植面积3.95万公顷，增长0.9%；粮食总产量23.11万吨，增长2.2%；油料产量4923吨，增长4.0%；烟叶产量1975吨，下降2.2%；食用菌产量7653吨(鲜品469吨、干品7184吨)，增长0.9%；水果产量35.67万吨，增长4.1%；茶叶产量1.16万吨，增长7.7%；造林面积3573.33公顷，下降25.7%；木材产量39.26万立方米，增长7.1%；竹材产量3571万根(商品竹3402万根)，增长2.0%；肉蛋奶总产量4.08万吨，增长0.2%；水产品总产量1.68万吨，增长3.1%。农业龙头企业103家，完成产值149.73亿元，增长16.9%；新增国家级、省级专业合作示范社各6家。小型农田水利重点县工程通过省级验收，除险加固小(2)型水库5座，改造中低产田73.33公顷，建设高标准基本农田1820公顷，造林绿化3613.33公顷，治理水土流失23平方千米。

工业。工业总产值209.67亿元，增长13.7%。其中：规模以上工业总产值192.64亿元，增长14.5%；规模以上工业增加值48.62亿元，增长15.3%。产值上亿元企业增加12家，实现产值157.97亿元，增长26.7%；产值3亿元以上企业实现产值51.29亿元。

固定资产投资。全社会固定资产投资214.18亿元，增长19.9%。60个重点建设项目完成投资44.05亿元。其中，省级重点项目11个，完成投资18.09亿元；南平市级重点项目18个，完成投资13.52亿元；市本级重点项目31个，完成投资12.43亿元。

交通和邮电业。截至2014年底，境内公路里程2716.14千米。完成农村公路安保工程195千米，改造危桥9座，217个行政村全面通公路。省道303线柳坑至小桥段建成通车，合福高铁和京台高速建瓯段、北环线东安口至房道口段建设扎实推进。年末机动车拥有量13.54万辆。全年邮政业务总量4225万元，增长6.1%；电信业务收入3.03亿元，增长6.1%。

社会事业。全年立项各类科技项目11项，其中，国家级1项、省级8项、南平市级2项，争取项目资助资金308万元；推广科技成果22项，开发新产品22项。教育两项督导通过省级验收；建成一中附小综合楼、竹海学校教学楼，开工建设高铁新区小学、川石中心幼儿园，21个农村薄弱学校改造完成；学龄儿童入学率100%，小学毕业生升学率100%。通过全国文化先进县(市)复查，新建9个文化信息工程共享服务网点，配备完善20个基层文化服务中心，开展各类文化体育活动140场。截至年底，全市有各类卫生机构321个，医疗病床位2307张，卫生技术人员2782人；新型农村合作医疗保险参保率99.7%。

民生事业。新增城镇就业2650人，农村劳动力转移就业8200人，城镇登记失业率3.08%。新型农村社会养老保险参保人数22.73万人，下降1.7%；城镇企业养老保险参保人数2.96万人，增长3.6%。全年发放城镇居民最低生活保障金729.76万元、农村居民最低生活保障金2576.10万元，发放优抚金1434.61万元。城镇职工人均退休养老金每月提高200元，城乡居民社会养老保险基础养老金提高到每月70元。新建乡镇敬老院2个；新建保障性住房1217套。人口自然增长率16.8‰。城区生活垃圾无害化处理率100%，城区生活污水集中处理量461.8万吨。 (李嘉馨)

顺 昌 县

【经济社会概况】 2014年，顺昌县实现地区生产总值84.05亿元，比上年增长9.6%；农林牧渔业总产值31.5亿元，增长5.5%；规模以上工业产值79.19亿元，增长16.1%；全社会固定资产投资48.86亿元，增长

45.8%；财政总收入5.24亿元，增长24.2%，其中地方级财政收入3.49亿元，增长17.8%；实际利用外资1256万美元，增长50%；外贸出口1.03亿美元，增长7.3%；社会消费品零售总额24.71亿元，增长7.5%；城镇居民人均可支配收入21711元，增长7.9%，农村居民人均可支配收入10709元，增长11.9%。

项目开发。安排实施各类项目122项，完成固定资产投资46.15亿元。争取上级各类项目补助资金10.61亿元，争取地方政府债券资金1.32亿元，获得国家政策性金融机构信贷资金1.37亿元。

工业经济。完成工业园区控制性规划，征收土地206.67公顷，开发建设106.67公顷，完成投资1.8亿元。签订合同项目96项，总投资175.08亿元，开工73项，开工率76.04%。设立中小企业"过桥"转贷基金2000万元，为企业办理"过桥"转贷8笔7200万元；各金融机构为中小微企业放贷3亿元。规模工业企业经济效益综合指数265.8%，提高47个百分点。新增全国弛名商标1枚、省著名商标1枚、省名牌产品4个。虹润精密仪器公司被评为福建省战略性新兴产业骨干企业，欧浦登公司被评为福建省知识产权优势企业。

现代农业。粮食作物播种面积1.3万公顷，产量7.17万吨；种植烟叶1960公顷，产量6.21万担；柑橘、锥栗、葡萄等主要农产品增产增收。加快新型农业经营主体培育，新增省级农业产业化龙头企业2家；登记注册农民专业合作社40家、家庭农场25个，累计分别为339家和43个；金祥粮食合作社获评国家级示范社，2个家庭农场获评省级示范场。7家企业获无公害农产品认证；"顺昌芦柑"获评国家地理标志证明商标；"顺昌海鲜菇"获农业部地理标志农产品认证。加快设施农业建设，建成各种型号组装式保鲜库39座，总库容1.3万立方米；神农菇业建成国内先进海鲜菇自动化瓶栽生产线2条，新增日产菌包12万瓶。发展休闲观光农业，建设休闲渔业基地66.67公顷；张墩旅游开发有限公司、兆兴公司分别获评省级"水乡渔村"和"现代渔业产业园区(基地)"。加强农业基础设施建设，完成3个土地整理和12个旧村复垦项目，新增耕地58.11公顷；完成省级标准农田建设33.33公顷；完成水利基础设施建设投资1.8亿元。全面做好防灾减灾工作，通过国家第一批地质灾害防治高标准"十有县"考评。

第三产业。完成宝山国家级风景名胜区总体规划、合掌岩佛教朝圣区总体规划编制；宝山创4A级旅游景区项目完成投资8660万元，启动合掌岩旅游景区创4A级工作；华阳山景区被评为省级生态旅游示范区，元坑镇被评为省级乡村旅游休闲集镇，埔上镇张墩村被评为国家3A级旅游景区和省级乡村旅游示范村。制定实施《关于扶持物流业加快发展的实施意见》，新引进物流企业6家，改造提升4家；启动物流园区项目征迁，支持顺昌健顺电子商务有限公司建设阿里巴巴·顺昌产业带电子商务平台。

城乡建设。启动县城总体规划修编，投入1亿元启动顺昌新城规划和征迁工作。组织实施旧城路灯改造、美食街、龙湖慢道、垃圾压缩式中转站、城南西路改造等重点项目建设。开展城乡环境综合整治，打击"两违"1185起，拆除违建面积26.78万平方米。加强城乡环境卫生保洁，基本建立覆盖城乡的卫生保洁工作网络和运行机制，全县配备保洁员277名，征收保洁费259.56万元，征收率97%。以2个省市小城镇综合改革建设试点、13个省级美丽乡村建设试点及交通干道沿线、景区周边村庄为重点，加快推进美丽乡村建设；郑坊乡撤乡建镇获省政府批准，被评为国家级生态乡镇；埔上镇被列入全国重点镇；张墩村建成全国首个乡愁馆，入选全国美丽乡村创建试点村，被评为第八届"中国十佳小康村"；顺昌县被评为全省美丽乡村创建示范县。

社会事业。新增城镇就业2182人，城镇登记失业率3.09%。建成保障性住房641套。投资1157.8万元，实施中小学扩容、公办幼儿园建设等17个项目，完成39所义务教育标准化学校建设。在省第十五届运动会上获7枚金牌，县实验小学获"国家级体育传统项目学校"命名。完成15个村卫生所达标建设和120个村卫生所信息系统建设。全年征收社会抚养费1080万元，出生人口政策符合率85.63%。新考录、招聘行政事业单位人员158人。开展"民生110"社会网格化试点。对接省直单位和泉州市丰泽区挂钩帮扶项目45个，资金2.6亿元，到位资金1.69亿元；落实"造福工程"危房改造任务430户1899人。

发展环境。延顺高速公路加快推进，总投资4.85亿元的国道528线顺昌至将乐界、国道316线城区段改线一期暨延顺高速连接线、徐大线仁寿至口前段、谟宝公路、华阳大桥等普通干线公路建设项目实施。完成造林绿化面积3360公顷，推广不炼山造林1000公顷，治理水土流失面积1100公顷。开展规模生猪养殖场污染治理，拆除养殖场201家，面积9.82万平方米，开工治理175家，开工率94.6%。全面完成年度节能减排任务，被评为省级生态县。深化行政审批制度改革，推行行政审批事项目录清单，32个县直部门减少行政审批事项64项；深化工商注册登记制度改革，新增各类市场主体1197户，注册资本14.72亿元，分别增长25.8%和97.5%。

(姚剑锋)

浦　城　县

【经济社会概况】 2014年，浦城县实现地区生产总值107.8亿元，比上年增长10.6%；农林牧渔业总产值45.42亿元，增长8.5%；规模以上工业总产值119.53亿元，增长17.4%；财政总收入8.29亿元，增长16.9%，其中地方级财政收入5.98亿元，增长16.6%；全社会固定资产投资127.68亿元，增长23.1%；社会消费品零售总额36.52亿元，增长10.6%；实际利用外资(验资口径)1020万美元，增长39.4%；城镇居民人均可支配收入22754元，增长8.1%，农民人均可支配收入10451元，增长11.6%；居民消费价格指数102%；城镇登记失业率3.12%；人口自然增长率5.06‰；完成年度节能减排目标。

产业发展。出台金融支持实体经济发展、促进工业稳定增长等政策，实施县领导挂点帮扶、设立中小微企业转贷基金、企业增信资金贷款、推动银企联姻等措施。规模工业企业102家，新增5家；轻纺轻工、食品加工、生物制药三大产业实现产值93.42亿元，增长30.1%；仙芝科技被确定为第四批省院士专家工作站；新增省著名商标3件、省名牌产品3个。荣华山产业组团完成投资34.04亿元，新征用地99.33公顷；27家规模工业企业实现产值62.17亿元，增长33.51%。浦城工业园区污水管道铺设完成，浦潭生物专业园平整土地60公顷。农业生产稳步发展，粮食产量25.22万吨，收购烟叶8.01万担，种植大田蔬菜5333.33公顷、薏米1533.33公顷，新发展灵芝60万平方米，新植丹桂566.67公顷、油茶100公顷，造林绿化2373.33公顷，流转耕地9666.67公顷。成功申报省级现代茶叶重点县、省第三轮现代渔业生产发展项目县。融入全市“一元门票游大武夷”活动。

项目开发。完成12个省、市重点项目征地474.02公顷、拆迁建筑面积8.02万平方米。实施“百项”重点工程建设，完成投资48.38亿元，其中列入省市重点的18个项目完成投资12.78亿元。圣农生物质发电、废弃物处理项目建成运营；浦城正大成功并购华中正大，兽药制剂基地开工建设；永芳香料、乔宝陶瓷、成杰高分子材料等项目建设顺利。完成8座危桥改造和3座农村水电站增效扩容改造，建成20千米农村公路、247千米安保工程，完成龙江中型灌区节水改造、万安110千伏输变电工程建设，解决4.74万农村人口安全饮水问题；205国道（浦城段）改造、小型农田水利重点县等项目加快建设，渔梁岭隧道、302省道改线完成施工招标。强化项目策划和招商，新策划项目160个；招商引资在谈项目135个，总投资441亿元。

城乡建设。新城概念规划报批，南北启动区控制性详规通过评审，完成南启动区A地块33.33公顷土地征用。完成江滨亲水慢道和交通、和平4条城市支路改造建设，启动新华停车场及临时车位的管理运营，完成西门、南门公园和上水南桥、东区水厂管网改造和西区水厂厂区扩建；改造新建6座垃圾转运站，启用水北街生活垃圾卫生填埋场，仙阳污水集中处理厂试运行。拆除违法建筑面积26万平方米。扎实推进8个试点小城镇和50个美丽乡村建设，仙阳列入全省“镇级小城市”培育试点，双同村入选“全国美丽乡村创建试点”。强化生态环境保护，深化重点流域水环境综合整治和水土流失治理，规范河道采砂管理，忠信镇、枫溪乡获国家级生态乡镇命名。

社会事业。加强精神文明建设，创立“浦城周末论坛”，县科普活动中心建成开放，评选第二届道德模范10名。投入6560万元全面落实教育惠民惠生政策，投入7203万元改善办学条件，设立奖教奖学基金，推进教育均衡化、规范化发展，被评为南平市教育工作优秀县。加强公共卫生基础设施建设，县急救中心、疾控中心改扩建工程建成启用，妇幼保健院综合大楼、精神病防治院综合大楼二期封顶装修，中医医院整体迁建项目开工建设。投入1823.05万元落实人口计生奖扶政策。加快文化体育事业发展，“浦城剪纸”入选国家级非物质文化遗产，观前村入选“中国传统村落”，“云峰寺大殿”“浦城土墩墓群”“猫耳山遗址”的规划保护和修缮立项报告获得国家文物局批准，获“全省文化体制改革工作先进地区”称号。

民生保障。对30个重点村实施挂钩帮扶，开展“民企联村”、党员干部与农村贫困户结对帮扶等活动，向上对接落实帮扶资金1.86亿元，完成1120户造福工程危房改造。新增农村劳动力转移就业7574人、城镇就业2230人、失业人员再就业1575人。规范农村低保管理，提高医疗救助筹资标准、企业退休人员基本养老待遇，城乡居民养老保险参保率93.0%，发放养老金4781.41万元；新农合参合率99.6%，补偿资金1.14亿元；完善在职村主干保险和离任村主干生活补贴机制，完成152个村级公益事业建设“一事一议”财政奖补资金1790万元。完成6个乡镇敬老院和3个社区综合服务站建设，县福利中心建设进展顺利。加快保障性住房建设，建成竣工217套。

（周汉新）

光泽县

【经济社会概况】 2014年，光泽县实现地区生产总值69.08亿元，比上年增长10%；规模以上工业总产值75.83亿元，增长12.9%；全社会固定资产投资39.72亿元，增长11.6%；社会消费品零售总额15.68亿元，增长6.8%；实际利用外资1357万美元，增长18.4%；财政总收入4.71亿元，增长8.2%，其中地方级财政收入3.48亿元，增长10.7%；城镇居民人均可支配收入21646元，增长8.7%，农村居民人均可支配收入9712元，增长11.4%；城镇登记失业率3.11%；人口自然增长率5.8‰。

工业经济。新增食品生产企业8家，规模以上食品生产企业实现产值66.57亿元，增长16.2%。圣农集团工业产值增长16.3%，出口增长27.4%。新农兴一期、双牛酒业、圣腾蛇业等项目建成投产，中石油矿泉水、泰元肉食品等项目有序推进。外贸出口总额5974万美元，增长24.4%，增幅居南平市第一。

农业经济。种植水稻1.17万公顷、烟叶2766.67公顷，采伐毛竹800万根。圣农标准化肉鸡养殖出栏2.43亿羽，工厂化生产食用菌7500吨。列入新一轮全国现代渔业示范县，新建和改造标准化鱼塘146.67公顷。新增生态茶园666.67公顷，建设油茶丰产林基地345.33公顷。新植药材440公顷，建成珍稀中药材繁育基地13.33公顷。新增涉农市级知名商标3件，新认证无公害农产品、绿色食品19个。

第三产业。出台《电子商务产业发展三年计划行动方案》和《关于扶持电子商务发展的意见》，建成中国生态食品城线上运营中心；引进总投资2亿元的福建恒冰物流项目。实施旅游项目9个，完成投资1.54亿元。举办首届梨花节，策划推出“带着微博去光泽”活动；完成杉关生态文化旅游区、神山4A级景区发展总体规划编制；李坊乡管蜜村评为省级旅游特色村。

2014年3月29日，光泽县举办首届梨花节 （光泽县方志委供稿）

重点项目。安排重点项目115项，总投资229.4亿元。在建重点项目94项，完成投资33.6亿元，占年度计划的101.2%，其中省市在建重点项目14项，完成投资13.31亿元，占年度计划的97.9%。邵光高速完成投资6.67亿元，占年度计划的177.8%；圣农大道完成投资1.02亿元，占年度计划的113.1%；县综合医院完成投资1.36亿元，占年度计划的124.1%。闽江上游富屯溪三期（光泽段）防洪工程7个标段全部竣工。

城乡建设。开展城市总体规划修编，完成鸾凤河谷发展规划与控制性规划编制。投入5.72亿元，完成杭东路、滨江大道新建和圣农大道、镇岭路、安泽桥改建；实施光明大道东段和仙华路提升工程；改造文体休闲公园；建成美食一条街和文化一条街。新建和改造城市供水管网11千米。止马小城镇试点建设，完成投资5040万元，镇中心区域（一期）基本建成，评为全国重点镇。开展美丽乡村建设，14个示范村投入7800万元，其中管蜜村和杉关村通过南平市三星级美丽乡村验收。造林绿化1153.33公顷，森林覆盖率78.2%，森林蓄积量净增100万立方米。鸾凤乡、崇仁乡、寨里镇、司前乡、华桥乡、止马镇、李坊乡获得国家级生态乡镇命名；8个行政村通过国家级生态村考核验收，43个行政村获得省级生态村命名，36个行政村获得市级生态村命名，市级以上生态村占全县行政村的93%；国家级生态县创建各项指标基本达到考核标准，上报环保部申请技术评估。

社会事业。新增城镇就业1877人，转移农村劳动力4253人。实施企业技能人才培养工程，完成技能培训1038人、职业技能鉴定2161人。完善在职村主干养老保险制度，养老、失业、医疗等社会保险覆盖面扩大，发放、兑付各类保障（补偿）金3.13亿元。建设各类保障性住房356套，完成造福工程危房改造613户、农村贫困残疾人“安居工程”40户。27项为民办实事项目基本完成。财政惠农支出1.56亿元。实施扶贫开发“六大工程”，18个贫困村村财收入超10万元，1.08万贫困人口实现脱贫。新建、改造各类校舍1.9万平方米，新增学位500个，全面完成义务教育标准化学校创建工作。人口低生育水平保持稳定，实施“单独二孩”生育政策。文学艺术创作实现省级百花奖零突破，曲艺类作品首次在全国大展赛中获得荣誉。数字影院投入4600万元，农村数字电视实现整体转换。专利申请量、授权量分别增长200%和177%。

【中国生态食品城】 2014年1月，省政府对《光泽县建设“中国生态食品城”城镇化试点方案》作出批复。2月，光泽县人民政府印发《光泽县创建国家新型工业化食品产业示范基地工作方案》，提出争创“国家新型工业化食品产业示范基地”工作目标。立足光泽“中国生态食品城”创建，建设网上专业大市场，逐步形成产业优势和市场规模。2014年，圣农集团全面建成2.52亿羽肉鸡饲养加工及配套项目，产业逐步向浦城、政和等县扩张拓展，全年实现工业产值65.96亿元，增长16.3%。酒类、矿泉水、茶叶、油茶、大米加工等食品加工业取得较快发展，培育引进新农兴生物工程科技有限公司等食品生产企业8家。

（曾柏进　官茂友）

松溪县

【经济社会概况】 2014年，松溪县实现地区生产总值39.52亿元，比上

松溪城区 （松溪县政府办供稿）

年增长 9.4%；农林牧渔业总产值 21.02 亿元，增长 4.1%；工业总产值 46.5 亿元，增长 15.5%，其中规模以上工业产值 46 亿元，增长 16.9%；公共财政总收入 3.46 亿元，增长 12.4%，其中地方公共财政收入 2.77 亿元，增长 21.3%；固定资产投资 41.73 亿元，增长 47%；社会消费品零售总额 17.62 亿元，增长 13.9%；城镇居民人均可支配收入 21165 元，增长 9.9%，农民人均可支配收入 8454 元，增长 10.4%；城镇登记失业率 3.03%；人口自然增长率 8.98‰；年度节能减排任务全面完成。在福建省区域和企业评价中心测评中位列 2014 年度全省“县域经济发展十佳”。

项目开发。策划实施省、市重点建设项目 17 个，总投资 110.55 亿元，当年计划投资 14.98 亿元，完成投资 16.45 亿元，占计划的 109.8%。实施宜居环境建设行动项目 37 个，总投资 5.6 亿元，当年计划投资 2.67 亿元，完成投资 3.1 亿元，占计划投资的 116.1%。县委、县政府确定的 8 个为民办实事项目基本完成或按序时进度推进。策划生成重点扶贫开发项目 16 个，对接落实 9 个，到位资金 9500 万元。省内第一座地面光伏电站信义光伏产业园落地松溪。闽北首座 220 千伏装配式智能变电站九龙变电站正式投运。

工业经济。“3＋1”(食品加工、机械电子、竹木加工及生物科技)主导产业完成产值 30.36 亿元，增长 12.4%，占规模工业总产值的 78.3%。新增规模以上工业企业 14 家、亿元以上产值企业 3 家，规模以上工业增加值比上年增长 15.6%。成为高新技术企业孵化器建设省级备案县。深色名贵硬木茶盘企业联盟标准成为省地方标准，“畅宏及图”和“才华及图”被评为省著名商标，“松溪红茶”获中国地理标志证明商标，“黄金缕”获集体证明商标。发放工业贷款 7.67 亿元，增长 2%；民益小额贷款公司发放贷款 5.6 亿元，增长 20%。

“三农”工作。粮食产量 6.72 万吨。烟叶产值 6333 万元。实施现代农业项目准入制度，建设永润立体生态农业园、湛松生态农场等现代农业项目，新增设施农业 53.33 公顷。无公害、绿色、有机农产品“三品”认证率 71%。推广农业“五新”示范项目 30 个，农业综合机械化率 47.3%，良种覆盖率 98%、优质率 92%。拥有省级重点农业龙头企业 4 家、市级农业龙头企业 8 家、农民专业合作社 342 个，带动农户 1.33 万户，80%农户按订单生产。规模以上农产品加工企业产值 17.62 亿元，增长 23.4%。全国绿色食品原料(茶叶)标准化生产基地县创建通过农业部专家组验收。推进农村土地整理和旧村复垦，新增耕地 129.8 公顷，连续 15 年实现耕地占补平衡。启动农村土地承包经营权确权登记发证工作。发放林权抵押贷款 3300 万元，增长 36%。完成“造福工程”危房改造 450 户 1926 人，解决农村 3.4 万人的饮水安全问题。

城乡建设。《松溪城市总体规划修编(2013—2030 年)》获批，绿道网总体规划通过评审，塔下片区、林屯片区控制性详细规划编制完成，实现控规覆盖率 90%以上。基本完成文化广场、滨江花园小区、花岩溪南段改造等工程建设，建成滨河西路、完成红旗街西段改造，建成四星级华隆酒店、启动四星级松溪山庄建设，新建和改造城市公厕 8 个，完善城区街巷污水管网 3 千米，推进小西门片区改造及来龙南路、东大路片区、金凯蓝色港湾、万大商城等建设，城市人居环境进一步改善。拆除违建面积 27 万平方米，超额完成市下达任务。美丽乡村建设进展顺利，24 个星级创建村“美丽乡村建设实施方案”编制全部完成，建成祖墩刘源、溪东古弄、茶平刘屯、花桥招沙甲、郑墩新铺、渭田东边等美丽乡村示范村，其中祖墩刘源为省级美丽乡村示范村。

社会事业。投入 3760 万元改善薄弱校办学条件，全国艺术教育实验县建设扎实推进。县中医院针灸科被确认为国家级农村重点建设专科和省级重点中医建设专科。被授予市人口计生工作“创新奖”。启动第一次全国可移动文物普查。城镇新增就业 1657 人，农村劳动力转移就业 3652 人。新型农村合作医疗保险参合率 99.8%，新农保参保率 99%。新建保障性安居工程 192 套、续建 265 套。农村老人幸福院建设成为全省试点。率先在全市建成农村“三留守”服务中心。建设乡镇高清探头 49 个。

【衢宁铁路福建先行开工段动工建设】 2014 年 12 月 31 日，省委、省政府在松溪县东关隧道进口点(松源街道南门村大石头)举行衢宁铁路福建先行开工段开工仪式。衢(州)宁(德)铁路全线 382.14 千米，项目总概算 305 亿元，总工期目标 60 个月。福建段正线长 172 千米，在南平市境内 71 千米，投资概算 152 亿元；在松溪县境内 23.1 千米，投资概算 15 亿元。该线为国家Ⅰ级单线铁路、预留双线条件，客货共线，设计行车速度 160 千

花桥茶洲水库　　（松溪县政府办供稿）

米/小时。

【郑墩新铺现代农民创业示范基地】 2014年3月，郑墩新铺现代农民创业示范基地启动建设，项目计划投资5亿元，分三期实施，规划总面积12公顷，完成征地8.45公顷。基地农业园田间学校、自行车浏览绿道、采摘园、农耕文化体验长廊等系列景观工程在建设中。该项目是松溪县按照“机制活、产业优、百姓富、生态美”的总要求，把握农村休闲农业、乡村旅游的发展定位，着力打造的三个高速互通现代产业示范区和三条现代农业旅游景观带之一，是福州社区市场定点供应地和厦门市“菜篮子”调控基地。

（周　泉）

政和县

【经济社会概况】 2014年，政和县实现地区生产总值43.4亿元，比上年增长10.1%，其中：第一产业增加值12.85亿元，增长4.6%；第二产业增加值15.96亿元，增长15.5%；第三产业增加值14.6亿元，增长8.4%。在福建省区域和企业评价中心测评中位列2014年度全省“县域经济发展十佳”。

工业经济。政和经济开发区首期240公顷全面完成供地，二期253.33公顷完成征地100公顷、土地平整53.33公顷；引进落地企业86家，开工38家、投产17家，总投资78亿元，逐步形成发动机、发电机组、水泵三个较为完整的产业链。全年新增规模以上企业17家，总数79家；完成产值45.5亿元，增长17.2%；实施技改项目24个，完成投资9.29亿元；新增省著名商标2件、省名牌产品4件、市知名商标10件。

农业经济。竹产业产值28亿元；茶产业产值8.5亿元；烟叶种植面积1333.33公顷，总产量4.6万担。建成东涧花卉、东峰大棚蔬菜、杨源高山蔬菜等3个设施农业示范基地；“沃生活”定制农业项目完成企农合建200公顷，定制客户突破1万户。被国家林业总局确定为乡土珍贵树种培育示范县。4家农业合作社被评为国家合作社示范社。

第三产业。建成夏商好当家超市、数字影院、福地旅游购物步行街等项目。启动佛子山景区、石圳“白茶小镇”项目开发。电子商务快速发展，在线电商1950家，其中销售额超百万的60家，交易总额突破6亿元，入选2014年中国电商百佳县。县竹木商会和县中小企业服务中心被认定为福建省中小企业公共服务示范平台。

城乡建设。全年安排城建项目45个，完成投资20.6亿元，占年度投资计划的114%。完成环城快速通道、官湖新区综合枢纽等项目规划。珠山湾大桥、石屯大桥、城区内环路改造、城区供水管网改造一期等项目先后竣工，同心大桥、城东休闲桥等项目加快推进，渡头洋新区、熊山森林公园启动实施。扩大城市卫生保洁范围，狠抓“两违”专项治理，省级文明县城通过总评验收。持续推进16个美丽乡村示范点建设，“魅力杨源”“花海东涧”“中国第一楠木林”等美丽乡村建设成效明显；杨源村获全国十大最美乡村提名奖，东平、镇前等2镇3村获“清新福建·最美乡村”称号。省级生态县获命名，杨源乡获国家级生态乡镇称号，3个乡镇通过国家级生态乡镇验收。完成新一轮33个农网改造项目，110千伏城东变电站扩建项目启动建设，220千伏变电站完成选址审查。建溪四期（政和段）防洪工程和3个水土保持项目、6条中小河流域治理等项目按序时推进，5座病险水库完成除险加固。实施农村公路安保工程40千米，完成农村公路单改双11.8千米。

深化改革。县本级行政审批事项目录清单、公共服务事项目录清单公布运行。完成工商注册资本登记制度改革，新增私营企业357家，增长45%；注册资本36.4亿元，增长260%。在全市率先开展公立医院托管改革，整合县医院、中医院、妇幼院，组建政和县总医院。成立政和县实验小学教育集团。创新农村土地流转机制，9个乡镇建立土地流转服务中心；全年流转土地面积3200公顷，占耕地面积的21.8%。

社会事业。投入民生资金10.04亿元，其中县级配套投入占全年新增财力的90%以上。27件为民办实事项目基本完成。转移农村劳动力3577人，新增城镇就业1623人，城镇登记失业率3.14%。城乡居民养老保险一体化全面实施，基本医疗保障制度持续深化。建设保障性住房700套。完成造福工程危房改造1000户。成立县慈善总会，社会福利中心建设有序推进。实施国家、省、市科技项目9个。第二实验幼儿园完成主体工程；政和一中被确认为省一级达标高中；高考本一上线218人，增长18%。洞宫、锦屏等5个村入选第三批中国传统村落名录；提线木偶戏、政和工夫茶制作技艺等5个项目列入第五批市级非物质文化遗产项目名单。举办全国街舞邀请赛；在15届省运会上取得3金1银2铜。新建医疗业务用房7400平方米，改造医疗用房6140平方米；县级公立医院药品全面实施零差率销售；通过全省第一批消除疟疾县验收。完成全国第三次经济普查工作。

【山海协作】 石狮市政和产业园一期用地22公顷，建筑面积50万平方米，计划投资10亿元，完成投资85%，3家企业搬迁入驻投产；二期用地44.67公顷，建筑面积100万平方米，计划投资20亿元，二次土石平整与入园招商同步推进，11家企业提交申请入驻，3家企业获批入园。年内，政和县为石狮市完成6.67公顷城乡建设用地增减挂钩指标，全面完成石狮旅港华侨捐助的11所希望小学建设。

（吴光贵）

编辑：孙洁斐

龙岩市

【基本概况】 龙岩位于福建省西部，通称闽西，地处闽粤赣3省交界。全市现辖7个县(市、区),134个乡(镇)、街道办事处,1922个村(居)委会,人口307.14万。属中亚热带季风气候,年平均气温20.3℃。面积1.91万平方千米,占全省土地面积的15.7%,居全省第三位。平均海拔652米。龙岩是全国著名革命老区,是第二次国内革命战争时期中央苏区的重要组成部分、长征出发地之一。1929年在龙岩上杭召开的古田会议是中国共产党中国人民解放军建设史上的里程碑,2014年10月,习近平总书记亲自在上杭古田召开全军政治工作会议,被誉为"新古田会议"。龙岩是享誉海内外的客家祖地和著名侨区,是客家民系形成的重要起点和聚集地,全市80%是客家人,长汀被称为"客家首府",汀江被誉为"客家母亲河"。矿产资源丰富,已发现矿物种类64种,其中,稀土、金、银、铜、铁、无烟煤、高岭土、石灰岩等16种矿物探明储量居全省首位。森林覆盖率77.9%、连续39年居全省首位,是福建三大林区之一。龙岩是闽粤赣边区域性交通枢纽,实现县县通高速;连城冠豸山机场开通飞往上海、深圳、杭州等航线。龙岩是国家可持续发展实验区、全国首个可持续发展产业示范基地、全国科技进步先进市、东部地区唯一的国家加工贸易梯度转移重点承接地、全国外贸百强城市、国家级公共服务标准化试点单位、国家知识产权试点城市。

【经济社会综述】 2014年,龙岩市实现地区生产总值1621.58亿元,比上年增长9.7%,其中:第一产业187.8亿元、增长3.9%,第二产业873.26亿元、增长11.6%,第三产业560.51亿元、增长8.0%。人均地区生产总值62730元,增长9.2%。三次产业比例由上年的12.0∶53.8∶34.2调整为11.6∶53.9∶34.5。全社会固定资产投资1590亿元,比上年增长22.4%。

工业经济。全部工业增加值702.05亿元,比上年增长11.7%,其中规模以上工业增加值538.06亿元,增长12.5%。规模以上工业总产值1682.31亿元,增长12.8%。机械、有色金属、烟草、能源精化等"四大天王"工业实现工业产值974.06亿元,增长11.8%;纺织、建材、光电新材料等"八大金刚"工业实现工业产值581.31亿元,增长10.6%。其中,机械工业产值252.87亿元,增长5.9%;有色金属工业产值305.75亿元,增长20.2%;烟草工业产值150.21亿元,增长10.2%;能源精化工业产值265.23亿元,增长9.6%;纺织工业产值85.24亿元,增长4.7%;建材工业产值168.66亿元,增长2.4%;光电新材料工业产值57.51亿元,下降2.9%;不锈钢及特钢工业产值28.33亿元,增长87.2%;农副产品加工工业产值241.57亿元,现价增长17.8%。

农业经济。农林牧渔业总产值313.84亿元,比上年增长4.0%,其中:农业产值142.41亿元,增长4.8%;林业产值45.59亿元,增长5.3%;牧业产值105.71亿元,增长2.3%;渔业产值12.9亿元,增长5.2%;农林牧渔服务业产值7.23亿元,增长4.7%。粮食生产连续七年增长,粮食播种面积18.28万公顷,比上年增加540公顷;全年粮食总产量109.76万吨,增长1.6%。蔬菜产量194.96万吨,增长3.3%。肉蛋奶总产量49.54万吨,下降0.8%。水产品总产量7.31万吨,增长5.6%。农副产品加工业产值242亿元,增长17.8%。林下经济产值突破100亿元,增长105.8%。花卉苗木产值40亿元,增长25%。漳平木村林产和武平新洲林化被确定为首批国家林业重点龙头企业。

第三产业。全社会消费品零售总额559.99亿元,比上年增长14.1%,扣除价格因素,实际增长12.0%。全年接待旅游总人数2180.1万人次,增长20.6%,其中:国内游客2172.01万人次、增长20.5%,入境游客8.09万人次、增长31.8%;旅游总收入165.45亿元,增长23.9%。交通运输、仓储和邮政业增加值93.27亿元,增长9.6%。铁路货物运输周转量12.08亿吨千米,下降8.9%;公路货物运输周转量99.89亿吨千米,增长18.2%。铁路旅客运输周转量12.1亿人千米,增长2.6%;公路旅客运输周转量12.3亿人千米,增长4.0%。

城市体系。永定撤县设区获批;中心城市建成区面积扩大3平方千米,达到48平方千米。中心城区户籍人口35.8万人。城市道路长度356.8千米,人均城市道路面积14.3平方米。中心城区绿化覆盖率42.9%;新增绿地面积161.8公顷,人均公园绿地面积12.15平方米。新建完善人行天桥(地道)设施2处,新投入公交车50辆。中心城区水质综合合格率99.9%,生活垃圾无害化处理率99%。全年中心城市实施城建项目70个,完成投资23.5亿元,其中北市场停车场、登高山和莲花山连接栈道桥等项目建成使用。

龙岩中心城市一角 (龙岩市政府办供稿)

财政金融。财政总收入261.69亿元，比上年增长5.0%，其中地方级财政收入119.84亿元，增长2.2%；财政支出205.07亿元，增长2.8%。年末金融机构本外币各项存款余额1382.05亿元，增长8.6%；金融机构本外币各项贷款余额1308.01亿元，增长10.6%。农村合作金融机构人民币存款余额324.38亿元，增长14.2%；农村合作金融机构人民币贷款余额234.78亿元，增长9.4%。全市保险企业各项保费收入39.99亿元，增长14.8%。

对外经贸。进出口总额39.63亿美元，比上年增长23.2%，其中：进口15.48亿美元，增长41.0%；出口24.15亿美元，增长14%。新批外商直接投资项目18个，新增合同金额3.4亿美元，增长89.5%；验资口径实际利用外商直接投资2.41亿美元，增长12.0%。创新山海协作模式，与厦门共建山海协作经济区，完成38.87公顷启动区的征地及场地平整工作。龙岩陆地港口岸与厦门口岸实现互联互通，在全国率先开展出口产品关检"三个一"合作新模式，开放型经济进一步发展。成功举办第五届海峡两岸机械产业博览会。

社会事业。新罗、永定、上杭通过全国义务教育发展基本均衡县评估；龙岩华侨职专被确定为"国家中等职业教育改革发展示范学校"，龙岩卫生学校整体并入闽西职业技术学院，龙岩学院、闽西职业技术学院分别积极推进"龙岩大学""国家骨干高职院校"建设。新建7所公办幼儿园，新开工建设12个中小学扩容项目。全市新增省级(企业)工程技术研究中心5家，累计21家；新认定高新技术企业11家，累计60家；新增省级创新型企业8家，累计25家(国家级1家)。公共文化服务设施建设力度加大，广播综合人口覆盖率98.7%，电视人口综合覆盖率99%。县级公立医院综合改革全面启动，长汀基层医改"三权下放"机制被省总结推广。在全国率先实施高清网络门诊工程，龙岩人民医院病房综合楼建成使用，新引进口腔医院、眼科医院和泌尿专科医院等3家民营医院。稳妥实施"单独二孩"生育政策，实现"国优"先进单位全覆盖。汉剧进校园、周周有戏等文化惠民活动深入开展，新设2家民办博物馆，新增5个国家历史文化名镇(村)，"龙岩采茶灯"列入第四批国家级"非遗"项目。在国内外的各项比赛中，龙岩市运动员取得1项1人次世界冠军；2014年省运会2人次打破2项省记录。新型职业农民培育工作被农业部总结为"龙岩模式"，被列入全国首批示范市。

人民生活。城镇居民人均可支配收入26153元，增长9.9%，扣除价格因素实际增长7.5%；农村居民人均可支配收入12054元，增长11.2%，扣除价格因素实际增长9.2%。城镇居民人均消费性支出18552元，增长8.8%，其中食品支出占36.5%；农民人均生活消费支出9097元，增长11.8%，其中食品支出占41.2%。社会保障体系逐步实现全覆盖，"三农"综合保险、城乡低保、新农合、城乡医疗救助、农村"五保"户等保障水平进一步提高，全面实行老年人高龄津贴。年末参加城镇基本养老保险人数34.84万人，比上年增加1.32万人；参加城乡居民社会养老保险人数131.3万人，参保率98.6%，比上年增加0.23万人。城乡居民基础养老金待遇提高至100元、居全省设区市第二位。年末全市养老机构床位数增加1.32万张。城乡居民享受最低生活保障救助分别为0.99万人、9.56万人。解决农村48万人饮水安全问题，精准扶贫"九到户"帮扶机制获国家、省充分肯定，长汀连城武平扶贫开发试验区完成总体规划。

【龙岩实施"东张西望"战略】 2014年9月22日，市委四届六次全会提出实施"东张西望"战略，加快发展开放型经济。"东张"即加强与沿海、港口和特区的衔接，解决区域"断崖"问题，重点发挥厦门与龙岩政策的叠加效应，提出把厦龙山海协作经济区建成龙岩的新城区、厦门的产业腹地和工业基地、福建产业发展的新增长区域。"西望"即"望"西和赣南对接，用好苏区政策，把握"新古田会议"召开的难得机遇，大力发展军民融合深度发展园区，构建赣南、闽西原中央苏区核心圈。全年参照执行西部地区政策获得中央补助110亿元。

【龙岩开展"四个一批"项目推进活动】 2014年，全市开展"四个一批"(即策划一批、洽谈一批、开工一批、投产一批)项目推进活动。全年新策划并通过专家评审的项目162个、总投资1492亿元，其中总投资百亿元以上项目1个、50亿元以上项目2个。完成合同签约及工商注册项目114个，其中总投资亿元以上项目75个、10亿元以上项目4个。实现开工项目94个，完成年度计划的93.1%，总投资421亿元。实现投产项目98个，完成年度计划的98%，总投资346.2亿元。

【第五届海峡两岸机械产业博览会】 2014年11月8—10日，第五届海峡两岸机械产业博览会暨第七届中国龙岩投资项目洽谈会在龙岩举办。此次展览面积3.5万平方米，设置国际标准展位2000个，吸引境内外参展商462家(其中，全球工程机械50强企业9家，中国大陆运输机械100强企业18家、台湾知名机械企业40家)；邀请专业采购商820家，实现现场交易额1000余万元，意向采购额8000余万元；专门设置5000平方米"投资龙岩"展示洽谈区，重点推介龙岩"四大天王、八大金刚"(机械、有色金属、烟草、能源精化产业和纺织、建材、光电新材料、不锈钢及特钢、农产品加工、商贸物流、旅游及文化创意、电子商务)产业，签约项目56个、总投资266亿元。同时，举办第五届海峡两岸中小企业对接会、第三届台湾名优特商品及龙岩特色农产品交易会等系列活动，借助平台作用，加强对台交流，推动两岸经贸发展。 (章丹丹)

新罗区

【经济社会概况】 2014年，新罗区实现地区生产总值607.66亿元，比上年增长7.4%，其中：第一产业增加值23.47亿元，增长0.6%，第二产业增加值370.84亿元，增长8.1%，第三产业增加值213.34亿元，增长6.9%；三次产业结构调整为3.9∶61.0∶35.1。财政总收入178.5亿元，增长5.5%，其中地方级财政收入64.9亿元，下降3.7%。规模以上工业增加值288.53亿元，增长7.1%。全社会固定资产投资585.89亿元，增长21.9%。社会消费品零售总额238.5亿元，增长9.4%。实际利用外资1.04亿美元，下降4.3%。外贸出口总值9.76亿美元，增长11.7%。城镇居民人均可支配收入29382元，增长9.0%；农村居民人均可支配收入14652元，增长10.6%。再次跻身"中国市辖区综合实力百强区""最具投资潜力中小城市百强区"，分别位列第58名、49名。

产业转型。扎实推进工业转型提升，61个重点技改项目完成投资33.2亿元；深入开展"进企业、摸实情、解难题、促发展"活动，帮助102家企业协调办理"两证"，落实各类惠企政策资金1.25亿元；设立5000万元企业应急专项资金，先后帮助35家重点企业化解5.6亿元的转贷困境；深入实施产业龙头促进计划，全年亿元企业103家，机械、农副产品加工、建材、能源环保四大主导产业对规模工业的贡献率76.5%；与厦门大学共建"龙岩科技金融促进中心"，支持企业提升核心竞争力，全年发明专利授权量577件，约占全市三分之一，PCT专利申请取得零的突破；新增国家级高新技术企业3家，7个项目获省战略性新兴产业立项。万达广场等重点城市综合体相继开业，以龙岩大道、闽西交易城、龙门物流板块为核心的"商贸物流圈"初现规模；全年限上销售额316.9亿元，增长19%；净增限额以上商贸企业211家，累计635家。大力培育发展新兴服务业、新经济业态，创建全市首个电商产业园，小池培斜村跻身"2014年中国淘宝村"行列。都市休闲游、乡村生态游发展势头良好，涌现出培斜、洋畲等一批旅游特色村，东肖红色旧址群、万安竹贯村成功创建国家3A级旅游景区；龙岩中心城市游客服务中心投入运营；全年实现旅游总收入38.3亿元，增长23.2%。农业生产平稳发展，全年种植水稻10333.33公顷，土地治理566.67公顷；实施68个设施农业项目，发展林下经济面积5.66万公顷；新增农业产业化龙头企业3家、示范性家庭农场11家、农民专业合作社22家，流转耕地面积6400公顷；全省最大的闽台农业合作项目七彩蓝田生态农业观光园建成营业；列为全省首批农业产业化示范基地县。

项目成效。实施深化"五大战役"重点行动计划，421个项目完成投资356.5亿元，占年度计划投资的131.9%，其中42个省、市重点项目完成投资99.1亿元，占年度计划投资的139.8%。龙泰新能源材料产业园一期等38个项目开工建设，闽西建材交易城一期、紫金山体育公园一期、卓越新能源二期等19个项目竣工建成。加强"三维"项目对接，深化山海协作，86个"三维"项目列入全省重点跟踪项目，厦龙山海协作经济区获得省政府批准正式启动建设，森宝"退城进郊"布局实施，成功引进致尚生物、龙岩蜂巢电子生态园、南株电机等13个重大项目。福建龙州工业园区"优二进三"、提质增效明显，9个项目通过高位嫁接焕发生机，15个项目开工建设。

城乡建设。全面完成18个安置小区和厦蓉互通东移、口岸板块等重点项目征迁，完成房屋征收309.65万平方米、土地征收820公顷。打通金鸡路一期、龙腾北路三期等断头路，推进厦蓉高速扩容、赣龙铁路扩能、南三龙高铁等重点工程，全省首座改善区域水环境功能的调节型水库——何家陂水库下闸蓄水。全年制止违章417起，拆除违法建筑97.2万平方米。实施27个"千村整治、百村示范"项目，10个"321"特色乡镇、18个"美丽乡村"试点建设成效显著，被评为"全省美丽乡村建设示范区"。逐步完善城乡基础设施，271个行政村实现常态化通客车，通车率96.1%，基本实现"村村通客车"目标。完成造林面积900公顷、水土流失治理面积3700公顷，新增2个国家级"绿色矿山"示范点；实施全省首个国家科技惠民计划项目——"九龙江北溪流域农村生活污染处理技术应用示范"，第二污水处理厂建成运营，小池、江山、适中、苏坂等镇实现生活污水集中处理；持续深化龙津河流域养猪业污染整治，内河水质省控断面稳定在Ⅳ类标准。

改革发展。推进简政放权、放管结合，启动新一轮政府机构改革，推进全区408个事业单位分类改革；全面取消非行政许可审批事项，首批取消、划转、下放各类行政审批项目22项。加大政府购买服务力度，率先在中城街道开展"牛皮癣"整治市场化运作试点；引进闽西口腔医院、龙岩科宏眼科2家专业民营医院，总投资5亿元的民办北大附属学校（龙岩）整体竣工。新农保与城居保合并实施，建立一体化的城乡居民社会养老保险制度，基本实现养老保险制度全覆盖。推进农村集体经营性建设用地流转改革，在11个镇实施农村土地综合整治试点，在江山镇新寨村实施农村集体经济组织产权制度改革试点，在岩山镇山前村、黄固村实施土地承包经营权确权、登记、颁证试点。深化林权改革，建立健全林权抵押贷款相关制度，基本完成林地面积确权。

民生保障。在全市率先通过"全国义务教育发展基本均衡区"国家督导评估认定；"龙岩采茶灯"入选第四批国家级非物质文化遗产代表性项目名录；适中镇中心村、万安镇竹贯村列入"中国传统村落"名录，被评为"国家历史文化名村"。人口计生"单独二孩"政策有效实施，继续保持"全国计划生育优质服务先进区"称号。龙岩人民医院病房综合大楼、区革命烈士陵园等为民办实事项目建成投入使用。全面推进社会保障体系建设，发放老年人高龄津贴，企业退休人员养老金、企业职工最低工资标准、城乡最低生活保障标准稳步提高。小池敬老院（福利中心）获评"全国五保供养工作先进单位"。城镇新增就业1.06万人，促进创业2000人。282个行政村实现"联乡挂村帮户"全覆盖。建成镇（街）便民服务中心20个、村（居）代办点335个，标准化建设达到省级标准，村级"一事一议"实现全覆盖。被授予"全国和谐社区建设示范城区"，南城街道被授予"全国和谐社区建设示范街道"；西城街道被命名为"全国安全

社区”；东城街道永兴社区被命名为“国家地震安全示范社区”。（谢　薇）

永定区

【经济社会概况】 2014年，永定区实现地区生产总值185.05亿元，比上年增长9.7%。财政总收入16.75亿元，增长7.9%，其中地方级收入10.23亿元，增长7%。规模以上工业总产值115.38亿元，增长14.4%；农林牧渔业总产值44.95亿元，增长4.7%。全社会固定资产投资165.52亿元，增长23.6%。外贸出口总值2亿美元，增长12%。实际利用外资2000万美元。社会消费品零售总额61.44亿元，增长15.1%。城镇居民人均可支配收入27960元，增长9.7%，农村居民人均可支配收入12874元，增长10.5%。金融机构存款余额122.35亿元、贷款余额101.31亿元，为全市第二个存贷款余额双超百亿县；存款增量15.52亿元、增长14.4%，贷款增量12.9亿元、增长14.8%，分别居全市第一、二位。

产业结构。着力调结构转方式，三次产业比例调整为14.6∶52.2∶33.2。重点项目“977”计划完成投资78亿元，占年度任务的101%；全年签约项目31个，开工项目11个、竣工项目12个。客家博览园、客家古镇、福建土楼梦幻剧场、中华民俗传习基地等项目推进，全省内陆山区第二个清洁能源项目华润（湖坑）风电项目落户永定县。汽车机械龙头企业迅速壮大，微车、客车、卡车、专用车、新能源汽车等“5辆车”项目扎实推进，汽车机械工业实现产值30亿元，跃升为第一大工业行业。智慧产业园启动建设，光电信息工业实现产值12.5亿元。非资源型规模以上工业产值占规模以上工业总产值的47.7%，增长4.2%。传统产业整合提升，关闭5家小煤矿、1家小水泥，煤炭工业、建材工业分别实现产值18.9亿元、24.7亿元，合计占规模以上工业总产值的38.9%。永定工业园区获省政府批准扩区，面积由0.8平方千米拓展到5.76平方千米。旅游发展战略深入推进，土楼风情街、天子温泉一期、土楼自然博物馆等项目相继投入运营；举办“永定金秋旅游嘉年华”活动；全年接待游客476.8万人次，增长10.1%；实现旅游总收入35.1亿元，增长12.9%。出台商贸物流业扶持政策，新增限额以上商贸企业130家；服务业实现增加值61.44亿元，增长7.6%。现代农业加快发展，新增设施农业面积261.33公顷，环龙湖生态农业休闲长廊初见雏形，省级农民创业示范基地下洋坤雅农业观光园和龙潭铁皮石斛、虎岗铭远设施蔬菜等现代设施农业项目建设成效明显。

城乡建设。珑府小区、世纪华泰、寨下新区、古镇新区等精品小区投入使用；实施总投资1.1亿元的城建惠民项目，井下路贯通工程、礼田景观大道、西溪河排污工程等顺利推进，凤山公园提升工程、寨下水厂及管网建设工程建成运营。高陂镇、下洋镇分别入选省、市首批镇级“小城市”培育试点；湖坑南江村、大溪联和村等19个美丽乡村示范点建设成效明显。拆除凤城镇南山三层别墅等“两违”建筑61.5万平方米。完成高陂增坑、曲峰整村搬迁工作，启动永定河、金丰溪流域水环境综合整治，基本完成灌洋水库周边生猪养殖业污染整治，拆除猪圈32.1万平方米，永定河水质得到明显改善。水利建设完成投资3.3亿元，中小河流域治理、农村人饮安全、水库除险加固、烟草水源工程、水土保持等项目持续推进。交通网络更加便利，坎市过境公路二期、当风凹隧道改建工程投入使用，莆永高速联广东梅大高速正式通车。完成94个农网建设改造项目。

社会事业。县财政以16.29亿元优先保障和改善民生，占财政总支出的72.5%，增长3.2%。20大项38小项为民办实事项目完成或基本完成32项。新增城镇就业1820人。城乡居民社会养老保险参保率95%，城乡居民基础养老金每月再提高15元；百岁老人每月发放300元长寿营养津贴，90—99岁老人、80—89岁老人每月分别发放100元、50元的高龄津贴。开展“五位一体”爱心助孤活动，为233名孤儿发放基本生活费172.9万元。为297位困难居民发放大病救助金270余万元。集中帮扶4个贫困乡、54个贫困村，完成1080户4179人的造福工程和革命基点村危旧房改造。向全县每户居民免费派发5支节能灯。新建保障房260套，新竣工1515套，首次完成配租配售1705套。整体搬迁永定三中，开办实验小学龙凤校区，启动城关中心小学、高陂莲花小学迁建工程，龙潭、岐岭、湖雷等中心幼儿园新改建项目主体工程竣工，“义务教育发展基本均衡县”通过国家级验收认定。永定县运动员在第15届省运会上获金牌16枚，居全市第一。县医院病房大楼、坎市医院门诊大楼正式投入使用，坎市医院升级为二级乙等综合医院，更名为永定县第二医院。

改革开放。撤县设区获国务院批复；城郊乡、仙师乡获省政府批准撤乡设镇。政府机构改革、审批制度改革推进，县公共资源交易中心和县乡行政审批服务标准化建设基本完成。医药卫生体制改革扎实推进，调整与百姓关系最为密切的2613项医疗服务价格；公立医院实行药品零差率销售；23家基层医疗卫生机构累计为患者减轻药品负担1100余万元。新增企业479家，增长114.8%；实行产业发展基金制度，集中财力办大事，培育财源新增长点，设立3000万元工业发展基金、1000万元农业发展基金、2000万元旅游发展基金。投融资体制改革取得突破，运用PPP模式实施溪口至坎市公路改造、凤仙大道等项目建设；出资1亿元设立永鑫中小企业融资担保公司，安排3000万元设立中小微企业还贷应急资金，为6家企业解决3570万元贷款应急担保难题。首次开征生猪养殖业排污费、城市污水处理费，湖坑景区造福新村开工建设。

品牌创建。发挥园区集群发展优势，打响经济转型牌。新龙马微车启腾M70正式上市，福建首台自主研发生产的汽车汽油发动机点火下线，海西汽车机械产业基地初具规模。龙腾新能源汽车研究院通过省级科技企业孵化器验收；知识产权强县工程通过省级验收，专利授权量300件、增长15%。发挥红色资源和客家土楼优势，打响文化旅游牌。全国福建土楼客家文化旅游知名品牌创建示范区获批，福建土楼永定客家文化旅游创意产业园被确定为省级文化产业园区，客家博览园被列为省文化和旅游深度融合示范工程；金砂红色旧址群获国家3A级旅游景区；舞蹈《迎春牛》获中国民间文艺山花奖银奖，央视马年公益广告《筷子篇》反响热烈，取景土楼的贺岁大片《一步之遥》全球上映。发挥海峡两岸交流基地优势，打响对台交流牌。《土楼神韵》四度入台巡演，首赴南台湾演出；成功举办第四届海峡客家（永定）风情节。发挥山区和生态优势，打响生态宜居牌。国家卫生县城、省级文明县城、省级园林县城、省级森林县城、省级生态县等“五城同创”均获授牌或通过考评验收；被评为首届省十大“醉美县城”，湖坑镇入选第六批中国历史文化名镇，南江村获评全国生态文化村，陈东乡岩太梯田入选中国美丽田园，湖坑镇洪坑村和南江村、下洋镇初溪村、高头乡高北村入选中国传统村落名录。

【永定撤县设区】 2014年12月13日，国务院《关于同意福建省调整龙岩市部分行政区划的批复》下发，同意撤销永定县，设立龙岩市永定区。以原永定县的行政区域为永定区的行政区域，永定区人民政府驻凤城镇九一街西路2号。

【永定荣膺“国家卫生县城”】 2014年1月4日，全国爱卫办正式对外公布，永定县荣膺“国家卫生县城”称号。全国爱卫办认定，永定县通过多年坚持不懈地开展创建卫生县城活动，加强和创新社会管理，推动城镇基础设施建设，改善环境卫生面貌，强化卫生防病工作，提高人民群众的文明卫生意识，整体卫生水平达到国家卫生县城标准的要求。国家卫生城镇（县城）每三年评审一次，永定是福建省继永春之后第二批获评的“国家卫生县城”，是龙岩市唯一获此荣誉的县（市、区）。（谌耿春）

上 杭 县

【经济社会概况】 2014年，上杭县实现地区生产总值226.7亿元，比上年增长13%。三次产业比调整为12.6∶57.4∶30.0。财政总收入27.6亿元，增长2.9%，其中地方级收入19.1亿元，增长21.3%。全社会固定资产投资174.21亿元，增长24.2%。社会消费品零售总额58.71亿元，增长20.4%；居民消费价格总水平上涨2.3%。城镇居民人均可支配收入28235元，增长12.2%；农村居民人均可支配收入11658元，增长12.1%。

农业经济。农林牧渔业总产值47.54亿元，增长4.7%。实施现代农业建设项目59个，完成投资8.9亿元。粮食、烤烟、果蔬等农作物增产增效，畜牧水产业平稳发展，林下经济实现产值8亿元。新增市级龙头企业7家、省级以上农民专业合作示范社6家、家庭农场516家，新认定著名商标2件、知名商标7件。第四次被评为全国粮食生产先进县。

工业经济。工业用电量17.7亿度，增长13%。规模以上工业总产值315.61亿元，增长12.6%。金铜产业产值278亿元，增长14.2%。泰山石膏纸面石膏板及水泥缓凝剂、海西铜业铜质水暖卫浴等项目竣工投产。县工业园区被列为省级新型工业化产业示范基地。招商引资取得新成效，全年对接“三维”项目17个、总投资103.7亿元，实际利用外资3299万美元、增长47.5%。实现建筑业总产值302亿元，增长24.3%；新设立建筑企业11家，新晋升一级建筑企业5家，资质企业总数98家；县建筑人才培训中心被省住建厅授予独立办班资格；联泰建筑机械生产项目竣工投产。

第三产业。服务业增加值68.12亿元，增长9.9%。新增限额以上企业90家，总数187家。新发地农产品交易中心完成主体工程建设。全年接待游客460万人次，增长15%；实现旅游收入23亿元，增长15.1%；古田景区通过国家旅游局5A级景区景观质量评审，李氏大宗祠被评为国家3A级旅游景区。完成房地产投资4.75亿元，增长46.2%；实现商品房销售额4.5亿元。外贸出口总值2.7亿美元，增长30.2%。年末全县金融机构存款余额201.6亿元，增长8.2%；贷款余额144.5亿元，增长5.7%。

城乡建设。完成县城总体规划修改工作。南门大桥建成通车，企业总部小区路网、东门片区江滨路改造、东门大桥除险加固工程完工。完成交通基础设施投资9.5亿元，军泮线、河临线建成通车，茶白线、大中线（溪口至庐丰段）完成路基建设及部分路面硬化，农村路网、危桥改造及农村公路安保工程有序实施，农村公路管养水平稳步提升。赣龙铁路扩能工程进展顺利。农田水利设施完成投资1.3亿元，完成小型水库除险加固12座、高标准农田建设1186.67公顷。新一轮农村电网改造扎实推进，古田、庐丰110千伏变电站投入运行。7个小城镇综合改革试点、“321”特色乡镇创建、33个美丽乡村示范村建设持续深化，宜居环境建设完成投资16.5亿元。扎实开展“两违”综合治理专项行动，拆除“两违”建筑59万平方米。完成通贤、太拔撤乡设镇工作；全力支持古蛟新区建设。全县城镇化率44.6%，比上年增加3个百分点。

生态环境。完成造林绿化1866.67公顷、水土流失治理4640公顷，全县森林覆盖率77.1%。黄潭河流域水环境综合整治和养殖业污染治理持续推进，全县关闭拆除生猪养殖场326个、11.7万平方米。饮用水源地环境保护力度不断加强，9个乡镇建成集镇污水处理设施，“一江两河”流域水环境质量明显提升。坚持节约集约用地，连续15年实现耕地占补平衡。提高县对乡镇环保指标考核权重，完成年度节能减排任务。紫金山矿区环境安全隐患整改工作有序推进，重点区域环境监管得到加强，环境风险防范和应急处置能力进一步提升。获得省级生态县命名并通过国家级生态县预审，12个乡镇通过国家级生态乡镇命名，99个村通过省级生态村命名。

民生事业。10项重点为民办实事项目基本完成。健全社会保障服务体系建设，实现“一条龙、一站式、一卡通”服务。城乡居民合作医疗缴费补助标准从每人每年280元提高至320元，城乡居民基础养老金标准从每人每月85元提高至100元，城乡居民合作医疗和社会养老保险参保率分别为99%、93%，企业离退休人员养老金人均每月增加195元。完成黄竹经济适用房和蛟洋坪埔、二环路保障性住房建设。革命基点村、少数民族乡村、贫困乡村扶持力度加大，实现减贫人口4720人。完成造福工程危房改造1453户。5所乡(镇)敬老院新改扩建项目竣工并投入使用。完成农村劳动力转移就业9306人，城镇登记失业率2.59%。

社会事业。完成城区2所、乡(镇)18所公办幼儿园新改扩建，实施中小学校舍安全工程项目10个、农村义务教育薄弱学校改造15个，义务教育阶段标准化学校建设全面完成；建立已评未聘中、高级教师专业技术职务聘任激励机制；县职业中专通过中等职业学校省级示范校验收，义务教育发展基本均衡县通过国家评估验收。县级公立医院综合改革试点工作稳步推进，实行村卫生所药品零差率销售；县医院门诊大楼和县卫生监督大楼投入使用。古田会议85周年系列纪念活动完成，毛泽东才溪乡调查纪念馆完成改版提升。客家缘演艺中心和客家开元大酒店投入使用。设立扶持乡村体育发展专项资金，实施38个村文体设施建设。被评为全国文化先进县。紫金矿业国家重点实验室通过科技部评估验收。稳妥实施"单独二孩"生育政策，人口计生工作责任目标任务全面完成。

【习近平到古田出席全军政治工作会议】 2014年10月30日，全军政治工作会议在上杭县古田镇召开。31日，中共中央总书记、国家主席、中央军委主席习近平出席会议并发表重要讲话。习近平强调，军队政治工作的时代主题是，紧紧围绕实现中华民族伟大复兴的中国梦，为实现党在新形势下的强军目标提供坚强政治保证。全军必须坚持以马克思列宁主义、毛泽东思想、邓小平理论、"三个代表"重要思想、科学发展观为指导，贯彻党中央关于全面推进依法治国和从严治党的部署要求，贯彻依法治军、从严治军方针，紧紧围绕军队政治工作的时代主题，加强和改进新形势下军队政治工作，充分发挥政治工作对强军兴军的生命线作用。

【张德江到上杭县调研】 2014年3月24—26日，中共中央政治局常委、全国人大常委会委员长张德江到党的群众路线教育实践活动联系点——福建上杭县调研指导。张德江在省委书记尤权等的陪同下，瞻仰古田会议会址，参观古田会议纪念馆、毛泽东才溪乡调查会址，重温革命优良传统；深入古田镇吴地村、才溪镇下才村和溪北村、临城镇九洲村等，直接听取群众意见；考察蛟洋循环经济示范区、县人民调解中心、社会保障服务中心，察看经济社会发展情况；考察县人大常委会、才溪镇和临江镇镇中社区人大代表议政室，指导县乡人大工作。

【上杭获"全国文化先进县"荣誉称号】 2014年12月，上杭县被文化部授予"全国文化先进县"荣誉称号，这是龙岩市唯一获此荣誉的县(区、市)。近年来，上杭县立足"红色圣地""客家祖地"等文化优势，坚持文化传承与文化创新并重，不断培育壮大文化产业，通过唱红色、弘客家、传经典打响特色品牌，通过抓龙头、造板块、强基础打造文化阵地，通过建平台、兴活动、惠民生不断丰富群众生活，全县文化事业取得长足发展。 (袁秀芳)

武 平 县

【经济社会概况】 2014年，武平县实现地区生产总值134.61亿元，比上年增长10.8%，其中：第一产业增加值29.17亿元，增长4.5%；第二产业增加值57.9亿元，增长15.4%；第三产业增加值47.54亿元，增长8.5%。全社会固定资产投资184.16亿元，增长24.9%。财政总收入11.08亿元，增长15.1%，其中地方级财政收入7.16亿元，增长13.2%。城镇居民人均可支配收入24037元，增长10.3%；农村居民人均可支配收入11398元，增长11.5%。

农业经济。农林牧渔业总产值50.6亿元，增长4.4%。流转土地8400公顷。实施现代农业加快发展行动计划项目20个，完成投资2.4亿元。粮食播种面积3.79万公顷，总产量22万吨。烤烟产量9.2万担。绿茶、果蔬、食用菌、中药材、花卉苗木、渔业稳定增长。建立县农产品质量检测中心和17个乡镇农产品质量监管中心。"武平绿茶"被国家农业部评为中国驰名商标，新增著名商标6件、知名商标8件、省名牌农产品3个、绿色食品2个。新增市级农业产业化龙头企业4家，新发展农民专业合作社48家，新认定专业合作社国家示范社4家。实现林下经济产值16.6亿元，增长21.7%；完成国家林下经济示范基地发展规划编制，发放林权抵押贷款2.98亿元。建设33个美丽乡村示范点，完成投资5318万元。县财政投入1800万元，扶持5个贫困乡、58个贫困村加快发展，建立在城区购置商业店铺作为贫困村村财收入的扶贫开发"造血"机制；全年实施扶贫开发项目115个，完成投资6072万元；完成1590户造福工程危房改造。

工业发展。规模以上工业总产值114.21亿元，增长20.1%；"2+3"(不锈钢加工、新型显示和机械制造、农林产品加工、矿产品加工)重点产业实现产值97.45亿元，占规模以上工业产值的85.3%。新增规模以上工业企业18家，净增亿元企业7家。不锈钢产业园完成基础设施投资1.5亿元，占地133.33公顷。奥华水槽、嘉臣一品、不锈钢技术培训学校等一批项目建成投产或运营。启动实施总面积200公顷的新型显示产业园建设。正德光电科技新材料一期和坤孚镁合金深加工一期部分试产。中天农业、安兴农业等一批农业产业化龙头企业建成投产。新洲林化被国家林业部认定为国家林业重点龙头企业。设立2000万元中小企业还贷"过桥"资金，为5家企业提供资金4225万元；国有担保公司为中小企业融资担保42笔，担保余额3亿元。

第三产业。社会消费品零售总额42.07亿元，增长19.0%。新增限额以上批发零售贸易和住宿餐饮企业86家、规模以上重点服务业企业11家。

金融机构存款余额77.88亿元，增长12.4%；贷款余额68.12亿元，增长18.2%。“客都汇”文化旅游综合体建设加快，赣客家文化区板块主体工程完成，南广场投入使用；梁野山景区创建国家4A级旅游景区有序推进，被评为省级生态旅游示范区；云礤村被评为省乡村旅游特色村；中山镇入选中国历史文化名镇；全年接待游客146万人次，增长20.5%。闽粤赣边农产品市场建成投入使用。全年商品房网签备案销售面积22.22万平方米。

项目建设。实施“五大战役”重点行动计划项目210个，完成投资57.3亿元，占年度计划的123.9%。实施省市县重点项目51个，完成投资59.6亿元。全年新签约项目30个，其中新签约的金鲨不锈钢冷轧项目投资11亿元；新开工项目15个、新竣工项目13个；成功对接“三维”项目62个，总投资183.5亿元。实际利用外资1547万美元，增长124%；外贸出口1.95亿美元，增长15%。古武高速武平城关至东留段完成路基建设；宁象公路改建工程象洞至广东北礤段基本建成；新建农村公路45千米；做好浦建龙梅铁路前期工作。全年完成项目供地189.07公顷。梁野大道（二期）、东环路（一期）、平通路、平通桥建成通车，启动沿河西路和武安路、南门大桥升级改造工程；完成武平大道主入口交通枢纽节点整治和“客都汇”至梁野山景区入口道路改造工程。

环境整治。完成城区建筑弃土物、生活垃圾无害化处理场（二期）、“一河两岸”绿廊景观工程前期工作。铺设城市污水管网12.5千米、排水管网10千米。县城环境空气质量、声环境质量和平川河水质指标符合功能区划质量要求。关闭拆除禁养区猪舍面积13.9万平方米，削减生猪存栏11.6万头。实施平川镇、中赤乡、民主乡中小河流域治理项目。岩前工业集中区工业污水处理厂建成投入使用，十方镇等7个乡（镇）污水处理厂项目前期工作有序推进。全年实施宜居环境建设项目62个，完成投资4.8亿元。拆除“两违”面积54.8万平方米。4个乡（镇）获国家级生态乡镇命名，12个乡（镇）64个村分别获省级生态乡镇、村命名，126个村获市级生态村命名。

民生事业。全面推进省市县54件为民办实事项目，其中县为民办实事项目完成投资5.1亿元。实验小学河东分校、实验幼儿园河东分园、十方中心幼儿园等项目开工建设；投入1000多万元添置全县中小学教育信息技术装备；获省教育工作先进县称号。被列为国家知识产权强县试点县。县科技馆建成开馆。计生优质服务水平稳步提升，“单独二孩”生育政策稳妥实施。举办“清新福建·海峡客家”旅游欢乐节暨第四届海峡两岸定光文化旅游节。在全国皮划艇青年锦标赛中获得金牌2枚、银牌1枚、铜牌1枚；在省第十五届运动会上获得奖牌21枚，为历届最多。城镇新增就业1896人，城镇登记失业率控制在2.03%。城乡居民最低生活保障标准提高，农村居民由每人每年1900元提高到2100元，城市居民由每人每月315元提高到360元；将10232户、17887人纳入城乡低保范围，发放低保金3058万元。城乡居民基础养老金由每人每月85元提高到100元，被征地农民基本养老保障金由每人每月90元提高到110元。将80—89周岁符合条件的老人纳入高龄津贴范围。完成县社会福利中心二期建设和17个乡镇敬老院新建、改扩建工程。县级公立医院综合改革启动。武东乡、东留乡、万安乡、永平乡完成撤乡设镇工作。

【正德光电科技项目】 截至2014年底，正德光电科技项目完成总投资8亿元。其中，一期完成50680平方米现代标准钢架厂房和无尘车间建设，扩散板第1条生产线试产成功，其他3条生产线在安装调试，导光板4条生产线设备到位；二期完成总平面图规划设计、土地出让、土方平整和地质勘探工作，推进施工设计等各项前期工作；三期进行土地报批和土方平整。福建正德光电科技有限公司项目是武平县引进的龙头企业项目，是省、市重点项目。2013年10月该项目开工建设，总投资35亿元，占地面积26.67公顷，位于武平岩前工业园区东区新型显示和智能终端产业园。公司拥有多项国家专利，是国内为数不多的完全拥有LED液晶显示器光学材料核心技术的企业。项目分三期建设，达产后年产值60亿元。 （吴汝丰）

长汀县

【经济社会概况】 2014年，长汀县实现地区生产总值157.72亿元，比上年增长11%，其中：第一产业27.11亿元，增长4.4%；第二产业77.23亿元，增长14.4%；第三产业53.38亿元，增长9%。财政总收入10.49亿元，下降3.5%，其中地方级公共财政收入7.29亿元，增长3.1%。全社会固定资产投资169.91亿元，增长23.1%。城镇居

2014年6月26日，中国石油福建长汀催化项目在长汀落户奠基（长汀县政府办供稿）

民人均可支配收入18250元，增长12%；农村居民人均可支配收入10575元，增长12%。

农业经济。农林牧渔业总产值45.71亿元，增长4.4%。粮食总产量21.85万吨，烟叶收购量16.78万担。创建全省首个水稻种植院士专家工作站。新增省级龙头企业1家、市级龙头企业2家；新增省级著名商标1个；新增全国农民专业合作社示范社1家、省级示范社5家；新培育省级示范家庭农场1家、市级示范家庭农场5家。福建农民创业示范基地、现代农业科技示范基地及蓝莓、板栗、银杏、油茶等特色基地规模壮大，河田鸡、槟榔芋、果、竹、茶等农业特色产业效益提升。完成农村土地流转9200公顷，占全县耕地总面积的45%。建成高标准农田1333.33公顷。陂下水库及南里、石门坑等一般小(二)型水库除险加固项目全面开工建设。

工业经济。规模以上工业总产值152.04亿元，增长15.5%；规模以上工业增加值48.50亿元，增长16.7%。新上规模企业15家、亿元企业3家。宏鑫纺织新上2.5万纱锭项目投产，泰成纺织、金怡丰一期项目竣工，伟益、可利盛、南祥等企业增资扩建，经纬集团40万纱锭、中石油催化裂化剂等重大工业项目相继开工建设。工业主导产业稳中有进，纺织产业产值71亿元，增长7.2%；稀土产业产值35亿元，增长54.5%；机械电子产业产值21亿元，下降11.8%；农副产品加工业产值16亿元，增长10.2%。龙岩高新区长汀产业园、福建(龙岩)稀土工业园、晋江(长汀)工业园基础设施建设不断完善。

第三产业。社会消费品零售总额53.49亿元，增长20.5%。外贸出口总额2.3亿美元，增长24%。新增限额以上商贸企业67家，总数144家。腾龙时代广场、黄屋新天地市场投入使用，客家物流园一期主体工程部分封顶。全年接待游客155万人次，增长20.8%；实现旅游总收入12.5亿元，增长20.9%。汀江源龙门风景区创建3A级旅游景区，店头街被评为省级旅游特色街区，金仁大酒店被评为金叶级绿色饭店，汀江国家湿地公园、庵杰“天下客家第一漂”、新桥曲凹哩漂流等景点投入运营。

项目建设。188个跨越发展行动计划重点项目完成投资74.3亿元，占年度计划的96.6%。19个省、市重点项目完成投资38.2亿元，占年度计划的148.4%。208个深化“五大战役”重点行动计划项目完成投资101.6亿元，占年度计划的113.5%。落实国家、省、市金融政策，加强政银企合作，设立企业还贷应急资金，帮助企业应急还贷2.6亿元，有效缓解企业融资难题。加快引进金融机构，兴业银行进驻长汀。开展“三维”项目对接，对接项目20个，总投资41亿元。外引内联项目实际到资27.4亿元，其中，内联项目实际到资25.1亿元，增长10.1%；外资项目实际到资3700万美元，增长2%。

生态文明建设。被国家发改委、林业局列为东部地区首个全国生态文明示范工程试点县；汀江源国家级自然保护区获国务院批准；《长汀生态文明示范县建设规划(2013—2025)》成为首个由国家环保部评审论证的县级生态建设规划；完成国家级生态县创建申报工作，17个乡镇通过国家级生态乡镇省级验收，15个乡镇被环保部命名为国家级生态乡镇。完成治理面积9133.33公顷、占任务的114.3%，植树造林2133.33公顷、占任务的162.2%，封山育林14万公顷。驻闽部队大力支援长汀生态建设，植树造林128.2公顷、低效林改造464公顷。拓宽林业融资渠道，办理林权证抵押贷款3016万元。全面开展畜禽养殖污染专项整治，严厉打击河道非法采砂，综合整治重点流域水环境。实施环境连片整治、7条中小河流治理及汀江流域水环境补偿项目，完成半坑河、湖口河、涂坊河小流域综合治理。全力建设汀江生态经济走廊，完成汀江国家湿地公园核心区、汀江拦河闸、朱溪河、刘源河生态治理项目建设。

城乡建设。启动新一轮县城总体规划修编，汀江生态经济走廊规划加快完善，完成城区北部汀江两岸景观、火车南站新区规划。“一江两岸”景观修复工程实施，启动汀州文庙、汀州天后宫文物修复及历史文化街区整治工程，大夫第、太平码头石牌楼、太平廊桥至石牌楼亲水步栈道工程和济川门基座建设完成，店头街—五通街和东大街被省政府认定为第一批省级历史文化街区。河田、新桥小城镇改革试点镇建设完成投资16.6亿元；4个工业强镇完成规模以上工业产值90亿元，3个商贸重镇实现社会消费品零售总额21亿元，1个旅游名镇完成投资1.6亿元。5个市级美丽乡村试点建设及34个省级财政“一事一议”奖补美丽乡村建设加快推进。投入11.8亿元，实施宜居环境行动计划。完成50万平方米拆违任务。城乡基础设施进一步完善，赣龙铁路(长汀段)扩能改造工程、火车南站通站道路和站前

汀江国家湿地公园　　　　(长汀县政府办供稿)

广场建设顺利推进；完成汀铁路路面改造、319国道南山至河田段“白改黑”工程；实施农村公路安保工程150千米；完成镇镇有干线公路12.6千米、农村公路58.6千米、烟田道路82千米、水渠109千米、渡改桥及危桥改造13座；龙长高速古城互通、三洲至宣成一期、南山至涂坊公路开工建设；完成城区生活垃圾无害化填埋场扩建及城区第二污水处理厂建设。濯田、庵杰等6个乡镇农村安全饮水工程实施。

社会事业。实施精准扶贫，5个贫困乡、78个贫困村、2.4万贫困人口扶贫开发力度加大；古城凤凰小区、河田在水一方小区、庵杰涵前金竹新村3个省级造福工程集中安置区建设扎实推进，完成造福工程危房改造1420户、搬迁6262人。社会保障更加有力，新农合筹资标准从每人每年340元提高至390元，新农合大病保险保费从每人每年15元提高至20元，城乡居民基础养老金从每人每月85元提高至100元，企业离退休人员养老金从每人每月1680.11元提高至1879.52元，城乡低保、城镇居民医保、城镇职工基本医疗保险、80周岁以上老年人高龄补贴及村干部待遇进一步提高，实行70周岁以上老年人城区免费乘坐公交车惠民政策。新增城镇就业3052人，新增农村劳动力转移就业7982人。新建和续建公共租赁住房790套、企业人才房256套。加快创建“教育强县”，义务教育均衡发展扎实推进，中小学校舍提升工程顺利推进，开工建设罗坊小学；实事助学基金会长汀援助项目和5个贫困乡学生课间营养餐工程稳步实施。省级人才强县试点工作不断强化，设立人才发展专项资金，开展首届优秀人才评选。创造基层医改长汀经验，得到国家卫计委和省、市充分肯定；全面启动县级公立医院改革，药品零差率销售成效初显；妇幼保健院妇女儿童保健大楼、中医院住院病房大楼竣工。举办“纪念杨成武将军诞辰100周年”和“2014中国长汀国家历史文化名城保护日暨缅怀路易·艾黎先生”活动；启动何叔衡烈士及松毛岭、长岭寨战斗遗址纪念设施建设。青少年校外体育活动中心、妇女儿童活动中心投入使用。申请专利245件，授权专利152件。“剑盾”“亮剑扫毒”专项行动有力开展，涉麻涉毒整治取得初步成效。成功创建省级食品安全示范县。（丘　辉）

连　城　县

【经济社会概况】 2014年，连城县实现地区生产总值137.79亿元，比上年增长11%。财政总收入6.9亿元，增长12.2%，其中地方级一般预算收入4.8亿元，增长17.7%。规模以上工业产值122.82亿元，增长18.5%；规模以上工业增加值34.83亿元，增长16.5%。全社会固定资产投资163.4亿元，增长22.7%。社会消费品零售总额55.44亿元，增长19.5%。城镇居民人均可支配收入22780元，增长10.2%；农村居民人均可支配收入10881元，增长11%。

工业经济。光电新材料产业加速发展，全年实现产值18亿元，增长55.7%。产业技术创新能力加强，海峡（连城）光电产业技术研究院成功孵化光电项目5个，埃得瓦照明第一条球泡灯生产线实现投产。龙头带动能力增强，赛特新材入选全省第二批战略性新兴产业骨干企业，鑫晶刚玉100千克级蓝宝石实现量产、成功研制220千克级蓝宝石晶体。产业链项目有效实施，中触光电一期、达米拉液晶电视机整机生产线建成投产，奥斯特电子一期开工建设。平台功能日渐完善，海峡光电产业园、鑫晶光电信息和赛特新材料产业园初具规模。

农业经济。农林牧渔业总产值45.08亿元，增长4.4%；农产品加工产值58亿元，增长17%。省级农民创业园完成7个重点项目建设，完成投资1.7亿元；万亩现代农业示范园完成投资3050万元，实现产值9460万元；兰博园新植兰花370万株，闽西花卉博览园新建钢架大棚4公顷，福建连城兰花股份有限公司资产重组上市有序推进；食品加工区落户项目14个，福农食品等6个项目开工建设。种植地瓜5600公顷，地瓜产业产值28.5亿元。连城白鸭出栏336万羽。省、市级农业产业化龙头企业24家，总数位居全市第二；农民专业合作社723家，总数位居全市第一。

旅游业。全年接待游客499.5万人次，增长25.5%；旅游总收入24.3亿元，增长26.7%。成功入选全国休闲农业与乡村旅游示范县，省级旅游全域化试点县、“智慧旅游”试点县、旅游标准化试点县创建工作有效开展，新增乡村旅游示范户200家。冠豸山生态旅游示范区被列入《2014年全国优选旅游项目名录》，创5A改造提升工程完成石门湖游客服务中心、九龙湖垂钓基地木栈道建设；冠豸山佰翔秘谷酒店投入运营；县旅游服务中心、冠豸山旅游综合体等配套项目加快推进。

连城海峡光电产业园　　（龙岩市政府办供稿）

项目开发建设。“五大战役”重点行动计划分解落实项目330个，完成投资136.5亿元，占年度计划的104.9%；实现新开工项目108个，新竣工或部分竣工项目88个。其中，产业转型升级行动计划完成投资70.5亿元，新开工项目27个，竣工项目28个；宜居环境建设行动计划完成投资15.5亿元，新开工项目31个，竣工项目23个；城乡基础设施提升行动计划完成投资29.9亿元，新开工项目25个，竣工项目15个；现代农业加快发展行动计划完成投资15.8亿元，新开工项目21个，竣工项目19个；民生工程行动计划完成投资4.8亿元，新开工项目4个，竣工项目3个。招商选资成效明显，新签约项目34个，新开工28个，新竣工16个；签约重特大项目6个，总投资59.4亿元。对接央企3个、民企14个、外企3个。新增规模企业7家，累计141家；净增产值亿元以上企业4家，累计37家。纳税百万元以上企业41家，其中纳税500万元、1000万元以上企业分别为12家和8家，百雀羚公司纳税近5000万元。“一园两区”实现税收6842万元。新增中国驰名商标2件、省著名商标4件、市知名商标4件。

城乡建设。滨河商住组团一期开盘售楼，永达翡翠城、万星电影广场等项目开工建设，莲花花园、莲芯花园等保障性安居工程加快推进，完成文亨高速互通口至江坊红绿灯“白改黑”“三线下地”改造提升工程；江林大道林坊段、莲北大道西环路以北路段完成路基工程，城市供水管网、绿道等市政配套设施更加健全。省级文明县城创建通过实地测评，省级园林城市创建通过达标验收。环境卫生综合整治深入开展，“两违”拆除面积65.56万平方米，完成土地收储104公顷，房屋征收2万平方米。乡村面貌持续改观，完成《连城县新型城镇化规划(2013－2020年)》及9个乡集镇总体规划编制工作；朋口、新泉、姑田被列入全国重点小城镇，赖源、曲溪、宣和获评国家级生态乡；文坊村、塘前村等26个市、县级美丽乡村建设试点工作成效明显，姑田东华等14个村的“千村整治、百村示范”工作通过省级验收。在全市率先启动“河长制”“中国最洁净乡村”建设工作，依法关闭非法挖山采砂点11处、洗砂场25家，整治地瓜干生产加工污染企业27家，拆除畜禽养殖场19个；治理水土流失3666.67公顷。农村发展条件更加完善，完成农村公路建设30.5千米、危桥改造11座，治理交通安全隐患点1022个；新增粮食产能项目完成田间工程600公顷；完成庙前等5个乡(镇)中央财政小型农田水利重点县建设项目，新增节水灌溉面积1333.33公顷；基本完成小金山、湖塘等4座水库除险加固工程，实施12个乡(镇)152个村的农村饮水安全项目，解决10.2万人饮水安全问题。

扶贫开发。被列入省级扶贫开发工作重点县。落实“福建原中央苏区县参照执行西部地区政策”项目318个，到位资金8.5亿元。争取省直挂钩部门和福清市的扶持，落实帮扶项目172个，到位资金1.1亿元，增长57.6%。全县脱贫3839人，贫困人口减少21.3%。30个第四轮整村推进扶贫开发重点村，争取扶贫资金2873万元。1130户造福工程危房改造，全部完成一层封顶。

深化改革。农村金融改革被列为市改革试点项目；17个村级(合作社)融资担保基金为农户(社员)担保贷款2190万元，农村规模经营担保基金担保贷款6571万元；建成全省首个“金融与企业信息综合服务平台”，促成企业获贷11.1亿元；县中小企业信用担保中心累计担保贷款3.8亿元，中小微工业企业还贷应急资金累计使用6760万元；泉州银行连城支行投入运营。在全市率先开展行政审批和公共服务项目清理工作，保留县级行政审批项目139项、精简62%，保留公共服务事项196项、精简9.7%，全面取消非行政许可项目；完成县食品药品监管体制和公安局综合警务改革任务；创新政府公共服务方式，在文化体育、养老服务等41个领域实行“购买服务”。继续推进县级公立医院综合改革省级试点，县医院对2613项医疗服务价格进行调整，药品零差率销售实现基层医疗机构全覆盖。

社会事业。建成一中体艺馆、二中学生宿舍楼，西城文教片区小学、幼儿园项目开工建设；举办连城一中百年校庆活动。四堡中南等4个村被列入中国传统村落整体保护利用项目。获省第十五届运动会金牌12枚。完成234个村卫生所信息化建设。在全省率先建成、使用计生征信管理系统。城乡居民社会养老保险基础养老金从85元提高到100元。农村低保标准从家庭年人均收入1900元提高到2100元。新农合参保率100%。（邹重庆）

漳平市

【经济社会概况】 2014年，漳平市实现地区生产总值172.07亿元，比上年增长10.8%。公共财政总收入10.4亿元，下降5.8%，其中地方公共财政收入6.4亿元，下降9.3%。全社会固定资产投资146.91亿元，增长17.2%。外贸出口总值3.9亿美元，增长8%。实际利用外资2750万美元，下降9.7%。社会消费品零售总额50.34亿元，增长13.5%。城镇居民人均可支配收入24961元，增长9.6%；农村居民人均可支配收入12259元，增长10.3%。

项目建设。启动“2014—2018年重大项目投资推进计划”，实施“五大战役”重点行动计划，完成投资132亿元，新开工项目59个、新竣工项目68个。列入省、龙岩市重点项目25个，完成投资39.9亿元；列入本市重点项目56个，完成投资46.9亿元。进入工业园区项目论证19个，总投资29.2亿元。全年争取上级专项资金4.97亿元。海西(漳平)农副产品加工园建设加速推进，装备制造业循环经济产业园区控制性详细规划编制完成。赴北京、闽南金三角、珠三角和台湾等地开展招商活动，与厦门象屿保税区达成招商战略联盟。全年签约项目8个，总投资17.4亿元。与华润电力集团签订总投资约50亿元的抽水蓄能电站投资合作协议。新批外资企业4家、增资1家，合同外资7589万美元。

农业产业。漳平市被确定为全省22个县(市)农产品主产区之一。农林牧渔业总产值增长4.3%。粮食作物播种面积1.37万公顷,总产量8.1万吨。粮食产能区、高产示范片项目持续推进,高标准基本农田建设0.11万公顷,耕地补充173.33公顷。现代农业行动计划项目完成投资3.2亿元,其中南洋设施农业完成投资2462万元。"木、竹、花、茶、菜"特色产业实现产值33.7亿元。新培育农业龙头企业3家,新增国家级2家、省级农民专业合作社4家、省级家庭农场4家。10个省、龙岩市现代花卉项目及200公顷现代油茶项目建设完成,五一林场入选全国首批15个森林经营方案实施示范林场,永福水松被评为省"十大树王",双洋麟山塔风水林被评为龙岩市"十大风水林",木村林产被认定为首批国家林业重点龙头企业。永福镇入选第四批全国"一村一品"示范村镇。

工业及建筑业。规模以上工业总产值123.49亿元,增长18.5%;规模以上工业增加值36.58亿元,增长18.3%。钢铁、纺织、建材、能源产业产值增长13.7%。工业用电量增长1.5%。新增亿元企业4家、规模企业14家。协龙(一期)、新佳鑫实业、扬帆同创等15个工业项目竣工,红狮水泥(三期)、青晨竹业等15个工业项目开工。实施7个重点技改项目,新增省级技术中心1家、国家高新技术企业2家;正盛无机"正"字商标被认定为"中国驰名商标"。工业园区完成规模工业产值62亿元,增长22%,财税收入1亿元。资质以上建筑业企业14家,产值增长15.2%。

第三产业。实施商贸流通业"十百千工程"(即30家商贸流通龙头企业、100家商贸流通骨干企业、1000家商贸流通限额以上企业),限额以上商贸企业125家。完成商业网点和物流产业发展规划,新建、改造农贸市场2个,凯源茂宏农贸市场、越丰农产品冷链物流中心项目竣工。中国花都网、南龙网建成,漳平电子商务孵化中心启动建设,发展淘宝店120家。金融机构存、贷款余额分别为88.8亿元、82亿元,分别增长9.9%、3.9%。旅游"四五工程"(即打造50个特色景区(点)、联合50家合作宣传媒体网络、结成50家旅游行商合作伙伴、整合50家加盟企业)扎实推进,接待游客突破200万人次,旅游总收入突破10亿元,分别增长25%、25.8%。被授予"中国观赏石之乡",首届观赏石宝玉石旅游文化节、"一乡一节"成功举办。宏都大酒店、城区游客服务中心、永福花卉展示馆投入使用。

基础设施。交通基础设施完成投资31.5亿元,南龙铁路路基工程顺利推进,漳永高速公路龙岩(漳平)段路基土建工程、国道358线红尖山隧道(漳平段)连接线路基路面工程、县道卓西线(一二期)改扩建主体工程、福增大桥及连接线主体工程基本完成,红尖山隧道、林隆南路项目开工。农网改造升级工程完成投资3235万元,110千伏永福变电站(二期)扩建工程、35千伏钱坂小型输变电工程项目竣工。危桥改造3座,农村公路、安保工程分别建设28千米、243千米;南洋农村客运站投入使用。实施水利项目175个,完成投资2.6亿元,第五批全国小型农田水利重点县、九龙江防洪工程等项目建设取得阶段性成效。解决农村2.5万人饮水安全问题。

新型城镇化。实施城建项目14个,完成投资4.6亿元。九龙广场提升改造、城市展示馆、凯源支路(二期)、桂中路污水管网、绿道工程项目竣工。宜居环境建设项目完成投资15.6亿元,城市完整社区建成3个。市政"五千工程"(新建改造城区污网、供水网、燃气网、城市道路、绿化道)完成投资1.5亿元,流域整治和景观提升取得新进展。新桥、永福、溪南被列为全国重点镇,永福被列为龙岩市新型城镇化试点镇,芦芝撤乡设镇。双洋城内、东洋和赤水香寮被列入中国传统村落名录;和平和春、拱桥中界、溪南高寨入选"省级村镇住宅小区建设"试点小区。美丽乡村建设完成投资3728万元,新建污水处理设施10个,硬化村道36千米,新增绿化面积9.9万平方米。

生态建设。拱桥镇、官田乡、吾祠乡、灵地乡、新桥镇、溪南镇、象湖镇、和平镇、南洋乡9个乡镇被环境保护部授予2012—2013年"国家级生态乡镇"称号。完成水土流失综合治理0.56万公顷、造林绿化0.16万公顷、"四绿"(即绿色城市、绿色村镇、绿色通道、绿色屏障)工程0.07万公顷,新增封山育林0.47万公顷。南洋国家湿地公园总体规划通过国家林业局评审。建立河道"河长制",加大九龙江流域水环境综合整治力度,完成生猪规模养殖场综合治理22家,关闭拆除生猪养殖场面积5.6万平方米。九龙江流域(漳平段)及各支流水质保持国家Ⅲ类以上水质标准。拱桥荷花景观被评为中国美丽田园。

民生事业。16个为民办实事项目完成投资5.3亿元。漳平三中整体迁建项目开工建设,市医院整体迁建基本完工,和平至南洋景观、夏季纳凉点(2个)、城市主干道公交站等项目竣工。扶贫开发整村推进,所有行政村实现领导、部门挂钩帮扶全覆盖。清源移民新村开工建设。义务教育学校"班班通"投入使用,市公立医院实施药品零差率销售,12类基本公共卫生服务、7项重大公共卫生服务全面落实,基层中医药服务能力提升工程通过省级验收。在十五届省运会上获9金8银11铜。奇和洞遗址抢险加固保护工程被列入国家文物局文物保护项目库;长青楼、华唐阁保护维修基本完成;红四军出击闽中纪念馆改造完成并成为龙岩市"爱国主义教育基地展馆";有线广播三级联播联控应急预警系统工程通过省级验收。新增城镇就业1900人、农村富余劳动力转移4521人。城乡居民基础养老金、被征地农民老年养老补助金人均每月分别提高15元、5元。启动80周岁以上老年人发放高龄津贴制度。

【对台交流合作】 漳平台湾农民创业园区旅游总体规划编制完成;永福樱花园、十里花街提升改造工程(一期)、闽台文化广场建成;省级农业科技园、台缘文化旅游产业园等项目加快实施。漳平台商投资区建设加快推进,前来考察的台湾社会团体40余批次、各界人士4000多人次。举办全国首届闽台乌龙茶品鉴研修班;大陆首个"海峡两岸茶产业优势整合示范基地"建立,永福高山茶获中国国际茶叶博览会金奖。举办第三届樱花节。

【漳平通过国家可持续发展实验区验收】 2014 年 3 月，漳平市通过国家可持续发展实验区验收，成为福建省继东山县之后第二个通过验收的国家可持续发展实验区。2006 年 10 月，漳平市被批准为国家可持续发展实验区，经过 6 年多努力完成实验区各项建设任务，综合实力得到大幅提升，产业结构不断优化；工业做大做强，培育红狮水泥、木村林产等一批产业龙头企业，建立省级循环经济示范园区；生态环境明显好转，建立良好的环境保护机制，沿江、沿溪、沿路两侧的水土流失得到基本控制，城区环境空气质量总体良好，九龙江流域（漳平段）及各支流保持国家Ⅲ类以上水质标准，城区饮用水源地水质达标率 100%，成为龙岩市首批通过验收的省级生态市。

【永福茶花研究所成立】 2014 年 4 月，大陆首家闽台合作的民营科研机构——永福茶花研究所在著名花乡永福镇成立。永福茶花研究所属研、产、销为一体的大型茶花专业研究所。茶花科研基地 3.33 公顷、种植基地面积 20 公顷，种植的茶花品种有：赤丹、恨天高、朱砂紫袍、五色赤丹、十八学士、五色茶花等数十个优良品种。每年可供应上市盆栽茶花 6 万盆，地栽大小不等的茶花 100 万棵，品种茶花苗 300 万株。永福茶花研究所对闽台两地的茶花资源进行深入调查、引种，在永福镇建立茶花母本园，系统开展茶花及其苗木生产新技术应用研究，编辑出版《永福茶花研究》期刊，促进闽台两地特别是永福镇的茶花种植、改良及销售，推动永福茶花产业发展。

【漳平木村林产定为国家林业龙头企业】 2014 年 4 月 25 日，漳平木村林产有限公司被国家林业局认定为“首批国家林业重点龙头企业”。漳平木村林产有限公司是一家原料、设备、市场“三头在外”的生产型出口企业，主要产品有高科技木制品、木结构房屋、园艺景观制品、防腐木、阻燃木、炭化木及组合家具、木艺制品，产品远销 30 多个国家和地区。公司先后被认定为“福建省林业产业化龙头企业”“农业产业化省级重点龙头企业”，获“福建省品牌农业企业金奖”。

【漳平岭兜村用飞机防治水稻病虫害】 2014 年 9 月 4 日，赤水镇岭兜村对粮食产能区和烟后稻高产创建示范片制定详细病虫害统防统治措施，联系病虫害防治专业合作社，引进遥控飞机喷洒农药，帮助解决农村劳动力短缺和人员工资高涨造成人工防治病虫害不及时的难题，让农户享受植保新技术、新器械带来的实惠。实施遥控飞机统防统治，具有安全方便，减轻劳动强度，提高防治效果，作业成本低、效率高、效益大等特点，单位面积用药量减少 40%，比人工喷雾作业效率提高 100 倍以上。（陈龙林　陈波秀）

编辑：孙洁斐

宁德市

【基本概况】 宁德俗称闽东，位于福建省东北部沿海。距台湾基隆港 126 海里。全市辖 9 个县（市、区）、一个开发区，土地面积 1.34 万平方千米，户籍人口 352.24 万人，海外侨胞和港澳台同胞 46 万人。宁德依山傍海，有丰富的林竹资源，盛产晚熟荔枝、晚熟龙眼、无核柿、四季柚、东魁杨梅、脐橙、水蜜桃等水果；有金属、非金属矿 72 种，高岭土、玄武岩等储量丰富。淡水储量 150 亿立方米，可开发水电资源 250 万千瓦，开发和在开发近 200 万千瓦。海域面积 4.46 万平方千米，浅海滩涂面积 12.8 万公顷，可围海造地面积 3.33 万公顷，盛产大黄鱼、对虾、二都蚶、牡蛎、海带、紫菜等。全市海岸线长 1147 千米，占福建省的三分之一，其中陆域岸线 1046 千米，居福建首位。分布有三都澳、赛岐、三沙、沙埕等良港。全市规划可建设港口泊位 200 多个，其中天然良港三都澳，拥有水域面积 714 平方千米，拥有深水岸线 110.36 千米，可规划建设 3 万吨级以上泊位 150 多个，20—50 万吨级泊位 61 个，主航道水深 30—115 米，第五代、第六代国际集装箱轮船和 50 万吨级巨轮可全天候自由进出。旅游资源丰富，拥有奇特景观白水洋、海上仙都太姥山、鬼斧神工石臼群等世界地质公园、国家 4A 级风景名胜区以及一批各具特色的省级风景名胜区。

【经济社会综述】 2014 年，宁德市实现地区生产总值 1376.09 亿元，比上年增长 10.8%。公共财政总收入 140.37 亿元，增长 11.6%，其中地方公共财政收入 98.92 亿元，增长 11.5%。全社会固定资产投资 1157.99 亿元，增长 23.9%。出口总值 36.79 亿美元，增长 29.6%。实际利用外资 1.75 亿美元，增长 21%。社会消费品零售总额 415.02 亿元，增长 12.1%。居民消费价格总水平上涨 1.9%。城镇居民人均可支配收入 23956 元，增长 9.1%；农民人均可支配收入 11302 元，增长 11.7%。全年争取转移支付资金 104.34 亿元，增长 6.0%。年末金融机构本外币存款余额 1086.27 亿元，增长 5.2%；贷款余额 1326.16 亿元，增长 13.2%；引进和新组建金融机构 8 家，在全省率先实现村镇银行县域全覆盖。

农业发展。农林牧渔业总产值 417.67 亿元，增长 5.7%。粮食总产量 65.62 万吨，茶叶、水产、食用菌、果蔬、林竹、畜禽、中药材等传统特色产业提质增效。福安、蕉城、寿宁、周宁、福鼎被评为全国重点产茶县。各县（市、区）均创建省级农业标准示范区、农民创业园。11 个市级千亩高优农业示范园区、30 个现代山地农业开发示范基地加快建设，新增各类设施农业 1733.33 公顷，建设高标准基本农田 7253.33 公顷。补充耕地 993.33 公顷，连续 15 年实现耕地占补平衡。农民专业合作社总量居全省设区市首位，新增国家级农民合作社示范社 13

家。农村土地承包经营权确权登记颁证试点工作扎实推进。除险加固水库35座、海堤15条，治理中小河流13条。防灾减灾体系不断健全，农产品质量安全监管继续加强。6个省级扶贫开发重点县争取各类帮扶资金13.22亿元，完成造福工程危房改造6000户23142人，28.4万农村居民饮水安全问题得到解决。

工业增长。规模以上工业总产值2721.99亿元，增长15.5%；规模以上工业增加值649.58亿元，增长15.2%。传统产业巩固提升，重点产业集群建设加快，冶金新材料、电机电器、新能源3个产业集群分别实现产值799.72亿元、571.64亿元、265.98亿元。建成1个国家中小企业公共服务示范平台和海洋、食用菌、茶叶、船舶、电机等5个产业集群服务平台。广生堂、三祥新材上市工作加快推进，白水农夫在新三板挂牌。新增高新技术企业12家、省级企业技术中心5家、发明专利授权102件、驰名商标12件。2名专家入选国家第十批"千人计划"。

第三产业。实现第三产业增加值432.28亿元，增长7.8%。商贸物流业持续发展，三都澳5万吨冷链物流、红星美凯龙等项目基本建成。旅游业加快发展，全年接待游客1601.03万人次，增长18.7%；旅游综合收入127.49亿元，增长22.5%。宁德世界地质公园通过中期评估，东湖水利风景区获国家级水利风景区称号，柘荣、蕉城霍童分别被评为中国十佳生态养生旅游福地、旅游名镇；新增1个4A级景区、3个3A级景区。现代服务业加快培育，福安被评为省级电子商务示范市，古田银耳、坦洋工夫在渤海商品交易所挂牌交易。

项目建设。市级重点项目完成投资660.6亿元；投资10亿元以上的重大项目46个，完成投资321亿元。宁德核电2#机组、漳湾作业区8#和9#泊位工程、鼎信科技1780热连轧和850冷轧等85个重点项目竣工投产。京台高速宁德段、中聚天冠等一批项目加快建设。甬金、宏旺不锈钢、沈海复线福安至漳湾段、福鼎贯岭至柘荣段、屏古联络线等100个重点项目开工建设。衢宁铁路、宁德核电5#、6#机组，上白石水利枢纽工程等项目前期工作扎实推进。组织赴长三角、珠三角、山东、台湾、香港等地开展招商推介，签约项目235个、总投资1395亿元。

城乡建设。中心城市加快建设，实施城建项目88个，完成投资47.16亿元。福宁北路、和畅路等一批路网建成通车。高速公路桥下景观整治工程完成，大门山公园加快建设，新增绿化面积68公顷，通过国家园林城市考核命名。城区供水"一户一表"改造4800户，新增停车位390个。县域经济加快发展，福鼎、福安、柘荣、古田被评为全省县域经济发展十佳县(市)，福鼎被评为福建十大醉美县城。小城镇建设扎实推进，省、市试点镇完成总体规划和一批专项规划编制，实施建设项目536个，完成投资165.51亿元。131个美丽乡村建设试点全面启动，美丽乡村一日游示范村创建工作成效初显。全面开展"两违"整治，拆除违建437.96万平方米。

环境保护。坚持源头严防、过程严管、后果严惩，节能减排和重金属污染、大气污染防治持续推进，重点流域整治和农村环境综合整治不断强化。生态环境建设得到加强，造林绿化1.31万公顷，治理水土流失1.25万公顷，清理海上违规养殖147.47公顷。乱建坟墓和乱滥建寺观教堂、民间信仰活动场所专项整治工作取得阶段性成效，矿山复绿行动深入开展。县级以上集中式饮用水源水质达标率、主要流域水环境功能达标率均100%，大气环境质量达到国家二级标准。新创建国家级生态乡镇35个、省级生态县2个、市级以上生态村50个。柘荣率先通过国家生态县技术评估。

改革开放。宁德军民融合深度发展试验区获省批复建设，列入省级全面深化改革试点。市级审批事项精简率53.8%。市县政府机构改革基本完成。县(市、区)行政服务中心完成标准化建设。全年新增私营企业5865户，增长40.7%，市场主体突破14万户。财税体制改革深入推进，"营改增"试点范围扩大，政府购买服务试点工作启动实施，财政专项资金和政府性债务管理进一步规范。对外经贸稳步发展，外商直接投资和增资项目31项；福建电机企业欧洲服务中心成立，福安通过首个国家级出口电机质量安全示范区现场考核验收。对台交流合作持续深化，举办第五届电博会和陈靖姑金身巡游台湾活动。

民生保障。为民办实事项目完成38件。新增城镇就业3.24万人、城镇失业人员再就业1.08万人、农村劳动力转移就业4.19万人，城镇登记失业率控制在1.58%。高校毕业生自主创业扶持力度加大，1157人实现自主创业。城乡居民和企业职工养老保险实现转移衔接，城乡居民基础养老金最低标准、基本医疗保险政府补助标准都有新的提高，全面实施医疗救助和城乡居民大病保险。最低生活保障制度惠及13.89万人，农村低保标准提高到家庭年人均收入2100元。新建社会福利中心3个。新开工保障性住房10087套，基本建成7120套。

社会事业。教育事业优先发展，13个中小学扩容工程和17个公办幼儿园项目按序时推进，新增学位10567个；福鼎、福安通过义务教育基本均衡国家评估验收；实现9所高中达标晋级；建成8个县级职教中心和16个重点专业实训基地。医疗服务水平提升，市医院新院区投入运营，医疗机构新增床位632张，"海云工程"新增覆盖点256个；县级公立医院综合改革全面启动，市医院、闽东医院医疗集团挂牌成立。保持适度低生育水平，人口自然增长率7.0‰。文化建设持续推进，新建65个乡镇文化信息共享服务点，新增4个国家级"非遗"项目、5个中国历史文化名镇名村、10个中国传统村落。通过国家二类城市语言文字规范化工作达标评估。成功申办第十六届省运会。宁德籍运动员在仁川亚运会上获得一金三银。

【宁德军民融合深度发展试验区获批复建设】 2014年8月21日，省委、省政府、省军区批复同意《宁德市加快建设军民融合深度发展试验区的实施意见》，要求试验区建设要实现富民与强军的有机统一，实现生产力与战斗力的同步跃升。批复指出，宁德具有海洋岸线资源丰富、国防建设地位重要、双拥共建传统悠久的优势，在宁德创建军民融合深度发展试验区，是贯彻落实中央和省委、省政府有关精神的具体行动，是对富国强军重要思想的积极探索和实践，对于振兴闽东苏区，推动宁德科学发展、跨越发展具有重要意义。

【宁德世界地质公园通过中期评估】 2014年7月16—20日，联合国教科文组织委派专家组，对宁德世界地质公园开展第一次中期评估，专家组考察白云山园区、白水洋园区、太姥山园区后，对宁德世界地质公园的保护和建设成果给予充分肯定。北京时间9月23日9时在加拿大圣约翰市，公布宁德世界地质公园中期评估通过，批准可以继续使用这一世界品牌。

（龚美华）

蕉城区

【经济社会概况】 2014年，蕉城区实现地区生产总值239.4亿元，比上年增长10.8%。三次产业比例调整为13.3∶45∶41.7。公共财政总收入15.27亿元，增长30.1%，其中地方公共财政收入10.69亿元，增长25.7%。全社会固定资产投资317亿元，增长31.3%。规模以上工业总产值407.87亿元，增长14.9%。外贸出口总额10.08亿美元，增长21.4%。实际利用外资7830万美元，增长13.3%。城镇居民人均可支配收入25070元，增长9.6%；农民人均可支配收入11190元，增长12.9%。

农业。全面落实强农惠农富农政策，全年投入资金3.2亿元；农林牧渔业总产值60.52亿元，增长6.3%。现代农业示范园和示范点加快建设，海峡西岸茶叶现代示范园完成投资2.2亿元，赤溪现代高优农业示范园区完成投资6234万元。42个现代农业项目完成投资2.3亿元。全区产值超亿元的农业龙头企业20家。南阳公司大白种猪获全国第38届种猪博览会质量检测第一名，岳海水产获评省海洋产业"十佳"龙头企业。"天山红"成功注册国家地理标志证明商标，"威尔斯及图"获得中国驰名商标，洪口渔等7家企业农产品获得"三品一标"认证。第六次获"全国重点产茶县"。成立现代农业特色产品展示销售暨电子商务中心，入驻企业42家。11个现代农业示范园配套建设农田小气候监测站，赤溪、七都、洋中被认定为全国标准化气象灾害防御镇。

工业。规模以上工业增加值91.22亿元，增长15.1%；规模以上工业企业111家。43个工业固定资产投资项目完成投资41亿元。开展"百名干部进百家企业解百个难题"活动，帮助110家企业协调解决163个问题。新能源公司产值近45亿元，是福建省唯一入选全国8家动力锂电池制造国家"十二五"重点培育企业；联德冶金新材料项目累计完成投资14.85亿元；天冠燃料乙醇项目完成填方33.33公顷。"宏宇及图"获得中国驰名商标。全区新增国家火炬计划重点高新技术企业1家，国家高新技术企业3家，国家专利申请量突破408件。

第三产业。社会消费品零售总额100.02亿元，增长14.7%；限额以上企业总数128家。华建上城、泓源国际竣工交付使用，入驻中石油宁德分公司等企业10家。宝信城市广场、红星美凯龙家居生活广场、汇盛商贸中心、城南总部经济大厦等城市商贸综合体进展顺利。漳湾8#、9#泊位码头主体工程完工，南阳物流仓储竣工，全市最大的物流仓储三都澳5万吨冷链物流项目投入运行。九都至虎贝红色旅游公路完成投资2.5亿元，沿线桃花溪、天峰院、百丈岩等红色旅游景点配套设施加快建设。三都澳省级地质公园正式开园。上金贝、霍童古镇被评为国家级3A景区；霍童镇入选"全国重点镇"和"中国十佳生态养生旅游名镇"、获"牵手·2014中国最美村镇"人文环境奖；虎贝乡获"中国黄酒文化之乡"和"中国传统蒸笼手工艺传承基地"称号，虎贝乡文峰村入选第三批中国传统村落名录；洪口乡大道头村被评为省级旅游特色村。

项目建设。191个"五大战役"重点行动计划项目完成投资141.86亿元，占年度计划的99.6%；区级重点在建项目67个，完成投资87.6亿元，占年度计划的108%。列入市级在建重点项目和"双百"开工在建项目分别完成投资66.9亿元和52.1亿元。主动对接享受中央苏区县待遇、申报军民融合深度发展试验区政策，第一批谋划生成"军转民""民参军"项目135个，总投资234.7亿元。园区基础设施和落户项目总投资51亿元，累计落户园区项目42个，其中亿元项目12个，完成投资3亿元。组织参加"6·16"等重大招商活动，引进外资项目6个，总投资5.5亿美元，实际利用外资总量居全市第一；引进内资项目36个，总投资151.6亿元。蕉城城乡统筹示范园美丽乡村、中国·三都澳

蕉城区霍童镇外表村露营基地　　（蕉城区政府办供稿）

大黄鱼产业园项目填海造地、保障性住房金涵小区三期和闽东中路等重大项目建设有序推进。

城乡建设。投入资金2000万元改造提升中心城区五大公园，完成南漈进园道路“白改黑”和鹤峰路道路通行改造。完成环城北路续建及环城路西侧改造工程。探索“民办公助”办法，完成学前路、西门路等7条旧街巷改造提升工程及西岭路、西环路等市政道路改造。完成污水管网改造2.75千米。投入900万元完成东湖市场、蕉南市场、霍童集贸市场和金涵琼堂集贸市场升级改造。飞鸾、霍童、洋中、赤溪等4个省市级小城镇综合改革建设试点镇50个建设项目完成投资16亿元。衢宁铁路前期工作基本完成；高速公路沈海复线宁连段完成投资25.8亿元，普通公路建设资金投入1.84亿元；八都至飞鸾城市快速通道，下塘至城澳段，漳湾、金涵、三都等镇镇有干线完成工可编制等前期工作。健全“大城管”机制，创新环卫管理模式，投入1160万元实现蕉南片区环卫保洁服务市场化运作，蕉北、蕉南以及城南（四村一社区）实现一级环卫统一管理，“两违”综合治理网格化全覆盖。完成造林绿化面积2200公顷。八都、赤溪、霍童、洪口、石后等5个乡镇获得“国家级生态乡镇”称号，城南、洋中等7个乡镇通过国家级生态乡镇验收。“千村整治、百村示范”工程和九都贵村、洋中天湖村等21个美丽乡村建设全面推进。

民生保障。31件为民办实事项目有效落实。新增城镇就业3450人、转移农村劳动力就业7006人，城镇登记失业率控制在1.71%。新开工建设保障性住房2328套，基本建成2682套，配租配售836套。完成“造福工程”搬迁2736人、地灾点搬迁90户356人。新建4座、扩建1座“慈善幸福院”。完成城南、漳湾、金涵等6个乡镇饮水安全工程，受益2.23万人。符合发放条件的被征地农民养老保障金标准提高至每人每月200元。实施90周岁以上高龄老人津贴补助，每人每年1200元。从2014年1月开始，每年投入145万元对564名村主干实施养老保险，村级组织运转经费不断提高。

社会事业。以双优成绩通过省级“义务教育发展基本均衡区”和“两项督导”评估验收，通过义务教育均衡发展国家验收，责任督学挂牌督导工作作为全省唯一县（区）列入全国示范区建设。投入1.05亿元，完成蕉城实小、五小扩容项目，蕉城实幼、儿童学园通过省级示范园验收。投入2397万元，推进教育系统“改薄”工程，实现教育“七化”目标。宁德人民医院外科综合楼主体工程通过验收，七都、洋中卫生院业务楼建成投入使用。124个基层医疗单位全面实施“海云工程”。成功举办2014中国·蕉城·霍童溪“天山绿茶”杯山地自行车邀请赛。启动蕉城区综合体育场（馆）建设，分批推进社区综合服务站建设。启动续修《蕉城区志》（1993—2013年）工作。

（巫洪李　许家锦）

福　安　市

【经济社会概况】 2014年，福安市实现地区生产总值335.06亿元，比上年增长11.2%。规模以上工业总产值946.49亿元，增长16.2%；规模以上工业增加值241.66亿元，增长16.1%。农林牧渔业总产值68.63亿元，增长5.7%。固定资产投资（不含农户）209.94亿元，增长28.5%。社会消费品零售总额78.29亿元，增长12.9%。公共财政总收入34.31亿元，增长7.8%，其中地方公共财政收入22.79亿元，增长10.4%。出口总值11.99亿美元，增长26.6%。实际利用外资3913万美元，增长179.5%。城镇居民人均可支配收入25298元，增长9.6%；农民人均可支配收入11777元，增长11.7%。居民消费价格总指数102.0%。城镇登记失业率1.7%。人口自然增长率7.39‰。入选“2014年度福建省县域经济发展十佳”。

工业经济。以鼎信为龙头的不锈钢产业完成产值319.24亿元，增长133.7%，实现千亿产业集群发展规划一期目标暨生产规模居国内不锈钢行业第二位。电机电器、食品加工、冶金铸造、船舶修造四大产业分别完成规模以上产值344亿元、45.38亿元、148.82亿元、63.56亿元。在建制造业企业184家，鼎信镍业二期、鼎信科技、福华轧钢、建福水泥等一批重大产业项目建成投产。新批规模以上工业企业20家；产值超亿元企业138家，鼎信实业、鼎信镍业产值均超百亿元。外贸出口、进出口总量持续位居宁德市第一；新批外资项目2项；新增外贸企业118家，新增出口超500万美元企业34家、出口超千万美元企业24家。新增驰名商标和著名商标各2枚；新增国家高新技术企业2家、省创新型企业3家、省创新型试点企业5家、工程技术研究中心8个、科技特派员创业示范基地3个。市生产力促进中心

福安全景　　（福安市政府办供稿）

和亚南电机、凯捷利、亿都电机、安特洛电机等一批企业获得全国性奖项和荣誉称号，国家级出口电机质量安全示范区创建工作通过考核验收。

项目投资。实施深化“五大战役”重点行动计划项目633个，完成投资288.9亿元。其中，省、宁德市考核在建重点项目42个，完成投资99.31亿元，占年度计划的160.1%；“双百”重点开工在建项目17个，完成投资63.28亿元，占年度计划的182.6%。“6·16”“9·8”“长三角”招商签约项目11个，总投资258.4亿元。其中：内资项目7个，总投资236.04亿元；外资项目4个，总投资3.65亿美元。电网建设投资4.13亿元，110kV铁湖变电站等222个项目建成投入营运。赛岐北部新区路网、柳堤污水处理厂等项目采用BT、BOT融资建设，成功发行城投债10亿元。白马港铁路支线、福寿高速福安段、沈海复线高速福安至柘荣段等重点工程顺利推进，沈海复线高速福安至漳湾段动工建设。

农业农村。被列为国家级“现代渔业生产发展项目县”“新增小型农田水利重点县”，被评为“全国十大生态产茶县”，连续六年蝉联“全国十大重点产茶县”称号。兑现种粮农民农资综合补贴1923.03万元。稳定粮食作物播种面积2.13万公顷，粮食产量9.96万吨。建立2个千亩高优农业园、3个标准化茶庄园、4个特色产业示范基地、23个山地农业综合开发示范点。4家企业入选“2014年度中国茶叶行业综合实力百强企业”，2家企业被评为省生态文化示范企业。“工夫红茶”在渤海商品交易所挂牌，“坦洋工夫”红茶成为2015年意大利米兰世博会全球合作伙伴，是中国馆唯一指定用茶。福安葡萄、穆阳水蜜桃、苏阳杨梅等特色农产品入选中国名优特新农产品目录；晚熟巨峰葡萄、溪塔刺葡萄、特晚熟龙眼、穆阳线面获全国优质金奖；溪潭超甜杂柑获全省柑橘评比优质奖；“福安芙蓉李”“福安刺葡萄”获农业部农产品地理标志认证。全国绿色食品原料(茶叶)标准化生产基地通过验收；市水蜜桃协会获全国科普惠农兴村计划先进单位。完成农村道路安保提升工程150千米，农村客车新增29辆、更新42辆，建制村客车通车率96%。建成一批渡改桥、水利设施、饮水安全等民生工程。启动美丽乡村建设试点村52个，完成象环等15个村庄整治规划编制，坦洋、南岩、棠溪、楼下、溪塔、廉村等一批村庄入选全国、全省“美丽乡村”特色乡村名录。创建国家级生态乡镇2个，省级森林城市、省级生态市通过验收；完成造林绿化853.33公顷。

现代服务业。编制实施《福安市城市商业网点规划》，“珍华堂”研发中心、新华都购物广场、白云山酒店等项目建成营运或部分营运，升级改造农贸市场2个。白马港口岸联检中心动工建设，鼎信6#7#泊位建成营运；白马港与赛岐港年货物总吞吐量1871万吨。被列为省首批电子商务示范县(市、区)，成立宁德市首个电子商务协会。新坦洋茶业(集团)建成中国红茶网，入驻红茶企业360多家。白云山景区被评为国家4A级旅游景区，通过宁德世界地质公园中期评估。十景旅行社获批4A级旅行社；全年国内旅游人数145万人次，其中白云山景区接待游客11.8万人次。

城乡建设。城市新区(溪北洋组团)加快建设，“三馆合一”、福安一中新校、溪北洋安置房、中建融和商务中心等项目建成主体或部分封顶，医疗保健器材园区部分企业建成投产，中建中央公园项目开盘预售，洋中西路、洋中东路、马山路等建成投入使用，五福大道完成主体工程。富春溪西岸新城加快拓展，富春大道与坂中大桥实现回环闭合，中宝富春江南、秦阳小区等小区投入使用或部分建成。天马大道、学院路一期、阳头环岛绿道景观工程二期、溪口景观坝和东湖公园、富春溪湿地公园二期、龟湖沿岸等一批城镇道路、绿化景观、夜景工程建成投入使用。柏柱洋红色旅游公路、吴洋大桥、湖塘大桥建成通车，下白石和顶头两个陆岛交通码头完成主体工程；开通营运城区至溪北洋、铁湖工业园区、廉村公交线路和至鼎信工业园区客运线。城东水厂并网供水，湾坞引水工程、穆阳自来水厂扩建完成，赛岐污水处理厂建成运行。赛岐被列为“小城市”培育试点，建成宁德市首个乡镇保障性住房项目泰安小区。

民生保障。全年公共财政民生支出19.44亿元。108个民生工程项目完成投资13.70亿元，34个为民办实事项目基本完成。新开工建设保障性住房2960套，续建2410套，基本建成1309套，配租配售953套。造福工程830户3149人全部搬入新居，新建“船民安居工程”集中安置点4个，安置306户1391人；下白石镇下岐新村、溪尾镇景盛塘新村被列为省级造福工程示范点。新增就业及下岗失业人员再就业8159人、农村劳动力转移就业6000人。兑现计生家庭奖励、大学生自主创业补贴576.49万元，发放计生户小额贴息贷款2282.2万元，发放扶贫小额信贷资金6783万元，扶持微型项目80个。在宁德市率先将基础养老金最低标准提高到85元，60岁以上被征地农民月养老金提高到200元。实施低保、“五保”、高龄补贴扩面提标。阳泉社区“颐帮园”成为全省唯一的社区民办非企业养老福利机构。

社会事业。全国“义务教育发展基本均衡市”通过国家督导评估，实小教育集团获“全国教育系统先进集体”。六大卫生项目完成投资2696万元，“海云工程”建成50个村，基本完成村卫生所标准化改造或新建189个，市紧急医疗救援指挥中心和“120”指挥调度中心正式成立，乡村医生养老保险工作、医疗信息化项目、“掌上医院”启动实施；市医院等3家医院列入县级公立医院改革试点，实行药品零差率销售。殡改火化率100%，计生政策符合率88.42%。推进农村土地承包经营权确权登记颁证试点工作。城市社区年工作经费提高到5万元，村居(社区)主干月补贴增加100元。

行政服务。市行政服务中心完成1100平方米的扩容建设，公共资源交易中心建成投入运行。成立中小企业服务中心，便民服务中心或代办点实现镇村全覆盖。有效对接宁德市下放、委托的80项行政审批事项，41家入驻单位集中审批和公共服务事项595项，即办率82.9%。设立并高效运作应急保障金，为企业转贷提供临时性资金支持。为89家企业办理厂房登记手续171件、办证面积66.55

万平方米，办理抵押权设立登记106件、产权抵押金额21.47亿元。

（谢令健　赵秋华）

福鼎市

【经济社会概况】 2014年，福鼎市实现地区生产总值282.47亿元，比上年增长11.5%。财政总收入25.3亿元，增长8.6%，其中地方级财政收入18.6亿元，增长8.2%。农林牧渔业总产值65.03亿元，增长6.1%。规模以上工业总产值741.90亿元，增长15.8%。社会消费品零售总额74.08亿元，增长10.6%。全社会固定资产投资218.65亿元，增长21%。出口总值4.4亿美元，增长40.4%。实际利用外资（验资口径）1063万美元，增长51.2%。城镇居民人均可支配收入25378元，增长9.2%；农民人均可支配收入11511元，增长11.2%。全市金融机构年末存款余额183.1亿元，增长13.7%；贷款余额359.1亿元，增长16.3%。居民消费价格指数控制在102.2%。连续4年获全省县域经济发展"十佳"县（市）称号。

现代农业。完成粮食作物播种面积1.69万公顷，总产量8.3万吨。新增农业产业化龙头企业28家，"绿雪芽""六妙"茶叶和"九洋"海产品等涉农品牌获评中国驰名商标。太姥山镇、店下镇两个千亩高优农业示范园区加快发展，设施农业大棚面积333.33公顷；建立水稻生产全程机械化示范片133.33公顷，推广面积333.33公顷。新增农民专业合作社115家，带动农户约3万户，枫林花卉、渔丰水产获评国家级农民专业合作社示范社。休闲观光农业带动从业人员6000多人。新建生态茶园示范基地32个，茶叶总产量1.9万吨、产值28亿元，分别增长14.3%和12%；成立福鼎白茶院士工作站，"福鼎白茶"连续5年位列中国茶叶区域公用品牌价值十强并获省"十佳地理标志商标"。海鸥公司获评省海洋产业十佳龙头企业；闽威公司在上海股交中心E板正式挂牌，成为福建省首家在该板成功挂牌的民营企业。

工业经济。争取上级补助资金4000多万元用于企业减负、上市、入园发展和品牌创新；新增规模以上企业20家、产值亿元以上企业12家。宁德核电站2号机组正式投入商运。举办首届"诚信福鼎金融超市"对接会；推广新型金融产品，完成自主续贷、平移资金21.5亿元；减轻企业转贷过桥负担，帮助53家企业完成应急转贷专项资金4.2亿元。实施回归、承接等招商引资战略，对接"三维"项目，先后组团参加省市组织的各类招商活动；全年签约项目25个，签约总投资145.7亿元，履约率68%，欧力宝汽车部件等10个项目动工建设。

旅游商贸。完成《福鼎市旅游目的地体系规划》评审，太姥山通过世界地质公园中期评估，旅游集散中心完成主体工程建设。成功举办第四届宁德世界地质公园文化旅游节暨第九届太姥山文化旅游节，连续两年跻身中国旅游竞争力百强县。稳步发展商贸流通，新增限额以上商贸企业14家，计有86家。升级改造2个农贸市场，沃尔玛商场正式开业，城乡便民商业网点不断完善。

基础设施建设。开工建设梅澳大道、铁锵大道等环莲峰山半岛市政主干道16.5千米，新建纵一线（象洋至前岐）、杨赤旅游公路（福鼎段）等各类公路74.5千米，动工建设沈海高速复线福鼎贯岭至柘荣段；动工建设东南沿海供水控制性工程，启动东北部军民融合发展引水等项目前期工作。新建赤溪防洪工程，完成吉溪防洪排涝工程建设；除险加固病险水库7座、海堤4.5千米；完成142个农村饮水安全工程，解决5.9万农村人口饮水安全问题。新建、改造城区排水管网12.2千米、供水管网15千米、燃气管网10千米，城区污水配套管网工程加快推进。建成110千伏树兜至杨岐线、城北变电站等输变电工程，新建、改造电网线路267.8千米。加快闽浙边贸产业园建设步伐，完善园区基础配套设施，新增园区面积186.67公顷。

城乡建设。加快城乡总体规划修编，着力提升产城一体化规划建设水平。省级文明城市创建工作取得阶段性成效。百胜、铁锵、海湾新城等新区不断拓展。基本完成太姥大道改造项目（地下人防工程）路面工程并恢复通行，城区背街小巷修复硬化工程加快实施。加强对占道经营、户外广告、出租车营运等监管，巩固正三轮机动车整治成果。公交综合场站建成投入使用。完成桐山溪东岸滨水景观改造工程，水北溪生态公园暨慢道工程加快建设。太姥山、店下、点头和前岐等4个小城镇综合改革建设试点工作加快推进。加快20个美丽乡村建设和20多千米公路铁路沿线环境卫生的整治工作。仙蒲村入选国家级历史文化名村，仙蒲村、巽城村入选中国传统村落。开展"两违"综合治理专项行动，拆除违建面积81万平方米。开展省级生态市创建工作，嵛山镇、硤溪镇获评国家级生态乡镇，潋城、茭阳等35个村获评省级生态村。落实重点流域生态建设项目倾斜补助机制。建成金属表面集中处理中心，取缔一批非法加工窝点；太姥山镇、贯岭镇等污水处理厂投入使用。完成造林绿化2733.33公顷，治理水土流失733.33公顷。主要污染物排放得到有效控制。空气质量长期保持优良。集中式饮用水源水质达标率100%。获首届福建"十大醉美县城"称号。

社会事业。桐城中心幼儿园、实验小学教学楼等12个校安和扩容工程完成建设，福鼎一中综合楼、福鼎九中教学楼等11个教育民生工程有效推进，新增城区学位2120个；培训师资队伍，提升教育管理水平，通过"全国义务教育基本均衡市"国家级评估验收。启动县级公立医院综合改革，全面实行药品零差率销售；深化基层医疗卫生机构综合改革，"海云工程"新增覆盖点59个。通过"全国先进文化县（市）"复查；举办"三月三"畲族文化节，越剧《赞双卿》获第三届中国越剧节二等奖。持续关注公民思想道德风尚培育，为海岛供电事业默默奉献的市民丁国龙入选"中国好人榜"。继续完善十大利益导向机制，持续稳定适度低生育水平。

民生保障。扎实开展社会保险提标扩面工作，新农合和城镇居民基本医疗保险政府补助标准提高至人均每年320元，城乡居民基本养老保险基础性养老金发放标准提高至每月85元，农村“五保”户赡养标准提高至每月488元；城市低保标准提高至每月420元，农村低保标准提高至每月175元。建立高龄老人生活津贴制度，90周岁以上老年人每月发放100元，百岁老人每月发放200元。村(居)主干的市级财政补贴提高至每月1100元。全年发放各类社会保障资金6.8亿元。建成6所农村敬老院、5处农村“五保”幸福园和30个社区居家养老服务站。建设各类保障房1278套。城镇新增就业人员6857人，农村劳动力转移培训2403人，扶持大学生创业项目50个，城镇登记失业率1.5%。开展扶残助残、社会福利、双拥优抚、慈善扶贫、捐资助学等活动，发放各类资金约1亿元，惠及5万多人。治理“餐桌污染”，建设“食品放心工程”等35件为民办实事有序推进。推进精准扶贫，扶持后坪、三佛塔等20个扶贫开发重点村，2.2万贫困人口纳入全国扶贫信息网络系统管理。建成350个避灾点，完成造福工程危房改造943户。实施土地整理开发、旧村复垦933.33公顷，农村土地承包经营权流转总面积3866.67公顷。坚持村级公益事业“一事一议”财政奖补机制，发放资金2410万元，补助117个建设项目。

【福建省首家古生物化石园落户福鼎市】 2014年3月29日，福建省首家以史前生态为主题、种类最为齐全的古生物化石园落户福鼎市太姥山世界地质公园。2012年古生物化石园动工，2014年3月初完成建设，占地2000平方米，投资1700多万元。古生物化石园展出包括众多国宝级珍贵化石在内的300件实物展品，其中6件世界之最，6件世界第一。化石园系统再现地球最初的微生物生态形成的各个地质时代生物的出现、演化、消亡和遗存的状态，并为参观者提供精彩的5D电影。

【宁德核电机组投入商业运行】 2014年4月29日，宁德核电站1号机组完成首次换料大修后并网发电。5月4日，2号机组经168小时试运行试验考核、福建省电力公司确认合格后投入商业运行，成为中国大陆第19台、福建省第2台在运核电机组。同日，3号机组开始冷态功能试验。

(董其勇)

霞浦县

【经济社会概况】 2014年，霞浦县实现地区生产总值166.27亿元，比上年增长10.1%。公共财政总收入10.91亿元，增长15.1%，其中地方公共财政收入8.7亿元，增长17.1%。社会消费品零售总额61.07亿元，增长10.7%。城镇居民人均可支配收入23886元，增长8.7%；农民人均可支配收入11342元，增长12.2%。获“国家计划生育优质服务先进县”“省级园林县城”“省级生态县”等称号，通过“中国海带之乡”“中国紫菜之乡”称号复审和“省级文明县城”验收。

农业经济。农林牧渔业总产值88.51亿元，增长6.2%。建设高标准基本农田933.33公顷，新增高效设施农业193.33公顷、生态茶园666.67公顷，发展林下经济2733.33公顷。完成除险加固水库3座、海堤7条，实施中小河流治理重点县项目6个和小型农田水利重点县项目3个。5家农民专业合作社入选省级以上示范社。农村土地承包经营权确权登记颁证试点工作扎实推进，流转土地3200公顷。起草首个市级技术规范《宁德市海带养殖技术规范》，完成10个现代渔业生产发展项目建设，霞浦海参、大黄鱼分别在海峡联合商品交易中心、舟山大宗商品交易所挂牌。启动“霞浦海参”“霞浦沙江牡蛎”中国地理标志证明商标申报工作；新增省著名商标4个，创成“霞浦海带”中国驰名商标，实现霞浦县驰名商标零的突破。

工业经济。规模以上工业总产值123.09亿元，增长6.2%；规模以上工业增加值26.02亿元，增长5.4%。新增工业固定资产投资27亿元；实施省市重点技改项目14个，完成投资4.2亿元。华威3A牌自动调节油温滤清器获批国家专利，新增税收超千万元企业2家。建立4000万元工贸企业应急保障资金池。5个工业园区(集中区)完成基础设施投资1.9亿元，29家企业开工建设、12家企业竣工投产，霞浦经济开发区创成省级经济开发区。

第三产业。全年接待游客191.6万人次；旅游总收入14.3亿元，增长20.2%。举办“我心中的那片海”——第三届“海洋杯”中国·霞浦国际摄影大赛，获“全国摄影创作基地”称号。签约引进海西(三农)国际博览城、中国小商品城等项目，双子铂金广场建成开业，“霞浦特产网”电子商务平台开通运行。霞浦刺桐红村镇银行正式营业；在全市率先开展小额担保贷款信用社区试点工作，推出海域使用权抵押、船舶抵押、海参仓单质押等金融业务。金融机构年末贷款余额104.7亿元，首次突破百亿大关，增长17.8%。外贸出口总额2.48亿美元，增长83.7%。霞浦畲族风情园主体落成，霞浦盆景园、善钰根艺公司列入福建省文化产业示范基地。

项目建设。185个“五大战役”行动计划在建项目完成年度投资计划的86.7%，30个省市在建重点项目完成年度投资计划的163%，12个市“双百”在建项目完成年度投资计划的164%。投入交通建设资金3.9亿元，溪南东安、海岛北礵等陆岛交通码头基本竣工。投入电网建设资金1.2亿元，110千伏陇头输变电、35千伏小沙—盐田线路等工程竣工投产。全年签约“三维”项目67个，总投资255.8亿元；实际利用外资1002万美元，增长43.1%。全年报批建设用地86.47公顷，审批林地75.67公顷。

城乡发展。完成12个乡镇总体规划、172个行政村村庄规划编制。城建项目完成投资2.1亿元，县9个文化设施综合体、周家亭桥、后港大桥、公交首末站等一批市政设施建成使用；新增建成区绿地面积36公顷、绿道8.4千米，改造提升老城区公交简易站点65个，新建智能化公交候车亭67个。牙城、三沙等5个试点小城镇建设全年完成投资14亿元；16个“美丽乡村”、18个新农村示范村建设投入1.12亿元。开展“两违”“两乱”综合治理，拆除违建68.3万平方米，治理乱滥建坟墓1834座、寺庙12座。解决7.25万农村居民饮水安全问题，提前一年完成农村饮水安全工程。新增造林绿化面积 2653.33 公顷，治理水土流失 300 公顷，清理海上违规养殖 38.67 公顷。完成城区污水处理厂二期工程建设，牙城镇污水处理厂建成投入使用。6 个乡镇获国家级生态乡镇称号。

民生保障。全年民生投入 19.07 亿元，占财政总支出的 83.9%；20 个为民办实事项目有序推进。拨付社会保障和就业资金 2.4 亿元。新增城镇就业 4900 多人，转移农村劳动力 5900 多人。福乐家园、社会福利中心主体完工，成立霞浦县慈善总会。建设各类保障房 154 套。争取省级扶贫开发资金 2.19 亿元，实施项目 35 个；完成“造福工程”搬迁 1000 户 3501 人、地质灾害点搬迁 172 户 701 人。

社会事业。获得国家授权专利 62 件。完成义务教育标准化学校建设，一小教学楼、六中综合楼、一幼新园等一批项目建成使用；霞浦一中创成省一级达标高中，一中图书馆被评为“全国最美基层图书馆”；高考本科上线率比上年提高 5.51 个百分点。文体事业持续推进，溪南白露坑村入选“中国少数民族特色村寨”，半月里村获评“中国历史文化名村”，霞浦畲族婚俗入选第四批国家级非物质文化遗产保护名录，水门半岭观音亭寨列入国家文物保护单位；举办 2014 年全国群众登山健身大会暨第五届三沙(中国)山地越野马拉松赛、海峡两岸四地四礵列岛矶钓赛等全国性赛事，霞浦籍运动员王庆铃在韩国仁川亚运会上夺得女子田径七项全能亚军。医疗服务体系逐步提升，县疾控中心检验楼主体完工，县新医院二期、县精神病院启动建设，县级公立医院综合改革顺利推进，全面推行基层医疗卫生机构实施基本药物制度。新农合基本实现全覆盖，参保率 98%以上，累计补助基金 1.56 亿元，受益群众 33.1 万人次。

（陈燕祥）

寿宁县

【经济社会概况】 2014 年，寿宁县实现地区生产总值 63.66 亿元，比上年增长 10.6%。规模以上工业总产值 107.29 亿元，增长 14.9%；规模以上工业增加值 18.59 亿元，增长 14.8%。全社会固定资产投资 54.88 亿元，增长 32.4%。财政总收入 5.24 亿元，增长 15.6%，其中地方级公共财政收入 3.76 亿元，增长 26.7%。社会消费品零售总额 17.62 亿元，增长 10.7%。实际利用外资 505 万美元，增长 26.3%。外贸出口 3124 万美元，增长 26.8%。城镇居民人均可支配收入 18756 元，增长 8.4%；农民人均可支配收入 9895 元，增长 11.2%。

农业经济。粮食总产量稳定在 6.4 万吨。实施旧村复垦 100 公顷，补充耕地 106.67 公顷。建设高标准基本农田 733.33 公顷，改造中低产田 833.33 公顷。围绕发展生态硒锌产业，建设基地 8 个、培育企业 5 家、注册商标 6 个、包装产品 32 个。茶叶产量 1.37 万吨、产值 8.42 亿元。“寿宁高山茶”获农业部农产品地理标志登记保护，蝉联“全国重点产茶县”。省市级农业产业化龙头企业 17 家。省级农民创业示范基地、市级千亩高优农业示范园和张天福有机茶、御榛油茶、川久农业等一批示范基地初具规模，带动晚熟葡萄、红花油茶、紫玉淮山等特色种养业稳定发展，新增设施农业 133.33 公顷。农民专业合作社新增 52 家，计 201 家。

工业经济。三祥科技园完成投资 2000 多万元，平整用地 6.67 公顷。南阳工业园区日处理 5000 吨污水处理厂投入试运行。际武工业集中区空间不断拓展，基础设施建设加快，实现 7 家企业投产、10 家企业在建，完成工业产值 16.5 亿元。农副产品加工区完成征地 44 公顷，引进企业 2 家。大韩有机食品产业园完成一期控规第二轮修订，与世界 500 强企业韩国 SK 集团合资开发的大韩矿泉水项目拟进入探矿权招拍挂程序。全年对接“三维”项目 42 个，总投资 52.8 亿元，投产 14 个、在建 23 个，开工率 88%。

第三产业。全年接待游客 74.9 万人次，实现旅游综合收入 5.47 亿元。西浦景区创建国家 3A 级景区通过省级验收。杨梅州和南山景区创建省级地质公园通过省级评审。闽台田园生态农业旅游开发项目、鸾峰桥文化公园开工建设。全县限额以上商贸企业新增 9 家，计 15 家。金融机构各项存款余额 46.4 亿元、贷款余额 29.8 亿元。

项目建设。福寿高速公路完成年度投资 18.73 亿元，完成总工程量的 80%。寿政公路建成路基 44.8 千米、路面 23.51 千米。双湖二级公路斜滩接线口完成改造。下党通乡公路改造基本完成。农村公路安保提升工程、危桥改造完成年度建设任务。1000KV 浙北—福州输变电线路(寿宁段)竣工，220KV 黄眉山输变电、110KV 犀溪输变电工程完成建设，67

2012 年 9 月福寿高速开工建设。图为建设中的福寿高速公路寿宁段

（寿宁县政府办供稿）

个配网升级改造项目投入使用，35KV电网基本实现互联。全国小农水重点县建设项目完成投资2347万元，新增节水灌溉面积80公顷。惠及农村1.01万人的饮水安全工程基本完成。修复水利水毁工程62处，除险加固水库9座；小托水库风景区被评为“省级水利风景区”。

城乡建设。南阳省级试点小城镇完成投资2.2亿元，60米宽南阳大道完成路基铺设，40米宽渔溪大道完成路面硬化和管网布设，新安小区完成土石方工程80万立方米，地标性建筑文化综合体开工建设，新城区自来水工程完成大坝80%工程量和部分管网布设，污水处理厂投入试运行，垃圾转运站投入使用；南阳公交、环卫纳入县城一体化管理；福寿高速寿宁互通至城关道路全线动工；县城东区出口路段、鳌虹路至解放街尾人行道、二级路口至解放街尾公路、县城排水管网完成改造；蟾溪滨水木栈道动工建设。东吉洋、下屏峰、院洋等11个美丽乡村和西浦、花岭、洋墩等新农村示范村展现新貌，下党村入选第三批中国传统村落名录，大韩村获评“福建最美乡村”。综合治理水土流失2853.33公顷。完成造林更新1880公顷。建设生物防火林带866.67公顷，位居全省第一。全县森林覆盖率70.46%。9个乡镇创建国家级生态乡镇通过验收。

社会事业。全年高考上本科线人数977人，南阳“三校联动”完成搬迁，东区幼儿园、芹洋小学新校区、寿宁六中综合楼投入使用，茗溪小学新校区动工建设，寿宁一中二期工程完成图书馆、诚信桥和部分围墙建设；507间普通教室完成多媒体教学设备安装，全县中小学基本实现“班班通”；职业技术学校挂牌宁德职业技术学院分院。县级公立医院综合改革扎实推进，基本药物零差率改革全面实施；县医院在2014年全市公立医院评价中位居二级综合性医院第二名；县中医院、疾控中心、卫生监督所业务用房得到改善；建成乡村医生“海云工程”项目点71个。寿宁县活动中心综合楼投入使用；成立寿宁县传统文化研究会，举办“中国·寿宁冯梦龙文化高峰论坛”，建成冯梦龙纪念馆和8个文化信息共享工程服务点；改制北路戏剧团，组建北路戏保护传承中心；有线电视联网行政村实现广播“三级联播联控”；斜滩镇被评为省级宣传文化示范乡镇；梦龙陶艺创作人吴祖清入选“省首届技能大师”。2项科技成果分获省科技进步奖和专利奖，省级新材料科技创新服务平台开工建设。计划生育政策符合率89.64%，人口自然增长率7.09‰。

民生事业。扶贫攻坚工作加快开展，3088人实现脱贫。城镇新增就业1109人，下岗失业人员再就业515人，农村劳动力转移就业2675人，城镇登记失业率控制在1.48%。基本养老保险、医疗保险制度覆盖城乡，城镇基本社保综合增长率2.1%；全年发放城乡居民社会养老保险金2760万元；企业、事业单位退休人员人均分别月增养老金183元、201元。“新农合”参合率99.96%，人均筹资水平提高到390元；全年补偿医疗费7549万元，发放城乡医疗救助金349万元。城镇、农村低保金人均每月分别提高至209元、127元，全年发放低保金和“五保”金2925万元。失业、工伤、生育保险提标扩面，支出基金354万元。新建续建各类保障性住房301套(户)，新增发放住房租赁补贴30户。完成造福工程危房改造810户，惠及群众3790人。发放下岗失业人员小额担保贷款108万元、妇女创业贴息贷款238万元、巾帼扶贫小额贷款1026万元。新建“五保幸福园”5个、敬老院3所。建立低收入家庭老年人高龄补贴制度，2014年10月开始为全县符合条件老人发放高龄津贴。（黄　斌）

周宁县

【经济社会概况】 2014年，周宁县实现地区生产总值45.04亿元，比上年增长10.6%。财政总收入4.57亿元，增长15.1%，其中地方级财政收入3.11亿元，增长13.1%。全社会固定资产投资40.10亿元，增长32.5%。实际利用外资620万美元，增长52.0%。外贸出口总值859万美元，增长47.9%。城镇居民人均可支配收入21163元，增长8.5%，农民人均可支配收入10554元，增长11.3%。金融机构存款余额39.9亿元，增长14.0%；贷款余额19.1亿元，增长14.7%。

项目建设。投入32.1亿元实施省市县重点项目58个，竣工22个。签约内资项目10个，总投资49.8亿元；外资项目5个，总投资3.5亿美元。策划生成重大项目94个，总投资305亿元；军民深度融合项目88个(含交叉)，总投资304.7亿元；其中，综合物流园、虎岗工业园区等15个项目列入2014—2018年省重大投资项目库，民政社会福利中心等7个项目列入省首批鼓励PPP模式建设名录。

农业经济。农林牧渔业总产值14.35亿元，增长5.8%。干毛茶产量9550吨、产值3.35亿元，商品茶总值7.5亿元；建成标准化生态茶园140公顷，清洁化改造茶叶初制厂9家；获2014年度“全国重点产茶县”称号，浦源生态茶叶基地被确认为全省第六个张天福有机茶示范基地。垦复毛竹333.33公顷，建成2个毛竹丰产示范基地。发展晚熟葡萄等设施农业133.33公顷，林下养鸡30万只，淡水养殖1400公顷。新增农民专业合作社138家、家庭农场29家、市级农业产业化龙头企业1家、省市级农民专业合作示范社5家；“弘旺”“桃花源”被评为国家级农民专业合作示范社，“兴旺”被评为省级家庭农场。“绿立”获评省著名商标。纯池镇成立全市首家土地信托流转专业合作社。

工业经济。工业总产值86.6亿元，增长15.0%；规模以上工业总产值77.92亿元，增长15.3%，规模以上工业增加值14.7亿元，增长15.3%。“两园一走廊”(李墩工业集中区、虎岗工业园区和七步工业走廊)产业布局基本形成。李墩工业集中区落户山海协作项目5个，总投资2.3亿元；“维鹰”获评省著名商标。虎岗工业园区建设持续推进。七步工业走廊祥全35万吨轧钢技改项目投产，新增产值13亿元，创税2500多万元。

第三产业。全年接待游客61.7万人次，增长23%；旅游综合收入3.1亿元。九龙漈国家级风景名胜区、陈峭国家AAA级旅游景区经专家组实地考评待批复;“九龙漈·鲤鱼溪”作为宁德世界地质公园第四核心景区,开园筹备工作进展有序。鲤鱼溪、九龙漈景区实施提升项目10个,11个自驾游点建设有序推进,禾溪古村落、溪口生态漂流等基本成型;投入1.7亿元,建设云山小镇、谷风文化创意园、九龙星村和德威·阳光酒店、月牙湾酒店。新申报限额以上贸易企业4家,新增个体工商户875户。商品房销售面积3.72万平方米。社会消费品零售总额12.85亿元,增长9.1%。

城乡建设。投入5亿多元,推进综合物流园一期、“四园一体”、党校新校区、桥南商贸中心、洋庄城市综合体、龙腾湖休闲中心等城建项目12个。建成龙潭大道、虎岗东路,新建候车亭30个、绿道和绿色景观带27千米;完成东洋溪城区段清水工程,扩容改造县污水处理厂、深洋制水厂,铺设排污管网6千米、供水管网10千米。国家级生态县创建工作有序推进,绿化造林580公顷,礼门、玛坑、泗桥获国家级生态乡镇命名;获评“省级园林县城”,第十二届市级文明县城通过总评。七步、浦源实施小城镇建设项目37个,建设吴山底等10个美丽乡村。“两违”专项治理拆除违建面积17万平方米,整治乱建坟墓1085座。投入1.5亿元,完成冬春修水利工程、2座水库除险加固、3个乡镇“小农水”项目,启动4个乡镇防洪清淤工程。总投资7100多万元、惠及农村15万人饮水安全工程全面竣工。

扶贫开发。4个省市挂钩扶贫乡镇建成产业基地8个133.33公顷;实施省属企业挂点村、第四轮省市整村推进扶贫开发重点村的产业及基础设施项目93个,帮助2200人脱贫。财政奖补1100多万元,建成“一事一议”项目87个。投入1300多万元,完成“造福工程”危房改造680户2934人,建设省市级安置示范点5个。村级办公经费和离任村干定补标准提高。移民后扶政策有效落实,“柯建桥”复建动工。

基础设施。投入1.8亿元,推进高速连接线拓建和纵三线一期、七礼线李墩至礼门段建设,实施农村公路提升工程22条52千米。抽水蓄能电站项目列入中央支持福建科学发展跨越发展项目,推进项目可行性研究及其他专题报告编制。浙北至福州1000千伏特高压工程周宁段、宁德至南平陈田500千伏第二回线路周宁段竣工;完成220千伏金钟变、110千伏李墩变、110千伏金钟至登科变线路等电网建设前期工作;投入3800多万元,建成35千伏纯池变、35千伏登科至川中第二回线路,实施110千伏七步变、35千伏玛坑变和泗桥变工程。

社会事业。发放创业小额担保贷款贴息472万元,新增就业1198人。“新农合”补偿5600多万元。发放城乡居民基础养老金2100多万元,低保、医疗救助、慈善帮扶、助学贷款等资金3900多万元。免费实施白内障复明手术140例。续建保障性住房350套、公开配租配售458套,改造棚户区40户。完成民政社会福利中心两栋大楼主体工程,新建“五保”户幸福园(慈善幸福院)5所。实施教育提升项目16个,一中新校区投入使用,实幼通过省级示范园验收。完成第一次全国可移动文物普查登记、第三次全国经济普查主体任务。完成2500户有线电视“模·数”转换工程。玛坑乡获评省级宣传思想文化工作示范乡镇。周宁县运动员在全国青年举重锦标赛、十五届省运会和七届省残运会等赛事上获金牌4枚。投入1700多万元,完成妇幼保健院迁建项目(一期)主体工程及部分乡镇卫生院、村卫生所建设;县医院开展“120”院前急救,“海云工程”覆盖70个行政村。适度低生育水平保持稳定,人口自然增长率控制在8‰以内。9个乡镇均获市“平安先行乡镇”称号。 (李丽玉)

柘荣县

【经济社会概况】 2014年,柘荣县实现地区生产总值45.5亿元,比上年增长8.6%。公共财政总收入3.97亿元,增长11.4%,其中地方公共财政收入2.6亿元,增长18.9%。首次跻身全省县域经济发展“十佳”县。

工业经济。规模以上工业总产值72.6亿元、增加值14.16亿元。拥有年产值亿元以上企业11家、年纳税千万元以上企业5家。规模以上药业及关联企业12家,实现产值13.5亿元,完成税收7556万元;广生堂上市进入招股说明书预披露阶段,中食北山、海诚药业等生产线试生产。传统产业持续提升,实施技改项目10个、完成投资1.89亿元;荣兴特钢环保设施逐步完善;刀剪行业新材料、新技术运用取得新进展,金剑剪具和祥业刀剪被评为“中国五金行业最佳贡献奖”。出口总值1177万美元,增长61%;实际利用外资303万美元,增长49.3%。新增省著名商标3枚、市知名商标2枚。

农业经济。农林牧渔业总产值12.4亿元,增长5.1%。农民人均可

美丽乡村——上黄柏村 (柘荣县政府办供稿)

支配收入10292元，增长10.7%。粮食总产量稳定在3.6万吨。建立山地农业种养基地8个、中药材(标准化)生产专业村10个、千亩高优生态茶园6个；中药材种植面积3233.33公顷，其中太子参面积2906.67公顷；茶园面积2893.33公顷，其中高优新良种茶面积1066.67公顷；油茶面积6980公顷，其中红花油茶面积80公顷。启动实施太子参种业创新与产业化工程，举办首届中国·柘荣太子参产业发展论坛暨订货会；形成太子参、金线莲、铁皮石斛、重楼等一批特色林下种植基地。新增市级以上农业产业化龙头企业2家、农民专业合作社5家、山地农业示范点3个。

第三产业。社会消费品零售总额9.46亿元，增长6.4%；居民消费价格指数101.5%。全年旅游人数突破80万人次，增长18.6%；旅游总收入5.3亿元，增长24.2%。东狮山旅游景区基础设施进一步完善，鸳鸯草场片区开发有序铺开；九龙井获评国家AAA级旅游景区，青岚湖获批省级水利风景区，石山村被列入福建省首批乡村旅游特色村。城镇人均可支配收入19871元，增长8.3%。举办第二届中国·柘荣养生文化(道德修为)论坛，获评中国十佳生态养生旅游福地。获2014—2016年度“中国民间文化艺术之乡”称号。马仙信俗被列为国家级非物质文化遗产代表性项目名录。

项目建设。全社会固定资产投资48.64亿元，增长31.6%。108个重点项目完成投资26.7亿元，其中41个项目实现竣工或部分竣工。22个省、市重点项目和15个市“双百”项目分别完成投资14.3亿元、10.6亿元。招商引资对接项目25个，其中：内资项目19个、总投资36.1亿元，外资项目6个、总投资2.62亿美元；19个项目实现开工建设，履约落地率100%，开工率76%。各金融机构发放贷款22.1亿元，增长7.3%；刺桐红村镇银行开业运营。核定旧村复垦项目面积29.24公顷，报批建设用地22.1公顷，审批林地25.88公顷。

城乡建设。拆除违法占地和违法建筑面积13.45万平方米，治理乱滥建坟墓265座、寺庙2座。建设河滨西路、屿北路等市政道路，新建改造城区主干道3.5万平方米、铺设雨污管网4.1千米。沈海复线高速公路柘荣段及互通口至城关连接线、城区防洪工程、溪门里水库供水工程等重大项目建设有序推进。除险加固5座小(二)型水库，修复小型水利230多处，改善恢复灌溉面积1266.67公顷。启动“镇镇有干线”项目建设，完成道路安保工程36千米，新建农村公路21.6千米。220KV变电站建成运行。新增造林绿化面积586.67公顷，治理水土流失266.67公顷，乡镇污水处理设施投入试运行，国家生态县创建通过环保部技术评估。

民生事业。实施城郊中心校等中小学改扩建和机关幼儿园、双城中心园迁建项目，县一中创成省一级达标高中，高考本科上线万人比为全省平均水平的2.5倍，中考综合比率位居全市第一，通过国家三类城市语言文字工作评估。被列入全省第二批人才强县试点县。扎实推进县级公立医院综合改革，全面实施基本药物零差率销售；完成县医院、村卫生所信息化系统建设和中医院功能改造，建成15个“海云工程”试点。新增城镇就业、农村劳动力转移就业和下岗失业人员再就业2329人，城镇登记失业率控制在1.59%。被征地农民养老保障工作全面启动。落实重点扶贫项目101个、政策性帮扶资金1.8亿元。扶贫开发重点村、美丽乡村、新农村样板村建设实施项目138个，完成投资1.3亿元。完成造福工程和危房改造250户，惠及1039人，搬迁地质灾害点群众82户266人；新开工保障性住房152套(户)。

【马仙信俗被列为国家非遗项目名录】 2014年11月，马仙信俗被列为国家级非物质文化遗产代表性项目名录。马仙是福建三大女神之一，在闽浙赣、台港粤及东南亚拥有广大信众。马仙信俗自宋朝传入柘荣后，在传承中积累丰富的文化积淀，成为弘扬孝德精神的载体及民众祈祷健康平安的精神寄托。柘荣作为马仙信俗发祥地，素有“马仙之都”美誉。境内太姥山脉主峰东狮山被誉为“仙山”，是闽浙信众朝拜马仙的圣山、马仙信俗的重要道场。每年七月初七起民间举办马仙巡游仪俗，由接仙、献祭、游境、醮仪、送仙五部分组成，期间穿插丰富多彩的民间文艺活动，前后历时一个月，吸引当地及闽浙信众数万人参与。

【石山洋千亩高优农业示范园】 至2014年底，石山洋千亩高优农业示范园区引进4家企业和1家农民专业合作社，累计投入资金5810万元，流转土地70公顷，搭建设施大棚42.67公顷，完成展示馆、农业气象观测站、智能温控大棚、休闲鱼塘以及园区主干道路网、防洪堤等基础设施建设，发展葡萄、猕猴桃、铁皮石斛、鄂西红豆等

东狮胜境·马仙雕像　　(柘荣县政府办供稿)

高优经济作物60公顷，淡水养殖超6.67公顷，吸收周边260多名群众就业，人均增收1200元左右。2012年按照环石山洋生态旅游规划，石山洋千亩高优农业示范园区项目启动，致力打造集生态、养生、观光、旅游为一体的生态休闲观光现代农业园区。项目分为休闲观光区、采摘种植区、综合服务区、示范大棚区等四大功能区，主要从事名优葡萄、猕猴桃、铁皮石斛、鄂西红豆树等设施栽培以及水蜜桃、淡水养殖、名贵药材等种植养殖示范推广。

【220千伏柳城变电站投入试运行】 2014年1月，220千伏柳城变电站投入试运行。220千伏柳城变电站是国网公司220千伏标准化配送式智能变电站在福建省网的试点工程，是柘荣县首座高等级变电站。2012年4月动工建设，全线采用单、双回路混合架设，线路总长度35.05千米，核心投资及配套线路工程投资3.5亿元左右。

（林宗泽）

古田县

【经济社会概况】 2014年，古田县实现地区生产总值139.83亿元，比上年增长10.3%。公共财政总收入9.8亿元，增长10.2%，其中地方公共财政收入7.1亿元，增长11.3%。全社会固定资产投资67.25亿元，增长35.1%。外贸出口1.1亿美元，增长45.2%。实际利用外资501万美元。社会消费品零售总额46.67亿元，增长12.7%。城镇居民人均可支配收入22596元，增长8.6%；农民人均可支配收入12103元，增长10.9%。跻身2014年度全省县域经济发展“十佳县”。

农业经济。农林牧渔业总产值61.78亿元，增长3.8%。被列为“省现代农业(茶业)示范县”“省现代渔业建设县”“全国新型职业农民培育试点县”，连获“中国食用菌之都”称号。20个33.33公顷以上集中连片农业示范区加快建设；新增市级山地农业开发示范基地4个、银耳标准化生产基地17个、日产10万袋以上菌包厂3家。银耳产品在渤海商品交易所上市，成为福建省第一个在渤商所上市的农产品。

工业经济。规模以上工业总产值165.20亿元，增长15.7%。大甲工业区基本完成“三通一平”，累计签约企业32家，其中竣工投产9家、开工建设17家。城西工业区加快建设，签约女人心、福瑞发等一批项目。新增回归企业4家、规模以上企业15家、限额以上商贸企业15家，3家企业被列为省高新技术企业。全年实施500万元以上在建重点项目127个，完成投资50.7亿元；其中，9个项目列入省在建重点项目，14个项目列入市“双百”项目。

招商引资。成立招商项目评估论证与政策研究小组，搭建网络招商平台，组织赴长三角、珠三角、台湾等地开展招商，全年引进项目19个、总投资75.7亿元。向上争取资金5.5亿元，为上年的1.3倍。

道路交通。实施重点交通项目11个，完成投资19.8亿元，是“十一五”期间投资总和的1.8倍。京台高速古田段完成路基、桥梁工程，累计完成投资37.6亿元，占总投资的92.4%。合福高铁古田段完成轨道铺设，累计完成投资20.3亿元，占总投资的72.3%。屏古联络线开工建设，京台高速城关连接线、纵五线局下至洋上公路改建、古田火车北站站前广场等项目加快推进。

扶贫开发。被评为“全国社会扶贫创新协作试点县”。实施扶贫开发项目150个，争取各类帮扶资金2.8亿元，完成造福工程危房改造280户1190人，4万农村居民饮水安全问题得到解决。

城乡建设。实施市政设施“五千工程”，新改扩建供水管网9.4千米、污水管网3.3千米、城市道路1.4千米、绿道8.7千米，修复背街里弄1.1万平方米、排水沟1.3千米。提升城区“三边三节点”，完成文化塔山公园和玉田公园一期改造工程，提升沿城沿湖森林景观233.33公顷。推进城区“网格化”管理，拓展“严管街”范围，增设318路高清视频监控。改造农村电网31千米、农村公路48.7千米，建设农村公路安保工程449处；实施中小流域治理项目4个，治理水土流失533.33公顷，完成土地整理286.67公顷。深入开展乱建坟墓、民间信仰场所、畜禽养殖等专项整治，新建乡村公益性骨灰楼11座。完成造林绿化600公顷，森林覆盖率66.9%。大甲、卓洋被评为国家级生态乡镇。

民生事业。15件为民办实事项目基本完成。新增城镇就业4698人，转移农村劳动力5692人，城镇登记失业率控制在1.52%。城乡居民养老保险实现全覆盖，被征地农民养老保险金应发尽发，保障性住房完成年度建设任务。新改扩建各类校舍5万平方米，新增学位720个，义务教育基本均衡发展通过市级核查，被评为“省教育工作先进县”。县医院提升工程全面完成，县第二医院完成主体建设，与宁德市医院签订合作协议。“海云工程”新增覆盖点38个。“单独二孩”生育政策全面落实，低生育水平保持稳定，人口自然增长率7.82‰。举办第六届海峡论坛·陈靖姑文化节，陈靖姑金身巡游台湾。修缮林耀华故居、黄孝敏故居、叶飞革命史陈列室等历史文化遗迹；杉洋镇被列为全国历史文化名镇；通过“全国文化先进县”复评。

【第六届海峡论坛·陈靖姑文化节】 2014年6月16—18日，第六届海峡论坛·陈靖姑文化节在宁德市古田县举行。来自台湾、浙江、福建、澳门、东南亚等地信众400多人参加活动。该届文化节以“两岸同源　根脉相连”为主题，举行开幕式，观看顺天圣母祭祀仪式表演，举行信众进香谒祖祭典祈福法会，举办《印象临水夫人》图书首发式及陈靖姑信俗文化交流研讨会，参观考察宁德市规划展示馆、艺术馆及畲族馆。

（陈　琼）

屏南县

【经济社会概况】 2014年，屏南县实现地区生产总值58.86亿元，比上年增长10.4%。规模以上工业总产值79.63亿元，增长14.9%。规模以上工业增加值20.74亿元，增长14.8%。

全社会固定资产投资34.22亿元，增长33.4%。财政总收入4.53亿元，增长16.8%，其中地方公共财政收入3.14亿元，增长16.1%。实际利用外资(验资口径)506万美元。外贸出口4948万美元，增长46%。社会消费品零售总额14.96亿元，增长11.4%。城镇居民人均可支配收入19472元，增长8.2%，农民人均可支配收入10138元，增长11.5%。居民消费价格总水平上涨1.9%。

农业经济。农林牧渔业总产值21.87亿元，增长6%。粮食产量保持稳定，高山蔬菜、食用菌、林竹、茶果、特色种养等主导产业提质增效。岭下高优农业示范园和熙岭、长桥食用菌示范园建设初见成效，新增设施农业面积82.67公顷、农业新品种27个、省级规范化农民合作社13个。全年补充耕地102.27公顷。实施旧村复垦58.73公顷。除险加固水库4座，解决3.73万农村居民饮水安全问题。流转耕地2686.67公顷，比上年增加353.33公顷。列入全国第二批农村改革试验区，承担国家级扶贫开发综合改革试验任务；对接帮扶项目32个，落实项目资金8200万元；第四轮20个扶贫开发重点村整村推进计划稳步实施，完成造福工程改造600户，棠口富祥新村、双溪下村、甘棠村等造福工程建设取得实效；完成1.03万个扶贫对象建档立卡工作，发放扶贫贷款2000多万元。

工业经济。全面落实国家和省市扶持工业发展的政策措施。新增规模以上工业企业8家。工业用电量增长10.5%；工业技改投资7.97亿元，增长15.9%。完成新型(甘棠)工业园区和精细化工园区征地120公顷以及总体规划、环评编制等工作，六千尺矿泉水、祥兴电子、鑫磊晶体、大青无患子等企业投产，卓达新型材料、榕屏化工技改搬迁、格龙电机、德山机械、工业硅矿热电炉技改、汽车安全气囊等一批产业项目签约入驻。福建白水农夫农业股份有限公司在“新三板”挂牌，成为全市首家、全省农企首家在“新三板”挂牌的企业。“惠泽龙”商标被认定为中国驰名商标，实现驰名商标“零”的突破；屏南老酒被核准注册为地理标志证明商标。

第三产业。全域化旅游规划委托编制；全年接待游客245.6万人次，增长19.8%；旅游综合收入16.1亿元，增长20.3%。新增2家4A级旅行社、23位国家级导游。宁德世界地质公园白水洋园区通过中期评估；白水洋·鸳鸯溪景区在国家综合执法检查中被评为优秀等级，成为全国10个优秀风景区之一、福建省唯一被评为优秀等级的风景名胜区。举办首届中国·白水洋药膳美食节，获“福建药膳美食名城”称号；在全市率先实施文化旅游演艺项目；承办2014年中国·白水洋国际水上皮划艇极限挑战赛。福州至上海“白水洋”号动车组冠名运行。限额以上商贸企业完成零售总额4.63亿元，增长32.7%。屏南刺桐红村镇银行正式营业。金融机构各项存款余额40.41亿元、增长22%，各项贷款余额45.48亿元、增长13.6%；不良贷款率0.6%，信贷资产质量居全省前列。

城市建设。县城总体规划和主城区控制性详细规划委托修编。城建项目完成投资6.8亿元。建成佳垅环岛至古厦桥头道路“白改黑”和长扮溪滨水景观一、二期工程，东区旅游生态城、西环路片区、中心片区、张老垅安置地等项目有序推进。新铺设污水管网10.36千米、自来水管网8.24千米；新增城区园林绿地16.53公顷、停车位220个。“两违”综合治理拆除违法建筑面积20.72万平方米，腾出土地面积12.23万平方米。省级卫生、文明县城创建工作有序推进，城区综合整治行动有效开展。5个乡镇总体规划完成编制，7个历史文化名镇名村及传统村落保护规划委托编制。长桥中心镇区街道“白改黑”、沿街立面改造等6个重点项目完成建设。完成造林绿化786.67公顷，治理水土流失700公顷。县级经营性公墓加快建设，乱建坟墓和乱滥建寺观教堂民间活动场所得到有效治理。实施重点减排项目15个，主要污染物排放得到有效控制，万元GDP能耗进一步下降。全县饮用水源水质达标率100%，环境空气质量保持二级以上标准。省级生态县通过复核命名，双溪、代溪、熙岭、寿山等国家级生态乡镇获得国家环保部命名，古峰镇创建国家级生态乡镇工作通过专家验收。

项目建设。列入省市科学发展跨越发展重大建设项目18个，总投资221亿元。21个省市在建重点项目和9个县重点在建项目分别完成投资27.43亿元和13.04亿元，分别占年度投资计划的166.2%、166.1%。海西高速公路屏古联络线和衢宁铁路开工建设。国道237厦地至前汾溪段公路建成投入使用。“镇镇有干线”项目白玉至寿山段、双溪普边至岭下段公路建成投入使用，代溪至熙岭段、前汾溪至长桥段公路基本完成主体工程。长桥110kv、路下35kv二期、寿山35kv、熙岭35kv输变电工程及50个农配网项目基本建成。卓达·白水洋旅游度假区项目签约入驻。签约外资合同项目3个，总投资1.8亿美元；内资合同项目16个，总投资238.4亿元；实现民企对接项目10个，总投资35亿元；完成“6·18”对接合同项目50个，征集企业技术需求25项。完成项目征地超过400公顷；经省市政府审批的农用地转用和土地征收234.4公顷，完成林地审批212公顷。

民生保障。民生事业支出9亿元，增长30.5%。全年城镇新增就业人员915人，城镇登记失业率1.5%。基础养老金最低标准从每人每月55元调整为70元。城乡居民养老保险参保人数7.29万人，参保率94.8%；新农合参合人数15.4万人，参合率99.9%。动工改造棚户区130套。启动实施“大手牵小手”帮扶薄弱学校建设五年行动计划。实验小学实现一期搬迁，职业中专专业实训基地项目建成投入使用，实验幼儿园搬迁工程动工建设，屏南一中新校区完成选址。全县完小以上中小学校“班班通”配备实现全覆盖。出台高考优秀学生奖励方案，育才教育发展基金会发放年度奖学奖教金近200万元。建成县康复医院病房综合楼，县医院医技综合楼完成主体工程。完成33个村卫生所“海云工程”试点推广和121个标准化村卫生室建设。获得“中国木拱廊桥文化之乡”和“中国民间武术文化之乡”称号。承办中国传统村落文化遗产保护高峰论坛，新增中国历史文化名镇1个、中国传统村落5个。屏南籍运动员获得省十五届运动会拳击、跆拳道3枚金牌，张家玮获得亚运会男子拳击56公斤级银牌。县广播电视台数字化改造提升工程启动实施。第二轮县志修编工作基本完成。文化科技卫生“三下乡”活动有效开展。人口自然增长率9.3‰。再次获“全国科技进步县”称号，专利申请量增长83.2%、授权量增长95%。完成第三次全国经济普查工作。（黄 煌）

编辑：孙洁斐

平潭综合实验区

【基本概况】 平潭简称“岚”，位于福建省东南沿海，由126个岛屿和702个礁石组成，素有“百屿千礁”之谓，主岛海坛岛面积324.13平方千米，为全国第五大岛、福建第一大岛。全区陆域总面积392.92平方千米，海域面积6064平方千米。2014年底常住人口42万，户籍人口42.79万。属亚热带海洋性季风气候，冬无严寒，夏无酷暑，日照充分，常年空气质量达到Ⅰ级。年均气温20.0℃，年均降雨1297.8毫米，年均日照时数1631.8小时。岸线长408.73千米，海滨沙滩总长约70千米，已探明石英砂储量16亿吨、花岗岩储量约7.7亿立方米，森林、药材、海洋生物资源多样，风能、潮汐能等清洁能源储量丰富。东部牛山岛与台湾新竹港相距68海里，是祖国大陆距台湾本岛最近的地区。平潭历史上是东南沿海对台贸易和海上通商中转站，是改革开放以来全国最早设立台轮停泊点和开展对台小额贸易的地区之一。2009年7月，设立平潭综合实验区。2011年11月，国务院正式批复《平潭综合实验区总体发展规划》。2014年7月，平潭全岛正式封关运作，成为全国最大、政策最优的海关特殊监管区。2014年12月，国务院批准设立中国（福建）自由贸易试验区平潭片区。

【经济社会综述】 2014年，平潭综合实验区实现地区生产总值171.24亿元，比上年增长8.4%；公共财政总收入18.30亿元，增长6.2%，其中地方公共财政收入14.03亿元，增长4.7%；全社会固定资产投资275.89亿元，下降18.3%；社会消费品零售总额50.53亿元，增长8.6%；城镇居民人均可支配收入28308元，增长9.5%，农民人均可支配收入11593元，增长11.5%。

产业发展。全年新增外资企业167家。宸鸿科技、国家海岛研究中心一期工程建成投产，华润燃气、吉钧保税物流园区等项目加快推进；中福证券、台达电子、神州租车等15家总部经济项目落地。实施“岚商回归”工程，新增注册航运企业260多家。种植粮食作物4113.33公顷；海洋渔业产量42.94万吨，新增远洋捕捞船32艘；农民创业示范基地、立体种养生态农业等重点项目完成。2011年中央赋予的7方面28条政策基本到位，产业发展指导目录、企业所得税优惠目录、总规赋予的免税、保税、入区退税等政策实施；对台小额商品交易市场、一类口岸开放、土地管理综合改革、跨境电子商务、对台海运快件业务等试点加快落实；部际联席会议协调制度有效运作。率先在全省实行商事登记制度改革，实施外商投资项目简化审批、台商投资项目代办审批、政府投资项目综合审批等制度。改革以来计核发证照10448份，新增市场主体5872户，比试点前增长81.7%。

旅游开发。健全旅游开发管理体制，成立实验区旅游发展委员会和实验区旅游发展局，后者加挂实验区风景名胜管理委员会牌子，组建实验区旅游发展有限公司；成立平潭综合实验区旅游标准化工作委员会，规范行业管理。编制旅游规划，《平潭综合实验区旅游发展规划》《平潭海坛风景名胜区总体规划》通过省住建厅评审，编制石牌洋、仙人井、将军山、南寨山四大景区详细规划，完成仙人井和将军山景区配套设施方案设计。完善旅游基础设施，建设完成龙王头海滨广场；海坛古城一期、民生养老度假村一期等7个在建旅游项目投资97亿元；成功签约美丽之冠海峡国际旅游项目和中福康辉旅游综合开发项目。借鉴台湾模式发展“乡村游”，开展乡村旅游餐饮业培训，推动石屋旅游、民宿发展。接待国内外游客182.31万人次，增长29.2%。

城市建设。开展80多项各类规划研究编制，完成40多个控规、修建性详规以及专项规划、城市设计。完善岛内外交通布局，2014年6月海峡大桥复桥建成通车，第二通道公铁大桥（平潭段）进展顺利；金井作业区2#、3#泊位和澳前待泊泊位投入使用；建设坛东大道、福平大道，环岛路流水至平原段建成，金井湾大道全线通车，“一环两纵两横”城市干道基本形成。规划建设综合管廊120千米，完成54千米；闽江调水（平潭引水）工程、10万吨自来水厂加快建设；建成福清至平潭220千伏输变电通道、220千伏竹屿变和110千伏官树下变、金井变等输变电站。实施海岛便民工程，向东庠、南海、屿头投放15辆公交车，更新改造6艘老旧客渡船。金井湾、澳前、岚城三大片区交通、供水、供电、垃圾处理、管网配套、信息通讯等基础设施建设全面展开；核心区路网以及两岸建材市场、港东商服等项目加快推进。

社会事业。动工建设信息职业技术学院平潭校区、福建师大平潭附中、一中新校区及6所小学、幼儿园，完成10个标准化学校建设；引进台湾育达商业科技大学，与潭城镇中心幼儿园合作兴办海峡儿童学园。启动县级公立医院改革，实施县、乡、村三级医疗机构标准化建设，县医院综合楼投入使用，完成村级卫生所规范化改造；推进平潭协和医院一期主体工程建设。举办“海洋杯”自行车赛，风筝冲浪等国际赛事；完成县体育场改造，启动全省首个标准垒球场建设，实现村级农民健身工程全覆盖。落实计生奖励优惠政策，实施致富、安居、成才、保障、亲情“五项工程”，征收社会抚养费3000多万元，人口出生率得到有效控制，低生育水平保持稳定。

民生保障。落实就业创业政策措施，推进劳动合同3年行动计划；新增城镇就业2512人，转移农村富余劳动力5000多人。新农合筹资水平提高到年人均430元，超过全省平均水平；农村“五保”分散供养标准从每月430元提高到490元，集中供养标准从每月520元提高到580元；建成11个居家养老服务站。开工建设保障房4729套，建成1388套，全面完成省政府下达的年度目标；第一批231户危紧房户住房改造正式启动；流水小城镇综合改革试点一期安置房建成；完成第一批528套保障性住房（公租房）分配，在全省率先实现住房保障城乡一体化。

生态环境。加强退耕补植和林带修复，实施石漠化山体综合治理，对街道、公园、校园、居民区、项目区、新建道路以及三十六脚湖等水源地进行绿化美化；造林绿化1100多万株、近1333公顷；实施幸福洋、竹屿湖、龙王头等生态修复工程，恢复沙滩、湿地1566.67公顷；严厉打击偷采海砂、随意采石、砍树毁林等违法行为。开展“城乡环境卫生专项整治百日行动”，严厉查处占道经营、小广告、道路运输“滴、撒、漏”等行为；新建竹屿湖26.67公顷雕塑园和万宝公园，建设10个美丽乡村；坚持疏堵结合，综合治理违法占地和违法建设，实现“两违”零增长。

【对台合作交流】 2014年，开通平潭至台中、平潭至台北两条客运航线。5月27日，“丽娜轮”投入平潭至台北航线运营，从事岚台客运的高速客滚轮2艘。全年运送旅客12.1万人次，增长17.3%；累计运送旅客33万人次。9月11日，岚台首次开通“小三通”货运班轮，“台富8号”从台北转道马祖靠泊平潭澳前码头。11月5日，大龙网通过平潭跨境电商平台申报首批国际邮件，由“丽娜号”运至台北。

6月17日，台湾商品免税市场开业，入驻商家170多家，进场购物游客超过16.3万人次，销售额突破6300万元。11月29日，台湾创业园投入运营，台达电子华南区运营总部进驻。省政府、实验区与兴业证券合作成立“雏鹰基金”和“雄鹰基金”。设立实验区全额出资的“信平创投担保有限公司”。“两基金一担保”创业孵化基金总规模10亿元。宸鸿、台达等台企入驻台湾高新技术产业园，新增台资企业154户，增长158%，累计296家，占外资企业总数的80%。

交流融合。实验区两次组团赴台，深入走访部分县市、相关知名企业、行业公会，与台湾地区相关人士、行业代表等座谈交流，宣传推介平潭。全年接待台湾重要团组90多批次、6500多人。举办第三届共同家园论坛、企业家科学家创新论坛、环岛自行车赛、马拉松赛、张健团队横渡台湾海峡等活动。平潭法院开辟涉台案件“绿色司法通道”；平潭检察院设立涉台法律研究中心，组织汇编《岚台法律指南》；邀请厦门仲裁委员会在平潭设立分支机构，为实验区涉台商事仲裁提供便利。截至年底，在平潭就业生活的台胞有1000多人，300多名台胞在平潭购房，近200名台生在平潭就学。

【机构改革】 2014年2月，省委编办印发《平潭综合实验区组织架构调整方案》，增设区综合执法局、市场监督管理局，作为区管委会工作机构。6月，实验区召开“区县整合”动员大会；年底，完成行政管理机构改革。改革后，整合工商、质监、食药监、价格监督等部门成立市场监督管理局；整合城建、国土、环保、海洋渔业、交通运输等部门的执法职能，组建综合执法局；设立“马上办”，提升政府服务。整合各组团建设指挥部，设立金井湾、岚城、澳前等3个片区开发管理局，作为区管委会派出机构，负责重点区域的开发建设事务。整合17家区县国有企业，组建土储中心和国投、交投、土地开发三大集团公司。原县委、县政府28个工作机构精简到11个，并入区直部门，与区直机构对应设置（对外保留相关机构牌子），由实验区实行统一管理和运作，县委、县政府不再单独运作；组建区人大工委、政协工委与县人大常委会、县政协合署办公。实验区“区、县、乡镇”三级管理体制调整为“区、乡镇”两级。12月，国务院批复设立中国（福建）自由贸易试验区平潭片区，平潭综合实验区管理委员会加挂“中国（福建）自由贸易试验区平潭片区管理委员会”牌子，平潭综合实验区管理委员会所属岚城、澳前、金井湾等3个片区开发管理局分别相应加挂办事处牌子。

【海关特殊监管区】 2014年5月16日，平潭关区二线卡口和监管查验设施通过国家六部委联合验收。7月15日，平潭海关正式挂牌成立；二线通道正式封关运作，启动实施“分线管理”的特殊监管政策。特殊监管区试点“先入区、后报关”“一次报关、一次查验、一次放行”等通关模式。监管区全年接受货物申报1175票，货值2.3亿美元，减免税款2.8亿多元，征收税款189.5万元；出入二线卡口车辆166.6万辆，监管出入境船舶170航次，办理跨境电子商务76票。

【口岸开放】 2014年2月21日，国务院批复同意平潭口岸对外开放。7月8日，平潭口岸通过国家验收，正式对外开放。7月11日，国家商务部同意平潭东澳港7月15日起开放船舶吨位和交易金额限制，成为全国第三批实行更加开放管理措施的对台小额贸易试点。11月12日，国家质检总局批准澳前港区为进口冰鲜水产品的指定口岸。11月14日，国家质检总局批准澳前港区水果试进口业务。11月15日，澳前港区首次进口台湾地区水果580箱。港区全年运送旅客超过33万人次，其中：入境18万人次，出境15万人次；进出口货物600多批次4亿多美元，邮包40000多件（袋）。 （陈　粟）

编辑：孙洁斐

人　物

先进人物

【2014 年全国五一劳动奖章福建省获得者】

王建铭　福州万山电力咨询有限公司设计师
范一平　福州新琪美妇幼用品有限公司开发部业务主办
林心淦　福清市公安局副局长
曾小玲　福州市蔬菜科学研究所副研究员
陈毅真　厦门航空有限公司配餐部经理
陈妙华　厦门海沧市政建设管理中心环卫组长
林昆仑　漳州市浦南溪园小学校长
徐西鹏　华侨大学副校长
吴敏达　泉州东艺雕刻有限公司艺术总监
康清洁　泉州市公路局永春分局公路养护工
王巧云　永安市地方税务局副局长
何建平　百威英博雪津啤酒有限公司东南事业部总裁
黄琦磊　南平市第一医院心内科二区主任
伍邦野　南平太阳电缆股份有限公司裸线分厂高级工程师
郑振欣　龙岩紫金集团有限公司董事局主席、总裁
谢红梅　安踏（长汀）体育用品有限公司样衣制作工
叶德奕　国网福建周宁县供电有限公司装表接电班班长
赵雪峰　福建鼎信实业有限公司机修车间主任
李妙君　福建省公安厅刑侦总队一支队支队长
王永澄　福建省残疾人劳动就业服务中心副主任
管　宁　福建社会科学院　福建论坛杂志社总编辑
胡明华　福州市公共交通集团有限责任公司驾驶员
林　真　福建省诏安东欣食品有限公司副经理
陈银桂　沙县宏盛塑料有限公司企业技术中心主任
郑龙枝　厦门厦工机械股份有限公司电气技术员
陈元仲　福建医科大学校长
庄耀东　晋江市中医院院长
张　诚　明溪县农业局经济作物站站长
郑国良　仙游县协立古典家具有限公司人事部经理
林建胜　漳州市行政服务中心常务副主任
尚武孝　中铁一局集团有限公司平潭竹屿湖景观整治工程项目部经理
李　平　平潭综合实验区交通投资发展有限公司海峡大桥二线通道项目部技术组组长
叶志勇　平潭综合实验区森林园林有限公司一级技术员
薛学炳　平潭综合实验区环岛公路建设指挥部办公室主任

【2014 年福建省五一劳动奖章获得者】

徐宝梅　罗　勋　许久平　乔元付
郑亚男　汪勇军　陈进雄　刘　航
李建华　梁艳红　郑升尉　徐　菁
朱惠华　江　航　倪小芳　肖兆麟
刘必坤　王峻高　林　育　林　敏
戴　晖　王为敏　姚林塔　林　津
李东明　许景强　王锦萍　江晓英
游振严　刘应碧　刘志江　胡孝栋
林爱光　林　斌　郭进贤　马思远
汪家妹　戴茹萍　黄丽晶　陈清地
郭志养　张文平　陈晓冰　邱春阳
钟桂荣　曹中元　陈跃全　陈妙行
刘建设　田新华　叶杉民　叶海珍
郑金泉　叶剑峰　连　毅　陈　强
许锦东　林　鹤　高育斌　蔡英杰
许智勇　黄鸿珠　汤丽敏　张惠木
谢文英　王胜专　张金桃　范洪龙
黄炳伟　邹森根　林志森　魏汉辉
杨汉章　杨亚华　王纯真　庄萍炜
钟平珍　兰志春　沈来勇　吴一怀
江水连　王鼎顺　黄清约　杨淑延
庄碧玲　余联金　黄金树　郑文杰
郑素萍　张　宾　王适阳　林志铭
陈娟娟　林培山　曾旭晴　林阳顺
李伯君　苏智军　杜清洁　吕联合
谢灵水　甘木林　方怡灿　陈改土
蔡金垵　许水深　蒋惠民　马传光
陈忠起　季台钿　陈金轩　阳发高
巫彩青　徐祚寿　黎发祥　李九生
罗秀贞　毛祖冠　吴　欣　刘金福
苏　洁　程凯群　陈清莲　颜　云
张晓岚　林茂盛　麦佩雨　陈金海
谢雨田　曾卫东　陈素芳　林雅静
林清忠　刘　升　何智平　叶长辉
林同龙　罗勇安　余天泰　庄玉辉
范素琴　廖　锋　龚福明　曾　益
郑　红　庄桂淦　吴素贞　杨隆斌
张水明　郭举东　饶虹燕　张发生
许东波　陈清伦　林建军　吴泽玉
汤炳德　黄爱仙　陈润平　陈龙年
赖伟强　李　涛　邱文俊　钟寿才
谢忠民　谢明德　陈　旺　叶雨松
范希春　王道平　魏长春　刘忠雄
伍华静　施卫东　吴建雄　郭光锋
林振东　周　琳　曾荔军　陈　鑫
林建平　陈军武　游兆菁　黄忠忠
苏　峰　姚元根　柳朝光　张光仁
杨芳莉　刘玉杰　杨汝贞　舒福平
杨春雷　林　旭　刘禄涛　傅维斌
郑瑞清　詹毅鹏　林用号　巫成火

翁伟强　薛玉凤　夏文韬　李云超
杨　华

【2013 年度全国优秀共青团员福建省获得者】

张　涵　卓顺安　邓婕婕　袁　帅
黄小芳　张荣荣　岳剑平　江清浩
潘振聪

【2013 年度全国优秀共青团干部福建省获得者】

王海山　陈茂旺　孙光远　庄阳彬

【第十一届福建青年五四奖章标兵获得者】

王福如　方　敏　叶　珊　张海娟
陈　玮　陈尔尤　姚　博　黄文著
董　诺　蔡奕微

【第十一届福建青年五四奖章获得者】

尤文书　刘金祥　杨　忠　肖基昌
林贤学　林国峰　林金榜　林建军
聂书宁　邓忠华　叶　晟　阮桂平
邱鸿响　林成场　罗树宁　马浩峰
李发富　肖颂勇　吴开舜　张井丽
陈　钊　林晓蕾　林翠红　聂国勇
黄庆财　曾友福　曾文宝　廖小平
李关发　张　冰　范晓燕　林　程
林育艺　梁家发　王　军　方玉珍
叶榕锋　朱银娇　刘胜峰　严贵华
杨神化　杨雪梅　吴　涛　张　强
林振宇　郑天戈　胡家保　娄　艳
徐君莉　黄国钦　黄翠琴　谢　武
王艺彬　王加贺　刘灿华　刘建明
汤　凌　连而铸　肖宇强　吴婷芳
何　伟　何根辉　陈舒雅　林　橦
赵智春　崔　毅　游劲汉　江长青
吴亚娜　张传辉　陈能文　陈智辉
郭　遥　郭仕海　游东兴　丁万年
王连辉　叶志勇　庄楚剑　刘　峻
杨洪钦　肖利华　邱君志　陈一华
陈淑红　范昌丽　林伟星　林晨韬
周大旺　郑荣泉　项金胜　柯吉熊
黄　亮　彭头平　詹伟锋　蔡恩兴
魏大文　王振华　李　丹　张秋香
陈万金　周江霞　黄轶群　温俊平
李　铮　李　强　陈　鑫　林秀榕
黄志雄　王东育　王桂珠　朱昌藏
肖梅滨　吴幼霞　张复星　陈赛男
柯文惠　钱德祥　殷世龙　王颂捷
刘　学　刘凌平　齐　冰　许新峰
苏方强　苏江圳　苏道博　应长余
张　凝　陈育新　林　涛　林　雄
金剑辉　翁子霖　黄健全　黄鲁卡
梁富俊　谢丰萍　谢丽芳　管莉莉

【2013 年度福建省十佳共青团员获得者】

马那特·塔巴尔克　甘　露　朱阳឴
刘家昌　阮开森　杜恒源　李文然
吴小芸　吴长翔　范　凌

【2013 年度福建省十佳共青团干部获得者】

叶　勇　庄思达　许剑辉　孙炳章
张志雄　陈起建　陈婉儿　郑　一
倪志华　魏泽宗

【2014 年全国三八红旗手福建省获得者】

陈素珍　林　芳　许光园　冯素金
陈黎华　黄六莲　苏巧金　孟昭丽
林海艳

【2014 年福建省三八红旗手获得者】

杨　莹　林云鹤　刘雪花　康巧丽
刘毓桢　廖秋萍　陈思怡　林慧君
鹿译文　白一廷　张彬彬　张婧婧
翁巧珊

（省总工会、团省委、省妇联供稿）

逝世人物

王　直　(1916.7－2014.4)男，福建省上杭县才溪乡人。1931 年 5 月参加中国工农红军，1934 年 4 月加入中国共产党。土地革命时期，历任福建军区独立二团勤务员、宣传员，独立十师政治部宣传队组长，中央红军东南作战军二纵、红十九军三十六师、红十二军团三十四师政治部宣传队分队长，福建军区独立九团政治处干事、福建军区第二作战分区政治部宣传干事、闽西红军四支队总支书记、闽西南抗日讨蒋军四支队政治处主任，闽西南军政委员会秘书处文书、交通总站站长，闽西红军一团四连政指等职。先后参加中央苏区反"围剿"作战和南方三年游击战争。抗日战争时期，历任新四军二支队政治部宣传队队长、四团组织股股长，二支队三团、四团政治处主任，二支队政治部组织科科长，新四军六师十六旅政治部副主任、四十七团政委，苏南军区第一军分区副政委兼政治部主任，苏浙军区一纵队三支队政委等职。先后参加了浙西、溧阳、高淳、天目山等战役战斗。解放战争时期，历任新四军六纵十六旅政治部主任，华东野战军六纵十六师副政委，十二纵队三十五旅政委，三十军八十九师政委等职。先后参加苏中、涟水、鲁南、莱芜、孟良崮、临朐、鲁西、豫东、济南、淮海、渡江、上海等战役战斗。新中国成立后，任二十军八十九师政委；1950 年 10 月率部参加抗美援朝战争，先后任志愿军二十军八十九师政委、二十六军政治部主任，先后参加了第二、四、五次战役和平康、金化、上甘岭防御战等战役战斗。回国后，历任三十一军副政委兼政治部主任，福州公安军政委，福建省军区副政委，陆军二十八军政委，福州军区政治部副主任、副政委等职。

1955 年被授予少将军衔，同年荣获二级八一勋章、二级独立自由勋章、一级解放勋章，1988 年被授予中国人民解放军一级红星功勋荣誉章。是第五届全国人民代表大会代表。

编辑：王文灿

地方文献 法规选登

2015年福建省人民政府工作报告

（2015年1月28日福建省第十二届人民代表大会第三次会议）

福建省人民政府

各位代表：

现在，我代表福建省人民政府向大会作政府工作报告，请予审议，并请省政协各位委员和其他列席的同志提出意见。

一、2014年工作回顾

党中央、国务院高度重视和支持福建发展。习近平总书记多次就福建工作作出重要指示，亲临福建考察指导，殷切希望我们努力建设机制活、产业优、百姓富、生态美的新福建，中央作出支持福建加快发展的重大决策部署，国家各部委支持力度前所未有，福建发展迎来新的历史机遇。

过去的一年，在党中央、国务院和中共福建省委的正确领导下，我省各级政府深入学习贯彻党的十八大，十八届三中、四中全会和习近平总书记系列重要讲话精神，着力稳增长、调结构、促改革、惠民生，科学发展跨越发展取得新成效。初步统计，全省生产总值24055.76亿元，增长9.9%；公共财政总收入3828亿元、增长11.6%，地方公共财政收入2362.29亿元、增长11.5%；全社会固定资产投资18449.48亿元，增长18.8%；外贸出口1134.6亿美元，增长6.6%；实际利用外商直接投资71.1亿美元，增长6.5%；社会消费品零售总额增长12.9%；居民消费价格总水平上涨2%；城镇居民人均可支配收入30722元，增长9%；农民人均可支配收入12650元，增长10.9%；城镇登记失业率3.47%；人口自然增长率7.5‰；年度节能减排任务全面完成。

一年来的主要工作和成效是：

（一）**全力以赴稳增长**。面对经济下行压力加大的严峻形势，及时出台支持龙头企业加快发展、推动工业稳增长促转型、稳定内外贸等一系列政策措施，创新金融产品和服务，全省金融机构各项贷款余额增长15.74%，企业直接融资1404.45亿元，有力支持了实体经济发展。注重发挥投资的关键作用，实施城乡基础设施“六项提升工程”，全省基础设施投资增长22.4%，省重点项目完成投资3985亿元，一批重大基础设施及重点项目建成或部分建成，新增高速公路通车里程118千米、港口吞吐能力4000万吨、电力装机容量340万千瓦，电网电压提升至特高压等级。注重发挥消费的基础作用，合理布局建设大市场，搭建供需平台，促进闽货销售，积极发展消费金融和新型消费业态，信息消费增长19%，旅游总收入增长18.4%。

（二）**产业加快转型升级**。突出抓龙头、铸链条、建集群，培育形成主营业务收入超百亿元企业37家，预计产值超500亿元产业集群16个，其中千亿以上10个。全省规模以上工业增加值突破万亿元、增长11.9%，建筑业总产值突破6600亿元、增长22.5%。第三产业增加值增长8.3%，金融业增加值占全省生产总值比重提高到6%。海洋生产总值增长13.6%，远洋渔业产值居全国第2位。突出抓创新、抓技改、抓转化，高技术产业增加值增长10.2%，技改投资增长29.5%，“两化”融合发展水平居全国第7位。实施一批科技重大专项，推进“数控一代”创新应用示范工程，新增国家重点实验室2个、工程技术研究中心2个、高新技术企业141家、科技企业孵化器28家，全年发明专利授权量增长16.5%。“数字福建”云计算中心、北斗位置服务平台、大数据产业重点园区等加快推进。第十二届“6·18”对接合同项目5273个、总投资1173亿元，“6·18”虚拟研究院和海峡技术转移中心建设取得新成效。

（三）**城乡统筹力度加大**。全面落实强农惠农政策，农林牧渔业总产值增长4.5%，粮食总产量667万吨。实施千个现代农业重点项目，新增设施农业29.88万亩，农作物良种覆盖率97.3%。428家省级以上重点龙头企业预计年销售总收入增长13.8%，带动372万户农民增收，新登记农民合作社4000家。建立耕地保护激励机制，大力推进农村土地整治，新增耕地11.9万亩。41个县市区纳入赣闽粤原中央苏区振兴发展规划，23个省级扶贫开发工作重点县加快发展，第四轮整村扶贫开发有序推进，“造福工程”改造危房5万户，农村263.2万人饮水安全问题得到解决，超过20万人实现减贫。积极稳妥推进新型城镇化，着力解决“人进城、建好城、管好城”问题。总结推广晋江城镇化经验，出台实施促进中小城市和城镇改革发展的若干意见，不同层次不同主题的新型城镇化试点、小城镇改革建设取得新进展。户口迁移政策进一步放宽，农业转移人口市民化有序推进，城镇化率提高到61.8%。市政设施“五千工程”完成年度任务，“点线面”攻坚、美丽乡村建设、“两违”综合治理成效明显。

（四）**重点领域改革实现突破**。十大领域44项年度重点改革任务扎实推进。省市县政府机构改革基本完成，省级政府行政权力清单、行政审批目录清单和公共服务事项清单公布运行，福建省网上办事大厅加快建设。省级机关与所属企业及经营性资产、所办院校、干训机构脱钩工作基本完成。福建省公共资源交易中心挂牌运作。工商登记制度改革起步早、力度大，新登记企业数增长71.1%。组建厦钨稀土集团，汽车、钢铁、船舶等行业企业兼并重组取得突破。推出122个项目鼓励社会资本参与建设运营，实施PPP试点项目32个，民间投资增长23.3%，民营经济占全省生产总值的67.2%。开展省级政府购买服务试点。我省成为国家医改试点省份，所有县（市）启动县级公立医院综合改革。土地管理制度改革稳妥推进，农村土地承包经营权确权登记颁证试点有序开展，林权抵押贷款增长31.5%。

（五）**开放型经济水平提升**。积极融入“一带一路”建设，与东盟贸易额增长3.3%，对东盟投资增长93.7%。中央同意设立中国（福建）自由贸易试验区。实现“三个一”通关模式全覆盖，创新贸易方式，培育出口品牌，外贸出口增幅高于全国平均水平。推进外商投资便利化，新增世界500强投资项目11个，新批总投资千万美元以上项目350个，其中亿美元以上项目47个、增长56.7%。省级权限的境外投资项目审批全部改为备案制，核准备案对外投资额增长3倍。“双延伸”政策范围扩大，利用港澳资金增长8.3%。侨务、外事工作在创新中拓展。闽台交流合作取得新成果，闽台贸易额124.4亿美元，实际利用台资11.9亿美元，台湾地区银行在闽设立分行实现零的突破，经福建口岸进出的两岸人员达261万人次，第六届海峡论坛成功举办。平潭综合实验区封关运作，国务院赋予的28项优惠政策全面实施，对台小额商品交易市场开业，台湾创业园投入运营。

（六）**生态建设持续推进**。以建设全国首个生态文明先行示范区为契机，持续加大生态省建设力度，地表水、大气、生态环境质量保持优良，森林覆盖率保持全国首位。推进大气污染防治，实施重点减排工程，深化重点工业污染源综合治理。加强主要江河源头和重要水源涵养区保护，深化“六江两溪”水环境综合整治，实行流域保护“河长制”，12条主要河流水域功能达标率为98.1%。全年植树造林163.9万亩，其中“四绿”工程完成68.8万亩。以小流域、坡耕地、崩岗为重点，完成水土流失综合治理256万亩。

（七）**人民生活不断改善**。为民办实事项目全面完成。新增城镇就业66.13万人、农村劳动力转移就业42.4万人。城乡居民和企业职工养老保险实现转移衔接，企业退休人员月人均养老金增加到2053元，城乡居民基础养老金省定最低标准提高到70元。城乡居民基本医疗保险政府补助标准提高到每人每年320元以上，医疗救助和城乡居民大病保险全面实施。最低生活保障制度惠及88.61万人，农村低保省定标准提高到家庭年人均收入2100元。保障性安居工程新开工12.86万套、基本建成12.13万套，均超额完成国家下达任务。新增中小学学位7.3万个，新增公办幼儿园108所、学位3.3万个，高等教育毛入学率达39.8%，建设省级高职示范专业52个、生产性实训基地15个。新增医疗机构床位8630张，薄弱学科建设得到加强，“单独二孩”政策审批发证30119本。文化惠民工程有效实施，6部作品获“五个一工程”奖，《丝海梦寻》展演获得成功。全民健身活动广泛开展，第十五届省运会成功举办，我省运动员创造了历届亚运会的最好成绩。妇女儿童和老龄工作进一步加强，残疾人和慈善事业取得新进步。全面推行和谐征迁，强化信访积案化解和依法信访，开展安全生产重点行业领域专项整治，有效保障食品药品安全，民族团结进步事业不断发展，援藏援疆援宁工作持续推进，社会保持和谐稳定。出台推进军民融合深度发展的《决定》，“双拥”工作持续深入，军政军民团结进一步巩固。

（八）**作风建设进一步加强**。党的群众路线教育实践活动取得阶段性成果。全面停止新建楼堂馆所，完成超标办公用房清理工作，“三公”经费支出下降32.5%，以省政府名义召开的会议减少8.8%、下发的文件减少3.14%。自觉接受人大、政协监督和社会舆论监督，全年办理省人大代表建议838件、省政协提案945件，办结率均为100%。全年提请省人大常委会审议地方性法规20件，制定省政府规章17件，全面清理现行的省政府规范性文件。政府与法院、工会互动联系机制不断完善。实施政府信息公开办法，开展权力运行网上公开试点。行政监察和审计监督力度加大，廉政建设和反腐败工作扎实推进。

成绩的取得来之不易，得益于党中央、国务院和中共福建省委的正确领导，得益于全省人民齐心协力、团结奋斗和各方面的大力支持。在此，我代表省人民政府，向全省人民，向人大代表、政协委员、各民主党派、工商联、各人民团体、无党派人士、离退休老同志和社会各界人士，向中央各部门及驻闽机构、驻闽部队、武警官兵、公安民警，向关心支持福建发展的港澳同胞、台湾同胞、海外侨胞和国际友人，表示衷心的感谢！

在看到成绩的同时，我们也清醒地认识到发展还面临不少困难和问题，主要有：一是龙头企业不多、带动力不强，企业创新能力不足；二是部分企业生产经营困难，融资难、融资贵、用工短缺等问题突出；三是水、大气、土壤等环境保护和节能减排压力较大；四是优质教育、医疗等资源总量不足、分布不均；五是食品药品安全、安全生产、社会治安等领域还存在不少隐患；六是政府职能转变还不到位，法治政府建设有待加快，一些工作人员存在精神懈怠、不作为、慢作为、乱作为现象。我们要高度重视这些问题，采取更加有力的措施加以解决。

二、扎实做好2015年工作

做好今年的工作，要正确理解中央对经济发展新常态的科学研判，既要看到发展阶段转换带来的新挑战，更要看到新常态孕育的新机遇，认识新常态、适应新常态、引领新常态，把习近平总书记关于建设新福建的要求贯穿于政府工作的方方面面，紧紧抓住我省发展的难得历史机遇，充分发挥独特优势和内在潜力，顺势而为、乘势而上，确保"十二五"圆满收官，科学编制"十三五"规划，精心谋划一批重大项目和重要改革举措，为实现福建发展新目标迈出更大步伐。

政府工作的总体要求是：全面贯彻党的十八大、十八届三中、四中全会和中央经济工作会议精神，深入学习贯彻习近平总书记系列重要讲话和来闽考察重要讲话精神，认真落实中央支持福建进一步加快经济社会发展的一系列政策措施，按照省委九届十一次、十二次全会部署，主动适应我国经济发展的新常态，坚持稳中求进工作总基调，坚持以提高经济发展质量和效益为中心，深化改革开放，突出创新驱动，做大产业龙头，加强民生保障，力求好中求快，努力建设机制活、产业优、百姓富、生态美的新福建。

今年经济社会发展的主要预期目标是：全省生产总值增长10%左右；地方公共财政收入增长9%左右；全社会固定资产投资增长18%左右；外贸出口增长6%，实际利用外商直接投资增长6%；城镇登记失业率控制在4.2%以内；社会消费品零售总额增长13%，居民消费价格总水平涨幅控制在3%左右；人口自然增长率控制在9.5‰以内；城镇居民人均可支配收入增长9.5%，农民人均可支配收入增长10%；完成单位生产总值能耗、化学需氧量、二氧化硫、氨氮、氮氧化物等节能减排任务。

重点抓好以下九个方面工作：

（一）全力落实科学发展跨越发展行动计划

*加快推进重大项目。*实行"一月一协调、一季一督查"，分级管理、分类推进，实现"十二五"规划项目全部开工，一批"十三五"规划项目提前实施，今年安排省重点项目490个、完成年度投资3500亿元。加强项目策划储备和动态管理，深化"三维"项目对接。全面推行标准化管理，努力打造阳光工程、优质工程。

加快基础设施建设。继续实施城乡基础设施提升工程，加快推进铁路、高速公路、城市轨道交通、国省干线公路和农村公路建设，开通合福、赣龙铁路，新增高速公路通车里程710千米，实现县县通高速。加快新一轮机场建设，建成三明沙县机场。完善"两集两散两液"布局，新增港口吞吐能力2000万吨。抓好能源项目建设，新增电力装机容量200万千瓦以上。加快推进一批重大水利项目。

加强要素支撑保障。落实项目用地、用林、用海、减排总量、火工油品。建立政银企对接长效机制，争取各银行总行加大信贷规模倾斜支持力度。鼓励企业上市融资和再融资，积极拓展债券融资。鼓励保险公司通过投资企业股权、基金等方式参与项目建设。积极推广运用政府和社会资本合作模式。推进和谐征迁，努力变安置为安居。

（二）促进产业创新转型做大做强

*推动工业扩量提质。*实施促进工业创新转型稳定增长、进一步扶持小微企业加快发展等政策，加强工业运行定向调控。把"两化"融合作为打造升级版产业的重要抓手，实施新一轮企业技术改造，重点抓好500个项目。深入实施产业龙头促进计划，加大龙头企业扶持和引进力度，支持企业兼并重组，抓好产业链建设工程。大力培育新产业新业态，设立战略性新兴产业创投基金，推进"数控一代"创新应用示范工程，加强新能源汽车开发和推广应用，积极发展节能环保朝阳产业，加快壮大新一代信息技术、新能源、新材料、生物与新医药产业。鼓励商业模式创新，推广"手拉手"活动，拓展闽货品牌分销渠道。

*大力发展互联网经济。*深化"数字福建"建设，出台系统措施扶持互联网经济发展，加快在若干领域取得突破：一是积极发展电子商务，加强示范基地建设，引进培育一批骨干企业，打造闽货网上专业市场、行业垂直电商平台，支持电商企业向农村延伸业务，促进快递等配套产业发展。二是扶持发展物联网产业，加快在交通、环保、安全、旅游、市政等重点领域的推广应用。三是支持互联网金融规范发展，推动持牌金融机构及社会经济组织发展第三方支付、网络信贷和众筹平台。四是推进发展面向市场的云计算、大数据和信息安全服务，加强网络基础设施建设，扩大信息消费，建设智慧城市。

*促进服务业大发展。*深入开展服务业综合改革试点和示范区建设，加快落实鼓励类服务业用电、用水与工业同价，扩大政府购买服务试点范围，深化产业融合，细化专业分工，推广应用"正统网"，推动服务业发展提速、水平提升。生产性服务业重点推进金融、物流、商务服务、服务外包等与实体经济在更高水平上有机融合。着力把金融业培育成为新的支柱性产业，支持在闽金融机构发展，推动设立民营银行，力争实现村镇银行县域全覆盖，积极稳妥发展财务公司、融资性担保机构、小额贷款和融资租赁公司，切实防范金融风险。生活性服务业重点拓展旅游、商贸、养老健康家政、教育文体、物业服务等产业。特别要着力发展旅游业，积极引进旅游产业龙头，实施景区提升和旅游线路整合工程，推进旅游"全域化"，打响"清新福建"品牌。

*提升海洋经济发展水平。*大力培育海洋优势产业，促进海洋工程装备、邮轮游艇、海洋生物医药等产业规模化发展。加强渔港建设，加快远洋渔船更新改造，建设一批远洋渔业生产、冷藏和精深加工基地。推进南方海洋研究中心、国家海洋局海岛研究中心建设，提升海洋科技支撑能力。

*推进创新驱动发展。*落实研发费用加计扣除等普惠性政策，推动实施中关村国家自主创新示范区试点政策，支持以企业为主承担重大科技专项等创新项目，推动产学研协同创新。合理配置科技项目资金，重点支持公共科技活动，加快建设提升工程技术中心、科技企业孵化器等创新平台。发挥"6·18"虚拟研究院等平台作用，完善技术中介服务体系，有效促进技术成果对接和产业化。支持企业主导或参与各类标准制修订，加大品牌创建力度。深化事业单位科技成果使用处置和收益管理改革，完善技术等要素参与分配机制。实施专利运用行动计划，推进国家专利审查协作福建分中心

建设，加强知识产权保护。

（三）加强特色现代农业建设

强化粮食安全保障。完善强农惠农政策，加大对规模化粮食生产者扶持力度。继续抓好粮食产能区和150个粮食高产创建万亩示范片建设，加大超级稻、再生稻推广力度。开展永久基本农田划定，保护和提升耕地质量，加强农田水利基础设施和高标准农田建设。实施抛荒山垅田复垦改造。加快大型粮食仓储设施建设，支持规模化粮油生产流通企业发展，搞好粮食产销衔接。

大力发展特色优势农业。调整优化农业结构，扶持农产品转化加工，发展绿色有机农业、特色高优农业，引导园艺、畜牧、水产、林竹等向全产业链拓展，建设一批特色农业产业集中区。出台差别化扶持政策，支持山区发展特色农业。加快发展设施农业，提升“一区两园”建设水平，扶持一批投资上千万元的设施农业项目和上千亩的设施果蔬基地。发展生态循环农业，推进一批示范项目。加快农业标准化示范县、示范场建设，支持“三品一标”认证，推进农产品质量安全可追溯体系建设。加快农业科技创新与推广，大力实施种业创新和产业化工程，加强闽台种苗业合作，培育10家省级以上“育繁推一体化”种子企业。

创新农业经营方式。引导土地经营权规范有序流转，鼓励流向新型农业经营主体，支持以股份合作、托管、信托等多种方式发展农业适度规模经营。扶持发展家庭农场，规范提升农民专业合作社，做大做强农业龙头企业，大力发展经营性服务组织，完善各类新型农业经营主体与农户的利益联结机制。继续实施新型职业农民培育工程。发展“三农”融资担保服务，扩大政策性农业保险覆盖面。

（四）推动重点领域改革取得更大进展

进一步转变职能、简政放权。再取消和下放一批省级行政审批事项，全面清理非行政许可审批，优化前置审批，规范中介服务行为，全面推行行政权力清单制度，加快公布政府部门责任清单。深化商事制度改革，推行“三证合一”，实行电子营业执照和全程电子化登记管理。强化事中事后监管，加快建设全省统一的信用信息公示系统，加强以随机抽查为重点的日常监督检查。稳步推进事业单位分类改革。

加快资源配置市场化。稳步实施不动产登记暂行条例，加快农村土地承包经营权、集体建设用地使用权、农村房屋所有权等确权登记发证，加强流转、抵押等方面机制建设。开展农村宅基地制度改革试点。推进林权联户证分发到户和流转，探索建立林木收储中心。深化港口管理体制改革，集中力量打造厦门东南国际航运中心。实施新一轮电力体制改革，推进大用户直购电试点。深化天然气价格改革。启动实施省直部门信息中心、数据中心的整合。

深化财税和企业改革。推进预算管理制度改革，实行全口径预算，逐步建立跨年度预算平衡机制和规范的政府举债融资机制。逐步减少财政对企业直接补助，通过设立产业股权投资基金等方式，吸引社会资金投入。按照国家部署扩大“营改增”试点范围。加快发展民营经济，鼓励和引导民间资本进入基础产业、社会事业、特许经营等领域，继续向民间资本推出一批投资项目。推进国有企业整合重组，提高发展活力和竞争力。

推进社会事业综合改革。实施深化医药卫生体制改革试点方案，实现公立医院综合改革全覆盖，深化基层医疗机构综合改革，鼓励组建医疗联合体，推动形成分级诊疗制度，全省医疗机构新增床位8400张以上。建立统一的城乡居民基本医疗保险制度，实现设区市统筹，城乡居民医保财政补助标准提高到每人每年380元。基本公共卫生服务经费人均标准提高到40元。完善药品集中采购和配送制度。鼓励社会资本办医，支持建设医疗园区。坚持计划生育基本国策，促进人口长期均衡发展。稳步推进招生制度改革，深化高校管理体制改革，加强职教集团建设。积极稳妥推进国有文艺院团改革发展。

（五）深化全方位开放合作

加快建设自由贸易试验区。坚持区内率先突破、区外积极跟进，强化试验功能。以制度创新为核心，建立符合国际惯例的投资贸易管理新体制，营造国际化、市场化、法治化营商环境。放宽投资准入，构建对外投资促进体系。进一步扩大服务业开放。突出对台特色，推动货物、服务和各类要素自由流动，建设两岸经济合作示范区。

打造21世纪海上丝绸之路核心区。突出基础设施互联互通、经贸合作和人文交流，推进中国—东盟海上合作基金项目、远洋渔业基地建设，力争突破一批带动力强的合作项目。办好第二届丝绸之路国际电影节等活动。进一步做好华侨特别是新生代华侨工作，以服务经济建设为主线提升外事贡献率。拓展“双延伸”政策范围，提高闽港闽澳联合招商、开拓市场和服务业合作成效。

优化通关环境促进对外贸易。建设福建电子口岸公共平台，实施全省统一的“单一窗口”，推进两关两检通关一体化，让通关更便利、更快捷、更便宜。完善促进外贸发展政策，积极发展跨境电子商务，培育一批外贸综合服务企业，推动重点出口基地转型升级，增创出口新优势。扩大先进技术装备、关键零部件和能源资源进口，加快做大江阴整车进口基地。积极引进出口型企业，鼓励有条件的企业走出去，形成投资贸易相促进的新格局。

创新机制有效利用外资。推进外资企业设立、变更备案制试点，完善外资项目“四个一”工作机制和省市县三级联动机制，提升“9·8”投洽会投资促进服务功能，加大对世界500强、全球行业龙头企业和细分市场领先企业的引资力度。鼓励外资企业增资扩股，引导国际产业资本、投资基金参与我省企业并购重组。

（六）扎实推进以中小城市和城镇为重点的新型城镇化

有序推进农业转移人口市民化。深化户籍制度改革，推行无门槛居住证制度，推进基本公共服务向常住人口覆盖。支持开发区、产业园区规划建设公共租赁住房。推动建立财政转移支付、建设用地增加规模同农业转移人口市民化挂钩机制。实施“百万农业转移人口素质培训工程”，提升进城人员就业创业能力。

优化城镇化规划布局。推进县（市）域城乡总体规划编制，推行“多规合一”，加强城市设计和控制性详规、修建性详规编制，强化规划执行力。推进福州省会城市建设，加大厦漳泉同城化协调推进力度。更加注重中小城市和城镇发展，深化新型城镇化试点，抓好46个小城镇综合改革和15个镇级小城市培育试点，支持有条件的中心镇与周边乡镇连片融合发展。

*加大宜居环境建设力度。*延伸拓展“点线面”攻坚，提升城市“三边三节点”整治水平，实施新一轮“千村整治、百村示范”工程，加快接点连线，形成协同效应，完善长效机制。加强历史文化名城名镇名村、历史街区、历史建筑、传统村落保护，推进山体、水系保护修复。突出市政设施建设与管理，完成新一批“五千工程”。完善城市路网设施，加快建设智能交通系统，提升公交服务水平，多措并举缓解城市交通压力。深化“两违”综合治理，合理利用拆后土地，加强农村自建房建设管理。实施建筑业质量和队伍“双提升”行动，落实工程建设质量终身责任，推进建筑产业现代化。

*产城互动做强县域经济。*加快实施“大城关”战略，坚持以产兴城、以城促产，大力培育特色优势产业。突出抓好工业园区建设，优化园区布局，提升园区功能，完善扶持措施，培育产业发展的新载体。重点推进23个省级扶贫开发工作重点县“一县一园区”建设，做大“一县一业一品”，打造块状经济。

*坚持科学扶贫精准扶贫。*完善结对帮扶，深化山海协作，加快共建产业园区发展。持续实施“造福工程”，完成5万户20万人搬迁和危房改造任务。加大对原中央苏区县、革命老区等欠发达地区的扶持力度，研究制定加快边界县经济社会发展的政策措施。落实帮扶举措，深化扶贫小额信贷创新试点，加强智力和技能扶贫。进一步动员社会各方面力量参与扶贫开发。

（七）推动闽台融合发展

*以产业合作为抓手推动经济融合。*实施闽台产业对接升级计划，推进产业合作搭桥试点，密切与岛内工商团体的联系，大力引进台湾百大企业、行业龙头和科技型中小企业，推动一批重大合作项目尽快落地。推进两岸产业对接集中区建设，支持台资企业转型升级。鼓励台湾青年来闽创业就业。支持在闽台资金融机构发展，推动设立闽台合资全牌照证券公司和两岸合资股权投资基金。

*以广泛交流为基础推动文化融合。*办好第七届海峡论坛。深化闽台乡镇对接，持续开展同名村联谊和宗亲交流。加快海峡两岸交流基地建设，加强祖地文化、宗教文化交流和青少年交流，开展万名台湾青少年来闽交流活动。深化闽台教育、卫生、科技、体育交流合作，打造两岸高等教育、职业教育、医疗卫生和社会服务的合作先行区。

*以平潭开放开发为重点推动综合试验。*用好国家赋予的优惠政策，加大招商引资力度，加快建设新兴产业区、高端服务区、宜居生活区，借鉴自由港经验，建设国际旅游岛。深化与台湾自由经济示范区对接合作，推进两岸关检合作模式创新。推动两岸车辆互通。抓好城市开发建设，保护好自然生态和独特风貌，创造便利生活条件，吸引更多台胞参与平潭建设、落户平潭生活。

（八）加快生态文明先行示范区建设

*加大能源资源节约和减排力度。*严格落实环保监管“一岗双责”，严控高能耗、高排放项目，决不以牺牲环境为代价换取一时的发展，精心呵护山清水秀的美好家园。对各地突出的环境问题，省长一季度一督查，环保厅一季度一通报。实施一批重点节能工程和减排项目，落实差别电价、以奖代补、区域限批等政策，合理控制煤电规模。健全落后产能退出机制。节约集约利用国土资源，鼓励开发利用地下空间，合理开发利用低丘缓坡地，规范土地出让行为，严守耕地保护红线。加强水资源“三条红线”管理，积极推广节水技术和产品。大力发展循环经济。

*抓好水、大气、土壤污染防治。*深入落实大气污染防治行动计划实施细则，出台水、土壤污染防治行动计划实施细则。深化重点流域水环境综合整治和饮用水源地保护，强化畜禽养殖、石板材等重点行业污染治理，加强城市内河整治，加快城乡污水垃圾处理设施建设，采取项目限批、摘牌等措施督促开发区全面建成污水处理设施。完善大气污染监测和预警体系，推进“煤改气”等清洁能源替代，加强城市道路、工地、堆场等扬尘综合整治，全面淘汰2005年底前注册营运的黄标车。启动土壤污染治理与修复工程试点，集中整治重污染工矿企业和重点污染区域，推广使用高效、低毒、低残留农药。强化环境风险预警和防控，严肃查处环境违法行为。通过综合施策，努力让人民群众喝进嘴里的、吸进肺里的、吃进胃里的都更加洁净安全。

*加强自然生态系统建设和保护。*划定生态功能红线。持续推进“四绿”工程，完成植树造林150万亩。严格控制过度开山种茶种果，建立水土流失治理长效机制。推进绿色矿山建设，持续治理“青山挂白”。实施重点流域生态补偿办法，加大对流域上游地区、欠发达地区的补偿力度。完善生态公益林补偿机制，开展重点生态区位商品林赎买试点，大力发展林下经济。推动实施企业环境污染责任保险。加强自然保护区和海洋、沙滩、湿地、无居民海岛生态保护。

（九）让发展成果更多惠及民生

*增强社会保障能力。*落实就业创业扶持政策，实施企业用工调剂和大学生回乡就业创业促进计划，新增城镇就业60万人，农村劳动力转移就业40万人。继续提高企业退休职工和城乡居民基础养老金，实施机关事业单位养老保险制度改革。促进房地产市场平稳健康发展，支持群众首套房、首改房等刚性住房需求，保障性安居工程新开工12万套、基本建成7.5万套，推动住房保障逐步从实物保障为主转向建设和租赁补贴并举。加强社会救助和临时救助，提高城乡低保对象补助水平。大力发展社会福利、慈善和残疾人事业，保障妇女和儿童合法权益。办好21件为民办实事项目。

*提高教育文化发展水平。*扩大普惠性学前教育覆盖面，新建改扩建100所公办幼儿园，基本完成义务教育学校标准化建设，加大县市区内义务教育学校校长和教师校际交流力度。实施人力资源素质提升工程，深化产教融合、校企合作，办好一批应用技术大学和技能型高职院校。加强高水平大学和重点学科建设，扩大工科、医科、农林等紧缺人才培养规模。加强师德教育，优化教师队伍结构。规范发展民办教育，扶持特殊教育，重视继续教育和老年教育。弘扬和践行社会主义核心价值观，发挥家训家风等优秀传统文化的独特

作用。整合基层公共文化资源，完善城乡基本公共文化服务体系。繁荣文艺创作，打造更多具有福建特色的文化精品。重视文化遗产的保护、传承和利用。做好第二轮志书和年鉴的编纂工作。繁荣发展哲学社会科学，积极发展广播影视、新闻出版事业，促进传统媒体和新媒体融合发展。加快文化产业园区建设和龙头企业发展，做大文化产业和体育产业。推动群众体育和竞技体育全面发展，办好第一届全国青年运动会，重视发展老年体育，充分发挥老体协作用。

强化社会治理创新。健全重大决策社会稳定风险评估机制，严格按照“路线图”和“七项机制”依法处理信访事项。深化“平安福建”建设，创新立体化社会治安防控体系，推进安全生产标准化建设提升工程“三年行动”，继续开展道路交通安全综合整治，进一步打好“清剿火患”战役。持续治理“餐桌污染”，建设“食品放心工程”，用最严谨的标准、最严格的监管、最严厉的处罚、最严肃的问责，确保人民群众“舌尖上的安全”。提升防灾减灾和应急处置能力。加强社区建设，做好村居委会换届选举工作。发挥工会、共青团、妇联等人民团体和社会组织的积极作用。认真贯彻中央民族工作会议精神和党的宗教工作基本方针，扎实做好民族宗教工作。

推进军民融合深度发展。深化“双拥”共建，力争连续四届所有设区市均成为全国“双拥模范城”。支持驻闽部队和武警部队训练，加强民兵、预备役部队建设，抓好国防动员和国防教育。加强海防工作，推进军警民联防联管联建。注重平战结合，做好人防工作。进一步做好军转安置和优抚工作，促进军政军民团结。

各位代表！

人民政府任何时候都要把人民利益放在第一位，全心全意为人民服务，尽心尽力对人民负责，加快建设法治政府和服务型政府。

全面推进依法行政。政府的一切权力来自人民、源自法授，必须在党的领导下、在法治轨道上开展工作。健全依法决策机制，推进科学民主决策。深化行政执法体制改革，提高执法效能和水平。严格公正文明执法，规范行政执法行为。加强对行政权力的制约和监督，自觉接受人大监督、民主监督、司法监督、社会监督和舆论监督，加强行政监察和审计监督。全面推进政务公开，让行政权力在阳光下运行。

着力营造良好环境。进一步简化审批、创新服务、马上就办，破除“熟人经济”“吃拿卡要”等顽症。全面推行涉企收费目录清单制度，严格规范涉企收费行为。加快构建社会信用体系，大力倡导诚信文化，依法加强市场监管，创造公平竞争的市场环境。加强人才队伍建设，注重发挥企业家才能，支持创业、激励创新，让一切创造财富的源泉充分涌流，让每个人都享有人生出彩的机会。

持续深化作风建设。强化宗旨意识，践行“三严三实”，常怀感恩之心、敬畏之心、勤勉之心，坚持反对“四风”，坚持“四下基层”，多看看老百姓的口袋、饭碗和脸色。强化责任担当，进一步解放思想、开拓进取，抓住机遇、用好政策，确保中央和省委的部署落到实处、取得实效。强化效能建设，加大问责力度，整治“庸懒散拖”，认真解决“乱作为、不作为、慢作为”问题。强化廉政建设，使广大公务人员心有所畏、言有所戒、行有所止，“不收不送”，廉洁从政。

各位代表，时代赋予光荣使命，奋斗创造美好未来。让我们紧密团结在以习近平同志为总书记的党中央周围，在中共福建省委的领导下，紧紧依靠全省人民，把握新机遇，建设新福建，为促进祖国和平统一大业、实现中华民族伟大复兴的中国梦而努力奋斗！

关于福建省2014年国民经济和社会发展计划执行情况及2015年国民经济和社会发展计划草案的报告

（2015年1月28日福建省第十二届人民代表大会第三次会议）

福建省发展和改革委员会

各位代表：

受福建省人民政府委托，现将福建省2014年国民经济和社会发展计划执行情况及2015年国民经济和社会发展计划草案提请省十二届人大三次会议审议，并请省政协各位委员和其他列席人员提出意见。

一、2014年国民经济和社会发展计划执行情况

过去的一年，在省委的正确领导下，我们深入学习贯彻党的十八大及十八届三中、四中全会和习近平总书记系列重要讲话及对福建工作的重要指示精神，按照省委的统一部署和省十二届人大二次会议通过的目标任务，全力抓好稳增长、调结构、促改革、惠民生等各项工作，科学发展跨越发展取得新成效，经省十二届人大二次会议审议通过的国民经济和社会发展计划执行情况总体较好。初步统计，全省生产总值24055.76亿元，增长9.9%。

一年来，我们全面贯彻省委决策部署，认真落实省十二届人大二次会议决议，经济社会发展成效主要体现在五个

方面：

(一)三次产业稳步发展，结构调整步伐加快

加大对实体经济扶持力度，出台稳增长的一系列政策措施，推动产业转型发展。第一、二、三产业分别完成增加值2014.91亿元、12515.36亿元和9525.49亿元，增长4.4%、11.7%和8.3%。

农业保持平稳发展。农林牧渔业总产值3522.31亿元，增长4.5%。粮食总产量667万吨，增长0.4%，肉蛋奶产量增长1.2%，水产品产量增长5.6%。新增耕地11.9万亩、设施果蔬基地11.6万亩、省级以上现代林业示范基地18.3万亩、省级现代渔业产业园区20个。“一区两园”建设完成投资62.5亿元，增长25%。428家省级以上重点龙头企业销售收入2131.68亿元。重大水利项目完成投资156.9亿元，动工建设九龙江防洪工程龙岩段(一期)等46个项目；晋江防洪工程试验段等44个项目建成或基本建成；罗源霍口水库、平潭及闽江口水资源配置工程等项目前期工作取得新进展。

第二产业较快增长。出台推动工业稳增长促转型、加强企业融资服务等政策措施，继续实施技改专项行动计划，努力帮助企业渡过难关。工业增加值增长11.8%，建筑业增加值增长11%。规模以上工业增加值10038.2亿元，增长11.9%，其中民营工业增长10.7%。电子、机械、石化三大主导产业增加值增长14.3%，高技术产业增加值增长10.2%。205家省级龙头企业实现产值8093.95亿元，增长18.6%。漳州古雷翔鹭石化PTA、龙岩新龙马发动机、莆田差别化化学纤维一期等一批重大项目建成或基本建成投产。

服务业持续发展。货物周转量、货运量、沿海港口货物吞吐量、集装箱吞吐量分别增长21.3%、15.6%、8.1%、8.7%，建成一批现代物流综合园区、配送中心。金融业增加值增长13.3%，本外币贷款余额增长15.74%，发行债券融资1065.4亿元，26家次企业在境内外上市融资或再融资301.9亿元，41家企业在“新三板”挂牌，19家企业在海峡股权交易中心挂牌。泉州、莆田列入第二批国家电子商务示范城市。

海洋经济加快发展。海洋生产总值6500亿元，增长13.6%。247个海洋经济重大项目建成投产或部分投产36个。128艘远洋渔船完成更新改造，远洋渔业产值居全国第2位。

创新能力进一步提升。紧抓创新引领，设立国家和省级新兴产业创投基金，积极争取国家创新资源，新增5个国家地方联合创新平台、141家高新技术企业、126家创新型企业、2个国家工程技术研究中心、2个国家认定企业技术中心。第十二届“6·18”对接合同项目5273项，增长20.4%。“6·18”虚拟研究院已建成网络协同、技术支撑、市场服务3个平台，设立机械装备、海洋、建筑建材、现代农业4个分院。省公共信用信息平台、省网上办事大厅等一批公共平台开通试运行，“数字福建”云计算中心等项目加快推进，长乐和安溪两个大数据产业园区加快建设。

(二)投资消费有效拉动，扩大内需成效明显

投资较快增长。加快重大项目落地进度，促进投资规模扩大、结构优化。全社会固定资产投资18449.48亿元，增长18.8%。其中，基础设施投资增长22.4%、制造业投资增长9.9%；民生领域投资增长28%；进一步释放民间投资潜力，民间投资增长23.3%，占全社会固定资产投资的59.8%。

重点项目加快推进。357个在建省重点项目完成投资3985亿元，宁德核电2号机组和福清核电1号机组、沈海高速公路复线泉州段、国投湄洲湾煤炭码头一期、福清天辰耀隆己内酰胺等173个项目建成或部分建成；新增高速公路通车里程118千米、港口吞吐能力4000万吨、电力装机340万千瓦。衢宁铁路、福州和厦门地铁2号线等159个项目开工建设；漳州古雷炼化一体化等一批项目前期工作加快推进。

新型城镇化积极推进。出台实施新型城镇化规划、促进中小城市和城镇改革发展的若干意见，推动不同层次不同主题的新型城镇化试点，稳步推进户籍制度改革。城镇化率提高到61.8%。

“三维”项目积极推进。纳入全省“三维”项目跟踪管理系统的央企、民企、外企项目共4761个，全年续建和开动工建设4038个，建成投产1460个，完成投资6714亿元。

消费稳定增长。制定实施促进内贸稳定发展政策措施，促进消费扩大和升级。社会消费品零售总额9205.55亿元，增长12.9%。信息消费规模2650亿元，增长19%。文化办公用品、汽车类零售额分别增长25.7%和16.2%。网络消费蓬勃发展，限额以上企业实现网上商品零售额增长102.3%。“清新福建”品牌成为全省形象，新增A级以上景区53个，接待游客2.34亿人次，增长16.8%；实现旅游总收入2707.62亿元，增长18.4%。

(三)改革开放不断深化，发展活力进一步增强

全面深化改革，努力破解发展瓶颈也是省人大代表所关注的问题。我们扎实推进十大领域44项年度重点改革任务，过去一年改革开局良好，一些重点领域和关键环节改革取得了进展。

政府机构改革稳步推进。推进省级党政机关与所属企业及经营性资产、所办院校、干训机构脱钩。开展事业单位分类改革。整合组建了省公共资源交易中心。

行政审批制度改革不断深化。推行省级行政权力清单制度；省级保留行政审批事项310项；简化企业投资审批程序，制定实施企业投资项目核准管理办法，省级核准的企业投资项目从49项减少为19项。外商投资项目由全面核准改为以备案为主的管理方式。

市场环境持续改善。加快工商登记制度改革，企业登记前置许可项目仅保留17项，新登记企业数增长71.1%。发展混合所有制经济，推进省属企业整合重组和股权多元化改革。在基础设施、社会事业、特许经营等领域推出122个、总投资2248亿元项目鼓励社会资本参与建设运营，32个项目开展PPP试点，17个项目开展省级政府购买服务试点。林权改革持续深化。推进12个重点行业领域的信用体系建设。

外经贸发展水平提升。全省进出口1775亿美元，增长4.8%，其中，出口1134.6亿美元，增长6.6%。新批外商投资项目1044个，新批千万美元以上项目350个，其中亿美元

以上项目47个；实际利用外商直接投资71.1亿美元，增长6.5%，其中服务业实际利用外资比重35.5%。积极实施"走出去"战略，全省核准备案对外直接投资额27.7亿美元。中国(福建)自由贸易试验区获批设立。积极参与"一带一路"建设，实际利用东盟投资增长69.8%，中国—东盟海产品交易所开业。闽港澳贸易额104.5亿美元，实际利用港澳资金45.6亿美元，增长8.3%。

闽台交流合作纵深拓展。闽台贸易额124.4亿美元，实际利用台资11.9亿美元，增长10.9%。10家台湾百大企业、行业龙头在我省增资扩产。成功举办第六届海峡论坛。闽台海空直航运送旅客261万人次。推动平潭开放开发，新增台资项目154项，宸鸿科技(平潭)建成投产，台湾创业园投入运营，对台小额商品交易市场开业。

(四)节能减排扎实推进，生态省建设取得成效

细化落实国家支持福建省加快生态文明先行示范区建设的各项支持政策。持续推进"四绿"工程，完成植树造林163.9万亩，治理水土流失面积256万亩。实施宜居环境建设行动计划，深化"点线面"攻坚，实施城市"三边三节点"项目235个，整治村庄1085个，创建美丽乡村示范村110个。开展"两违"专项治理，拆除违建面积3895万平方米。

省人大代表高度关心关注空气、水等民生环境问题，在这方面我们积极开展节能减排低碳发展行动，出台大气污染防治行动计划实施细则责任分工方案，23个城市空气平均达标天数比例为99.3%；实行流域保护"河长制"，12条主要河流水域功能达标率、Ⅰ～Ⅲ类水质占比分别为98.1%、94.7%；新建、扩建28座污水处理厂和2座垃圾无害化处理场，市县污水、生活垃圾无害化处理率分别达88%、96%。预计万元生产总值能耗、化学需氧量、二氧化硫、氨氮、氮氧化物等年度节能减排目标可以实现。

(五)社会事业加快发展，人民生活持续改善

省人大代表在保障和改善民生方面提出不少建议，在这方面我们采取有力措施，加大民生投入，增加公共产品供给。

21项为民办实事项目全面完成全年目标任务，累计完成投资730.48亿元。城镇新增就业66.13万人，城镇登记失业率3.47%。城镇居民人均可支配收入30722元，增长9%；农民人均可支配收入12650元，增长10.9%。"单独二孩"政策稳步实施，人口自然增长率7.5‰。

积极开展农村薄弱学校"委托管理"试点，扩大优质教育资源覆盖面；新增108所公办幼儿园，增加3.3万个幼儿学位和7.3万个中小学学位，全省92.6%的义务教育学校基本实现标准化；学前三年儿童毛入园率96.9%，初中学龄人口入学率98.8%，高中阶段毛入学率93.4%，高等教育毛入学率39.8%。

持续深化医药卫生体制改革，定向培养县级医院"本土化"医学人才。我省成为国家医改试点省份，基本实现基层医疗卫生机构和村卫生所基本药物全覆盖，新增床位8630张以上，常住人口每千人床位数4.33张，城乡居民大病保险全面实施。

大力实施文化惠民工程，加大公共文化基础设施建设力度，新建地市级图书馆4个、文化馆1个、博物馆1个和县级综合档案馆9个，成功举办大型舞剧《丝海梦寻》晋京展演等重大文艺活动。

保障性安居工程开工12.86万套，基本建成12.13万套，均超额完成国家下达任务。养老床位总数达13.66万张。解决263.2万人农村饮水安全问题。深入实施"食品放心工程"，加强"餐桌污染"治理。完成"造福工程"危房改造5万户。居民消费价格总水平上涨2%，控制在预期目标以内。

各位代表！2014年经济社会发展还存在不少困难和问题，省人大代表也提出了一些关注点，这些困难和问题主要是：产业竞争力不强，新的竞争优势尚未形成，结构不够优化，服务业发展相对缓慢，龙头企业数量偏少，企业创新能力偏弱；融资难、融资贵以及用工短缺等问题突出，大宗产品价格低迷，部分企业生产经营困难；投资增速回落，房地产市场下滑，外需市场较疲弱；教育、医疗等资源总量不足、结构不合理；节能降耗形势比较严峻，资源环境制约更加突出；改革的复杂性、艰巨性凸显，有些改革的步伐不够大，上下联动和协调配合不够。面对这些困难和问题，我们要有措施，要有办法，不断改进，推动解决。

二、2015年国民经济和社会发展主要预期目标和任务

政府工作报告提出的今年经济社会发展主要预期目标包括：

一是保持经济持续健康发展。预期全省生产总值增长10%左右，主要考虑要抓住中央支持福建发展的难得机遇，落实好中央支持福建加快经济社会发展、自贸区、"一带一路"等一系列政策，争取中央在政策、项目、资金上给予更大支持，政策的叠加效应将逐步显现，同时也是落实省委九届十一次、十二次全会精神，保持一个较快的发展速度，为确保今年和"十二五"目标任务的实现、为"十三五"发展奠定基础。全社会固定资产投资增长18%左右，主要考虑我省加快推进一批重点项目，提前启动部分"十三五"重大项目；社会消费品零售总额增长13%，出口总额增长6%，实际利用外商直接投资增长6%，主要考虑消费增长空间拓宽，努力扩大国际市场。

二是保障民生水平。预期公共财政总收入增长10%左右，地方公共财政收入增长9%左右；城镇新增就业60万人，城镇登记失业率控制在4.2%以内；城镇居民人均可支配收入增长9.5%，农民人均可支配收入增长10%；居民消费价格总水平涨幅控制在3%左右；人口自然增长率控制在9.5‰以内。主要考虑经济社会发展相应增加财政收入，提供了就业岗位，增加城乡居民收入，物价调控工作进一步加强。

三是推进生态环境全面建设。预期完成单位生产总值能耗以及主要污染物排放年度控制目标。主要考虑生态文明先行示范区建设持续推进，政策体系进一步完善，节能减排工作力度加大。

为了实现上述目标，我们要全面落实中央和省委部署，主动适应经济发展新常态，进一步做大总量、优化结构、改善

民生、融合发展，坚持“三个必须”，稳中求进、改革创新，科学谋划编制“十三五”规划，全力推进科学发展跨越发展。重点要组织实施好八个方面工作：

（一）积极有效扩大内需

促进投资总量扩大结构优化。扎实推进城乡基础设施建设，加快铁路、轨道交通、高速公路、港口、机场、核电、油气管网、信息网络及水利等基础设施建设。推进企业技术改造，完成技改投资4100亿元，增长20%。引导民间资本加大在制造业、基础设施、社会事业、战略性新兴产业等领域投资，力争民间投资总量超过13000亿元。

加快重点项目建设。安排省重点项目490个，其中在建项目357个，年度计划投资3500亿元。计划建成福清核电2号机组和宁德核电3号机组、合福铁路、赣龙铁路扩能工程、京台高速等150个项目，新增铁路运营里程419千米、高速公路通车里程710千米、港口吞吐能力2000万吨、电力装机200万千瓦以上。计划开工建设吉永泉、浦梅铁路、福清核电5号机组等150个项目。力争福厦高铁等重大项目前期工作取得突破。

切实推进项目落地。抓好列入科学发展跨越发展行动计划的重大项目，力争实现“十二五”规划新开工项目全部开工，一批带动性强的“十三五”规划项目提前开工。建立政府、金融机构与企业三方对接长效机制，争取银行、证券、保险等金融机构加大倾斜支持力度。推进和谐征迁，保障项目要素需求。

积极促进消费。加大消费市场安全性、规范化和商务诚信建设，引导城乡居民扩大旅游、文化等非商品消费，培育信息、健康、养老、绿色等新型消费热点，稳定住房消费，支持信用消费业务。改造提升传统流通业态，引导传统批发零售业开展电子商务与城市配送为一体的同城购物。鼓励企业参与省外招投标，支持在省外建立综合性闽货产品展示销售平台。

（二）加快发展现代农业

保障粮食安全。完成“十二五”高标准农田建设任务325万亩；推广水稻高优品种和关键增产技术，推进集中育秧、超级稻和再生稻生产，确保粮食总产量稳定在650万吨。加快推进省、市、县三级标准化粮食储备仓容建设。

发展优势特色现代农业。做大蔬果、茶叶、竹业、油茶、花卉、食用菌等特色产业。大力推广林蜂、林菌、林药等林下经济，发展大黄鱼、石斑鱼等优势海水养殖业。培育10家省级以上“育繁推一体化”种子企业，规范一批省级原（保）种场。

加快发展设施农业。新扩建设施农业重点项目600个，突出建设一批投资上千万元的项目和上千亩的设施果蔬基地。大力发展先进设施装备的工厂化水产养殖基地。加大力度支持建设一批设施标准高、管理精细、生产过程可追溯，保鲜冷藏、加工、包装等商品化处理设施完善的设施农业生产基地。

加快培育新型经营主体。引导农民合作社建章建制、完善机制，建设省级规范社；加快发展乡村旅游、家庭农场，培育省、市、县三级家庭农场示范场。鼓励农业龙头企业做大做强，与农户、合作社建立紧密利益联结机制。

（三）推进产业发展升级

壮大龙头和产业集群。加快推动具有集聚带动和辐射引领作用的龙头项目，促进泉港恒河化工、福建圣农（松溪）鸡业等项目开工建设；推动马尾船政特种船舶、三明金明稀土新材料等项目加快建设；争取莆田中锦聚酰胺6切片、福清经纬新纤涤纶化纤、武平坤孚镁合金深加工等项目建成投产。完善万亿技改项目库，实施省级重点技改项目500项。加快推进重点产业（基地）建设，力争产值超500亿元产业集群（基地）达20个。

加强“三维”项目对接。强化项目策划储备，保持“月月有对接，月月有落地”，新对接项目开工数争取达到50%以上，完成投资3500亿元以上。加大与大唐电信、中化、宝钢等央企对接。争取在能源装备领域项目对接取得重大突破。

推动服务业发展提速比重提高。出台加快生产性服务业发展促进产业转型升级的实施意见，培育一批生产性服务业骨干企业。争取境内外金融机构来闽设立分支机构。实施旅游景区提升工程，增强旅游公共服务能力。注重新常态下新经济形态和新发展方式，发展智慧旅游及网络家政、教育等互联网新业态，运用云计算等信息技术推动制造业智能化，加快引进电子商务龙头企业，加快推进健康与养老服务工程建设，每千名老年人拥有养老床位数不低于30张，支持企业在社区设立连锁便民服务网点。推进国家级、省级服务业综合改革试点工作，推动332个服务业重大项目建设。

加快海洋经济发展。推动海洋经济重大项目建设，重点发展海工装备、海洋生物等海洋新兴产业，做大做强一批海洋生物医药和保健品研发生产基地。加快远洋渔船更新改造步伐，建设东盟渔业综合基地，推进一批渔港建设。

推进创新驱动发展。更多依靠科技创新培育和形成新增长点，加快布局建设一批国家和省级工程（技术）研究中心、重点（工程）实验室、企业技术中心等，累计建成1000家以上。加快推进集成电路等一批重大项目。实施产业技术联合创新专项。推进“6·18”市场化改革，积极筹建生物医药、电子信息、石化等虚拟研究院分院。突出互联网经济发展，加快“数字福建”建设，启动省直部门数据中心及信息中心整合工作，推动大数据整合共享和开放开发，加快整合建设一批互联网公共平台。

加快军民融合深度发展。谋划和建设一批军民结合重点项目，支持基础设施建设，加强通用物资社会化保障，构建科学规范的军民融合体制机制，促进军地科技、人才、信息等要素交流融合和良性互动。

（四）促进城乡区域协调发展

积极稳妥推进新型城镇化。按照“人进城、建好城、管好城”的要求，加快厦漳泉大都市区同城化和福州大都市区发展，突出抓好中小城市和城镇发展，深化国家级和省级新型城镇化试点，在产城融合、小县大城关、土地改革、绿色发展等方面积极探索实践。开展“多规合一”和城市开发边界划定试点。推动首批15个中心镇开展“小城市”培育试点。深化46个小城镇综合改革建设。构筑各具特色的产业支撑，加强公共服务体系和基础设施建设，推动城镇治理机制和投融资体制改革。

加大城乡宜居环境建设力度。推动“点线面”攻坚延伸拓展，提升市政道路和管网，新建改造城市道路、燃气管网、雨水管网、污水管网、供水管网各1000千米。提升城市“三边三节点”，实施环境整治提升，打造城镇景观走廊。继续实施新一轮“千村整治、百村示范”美丽乡村建设工程。深化“两违”综合治理，加快历史“两违”分类处置，优化拆后土地利用。

扶持欠发达地区发展。抓好国家扶持我省苏区老区等政策落实，推进闽粤经济合作区、厦门龙岩山海协作经济区、长(汀)连(城)武(平)扶贫开发实验区建设。加大对苏区老区、少数民族地区、库区、海岛等欠发达地区的支持力度，加快实施科学扶贫、精准扶贫，确保完成全年20万人的减贫任务。

(五)提高对外开放水平

加快外经贸发展。建设福建电子口岸公共平台，持续推进通关便利化，扶持跨境电子商务，加强品牌培育，促进外贸加快转型升级。创新引资方式，加大对跨国公司、世界500强、全球行业龙头的引资力度，鼓励老项目增资扩产，引导国际产业资本和投资基金参与我省企业并购重组。鼓励企业建立国际营销网络。推进落实闽港澳经贸合作协议，提升闽港闽澳合作水平。

建设“海丝”核心区。编制实施福建省建设21世纪海上丝绸之路核心区实施方案，支持泉州建设先行区及福州、厦门等打造战略支点。发挥华侨、华人作用，促进与“海丝”沿线国家双向投资，加快厦门大学马来西亚分校和华侨大学海上丝绸之路研究院建设，发挥东盟海产品交易所作用，推动实施中国—东盟海洋合作中心等一批合作项目。

积极推进自由贸易试验区建设。强化制度创新，明确各区域功能定位和试验重点，立足自身产业基础和发展方向，完善工作方案和路线图，创新具体举措。制定并实施自贸区产业发展规划。加快建立投资贸易便利、金融创新功能突出、服务体系健全、监管高效便捷、法制环境规范的自贸区。充分发挥福建对台优势，推动闽台货物、服务和各类要素自由流动。

推动闽台深度融合。扩大闽台现代农业、先进制造业、战略性新兴产业、现代服务业的深度对接。完善两岸“三通”机制，增辟闽台航点航线，推动开通闽台空中直线航路；积极推进台湾海峡通道项目前期工作；推动在厦门、平潭等地试点两岸机动车辆通过客滚航线互通行驶，实施台湾地区车辆便利进出政策。加强闽台关检合作，推动实现信息互换、执法互助和监管互认。推动厦门加快建设两岸新兴产业和现代服务业合作示范区、两岸区域性金融服务中心、东南国际航运中心。

加快平潭开放开发。进一步落实国家赋予的各项优惠政策，以实施全岛封关运作为契机，探索“放地、放权、放利”的途径和措施。加快建设台湾高新技术产业园，深化与台湾自由经济示范区对接合作。加强造林绿化和海岛生态修复保护。

(六)深化重点领域和关键环节改革

进一步优化投资环境。做好国务院新取消、下放行政审批事项的衔接工作，进一步清理各级行政审批事项，逐步取消非行政许可审批事项。清理规范行政审批事项的前置条件和中介服务事项，推进并联审批。加强和规范各级行政服务中心建设。健全省网上办事大厅服务功能，全省行政审批事项全部入驻。全面实施行政权力清单制度，依法公开权力运行流程。推行“三证合一”、实施“直接登记制”、加快工商登记制度改革。加快建设和完善全省公共信用信息系统，建立守信激励和失信惩戒机制。理顺和强化市场监管机构职责，加强事中事后监管。

健全现代市场体系。推进重要资源性产品、医药、环保等领域价格改革。推进国有林场改革。完善公共资源交易平台建设。基本完成全省党政机关公务用车制度改革。推动成立政府主导的融资性担保公司，推进重点领域和重点区域金融改革创新。

推进各类改革试点。发挥先行先试作用，深化金融服务实体经济改革，开展全产业链金融服务创新试点；开展农村宅基地制度改革试点，完善农村宅基地管理制度；继续开展政府和社会资本合作(PPP)试点；推进中小城市、民营经济综合改革试点，增强中小城市资源聚集、人口吸纳、综合承载等能力和促进民营企业发展。推进建立国家公园体制试点。

(七)扎实推进生态省建设

推进生态文明先行示范区建设。科学划定生态红线，建立生态保护红线管控制度。组织实施国家级主体功能区建设试点示范工程。推动闽江、九龙江源头和以武夷山—玳瑁山为核心的生态功能区增列为国家限制开发的重点生态功能区。植树造林150万亩，重点抓好“四绿”工程、生物防火林带和沿海防护林体系建设。持续推进国家水土保持重点工程建设。出台重点流域生态补偿实施办法，加强“六江两溪”重点流域水环境综合整治。

加大节能减排降碳工作力度。严格落实节能减排降碳目标责任制，深入推进重点领域、重点行业和综合示范城市节能减排降碳工作。实施一批节能重点工程，扎实推进“城市矿产”示范基地、园区循环化改造示范试点、循环经济示范城市、资源综合利用“双百工程”以及低碳城市试点等建设。加大规模化畜禽养殖污染治理力度，推进水泥、造纸、印染、合成氨、钢铁、火电等重点行业全面规范深度治理。推行节能减排市场化机制，启动节能量交易试点，持续推进排污权交易试点。

加强大气污染治理。落实大气污染防治计划实施细则，整治城市燃煤小锅炉和分散型工业燃煤炉窑，积极推进集中供热、“煤改气”、“煤改电”等清洁能源替代工程建设。深化城市面源污染治理，创建扬尘控制区并不断扩大控制区范围，强化建筑施工、堆场扬尘控制。加快淘汰黄标车和老旧汽车，推广应用节能与新能源汽车，进一步完善加气站、充电站等规划建设。

(八)加强社会建设和改善民生

加快构建扩大就业长效机制。建立经济发展和就业联动机制，努力创造就业岗位，确保实现就业目标。实施企业用工调剂和大学生回乡就业创业促进计划。做好高校毕业生、就业困难人员、农村转移劳动力、退役士兵等群体的就业帮扶，实施有利于就业困难人员灵活就业、企业吸纳就业的财税政策，鼓励和支持自主创业。完善城乡统一的就业失业登记管理办法。

进一步提高社会保障水平。规范完善城乡统一的居民养老保险制度，完善征地补偿和被征地农民社会保障办法。稳步提高企业退休人员基本养老金和城乡居民基础养老金最低标准，稳妥推进机关事业单位养老保险制度改革。提高新型农村合作医疗和城镇居民基本医疗保险财政补助标准，实现城乡居民基本医疗保险设区市统筹。推进集中成片城市棚户区、农村危房和石结构房屋改造，全面推行廉租住房和公共租赁住房并轨运行，新开工保障房12万套，基本建成7.5万套。

优先发展教育事业。全面改善义务教育薄弱学校基本办学条件，实施城区中小学扩容、义务教育学校运动场地塑化等工程，新增城区中小学学位8万个、幼儿学位2.7万个，改造新建中小学校舍40万平方米、幼儿园校舍27万平方米。加快构建现代职业教育体系，推进高等教育稳定规模、优化结构、开放发展。

大力发展医疗卫生事业。深化医药卫生体制改革，推进医改试点省工作，实现全省公立医院综合改革全覆盖，所有城市和县级公立医院实行药品和耗材零差率改革。积极组建医疗联合体，加快推动分级诊疗制度。加强基层医疗卫生机构、重大疾病防治设施、地市级医院等医疗服务和公共卫生机构能力建设，新增医疗机构床位8400张以上。鼓励和支持社会资本进入医疗领域，推进医疗园区建设。继续落实计划生育政策，促进人口长期均衡发展。

扎实推动文化强省建设。推进公共文化服务体系建设，合理配置城乡文化资源，加快推进海峡演艺中心、省图书馆改扩建等重点文化项目建设，继续推动公共文化设施向社会免费开放。加强历史文化名城名镇名村、历史文化街区、传统村落保护力度，推进文化遗产保护、传承和利用。加快文化产业发展，做大做强文化企业。精心办好首届全国青运会和第三十三届中国国际体育用品博览会。

各位代表！做好"十三五"规划编制工作是今年一项十分重要的任务。我们要继续做深做实前期研究，认真谋划一批事关全局发展的重大项目、工程和政策，同步编制一批省级重点专项规划，凝聚各方智慧力量，规范推进《纲要》编制，努力使"十三五"规划顺应人民期盼、引领经济社会发展。

各位代表！我们要紧密团结在以习近平同志为总书记的党中央周围，全面贯彻省委的决策部署，认真落实省十二届人大三次会议决议，自觉接受省人大及其常委会的法律监督、工作监督和省政协的民主监督，高度重视省人大代表和政协委员的意见建议，进一步增强责任感，凝心聚力，抢抓机遇，只争朝夕，扎实工作，努力完成本次会议通过的各项目标任务和"十二五"规划目标任务，努力建设机制活、产业优、百姓富、生态美的新福建！

关于福建省2014年预算执行情况及2015年预算草案的报告

（2015年1月28日福建省第十二届人民代表大会第三次会议）

福建省财政厅

各位代表：

受福建省人民政府委托，现将福建省2014年预算执行情况及2015年预算草案提请省十二届人大三次会议审议，并请省政协各位委员和其他列席人员提出意见。

一、2014年预算执行情况

全省各级、各部门在省委的坚强领导下，深入学习贯彻党的十八大、十八届三中、四中全会和习近平总书记系列重要讲话精神，切实落实省委九届十一次、十二次全会决策部署，坚持稳中求进、好中求快工作总基调，继续实施积极财政政策，扎实推进财税改革，加强和完善预算管理，预算执行总体良好，有力促进我省科学发展、跨越发展。

（一）落实省人大预算决议工作情况

按照省十二届人大二次会议决议，以及省人大财政经济委员会的审查意见，主要从以下五个方面做好财政工作：

1. 贯彻落实稳增长、调结构的财税政策

积极发挥财政职能作用，促进经济平稳健康发展，全省经济保持比全国高一点的有质量有效益的增长速度。一是集中财力支持经济发展的重点领域和关键环节。统筹319亿元，支持交通、能源、市政、水利、信息、环保等城乡基础设施"六项提升工程"建设。统筹60亿元，推动外贸稳定增长、促进战略性新兴产业、现代农业、海洋经济和旅游经济加快发展。二是落实减税降费政策。通过扩大"营改增"试点范围、兑现房产税和土地使用税"即征即奖"资金、实施高新技术企业所得税优惠政策、减免小微企业税费，共计减免税费约100亿元。三是改进财政支持方式。分别出资10亿元设立省龙头产业投资基金、增加省再担保公司资本金、投入城乡综合开发投资平台，推动财政政策杠杆与金融工具有机结合，引导社会资本服务实体经济。四是支持科技创新。完善省级科研项目和资金管理，扩大科研经费补助范围，加大对产业发展有影响力的科技创新平台的支持力度。

2. 扎实推进各项财税改革

按照中央和省委的部署要求，制定改革时间表和路线图，6大类、20项改革任务有序推进，改革成效正逐步显现。一是改进预算管理制度。全面启动全口径预算编制、国库现金管理改革试点、国库集中支付电子化工作。完善省级财政专项资金管理制度，提高预算绩效管理水平。开展省级财政结余结转资金清理，盘活存量资金，重点用于民生改善、支持产业转型升级和基础设施建设。升级改造省级政府采购电子化监管平台，基本实现"业务公开、过程授控、全程在案、永久追溯"的目标。初步建成财政管理一体化信息系统，为财政管理更加规范、透明、高效提供技术支撑。不断扩大网络版票据系统试点使用范围。二是完善县级基本财力保障机制，研究制定市县下移财力及加强绩效管理奖励办法和县级基本财力保障转移支付补助办法。三是加强政府债务管理。建立健全债务收支计划编制、政府融资平台公司名录管理、债务风险提示通报、土地储备机构融资规模卡等配套措施，防范债务风险。四是推进预决算公开。政府预决算、部门预决算和"三公"经费预决算公开工作实现省市县三级全覆盖，比原定计划提早一年。五是启动政府与社会资本合作(PPP)试点、政府购买服务试点，完成省级行政机关与所办(属)企业和经营性资产脱钩改革工作。六是制定《福建省财政专项资金管理信用记录系统实施办法》，建立单位和个人申报使用专项资金的信用记录，作为安排各类专项资金的依据。七是持续推进简政放权，目前省级财政仅保留行政审批事项3项，我省是全国省级财政保留行政审批项目最少的省份之一。

3. 注重民生投入绩效

按照"守住底线、突出重点、完善制度、引导舆论"的原则，落实好各项民生政策。一是优化财政支出结构，盘活财政存量资金，进一步加大对三农、教育、社会保障、就业、医疗卫生、文化等民生领域的投入力度。全省财政涉及民生相关的支出2416.68亿元，占一般公共预算支出的73.2%，比上年提高1个百分点，有力地保障了各项民生政策的落实。二是认真做好为民办实事工作。2014年，省委省政府确定为民办实事项目21项，资金总量达268.77亿元，其中省级172.84亿元，省财政足额筹措并及时拨付项目资金。三是注重民生投入使用绩效。选择32个民生支出项目开展预算绩效重点评价和监控，涉及财政资金72.61亿元，逐步建立重点民生支出绩效评价机制。

4. 厉行勤俭节约

贯彻落实中央八项规定精神和关于加快建立健全厉行节约反对浪费制度体系的决策部署，2014年，统一压减省级部门一般性业务费预算5%。严格按照"零增长"的原则，对省级部门"三公"经费预算进行审核和控制，2014年，省本级"三公"经费预算为6.82亿元，同比下降5.9%。完成省级会议、差旅、培训、出国、外宾接待等6项管理办法的制定和修订工作，以刚性制度约束公务支出。开展省直单位"三公"经费专项检查、全省贯彻中央八项规定严肃财经纪律和"小金库"专项治理工作，严格处罚，督促整改，努力健全贯彻八项规定严肃财经纪律的长效机制。

5. 积极争取中央财政支持

通过积极向上争取，加强政策对接，中央财政对我省支持力度进一步加大。一是2014年，中央财政补助我省各类资金总额首次突破1000亿元。在此基础上，中央财政还明确在均衡性转移支付等6个方面，进一步加大对我省的支持。二是财政部代理发行我省政府债券资金132亿元，比上年增加35亿元，增幅为全国第一。三是平潭综合实验区财税优惠政策全面落地。企业所得税产业优惠目录顺利出台，内地货物经"二线"销往平潭实行出口退税政策、平潭企业之间货物交易免征增值税和消费税政策，以及平潭对台小额商品交易市场税收政策相继获批。

(二)2014年预算收支情况

1. 一般公共预算

省十二届人大二次会议通过的2014年全省一般公共预算收入2351.72亿元，全省财力预算为2844.72亿元，相应安排全省支出预算2844.72亿元。

据快报统计，2014年，全省一般公共预算总收入3828.02亿元，完成年初预算的100.6%，比上年增加397.66亿元，增长11.6%。其中：全省一般公共预算收入2362.29亿元，完成年初预算的100.4%，比上年增加242.84亿元，增长11.5%。全省一般公共预算支出3300.7亿元(含中央专款和上年结转等支出)，比上年增加231.89亿元，增长7.6%。

2014年，省级一般公共预算收入244.76亿元，完成年初预算的129.2%，比上年增加43.9亿元，增长21.9%。省级支出466.81亿元(含中央专款和上年结转等支出)，比上年增加45.43亿元，增长10.8%。中央税收返还和转移支付补助907.04亿元，比上年增加38.57亿元，增长4.4%。省对市县税收返还和转移支付补助799.21亿元，比上年增加41.61亿元，增长5.5%。

2014年省级预算收支执行具体情况如下：

(1)主要收入项目执行情况

营业税(含改征增值税)113.26亿元，增长28.5%。企业所得税42.41亿元，增长38.9%。地方小税种28.59亿元，增长7%。

(2)主要支出项目执行情况

农林水事务支出203.06亿元，增长2.4%。积极支持茶业、竹业、渔业、油茶等特色优势产业发展。支持现代农业示范区、台湾农民创业园、福建农民创业园等"一区两园"建设。支持推进"千村整治、百村示范"美丽乡村建设。完善森林生态补偿机制，支持"四绿工程"和林下经济，保护林业生态。推进"六江两溪"重点流域保护及中小河流治理。持续加大水土流失治理力度，水土流失治理取得明显成效。农业综合开发向生态省建设、涉海产业、省级扶贫开发工作重点县倾斜。

社会保障和就业支出85.2亿元，增长3%。稳步提高各项社会保障标准：城乡居民社会养老保险基础养老金标准提高到每人每月70元，企业退休人员月人均养老金提高200元，农村低保标准提高到家庭年人均收入2100元。完善社会救助标准与物价上涨挂钩联动机制。对社会养老服务给予补助和税费优惠，支持建设43个乡镇敬老院和8个县级社会福利中心。继续落实计生家庭奖励扶助政策。完善贫困残疾人生活补贴，将言语与听力重度残疾人纳入补助范围。加强就业资金管理，促进创业带动就业。

医疗卫生支出108.6亿元，增长10.6%。将新农合和城镇居民医保政府补助标准提高到320元，将城乡医疗救助政府筹资标准提高到200元，将基本公共卫生服务人均经费标准提高到35元，完善重特大疾病保障机制，着力构建基本医疗保障体系。促进卫生资源的规划和配置，合理确定公立医院建设规模和标准，落实公立医院定项投入政策，建立差别化补助机制，推进公立医院综合改革。落实乡村医生药品零差率改革专项补助、基本公共卫生服务补助、农村卫生院卫技人员奖励和人员经费，支持基层卫生条件改善。

教育支出112.47亿元，增长10.3%。实施城区中小学扩容工程，增加7万个学位。启动"全面改薄"工程，改善贫困地区义务教育薄弱学校办学条件。实施学前教育发展三年行动计划，新增108所公办幼儿园，增加3.2万个学位。进一步提高省属本科高校和高职院校生均拨款水平，完善研究生教育投入机制，推动高等教育内涵发展。支持建设以就业为导向的现代职业教育体系。继续完善家庭困难学生资助体系。

文化体育与传媒支出18.49亿元，增长1.2%。促进城乡文化一体化发展，支持新建150个城市社区多功能运动场和50个城市社区室内健身房，新建500个乡镇综合文化站文化信息共享服务点，扶持非遗地方剧种剧团公益性演出1600场、省属和市级文艺院团低票价惠民演出1068场。继续做好公共博物馆、纪念馆、文化馆、重大体育场馆等免费开放，农村广播电视村村通工程的运行维护工作。支持文化遗产保护和传承发展，加大文物征集保护力度，加强民族民间艺术、民俗文化等保护利用和宣传普及。加大文化精品创作生产和人才培养力度，支持实施"四个一批"人才培养工程和文化名家工程。

住房保障支出39.7亿元，增长76.2%。保障性安居工程住房基本建成12.04万套，新开工12.86万套，棚户区改造9.18万套。严格落实保障性安居工程建设税费优惠政策，对参与保障性安居工程建设的各类投资主体给予补助或贷款贴息，引导社会资本投入，促进投资主体多元化。

科学技术支出15.77亿元，增长4.5%。推进科技创新平台整合建设，支持建设50个左右重大研发机构、产业技术创新重大研发平台和产业创新公共服务平台。设立科技创新与成果转化专项资金，支持企业加大研发投入。提高科技企业孵化器用房补助标准。对龙头企业开发新技术产品形成的研发费用，给予抵扣应纳税所得额优惠，并给予奖励。推动商业银行建立科技支行或科技金融服务中心，打造科技型中小企业融资专业平台。

节能环保支出25.57亿元，增长2%。重点支持淘汰落后产能，关闭高耗能、高污染的中小企业。推行节能技改奖励政策，重点支持年节能量在2000吨标准煤以上的节能示范项目，实施合同能源管理财政奖励政策，实现节能量9.64万吨标准煤。支持节水、节材、资源综合利用等示范项目，加快发展循环经济。支持节能灯、新能源汽车等节能产品的推广应用。

交通运输支出149.65亿元，增长7.4%。通过安排资本金、贴息资金、"即缴即拨"高速公路通行费等方式，支持高速公路建设。安排省级铁路建设资本金，缓解铁路建设资金筹措压力。加大补助力度，支持普通公路、航道、交通码头建设维护和中小机场扩能提升工程建设。

2. *政府性基金预算*

全省政府性基金收入(含社保基金收入)2285.64亿元，完成年初预算的106.1%，比上年增加152.7亿元，增长7.2%。全省政府性基金支出2184.85亿元，比上年增加72.78亿元，增长3.4%。

省级政府性基金收入335.71亿元，完成预算的97.3%，比上年增加22.16亿元，增长7.1%。省级政府性基金支出281.39亿元，比上年增加16.46亿元，增长6.2%。中央补助25.89亿元，比上年减少4.57亿元，下降15%。省对市县补助94.05亿元，比上年增加2.73亿元，增长3%。

以上快报数在决算编制中可能还会有所调整，决算编成后再报省人大常委会审批。

上述工作成绩的取得，是省委科学决策、正确领导的结果，是人大依法监督和政协民主监督的结果，也是各级各部门团结一心、共同努力的结果。同时，我们也清醒地看到，财政运行中仍然存在着一些困难和问题，主要是：受经济下行压力影响，财政收入增长趋缓与支出刚性增长矛盾突出；推进财税体制改革还需形成合力；部门预算编制有待进一步细化，预算支出执行进度仍然偏慢，财政管理和监督还需进一步加强。这些困难和问题将在今后的发展和工作中努力加以解决，也恳请各位代表、委员一如既往地给予指导和支持。

二、2015年预算草案

2015年，是贯彻落实党的十八届三中、四中全会和省委九届十一次、十二次全会精神，全面深化改革的关键之年，也是完成"十二五"规划的收官之年。从财政看，我们既要正视在经济发展"三期叠加"、经济潜在增长率放缓、推进税收制度改革等因素影响下，财政收入增长趋缓带来的困难；也要看到我国经济在新常态下持续平稳发展、长期向好的基本面没有改变的良好基础；更要看到中央支持福建进一步加快经济社会发展的重大历史机遇。我们要深入贯彻习近平总书记来闽考察重要讲话精神，按照"一个总体要求"、"四个切实"的部署，坚持"三个必须"、打造"四个环境"，贯彻落实新《预算法》和国务院《关于深化预算管理制度改革的决定》，适应经济发展新常态，深化财税改革，加强和完善财政管理，加快构建现代财政制度，为进一步加快福建科学发展跨越发展提供坚实的财力保障。

(一)2015年财税改革工作重点

1. *完善政府预算体系*

在编制全口径预算的基础上，进一步明确规范一般公共预算、政府性基金预算、国有资本经营预算和社会保险基金预算的功能定位、编制原则及相互关系，做好地方教育附加、农田水利建设资金等11项政府性基金转列一般公共预算的相关工作，确保平稳过渡。强化预算约束，坚持先有预算，后有支出，一般公共预算收入从约束性转向预期性。

2. 探索建立跨年度预算平衡机制

从2015年起，省级财政收入超收将全部转入预算稳定调节基金，年度执行中一般不直接使用。如出现短收，通过调入预算稳定调节基金、减少支出等方式实现收支平衡。稳步推进中期财政规划管理，在编制2016年预算时，同时编制2016—2018年财政规划。

3. 稳步推进预决算公开

进一步扩大预决算公开范围，加大"三公"经费公开力度，除涉密信息外，所有涉及使用财政资金的部门均应公开预决算。细化公开内容，逐步将部门预决算公开细化到基本支出和项目支出。完善基本支出定员定额体系，加强专项资金管理，建立健全预算支出标准体系，强化项目审核，提高项目编报质量。

4. 完善转移支付制度

提前细化编制转移支付预算，加快转移支付资金下达进度。继续清理、整合、规范专项转移支付，建立健全专项转移支付定期评估和退出机制，逐步提高一般性转移支付占比。

5. 加强政府性债务管理

按照"疏堵结合、分清责任、规范管理、防范风险、稳步推进"的原则，修订完善我省现行的政府性债务管理办法，加快建立以地方政府债券为主体的举债融资机制。

6. 继续推进营改增等税制改革

按照中央统一部署，继续推进建筑安装、房地产、金融保险、生活服务等行业的试点改革。落实煤炭资源税从量计征改为从价计征政策。密切跟踪中央税制改革和财政体制改革动向，及时提出相关政策建议。

此外，继续推进政府购买服务、政府与社会资本合作(PPP)、省级行政机关与所属经营性资产脱钩等改革。

(二)2015年财政政策重点

1. 促进经济平稳较快增长

认真贯彻落实《关于进一步加快福建科学发展跨越发展的行动计划》，加大财源培植力度，做大经济蛋糕。一是进一步发挥财政资金引导作用。通过整合工业、外贸、农业、科技、旅游、预算内基建等涉企专项资金，设立省级产业引导股权投资基金，引导社会资本参与，汇聚促进产业结构转型升级的合力。二是进一步支持产业转型升级、稳定外贸出口、扶持中小微企业、加快培育和发展战略性新兴产业。三是继续支持城乡基础设施"六项提升工程"建设。四是支持政府与社会资本合作模式(PPP)推广运用。建立项目储备库，给予示范项目前期费用补贴和资本补助，通过设立风险池等形式，为项目贷款提供增信支持，力争培育树立一批标杆项目。五是支持科技创新驱动经济转型升级。完善企业研发投入激励机制，逐步将财政补助直接与企业的研发投入强度挂钩，鼓励企业自主创新。

2. 支持生态文明先行示范区建设

一是建立健全财政生态投入机制，进一步增强限制开发地区和禁止开发地区提供基本公共服务的保障能力，逐步建立起与主体功能区规划相适应的转移支付体系。共安排53.67亿元，用于生态保护财力转移支付补助、森林生态效益补偿、造林绿化、水土流失治理和宜居环境建设等。二是继续支持节能减排，加快污水和垃圾处理设施建设，开展水环境、大气、土壤治理，持续推进城乡环境综合整治和美丽乡村建设。三是做好武夷山——玳瑁山山脉涉及市县纳入国家重点生态功能区转移支付范围相关政策衔接落实，积极争取中央加大对我省重点生态功能区转移支付补助。

3. 促进城乡协调发展

一是支持中小城市和城镇改革发展。通过完善县乡财政体制、建立镇级金库、壮大产业、支持基础设施规划水平和建设品质提升等方式，支持15个"小城市"试点镇和46个省级小城镇综合改革试点建设。二是安排均衡性转移支付、缓解县乡财政困难补助、县级基本财力保障转移支付73.18亿元，逐步缩小区域财力差距，提高县级基本财力保障水平。三是积极支持23个省级扶贫开发重点县"一县一园区"建设，进一步加大对原中央苏区、革命老区、少数民族聚居区等欠发达地区的支持力度。四是继续支持平潭、武夷新区、三明生态工贸区及莆田城乡一体化发展。五是支持"三农"发展。持续加大对特色现代农业、农产品质量安全、粮食生产、水利工程、林下经济、海洋经济、村级公益事业一事一议财政奖补、农业综合开发、造福工程危房改造的财政投入，加大对农业龙头企业、农民专业合作社、家庭农场等新型经营主体的扶持力度。六是实施交通便民工程，重点做好海岛交通便民和公交服务便民工作，开展"村村通客车"工程。

4. 切实保障和改善民生

按照"建机制、补短板、兜底线"和"量力而行、尽力而为"的原则，把加大投入和完善制度有机结合，共安排442.08亿元，着力推进以改善民生为重点的社会事业建设。一是支持教育优先发展。全面改善义务教育薄弱学校教学资源配置差异状况，提高义务教育均衡发展水平。支持公办幼儿园建设，计划新改建100所，增加2.7万个学位。支持高水平大学发展，提高学科、人才队伍建设水平，提升科研和社会服务能力。实施现代职业教育质量提升计划。二是完善医药卫生和社会保障制度。将新农合和城镇居民医保政府补助标准提高到380元，基本公共卫生服务人均经费标准提高到40元，农村低保标准提高到家庭年人均收入2300元。加强卫生应急队伍装备建设。实施助残工程，对重度残疾人发放生活补贴和护理补贴，对贫困残疾人就业创业给予扶持，通过政府购买方式为残疾人提供托养服务。三是完善和改革文化体育服务。按照政府购买服务的方式，扶持非物质文化遗产地方剧种公益性演出，支持广泛开展全民健身运动，支持城市社区全民健身场地设施建设。四是建设保障性安居工程。以推进各类棚户区改造为重点，进一步加快保障性安居工程建设。2015年计划开工9.6万套，竣工7.5万套。

(三)2015年全省及省级预算

根据经济社会发展态势，以及省委确定的目标任务，遵循收入预算实事求是、积极稳妥、留有余地，支出预算统筹兼顾、突出重点、勤俭节约的原则，编制全口径预算，将国有资本经营预算和社会保险基金预算纳入预算管理。根据新《预算法》要求，将中央财政提前下达我省转移支付编入省级预算。2015年全省及省级预算安排如下：

1. 一般公共预算

2015年，全省一般公共预算总收入4309亿元，同比上年增加390.72亿元，增长10%。其中：一般公共预算收入2673亿元，同比上年增加220.45亿元，增长9%。一般公共预算收入加预计中央体制净补助717亿元，加调入预算稳定调节基金32亿元，全省总财力预计为3422亿元，同比上年增加304.45亿元，增长9.8%。全省一般公共预算支出3422亿元。

省级一般公共预算收入278.1亿元，同比上年增加0.36亿元，增长0.1%。一般公共预算收入加上中央财政补助收入700.67亿元、市县财政上解收入152.57亿元和调入预算稳定调节基金18.9亿元，减去上解中央支出和对市县的补助支出634.06亿元，省本级财力预计516.18亿元，增加24.5亿元，增长5%。省本级一般公共预算支出516.18亿元。

省级主要支出项目安排情况：农林水支出104.03亿元，增长10%。社会保障和就业支出86.23亿元，增长19.3%。医疗卫生与计划生育支出102.96亿元，增长16.3%。教育支出118.82亿元，增长13.1%。文化体育与传媒支出11.33亿元，增长19.7%。住房保障支出9.93亿元，增长3%。科学技术支出12.56亿元，增长6%。节能环保支出19.24亿元，增长29.6%。交通运输支出127.31亿元，增长3.7%。

2. 政府性基金预算

2015年，全省政府性基金收入1779.94亿元，同比上年增加9.17亿元，增长0.5%。全省政府性基金支出1779.94亿元。

省级政府性基金收入43.79亿元，同比上年增加1.67亿元，增长4%。省级政府性基金支出43.79亿元。

3. 国有资本经营预算

2015年，全省国有资本经营预算收入23.74亿元，上年结转收入2.48亿元，合计26.22亿元。安排国有资本经营支出23.12亿元。收支相抵后结余3.1亿元，结转至下年使用。

省国资委17家所出资企业全部纳入省级国有资本经营预算。省级国有资本经营预算收入1.68亿元。省级国有资本经营预算支出1.68亿元。

4. 社会保险基金预算

2015年，全省社会保险基金收入930.11亿元，增长13.7%，其中，保险费收入719.16亿元，增长12.9%。财政补贴收入156.29亿元，增长11.4%。全省社会保险基金支出744.21亿元，增长15.3%。

省级社会保险基金收入303.71亿元，增长15.1%，其中，保险费收入289.16亿元，增长18%。省级社会保险基金支出294.95亿元，增长15.2%。

（四）扎实抓好2015年预算执行

1. 依法理财，优化财政服务方式

一是规范理财行为，抓好新《预算法》和国务院《关于深化预算管理制度改革的决定》的贯彻落实，重点加强深化财税体制改革相关制度建设，努力建立与市场经济相适应的财政法规制度体系。二是严格执行行政权力清单并依法公开，促进权力规范透明运行。三是进一步简政放权，激活机制。持续精简优化行政审批，推进行政审批标准化建设，提高高效便民服务水平。

2. 强化管理，提高财政资金使用效益

一是厉行节约。坚持过“紧日子”，严控一般性支出，把钱用在刀刃上。专项业务费原则上零增长，“三公”经费预算原则上只减不增。推进公务用车制度改革，研究提出省直机关公务交通补贴标准和全省执法执勤车辆制度改革方案。二是提高财政资金使用效益。对省政府既定事项的拼盘资金，统一制定申报指南，明确资金投向和扶持重点。进一步规范专项资金立项管理，巩固省级结余结转资金清理成果，建立结余结转资金定期清理机制，减少资金沉淀。三是推进全过程预算绩效管理。开展市县财政管理绩效综合评价，建立健全与全过程预算绩效管理工作相配套的制度办法，将绩效管理贯穿于预算工作的全过程。

3. 加强监督，严肃财经纪律

一是自觉接受人大监督，虚心听取政协意见建议，认真落实审计整改意见，不断改进和加强财政工作。二是优化财政业务流程，健全预算执行动态监控体系，堵塞管理漏洞。三是建立健全覆盖财政运行全过程的财政监督检查机制，加大对重大财政政策执行情况、财政专项资金的监督力度。强化责任追究，对发现的违规违纪行为，依照相关法律法规严肃处理。

各位代表，新的一年我们要在省委的领导下，自觉接受人大的依法监督和政协的民主监督，解放思想，锐意进取，扎实工作，努力完成全年财政预算任务，为推进全省科学发展跨越发展，建设“机制活、产业优、百姓富、生态美”的新福建作出更大的贡献。

2014年福建省地方性法规（目录）

制定法规：

《福建省长乐海蚌资源增殖保护区管理规定》

《福建省水土保持条例》

《福建省司法鉴定管理条例》

《福建省促进中小企业发展条例》

《福建省社会科学普及条例》

《福建省人民代表大会常务委员会关于福建省人民代表大会常务委员会平潭综合实验区工作委员会的若干规定》

修改法规：

《福建省人口与计划生育条例》

《福建省征兵工作条例》

批准法规：

《福州市茉莉花茶保护规定》

《福州市行政服务条例》

《福州市志愿服务条例》

《福州市法律援助条例》

《厦门市人民代表大会常务委员会关于修改〈厦门市社会保障性住房管理条例〉的决定》

《厦门市人民代表大会常务委员会关于修改〈厦门市最低生活保障办法〉的决定》

（福建省人大常委会法制工作委员会提供）

编辑：林忠玉

中小企业发展条例

社会科学普及条例

水土流失保持条例

福建省实施《地方志工作条例》办法

数字福建

福建省国家级和省级开发区名单

福建省非物质文化遗产名录

统计资料

国民经济和社会发展结构指标

单位:%

项　　目	1978	1990	2000	2010	2013	2014
一、人口						
(一)性别结构						
男	51.7	51.4	51.5	51.4	51.4	50.9
女	48.3	48.6	48.5	48.6	48.6	49.1
(二)城乡结构						
城镇			42.0	57.1	60.8	61.8
乡村			58.0	42.9	39.2	38.2
二、就业产业结构						
第一产业	75.1	58.4	46.8	28.4	24.1	23.2
第二产业	13.4	20.6	24.5	36.6	39.1	38.2
第三产业	11.5	21.1	28.7	35.0	36.8	38.6
三、国民经济核算						
(一)地区生产总值产业结构						
第一产业	36.0	28.2	17.0	9.3	8.6	8.4
第二产业	42.5	33.4	43.3	51.0	51.8	52.0
第三产业	21.5	38.4	39.7	39.7	39.6	39.6
(二)地区生产总值需求结构						
最终消费	79.9	73.0	54.4	43.1	38.6	38.7
资本形成总额	34.0	29.0	42.5	53.7	58.8	58.9
货物和服务净流出	−13.9	−2.0	3.1	3.2	2.6	2.4
四、固定资产投资						
(一)产业结构						
第一产业				1.6	1.9	2.1
第二产业				35.8	37.6	35.6
第三产业				62.6	60.5	62.2
(二)登记注册类型结构						
#国有企业				32.9	27.7	26.0
集体企业				2.8	2.9	3.2
私营个体企业				24.5	27.0	28.2
外商及港澳台投资企业				13.3	8.9	7.2
五、能源						
能源消费结构						
煤炭	63.7	67.0	54.4	55.4	56.9	53.0
石油	12.9	12.1	23.3	24.8	23.4	26.8
天然气				4.2	4.9	5.5
水电	23.4	20.9	22.3	15.2	10.8	10.3
风电				0.4	1.0	0.9
核电					2.0	3.5
六、农业						
(一)农林牧渔业产值结构						
农业	77.7	52.1	40.6	42.3	41.9	43.4
林业	6.4	9.5	7.9	8.2	9.0	9.2
牧业	10.5	22.9	20.1	16.5	15.7	14.8
渔业	5.5	15.6	31.4	29.2	30.1	29.1
农林牧渔服务业				3.8	3.4	3.4
(二)农作物播种面积						
粮食作物	81.9	75.8	65.5	54.3	51.9	51.3
七、工业						
工业企业资产结构						
大型企业			22.0	23.7	36.2	32.9
中型企业			13.5	40.9	31.9	35.9
小微企业			64.5	35.4	31.9	31.2
规模以上工业增加值						
大型企业			20.6	20.1	30.8	29.4

（续）

项　　目	1978	1990	2000	2010	2013	2014
中型企业			14.4	39.3	32.6	33.3
小微企业			65.0	40.6	36.6	37.3
八、建筑业						
建筑业总产值经济类型结构						
国有企业	56.8	41.1	48.6	14.6	6.8	5.9
集体企业	39.9	34.7	33.0	2.0	1.7	1.4
港澳台商投资企业				1.1	1.1	1.1
外商投资企业				0.1	0.1	0.0
其他				82.2	90.3	91.5
九、交通运输业						
（一）货运量结构						
铁路	25.9	9.4	8.4	5.7	3.8	3.0
公路	54.8	82.2	77.8	68.9	72.2	73.9
水运	19.1	8.4	13.8	25.4	23.9	23.1
民航			0.020	0.024	0.020	0.019
（二）客运量结构						
铁路	9.1	3.1	3.2	4.7	11.4	13.7
公路	79.3	92.8	94.3	91.7	82.3	79.9
水运	11.7	4.0	1.6	1.9	3.0	3.0
民航	0.0	0.1	0.8	1.8	3.3	3.4
十、国内贸易						
社会消费品零售总额结构						
按销售单位所在地分组						
城镇				89.0	90.1	90.1
乡村				11.0	9.9	9.9
按商品形态分						
餐饮收入额					11.3	10.8
商品零售额					88.7	89.2
十一、海关货物进出口						
（一）进口货物总额						
初级产品			12.3	27.5	42.2	45.3
工业制成品			87.7	72.5	57.8	54.7
（二）出口货物总额						
初级产品			10.6	7.4	8.1	8.1
工业制成品			89.4	92.6	91.9	91.9
十二、国际旅游						
来华旅游人数结构						
#外国人		14.9	30.8	31.3	34.8	35.8
港澳同胞		33.9	39.5	26.1	23.5	22.9
台湾同胞		51.3	29.6	42.6	41.7	41.4
十三、科技						
（一）科技经费筹集额						
#政府资金			14.6	10.3	8.3	8.5
企业资金			74.5	86.9	89.0	88.9
国外资金			1.7	0.8	0.2	0.2
（二）研究与试验发展经费支出						
基础研究			3.1	2.5	2.0	2.1
应用研究			6.7	5.6	4.7	4.7
试验发展			86.4	92.0	93.3	93.2
十四、居民消费						
（一）城镇居民消费结构						
食品			44.7	39.3	32.7	33.2
衣着			8.7	8.7	6.8	6.6
家庭设备用品及服务			8.6	6.6	6.2	5.9
医疗保健			4.7	4.2	4.5	4.8
交通通信			8.6	14.9	12.5	12.3
教育文化娱乐服务			10.4	12.1	9.8	9.8
居住			9.4	10.9	24.4	24.5
杂项商品与服务			4.9	3.4	3.1	3.0
（二）农村居民消费结构						
食品			48.7	46.1	38.9	38.2
衣着			4.9	5.6	5.3	5.2
居住			14.6	15.7	23.3	23.6
家庭设备用品及服务			4.6	5.3	6.0	5.8
交通通讯			8.6	11.6	9.2	9.9
文教娱乐用品及服务			10.6	8.4	9.4	8.5
医疗保健			3.6	4.6	5.6	6.7
其他商品及服务			4.6	2.6	2.3	2.1

国民经济和社会发展总量和速度指标

项目	总量指标				
	1978	1990	2000	2010	2013
人口与就业					
年末总人口(万人)	2446	3037	3410	3693	3774
#城镇人口		642	1432	2108	2293
年末从业人员(万人)	924.41	1348.38	1660.19	2241.59	2555.86
城镇登记失业人员	20.82	9.00	9.10	14.49	14.70
城镇单位在岗职工平均工资(元)	567	2162	10584	32647	49328
国民经济核算					
地区生产总值(亿元)	66.37	522.28	3764.54	14737.12	21868.49
第一产业	23.93	147.01	640.57	1363.67	1874.23
第二产业	28.19	174.47	1628.45	7522.83	11329.60
第三产业	14.25	200.80	1495.52	5850.62	8664.66
主要行业					
工业	23.85	150.55	1422.34	6397.71	9455.32
建筑业	4.34	23.92	206.11	1125.12	1895.48
人均地区生产总值(元)	273	1763	11194	40025	58145
固定资产投资					
全社会固定资产投资总额(亿元)	13.34	115.41	1082.47	8273.42	15526.87
固定资产投资	11.40	90.51	995.38	8067.33	15245.24
项目投资	11.40	77.04	788.01	6248.48	11542.26
房地产投资		13.47	207.37	1818.86	3702.97
农户投资	1.95	24.90	87.09	206.08	281.63
全社会施工房屋建筑面积(万平方米)			10118.93	30754.70	52511.51
全社会竣工房屋建筑面积(万平方米)			4806.13	7166.91	12380.73
能源生产与消费					
能源生产总量(万吨标准煤)	461.00	966.52	1654.17	3260.42	2739.76
能源消费总量(万吨标准煤)	688.00	1458.30	2942.60	9189.42	11189.91
财政					
公共财政总收入(亿元)	15.13	57.06	369.67	2056.01	3430.35
地方公共财政收入(亿元)			234.11	1151.49	2119.45
公共财政支出(亿元)	15.14	68.45	324.18	1695.09	3068.80
金融					
金融机构人民币各项存款余额(亿元)	25.95	359.45	3114.32	18309.45	28043.82
#财政存款			39.59	678.08	905.62
储蓄存款		183.26	1767.59	8101.02	11847.25
金融机构人民币各项贷款余额(亿元)	31.43	381.93	2438.82	15231.36	24487.53
#短期贷款			1728.01	6594.50	10752.70
中长期贷款			510.32	8372.64	13137.82
保险公司赔款及给付金额(亿元)			17.76	102.90	187.32

2014	平均增长速度(%) 1979—2014	1991—2014	2001—2014	2011—2014	2014年比上年增长(%)
3806	1.24	0.94	0.79	0.76	0.85
2352		5.56	3.61	2.78	2.57
2648.51	3.0	2.9	3.4	4.3	3.6
14.35	−1.0	2.0	3.3	−0.2	−2.4
54235	13.5	14.4	12.4	13.5	9.9
24055.76	12.6	13.2	12.0	11.1	9.9
2014.80	5.8	5.4	3.7	4.3	4.4
12515.36	15.5	16.7	14.5	13.9	11.9
9525.60	13.0	12.1	11.1	8.9	8.1
10426.71	15.9	17.1	14.6	13.8	12.1
2112.03	8.9	14.1	14.1	14.2	11.0
63472	11.2	12.0	11.0	10.3	9.1
18449.48	22.2	23.5	22.5	22.2	18.8
18141.37	22.7	24.7	23.0	22.5	19.0
13573.97	21.7	24.0	22.5	21.4	17.6
4567.40		27.5	24.7	25.9	23.3
308.11	15.1	11.1	9.4	10.6	9.4
57914.73			13.3	17.1	10.3
13139.30			7.4	16.4	6.1
2924.01	5.3	4.7	4.2	−2.7	6.7
12109.72	8.3	9.2	10.6	7.1	8.2
3828.40	16.6	19.2	18.2	16.8	11.6
2362.21			18.0	19.7	11.5
3306.70	16.1	17.5	18.0	18.2	7.8
30747.61	21.7	20.4	17.8	13.8	9.6
1450.40			29.3	20.9	60.2
12578.95		19.3	15.0	11.6	6.2
28417.70	20.8	19.7	19.2	16.9	16.1
11785.72			14.7	15.6	9.6
15861.63			27.8	17.3	20.7
214.99			19.5	20.2	14.8

（续）

项　目	总量指标				
	1978	1990	2000	2010	2013
价格指数（上年＝100）					
居民消费价格指数	100.2	99.3	102.1	103.2	102.5
工业生产者出厂价格指数			100.5	103.2	98.4
工业生产者购进价格指数			112.4	107.7	98.4
固定资产投资价格指数			100.2	103.3	100.1
农业					
农林牧渔业总产值（亿元）	36.33	227.12	1037.27	2307.06	3281.96
主要农产品产量（万吨）					
粮食	744.90	879.64	854.68	661.89	664.36
油料	13.80	17.66	25.79	26.64	28.83
甘蔗	288.03	344.28	82.71	61.55	58.62
烤烟	1.23	4.26	9.14	12.45	16.14
茶叶	2.03	5.82	12.60	27.26	34.70
园林水果	10.10	75.78	356.44	564.48	658.54
肉类	24.27	71.83	145.92	180.21	211.21
禽蛋		12.94	40.69	26.28	25.04
奶类	0.93	4.87	9.91	15.74	15.30
水产品	54.44	145.59	527.89	587.42	658.76
食用菌		18.24	46.25	76.27	95.99
造林面积（万亩）	292.06	455.86	36.75	44.81	150.27
工业					
工业总产值（亿元）	63.14	531.49	3994.86	23805.32	36724.66
主要工业产品产量					
原煤（万吨）	423.05	925.37	375.03	2442.73	1614.81
原盐（万吨）	94.67	67.21	28.37	33.39	19.01
罐头（万吨）	4.10	14.41	26.78	203.21	242.47
布（亿米）	1.12	2.26	5.59	31.20	60.43
纱（万吨）	1.84	5.48	14.36	184.74	322.50
机制纸及纸板（万吨）	20.08	52.09	85.07	432.06	611.78
农用化肥（万吨）	16.40	43.64	61.38	57.87	46.69
烧碱（万吨）	4.32	8.70	15.64	20.11	22.82
水泥（万吨）	120.45	540.04	1513.64	5921.20	7890.37
平板玻璃（万重量箱）	43.59	66.06	479.87	2765.35	5243.18
生铁（万吨）	26.57	62.60	149.37	558.81	864.83
钢材（万吨）	13.82	56.28	283.79	1340.56	2782.83
彩色电视机（万台）		123.14	204.19	903.10	891.27
微型电子计算机（万台）			88.77	738.27	1284.76
汽车（万辆）	0.09	0.07	2.96	19.50	20.58
发电量（亿千瓦小时）	40.69	136.65	403.73	1356.32	1643.16

2014	平均增长速度(%) 1979—2014	1991—2014	2001—2014	2011—2014	2014年比上年增长(%)
102.0	5.1	4.1	2.1	3.0	2.0
98.6			0.0	−0.1	−1.4
98.3			3.0	0.5	−1.7
100.4		3.9	1.9	1.7	0.4
3522.31	6.3	6.1	3.8	4.4	4.5
667.03	−0.3	−1.1	−1.8	0.2	0.4
29.82	2.2	2.2	1.0	2.9	3.4
53.12	−4.6	−7.5	−3.1	−3.6	−9.4
15.38	7.3	5.5	3.8	5.4	−4.7
37.21	8.4	8.0	8.0	8.1	7.2
701.72	12.5	9.7	5.0	5.6	6.6
213.71	6.2	4.6	2.8	4.4	1.2
25.42		2.9	−3.3	−0.8	1.5
15.37	8.1	4.9	3.2	−0.6	0.5
695.98	7.3	6.7	2.0	4.3	5.7
104.25		7.5	6.0	8.1	8.6
66.51	−4.0	−7.7	4.3	10.4	−55.7
41579.84	18.9	20.1	17.1	14.5	12.2
1504.45	3.6	2.0	10.4	−11.4	−4.9
29.24	−3.2	−3.4	0.2	−3.3	28.0
269.48	12.3	13.0	17.9	7.3	7.1
68.55	12.1	15.3	19.6	21.7	2.5
395.55	16.1	19.5	26.7	21.0	15.8
653.91	10.2	11.1	15.7	10.9	5.9
48.71	3.1	0.5	−1.6	−4.2	−10.1
25.23	5.0	4.5	3.5	5.8	10.5
7732.33	12.3	11.7	12.4	6.9	−1.4
5241.35	14.2	20.0	18.6	17.3	11.5
907.70	10.3	11.8	13.8	12.9	5.0
3019.64	16.1	18.1	18.4	22.5	8.4
1474.93		10.9	15.2	13.0	65.8
985.40			18.8	7.5	−23.3
18.09	15.9	26.0	13.8	−1.9	−12.1
1749.11	11.0	11.2	11.0	6.6	5.5

（续）

项　目	总量指标				
	1978	1990	2000	2010	2013
规模以上工业企业主要经济指标(亿元)					
资产总计			3368.64	16058.70	24959.37
主营业务收入		352.56	2468.69	21479.37	33111.10
利润总额	6.75	16.09	110.80	1754.18	2225.00
建筑业					
建筑业企业从业人员(万人)	4.54	30.98	41.37	229.57	300.60
建筑业总产值(亿元)	3.31	32.54	271.15	3062.17	5812.37
房屋施工面积(万平方米)	416.57	969.35	4085.40	28406.86	48254.03
房屋竣工面积(万平方米)	183.40	499.30	1729.00	9095.78	13860.99
交通运输邮电					
铁路营业里程(千米)	1009	1021	1454	2110	2743
公路通车里程(千米)	29109	41011	51073	91015	99535
#高速公路			351	2351	3935
内河通航里程(千米)	3629	3888	3701	3245	3245
客运量(万人)	7928	39495	44203	77153	56965
铁路	718	1234	1428	3640	6502
公路	6285	36639	41696	70714	46895
水运	924	1567	726	1444	1711
民航	1	55	353	1356	1857
货运量(万吨)	4871	20321	29483	66159	96718
铁路	1261	1902	2475	3765	3661
公路	2671	16710	22924	45575	69876
水运	939	1708	4078	16803	23162
民航	0.02	0.83	5.84	15.81	19.18
沿海主要港口货物吞吐量(万吨)	408.13	1496.50	6944.17	32687.01	45475.19
邮电业务					
函件(万件)	8790	16228	24163	25199	21517
报刊期发数(万份)	258	614	650	503	490
移动电话年末用户(万户)			441	3022	4303
固定电话年末用户(万户)	6	23	563	1046	984
国内贸易					
社会消费品零售总额(亿元)	30.56	207.74	1320.80	5310.03	8275.35
进出口					
海关进出口总额(亿美元)	2.03	43.39	212.23	1087.80	1693.22
出口总额	1.90	24.49	129.08	714.93	1064.74
进口总额	0.13	18.90	83.15	372.87	628.47

平均增长速度(%)					2014年比上年增长(%)
2014	1979—2014	1991—2014	2001—2014	2011—2014	
27978.35			16.3	14.9	12.1
37097.44		21.4	21.4	14.6	12.0
2344.27	17.6	23.1	24.4	7.5	5.4
321.76	12.6	10.2	15.8	8.8	7.0
7056.89	23.7	25.1	26.2	23.2	21.4
57385.67	14.7	18.5	20.8	19.2	18.9
15392.71	13.1	15.4	16.9	14.1	11.1
2755	2.8	4.2	4.7	6.9	0.4
101190	3.5	3.8	5.0	2.7	1.7
4053			19.1	14.6	3.0
3245	−0.3	−0.8	−0.9	0.0	0.0
60765	5.8	1.8	2.3	−5.8	6.5
8345	7.1	8.3	13.4	23.0	28.3
48580	5.8	1.2	1.1	−9.0	3.6
1794	1.9	0.6	6.7	5.6	4.9
2046	23.1	16.2	13.4	10.8	10.2
111779	9.1	7.4	10.0	14.0	15.6
3403	2.8	2.5	2.3	−2.5	−7.0
82573	10.0	6.9	9.6	16.0	18.2
25782	9.6	12.0	14.1	11.3	11.3
21.00	21.3	14.4	9.6	7.4	9.5
49166.24	14.2	15.7	15.0	10.7	8.1
18030	2.0	0.4	−2.1	−8.0	−16.2
539	2.1	−0.5	−1.3	1.7	10.0
4277			17.6	9.1	−0.6
933	15.1	16.7	3.7	−2.8	−5.2
9346.74	17.2	17.2	15.0	15.2	12.9
1774.08	20.7	16.7	16.4	13.0	4.8
1134.52	19.4	17.3	16.8	12.2	6.6
639.56	26.6	15.8	15.7	14.4	1.8

（续）

项　　目	总量指标				
	1978	1990	2000	2010	2013
旅游					
接待入境游客人数（万人次）		70.79	161.33	368.14	512.13
外国人		10.54	49.75	115.27	178.28
台湾同胞		36.28	47.79	156.92	213.63
港澳同胞		23.97	63.80	95.94	120.23
国际旅游外汇收入（亿美元）			8.94	29.78	45.73
教育					
在校学生数（万人）					
普通高等学校	2.05	5.56	13.14	64.78	73.05
普通中等学校	119.98	120.69	269.46	260.22	235.84
普通小学	370.23	337.08	369.10	238.89	259.84
科技					
从事科技活动人员（万人）		2.04	6.82	17.93	24.21
研究与试验发展经费内部支出（亿元）			21.19	170.89	314.06
技术市场成交额（亿元）		0.44	17.26	38.12	53.99
专利情况（项）					
申请量		540	4211	21994	53701
授权量		276	3003	18063	37511
文化					
图书出版总印数（万份）	6818	16312	20298	7749	8870
期刊出版总印数（万份）	388	3157	4463	2940	4920
报纸出版总印数（万份）	14784	41455	68897	99982	120576
电视节目制作时间（小时）			16519	55424	66181
国有艺术表演团体（个）	101	91	96	93	77
公共图书馆（座）	23	74	81	86	88
博物馆（个）	13	58	81	94	98
居民生活					
城镇居民人均可支配收入（元）	371	1749	7432	21781	28174
城镇居民人均消费支出（元）	285	1431	5639	14750	20565
城镇居民人均住房建筑面积（平方米）		18.1	28.0	38.5	38.7
农村居民人均可支配（纯）收入（元）	138	764	3230	7427	11405
农村居民人均生活消费支出（元）	113	708	2410	5498	9986
卫生					
卫生机构数（个）	3809	4885	9807	6999	7672
＃医院、卫生院	1111	1198	1323	1325	1421
卫生技人员数（人）	54855	86772	97569	140133	189187
医生	22097	35696	41461	55402	67087
卫生机构床位数（张）	51505	68073	90091	112334	156149
＃医院、卫生院	45331	60664	82389	103933	144132

平均增长速度(%)					2014年比上年增长(%)
2014	1979—2014	1991—2014	2001—2014	2011—2014	
544.98		8.9	9.1	10.3	6.4
195.06		12.9	10.3	14.1	9.4
225.39		7.9	11.7	9.5	5.5
124.53		7.1	4.9	6.7	3.6
49.12			12.9	13.3	7.4
74.85	10.5	11.4	13.2	3.7	2.5
224.53	1.8	2.6	−1.3	−3.6	−4.8
274.63	−0.8	−0.9	−2.1	3.5	5.7
26.01		11.2	10.0	9.7	7.4
357.21			22.4	20.2	13.7
50.83		21.9	8.0	7.5	−5.9
58075		21.5	20.6	27.5	8.1
37857		22.8	19.8	20.3	0.9
8619	0.7	−2.6	−5.9	27.0	−2.8
4426	7.0	1.4	−0.1	10.8	−10.0
111945	5.8	4.2	3.5	2.9	−7.2
67805			10.6	5.2	2.5
72	−0.9	−1.0	−2.0	−6.2	−6.5
88	3.8	0.7	0.6	0.6	0.0
98	5.8	2.2	1.4	1.0	0.0
30722	13.3	13.1	11.4	11.4	9.0
22204	12.8	12.0	10.1	10.1	8.0
40.7		3.4	2.7	1.4	5.2
12650	13.3	12.3	10.1	13.7	10.9
11056	12.9	11.2	9.9	13.2	10.7
8788	2.3	2.5	−0.8	5.9	14.5
1437	0.7	0.8	0.6	2.0	1.1
206545	3.8	3.7	5.5	10.2	9.2
71809	3.3	3.0	4.0	6.7	7.0
164781	3.3	3.8	4.4	10.1	5.5
152529	3.4	3.9	4.5	10.1	5.8

若干年份地区生产总值

单位：亿元

年 份	地区生产总值	第一产业	第二产业	第三产业	工 业	建筑业	人均 GDP（元）
1952	12.73	8.39	2.42	1.92	2.17	0.25	102
1957	22.03	12.31	5.20	4.52	4.23	0.97	154
1962	22.12	10.26	5.12	6.74	4.00	1.12	137
1965	28.81	13.48	8.31	7.02	6.55	1.76	166
1970	34.70	15.34	10.64	8.72	8.56	2.08	173
1975	46.48	19.43	17.81	9.24	14.29	3.52	203
1978	66.37	23.93	28.19	14.25	23.85	4.34	273
1979	74.11	27.97	31.37	14.77	26.20	5.17	300
1980	87.06	31.95	35.68	19.43	29.55	6.13	348
1981	105.62	39.30	39.75	26.57	33.16	6.59	416
1982	117.81	44.24	42.92	30.65	35.25	7.67	457
1983	127.76	47.27	46.05	34.44	37.76	8.29	487
1984	157.06	55.72	56.39	44.95	44.47	11.92	591
1985	200.48	68.13	72.56	59.79	62.09	10.47	737
1986	222.54	72.24	82.19	68.11	67.06	15.13	809
1987	279.24	89.24	101.28	88.72	82.69	18.59	999
1988	383.21	118.16	141.82	123.23	120.45	21.37	1349
1989	458.40	135.77	163.82	158.81	142.45	21.37	1589
1990	522.28	147.01	174.47	200.80	150.55	23.92	1763
1991	619.87	168.64	217.74	233.49	188.29	29.45	2041
1992	784.68	194.87	291.60	298.21	241.78	49.82	2557
1993	1114.20	254.36	455.79	404.05	381.95	73.84	3556
1994	1644.39	362.90	720.97	560.52	618.06	102.91	5193
1995	2094.90	464.82	882.34	747.74	748.92	133.42	6526
1996	2484.25	537.38	1026.64	920.23	875.50	151.14	7646
1997	2870.90	576.63	1214.81	1079.46	1039.62	175.19	8775
1998	3159.91	610.04	1335.05	1214.82	1132.79	202.26	9603
1999	3414.19	628.86	1434.30	1351.03	1230.22	204.08	10323
2000	3764.54	640.57	1628.45	1495.52	1422.34	206.11	11194
2001	4072.85	651.11	1803.50	1618.24	1586.48	217.02	11691
2002	4467.55	664.78	2036.97	1765.80	1808.95	228.02	12739
2003	4983.67	692.94	2340.82	1949.91	2061.31	279.51	14125
2004	5763.35	786.84	2770.49	2206.02	2438.62	331.87	16235
2005	6554.69	827.36	3175.92	2551.41	2801.88	374.05	18353
2006	7583.85	865.98	3695.04	3022.83	3230.49	464.56	21105
2007	9248.53	1002.11	4476.42	3770.00	3896.76	579.66	25582
2008	10823.01	1158.17	5318.44	4346.40	4593.24	725.20	29755
2009	12236.53	1182.74	6005.30	5048.49	5106.38	898.92	33437
2010	14737.12	1363.67	7522.83	5850.62	6397.71	1125.12	40025
2011	17560.18	1612.24	9069.20	6878.74	7675.09	1394.11	47377
2012	19701.78	1776.71	10187.94	7737.13	8541.94	1646.00	52763
2013	21868.49	1874.23	11329.60	8664.66	9455.32	1895.48	58145
2014	24055.76	2014.80	12515.36	9525.60	10426.71	2112.03	63472

若干年份地区生产总值指数

单位：以1952年为100

年 份	地区生产总值	第一产业	第二产业	第三产业	工 业	建筑业	人均GDP（元）
1952	100.0	100.0	100.0	100.0	100.0	100.0	100.0
1957	172.0	137.1	226.0	233.3	200.7	452.0	150.0
1962	159.8	86.4	259.5	317.5	193.1	885.4	122.3
1965	215.1	132.1	363.8	348.9	319.7	759.5	153.2
1970	255.9	146.5	480.3	400.0	425.5	969.2	157.4
1975	331.5	171.0	810.3	423.9	723.4	1495.8	179.7
1978	451.2	188.5	1207.1	698.2	1197.8	1095.1	229.5
1979	476.1	197.7	1324.7	690.9	1282.1	1505.1	238.3
1980	563.9	225.3	1564.4	868.4	1455.1	2334.6	279.3
1981	651.1	244.4	1725.4	1183.8	1655.8	2124.0	318.2
1982	711.6	261.1	1866.4	1351.6	1731.0	2865.6	342.1
1983	755.3	273.2	2002.4	1439.1	1858.8	3057.8	357.2
1984	890.7	300.8	2408.9	1788.3	2321.9	2865.6	415.3
1985	1047.5	316.7	2968.2	2207.8	2884.7	3318.8	477.4
1986	1107.3	323.4	3354.0	2194.6	3033.9	5873.0	498.8
1987	1257.9	357.5	3689.9	2674.7	3554.0	4426.5	557.7
1988	1437.6	366.7	4616.0	2933.4	4716.4	2993.7	627.7
1989	1549.3	402.3	4842.1	3246.6	5118.2	1533.5	665.9
1990	1665.8	409.0	5233.3	3615.6	5595.3	975.0	696.9
1991	1902.8	446.1	6384.1	4030.9	6919.7	1084.3	776.4
1992	2288.8	492.8	8205.4	4835.4	8776.3	1524.9	924.1
1993	2806.2	539.0	11153.4	5720.9	12245.5	1719.7	1109.8
1994	3375.7	589.0	14790.3	6461.8	16402.4	2097.4	1320.9
1995	3869.0	644.9	17347.3	7376.8	19090.2	2625.3	1493.2
1996	4384.0	701.5	19836.0	8455.2	21987.4	2824.9	1671.7
1997	4998.3	757.7	23037.7	9679.2	25605.2	3204.0	1893.1
1998	5538.0	808.3	25890.5	10720.4	28798.0	3576.2	2085.4
1999	6086.9	854.3	28860.0	11777.1	32407.2	3644.2	2279.9
2000	6653.7	876.2	32080.0	12954.3	36372.6	3660.4	2451.1
2001	7229.8	906.9	35339.6	14150.5	40308.3	3865.7	2570.9
2002	7964.4	931.4	40210.4	15453.7	46395.4	4029.4	2805.6
2003	8877.3	962.2	46501.5	16958.1	53537.1	4741.1	3108.2
2004	9927.7	1004.9	53417.5	18784.7	61744.0	5276.4	3455.0
2005	11079.3	1031.5	59968.7	21357.2	69361.6	5892.1	3831.0
2006	12719.0	1039.4	69938.6	25010.5	80438.8	7160.7	4371.8
2007	14652.3	1079.5	82670.5	28655.6	95284.9	8335.3	5004.6
2008	16557.1	1133.2	95139.3	32174.5	109593.1	9632.7	5619.0
2009	18595.9	1186.5	108138.7	36143.2	123788.4	11444.8	6272.6
2010	21180.7	1225.7	127711.8	39974.4	146008.6	13655.5	7101.4
2011	23785.9	1279.6	148401.1	43612.1	170392.0	15471.7	7925.2
2012	26497.5	1333.3	169622.5	47580.8	193906.1	18163.8	8757.3
2013	29412.2	1390.6	192012.7	52053.4	218726.1	20924.7	9650.5
2014	32324.0	1451.8	214862.2	56269.7	245191.9	23226.4	10529.0

若干年份农林牧渔业总产值和指数

年份	农林牧渔业总产值(亿元)					农林牧渔业总产值指数(1952年=100)				
	总产值	#农业	#林业	#牧业	#渔业	总指数	#农业	#林业	#牧业	#渔业
1952	11.07	8.44	0.65	1.42	0.56	100.0	100.0	100.0	100.0	100.0
1957	17.05	11.32	2.16	2.35	1.22	143.8	126.6	283.6	165.0	189.6
1962	14.81	11.23	0.63	1.75	1.20	93.6	94.5	91.7	69.8	142.2
1965	18.80	13.50	1.23	2.84	1.23	140.4	130.7	188.5	162.6	175.8
1970	21.12	15.49	1.49	2.66	1.48	153.6	147.4	186.8	152.3	213.3
1975	27.06	20.45	1.86	3.24	1.51	181.6	166.0	249.8	209.6	237.0
1978	36.33	28.22	2.31	3.82	1.98	217.3	204.2	280.3	216.8	282.8
1979	43.11	29.29	3.27	7.00	3.55	232.0	214.5	301.1	257.0	304.1
1980	45.49	31.13	3.41	7.38	3.57	244.0	227.8	313.6	260.3	305.7
1981	56.11	37.93	4.62	8.75	4.81	258.2	239.4	366.3	276.5	312.2
1982	63.73	42.74	4.90	10.38	5.71	277.8	257.5	382.4	300.2	343.6
1983	68.08	44.11	5.57	11.48	6.92	292.0	259.8	447.7	339.8	403.8
1984	80.66	50.81	7.07	14.39	8.39	332.6	286.6	593.6	410.9	447.4
1985	99.05	59.34	9.13	19.62	10.96	360.6	302.9	644.5	478.7	515.5
1986	107.07	60.76	10.29	22.02	14.00	368.7	300.3	642.8	529.3	581.8
1987	132.97	72.08	13.57	27.75	19.57	402.1	324.6	703.0	553.0	722.2
1988	182.00	94.08	17.50	39.65	30.77	433.1	341.2	789.5	609.7	826.0
1989	209.92	108.10	18.41	51.95	31.46	461.4	360.9	834.4	646.9	926.3
1990	227.12	118.31	21.54	51.93	35.34	478.9	368.4	911.6	675.4	991.7
1991	253.51	133.34	25.40	54.36	40.40	517.7	398.6	974.0	722.0	1089.9
1992	295.24	150.64	29.21	61.75	53.63	560.7	424.1	1076.1	784.1	1212.8
1993	386.34	190.28	36.39	74.86	84.82	621.8	453.6	1220.0	838.2	1482.3
1994	574.05	260.69	46.95	113.35	153.06	710.1	493.1	1370.9	950.5	1882.9
1995	738.63	340.48	59.24	144.45	194.47	806.7	547.3	1510.7	1062.7	2288.2
1996	850.67	383.18	66.94	165.50	235.05	893.0	599.8	1654.2	1122.2	2613.1
1997	925.56	391.30	75.80	193.66	264.80	1002.8	645.4	1819.6	1268.1	3138.3
1998	973.37	410.96	78.35	200.18	283.78	1064.0	667.3	1874.2	1373.4	3439.6
1999	1010.82	425.19	80.16	201.99	303.48	1132.1	726.7	1932.3	1421.5	3642.5
2000	1037.27	420.98	82.29	208.18	325.82	1167.6	714.3	2046.2	1499.1	3907.6
2001	1061.61	433.25	82.34	215.50	330.52	1213.7	752.0	2021.9	1556.7	4073.3
2002	1125.29	450.75	78.49	213.08	332.92	1256.2	775.3	2064.4	1623.6	4236.2
2003	1170.54	461.72	79.25	234.54	341.40	1284.4	786.8	2095.5	1691.1	4307.6
2004	1315.10	514.53	86.18	284.86	374.26	1326.3	807.9	2217.0	1773.1	4438.7
2005	1373.01	552.74	96.92	266.81	396.78	1368.8	820.7	2383.3	1874.9	4539.3
2006	1449.78	602.00	105.78	266.75	410.75	1389.6	833.0	2500.1	1891.7	4554.2
2007	1692.16	685.34	120.72	340.27	474.32	1448.4	881.8	2663.8	1822.6	4835.7
2008	1965.02	763.02	149.76	425.68	549.35	1524.4	922.1	2880.1	1907.1	5136.8
2009	2001.24	826.22	162.20	366.91	565.58	1600.0	966.9	3074.7	1963.2	5446.2
2010	2307.06	976.58	189.35	380.28	674.18	1656.0	992.5	3297.5	2010.2	5677.5
2011	2730.94	1136.18	237.70	479.20	782.64	1723.8	1039.2	3528.5	2055.7	5870.8
2012	3007.40	1263.71	256.45	481.28	903.36	1798.8	1080.2	3638.2	2163.9	6142.6
2013	3281.96	1376.30	293.83	513.76	986.28	1879.4	1124.2	3837.9	2249.4	6440.3
2014	3522.31	1529.57	323.25	522.89	1025.19	1964.9	1174.2	4049.7	2284.1	6810.4

注:1.2003年起采用国民经济行业分类GB/T4754—2002,其他年份均采用GB/T4754—94。2.2002—2007年数据根据2006年农普结果进行了调整。

若干年份全社会固定资产投资

单位：万元

年　份	全社会固定资产投资额	固定资产投资	项目投资	房地产开发投资	农村农户投资	全社会固定资产投资比上年增长(%)
1952	6223	3866			2357	68.1
1957	24214	18728			5486	−55.2
1962	32257	21509			10748	−16.6
1965	49352	33943			15409	14.9
1970	72125	48581			23544	111.4
1975	102585	67822			34763	12.8
1978	133421	94467			38954	55.2
1979	153027	112732			40295	14.6
1980	183177	135820			47357	19.6
1981	184696	161862			22834	0.9
1982	244579	195592			48987	32.4
1983	269664	224177			45487	10.3
1984	346107	294844			51263	28.3
1985	556154	487733			68421	60.7
1986	644605	528075	492367	35708	116530	15.9
1987	815963	666929	634469	32460	149034	26.6
1988	1002887	794631	723316	71315	208256	22.9
1989	1016412	802013	691957	110056	214399	1.4
1990	1154072	905109	770383	134726	248963	13.5
1991	1456253	1172804	962126	210678	283449	26.2
1992	2275484	1932090	1521767	410323	343394	56.3
1993	3684495	3204533	2595218	609315	479962	61.9
1994	5388669	4724916	3705087	1019829	663753	46.3
1995	6811714	5944466	4430778	1513688	867248	26.4
1996	7900000	6969100	5452170	1516930	930900	16.0
1997	8984678	7943278	6459964	1483314	1041400	13.7
1998	10485178	9412536	7756216	1656320	1072642	16.7
1999	10400049	9522224	7736053	1786171	877825	3.4
2000	10824716	9953786	7880095	2073691	870930	4.1
2001	11344756	10538443	8283525	2254918	806313	4.8
2002	12307621	11487621	8997752	2489869	820000	8.5
2003	15078725	14114495	10493838	3620657	964230	22.5
2004	18990974	17983841	13205900	4777941	1007133	25.9
2005	23447330	22417041	17013139	5403902	1030289	23.5
2006	31150775	29984488	22110864	7873624	1166287	38.0
2007	43217404	41866681	30541783	11324898	1350723	38.7
2008	53016939	51483063	40192142	11290921	1533876	22.7
2009	63620327	61809360	50445865	11363495	1810967	20.0
2010	82734186	80673339	62484769	18188570	2060847	30.0
2011	101194678	98856652	74830596	24026056	2338026	27.1
2012	127096604	124522414	96281165	28241249	2574190	25.5
2013	155268688	152452358	115422631	37029727	2816330	22.2
2014	184494785	181413708	135739680	45674028	3081077	18.8

注：1950—1980年固定资产投资(不含农户)为城镇投资，农户投资为农村投资口径；1981年后为正式定义口径。

房地产开发企业（单位）主要指标

年 份	本年完成投资（亿元）	#住宅	商品房销售额（亿元）	#住宅	商品房销售面积（万平方米）	#住宅
1986	3.57				73.14	
1987	3.25				51.33	
1988	7.13				92.88	
1989	11.01				102.55	
1990	13.47				107.79	
1991	21.07		9.16		111.44	
1992	41.03		16.77		134.99	
1993	60.93		26.61		248.91	
1994	101.98	69.96	39.37	26.03	241.31	188.96
1995	151.37	88.51	66.16	46.14	368.65	309.44
1996	151.69	75.29	48.59	37.61	273.51	234.28
1997	148.33	72.49	83.50	62.04	426.88	346.14
1998	165.63	85.44	105.10	78.71	515.20	441.67
1999	178.62	105.08	123.75	92.54	599.68	511.64
2000	207.37	125.07	168.96	119.39	810.65	675.73
2001	225.49	145.22	199.08	150.75	987.81	843.00
2002	248.99	160.78	225.28	153.95	1047.05	882.92
2003	362.07	237.67	287.16	222.46	1250.10	1083.79
2004	477.79	308.45	354.47	281.26	1384.83	1224.61
2005	540.39	363.72	605.09	481.90	1913.84	1720.56
2006	787.36	511.68	807.46	637.34	2021.69	1743.39
2007	1132.49	778.39	1134.53	938.33	2421.97	2096.39
2008	1129.09	735.93	712.61	562.26	1625.67	1250.00
2009	1136.35	743.27	1477.83	1299.09	2723.23	2420.83
2010	1818.86	975.13	1611.32	1300.13	2575.62	2139.26
2011	2402.61	1591.56	2101.58	1649.34	2706.72	2213.30
2012	2824.12	1751.98	2817.70	2293.90	3258.94	2741.96
2013	3702.97	2402.08	4232.08	3410.57	4676.16	3957.46
2014	4567.40	2917.17	3763.52	2939.58	4119.48	3324.10

房地产开发投资完成情况

(1986—2014)

年　份	企业个数（个）	本年完成投资（亿元）	施工面积（万平方米）	竣工面积（万平方米）	商品房销售面积（万平方米）	商品房销售额（亿元）
1986	102	3.57	220.84	133.25	73.14	
1987	118	3.25	216.38	98.74	51.33	
1988	174	7.13	368.04	154.12	92.88	
1989	168	11.01	413.56	183.73	102.55	
1990	190	13.47	427.57	193.92	107.79	
1991	241	21.07	561.56	215.98	111.44	9.16
1992	391	41.03	842.30	258.48	134.99	16.77
1993	856	60.93	1258.69	307.55	248.91	26.61
1994	1279	101.98	1889.94	470.78	241.31	39.37
1995	1256	151.37	2506.77	732.63	368.65	66.16
1996	1407	151.69	2283.80	526.28	273.51	48.59
1997	1465	148.33	2401.24	662.77	426.88	83.50
1998	1783	165.63	2748.79	578.74	515.20	105.10
1999	1909	178.62	3166.96	788.82	599.68	123.75
2000	1922	207.37	3422.88	1009.36	810.65	168.96
2001	1941	225.49	3717.31	1280.79	987.81	199.08
2002	1869	248.99	4114.64	1323.49	1047.05	225.28
2003	1900	362.07	4891.04	1362.95	1250.10	287.16
2004	2433	477.79	5795.69	1523.91	1384.83	354.47
2005	2596	540.39	6107.75	1576.16	1913.84	605.09
2006	2755	787.36	6992.74	1408.32	2021.69	807.46
2007	2693	1132.49	9651.58	1711.33	2421.97	1134.53
2008	3268	1129.09	11459.72	1906.15	1625.67	712.61
2009	3316	1136.35	11668.17	2240.26	2723.23	1477.83
2010	3634	1818.86	14189.73	2242.47	2575.62	1611.32
2011	3576	2402.61	18937.98	2651.71	2706.72	2101.58
2012	3140	2824.12	21121.50	2232.78	3258.94	2817.70
2013	3187	3702.97	26287.28	3369.76	4676.16	4232.08
2014	3280	4567.40	30051.77	3583.57	4119.48	3763.52

若干年份城镇居民家庭基本情况

年　份	平均每户家庭人口（人）	平均每户就业人数（人）	平均每户就业面（%）	平均每一就业者负担人数（人）	平均每人全年可支配收入（元）	平均每人消费性支出（元）	平均每人住房建筑面积（平方米）
1952					106	96	
1957					165	131	
1959	4.72	1.40	29.7	3.37	206	190	
1962	5.46	1.72	31.5	3.17	203	186	
1963	5.40	1.50	27.8	3.60	207	189	
1964	5.33	1.53	28.8	3.48	211	194	
1965	5.13	1.65	32.2	3.12	217	201	
1966	5.00	1.40	28.0	3.40	223	186	
1975	4.97	2.05	41.3	2.42	333	297	
1978	3.87	2.40	62.0	1.61	371	285	
1980	4.53	2.32	51.2	1.95	450	392	11.3
1981	4.51	2.40	53.2	1.88	452	405	11.7
1982	4.44	2.48	55.9	1.79	520	466	12.1
1983	4.36	2.41	55.3	1.80	573	504	13.2
1984	4.27	2.37	55.5	1.80	582	494	14.3
1985	4.06	2.25	55.4	1.81	733	675	15.3
1986	4.00	2.23	55.8	1.79	929	790	15.7
1987	3.97	2.25	56.6	1.77	1021	893	16.5
1988	3.77	2.10	55.7	1.79	1236	1077	17.2
1989	3.70	2.09	56.5	1.77	1555	1340	17.6
1990	3.64	2.09	57.4	1.74	1749	1431	18.1
1991	3.43	2.00	58.3	1.72	1953	1659	19.5
1992	3.39	2.03	59.9	1.67	2351	1942	20.9
1993	3.35	2.01	60.0	1.67	2923	2418	21.5
1994	3.29	1.92	58.4	1.71	3935	3351	24.1
1995	3.27	1.93	59.0	1.69	4853	4132	24.3
1996	3.25	1.94	59.7	1.68	5574	4568	24.5
1997	3.28	1.96	59.8	1.67	6144	4936	25.6
1998	3.23	1.90	58.8	1.70	6486	5181	26.8
1999	3.22	1.90	59.0	1.69	6860	5267	27.2
2000	3.23	1.80	55.7	1.79	7432	5639	28.0
2001	3.20	1.80	55.3	1.78	8313	6015	28.2
2002	3.13	1.73	55.3	1.81	9189	6632	28.4
2003	3.08	1.72	55.8	1.79	10000	7356	29.8
2004	3.05	1.58	51.8	1.93	11175	8161	31.1
2005	3.04	1.60	52.6	1.90	12321	8794	31.4
2006	3.04	1.64	53.9	1.86	13753	9808	32.1
2007	3.01	1.60	53.2	1.90	15505	11055	33.5
2008	3.14	1.69	53.8	1.86	17961	12501	37.5
2009	3.12	1.72	55.1	1.81	19577	13451	37.5
2010	3.08	1.71	55.5	1.80	21781	14750	38.5
2011	3.12	1.68	53.8	1.86	24907	16661	37.9
2012	3.10	1.68	54.2	1.85	28055	18593	38.2
2013	2.97	1.58	53.2	1.88	28174	20565	38.7
2014	2.99	1.61	53.8	1.86	30722	22204	40.7

注：2013 年、2014 年为新口径数据，2012 年以前为老口径数据。

若干年份农村居民家庭基本情况

年份	平均每户常住人口（人）	平均每户整半劳动力（人）	平均每个劳动力负担人口（人）	农村居民人均可支配(纯)收入（元）	农村居民人均生活消费支出（元）	农村居民人均住房使用面积（平方米）	农村居民人均住房建筑面积（平方米）
1952			2.20	69.97	67.52		
1957			2.39	112.13	101.60		
1962			2.38	154.57	131.36		
1965			2.87	128.74	114.15		
1970			2.71	120.70	107.87		
1978	6.50	2.22	2.92	137.54	112.73		
1979	6.38	2.16	2.88	142.20	132.57		
1980	6.25	2.06	3.03	171.74	157.67		
1981	6.23	2.10	2.97	231.65	199.25	8.30	
1982	6.27	2.27	2.76	268.16	231.14	7.67	
1983	6.29	2.60	2.42	301.84	261.86	10.44	
1984	6.19	2.66	2.32	344.94	287.87	11.73	
1985	5.74	2.95	1.94	396.45	350.57	14.47	
1986	5.69	2.99	1.90	418.51	394.10	15.10	
1987	5.51	3.08	1.82	484.88	442.83	15.86	
1988	5.56	3.09	1.80	613.41	570.73	16.18	
1989	5.54	3.09	1.79	697.34	652.58	16.65	
1990	5.50	3.03	1.81	764.41	707.97	18.47	
1991	5.37	3.03	1.77	850.05	746.99	19.14	
1992	5.31	3.05	1.74	984.11	820.74	19.64	
1993	5.24	3.10	1.69	1210.51	1069.79	22.38	
1994	5.17	3.13	1.65	1577.74	1439.53	24.62	
1995	4.91	3.02	1.62	2048.59	1793.68	22.88	
1996	4.87	2.98	1.63	2492.49	2033.54	23.37	
1997	4.77	2.96	1.61	2785.67	2119.56	23.74	
1998	4.70	3.00	1.57	2946.37	2192.35	24.87	
1999	4.62	2.95	1.56	3091.39	2252.09	26.40	
2000	4.24	2.70	1.57	3230.49	2409.69	32.14	
2001	4.17	2.68	1.56	3380.72	2503.07	33.82	
2002	4.07	2.57	1.58	3538.74	2583.16	35.68	
2003	4.08	2.83	1.44	3733.93	2717.92	35.96	
2004	4.02	2.71	1.48	4089.38	3015.22	38.18	
2005	4.05	2.77	1.47	4450.36	3292.63	40.15	
2006	4.03	2.77	1.45	4834.75	3591.40	42.35	
2007	4.00	2.77	1.44	5467.08	4053.47	44.50	
2008	3.98	2.78	1.43	6196.07	4661.94	46.13	
2009	3.98	2.78	1.43	6680.18	5015.72	46.76	
2010	3.94	2.77	1.43	7426.86	5498.33	47.54	
2011	3.84	2.73	1.40	8778.55	6540.85	49.82	
2012	3.84	2.71	1.41	9967.17	7401.92	50.80	
2013	3.29	2.22	1.48	11404.85	9986.15		63.71
2014	3.25	2.21	1.47	12650.19	11055.93		60.83

注：2013年、2014年为新口径数据，2012年以前为老口径数据。

居民消费价格指数

单位：以上年为100

项　　目	全　省	城　市	农　村
居民消费价格指数	102.0	102.1	101.9
一、按商品和非商品分			
消费品价格指数	101.9	101.9	101.8
服务项目价格指数	102.3	102.4	102.0
二、按类别分			
食品	103.3	103.2	103.5
烟酒及用品	99.2	99.0	99.6
衣着	102.6	102.9	101.7
家庭设备用品及维修服务	100.4	100.5	100.0
医疗保健和个人用品	100.7	100.7	100.7
交通和通讯	100.2	100.3	100.2
娱乐教育文化用品及服务	101.7	101.7	101.7
居住	102.3	102.5	101.7

地方公共财政收入

单位：万元

项　　目	2000	2005	2010	2013	2014
收入合计	2341061	4326003	11514923	21194455	23622138
1. 增值税	353461	731267	1411033	2343127	2627277
2. 营业税	582053	1246076	3197000	5514131	5818501
3. 企业所得税	321959	542646	1569118	2710499	3229164
4. 企业所得税退税	—3243				
5. 个人所得税	247517	274137	563374	783685	866747
6. 资源税	7007	21436	64550	91197	119556
7. 固定资产投资方向调节税	8784	103			
8. 城市维护建设税	97646	185544	431149	921613	1013014
9. 房产税	95496	169576	317362	656482	619052
10. 印花税	18309	55267	171193	276553	297716
11. 城镇土地使用税	15746	29400	263343	450051	383356
12. 土地增值税	4326	40785	628057	1822781	2133747
13. 车船税	6055	12662	59863	125116	147832
14. 烟叶税			32896	70038	78042
15. 耕地占用税	13474	32003	181050	285663	336690
16. 契税	55799	209093	770908	1181893	1266595
17. 国有资本经营收入			219530	307098	461534
18. 国有资源（资产）有偿使用收入			414662	1107489	1530362
19. 行政性收费收入	74946	290876	481761	1073383	1159489
20. 罚没收入	101764	213993	292226	508813	509898
21. 专项收入	64036	120693	352274	787930	807049
22. 其他收入	127716	48254	93574	176913	216517

公共财政支出

单位：万元

项　　目	2008	2009	2010	2012	2013	2014
支出合计	11377159	14118238	16950906	26075020	30688006	33066986
1. 一般公共服务	1891974	2038230	2119124	2931509	3270569	2934031
2. 外交						
3. 国防	31468	32557	32680	55117	76108	65557
4. 公共安全	915985	994719	1206017	1623883	1894405	1916303
5. 教育	2332923	2775527	3277681	5623008	5749113	6345984
6. 科学技术	256281	278903	323057	484695	606228	673956
7. 文化体育与传媒	224251	257706	271014	460722	578796	641780
8. 社会保障和就业	1092914	1328536	1482366	2052848	2406553	2587105
9. 医疗卫生	742741	933922	1175835	1859917	2242313	2921356
10. 环境保护	140264	338250	397865	485982	586029	617958
11. 城乡社区事务	750936	784441	1076788	1788641	2597774	2697434
12. 农林水事务	804268	1208948	1603355	2441622	3122226	3203234
13. 交通运输	456079	1276205	1252071	2720829	2793122	3109307
14. 工业商业金融等事务	880165	938201	1044916	1649455	2316137	2459730
15. 其他支出	856910	932093	1688137	1896792	2448633	2893251

进出口总额

单位：以上年为 100

年 份	进出口总额（万美元）	出 口	进 口	进出口总额（万元人民币）	出 口	进 口
1981	60827	40127	20700	108272	71426	36846
1982	55067	37023	18044	106279	71454	34825
1983	56366	36995	19371	110477	72510	37967
1984	66472	39167	27305	185457	109276	76181
1985	90084	55718	34366	263946	163254	100692
1986	134771	68647	66124	501348	255367	245981
1987	184500	90400	94100	686340	336288	350052
1988	284300	141600	142700	1057596	526752	530844
1989	342200	182800	159400	1611762	860988	750774
1990	433908	244906	189002	2265000	1278409	986591
1991	574776	314746	260030	3115286	1709071	1406215
1992	805873	438666	367207	4633770	2522330	2111440
1993	1004181	515874	488307	5814208	2986911	2827297
1994	1218953	643020	575933	10397669	5484961	4912708
1995	1444569	790806	653763	12105488	6626954	5478534
1996	1551972	838239	713733	12881368	6957384	5923984
1997	1795280	1025560	769720	14861328	8489586	6371742
1998	1716065	996387	719678	14205586	8248092	5957494
1999	1761956	1035193	726763	14585472	8569328	6016144
2000	2122332	1290828	831504	17568664	10685474	6883190
2001	2262601	1392232	870369	18729811	11524896	7204915
2002	2839882	1737086	1102796	23508543	14379598	9128945
2003	3532551	2113173	1419378	29242457	17492846	11749611
2004	4752704	2939476	1813228	39338131	24330043	15008088
2005	5441130	3484195	1956935	44572105	28541480	16030625
2006	6265921	4126174	2139747	49375457	32514251	16861206
2007	7445081	4994039	2451042	56612396	37974673	18637723
2008	8482094	5699184	2782910	58908991	39581403	19327588
2009	7964937	5331902	2633034	54408483	36422225	17986258
2010	10878027	7149313	3728715	73638807	48397273	25241534
2011	14352244	9283779	5068465	92698273	59962074	32736199
2012	15593796	9783259	5810536	98435836	61756825	36679010
2013	16932174	10647442	6284731	104864338	65941740	38922598
2014	17740784	11345229	6395555	108973325	69689226	39284099

实际利用外商直接投资金额

单位：万美元

年份	合计	合资企业	合作企业	独资企业
1979	83	15	68	
1980	363	288	75	
1981	150	40	110	
1982	121	5	16	100
1983	1438	1026	158	254
1984	4828	3526	1179	123
1985	11782	8566	2950	266
1986	6149	4121	1913	115
1987	5139	3097	1479	563
1988	13017	9273	2369	1375
1989	32880	13814	6384	12682
1990	29002	12617	2780	13605
1991	64449	22682	14775	26992
1992	141633	48528	26132	66973
1993	286745	98484	33498	154763
1994	371200	145518	34469	191213
1995	403881	124872	54073	224936
1996	407876	129778	50497	227601
1997	419666	112293	60175	247198
1998	421211	90295	50778	280138
1999	402403	99542	42121	260180
2000	380386	74548	13263	291365
2001	391804	74092	7248	309068
历史可比口径				
2002	424995	84669	11587	316240
2003	499329			
2004	531802			
2005	622984			
2006	718489			
2007	813093			
2008	1002556			
2009	1006481			
2010	1031552			
2011	1104447			
2012	1218541			
全口径				
2004	222120	41952	4324	163490
2005	260775	31021	670	222422
2006	322047	49684	2327	268789
2007	406058	68686	4670	332015
2008	567171	137758	2284	416441
2009	573747	104761	1372	458815
2010	580279	97974	2126	475199
2011	620111	94469	774	479782
2012	633774	130747	1325	399721
2013	667896	93411	3349	554906
2014	711499	136702	1200	558117

若干年份各类运输总量

年　份	客 运 量（万人）	旅客周转量（亿人千米）	货 运 量（万吨）	货物周转量（亿吨千米）
1952	251	1.72	156	1.44
1957	1966	8.81	1553	10.07
1962	2634	16.97	1845	21.65
1965	3226	16.22	2948	39.47
1970	3324	17.59	2862	40.92
1975	5887	28.36	3747	53.73
1978	7928	35.73	4871	74.03
1979	9996	43.71	5149	80.63
1980	16676	62.37	7979	100.34
1981	20013	73.45	8302	103.34
1982	22570	82.01	9077	120.39
1983	24620	91.50	10175	131.78
1984	29155	109.50	11479	151.61
1985	33984	130.33	13317	161.97
1986	34426	137.09	16931	195.48
1987	35693	159.38	18231	225.02
1988	37216	175.91	20131	242.02
1989	39622	173.66	19859	270.06
1990	39495	175.40	20321	272.71
1991	34038	186.70	12124	267.26
1992	36283	205.17	19836	347.28
1993	40465	232.27	25824	434.02
1994	36416	240.56	28447	577.73
1995	40080	247.65	28922	608.61
1996	42956	267.20	30593	590.58
1997	43658	253.15	30496	605.78
1998	42047	279.76	30010	661.61
1999	41413	301.58	28637	746.71
2000	44203	333.97	29483	687.65
2001	47393	372.72	30547	779.92
2002	49134	392.00	31837	827.44
2003	48097	386.19	33422	1223.82
2004	53950	441.40	37279	1401.26
2005	55615	477.82	40400	1576.12
2006	59369	524.99	44304	1904.36
2007	64244	587.90	50500	2083.72
2008	72742	561.77	57254	2401.41
2009	76121	597.75	58231	2477.46
2010	77153	648.76	66159	2983.52
2011	81082	723.83	75272	3404.11
2012	83725	771.93	84417	3877.73
2013	56965	785.01	96718	3943.77
2014	60765	902.36	111779	4783.48

注：2013年客运量数据因交通运输业统计范围变化有调整。

企业在证券市场融资情况

年份	年底累计上市公司数（家）			当年融资企业数（个）			当年融资金额（亿元）		
	福建	全国	占全国比重（%）	福建	首发	再融资	总计	首发	再融资
1997	32	657	4.9	11	7	4	28.22	18.95	3.66
1998	34	768	4.4	9	2	7	14.56	6.07	8.48
1999	38	866	4.4	10	4	6	24.02	11.30	12.72
2000	41	1020	4.0	10	3	7	41.18	20.41	20.78
2001	40	1108	3.6	3	1	2	17.00	13.00	4.00
2002	41	1205	3.4	4	4		13.97	13.97	
2003	43	1287	3.3	4	2	2	21.94	8.10	13.84
2004	45	1378	3.3	3	3		8.14	8.14	
2005									
2006	48	1434	3.4	5	4	1	11.65	8.75	2.90
2007	50	1550	3.2	9	3	6	209.54	166.99	42.55
2008	55	1625	3.4	7	6	1	121.12	114.78	6.34
2009	57	1718	3.3	5	2	3	54.82	15.09	39.73
2010	70	2063	3.4	23	16	7	344.97	142.76	202.21
2011	81	2342	3.5	15	9	6	120.99	87.93	33.06
2012	87	2469	3.5	9	6	3	47.75	26.24	21.51
2013	88	2489	3.5	5		5	294.79		294.79
2014	92	2613	3.5	28	4	14	278.89	19.38	259.51

金融机构人民币各项存款和贷款余额

单位：亿元

年份	各项存款	#城乡居民储蓄存款	财政存款	各项贷款	#短期贷款	中长期贷款
1990	359.45	183.26		381.93		
1991	477.45	245.60		453.10		
1992	667.01	327.00		589.74		
1993	824.37	394.06		774.65	554.06	153.33
1994	1101.81	558.97		954.73	698.86	180.89
1995	1451.68	795.43		1176.63	860.09	221.09
1996	1901.71	1106.33		1467.79	1060.12	294.42
1997	2192.74	1324.37	15.40	1750.38	1279.40	329.60
1998	2557.30	1565.18	28.11	1942.78	1423.39	368.87
1999	2924.61	1739.01	41.24	2255.50	1612.59	476.85
2000	3114.32	1767.59	39.59	2438.82	1728.01	510.32
2001	3614.26	2030.94	45.94	2864.76	1656.70	902.35
2002	4253.07	2430.46	55.21	3110.05	1809.88	1065.11
2003	5178.29	2924.65	51.74	3837.51	2039.25	1422.42
2004	5984.32	3322.26	92.63	4367.05	2213.05	1799.83
2005	7248.40	3903.05	128.33	5068.68	2366.93	2350.80
2006	8836.26	4478.26	219.38	6447.72	2956.98	3203.04
2007	10040.15	4711.23	328.32	8065.67	3555.92	4318.81
2008	11804.40	5861.17	457.26	9585.92	3895.16	5146.37
2009	14702.34	7078.81	549.46	12360.32	5215.58	6625.53
2010	18309.45	8101.02	678.08	15231.36	6594.50	8372.64
2011	21055.49	9068.62	834.38	18165.19	7836.03	9906.51
2012	24283.68	10507.39	741.75	21209.82	9451.96	11133.74
2013	28043.82	11847.25	905.62	24487.53	10752.70	13137.82
2014	30747.61	12578.95	1450.40	28417.70	11785.72	15861.63

注：1.2004年起含外资银行。

若干年份年末常住人口及人口变动

年份	常住总人口（万人）	按性别分类		按城乡分		人口出生率（‰）	人口死亡率（‰）	人口自然增长率（‰）	人口密度（人/平方千米）
		男	女	城镇	农村				
1952	1270					37.92	13.32	24.60	102
1957	1461					37.56	9.80	27.76	118
1962	1602					41.14	11.65	29.49	129
1965	1759					41.19	7.92	33.27	142
1970	2020					34.23	6.98	27.25	163
1975	2297					29.19	6.58	22.61	185
1978	2446					25.35	6.31	19.04	197
1979	2487					22.91	6.28	16.63	201
1980	2519					18.68	6.27	12.41	203
1981	2563					23.40	6.25	17.15	207
1982	2620					27.91	6.35	21.56	211
1983	2668					24.53	6.31	18.22	215
1984	2720					25.68	6.25	19.43	219
1985	2769					23.88	6.18	17.70	223
1986	2820					24.02	5.85	18.17	227
1987	2875					24.91	5.79	19.21	232
1988	2929					24.34	5.81	18.53	236
1989	2984					24.67	6.10	18.57	241
1990	3037					24.44	6.71	17.73	245
1991	3079					20.03	6.26	13.77	248
1992	3116					18.18	6.02	12.16	251
1993	3150					16.72	5.62	11.10	254
1994	3183					16.24	5.95	10.29	257
1995	3227					15.20	5.90	9.30	261
1996	3261					13.22	5.94	7.28	263
1997	3282					12.41	6.09	6.32	265
1998	3299					11.53	6.20	5.33	266
1999	3316					11.06	5.85	5.21	267
2000	3410	1757	1653	1432	1978	11.60	5.85	5.75	275
2001	3445	1775	1670	1473	1972	11.56	5.52	6.04	278
2002	3476	1790	1686	1587	1889	11.35	5.57	5.78	280
2003	3502	1805	1697	1624	1878	11.43	5.58	5.85	282
2004	3529	1818	1711	1681	1848	11.58	5.62	5.96	285
2005	3557	1793	1764	1758	1799	11.60	5.62	5.98	287
2006	3585	1810	1775	1807	1778	12.00	5.75	6.25	289
2007	3612	1824	1788	1856	1756	12.00	5.90	6.10	291
2008	3639	1830	1809	1929	1710	12.20	5.90	6.30	293
2009	3666	1848	1818	2019	1647	12.20	6.00	6.20	296
2010	3693	1900	1793	2109	1584	11.27	5.16	6.11	298
2011	3720	1912	1808	2161	1559	11.41	5.20	6.21	300
2012	3748	1927	1821	2234	1514	12.74	5.73	7.01	302
2013	3774	1938	1836	2293	1481	12.20	6.01	6.19	304
2014	3806	1936	1870	2352	1454	13.70	6.20	7.50	307

地区生产总值

（2014 年）

单位：亿元

地　　区	地区生产总　　值	第一产业	第二产业	第三产业	工业	建筑业	人均 GDP（元）
全　省	**24055.76**	**2014.80**	**12515.36**	**9525.60**	**10426.71**	**2112.03**	**63472**
福州市	**5169.16**	**415.91**	**2352.15**	**2401.10**	**1816.87**	**541.10**	**69995**
福州市辖区							
鼓楼区	1011.22		220.80	790.43	70.66	151.00	142426
台江区	342.10		75.02	267.08	26.99	49.02	73967
仓山区	396.04	2.66	225.45	167.94	207.60	18.88	49911
马尾区	373.92	5.61	252.78	115.52	234.23	19.19	151383
晋安区	447.04	4.73	167.16	275.15	107.46	60.07	53763
福　清　市	728.68	88.27	377.57	262.84	302.65	74.93	57444
长　乐　市	533.08	42.72	359.22	131.14	335.53	23.78	75561
闽　侯　县	412.73	33.31	256.95	122.47	228.47	29.52	59471
连　江　县	325.35	110.96	131.21	83.17	115.94	15.77	56779
罗　源　县	172.67	30.61	114.05	28.01	107.91	6.38	83620
闽　清　县	130.35	23.07	74.16	33.12	62.56	11.66	55586
永　泰　县	123.78	39.61	46.27	37.90	12.10	34.18	49812
平　潭　县	171.24	34.34	55.22	81.68	9.34	45.88	41765
厦门市	**3273.58**	**23.73**	**1460.34**	**1789.50**	**1250.84**	**226.80**	**86832**
厦门市辖区							
思明区	979.88	0.30	155.77	823.81	85.98	69.80	100346
海沧区	483.45	1.36	311.19	170.90	293.10	18.08	151789
湖里区	753.75	1.09	341.51	411.15	316.98	41.83	75564
集美区	458.31	2.33	247.72	208.26	206.17	41.54	73329
同安区	242.77	10.62	134.16	98.00	116.43	17.72	45849
翔安区	355.42	8.03	269.99	77.40	232.17	37.82	110038
莆田市	**1502.07**	**109.85**	**866.76**	**525.46**	**713.05**	**165.63**	**52890**
莆田市辖区							
城厢区	260.54	11.45	115.06	134.03	79.55	36.83	61375
涵江区	368.05	15.36	254.81	97.88	236.08	22.68	76757
荔城区	294.78	15.98	179.47	99.33	144.68	37.21	57630
秀屿区	302.79	38.02	179.12	85.66	134.50	46.87	52070
仙　游　县	275.92	29.04	138.31	108.57	118.24	22.04	32731
三明市	**1621.21**	**244.84**	**850.98**	**525.39**	**693.08**	**157.90**	**64590**
三明市辖区							
梅列区	224.44	3.73	120.75	99.96	108.41	12.34	125386
三元区	113.55	11.59	62.71	39.26	50.41	12.29	57059
永　安　市	297.23	27.14	176.92	93.17	158.54	18.38	85410
明　溪　县	55.21	13.87	25.09	16.25	18.92	6.17	54663
清　流　县	75.86	15.14	37.40	23.31	27.10	10.31	56189
宁　化　县	101.58	25.83	44.98	30.77	32.01	12.97	36938
大　田　县	148.68	27.09	79.32	42.27	69.45	9.87	47806
尤　溪　县	176.68	46.63	79.43	50.62	59.95	19.48	50050
沙　　　县	179.96	26.04	97.80	56.13	84.46	13.35	78932
将　乐　县	96.95	16.20	52.95	27.80	38.09	14.87	65069
泰　宁　县	76.93	14.34	35.47	27.12	26.34	9.13	69308
建　宁　县	74.14	17.25	38.15	18.74	19.40	18.75	61272
泉州市	**5733.36**	**172.35**	**3553.25**	**2007.75**	**3184.38**	**371.00**	**68254**
泉州市辖区							
鲤城区	340.19	0.12	197.57	142.51	180.96	16.86	80329
丰泽区	442.25	1.32	174.61	266.32	123.11	51.51	80118
洛江区	132.89	3.90	98.60	30.39	88.41	10.19	64822
泉港区	344.38	10.43	250.89	83.06	217.89	33.00	106453

（续）

地区	地区生产总值	第一产业	第二产业	第三产业	工业	建筑业	人均 GDP（元）
石狮市	638.37	19.49	379.73	239.14	347.33	32.72	95350
晋江市	1492.86	18.64	998.96	475.26	942.44	57.75	72645
南安市	780.51	23.28	494.33	262.90	457.61	36.89	53459
惠安县	691.81	27.85	465.49	198.46	399.10	66.45	70846
安溪县	410.19	35.41	226.55	148.23	200.23	26.40	41163
永春县	290.25	21.84	167.83	100.58	150.64	17.19	63651
德化县	170.15	10.08	103.41	56.66	81.37	22.05	60231
漳州市	**2506.36**	**350.51**	**1247.53**	**908.32**	**1039.95**	**207.58**	**50685**
漳州市辖区							
芗城区	419.33	7.28	192.15	219.90	152.72	39.43	71902
龙文区	146.54	4.85	80.83	60.86	59.84	20.99	79083
龙海市	573.90	55.82	325.79	192.29	272.97	52.81	62289
云霄县	136.09	23.74	66.36	45.99	57.55	8.81	32848
漳浦县	311.83	60.09	144.52	107.22	111.45	33.07	38517
诏安县	166.29	35.65	74.21	56.43	63.85	10.36	27717
长泰县	167.15	15.87	104.32	46.96	99.89	4.43	77420
东山县	139.50	27.79	67.74	43.98	59.71	8.03	64184
南靖县	195.46	46.78	94.49	54.18	85.64	8.86	57836
平和县	159.84	52.57	48.43	58.84	36.27	12.16	32061
华安县	90.42	20.06	48.69	21.67	40.06	8.63	55970
南平市	**1232.56**	**271.61**	**543.65**	**417.31**	**403.86**	**139.80**	**47044**
南平市辖区							
延平区	263.46	33.33	138.42	91.71	86.28	52.15	56115
邵武市	185.42	30.25	94.28	60.89	72.12	22.16	67547
武夷山市	123.77	23.44	48.20	52.12	29.68	18.52	53695
建瓯市	175.92	49.31	66.04	60.57	55.03	11.00	38878
建阳市	140.14	31.65	69.54	38.96	57.28	12.26	48077
顺昌县	84.05	19.71	31.80	32.53	25.96	5.84	44824
浦城县	107.80	27.94	42.03	37.83	32.62	9.41	36114
光泽县	69.08	31.05	22.50	15.53	19.97	2.53	52535
松溪县	39.52	12.07	14.88	12.57	11.15	3.73	33350
政和县	43.40	12.85	15.96	14.60	13.76	2.20	26225
龙岩市	**1621.58**	**187.80**	**873.26**	**560.51**	**699.05**	**174.21**	**62730**
龙岩市辖区							
新罗区	607.66	23.47	370.84	213.34	307.30	63.54	86870
漳平市	172.07	24.56	78.67	68.84	60.55	18.11	71845
长汀县	157.72	27.11	77.23	53.38	57.38	19.84	39727
永定县	185.05	26.98	96.62	61.44	79.87	16.75	51473
上杭县	226.70	28.57	130.01	68.12	99.61	30.40	61187
武平县	134.61	29.17	57.90	47.54	41.44	16.46	49037
连城县	137.79	27.93	62.00	47.86	52.88	9.12	56354
宁德市	**1376.09**	**238.19**	**705.63**	**432.28**	**578.91**	**128.00**	**48369**
宁德市辖区							
蕉城区	239.40	31.78	107.80	99.82	62.03	45.92	54415
福安市	335.06	41.32	208.23	85.52	189.38	19.27	58912
福鼎市	282.47	37.81	172.95	71.71	158.05	15.23	52848
霞浦县	166.27	47.62	53.16	65.48	35.62	17.62	35949
古田县	139.83	35.94	59.21	44.68	50.73	8.59	42848
屏南县	58.86	13.02	25.59	20.25	21.29	4.35	43172
寿宁县	63.66	14.88	29.68	19.10	21.18	8.54	36137
周宁县	45.04	8.40	23.08	13.56	18.10	5.02	40228
柘荣县	45.50	7.42	25.94	12.15	22.55	3.44	51412

地区生产总值指数

（2014 年）

单位：以上年为 100

地　　区	地区生产总　　值	第一产业	第二产业	第三产业	工业	建筑业	人均 GDP（元）
全　省	**109.9**	**104.4**	**111.9**	**108.1**	**112.1**	**111.0**	**109.1**
福州市	**110.1**	**104.6**	**111.5**	**109.4**	**111.7**	**111.0**	**108.9**
福州市辖区							
鼓楼区	110.6		111.0	110.5	112.3	110.2	109.1
台江区	110.2		111.3	109.9	112.0	110.9	108.8
仓山区	111.1	105.3	112.4	109.2	112.5	111.3	109.9
马尾区	111.0	97.9	112.0	109.1	112.1	111.2	109.6
晋安区	110.3	102.7	112.1	109.3	112.6	111.1	108.9
福　清　市	109.7	105.4	111.6	107.9	111.7	111.1	108.7
长　乐　市	110.3	104.5	111.8	107.9	111.8	111.3	109.4
闽　侯　县	109.7	104.2	112.5	105.1	112.6	111.3	109.1
连　江　县	108.0	105.4	114.4	101.3	114.8	111.7	107.0
罗　源　县	105.6	104.9	104.5	111.0	104.1	111.5	105.2
闽　清　县	110.3	105.1	111.3	111.3	111.2	111.6	110.1
永　泰　县	110.2	104.4	111.9	112.9	112.4	111.7	109.9
平　潭　县	108.4	103.7	110.7	108.9	112.3	110.3	104.5
厦门市	**109.2**	**102.9**	**107.7**	**110.9**	**107.9**	**106.6**	**107.2**
厦门市辖区							
思明区	108.3	48.0	104.2	109.1	102.6	106.0	107.0
海沧区	113.1	91.4	109.5	123.5	109.3	114.2	109.5
湖里区	105.7	100.0	102.0	110.4	101.8	106.7	103.8
集美区	110.5	96.6	108.2	114.2	108.6	105.9	108.2
同安区	107.4	98.5	105.8	110.6	106.4	101.6	105.2
翔安区	114.0	101.2	116.2	104.0	117.3	107.6	111.7
莆田市	**111.1**	**103.1**	**111.9**	**111.4**	**111.8**	**112.5**	**110.3**
莆田市辖区							
城厢区	110.3	99.7	112.0	109.9	111.6	113.0	109.3
涵江区	110.8	102.7	111.6	109.3	111.5	111.9	110.1
荔城区	111.8	101.7	111.3	114.6	111.6	110.2	110.9
秀屿区	111.5	104.3	112.4	112.9	112.4	112.7	110.7
仙　游　县	111.3	104.3	112.9	111.2	112.2	115.9	110.6
三明市	**109.6**	**104.6**	**111.5**	**108.3**	**111.6**	**111.0**	**109.3**
三明市辖区							
梅列区	107.5	102.8	108.6	106.1	110.5	91.0	107.8
三元区	107.5	103.6	110.1	104.2	111.2	105.0	107.4
永　安　市	110.4	103.4	112.8	107.4	113.1	109.5	110.8
明　溪　县	110.8	104.5	112.9	112.4	111.5	118.6	110.2
清　流　县	110.4	105.5	110.9	112.5	113.4	103.4	108.3
宁　化　县	110.9	104.8	114.1	110.8	112.6	119.0	109.9
大　田　县	110.5	105.1	111.9	111.1	111.1	118.9	110.4
尤　溪　县	111.2	105.2	112.8	113.6	111.4	118.6	110.7
沙　　　县	109.6	104.8	112.0	107.0	111.4	117.4	110.1
将　乐　县	109.3	104.7	111.9	105.9	110.0	118.8	109.7
泰　宁　县	108.2	104.0	110.4	107.4	109.8	112.4	107.7
建　宁　县	108.3	104.6	109.2	109.6	110.6	107.4	107.9
泉州市	**110.1**	**102.6**	**111.4**	**108.2**	**111.4**	**111.0**	**109.1**
泉州市辖区							
鲤城区	106.5	84.0	107.5	105.0	107.2	110.8	105.0
丰泽区	108.2	92.6	109.7	107.0	109.3	111.1	106.9
洛江区	110.4	102.4	112.6	104.0	112.9	110.7	106.7
泉港区	112.0	102.1	114.1	108.0	114.7	110.7	111.1

（续）

地区	地区生产总值	第一产业	第二产业	第三产业	工业	建筑业	人均GDP（元）
石狮市	111.2	103.2	111.6	111.2	111.6	111.2	109.5
晋江市	109.8	102.5	109.7	110.1	109.7	111.0	108.9
南安市	111.0	100.3	112.5	108.3	112.7	110.9	110.1
惠安县	111.7	102.3	114.7	106.4	115.4	111.0	110.4
安溪县	110.6	103.7	112.9	107.6	113.1	111.1	110.2
永春县	110.7	104.1	112.8	108.1	112.9	111.1	110.7
德化县	110.2	103.3	112.6	106.6	113.1	110.9	110.2
漳州市	**111.3**	**104.6**	**114.3**	**109.4**	**114.6**	**112.5**	**110.6**
漳州市辖区							
芗城区	107.8	100.0	107.8	108.2	110.5	96.4	107.2
龙文区	112.5	101.3	112.6	113.1	112.2	114.2	111.7
龙海市	112.6	103.8	115.2	109.7	114.2	121.9	111.8
云霄县	112.4	105.1	118.0	109.5	117.4	122.2	111.8
漳浦县	113.8	103.1	120.5	111.6	122.9	113.7	113.1
诏安县	111.5	106.3	115.5	109.5	116.0	111.8	110.8
长泰县	111.6	104.0	115.2	107.2	113.9	149.3	110.8
东山县	110.1	104.9	112.4	109.5	113.0	107.3	109.6
南靖县	111.3	104.9	117.1	108.6	115.3	112.2	110.7
平和县	111.0	105.8	119.0	108.7	119.8	116.2	110.4
华安县	110.0	102.8	113.9	107.2	113.8	114.2	109.3
南平市	**109.6**	**105.1**	**111.5**	**109.2**	**111.3**	**112.0**	**109.8**
南平市辖区							
延平区	107.8	101.7	107.6	110.0	105.7	112.6	107.6
邵武市	111.2	104.0	113.1	111.2	113.6	111.3	111.6
武夷山市	109.8	104.3	112.8	109.0	113.9	111.0	109.6
建瓯市	109.5	104.0	112.8	109.1	112.9	112.0	109.9
建阳市	110.0	104.1	112.9	108.4	112.9	112.8	109.8
顺昌县	109.6	105.5	113.0	107.9	113.1	112.4	110.1
浦城县	110.6	108.4	114.0	108.0	114.6	111.7	111.2
光泽县	110.0	112.5	110.8	105.7	110.6	113.1	108.7
松溪县	109.4	104.0	113.2	109.0	113.8	111.1	110.8
政和县	110.1	104.6	115.5	108.4	115.9	112.1	111.1
龙岩市	**109.7**	**103.9**	**111.6**	**108.0**	**111.6**	**111.6**	**109.2**
龙岩市辖区							
新罗区	107.4	100.6	108.1	106.9	107.5	111.6	105.7
漳平市	110.8	104.3	114.4	108.2	115.3	110.8	110.9
长汀县	111.0	104.4	114.4	109.0	115.2	111.9	110.5
永定县	109.7	104.6	111.9	107.6	111.9	111.7	109.8
上杭县	113.0	104.6	115.9	109.9	117.0	112.1	113.1
武平县	110.8	104.5	115.4	108.5	117.0	111.4	111.2
连城县	111.0	104.4	114.4	109.2	114.9	111.1	111.4
宁德市	**110.8**	**105.5**	**114.1**	**107.8**	**114.5**	**112.5**	**110.6**
宁德市辖区							
蕉城区	110.8	106.0	114.9	108.0	115.1	114.5	110.5
福安市	111.2	105.9	114.3	105.8	114.8	109.7	111.1
福鼎市	111.5	106.1	115.3	106.1	115.8	110.4	111.4
霞浦县	110.1	106.1	112.3	110.3	111.7	113.5	110.0
古田县	110.3	103.4	114.5	109.4	115.2	110.0	110.1
屏南县	110.4	106.0	113.6	108.6	114.6	108.5	110.1
寿宁县	110.6	105.2	113.1	110.3	113.4	112.2	110.3
周宁县	110.6	105.9	114.1	107.1	114.2	113.9	109.7
柘荣县	108.6	105.3	109.5	108.3	109.1	112.4	108.3

年末户籍统计人口数

（2014 年）

单位：万人

地区	年末户籍统计总人口	按城乡分		按性别分	
		非农业	农业	男	女
全省	**3695.79**	**1266.06**	**2429.73**	**1904.12**	**1791.68**
福州市	**674.94**	**276.37**	**398.58**	**346.30**	**328.64**
福州市辖区	197.43	163.23	34.20	98.26	99.17
鼓楼区	57.48	57.48		28.69	28.79
台江区	32.69	32.69		16.30	16.39
仓山区	52.02	32.47	19.55	25.75	26.28
马尾区	17.13	5.61	11.52	8.60	8.53
晋安区	38.11	34.98	3.13	18.92	19.19
福清市	133.52	38.23	95.28	68.91	64.60
长乐市	71.58	24.68	46.90	37.70	33.88
闽侯县	66.49	6.86	59.63	34.27	32.22
连江县	66.46	15.67	50.79	34.47	31.99
罗源县	26.46	6.88	19.58	13.82	12.64
闽清县	32.24	6.81	25.43	16.98	15.26
永泰县	37.97	6.16	31.82	20.18	17.80
平潭县	42.79	7.85	34.95	21.70	21.09
厦门市	**203.44**	**165.59**	**37.85**	**100.90**	**102.54**
厦门市辖区	203.44	165.59	37.85	100.90	102.54
思明区	70.84	70.84		34.66	36.17
海沧区	15.58	12.48	3.09	7.68	7.90
湖里区	26.99	26.99		13.61	13.38
集美区	22.88	16.34	6.55	11.39	11.49
同安区	35.08	15.95	19.13	17.54	17.55
翔安区	32.07	23.00	9.07	16.03	16.04
莆田市	**341.21**	**67.72**	**273.50**	**174.19**	**167.02**
莆田市辖区	228.43	45.73	182.70	116.07	112.36
城厢区	40.12	13.63	26.49	20.26	19.86
涵江区	44.31	10.56	33.74	22.00	22.31
荔城区	54.04	14.18	39.86	27.17	26.88
秀屿区	89.96	7.35	82.61	46.64	43.32
仙游县	112.78	21.99	90.79	58.12	54.67
三明市	**284.01**	**90.79**	**193.22**	**148.45**	**135.56**
三明市辖区	28.28	21.63	6.64	14.32	13.96
梅列区	14.17	12.47	1.70	7.13	7.04
三元区	14.11	9.17	4.94	7.18	6.92
永安市	33.28	17.19	16.10	17.16	16.12
明溪县	11.90	3.17	8.73	6.16	5.75
清流县	15.59	3.52	12.06	8.12	7.46
宁化县	37.70	6.06	31.63	19.74	17.96
大田县	38.82	9.30	29.52	20.99	17.83
尤溪县	44.03	7.62	36.42	23.57	20.46
沙县	26.66	11.93	14.73	13.75	12.91
将乐县	18.43	4.80	13.63	9.56	8.87
泰宁县	13.60	2.97	10.63	7.02	6.58
建宁县	15.71	2.60	13.12	8.06	7.66
泉州市	**716.22**	**202.72**	**513.50**	**370.06**	**346.15**
泉州市辖区	106.36	64.11	42.25	53.67	52.70
鲤城区	25.13	25.13		12.43	12.70
丰泽区	23.01	23.01		11.28	11.73
洛江区	18.36	4.35	14.01	9.57	8.79
泉港区	39.87	11.63	28.24	20.38	19.48

（续）

地区	年末户籍统计总人口	按城乡分		按性别分	
		非农业	农业	男	女
石狮市	32.52	9.79	22.74	16.56	15.96
晋江市	110.81	37.98	72.84	56.67	54.15
南安市	157.44	39.19	118.25	82.29	75.15
惠安县	99.71	14.59	85.12	49.87	49.84
安溪县	117.78	14.24	103.53	62.73	55.05
永春县	58.68	15.50	43.18	30.87	27.81
德化县	32.90	7.31	25.59	17.41	15.49
漳州市	**497.41**	**143.01**	**354.41**	**255.53**	**241.88**
漳州市辖区	58.46	38.11	20.35	29.08	29.38
芗城区	44.67	34.40	10.27	22.16	22.51
龙文区	13.79	3.71	10.08	6.92	6.87
龙海市	85.28	16.40	68.89	42.93	42.35
云霄县	44.96	7.12	37.84	23.67	21.29
漳浦县	88.61	26.03	62.58	45.56	43.06
诏安县	64.65	9.09	55.56	33.73	30.92
长泰县	20.38	4.05	16.34	10.34	10.04
东山县	21.40	11.20	10.19	10.77	10.63
南靖县	35.98	9.24	26.74	18.37	17.61
平和县	60.95	16.06	44.89	32.42	28.53
华安县	16.73	5.70	11.04	8.67	8.07
南平市	**319.19**	**109.66**	**209.52**	**164.83**	**154.35**
南平市辖区	50.31	26.12	24.19	25.90	24.40
延平区	50.31	26.12	24.19	25.90	24.40
邵武市	30.86	13.41	17.45	15.81	15.05
武夷山市	23.88	8.29	15.58	12.17	11.70
建瓯市	55.29	16.55	38.74	28.51	26.78
建阳市	35.34	15.12	20.22	18.15	17.20
顺昌县	23.94	6.76	17.18	12.28	11.66
浦城县	43.30	9.59	33.71	22.34	20.96
光泽县	16.43	3.87	12.56	8.57	7.86
松溪县	16.65	4.21	12.44	8.66	8.00
政和县	23.19	5.74	17.45	12.45	10.74
龙岩市	**307.14**	**97.80**	**209.33**	**159.09**	**148.05**
龙岩市辖区	50.54	34.36	16.18	25.44	25.10
新罗区	50.54	34.36	16.18	25.44	25.10
漳平市	29.29	9.63	19.66	15.42	13.88
长汀县	52.70	16.57	36.13	27.72	24.98
永定县	50.19	10.95	39.24	26.15	24.05
上杭县	51.46	11.14	40.33	26.35	25.11
武平县	38.87	9.62	29.25	20.11	18.76
连城县	34.08	5.54	28.54	17.90	16.18
宁德市	**352.24**	**112.41**	**239.83**	**184.77**	**167.47**
宁德市辖区	47.93	15.80	32.14	24.58	23.35
蕉城区	47.93	15.79	32.15	24.58	23.35
福安市	67.09	19.71	47.39	35.30	31.79
福鼎市	59.80	21.25	38.55	31.03	28.77
霞浦县	55.46	18.99	36.47	29.14	26.32
古田县	43.21	14.95	28.26	22.77	20.44
屏南县	19.07	4.80	14.27	10.21	8.86
寿宁县	27.51	6.65	20.85	14.59	12.92
周宁县	21.25	7.00	14.25	11.41	9.84
柘荣县	10.92	3.26	7.66	5.73	5.19

年末常住人口数

（2014 年）

单位：万人

地　　区	常住人口数	城镇人口	乡村人口	城镇化水平（%）
全　省	**3806.00**	**2352.11**	**1453.89**	**61.8**
福州市	**743.00**	**497.37**	**245.63**	**66.9**
福州市辖区	306.10	297.97	8.13	97.3
鼓楼区	71.50	71.50		100.0
台江区	46.50	46.50		100.0
仓山区	79.70	79.70		100.0
马尾区	24.80	17.51	7.29	70.6
晋安区	83.60	82.76	0.84	99.0
福清市	127.50	60.31	67.19	47.3
长乐市	70.90	32.97	37.93	46.5
闽侯县	69.50	36.14	33.36	52.0
连江县	57.60	24.77	32.83	43.0
罗源县	20.80	8.84	11.96	42.5
闽清县	23.60	8.85	14.75	37.5
永泰县	25.00	9.63	15.37	38.5
平潭县	42.00	17.89	24.11	42.6
厦门市	**381.00**	**338.33**	**42.67**	**88.8**
厦门市辖区	381.00	338.33	42.67	88.8
思明区	98.30	98.30		100.0
海沧区	32.50	29.54	2.96	90.9
湖里区	100.60	100.60		100.0
集美区	63.30	54.69	8.61	86.4
同安区	53.60	36.77	16.83	68.6
翔安区	32.70	18.54	14.16	56.7
莆田市	**285.00**	**157.60**	**127.40**	**55.3**
莆田市辖区	200.40	123.92	76.48	61.8
城厢区	42.60	28.68	13.92	67.3
涵江区	48.10	37.63	10.47	78.2
荔城区	51.30	35.47	15.83	69.1
秀屿区	58.40	22.14	36.26	37.9
仙游县	84.60	33.68	50.92	39.8
三明市	**251.00**	**138.30**	**112.70**	**55.1**
三明市辖区	37.80	34.23	3.57	90.6
梅列区	17.90	17.43	0.47	97.4
三元区	19.90	16.80	3.10	84.4
永安市	34.80	22.65	12.15	65.1
明溪县	10.10	4.90	5.20	48.5
清流县	13.50	5.91	7.59	43.8
宁化县	27.50	10.59	16.91	38.5
大田县	31.10	14.34	16.76	46.1
尤溪县	35.30	14.30	21.00	40.5
沙　县	22.80	13.82	8.98	60.6
将乐县	14.90	7.57	7.33	50.8
泰宁县	11.10	5.14	5.96	46.3
建宁县	12.10	4.85	7.25	40.1
泉州市	**844.00**	**530.88**	**313.12**	**62.9**
泉州市辖区	151.50	124.60	26.90	82.2
鲤城区	42.70	42.70		100.0
丰泽区	55.60	55.60		100.0
洛江区	20.80	11.23	9.57	54.0
泉港区	32.40	15.07	17.33	46.5

（续）

地　　区	常住人口数	城镇人口	乡村人口	城镇化水平（%）
石　狮　市	67.60	52.59	15.01	77.8
晋　江　市	206.50	132.16	74.34	64.0
南　安　市	146.50	81.01	65.49	55.3
惠　安　县	98.40	53.04	45.36	53.9
安　溪　县	99.80	40.82	58.98	40.9
永　春　县	45.50	26.07	19.43	57.3
德　化　县	28.20	20.61	7.59	73.1
漳州市	**496.00**	**266.85**	**229.15**	**53.8**
漳州市辖区	77.00	68.34	8.67	88.7
芗城区	58.44	52.54	5.90	89.9
龙文区	18.56	15.80	2.77	85.1
龙　海　市	92.47	48.82	43.64	52.8
云　霄　县	41.56	19.08	22.49	45.9
漳　浦　县	81.22	38.58	42.64	47.5
诏　安　县	60.19	24.38	35.81	40.5
长　泰　县	21.68	11.01	10.66	50.8
东　山　县	21.77	11.87	9.91	54.5
南　靖　县	33.89	16.10	17.79	47.5
平　和　县	50.01	20.75	29.26	41.5
华　安　县	16.21	7.93	8.28	48.9
南平市	**262.00**	**139.91**	**122.09**	**53.4**
南平市辖区	47.00	31.07	15.93	66.1
延平区	47.00	31.07	15.93	66.1
邵　武　市	27.40	18.50	8.90	67.5
武夷山市	23.10	12.73	10.37	55.1
建　瓯　市	45.20	21.02	24.18	46.5
建　阳　市	29.20	16.03	13.17	54.9
顺　昌　县	18.70	8.98	9.72	48.0
浦　城　县	29.80	13.44	16.36	45.1
光　泽　县	13.30	5.87	7.43	44.1
松　溪　县	11.80	5.17	6.63	43.8
政　和　县	16.50	7.13	9.37	43.2
龙岩市	**259.00**	**133.64**	**125.36**	**51.6**
龙岩市辖区	70.60	49.70	20.90	70.4
新罗区	70.60	49.70	20.90	70.4
漳　平　市	23.90	12.69	11.21	53.1
长　汀　县	39.80	18.35	21.45	46.1
永　定　县	35.90	14.97	20.93	41.7
上　杭　县	37.00	15.58	21.42	42.1
武　平　县	27.40	12.08	15.32	44.1
连　城　县	24.40	10.27	14.13	42.1
宁德市	**285.00**	**150.76**	**134.24**	**52.9**
宁德市辖区	44.09	27.64	16.45	62.7
蕉城区	44.09	27.64	16.45	62.7
福　安　市	56.95	34.97	21.98	61.4
福　鼎　市	53.50	30.23	23.27	56.5
霞　浦　县	46.30	20.42	25.88	44.1
古　田　县	32.67	13.49	19.18	41.3
屏　南　县	13.67	5.58	8.09	40.8
寿　宁　县	17.63	7.88	9.75	44.7
周　宁　县	11.29	5.31	5.98	47.0
柘　荣　县	8.90	5.25	3.65	59.0

城镇单位在岗职工平均工资

(2014 年)

单位：元

地　　区	在岗职工平均工资	国有	城镇集体	其他	在岗职工平均工资比上年增长（%）
全　省	**54235**	**64847**	**50570**	**50796**	**9.9**
福州市	**58839**	**68174**	**45550**	**56007**	**10.3**
福州市辖区	60289	71547	39900	56948	9.1
鼓楼区	64956	74994	40336	61810	9.4
台江区	64812	73913	41849	59941	7.8
仓山区	52802	64377	38696	49727	11.6
马尾区	56900	69448	49888	55398	13.7
晋安区	52764	65754	36681	48124	12.7
福清市	55002	60035	40818	53994	8.8
长乐市	62620	63728	55499	62403	3.5
闽侯县	57216	69449	31487	53093	12.2
连江县	53949	61001	50208	50622	22.8
罗源县	52587	59355	47309	50022	10.8
闽清县	55463	57023	62395	50947	14.4
永泰县	48774	56950	46539	42287	−1.3
平潭县	59693	67835	14448	50214	10.5
厦门市	**60729**	**92517**	**55783**	**56202**	**8.7**
厦门市辖区	60729	92517	55783	56202	8.7
思明区	66894	101772	56382	59121	11.4
海沧区	59886	81980	50929	58346	9.4
湖里区	58844	74182	49625	57713	2.2
集美区	55870	80892	63117	52134	11.6
同安区	52399	83508	57688	47296	9.8
翔安区	53578	97573	41047	50199	9.7
莆田市	**51001**	**61214**	**45553**	**48665**	**16.0**
莆田市辖区	50669	64228	43426	47701	24.6
城厢区	48482	62014	39475	45921	16.4
涵江区	42934	53962	41088	41615	15.5
荔城区	52788	64824	57386	51529	12.4
秀屿区	52431	54554	39624	51837	13.6
仙游县	52395	50632	50551	52941	27.2
三明市	**52087**	**55450**	**46859**	**48290**	**11.9**
三明市辖区	58741	64353	40874	53868	15.1
梅列区	58425	72765	44476	54251	11.6
三元区	54647	62373	38657	44354	11.3
永安市	53261	58877	39817	49518	9.1
明溪县	45333	46493	50785	41702	12.7
清流县	44666	48560	43112	42362	7.3
宁化县	47217	49049	46548	36998	9.8
大田县	44492	49360	44604	33699	8.3
尤溪县	49498	49962	54130	46765	14.7
沙县	48213	53375	50347	43395	14.4
将乐县	50353	49899	63832	48404	16.4
泰宁县	49253	48092	46317	53733	12.2
建宁县	48179	49873	64371	37997	13.6
泉州市	**48823**	**68677**	**54316**	**45083**	**8.7**
泉州市辖区	50838	65451	50062	44686	18.0
鲤城区	41488	49810	41057	37963	9.9
丰泽区	52082	69962	64479	48552	15.0
洛江区	41600	67063	51153	38923	6.0
泉港区	51253	57770	30348	49131	7.2

（续）

地　区	在岗职工平均工资	国有	城镇集体	其他	在岗职工平均工资比上年增长（%）
石狮市	47888	70826	39708	46639	11.6
晋江市	44516	83951	59803	41728	6.8
南安市	52145	69127	53553	47210	5.9
惠安县	52807	71780	52324	51245	8.8
安溪县	50875	71117	63929	46089	12.8
永春县	44803	60222	64345	40683	9.7
德化县	41591	56215	42655	35473	8.5
漳州市	**51495**	**59727**	**61663**	**47891**	**10.5**
漳州市辖区	54254	74314	38553	46765	15.5
芗城区	46059	63723	38331	43697	6.5
龙文区	54976	68282	61938	53041	14.6
龙海市	55735	60981	79719	54147	9.1
云霄县	47535	49925	69929	45029	11.2
漳浦县	50230	50440	64536	49461	17.1
诏安县	39874	45150	51159	36755	8.5
长泰县	51097	64158	83137	47621	11.8
东山县	49589	56574	84258	38721	8.8
南靖县	47446	54651	40455	43262	13.9
平和县	44079	46210	52760	40961	10.0
华安县	53069	55995	71214	50289	11.2
南平市	**48562**	**52944**	**47205**	**43626**	**10.4**
南平市辖区	52624	59112	52732	47853	21.1
延平区	49578	56515	53409	46696	14.1
邵武市	46816	56003	63526	38882	15.0
武夷山市	46529	51152	36886	42694	10.2
建瓯市	50219	51307	37842	50055	4.0
建阳市	47562	50832	43336	41834	2.8
顺昌县	43050	45568	45516	38809	9.6
浦城县	49104	53624	56884	41717	10.3
光泽县	46663	50759	30210	34506	8.8
松溪县	43867	46678	47374	34867	6.9
政和县	40157	44826	38412	30376	6.1
龙岩市	**49541**	**54329**	**57904**	**45404**	**8.1**
龙岩市辖区	58275	63608	81117	51031	17.0
新罗区	52983	61202	84684	46777	6.4
漳平市	46209	46296	59595	45150	11.2
长汀县	44098	50452	52735	41556	14.2
永定县	46074	48662	54931	41375	6.2
上杭县	51265	52596	25109	50821	3.7
武平县	42108	47338	36077	37173	17.0
连城县	38453	45513	39509	29108	9.6
宁德市	**50103**	**50361**	**51716**	**49814**	**6.6**
宁德市辖区	51910	52326	70647	51409	1.3
蕉城区	51910	52326	70647	51409	1.3
福安市	49058	52382	41514	47263	5.9
福鼎市	52235	52324	65708	51769	10.9
霞浦县	45054	43612	46134	48564	9.4
古田县	43316	45882	41115	41280	5.7
屏南县	44709	44489	71961	41467	11.1
寿宁县	43726	44804	77825	39517	1.6
周宁县	44355	44978	37777	43769	10.3
柘荣县	47763	39395	40500	66793	10.5

农村居民人均可支配收入及生活消费支出

（2014 年）

单位：元

项目	农民人均可支配收入	农民人均生活消费支出	＃食品烟酒	＃衣着	＃居住	农民人均可支配收入比上年增长（%）
全省	**12650.19**	**11055.93**	**4222.53**	**572.36**	**2607.83**	**10.9**
福州市	**14012.12**	**12166.38**	**4580.31**	**763.77**	**2880.34**	**11.2**
福州市辖区						
鼓楼区						
台江区						
仓山区						
马尾区	18279.67	16039.90	6422.46	1173.15	3378.06	11.4
晋安区	14482.13	10342.76	3757.91	525.45	2769.43	10.9
福清市	16434.37	13926.26	4647.01	813.37	3635.86	11.3
长乐市	16005.47	13860.03	5122.90	906.94	3464.50	11.7
闽侯县	13393.31	11849.35	4956.73	750.70	2478.83	11.9
连江县	12707.12	11186.79	4675.22	806.12	2467.08	11.2
罗源县	11068.17	9878.91	4035.62	592.44	2204.08	10.6
闽清县	10579.46	9513.86	3911.80	659.27	2003.82	10.2
永泰县	10222.28	9005.12	3813.87	525.04	1748.33	10.1
平潭县	11592.86	10240.80	3566.19	563.13	2513.53	11.5
厦门市	**16219.55**	**14142.10**	**5379.17**	**746.45**	**3692.54**	**10.6**
厦门市辖区						
思明区						
海沧区	20524.97	19862.58	7784.65	1068.68	4849.04	10.1
湖里区						
集美区	19893.65	19160.46	6971.86	1040.46	4879.83	10.5
同安区	15028.85	12290.74	4773.08	677.50	3476.13	10.9
翔安区	14519.10	12114.10	4637.08	584.24	2994.74	11.1
莆田市	**12828.79**	**11113.72**	**4682.06**	**568.71**	**2463.38**	**10.7**
莆田市辖区						
城厢区	14395.77	11667.36	4462.77	496.72	3085.12	10.0
涵江区	12553.28	10834.72	4218.43	467.97	2729.05	11.3
荔城区	14296.27	11654.97	5084.64	719.12	2404.78	10.7
秀屿区	13240.58	12027.45	5319.64	525.45	2594.92	11.0
仙游县	11624.32	10071.64	4160.16	592.97	2155.57	10.4
三明市	**11665.18**	**9006.35**	**3601.73**	**516.92**	**1976.48**	**10.8**
三明市辖区						
梅列区	12896.40	9553.78	4045.01	477.62	1770.08	12.1
三元区	13497.91	9645.08	3558.95	578.49	1922.89	10.7
永安市	12550.75	10243.39	4155.10	577.87	1820.13	11.1
明溪县	10932.57	8524.00	3805.55	514.86	1823.63	9.7
清流县	11404.44	8496.89	3220.36	350.55	2157.95	10.2
宁化县	10479.72	8206.78	3493.92	394.81	1972.01	11.5
大田县	11760.94	9309.95	3696.95	518.13	1961.73	10.0
尤溪县	11979.22	9007.31	3695.76	515.85	1717.14	10.9
沙县	13191.80	11256.52	3936.74	1030.08	2707.63	11.8
将乐县	11603.87	8532.91	3358.36	447.50	1973.54	12.6
泰宁县	11036.04	8551.78	3293.92	447.88	2204.53	9.3
建宁县	10569.80	6875.42	2774.22	366.19	1920.58	10.0
泉州市	**14586.03**	**11583.76**	**4426.19**	**625.50**	**2922.02**	**10.5**
泉州市辖区						
鲤城区						
丰泽区						
洛江区	12435.32	9712.19	3546.89	442.30	2780.00	10.1
泉港区	14312.97	11335.44	4273.34	612.63	3108.54	10.0

（续）

项　　目	农民人均可支配收入	农民人均生活消费支出	＃食品烟酒	＃衣着	＃居住	农民人均可支配收入比上年增长（%）
石　狮　市	17903.75	13838.49	4851.60	864.86	4100.29	10.8
晋　江　市	16610.54	13222.66	5000.01	770.77	3494.73	10.6
南　安　市	15480.36	12073.07	4541.14	608.86	2777.38	10.5
惠　安　县	14696.26	11457.25	4380.07	595.84	3132.77	10.7
安　溪　县	12000.90	9989.14	3967.94	465.88	2342.61	10.6
永　春　县	11491.64	9061.93	3821.35	587.73	1979.06	10.3
德　化　县	10966.84	9055.16	3669.30	626.80	1630.24	9.6
漳州市	**12690.15**	**9266.74**	**3783.53**	**476.34**	**1887.78**	**10.5**
漳州市辖区						
芗城区	12679.73	10799.25	4026.17	595.55	2078.67	10.2
龙文区	13766.23	12130.49	4558.74	703.40	2709.96	10.8
龙　海　市	13355.29	10236.79	3934.55	489.41	2320.81	11.5
云　霄　县	11705.03	8172.37	3548.67	469.49	1619.61	10.2
漳　浦　县	13579.70	9794.44	3912.08	529.18	2007.80	10.3
诏　安　县	11308.29	8594.70	3728.83	381.15	1816.17	9.9
长　泰　县	13420.69	11020.71	4361.42	499.35	2623.24	10.9
东　山　县	14557.78	10667.41	4906.43	574.28	1792.56	11.7
南　靖　县	11992.18	9004.43	3711.63	441.60	1185.46	10.4
平　和　县	12423.11	7666.52	3215.94	427.46	1466.74	10.3
华　安　县	12534.00	8589.25	3173.33	531.55	2069.56	10.0
南平市	**11251.54**	**8640.14**	**3628.60**	**576.51**	**1711.23**	**11.5**
南平市辖区						
延平区	12509.87	9184.46	3959.42	721.09	1692.36	10.3
邵　武　市	12820.78	9762.09	4330.42	485.68	1918.78	11.1
武夷山市	12147.24	9502.70	4012.86	634.07	2334.49	11.7
建　瓯　市	12391.00	9162.32	3492.83	597.33	1716.50	11.3
建　阳　市	11242.87	8915.77	3482.22	553.15	2257.32	12.0
顺　昌　县	10709.14	8114.27	3510.76	478.17	1153.88	11.9
浦　城　县	10451.09	8156.68	3544.88	668.56	1587.42	11.6
光　泽　县	9712.29	7839.29	3553.93	460.65	1757.52	11.4
松　溪　县	8454.37	6863.54	3166.39	506.06	1247.69	10.4
政　和　县	8823.14	7236.90	3212.10	412.96	1175.60	11.1
龙岩市	**12054.43**	**9097.25**	**3746.65**	**468.33**	**2143.18**	**11.2**
龙岩市辖区						
新罗区	14651.73	11066.01	4418.92	861.11	2149.40	10.6
漳　平　市	12259.42	8649.74	3331.00	454.19	1882.42	10.3
长　汀　县	10575.45	8314.89	3394.24	297.34	2323.24	12.0
永　定　县	12873.68	9196.07	3890.03	539.34	2141.96	10.5
上　杭　县	11658.12	9209.44	3948.86	400.34	2420.84	12.1
武　平　县	11398.28	8369.98	3510.25	279.60	1994.16	11.5
连　城　县	10880.84	8533.01	3447.03	445.31	1817.90	11.0
宁德市	**11301.88**	**9005.56**	**3693.29**	**465.25**	**2258.28**	**11.7**
宁德市辖区						
蕉城区	11190.33	8886.99	3547.41	375.08	2861.38	12.9
福　安　市	11777.16	9600.37	4165.40	392.06	2559.80	11.7
福　鼎　市	11511.11	9640.72	4051.12	603.38	1900.82	11.2
霞　浦　县	11341.89	9380.14	3654.87	518.08	2489.55	12.2
古　田　县	12103.45	9030.03	3578.75	410.11	2206.52	10.9
屏　南　县	10137.61	7165.00	2952.39	642.54	1495.83	11.5
寿　宁　县	9894.50	7522.46	3237.71	271.62	1818.38	11.2
周　宁　县	10553.85	8550.11	3691.80	458.16	2378.90	11.3
柘　荣　县	10292.03	7180.30	2683.58	449.81	1223.30	10.7

固定资产投资（不含农户）

（2014 年）

单位：亿元

地区	固定资产投资（不含农户）					
	投资额	增长	项目投资		房地产开发	
			投资额	增长	投资额	增长
全省	**18141.37**	**19.0**	**13573.97**	**17.6**	**4567.40**	**23.3**
福州市	**4388.62**	**14.9**	**2933.54**	**14.9**	**1455.07**	**15.0**
福州市辖区	1831.00	17.2	1107.67	21.0	723.33	12.1
鼓楼区	400.57	12.0	348.39	13.8	52.18	1.6
台江区	339.16	13.4	220.75	18.8	118.42	4.5
仓山区	428.81	14.4	105.48	21.6	323.33	12.2
马尾区	216.97	49.4	151.42	48.8	65.55	50.7
晋安区	415.74	18.5	251.88	24.5	163.85	10.2
福清市	642.93	17.0	535.45	17.9	107.48	13.0
长乐市	394.84	17.6	310.41	18.4	84.42	14.6
闽侯县	535.77	19.1	310.53	13.1	225.24	28.5
连江县	424.71	24.1	324.33	53.3	100.38	−23.2
罗源县	158.06	12.0	75.81	4.7	82.25	19.6
闽清县	49.40	27.1	35.52	9.9	13.88	111.8
永泰县	77.95	24.8	26.40	−39.9	51.55	177.9
平潭县	273.95	−18.4	207.42	−27.6	66.53	35.6
厦门市	**1562.16**	**16.8**	**858.09**	**6.5**	**704.06**	**32.4**
厦门市辖区	1562.16	16.8	858.09	6.5	704.06	32.4
思明区	234.28	13.6	105.80	4.5	128.48	22.4
海沧区	293.42	21.8	150.50	−11.8	142.92	103.8
湖里区	320.50	33.9	197.36	28.1	123.14	44.4
集美区	299.21	7.0	146.52	16.9	152.69	−1.0
同安区	161.04	0.7	103.58	3.0	57.46	−3.2
翔安区	253.71	20.0	154.33	0.5	99.38	71.8
莆田市	**1423.68**	**22.3**	**1076.82**	**22.2**	**346.87**	**22.4**
莆田市辖区	1202.11	23.4	938.95	24.6	263.15	19.5
城厢区	186.89	16.6	86.29	15.8	100.60	17.4
涵江区	272.92	26.3	228.44	27.6	44.48	19.6
荔城区	245.01	13.4	148.23	15.1	96.78	10.8
秀屿区	489.03	30.8	467.73	28.5	21.30	112.1
仙游县	221.57	16.2	137.86	8.0	83.71	32.8
三明市	**1603.08**	**20.2**	**1426.32**	**21.7**	**176.76**	**9.1**
三明市辖区	350.14	23.4	304.43	19.7	45.71	55.3
梅列区	134.45	17.6	93.64	7.0	40.80	52.0
三元区	142.55	20.3	137.65	18.7	4.90	88.7
永安市	220.06	18.9	182.52	23.3	37.53	1.4
明溪县	62.73	20.8	57.25	21.7	5.48	12.2
清流县	76.54	18.8	71.20	24.4	5.34	−25.6
宁化县	127.60	20.0	109.11	22.5	18.49	7.5
大田县	189.98	20.4	180.66	28.3	9.32	−45.0
尤溪县	161.19	19.5	144.50	21.2	16.68	6.6
沙县	171.95	17.6	153.47	12.0	18.49	99.0
将乐县	90.45	18.8	76.10	25.8	14.35	−8.3
泰宁县	73.58	19.8	70.52	23.1	3.06	−25.9
建宁县	78.87	19.3	76.55	24.5	2.32	−50.0
泉州市	**2874.33**	**17.6**	**2098.38**	**12.9**	**775.95**	**32.5**
泉州市辖区	596.16	22.2	354.65	20.4	241.51	25.0
鲤城区	115.82	16.5	75.78	1.4	40.04	62.1
丰泽区	240.56	26.1	87.05	49.7	153.52	15.8
洛江区	74.27	22.1	42.28	5.6	31.99	53.8
泉港区	165.50	20.9	149.54	22.9	15.96	5.3

（续）

地区	固定资产投资（不含农户）					
	投资额	增长	项目投资		房地产开发	
			投资额	增长	投资额	增长
石狮市	345.49	20.4	217.83	5.3	127.66	59.4
晋江市	748.37	21.3	573.80	20.9	174.58	22.7
南安市	414.83	22.9	351.23	27.1	63.60	3.8
惠安县	360.02	−8.9	288.34	−20.1	71.69	107.5
安溪县	232.42	28.8	179.04	30.4	53.38	23.9
永春县	91.96	29.6	71.95	19.2	20.01	88.6
德化县	85.07	25.9	61.55	30.4	23.52	15.4
漳州市	**2081.86**	**21.5**	**1609.61**	**18.6**	**472.24**	**32.6**
漳州市辖区	350.77	0.3	213.26	−8.3	137.51	17.4
芗城区	139.45	2.0	96.57	0.7	42.88	5.0
龙文区	166.40	23.2	71.78	22.2	94.63	24.0
龙海市	389.72	28.3	280.66	13.4	109.06	93.6
云霄县	149.67	29.5	128.50	48.4	21.17	−26.9
漳浦县	280.00	51.0	177.74	43.0	102.26	67.3
诏安县	148.27	33.3	137.34	27.9	10.93	183.6
长泰县	238.28	18.0	207.06	18.2	31.22	16.6
东山县	130.01	10.7	109.14	31.6	20.86	−39.5
南靖县	171.01	25.2	154.82	22.4	16.19	59.2
平和县	123.80	28.3	109.75	28.9	14.05	23.8
华安县	100.32	5.5	91.33	2.4	8.99	52.4
南平市	**1451.07**	**22.3**	**1301.04**	**23.5**	**150.02**	**12.5**
南平市辖区	202.80	14.8	165.80	17.8	37.00	3.1
延平区	202.80	14.8	165.80	17.8	37.00	3.1
邵武市	264.11	36.6	246.31	36.6	17.79	36.8
武夷山市	233.98	2.0	217.41	−1.2	16.57	78.2
建瓯市	210.03	20.2	189.51	21.8	20.52	7.5
建阳市	234.42	31.2	204.34	41.5	30.08	−12.3
顺昌县	46.15	49.7	43.15	54.2	2.99	5.5
浦城县	124.82	23.5	120.69	25.3	4.14	−13.0
光泽县	37.36	11.0	30.45	13.7	6.91	0.4
松溪县	41.73	47.0	39.66	59.2	2.07	−40.2
政和县	55.67	39.6	43.73	21.2	11.94	214.4
龙岩市	**1558.45**	**22.7**	**1346.36**	**21.9**	**212.09**	**28.4**
龙岩市辖区	580.57	22.1	425.19	19.8	155.38	28.8
新罗区	580.57	22.1	425.19	19.8	155.38	28.8
漳平市	143.91	17.6	133.27	13.4	10.64	119.5
长汀县	165.22	23.5	154.23	24.3	11.00	13.2
永定县	161.16	24.0	155.22	24.7	5.94	8.1
上杭县	167.92	24.7	163.17	24.2	4.75	46.2
武平县	179.99	25.3	166.54	27.0	13.45	7.5
连城县	159.67	23.1	148.74	22.9	10.93	25.7
宁德市	**1131.18**	**24.3**	**856.86**	**24.4**	**274.33**	**24.1**
宁德市辖区	358.45	17.0	226.96	18.2	131.49	14.9
蕉城区	313.72	31.6	182.23	46.9	131.49	14.9
福安市	209.94	28.5	187.45	35.1	22.50	−8.7
福鼎市	213.63	21.3	161.16	11.9	52.47	63.5
霞浦县	113.18	28.1	68.39	15.4	44.79	54.0
古田县	63.57	37.0	51.53	27.2	12.05	103.8
屏南县	33.59	33.9	28.71	56.5	4.87	−27.7
寿宁县	53.98	32.9	50.61	36.3	3.37	−3.5
周宁县	37.30	34.7	36.27	49.8	1.03	−70.2
柘荣县	47.53	32.2	45.78	31.7	1.75	48.7

注：本表数据由各设区市上报。

地方公共财政收入

（2014 年）

单位：万元

地区	地方公共财政收入	#增值税	#营业税	#企业所得税	#个人所得税
全 省	**23622138**	**2627277**	**5818501**	**3229164**	**866747**
福州市	**5108707**	**570635**	**1189725**	**740013**	**260233**
福州市辖区	1109131	155891	190975	251366	642
鼓楼区	340270	53617	47632	90626	
台江区	152938	17444	24405	48250	
仓山区	241302	27586	47909	33274	
马尾区	168309	27735	23469	45337	642
晋安区	206312	29509	47560	33879	
福清市	488516	56361	100193	51521	14533
长乐市	314854	37279	55767	39117	17362
闽侯县	570281	50317	145334	49584	14315
连江县	334950	15044	100383	49866	7712
罗源县	135766	11499	55945	13497	4865
闽清县	68730	9112	14876	12903	3289
永泰县	63015	4409	19856	8053	1424
平潭县	140333	9075	49937	16396	4478
厦门市	**5562111**	**730994**	**1260951**	**789208**	**233713**
厦门市辖区	1655929	191731	399759	251474	75097
思明区	483275	59622	113747	76323	40410
海沧区	258991	32324	48882	43381	5724
湖里区	422119	49117	109850	62856	14988
集美区	233592	19764	74825	37098	6111
同安区	127377	19886	25034	14790	3620
翔安区	130575	11018	27421	17026	4244
莆田市	**1102982**	**130653**	**235071**	**154171**	**29979**
莆田市辖区	803853	97805	166794	121453	15981
城厢区	193263	12744	49609	27710	4142
涵江区	192544	28143	34806	21430	3470
荔城区	240901	25436	58944	33362	5330
秀屿区	177145	31482	23435	38951	3039
仙游县	169753	20136	44052	22128	7082
三明市	**909210**	**111576**	**184980**	**76317**	**28462**
三明市辖区	113077	9705	19016	8904	3403
梅列区	73774	4930	12846	6172	2389
三元区	39303	4775	6170	2732	1014
永安市	166864	19977	33008	15491	4413
明溪县	26566	3555	4265	2535	1128
清流县	33400	4459	8325	3408	1219
宁化县	52083	3097	12559	7163	1586
大田县	66964	10280	13272	5998	1832
尤溪县	73165	7533	15734	6145	2457
沙县	92894	5607	17599	7473	3120
将乐县	58953	5494	11284	3848	1761
泰宁县	29333	2610	5576	2238	957
建宁县	25577	2150	4761	3095	893
泉州市	**3801056**	**539791**	**840821**	**559442**	**141320**
泉州市辖区	572646	83723	140643	81419	24296
鲤城区	114431	17619	24578	16552	5010
丰泽区	226153	18247	70135	36527	11503
洛江区	93258	10351	26738	11532	3176
泉港区	138804	37506	19192	16808	4607

（续）

地　　区	地方公共财政收入	＃增值税	＃营业税	＃企业所得税	＃个人所得税
石狮市	377375	48110	85364	56313	11531
晋江市	1141019	180940	232820	185653	33685
南安市	429741	68876	84415	61519	23883
惠安县	233914	22786	60483	41160	11473
安溪县	228888	23768	64900	35059	6357
永春县	112226	11944	25133	10288	3859
德化县	100062	10944	22812	8395	4367
漳州市	**1689911**	**196888**	**394252**	**202723**	**60036**
漳州市辖区	217947	26438	52231	26607	9639
芗城区	134285	18661	27728	16541	7210
龙文区	83662	7777	24503	10066	2429
龙海市	183182	26180	33119	39840	5132
云霄县	50007	3837	13188	3707	1656
漳浦县	203342	14924	76194	20271	6102
诏安县	57300	5693	10223	4296	1259
长泰县	118404	16474	20176	11992	10982
东山县	107016	18817	16001	7262	1619
南靖县	84318	8936	16704	5106	2517
平和县	63124	5769	14161	4882	1803
华安县	49374	5498	8445	3060	1127
南平市	**809938**	**81752**	**188282**	**71924**	**38071**
南平市辖区	67887	6248	15654	5997	3286
延平区	67887	6248	15654	5997	3286
邵武市	122319	10927	23063	7899	7592
武夷山市	84378	4425	20126	4356	2625
建瓯市	85661	8449	24460	6881	2623
建阳市	112687	6705	29386	9045	6498
顺昌县	34860	5031	7974	2461	1024
浦城县	59786	5305	11303	4607	1614
光泽县	34825	2329	10564	2912	1337
松溪县	27662	1448	4845	1737	473
政和县	32713	2223	8583	3571	3688
龙岩市	**1198424**	**166474**	**197713**	**127416**	**42795**
龙岩市辖区	190387	23562	41681	21863	8150
新罗区	190387	23562	41681	21863	8150
漳平市	63580	9717	10166	7289	2844
长汀县	72906	6700	12128	7189	2520
永定县	102319	17287	19136	8694	3691
上杭县	191395	10244	18278	31113	7283
武平县	71609	7644	16271	9711	2276
连城县	48080	4249	11875	5241	1902
宁德市	**989222**	**90221**	**201729**	**81624**	**32112**
宁德市辖区	106865	8101	24250	11108	4843
蕉城区	106865	8101	24250	11108	4843
福安市	227896	25967	21368	24328	4864
福鼎市	186002	16135	37364	9772	6965
霞浦县	86962	4686	23761	4838	2700
古田县	71295	5921	18531	4886	2360
屏南县	31363	3387	8940	2366	950
寿宁县	37578	3433	6134	2908	833
周宁县	31082	3913	4231	1997	473
柘荣县	26102	3222	3649	2093	974

公共财政支出

（2014 年）

单位：万元

地　　区	公共财政支出	#一般公共服务支出	#教育支出	#科学技术支出	#农林水事务支出
全　省	**33066986**	**2934031**	**6345984**	**673956**	**3203234**
福州市	**5748081**	**463311**	**1206466**	**93278**	**361467**
福州市辖区	1163820	114599	286655	30474	27496
鼓楼区	294624	30670	79694	5903	1402
台江区	143211	15155	34783	2739	60
仓山区	217486	20985	64128	5428	7930
马尾区	305588	31296	68368	13381	10343
晋安区	202911	16493	39682	3023	7761
福　清　市	599918	52707	182917	10884	47822
长　乐　市	361596	33239	97241	5100	34261
闽　侯　县	588413	40340	175552	12428	56185
连　江　县	453798	33516	141893	5885	63241
罗　源　县	193353	24174	29604	1872	23502
闽　清　县	175216	13193	39890	1150	22624
永　泰　县	197824	14968	43116	328	31086
平　潭　县	709576	35232	44067	2736	36413
厦门市	**5609028**	**447024**	**888720**	**175526**	**148248**
厦门市辖区	2259138	184434	652397	60961	85495
思明区	527069	39342	156634	14849	1181
海沧区	393300	33399	93718	14866	7601
湖里区	335782	38525	107319	6863	3288
集美区	445824	31035	124028	16784	27997
同安区	313046	24228	86490	3916	27450
翔安区	244117	17905	84208	3683	17978
莆田市	**1579085**	**146399**	**477097**	**35031**	**157533**
莆田市辖区	938791	78380	320631	22695	88706
城厢区	180965	16981	59582	3850	15435
涵江区	228820	20246	69699	5477	16573
荔城区	245483	19025	101104	11380	21528
秀屿区	283523	22128	90246	1988	35170
仙　游　县	340029	23028	100353	4214	50798
三明市	**1988757**	**217439**	**416824**	**39532**	**378559**
三明市辖区	138696	16559	35712	2089	24833
梅列区	72161	9398	18428	1176	15308
三元区	66535	7161	17284	913	9525
永　安　市	230681	43663	50795	11711	33197
明　溪　县	117928	10670	25634	1560	28745
清　流　县	118188	8161	20892	1551	31469
宁　化　县	173384	14773	33929	2269	45924
大　田　县	169414	17625	45504	3979	28947
尤　溪　县	184963	15580	53035	2403	44906
沙　　　县	170847	33906	39661	2386	29048
将　乐　县	148297	13536	28417	2689	33830
泰　宁　县	124738	8701	17824	734	32294
建　宁　县	110457	8681	20130	1832	30990
泉州市	**4767231**	**443909**	**1044582**	**105743**	**483359**
泉州市辖区	607760	61719	141828	14224	36805
鲤城区	100389	11456	30329	2930	1767
丰泽区	191488	14919	44460	4132	7916
洛江区	101535	15776	23650	2341	9449
泉港区	214348	19568	43389	4821	17673

（续）

地　　区	公共财政支出	#一般公共服务支出	#教育支出	#科学技术支出	#农林水事务支出
石　狮　市	448861	45706	66504	9764	45239
晋　江　市	1263935	94696	248592	29639	126131
南　安　市	541778	34031	137751	11610	64417
惠　安　县	382705	44675	84253	6129	39350
安　溪　县	398342	56046	128219	7115	54119
永　春　县	237059	24200	59961	2631	40112
德　化　县	189714	14541	39981	2848	36511
漳州市	**2745041**	**245112**	**518165**	**44054**	**366403**
漳州市辖区	244209	28189	50998	7476	12763
芗城区	150528	15651	27408	5033	6867
龙文区	93681	12538	23590	2443	5896
龙　海　市	297758	32640	73419	4483	38654
云　霄　县	173606	9732	43861	597	30893
漳　浦　县	369780	20200	70789	6752	50607
诏　安　县	206119	23349	41187	2563	43880
长　泰　县	174274	18509	29800	2781	31842
东　山　县	197483	12264	33350	523	53926
南　靖　县	180078	12502	39492	3505	24831
平　和　县	208954	17159	46404	3191	33690
华　安　县	114107	9150	16445	1359	19371
南平市	**1903858**	**129615**	**361748**	**19173**	**378075**
南平市辖区	149821	10385	33711	1772	34387
延平区	149821	10385	33711	1772	34387
邵　武　市	211239	15424	38034	2288	43560
武夷山市	173153	12017	31507	2085	37051
建　瓯　市	220592	11401	50593	1604	38609
建　阳　市	214942	13746	45355	1482	40947
顺　昌　县	126870	9639	25919	477	24532
浦　城　县	193372	9246	40289	2044	55326
光　泽　县	116987	6688	21708	938	35269
松　溪　县	105946	9633	18005	1325	18647
政　和　县	121464	8050	20497	1191	40674
龙岩市	**2060037**	**177622**	**446923**	**46013**	**298737**
龙岩市辖区	237257	26957	60444	16105	29777
新罗区	237257	26957	60444	16105	29777
漳　平　市	152104	17258	30778	2026	29380
长　汀　县	256543	12758	57731	2512	52315
永　定　县	224787	20980	61968	2908	34739
上　杭　县	301185	21555	73894	6421	48405
武　平　县	210537	16234	52583	3522	46889
连　城　县	196615	14780	43969	3323	40523
宁德市	**1999031**	**165502**	**395716**	**12963**	**332900**
宁德市辖区	190548	24814	45744	959	38464
蕉城区	190548	24814	45744	959	38464
福　安　市	352041	25697	67227	2300	54092
福　鼎　市	295015	18354	63005	816	44218
霞　浦　县	218444	13394	47814	707	54148
古　田　县	192442	14827	42059	567	36701
屏　南　县	129305	7980	22793	689	27257
寿　宁　县	149698	9082	31310	371	21428
周　宁　县	115610	10711	22966	1033	27707
柘　荣　县	101202	8561	15790	1444	19490

主要农产品产量

（2014 年）

单位：吨

地区	粮食	油料	蔬菜	食用菌	茶叶	园林水果	肉类	水产品
全省	**6670313**	**298234**	**16971043**	**1042469**	**372087**	**7017183**	**2137118**	**6959817**
福州市	**553738**	**53205**	**3422325**	**153530**	**24803**	**496405**	**262571**	**2187393**
福州市辖区	8365	6	315480	717	1338	23417	8177	121615
鼓楼区								90468
台江区								
仓山区			75343			1221	697	8806
马尾区	3577	6	91744	311		16805	3079	20820
晋安区	4788		87515	406	1338	5391	4401	1521
福清市	114039	34879	631035	3480	217	75922	113014	402123
长乐市	85310	1783	465234	6691	86	23397	28816	151599
闽侯县	65078	1413	870384	14662	700	77483	42161	31014
连江县	47860	1297	143655	9674	6477	31010	12748	887690
罗源县	34766	168	84386	80860	6848	10495	12125	145147
闽清县	64696	1171	405555	21476	1871	120820	13361	8275
永泰县	112439	4320	445217	15970	7266	131617	17731	10520
平潭县	21185	8168	61379			2244	14438	429410
厦门市	**38552**	**8286**	**549124**	**31096**	**1424**	**16233**	**57924**	**41856**
厦门市辖区	38552			31096	1424	16233	57924	41856
思明区								3816
海沧区	959	317	16299	11		1267	1698	2026
湖里区								10928
集美区	2042	613	16681	1198		5860	5799	4370
同安区	18898	2758	203419	3411	1424	7720	38345	4320
翔安区	16653	4598	312725	26476		1386	12082	16396
莆田市	**277653**	**48248**	**1184464**	**73717**	**5426**	**229459**	**127111**	**837402**
莆田市辖区	151225	33823	902694	29368	1572	119992	95955	819376
城厢区	17875	3292	61235	5302	17	11839	36648	48996
涵江区	33087	4830	203024	11766	62	43591	18526	58250
荔城区	41183	4078	473056	12300	1493	64220	16480	70341
秀屿区	59080	21623	165379			342	24301	641789
仙游县	126428	14425	281770	44349	3854	109467	31156	18026
三明市	**1173150**	**27481**	**2577425**	**101729**	**36035**	**1112459**	**166851**	**98982**
三明市辖区	31972	435	187238	1942	445	170634	22460	2978
梅列区	8479	193	33834	409	16	30848	4809	1840
三元区	23493	242	153404	1533	429	139786	17651	1138
永安市	88803	1978	373990	4817	1792	111835	21125	11647
明溪县	98131	2863	78518	5596	2176	43169	5708	6601
清流县	92860	4420	103572	2135	1429	56586	8589	22011
宁化县	205517	7460	174037	5256	2359	56546	15503	9531
大田县	120314	1882	521243	13110	8243	115669	22053	6210
尤溪县	182761	1868	616432	34448	11785	202517	26902	8980
沙县	94194	2369	215163	6335	5739	175929	22912	7848
将乐县	83688	1908	91153	12849	455	49869	6991	4940
泰宁县	69414	1707	65793	10038	613	19443	7824	11826
建宁县	105496	591	150286	5203	999	110262	6784	6410
泉州市	**745653**	**55821**	**1285001**	**64258**	**70213**	**444438**	**200298**	**1070177**
泉州市辖区	62208	7576	148547	114	536	20888	19578	125915
鲤城区	445	9	7912	59		166	84	102
丰泽区	734	128	5753		2	884	83	18090
洛江区	26252	1439	79331	55	124	8038	9332	1718
泉港区	34777	6000	55551		410	11800	10079	106005

（续）

地　区	粮　食	油　料	蔬菜	食用菌	茶　叶	园林水果	肉　类	水产品
石 狮 市	5848	1165	32991	68		774	1069	398201
晋 江 市	51630	9948	236448	4646		5916	13616	228078
南 安 市	187099	13167	242769	9873	926	86374	54705	36397
惠 安 县	111070	22175	97382	42	9	11971	32599	276806
安 溪 县	107975	1407	216593	1035	54175	28896	31409	1729
永 春 县	133796	266	168184	47242	13669	215451	22196	1296
德 化 县	86027	117	142087	1238	898	74168	25126	1755
漳州市	**691260**	**42571**	**2795174**	**304654**	**61584**	**3138666**	**254841**	**1702750**
漳州市辖区	5706	648	92184	13014	224	81290	35366	19368
芗城区	5107	491	55274	8062	209	80126	28234	11430
龙文区	599	157	36910	4952	15	1164	7132	7938
龙 海 市	96012	2684	361178	132740	26	83818	39884	398144
云 霄 县	94364	4442	115300	3109	1314	265294	12885	199020
漳 浦 县	195665	17751	570268	26025	517	324644	33131	391825
诏 安 县	108516	6620	269980	6943	9313	219341	14860	288735
长 泰 县	42940	2343	222006	17194	4411	100340	20738	22136
东 山 县	7511	2847	75961			9194	5543	358074
南 靖 县	45961	972	357846	63682	16090	458379	50509	14550
平 和 县	78136	3503	638874	26387	12058	1533749	27729	7563
华 安 县	16449	761	91577	15560	17631	62617	14196	3335
南平市	**1436516**	**32018**	**1933280**	**103449**	**64651**	**813272**	**534816**	**114403**
南平市辖区							93646	9751
延平区	87031	1177	237976	8978	1373	97033	93646	9751
邵 武 市	206251	6194	138632	9396	9469	40087	19735	20233
武夷山市	133490	2550	139452	10756	14146	30591	12111	10120
建 瓯 市	230692	4923	557553	7653	11638	356695	18274	16783
建 阳 市	217260	1519	238934	16013	4302	101049	14368	11787
顺 昌 县	71710	1098	101646	35806	166	114849	10379	6889
浦 城 县	252042	10837	249857	4445	1778	16108	57485	15638
光 泽 县	80418	1356	52827	2859	769	3294	296521	13200
松 溪 县	66431	1682	103824	6529	7200	37128	5827	7332
政 和 县	91191	682	112579	1014	13810	16438	6470	2670
龙岩市	**1097635**	**24145**	**1949599**	**38685**	**20389**	**385777**	**462713**	**73144**
龙岩市辖区							110305	6585
新罗区	72619	2799	212129	2239	1382	37213	110305	6585
漳 平 市	79999	620	255482	20185	9936	50610	23729	9302
长 汀 县	218456	8495	239647	4435	1633	48738	54996	12966
永 定 县	140533	2293	273374	1508	1344	118833	81546	5571
上 杭 县	193249	1911	326664	2644	1541	47022	86335	9994
武 平 县	220041	3819	353006	5211	3609	37937	66776	11574
连 城 县	172738	4208	289297	2463	944	45424	39026	17152
宁德市	**656156**	**6459**	**1274651**	**171351**	**87562**	**380474**	**106613**	**833710**
宁德市辖区							28671	172796
蕉城区	49377	826	125884	5979	8297	35981	28671	172796
福 安 市	99595	1405	281976	8755	23010	193164	19703	82740
福 鼎 市	82751	557	169292	17443	19226	23346	8904	178394
霞 浦 县	80508	2242	174814	6956	6640	28323	8904	372338
古 田 县	141729	225	106312	94889	1418	70834	14122	19258
屏 南 县	62028		143926	18560	1647	14343	8937	2695
寿 宁 县	65000	50	120763	11958	15176	9900	5384	2263
周 宁 县	38872	178	104511	1635	8541	3775	7283	2026
柘 荣 县	36296	976	47173	5176	3607	808	4705	1200

注：本表粮食产量中的稻谷产量为原报面积推算的抽样调查数，非稻谷部分产量为全面统计数，肉类产量中猪、禽产量全省为抽样调查数，省以下为全面统计数。

规模以上工业总产值

(2014 年)

单位:亿元

地 区	工业总产值	轻工业	重工业	工业总产值比上年增长(%)
全 省	**38405.32**	**18219.22**	**20186.10**	**12.3**
福州市	**7495.26**	**3551.96**	**3943.29**	**12.4**
福州市辖区	2382.97	1002.62	1380.35	13.1
鼓楼区	259.00	73.31	185.69	13.3
台江区	156.78	10.48	146.30	13.2
仓山区	703.16	426.22	276.94	13.2
马尾区	905.54	310.70	594.84	12.8
晋安区	358.49	181.91	176.58	13.3
福清市	1407.96	525.51	882.45	12.4
长乐市	1877.35	1444.96	432.39	12.5
闽侯县	759.34	258.39	500.95	13.2
连江县	461.89	248.97	212.92	15.8
罗源县	371.56	13.02	358.54	3.7
闽清县	155.93	29.37	126.57	12.0
永泰县	44.46	25.93	18.53	13.3
平潭县	33.80	3.20	30.60	18.1
厦门市	**4894.93**	**1511.36**	**3383.57**	**10.8**
厦门市辖区	4894.93	1511.36	3383.57	10.8
思明区	275.47	69.23	206.24	11.3
海沧区	1019.18	375.18	644.00	1.6
湖里区	1397.75	207.46	1190.30	11.7
集美区	760.16	229.22	530.94	8.9
同安区	458.67	321.20	137.46	9.8
翔安区	983.70	309.08	674.63	23.1
莆田市	**2315.01**	**1589.43**	**725.58**	**13.3**
莆田市辖区	1922.89	1311.80	611.10	13.2
城厢区	270.32	200.60	69.71	13.2
涵江区	763.40	546.91	216.50	13.2
荔城区	457.47	406.12	51.36	13.4
秀屿区	431.70	158.17	273.53	13.3
仙游县	392.13	277.64	114.49	14.2
三明市	**3016.64**	**970.02**	**2046.62**	**12.4**
三明市辖区	651.09	86.82	564.27	11.8
梅列区	387.01	26.83	360.17	10.5
三元区	264.09	59.99	204.10	13.6
永安市	684.32	240.21	444.10	14.8
明溪县	89.56	34.63	54.92	14.0
清流县	97.48	19.81	77.67	15.3
宁化县	103.19	45.82	57.37	14.9
大田县	305.49	36.94	268.55	13.0
尤溪县	242.58	164.36	78.21	14.2
沙 县	509.56	221.37	288.19	13.5
将乐县	155.05	35.99	119.05	12.2
泰宁县	80.94	28.97	51.98	12.0
建宁县	97.39	55.08	42.31	13.6
泉州市	**10699.43**	**6466.55**	**4232.88**	**12.2**
泉州市辖区	2566.57	1216.70	1349.87	12.2
鲤城区	711.19	602.44	108.75	7.2
丰泽区	378.50	141.62	236.88	9.7
洛江区	301.63	242.70	58.93	13.6
泉港区	1175.25	229.95	945.30	16.0

(续)

地　　区	工业总产值	轻工业	重工业	工业总产值比上年增长(%)
石　狮　市	882.10	663.14	218.96	11.9
晋　江　市	3297.51	2587.21	710.30	9.1
南　安　市	1502.82	469.62	1033.20	13.0
惠　安　县	1248.85	666.62	582.22	22.5
安　溪　县	584.65	389.56	195.09	11.7
永　春　县	409.95	316.16	93.79	14.6
德　化　县	206.98	157.53	49.44	12.9
漳州市	**4042.14**	**2008.44**	**2033.70**	**16.7**
漳州市辖区	790.38	263.51	526.87	10.1
芗城区	575.56	132.63	442.93	8.8
龙文区	214.83	130.88	83.94	13.3
龙　海　市	1050.45	618.92	431.53	17.3
云　霄　县	209.55	116.19	93.36	21.1
漳　浦　县	594.83	195.53	399.29	40.7
诏　安　县	224.07	157.21	66.85	17.1
长　泰　县	366.95	198.65	168.29	15.0
东　山　县	212.58	169.11	43.47	11.2
南　靖　县	317.59	164.66	152.94	14.8
平　和　县	132.97	65.64	67.33	18.7
华　安　县	142.77	59.01	83.75	10.8
南平市	**1537.61**	**773.94**	**763.67**	**12.1**
南平市辖区	311.95	96.50	215.45	6.3
延平区	176.79	47.49	129.31	10.1
邵　武　市	342.68	161.87	180.81	16.3
武夷山市	93.83	83.25	10.58	17.1
建　瓯　市	192.64	109.02	83.62	14.5
建　阳　市	226.25	111.63	114.62	12.9
顺　昌　县	79.19	16.16	63.03	16.1
浦　城　县	119.53	56.70	62.83	17.4
光　泽　县	76.83	68.88	7.95	12.9
松　溪　县	46.00	31.60	14.39	16.9
政　和　县	48.72	38.34	10.38	17.2
龙岩市	**1682.31**	**541.97**	**1140.35**	**12.8**
龙岩市辖区	738.77	274.21	464.56	8.5
新罗区	384.58	111.31	273.27	10.8
漳　平　市	123.49	38.74	84.75	18.5
长　汀　县	152.04	86.47	65.57	15.5
永　定　县	115.38	21.02	94.35	14.4
上　杭　县	315.61	11.53	304.08	12.6
武　平　县	114.21	40.64	73.57	20.1
连　城　县	122.82	69.36	53.47	18.5
宁德市	**2721.99**	**805.54**	**1916.45**	**15.5**
宁德市辖区	407.87	212.50	195.37	14.9
蕉城区	176.60	156.69	19.91	15.3
福　安　市	946.49	94.14	852.35	16.2
福　鼎　市	741.90	264.84	477.06	15.8
霞　浦　县	123.09	69.44	53.65	6.2
古　田　县	165.20	75.53	89.67	15.7
屏　南　县	79.63	31.43	48.20	14.9
寿　宁　县	107.29	23.46	83.83	14.9
周　宁　县	77.92	8.38	69.54	15.3
柘　荣　县	72.60	25.82	46.78	−2.4

普通教育专任教师及在校学生数

（2014 年）

单位：人

地区	专任教师数			在校生数		
	普通高中	普通初中	小学	普通高中	普通初中	小学
全省	**50923**	**97933**	**158698**	**629074**	**1125729**	**2746253**
福州市	**8782**	**17313**	**28192**	**109732**	**210443**	**527065**
福州市辖区	3154	5324	9482	42441	78289	199852
鼓楼区	1337	1648	2614	18090	25459	51104
台江区	452	719	1183	6846	9817	24296
仓山区	695	1514	2920	9023	22269	63450
马尾区	279	563	796	3540	6045	15191
晋安区	391	880	1969	4942	14699	45811
福清市	1847	3501	5546	22966	42437	110940
长乐市	685	1532	2456	8129	16973	49576
闽侯县	619	1499	2552	7353	19842	48613
连江县	723	1610	2263	8374	15609	39469
罗源县	309	696	1120	2814	5717	13331
闽清县	354	1011	1480	4053	9047	19746
永泰县	404	909	1404	5305	8784	17775
平潭县	687	1231	1889	8297	13745	27763
厦门市	**3513**	**6448**	**13169**	**44511**	**91920**	**260174**
厦门市辖区	3513	6448	13169	44511	91920	260174
思明区	1537	2173	3607	19945	33045	67401
海沧区	198	452	1176	2425	6826	24584
湖里区	177	816	2372	2436	15526	55122
集美区	613	990	2408	7258	14402	48154
同安区	620	1260	2442	7991	14787	43571
翔安区	368	757	1164	4456	7334	21342
莆田市	**4976**	**8675**	**14334**	**64510**	**99780**	**231299**
莆田市辖区	3463	5701	9918	43525	67026	159344
城厢区	872	1306	1937	10984	15902	32877
涵江区	588	1155	1999	7721	12119	30180
荔城区	1215	1384	2316	15499	22229	48388
秀屿区	788	1856	3666	9321	16776	47899
仙游县	1513	2974	4416	20985	32754	71955
三明市	**3823**	**7619**	**11903**	**48298**	**76460**	**168240**
三明市辖区	598	904	1279	9602	11450	23630
梅列区	230	483	659	3898	6229	12677
三元区	368	421	620	5704	5221	10953
永安市	515	993	1518	5962	10114	23469
明溪县	159	276	500	1659	2786	5385
清流县	169	382	669	1872	3975	8410
宁化县	473	860	1358	6288	8415	17962
大田县	415	933	1431	4541	8359	23056
尤溪县	619	1258	1600	7487	10895	19986
沙县	336	795	1354	4189	8775	20988
将乐县	243	485	736	2931	4848	10124
泰宁县	153	322	728	1803	3412	7334
建宁县	143	411	730	1964	3431	7896
泉州市	**10535**	**19891**	**31839**	**124297**	**243082**	**651653**
泉州市辖区	2577	3803	5953	29422	47653	108589
鲤城区	1205	1364	1729	15085	21343	39977
丰泽区	501	874	1531	6584	12335	31746
洛江区	258	511	850	2908	6086	13555
泉港区	613	1054	1843	4845	7889	23311

（续）

地区	专任教师数			在校生数		
	普通高中	普通初中	小学	普通高中	普通初中	小学
石狮市	617	1130	2166	7973	17725	55148
晋江市	1715	3723	6510	23556	57195	172093
南安市	2059	3795	5029	20725	39392	104154
惠安县	1181	2728	3735	12827	27634	65485
安溪县	1300	2510	5102	15654	28994	94134
永春县	669	1459	2133	8755	15518	31118
德化县	417	743	1211	5385	8971	20932
漳州市	**6681**	**13225**	**20087**	**87544**	**159933**	**340100**
漳州市辖区	1446	2147	2736	19528	30937	61411
芗城区	1200	1644	2127	16304	23260	47116
龙文区	246	503	609	3224	7677	14295
龙海市	1304	2219	3124	15922	24202	57729
云霄县	554	1269	2283	7337	16545	32219
漳浦县	967	2319	3009	13902	25979	55167
诏安县	594	1452	2351	9484	18512	37367
长泰县	261	544	876	2959	5050	14139
东山县	344	476	835	3389	6152	12444
南靖县	414	911	1458	5427	8690	18846
平和县	622	1539	2675	7942	20431	41530
华安县	175	349	740	1654	3435	9248
南平市	**3619**	**8006**	**13411**	**51321**	**85204**	**192863**
南平市辖区	620	1377	2191	7716	14673	32317
延平区	620	1377	2191	7716	14673	32317
邵武市	383	817	1342	5136	8120	17348
武夷山市	227	636	1130	3658	6677	16975
建瓯市	501	1249	2092	7780	13983	34379
建阳市	399	895	1514	5819	10082	22434
顺昌县	399	747	1056	5922	5620	11454
浦城县	375	978	1632	5748	11972	25467
光泽县	227	377	853	3081	4691	10934
松溪县	198	372	702	2595	3968	9011
政和县	290	558	899	3866	5418	12544
龙岩市	**4620**	**8222**	**12002**	**48066**	**78595**	**172833**
龙岩市辖区	722	1452	2498	9289	18198	47207
新罗区	722	1452	2498	9289	18198	47207
漳平市	317	860	1234	3729	7086	15805
长汀县	705	1139	1934	9780	14246	28960
永定县	920	1488	2012	6950	11072	25450
上杭县	846	1300	1729	7746	11717	22563
武平县	548	985	1383	5694	8775	17646
连城县	562	998	1212	4878	7501	15202
宁德市	**4374**	**8534**	**13761**	**50795**	**80312**	**202026**
宁德市辖区	599	1326	2048	6593	12521	33396
蕉城区	599	1326	2048	6593	12521	33396
福安市	1024	1587	2783	11438	17457	47841
福鼎市	729	1415	2279	9147	14000	33812
霞浦县	558	1241	1973	7710	10968	29698
古田县	533	1129	1434	5002	8653	19077
屏南县	201	472	831	2101	3924	8570
寿宁县	308	666	1102	3865	6180	14048
周宁县	285	512	818	2797	4042	9098
柘荣县	137	186	493	2142	2567	6486

编辑：王文灿

索　引

说　明

一、本索引为内容分析索引。

二、本索引按汉语拼音字母(同音字按声调)顺序排列。

三、每一词条后的数字表示该词条所在页码;页数后字母 a、b、c 分别表示所在页码的左、中、右栏。

四、前空 2 格的词条为上一主题的“附见”条;同一主题的“参见”,则注参见条所在页栏。

五、本卷中“八闽关注”“大事记”“文献法规”“统计资料”及附录,不列入本索引检索范围。

G

H

P

Q

R

S

T

福建省地震局

2014年5月，“5·12”科技活动周期间，组织专家赴福建师范大学举办“防震减灾地震科普讲座”

2015年5月，组织开展“三严三实”教育学习专题党课暨动员大会

2014年6月，组织开展“福建及台湾海峡深部构造陆海联测”工作，完成陆域4个炸点二条测线和海上三条测线的气枪震源激发。图为实验工作现场指挥部技术系统实时传输野外实验数据资料

2014年5月12—13日，省地震局与武警福建省消防总队组织举行“闽动-2014”地震应急救援联动演练，按应急响应、兵力投送、救援行动基地开设、现场搜救和行动结束后工作5个环节连续实施，涵盖了地震救援队伍遂行抗震救灾任务的全过程。图为演练现场

2014年11月18日，闽台地震科技交流学术研讨会在福州召开，邀请来自台湾“中央大学”、台湾“中央研究院”、台湾大学、台湾东华大学和台湾海洋大学等9位地震专家来闽参会，闽台地震同仁就“福建及台湾海峡深部构造海陆探测”实验及“跨越台湾海峡联合地震观测台网”等合作成果及闽台地震科技合作计划进行探讨

福建省司法厅

2014年10月21日，司法部副部长郝赤勇（左二）来闽调研城市街道和开发区司法所建设

发挥人民调解组织作用有效化解医患纠纷

2009年以来，福建省共发生医患纠纷4492起，经医患纠纷调委会调解3942起，调解成功3370起，调解成功率85.5%，人民调解成为解决医患纠纷的主渠道。南平市医患纠纷调解中心获得“全国社会管理综合治理先进集体”称号；福州市医患纠纷调委会被司法部授予“全国模范人民调解委员会”荣誉称号；漳州市医患纠纷调解中心主任赖水顺获得全国五一劳动奖章。

福建省创新“定制式”普法模式

利用社区会议室、活动室等场所，在全省1152个社区、村居、企业设立百姓法治讲堂，统一设计讲堂背景、标识。组建“六五”普法讲师团，普法讲师成员增加到974名，除法律专业人士外，还增加群众较为关注的医社保、安全监管、城市执法、工商等部门专业人员，并定期向群众征求普法课题，由群众根据自身需要选择授课讲师，按课题按群体分类普法。

福建省“一小时法律援助服务圈”已实现全覆盖

一是市县两级法律援助机构均设立便民服务窗口，在乡镇街道依托司法所全部建立工作站，在村居设立联络室，发展1.6万名联络员和2.3万名志愿者。二是建立完善解答咨询、受理申请、限时办结、登记归档等工作制度，开通了法律援助网上受理、审批等服务功能。三是将农民工讨薪、坑农害农等案件列入援助事项，将公证、司法鉴定等领域纳入援助范围。四是开辟困难群众法律服务“绿色通道”，为困难群众办理公证业务减免收费，对农民工讨薪、工伤等事项不再审查其经济困难条件。

全省4.3万名干部在省反腐倡廉警示教育基地接受教育

福建省反腐倡廉警示教育基地（设在榕城监狱）从2009年3月成立以来，共更换了11次版面，制作了3部专题片，发放各种宣传册3100本，45名各种级别的职务罪犯现身说法，接待944场次，有4.34万名领导干部接受教育，其中省部级14人、厅级1568人、处级1.64万人、国企人员5916人、国企高管2800人、部队官兵3062人、非公企业人员1794人、监狱干警6108人。

福建省在全国率先提出司法鉴定核心价值观

福建省司法鉴定协会下发《关于培育和践行司法鉴定核心价值观的意见》，在全省司法鉴定行业推进培育践行司法鉴定核心价值观工作，是全国第一个提出司法鉴定核心价值观的省份。司法鉴定核心价值观主要概括为“科学、法治、严谨、公正、明鉴”10个字，它贯穿于司法鉴定执业的整个过程，即“运用科学知识，遵守法律规定，秉持严谨作风，力求客观公正，确保鉴定质量”。其中，“科学”是运用的方法手段，要求司法鉴定人必须尊重客观规律、运用科学知识、创新技术手段；“法治”是外在的制度约束，要求司法鉴定人必须树立法律意识、培养法治精神、遵守法律法规；“严谨”是内在的自我要求，要求司法鉴定人在执业活动中必须保持认真态度、秉持严谨作风、坚持求是精神；“公正”是追求的价值目标，要求司法鉴定人必须坚守中立立场、保障司法公正、维护公平正义；“明鉴”是达成的工作成果，要求司法鉴定人出具的鉴定意见必须反映客观事实，严格鉴定程序，确保鉴定质量。

监狱系统连续5年实现“四无”安全目标

2014年，全省监狱安全形势保持总体平稳，连续第5年实现司法部提出的“四无”（无罪犯脱逃、无重大狱内案件、无重大安全生产事故、无重大疫情）安全目标，连续第8年实现安全生产无事故。

司法行政戒毒工作取得成效

全省共建成9个强制隔离戒毒所,初步形成“361”戒毒模式,开展各类疾病诊治17万余次,70%的戒毒人员接受了职业技能培训,获证率达90%。同时，司法行政戒毒队伍专业结构进一步优化,现有医护人员72人，获得国家三级以上心理咨询师资格证的干警284人，专兼职教师388人。

福建省社区矫正工作体系已初成规模

全省建成9个中途之家，64个县级社区矫正中心，242个教育基地，1250个社区服务基地，262个安置就业基地，并通过多种方式配备2280名司法协理员、2491名村居协管员、16600名志愿者。

福建省在全国率先建立服刑人员大病统筹管理机制

每年由财政安排600万专项资金，监狱系统筹集600万专项资金，对在押服刑人员大病住院费用给予补助，统筹疾病包括恶性肿瘤、急性心肌梗塞等35类重大疾病，起付标准为一次性住院费1000元，监狱对服刑人员大病统筹资金收支情况设明细科目、单独核算，资金支付实行两级审核制，由监狱负责初审、省监狱管理局复审。

1. 在2014年10月9日至11月2日举行的福建省第十五届运动会上，司法行政代表团以7金、4银、3铜荣获行业部奖牌榜金奖，并被授予优秀组织奖和体育道德风尚奖

2. 2014年7月1日，省司法厅召开庆祝建党93周年暨“一先三优”表彰会

3. 2014年5月20日，福建省第十二届人大常委会第九次会议分组审议了《福建省司法鉴定管理条例》（草案）。9月26日，福建省第十二届人大常委会第十一次会议表决通过《福建省司法鉴定管理条例》，于12月1日起施行

4. “12•4”首个国家宪法日，全省各级司法行政机关开展以“弘扬宪法精神，建设法治中国”为主题的国家宪法日暨全国法制宣传日系列宣传活动

福建省交通运输厅

跨越发展 交通先行

“十二五”以来，在省委省政府的领导下，福建交通运输事业快速发展。到2015年底，全省完成公路水路交通投资突破4000亿元，公路通车总里程突破10万公里，其中高速公路达到5000公里，实现“县县通高速”“镇镇有干线”“村村通客车”；“两集两散两液”核心港区加快建设，港口年吞吐量超过5亿吨；闽台三通先行先试，“台车入闽”“闽车入台”相继实现；安全生产持续稳定。省交通运输厅连续三届被评为全国文明单位。

跨越发展，交通先行。“十三五”期间，福建交通继续加快“四个交通、两个体系”建设，为建设机制活、产业优、百姓富、生态美的新福建提供强有力支撑！

福寿高速公路寿宁段

湄洲湾港秀屿港区

国道205线沙县官前停车区

国道205线武平路段

福州港江阴港区

厦门快速公交（BRT）

厦门邮轮中心

泉州湾大桥

福建省农业厅

1. 省委书记尤权（前排左一）陪同汪洋副总理（前排左二）深入漳州视察
2. 2014年5月，农业部陈晓华副部长（前排中）来闽参加全国信息进村入户现场会
3. 张志南常务副省长（前排右三）参观农业互联网馆
4. 陈荣凯副省长（前排中）率相关领导到全省现代农业流动现场会参观点调研
5. 2015年7月，张立先厅长（前排左三）到南平检查生猪养殖污染治理情况
6. 2014年，两岸特色乡镇交流暨休闲农业对接会在厦门举行

1		3	4
2		5	6

由省农民体育协会主办，莆田市农民体育协会承办的福建省农民民间武术表演赛在莆田举行

宁德福安农业葡萄大棚

福建省海洋与渔业厅

福建省海洋与渔业厅坚持以社会主义核心价值观为统领，以为民惠民、促进人的全面发展为核心，紧紧围绕全省海洋与渔业中心任务，突出党建主导、服务大局、工作创新和省市共建，扎实开展文明创建活动，全面提升厅机关精神文明创建工作水平，干部职工在思想道德、文明素质、机关风气、服务质量、文化生活、环境建设等方面有新的提高，为建设机制活、产业优、百姓富、生态美的新福建提供强有力的思想保证、文化条件、精神支撑。连续五届获得全省党建工作先进单位荣誉称号，连续八届获得省级文明单位称号。

省海洋与渔业厅召开厅党组理论学习中心组扩大会

1	2
3	4

5	6	7

1. 2014年5月21日，全国“工人先锋号”授牌仪式
2. 2015年8月1日，组织干部职工到谷文昌纪念馆参观学习
3. 参加省直机关纪念抗战70周年经典诵读比赛荣获二等奖
4. 中小学海洋意识教育基地共建协议签约仪式
5. 2015年3月21-22日，厅直属机关妇委会参加省直机关女职工气排球比赛
6. 参加“迎接青运会、争当志愿者”暨“阳光助残、青春同行”志愿服务活动
7. 厅首场“青年读书沙龙”成功举办

1.

2

福建省文化厅

3

1
2
3

1. 2014年6月21日至7月17日，福建省文化厅赴台湾举办"福建文化宝岛行——福建优秀舞台剧（节）目巡演"活动
2. 2014年5月20日晚，福建舞蹈节目《丝路梦寻·海》精彩亮相上海亚信峰会文艺晚会
3. 2014年3月，福建省举办"群星璀璨"第三届村级文化协管员技能大赛
4. 2014年9月19日晚，以反腐倡廉为题材的闽剧《兰花赋》在中央党校演出
5. 2014年9月16—21日，"福建非物质文化遗产精品展"在北京国家大剧院举办
6. 为落实"中非文化合作伙伴计划"，2014年9月22日至10月1日，福建艺术团赴埃塞俄比亚及塞内加尔开展交流演出活动
7. 2014年10月24—27日，第七届海峡两岸（厦门）文化产业博览交易会在厦门举办

4	5
6	7

2014年11月29日至12月11日，“大漆艺术——2014海峡漆艺术大展”在北京中国美术馆举办

2014年12月15日，由中国常驻联合国代表团和福建省人民政府共同主办的“中国·海上丝绸之路文物精品图片展”在纽约联合国总部开幕，中国常驻联合国代表刘结一大使出席开幕式并致辞

2014年2月，省委常委、纪委书记倪岳峰（前排左一）到省审计厅调研

2015年7月，副省长郑晓松（前排左一）到省审计厅调研审计工作

福建省审计厅

近年来，福建省审计厅认真贯彻十八届三中、四中全会和国务院《关于加强审计工作的意见》的精神，紧紧围绕福建省委、省政府和审计署的中心工作任务，坚持“依法审计、服务大局、围绕中心、突出重点、求真务实”的审计工作方针，依法履行审计职责，不断创新审计理念和审计方法，助力福建科学发展、跨越发展。2012～2014年，圆满完成了地方政府性债务审计、社保资金审计、保障性住房审计、中小学校舍安全审计和病险水库除险加固资金审计等重大审计项目200个，向省委、省政府提交审计报告等158份。

探索审计创新 提升审计成效

积极探索和创新审计组织方式，在县级审计机关设立乡镇审计办事处，2012年在霞浦县审计局首次试点，随后全省铺开，截至2014年底，已设立49个乡镇审计办事处，延长了审计工作链，加大对强农惠农政策资金的审计力度，切实维护农民群众的切身利益。加强行业分析助力产业发展，结合省属国有企业经济责任审计，开展汽车、煤炭、民爆、驻港等行业、企业发展状况专题分析，对制约行业、企业发展的“瓶颈”问题，提出了具有针对性和可操作性的意见建议，助推行业重组和整合。探索政策审计推动政策落实，围绕省委、省政府重大经济决策部署，先后对中小微企业扶持政策、旅游产业政策、生态补偿机制建立政策等落实情况开展跟踪审计，查明落实情况、查找落实漏洞、分析落实效果，提出改进意见，得到省人大、省政府的高度重视和充分肯定。

注重科技强审 推进信息化建设

2012年起连续三年开展审计信息化推动年、提升年和深化年主题活动。着力培养信息化审计人才，与北京电子科技大学、福建工程学院建立战略合作关系，举办5期计算机审计中级培训班，截至2014年底，全省208人通过审计署计算机审计中级考试。强力推进审计信息化建设和应用，构建统一的电子网络体系和政务应用支撑平台，建设全省政务外网审计专网，实现审计移动办公；通过全省审计管理系统与现场审计实施系统的交互，形成数字化审计管理体系；建成全省审计视频会商系统、即时通讯系统、福建三级审计信息共享平台，实现国家、省、市、县四级会商、资源共享和信息交换；建设完善多行业联网审计平台，逐步推进其在兴业银行、住房公积金、社保、地税等行业联网审计中的应用。

2012年9月，省审计厅合唱团参加“喜迎十八大·欢歌颂党恩”福建省直机关合唱节合唱大赛

2013年6月，全省审计系统举办计算机审计技能竞赛

2014年5月，“导师带徒争先创优”活动启动仪式

2013年6月，省审计厅开展全厅干部职工集中整训

2012年11月，省审计厅与福建工程学院签署战略合作框架协议培养审计信息化人才

强化整体素质 打造精兵强将

将队伍业务素质建设、党风廉政建设、精神文明建设融入审计业务管理一起抓，开展一系列党建和文明创建活动，评选"闽审先锋"和"践行审计核心价值观标兵"，并全省巡回演讲；打造"免疫系统先锋""廉洁审计方法""闽审清风文化"三大廉政品牌。加强"人、法、技"建设，深入开展"审计法规知识竞赛""计算机审计技能比武""导师带徒•争创一流"等岗位练兵活动，引导审计干部立足本职，争当查核问题的能手、分析研究的高手、信息技术应用的强手和内部管理的行家里手。

开展帮扶共建 积极履行社会责任

每年制定《参与帮扶共建、履行社会责任实施方案》，与部分社区及武警福州支队、相关学校建立了共建联系，开展健康咨询、审计法宣传、"母亲健康基金募捐""关爱空巢老人""关爱孤残儿童""资助特困户"等志愿服务活动。三年来先后选派14名干部到漳平、霞浦等地驻村任职扶贫，筹措扶贫解困资金1100多万元，有效推进新农村建设。

践行福建审计精神 文明创建成果丰硕

弘扬践行"以审立业，以德立身，以能立人，以行立信"的福建审计精神，紧密结合实际，以审计文化建设为导向，坚持用文明的方式管事、育人，从审计文化创新、树立闽审典型，创建廉政品牌，弘扬奉献精神等方面提升文明创建水平。2011年12月，省审计厅被中央文明委授予"全国文明单位"称号；2015年2月，再获此殊荣。近年来，厅机关连续四届被省委授予"党建工作先进单位"；6个党支部被省委授予先进基层党组织；厅机关工会被评为省级模范职工之家，2个处室被评为全国模范职工小家；机关团总支、妇委会分别被评为省级"五四优秀团总支""三八红旗妇女组织"。

2014年12月，副厅长杨红做客中国福建省政府网站"在线访谈"

2012年9月，厅长姜榕兴（左一）赴霞浦县慰问困难群众

2012年4月，全省首家乡镇审计办事处在霞浦县三沙镇设立

福建省地方税务局

2014年，福建省地方税务局紧紧围绕福建省委、省政府和国家税务总局的工作部署，坚持“一二三四五六七”地税工作主线，各项工作取得显著成效。8月7日，福建省委书记尤权到省地税局调研并给予充分肯定。

组织收入稳步增长

2014年，福建省地税系统共组织各项收入2409.27亿元，同比增长10.1%。其中：税收收入1686.57亿元，增长9.4%，税收总量居全国地税部门第10位；非税收入722.7亿元，增长11.5%。闽东南地区税收增长较快，三大中心城市厦门、福州和泉州的税收总量贡献达66.0%，税收增量贡献达76.7%。

纳税服务规范贴心

打造标准化纳税服务升级版，全面落实《全国税务机关纳税服务规范》，贴近纳税人需求，深入开展便民办税春风行动，推出便民办税服务七条新措施。2014年，首次委托第三方开展公众满意度调查，纳税人对全省地税的综合满意度评分为4.6分（5分制）。在国家税务总局2014年全国纳税人满意度调查中,福建地税位居全国地税系统第11位，上升7位。

税收征管积极创新

优化税收征管方式，完善信息管税运行机制，全省地税系统基本完成“属地+专业化”的税源管理模式改革，全面推行税收风险管理机制改革，成立纳税评估分局69个，全年纳税评估入库税款13.06亿元。创新征管档案管理，《税收电子征管文件管理顶层设计研究》科技项目获国家档案局批准立项，是全国税务系统唯一承建2014年度国家档案局科技项目的单位。

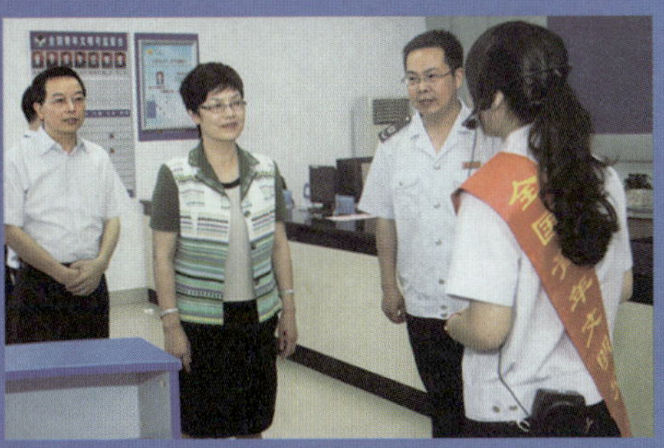

1	2
3	4

5	6	7

8	9	10

1. 2014年8月7日，省委书记尤权（前排右一）一行检查指导省地税局办税服务厅工作
2. 2014年8月7日，省委书记尤权（前排中）一行视察省地税局思想•廉政•文化基地
3. 2014年3月20日，常务副省长张志南（对面右二）到省地税局基层局调研指导党风廉政建设工作
4. 2014年2月7日，时任副省长陈冬（前排左一）到省地税局调研，体验二维码扫描登陆网上办税系统
5. 2014年3月5日，李红副省长（前排左二）到省地税局基层局调研
6. 2014年5月28日，省地税局陈青文局长（对面中）深入上杭县地税局古田分局调研
7. 省地税局领导班子成员开展下基层调研活动
8. 2014年11月18日，省地税局召开“最美地税人”表彰暨先进事迹报告会
9. 基层局参加窗口行业职工文明服务礼仪职业技能竞赛并获二等奖
10. 基层局开展便民办税春风行动骑行税宣活动

队伍建设持续推进

坚持地税人才发展战略，针对各类人才、各级干部举办素质提升培训和专项业务培训，并积极推广福建地税网络学院学习。加强各级领导班子建设，严格按规范、按程序推荐选拔任用各级干部，促进优秀干部脱颖而出。组织各市、县级地税局开展第二批党的群众路线教育实践活动，成立4个督导组，开展驻点督导工作。持续推进党风廉政建设，认真落实党组主体责任，完善“四不”廉政风险防控机制，构筑反腐倡廉防线。

文明创建成果丰富

弘扬践行“崇法尚德，服务至善，求是创新，和谐兴税”的“福建地税精神”。深化文明创建活动，在福建省第七届文明行业创建总评中，地税系统继续走在行政执法类行业前列；有7个设区市地税局纳入新一届全国文明单位候选公示，4个原全国文明单位通过复查；全系统新增省级青年文明号6个。召开全省地税系统“最美地税人”表彰暨先进事迹报告会，全国妇联党组书记、副主席宋秀岩到漳浦县地税局调研“最美地税家庭”创建活动，给予充分肯定并要求全国妇联推广创建经验。

不断跨越的福建体育
——省体育局

海峡奥体中心体育馆

室外乒乓球桌

福安健身长廊的健身设施

左海公园办公区篮球足球场

多功能体育场

1	2	3
4	5	6
7	8	9
10	11	12

1. 多彩青春，魅力青运。2015年5月，高校学子欢聚闽江公园，喜迎“迎青运彩虹跑”
2. 各地青少年借青运东风，在主赛场门口开展体育活动
3. 沙排赛精彩对决
4. 青运会男子篮球U16比赛中，福州队以77比73战胜劲敌上海长宁队，进入四强
5. 青运会击剑赛上演巅峰对决
6. 2015年11月2日，大型青少年体育竞技真人秀“加油好少年”全省海选活动仪式在福州启动
7. “新春杯”老干部棋牌赛
8. 万人健步行 红火过大年，十万人健步活动在福州举行
9. 2013年8月，平潭举办海峡两岸跆拳道交流活动
10. 健身气功厦门站
11. 2015年9月22日，首届泰宁环大金湖马拉松开跑
12. 2015中国国际体育博览会在福州举办

福建体育历史悠久，特色鲜明，新中国成立后呈现跨越式发展。新中国伊始，福建人均体育用场面积不足0.05平方米，2004年普查时达到人均1.18平方米。体育人口新中国伊始不足十分之一，目前达到40%。体育产业更是从无到有，目前福建体育用品业占全国总产量30%以上,福建体育彩票业已步入全国前列。新中国伊始，福建全省仅有48个破旧的体育场，目前已超过5万个。

福建竞技体育不断呈现新的历史性突破，新中国初期福建省就有优秀运动员在国内国际比赛中崭露头角。福建羽毛球的“无冕之王”、福建男篮小个子大灵活技术、田径选手破世界纪录等等，都为福建体育写下精彩一笔。改革开放后，尤其是近十年来福建健儿更是大放异彩。雅典、北京、伦敦奥运，第十、十一、十二届全运会，闽籍健儿步步前行，屡创佳绩。福建省委省政府表彰福建体育实现了“历史性跨越”。

2015年金秋，古老的榕城成功举办了年轻的盛会——中华人民共和国第一届青年运动会。这是新中国成立后福建省首次承办规模最大、规格最高的全国大型综合性运动会，这也是2015年中国体坛第一大盛事，同时也是文化盛宴，青春盛会，上万名来自全国各地的追风少年荟集八闽，追逐梦想。

福建省物价局

1. 2015年7月，吴晓丁局长在全国纵深推进价格改革电视电话会议上作典型发言
2. 2014年9月，吴晓丁局长（右二）、赖文达副局长在漳州调研平价商店
3. 2014年9月，全国12358价格举报信息系统试运行培训现场会在福州召开
4. 2015年6月，吴晓丁局长（右二）深入企业开展调研

1	2
3	4

5	6
7	8

5. 2013年4月，林作明副局长在福清调研蔬菜生产基地建设
6. 2014年12月，全国价格举报工作培训会议在重庆召开，福建省物价局在会上介绍了12358价格举报信息系统建设典型经验
7. 福建省政府新闻办、省物价局联合召开《福建省定价目录》新闻发布会，推进价格改革和简政放权
8. 开展门户网站在线访谈

福建省妇女联合会

2014年，在省委的领导下，全省各级妇联深入贯彻党的十八大、十八届三中、四中全会精神和习近平总书记系列重要讲话精神，认真落实省委九届十次、十一次全会和中国妇女十一大工作部署，按照2013年底省委常委会听取妇联工作汇报和尤权书记到省妇联调研时的讲话要求，以践行社会主义核心价值观为根本，确定2014年为“家庭建设年”，以“家和福建美•家和两岸兴”为主题，实施家庭建设“四大工程十项行动”。“四大工程”是指家庭美德工程、家庭教育工程、家庭关爱工程、家庭服务工程，“十项行动”则包括家庭美德传播行动、家庭道德实践行动、家庭教育阵地创建行动、家庭教育大讲堂公益行动、老年人家庭关爱行动、流动留守家庭关爱行动、困难家庭帮扶行动、家庭纠纷调解行动、家政服务队伍素质提升行动、家政服务平台提升行动等。

省妇联“家庭建设年”主题LOGO呈榕树形状，色彩亮丽、美观大方。LOGO中组成树干的三个元素分别代表着父亲、母亲和孩子；三个彩色小圆圈代表着：爱心（父母对子女的爱）、孝心（儿女对父母的孝）、善心（家庭对社会的奉献）；六片叶子则由尊老爱幼、男女平等、夫妻和睦、邻里互助、勤俭持家、诚心宽容的家庭美德内涵所组成

省妇联、省文明办于2014年2月联合启动了福建省寻找“最美家庭”活动，按照深入基层、深入群众、深入家庭的要求，全省城乡16600多个“妇女之家”全部参与寻找，举办各类家庭道德文明故事会、家训家风评议会、文明家庭交流会等8014场。同时，通过广播、报纸、杂志、网络等全媒体助推寻找“最美家庭”活动，人民网福建频道开设寻找“最美家庭”活动官网，共有1600多万网民参与互动。在第20个国际家庭日（2014年5月15日），并为此专场举办“福建省最美家庭”颁奖特别节目，时任省委常委、教工委书记陈桦出席颁奖会并为选出的10位“福建省最美家庭”代表颁奖。图为颁奖现场

1. 海峡妇女论坛创办于2001年，2007年首度进入台湾岛内举办，2010年海峡妇女论坛升格为全国妇联主办、闽台妇女组织共同承办，作为海峡两岸民间交流嘉年华活动融入海峡论坛，大大提升了论坛规格，成为妇联对台工作重要品牌和推动海峡两岸民间大交流、大合作、大发展的独特力量。第六届海峡论坛•海峡妇女论坛于2014年6月14-18日在厦门、三明、南平、龙岩等地举行。本届论坛由全国妇联主办，福建省妇联、台湾中华妇女会总会承办，来自海峡两岸四地的各界妇女1000多人参加了系列活动。图为论坛现场

2. 在2011年300户海峡两岸家庭对接的基础上，2014年150户海峡两岸家庭分别在厦门、三明、南平、龙岩等地举行结对活动，通过“家和福建美•家和两岸兴”座谈会、海峡两岸家庭故事会、参观家庭美德馆和客家家训馆，交流家庭建设和家风家训，实现海峡两岸家庭更广更深的对接交流。图为故事会现场

3. 福州机场边检站女子旅检科成立于2000年3月，平均年龄29岁。10多年来，她们共检查出入境旅客160多万人次，出入境飞机18000多架次，为守护国门、促进福建发展做出了积极贡献。先后荣获全国“三八红旗集体”“巾帼文明示范岗”“青年文明号”“公安部集体二等功”等60多项荣誉。图为女检科的女兵们手捧2001年2月16日时任福建省委副书记、省长的习近平为她们的题词“国门警花”

4. 福建省妇联以"巾帼建新功共筑中国梦"为主题，以"家庭建设年"为主线，积极建设妇女群众可信赖依靠的"妇女之家"。目前，全省城乡共建16600多个"妇女之家"。2014年11月4—9日，全国妇联党组书记、副主席、书记处第一书记宋秀岩（左4）在福建调研，走进村"妇女之家"，与当地妇女姐妹围坐在一起聊起了家常

5. 关爱妇女儿童，关爱老年人，关心基层困难妇女群众，是"家庭关爱行动"的一项主要内容。通过"家庭关爱行动"，让妇女工作在基层看得见、摸得着、有影响，让妇女群众遇到困难时能想到找妇联、能找得到妇联、能感受到妇联的帮助和服务。图为省妇联党组书记、主席吴洪芹（右一）到莆田亲切慰问"全国第九届五好文明家庭"黄淑贞家庭

广场舞集健身、娱乐、竞技为一体，是海峡两岸妇女喜闻乐见的群众性文化活动。2014年6月15日，福建省妇联、台湾中华妇女会总会、厦门市妇联联合举办了"第六届海峡论坛•两岸家庭广场舞展示"赛，海峡两岸妇女舞动韵律，展示风采，增进姐妹情。图为比赛现场

6. 福建省巾帼志愿者协会成立于2010年12月3日。全省9个设区市妇联都成立了省巾帼志愿者协会分会，设立了19个服务站，组建了家政服务、社区助老等巾帼志愿服务队伍6000支，登记注册的志愿者近25万人，开展各类便民为民服务5万余场，提供服务100多万人次。2014年12月6日，由省妇联主办、省巾帼志愿者协会承办、省环保志愿者协会和福建新闻广播联办的"低碳你我他 绿色进万家"福建省纪念国际志愿者日巾帼志愿服务活动在树兜社区、琼河社区等10个社区同时开展

7. 2014年，省妇联与省家庭教育研究会联合开展"家庭教育专家快车农村行"活动，针对福建省农村留守儿童，特别是留守女童遭受性侵害的案件时有发生的情况，组织家庭教育专家深入部分省级扶贫开发工作重点县，在留守儿童较为集中的乡镇举办家庭教育公益大讲堂，帮助农村家长了解和掌握预防儿童受侵害的知识和方法。全年举办家庭教育公益大讲堂169场，31650人次受益

福建 农村信用社 农商银行 | 福万通 金融服务中心

2014年，在经济和信用环境双下行压力加大的情况下，全省农信系统围绕开展“转型创新年”“品牌推广年”“三基建设年”“合规控险年”活动，抓经营、谋发展、控风险、提质量，各项经营业务持续保持较好的增长态势，主要指标均优于全省银行业平均水平。

存款突破3500亿元！资产总额突破5000亿元！

各项存款增长图

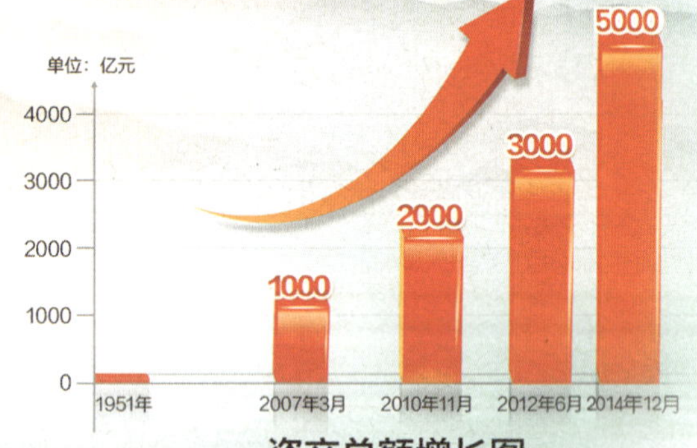

资产总额增长图

“96336”荣获第三届中国银行业优秀客服中心人才培养与发展奖

Certificate of Achievement

福建省农村信用社联合社

Fujian rural credit Union

Information Technology Service Center

as defined by the SCAMPI Version 1.3

CMMI Model Used: CMMI-DEV, Version 1.3(Defined)

2014年6月30日，省联社喜获SEI（美国软件研究院）授予的CMMI3级（集成软件能力成熟度3级）证书

2014年6月22日，省联社荣获“农信银杯十大品牌创新机构”奖，是全国农信系统唯一获此荣誉的省级单位

服务三农　服务小微

1	2
3	4
5	6

1. 2014年3月18日，全省农信系统2014年工作会议召开
2. 2014年8月20日，省农村信用社、农商银行福万通慈善基金会举行首次捐赠助学仪式，时任省委常委、省委教工委书记陈桦、省政协副主席薛卫民等领导出席仪式，并现场为30名受捐助学生代表发放含有5000元助学金的福万通卡
3. 2014年2月24日，省联社党委召开全省农信系统党的群众路线教育实践活动动员大会
4. 2014年7月19日，省联社科技研发培训中心奠基
5. 2014年11月11日，省联社第一届监事会第一次会议召开
6. 2014年12月17日，省联社与福建农林大学签订战略合作协议

福建省高级人民法院

2014年，全省法院在省委领导、省人大监督和最高人民法院指导下，认真贯彻落实党的十八大、十八届三中、四中全会和习近平总书记系列重要讲话、来闽考察重要讲话精神，依法忠实履行司法职责，大力加强司法为民、公正司法，深化司法体制改革，建设高素质过硬队伍，努力让人民群众在每一个司法案件中感受到公平正义。全省法院受理各类案件615732件，办结537949件。最高人民法院周强院长两次来闽调研指导，对福建省法院工作给予充分肯定。

依法履行职责，营造良好法治环境

积极融入大局、服务发展，加强对福建21世纪海上丝绸之路核心区、中国（福建）自由贸易试验区、生态文明示范区、平潭综合实验区建设的司法保障。紧密围绕我省发展特色和优势，加强涉台、涉生态、涉海、涉外、涉港澳和知识产权等案件审判。密切关注涉及民生领域的矛盾纠纷，完善群众权益维护工作机制。严厉打击刑事犯罪，落实社会治安综合治理措施，维护社会稳定。省政府与省法院召开第二次联席会议，推进行政争议实质性化解，促进依法行政。

深化司法改革，确保严格公正司法

发挥庭审功能和作用，加强案件质量评查和案例指导，强化二审终审、再审依法纠错功能。坚持罪刑法定、疑罪从无等法律原则，依法宣告30名被告人无罪。完善防范冤假错案工作机制，依法审结平潭念斌投放危险物质案等。稳妥有序做好司法体制改革试点准备工作，全面推进审判权力运行机制改革，推行审委会委员和院长、庭长直接办案，优化审判管理。各类案件一审后当事人服判息诉的占91.58%，二审后达到98.54%。开展新一轮司法品牌创建，创建评选了25个全省法院司法品牌和110个全省法院司法品牌项目。

1. 省法院举行全体法官宣誓活动
2. 2014年7月，最高人民法院周强院长（前排左三）在福建高院调研
3. 2014年7月，全国法院执行工作现场会在省法院召开
4. 全省法院院长学习贯彻十八届四中全会精神培训班
5. 2014年5月，省法院召开“反四风、树形象、真承诺”作风纪律建设工作推进大会
6. 2014年2月，省法院举行涉台案件调解员聘书颁发仪式
7. 省法院与华侨大学、福州大学、福建师范大学共建法学教育基地
8. 省法院何鸣副院长通过远程视频接访系统接访案件当事人
9. 中澳反家暴联合机制启动仪式

着力司法为民，构建阳光司法机制

出台25条司法便民利民新举措，推进多元化纠纷解决机制建设。扩大司法公开，完善司法公开三大平台建设，全省法院全部开通互联网网站和官方微博，人民法庭全部建成专属司法服务网页。完成人民陪审员“倍增计划”，省、市、县（区）人大常委会三级联动听取审议人民陪审员工作专项报告。推进信息化建设，实现每一个审判法庭等“八个看得见”，最高人民法院在省法院召开全国法院执行信息化建设现场会，将福建省做法向全国法院推广。

打造过硬队伍，提供坚强组织保障

创新完善思想政治建设工作体系，加强教育培训工作，加快建设全省司法人才库。深入推进党的群众路线教育实践活动，坚持“三严三实”，整治“六难三案”。严格履行党风廉政建设“两个责任”，开展司法巡查，创新“大督察”工作机制，严肃查处违法违纪案件。全省法院有312个集体、515名个人受省级以上表彰。黄志丽被评为“全国模范法官”“全国最美基层法官”，省委作出决定号召向黄志丽同志学习。省法院等50个法院和漳州、三明、南平、宁德法院系统获2012-2014年度省级文明单位称号，全省法院系统被评为2012-2014年度全省创建文明行业工作先进行业。

福州市中级人民法院

2014年1月，福州中院举行法官宣誓仪式

2012年4月，福州中院与20余个部门签署调解联动、诉调对接协议

2014年5月，福州中院速裁合议庭成功调解并当场执结一起速裁案件

2013年11月，福州中院实行院领导每日接待来访和预约接访

2014年4月，罗源法院海上巡回法庭在调处民事纠纷

2014年1月，福州中院协助完成第一例涉台移赃委托调查取证案件

2013年4月，福州中院知识产权法律服务站揭牌仪式

福州市中级人民法院大力推进司法品牌战略与亮点工作，对司法品牌进行着力打造和系统提升，同时带动和促进全市法院审判执行和队伍建设工作的全面发展与进步。

以工作方法创新为主要目标 创建司法项目品牌

建立纠纷速裁机制，完善案件繁简分流，实现繁案精审、简案快审；完善多元纠纷解决机制，与20余个部门建立起调解联动、诉调对接机制，形成覆盖各主要行业的大调解工作格局；每年召开府院联席会议，为行政机关解决执法工作难题提供新思路。

以便民利民为民为主要内容 创建司法服务品牌

实行立案登记制，在全市法院诉讼服务中心推广法律援助驻点，根据群众需要设立“设农合议庭”“渔排法庭”“海上调解船”“社区法官工作室”等，满足多元司法需求；创新领导接访方式，实行院领导每日轮流接待来访和预约接访。

结合区域优势和乡情民俗 创建特色审判品牌

在全省率先设立驻金融机构法律服务站、知识产权法律服务站、物业纠纷法律服务站，不断拓展司法服务方式；延伸涉台审判服务平台，在台胞权益保障中心设立法官工作室，为台胞、台企提供法律服务，及时调处纠纷。

福州中院先后被评为市直机关党建工作先进单位、省级文明单位。在省文明委对全省各行业优质服务指数测评中，福州法院2013年、2014年连续两年位居福州市政法系统第一名。

厦门市中级人民法院

厦门市中级人民法院以“明德达理，尚法至公”的厦门法院精神为引领，不断丰富和创新文明创建活动内容，涌现出了一批有特色的文明创建活动。

加盟厦门白鹭志愿联盟开展关爱鼓浪屿系列学雷锋活动

2014年9月，厦门中院、厦门航空、厦门海关、厦门地税等单位团委共同发起成立厦门白鹭志愿联盟，活动形式主要是由各联盟单位轮流上鼓浪屿，开展精彩的文艺表演，进行文明宣导、向游客分发环保袋、号召游客签署文明出行承诺书等，让游客和市民把文明出行的理念从鼓浪屿传递到全国各地。同年12月，厦门白鹭志愿联盟被团中央、中国青年志愿者协会授予“中国青年志愿者优秀组织奖”称号。

2015年1月11日，厦门中院青工委、团委在鼓浪屿钢琴码头举行白鹭志愿联盟系列活动暨“大手拉小手，发现鼓浪屿之美”文明出行亲子活动

开展志愿服务活动

根据厦门市文明办《关于深化公共场所志愿服务点对接工作的通知》要求，厦门中院自2013年4月13日起开始在南普陀启动对接志愿服务工作，将南普陀后山作为志愿服务地点，于节假日、双休日分派两名干警上山开展维持山路秩序、救助困难游客、帮助做好保洁等志愿服务工作，并于五老峰顶小卖部设置服务点，放置急救药箱等。截至到目前，厦门中院共提供志愿服务活动近600余人次，共帮助高血压、低血糖等游客30多名，受到社会广泛好评。

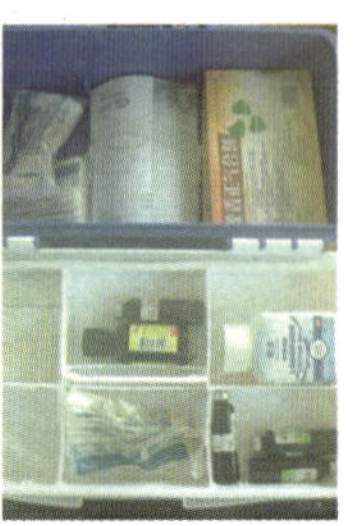

厦门中院志愿者在南普陀后山开展关爱自然系列志愿者服务

举办丰富多彩的法院文化系列活动

为丰富干警文化生活，展现青年干警朝气蓬勃、积极向上的精神状态，从2013年起，院青工委、团总支持续开展以“法之韵”青年法官沙龙、“筼筜之声”读书会等活动为载体的系列法院文化建设活动，通过主题发言、观众互动、嘉宾点评等环节的设置，充分调动干警参与热情，受到广泛好评。“筼筜之声”读书会以“修身养性、智慧生活”为宗旨，鼓励大家勤读中外经典，倡导大家将阅读变成一种生活习惯，提升个人综合素质，采取分散阅读，集中分享的形式，由参与人员事先各自阅读后，于活动当日齐聚筼筜书院，在轻松自由的氛围中分享读书心得。

第一期“法之韵”青年法官沙龙

第一期筼筜之声读书会

全市法院文明创建推进会

漳州市中级人民法院

漳州市中级人民法院下辖11个基层法院（包括23个派出人民法庭），院机关设26个职能部门，现有在编干警209人（法官149名），其中，在职党员184人，占88%，本科以上学历200名占95.69%,硕士43名。

在漳州市委领导、人大监督、政府支持、政协民主监督和上级法院指导下，漳州中院紧紧围绕“让人民群众在每一个司法案件中感受到公平正义”目标，巩固党的群众路线教育实践活动成果，深入开展“三严三实”专题教育，司法为民、公正司法、严格司法，推动审判执行工作和文明创建工作实现双促进、双丰收。2012年以来，漳州中院共收案18400件，办结17421件，在收结案逐年递增的情况下，始终指导促进全市法院审判执行质效走在全省前列，民商事调解撤诉率连续8年位居全省法院第一,在全省中级法院院长抓司法公信建设责任状考评中连续两年位居全省法院第二名,漳州中院连续两届获评省级文明单位。

漳州中院品牌创建、创先争优、队伍建设等也始终走在全省前列，全市有9个司法品牌项目获得省法院通报表扬。涉台审判机制实现八年“八度首创”，在全国率先成立“维护台商合法权益合议庭”、涉台案件审判庭，首聘台胞调解员、首任台胞陪审员、首聘台企司法联络员，实施涉台审判庭异地办公、开通全省首个涉台司法微信公众服务号、率先全国选聘10名涉台社区矫正监督员并考察2家台企挂牌设立“涉台社区矫正基地”等,多次在国台办和最高法院召开的会议上作典型经验介绍,漳州中院涉台庭先后被评为“全国法院先进集体”“省级青年文明号”等荣誉称号。创新生态资源审判，积极构建“多层修复、立体保护”的漳州模式,设立全国首个生态资源审判“碳汇”教育基地和全国首个中级法院生态巡回法庭等,率先采用“增殖放流”方式修复受损水域，设立生态环境损害修复资金做法被国家环保部和中国法学会评为优秀事例奖，近期漳州中院被授予最高法院环境资源司法实践教育基地。持续巩固涉军涉妇涉少等维权机制，漳州中院被省委、省政府授予爱国拥军模范单位;维护妇女儿童合法权益合议庭被全国妇联评为全国巾帼文明岗;少年庭被评为省巾帼文明岗和全省法院少年审判工作先进集体。60分钟司法服务保障圈、涉台审判机制、生态资源审判等党建项目连续三年在市直1263党建机制竞赛中获第一名；漳州中院机关党委被福建省委评为先进基层党组织、被省法院评为创先争优先进基层党组织，院机关被福建省总工会评为“模范职工之家”。三年来，漳州法院共涌现出全国文明单位长泰法院、全国法院人民法庭工作先进集体龙海法院角美法庭等省级以上先进集体129个；全国先进工作者、全国道德模范黄志丽，全国优秀法官黄志雄等省级以上先进个人203名。

以全国模范法官黄志丽为原型的电影《知心法官》顺利开机

率先成立全国首个中级人民法院生态巡回法庭

省高级人民法院马新岚院长（前排右一）到芗城法院黄志丽同志先进事迹展厅调研

率先全国成立漳州市中级人民法院行政审判巡回法庭

漳州市中级人民法院党组书记、院长吴钟夏深入扶贫挂钩村调研

组织青年法官志愿者参加义务植树活动

率先全国聘任涉台社区矫正监督员，并设立首批涉台社区矫正基地

三明中院组织全院干警向宪法宣誓

三明市中级人民法院

三明市中级人民法院下辖梅列区、三元区、永安市、沙县、大田县、尤溪县、宁化县、清流县、明溪县、将乐县、泰宁县、建宁县12个基层人民法院、15个人民法庭。截至2014年底，全市法院共有工作人员1022人，其中，法官647人。市中院内设24个职能部门，现有工作人员153人，其中法官111人。

近年来，三明中院紧紧围绕“努力让人民群众在每一个司法案件中感受到公平正义”工作目标，牢牢把握司法为民、公正司法工作主线，狠抓执法办案第一要务。严惩严重危害人民群众生命财产安全的犯罪，加大对职务犯罪、破坏市场经济秩序犯罪、生态环境犯罪等的打击力度；加大民商事案件的调解力度，妥善处理新经济形势下的民商事纠纷，维护交易秩序，促进社会和谐；依法开展行政审判工作，保护行政相对人合法权益，推动依法行政；着力破解执行难题，在全省法院率先建立3G网络执法系统，启动“点对点”网络查控系统，提升执行的效率和效果。

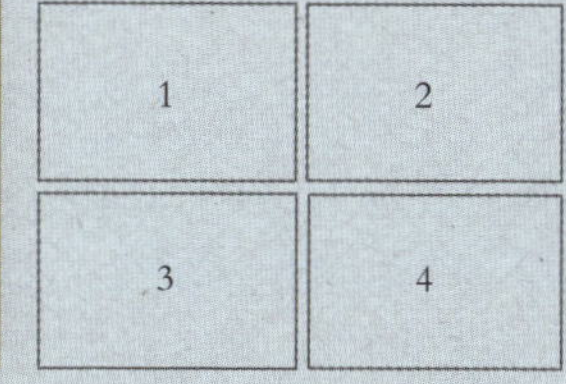

1. 加强诉讼服务中心建设，推行“一站式”服务
2. 深入田间地头巡回审判
3. 联动调解民事纠纷
4. 刑事审判严厉打击黑恶势力

召开新闻发布会，公开审判执行工作情况

共建未成年人零犯罪社区

举办全市法院第三届“天平颂”歌咏会，唱响公正司法主弦律

深入推进品牌创建。不断加强法院队伍管理和党风廉政建设，三明中院文明创建、少年审判、机关党建、司法管理等工作走在全省、全国法院系统的先进行列。2011年以来，三明中院荣获全国文明单位、全国法院党建工作先进集体、全国模范职工之家、全国三八红旗集体、全国维护妇女儿童权益先进集体、全国法院信息化工作先进单位、全国司法警察体能达标先进单位、省级文明行业、全省创先争优先进基层党组织、福建省五一劳动奖状等荣誉称号；全市法院一批先进个人获得全国巾帼建功标兵、全国五一劳动奖章、全国法院先进个人、中国“诚实守信好人”等殊荣。

晋江市人民法院

近年来，晋江市人民法院有序开展科技强院建设工作，在践行群众路线服务便民利民方面不断作出努力和创新。从准3D数字法院、科技法庭、官方微博开通、庭审同步录音录像系统、裁判文书上网、远程视频接访提讯系统建设，到法院官方APP和微信公众平台的开通，一系列以公开、公正、公信为内涵的司法活动的推行，让人民群众看得见、听得懂、信得过，亲身体验司法为民，切身感受司法公正。

2013年，该院审结的31家石材企业不服处罚决定起诉市环保局行政管理系列案之一，被通报作为全国环境保护行政案件十大案例之一。2014年，该院未成年人帮教基地典型经验被评为“全国未成年人健康成长法治保障制度最佳事例”，巡回审判专用车这一“流动的红色法庭”党建案例被评为“全国建设服务型机关党组织最佳案例”。2015年，该院被确定为全国50家人民陪审员制度改革试点法院之一。

2015年，在落实推进“跨域•连锁•直通”式诉讼服务平台的建设过程中，该院树立工作一盘棋的思想，从院领导班子到全院干警，从理念上根本性转变以前各自为政、各行其是的思维，不仅仅是立案登记、材料收转，还在远程对接跨域在线庭审、网络划拨外省银行账户存款、委托外地法院先行采取拘留强制执行措施、接受南安德化等法院委托开展执行查封扣划行动、刑事案件远程视频庭审等方面，大胆探索与尝试，用法院法官的辛苦指数换取人民群众的幸福指数。

党的十大八、十八届三中、十八届四中全会更加清晰地勾画出了依法治国的设计蓝图和深化改革的光明前景，“晋江经验”内涵在改革创新中不断提升，作为全国优秀法院、全国模范法院、全国司法公开示范法院、全国法官现场教学基地，连续两届蝉联全国文明单位，晋江市人民法院决心在创新“晋江经验”中勇做法治建设先行军、争当司法改革排头兵。

以巡回审判专用车为载体开展丰富多彩的法制宣教活动

组织开展“小记者看法院”公众开放日活动

与南安法院实现庭审远程对接，在线审理泉州市首起跨域庭审案件

广发银行|CGB

广发银行福州分行

2014年9月，福建省委常委、福州市委书记杨岳（前排左一）到福州分行视察指导工作

中国银监会于2012年12月31日批准筹建广发银行福州分行，广发银行于2013年3月19日成立福州分行筹建组。在福建省、福州市政府的大力支持和帮助下，广发银行相继完成了分行选址、人员招聘、网点装修、机构审批等程序，通过了总行和金融监管部门的各项验收，于9月29日获得福建银监局核发的金融许可证和开业批复，9月30日取得工商营业执照，10月11日开始试营业，并于2014年4月16日举行开业仪式。

广发银行福州分行内设公司银行部、个人银行部、信用卡部、小企业金融部等11个部门和营业部，现有人员二百余人。业务范围广泛，金融产品丰富，尤其是广发信用卡、“生意人卡”“快融通”等特色产品，非常适合福州地区民营经济发达、中小企业众多的特点，可为居民和中小企业提供全方位的金融服务。

广发银行福州分行立足福州，面向全省，积极拓展市场，重点支持国家倡导的民生产业和先进制造业企业。广发银行总行对福州分行的业务拓展也给予了积极支持和政策倾斜，2015年上半年，福州分行投放贷款59.38亿元；累计投放贷款164.34亿元。广发银行福州分行已信贷支持福州市土地储备中心、福建省交通集团等一批政府融资平台及国有控股企业。

广发银行总行将福州分行定位为沟通珠三角和长三角的桥梁，以及服务海峡西岸经济区发展的重要支点。福州分行正积极将总行战略融入福建市场，积极营销信用卡和生意人卡，大力拓展中小企业客户，为居民提供更为便利、快捷的消费和融资工具，支持福建省中小民营企业和实体经济发展，促进区域产业结构调整和优化升级。

为提升服务的广度和深度，福州分行加大自助银行投入，在中心城区和主要商圈建设完成10家以上的自助银行，其中业内领先的VTM机具为福州市民提供了功能众多、方便快捷的24小时金融服务；福州分行同时加大机构拓展力度，在市区新设了1家支行和5家小微银行及社区银行，正在筹建中6家；在泉州、福清等经济活跃地区设立异地分支行，全面提升服务海西经济发展的能力和质量。

兴业国际信托有限公司

CHINA INDUSTRIAL INTERNATIONAL TRUST LIMITED

兴业国际信托有限公司成立于2003年3月，注册地为福建省福州市，现有注册资本为人民币50亿元。是经国务院同意以及中国银行业监督管理委员会批准设立的中国第三家银行系信托公司，也是中国第一批引进境外战略投资者的信托公司。兴业国际信托有限公司现有股东中既有中资主流商业银行及大型国有企业，又有国际知名外资银行。

兴业国际信托有限公司紧紧围绕建设“综合性、多元化、有特色的全国一流信托公司”的战略目标，坚持依法经营、稳健经营，不断夯实业务基础和客户基础，着力提升业务发展和创新能力，致力于成为国内优秀的综合信托金融服务提供商。截至2014年末，兴业国际信托有限公司管理的资

2014年9月1日，福建省常务副省长张志南（左四）到兴业国际信托有限公司调研视察

2015年3月22日，兴业国际信托有限公司董事长杨华辉出席中国金融40人论坛举办的“中国的世界级金融蓝图”交流会

产规模达7019.27亿元，是中国最大型的信托公司之一。

按照建设全国一流信托公司的战略定位，目前兴业国际信托有限公司已在全国主要省、市、区、计划单列市设立了34个业务和客户服务网络，实现了全国化经营与服务。同时，兴业国际信托有限公司全资拥有兴业国信资产管理有限公司，控股兴业期货有限公司，并参股兴业经济研究咨询股份有限公司、重庆机电控股集团财务有限公司、紫金矿业集团财务有限公司、华福证券有限责任公司。在全国优秀信托公司评选活动中，兴业国际信托有限公司先后荣获“中国优秀信托公司”、“卓越信托公司”等多项荣誉。

2014年9月28日，兴业国际信托有限公司董事长杨华辉为兴业期货有限公司成立揭牌

2015年6月17日，兴业国际信托有限公司在第九届中国诚信托评选活动中荣获“卓越信托公司奖”

恒丰银行福州分行工作人员形象照

恒丰银行福州分行

恒丰银行福州分行为全国性股份制商业银行恒丰银行在福建省设立的省级直属分支机构，2014年全分行资产总额达283.01亿元，一般性存款余额达184.99亿元，较上年增加50.16亿元，增长37.2%，创造了历史最好水平；一般性存款日均为127.67亿元，较上年增加32.09亿元，增长33.57%。各项贷款余额为85.91亿元，较上年增加12.46亿元，增幅16.97%。在福建已设立营业网点3家（其中福州市区2家、福清1家）、自助银行4家。全年各项业务总体保持平稳运行。

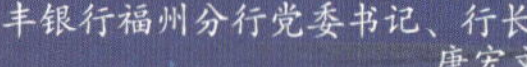

恒丰银行福州分行党委书记、行长
唐宏文

服务福建发展。积极践行“恒久发展，丰裕社会”发展理念，坚持遵循“扎根福建市场，服务福建经济，促进福建发展”经营方针，高度契合中央“一带一路”战略，积极融入福建21世纪海上丝绸之路核心区、海峡西岸经济区、自贸试验区和对台合作先行区的经济发展大局，加大金融服务实体经济力度，坚守风险底线，广泛开展合作，市场份额不断提高，经营实力逐步增强。充分利用产品优势、创新优势和服务优势以及总行资源倾斜，合理安排贷款规模，加大对福建重点建设项目和优质企事业法人的授信支持力度，为福建经济社会发展提供多产品、一站式服务，并在融资服务、资金管理服务以及其他综合类等领域提供优质高效的综合金融服务。小微企业业务方面，全面落实小企业专业化经营，充分运用“财运恒通”等系列产品，集中有限的信贷资源支持小微企业，全年累计贷款余额42.52亿元，增幅46.16%，超额完成“两个不低于”的目标；企业金融业务方面，细分市场和客户，以大健康、大物流、大消费三大方向作为重点，积极与有关政府主管部门进行业务对接；投资银行业务方面，陆续推出了上市公司股权融资、非上市金融股融资、上市公司定向增发、央企/地方大型国企商票资管计划及债务融资工具承销等，重点推出了“产业基金”创新产品；票据业务方面，紧盯市场利率走势，推出了“恒盈宝-票融通”创新产品；零售业务方面，大力开拓互联网金融、移动金融业务，创新推出了“一贯”金融平台；对台业务方面，尝试拓展台湾银行人民币资金运用渠道，初步达成了内保外贷、出口商业发展融资合作业务意向。

恒丰银行泉州分行盛大开业

风险管控。严格遵循“区别对待、有扶有控”的信贷策略，逐步开展全面信用风险管理工作，克服外部经济金融环境带来的不利因素，保障全行信贷业务正常运转。制订操作风险管理制度，完善分行操作风险管理体系，全面提升操作风险管理水平。贯彻落实风险为本理念，合理配置反洗钱管理资源。增强全员自律意识和职业操守，加强防范和打击非法集资的宣传教育，严防严控内部案件风险，实现全年零案件零事故。

网点建设。在福州地区设有3家营业网点的基础上，高效完成我行首家省内异地二级分行泉州分行和福建省银行业第一家三级甲等医院金融服务宣传点的筹建工作，积极运作龙岩、长乐等异地分支行，以及福州台江支行、自贸区支行、社区支行等多家同城网点，逐步构建“立足福州，辐射八闽，服务海西”的金融服务网络。

招商银行福州分行

2000年3月28日，招商银行福州分行成立

2000年3月28日，45名招行精英怀揣梦想，带着“金葵花”的种子在素有“海滨邹鲁”美誉的福州播种、扎根，开启了创业的征程。

自招商银行福州分行成立以来，该行始终秉承“因势而变，因您而变”的经营理念，以支持区域经济发展、为居民提供便捷金融服务为己任，依托招行的体制优势、创新优势和服务优势，构建了多元、快捷、优质、高效的服务体系，全方位满足客户需求。

作为一家心怀天下的现代企业，招商银行福州分行始终将服务社会民生、履行社会责任贯穿于经营和管理的各个环节，将企业社会责任理念延伸至扶贫、教育、环保、公共卫生等众多领域，努力实现企业和社会的协调发展。

招商银行福州分行举办“环保净山，红动中国”共青团员净山公益活动

招商银行福州分行15年的发展，不仅代表了一家股份制商业银行因势而变的创新与成长，更折射了海西经济的发展与变革。站在新的历史起点上，招商银行福州分行将直面银行业新常态，抢抓中国（福建）自由贸易试验区建设带来的机遇，与时俱进、开拓创新，为海峡西岸经济区、海西现代金融中心建设作出更大的贡献。

2015年4月2日，招商银行福州分行与龙岩市人民政府签署战略合作协议

福安市

福安市位于福建省东北部，全市总面积1880平方千米，辖2个经济开发区、18个乡镇、4个街道，总人口65万人。享有中国中小电机之都、中国中小电机出口基地、国家火炬中小电机特色产业基地、中国按摩保健器具生产/出口基地、全国民间船舶修造基地、中国茶叶之乡、南国葡萄之乡、中国特色竹乡、中国油茶之乡等美誉。2014年全市生产总值335.06亿元，规上工业总产值946.49亿元，规上工业增加值241.66亿元，公共财政总收入34.31亿元，地方公共财政收入22.79亿元。其中GDP居全省第十位，规上工业增加值居全省第八位，入选2014年度全省县域经济发展十佳县（市）。

人文景观独特。是开闽第一进士薛令之和历史名人郑虎臣、谢翱、刘中藻的故乡，境内有世界地质公园、国家4A级旅游景区——白云山、中国历史文化名村——廉村等自然人文景观，是海西旅游胜地。

产业特色鲜明。已形成以不锈钢、电机电器产业、船舶修造、食品加工、医疗保健按摩器材等产业为支撑，现代农业、商贸物流齐头并进的三次产业发展格局。正全力打造电机电器、镍合金新材料两个千亿产业集群和船舶修造、食品加工、冶金铸造等若干个百亿产业集群，11个工业园区加快完善资源供给、生活配套、公共服务、物流通关等配套设施。2014年不锈钢产业产值319.24亿元，生产规模居全国第二位；电机电器产业产值344亿元，国家级出口电机质量安全示范区高分通过考核验收。

米兰世博会坦洋工夫主题活动日▶

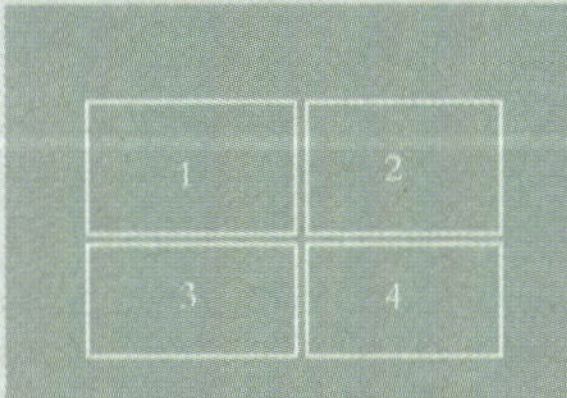

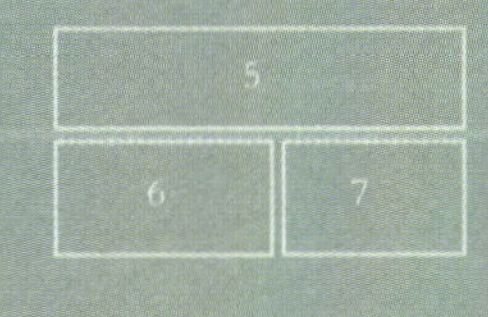

1. 福安城区全景
2. 福安城区全景
3. 福安市区一瞥
4. 福安城区一景
5. 福安市溪柄镇楼下村古民居
6. 白云山风景名胜区
7. 福安市社口镇坦洋村真武桥

新型城镇化提速。围绕建设“山水画廊、五福新城”目标，加快推进“一市三区六组团”同城化。城市新区溪北洋、富春溪西岸、秦溪洋和省级“小城市”培育试点赛岐镇以及宁德市级小城镇试点穆阳镇、溪柄镇加快开发建设，中建融和等11个城市综合体项目快速推进。福寿高速、沈海复线福安段、五福大道、韩赛快速通道等70多个重大交通项目和城镇配套设施项目加快建设，溪北洋隧道、富春大道、白云山旅游大道、富阳大桥、富春溪湿地公园、龟湖慢道系统等一批城市重要道路、桥梁、公园、生态走廊、夜景工程建成投入使用。

民生改善社会和谐。建立了被征地农民月供养、重度残疾人困难救助月补、“高龄补贴”和贫困家庭、计生家庭、妇女创业扶贫小额信贷等保障机制并逐年增长。校安工程、市医院综合楼、青少年校外活动中心等一大批项目建成投入使用，敬老院、五保幸福园、社区居家养老、农家书屋实现全覆盖。美丽乡村建设、扶贫开发攻坚等深入推进，建立了“以奖代补”生态补偿、大学生自主创业奖补等制度。社会救助体系不断完善，社会福利和慈善公益事业加快发展，全面开展社区矫正和安置帮教工作，治安监控视频实现城区和乡镇所在地全覆盖，社会总体稳定和谐。

福安市马洋村梯田风光

泉州台商投资区

1	2
3	4
5	

6	7
8	

1. 新区楼盘
2. 凤浦安置小区
3. 贝壳酒店
4. 中熙城
5. 跨越新区立交桥
6. 中熙产业园
7. 上塘雕艺街
8. 玖龙纸业

中联产业园
厂房招租
27551111

泉州台商投资区上塘雕艺街通街暨台商区雕艺馆开馆仪式

玖龍紙業(泉州)有限公司

城区南北主干道

福建港口铁路支线建设指挥部

福建位于台湾海峡西岸，拥有3300多公里的海岸线，曲折漫长的海岸线形成了大小港湾120多个，其中较大、较重要的有三都澳、兴化湾、湄洲湾、厦门港和东山澳等。这些港湾大多都是天然良港，有着广阔的发展前景，建设港口铁路支线，对福建经济社会的发展有着举足轻重的作用。为贯彻原铁道部与福建省会谈纪要精神，按照“政府主导、市场化运作、多元化投资、铁路相对控股”的原则融资兴建合资铁路，自北向南依次为宁德白马港铁路支线、福州罗源湾北岸铁路支线、福州可门港铁路支线、福州江阴港铁路支线、莆田湄洲湾港口铁路支线、泉州湄州湾南岸铁路支线、漳州港尾铁路。这些港口铁路都是海西港口群连接干线铁路、推动港铁联运、服务中西部地区的重要项目，可为我国中部地区的崛起和西部地区的大开发提供最便捷的出海口。

为了建设好各港口铁路支线，南昌铁路局成立福建港口铁路支线建设指挥部，管内七条支线因地方政府和民营企业参与投资，分别成立七条支线合资公司，共有股东24家（其中4家民营股东），按照“八块牌子、一套人员”的管理模式履行建设管理工作职责。在指挥部和公司领导班子的带领下，地方政府和各股东的大力支持下，参建各方的共同努力下，克服了点多、线长、跨度大、协调工作量多、资金和贷款到位不及时等困难，于2014年7月1日开通了东吴支线莆田至东吴作业区段；9月1日开通了江阴港铁路支线；2015年1月6日开通了可门港铁路支线透堡站（不含）至可门站段。

竣工开通项目

江阴港铁路支线由福厦线渔溪站引出，经渔溪镇、新厝镇、江阴镇进入江阴港区沿规划海堤内侧前行，于1～9#泊位后方1公里设置集装箱装卸场，在其后方间隔规划港前大道，布置大型铁路物流货场。江阴港铁路支线正线长度19.26千米，疏解线2.811千米，合计22.071千米。项目投资20.35亿元。工程于2009年4月开工建设，于2014年9月竣工通车。

可门港铁路支线自温福铁路透堡站北引出折向东南，沿罗源湾南岸经透堡镇、尖墩村、可门到坑园镇颜岐村设可门站，正线长19.55千米，疏解线长1.94千米，合计21.49千米。工程投资13.64亿，工程于2008年12月开工建设，于2015年1月6日开通。

湄洲湾港口铁路支线自杭深线莆田站引出至塘厝，设具有解编功能的莆田港湾站（现更名莆田东站）。从港湾站起分两线，一线经栖梧、苏厝、东沁至秀屿港区；一线经西园后沿海滨经沁头、秀前、渡口、东埔至东吴港区；在东埔预留罗屿分区车场，到达罗屿散装码头的铁路支线在预留的罗屿分区车场出岔经林浆纸一体化边缘跨海引入罗屿岛。全线正线长59.836千米，其中：1.莆田站（不含）至莆田东站段9.7千米；2.莆田东站至东吴（罗屿）、秀屿港区支线37.092千米；3.国投煤专线3.306千米；4.各作业区装卸线长9.738千米。工程投资19.28亿元。项目于2008年12月开工建设，莆田站至莆田东站段于2013年12月30日开通，东吴支线莆田东站至东吴站段于2014年7月开通。国投支线、罗屿支线、秀屿支线建设正在有序推进。

南昌铁路局局长王培（右1）检查港口支线工作，指挥长柯建团汇报各支线建设情况

南昌铁路局党委书记王秋荣（右1）视察可门支线，指挥长柯建团（左1）介绍建设情况

2014年4月，南昌铁路局常务副局长钟生贵（右1）到港尾铁路检查工作

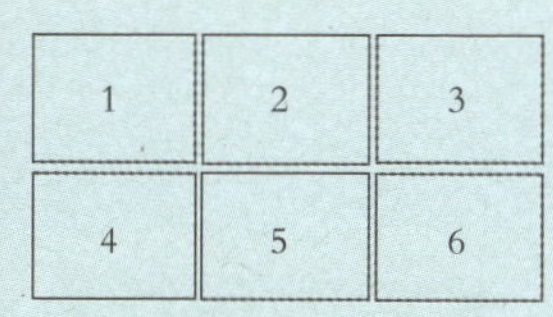

1. 港尾铁路特大桥已完工的墩身
2. 江阴支线架梁施工
3. 可门港铁路支线透堡特大桥
4. 湄洲湾支线莆田东站接触网施工
5. 湄南支线中铁十局泉州梁场搅拌站
6. 宁德白马港铁路支线天池山隧道进口

在建项目

宁德白马港铁路支线自杭深线福安站引出，以隧道下穿天池山，出隧道后上跨沈海高速公路，穿大塘山至上澳围垦区设置港湾站，在港湾站分两个方向至东侧白马港作业区及西侧大唐电厂作业区。正线线路全长25.857千米。包括贯通正线、疏解线及大唐支线三部分，其中贯通正线长度17.5千米，大唐支线长度4.435千米，疏解线3.922千米。工程投资13.29亿元，工程于2010年9月21日正式开工，受建设资金等影响预计竣工开通时间2017年12月。

湄洲湾南岸铁路支线自杭深线仙游站引出，经耕丰村、界山村穿白潼村隧道、上跨324国道和福厦高速公路，于田墩附近并行既有漳泉肖铁路引入肖厝站。出站后，在赖厝附近与既有漳泉肖铁路分开，向东南方向跨山腰盐场，至辋川镇后坑村预留辋川站。其后经北湖、珩山、西湖、香山尾，于归真堂背后折向东北方向，进入斗尾港区，在涂斗公路西侧设斗尾站，正线线路全长39.276千米（不含疏解线线路长4.476千米）。工程投资14.2亿元，于2010年10月1日开工建设，受后方通道和银行贷款影响预计肖厝站至斗尾段开通时间为2016年12月。

漳州港尾铁路自厦深线漳州南站引出，经海澄镇溪北村征头后预留海澄站；再经仓浦、岭头，穿笔架山隧道至埭尾，至浮宫镇际都村设浮宫站；至港尾规划区东南侧东山村附近规划预留港尾站；线路后经古城、石坑，继续向前延伸，以长隧道形式穿越太武山，最后至后石港区设深沃站，线路正线长度46.945千米。下行疏解线正线长度为4.797千米。全线正线（含下行疏解线）长度为51.742千米，沿线设有漳州南、浮宫和深沃3个车站，另外预留海澄、港尾站。工程投资20.38亿元，工程于2010年10月1日开工建设，鉴于目前工程将与厦门至漳州城际轨道环线共线，预计竣工开通时间在2019年9月。

荣誉

指挥部被评为“2014年度南昌铁路局先进集体”；可门支线2010年获得“福州市先进单位”称号，可门、江阴支线在2014年度省重点项目建设单位目标责任完成情况考核中被评为“较好”；福州江阴港铁路支线被评为“2014年度福建省重点项目优胜奖”；指挥长柯建团获得2012度铁道建设“火车头奖章”、2014年度“福建省重点项目建设功臣”称号和“福建省五一劳动奖章”。

2014年12月30日，湄洲湾港口铁路东吴支线开行货物列车

2015年1月30日，可门港铁路支线华电储运专用线开通货运

2014年10月30日，江阴港铁路支线集装箱货场举办开行集装箱货车仪式

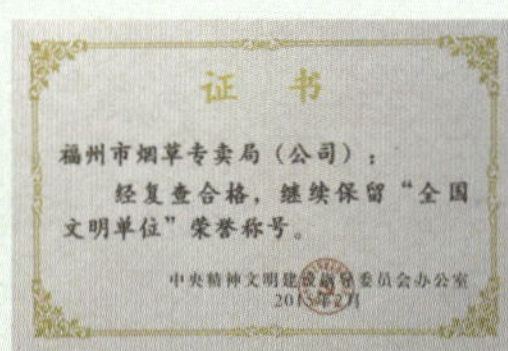

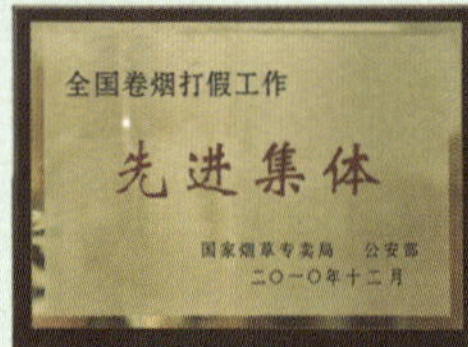

福州市烟草专卖局（公司）

福州市烟草专卖局（公司）成立于1984年3月，根据《中华人民共和国烟草专卖法》，实行“一套机构、两块牌子”的管理模式，主要负责全市烟草专卖行政管理、执法监督、卷烟销售及网络建设等工作，下辖10个县级局（分公司）和1家物流公司。现有职工 1304人，资产总额34.8亿元。辖区持证零售客户近3万户。2014年实现税利总额18.43亿元。

为地方经济增税是企业发展的应尽职责。2010-2014年，福州烟草年税利总额从10.6亿元提升至18.43亿元，年均增长10%以上，连续多年位居福州地区百强纳税企业前三名。

为零售客户增收是客我关系的立足之本。福州烟草累计投入1500万元终端建设资金帮助零售客户改善店面形象，配置现代化经营设备，客户卷烟经营实际毛利由5.3%提高到10.8%，卷烟经营收入已经成为零售客户重要甚至主要的收入来源。

为民生福祉增值是责任烟草的应有之义。福州烟草积极投身社会公益事业，三年来共参与社区共建活动84场，组织志愿者服务206次，发起爱心献血20次，对口援助130次，累计捐款捐物价值150万元。

为文明城市增光是形象提升的有效载体。多年来，福州烟草积极融入文明城市建设，加大文明单位和文明窗口建设力度，全区文明单位创建率达100%，其中省级文明单位8家，市级文明单位2家。省级工人先锋号4个，市级工人先锋号11个，省级青年文明号1个，市级青年文明号8个，巾帼文明岗1个。

自组建以来，福州烟草两个文明建设硕果累累，先后荣获第三届、第四届“全国文明单位”“全国模范职工之家”、“全国卷烟打假先进集体”“全国烟草行业离退休干部工作先进集体”“全国企业文化先进单位”“全国专卖工作先进单位”“全国烟草纪检监察工作先进集体”“全国‘六五’普法中期先进集体”等多项荣誉称号。

市局（公司）孔祥统局长为“党员诚信示范店”授牌

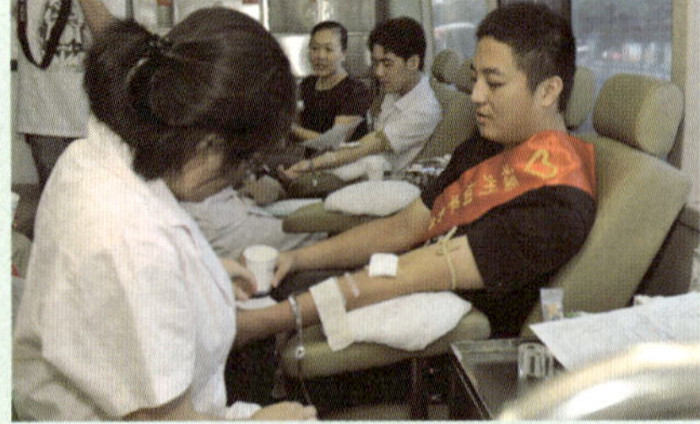
福州烟草志愿者踊跃参与无偿献血活动

福州烟草志愿者开展“爱我家园绿化山川”植树活动

福州烟草志愿者参加福建省康复教育中心援助活动

福州烟草志愿者参与文明交通活动

福州烟草志愿者为洋四社区儿童组织冬令营

福建南平太阳电缆股份有限公司

愿与海内外客商精诚合作，共展鸿图。

福建南平太阳电缆股份有限公司创始于1958年，2009年10月21日在深圳证券交易所上市，股票代码002300。公司是福建省百家重点企业和17家重点扶持的成长型企业之一、曾获中国电线电缆20强、全国首批520家"守合同、重信用"企业、高新技术企业、全国模范劳动关系和谐企业等荣誉称号，荣获2014年度福建省政府质量奖。

"太阳"牌为公司产品注册商标，中国驰名商标，福建省著名商标，福建名牌产品。"太阳"电线电缆产品涵盖1000多种型号，25000多种规格，具备为国内外各级重点工程提供全方位的产品配套能力。先后成功中标人民大会堂、奥运工程、三峡工程、杭州湾跨海大桥、福州海峡国际会展中心、天津地铁等多个大型项目。

公司本着"品牌第一、顾客至上、诚实取信、和谐发展"的经营理念，围绕打造百亿电线电缆龙头企业。公司拥有福建南平、福建上杭、福建福清和内蒙古包头四大生产基地，南平总部有总部一厂和总部二厂两个生产基地，目前年生产各种电线电缆120万千米，产值超50亿元。现有从业人员1890人，其中专业技术人员650人。

公司采用直销+专卖双渠道销售模式，太阳电缆授权专卖经销商共计143家，公司目前建立了遍布全国各地的28个办事处，能够与终端客户直接沟通，确保快捷服务，形成布局全国的直销网络。

公司多次进行技术引进和技术改造。先后从德国、美国、芬兰、日本、奥地利等国引进的拉丝、绞线、挤塑、成缆生产线及检测设备，使公司的工艺装备、制造技术达到了国内先进水平，产品质量国内领先。公司通过了ISO9001：2008国际质量管理体系认证，ISO14001：2004国际环境管理体系认证，GB/T28001-2011职业健康安全管理体系认证。本公司产品质量由中国人民保险公司承保。

瑞士哈弗MSR700-2100局放耐压测试系统

芬兰麦拉菲尔CCV-CDCC60+150+80中压交联生产线

芬兰麦拉菲尔NXWΦ60+175+80 VCV立式交联超高压生产线

漳州市地方税务局

漳州市委、市政府重要领导对地税工作做出重要批示

★陈家东书记批示：

2014年地方税务局在经济下行压力大的情况下，坚持“带好队、收好税”工作主线，圆满完成了税收任务，取得可喜成绩。地税系统同志们很辛苦，感谢你们！希望在新一年，继续努力，取得更大的进步，为提高漳州地方级财政收入做出更大的贡献。

★檀云坤市长批示：

2014年全市地税系统工作努力，成绩突出，感谢大家为漳州经济社会发展做出的贡献。希望在新的一年里继续努力，在服务大局、服务纳税人，带好队、收好税上再创佳绩，再立新功。

★张翼腾副市长批示：

2014年，全市地税系统团结拼搏，克难奋进，圆满完成市委、市政府下达的目标任务，做出了重大贡献，成绩值得肯定。希望在新的一年里，漳州地税能够再接再厉，再立新功。

1	2	3
4	5	6

1. 2014年1月16日，国家税务总局副局长张志勇（前排中）参观平和县局廉政文化基地，了解“六项机制”和“七个一”工程建设情况
2. 2014年3月7日，省局陈青文局长（前排中）视察南靖县局办税服务厅
3. 2014年4月3日，漳州市局围绕“便民办税春风行动”主题，召开纳税人座谈会
4. 2014年4月24日，漳州市局组织开展全市系统“党的群众路线教育实践活动心得交流”演讲比赛
5. 2014年8月21日，省妇联主席吴洪芹（前排中）带领相关工作人员到漳浦县局调研“妇女之家”创建工作
6. 2014年11月19日，全国妇联党组书记、副主席宋秀岩（前排左三）到漳浦县局调研

2014年4月8日，漳州市局党组召开群众路线专题研讨会，会议期间与会党员向谷文昌纪念碑敬献花圈

2014年，漳州市地税局在省地税局和市委、市政府的正确领导下，围绕“一二三四五六七”工作主线，坚持“带好队，收好税”，着眼服务纳税人、服务基层、服务大局，取得丰硕成果和可喜成绩。全年组织各项收入181.55亿元，增长13.3%。其中，税收收入136.08亿元，增长13.6%，进度和增幅均位居全省第二位。组织公共财政总收入128.80亿元，增长12.98%，圆满完成市政府128.68亿元的收入任务，其中地方级公共财政收入108.15亿元，同比增收9.72亿元，增长9.88%，占全市地方级公共财政收入的64%，同比提高0.44个百分点。市局被中央文明委授予第四届“全国文明单位”荣誉称号。在民主评议政风行风工作中，获得行政执法监督序列第二名。市局机关党委被漳州市委授予“先进基层党组织”称号。

规范执法 服务发展

自觉把地税工作置于经济社会发展大局去谋划，规范行政审批清单，建立减免税管理全过程监控体系，认真落实小微企业减免、保障性住房优惠、促进就业等税收优惠政策，依法减免各类税收6.3亿元。累计征收社保“五险”37.15亿元，增长12.15%，最大限度保障民生、服务民生。

文化兴税 共建和谐

以“中国梦”为指引，结合福建地税精神，总结提炼出“蓝色地税梦想”的队伍愿景，树立“人文•生态•平衡”的文化管理理念。汇编《漳州地税文化手册》，开辟“文化长廊”，成立文体活动兴趣小组，组建学雷锋志愿服务总队、支队、分队三级志愿者组织网络，为各级志愿者基金会捐款4.8万元，为贫困群体、农村学校等捐资210多万元，用实际行动诠释奉献、感恩社会，使全局愿景融入到每一个干部职工的工作生活之中，以地税文化助推更加优美、更加和谐、更加幸福的地税家园建设。

优质服务 树立形象

以“办税大提速”为主题，深入开展“便民办税春风行动”，实行“窗口受理、内部流转、限时办结、窗口出件”的全程服务模式，推广免填单管理系统和“定额早知道”软件，开发首问责任制登记系统，树立漳州地税“12366”纳税服务热线品牌，开展信用等级评定，公开执法权力清单，以最优质的服务赢得群众的满意。在税务总局2014年全国纳税人满意度调查中,龙文区和芗城区分别位居全国64个调查区的第7名和16名，分别取得全省被调查区的第一名和第二名。

2014年6月，中国工程院周济院长为泉州市党政干部、企业家作题为“以数字化网络化智能化为主线，创新驱动、转型升级”专题讲座

2014年11月，中国工程院院长周济（前排右一）、科技部党组书记王志刚（前排右二）考察泉州“数控一代”科技创新中心

2013年11月，中国工程院与福建省人民政府举行“数控一代”示范工程座谈会。

2013年12月，国家科技部曹健林副部长在听取泉州工作汇报后指出，泉州开展“数控一代”有良好的生产制造基础，希望泉州能先行先试，大胆创新，探索一个新的发展模式。

2014年2月，中国工程院周济院长率领“数控一代”国家组专家莅临泉州调研，并为泉州市作《以数字化网络化智能化为主线，创新驱动、转型升级》的专题报告。

2014年3月，福建省委尤权书记、张志南常务副省长、洪捷序副省长等领导先后作出重要批示，并亲自到泉州“数控一代”示范企业调研，要求将实施“数控一代”示范工程作为促进传统产业转型升级的重要抓手，全力支持，积极推进。

2014年6月，中国工程院周济院长组织40多位院士、专家，深入泉州制造业重点企业生产和研发一线进行实地调研，考察指导“泉州制造2025”以及发展智能制造、提升质量品牌、发展服务型制造等三个专项行动计划编制工作。

2014年7月，福建省委尤权书记两次批示，要借实施“数控一代”示范工程之机全面提升产业发展水平，全省首先是泉州要抢抓机遇全面推进这项工作。

2014年8月，福建省科技厅出台支持泉州加快推进“数控一代”示范工程“十条措施”。

2014年9月，福建省人民政府出台《关于支持泉州加快推进“数控一代”促进智能装备产业发展的若干措施》。

2014年10月，泉州市人民政府出台《贯彻〈福建省人民政府关于支持泉州加快推进“数控一代”促进智能装备产业发展若干措施的通知〉的实施意见》。

2014年11月，国家科技部、中国工程院和福建省政府联合在泉州召开“数控一代”示范工程现场推进会暨“泉州制造2025”发展战略报告会。

2015年3月，泉州市政府常务会议研究审定“泉州制造2025”及三个专项行动计划，成为同月国务院常务会研究通过“中国制造2025”后的全国首个发布实施该项规划的地方试点城市。

2015年4月，李克强总理考察泉州实施“泉州制造2025”及国家“数控一代”示范工程，勉励泉州加速实施“中国制造2025”，继续走在全国前列。

2015年6月，中国工程院与福建省人民政府在福州举行“泉州制造2025”推进工作座谈会。

1	2
3	4
5	6
7	8

1. 省委书记尤权（前排右一）调研泉州“数控一代”示范工程
2. 省政府常务副省长张志南（前排中）考察“泉州制造2025”示范企业
3. 省政府副省长洪捷序（前排左二）调研泉州“数控一代”示范工程
4. 市委书记郑新聪（前排右三）考察装备制造科研机构
5. 市长康涛（前排右二）调研“泉州制造2025”
6. 召开泉州市重点产业转型升级路线图编制工作研讨会
7. 全国创新型产业集群试点单位工作座谈会在泉州召开
8. 全国“装备制造+互联网”创新型产业集群工作现场会在泉州召开

泉州市科学技术局

宁德市蕉城区人民检察院

宁德市、蕉城区两级检察院检察长联合接待群众来访

宁德市蕉城区人民检察院坚持精神文明与司法文明统筹推进，积极创新载体，辐射文明成果，使检察机关文明创建的成效切实体现在服务大局、增进人民福祉上，取得了连续三届“全国文明接待室”“全国优秀青少年维权岗”、连续三届“全省文明单位”与“全省文明行业创建工作示范点”、省级“青年文明号”等荣誉称号。开辟“乡镇检察服务点”便民窗口，探索科室对应联系服务乡镇（街道）工作机制，在16个乡镇街道挂牌成立“检察服务点”，设立意见箱、检务公开栏，发放检民联系卡，开通法律咨询热线，以科室为单位每月到对应联系服务乡镇开展“巡回走访、带案下访、村居接访”等活动，共受理控告、申诉、举报线索47件，联系人大代表、政协委员146人次，收集社会各界意见建议21条，拓宽了便民服务渠道。开展“小板凳”检察服务活动，组建了由71名干警组成的“小板凳”检察服务队，每月确定一个主题开展专题下乡进村活动，以与村民同坐一条小板凳的方式，推行“平等、平静、平和”零障碍交流，先后到各乡镇、街道、村居开展“法制宣传进老区”“法治驻童心”等专题检察服务27次，共慰问孤寡老人和留守儿童254人，为群众解答法律法规96条，搭建了畅通群众诉求平台，这一创新举措入选省文明委主编的《全省精神文明创建工作创新案例100例》。突出打造海上巡回检察优质服务品牌，主动回应蕉城沿海群众的涉法诉求，成立“海上巡回检察室”，组织干警到渔村、上渔排、进渔家，就地解决众多渔民养殖户的涉法纠纷，实现涉法矛盾纠纷化解在海岛、渔排上，取得良好的法律效果和社会效果。

向青少年讲解法制和维权知识

小板凳检察服务队上渔排开展法制宣传

青年志愿者下乡进村开展帮扶慰问活动

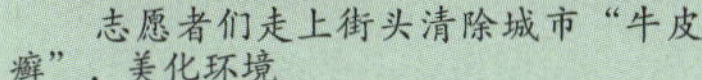

志愿者们走上街头清除城市“牛皮癣”，美化环境

开展安全用电进校园、社区、企业、农村等活动

国网晋江市供电公司

齐心协力谱新篇 文明花开结硕果

国网福建晋江市供电有限公司成立于1985年，于2007年纳入国家电网公司统一管理。公司现设7个职能部门、3个业务实施机构和11个供电所，承担全市15个乡镇（街道办）的供电任务。2015年，晋江市供电公司荣获第四届全国文明单位称号，是省内首获该殊荣的县级供电单位。

近几年，晋江市供电公司坚持文明单位创建与企业中心工作有机融合，找准“人民满意、政府放心、客户信赖、同行认可、员工和谐”的“五个着力”，建设一堂、一队、一牌、一桌、一传播“五个载体”，开展全国文明单位创建工作，创出特色亮点。创新提出“五心服务”“量身定制”的志愿服务新模式，搭建多元化内外文明传播平台，首推在户外箱式环网柜布设“讲文明树新风”公益广告，创新推广“村村都有服务网点，人人都是客户经理”的农村供电服务驿站模式等新型服务模式，开展系列文明文化活动，展示文明精气神。创建期间，晋江供电公司开展志愿活动60多场次，在市区140多台箱式环网柜布设文明公益广告，举办文化文明活动共计50多项。实现企业发展与精神文明建设同步推进、互为补充，有力促进企业与电网建设健康发展。

晋江市供电公司将按照市县一体同步推进的要求，严格按照全国文明单位标准，明确“内聚合力”和“外树形象”两条主线，把握“坚持以人为本、坚守‘木桶’底板、坚持精品服务”三个工作重点，以科学化、规范化的手段推动文明创建工作水平提升，打造晋江供电“升级版”，更好地服务晋江经济发展，服务“海西”建设。

晋江供电公司带电作业，减少配网线路停电时间和范围，有效提高供电可靠率

晋江供电公司服务地方城市建设 ▶

松溪县规划建设和旅游局

松溪县规划建设和旅游局现有19个单位，其中行政单位1个，事业单位14个，企业4个。局机关内设9个股室，职工221人，局党委有11个党支部，党员130名。近年来，规划建设和旅游局在县委、县政府的正确领导下、在上级住建系统的精心指导下，弘扬“爱岗敬业、艰苦奋斗、争创一流、服务奉献”的住建精神，围绕“服务经济、服务民生”的目标，以“优环境、促发展、保民生”为重点，加快推进“美丽松溪”建设，建设宜居环境取得一定成绩，荣获第十一届、十二届“省级文明单位”称号。

一、定位城市战略方向，发挥规划龙头作用。

遵循“十三五”规划的相关内容，编制了控制性详细规划、站前片区规划、绿道网专项规划、防卫专项规划等十多个规划项目，不断完善城市总体发展战略方向。

二、完善城市基础设施，提升居民幸福指数。

加强“点、线、面”综合治理，重点提升城镇“三边三节点”，对旧城区进行背街小巷的改造。修建高速连接线、北环路等骨干道路，拉开城市框架。通过公园、广场、绿道建设，完善了城市基础配套设施，塔山、人民等6个公园布局城区各方位，面积达115.67公顷，缩短了城市居民的休闲半径。发展建设东方铭城廉租房、阳光天地保障房、人才公寓等保障性住房，不断提高中低收入人群生活质量。

三、垃圾处理雨污分流，优化城市生态环境。

2010年8月污水处理厂建成，铺设污水管网68公里，实行雨污分流，总投资9300万元，使松溪县污水COD浓度从30提高至100以上；生活垃圾填埋场自2013年7月建成投入使用，通过万人保洁活动，使松溪县垃圾处理率达98%，改善了居民的生活环境。2014年底，通过国家级生态县乡镇验收8个、国家级生态村14个、省级生态村命名43个，市级生态村命名38个。

四、搭建平台转变制度，加强内部学习建设。

成立行政服务分中心，将单位所有事项纳入其中，实现一站式服务，优化容缺预审等制度，做好三个转变，将办理时限缩减为法定时限的50%。开展“道德讲堂”等学习、普法活动，提升职工法律意识，工作效率。

晋江市陈埭镇

2014年，全镇完成工业总产值540.8亿元，增长1.37%；完成固定资产投资47.7亿元，增长38.14%；财税总收入22.09亿元，减少5.9%；农民人均纯收入17245元，增长10.5%，镇域综合实力在全国中小城市百强镇排名第16位。

中国鞋都

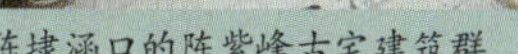
陈埭涵口的陈紫峰古宅建筑群

在陈埭，外来工子女和本地的孩子们享受同等教育

行政管理体制改革让当地群众在“家门口”就能办市里的业务

知名企业乔丹公司的制鞋生产车间

现代农业。落实支农惠农政策，投入农林水发展资金1547万元，推广农业“五新”技术，中和种养场、芳惠农场入选省级家庭农场示范场。

工业经济。加大对实体经济帮扶力度，兑现扶持资金1.5亿元，举行5场政银企对接座谈会，镇商会设立民间资本管理机构，累计为企业提供周转资金57.61亿元。培育省级企业技术中心2家、高新技术企业、创新型企业10家，纳入市级“数控一代”示范工程1个，新增发明专利45枚，新认定优秀人才22人。新增上市企业3家，实现直接融资近20亿元。举办运动鞋制作职业技能竞赛，培养壮大专业技术队伍。

第三产业。“中国鞋都”年交易额达300亿元。国际鞋纺城一期工程完成投资9.7亿元。滨江商务区企业运营中心、海峡石化交易中心、泉商环球广场等项目加快推进。中国鞋都电子商务中心完成交易额近10亿元，高坑、仙石2个村上榜全国“淘宝村”。

城市建设。启动区域面积1802千米的鞋都片区改建项目，完成片区整体2.67平方千米区域控制性详细规划和改造片区1.07平方千米修建性详细规划。投入补助资金269万元，完成村间道路硬化9万平方米。投入资金4000多万元强化日常环卫保洁。实施总长4.5千米的湖光路、鞋都路、鹏青路立面整治工作，改造建筑150幢。完成353.5亩造林绿化，投入1400万元完成13条沟渠整治，累计清淤28千米。

民生事业。累计投入教育经费5654.72万元，完成新改扩建中小学3所，新增学位750个，新建湖中幼儿园。继续开展“四帮四扶”活动，全年核发低保金305万元。新建5个居家养老服务站。组织2万名外来职工参加职工医疗互助。完成镇文化中心、紫峰中学“一公里半径”城市图书群建设。镇中心卫生院通过二级乙等综合医院评审，投入418万元更新设备。出生人口政策符合率91.08%。

晋江国际鞋纺城设计总图

宜居之城——改造后的鞋都片区

“千亿航母”晋江国际鞋纺城一期效果图

晋东新城

2014年，连城工业园区实现产值66.33亿元，税收1.5亿元，完成固定资产投资46.85亿元,共引进精英人才36名, 园区就业人数达3100人。

【投资环境】

一、基础设施环境

园区已完成一期范围内基础设施建设。拥有专用变电站和多条电力线路，提供安全稳定的电力供应；移动、联通、电信、广电网络实现全覆盖；第二污水处理厂及配套污水处理管网已投入使用。

二、生活配套环境

园区配套的企业服务中心、幼儿园、卫生院、企业职工食堂、职工书屋、超市、餐馆、保障性住房、公交线路等生活设施已投入使用，企业职工活动室、自助银行等正逐步完善，职工公寓、物流园等项目前期工作有序推进。

三、生产配套环境

海峡光电产业园规划建设24万平方米通用厂房、2.4万平方米综合楼、15万平方米职工宿舍楼，为新入驻的光电企业提供生产基地。组建海峡（连城）光电产业技术研究院，暨光电产品检测检验中心和海峡光电产业孵化器，为光电企业提供配套技术服务。

【产业布局】

城关片区：规划建设了海峡光电产业园、鑫晶光电信息产业园、赛特新材料产业园、食品深加工专业园等。光电产业以福建鑫晶精密刚玉科技有限公司为龙头，全力打造以达米拉、中触、威盛高科等为主的新型显示屏生产基地；新材料产业以福建赛特新材料股份有限公司为龙头。

朋口工业集中区：规划建设了精细化工专业园，重点发展油漆、建筑涂料、工业脂肪酸、聚酰胺树脂等工业。其中，连城百花科技有限公司是目前国际上具有高纯度二聚酸规模化生产能力的三家企业之一；“百花牌”醇酸类、氨基类油漆是省名牌产品。

庙前工业集中区：规划建设了机械制造专业园，重点发展汽车零部件、大型机械零部件、环保机械、纺织机械、真空绝热板生产机械、运动器械制造等。

【招商引资】

2014年，城关片区引进项目2个：福建奥斯特电子产品生产项目和龙岩博米新材料有限公司生物可溶性纤维玻璃棉及芯材项目。

【山海协作】

连城县高度重视福清市—连城县、厦门市湖里区—连城县山海协作对口帮扶工作。围绕重点产业定位，推进与福清市共建“山海协作产业园区”，创建国家级新型工业化产业示范基地，积极融入国家级高新区（龙岩）拓展区，着力打造国家级加工贸易梯度转移承接地核心园区。争取到湖里区对口帮扶资金100万元用于城关工业园区基础设施建设。

晋江（长汀）工业园区

加工贸易梯度转移承载核心区

晋江（长汀）工业园区是在省、市党委、政府的关心重视下，县委、县政府抢抓晋江市与长汀县结为省级扶贫开发和水土流失治理工作对口帮扶市县的机遇，于2012年6月开始建设，2013、2014、2015年度列入福建省重点项目，并被确认为第一批福建省山海协作共建产业园区、龙岩市加工贸易梯度转移承载核心区。2015年园区创建为军民融合产业园。

园区位于长汀县次中心城市、省级小城镇综合改革试点镇——河田镇及涂坊镇、南山镇。园区有良好的区位、人文、生态、交通优势，国道319线、龙长高速公路、赣龙铁路横穿全区。园区规划总面积1.5万亩，其中河田片区规划用地1万亩，涂坊片区2000亩，南山片区3000亩，河田片区第一期5000亩正在开发建设。已落户园区企业有南祥针织、钜诚汽配、长诚鞋业、经纬集团亿来实业40万纱锭、金怡丰、建豪食品、泰成纺织、力源农业等10家亿元以上规模企业和项目。涂坊片区、南山片区拟打造成农副产品加工区。园区是“晋江经验”和“长汀精神”结合打造山海协作的重要平台，是“晋江经济”和“生态长汀”优势互补的重要平台。按照“解放思想建园区、绿色生态定产业、先行先试创体制、科学聚集促发展”的要求，有序规划、分期实施、逐步推进。园区规划建设做到与生态建设相结合、与小城镇建设和次中心城市发展相结合、与旅游发展相结合。园区产业定位方面，按照“2+1”产业定位，即高端纺织产业、农副产品深加工产业+生物与新医药产业。按照规划高起点、基础设施建设高标准的要求，着力将园区打造成为科技含量高、功能齐全的加工贸易梯度转移承载区、军民融合产业区，实现工业发展与生态建设并行。

晋江(长汀)工业园河田片区(规划科80标准图)

伊时代® 福建伊时代信息科技股份有限公司

2015年9月23日，省委书记尤权（前排右一）一行视察伊时代产品体验馆

伊时代公司成立于2003年，注册资本4830.24万元，是一家专注于提供数据安全服务的专业公司。公司建立了以北京、上海、南京、福州为核心点辐射全国30多个省的业务和支撑平台，拥有包括伊时代研究院和伊时代院士工作站在内的多个产学研共建实验室，获得福建省科技进步二等奖、福建省发明专利奖、福建省优秀新产品奖、年度最佳创新奖等多个荣誉及奖项。公司已通过CMMI（软件能力成熟度模型）3级认证和ISO9001质量管理体系认证，获得信息安全服务资质、计算机信息系统集成二级资质、军工二级保密资质，国家密码管理局商用密码的生产和销售单位许可资质等。公司是国家火炬计划重点高新技术企业、双软企业、国家信息安全工程技术研究中心分中心、国家计算机网络应急中心支撑单位。公司多项核心产品“网络文件保险柜”“数据集中管控系统”“数据库安全综合保护系统”等已通过公安部、国家保密局等安全部门认证，广泛应用于政府部门、企事业单位等。

许元进

公司创始人、董事长许元进是数据安全服务专用产品“网剑”品牌创建者，2014年荣获福建省首届科技创业领军人才称号。

许元进带领伊时代团队自主创新，先后开发多项具有自主知识产权、深受市场欢迎的数据安全系列产品，取得发明专利4项、实用新型专利18项，并先后承担了国家级项目7项，省级项目12项，地方项目20余项。许元进倡导“打造中国信息安全企业的NO.1”的企业愿景，始终坚持自主研发与产学研相结合的发展思路。在其带领下，公司逐渐成长为品牌价值高的省级优秀创新型企业、成长为产业的领跑者，跻身全国软件先进企业行列，总资产突破4亿元，销售收入突破2.8亿元。2015年，伊时代荣获“中国信息安全突出贡献企业奖”。

福建省院士专家工作站

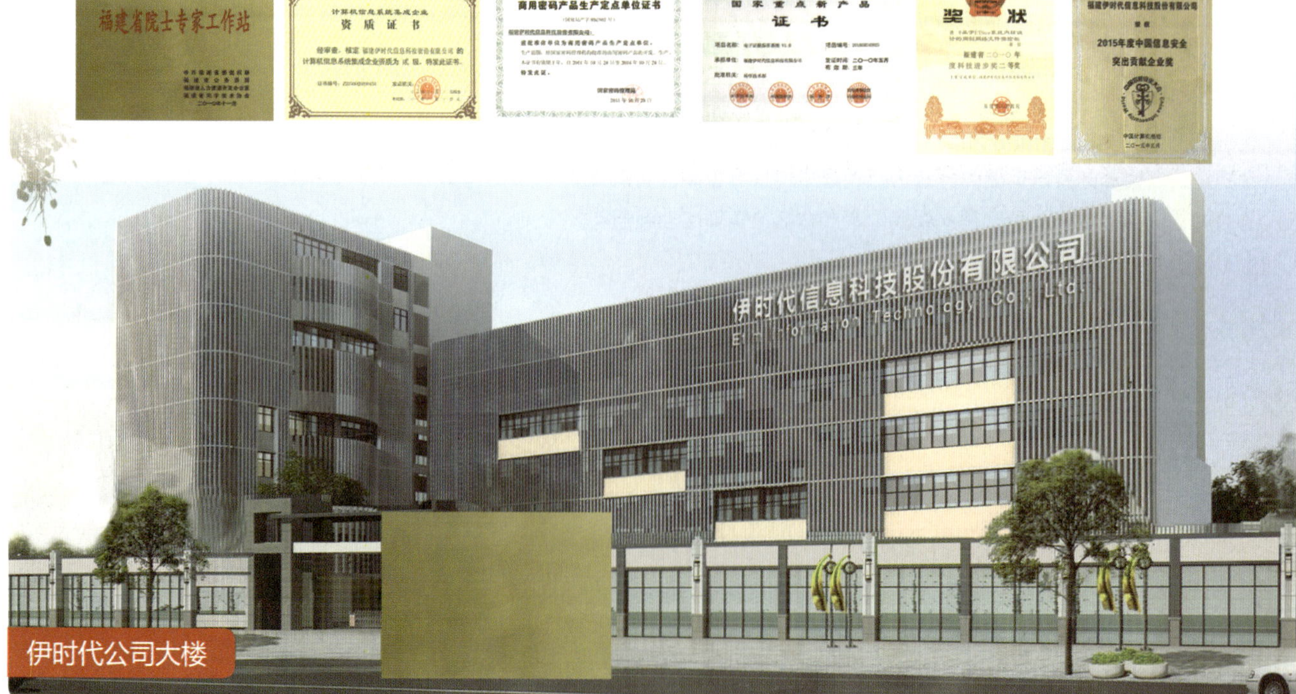

伊时代公司大楼

福建四创软件有限公司

公司荣誉

高新技术企业证书、国家火炬计划证书、国家重点新产品证书、防灾减灾中心授牌、院士工作站授牌

专利授权37件　　软件著作权113个　　科技进步奖15个

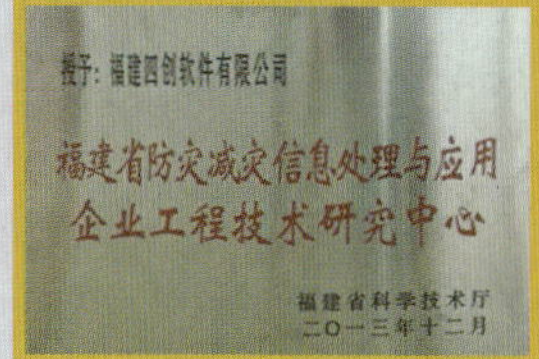

公司愿景

做中国最专业的防灾减灾信息与应用服务提供商

- 让每一级政府都使用公司的系统做防灾决策
- 让每个企业通过公司的平台防灾、兴利
- 让每个人都成为防灾信息与防灾知识的提供者和分享者

理想决定高度，责任成就企业！四创软件胸怀远大理想，以信息服务民生，以应用创造价值，为人类减灾提供服务，并以此为自己的社会使命与责任。

汤成锋，四创软件创始人、董事长，中国水利学会减灾专委会委员、水资源专委会委员、中国海洋学会风暴潮专委会委员，福建省水利协会常务理事、福州市软件行业协会副会长。个人获得发明专利三件、实用新型专利五件、科技进步奖三个，被省政府授予“福建省创业领军人才”和“福建省软件杰出人才”等荣誉称号。

2001年1月19日四创软件创立以来，汤成锋坚持“术业有专攻”的发展战略和“三位换一位”的经营理念，带领团队致力于中国防灾减灾事业，为政府提供防灾减灾信息化全面解决方案；为产业用户提供防灾减灾信息与应用租赁服务；为社会公众提供防灾减灾信息与预警服务。四创软件业务覆盖全国18个省份1000多个市县，是国内同行业规模最大、研发实力最强、服务范围最广的高新技术企业。

中国核工业二三建设有限公司

徐波，1991年进入中国核工业二三建设有限公司，现任中核二三公司福清核电项目质保经理，主管质量、安全工作。徐波在日常管理工作中，始终能够做到以人为本、民主管理、依法行政，在他的带领下，中核二三公司所承担的福清核电工程施工质量、安全始终处于受控状态。

一、精心策划，积极组织开展质量管理活动

1.积极提倡、组织并支持各部门、施工队开展QC小组活动，使员工积极参与到项目部的质量管理工作中，激发了员工的积极性和创造性，降低了作业风险，减少消耗，提高了质量效益。

2. 持续组织开展质量通病整治活动，成立活动实施领导小组，组织编制、发布活动实施计划。进一步加强了员工的质量意识，减少了现场施工问题发生，巩固提升了施工工程质量。

3.开展质量奖券发放规定，针对能熟记并自觉遵守相关规定、提出质量合理化建议、主动反映质量问题等方面的管理、技术和一线施工人员发放一定面值的质量奖券，每月兑现。营造出人人关注质量、重视质量的良好氛围。

二、防微虑远，严抓各项安全管控措施

1.为提高员工对职业危害的认识，要求在施工现场、生产临建粘贴职业危害告知等信息牌，使每一位员工随时都能知晓职业危害的信息，从而提高自身危害预知能力和防控能力，保持身心健康。

2.针对新入场的员工进行了安全带、灭火器和常用工机具（切割机、磨光机等）的实际操作培训，提高了作业人员实际操作能力，养成良好的作业习惯。

3.建立完善吊索具管理，对吊装带、倒链实行挂牌制，使吊装带、倒链有了自己的“身份证”，方便了日常对吊索具的跟踪和管理，避免出现吊装带、倒链管理失控现象。

4.为提高火灾预防能力，除动火点外，其他消防器材实行定置化、编号管理，避免了因量多而出现混淆。

5.组织实施军工企业安全生产标准化达标评级工作，使福清核电顺利通过国家能源局《电力工程建设项目安全生产标准化》达标一级评审。

中国科学院城市环境研究所

朱永官，现任中国科学院城市环境研究所所长，研究员。1989年毕业于浙江农业大学，1992年在中国科学院南京土壤所获得硕士学位，1998年获得英国帝国理工学院环境生物学博士学位。1994年3月至2002年1月先后在英国女王大学、英国帝国理工学院和澳大利亚阿德莱德大学学习和工作，2001年入选中国科学院“百人计划”，2002年回国工作，历任中国科学院生态环境研究中心研究员、中澳联合土壤环境实验室主任、中国科学院生态环境研究中心主任助理、中国科学院城市环境研究所副所长，2009年10月起任中国科学院城市环境研究所所长，2012年起兼任厦门市第十四届人大代表、厦门市人大城市建设环境资源委员会副主任委员。

2007年9月起，朱永官来厦门工作，几年来勤耕不辍，为中国科学院城市环境研究所的建设和发展做出了重要贡献。2009年年底，朱永官担任研究所所长、法人代表，2015年连任。在中国科学院党组、福建省委省政府和厦门市委市政府及有关部门的领导和支持下，朱永官带领研究所逐步发展壮大。目前研究所是科技部“国际科技合作基地”“国家级对台科技合作与交流基地”、国际科联“城市健康计划国际项目办公室”落户单位，拥有“中国科学院城市环境与健康重点实验室”“中国科学院城市污染物转化重点实验室”“中国科学院厦门生物产业技术研究开发公共服务平台”“福建省城市环境研究国际科技合作基地”“厦门市危险废物鉴别和处置技术研发公共服务平台”“厦门水环境安全与水质保障工程技术研究中心”“厦门市城市代谢重点实验室”和“厦门市室内空气与健康重点实验室”。拥有“环境科学与工程”“生态学”专业一级学科博士、硕士学位授予点以及“环境科学与工程”博士后科研流动站。研究所建有公共大型仪器设备开放实验室——仪器设备实验中心，是国家计量认证合格单位，作为国家环境质量检测机构之一，中心全力提高环境质量检测技术，为地方的环境安全检测作好服务工作。

作为科研人员，朱永官长期从事土壤—植物相互作用和环境生物学研究，在营养元素和污染物在土壤—植物系统中的迁移转化规律和控制原理方面具有长期的科学积累。曾经主持和正在主持的重要项目包括国家基金委重大项目和国际合作重大项目、国家科技部973项目的课题、中国科学院知识创新工程重大项目、中国科学院战略先导专项B以及来自英国、瑞士和澳大利亚等国的国际合作项目。发表论文200多篇，被SCI期刊引用近9000次。主要获奖：2002年国家杰出青年基金获得者；2003年国家留学回国工作成就奖；2006年第九届中国青年科技奖，新世纪百千万人才计划国家级人才；2007年中国科学院“十大杰出青年”；2008年北京市科技进步奖三等奖(排名第一)；2009年国家自然科学二等奖(排名第一)；2012年SCOPE青年科学家奖；2013年发展中国家科学院农业科学奖（TWAS）、“福建省杰出科技人才”、国家“万人计划”-中青年科技创新领军人才、厦门市科技重大贡献奖，享受政府特殊津贴。

厦门杏林建设开发有限公司

杏林湾商务营运中心

厦门杏林湾商务营运中心夜景

厦门市杏林建设开发有限公司创建于1989年9月，是房地产开发二级资质国有企业。公司主营房地产开发、工程代建和房屋征迁等业务，经过20多年的创新与变革，目前，注册资金7亿元，总资产近百亿元，职工143人。

公司遵循“产品质量是企业第一生命线”的方针，积极推动各项企业质量管理工作。通过推行标准化作业，严格把控每道工序的质量关，强化质量管理和施工过程的监控力度，开发的项目合格率100%；公司尽力打造优质精品工程，先后有50多个项目获省、市优质工程，近年来竣工交付使用的项目市级优良工程率达93.49%，省级优良工程面积达11.39万平方米；通过并购已成熟运营的一级资质物业公司，实现了专业化、规范化的物业管理服务，大大提升了公司的售后服务品质及客户满意度；通过规范制度建设、倡导员工培训，创新管理思路，不断推进企业精细化管理；通过组织各种捐助活动，扶贫济困，公司实现了经济效益和社会效益双丰收。截至2014年底，公司总资产98.46亿元，房地产开发面积300多万平方米，2014年实现总收入16.51亿元，各项指标均居同行业前列，连续多年获“福建房地产企业100强”“厦门市守合同、重信用企业”“厦门市文明单位”等荣誉称号。

厦门一中集美分校扩建项目

同集路安置房

SEVEN 柒牌
福建柒牌集团有限公司

柒牌2014年APEC会议官方指定服装在北京亮相

福建柒牌集团有限公司始创于1979年，是一家以服饰研究、设计和制造为主，集销售为一体的综合性集团公司。净资产15.87亿元，占地面积200余亩，建筑面积35万平方米，拥有5000多名员工和世界先进的服装生产设备，已在全国31个省、市（自治区）设立3500多家专卖店。2001年以来连续14年产品销售收入、利润总额名列全国服装行业前10强。

集团始终坚持“创享中华时尚 演绎美好人生”的企业使命，以“柒牌男装比肩世界，中华立领风行天下”为企业愿景，秉承“以客户为中心，诚信感恩、创新驭变、拼搏进取、协同共赢”的价值理念，演绎柒牌品牌形象。柒牌系列产品曾先后获中国驰名商标，中国名牌产品，中国奥委会第十三届亚运会体育代表团唯一指定专用出国西服，中国体育唯一指定专用出国礼服，第九届世界体操锦标赛、第十二届世界游泳锦标赛中国代表团唯一指定礼服，中国男子职业篮球联赛唯一指定男装，中国篮球协会官方唯一指定男装，2008年北京奥运会升旗手礼服，2010中国民族服饰赴美展演中方指定馈赠美国政要首选礼品，中国国家交响乐团指定礼服，第十八届中国国际投资贸易洽谈会“唯一指定投资专家礼服”、“唯一指定高级商务礼服”，2014年亚太经合组织（APEC）会议官方指定服装，中国服装十佳过硬品牌，中国职业装50强，国家免检产品等殊荣。

集团系福建省百家重点企业（集团），福建省AAA级信用企业，福建省首届最佳信用企业，连续两届被福建省工商行政管理局评为重合同守信用单位。2001年进入全国500强民营企业行列，2000年被公安部确定为九九式人民警察服装及警服软肩章指定生产企业，2007年被中国服装协会评为中国服装行业优势企业，被中国纺织工业协会评为中国纺织十大品牌文化企业。

柒牌厂区一角

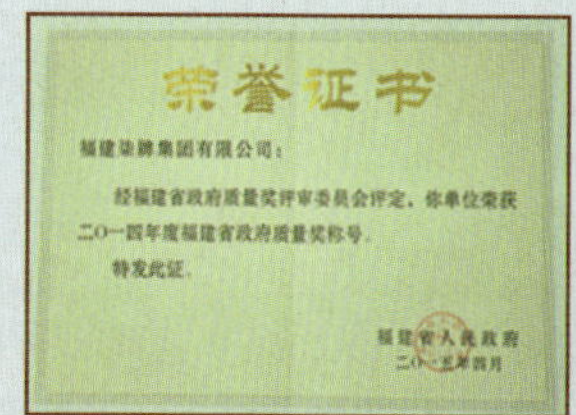

荣誉证书

福建柒牌集团有限公司：

经福建省政府质量奖评审委员会评定，你单位荣获二〇一四年度福建省政府质量奖称号。

特发此证。

福建省人民政府

二〇一五年四月

柒牌荣获
2014年福建省政府质量奖

2014年亚太经合组织会议

特别赞助单位

SPECIAL SPONSOR

柒牌被授予
2014年APEC会议
特别赞助单位

CERTIFICATE

中国500最具价值品牌证书

柒牌获评中国500
最具价值品牌，
品牌价值332.76亿元

厦门松霖科技有限公司

陈斌总经理

研发办公室

松霖注塑自动化

松霖机器人抛光

厦门松霖科技有限公司为国际卫浴产业界设计与技术领导性专业厂商，专业从事卫厨出水终端产品的研发和制造，产品包括淋浴花洒、花洒支撑杆、喷枪、水龙头、淋浴器、淋浴房，浴室柜厨柜等，是全球最大的淋浴花洒、淋浴喷头的设计研发制造企业。厦门松霖拥有三大工业园区，占地18万平方米，总厂房面积30万平方米。

松霖公司为重点高新技术企业、第一批国家知识产权示范单位、中国工业设计十佳创新型企业，是福建省工业设计中心、福建省级企业技术中心、福建省企业工程技术研究中心、福建省创新型企业、福建省知识产权优势企业，福建省PCT国际专利申请量位居第一。企业先后承担了国家火炬计划研发项目，厦门市重大产业化科技计划项目。自主研发的“旋转花洒”“触控式切换洒花”等产品获得中国轻工业联合会科技进步奖、福建省优秀新产品奖、厦门市科技进步奖等。

陈斌是厦门松霖科技有限公司总经理。2014年被评为福建省第一批“双百计划”企业高级经营管理人才。在企业进行商业模式创新，开创性地把OEM商业模式发展为IDM（INNOVATION DESIGN MANUFACTURE）模式。强调产品技术创新和产品设计，提升产品附加值，保持企业在行业中的优势地位。在他的带领下，公司拥有国内外专利2200多件，其中发明专利700多件。授权专利数量在中国卫浴行业保持领先。松霖获得德国红点、德国IF、日本G-MARK、美国IDEA奖等设计奖60多项，成为中国卫浴行业内唯一囊括全球工业设计四项最大奖项的企业。企业获得国家驰名商标、福建省名牌、福建省著名商标等。

厦门松霖科技有限公司
国家级知识产权示范企业
国家知识产权局
二〇一三年十一月

厦门松霖科技有限公司
Solex
驰名商标
国家工商行政管理总局
二〇一四年九月认定

国家火炬计划重点高新技术企业
证书

松霖科技园

福建大东石油化工有限公司

全国五一劳动奖章获得者蔡天明

劳模工作室

福建省总工会
二〇一四年

蔡天明现任福建大东石油化工有限公司常务副总经理，东山县第十四届人大代表，兼第十五、十六届人大常委会委员，福建省第八届侨联委员，2013年获全国五一劳动奖章，2015年获“全国劳动模范”称号。任现职以来，蔡天明推进改革并取得显著成效，公司运储能力提高40%，年营业额从2.8亿元提高到8.8亿元。

勇于开拓

几年前，公司液化气商品在广东市场仍属空白，蔡天明抓住商机，向公司建议并亲赴广东进行市场调查，随后制定出一整套销售方案并付诸实施，终于帮公司打开广东液化气市场。

精于创新

近年来，蔡天明提出“固旧业，得根基；求突破，上规模”的合理化建议，使公司旧业“根基”作用被重新认识，同时又在此基础上寻找突破口，大胆上规模大拓展，使公司营业额得到飞跃性发展。

甘献爱心

蔡天明乐于助人，博得员工们的一致赞许，他多次捐款资助贫困学生、贫困居民，如捐给宁夏彭阳县价值15万元的医疗设备，并带头为地震灾区等捐款捐物。

中国驰名商标

福建东亚水产股份有限公司

福建东亚水产股份有限公司(原东山县东亚水产有限公司)位于福建省东山县陈城镇后姚村，是一家集海洋水产品加工、销售、科研、出口于一身，产供销一条龙，农、工、贸一体化的综合水产运营商。公司成立于2001年，占地面积8.67公顷，注册资本1.88亿元，2013年总资产8.14亿元。公司拥有5条万吨级生产线，分别生产鱿鱼、章鱼、鲍鱼、鱼糜、鱼片；拥有1.8万吨冷藏库及输美、欧盟水产品标准生产车间。厂房总面积约2.5万平方米，综合楼面积8000平方米；冷库贮藏量1.8万吨，配套50多台(套)先进设备。公司是福建省农业产业化重点龙头企业，福建省海洋产业化龙头企业，中国水产流通与加工协会全国第三批“AAA”级信用企业。

公司已经建立比较完善的质量管理体系和生产标准化体系，逐步走向企业信息化管理，重视人才培训和技术开发，积极引进和采用新技术成果，依靠技术进步提高企业经济效益。率先走产学研合作发展途径，大力推动专利成果转化，实现科技创新专利产业化。公司拥有发明专利3项，实用新型专利7项。

公司每年参加美国（波士顿）、欧洲（比利时）等国际食品展览会，加大国际品牌宣传；国内集中于大连、上海等大型国际展览会进行宣传推介。公司申请了13个国际商标注册，有效地打开了品牌战略国际化格局。

公司坚持诚信经营，塑造“诚信立市”企业形象，多年获得县级“重合同守信用”企业称号。2013年，被漳州市、东山县评为“纳税大户”“经济建设功臣”。

近年来，公司热衷于社会公益事业，不断健全员工社会保障制度，完善员工“五险一金”；与405艘渔船建立产销合作关系，直接带动1512家农户发展致富；向社会慈善机构、教育事业及其他困难群体捐资、扶贫共计800多万元。

福建东亚水产股份有限公司

1. 2013年3月9日，时任漳州市委书记陈冬(中)莅临东亚调研
2. 2014年8月29日，全国政协常委、财经委主任张左己(右一)到公司调研
3. 车间加工现场

泉州市金鸡拦河闸管理处

金鸡双闸

金鸡拦河闸位于晋江东西溪汇合口下游10公里处，南连金鸡山，北濒九日山，是晋江下游一座具有防洪、供水、灌溉等功能的大（1）型水利枢纽工程，是福建省设计流量最大的水闸。闸址以上集雨面积5100平方公里，占晋江流域面积的90.6%，年平均径流量约50亿立方米，南、北干渠为拦河闸的配套工程，设计引水流量分别为38.5立方米/秒和22.5立方米/秒，年供水能力近20亿立方米，承担着下游9县（市、区）500多万人民生产、生活和65万亩农田的供水任务。随着泉州市经济社会的快速发展，金鸡拦河闸的功能已经从当初建设时作为山美灌区的分水枢纽工程，转变为晋江下游水资源配置中心，担负着为下游地区经济社会可持续发展提供水资源支撑和保障的重任，被誉为泉州经济的“水龙头”“泉州人民的生命闸”。

旧拦河闸始建于上世纪60年代，经过近40年的运行，工程在闸基防渗、消能和抗震等方面存在安全隐患。2005年4月，泉州市开始实施金鸡拦河闸重建工程，2007年4月实现下闸蓄水运行，共完成投资2.58亿元。重建后的拦河闸总长744米，设水闸15孔、旱桥27孔，单孔净宽16米。水闸按百年一遇洪水设计，300年一遇洪水校核，相应的过闸流量分别为11100立方米/秒和13000　立方米/秒。2012年10月，金鸡拦河闸重建工程获福建省首家中国水利工程优质（大禹）奖。

金鸡拦河闸管理处，以防洪安全、供水安全和工程安全为工作中心,五个文明建设取得丰硕成果，获第七届全国水利文明单位、福建省第十二届文明单位，连续三届获泉州市文明单位，获泉州市军民共建精神文明先进单位，并先后获得全国文明建设工地、国家级水利风景区、省政府重点工程优胜奖、省五一劳动奖状、省先进青年突击队、省级园林单位、省级职工书屋、省一级档案规范化工作管理单位、省二级安全生产管理单位等几十项荣誉称号，金鸡拦河闸计算机监控系统获第十五届全国发明展览会铜奖、省科技进步二等奖、省水利厅科技进步一等奖。金鸡拦河闸是全国中小学生节水教育基地、北京师范大学教学科研基地、福州大学本科生实习基地、解放军73141部队水上训练基地、泉州市摄影家协会摄影基地、泉州市作家协会创作基地、泉州市乒乓球协会训练基地和丰泽区实验小学德育教育基地。

金鸡晨曦

防汛调度大楼

水中楼阁

泄洪

叶孙福现任福建省东南大宗商品交易中心有限公司董事长、福建省现货电子交易行业协会会长、中国电子商会电子交易平台专委会副会长、中国电子商务协会大宗商品委员会副会长、华侨大学经济与金融学院兼职教授、硕士生导师。

叶孙福期从事大宗商品现货交易研究工作。2013年主持研究“大宗商品现货电子交易多模式融合”课题，取得圆满成功并成功上线交易，因此荣获“中国大宗商品市场杰出管理奖”、“中国电子交易场所星级评定标准贡献奖”。

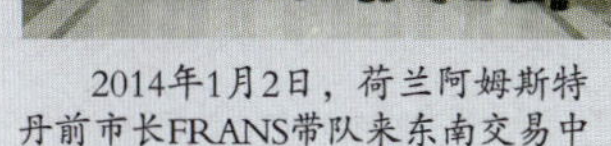

2014年1月2日，荷兰阿姆斯特丹前市长FRANS带队来东南交易中心考察

2014年6月30日，国侨办副主任任启亮莅临东南交易中心视察

2014年3月21日，东南交易中心发起成立福建省现货电子交易行业协会

叶孙福董事长在2015厦洽会“金融创新促进实体经济转型升级投资合作发布会”上发表演讲

福建省东南大宗商品交易中心 “互联网+金融+现货平台”服务实体经济

由国务院侨办直属华侨大学发起主办的福建省东南大宗商品交易中心(简称“东南交易中心”)是国家级泉州“金改区”重点金改项目，以“为金改区创新金融，为实体经济架接金融”为发展使命，在落实国家金改政策，探索金融服务实体经济的发展中，逐渐树立品牌形象，成为国内知名交易市场。

东南交易中心在国内首创多元融合模式，有效解决实体经济融资难题，是我国大宗商品现货市场“立足现货，服务现货，提升现货”的成功典范，不断吸引实体企业和各地政府部门前来考察，希望携手推动企业拳头产品和地方名优特商品挂牌上市，助力企业和当地社会经济发展。

东南交易中心已在北京、上海、沈阳、深圳、厦门、武汉、成都等地设立多家分公司，招商服务中心已辐射全国，会员单位队伍持续壮大，各类会员的营业部遍布全国各地级市、重点县市区，形成立足福建、覆盖全国的综合性大宗商品现货市场。

东南交易中心委托华侨大学、福建省现货电子交易行业协会、华侨大学大宗商品现货交易研究所与政府人力资源和社会保障局，联合为会员单位、从事大宗商品现货业务的各类企业和研究机构的人员，开展从业资格培训教育和认证工作，提升从业人员综合素质，敦促企业和从业人员加强自律，促进行业合法合规、繁荣发展。

东南交易中心坚守服务实体经济的发展使命，以“商品上市，融货融资”的核心经营理念，得到社会各界充分认可与肯定，先后荣获“中国大宗商品市场杰出管理奖”“2014年度最具创新交易所平台奖”“电子交易行业贡献奖”“中国产业互联网金融创新奖”“鲤城区2015年度重点企业”等殊荣。

随着“互联网+”时代的到来，产业互联网日渐兴盛，大宗商品现货行业获得前所未有的发展机遇，东南交易中心也抓住时机，发挥平台的互联网、金融、金改和实体企业的基因，完善和丰富“互联网+金融+现货平台”功能，为实体经济创造更好更丰富的融资渠道，真正有效服务实体经济。

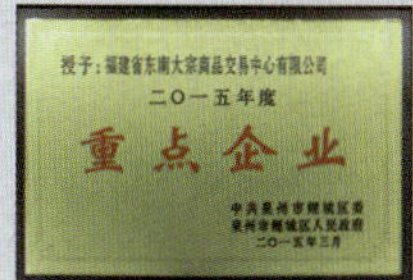

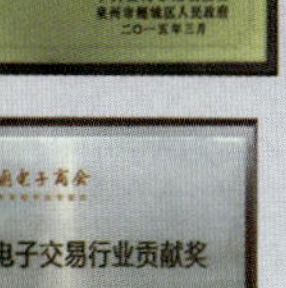

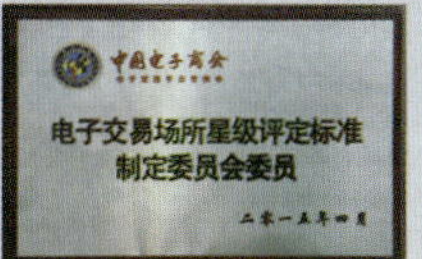

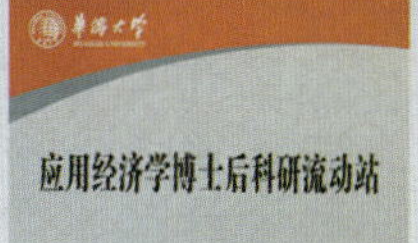

晋江五店市传统街区

晋江五店市传统街区位于晋江市老青阳核心区，总占地面积16.8公顷，一期占地8.4公顷。街区西接万达广场，东临塘岸街、泉安路等市区繁华地带。青阳，因其位于区域内青梅山之阳得名。唐开元年间，青阳有“五店市”之称。五店市传统街区是晋江城区的发源地。

五店市传统街区内文物、历史建筑众多，遍布着宗祠、寺庙、民居、商铺等多样性建筑，保留了明、清、民国至现代各个时期的建筑，是晋江特色风貌建筑的典型代表。

街区以“闽南文化新街口，晋江城市会客厅”为发展定位，通过保存传统街巷肌里格局、特色古建筑等载体，传承高甲戏、木偶戏、南音及其他民俗遗风等非物质文化遗产，引进现代产业经营模式，重点吸引地方小吃特产类、民俗非遗展示类、保健养生类、现代都市时尚类、文化创意类、影视摄影类等相关产业入驻，打造集传统文化展示、民俗体验、商务旅游、休闲娱乐、美食品尝等为一体的街区博物馆、文化产业聚集带、城市新名片，让“老年人觉得怀旧，年轻人觉得时尚，华侨觉得很乡土，晋江人觉得很侨乡，外地人觉得很闽南”。

九牧王股份有限公司

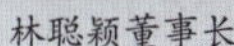
林聪颖董事长

林聪颖敲响开市铜锣

九牧王股份有限公司成立于2004年3月，是中国领先的商务男装品牌企业，公司核心产品九牧王男裤及茄克已经占据市场领导者地位。截至2014年，公司主导产品九牧王品牌男裤综合市场占有率连续十五年位居全国第一，茄克综合市场占有率连续八年位居全国第二，商务休闲男装综合市场占有率连续五午位居全国第一。

公司采用业务纵向一体化的模式，集品牌推广、研发设计、生产、销售为一体，经营九牧王品牌男裤、茄克及其他服饰类产品。公司始终专注于以男裤为核心的中高档商务休闲男装的战略发展方向，致力于让男士拥有高性价比的精工时尚服饰，满足不同消费者在不同场合的穿着需求。

九牧王品牌自推出以来，公司管理层始终视高品质为企业的立命之本，始终把奉献高品质产品给消费者作为公司的经营目标，把产品质量管理作为企业战略管理的重要部分。为保证产品的质量始终如一，公司通过了ISO9001质量管理体系与产品质量双认证，主导产品分别通过ISO14001环境管理体系及中国环境产品双认证，取得“国家质量检测合格产品”证书。公司获得“全国产品质量、售后服务信誉双保障企业”的荣誉。公司拥有省级技术中心，其检测中心获得中国合格评定国家认可委员会认可，拥有染化实验室、恒温恒湿实验室、评级专用暗室等，检测设备齐全，具备了纺织品甲醛含量、PH值、色牢度等多项指标的检测能力，其检测水平均达到国内领先水平。

长期以来，公司凭借优质的产品品质获得了消费者信赖，“男裤专家”“专业好品质”已逐渐成为九牧王品牌的象征。此外，九牧王品牌也得到了国家及权威协会和媒体的认可。近年来，公司获得了“中国最受消费者欢迎的休闲装品牌”“中国驰名商标”“中国名牌产品”“中国十大最具影响力品牌”“中国家庭最受欢迎十大服装品牌”“中国西裤行业最具影响力第一品牌”“中国行业领先品牌”“品牌中国金谱奖—中国服装行业年度十佳品牌”“2007—2008中国服装品牌年度大奖（品质大奖）”“2009年中国500最具价值品牌”“2010年中国纺织十大品牌文化”“2011—2012中国市场畅销男装品牌”“2012年度冠军之星”等荣誉。

工厂全景（外）

工厂车间

九牧王国际商务中心

福建龙生机械有限公司

FUJIAN LONGSHENG MACHINERY CO.,LTD

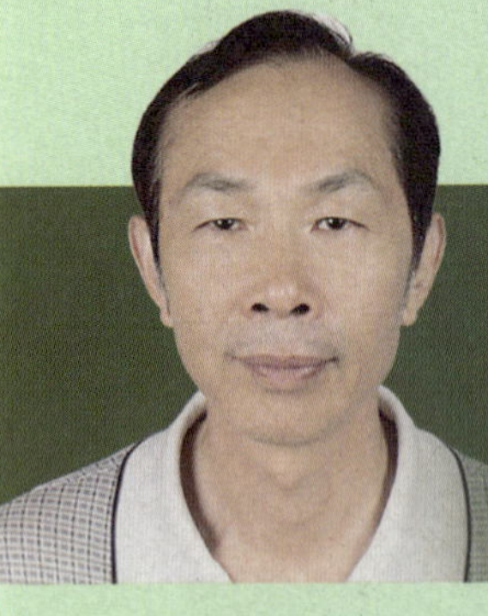

林龙生，福建龙生机械有限公司创始人，中国首批享有国务院政府特殊津贴的铸造材料专家，福建省首批科技创业领军人才，从事汽车关键零部件缸套产品的材料、工艺研发生产35年，拥有多项发明专利和实用型专利，参与过多项国家、省级重点项目。其主持研发的“废钢熔制高强度合成铸铁缸套”技术，树立了我国缸套行业发展循环经济的典范。

福建龙生机械有限公司以制造发动机关键零部件精品缸套而闻名，是中国缸套零部件产销出口产率最高的企业。

上世纪80年代，福建龙生机械有限公司在创始人林龙生的率领下，成功研发硼铸铁缸套，填补了国内缸套业的空白，创导的缸套半成品标准为中国发动机再制造提供了技术支撑。公司善于创新，突破多项新技术，成功研发应用于矿山机械、船用、汽车发动机等的缸套2000多种，成为中国缸套业拥有品种最多、结构最全的企业。公司生产的缸套高强度、高耐磨，易匹配，产品98%实现出口，是美国辉门公司、德国马勒公司、NPR公司等在中国唯一授权的缸套原厂供应商，年产缸套400万只，是中国缸套生产十强企业，公司通过了法国BV公司IS16949的审核。福州大学、福建工程学院及部分军事院校均和公司建立了长期研发合作关系。公司同时聘请日本专家协同生产。近年来，公司承担了国家发改委、国家科技部中心企业创新项目4项，福建省重大区域项目4项；获得发明专利3项，实用新型专利18项。

2015年公司投入6800万元，和沈阳机床厂、福州大学、福建工程学院等合作研发智能缸套专用设备，建立全自动智能数字化车间，成为中国首家实现“多品种、小批量、高精度、个性化”智能制造、创新发展的缸套企业。

建瓯精工齿轮（机械）有限公司

福建省建瓯精工齿轮（机械）有限公司为建瓯齿轮厂经改制重组成立的民营企业，现有资产5000万元，拥有5100平方米的国际标准厂房，拥有280多台高精度的检测设备和性能优良的生产加工设备，可生产制造汽车、摩托车、运输车、工程机械、农业机械的螺旋齿轮、锥齿轮、圆柱齿轮、传动轴、花键轴等全系列齿轮品种，工艺水平达到国内领先地位，公司通过ISO9001：2008国际质量管理体系标准认证、ISO14000环境管理体系认证。

公司积累了四十余年齿轮生产、研发经验，拥有一批经验丰富的技术研发人员和熟练技能工人。公司坚持“精密管理、精心加工、精良品质、精益求精”质量方针，始终以满足顾客要求并超越顾客期望为出发点，为顾客提供优质产品和优良服务，不断追求卓越，产品被省政府认定为“福建省著名商标”“福建名牌产品”。“文明进步、和谐发展”的企业理念促成了企业与员工的和谐发展，公司荣获“南平市重点工业企业”“南平市明星民营企业”“南平市企业技术中心”“南平市守合同重信用企业”“福建省双爱双评先进企业”“福建省和谐企业”“全国模范职工之家”等称号。总经理任芝生被授予“福建省五一劳动奖章”和“福建省优秀企业家”称号。

三明市海斯福化工有限责任公司

2013年5月，省委书记尤权（前排左一）调研该公司

三明市海斯福化工有限责任公司座落于福建省明溪县氟新材料产业工业园区，是一家集科研与生产为一体、专业生产含氟精细化学品和特种功能性化学品的高新技术企业。公司于2007年9月实施千吨级全氟环氧丙烷及下游系列产品项目，总投资1.5亿元，2013年底已分三期全部投入完成并进行生产。

公司主要生产规模为5000吨的全氟环氧丙烷及下游系列产品，产品主要应用在化工、交通运输、电子电气、机械制造工业、半导体、能源、环保、生物医药、建筑、信息及国防等前沿领域。产品出口至美国、意大利、荷兰、英国、德国、日本、俄罗斯、印度、以色列、巴西等国，市场前景广阔。公司拥有9名在氟化工行业从业10年以上的专业管理和技术人员，其中博士2名、硕士4名，并拥有30名从事研发的大中专毕业生，整体科研开发能力较强。公司的科研成果含氟类产品的中试合成工艺技术先进，国际领先，可满足国内、国际有机氟行业高端产品发展需求。2014年，公司完成销售收入1.93亿元，实现利润6000万元，纳税4035万元。公司已成长为三明市的重点企业、明溪县的最大骨干企业，创造了良好的经济效益和社会效益。2014年，公司通过并购重组，成为上市公司深圳新宙邦科技股份有限公司的子公司，有利于促进企业规范管理，提升综合实力。公司战略目标是计划投资5亿元，充分利用本省的萤石资源，与国内外大型化学公司合作，打造氟化工完整产业链，形成30-40亿元的产业规模。

公司将继续本着“以领先技术和优质服务满足客户的需求”的方针，致力于在世界氟化工产业中建立一个优秀的品牌。

省委常委、纪委书记倪岳峰（对面右二）到公司调研

副省长洪捷序（前排右一）调研海斯福

海峡生物科技有限公司

海峡生物科技有限公司前身为海峡（福建漳州）花卉集散中心有限公司，2009年3月经国台办批复设立，同年8月6日由福建漳龙实业有限公司出资3000万元成立。公司地处漳州百里花卉走廊的中心地段，在漳浦台湾农民创业园核心区内，毗邻东南花都花博园。公司于2012年8月完成第一次增资扩股，引进5家战略投资者，注册资本增加至5000万元，更名为海峡生物科技有限公司（以下简称:海生科），是一家集花卉苗木科研、生产、贸易、市场、物流、检验检疫、绿化工程为一体化的公司。

海生科组建以来，以上市为中期目标，以成为中国一流的花卉产业综合服务商为远期目标，明确定位，累计投资近10亿元。现已拥有海峡生物科技有限公司漳州花卉集散中心分公司；福建大农景观建设有限公司、闽荷花卉合作（漳州）有限公司、漳州新镇宇生物科技有限公司、海峡（福建）花卉进出口服务有限公司、漳州新镇宇生物科技（沈阳）有限公司、闽荷花卉合作（荷兰）有限公司、闽荷花卉合作阿联酋有限责任公司等7家子公司，拥有生产基地约2万亩，现代生产温室8万平方米，出口加工、包装车间6万平方米。取得“省级重点后备上市企业”“省级农业产业化重点龙头企业”“省级守合同重信用企业”“省级诚信示范市场”“省级文明单位”“新国标安全生产标准化三级企业（商贸商场）”等荣誉称号。

公司将充分利用平台和资金优势，布局全国，着眼全球，以“公司+资源”为依托，创立“海峡生物科技”品牌，逐步形成以集散中心为花卉苗木实体交易市场和“漳州味—水仙花乡”花木电子商务平台网上交易市场，打造线上线下互动的贸易大平台；以城市园林绿化建设，花卉苗木进出口贸易，温室花卉、名贵中草药研发生产，花卉苗木进出口检验检疫为一体化的全产业链条。通过科技创新、产品创新和制度创新，构筑海西花卉苗木新平台，强化福建省农业产业化龙头企业地位，做国家一流的花卉产业综合服务商。

长源纺织有限公司

福建省长乐市长源纺织有限公司注册成立于2006年，注册资本金4.25亿元，是一家以生产经营各种中高档纺织品用纱为主业，产业链延伸至针织、染整、服装和家纺的现代化大型民营企业。公司座落于福州市长乐空港工业集中区，是福建省纺织龙头企业，也是福建省最大的纺纱生产企业和中国棉纺织行业最大的化纤短纤纱生产企业之一。公司连续多年被评定为“福建省百家重点工业企业”“福建省工业和信息化产业龙头企业”“福建省战略性新兴产业骨干企业”“福建省信息化和工业化深度融合示范企业”和“福建省创新型企业”。2011年公司通过“高新技术企业”认定、2014年通过“高新技术企业”复审。

长源公司自成立以来，坚持推动技术创新、卓越绩效管理和品牌质量相结合的发展战略，公司自主研发生产的高档针织用纱产品质量优良，主要技术指标达到或超越国内外先进水平，深受国内外客商和用户青睐并享有极高的品牌知名度。在科技创新领域，公司创新型产品关键技术及产业化项目荣获“中国纺织工业科学技术进步二等奖”；在卓越绩效管理和产品质量领域，公司荣获“全国纺织行业质量奖”；在品牌商标领域，公司“皓光”品牌商标获得“福州市知名商标”“福建省著名商标”和“中国棉纺织行业最具影响力产品品牌”，并于2015年6月获得“中国驰名商标”认定。公司2011年至2014年连续四年在全国棉纺织化纤短纤纱行业经济效益指标排序评比中荣获前三名。

花园式企业

董事长郑永光，大学本科及北京大学经济学院EMBA继续教育学历。获福建省第一批特支人才“双百计划”企业高级经营管理人才、闽商建设海西突出贡献奖、长乐市首批优秀人才、福州青年五四奖章、中国棉纺织产业十大青年企业家、中国纺织工业人才建设贡献奖、中国棉纺织行业节能减排创新型人才等荣誉称号；兼任福建省纺织行业协会副会长、福建省青年企业家协会副会长等社会职务；2012年至今当选福州市第十四届人大代表。

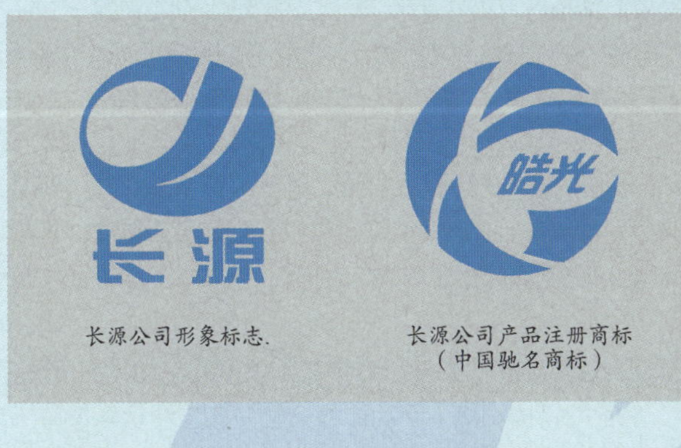

长源公司形象标志.

长源公司产品注册商标（中国驰名商标）

中国工程院姚穆院士（前排右一）考察自动生产线运行情况

近年来，受国际经济大环境的负面影响，中国纺织工业面临前所未有的困难局面，国内外纺织品需求疲软、终端市场恢复缓慢、劳动力等各种生产要素成本不断上涨，在这些负面因素的影响下，棉纺织企业利润空间受到严重挤压。面对这些困难，作为长源纺织的领军人物，郑永光全身心投入到企业的经营管理工作之中，他根据纺织市场经营发展变化情况迎难而上、决策加大企业科技创新发展的力度，亲自主持组建了一支企业内部技术专家与外聘高等院校、科研院所专家相结合的创新人才队伍，通过专家团队的高智力支撑，开展企业的战略发展规划咨询论证、科技创新研发和科研成果产业化等方面的工作。公司于2008年开始组建成立专家委员会，2010年与东华大学、中国纺织科学研究院等单位开展产学研合作，2011年在福建省“6·18”院士专家重点项目签约仪式暨战略性新兴产业项目对接会上与东华大学签订合作协议并共同组建专家工作站，2012年专家工作站通过了福州市人民政府认定。2012年，郑永光又决策聘请中国工程院姚穆院士担任本公司首席科技专家，2013年郑永光与姚穆院士签订共同组建院士工作站开展产学研科技创新合作的协议书并报备福州市人民政府有关部门。根据纺织工业科技发展战略，长源公司决策实施“新一代聚酯纤维（超仿棉）纺纱生产线技术改造项目”，截至2014年底，项目改造主体工程基本完成，两种超仿棉混纺针织纱新产品在线试纺成功，《中国纺织报》《纺织服装周刊》等国家级行业新闻媒体对此进行专题跟踪报道，国内纺织行业相关网站进行了大量转载传播，在纺织业界获得高度评价。长源公司以“超仿棉”纺纱技术研发为亮点在纺织业界形成影响力，对于迎接纺织行业下一轮波峰和“超仿棉”市场时代的到来，抢占“超仿棉”品种优势先机，凸显“超仿棉”纱线产品研发创新企业的市场效益和经济效益，储备可持续发展能量。

福建隆源纺织有限公司

COITIPMMY INTRODUCES

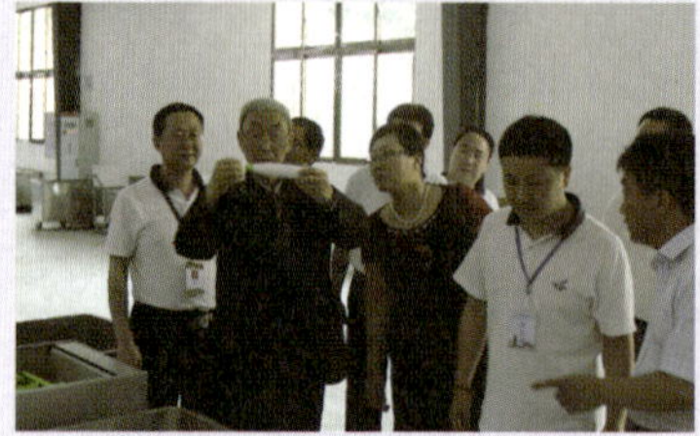
中国工程院姚穆院士（前排左二）对纱品进行检查

公司董事长郑永清陪同三明市市长杜源生（前中）、尤溪县委书记伍斌一行参观

福建省建行行长刘丽华来公司参观指导

细纱机台挡车工作

前纺粗纱挡车工作

公司鸟瞰图

福建隆源纺织有限公司创办于2012年9月，注册资本1.63亿元。公司坐落于“闽中明珠”“中国革基布名城”——尤溪，位于福建省级开发区——福建省尤溪经济开发区城西园，是一家集高性能、多功能性纤维混纺生产，纱、布、纺织原料销售为一体的大型纺织类生产企业,并与中国工程院姚穆院士成立三明市第一家纺织行业院士专家工作站，开展“高新多功能纺织技术研究与开发”等课题的技术革新；是福建省诚信促进会会员单位、2015年被授于诚信守信示范单位；东华大学情报研究所常任理事单位；江南大学纺织服装学院本科生实习基地与企业研究生工作站；湖南工程学院产学研合作基地和卓越计划合作培养单位。

公司项目总投资超过18亿元，占地面积553多亩，年产60万锭高性能、多功能性纤维混纺，主要建筑物建筑面积32万平方米，有标准厂房九幢，设施、配套齐全的职工宿舍楼十幢，高管宿舍楼一幢，多功能办公楼一座，多功能体育活动馆一座。目前一期项目中在职员工500多人，其中管理人员50多人，管理人员大专以上学历占90%，并拥有多位中、高级职称的技术人员。公司引进国内外技术先进、节能环保的生产设备，生产赛络纺、紧密赛络纺的纯粘胶纱、纯涤纱、纯棉纱、涤粘纱、涤棉纱、棉粘纱等系列产品。国内主要销往广东、浙江、江苏、上海、晋江、石狮等地，国外销往印度、欧美等市场。项目全部建成投产后，员工将超过2100名，拥有国内市场全覆盖的销售网点，超过千家的国内外客户，年产销售额超过20亿元人民币。

公司秉持“科技兴业，以人为本”的生产管理理念，致力于发展高附加值的产品，为员工为客户为股东创造最大价值，真诚回馈和服务于社会，成为全球领先的纺织企业，创意精彩美好的生活！

鸿博集团

编号：2013A01008

国家国际科技合作基地
认定证书

根据《国家国际科技合作基地管理办法》的相关条件与要求，同意认定“福州国家半导体照明国际创新园”为国家国际科技合作基地（国际创新园类）。

中华人民共和国科学技术部
2013年9月29日

鸿博集团是一家综合性公司，旗下有四大板块：福建鸿博印刷股份有限公司、福建鸿博光电科技有限公司、福建鸿博房地产开发有限公司、福州国家半导体照明国际创新园。主营业务涵盖高端印务、半导体、ＬＥＤ照明、房地产、电子、国际贸易、物联网、文化传媒、投资等领域。

鸿博股份有限公司

鸿博股份有限公司成立于1999年6月，2008年5月在深圳证券交易所成功上市，公司总部坐落于福州市金山开发区金达路136号，是中国安全印务行业的领军企业，彩票印制行业的龙头企业，国内规模最大的商业票据印刷企业之一，五大数字化印刷基地辐射全国。

福建鸿博光电科技有限公司

鸿博光电成立于2005年，是一家专业从事LED封装及高端室内外ＬＥＤ灯具开发和生产的高新技术企业。公司拥有万级无尘防静电恒温恒湿厂房，世界先进水平的制造检测设备，省重点实验室和省级企业技术中心，专利技术２００余项。先后承担国家科技部“863”计划、国家发改委、国家工信部等“十二五”科技支撑计划等重大科研项目，并被国家科技部授予国际科技合作基地。

福建鸿博房地产开发有限公司

福建鸿博房地产开发有限公司于2010年成立，在建的“梅岭观海”项目，与烟台山文化公园和江滨公园融为一体，打造集住宅、商业、办公于一体的百年建筑。

福州国家半导体照明国际创新园

福州国家半导体照明国际创新园（以下简称“国际创新园”）系经国家科技部于2013年9月批复认定的国家级国际科技合作基地，是全国半导体照明行业唯一的国家级国际创新园。国际创新园项目经福州市政府批准，选址于福州高新区海西园和生物医药机电园，总用地面积约500亩，计划总投资40亿元人民币。

鸿博股份

鸿博光电

鸿博梅岭观海

三明陆地港

三明陆地港是福建省重点打造的4个陆地港之一，由厦门港务发展股份有限公司与三明生态新城集团共同出资组建，是厦门港务控股集团贯彻落实福建省委省政府、厦门市委市政府关于加快东南国际航运中心建设的战略部署的具体举措，也是港务集团腹地战略的重要组成部分。三明陆地港项目总规划建设用地面积63.97万平方米，根据项目运营模式按6：4比例分为两大功能分区，分别为仓储区（面积37.54万平方米）和商贸区（面积26.42万平方米），目标打造“立足三明，服务海西，辐射周边，通达全球”的区域性物流中心和服务地方外向型经济和产业经济的公共平台。

仓储区经过四年的建设经营已初具规模，培育形成了“六仓一中心一堆场”八种业态，即海关监管仓、公共保税仓、供应链监管仓、城际货运中转仓、电商分拨中心、公共仓储、进口商品直销中心、具备报关查验、装拆箱、空箱堆存、冷藏箱等业务操作能力的集装箱堆场，为三明的外向型经济提供了良好的硬件基础设施。未来三年，公司将进一步完善和发展业务模式，计划新建闽中快递物流园和冷链物流园。其中：快递物流区用地面积约119.86亩，计划引进若干知名大型快递企业入驻，形成闽中快递物流集散中心；冷链物流园用地面积约153.53亩，计划建设冷库和冷藏箱及其他附属配套设施，为三明、南平地区的水产品、畜禽产品、果蔬产品、冷鲜产品（食品）等商品提供冷藏、交易、信息咨询、货运代理、物业管理等相关服务。

商贸区一期占地面积11.49万平方米，计划投资7.8亿元，建设具有“商贸物流、批发零售、贸易展销、商务办公”等功能的陆地港综合商务区，包括：建筑面积约5万平方米的专业市场、建筑面积约1.2万平方米的商业街、建筑面积约6万平方米的商务金融区、建筑面积约5万平方米的SOHO办公区。

三明陆地港综合楼

三明陆地港区鸟瞰图

北观故宫苑　南品明清园

明清園

MING QING YUAN

明清园订阅号二维码

明清园网址二维码

明清园微信二维码

泰宁明清园是一处保护和传承古建筑文化的观光园区，既是中国传统古典园林建筑风格和现代休闲文化产品的创意结合，也是泰宁历史文化的传承和延伸。园内古建筑分别从各地移入，均为旧城改造以及政府基础设施建设时由拆迁公司根据建设需要所拆迁的古民居、民房移植而来。虽然这些古民居原来不属于文保单位，但为世人了解中国的古建筑文化具有一定的积极意义。

经过两年多的发展，明清园的形象与知名度得到了极大提升，在相继获得福建年度最佳新锐景区、福建省文化产业示范基地等荣誉后，于2014年底通过国家AAAA级旅游景区评定，尽管荣誉众多，但明清园追求发展的步伐依然坚实而稳定。2015年7月，在泰宁举办的中国（福建泰宁）古村落文化遗产保护高峰论坛会议上被授予“中国木雕艺术博物院”的称号，这是对明清园在保护和传承古建筑及木雕艺术文化方面的高度肯定。明清园将继续以传承并弘扬古建筑及木雕艺术文化为己任，力争开拓出保护古建筑及木雕艺术文化的新局面！

景区电话：0598-8718333

官　网：www.mingqingyuan.com　地　址：泰宁县城关五里亭

华宇铮蓥集团创始于1998年，位于福建省晋江市，先后投资建设晋江市华宇织造有限公司、泉州铮蓥化纤有限公司、晋江市奔达印染有限公司。在行业内首创将化纤、经编、印染融为一体，是集研发、生产、销售于一体的国内经编间隔织物航母企业，为福建省箱包协会副会长单位和福建省鞋业协会理事单位。

晋江市华宇织造有限公司成立15年来始终专注于生产和研发。拥有从德国引进的KARL MAYER RD6 DPLM双针床、KOKETT、HKS、德国利巴等先进经编机械和研发设备400多套，可年产功能性网布2万多吨，是中国经编行业龙头企业。

柯文新，福建晋江人，现任华宇铮蓥集团董事长、福建省箱包原辅材料行业协会副会长、福建省鞋业行业协会首届理事、泉州纺织服装行业协会常务理事、晋江市青年商会副会长等。

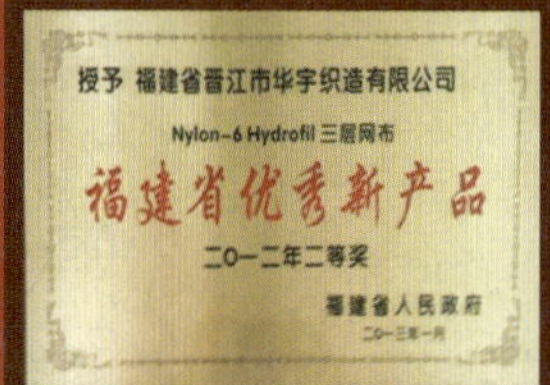

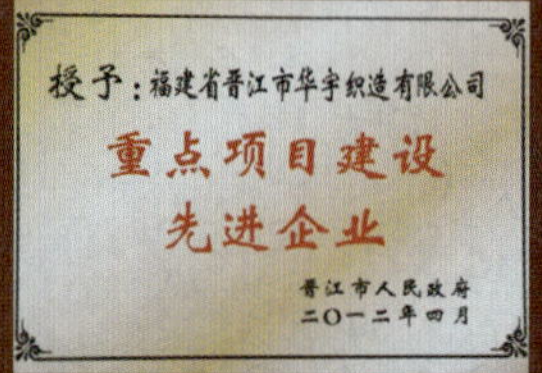

公司荣誉

华宇铮蓥集团

泉州铮蓥化纤有限公司总投资达5亿元，是国内最大的单丝生产基地之一。现拥有先进的功能性涤纶单丝生产线56条，年产单丝（有色丝）20D、30D等功能性差异化单丝12000多吨。采用国内首创的单板单孔技术，确保涤纶单丝粗细一致、着色均匀，提高了产品品质和生产效率。

晋江市奔达印染有限公司位于晋安东开发区，建筑面积10万平方米，员工300多名。主要从事各类涤纶、经编、纬编面料的漂染加工服务。拥有福建省漂染行业最先进的染色配料系统，各种型号漂染机58台,定型机9台，自动包装线2条，年生产能力40000吨。同时，公司注重绿色环保，投资近800万元建设污水处理设备。

作为国家级高新技术企业，华宇铮蓥集团研发中心拥有一支实力雄厚的高素质研发团队。自中心创立以来，集团持续加大研发投资，引进纺织领域尖端技术人才，同时集团着力与高等院校、国家纺织中心进行项目对接，2009年与东华大学（原中国纺织大学）合作走产学研一体化发展道路，不断提高产品科技含量和附加价值。公司已获得国家授权专利29项，产品使用的“虎马及图”商标被认定为“福建省著名商标”。

华宇集团公司全景

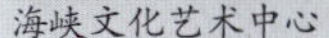
海峡文化艺术中心

福州海峡奥林匹克体育中心

中建海峡商务广场

中建海峡建设发展有限公司

中建海峡建设发展有限公司（简称“中建海峡”）是世界500强第37强——中国建筑股份有限公司在福建海西市场设立的首家区域总部实体运营公司（区域投资公司）。公司1952年创建于上海，1983年兵改工入驻福建。扎根福建30多年来，连续多年位居福建省市场行业排名第一，福建省省级房屋建筑工程施工总承包预选承包商名录第一，福建省建筑业企业综合排名第一，是福建省总承包20强企业，纳税百强企业，2013年被认定为福州市总部企业，2014年被认定为福建省龙头企业、福建省建筑业龙头企业。

公司具有房屋建筑工程施工总承包特级资质；具有市政公用工程施工总承包壹级资质；具有地基与基础工程、建筑装饰工程、建筑幕墙工程、钢结构工程、金属门窗工程5个专业承包一级资质；具有建筑行业（建筑工程、人防工程）甲级、建筑装饰工程设计专项甲级、建筑幕墙工程设计专项甲级资质；公司旗下的厦门中建东北设计院是福建地区最富盛名的国家甲级设计院之一。公司先后获鲁班奖、国家优质工程、闽江杯等省部级以上优质工程500余项，获国家专利、国家级QC成果、省部级工法等200 余项。

公司现有员工3000余人，业务涉及城市综合开发建设与房地产、基础设施项目建设与投资运营、高端房屋建筑工程承包与代理、工程勘察设计、规划咨询等。近年来，公司紧跟国家和区域经济投资导向，加大对城市基础设施、安置房、民生公共建筑等重点投资领域的关注力度，全面参与地方经济建设，先后与福建省、福州市、泉州市、龙岩市、莆田市签订战略合作框架协议，承接了以福州海峡奥体中心、福安溪北洋EPC综合开发项目、琅岐环岛路西北段工程等为代表的一系列投资建设工程，积极实现从单一的施工总承包商到建筑商、投资商、运营商“三商合一”的市场角色转变，从原有的房建到集设计、房建、基建、地产“四位一体”的产品结构延伸，从单纯的建造到集规划、投资、建造、运营“四位一体”的产业结构扩容。

当前，中建海峡牢牢锁定“海峡区域幸福空间的投资建设领跑者”品牌定位，坚持转型升级、创新蓝海、示范引领，努力实现“一最两引领”战略目标。“一最”：成为海峡区域最具竞争力的城市综合建设运营企业。“两引领”：引领“中国建筑”区域化转型发展；引领海峡区域建筑行业创新发展。

福州利嘉商贸城

福州升龙环球中心

中建（福建）绿色建筑产业园

中建海峡PC预制构件厂

104国道连江至晋安段改线工程

相信品牌的力量

中共中央总书记、国家主席、中央军委主席习近平给福建30位企业家回信，希望广大企业家继续发扬“敢为天下先，爱拼才会赢”的闯劲，为国家经济社会持续健康发展发挥更大作用。武夷山市九龙袍茶业有限公司董事长俞代华为30位企业家之一。

省政协主席张昌平（左）与董事长俞代华亲切交谈合影

省人大常委会党组书记、副主任徐谦（右）与董事长俞代华交谈合影

茶叶泰斗张天福与九龙袍董事长合影

九龙袍茶业有机茶园——无性繁殖大红袍

世界“自然与文化”双遗产地——武夷山，是乌龙茶的故乡，红茶发源地。武夷岩茶属中国十大名茶之一，大红袍则是武夷岩茶之王！九龙袍茶业有限公司位于武夷山天心岩茶村，公司环境优美，拥有现代化办公设施。

公司拥有 18000 多平方米的生产、加工、储存和办公区，公司精心选育 300 多亩优质的“正岩”茶叶基地，500 多亩岩茶加盟基地，保留传统的岩茶制作工艺，按国家要求精心培养一批制茶专业技术团队，现拥有国家制茶高级工程师一名、国家高级评茶师三名、茶艺师，评茶师数名。

九龙袍茶业有限公司是集生产、研发、品牌销售于一体的现代化企业。引进先进的生产设备和技术，配备现代化摇青机，揉捻机，烘焙机及手工焙炉等，技术人员传承老茶师们的制茶经验，结合现代改良新工艺，兼取红、绿茶的制作原理之精华，制成的岩茶具有“活、甘、清、香”的独特岩韵，饮后齿颊留香，香高悠远；喉底回甘长，味醇而益清；绿叶红镶边，七泡有余香！公司主营大红袍及各品种岩茶，2006 年大红袍荣获“正岩杯”茶王赛金奖，2007 年荣获上海第十四届国际茶博会金奖等，2012 年获得海峡两岸茶叶博览会首届“大红袍茶王”称号。

九龙袍茶业有限公司的产品完全按照国家标准和出口产品的要求制作，产品获准使用“武夷岩茶地理性”专用标志，通过国家食品安全 QS 认证，企业通过 ISO9001 国际质量管理体系认证，HACCP 食品安全管理体系认证。2008 年获得中国著名品牌称号，2013 年获得福建省人民政府颁发福建名牌产品称号，2014 年获得福建省著名商标称号。产品经国家质量技术监督管理局检测合格，获产品执行标准号，卫生许可证号。产品远销德国、英国、瑞典、日本等国家和我国台湾地区。

公司本着“源于大自然，传承茶文化”的理念，至尊至诚，开拓创新！

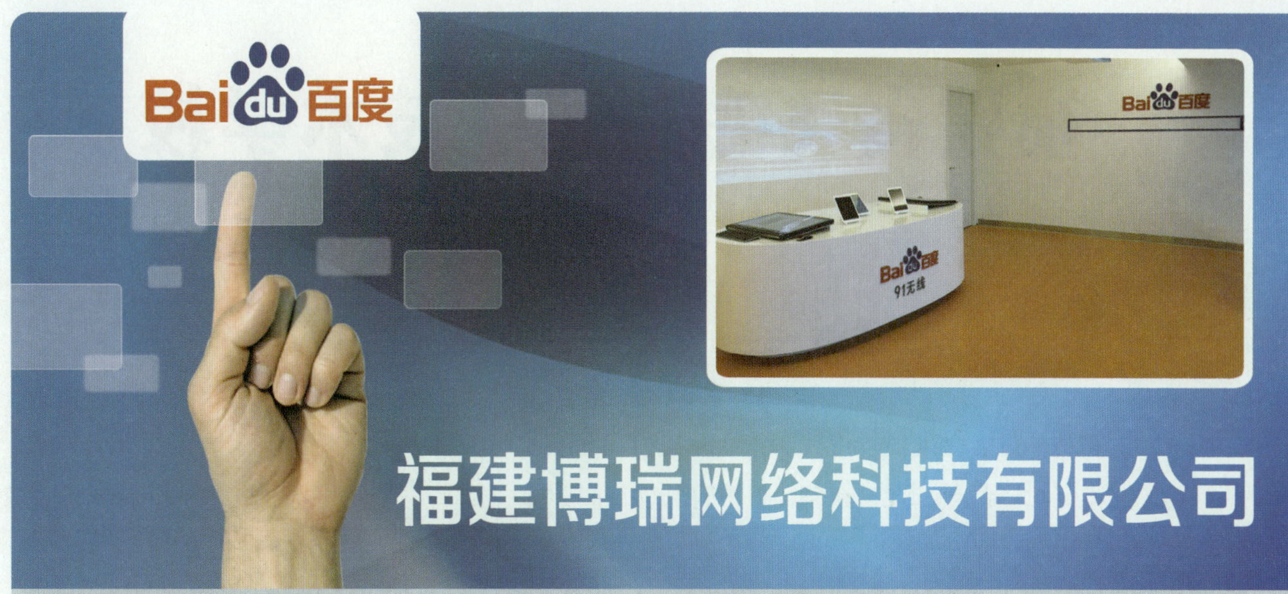

福建博瑞网络科技有限公司

福建博瑞网络科技有限公司成立于2011年3月，注册资金人民币1000万元，是一家专注于互联网和移动互联网业务开发与运营的高新企业与无线互联网平台提供商、应用提供商以及数字内容发行商。2013年10月由百度公司全资收购，正式加入百度大家庭，公司经过2014年的平稳过渡，并通过百度总部的资源整合，在各项经营指标上，取得了长足进步。

现公司办公地址位于福州市软件园F区1号楼，办公总面积约2万平方米。员工涵盖系统架构、UI设计、产品运营、品牌传播与客户服务等岗位。公司注重人才培养，在引进外来专业人员的同时，凭借海西优势，与福建各大高校、人才培训机构保持长期合作关系。结构合理和后备完善的人力资源体系是博瑞公司弄潮互联网和移动互联网市场的基础与保证。

公司本着信息共享、互惠互利，共同发展的原则，以强大的技术支持，良性发展的市场运作为用户提供全面，完善的服务。“用互联网技术改变人类生活，用信息化服务提升生活品质”是公司长期以来的目标与企业使命。公司与中国各行业最大的移动互联网内容服务商均签订长期合作协议，依托多年的信息化服务积累以及行业影响力，涉及领域包括新闻、生活、社交、天气、旅游、健康、游戏、教育、音乐、导航、医疗等。2013年公司完成营业收入11.3亿元，同比增长239%，缴纳各项税收4100.77万元，同比增长277%；2014年公司营业收入15.29亿元，入库税金达1.06亿元，同比增长159.5%。

公司现拥有百度手机助手、安卓市场两个智能手机应用分发商店,截至2014年底，公司在IPHONE和ANDROID两大智能手机客户端的市场渗透率占全国手机分发市场42.7%的份额，成为全国最大的手机应用分发平台和市场领先者；91门户、安卓网两个大型手机门户等一系列产品和服务，横跨IOS、安卓两大系统，为开发者提供平台化、智能化的推广服务;同时，公司还在2014年成立了百度移动云创新孵化中心，其孵化产品91桌面，整合了百度总部资源和产品系，百度系91桌面旗下包括：91桌面、点心桌面、安卓桌面、百度桌面等核心产品，截至2015年10月30日，91桌面系列产品国内市场用户已超过3亿，91桌面的品牌影响力在融入百度大家庭后不断强化，力争将其打造成国内最大的手机桌面平台。

福建省飞毛腿工业技术学校

全国总工会党组书记李玉赋（左图为前排左一，右图为前排中）一行莅临飞毛腿工业技术学校实训基地考察调研

福建省飞毛腿工业技术学校由飞毛腿集团投资举办。学校始终以“走进校园是为了更好的走向社会”为基本导向，积极依托飞毛腿集团这一母体，秉承 “团队、快捷、宽容、责任”的文化理念，切实根据企业的需要和学生的就业需求探索学校发展之路，创建校企合一的和谐氛围，搭建又快又稳的绿色人才通道。2010年，学校设立职业技能鉴定站；2011年，学校被确认为福建省“达标技校”及“德育达标学校”；2012年，学校开始建立质量管理体系且顺利通过省厅专家组的验收审核。2013年，被评为“省级重点技工学校”。

企业办学，实训实习资源持续丰富 作为“福建省产业技术培养基地”，飞毛腿拥有国家级实验室和大批先进的设施设备。学校逐年拓展和更新校内实习基地，建立了SMT、钳工、电工电子、自动化、计算机、ERP六大模块的专业实训中心，配备先进的实训设备。飞毛腿集团在旗下各家子公司的生产一线为学校建立了十几个教师和学生的实践实习基地，使师生能在企业中接触到大量技术尖端的设备。

企校合一，“三重五双”特色教学模式 学校坚持与企业共同开展市场调研，进行岗位技能需求、专业开发、教学计划、教学模式等研究，“先有岗位，后有专业，再有教学”，充分融合飞毛腿集团的企业理念，努力实现“专业设置与用工需求零距离、课程设置与职业活动零距离、教学内容与培养目标零距离”。从三个“零距离”目标出发，逐步形成“重技能、重实践、重文化基础”和“双起点、双师型、双课堂、双基地、双证书”的“三重五双”特色教学模式。

产教融合，“五个合一”特色技能培养 学校始终以“走进校园是为了更好的走向社会”为基本导向，技能教学真正做到产教融合，实现作业与作品合一，教学载体“市场化”；车间与教室合一，教学环境“真实化”；学生与学徒合一，培养主体“职业化”；教师与师傅合一，教学主导“双元化”；教学与生产合一，教学管理“企业化”。

职业精神，引领创新德育工作 飞毛腿集团始终以“团队、快捷、宽容、责任”为核心价值观，引领上万名职工在电子行业的发展道路上稳步前进。作为企业孕育的学校，将企业核心价值观贯彻到学校德育管理和制度管理工作中去，使飞毛腿工业技术学校由上至下，由师至生在同一价值观的引导下，成为一个高素质、高起点、高目标、高行动力的优质团队，全力将职业教育做稳、做大、做强、做精。

校企同育，开拓优质就业口径 打造基层管理干部人才储备计划，储干队伍在实行有计划、有组织地培养的同时，实行动态管理，每季度由导师对其进行考核，以确保储干队伍的整体素质。目前，学校联合企业方开办了五期储备干部班，学生在实习期间的提干率高达98.95%。就业调查反馈，毕业学生的薪资待遇均高于平均水平。办学以来，学校为企业输送的技能人才，均以“迅速融入企业环境，迅速适应工作制度，迅速掌握岗位技能”获得用人单位的一致好评。企业对学校输送的学生均实行优先政策：优先晋升，优先调薪，优先选岗，优先职后培训提升。

公益助学，传递职教正能量 2012年底，飞毛腿以“爱心融化贫困，技能铸就未来”为精神导向，以飞毛腿工业技术学校为基地启动了“‘爱•让梦飞翔’——飞毛腿集团•技能型人才培养助学工程”，为贫困适龄学子提供三年“衣、食、住、行”全额免费的学习技能的机会。已陆续在甘肃庄浪、定西、河南驻马店、江西宁都、福建莆田等地建立助学基地，资助了将近600名贫困学子,人均受助2万元。

办学五年来，学校共培养了全日制学生3409人，非全日制学生1056人，为社会培养初级工3104人，中级工4966人，高级工1307人。

根据企业方反馈，自从学校学员正式输入企业后，品质物耗较往常降低了3‰。企业的员工稳定率、产品有效率、产能与效能也有了11%-15%的提升，对提升企业劳动生产率起到了积极的影响。

目前，飞毛腿企业及学校积极响应省委的号召，大力发展职业技术教育，筹建产教融合教育示范基地，打造新常态下新型产教研职业技术教育新园区。